Verhandlungen des 74. Deutschen Juristentages

Stuttgart 2024

Herausgegeben von der
Ständigen Deputation
des Deutschen Juristentages

Band II/2

Sitzungsberichte – Diskussion und Beschlussfassung

C.H.BECK

Zitiervorschlag: 74. djt. II/2 [Seite]
z. B.: 74. djt. II/2 K 77

beck.de

ISBN 978 3 406 83275 8

Wilhelmstraße 9, 80801 München
info@beck.de
Druck: Beltz Bad Langensalza GmbH
Neustädter Straße 1–4, 99947 Bad Langensalza
Satz: Uhl + Massopust, Aalen
Umschlaggestaltung: nach dem Entwurf von rulle & kruska gbr,
Nikolaus Rulle, Köln

chbeck.de/nachhaltig
produktsicherheit.beck.de

Gedruckt auf säurefreiem, alterungsbeständigem Papier
(hergestellt aus chlorfrei gebleichtem Zellstoff)

Inhalt
(Teilband 1)

H.

Mitgliederversammlung

I.

Eröffnungssitzung

K.

Abteilung Zivilrecht

Thema: *Effektive Zivilrechtsdurchsetzung: Zugang zur Justiz, Prozessfinanzierung, Legal Tech – Welcher rechtliche Rahmen empfiehlt sich?*

L.

Abteilung Arbeits- und Sozialrecht

Thema: *Wen schützt das Arbeits- und Sozialversicherungsrecht? – Empfiehlt sich eine Neuausrichtung seines Anwendungsbereichs?*

M.

Abteilung Strafrecht

Thema: *Beschlagnahme und Auswertung von Handys, Laptops & Co. – Sind beim offenen Zugriff auf Datenträger die Persönlichkeitsrechte angemessen geschützt?*

N.

Abteilung Öffentliches Recht

Thema: *Bewältigung zukünftiger Krisen: Welche gesetzlichen Rahmenbedingungen werden benötigt, um effizient und effektiv zu reagieren und finanzielle Hilfen bedarfsgerecht zu verteilen?*

O.

Abteilung Wirtschaftsrecht

Thema: *Empfehlen sich im Kampf gegen den Klimawandel gesetzgeberische Maßnahmen auf dem Gebiet des Gesellschaftsrechts?*

P.

Abteilung Medienrecht

Thema: *Wie lässt sich öffentliche Informationsverantwortung in Zeiten digitaler und multipolarer Kommunikationskultur realisieren? Welche Aufgaben haben der Staat, die öffentlich-rechtlichen Rundfunkanstalten und die Wissenschaft?*

Q.

Schlusssitzung

R.

Schlussveranstaltung

Inhalt
(Teilband 2)

K.

Abteilung Zivilrecht

Thema: *Effektive Zivilrechtsdurchsetzung: Zugang zur Justiz, Prozessfinanzierung, Legal Tech – Welcher rechtliche Rahmen empfiehlt sich?*

L.

Abteilung Arbeits- und Sozialrecht

Thema: *Wen schützt das Arbeits- und Sozialversicherungsrecht? – Empfiehlt sich eine Neuausrichtung seines Anwendungsbereichs?*

M.

Abteilung Strafrecht

Thema: *Beschlagnahme und Auswertung von Handys, Laptops & Co. – Sind beim offenen Zugriff auf Datenträger die Persönlichkeitsrechte angemessen geschützt?*

N.

Abteilung Öffentliches Recht

Thema: *Bewältigung zukünftiger Krisen: Welche gesetzlichen Rahmenbedingungen werden benötigt, um effizient und effektiv zu reagieren und finanzielle Hilfen bedarfsgerecht zu verteilen?*

O.

Abteilung Wirtschaftsrecht

Thema: *Empfehlen sich im Kampf gegen den Klimawandel gesetzgeberische Maßnahmen auf dem Gebiet des Gesellschaftsrechts?*

P.

Abteilung Medienrecht

Thema: *Wie lässt sich öffentliche Informationsverantwortung in Zeiten digitaler und multipolarer Kommunikationskultur realisieren? Welche Aufgaben haben der Staat, die öffentlich-rechtlichen Rundfunkanstalten und die Wissenschaft?*

Mitglieder der Ständigen Deputation

(Stand: 27. September 2024, nach der Ergänzungswahl)

Richter des BVerfG Prof. Dr. Henning *Radtke*, Karlsruhe/Hannover (Vorsitzender)
Prof. Dr. Beate *Gsell*, Richterin am OLG, München (Stv. Vorsitzende)
Rechtsanwalt Prof. Dr. Christian *Winterhoff*, Hamburg/Göttingen (Schatzmeister)
Notarin Dr. Gesa *Beckhaus*, LL.M., Hamburg
Vors. Richterin am BGH Gabriele *Cirener*, Leipzig
Rechtsanwältin Dr. Susanne *Clemenz*, Gütersloh
Prof. Dr. Nina *Dethloff*, LL.M., Bonn
Prof. Dr. Martin *Franzen*, München
Prof. Dr. Klaus *Ferdinand* Gärditz, Bonn
Prof. Dr. Mathias *Habersack*, München
Vizepräsidentin des LG Dr. Simone *Kreß*, Köln
Richter am BVerwG Prof. Dr. Christoph *Külpmann*, Leipzig/Bremen
Rechtsanwältin Dr. Barbara Mayer, *Freiburg* i. Br.
Hauptgeschäftsführer Prof. Dr. Hubert *Meyer*, Hannover
Rechtsanwältin Anke *Müller-Jacobsen*, Berlin
Ministerialdirektorin Dr. Heike *Neuhaus*, Berlin
Vizepräsidentin des EGMR a.D. Prof. Dr. Dr. h.c. Angelika *Nußberger*, M.A., Köln
Prof. Dr. Christine *Osterloh-Konrad*, Tübingen
Präsidentin des OLG Stefanie *Otte*, Celle
Prof. Dr. Thomas *Riehm*, Passau
Rechtsanwältin Dr. Gabriele *Roßkopf*, Stuttgart
Syndikusrechtsanwältin Dr. Friederike *Rotsch*, Königsstein im Taunus
Präsident des BSG a. D. Prof. Dr. Rainer *Schlegel*, Berlin/Gießen
Prof. Dr. Ingeborg *Zerbes*, Wien

Generalsekretär des Deutschen Juristentages

Rechtsanwalt Dr. Andreas *Nadler*, Bonn
Rechtsanwalt Dr. Florian *Langenbucher*, Bonn (Stellvertreter)
Rechtsreferendar Dr. Sören *Walter*, Bonn (Stellvertreter)

Rednerliste

Verhandlungen des 74. Deutschen Juristentages

Stuttgart 2024

Herausgegeben von der
Ständigen Deputation
des Deutschen Juristentages

Band II/2

Sitzungsberichte – Diskussion und Beschlussfassung

Teil K

Effektive Zivilrechtsdurchsetzung: Zugang zur Justiz, Prozessfinanzierung, Legal Tech – welcher rechtliche Rahmen empfiehlt sich?

Teil K

Sitzungsbericht
über die Verhandlungen
der Abteilung Zivilrecht

am 25. und 26. September 2024
über das Thema

Effektive Zivilrechtsdurchsetzung: Zugang zur Justiz, Prozessfinanzierung, Legal Tech – welcher rechtliche Rahmen empfiehlt sich?

Die Ständige Deputation hat gewählt:

Prof. Dr. Beate *Gsell*, Richterin am OLG, München
zur Vorsitzenden

Vors. Richterin am OLG Eva *Voßkuhle*, Freiburg i. Br.
Prof. Dr. Gerhard *Wagner*, LL.M., Berlin
zu Stellvertretenden Vorsitzenden

Prof. Dr. Tanja *Domej*, Zürich
zur Gutachterin

Rechtsanwalt Dr. Daniel *Halmer*, Berlin
Rechtsanwältin Dr. Martina de *Lind van Wijngaarden*, Frankfurt a. M.
Vors. Richter am LG Dr. Thomas *Mehring*, Stuttgart
Präsidentin des BGH Bettina *Limperg*, Karlsruhe
zu Referentinnen und Referenten

Akad. Rätin Dr. Ann-Kristin *Mayrhofer*, München
zur Schriftführerin

Diskussion

am 25. September nachmittags
(anwesend etwa 160 Teilnehmerinnen und Teilnehmer)

Stv. Vorsitzender:

Ich bin Gerhard Wagner, der stellvertretende Abteilungsvorsitzende und leite die Sitzung heute Nachmittag. Wir wollen die Diskussion etwas strukturieren. Wir beginnen heute Nachmittag mit den generellen Themen „Zugang zu Gericht", „Modernisierung des Zivilprozesses" und „Prozessfinanzierung". Morgen geht es dann mit der Prozessfinanzierung weiter, und wir nehmen die Themen „Legal Tech" und „Massenverfahren" hinzu. Bevor wir in die Diskussion einsteigen, möchten wir der Gutachterin die Möglichkeit geben, die zentralen Thesen ihres Gutachtens kurz in Erinnerung zu rufen. Bitte, Frau Domej.

Gutachterin:

Vielen Dank für die Gelegenheit, am Beginn der Diskussion kurz ein paar generelle Punkte anzusprechen. Ich werde jetzt nicht meine Thesen noch einmal verlesen, ich möchte dazu einladen, sie nachzulesen, aber doch einige wesentliche Punkte hervorheben.

Zunächst einmal zum Punkt „Zugang zur Justiz" und zur „Modernisierung der Ziviljustiz". Wenn über die Bewältigung von Krisen in der Ziviljustiz diskutiert wird, dann steht ja häufig das Prozessrecht im Mittelpunkt, auch in den aktuellen Diskussionen. Aber die technische und personelle Ausstattung von Gerichten und auch die organisatorischen Abläufe sind wohl mindestens genauso wichtig wie das Prozessrecht. Ich möchte mich als akademische Zivilprozessualistin nicht allzu weit aus dem Fenster lehnen mit spezifischen Empfehlungen dazu, aber es scheint mir doch weiterhin wichtig, dass ohne adäquate Ressourcenausstattung das beste Prozessrecht nur wenig bewirken kann.

Ganz klarer Nachholbedarf besteht sicherlich bei der Digitalisierung. Ich denke, da sind sich die allermeisten einig. Und es ist gut, dass man jetzt hier sehr viel Engagement beobachten kann, aber ich bin nicht überzeugt, dass die bisher eingeplanten Mittel ausreichen. Und man darf sich, denke ich, auch von der Digitalisierung keine Wunder erwarten. Die reale Erfahrung mit solchen Mitteln zeigt, dass manchmal überschätzt wird, wie viel man damit bewirken kann.

Spezifisch bei der KI muss man beachten, dass generative Sprachmodelle noch sehr fehleranfällig sind und dass eine gewisse Fehleranfälligkeit, speziell das berühmte Halluzinieren, einfach in der Natur der Modelle liegt. Das heißt, das wird man gar nicht völlig abstellen können und man wird etwas Halluzinieren in Kauf nehmen müssen, wenn man solche Modelle einsetzen will.

Außerdem werden justizielle KI-Anwendungen in der KI-Verordnung als Hochrisiko-Anwendungen klassifiziert, und das wird sicherlich Herausforderungen bei der Entwicklung und beim Einsatz mit sich bringen.

Man sollte auch nicht vergessen, dass digitale Verfahren nach wie vor gerade für die schwächsten Mitglieder der Gesellschaft schwer zugänglich sind. Man wird weiterhin gerade auch im Small-Claims-Bereich auch analoge Prozesse und menschlichen Rechtsrat brauchen und muss sich hier vielleicht auch über neue Formen Gedanken machen.

Die personelle Ausstattung ist und bleibt aus meiner Sicht ebenfalls essentiell. Ich würde da nicht nur an das richterliche Personal denken, sondern auch an die administrative Unterstützung und an juristische Hilfskräfte. Da muss man vielleicht auch verstärkt neue Wege gehen, gerade bei komplexen Massenverfahren. Bei den komplexen Massenverfahren könnte vielleicht auch darüber nachgedacht werden, etwas Vergleichbares wie einen Special Master einzuführen, der im gerichtlichen Auftrag bestimmte Aufgaben ausführt. Ein bisschen in diese Richtung geht ja vielleicht der Sachwalter im Umsetzungsverfahren bei Abhilfeklagen. Vielleicht könnte etwas Vergleichbares künftig auch in anderen Massenverfahren denkbar sein. Wenn eine verstärkte Spezialisierung von Gerichten stattfindet, dann könnte man das eventuell dort erproben.

Zum Aspekt „Prozessfinanzierung“ und, wenn ich darf, damit zusammenhängend, auch zur „Legal-Tech-Klageorganisation“: Hier hat der Kollege Riehm in der NJW den schönen Begriff „Ermöglichungsregulierung“ benutzt. Das ist ein gutes Stichwort, denke ich, denn Prozessfinanzierung und innovative Rechtsdurchsetzungsmodelle sollten nicht verhindert werden, sondern es braucht einfach einen geordneten rechtlichen Rahmen dafür.

Ich halte dabei den Schutz schwächerer Marktteilnehmer für einen besonders wichtigen Punkt und denke, vor allem dort, wo nichtanwaltliche Rechtsdienstleister de facto zu den Anwälten der kleinen Leute werden, sollte nicht einfach bloß Wildwuchs zugelassen werden oder auf ein reines Informationsmodell gesetzt werden.

Wer genau dafür zuständig sein sollte, die Einhaltung der regulatorischen Vorgaben zu überwachen, halte ich nach wie vor für eine schwierige Frage. Sollte das eine Aufsichtsbehörde sein? Sollten es nur die Gerichte sein? Und wenn es eine Aufsichtsbehörde ist, welche Behörde sollte das sein? Ich denke, hier lässt sich legitimerweise über vieles streiten. Was mir nicht sinnvoll erschiene, wäre die Schaffung einer ganz neuen Aufsichtsbehörde, so wie es in dem Vorschlag des EU-Parlaments angedacht wird. Sondern ich denke, wenn man eine behördliche Prozessfinanzierungsaufsicht schafft, dann sollte sie in die bestehenden Behördenstrukturen integriert werden. Und nach meiner Einschätzung wäre da wohl die Versicherungsaufsicht fachlich am ehesten geeignet. Auch darüber könnte man aber streiten, ob es nicht vielleicht eher die Rechtsdienstleistungsaufsicht sein sollte, beispielsweise.

Der wirklich zentrale Punkt ist aus meiner Sicht, dass regulatorische Vorgaben, die dem Schutz einer Partei dienen, nicht zur Waffe in der Hand der Gegenpartei und zum Mittel der Obstruktion des Prozesses werden. Und darauf muss man aus meiner Sicht bei der Ausgestaltung der Rechtsfolgen von Verstößen gegen solche Vorgaben unbedingt verstärkt achten. Wir sehen mittlerweile routinemäßig Verfahren, die bis in die letzte Instanz gehen, um irgendwelche Verstöße gegen regulatorische Vorgaben zu klären, und ich glaube, hier muss man unbedingt ansetzen. Wir haben vor kurzem wieder Schlussanträge des Generalanwalts Szpunar gelesen, speziell zur Zulässigkeit der unechten Sammelklagen. Ich bin nicht so sicher, ob die Entscheidung des EuGH dann am Ende wirklich abschließende Klarheit bringen wird. Wenn man diese Schlussanträge liest, dann wäre ich da ein bisschen unsicher. Aber ich glaube, unabhängig davon, wie das ausgeht, muss man sich wirklich unbedingt Gedanken darüber machen, wie man die Rechtsfolgen da ausgestaltet, weil das im Moment nach meiner Wahrnehmung dysfunktional ist.

Und hier möchte ich meine einleitenden Bemerkungen schließen, mir aber gerne vorbehalten, dann später abschließend noch Stellung zu nehmen. Vielen Dank.

Stv. Vorsitzender:

Vielen Dank, Frau Domej, für diese Einführung.
Der erste Diskutant ist Herr Streyl vom Landgericht Krefeld.

Richter am LG Elmar *Streyl*, Krefeld:

Mein Name ist Elmar Streyl, ich bin Richter am Landgericht Krefeld und vielleicht haben Sie alle schon mal vom Basisdokument gehört. Ich bin einer derjenigen, die den Gedanken mitentwickelt haben.

Ich würde dafür plädieren, dass bei allem kleinteiligen Denken, was wir ja hier schon gehört haben und was sicher auch notwendig ist, dass wir doch nochmal die Vogelperspektive einnehmen und uns überlegen, was wollen wir überhaupt für ein Rechtsschutzsystem aufbauen. Ich meine, wir sollten da ganz grundlegend drüber nachdenken und uns nicht nur auf Reparaturen beschränken.

Und vor allen Dingen sollten wir nicht die Dieselverfahren und die Fluggastrechteverfahren nur als Anlass zum Nachdenken, nicht aber als Prototyp für Regelungen zu nehmen, weil diese Verfahren gar nicht so prototypisch sind.

Ich würde dafür plädieren, dass wir unser Rechtsschutzsystem ausdifferenzieren. Das schließt ein bisschen an Frau Limperg an. Wir sollten über eine Art Mehrteilung in der ZPO nachdenken: Verfahren vor den Landgerichten, vor den Amtsgerichten, Small-Claims-Verfahren, Sammelklagen, die prozessfinanziert sind, Massenklagen, große Wirtschaftsverfahren etc. Für grundlegend unterschiedliche Konstellationen und Bedürfnisse sollten wir eigene Verfahrensarten entwickeln und auch überlegen, ob wir eventuell Folgen für das materielle Recht brauchen.

Bisher ist es ja so im Individualprozess: Jeder bekommt den maximalen Aufwand, koste es, was es wolle, um das mal überspitzt zu sagen. Kosten und Nutzen eines Prozesses werden selten abgewogen. Ob wir das für alle Forderungen beibehalten können, das wage ich zu bezweifeln. Wir sollten überlegen, davon war heue Morgen auch schon die Rede, ob wir nicht verstärkt zu Pauschalregelungen kommen, die ja nicht per se ungerecht sind und vielfach sogar auf ganz große Akzeptanz stoßen. Die sind uns aber im Individualprozess weitgehend fremd. Wir kennen es aber aus ganz vielen Bereichen, dass mit Pauschalierungen gearbeitet wird. Materielles Recht und Prozessrecht müssen stärker Hand in Hand greifen.

Die Analyse, welche Verfahrensarten wir potenziell gebrauchen können, die ist eigentlich da, wir müssen uns nur entscheiden, ob wir das umsetzen und wie wir das umsetzen. Bei allem, was wir da tun, müssen wir auch immer überlegen, wem gestatten wir es, die Ressourcen des Staates, die Justizressourcen, in Anspruch zu nehmen. Das muss sich beschränken auf wirkliche Rechtsschutzbedürfnisse. Wir können nicht erlauben, dass bestimmte, wenige Kanzleien oder bestimmte Rechtsdienstleister ein Geschäftsmodell daraus entwickeln, was wir an staatlichen Ressourcen zur Verfügung stellen. Das heißt nicht, dass sie nicht berechtigte Anliegen haben, das will ich damit gar nicht sagen. Aber es gibt da einige Übertreibungen, über die man doch erheblich nachdenken muss.

Vielen Dank.

Stv. Vorsitzender:

Vielen Dank, Herr Streyl.
Nun darf ich Herrn von Sachsen Gessaphe, Professor an der Fernuniversität Hagen, ans Pult bitten.

Prof. Dr. Karl August *von Sachsen Gessaphe*, Augsburg:

Grüß Gott, Herr Kollege, mein Name ist Karl-August von Sachsen Gessaphe.
Ich bin Professor an der Fernuniversität in Hagen für Zivilprozess, unter anderem, und bin mit einer Gruppe von Studentinnen und Studenten hier.
Ich möchte wie der Vorredner auch ein bisschen eher die Vogelperspektive einnehmen. Ich glaube, an der Zivilprozessordnung ist schon genug einzeln herumgearbeitet worden.
Ein großer Fehler der Zivilprozessreform von 2002 war, dass die Rechtsvergleichung ausgeblendet wurde.
Und gerade zwei Punkte, die heute angesprochen worden sind, nämlich die Frage der Strukturierung des Prozessstoffes und, wie Herr Mehring gesagt hat, mal mehr den Daumen verwenden, würden durch einen Blick in Nachbarländer gute Antworten finden.
Im Vereinigten Königreich, also in England und Wales, hat es 1998 eine Zivilprozessreform gegeben, in der von dem strikt kontradiktorischen Verfahren abgewichen und ein Case Management des Richters eingeführt wurde.
Hier reduziert sich die Klageschrift auf eine Claims Form, in der der Anspruch dargelegt wird und eine kurze Begründung des Anspruchs gegeben wird, keine 200 Seiten, und dann eine kurze Erwiderung, und dann findet ein Gespräch oder ein Treffen mit dem Richter, der das Vorverfahren führt, statt, in dem dann die Strukturierung besprochen wird.
Das wäre ein Ansatz, der radikal von unserem abweicht, aber ich glaube, wenn man von diesem Übel ausgeht, ich bin ja kein Anwalt, aber ich habe das auch als Sachverständiger oft genug erlebt, gerade im Dieselabgasskandal, was da für Schriftsatzberge ankommen, wäre das vielleicht ein Heilmittel. Auch die Strukturierung nach verschiedenen Klagearten kennen die Engländer schon, mit Small Claims und dann zwei weiteren Differenzierungen, also es würde sich zumindest mal lohnen, den Blick ins Ausland zu richten. Auch mit dem Daumen. Wir haben eine zu starke Dogmatisierung, schon im materiellen Recht, die sich natürlich niederschlägt im Prozessrecht und gerade im Schadensrecht, ob das unerlaubte Handlungen sind oder Vertragsrecht. Die Kausalität bei uns ist ein Riesenproblem. In Frankreich ist

es eine rein tatrichterliche Frage: Der Richter, Tatrichter, entscheidet einfach, ist das „un préjudice direct et immédiat"? Diese Frage ist dann der Revision entzogen, also der Kassation in dem Fall, sofern keine schweren Denkfehler vorhanden sind. Das wäre natürlich ein mutiger Schritt aus unserer Überdogmatisierung vielleicht ein bisschen hinauszutreten und zumindest Anregungen aufzunehmen. Vielen Dank.

Stv. Vorsitzender:

Vielen Dank, Herr Hartung, bitte.

Rechtsanwalt Markus *Hartung*, Berlin:

Vielen Dank, Herr Wagner. Meine Damen und Herren, ich möchte anknüpfen an den Beitrag von Frau van Wijngaarden, die fragte: wie fangen Massenverfahren an? Und dann schilderte sie, wie das mit den Testfällen ist und mit der Finanzierung. Mir ging durch den Kopf: „der Streit fing an, als mein Gegner zurückschlug". Massenverfahren fangen nicht mit einem Testfall an. Massenverfahren fangen dadurch an, dass ein Unternehmen schadhafte Produkte vertreibt und Kunden sich weigern, das so hinzunehmen. So fangen Massenverfahren an. Dass Massenverfahren dann in einer für die Justiz, so wie sie aufgestellt ist, Art und Weise beginnen, die die Justiz unter absoluten Stress stellt, ist nicht die Schuld der Kläger. Die nehmen nur ihr Recht wahr. Und sie versuchen in einer für kollektiven Rechtsschutz dysfunktionalen ZPO Wege zu finden, um ihr Recht auch durchzusetzen und zwar nicht im Gefängnis der Einzelfallgerechtigkeit, die auf Vereinzelung setzt und nicht auf Informationsteilung, sondern auf Verbindung von Wissen und Erfahrung und Sachverhaltsdetails, um diesen Fall möglichst effektiver durchzusetzen. Das mag Ihnen jetzt vielleicht wie eine Kleinigkeit vorkommen, aber ich bestehe deswegen darauf, weil bei der Frage, was man eigentlich tun soll, immer zuerst gefragt wird: Muss man den Klägern die Rechte verkürzen, damit wieder Ruhe einkehrt? Oder muss man vielleicht mal das Wort Schädigerindustrie in den Mund nehmen und nicht immer nur Klageindustrie? Ich finde es als Anwalt nachgerade empörend, dass die Anwälte, die Verbraucher unterstützen, als Klageindustrie diffamiert werden, übrigens auch von Industrievertretern, die das aber nicht anerkennend meinen. Also das ist schon mal der eine Punkt, um zu starten. Ein zweiter Punkt ist, dass wir erst heute über Massenverfahren sprechen. Ist natürlich etwas spät. Massenverfahren sind keine Folge der Digitalisierung. Die Digitalisierung hat es nur erleichtert, viele Fälle geltend zu machen und viele Fälle zu sammeln.

Aber Massenverfahren sind Folge der Industrialisierung. Es geht also in das letzte Jahrhundert zurück, wahrscheinlich ins vorletzte. Die ZPO hat die Massen- und Streuschäden, die mit Industrialisierung zwingend verbunden sind, schon nicht abgebildet. Die ZPO ist nicht geschaffen für den kollektiven Rechtsschutz. Das, was in unserer näheren Erinnerung ist, da beginnen Massenschäden ja eigentlich erst mit der Telekom. Dafür musste ein extra Gesetz geschaffen werden. Aber es gab schon vorher die Contergan-Fälle, die die meisten von Ihnen wahrscheinlich gar nicht mehr kennen. Es gab schon immer Massenfälle und es gab noch nie ein passendes Instrumentarium. Das gibt es jetzt so langsam, und wir fangen darüber an zu sprechen, wie man es verbessert. Aber nochmal, man muss immer die Frage stellen, ‚Wer hat angefangen?'. Und ist es dann fair, dass derjenige, der sich wehrt, seine Rechte verkürzt bekommt? Oder wäre es nicht eigentlich andersrum richtig? Verbraucher verdienen Schutz; das hat Daniel Halmer schon klar gesagt, und wir würden alle zustimmen. Und wenn Verbraucher einen Anspruch haben, dann ist es absolut unfair, ihm keine Wege zu geben, wo er diesen Anspruch geltend machen kann. Das führt zu Zynismus und Zynismus führt zu mangelndem Vertrauen. Und das ist nicht gut, wenn Menschen kein Vertrauen mehr in einen Rechtsstaat oder in ein Gericht haben, weil sie denken, ich kriege hier sowieso nicht das, was mir zusteht. Erzähl mir nichts über Verbraucherschutz. Das schafft Zynismus. Also, was brauchen Verbraucher? Und nochmal, ausgehend von meinem Punkt ist es legitim, bei den Bedürfnissen von Verbrauchern und nicht bei den Bedürfnissen der Unternehmen anzufangen, denn die haben ja angefangen mit dem Streit. Also erstens, es steht Verbrauchern zu, dass sie eine freie Auswahl bei Rechtsdienstleistern haben. Verbraucher dürfen sich ihre Autos ohne anwaltliche Beratung kaufen. Warum dürfen sie sich eigentlich ihren Rechtsrat, wenn es schiefgegangen ist, nicht frei auswählen? Warum müssen sie lizenzierte Anwälte nehmen, die häufig teuer sind? Viele Länder zeigen, dass man mit nicht-anwaltlichen Rechtsdienstleistern gut leben kann. Daniel Halmer hat bereits die Schweiz genannt, aber es gibt auch Skandinavien, es gibt England, es gibt das Baltikum, selbst in Frankreich gibt es diese Möglichkeiten, nur in Deutschland gibt es das nicht. Das ist ein Fehler. Dann Verbraucherschutz und Einzelfallgerechtigkeit. Ich hatte Ihnen bereits gesagt, dass es ein bisschen wie Gefängnis der Einzelfallgerechtigkeit ist, wenn man Massenverfahren effektiv durchsetzen möchte, und dann muss man nivellieren auf beiden Seiten. Und Verbraucher sind, das zeigen die Fälle von Flightright, bereit, auf etwas zu verzichten, wenn sie dafür ihre Ansprüche risikolos und schnell durchsetzen können. Rechtsdienstleistung braucht drittens natürlich eine ordentliche Finanzierung. Denn die Schädigerindustrie hat Geld ohne Ende. Sie müssen ja nur mal nachlesen, was die Autoindustrie investieren konnte, um sich gegen die Ansprüche zu verteidigen. Und denken Sie daran, bei den niedersächsischen Autounternehmen steckt zu einem Fünftel der Staat drin. Das ist ihr Geld und mein Geld, was da auch verbraucht wird, um sich da zu verteidigen. Wenn eine solche Industrie hinkommt und sagt, wir müssen dann vor Prozessfinanzierung geschützt werden, dann werde ich zynisch. Denn ich verstehe nicht, warum eigentlich jemand, der klagt, genau darlegen muss, wo er sein Geld herbekommt, um diese Klage zu führen, aber derjenige, der sich dagegen verteidigt, unbegrenzte Mittel hat. Das ist nicht fair und das ist keine Waffengleichheit im Zivilprozess, die wir aber brauchen. Verbraucher verdienen viertens eine digitalisierte Justiz. Das fängt jetzt langsam an und das ist auch wichtig, dass das passiert, dass Verbraucher in die Lage versetzt werden, mit der Justiz so zu kommunizieren, wie sie untereinander kommunizieren und dass die Justiz insoweit auf die Höhe der Zeit kommt. Und ich bin froh, dass so viel Geld in die Digitalisierung der Justiz gesteckt wird, denn der nächste Punkt ist, Verbraucheransprüche sind häufig datengestützte Ansprüche. Man könnte Verbraucheransprüche viel, viel effektiver und effizienter behandeln, wenn man da auf Datenaustausch setzt, wo es um Datenaustausch geht. Es tut mir leid, das ist jetzt etwas technisch, aber die ganze Prosa, die Anwälte noch meinen, dann schreiben zu müssen, wird nur noch auf das beschränkt, was wirklich Prosa sein muss. Und dann wird man sehen – das hat Herr von Sachsen gerade erwähnt – dass man tatsächlich in einer Case-Management-Besprechung nur noch darüber spricht, welche Daten müssen wir austauschen, auf die jeder Zugang hat und wo erwarte ich noch von Anwälten beider Seiten, dass sie sich zu dem Fall äußern. Heute Morgen haben wir ganz viele interessante Vorschläge gehört von Frau Limperg und Herrn Mehring und wenn sich das in die Richtung bewegt, dann ist das für den Verbraucherschutz insgesamt eine gute Sache.

Vielen Dank.

Stv. Vorsitzender:

Vielen Dank, Herr Hartung.

Die nächste Rednerin ist Frau Otte, Präsidentin des OLG Celle.

Präsidentin des OLG Stefanie *Otte*, Celle:

Meine sehr verehrten Damen und Herren, ich stehe nicht als Vertreterin der Verbraucherinnen und Verbraucher oder als Vertreterin der Unternehmen hier vorne, sondern als Vertreterin der Gerichte, der Richterinnen und Richter, der Judikative, der dritten Gewalt.

Und ich glaube, man muss zurückkehren auf diesen essentiellen Bestandteil unseres demokratischen Staates, denn man muss zurückkehren auf die Grundsätze eines Rechtsstaats, einer Judikative, die unabhängig durch unabhängige Richterinnen und Richter mit hoher Qualität und Effizienz Ansprüche durchsetzt oder über Ansprüche entscheidet. Und wir Richterinnen und Richter stehen für nicht weniger als dafür, in der Lage zu sein und in die Lage versetzt zu werden, die Rechtsstreitigkeiten, die vor den Gerichten landen, mit hoher Qualität und Effizienz zu entscheiden. Deshalb, ein kleiner Einschub, stehe ich nicht dafür zu sagen, ja, Prozesse belasten uns oder belästigen uns oder machen uns Arbeit und sind deshalb unerwünscht. Sondern die Prozesse, die bei uns landen, die Ansprüche, die geltend gemacht werden, entscheiden wir unabhängig mit hoher Qualität und Effizienz. Und sie sind uns nicht lästig.

Wenn wir feststellen, dass wir aus Ressourcengründen und auf der Grundlage einer sehr guten und ja liebgewonnenen, alten, analogen Prozessordnung in der heutigen digitalisierten Welt und mit neuen Phänomenen nicht klarkommen, dann melden wir uns zu Wort und das haben wir ja auch gemacht, als Präsidentinnen und Präsidenten der Oberlandesgerichte, und sagen stopp, wir müssen miteinander reden, wir müssen schauen, wie man Prozessordnungen verändert, damit man weiterhin diesem Anspruch, den ich eben ausgeführt habe, genüge tun kann, damit man qualitätsvoll und effizient entscheiden kann. Und ich freue mich, wenn wir wegkommen von der einen und der anderen Seite und wer ist denn nun der Bösewicht und wer macht irgendetwas zu Recht oder zu Unrecht geltend, sondern wenn wir gemeinsam überlegen, wie wir auf der Grundlage der sehr guten Erfahrungen mit der, mittlerweile ja in die Jahre gekommenen, analogen ZPO in einer digitalisierten Welt klarkommen, welche Änderungen wir brauchen und mit welchen Mechanismen und mit welchen Methoden wir den Rechtsstaat weiter hochhalten können. Und das sollte jeden und jede von uns im Saal bewegen, dass wir in einer Demokratie und gerade auch in diesen schwierigen Zeiten nur dann bestehen können, wenn wir den Rechtsstaat gewährleisten können.

Das setzt einerseits natürlich auch personelle und finanzielle Ressourcen voraus. Sie werden sich nicht wundern, dass ich als Gerichtspräsidentin da natürlich einen Fokus draufhabe, auf Ressourcen auch materieller Art für die Digitalisierung. Denn in der digitalisierten Welt und mit den neuen Phänomenen, zum Beispiel durch Massenverfahren, brauchen wir Veränderungen in der Prozessordnung und wir brauchen große Investitionen in technische Ausstattung.

Und zu den strukturellen Änderungen auch in der Prozessordnung möchte ich nur sagen, ja, wir brauchen eine größere Strukturierung des Prozesses, davon bin ich überzeugt.

Und wir diskutieren das im Moment ja gerade in einer vom Bund und den Landesjustizverwaltungen initiierten Reformkommission zur Zukunft des Zivilprozesses, da sprechen wir auch über solche Ideen. Wir haben seitens der OLG-Präsidentinnen und Präsidenten Reformvorschläge gemacht, die in einem Münchner Papier schon gemündet sind und die in Celle jetzt im November weiter diskutiert werden.

Wir brauchen vielfältige Änderungen, wir brauchen Strukturierungstools, wir brauchen vielleicht ein Strukturierungsgespräch, wir brauchen einen anderen Zugang zu den Gerichten, wir müssen über diese kleinteiligen Veränderungen sprechen, aber nicht um im Kleinteiligen zu bleiben, sondern um immer wieder auf das große Ganze zurückzukommen. Und dafür würde ich mir die Unterstützung wünschen, dass wir eben die vielfältigen Ideen mit hineinbringen und dass auch die Gerichte so sehen, wie wir tatsächlich agieren, nämlich digital, offen, mit einem hohen Maß an Qualität, mit dem Bestreben, gute Arbeit, qualitativ gute Arbeit, gute Rechtsprechung zu leisten.

Und dafür werden wir allerdings jetzt Änderungen in der Prozessordnung in vielfältiger Hinsicht benötigen, ich greife nochmal das Referat von Frau Limperg auf, wir werden in vielfältiger Hinsicht an die ZPO, an die Verfahrensordnung ranmüssen, um weiterhin als Rechtsstaat in Europa anerkannt zu sein und gute Arbeit zu leisten. Danke.

Stv. Vorsitzender:

Vielen Dank, Frau Otte. Nun Herr Professor Thomas Riehm, Lehrstuhlinhaber an der Universität Passau.

Prof. Dr. Thomas *Riehm*, Passau:

Vielen herzlichen Dank. Mein Beitrag wird wesentlich technischer; ich möchte ausdrücklich keine Vogelperspektive einnehmen.

Ich möchte mich zunächst ausdrücklich dem Vorschlag von Frau Präsidentin Limperg anschließen, zunächst gedanklich zwischen vier verschiedenen Verfahrensarten zu differenzieren. Aus diesen vier Verfahrensarten möchte ich mich erstmal nur dem Small-Claims-Bereich widmen, weil da seit dem 4. September auch der Regierungsentwurf zum Online-Klageverfahren und zum Reallabor vorliegt. Ich möchte in diesem Zusammenhang ausdrücklich unterstützen, dass wir das Verfahren, so wie es im Gesetzesentwurf auch angedacht ist, von der Technik herdenken.

Mir scheint hier wichtig, bereits im Denken der Gesetzgebung nicht so sehr nur in Normen und Prozessstrukturen zu denken, sondern wirklich von der konkreten Arbeitsweise auszugehen. Gerade im Small-Claims-Bereich geht es ganz stark darum, den Verfahrensführungsaufwand aller Beteiligten, das heißt der Justiz, der Parteien und ihrer Vertreter, zu reduzieren. Nur dann kann es sich lohnen, im Small-Claims-Bereich überhaupt tätig zu werden.

Das bedeutet, so wie es der Entwurf auch vorsieht, sowohl plattformbasiert als auch datenbasiert zu arbeiten. Es bedeutet auch, dass von vornherein, wie gerade auch schon Markus Hartung ausgeführt hat, der Schwerpunkt nicht auf großer anwaltlicher Prosa liegt, sondern auf den Sachverhaltsdaten, die als Datensatz geliefert werden müssen – denken wir nur an Fluggastrechte.

Das Einzige, wovor ich in diesem Zusammenhang warnen möchte, ist, dass wir uns dort Verbraucherinnen und Verbraucher als Naturalparteien zum Leitbild wählen und diese Menschen allein lassen mit dem Gerichtsverfahren, so digital es auch sein mag. Denn ich glaube, wenn wir den Zivilprozess ansonsten unangetastet lassen, insbesondere den Beibringungsgrundsatz beibehalten, dann ist es fatal, wenn wir Verbraucherinnen und Verbraucher hineinlocken in einen Zivilprozess, indem wir ihnen ein tolles Formular geben, in das sie ihren Anspruch nur kurz eintragen müssen. Dann bekommen sie aber von der Beklagtenpartei die entsprechende Klageerwiderung, in der natürlich – berechtigterweise – drinsteht, dass sie der Auffassung ist, dass es keinen Anspruch gibt. Das mag ja auch sein, aber die Erwiderung wird natürlich in einer Form und in einer Weise kommen, dass Verbraucherinnen und Verbraucher damit vollkommen überfordert sind. Dann kann der Staat ihnen kein Formular mehr zur Verfügung stellen, weil er seine Neutralität verlassen würde, wenn der Staat sagen würde: „nein, nein, die Beklagte hat da an folgenden Stellen Unrecht".

Wenn wir also sagen, wir bleiben beim Beibringungsgrundsatz, führen in diesen Fällen keine Amtsermittlung ein – und ich glaube, es spricht vieles dafür, beim Beibringungsgrundsatz zu bleiben –, dann dürfen wir meines Erachtens Verbraucherinnen und Verbraucher nicht in diese Falle locken. Denn dann stehen sie vor einer für sie unlösbaren Aufgabe und müssen entweder doch zum Anwalt gehen oder, wenn es doch nur um 50 Euro geht, nehmen sie im Zweifel die Klage kostenpflichtig zurück und haben das Vertrauen in den Rechtsstaat völlig verloren, weil sie allein gelassen wurden.

Zusammenfassend möchte ich sagen, dieses technikorientierte Online-Verfahren ist extrem wichtig im Small-Claims-Bereich – aber bitte ausgerichtet auf die professionellen Dienstleister, die mit einer Datenschnittstelle direkt ihre Verfahren einspielen können. Die haben die Datensätze, dann können wir auch das Verfahren so ausgestalten, dass es für die Profis eine effiziente Verfahrensführung bietet und dass wir nicht die Verbraucherinnen und Verbraucher damit alleine lassen.

Vielen Dank.

Stv. Vorsitzender:

Vielen Dank, Herr Riehm.

Jetzt Frau Ann-Marie Wolff, Präsidentin des OLG Bremen.

Präsidentin des OLG Ann-Marie *Wolff*, Bremen:

Ja, schönen guten Tag.

Ich bin auch beschäftigt in der Arbeitsgruppe der OLG-Präsidenten und beschäftige mich damit im Wesentlichen mit dem Thema der Strukturierung, und zwar des Parteivortrags und des Verfahrens, aber dazu vielleicht später.

Ich möchte von Ihnen, Herr Riehm, gerne aufgreifen, das Vertrauen in den Rechtsstaat.

Vertrauen in den Rechtsstaat bedeutet, dass wir es schaffen, geordnete Prozesse durchzuführen und dazu, das möchte ich auch gleich sagen, würde ich gerne den Vorschlag von Frau Limperg unterstützen, dass wir da deutlich mehr differenzieren zwischen den Verfahrensarten und auch, dass wir deutlich mehr an einer Spezialisierung auch in den Gerichten arbeiten. Das gehört aus meiner Sicht auch noch mit dazu.

Um allerdings den Gerichten eine geordnete Führung dieser Prozesse zu ermöglichen, brauchen wir auch eine entsprechende Vorarbeit. Ich war Herrn Buschmann vorhin richtig dankbar, dass er so erwähnt hat, wie sehr hier dieser Deutsche Juristentag vorbereitet wird, mit vorbereitenden Gutachten und den Thesen der Referenten. So etwas brauchen wir in den Prozessen auch und das muss verständlich sein und das muss nachvollziehbar sein und das muss geordnet sein.

Und deswegen werden wir mit Sicherheit vorschlagen, dass wir eine gewisse Strukturierung, Herr Mehring hat da heute Morgen schon darauf hingewiesen, benötigen. Man kann sich das auch ganz einfach vorstellen, ich will jetzt nicht zu kleinteilig werden, aber es würde den Gerichten schon reichen, wenn ordentlich zwischen Tatsachen- und Rechtsvortrag unterschieden wird.

Das haben wir heute in den Verfahren häufig nicht mehr, das ist einfach so.

Und ein Punkt, Herr Mehring, das ist mir ganz wichtig, ich glaube, Sie haben das heute Morgen erwähnt: wir brauchen das von Anfang an! Und deswegen brauchen wir das im Gesetz! Denn wenn wir erst mal mit 200 Seiten Klageschrift und 200 Seiten Klagerwiderung überschüttet sind, dann wird uns nicht mehr das gelingen, was alle oder die meisten unserer Kollegen gerne möchten; sie möchten Ihnen gerne zügig eine Lösung oder eine Fortsetzung Ihres Streits in geordneten Bahnen ermöglichen. Nur das können die Kolleginnen und Kollegen dann nicht mehr. Und deswegen brauchen wir das von Anfang an und ich bitte auch darüber nachzudenken, ob wir, und ich bin eine Vertreterin des Rechtsstaats, aber trotzdem meine ich, dass wir auch über das rechtliche Gehör nachdenken müssen in diesem Zusammenhang. Also über eine Sanktionierung, wenn bestimmte Vorgaben nicht befolgt werden. Man könnte sich zum Beispiel vorstellen, dass Tatsachenvortrag, der irgendwo versteckt ist, einfach nicht beachtet wird. Warum soll in unserem Rechtsstaat das rechtliche Gehör dazu führen, dass, wie mir Anwälte sagen, sie ganz bewusst Tatsachenvortrag irgendwo verstecken oder verzögern? Warum sollte das in einem Rechtsstaat geduldet werden? Nein, das brauchen wir nicht. Artikel 103 GG ist mir hoch und heilig, aber wir müssen auch in einem geordneten Verfahren die Prozesse abwickeln können. Also mein Plädoyer, ganz klar, für Mut zur Gesetzgebung. Das werden wir ohne Gesetzgebung nicht schaffen können, dass wir da schärfer Fehlvorträge, sag ich jetzt mal, sanktionieren können. Aber den Mut, zu diesem Mut möchte ich gerne aufrufen, und ich kann Ihnen versprechen, dass die Prozesse dann, sehen wir mal von der personellen Ausstattung der Gerichte ab, die natürlich auch dazu gehört, aber dass die Prozesse dann von der Prozessgestaltung her deutlich zügiger geführt werden können, wenn wir das haben.

Vielen Dank.

Stv. Vorsitzender:

Vielen Dank, Frau Wolff.

Aufrufe zum Mut zur Gesetzgebung, die sind beim Juristentag immer sehr willkommen. Wenn im Publikum noch Richterinnen und Richter sind, die zu der Frage, wie man komplexe Prozesse effektiv behandelt, Stellung nehmen können, vielleicht aus ihrer eigenen Praxis, sind sie hoch willkommen. Jetzt aber Herr Hübert von der Nivalion AG, einem Prozessfinanzierer.

Syndikusrechtsanwalt Jakob *Hübert*, Frankfurt a. M.:

Vielen Dank. Vielen Dank, sehr verehrte Damen und Herren.

Ich möchte einen sehr technischen Beitrag machen zu den Kosten der Prozessfinanzierung und wieder nicht die Vogelperspektive einnehmen, sondern einen Blick in den Maschinenraum eines Finanzierers werfen. Dabei sollte ich klarstellen, dass Nivalion sehr selten

Sammelklagen finanziert. Wir finanzieren hauptsächlich Streitigkeiten zwischen Unternehmen; deswegen erlauben Sie mir den Blick hier auch von der Seitenlinie sozusagen und nicht notwendigerweise als Betroffener.

Der Grund dafür ist natürlich das Gutachten von Professor Domej. Vielen Dank dafür, das ist hervorragend und da sind sehr viele Punkte und bei allen Punkten stimmen wir zu. Einen Punkt aber möchte ich aufgreifen. Und da sprechen Sie darüber, dass finanziell schwächere Parteien geschützt werden müssen vor wirtschaftlicher Übermacht. Das ist natürlich richtig, und das ist ein lobenswertes Ziel. Dieses Ziel kann man auf unterschiedliche Arten erreichen. Man kann diesen Schutz der strukturell schwächeren Parteien herstellen, indem man zum Beispiel wie es im VDuG gemacht worden ist, d.h. der Bereich wird reguliert und Folge der Regulierung ist, dass der Prozessfinanzierer höchstens 10 Prozent des erstrittenen Betrages bekommt. Dadurch macht man die Prozessfinanzierung faktisch tot. Das ist eine Möglichkeit das so natürlich zu machen, allerdings wird der Schutz nicht erreicht, weil dem Verbraucher die Möglichkeit genommen wird, die Prozessfinanzierung zu nutzen.

Wenn wir jetzt über den Schutz der strukturell Schwächeren sprechen, würde ich gerne auch die Kosten der Finanzierung ansprechen und fragen. Wieso sind die Kosten so hoch? Wieso ist Prozessfinanzierung so teuer?

Grund für die hohen Kosten ist nicht die wirtschaftliche Übermacht des Finanzierers, sondern es ist die Dauer des Verfahrens. Wenn wir uns anschauen, wie ein Pricing, ein Bepreisungsmodell bei einem Finanzierer funktioniert, dann ist es oft so, dass Finanzierer wie Nivalion einen bestimmten Betrag investieren, das Budget, und auf diesen Betrag, auf dieses Budget wird ein sogenannter Multiple angewandt. Der Multiple steigt mit der Dauer des Verfahrens. Das heißt, wenn wir ein sehr kurzes Verfahren haben, dann ist das auch für die finanzierte Partei sehr günstig. Wenn das Verfahren aber sehr lange dauert, dann wird es für die finanzierte Partei auch sehr teuer. Das ist bei Nivalion so, wo das Multiple-Modell Anwendung findet. Das ist aber auch bei anderen Finanzierern so, die mit dem Prozent-Modell arbeiten, auch dort kommt häufig ein steigender Prozentsatz zur Anwendung, so dass ein kurzes Verfahren ebenfalls die finanzierte Partei schützt und ihr zu ihrem Recht verhilft, ohne dass die finanzierte Partei gleichzeitig einen hohen Teil des erstrittenen Betrages abgeben muss. Wir müssen also die Verfahrensdauer in den Blick nehmen, wenn wir uns über den Schutz der finanzierten Partei unterhalten und nach Möglichkeiten suchen, die Dauer der Verfahren zu kurz wie möglich zu halten.

Ein weiterer Punkt, den ich noch zu den Finanzierungskosten anmerken möchte: Wie kann man auf andere Art und Weise die Verbraucher davor schützen, dass sie einen hohen Anteil des erstrittenen Betrages abgeben müssen? Hier kommt die Erstattung der Finanzierungskosten durch die beklagte Partei in Betracht. Wenn es eine finanzierte Partei schafft, im Verfahren zu obsiegen, dann spricht meiner Meinung nach viel dafür, dass man der finanzierten Partei die Erstattung der Finanzierungskosten auch zuspricht.

Dieses Thema wird immer wieder diskutiert. Und grundsätzlich besteht ja auch Einigkeit, dass die Voraussetzungen für die Erstattung der Finanzierungskosten nach §§ 280, 286 BGB gegeben sind, wenn eine finanzschwache Partei die Prozessfinanzierung genutzt hat und die Finanzierung auch erforderlich war, um ihr Recht durchzusetzen. Eine weitere Voraussetzung wäre, dass die finanzierte Partei vor Einleitung des Verfahrens der Gegenpartei angezeigt hat, dass sie die Prozessfinanzierung nutzen wird, und somit auch der Schadensminderungspflicht nachgekommen ist.

Dieses Thema wird bei vielen von Nivalion finanzierten Parteien wohl nicht greifen, weil die Parteien möglicherweise die Erforderlichkeit der Nutzung der Prozessfinanzierung nicht nachweisen können. Aber bei Sammelklagen, bei Verbrauchern, über die wir uns hier unterhalten, sollte dieser Punkt berücksichtigt werden. Erst wenn die finanzierte Partei die Kosten der Finanzierung erstattet bekommt, wird ihr Schaden auch voll erstattet, so dass wir dadurch das Ziel erreichen, dass die finanzierte Partei ebenfalls geschützt wird.

Vielen Dank.

Stv. Vorsitzender:

Herr Hübert, bleiben Sie bitte noch. Ich kenne die Regel, dass die Finanzierungskosten erstattungsfähig sind, vor allem aus dem englischen Recht. Aber wie stellen Sie sich das vor, wenn die Finanzierung dadurch erfolgt, dass ein Teil der erstrittenen Summe an den Finanzierer geht? Wäre die quota litis dann vom Gegner zusätzlich zu erstatten?

Syndikusrechtsanwalt Jakob *Hübert*, Frankfurt a. M.:

Vielen Dank für die Frage. Was die Höhe des Betrages angeht, sollte der finanzierten Partei ein angemessener Finanzierungsbetrag erstattet werden. Und es wäre Aufgabe des Gerichts, zu klären, was ein angemessener Betrag für die Finanzierung des Verfahrens ist. Das Gericht müsste dann natürlich das Risikoprofil des Investments beachten. Bei der Finanzierung haben wir es mit einem Hochrisiko-Investment zu tun und entsprechend ist das nicht wie ein Bankdarlehen zu bepreisen, bei dem man für das Darlehen eine Sicherheit erhält, die man verwerten kann, falls das Darlehen nicht zurückgezahlt wird. Stattdessen haben wir es hier mit einem Non-Recourse Investment zu tun, so dass der Finanzierer das Risiko übernimmt, dass die finanzierte Partei im Verfahren nicht obsiegt. Und entsprechend müsste auch ein Gericht an die Frage der Angemessenheit des zu erstattenden Betrages herangehen.

Stv. Vorsitzender:

Vielen Dank. Der nächste Redner ist Herr Schuschnigg, der aus einer Vogelperspektive sprechen wird. Das liegt wahrscheinlich daran, dass er aus Wien kommt.

Referent Dr. Artur *Schuschnigg*, Wien:

Mein Name ist Artur Schuschnigg. Ich bin Angestellter der Wirtschaftskammer Österreich. Danke für die Einladung zum Deutschen Juristentag.

Gehen wir also vom Maschinenraum wieder ein wenig in die Vogelperspektive. Da haben wir doch schon immer wieder heute gehört, dass angeblich die Unternehmer immer die Bösen seien. Schon allein die Diktion, die sich leider eingeschlichen hat, von „kollektivem Rechtsschutz“ zu sprechen, kann mitunter als störend empfunden werden. Weil welches Recht zu schützen ist, das ist letztendlich Aufgabe des Gerichts, das zu entscheiden. Selbstverständlich hat auch das beklagte Unternehmen ein Recht darauf, dass sein Recht geschützt wird. Es wird immer wieder in der Diskussion offensichtlich pauschal davon ausgegangen, die Unternehmer verlieren jedenfalls das Verfahren. Der österreichische Gesetzgeber hat dankenswerterweise – zugegebenermaßen auch auf mein Zurufen hin – in seinem neuen Abschnitt der ZPO über die Umsetzung der Abhilfeklage, also der kollektiven Rechtsverfolgung, tatsächlich die Überschrift gewählt, „kollektive Rechtsverfolgung“ und nicht „kollektiver Rechtsschutz“. Ich glaube, das ist einmal ganz wichtig für eine offene Diskussion.

Es ist klar, dass natürlich Unternehmen besonders dann in der Presse durch den Kakao gezogen werden, wenn ihnen vorgeworfen wird, sie hätten irgendetwas angestellt. Das ist leider so, soll aber nicht darüber hinwegtäuschen, dass hunderttausende von Unternehmen tagtäglich versuchen, rechtskonform zu agieren. Und in aller Regel es auch gut funktioniert. Diese, tagtägliche Wechselwirkung zwischen Unternehmen und Verbraucher ist natürlich zugegebenermaßen nicht der Rede wert. Nur dann, wenn Sand im Getriebe ist, kommt es zu entsprechenden Verfahren. Allerdings bitte ich auch zu berücksichtigen, dass ja nebst bewusster Malversation – ja die gibt es – dann doch sehr häufig gar nicht klar ist, wie das geltende Recht auszulegen ist. Wir alle kennen diverse Überraschungsmomente, wenn irgendein Höchstgericht plötzlich etwas entscheidet, was gegen die Linie jahrzehntelanger Übung ist.

Wir müssen allerdings auch bei der kollektiven Rechtsverfolgung danach trachten, dass bei allem Denken an ein effektives Verfahren der Grundgedanke des fairen Verfahrens und der Waffengleichheit nicht über Bord geworfen wird. Dieser Grundgedanke der Äquidistanz des Gesetzgebers und der Äquidistanz des Gerichts sollte beachtet werden.

Ich verstehe schon das mehrfach heute vorgebrachte Argument der Notwendigkeit einer Strukturierung des Vorbringens und der Klageerwiderung. Jedoch möchte ich auch darauf hinweisen, dass man überlegen sollte, dadurch jedenfalls nicht den Parteien und den Parteienvertretern die Möglichkeit abzuschneiden, unumwunden alles vorzubringen, was sie für notwendig erachten.

Also hier ist es insbesondere auch durchaus möglich – und der österreichische Gesetzgeber hat das in der Umsetzung, die ich schon angesprochen habe, auch ausdrücklich festgelegt –, dass in dem ersten Abschnitt des Verfahrens, wenn der Beschluss erfolgt, dass die Abhilfeklage zulässig ist, das Gericht in den Beschluss auch hineinzuschreiben hat, welche Streitpunkte als erstes behandelt werden. An sich nach österreichischem Recht kein absolutes Novum, weil tatsächlich es auch bisher möglich war, dass das Gericht mit den Parteien ein Prozessprogramm bespricht.

Klar ist aus meiner Sicht auch, dass die Wahl einer Verfahrensart nicht dazu führen kann, dass sich im Grunde nach, also jetzt theoretisch gesprochen, der Anspruch „ändert". Also es müsste aus meiner Sicht vollkommen egal sein, wie ein Anspruch geltend gemacht und verfolgt wird. Am Ende des Tages sollte zumindest aus dogmatischer Sicht dasselbe herauskommen. Eine bestimmte Verfahrensart zu wählen, weil mit dieser „mehr rauskommt", sollte nicht zulässig sein.

Die Belastung der Gerichte ist ein gewaltiges Problem. Ich möchte nur darauf hinweisen, dass es natürlich auch für Unternehmen durchaus ein sinnvolles Argument ist, dass das besser und schneller durchgeführt wird. Jede massive Belastung des Gerichtes führt ja nicht nur dazu, dass die Prozessparteien selber wesentlich länger auf das Ergebnis warten müssen, sondern alle anderen auch. Das Gericht ist so belastet, dass dann andere Verfahren unter Umständen verzögert werden.

Small Claims wurden angesprochen, also die Differenzierung offensichtlich, wenn ich das richtig verstanden habe, der Verfahrensarten nach der Höhe des geltend gemachten Anspruchs. Ich halte das für bedenklich, weil die Höhe des geltend gemachten Anspruchs nicht unbedingt etwas über die Schwierigkeit der zu lösenden Tat- und Rechtsfragen aussagt. Ganz abgesehen davon, wenn man rechtsvergleichend sich das anschaut, ist vollkommen unklar, wo die Grenze zu setzen wäre. Wir setzen uns damit wahrscheinlich sofort dem Argument aus, dass eine Grenze, wie immer sie gezogen wird, willkürlich gezogen wird.

Aufgrund meines Vorredners: Ganz klar, aus Wirtschaftssicht ist es abzulehnen, der beklagten Partei irgendwelche Kosten aufzubürden, die aufgrund eines Prozessfinanzierungsvertrags entstehen. Selbstverständlich, ich glaube, da sind wir alle einer Meinung, muss ein Unternehmen, auch wenn es einen Prozess verliert, zum Beispiel auch nicht die Prämien rückerstatten für irgendeine Rechtsschutzversicherung. Dies soll weiterhin vollständig Aufgabe der klagenden Partei sein und auch dortbleiben. Es ist nicht einzusehen, nur bei der Wahl des Verfahrens dann plötzlich hier mit zusätzlichen Kosten belastet zu werden. Ganz abgesehen davon kann man natürlich auch sagen, es wäre ein Verstoß gegen die Schadenminderungspflicht. Denn vom Ergebnis her betrachtet, müsste man dann sagen: „Du hast zwar das Verfahren gewonnen, aber aufgrund deiner Schadenminderungspflicht hättest du ja das Ganze im Individualverfahren machen müssen." Also da wäre ich sehr vorsichtig. Das ist jetzt nur ein bisschen ein kleiner Gedankenanstoß, den man vielleicht noch weiter diskutieren könnte.

Stv. Vorsitzender:

Vielen Dank, Herr Schuschnigg.
Jetzt Herr Rechtsanwalt Professor Römermann.

Rechtsanwalt Prof. Dr. Volker *Römermann*, Hannover:

Vielen herzlichen Dank, Herr Vorsitzender. Sie nehmen mir die Worte aus dem Mund.

Es war übrigens Marcel Reif, der mit Günter Netzer die Stunde überbrückte, die Sie vorhin angedeutet haben.

Ich möchte den Fokus auf zwei Thesen legen. Herzlichen Dank für das tolle Gutachten und die schönen Diskussionsbeiträge bislang zu Thesen 5 und 11.

These 5 ist, wir brauchen eine Preisregulierung. Und ich möchte dringend davon abraten, Preise zu regulieren. Wir führen diese Diskussion im anwaltlichen Berufsrecht seit 30 Jahren, fruchtlos. Die einen sagen, du musst Mindestpreise festlegen, das garantiert die Qualität. Das garantiert natürlich nie Qualität. Ich kann sagen, Rednerpulte dürfen nicht weniger als 30.000 Euro kosten. Dadurch werden die Dinger nicht besser, sondern es gibt einfach nur Mindestpreise. Die anderen sagen, du musst Höchstpreise festlegen. Das ist auch keine gute Idee. Man kann Höchstpreise festlegen, aber wen will man denn dazu zwingen, zu diesem Preis anzubieten?

Also, was nützt es uns denn, den Verbrauchern sozusagen etwas Gutes zu tun, indem wir Höchstpreise für Prozessfinanzierung oder Dienstleistungen festlegen? Und es findet sich kein Prozessfinanzierer und kein Dienstleister. Das nützt uns doch allen nichts. Also, ich glaube, Preise muss man dem Markt überlassen. Alle Versuche des Gesetzgebers bislang, jedenfalls nach meiner Beobachtung, Preise zu regulieren, waren fruchtlos. Und die Prozesse, die wir in den 90er Jahren und Anfang der 2000er Jahre geführt haben, über Preisregulierung, haben am Schluss ja zu einer weitgehenden Befreiung, Freistellung von Verboten geführt.

These 11. Da will ich, lieber Herr Kollege Wagner, Ihrem Aufruf natürlich gerne folgen, den Gesetzgeber zu Mut zu inspirieren. These 11 lautet: Lasst die Rechtsdienstleister doch auch mal dieser Verschwiegenheit unterliegen. So kurz zusammengefasst. Das kann man so machen.

Lassen Sie uns einmal kurz auf den Rechtsdienstleistungsmarkt schauen, als wenn wir den nicht kennen würden. Also, wir betreten jetzt den Markt zum ersten Mal. Und da laufen so verschiedene Dienstleister rum. Die einen heißen Anwälte, die anderen heißen Rechtsdienstleister. Und wir fragen uns, wie ist denn da die Regulierung? Und dann wird uns gesagt, die, die am längsten studieren, die dann ein Referendariat machen, die viele Prüfungen bestehen müssen, manche davon schwierig, die einer präzisen Überwachung durch Kammern unterliegen, die haben ein strenges Berufsrecht und dürfen eigentlich wenig. Die aber, die am Wochenende einen Kurs in Jura belegen, ich bitte um Entschuldigung, wenn ich das etwas holzschnittartig formuliere, und sich dann als Rechtsdienstleister auf dem Markt tummeln dürfen, dürfen alles, die haben nämlich gar keine berufsrechtlichen Regeln, die haben gar keine berufsrechtlichen Beschränkungen. Würden wir uns da nicht wundern? Also, wir wundern uns alle nicht, weil wir kennen das ja so. Aber würden wir nicht, wenn wir jungfräulich auf dieses Thema kämen, würden wir uns nicht wundern? Muss es nicht umgekehrt sein, dass die, die die strengste Ausbildung, die strengste Überwachung haben, die größte Freiheit haben und umgekehrt die, die die geringste, abstrakt, da können tolle Leute sein, ich sage das ganz abstrakt, die geringste Ausbildung absolvieren müssen, dass die am wenigsten dürfen? So wäre es doch logisch. Wir müssten diese ganze Regulierung einmal vom Kopf auf die Füße stellen. Wir brauchen, lieber Herr Wagner, ich denke immer noch an Ihre Worte, ein Rechtsdienstleistungsgesetzbuch mit einem allgemeinen Teil. Und da gibt es die Verschwiegenheit für alle. Und wenn Sie Core Values mögen, dann schreiben Sie da noch was von Sachlichkeit oder was so alles Schönes da drinsteht. Schreiben Sie noch so ein paar schöne abstrakte Sachen da rein. Und dann gibt es einen besonderen Teil. Und in diesem besonderen Teil gibt es einen Abschnitt für Anwälte. Und es gibt einen Abschnitt für sonstige Rechtsdienstleister. So gibt es Sinn. Aber das, was wir im Moment haben, wir stochern da so im Nebel. Wir können jetzt natürlich in einem großen Nirwana, was bei den Rechtsdienstleistern herrscht, mal eine punktuelle Regelung machen, nämlich über die Verschwiegenheit. Das kann man machen. Aber ein System wird nicht draus. Und wenn der Gesetzgeber mutig wäre, würde er sich ein Herz fassen und nach diesem Juristentag eine schöne Regulierung für den Rechtsmarkt machen.

Vielen Dank.

Stv. Vorsitzender:

Vielen Dank, Herr Römermann.

Sie haben in guter deutscher Tradition gleich eine Kodifikation angemahnt, mit allgemeinem Teil und besonderem Teil.

Der nächste Redner ist Herr Rechtsanwalt Müller. Bitte schön.

Rechtsanwalt Dr. Werner *Müller*, Frankfurt:

Ein Punkt, Herr Hartung. Sie haben vorhin „Vertrauen in den Rechtsstaat" erwähnt. In dem Sinne, dass Sie meinten, so habe ich Sie verstanden, dass der Staat gefordert sei, dass auch kleine Ansprüche realisiert werden. Und dem würde ich widersprechen. Aus rechtlichen Gründen zunächst. Wir haben die Rechtsschutzgarantie. Das heißt, der Staat muss Rechtsschutz zur Verfügung stellen, wo jemand Recht sucht. Das ist notwendig, weil der Staat das Gewaltmonopol hat. Die Bürger können sich nicht mit Gewalt ihr Recht holen. Also muss der Staat den Rechtsschutz gewähren. Und das steht im Grundgesetz.

Aber, es steht nicht im Grundgesetz, dass der Staat dafür sorgen muss, dass jedes Recht realisiert wird. Und das sagt mir meine Vernunft: Es ist nicht vernünftig, dass jedes Recht auch durchgesetzt wird.

Ich bin froh, dass es Menschen gibt, die darauf verzichten, ihre Rechte zu realisieren. Und da komme ich jetzt auf das, was Sie sagten: „Vertrauen in den Rechtsstaat". Ist es notwendig für das Vertrauen der Bürger in den Rechtsstaat, dass jeder kleine Anspruch realisiert wird? Meine Erfahrung sagt nein. Da fühlte ich mich erinnert an eine Diskussion, die am Montag in Frankfurt mit dem Oberbürgermeister Mike Josef von der SPD geführt wurde. Dessen Gesprächspartner sagte: „Mehr Beteiligung für die Bürger, damit die Bürger Vertrauen in die Verwaltung haben".

Da sagte der Herr Josef, ein ganz vorsichtig formulierender Mensch, aber sehr vernünftig: „Für den Bürger kommt es mehr darauf an, dass etwas von der Verwaltung geschieht, und nicht so sehr, dass er auch permanent beteiligt wird." Natürlich kann er sich beteiligen. Wir haben zum Glück dieses Maß an Meinungsfreiheit, dass jeder seine Meinung zu dem Verwaltungshandeln sagen kann.

Aber wichtiger als die Beteiligung der Bürger ist, so der Oberbürgermeister in Frankfurt, dass die Verwaltung funktioniert. Und wichtiger für die Bürger ist, dass die Justiz funktioniert, als dass wir einer Utopie nachhängen, wonach jeder Anspruch realisiert werden muss. Ich muss ganz ehrlich sagen, es ist nicht wichtig für den Rechtsstaat, auch glaube ich nicht für das Vertrauen in den Rechtsstaat, dass jede 50 Euro gegen die Deutsche Bahn wegen Verspätungen oder gegen die Lufthansa wegen Verspätungen oder sonstiger Dinge auch realisiert werden. Das halte ich nicht für vertrauensnotwendig.

Stv. Vorsitzender:

Jetzt haben die Referenten Gelegenheit, auf die Diskussionsbeiträge zu antworten. Zunächst Frau Limperg, bitte.

Präsidentin des BGH Bettina *Limperg*, Karlsruhe:

Eine kurze und kompakte Antwort fällt mir nicht leicht. Die aufgeworfenen Fragen und auch die Bandbreite der Thesen sind beträchtlich. Ich möchte deshalb nur zwei Dinge anmerken. Das eine ist, als Richterin fällt es mir schwer, eine einseitige Position einzunehmen und argumentativ zu vertreten.

Weder sind Verbraucherinnen und Verbraucher immer nur schutzbedürftig, noch sind Unternehmerinnen und Unternehmer immer als die Bösen zu betiteln – und umgekehrt. Man sollte zudem konstatieren, dass Prozessfinanzierer nicht nur auf der edlen Seite unterwegs sind, sondern auch Geld verdienen wollen. Wir sollten uns also in den verschiedenen Positionen ehrlicher machen und sie den vorhandenen und endlichen Ressourcen zuordnen. Dazu bedarf es klügerer Mechanismen, als sie derzeit implementiert sind. Berücksichtigen müssen wir insbesondere die Parameter Masse versus Einzelfallgerechtigkeit, Schnelligkeit und Gründlichkeit, Dispositionsmaxime und das Erfordernis von Standardisierung, Individualrecht und „Gruppenrecht". Nach meinem Eindruck wird derzeit der Eindruck erweckt, dass in den unechten Sammelklagen das Beste aus diesen Welten vereint wird. Das Gegenteil scheint mir aber der Fall zu sein. Weder finden die Verbraucherinnen und Verbraucher in diesen Formaten das ihnen angemessene Maß an effektivem und effizientem Rechtsschutz, noch ist das Verfahren für die Gerichte in einer sinnvollen Weise handhabbar. Ich denke, wenn wir Vertrauen in den Rechtsstaat fördern wollen, müssen wir den unterschiedlichen Verfahrensgegenständen angepasstere Instrumente des Prozessrechts zur Verfügung stellen. Dazu gehören Entscheidungen, wann schriftliche und wann mündliche Verfahren vorzusehen sind, wie weit Digitalisierung genutzt werden kann und muss, wo sie den Zugang zum Recht verbessert und wo sie ihn aber auch behindert. Hierzu brauchen wir bewusste Entscheidungen des Gesetzgebers, der für grundlegend verschiedene Bereiche der Zivilprozessordnung auch grundlegend unterschiedliche Verfahren vorsehen sollte. Wir brauchen kurzum einen mutigeren regulatorischen Rahmen insbesondere für den kollektiven Rechtsschutz.

Vors. Richter am LG Dr. Thomas *Mehring*, Stuttgart:

Vielen Dank. Ich möchte mich gerne zu zwei Punkten äußern. Das eine war diese Debatte „Missbrauch der Justiz“ auf der einen Seite, auf der anderen Seite „es kann doch nicht sein, dass Klageindustrie so einen abwertenden Geschmack hat“. Also, Herr Streyl, Herr Hartung, meines Erachtens ist das eine Diskussion, die nicht weiterführt. Welche Ansprüche es gibt, entscheidet das materielle Recht. Und wenn es das materielle Recht gibt, dann ist es eben so, wie es ist. Wenn es Ansprüche gibt, kann es nicht das Ziel des Prozessrechts sein, dass wir sagen, die gehen uns aber auf die Nerven, deswegen soll es diese Verfahren nicht geben. Außerdem können wir als Justiz nicht erwarten, dass nur begründete Klagen erhoben werden. Es gibt auch unbegründete Klagen, ohne dass die Erhebung einer unbegründeten Klage, woran auch immer sie scheitern mag, nun etwas irgendwie Vorwerfbares wäre. Worum es nur gehen kann, das ist, dass es für die Ansprüche – oder vermeintlichen Ansprüche, die eben jemand entscheidet, geltend machen zu wollen – ein Verfahren gibt, das effizient und ressourcenschonend ist. Wenn 50 Prozent der Bevölkerung eine Rechtsschutzversicherung haben, ist es einfach so – und ich meine auch unvermeidlich, außer man wollte da mit der Axt rangehen – dass es eben auch Ansprüche gibt mit geringer Wahrscheinlichkeit, zugesprochen zu werden, die aber in großer Masse vor Gericht kommen. Und dann braucht man ein Verfahren, mit dem wir dem effizient begegnen können. Und ob wir das jetzt blöd finden oder nicht, ist eigentlich egal.

Der andere Punkt, auf den ich nochmal zu sprechen kommen möchte, ist dieses Thema „Strukturierung“, da ist das englische Vorbild genannt worden. Meines Erachtens gehen diese Idealmodelle an der Realität vorbei, die wir haben. In einem Individualprozess mit hohem Streitwert habe ich nie ein Problem mit unstrukturiertem Parteivertrag. Sondern natürlich arbeiten alle Parteien dann sorgfältig. Wenn ich eine Verfügung mache, wird sorgfältig reagiert. Ich kann mit den Parteien reden. Ich habe nicht das Problem, irgendwelche blöden Textbausteine zu lesen, weil es für alle Seiten um viel geht. Nur diesen Idealprozess und diese Prozessführung, dazu habe ich die Ressourcen nicht, und ich habe sie vor allem dann nicht, wenn ich eine Serie von Klagen habe, wo die Beteiligten gerade wenig investieren. Einfach mal, um zu illustrieren, was das heißt:

Sie bekommen eine Klageschrift, da steht auf Seite 40, das Fahrzeug unterliegt einem Rückruf, und auf Seite 70 steht, die Tatsache, dass das Fahrzeug keinem Rückruf unterliegt, sei unerheblich, weil es nur bedeute, dass noch kein Rückruf vorliege. Wenn Sie dann eine Verfügung machen, wo Sie sagen: Unterliegt denn das Fahrzeug einem Rückruf oder nicht?, das merken die gar nicht. Sie kriegen 200 Seiten Replik-Textbaustein und es hat gar niemand gemerkt, dass Sie diese Verfügung gemacht haben. Oder noch ein Beispiel, einfach um klarzumachen, wo wir stehen in diesen Massenverfahren: Ich habe Beweis erhoben, in dieser Sache kommt ein Gutachten. Dann macht eine Seite einen Schriftsatz und reicht diesen in allen Fällen ein: „In einem Parallelprozess wurde Beweis erhoben mit folgendem Ergebnis“. Diesen Schriftsatz kriege ich dann in dem Verfahren, in dem das Gutachten erstellt wurde. Das haben die gar nicht gemerkt. Das ist die Realität.

Und deswegen brauchen wir ein effizientes Korsett, um das zu händeln. Und das können wir nicht dadurch schaffen, dass wir ein Ideal, was im Idealprozess super funktioniert, in 400.000 Prozessen versuchen nachzuspielen. Das kann nicht klappen. Vielen Dank.

Stv. Vorsitzender:

Vielen Dank. Frau van Wijngaarden, bitte.

Rechtsanwältin Dr. Martina de *Lind van Wijngaarden*, Frankfurt a. M.:

Ich möchte mich zunächst auf einen Punkt konzentrieren, den Sie, Frau Prof. Domej, ganz am Anfang in Ihrem Eingangsstatement gemacht haben. Der hörte sich so eingängig an: Der Schutz der einen Partei dürfe nicht zur Waffe der anderen Partei werden, weil irgendwelche Verstöße gegen regulatorische Vorschriften vorliegen. Was meinten Sie damit nach meinem Verständnis?

Zu einer unechten Sammelklage, die auf einem Abtretungsmodell beruhte, hat der BGH entschieden, dass Verstöße gegen das Rechtsdienstleistungsgesetz auf die Wirksamkeit der Abtretung durchschlagen. Doch diese Verstöße, meinen Sie, schützen nur den Verbraucher, der allein vor seinem eigenen Anwalt oder dem Klagevehikel geschützt werden muss.

So ist es aber nicht. Das Rechtsdienstleistungsgesetz schützt auch den Rechtsverkehr und die Rechtsordnung.

Das heißt: Auch das beklagte Unternehmen, auch der Prozessgegner des Rechtsuchenden, und das Gericht werden geschützt. Zu sagen, die relevanten RDG-Vorschriften schützen nur den Verbraucher, um so das Abtretungsmodell zu retten, ist aus meiner Sicht zu kurz gesprungen.

Ich möchte dann noch auf Herrn Hübert eingehen. Seine Forderung hört sich ja auch eingängig an: Das von einem Litigation Funder finanzierte Klagevehikel möge die Finanzierungskosten im Falle des Obsiegens von der Beklagtenseite erstattet bekommen. Sie erwähnten selbst, dass Sie Hochrisikokapital einsetzen. Die Multiples, die für finanzierte Verfahren aufgerufen werden, sind, um einen englischen Begriff zu benutzen, eye watering, aus Beklagtensicht. Wenn man sich einer solchen Erstattung nähern wollte, würde sich ein Rattenschwanz an Problemen anschließen: Wer sagt eigentlich, dass das Verfahren auf der Klägerseite effizient geführt wurde und die Finanzierungskosten und der Multiple gerechtfertigt waren? Also ich kann nur davor warnen, sich solchen Ideen auch nur ansatzweise zu nähern.

Danke.

Stv. Vorsitzender:

Und zum Schluss Herr Halmer, bitte.

Rechtsanwalt Dr. Daniel *Halmer*, Berlin:

Ja, vielen Dank.

So, ich habe mitgeschrieben, die Vogelperspektive wurde einige Male eingenommen. Da bin ich sehr dankbar dafür, denn das ist auch immer der Einflugswinkel, von dem ich herkomme. Und ich bin immer wieder fassungslos und stehe stirnrunzelnd davor, wenn ich sehe, dass Organe der Rechtspflege es hinnehmen, dass in den genannten Beispielen Verbraucherrechte massenhaft nicht durchgesetzt werden. Ich finde das richtig, richtig problematisch. Das ist der Grund, warum ich die Firma gegründet habe. Ich finde es wichtig, immer wieder auf diese Vogelperspektive hochzukommen.

Ich habe auch wahrgenommen und finde es gut, dass von den Vertreterinnen der Justiz, Frau Limperg, Frau Otte, Sie haben gesagt, Klagen sind gut, sie aktivieren den Rechtsstaat, sie sind nicht in erster Linie eine Belastung. Das finde ich eine sehr wichtige Aussage, gerade aus der Justiz.

Stichwort Justiz: Wir haben in der Diskussion einen großen Fokus auch auf die Justiz gehabt. Ich möchte aber nochmal in Erinnerung rufen, dass fast alle oder jedenfalls die Mehrheit aller Verfahren außergerichtlich beglichen werden. Das ist auch das Interesse des Rechtsstaates, Rechtsfrieden und auch das Interesse von Mandanten, Verbraucherinnen und Legal Techs. Wir vergleichen circa 50 Prozent der Fälle außergerichtlich. Wir würden gerne viel mehr außergerichtlich vergleichen, denn da kann man viel mehr Automatisierung und Technologie anwenden und im gerichtlichen Verfahren, mit mündlichen Verhandlungen, wie erläutert, eben nicht.

Small Claims Court wurde ein paarmal angesprochen. Es erscheint mir fast Konsens zu sein, dass das eine gute Idee ist. Und ich stimme Herrn Professor Riehm sehr energisch zu, dass das aber dann anhand des Arbeitsablaufes, der konkret dann bei der Sachbearbeitung, bei dem Richter oder dem Geschäftsstellenmitarbeiter erfolgt, danach ausgerichtet ist. Wir machen das seit acht Jahren in den Legal Techs. Wir stehen da gerne sozusagen bereit, auch unsere Erfahrungen zu teilen. Das ist unser daily business.

Zum Thema Verschwiegenheit, Professor Römermann, zwei Sachen:

Das eine ist, die meisten Rechtsdienstleister sind ja nicht natürliche Personen, sondern Firmen. Hinter diesen Firmen stehen fast immer, ich kenne da keine Ausnahme, Rechtsanwälte. Ich glaube aber insgesamt, dass das kein großer Diskussionspunkt ist, solange denn klar ist, was mit Verschwiegenheit gemeint ist und wie das alles mit Cloud und KI funktioniert. Ich glaube, das ist die größte Sorge, dass wir hier zu wenig Rechtssicherheit haben, was alles unter die dann auch strafrechtlich sanktionierte Verschwiegenheit fällt. Kann man mit KI arbeiten, unter welchen Voraussetzungen und mit der Cloud? Wenn das geklärt ist, hätte, glaube ich, kein Rechtsdienstleister ein Problem, sich der Verschwiegenheit unterzuordnen.

Zu guter Letzt würde mich wirklich interessieren, ob die Aussage von Kollege Müller am Ende, dass kleine Ansprüche nicht durchgesetzt werden sollten, sozusagen … Mich würde nur interessieren, falls diese These im Raum steht, die zur Abstimmung zu stellen. Da bin ich dezidiert anderer Auffassung. Jeder Anspruch, auch ein 50-Euro-Anspruch, sollte durchgesetzt werden. Das ist mein Verständnis des Rechtsstaates.

Danke.

Stv. Vorsitzender:

Vielen Dank.
Das letzte Wort hat die Gutachterin Frau Domej.

Gutachterin:

Herzlichen Dank.
Manche der Punkte greifen auch über in das Massenverfahren und die würde ich dann für morgen übriglassen.

Ich möchte zunächst kurz etwas zum Thema Preisregulierung und Kostenersatz für die Prozessfinanzierung sagen. Es ist natürlich eine politische Frage, ob man eine Preisregulierung will oder nicht, und es gibt Gründe pro und kontra. Aber ich möchte der These widersprechen, dass jede Preisregulierung dazu führt, dass keine Prozessfinanzierung mehr stattfindet. Denn da sprechen ausländische Erfahrungen nicht unbedingt dafür. Es gibt Erfahrungen damit, dass Preisregulierung dazu geführt hat, dass Kosten gesunken sind. Und ich glaube, dass es eine Rechtfertigung dafür gibt, speziell bei Verbraucheransprüchen, ein Auge darauf zu haben.

Ersatz der Kosten der Prozessfinanzierung – auch da gibt es pro und kontra. Also es gibt legitime Argumente dafür und dagegen. Ich bin im Ergebnis eher dagegen, weil ich glaube, dass es das Prozessrisiko für den Gegner noch deutlich erhöht. Deswegen wäre ich da sehr zurückhaltend. Vielleicht gibt es einzelne Fälle, wo das auf materiellrechtlicher Basis gerechtfertigt ist. Aber ich würde eher davon abraten, zu offensiv zu sein mit prozessualen Ersatzansprüchen für Kosten der Prozessfinanzierung.

Und dann möchte ich einen Punkt noch aufgreifen, weil das mehrfach gekommen ist, nämlich Sanktionen für missbräuchliches Prozessverhalten. Ich würde da für große Zurückhaltung plädieren. Es ist seit langem immer wieder Diskussionsgegenstand gewesen, wie man Parteien für missbräuchliches Prozessverhalten bestrafen sollte. Ich habe nicht den Eindruck, dass das wirklich zu positiven Ergebnissen geführt hat. Es gibt in den USA eine Regelung, die Regelung wurde erwähnt. Und wie ich höre, führt das dazu, dass im Prozess ewig hin und her diskutiert wird, welcher Anwalt sich für missbräuchliches Verhalten Sanktionen verdient hat. Ich glaube, im Endeffekt führt das nicht zu wirklich positiven Konsequenzen und ich würde eher davor warnen, erst recht davor, Strafschadensersatz für Prozessverhalten ernsthaft zu erwägen. Ich glaube, man sollte andere Wege suchen.

Vielen Dank.

Stv. Vorsitzender:

Vielen Dank den Referentinnen und Referenten und der Gutachterin sowie allen Diskutanten und den Mitstreiterinnen hier im Abteilungsvorstand für den ersten Tag.

Wir freuen uns auf die Fortsetzung der Diskussion morgen.

Fortsetzung der Diskussion

am 26. September 2024 vormittags
(anwesende etwa 130 Teilnehmerinnen und Teilnehmer)

Vorsitzende:

Meine Damen und Herren,

ich darf Sie sehr herzlich zur Fortsetzung der Diskussionen in der zivilprozessualen Abteilung des 74. Deutschen Juristentages begrüßen. Ich darf Sie darauf hinweisen, dass Beschlussvorlagen hier vorne in gedruckter Form ausliegen, aber auch, und zwar demnächst, in modifizierter Form. Es sind gestern, wie es ja unsere Satzung zulässt, noch ein paar Anträge zur Erweiterung der Beschlussvorlage aus dem Mitgliederkreis bei uns eingegangen. Diese haben wir aufgenommen und demnächst wird dann die aktualisierte Version der Beschlussvorlage auch online sowie in der App zugänglich sein. Außerdem finden Sie unseren Zeit- und Diskussionsplan, den wir vielleicht mit ein ganz klein bisschen Flexibilität, sozusagen mit dem Mehring'schen Daumen handhaben werden, je nachdem, wo das Auditorium die Schwerpunkte setzen mag. Wir würden jetzt damit beginnen, zunächst denjenigen Gelegenheit zu Wortbeiträgen zu geben, die gestern noch Karten abgegeben haben.

Ich darf Sie aber jetzt schon herzlich einladen, uns weitere Diskussionskarten ausgefüllt, bitte leserlich mit Namen und Funktion und der E-Mail Adresse, abzugeben, sodass wir dann gleich weiter machen können und ich würde jetzt aufrufen als Nächsten Herrn Dr. Thomas Heiß, wissenschaftlicher Mitarbeiter und Habilitand. Es könnte sich dann als Nächster schon bereit machen, Herr Peter Schmidt, weiterer Aufsichtsführender Richter, bitte, wenn Sie sich schon bereit machen.

Akademischer Rat a.Z. Dr. Thomas Alexander *Heiß*, Passau:

Zu dem Gesichtspunkt der Diversifikation des Rechtsschutzsystems würde ich gerne eine Nuance beitragen. Rechtsschutz ist der Effekt, der eintritt, wenn vor staatlichen Gerichten materielles Recht und Prozessrecht zusammen zur Anwendung kommen. Demnach kommen drei Regelungsebenen in Betracht, bei denen angesetzt werden kann, um die Effektivität oder auch die Effizienz des Vorgangs der Rechtsschutzgewährung zu steigern.

Zwei davon haben wir gestern schon bedacht: Einerseits das Prozessrecht selbst, in dessen Bereich für einzelne Situationstypen die Verfahrensregeln angepasst oder schlicht Sonderprozesse für bestimmte Sachlagen eingeführt werden können. Andererseits aber auch das materielle Recht, das so ausgestaltet werden kann, dass seine Durchsetzung rascher und einfacher vonstatten gehen kann, bspw. auf der Ebene der Beweislastverteilung, durch Pauschalierung der Rechtsfolgenbestimmung oder auch durch beweismaßbezogene Bestimmungen im materiellrechtlichen Kontext. Zu erinnern ist daneben an eine dritte Regelungsebene: den Zwischenbereich, der zwischen dem materiellen Recht und dem Prozessrecht liegt, d. h., wenn man sich einer etwas antiquierten Diktion bedienen möchte, das materielle Justizrecht bzw. das materielle Aktionenrecht. Ihm gehören im heutigen System diejenigen Bestimmungen an, in denen das Gesetz, wie etwa in den §§ 256 ff., 916 ff. ZPO, Klagrechte bzw. Antragsrechte gewährt, die sich nicht in der gerichtlichen Ausübung materiellrechtlicher Ansprüche erschöpfen. Diese Regelungsebene könnte Mittel bereithalten, die es erlauben, das Problem der Massenverfahren sachgerecht zu adressieren.

Denkbar erschiene es insbesondere, ein speziell auf die Situation der Massenverfahren zugeschnittenes Klag- bzw. Antragsrecht zu gewähren: Die Befugnis, in bestimmten Konstellationen, im Rahmen des Hauptsacheverfahrens, eine vorläufige Zahlungs- oder Leistungsanordnung zu erwirken, die das Gericht auf der Grundlage einer summarischen Beurteilung des Falles erlassen kann. Professor Greger, der einen vergleichbaren Vorschlag als erstes in die Diskussion eingeführt hat (JZ 2022, 878), hat plausibel dafür argumentiert, dass ein solches Mittel den Gerichten eine Handhabe böte, die große Masse gleichartiger Fälle schneller zu erledigen: Nicht zuletzt, weil der Erlass einer vorläufigen Anordnung dieses Typs den Parteien Anreiz gäbe, sich auf dieser Grundlage zu vergleichen. Für die Ausgestaltung eines solchen Antragsrechts, das seine Form vom einstweiligen Rechtsschutz, seine Legitimation aber in der Sondersituation der Massenverfahren (und der für diese typischen Gefahr der Justizüberlastung) erhielte, kommen zwei Wege in Betracht, die ich hier nur andeuten kann:

Die eine Möglichkeit wäre die Gewährung solchen Eilrechtsschutzes für Fälle, in denen aufgrund einer summarischen Beurteilung etabliert ist, dass sie der Konstellation eines bereits entschiedenen Falles hinreichend ähnlich sind, um eine entsprechende Entscheidung dann auf der Basis dieses Ähnlichkeitsschlusses zu gewähren. Dies würde allerdings voraussetzen, dass entweder eine Behörde (problematisch wegen der richterlichen Unabhängigkeit) oder aber die einzelnen Spruchkörper selbst festlegen können, welches die relevanten Vorbildentscheidungen für bestimmte Konstellationen sind, beispielsweise durch Eintragung in einem öffentlich einsehbaren Register. Für die Fälle, für die dann, etwa durch Glaubhaftmachung, etabliert ist, dass die Ähnlichkeit mit diesen Konstellationen besteht, wird, auf Antrag, eine vorläufige Zahlungsanordnung gewährt. Hierbei müsste es dem Gericht möglich sein, die Höhe der Rechtsfolge durch eine weitgehend freie Schätzung festzulegen. In dieser Version ist der Ansatz allerdings in vielerlei Hinsicht problematisch, nicht zuletzt, weil mit einem von Gericht zu Gericht variierenden Kanon der „Vorbildentscheidungen" in effectu Rechtsschutzungleichheit institutionell verankert würde.

Einfacher durchzuführen und wertungsmäßig unbedenklicher dürfte es sein, für die Statthaftigkeit des Antrags einen Tatbestand zu formulieren, der abstrakt (1) daran anknüpft, dass die Klage aus einem Massensachverhalt erhoben wurde, und (2) daran, dass nach Überzeugung des Gerichts deswegen eine erhebliche Verzögerung der Entscheidung in diesem oder den ähnlich gelagerten Streitigkeiten droht. Sind diese Bedingungen erfüllt, kann der Kläger einen vorläufigen Zahlungsbefehl beantragen, über den auf der Grundlage von Glaubhaftmachung (und Schadensschätzung mit erweiterter Freiheit des Gerichts) befunden wird. Ich denke, damit könnte die mit den Massenverfahren verbundene Last der Gerichte in nicht unerheblichem Maß reduziert werden.

Vorsitzende:

Herzlichen Dank und der nächste ist, wie gesagt, Herr Schmidt. Und dann kann sich Herr Streyl schon bereit machen.

Richter am AG Peter *Schmid*, Kassel:

Die gestrigen Diskussionsbeiträge und Referate haben mich bei der häufig betonten Einnahme der Vogelperspektive veranlasst, mich doch hier zu melden, um sicherzustellen, dass der Blick auf das, was im amtsgerichtlichen Dickicht der Rechtsfindung passiert, nicht verloren geht, weil zahlreiche Beiträge doch sehr auf die Praxis der Landgerichte und dann nachfolgend der Oberlandesgerichte ausgerichtet waren. Denn auch beim Amtsgericht gibt es das Massenphänomen ungeachtet des Umstandes, dass ohnehin das Amtsgericht sehr viel mehr Zivilprozesse durchschleusen muss als ein Landgericht. Die genauen Zahlen habe ich jetzt nicht im Kopf, aber die Differenzen sind beträchtlich. Was mir am Herzen liegt, dass man das behandelnde Instrumentarium ausnutzt. Massenverfahren kann man durchaus auch mit den geltenden Regeln der ZPO in den Griff bekommen.

Ich möchte hier ein Beispiel nennen. Das Phänomen des Filesharing-Prozesses – die Welle ist weitgehend abgeebbt – hat uns vor gut zehn Jahren sehr stark beschäftigt. Der Bundesgerichtshof hat dann an dieser Stelle im Beweisrecht die Rechtsfigur der sekundären Darlegungslast bemüht mit der Folge, dass diese Welle zum Abebben kommen musste, weil die Anspruchsinhaber, typischerweise Verbraucher, in der Regel nicht im Höhepunkt des Geschehens darauf geachtet haben, das zu dokumentieren, was sie etwa fünf Jahre später im Prozess hätten vortragen müssen. Mit der Folge, dass diese Prozesse in aller Regel mit einem eindeutigen Ausgang vorprogrammiert waren und deswegen heute sie niemand mehr ernsthaft auf Beklagtenseite betreibt.

Eine gesetzliche Regelung zur Änderung der Beweislast in solchen Verfahren, wie Sie es, Herr Halmer, vorgeschlagen haben, sehe ich deswegen nicht unbedingt als zwingend an. Das bestehende Instrumentarium kann durchaus Anhalt bieten, sich hier im Wege der Rechtsfortbildung weiterzuentwickeln, ohne dass wir das Gesetz ändern müssen.

Was mir beim Thema Prozessfinanzierung aufgefallen ist: Die allermeisten Prozesse, die wir hier beim Amtsgericht durchführen, sind bereits finanziert. Rechtsschutzversicherung oder Prozesskostenhilfe sind die Finanziers der Verbraucherklagen. Wo ich eher das Bedürfnis sehe, anzusetzen, sind Klagen, die von unternehmerischen Bedürfnissen getragen sind. Ich möchte nicht wissen, wie viele Handwerker Forderungen deswegen abschreiben, weil sie zu sehr Scheu davor haben, sich in das ungewisse Erleben eines amtsgerichtlichen Prozesses hineinzustürzen, der möglicherweise sehr lange dauern kann und unverhältnismäßig hohe Kosten produziert im Verhältnis zu dem, was sie hinterher als Netto-Betriebsergebnis dieses Prozesses dann erlangen können. Nur an dieser Stelle sehe ich tatsächlich das Bedürfnis, über Prozessfinanzierungsgestaltung nachzudenken, aber nicht für Verbraucherklagen. Die sind schon finanziert. Und es muss auch nicht so sein, dass jeder Verbraucher dazu animiert wird, seine Bedürfnisse dann tatsächlich durchzusetzen, wenn die individuellen Vorteile sehr gering sind, wie etwa bei diesen Kontoführungsgeschichten.

Ein dritter Aspekt, Massenverfahren, ist in der bisherigen Diskussion gar nicht aufgetaucht, was aber die amtsgerichtliche Praxis beschäftigt, etwa die Mieterhöhungsverlangen der großen Wohnungsbauunternehmen. Hier muten wir es den Mietern immer zu, alleine zu kämpfen und gegebenenfalls darzulegen, warum ein Erhöhungsverlangen im Einzelfall doch nicht gerechtfertigt ist. Hier sehe ich viel eher das Bedürfnis auf der Passivseite im Sinne von gewissen Verbraucherschutzeffekten, über Prozessfinanzierungen und andere geeignete Instrumente nachzudenken als im Bereich von Aktivprozessen.

Last but not least, ein weiterer Hinweis. Abschreckend für den Zugang zur Justiz – wieder etwa das Beispiel der Handwerker, der nicht klagt – ist mitunter die Dauer des Prozesses. Und hier stellt sich mir eher die Frage, was man tun muss, um personell und vor allem sachlich, die Justiz auszustatten. Im Augenblick ist die Praxis der Digitalisierung, ich arbeite an einem vergleichsweise großen Amtsgericht, eher so, dass sich die Verfahren alleine durch die Digitalisierung drastisch verzögern. Die Verfahrensdauer hat sich bei uns etwa verdreifacht, nur durch Digitalisierung. Ein taugliches Digitalisierungsinstrument müsste eigentlich die Verfahrensdauer verkürzen.

Meine Vermutung ist, ohne dass ich Ihnen das belegen könnte, dass mangelnde finanzielle Ausstattung des Digitalisierungsprozesses zu diesem Effekt geführt hat. Mit anderen Worten, wir brauchen jetzt hier nicht Regelungen, um den Zugang zur Justiz gar unter dem Aspekt der Einschränkung des rechtlichen Gehörs zu erschweren, sondern wir brauchen schlicht administrative Maßnahmen, um so etwas wie Digitalisierung voranzutreiben.

Dazu noch ein Gedanke, Videoverhandlungen. Videoverhandlungen habe ich bislang eher als Interesse der Anwaltschaft zur effizienten Verfahrensgestaltung verstanden, da ich für mich noch keine Benefiz für meine originäre richterliche Tätigkeit entdeckt habe. Warum also nicht etwa durch eine entsprechende Gerichtsgebühr oder ein anderes Finanzierungsinstrument die Anwaltschaft hier ins Boot holen, damit die technische Ausstattung für Videoverhandlungen – und Ihr Problem, Herr Halmer, ist wahrscheinlich eher die technische Ausstattung als der mangelnde Wille der Richterschaft – tatsächlich flächendeckend und idealerweise bundeseinheitlich zur Verfügung steht?

Ich bedanke mich.

Vorsitzende:

Als nächster ist Elmar Streyl, Vorsitzender Richter am Landgericht, an der Reihe. Und wir würden anschließend dann nochmals eine Podiumsrunde einschieben.

Richter am LG Elmar *Streyl*, Krefeld:

Wenn ich in ungefähr vier Jahren auf mein Richterleben zurückblicken werde, dann wird wahrscheinlich meine wichtigste Leistung für mich selber sein, dass meine Kammer eines der ersten Urteile gemacht hat gegen VW. Und dass wir damit, wie mir gesagt wurde, eine kleine Trendwende in der Rechtsprechung mitbegleitet haben. Die ursprünglichen Urteile waren alle oder überwiegend pro VW gewesen. Ich bin einigermaßen stolz darauf, dass mein Instinkt mich nicht getrogen hat. Denn es war bei den ersten Fernsehberichten sofort mein Gedanke, dass das Betrug ist und dass das auch entsprechend geahndet werden muss. Insofern ziehe ich mir den Schuh von Herrn Hartung nicht an, dass ich mit meinen zuvor geäußerten Gedanken Verbrauchern Klagemöglichkeiten abschneiden will, sondern ganz im Gegenteil. Jeder, der ein Anliegen hat oder es nur für berechtigt hält, der soll seine Klage erheben.

Mein Anliegen von gestern war nur, das soll in die richtigen Bahnen gelenkt werden. Dafür haben wir im Moment nach meiner Einschätzung eben nicht die notwendigen Mittel. Wir müssen die ZPO besser machen und verfahrensmäßig ausdifferenzieren und auch gerade für solche Massenphänomene ausdifferenzieren.

Deswegen: Mir ist der Begriff „Klageindustrie" persönlich ganz fremd, es ist ganz im Gegenteil so: Wir haben in meiner Kammer schätzungsweise 1200 VW-Verfahren gemacht. Wir haben uns selbst als kleine Industrie aufgestellt und die Klagen mit vielen Routinen abgearbeitet und sind dadurch, glaube ich, einigermaßen effektiv geworden. Um das insgesamt voranzubringen und nicht nur vielleicht auf Ebene einzelner Gerichte oder Kammern, muss das Gesetz nach meiner Überzeugung angepasst werden.

Das sage ich jetzt, weil ich glaube, dass ich gestern ich ein bisschen missverstanden worden bin. Jetzt sage ich aber auch hinzu:

Man muss Missstände auf Klägerseite auch ansprechen dürfen, was da auch falsch gelaufen ist. Bei VW gab es irgendwann einen Punkt, wo nur noch Klagen erhoben wurden, deren Erfolgsquote ganz gering war, von diesen Schriftsatzmassen abgesehen. Mit denen kam man dann irgendwann ganz gut klar. Aber irgendwann ging es nur noch um Gebühren, weil ein Rechtsschutzversicherer eine Zusage gegeben hat. Und ganz schlimm ist es bei den Klagen gegen die Prämienerhöhung bei privater Krankenversicherung, von denen ich auch eine dreistellige Zahl gemacht habe. Das waren anfangs ganz schwierige Rechtsfragen, um die man sich auch sehr gut streiten konnte. Völlig berechtigte Anliegen. Nur: Warum muss man solche Klagen mit Feststellungsanträgen überhäufen, die den Aufwand bei der Abarbeitung schätzungsweise um das Drei- bis Vierfache steigern, anstatt einen einfachen Zahlungsantrag zu stellen, obwohl man weiß, wenn die Versicherung einmal zur Rückzahlung aus einem Tarif verurteilt wurde, dann beachtet sie das auch später? Diese Feststellungsanträge dienen nur dazu, Gebühren zu produzieren, und haben einen unheimlichen Aufwand bei den Gerichten verursacht in der Abarbeitung. Wer das nicht mal praktisch selbst gemacht hat, kann sich das nicht vorstellen. So gerne ich meinen Beruf mache, da denke ich dann, wenn sowas dauernd vorkäme, eine solche Art des Prozessierens, dann muss der Gesetzgeber vielleicht irgendwas machen.

Das ist der eine Punkt. Der zweite Punkt ist dieser kleine Streit gestern darüber, inwieweit jeder Bürger sein Recht verwirklichen soll.

Dazu eine ganz kurze Bemerkung: Ich möchte nicht in einer Gesellschaft leben, wo jeder jedes Recht tatsächlich durchsetzt. Man muss auch mal sagen können, ‚Ich lasse es gut sein!' Wir leben glaube ich sowieso in einer Gesellschaft, wo diese Tendenz der Verrechtlichung zu beobachten ist. Aber natürlich ist es so, wenn einer sein Recht durchsetzen will, dann muss er das auch können und er muss es mit adäquaten Mitteln tun können. Das ist im Moment nicht überall gewährleistet. Auch deswegen plädiere ich für Anpassungen. Es gibt strukturelle Probleme bei bestimmten Playern, großen Unternehmensplayern, die nicht anders in die Knie zu zwingen sind als etwa durch Rechtsdienstleister. Das kann ich durchaus anerkennen. Aber man muss die Leute nicht zur Rechtsdurchsetzung treiben, die nicht getrieben werden wollen.

Vielen Dank.

Vorsitzende:

Vielen Dank, meine Damen und Herren, wir haben jetzt eine ganze Reihe von Wortmeldungen zum nächsten Block, zur Prozessfinanzierung.

Und als nächstes kann sich schon bereit machen Herr Rechtsanwalt Moritz Quecke. Allerdings würden wir davor nochmals dem Podium, beginnend bei Herrn Halmer, die Gelegenheit geben, kurz zu replizieren und dann auch unserer Gutachterin Gelegenheit geben, zu den kommenden Themenblöcken ihre Thesen in Erinnerung zu rufen.

Rechtsanwalt Dr. Daniel *Halmer*, Berlin:

Vielen Dank.

Zunächst zum Thema: Reicht die ZPO schon aus? Kann man die schon bestehenden prozessualen Instrumente noch besser ausnutzen? Das ist mit Sicherheit der Fall. Allein mir fehlt die Fantasie bei dem von mir gestern genannten Beispiel Internetgeschwindigkeit, wo wie gesagt, der Kunde eine Mess-Software herunterladen muss und dann 23 Einzelmessungen durchführen muss, um das offizielle Messergebnis zu erhalten, wobei klar ist, dass die beworbene Bandbreite flächendeckend nicht erreicht wird. Wir haben uns glaube ich, Frau Gsell, vor acht Jahren darüber schon mal unterhalten, was man da mit der Beweislast machen kann und wir sind nicht wirklich schlau geworden daraus, wie man da mit Beweislastumkehr und sekundärer Beweislast wirklich rechtssicher hinkommt, also da funktioniert es nicht. Und die richterliche Rechtsfortbildung kommt dann auch immer viel zu spät und viel zu sehr in Trippelschritten, um so ein Thema anzugehen, meiner Meinung nach.

Zum Thema Mieterhöhungen: das liegt mir auch am Herzen, denn wir haben das bei Conny tatsächlich jahrelang versucht. In der Tat, es funktioniert auch rechtlich, also auf Beklagtenseite dann auch sozusagen mit Prozessfinanzierung über eine Anwaltskanzlei, die Mieterhöhungen abzuwehren, aber es funktioniert ökonomisch nicht. Wir haben es jedenfalls nicht hinbekommen, denn in dem Moment, wo der Fall streitig wird und eine mündliche Gerichtsverhandlung stattfindet, wo es um die Einzelwohnmerkmale geht, bei einem Streitwert von 12 mal Mieterhöhung – sind 600 Euro im Schnitt – da ist man häufig auch unter der Berufungsgrenze, da wird ökonomisch kein Schuh draus. Deswegen haben wir es auch wieder eingestellt leider.

Das hat mir sehr wehgetan, weil in der Tat da Schindluder betrieben wird, schlicht und ergreifend. Also es werden viele Mieterhöhungen einfach mal in die Welt gestreut in der Hoffnung, dass die Mieterinnen und Mieter einfach unterschreiben.

Dann nochmal zu dem allgemeinen Thema: ‚Sollte wirklich jeder Anspruch durchgesetzt werden oder nicht?'

Also ich will auch nicht in einer querulatorischen Welt leben, aber es kommt darauf an, aus welchem Grund die Verbraucherin es nicht macht. Wenn man sagt, okay, ich brauche das nicht, ich komme ohne klar, fein, aber wenn der Grund ist, ich komme nicht ran, es ist zu aufwendig, ich würde gerne, ich finde es eigentlich eine Frechheit, aber wie soll ich denn? Dann haben wir ein Problem im Rechtsstaat und dann muss auch der 20 Euro- oder 50 Euro-Anspruch durchgesetzt werden.

Danke.

Rechtsanwältin Dr. Martina de *Lind van Wijngaarden*, Frankfurt a. M.:

Ich möchte zunächst auf die Anregung von Herrn Dr. Heiß eingehen, eine einstweilige Zahlungsanordnung mit Schätzung für Schadensersatz einzuführen. Das widerspricht dem Prinzip der Einzelfallgerechtigkeit ganz erheblich.

Ich kann mir auch nicht vorstellen, dass es Gerichte wahnsinnig entlasten würde, wenn sie erst noch ein Register prüfen müssen, um abzugleichen, ob der Fall, den sie jetzt gerade verhandeln, mit dem im Register eingetragenen Fall vergleichbar ist. Aber am wichtigsten ist halt der erste Punkt, Ihrem Gedanken liegt die Idee zugrunde, dass es ganz offensichtliche, immer gleich gelagerte Fälle gibt, die zwangsläufig zum Schadensersatz führen und dann ganz besonders schnell Geld beim Kläger ankommen müsste, nach einer summarischen Prüfung. Meine Erfahrung ist, dass es im Einzelfall immer wieder unterschiedliche Sachverhaltskonstellationen gibt, die bei einer solchen Lösung hinten runterzufallen drohen.

Der zweite Punkt, auf den ich kurz eingehen möchte, ist die Frage, wieso Handwerker nicht mehr beim Amtsgericht klagen.

Meine Vermutung ist, dass dies nicht an der mangelnden Finanzierung liegt, sondern weil sie ein anderes Forderungsmanagement betreiben.

Also mein Zahnarzt verklagt mich nie beim Amtsgericht, wenn ich nicht rechtzeitig gezahlt habe, sondern ich bekomme von einem Inkassounternehmen eine Zahlungsaufforderung, die dann auch noch viele Gebührentatbestände von dem Inkassounternehmen enthält. Ich zahle dann sofort und ich nehme an, so funktioniert das auch bei den Handwerkern.

Letzter Punkt zu Herrn Streyl: Aus Gebühreninteressen neben dem Leistungsantrag noch einen Unterlassungsantrag, einen Feststeller und noch einen Feststeller zu stellen, das sehen wir in unserer Praxis laufend, und in der Tat beschleicht einen da die Vermutung, dass das geschieht, um dann halt nicht nur Schadensersatz in Höhe von 5.000 Euro einzuklagen, sondern den Streitwert auf insgesamt 10.000 Euro hochzutreiben.

Vielen Dank.

Prof. Dr. Gerhard *Wagner*, LL.M., Berlin:

Ich will mich nicht in die sachliche Diskussion einmischen, aber doch einen Punkt einbringen, zu der meines Erachtens fundamentalen Frage, ob wir tatsächlich wünschen können, dass jeder Anspruch durchgesetzt wird.

Ich glaube, man darf sich dies nicht so vorstellen, als gäbe es eine vorgegebene Zahl von Ansprüchen und jetzt sei die Frage zu beantworten, ob alle diese Ansprüche im Klagewege geltend gemacht und von einem Gericht verbeschieden werden sollten. Das ist eine völlig unrealistische Vorstellung, sowohl mit Blick auf die begrenzten Justizressourcen als auch wegen der Anreize der Parteien. Vielmehr wäre zu erwarten, dass die Gerichte anhand einer vergleichsweise sehr überschaubaren Zahl von Rechtsstreitigkeiten mehr oder weniger klare Regeln formulieren, in deren Licht dann die übrigen Parteien ihre Chancen bewerten und sich in der Masse der Fälle außergerichtlich einigen werden. Es ist auch heute so, dass die übergroße Mehrzahl der Streitigkeiten verglichen oder sonst außergerichtlich erledigt wird, also niemals zu Gericht kommt. Auf diese Weise werden eine Vielzahl von Ansprüchen realisiert. Dass die Durchsetzung von Ansprüchen auf diese, aus der richterlichen Perspektive indirekte Weise unerwünscht sei, lässt sich als These kaum vertreten. Es ist doch offensichtlich erwünscht, dass tatsächlich bestehende Ansprüche auch erfüllt werden. Absurd ist also nur die Vorstellung, dass jeder einzelne Anspruch gerichtlich geltend gemacht und sodann von einem Gericht beurteilt werden soll. Vor diesem Hintergrund müsste man fragen, wie das materielle Recht und der Prozess beschaffen sein müssen, damit die optimale Zahl von Ansprüchen tatsächlich vor Gericht kommt, sodass für alle übrigen Streitigkeiten hinreichend präzise Vergleichsanreize generiert werden. Das ist natürlich sehr schwer zu beantworten. Essenziell ist es aber, sich von der Vorstellung zu verabschieden, es gehe darum, dass Gerichte über jeden materiellen Anspruch entscheiden. Das ist nicht nur faktisch unmöglich, sondern auch gar nicht nötig, um eine optimale Rechtsdurchsetzung zu gewährleisten.

Rechtsanwalt Dr. Daniel *Halmer*, Berlin:

Darf ich direkt darauf eingehen, das ist ein sehr wichtiger Punkt. Also wir sehen, die Drohung mit der Klage muss glaubhaft sein, sonst gibt es keine außergerichtlichen Einigungen. Das sehen wir ganz klar: sobald wir in einem Monat zum Beispiel nur die Hälfte der Klagen einreichen, gehen sofort unsere außergerichtlichen Einigungen zurück. Wir müssen die Gegenseiten quasi disziplinieren und immer klagen, sobald die Einigungsfrist verstrichen ist, sonst bricht dieses stabile Gleichgewicht dann zusammen. Und deswegen muss auch die Drohung glaubhaft sein.

Es muss auch klar sein, es lohnt sich für den Einzelnen, die Klage dann auch einzureichen. Und nur die abstrakte Vorgabe, es gibt hier Gerichtsurteile und da müsste ich dann Recht bekommen oder müsste ich verlieren, das reicht nicht. Es braucht schon eben die klare Wahrscheinlichkeit, dass es dann auch zur Klage kommt.

Präsidentin des BGH Bettina *Limperg*, Karlsruhe:

Zwei Punkte dazu: Ich denke, wir sollten festhalten, dass der Rechtsstaat den Menschen als freien Entscheidungsträger definiert; das heißt für die Prozesslandschaft als Idee, dass es um freie Entscheidungen von Bürgerinnen und Bürgern geht, ob sie bestehende oder vermeintlich bestehende Ansprüche geltend machen wollen oder nicht. Diese Entscheidung ist ein bestimmendes Regulativ für einen Rechtsstaat.

Das Zweite ist, wir sollten festhalten, dass hier in diesem Raum weitestgehend Einigkeit besteht, dass wir eines verbesserten regulatorischen Rahmens bedürfen, um dem Phänomen der Massenverfahren Herr zu werden.

Es ist das Stichworte der Eile gefallen. Es müssen Wege gefunden werden, sich aufbauende Wellen von Massenverfahren frühzeitig zu brechen.

Da wäre mir wichtig, noch einmal ins Prozess- und Rechtsmittelrecht zu schauen. Da ist zum einen das Erfordernis eines „Musterbeweisverfahrens“, wie es Herr Mehring herausgearbeitet hat. Danach müssen wir über eine Ähnlichkeitsdiskussionen dazu kommen, dass wir Muster definieren können, in einem, wie gesagt, besser gesetzten regulatorischen Rahmen. Mit Musterbeweisaufnahmen und entsprechenden Regularien kann man effizient zu rascheren Ergebnissen kommen. Es muss dann die Möglichkeit geben, mit solchen Musterverfahren ins Rechtsmittel zu gehen (oder der BGH muss solche Verfahren von sich aus definieren können), sodass der Bundesgerichtshof rasch und zur schnellen Orientierung der Instanzgerichte entscheiden kann.

Dem Phänomen, dass die jeweils interessierten Seiten durch taktisches Prozessieren diese höchstrichterliche Entscheidung mit Fleiß verhindert haben, was nicht verboten ist und auch nicht verboten werden sollte, kann und sollte mit der Figur eines Leitentscheidungsverfahrens begegnet werden.

Dieses kann, bei Beibehaltung der Dispositionsmaxime, die Möglichkeit geben, dass der BGH in einer oder mehreren Leitentscheidungen das Feld ordnet, dass er die Muster herausarbeitet, um die es geht und dazu Fragen formuliert und Antworten gibt. Zur Effizienz dieses Verfahrens für die Ziviljustiz ist ein wesentlicher Baustein, dass die Instanzgerichte nach Ermessen und ohne die Zustimmung der Parteien die bei ihnen anhängigen Verfahren aussetzen können, sobald das Leitentscheidungsverfahren definiert ist. Ich halte das für eine pragmatische und gute praktische Lösung, jedenfalls solange es keinen anderweitigen effizienten Kollektivrechtschutz gibt.

Vors. Richter am LG Dr. Thomas *Mehring*, Stuttgart:

Ich möchte mich gern zu zwei Punkten äußern.

Zunächst einmal diese Idee, kann es die Massenverfahren erschlagen, wenn man nach einem Modell, das man musterhaft prozessiert hat, einstweilige Zahlungsanordnungen einführt und dadurch zusätzlichen Vergleichsdruck produziert?

Das halte ich zum einen nicht für fair und zum anderen glaube ich auch nicht, dass es uns entlasten würde. Wir haben ja die Situation, ein vorläufig vollstreckbares Urteil ist nur gegen Sicherheitsleistung vollstreckbar.

Wenn man nun sagt, da kommt eine einstweilige Zahlungsanordnung, die ja weniger ist, weil sie nicht aus einem vollen Erkenntnisverfahren, sondern aus dem einstweiligen Rechtsschutz kommt, soll es dann so sein, dass der Unternehmer zahlen muss und dann eben keine Sicherheit hat, wenn er am Ende eben doch gewinnt? Das scheint mir in der Sache eine Verschiebung der Gewichte, die nicht angezeigt ist.

Und ich glaube auch nicht, dass es funktioniert, was den Vergleichsdruck betrifft. Ich glaube eher, die Gefahr ist, dass wir die Verfahren verdoppeln. Wir haben dann ein einstweiliges Rechtsschutzverfahren und dann machen wir das gleiche nochmal im Hauptsacheverfahren. Also haben wir dann die Masse verdoppelt. Das finde ich zum einen nicht fair, zum anderen sehe ich keinen Effizienzgewinn.

Zu dem Thema Digitalisierung. Also der Kollege sagte, er braucht jetzt dreimal so lange für die Verfahren. Glücklicherweise habe ich diese Erfahrung nicht. Wir haben nun seit dreieinhalb Jahren die elektronische Akte. Meine persönlichen Erfahrungen sind alles in allem gut. Die Befürchtungen haben sich nicht bestätigt. Wir haben Performanceprobleme, da ärgern wir uns unglaublich, wenn sie mal eine Stunde nicht funktioniert. Aber im Großen und Ganzen halte ich das für einen Gewinn. Gleichzeitig aber, ja, die elektronische Akte funktioniert, aber die Digitalisierung löst nicht unsere Probleme. Wir müssen trotzdem noch den Streitstoff irgendwie in den Kopf bekommen und daran wird auch jegliche Art von Digitalisierung, egal mit welchem Aufwand ich sie betreibe, nichts ändern. Die Digitalisierung ist wichtig, aber sie ist nicht die Problemlösung für alles.

Was die Videoverhandlung betrifft, so sind meine Erfahrungen an sich im Großen und Ganzen gut. Die technische Ausstattung haben wir. Sie funktioniert auch und sie bietet auch aus meiner Sicht für mich dann einen Mehrwert, wenn ich über die Videoverhandlung den sachbearbeitenden Anwalt aus Bremen dann per Video habe. Das ist mir lieber als ein Unterbevollmächtigter aus Stuttgart, der nichts kann, nichts weiß und nichts darf. Von daher hat es einen Mehrwert.

Aber für mich ist schon ganz wichtig, dass ich die Entscheidung nicht aus der Hand gebe. Wenn es etwa darum geht, was haben die Parteien vereinbart, dann will ich die Parteien eben auch sehen und nicht per Video sehen, weil es eine andere Tatsachensachenfeststellung ermöglicht, wenn ich die Parteien Auge in Auge habe. Dieses gerichtliche Ermessen möchte ich nicht aus der Hand geben, wohlgemerkt, aber bin ich durchaus bereit, Videoverhandlungen durchzuführen.

Auch hier aber kommt nicht auf Seiten des Gerichts, sondern der Beteiligten, der Punkt, die kommen in Massenverfahren an eine Grenze. In den Dieselsachen oder anderen Massenverfahren, da wollen sie Videoverhandlungen. Ich mache das und dann sitzt der Unterbevollmächtigte im Saal, weil eben der sachbearbeitende Anwalt auch für die Videoverhandlungen in allen Fällen überfordert ist, und dann habe ich wieder einen, der nichts weiß. Vielen Dank.

Gutachterin:

Vielen Dank. Wenn ich es richtig verstehe, sind wir jetzt am Übergang zu einer Detaildiskussion zum Thema „Prozessfinanzierung", deswegen würde ich gerne hier noch einige Punkte ansprechen, die sich dann auch in der Beschlussvorlage wiederfinden. Es wäre sicher wichtig, die Beschlussfassung dementsprechend vorzubereiten und zu diskutieren.

Ich habe schon einiges zur Frage gesagt, wer Mängel bzw. Verstöße gegen regulatorische Vorschriften rügen dürfen sollte. Ich möchte hier noch einmal rekapitulieren: Ich denke, es ist sehr gefährlich, wenn man dem Prozessgegner die Rüge von regulatorischen Vorschriften überlässt, die eigentlich dem Schutz der finanzierten Partei dienen sollen. Wir haben es eindrücklich gehört, dass sich Prozesse um Jahre verzögern, wenn über diese Fragen im Prozess gestritten wird. Das gehört auf jeden Fall aus dem Prozess hinaus. Und ich glaube, man muss wirklich genau und sorgfältig überlegen, wer welche Verstöße rügen darf.

Eine spezifische Frage, über die dann auch abgestimmt wird, ist das Thema der Offenlegungspflicht bezüglich einer Prozessfinanzierung. Da und bei einigen anderen Fragen muss man, bevor man Regelungen schafft, wirklich scharf überlegen: Ist das ein Thema der spezifischen Finanzierungsform Drittfinanzierung? Wenn wir spezifische Regulierungen für eine Drittfinanzierung schaffen, dann sollte es um Probleme gehen, die spezifische Probleme der Drittfinanzierung sind. Viele der Probleme, über die wir diskutieren, sind, glaube ich, nicht spezifische Probleme der Drittfinanzierung. Und dort, wo wir es nicht mit solchen spezifischen Problemen zu tun haben, sollte man nicht eine spezifische Finanzquelle, die in einem ganz spezifischen Segment den Zugang zum Recht sicherstellt, ins Visier nehmen.

Bei der Offenlegung muss man zudem auch bedenken: Wenn ich offenlegen muss, wie ich den Prozess finanziere, dann muss ich gegenüber dem Gegner eine Flanke aufmachen. Hier kommt auch wieder das Thema „Waffengleichheit" ins Spiel. Soll derjenige, der nicht selber die tiefen Taschen hat, wirklich verpflichtet sein, seinem Gegner potenziell Einblick in seine Prozessstrategie zu geben? Ich glaube, das muss dringend vermieden werden. Dafür gibt es keinerlei Rechtfertigung. Das heißt, wenn man überhaupt über Offenlegungspflichten nachdenkt, dann kann es höchstens darum gehen, dass überhaupt finanziert wird. Im alleräußersten Fall vielleicht noch, wer finanziert. Aber auf keinen Fall darf es einen Einblick in die Prozessfinanzierungsvereinbarung geben. Da sehe ich wirklich keine Rechtfertigung dafür.

Ich bin aber schon bei der Frage, soll es überhaupt eine Offenlegungspflicht geben, doch sehr skeptisch. Das hängt natürlich wieder damit zusammen, welche Regelungen man sonst noch schafft. Wenn ich beispielsweise eine Regelung schaffe, dass der Prozessfinanzierer solidarisch für die Kosten haftet, dann muss es irgendwo an irgendeinem Punkt eine Offenlegung geben, dass es einen Prozessfinanzierer gibt. Sonst kann man so eine Regelung nicht vernünftig durchsetzen. Aber ich glaube, auch darüber muss man nachdenken, ob es so eine Pflicht geben sollte und vor allem, wie sie dann genau ausgestaltet sein sollte und in welchen Fällen sie eingreifen sollte. Also ich wäre sehr, sehr zurückhaltend gegenüber Offenlegungspflichten.

Ich erlaube mir, einen weiteren Punkt anzusprechen, der dann zusätzlich auf der Beschlussvorlage aufscheinen wird, nämlich die These von Kollegen Riehm, dass es eine dispositive Regelung geben sollte. Ich bin da nicht extrem festgelegt in die eine oder in die andere Richtung. Ich habe darüber auch nachgedacht bei der Erstellung meines Gutachtens. Ich habe mich dagegen entschieden, eine dispositive Regelung der vertragsrechtlichen Mechanismen zu empfehlen. Ich denke, dass die Prozessfinanzierung derzeit erstens ein Bereich ist, der noch sehr stark im Fluss ist, und zweitens ist mein Eindruck, dass wir hier eine Kautelarjurisprudenz haben, die wirklich sehr ausgereift und detailliert ist. Das heißt, bei Prozessfinanzierungsverträgen bleiben relativ selten Punkte offen, die ein Gesetzgeber in einer dispositivrechtlichen Regelung ansprechen würde.

Natürlich kann man sich fragen, ja, ist das dann der Maßstab für die AGB-Kontrolle, und das könnte allenfalls dafürsprechen. Es ist nicht etwas, wo ich sage, ich bin strikt dagegen, so eine dispositive Regelung zu schaffen. Ich bin nur nicht sicher, ob das im gegenwärtigen Zeitpunkt opportun wäre und ob damit viel gewonnen wäre. Deswegen bin ich tendenziell eher auf der Seite, nein. Aber ich lasse mich gerne überzeugen, wenn ich Argumente höre, die sehr stark dafürsprechen. Man sollte aber aus meiner Sicht eher noch zuwarten.

Als letzten Punkt möchte ich den gemeinnützigen Prozessfinanzierungsfonds ansprechen. Ich glaube, dass das in bestimmten Bereichen einen Beitrag leisten kann, um Prozesse besser zu finanzieren. Ich bin mit einem gewissen Enthusiasmus an die Überlegung dazu herangetreten. Ich bin tendenziell etwas skeptischer geworden, was die praktische Umsetzbarkeit auf sehr breiter Linie angeht, weil ich glaube, dass die Finanzierung nicht unbeträchtliche Herausforderungen aufwirft. Aber man könnte sich das zumindest für die Verbandsklagen, für die Abhilfeklagen, schon überlegen und dort würde ich auch befürworten, dass man das jedenfalls in diesem Bereich zumindest versucht, denn es gibt einige Rechtsordnungen, die solche Finanzierungsfonds schon haben und wo das auch funktioniert und dabei hilft, dass gerade solche Klagen, die von Verbraucherorganisationen beispielsweise eingebracht werden, dass man dort nicht auf kommerzielle Prozessfinanzierer angewiesen ist. Daher würde ich das befürworten, auch wenn ich mir nicht extrem große Hoffnungen darauf mache, dass es das Rechtsdurchsetzungssystem einfach von einem Tag auf den anderen revolutionieren wird. Vielen Dank.

Vorsitzende:

Vielen Dank und wie gesagt geht es mit der Prozessfinanzierung weiter. Es hat Herr Quecke jetzt das Wort und es kann sich schon Frau Wietoska, Geschäftsführerin der BRAK, bereitmachen.

Rechtsanwalt Moritz *Quecke*, Berlin:

Moritz Quecke ist mein Name. Ich bin Rechtsanwalt in Berlin und habe in den letzten Jahren einige Erfahrungen gemacht mit Sammelklagen und dem RDG. Ich möchte hier weniger aus der viel eingenommenen „Vogelperspektive" sprechen, sondern aus der Perspektive des „Maschinenraums des Rechts" ein paar Punkte aufgreifen. Das sind Punkte, die schon von Frau Domej und Herrn Mehring angesprochen wurden. Mir geht es im Wesentlichen darum zu schauen, auch wenn das hier ein rechtspolitisches Forum ist, was man auf Grundlage des geltenden Rechts schon erreichen kann in einigen Punkten.

Der erste Punkt betrifft das Case Management, also die Möglichkeit einer verfahrensgestaltenden Konferenz zu Beginn des Prozesses. Dann das Thema der Rechtsfolgen eines Verstoßes gegen das Rechtsdienstleistungsgesetz, hier insbesondere § 4, ein Punkt, den Frau Domej angesprochen hat. Und drittens der Punkt der Prozessfinanzierung bei der Abhilfeklage.

Zum ersten Punkt: Die Case-Management-Konferenz ist vor allem im angelsächsischen Raum bekannt und dort macht es auch Sinn, weil es das sogenannte „notice pleading" gibt. Das heißt der Kläger trägt noch nicht alle Tatsachen vor für die Anspruchsbegründung, sondern zunächst einmal sein grobes Begehren und dann wird im Rechtsstreit geschaut, was an Tatsachen herausgearbeitet werden muss. Eine Case-Management-Konferenz kann aber auch in komplexen Rechtsstreitigkeiten nach der ZPO sinnvoll sein, gerade bei sogenannten Sammelklagen, bei denen mehrere Ansprüche in einem Rechtsstreit gebündelt werden. Und Herr Mehring hat gesagt, dass es schwierig ist, das in der heutigen Gerichtspraxis einzuführen. Es gibt aber bereits den § 139 Abs. 1 S. 3 ZPO, der es dem Gericht erlaubt, den Prozessstoff abzuschichten und zu strukturieren und dies auch nach einem Termin zur Erörterung. § 128 Abs. 4 ZPO erlaubt dem Gericht, vor Beschlüssen und Verfügungen eine mündliche Verhandlung abzuhalten. Ich denke, dass es in einigen Verfahren durchaus sinnvoll sein könnte, eine solche

Case-Management-Konferenz frühzeitig abzuhalten, wobei dies vom frühen ersten Termin zu unterscheiden sein kann. Ich habe selbst Verfahren geführt, in denen das nicht gemacht wurde. Die hängen jetzt seit fünf Jahren beim Landgericht und man weiß nicht, wie das Gericht „tickt", wie es denkt. Das führt dazu, dass beide Parteien umfassend vortragen. Dann führt das zu 200-Seiten-Schriftsätzen. Daher wäre es meines Erachtens sinnvoll, wenn das Gericht frühzeitig bestimmte Leitlinien vorgibt und vielleicht auch im voraus Fristen setzt für die Schriftsätze. Die Parteien sind dann zwar nicht unbedingt daran gebunden, ihnen kann nicht das rechtliche Gehör entzogen werden, sie können sich auch zu sonstigen Fragen äußern. Jedoch werden sich vernünftige Parteien, die von Gerichten solche Strukturierungsvorgaben bekommen, in der Regel auch daranhalten. Selbstverständlich darf eine Partei aber auch Weiteres vortragen, was vielleicht vom Gericht noch nicht gesehen wird.

Von dieser Möglichkeit sollte meines Erachtens mehr Gebrauch gemacht werden. Vielleicht ist es sinnvoll, Handreichungen und Leitlinien zu entwickeln, ähnlich wie bei den Streitwertkatalogen. Dies sind auch unverbindliche Handreichungen für die Gerichte. So etwas könnte man auch beim Thema Verfahrensführung machen.

Der zweite Punkt – ein ganz anderer Punkt, aber auch für Massenklagen wichtig – betrifft § 4 RDG. Da gibt es häufig die Diskussion: Schlägt der Verstoß gegen § 4 auf die Abtretung durch? Das hätte zur Konsequenz, dass die Verjährung durch die Klageerhebung nicht gehemmt ist. Hier muss bei Anwendung des § 134 BGB in Verbindung mit § 4 RDG im Einzelfall danach differenziert werden, welche andere Leistungspflicht mit der Rechtsdienstleistung kollidiert. Wenn es darum geht, dass ein Finanzierer mit dem Rechtsdienstleistungsunternehmen einen Vertrag schließt, der dem Finanzierer Einflussmöglichkeiten gibt, die möglicherweise die Rechtsdienstleistung beeinträchtigen, dann ist das meines Erachtens nur ein Thema, das den Kunden des Rechtsdienstleisters und den Finanzierer betrifft. Dann darf das auch nur dort Nichtigkeitsfolgen auslösen und zwar aufgrund des Schutzzwecks des § 4 RDG. Dieser will eben den Kunden schützen. Es kann daher allenfalls auf den Geschäftsbesorgungsvertrag durchschlagen, aber nicht auf die Abtretung. Wenn es auf die Abtretung durchschlägt entsteht das Verjährungsrisiko da und das muss bei der Anwendung des § 134 BGB mitberücksichtigt werden. § 134 BGB sieht vor, dass ein Rechtsgeschäft, das gegen ein gesetzliches Verbot verstößt, nichtig ist, wenn sich nicht aus dem Gesetz ein anderes ergibt. D. h. es muss der Schutzzweck des Verbotsgesetzes berücksichtigt werden. Meines Erachtens kann man die Frage daher schon auf Grundlage des geltenden Rechts lösen, es bedarf dafür keiner ergänzenden Regelung.

Möglich wäre es alternativ auch, im Tatbestand des § 204 BGB die Möglichkeit vorzusehen, durch Beauftragung eines Rechtsdienstleisters bereits die Verjährung zu hemmen, auch wenn die Abtretung sich vielleicht am Ende als nichtig erweist. Bei sachgerechter Auslegung des § 204 BGB könnte dies schon de lege lata gelöst werden, aber es wäre hier eine klarstellende gesetzliche Regelung sinnvoll.

Der dritte Punkt ist das Thema Abhilfeklage. Im VDuG wird die Prozessfinanzierung sehr restriktiv behandelt. Es gibt eine Obergrenze von 10 Prozent für die Erfolgsbeteiligung, was deutlich unter dem Marktüblichen liegt. Es ist letztlich eine Sache der Prozessfinanzierer, ob es sich für sie trotzdem lohnt. Zu berücksichtigen ist dabei, dass die Kosten eines solchen Verfahrens wegen der Streitwertdeckung auf 300.000 Euro deutlich geringer sind. Das heißt, es wird hauptsächlich um die Kosten der eigenen Anwälte und möglicher Sachverständiger gehen. Das kann natürlich auch schon viel Geld sein. Anstelle einer festen Obergrenze wäre es viel besser, wenn die Gerichte über die angemessene Erfolgsbeteiligung im Einzelfall entscheiden. Dies sollten sie im Wege einer Abschätzung schon möglichst früh im Verfahren tun und dann noch einmal an Ende durch abschließende Festlegung, inwieweit die Prozessfinanzierung erforderlich war und die Erfolgsbeteiligung angemessen ist.

Ein weiterer Gesichtspunkt, der im VDuG überhaupt nicht geregelt ist, ist die Frage, wer die Erfolgsbeteiligung des Finanzierers am Ende trägt. Hier gibt es m. E. nach geltendem Recht eine Lösung, nämlich nach den Grundsätzen der Geschäftsführung ohne Auftrag. Ich möchte dies einmal in die Diskussion bringen und zum Nachdenken anregen. Der klagende Verband schließt einen Vertrag mit dem Prozessfinanzierer und muss diesem am Ende die Erlösbeteiligung auszahlen, obwohl der Verband selbst keinen Erlös aus der Abhilfeklage erhält. Die Erlösbeteiligung ist ein Aufwand des Verbandes für die Rechtsverfolgung und den kann er ggf. auf Grundlage der GoA von den Verbrauchern, die sich an dieser Abhilfeklage beteiligen, erstattet verlangen. Der Verband führt mit der Abhilfeklage ein „auch-fremdes Geschäft". Es dürfte auch keine vorrangigen Anspruchsgrundlagen geben. Die Verbraucher wiederum, die den Aufwendungsersatzanspruch des Verbandes zu erfüllen haben, können wiederum auf Grundlage ihres in der Regel bestehenden Schadensersatzanspruchs von dem Beklagten Befreiung von ihrer Aufwendungsersatzpflicht verlangen. Den Verbrauchern steht so ein Anspruch auf Befreiung von dem Befreiungsanspruch des Verbandes zu. Dies wiederum ist ein Anspruch der Verbraucher, den der Verband bereits mit der Abhilfeklage einklagen kann. Das heißt, hier ist möglicherweise eine Lösung schon in klassischen gesetzlichen Regelungen gegeben und bedarf keiner gesetzlichen Klarstellung, auch wenn diese wünschenswert wäre.

Das sind die drei Punkte, die ich einmal in die Diskussion bringen wollte. Danke!

Vorsitzende:

Vielen herzlichen Dank. Als Nächste, wie gesagt, Frau Wietoska und es kann sich schon Herr Kollege Wolf aus Hannover bereit machen.

Geschäftsführerin Nadja *Wietoska*, Brüssel:

Guten Morgen noch einmal in die Runde. Ich hätte tatsächlich auch noch eine Anmerkung zum Konstitut gewerblicher Prozessfinanzierung. Vielleicht einen kleinen Impuls zur Offenlegungspflicht. Denn was wir wissen, und ich glaube, das mag auch keiner abstreiten, ist, dass Prozessfinanzierung den Zugang zum Recht ermöglichen kann, die Waffengleichheit herstellen und bewirken kann. Was wir aber nicht wirklich wissen, sind die Negativbeispiele, wo es genau das Gegenteil bewirken kann mit Blick auf die Waffengleichheit. Die Frage ist an der Stelle: Wissen wir nicht drum, weil es sie schlichtweg nicht gibt, oder wissen wir nicht drum, weil wir gar nicht erst wissen, welche Rechtsstreitigkeiten überhaupt prozessfinanziert sind oder nicht? Wir haben ja gestern bereits einen Blick ins Ausland geworfen und häufiger auch mal England und Wales erwähnt. Und wenn wir mal bei England und Wales bleiben, da gibt es ja zumindest mittelbar die Möglichkeit, über das Disclosure-Verfahren von der Prozessfinanzierung von Rechtsstreitigkeiten zu erfahren. Da wissen wir auch immer, ob sie finanziert sind oder nicht finanziert sind. Da gibt es tatsächlich zahlreiche Fälle, also nicht nur wenige, sondern einige, jüngst mit Laser Trust, Davey v Money, Excalibur, gestartet mit Arkin cap, wo die Gerichte gesagt haben, dass der Prozessfinanzierer für die Prozesskosten zwar vollumfänglich auf Schadensersatzbasis einstehen muss, weil man den Vorwurf formuliert hat, er hätte seine Due-Diligence-Prüfung nicht vernünftig durchgeführt und der gesamte Rechtsstreit wäre, um es in gestrigen Worten zu formulieren, ein Missbrauch der Ressource der Justiz. Da haben wir zahlreiche Fälle, wo wir sagen, wir wissen, dass sie prozessfinanziert wurden, und da stellen wir auf einmal fest, dass es doch nicht immer ganz glatt läuft. Weil wir gestern ja auch die Frage aufgeworfen haben: Ist der Prozessfinanzierer immer auf der edlen Seite tätig oder nicht und wie arbeitet er? Also das sind mal Fälle, die man greifen kann, wo man weiß, da war ein Prozessfinanzierer und da hat das Gericht zumindest Kritik formuliert. Das vielleicht mal so als kleiner Input zu der Diskussion.

Vorsitzende:

Vielen herzlichen Dank und es kann sich schon Herr Rechtsanwalt beim Bundesgerichtshof Lindner bereit machen.

Prof. Dr. Christian *Wolf*, Hannover:

Es ist – auch geografisch – eine gewisse Herausforderung, nach meiner ehemaligen Assistentin Nadja Wietoska zu sprechen. Aber ich darf noch auf eine andere geografische Besonderheit hinweisen. Mit Tanja Domej und Gerhard Wagner sitzen zwei Personen auf dem Podium, deren akademische Heimat eng mit der Vita von Rudolf von Jhering verbunden ist. Gerhard Wagner, der ursprünglich aus Göttingen kommt und Tanja Domej, die ursprünglich aus Wien kommt. Rudolf von Jhering wechselte bekanntlich von Wien nach Göttingen und verabschiedete sich bekanntlich mit seinem Vortrag, „Der Kampf ums Recht“, vor der Wiener Juristischen Gesellschaft aus Wien. In dieser Schrift finden wir – Herr Müller – den Satz – „dass jeder, der in seinem Recht verletzt ist, die Pflicht gegenüber der Gesellschaft hat, diese Rechtsverletzung einzuklagen“.

Mir ist im Augenblick so ein bisschen zu sehr über die Forderung hinweg geholpert worden, die Leute sollen doch bitte ruhig sein und ihre Ansprüche nicht geltend machen, damit wir unser System erhalten können. Ich glaube, wir müssen anders darüber nachdenken. Erstens, ich halte es für notwendig, dass wir alle Mittel ausschöpfen, um die Massenklagen in den Griff zu kriegen, wozu auch das öffentliche Recht gehört. Warum hat man VW, was viel an Verfahrensaufwand erspart und gleichzeitig zu einem echten und messbaren Schaden geführt hätte, nicht die Zulassung für bestimmte Dieselfahrzeuge entzogen? Warum setzt man bei der Eindämmung der Flugverspätungen nur auf zivilrechtliche Ansprüche? Warum entzieht man den Fluggesellschaften, wenn sie im Jahr 30 oder 40 % Verspätung auf bestimmten Strecken aufweisen, nicht einfach Slots? Sie können diese Slots ja offensichtlich mit ihrem operativen Geschäft nicht bedienen. Es gäbe also eine Menge Möglichkeiten, in solchen Fällen die Rechtsdurchsetzung auf andere Weise durchzusetzen als auf dem Zivilrechtsweg.

Der Zugang zum Recht bei der Durchsetzung von Forderungen darf nicht zu viel kosten, hat Herr Halmer gesagt. Dem ist zuzustimmen, aber führt die Prozessfinanzierung für Verbraucher nicht zu deutlich höheren Kosten? Der Prozessfinanzierer will in der Regel 30 % der Klagesumme als Erfolgsbeteiligung. Gleichzeitig wählt der Prozessfinanzierer die Fälle so aus, dass eine sehr hohe Gewinnwahrscheinlichkeit besteht, in der Regel zwischen 80 und 90 %. Und in all diesen Fällen, die in 80 bis 90 % ohnehin gewonnen worden wären, hat der Verbraucher 30 % on top zu zahlen. In den meisten dieser Fälle hätte sich das Prozesskostenrisiko nicht realisiert. Der Verbraucher hätte seine Prozesskosten komplett ersetzt bekommen. Also von daher, Prozessfinanzierung macht die Prozessfinanzierung nicht billiger, sondern in vielen Fällen sehr viel teurer.

Lassen Sie mich noch kurz etwas zu der Waterfall Berechnung, die ein Schweizer Prozessfinanzierer hier vorgetragen hat, sagen. Was richtig ist, und der Punkt wurde aus meiner Sicht nicht so richtig deutlich: Der Gesetzgeber arbeitet bei der Begrenzung der Gewinnbeteiligung, wie auch der Voss Vorschlag des Europaparlaments, mit absoluten Zahlen. Wie viel Prozent der Klagesumme ist als Gewinnbeteiligung für den Prozessfinanzierer angemessen? Die Begrenzung der Gewinnbeteiligung des Prozessfinanzierers anhand einer absoluten Zahl ist bei einem Verbraucherprozess, der innerhalb von einem halben Jahr abgewickelt wird, völlig richtig. Ein Problem für die Prozessfinanzierer entsteht in dem Augenblick, wo der Prozess länger dauert und daher auch das investierte Kapital länger gebunden ist. In diesen Fällen kann der Prozessfinanzierer u.U. höhere Margen benötigen.

Die Internal Rate of Investment, also die Verzinsung des investierten Kapitals wird natürlich kleiner, je länger das Kapital in dem Prozess gebunden ist. Da nicht eine jährliche Verzinsung vereinbart wird, sondern eine prozentuale Beteiligung an der Streitsumme, muss das Verhältnis zwischen der Dauer des Investments, der prozentualen Gewinnbeteiligung und der Höhe des Investments erst in das Verhältnis mit Hilfe der Internal Rate of Investment gesetzt werden. Darum muss man auch, glaube ich, hier deutlich unterscheiden zwischen Verbraucherprozessen, die am Amtsgericht überwiegend geführt werden und die in einem halben Jahr abgewickelt sind, und Prozessen, die am Landgericht beginnen und vor einer BGH-Entscheidung nicht zu Ende geführt sind. Der Gesetzgeber muss hier, glaube ich, nachbessern und zwischen der Finanzierung kurzfristig abschließbarer Verbraucherprozesse und langfristiger Kapitalbindung in komplexen Streitigkeiten differenzieren. Die Pauschalregelung der Prozesskostenfinanzierungsanteile halte ich auch für falsch.

Letzter Punkt zu der Frage der Prozessfinanzierung oder des Erfolgshonorars von Legal-Tech-Unternehmen: Wir müssen uns über eins im Klaren sein. Dort, wo Legal-Tech-Unternehmen besonders erfolgreich sind, ist dem Verbraucher in der Regel kein echter Schaden entstanden. Bei der Fluggastverspätung besteht der Schaden, wenn ich für 50 EUR nach Malle fliege und die Maschine verspätet ist, lediglich darin, dass ich mein erstes Sixpack am Frankfurter Flughafen auf Kosten der Fluglinie trinken muss und nicht am Ballermann auf eigene Rechnung. In einem solchen Fall bin ich gerne bereit, einen bestimmten Betrag der Verspätungsentschädigung an das Legal-Tech-Unternehmen abzugeben. Das Erfolgshonorar für Rechtsanwälte in den USA, welches wir in diesem Zusammenhang mit der Prozessfinanzierung vergleichen können, funktioniert deshalb so gut, weil es in den USA den Strafschaden gibt. Wenn der Schaden, den ich real erlitten habe, für die Berechnung meiner Entschädigungszahlung mal drei genommen wird, gebe ich gerne ein Drittel Schadensersatzsumme ab. Ich habe dann immer noch mehr als die Kompensation des eigentlich erlittenen Schadens. Diese Form des Strafschadens kennt jedoch unser System nicht. Wir müssen uns vergegenwärtigen, dass wir eigentlich von Verfassungs-wegen verpflichtet wären, für einen vollständigen Schadensausgleich zu sorgen. Dass dies nicht in jedem Fall gelingen kann, ist völlig klar.

Um noch einmal auf Herrn Müllers Forderung, nicht jeder Prozess muss geführt werden, zurückzukommen. Die einzig mir bekannte Untersuchung zu der Frage, wie viele Prozesse volkswirtschaftlich notwendigerweise geführt werden müssen, stammt von Stephan Weth und Dieter Schmidtchen. In ihrer Untersuchung haben beide abstrakt festgestellt, dass der volkswirtschaftliche Schaden von nicht geführten Prozessen bis zu einem bestimmten Punkt größer ist als der Aufwand für diese Prozesse. Ab einem bestimmten Punkt ist der Aufwand für die Prozesse höher als der Ertrag. Theoretisch ist die Untersuchung sehr hilfreich, allerdings vermochte die Untersuchung auch den Grenzwert, ab wann der Prozessführungsaufwand den Ertrag übersteigt, nicht konkret zu benennen. Aber eines ist klar, wenn der Prozess um kleine Forderungen potenziell nicht mehr geführt werden kann, dann wird unser Verhalten sich auch darauf einstellen. Warum soll ich in einem Restaurant die Rechnung noch zahlen, wenn der Wirt bei mir die 100 EUR Essensrechnung nicht einklagen kann? Ich würde wohl aufstehen und dem Wirt den freundlichen Rat geben, seine 100 EUR einzuklagen, was dieser, aber wenn wir Prozesse über Kleinforderungen ausschließen wollen, nicht kann. Eine Lösung wäre, nur noch gegen Vorkasse das Essen zu liefern. Wir alle erfüllen im Schatten einer potenziellen gerichtlichen Rechtsdurchsetzung unsere rechtlichen Verpflichtungen. Deshalb ist es wichtig, dass grundsätzlich jeder Prozess geführt werden kann, dass sie nicht alle tatsächlich auch geführt werden müssen, steht auf einem anderen Blatt. Danke.

Vorsitzende:

Vielen Dank. Der nächste ist Herr Lindner und Kollege Riehm kann sich schon bereit machen.

Rechtsanwalt beim BGH Richard *Lindner*, Karlsruhe:

Guten Morgen, ich glaube, das kann man noch sagen, alle hier miteinander.

Mein Vorredner hat mir eigentlich meine einleitenden Worte vorweggenommen. Ich würde auch so formulieren, und das scheint ja auch langsam Konsens zu sein. Auch Sie, Frau Präsidentin, haben es nochmal gesagt. Ich glaube in der Tat, man kann es darauf vielleicht verkürzen: Man muss jedes Recht einklagen können, man muss es allerdings nicht tun. Und ich glaube, darauf können wir uns eigentlich, sollten wir uns einigen.

Wenn das so ist, dann wird es wohl auch Prozessfinanzierer geben müssen. Ich glaube, man muss sich Regulierungen überlegen. Wir haben einfach Interessenkonflikte. Die bestehen jetzt nicht darin, dass natürlich auch der Prozessfinanzierer des Legal-Tech-Unternehmens den Erfolg der Klage will. Die Finanzierung wird nur in diesem Fall stattfinden. Der Interessenkonflikt spielt sich aber bei der Quote ab, die der Rechtsinhaber zu entrichten hat. Und hier ist er der unterlegene Marktteilnehmer, wenn er nicht Unternehmer ist, weil er die Erfolgschancen einfach nicht so gut einschätzen kann wie das Legal-Tech-Unternehmen oder der Prozessfinanzierer. Das ist der eine Punkt. Diesen Interessenkonflikt wird man nicht weg reden können. Der andere ist, das haben wir jetzt leidvoll auch erfahren, ein Prozessfinanzierer, mit dem wir auch zusammengearbeitet haben oder der uns mandatiert hat, ist insolvent geworden. Er ist in zweierlei Weise aufgetreten: Zum einen ist er selbst als Mandant gekommen und hat die an sich abgetretenen Forderungen geltend gemacht. Er hat aber auch im Hintergrund gearbeitet. Das heißt, die Partei war der Anspruchsinhaber geblieben. Die steht jetzt ziemlich blöd da, wenn ich das so sagen kann, weil die Prozesse sind verloren gegangen, jedenfalls in der unteren Instanz, und sie müssen jetzt die Kostenerstattung an den Gegner selbst tragen. Auch deswegen meine ich, brauchen wir eine Regulierung in irgendeiner Form.

Gestern wurde auch gesagt, man sollte die außergerichtlichen Honorare frei bestimmen. Das wurde gestern erweitert dahin, dass es für Anwälte überhaupt keine preislichen Vorgaben mehr geben sollte. Ich halte das auch für problematisch. Weil auch hier wird es der Markt alleine nicht richten. Die Honorierung hat ja mehrere Dimensionen, die wir betrachten müssen. Wir haben die Prozesskostenhilfe mit der Prozesskostenerstattung. Das heißt, wir brauchen hier einen Kostenrahmen. Wir haben, und da kann ich als Rechtsanwalt beim Bundesgerichtshof ein Lied davon singen, immer noch die Quersubventionierung. Wir haben teilweise sehr tolle Mandate mit hohen Streitwerten und hohem Gebührenaufkommen. Und wir haben nicht wenig kleine Mandate, die man im Grunde kostendeckend auf RVG-Basis nicht bearbeiten kann. Wir müssen sie aber bearbeiten und wir müssen sie gut bearbeiten. Und das heißt – in Anführungszeichen – wenn ich jetzt rein ökonomisch denke, zahlen wir bei diesen Mandaten drauf. Und das kann man nur auffangen mit einer Honorar-Regelung, die eben Mindestwerte, jedenfalls für die Forensik, festlegt. Ein anderer Punkt ist – auch hier noch einmal ein kleiner Werkstattbericht – da würde ich Ihnen sogar zustimmen, das Provisionsverbot im Zusammenhang mit dem Zusammenwirken von Rechtsanwälten mit Legal-Tech-Unternehmen. Da sollten wir nochmal drüber nachdenken, ob das wirklich noch zeitgemäß ist. Arbeitet ein Legal-Tech-Unternehmen mit bestimmten Anwälten zusammen, werden in diesem Verhältnis Vergütungsabreden getroffen. Das kann ich jetzt als Provision ausgestalten. Ich kann es aber auch anders ausgestalten. Die Zusammenarbeit wird davon unberührt sein. Aber es zeigt, weil ich quasi dieselbe Vergütung als Provision vereinbaren kann wie in anderer Form, etwa als Vergütung per Stückzahlen, dass hier das Provisionsverbot ins Leere geht. Und wenn ein Verbot ins Leere geht, würde ich es einfach streichen.

Also ich bin für eine Regulierung der Prozessfinanzierung, über die man intensiv nachdenken muss. Eine völlige Freigabe halte ich nicht für geboten.

Der andere Punkt ist, und da kann ich Ihnen, Frau Domej, nur beipflichten oder auch dem Beitrag von Herrn Riehm, diese Regulierung sollte nicht dazu führen, dass die Geltendmachung von Forderungen durch ein Legal-Tech-Unternehmen oder im Wege eines Prozessfinanzierers oder im Wege einer unechten Sammelklage, dass die Verjährung der geltend gemachten Forderungen nicht unterbrochen wird. Eine Regulierung dahin, dass das Vehikel, das die Ansprüche geltend macht, aus irgendeinem Grund nicht klagebefugt ist, kann eigentlich nicht zulasten des Verbrauchers gehen. Und das kann man, wenn ich schon sage, ich muss bestimmte Dinge prüfen, dadurch regeln, dass jedenfalls die Verjährungshemmung durch die erhobene Klage bestehen bleibt. Am liebsten wäre es mir, es wäre dabei so wenig wie möglich zu prüfen. Ich hatte eben einen armen Musterkläger im Musterfeststellungsverfahren vertreten, der sich finanziell völlig entblößen musste, der musste dann auch noch Mitgliederlisten vorlegen und das war ein unzumutbarer Aufwand. Das sollten wir nicht weiter in dieser Weise betreiben.

Das VDuG hat da schon eine Verbesserung gebracht, während das, was im ursprünglichen Musterfeststellungsverfahren geregelt war, völlig unpraktikabel war. Letztlich ließ dies nur noch die Verbraucherzentralen und vielleicht noch die Mietervereine als Kläger zu. Da ist eine Verbesserung eingetreten. Ich würde in der Tat dafür plädieren, dass, wenn wir meinen, wir müssten weitere inhaltliche Voraussetzungen an die Klagebefugnis eines Verbandklägers stellen, diese jedenfalls nicht dazu führen sollten, dass, wenn die Klage wegen fehlender Klagebefugnis als unzulässig abgewiesen ist, die einzelnen Forderungen, die gebündelt geltend gemacht worden sind, verjähren.

Eine Anmerkung zu Frau van Wijngaarden: Die Verbraucherzentralen sind durchaus kompetent. Aber an dem Musterklageverfahren gegen VW hat man schon auch gemerkt, Waffengleichheit besteht da nicht. Das liegt an der finanziellen Power und Anwaltspower, die hinter VW gestanden haben und die diese Seite aufbieten konnte. Das schafft die Verbraucherzentrale nicht. Wobei ich sagen muss, dass Dieselverfahren eigentlich keine typischen Massenverfahren sind. Wir sind alle davon erschlagen. Aber es gibt auch Massenverfahren, die sind vom Tatsächlichen her eher harmlos. Prämiensparverträge und ähnliches. Da ist beim Sachverhalt im Grunde nichts zu drehen. Das ist in den Dieselverfahren anders. Da habe ich einen äußerst komplexen Sachverhalt, was die Interna der VW AG anbelangt, was diese furchtbaren technischen Dinge, wie Abschalteinrichtungen, ob sie zulässig sind, unzulässig und so weiter, anbelangt. Das sind alles hochkomplexe Sachverhalte und für hochkomplexe Sachen brauchen Sie eben eine umfangreiche Manpower, wenn sie das prozessual aufarbeiten müssen und dazu sind die Verbraucherzentralen – ich sage es mal völlig ungeschützt und ganz offen – finanziell nicht ausgestattet. Das ist einfach so und auch deswegen ist Prozessfinanzierung in diesem Teil natürlich ein wertvoller Beitrag und ich würde den Anteil nicht auf 10 % beschränken. Da muss man darüber reden, damit wir in diesem Bereich Waffengleichheit herstellen.

Ein Punkt noch zu Massenverfahren – weil er direkt darauf aufbaut. Wenn ich komplexe Beweiserhebungen, vielleicht auch komplexe rechtliche Fragen lösen muss, gerade bei Beweiserhebungen, ist es, meine ich, ein Problem, dass ich auf der einen Seite einen Akteur habe, der ganz viele betroffene Rechtsinhaber vertritt und auf der anderen Seite das Unternehmen steht. Ich habe bei diesen Akteuren entweder den Klagevertreter, der die Ansprüche für sich gebündelt hat, der aber eben Bindungswirkungen verursacht für alle anderen, die an diesem Verfahren nicht beteiligt sind. Ob das das Massenverfahren selber ist oder das von Ihnen Herr Dr. Mehring genannte – ich finde die Idee sehr apart – Massenbeweisverfahren.

Ich bin mir nicht sicher, ob das Gericht dieses Defizit der nicht am Verfahren Beteiligten nicht ein Stück weit ausgleichen müsste und ich bin mir nicht ganz sicher, ob wir da nicht beim Beibringungsgrundsatz doch ein bisschen arbeiten müssten, indem wir die sekundäre Darlegungslast ausweiten. Ich denke bei den Dieselverfahren etwa wird von der Unternehmensseite eine Nebelwand aufgebaut, was denn nun in dieser Abschalteinrichtung genau passiert. Das wissen die Kläger natürlich nicht. Ich kann ja nicht in dieses Steuergerät reinkriechen. Und da könnte man natürlich mit sekundären Darlegungslasten unheimlich viel erreichen, wenn die Hersteller einfach sagen müssten, was sie da reinprogrammiert haben. Sie müssen es ja nicht im Detail sagen, sie müssten ja nur die Parameter offenlegen, die sie benutzt haben für diese Abschalteinrichtung – nur als Beispiel. Ich bin mir daher nicht sicher, ob wir nicht in diesen Massenverfahren dann doch Korrekturen des Beibringungsgrundsatzes brauchen, indem wir doch der Gegenseite, die meistens besser informiert ist, auferlegen, bestimmte Dinge vorzubringen, etwa im Rahmen der sekundären Darlegungslast. Das ist ja kein neues Instrument. Seit Reichsgerichtszeiten benutzen wir das. Möglicherweise müssen wir da nachziehen.

Das wäre noch mein abschließendes Wort zu diesem Thema.

Danke schön.

Vorsitzende:

Danke schön. Der Nächste ist Thomas Riehm und es kann sich schon die Präsidentin des OLG Bremen, Frau Wolff, bereit machen.

Ich möchte nochmals darauf hinweisen, dass die aktualisierte Beschlussvorlage sowohl hier vorne ausliegt, als auch online und in der App verfügbar ist.

Prof. Dr. Thomas *Riehm*, Passau:

Vielen Dank. Die Gutachterin Tanja Domej hat gestern schon freundlicherweise meinen Begriff der Ermöglichungsregulierung aus meinem Beitrag in NJW 2024, 2713 hervorgehoben. Ich erlaube mir, zur Vertiefung meiner Gedanken auf diesen Beitrag zu verweisen.

Prozessfinanzierung und Legal Tech-Klageorganisation sind sinnvolle Instrumente, legitime Instrumente, die wir einfach brauchen, weil der deutsche Gesetzgeber offensichtlich keinen schlagkräftigen kollektiven Rechtsschutz will. Der Gesetzgeber hat die VDuG-Klage bewusst ins Abseits geschrieben, durch die 10 % Grenze und durch die Beschränkung der Klagebefugnis auf die Verbände. Damit ist klar, dass der Markt sich ein anderes Instrument schaffen muss. Das ist legitim, sonst gibt es keinen Zugang zum Recht in dieser Weise.

Die regulatorische Aufgabe ist jetzt, wenn man sich die Bedürfnisse der Praxis anschaut, hierfür einen sicheren Rechtsrahmen zu schaffen, damit diese Form der Rechtsdurchsetzung funktionieren kann. Momentan wird – wir haben es schon vielfach gehört – sehr lange und sehr viel gestritten über die Wirksamkeit von Abtretungen, weil das aus Sicht der Beklagtenpartei der Maximalgewinn ist: Wenn die Beklagtenseite damit durchkommt, hat sie in der Praxis auch in der Sache gewonnen, weil nach drei Jahren die Ansprüche verjährt sind; so lange dauert es, bis die Frage beim BGH geklärt ist. Tanja Domej hat zutreffend herausgearbeitet, dass das de lege ferenda nicht so sein darf.

Wie erhalten wir einen sicheren Rechtsrahmen? Ziel muss sein, die tatsächlichen Interessenkonflikte gezielt herauszuarbeiten: Wer muss wovor geschützt werden? Diese Konflikte muss man dann gezielt adressieren, mehr aber auch nicht. Die aktuellen Vorschläge, gerade im Europäischen Parlament, gehen meines Erachtens weit darüber hinaus. Ich plädiere tatsächlich für eine vertragliche Regelung, die all diejenigen Konflikte abfangen soll, die nur zwischen den beiden Parteien der Prozessfinanzierung bestehen, also zwischen Finanzierer und finanzierter Partei.

Da sind zunächst die Einflussmöglichkeiten des Finanzierers auf den finanzierten Prozess zu regeln. Dabei sollte klar sein, dass nicht sämtliche Einflussmöglichkeiten ausgeschlossen werden dürfen. Der Finanzierer muss sein eingegangenes Risiko irgendwie einhegen können. Er darf aber natürlich den Prozess auch nicht vollkommen selber steuern und die Partei damit entrechten und ihr nicht faktisch die Möglichkeit nehmen, ihre Rechte tatsächlich durchzusetzen. Da sind abgewogene Regelungen zu finden, aber die gehören meines Erachtens schlicht in das Vertragsrecht der Prozessfinanzierung. Da muss man abgewogene Regelungen finden, das wird man aber nicht über einen Kamm scheren können. Manche Finanzierer nutzen stärker dirigistische Modelle, haben dafür vielleicht weniger Marge, weil sie ihr Risiko besser steuern können – andere steuern weniger und verlangen dafür einen Risikoaufschlag auf die Marge. Beides ist legitim, zumal es einen Markt dafür gibt, an welchem verschiedene Modelle ausprobiert werden können. Hierfür genügt ein dispositives Gesetzesrecht als AGB-rechtliches Leitbild vollkommen.

Natürlich besteht in dem Markt auch eine gute Kautelarpraxis. Aber auch diese Kautelarpraxis leidet sehr unter der Unsicherheit, dass momentan jede Prozessfinanzierungsvereinbarung potenziell hinterfragt werden kann, im Hinblick dann auf mögliche prozessuale Folgen. Deswegen plädiere ich für eine klare Abtrennung zwischen möglichen Rechtsverstößen der Prozessfinanzierungsvereinbarung und dem finanzierten Prozess. Wenn das Recht der Prozessfinanzierungsvereinbarung im Vertragsrecht steht, ist klar, dass der Streit darüber nur zwischen den Vertragsparteien stattfindet, zwischen dem Finanzierer und der finanzierten Partei, nicht im finanzierten Prozess. Denn Prozessfinanzierung ist Privatsache; es ist Sache jeder Partei, wie sie ihren Prozess finanziert. Sie kann typischerweise am Markt wählen zwischen verschiedenen Angeboten. Man kann den Prozess aus eigener Tasche bezahlen, man kann eine Rechtsschutzversicherung in Anspruch nehmen, man kann Prozesskostenhilfe unter den gesetzlichen Voraussetzungen beantragen, oder man sucht sich eben einen Prozessfinanzierer. Das ist aber die Wahl der Partei. Das geht die Gegenseite nichts an.

Die Beklagtenseite muss hiervon nichts erfahren und hiervor auch nicht geschützt werden. Die Beklagtenpartei hat kein Recht darauf, nur von solventen Parteien verklagt zu werden. Bei der Prozesskostenhilfe bekommt die Beklagte auch keine Kostenerstattung, sondern ist darauf angewiesen, dass die Partei selber zahlen kann. Das sollte bei der Prozessfinanzierung nicht anders sein.

Eine wichtige Ausnahme bilden hingegen die finanzierten Abtretungsmodelle. Dort sehe ich es anders; dort muss die Beklagtenpartei vor dem Risiko geschützt werden, den Kostenersatz nicht zu bekommen. Denn da haben wir nicht die Situation, dass eine Partei sich eigentlich den Prozess nicht leisten kann und nur deswegen den Finanzierer braucht, und bei der nach der gesetzlichen Wertung des Prozesskostenhilferechts der Beklagte sein Kostenrisiko selbst trägt. Die Abtretungsmodelle betreffen vielmehr Fälle, in denen hunderte oder tausende ganz normale, durchschnittlich solvente Parteien existieren. Wenn diese alle einzeln klagen würden, hätte die Beklagtenpartei relativ gute Chancen, substanziellen Kostenersatz zu bekommen – vielleicht nicht von 100 Prozent der Kläger, aber doch von 80 oder 90 Prozent würde sie Kostenersatz erhalten. Wenn jetzt ein Klagevehikel geschaffen wird, an welches die Forderungen abgetreten werden, und dieses Vehikel vermögenslos ist, wie das ja bei diesen Zweckvehikeln meistens der Fall ist, dann handelt es sich um einen Fall, der bisher traditionell über § 138 BGB bei der Abtretung gelöst wurde: Das Vorschieben einer vermögenslosen Partei im Prozess durch eine solvente Partei zur Umgehung des Kostenerstattungsanspruches.

Ich halte diese gegenwärtige Rechtslage de lege ferenda nicht für richtig, nicht für sinnvoll. Sie sollte geändert werden, und zwar meines Erachtens schlicht mit einer Prozesskostensicherheit. Natürlich hat die Beklagte ein legitimes Interesse an der Sicherung ihres Kostenerstattungsanspruchs. Dies kann befriedigt werden, wenn die Klagepartei bei allen Massenabtretungsmodellen, bei denen beispielsweise in der Klageschrift mehr als 50 gebündelte abgetretene Forderungen geltend gemacht werden, eine Prozesskostensicherheit hinterlegen muss. Damit ist die Beklagtenpartei im Hinblick auf ihren Kostenerstattungsanspruch geschützt, und zugleich muss niemand eine Prozessfinanzierungsvereinbarung aufdecken – niemand muss zeigen, wie tief seine Taschen sind, um den Prozess zu führen. Auch das zählt zur Ermöglichungsregulierung.

Brauchen wir nun eine behördliche Aufsicht über Prozessfinanzierer? Ich meine nicht, weil es einen Markt für Prozessfinanzierung gibt, an welchem die Klageparteien zwischen den genannten Modellen frei auswählen können.

Auch brauchen wir keine Kontrolle für die Höhe der Vergütung der Finanzierer, schon gar nicht in der Weise, dass die Abhilfeklage nach dem VDuG unzulässig ist, wenn die Erfolgsbeteiligung zu hoch ist. Das ist nicht nötig, weil auch hier der Markt regiert. Wer etwa Fluggastrechte geltend machen will, kann sich inzwischen sogar an Vergleichsportale der Durchsetzungsportale wenden. Der Anspruchsinhaber kann im Internet verschiedene Angebote für seine Fluggastrechte-Forderung miteinander vergleichen. Da bietet das eine Unternehmen 70 Prozent und das andere 75 Prozent. Dort kann sich der Anspruchsinhaber den Klageorganisator einschließlich seiner Erfolgsbeteiligung auswählen. Unter diesen Umständen sehe ich keinen Grund, warum diese Preise reguliert werden müssten. Das regelt der Markt von selber. Und wenn der Anspruchsinhaber lieber 100 Prozent haben will, dann muss er eben den Weg gehen und die Klage selber erheben, und dafür das Risiko auch tragen. Das ist aber eine freie Entscheidung, die jeder treffen darf.

Auch hier möchte ich eine wichtige Ausnahme machen, und zwar für drittfinanzierte VDuG-Abhilfeklagen. Da können die Verbraucher nämlich nicht wählen, weil der Finanzierer schon vom klagenden Verband ausgewählt wurde, bevor die Anmeldung erfolgen kann. Der Verband entscheidet bei der Auswahl des Finanzierers aber über fremde Interessen, da ist nicht sichergestellt, dass er die Interessen der Verbraucher vollkommen wahrt. Dort bin ich dafür, eine Kontrolle der Tarife vorzunehmen, nicht aber bei der allgemeinen Prozessfinanzierung.

Zuletzt möchte ich auf die Frage des Kostenersatzes eingehen. Darf die finanzierte Klagepartei Ersatz ihrer Prozessfinanzierungskosten verlangen? Ich meine, nein. Noch einmal: Prozessfinanzierung ist Privatsache. Welcher Weg zur Finanzierung der Prozesskosten gewählt wird, ist das Risiko der Klägerseite. Wenn diese die teurere Variante „Prozessfinanzierung" wählt, weil sie ungern Risiken eingeht, ist das ihr Problem. Sie kann die Kosten nicht als Verzögerungsschaden geltend machen, weil sie nicht zur zweckentsprechenden Rechtsverfolgung erforderlich ist. Eine äußerste Ausnahme hier kann sich hier nach dem Maßstab des § 254 II BGB ergeben, wenn es um Fälle geht, in denen sich die Beklagtenseite völlig querstellt, und ohne Finanzierung gar kein Recht durchsetzbar ist. Solche Fälle scheinen mir schwer vorstellbar, aber abstrakt denkbar. In diesen Fällen würde ich sagen, es ist ein ersatzfähiger Verzögerungsschaden, wenn die Beklagtenseite der Klagepartei quasi aufzwingt, den Weg zum Prozessfinanzierer zu gehen, weil es keinen anderen Weg gibt.

Man muss dann nur aufpassen, dass diese Finanzierungsmodelle, gerade in den Abtretungsmodellen, häufig viel mehr Kosten enthalten als eigentlich erstattungsfähig wären. So umfassen die Finanzierungskosten häufig auch Marketingkosten für die Anspruchsakquise. Es wäre absurd, auch diese ersatzfähig auszugestalten. Das geht die Beklagtenseite nichts an. Diese muss nicht auch noch die Werbung dafür bezahlen, dass gegen sie geklagt wird. Im Übrigen glaube ich aber, dass das Vertragsrecht leistungsfähig genug ist, diese Interessenkonflikte zwischen Finanzierer und finanzierter Partei abzudecken. Wir sparen uns Behörden. Wir können vor allem die individuellen Interessenkonflikte, die im einzelnen Verfahren konkret auftreten, nicht behördlich abdecken. Die Klagepartei kann ja nicht bei der Behörde anrufen und sich über eine konkrete Weisung des Finanzierers beschweren. Das muss privatrechtlich geklärt werden.

Vielen Dank.

Vorsitzende:

Vielen herzlichen Dank. Jetzt ist Frau Wolff dran und dann der Letzte, der sich bereit machen kann, ist Herr Müller. Und danach, das kündige ich jetzt schon an, würden wir dann eine Kaffeepause machen, in der Sie aber natürlich herzlich eingeladen sind, uns weitere Wortkarten zukommen zu lassen.

Frau Wolff, bitte.

Präsidentin des OLG Ann-Marie *Wolff*, Bremen:

Herr Professor Riehm, nach diesem Vortrag weiß ich gar nicht, was ich noch sagen soll. Sehr beeindruckend, vielen Dank. Und damit bringe ich auch gleich schon mal zum Ausdruck, dass die Gerichte, glaube ich, selber mit der Prozessfinanzierung noch gar nicht so viel Erfahrung gemacht haben. Das kann ich auf jeden Fall für das kleine OLG Bremen sagen. Aber natürlich machen wir uns auch Gedanken dazu. Und der erste Gedanke, den will ich hier nochmal in aller Allgemeinheit präsentieren, auch für Sie, Herr Halmer: Wir nehmen die Klagen von Verbrauchern gerne. Das werde ich auch gleich noch begründen. Es gibt überhaupt keinen Grund zu sagen: ‚Oh Gott, die nerven uns!' Manchmal ja, das hat Herr Streyl so ein bisschen angedeutet, aber im Prinzip nehmen wir sie gerne. Ich kann es auch jetzt gleich begründen: Das ist nämlich Rechtsfortbildung, die in diesem Verfahren betrieben wird. Abgesehen davon, dass die Zivilverfahren zurückgingen und wir uns fragten, woran liegt das eigentlich? Die

Welt verändert sich, aber zivilrechtlich bildet sich das nicht ab. Das kann eigentlich nicht sein. Deshalb nochmal, wir nehmen dieses Verfahren gerne und auch mit einer ordnungsgemäßen Prozessfinanzierung, ich bin der Meinung, das kann nicht ganz unreguliert bleiben, aber darauf will ich gar nicht eingehen.

Ich will auf einen Punkt eingehen und das ist die Offenlegung. Und die ist mir doch ganz wichtig, auch aus Sicht der Gerichte. Und zwar eine Offenlegung auf beiden Seiten. Es kann ja sein, dass sowohl die Klägerseite finanziert wird als auch die Beklagtenseite. Und das, finde ich, müssten die Gerichte eigentlich wissen, um zu wissen letzten Endes auch, wer battled sich da eigentlich unter Umständen. Es kann ja auch sein, dass die Prozessfinanzierer ganz eigene Interessen in diesem Prozess haben, wäre ja auch denkbar. Und das, finde ich, müssen alle Beteiligten, und damit auch die Gerichte wissen. Letzten Endes kann das ja auch immer dazu führen, dass Wettbewerber versuchen, sich da aus dem Markt zu drängen. Und das über das Gericht. Also ich möchte eigentlich nicht, dass die Gerichte Spielbälle solcher Wettbewerbsgeschichten werden. Also Offenlegung, bin ich ganz klar der Meinung, dass wir das brauchen, auch aus Sicht der Gerichte. Dass das durchschlagen soll, wenn da irgendwelche Fehler in den Verträgen sind, ich rede jetzt mal neutral von Fehlern, kann ich im Moment auch nicht so ganz einsehen, muss ich fairerweise sagen. Denn das würde tatsächlich die Partei zu sehr benachteiligen. So viel mal vielleicht dazu.

Noch ein kurzes Wort zu den Massenverfahren nochmal: wir sehen dem gerne entgegen, will ich deutlich sagen. Das ist für uns Rechtsfortbildung. Und diese Frage: „Muss jeder sein Recht geltend machen?“ Nein, muss er natürlich nicht. Wir sind alle wahrscheinlich betroffen von den Bankgebühren und wir sind alle betroffen von Anhebungen in der privaten Krankenversicherung. Ich würde nie auf die Idee kommen, so etwas geltend zu machen. Aber jeder, der das geltend machen will, soll das machen. Und nochmal, es kommt Rechtsfortbildung dabei raus. Wenn wir diese Verfahren nicht mehr haben, dann bleiben viele, viele Rechtsfragen ungeklärt. Und die Gerichte sind dafür da und wollen das auch übernehmen, diese Rechtsfortbildung mitzubetreiben. Das ist mir ein ganz wichtiges Anliegen, das mitzugeben. Auch, was Herr Streyl gesagt hat, die PKV-Klagen waren teilweise natürlich nervig. Man hätte sie anders führen können. Und das ist mein letzter Punkt, auf den ich nochmal hinweisen möchte. Wir sind allerdings darauf angewiesen, dass in allen Verfahren letzten Endes, aber die Massenverfahren neigen vielleicht dazu, dass es da so ein bisschen Auswüchse gibt, dass die Verfahren auch von den Anwälten lauter geführt werden, also ehrlich geführt werden und vernünftig geführt werden. Wenn ich mir in so einem PKV-Verfahren von dem Kläger dann sagen lassen muss, auf die Frage: „Warum haben Sie denn Ihre Unterlagen nicht mehr und verlangen jetzt Auskunft von der Versicherung?“ Und der sagt mir: „Die Unterlagen habe ich doch nicht mehr, weil ich sie meinem Anwalt gegeben habe.“ Da frage ich mich manchmal wirklich: „Geht’s noch?“ So ist eine Auskunftsklage entstanden und das dient nur Gebührengeltendmachung. Ich hätte fast ein anderes Wort gewählt. Also wir müssen zusehen und das können wir nur über prozessuale Regelungen, dass diese Verfahren ordnungsgemäß und fokussiert geführt werden, denn nur dann können sie sinnvollerweise zu einer Rechtsfortbildung beitragen. Und lassen Sie mich noch einen letzten Satz sagen, wenn ich das Wort „Lauterkeit“ und „Unlauterkeit“ in den Mund genommen habe, das ist vielleicht ein Thema für einen anderen Juristentag, auch die Werbung für diese Massenverfahren muss lauterer bleiben, also darf nicht unlauter sein. Wenn ich im Internet lese, „Sie kriegen ganz viel Geld von Ihrer privaten Krankenversicherung zurück“ und kann aber erkennen, dass wahrscheinlich 85 Prozent der gestellten Ansprüche, ungefähr, abgewiesen werden, Frau van Wijngaarden, also zugunsten der Unternehmen entschieden werden, dann kann man sich langsam fragen, ist das noch eine lautere Werbung, die da betrieben wird, und führt nicht diese unlautere Werbung auch zu einem Verdruss der Betroffenen über den Rechtsstaat? Vielen Dank.

Vorsitzende:

Wir würden dann nach der Pause eine Rückrunde auf dem Podium machen. Wie gesagt, die aktualisierte Beschlussvorlage liegt aus. Wir nehmen gerne weitere Anmeldungen für Wortbeiträge entgegen und würden jetzt bis 11.30 Uhr Pause machen.

Stv. Vorsitzender:

Wir haben auf der Agenda noch Legal Tech und Massenverfahren, einschließlich Abhilfeklagen. Das sind Themen, die bisher nicht im vollen Umfang erörtert wurden.

Fortsetzung der Diskussion

am 26. September 2024 vormittags
(anwesend etwa 130 Teilnehmerinnen und Teilnehmer)

Vorsitzende:

Meine sehr verehrten Damen und Herren, wir warten noch eine Anstandsminute, weil auch unser Podium noch nicht ganz komplett ist.

Ich darf nochmals daran erinnern, dass die aktualisierten Beschlussvorlagen sowohl analog auf Papier als auch digital verfügbar sind.

Wir würden jetzt noch die Beiträge zur Prozessfinanzierung abarbeiten und dann dem Podium nochmals Gelegenheit für eine Rückrunde geben.

Herr Müller, ich habe Sie als Nächsten auf der Rednerliste. Ich habe Sie so verstanden, dass Sie gerne an Ihrem Wortbeitrag festhalten wollen. Das heißt, Sie hätten als Nächster dann hier das Wort und es könnte sich dann schon Elmar Streyl bereitmachen, der sich auch zur Prozessfinanzierung gemeldet hat.

Rechtsanwalt Dr. Werner *Müller*, Frankfurt:

Zur Sicherheit noch einmal: Mein Name ist Werner Müller, Rechtsanwalt in Frankfurt.

Wenn ich jetzt unter dem Stichwort Prozessfinanzierung auf das zurückkomme, was einer meiner Vorredner gesagt hat, man muss jedes Recht einklagen können. Das ist richtig und das ist auch in unserem System, wenn ich das rechtliche beurteile, der Fall. Jedes Recht kann eingeklagt werden. Ich wüsste hier keine Ausnahme zu machen.

Aber wir waren uns auch darüber einig, dass nicht jedes Recht eingeklagt wird, und es ist auch nicht erstrebenswert, dass jedes Recht eingeklagt wird.

Wie weit sollen wir gehen, dass wir es tatsächlich ermöglichen, dass Rechte eingeklagt werden?

Ich orientiere mich dabei an dem Satz vor dem BGH, der alte Bibelsatz: „Gerechtigkeit erhöht ein Volk." Der Satz beinhaltet, dass wir wissen, dass zwar Gerechtigkeit und Recht nicht dasselbe ist. Aber das Recht soll sich natürlich an der Gerechtigkeitsvorstellung orientieren. Es ist keine Selbstverständlichkeit, dass eine Gesellschaft der Gerechtigkeit nahekommt. Also Gerechtigkeit in diesem Sinne, wie sie vor dem BGH steht. Es ist keine Selbstverständlichkeit, aber wir haben einen demokratischen Rechtsstaat und wir wollen diesem Ideal nahekommen.

Sonst hätte der BGH es nicht vor sein Gebäude geschrieben. Wir wollen ihm nahekommen, aber das verlangt immer wieder eine Abwägung.

Der Satz ist mir so wichtig – „Gerechtigkeit erhöht ein Volk" –, den habe ich zu meinem Profilsatz auf WhatsApp gemacht.

Wenn ich dann abwäge, zum Beispiel was Frau Domej sagte, gemeinnütziger Prozessfinanzierungsfonds – hm. Ist das etwas, was ich für so wichtig halte, dass ich es befürworten würde? Es schafft ja wieder Bürokratie; ich hätte Zweifel. Wenn ich jetzt entscheiden müsste, würde ich sagen: Nein.

Ähnlich zur Verjährungshemmung durch Auftrag an den Prozessfinanzierer. Soll ich so weit gehen mit der Verjährungshemmung? Auch da hätte ich meine Zweifel.

Etwas anderes ist es bei der Offenlegung der Prozessfinanzierung und des Namens. Ganz klar: Prozessfinanzierung offenlegen und den Namen auch, aber keine weitergehende Offenlegungspflicht.

Dann auch ein Thema: Schätzung des Anspruchs bei Massenverfahren. Um Kollektivverfahren vernünftig führen zu können, muss es die Möglichkeit einer Schätzung geben. Alle Juristen, deutsche und ausländische Juristen, mit denen ich gesprochen habe, alle sagten: „Ja natürlich, ohne pauschalierende Schätzung kommt ein effektives Massenverfahren nicht aus."

Prozesskostensicherheit bei Massenabtretung, das ist eine Möglichkeit. Ich würde da gerne die Richter hier im Saal hören. Meinen Sie, dass es Ihnen das Verfahren erleichtern würde, wenn Sie die Prozesskostensicherheit verlangen würden? Wenn ja, dann würde auch ich sagen, dann sollte es so sein.

Aber ich wollte noch einmal den Ausgangspunkt erwähnen, den ich immer wieder meinen Überlegungen zugrunde lege: „Gerechtigkeit erhöht ein Volk." Gerechtigkeit ist keine Selbstverständlichkeit. Aber wir wollen ihr nahekommen. Danke.

Vorsitzende:

Vielen Dank. Der nächste ist Elmar Streyl und dann kann sich schon Herr Professor Römermann bereit machen.

Richter am LG Elmar *Streyl*, Krefeld:

Prozessfinanzierung: Was Herr Riehm sagt, also keine Preisregulierung der Prozessfinanzierung, das hat mich erst überzeugt, aber dann hatte ich den Gedanken: Das Anwaltshonorar ist ja auch eine Form der Prozessfinanzierung, man muss das mitdenken und das ist ja ganz stark reguliert. Sind wir da nicht im Wertungswiderspruch, wenn wir sagen, beim Prozessfinanzierer kann man vereinbaren, was man will, aber der Mandant kann mit seinem Anwalt nicht den Preis vereinbaren, den er will? Das ist ein Gedanke, der mir gekommen ist, vielleicht hat jemand auf dem Podium eine Antwort.

Vorsitzende:

Vielen Dank. Dann, lieber Herr Römermann, haben Sie nun das Wort und anschließend würden wir dem Podium Gelegenheit für eine Rückrunde geben und dann in die weiteren Themengebiete einsteigen. Wir haben noch Legal-Tech-Klageorganisationen und auch die Massenverfahren auf der Agenda, auch wenn wir manches aus diesen Themenkreisen bereits angesprochen haben.

Hiermit auch nochmals die herzliche Einladung an Sie alle, uns Ihre Wortbeitragskarten nach vorne zu bringen.

Rechtsanwalt Prof. Dr. Volker *Römermann*, Hannover:

Ja, herzlichen Dank, liebe Frau Vorsitzende. Eine Bemerkung vorab und dann zum Geld.

Eine Bemerkung vorab, der Staat hat sicherlich kein Interesse daran, dass jedes Recht eingeklagt wird. Der Staat hat aber ein Interesse daran, dass jedes Recht auch im Leben gilt und Anwendung findet. Und Anwendung findet ein Recht oft erst dann, wenn zumindest die zwangsweise Durchsetzung droht. Und insoweit glaube ich, der Staat hat schon ein Interesse daran, dass es möglich ist, gegebenenfalls sogar in Massensachen, Klagen zu erheben.

Hier ist die Frage gestellt worden nach der Finanzierungsquelle. Also soll das offengelegt werden? Dann frage ich mich natürlich, für welche Finanzierungsquelle soll das gelten? Soll das jetzt nur gelten für Prozessfinanzierer? Soll das auch gelten, wenn ich mir von meiner Schwiegermutter Geld geliehen habe? Soll ich nachweisen, dass der Anwalt das Geld schon bekommen hat? Vielleicht hat er mir das auch gestundet. Soll ich nachweisen, dass ich genug Geld habe, um im Prozessverlust auch den Gegner zu bezahlen? Das gibt es ja für Klagen, die aus dem Ausland geführt werden, non Europa, aber eben nicht für sonstige. Also für sonstige Klagen gibt es keinen Nachweis einer vorhandenen Finanzierung. Und es gibt bislang auch keine Nachweispflicht für eine Finanzierungsquelle. Ich möchte eher davon abraten, hier eine punktuelle Lösung zu finden. Wenn man sich für Finanzierungsquellen interessiert, dann gerne generell. Da fragt sich aber, wo ist der Sinn? Also da kann ich dann versuchen, als Gegenseite reinzugehen und das zu bekämpfen. Also an der Finanzierung den Kampf zu suchen statt im materiellen Recht. Das, glaube ich, würde die Gerichte eher mehr beschäftigen und würde mehr auf Abwege führen als dass es uns nützen könnte. Liebe Frau Domej, nur eine ganz kleine, klitzekleine Korrektur, wenn Sie mir gestatten, zu Ihrem Statement gestern. Ich hatte nicht gesagt, dass wenn es Höchstgrenzen an Vergütung gäbe, dass es dann keine Prozessfinanzierer mehr gäbe. Ich habe nur gesagt, dass das miteinander korrespondiert. Also da, wo es für den Prozessfinanzierer Sinn gibt, ist ihm die Höchstgrenze egal. Die Höchstgrenze spielt ja nur dann eine Rolle, wenn er zu marktüblichen Verhältnissen nicht bereit wäre, eine Finanzierung zu übernehmen. Und wenn das so ist, dann führt die Höchstgrenze meines Erachtens nicht dazu, dass er es dann übernimmt und Geld zulegt, sondern dann führt die Obergrenze dazu, dass es dann keine Finanzierung gibt. Und da, meine ich, müssen wir mal gucken, ob das wirklich nützlich ist. Und ich hege die These bis zum Beweis des Gegenteils natürlich immer, dass das eher kontraproduktiv wäre. Zu dem Geld hat Herr Lindner sich auch gerade geäußert. Ich bin nicht hundertprozentig sicher, ob ich es richtig verstanden habe, es war von der Quersubventionierung die Rede. Quersubventionierung höre ich seit Jahrzehnten in der Diskussion im anwaltlichen Berufs- und Gebührenrecht. Das könnte es geben, also es ist nicht ausgeschlossen, dass es so etwas gibt. Empirische Untersuchungen darüber, ob es eine Quersubventionierung gibt, ob die Quersubventionierung funktioniert, gibt es meistens nicht. Ich traue den BGH-Anwälten durchaus zu, dass es da funktionieren könnte. Weil dort natürlich die Wahrscheinlichkeit, dass man auch mal größere Prozesse bekommt, höher ist als bei den 160.000 Anwälten draußen. Sodass die sonst anzutreffende Verteilung, dass nämlich bestimmte Kanzleien eher kleine Fälle und bestimmte Kanzleien durchaus tendenziell eher größere Fälle haben, was gerade nicht die Quersubventionierung bedeutet, dort nicht vorliegt. Das könnte bei den BGH-Anwälten sogar noch funktionieren mit der Quersubventionierung. Natürlich immer unter der Prämisse, dass die niedrigen Streitwerte nicht durch Honorarvereinbarungen letztlich doch aufgefangen werden. Das habe ich schon mal von jemandem gehört zu haben, der von jemandem gehört hat, dass es so etwas doch geben soll. Aber das mag es geben, aber ich glaube, das liegt dann eher an der oligopolistischen Struktur der BGH-Anwälte, die ja noch gilt und deswegen glaube ich, ist das jetzt nicht etwas, wo man allgemeine Schlussfolgerungen daraus ziehen kann. Außerdem war ja die Schlussfolgerung von Herrn Lindner die, dass man die kleinen Fälle gar nicht kostendeckend machen kann. Ich weiß jetzt nicht, was daraus folgt. Folgt daraus eben dieses Mindestgebührgebot, was ja offenbar nicht funktioniert? Denn wenn es funktionieren würde, wenn man also zu Mindestgebühren dann auskömmlich wirtschaften könnte, bräuchte man keine Honorarvereinbarung dafür, dann würde ja nicht das Problem bestehen, was gleichzeitig angedeutet wurde. Also mir ist die Argumentation ehrlich gesagt nicht hundertprozentig klar geworden. Dann haben auch Sie, Herr Lindner, noch gesagt, da ist mal ein Prozessfinanzierer in die Insolvenz gefallen und das ist für die Betroffenen ganz schlecht. Ja, Insolvenzen sind für Betroffene oft schlecht, aber nicht zu verhindern. Und auch nicht durch Gebührenregelungen zu verhindern. Man könnte hier denken, theoretisch, an einen Fonds sozusagen, der das dann auffangen könnte. Ich neige aber dazu, abzuraten von derartigen Überlegungen. Und dann muss man es eben dem Markt überlassen und jeder muss sich den Vertragspartner, mit dem er kontrahiert, vorher angucken. Und da hat man manchmal Glück und manchmal Pech. Der letzte Punkt, auch von Ihnen, Herr Lindner, aber das ist, glaube ich, auch ein wichtiger Punkt natürlich, der auch sonst manchmal auftaucht, ist der der Interessenkollision. Sie haben gesagt, naja, der Prozessfinanzierer, der weiß ja viel besser, ob jetzt 30 Prozent, 20 Prozent, 50 Prozent, 70 Prozent richtig sind. Und da gibt es eine strukturelle Ungleichheit, eine Disharmonie sozusagen der Voraussetzungen zwischen dem Profi und dem Laien. Das ist so. Das ist natürlich so. Das ist immer so. Also, wenn Sie in die Vorschrift, die aus meiner Sicht eine relativ wenig bekannte Vorschrift ist, § 57 Abs. 1a) des Steuerberatungsgesetzes, schauen, dann findet sich dort eine Norm, wonach Steuerberater, wenn sie mit eigenen Interessen kollidieren würden, nicht in einem Mandat tätig werden dürfen. Also ganz spannende Norm, die auf so eine Selbstinteressenkollision abstellt. Ich kenne die sonst im deutschen Recht nicht. Und das Thema haben Sie ja immer. Also auch, wenn ein Mandant zu einem Anwalt geht und wenn die, mal angenommen, über Gebühren verhandeln würden. Natürlich haben Sie ein strukturelles Ungleichgewicht, weil der Anwalt vielleicht eine bessere Einschätzung darüber hat, wie viel Prozent Erfolgsaussichten die Sache birgt und wie viel nicht. Also dieses Ungleichgewicht haben Sie immer bei solchen Verhandlungen. Ich glaube nicht, dass das strukturell hier irgendwie ins Feld geführt werden kann für eine Regulierung. Das ist ja der Punkt von Gebühren. Ich glaube, das hat damit nichts zu tun. Wir werden das so nicht in den Griff kriegen. Und eins ist doch klar. Der Prozessfinanzierer wird doch eine eigene Einschätzung der Erfolgswahrscheinlichkeiten vornehmen. Und dazu hat Christian Wolf vorhin gesagt, die Erfolgswahrscheinlichkeit von Fällen, die Prozessfinanzierer annehmen, ist immer 80 bis 90 Prozent. Also da wäre ich gespannt, ob die Prozessfinanzierer das bestätigen. Meine Vorstellung, aber die mag laienhaft sein, ist die, wenn das Risiko gering ist, dann steigt man gegebenenfalls zu einer geringeren Beteiligung an der Beute ein als wenn das Risiko hoch ist. Und man stelle sich mal einen Prozess vor, da sagt der Prozessfinanzierer, das können wir zwar machen, aber wir gehen davon aus, dass das Risiko des Verlustes bei 70 Prozent liegt. Wir würden es machen, aber zu folgenden Gebühren. Und dann sind die Gebühren hoch, weil die Gebühren preisen nun mal das Risiko ein. So ist das. Und warum sollten wir die daran hindern? Also warum sollten wir die Menschen davon abhalten, auch mal riskante Prozesse zu führen? Oft ist es ja so, dass die Rechtsprechung sich wandelt, weil jemand einen Prozess riskiert hat, den es vorher so noch nicht gegeben hat. Und da sind wir doch im Sinne einer Fortentwicklung der Rechtsordnung womöglich sogar daran grundsätzlich, strukturell interessiert. Ich möchte vor diesem Hintergrund mein Plädoyer bestärken, auf Regelungen zur Vergütung von Gesetzes wegen, also Eingriffe in den Markt vom Gesetzgeber, was Gebührenstrukturen angeht, zu verzichten, bis der Beweis einer Notwendigkeit erbracht ist. Vielen Dank.

Vorsitzende:

Vielen herzlichen Dank. Wir würden jetzt dem Podium Gelegenheit geben, zu replizieren. Und ich kann schon ankündigen, dass dann nach der Runde auf dem Podium als nächster Herr Vorsitzender Richter am Landgericht Stuttgart Müller-Deppisch das Wort hat. Und wir würden uns dann auch den nächsten Themenblöcken zuwenden.

Gutachterin:

Vielleicht zuerst zu der vergangenen Diskussion und zur nächsten dann später. Vielen Dank für die vielen gehaltvollen Wortmeldungen. Ich möchte nur auf ein paar Punkte eingehen. Zunächst zur Offenlegung. Was soll von der Offenlegung umfasst sein? Diese Frage bringt die Problematik eigentlich auf den Punkt. Wie schon gesagt, bin ich auch der Auffassung, dass eine ganz spezifisch auf die Prozessfinanzierung ausgerichtete Offenlegungspflicht problematisch wäre. Ich glaube auch nicht, dass man eine solche Offenlegungspflicht einfach damit rechtfertigen kann, dass man gerne wüsste, wie die Dinge laufen, weil ich glaube, das ist dann eher eine Frage der sozialwissenschaftlichen Forschung, die man anders angehen muss.

Wenn man eine Offenlegung möchte, dann glaube ich in der Tat, müsste man das auf breiter Linie machen. Und dann kann man sich fragen, zu welchem Zweck. Es gibt ja beispielsweise im Vereinigten Königreich inzwischen Regelungen über „costs budgeting", wo die Parteien auch schon im Vorfeld absprechen, beziehungsweise auch das

Gericht sich an der Entscheidung darüber beteiligt, wie viele Mittel überhaupt in den Prozess fließen sollen. Das steht natürlich im Kontext des spezifischen Kostenvergütungsrechts, das dort gilt, weil ja dort grundsätzlich die vollen Kosten ersetzt werden. Das heißt, dort gibt es einen spezifischen Grund dafür.

Natürlich kann man darüber nachdenken, ob man so etwas möchte. Aber ich glaube, dann muss man es viel umfassender aufziehen und nicht eine einzelne Finanzierungsquelle in eine anrüchige Ecke stellen. Ich finde, das ist auch ganz ungerechtfertigt, die Prozessfinanzierung einfach pauschal in eine anrüchige Ecke zu stellen, einen pauschalen Missbrauchsverdacht zu formulieren, der empirisch nicht untermauert ist. Deswegen glaube ich, dass man vorsichtig sein muss, wenn es darum geht, dem Gegner Einblick zu geben.

Eine andere Frage ist: Soll man das Geschäftsmodell überhaupt regulieren?

Da sprechen, glaube ich, ganz gute Gründe dafür, weil es doch in einer engen Verwandtschaft zu Rechtsdienstleistungsberufen oder zu Rechtsdienstleistungen steht, die auch sonst reguliert werden. Deswegen hat mir die Wortmeldung von Herrn Streyl gut gefallen, der darauf hingewiesen hat, dass wir hier in einem Bereich sind, wo wir beispielsweise auf der Anwaltsseite eine sehr starke Preisregulierung haben.

Und ich denke, dass man nicht unbedingt einen starken Akteur in dem gleichen Bereich haben muss, der völlig unreguliert vorgeht, gleichzeitig aber auch Druck ausüben kann, letztlich auf die Berufsträger der regulierten Berufe.

Zu den Höchstgrenzen: Ich bin da ganz bei Ihnen, Herr Römermann, dass das in bestimmten Fällen dazu führen könnte, dass man dann keine Finanzierung mehr anbieten möchte. Und tatsächlich sollte man feste Höchstgrenzen nur machen, wenn das ein erwünschtes Ziel ist. Es kann ja auch potenziell ein politisch erwünschtes Ziel sein, dass beispielsweise sehr riskante Rechtsstreitigkeiten nicht drittfinanziert geführt werden. Ich bin nicht sicher, dass es das richtige rechtspolitische Ziel ist.

Es gibt aber auch einen Mittelweg, nämlich zu sagen, es gibt grundsätzlich eine indikative Höchstgrenze, die aber in begründeten Fällen überschritten werden darf. Und oft ist das auch so, dort wo Höchstgrenzen festgelegt werden für den Erfolgsanteil, dass es dann auch Möglichkeiten für Ausnahmegenehmigungen gibt. Und ich glaube, das ist ein Mittelweg, den man potenziell gehen könnte.

Ein Punkt, den ich noch ansprechen möchte, weil es verschiedentlich gekommen ist, ist noch die Frage, sollen wir die Verjährungshemmung sozusagen als Lösung hernehmen, wenn Klagevehikel an Verstößen gegen regulatorische Vorschriften scheitern? Ich glaube, dass das keine hinreichende Lösung der Problematik wäre, sondern ich denke tatsächlich, man muss Verstöße gegen regulatorische Vorschriften einfach aus dem Prozess heraushalten.

Eine Verjährungshemmung in solchen Fällen ist nur ein ganz schwacher Notnagel. Dass man dann noch ein zweites Mal einen Prozess führt, wenn man schon einmal verloren hat und sechs Jahre prozessiert hat und dann versucht man es noch einmal, weil Gott sei Dank wurde ja die Verjährung gehemmt – ich glaube, das ist nicht wirklich eine effektive Lösung dieses Problems.

Das mit der Sicherheit für die Prozesskosten für Klagevehikel, das ist, glaube ich, eine Lösung, über die man sehr gut diskutieren kann. Ganz generell denke ich, was wir hier nicht machen können, schon allein aufgrund der großen Bandbreite von Themen, die wir behandeln, ist auf Einzelvorschriften der Regulierung heruntergebrochen wirklich seriös zu befinden. Das heißt, es wird eher in die Richtung genereller Weichenstellungen gehen, aber ich glaube, dass das Arbeiten mit Prozesskostensicherheiten in bestimmten Bereichen, wo es darum geht, den Prozesskostenersatzanspruch des Gegners sicherzustellen, ein vernünftiger Ansatzpunkt ist, wenn man davon ausgehen kann, dass das mit vernünftigem Aufwand möglich ist, beispielsweise mit einer Bankgarantie oder Ähnlichem. Das heißt, es kann hier nicht darum gehen, die Prozesskosten in Bar auszulegen, aber eine Bankgarantie ist, glaube ich, ein vernünftiges Mittel, das wahrscheinlich zu vernünftigen Kosten auch beschaffbar ist und letzten Endes auch zeigt, dass es ein Vertrauen der Bank in die Solvenz dieses Vehikels gibt. Das heißt, das halte ich eigentlich für einen vernünftigen Ansatzpunkt, dort, wo es darum geht, den Kostenersatzanspruch der Gegenpartei zu sichern. Was genau der sachliche Anwendungsbereich dafür sein sollte, darüber kann man sicher diskutieren. Und ich glaube, auf diese Punkte will ich mich für das Erste beschränken.

Vors. Richter am LG Dr. Thomas *Mehring*, Stuttgart:

Zur Frage: Sollte die Prozessfinanzierung reguliert werden? Ich meine, die Vorfrage muss sein: in wessen Interesse sollte ich denn regulieren, wenn ich denn regulieren möchte? Im Interesse des Gerichts, im Interesse der Gegenpartei oder geht es nur um das Interesse der Anspruchsteller, die einen Prozessfinanzierer einschalten?

Ich meine, das Interesse des Beklagten erschöpft sich darin, einen Kostenerstattungsanspruch auch durchsetzen zu können. Die Frage der Äquivalenz, ob also das, was nun der Prozessfinanzierer sich versprechen lässt als Anteil eines Erfolgs, angemessen ist, betrifft die Gegenseite nicht, sofern man nicht der Lösung folgt und sagt, dass man praktisch die Prozessfinanzierungskosten on top zahlt, also 100 %

Schaden plus x % Finanzierungskosten. Aber wenn man das nicht macht, und Stand heute machen wir das ja nicht, geht das, meine ich, die Beklagtenseite nichts an.

Auch im Interesse der Gerichte sehe ich den Regelungsbedarf nicht. Uns Klagen fernzuhalten, die es sonst vielleicht nicht gäbe, ist kein legitimes öffentliches Interesse, sondern im Kern kann es bei der Regulierung, wie gesagt, abgesehen von dem Kostenerstattungsanspruch, nur um die andere Partei des Prozessfinanzierungsvertrags gehen. Und da sollten wir so herangehen wie bei anderen Regulierungen auch. Wenn es der Markt regelt, braucht man die Regulierung nicht. Und wenn es ein Marktversagen gibt, aufgrund einer Asymmetrie der Parteien, dann muss man eben regulieren. Ich kann mir vorstellen, nach meinen punktuellen Erfahrungen mit finanzierten Prozessen, häufig weiß man es ja nicht, aber wenn es offengelegt ist, etwa bei Insolvenzverwaltern haben wir das relativ oft. Das ist aus meiner Erfahrung unproblematisch. Es ist eben noch einer mehr, der über den Vergleichsschluss mitreden will, aber es hat noch nie zu irgendwelchen Schwierigkeiten geführt. Da braucht man Regulierung möglicherweise überhaupt nicht. Wo man Regulierung brauchen könnte, das ist im Verbraucherbereich, weil wir da eben die Situation haben, dass der individuelle Verbraucher die Erfolgsaussichten und das Risiko möglicherweise schwer abschätzen kann. Wir haben jetzt eine größere Zahl finanzierter Prozesse, die zum Teil auch über eine Prozessfinanzierung im engeren Sinne hinausgehen, sondern eine wirtschaftliche Vollabtretung bedeuten, bei der Rückforderung von Verlusten aus unerlaubtem Online-Glücksspiel. Was man so hört, werden da Forderungen zu fünf bis zehn Prozent des Nominalbetrags verkauft. Forderungen, die durchaus gute Aussicht auf Erfolg haben. Allerdings, Fußnote, schlechte Vollstreckungsaussichten auf Malta haben.

Jedenfalls kann man sich überlegen, ob das nicht ein Erfordernis ist, um hier Parteien davor zu schützen, dass sie ihre werthaltigen Ansprüche verschleudern und hier ein Regulierungserfordernis besteht. Wenn man aber reguliert, egal mit welcher Zielsetzung, dann bitte außerhalb des Prozesses. Es erscheint mir gänzlich untunlich, den Prozess mit der Inzidentfrage zu befrachten, ob denn das Verhältnis zwischen einer Partei und ihrem Prozessfinanzierer den gesetzlichen Vorgaben, AGB-Kontrolle oder was auch immer man sich vorstellt entspricht. Zum einen überfrachtet man den Prozess und zum anderen geht es ja auch die Gegenpartei nichts an. Ein anwaltliches Honorar, eine anwaltliche Honorarvereinbarung, ob die nun wirksam ist oder nicht, prüfe ich auch nicht inzident im Prozess. Und das hat da auch nichts verloren. Man mag es regulieren durch eine öffentlich-rechtliche Aufsichtsstelle, etwa der Versicherungsaufsicht.

Man kann der finanzierten Partei Ansprüche zugestehen, die sie dann eben in einem separaten Prozess geltend macht. Aber die Überfrachtung des Prozesses führt zum einen zu einer Lähmung und ich halte es auch für eine ganz ungute Rolle im Hinblick auf die Neutralität als Richter. Eigentlich will ich ja in der Sache entscheiden, aber jetzt soll ich gleichzeitig darüber entscheiden, als Vorfrage, ob der Kläger überhaupt so weit kommt, dass er von mir eine Sachentscheidung bekommt, oder ob ich ihm nicht auf die Füße trete und sage, also mit deinem Finanzierungsmodell hier, zu deinem Schutz, kommst du sozusagen schon gar nicht in die Sachprüfung. Da habe ich zwei Hüte auf und das ist ganz ungut. Das sollten wir so machen wie sonst auch und die Relativität der Schuldverhältnisse beibehalten.

Ansonsten möchte ich anschließend noch darauf eingehen, was Herr Lindner gesagt hat. Thema: Waffengleichheit. Da kann die Prozessfinanzierung ja durchaus auch ein Instrument sein, das die Waffengleichheit herstellt. Ein erwünschtes Instrument, die Abhilfeklage, ist ja von Verbänden finanziert, die wiederum steuerfinanziert sind. Es ist auch gar nicht einzusehen, warum die Steuerzahler riskante Prozesse, für die vielleicht teure Gutachten nötig sind, warum das der Steuerzahler machen muss und nicht die Begünstigten, indem sie einen Teil ihrer Ansprüche abgeben.

Dazu noch eine Bemerkung zu Ihnen, Herr Lindner, Sie hatten angesprochen diesen Vorschlag, den ich gestern vorgestellt hatte mit einem Musterbeweisaufnahmeverfahren. Ich möchte da noch einmal darauf hinweisen, dass das ja auch das Ziel ist, eine kritische Masse zu erreichen, die dann auch Finanzierungen möglich macht und dort eben, anders als bei der Abhilfeklage, auch die Rechtsschutzversicherten im Boot zu halten. Wenn die Gutachterkosten sich auf 1000 Parteien verteilen, dann ist eben auch ein Millionenbetrag überschaubar.

Vielen Dank.

Präsidentin des BGH Bettina *Limperg*, Karlsruhe:

Ich möchte Herrn Mehring zum einen ausdrücklich zustimmen darin, dass wir versuchen müssen, den Hauptprozess von der Mitprüfungsobliegenheit einer Prozessfinanzierungsproblematik freizuhalten, weil wir sonst vermutlich einfach nur ein weiteres Problem in den Prozess eintragen und das gerade bei Massenverfahren kontraproduktiv wäre.

Bei der Frage des Erfordernisses einer Regulierung im Sinne einer Rechtsetzung, einer Rahmenrechtsetzung, neige ich dazu, sie für erforderlich zu halten. Allein die heutige Diskussion hat sehr verschiedene Anwendungsbereiche von Prozessfinanzierung gezeigt: Es geht zum einen um vulnerable Gruppen, also schwächere Beteiligte im

Marktgeschehen bis hin aber auch zu hochprofessionellen Beteiligten, die eine Finanzierung für eine aufwändige Klage suchen. Das zeigt schon eine große Bandbreite, die nicht für Transparenz sorgen wird. Zum anderen geht es nicht um eine Ware, die gehandelt wird, sondern um den Zugang zum Recht, der nicht den freien Kräften des Marktes oder mehrerer Märkte überlassen werden kann. Deshalb bedarf es meines Erachtens auch keiner besonderen Legitimation, um die Prozessfinanzierung zu regulieren.

Bei der Offenlegung von Prozessfinanzierung bin ich noch unentschieden. Auch hier wird man verschiedene Fallkonstellationen unterscheiden können. Die altruistische Variante muss man vermutlich nicht wissen, aber einen Prozessfinanzierer, der eigene Interessen verfolgt oder gar konkurrierende Interessen zu der Partei, die er finanziert, das würde ich als Gericht doch gerne wissen. Dies trüge zu Offenheit und Transparenz aller Beteiligten bei.

Rechtsanwältin Dr. Martina de *Lind van Wijngaarden*, Frankfurt a. M.:

Ich möchte beginnen mit den Konsequenzen eines Verstoßes gegen das Rechtsdienstleistungsgesetz. Die aktuelle Rechtslage ist so, dass dieser durchschlägt. Ein Verstoß gegen das Rechtsdienstleistungsgesetz ist ein Verbotsgesetzverstoß. Dieser führt zur Nichtigkeit der Abtretung.

Ich finde, das ist auch richtig so, weil nämlich das Rechtsdienstleistungsgesetz nicht nur dem Schutz des Rechtssuchenden gilt, sondern auch dem Schutz des Rechtsverkehrs und der Rechtsordnung. Dazu gehört auch der Gegner des Rechtssuchenden und das Gericht. Auf Verbotsgesetze muss man sich nicht berufen, sondern wenn ein Verbotsgesetzverstoß vorliegt, ist das Rechtsgeschäft nichtig. Punkt.

Dann kommt die Frage der Verjährung: Es wird hier wieder mit dem Schutzbedürfnis des Rechtssuchenden argumentiert. Dieser müsse davor geschützt werden, dass er im Falle der Unwirksamkeit der Abtretung keinen eigenen (zweiten) Prozess mehr führen kann, weil seine Forderung verjährt ist. Daher müsse eine Sammelklage selbst bei Unwirksamkeit der Abtretungen die Verjährung hemmen. Ich sehe die Sache anders: Der Rechtssuchende hat sich in die Hände eines Rechtsdienstleisters begeben. Ich möchte die Frage aufwerfen, ob die beschriebene Situation nicht ein Haftungsfall ist und man diese Seite beleuchten sollte, statt sich der Frage zu widmen, ob über die Verjährung die Lösung zu Lasten der Beklagten gesucht werden muss.

Der nächste Punkt: Aus Beklagtensicht gibt es ein wirklich reales Risiko, mit Klagen überzogen zu werden, die es ohne Prozesskostenfinanzierung nie gegeben hätte, weil Rechtssuchenden versprochen wurde, dass sie ohne jegliches Kostenrisiko Forderungen geltend machen können. Frau Wietoska hat auf Rechtsprechung aus dem UK verwiesen, wo jüngst die sog. Certification einer finanzierten Klage daran gescheitert ist, dass ihr Motiv in den finanziellen Interessen des Finanziers lag und nicht in den Interessen der Verbraucher.

Wird eine Klage ganz oder überwiegend abgewiesen, ist die Beklagte einem Kostenrisiko ausgesetzt. In Modellen, wo der Prozessfinanzierer nur im Hintergrund tätig ist und die Beklagte mit tausenden von Einzelklagen von Kunden aus dem Ausland konfrontiert ist, muss sie nach derzeitiger Rechtslage ihre Kostenforderung gegen die Kläger im Ausland vollstrecken. Diese Kläger hätten aber nie in Deutschland geklagt, wenn es nicht den Prozessfinanzierer und dessen Anwalt gegeben hätte, der ihnen fälschlicherweise versprochen hat, „in Deutschland erhältst du mehr als in deinem Heimatland“.

Und auch das Insolvenzrisiko eines Klagevehikels, das in finanzieller Hinsicht vollkommen schwach auf der Brust ist, ist real.

Daher ist mein Petitum: Wir brauchen Lösungen, um diese Risiken, denen Beklagten ausgesetzt sind, in den Griff zu bekommen. Es gibt verschiedene Varianten: Der Prozessfinanzierer muss Prozesskostensicherheit leisten; der Prozessfinanzierer muss hinsichtlich der Kosten zum Gesamtschuldner werden, also ein Kostentitel darf auch gegen den Finanzierer festgesetzt werden; oder das Klagevehikel muss eine ausreichende Kapitalisierung nachweisen, ansonsten ist die Klage unzulässig.

Wie wir dorthin kommen, ist mir persönlich egal. Hauptsache, es gibt eine Lösung.

Danke.

Rechtsanwalt Dr. Daniel *Halmer*, Berlin:

Ja, Zulassungswiderrufe für VW und Lufthansa. Prof. Wolf, ich glaube die Grüne Jugend sucht noch einen spiritus rector. In der Sache: Prozessfinanzierung kostet Geld, ja, das ist so. Ich plädiere immer dafür, auch bei uns intern: Wir müssen unsere Kunden so nehmen, wie sie sind und sie haben nun mal eine sehr hohe Risikoaversion, gerade, wenn es um Rechtskosten geht. Das ist für die meisten eine Blackbox und das Wichtigste für unsere Kunden beispielsweise ist: Es kommt vielleicht eine Mietsenkung raus und ich habe kein Kostenrisiko. Der Preis unserer Dienstleistung und die des Erfolgshonorars spielt praktisch keine Rolle. Ich weiß das deshalb, weil wir im Verlauf der letzten 8 Jahre auch zweimal die Preise erhöht haben und rein gar nichts gemerkt haben. Das heißt, die Kunden kommen trotzdem mit gleicher Conversion Rate zu uns. Das sagt mir, dass die Risikoaversion sehr hoch ist; dass der Mensch, der Verbraucher, bereit ist, auch eine vergleichsweise hohe Erfolgsgebühr zu entrichten und das müssen wir eben hinnehmen, meines Erachtens. Zu Herrn Lindner, Interessenskonflikte. Herr Römermann hat schon gesagt, in einem synallagmatischen Vertrag gibt es natürlich immer Interessenskonflikte, sie sind nämlich genau entgegengesetzt. Das ist aber nicht das Problem. Ich glaube, das Problem, das sie angesprochen haben, das ist die Informationsasymmetrie, die strukturelle Unterlegenheit im Bezug auf die Einschätzung der Erfolgsaussichten und hier liegt die Lösung im Markt. Wenn Sie eine neue Bank suchen und kein Bankexperte sind, dann gucken auch Sie nicht in die Bankbilanzen rein, sondern vergleichen die Preise und gucken sich die Kundenrezensionen an. In der Regel ist das dann eine vernünftige, gute Entscheidung. Marktpreissignale und andere Qualitätssignale über Bewertungsplattformen sind hinreichend gut und sie können meines Erachtens auch im Bereich der Legal-Techs gut funktionieren. Beispiel Fluggastrechte, da gibt es glaub ich 16 Anbieter. Ich habe gerade noch mal geguckt, es gibt auch etliche Vergleichsseiten, wo man sieht, was die jeweilige Erfolgsgebühr ist und das ist hochtransparent. Die Gebühren sind nicht 80 Prozent, sondern zwischen 20 und 30 Prozent, je nach Anbieter. Da regelt sich der Preis automatisch.

Dann wollte ich aber noch einen größeren Zusammenhang herstellen zum Thema Liberalisierung des Rechtsdienstleistungsmarktes, RDG-Inkassodienstleister. Zum Thema, was ja eins meiner Großthemen ist, nämlich das Thema Fremdbesitzverbot. Diese ganze Diskussion über das RDG ist eigentlich dann irrelevant, wenn Kanzleien investorenoffen werden. Fast alle oder alle Rechtsdienstleister, die ich kenne, werden von sehr guten Anwälten geführt und diese Qualitätssicherungsaspekte, die da im RDG auch eine Rolle spielen, die spielen in der Praxis keine Rolle. Wir haben das jetzt als zwei Thesen drin, aber wenn das Fremdbesitzverbot fällt, kann der andere Punkt eigentlich entfallen. Herr Streyl, zum Thema Wertungswiderspruch: Prozesskostenfinanzierung kann frei vereinbart werden, RVG nicht. Die Antwort ist eben die Freigabe der kompletten Anwaltsvergütung im RVG und in der BRAO. Und zum Punkt „Werbung muss lauter sein“, Frau Wolff: Absolut. Und die Lösung besteht hier meines Erachtens darin, dass es einen Interessengleichlauf gibt. Wir bei Conny haben überhaupt kein Interesse daran, Leuten zu viel zu versprechen, sondern wir nehmen die Fälle, die wir glauben, gewinnen zu können, und versprechen auch glaubwürdige Minderungshöhen, weil wir sonst tatsächlich negative Bewertungen hintenraus haben. Wenn die Kunden sagen: „300 EUR wurden in Aussicht gestellt, aber jetzt sind nur 100 EUR rausgekommen. Das ist ja irgendwie schlecht gewesen.“ Das Interesse ist für uns auch, präzise und sachgerechte Werbung zu machen und nicht Leute aufzutrommeln und dann hinterher zu enttäuschen.

Vielen Dank.

Vorsitzende:

Vielen Dank, als nächster wäre dann Herr Müller-Deppisch an der Reihe, aber zuvor bekommt noch kurz die Gutachterin Gelegenheit, ihre Thesen zu den nächsten Themenblöcken in Erinnerung zu rufen.

Gutachterin:

Vielen Dank. Alle sollten jetzt, glaube ich, die Beschlussvorlage auch schon gesehen haben. Sie werden gesehen haben, dass diese Beschlussvorlage sehr umfangreich und komplex ist und ich möchte Ihnen jetzt nicht zumuten, auf alle Bereiche der Vorlage einzugehen, aber ein paar Punkte möchte ich doch herauspicken.

Der erste Punkt schließt vielleicht etwas an das an, was Herr Halmer gerade gesagt hat – die Liberalisierung des Rechtsdienstleistungsrechts. Ich denke, da kann man natürlich sehr unterschiedlicher Ansicht sein.

Ich komme aus einer Rechtsordnung, wo außergerichtliche Rechtsdienstleistungen auch unreguliert stattfinden können. Das hat nicht unbedingt dazu geführt, dass sehr viele nichtanwaltliche Rechtsdienstleistungen erbracht werden, mit einer wesentlichen Ausnahme, nämlich Rechtsschutzversicherungen. Ich glaube, man muss so realistisch sein, wenn man hier eine starke Liberalisierung vornehmen würde, dann wären wohl Rechtsschutzversicherer die allerersten, die in den Startlöchern stehen, um große Teile des Rechtsdienstleistungsmarktes zu übernehmen. Man muss sich einfach fragen, ob man das möchte oder nicht. Ich denke, da sprechen Gründe vielleicht dafür, aber auch einige dagegen.

Was das Fremdbesitzverbot angeht, das hängt ja auch ein Stück weit damit zusammen. Ich persönlich denke, dass man es eher beibehalten sollte. Man wird sehen, ob man es in genau der gleichen Form beibehalten kann, wie es jetzt besteht. Vermutlich haben viele auch die Schlussanträge des Generalanwalts zu diesem Thema gelesen. Der Generalanwalt scheint nicht der Auffassung zu sein, dass ein Fremdbesitzverbot einfach per se europarechtswidrig ist.

Er scheint einfach das, wie es in Deutschland ist, noch nicht für konsequent genug zu halten, wenn man es so sagen will. Ich persönlich bin etwas skeptisch, wenn man Finanzinvestoren letztlich die Kontrolle über freiberufliche Rechtsanwälte übertragen würde. Es gibt Erfahrungen aus anderen Bereichen. Den Rechtsdienstleistungsmarkt kann man ein bisschen mit dem Gesundheitsmarkt vergleichen, und auf dem Gesundheitsmarkt hat es sich nicht unbedingt positiv ausgewirkt, dass die Kontrolle über die finanziellen Belange an Private-Equity-Investoren übertragen wurde. Das ist auch empirisch untersucht, dass das nachteilige Auswirkungen auf die Patienten hatte. Ich sehe ein gewisses Risiko für die Mandanten, wenn das Fremdbesitzverbot aufgegeben würde und man es zulassen würde, dass der Besitz an Anwaltskanzleien an Finanzinvestoren übergeht.

Zum Erlaubnistatbestand für die Klageorganisation möchte ich vielleicht kurz sagen: Ich denke, ein großes Problem heute ist, dass ständig über Fragen gestritten wird, ob es denn noch Inkasso sei, was die Klageorganisatoren betreiben. Letzten Endes sehe ich aber überhaupt keinen wirklichen Schutzzweck dahinter, da komplexe Abgrenzungen vorzunehmen. Deshalb mein Plädoyer dafür, dass man das als eigenen Rechtsdienstleistungstatbestand ausgestaltet. Das ist jetzt kein neuer Vorschlag. Zu früheren Zeiten wurde das allerdings im Kontext vorgeschlagen, die Anforderungen an die Wahrnehmung dieser Erlaubnis zu verschärfen. Das halte ich nicht wirklich für nötig, weil hier tatsächlich sowieso Anwälte eingebunden sein werden.

Einen Punkt, der noch wenig aufgegriffen wurde, möchte ich jetzt ansprechen, nämlich die Struktur von Parteivorträgen. Ich bin eher skeptisch bei Strukturvorgaben, das wurde ja schon das eine oder andere Mal gesagt. Aber die Umfangbeschränkung für Rechtsschriften halte ich, wie gesagt, für sinnvoll. Ich wurde auch darauf hingewiesen, dass es solche Beschränkungen unter anderem in der Verfahrensordnung des Europäischen Gerichtshofs für Menschenrechte gibt, dass sie kürzlich auch in Italien eingeführt wurden, insbesondere für Klagen mit niedrigeren Streitwerten. Das gibt es ja auch in den USA. Es gibt das in verschiedenen Rechtsordnungen und ich glaube, das ist insbesondere im Verbund mit einem Strukturierungsgespräch, also mit materieller Prozessleitung des Gerichts, sinnvoll.

Dann zum Punkt, sollte es eine Beschränkung für die Wahlfreiheit zwischen Abhilfeklagen und unechten Sammelklagen oder für die Wahlfreiheit zwischen Abhilfeklagen und Einzelverfahren geben? Ich glaube, dass man darüber wirklich erst nachdenken kann, wenn sich das Abhilfeverfahren einmal bewährt hat. Also sich heute hinzustellen und zu sagen, du musst in das Abhilfeverfahren gehen, sobald ein Abhilfeverfahren anhängig oder möglich ist, das würde ich für weit, weit verfrüht halten. Also die Wahlfreiheit für den Einzelnen, ob man jetzt diesen Weg nehmen will oder einen anderen. Ich kann mir vorstellen, dass man perspektivisch irgendwann vielleicht, wenn sich das wirklich bewährt hat, darüber nachdenken kann, aber zum jetzigen Zeitpunkt ist das eindeutig verfrüht und ich würde auf keinen Fall dem Abhilfeverfahren im derzeitigen Augenblick irgendeine Art von Vorrangstellung geben, sondern zuerst muss sich das einmal bewähren.

Zweitens, denke ich, muss man wirklich aufpassen, dass man die Effektivität des Abhilfeverfahrens nicht noch weiter beschränkt, dadurch, dass man sagt: „Jetzt müssen wir auch noch die wenigen Regelungen, die wir da haben, um die Rechtsdurchsetzung zu erleichtern, ganz restriktiv auslegen." Restriktive Auslegung der Beweismitteloffenlegung, restriktive Auslegung oder restriktive Handhabung bei der Schätzung des kollektiven Gesamtbetrags und Ähnliches. Wenn dieses Verfahren effektiv sein soll, dann kann man es nicht auch noch restriktiv zu Lasten der Verbraucher auslegen. Ich glaube, Herr Riehm hat es treffend gesagt, dass das sowieso schon so ausgestaltet ist, dass es ganz schwierig sein wird, zum Erfolg zu kommen. Das auch noch weiter einzuschränken, noch restriktiver zu machen und dann womöglich auch noch zu sagen: „Das ist aber das einzige Verfahren, das wir dir zur Verfügung stellen." Ich glaube, das wäre genau das Gegenteil einer angeblichen Stärkung des Verbraucherschutzes und davon würde ich dringend abraten.

Danke schön.

Vorsitzende:

Vielen Dank und nun hat Herr Müller-Deppisch das Wort, und es kann sich Herr Dr. Woopen schon vorbereiten.

Vors. Richter am LG Wolfgang *Müller-Deppisch*, Ehningen:

Mein Name ist Müller-Deppisch, ich bin Vorsitzender einer Zivilkammer hier beim Landgericht Stuttgart und auch Mitglied des Präsidiums des Landgerichts Stuttgart. Ich möchte zwei ganz andere Punkte ansprechen, die im Beschlussvorschlag sind.

Und zwar zum einen: Sollte es einen individuellen Anspruch auf Durchführung einer mündlichen Verhandlung als Videoverhandlung geben? Also das war Gegenstand der letzten Änderung des § 128a im Vorschlag des Justizministeriums. Die Justiz, insbesondere Gerichte und auch die Gerichtsverwaltung haben sich massiv dagegen ausgesprochen. Es ist dann rausgeflogen aus diesem Entwurf und ist nicht Gesetz geworden. Ich kann nur sagen, es gäbe kein besseres Mittel, einen Rechtsstreit zu verzögern, wie wenn ich hier Anträge im Laufe des Verfahrens stellen kann. Und deswegen hat man es rausgenommen, aus gutem Grund. Und wenn jetzt der Deutsche Juristentag mit dem Vorschlag wieder käme, dann käme er so ein bisschen wie de alt Fasnet daher, muss ich sagen. Also bitte, machen wir das nicht.

Der zweite Punkt, den ich ansprechen möchte, ist, die Zivilgerichte sollten stärker spezialisiert werden. Also als Präsidiumsmitglied muss ich sagen, jede Kammer beim Landgericht Stuttgart hat eine Spezialisierung. Sogar mehrere teilweise. Und der Gesetzgeber hat jetzt schon zweimal eingegriffen in dieses Selbstverwaltungsrecht, indem er Spezialisierungen vorgegeben hat. Das sind jetzt, glaube ich, insgesamt acht Spezialisierungen. Die bereiten mehr Probleme als sie lösen. Wir hatten nämlich diese Spezialisierungen im Wesentlichen bereits. Wenn wir unsere eigene Spezialisierung haben, wenn es Streit gibt, und den gibt es, dann geht man mal zum Präsidialrichter, der entscheidet sozusagen schon 90 Prozent der Sachen und den Rest entscheidet das Präsidium. In den vom Gesetzgeber vorgegebenen Zuständigkeiten, da ist es dann so, dann muss analog § 36 ZPO das Oberlandesgericht darüber entscheiden. Also ein Verfahren, das viel langwieriger, schwieriger ist. Und wirklich, die Selbstverwaltung der Justiz funktioniert. Also Sie können darauf vertrauen, es wird reagiert im Präsidium, auch bei Massenverfahren. Deswegen lassen Sie uns bitte diese Selbstbestimmung, greifen Sie nicht noch weiter ein, als der Gesetzgeber es bereits gemacht hat. Massenverfahren: Ich bin jetzt seit zehn Jahren Vorsitzender der Zivilkammer. Ich habe die letzten Massenverfahren alle mitgemacht, die Kapitalanlagesachen, den Widerruf der Immobiliarkredite, Dieselverfahren und jetzt, seit Neuestem, eben die Online-Glücksspielsachen und DSGVO. Wir haben uns immer überlegt: „Sollen wir was spezialisieren oder nicht?“ Es gibt immer Argumente dafür, dagegen.

Was jetzt hier gesagt wird zum strukturierten Vortrag, muss ich sagen, kann man machen, aber ich glaube, man wird wieder mehr Probleme schaffen, als man tatsächlich damit löst. Denn aus meiner persönlichen Erfahrung ist es so, wenn ich den ersten Fall einer solchen Masse oder Welle sehe, dann lese ich mir die Akte tatsächlich durch, von A bis Z, sei sie noch so dick. Das mache ich vielleicht beim zweiten auch nochmal. Spätestens beim dritten, wenn ich dann meinen eigenen Standpunkt erstmal gefunden habe, dann schaue ich nur noch, was ist anders an diesem Standpunkt. Oder was muss ich dann nochmal überdenken? Was ist vielleicht vom Tatsächlichen her anders? Ich habe das mal einem Anwalt gesagt, habe ihm gesagt, Sie bestimmen, was Sie schreiben und ich bestimme, was ich lese. Also so gesehen ist es einfacher zu sagen: „Okay, wir finden das raus, was wichtig ist.“ Insbesondere, weil wir jetzt die E-Akte haben. Mit der elektronischen Suche, das funktioniert ganz gut, muss ich sagen. Was aber aus dieser Erfahrung, die ich habe, bei den Massenverfahren wirklich sich gezeigt hat: Die Dinge lösen sich und dann geht es auch sehr schnell, wenn eine Entscheidung des BGH vorliegt oder eben die wesentlichen Probleme geklärt sind durch den BGH. Das heißt, je schneller diese Entscheidung des BGH kommt, desto besser und schneller bekommen wir diese Massenverfahren in Griff. Deswegen kann ich nur dieses Leitentscheidungsverfahren von Frau Limperg unterstützen. Die Frage ist: Wie tut man es dann ausgestalten? Man kann zum Beispiel sagen, dass eben die erste Instanz – ob das Amtsgericht oder Landgericht – den Fall direkt zum BGH schicken kann. Auch wenn ich mal vor vielen Jahren gelesen habe, dass Vorsitzende Richter beim BGH nicht so begeistert sind, wenn aus der ersten Instanz so Sachen direkt zu ihnen kommen. Es sei dann nicht so richtig juristisch aufgearbeitet. Aber ich glaube, es ist gar nicht so das Entscheidende. Entscheidend ist, dass der Tatbestand klar ist – und das ist in Massenverfahren relativ oft der Fall – und der BGH dann sagt, wie es rechtlich gehen soll. Dann können die das auch selber entscheiden. Da brauchen sie kein OLG, das ihnen das vorher vorbereitet. Deswegen, ich glaube, Massenverfahren kriegen wir dann gut in den Griff, wenn es sehr schnell oder möglichst schnell eben Entscheidungen des BGH dazu gibt. Vielen Dank.

Vorsitzende:

Der Nächste ist, wie gesagt, Herr Dr. Woopen und dann kann sich schon mal Herr Richter, Präsident des OLG Düsseldorf, bereit machen.

Rechtsanwalt Dr. Herbert *Woopen*, Köln:

Danke, ja, mein Name ist Herbert Woopen. Ich bin Rechtsanwalt in Köln und arbeite für das European Justice Forum (EJF). Das ist ein Brüsseler Zusammenschluss von Unternehmen, Wirtschaftsverbänden und Anwaltskanzleien mit dem Ziel, amerikanische Kollektivklageverhältnisse in Europa zu verhindern und bessere Formen der kollektiven Rechtsdurchsetzung zu unterstützen, als es große schwerfällige Kollektivklagen in der Regel sind. Ich nenne als Stichwort hier nur das „Skandinavische Modell". Viele Überlegungen dazu habe ich in der Zeitschrift Versicherungsrecht 2023 auf den Seiten 886–888 dargelegt. Das meiste davon würde hier zu weit führen.

Doch einen Kerngedanken möchte ich hier kurz ausführen, der nun auch als Nr. 52 Eingang in die heutigen Beschlussempfehlungen gefunden hat. (Er ist online noch falsch bezeichnet, da fehlt die Nr. 52).

Liebe Frau Domej, ich glaube, als Deutscher Juristentag sollten wir durchaus ambitionierter sein als nur die weitere Entwicklung der Abhilfeklage abzuwarten. Wenn ein Kollektivverfahren zum Rechtsfrieden führen soll, darf es neben ihm nicht zahlreiche andere Verfahren mit gleichem Gegenstand geben, sondern ein zielführendes Kollektivverfahren muss alle Rechtsstreite „in gleicher Sache“ konsolidieren. Deswegen habe ich vorgeschlagen, dass die Zulassung einer Abhilfeklage mit folgenden drei Konsequenzen einhergehen sollte:

1. Alle Einzelklagen in „gleicher Sache“ werden kraft Gesetzes beim Gericht der Abhilfeklage mit dieser Abhilfeklage zusammengeführt, quasi durch eine neu zu schaffende Rechtsfolgenverweisung auf § 147 ZPO. Im Zweifel wären diese hinzutretenden Verfahren umzudeuten in Anmeldungen zur Abhilfeklage.

2. Alle „synthetischen“ Kollektivklagen, also insbesondere die Abtretungsmodelle, werden gleichfalls mit der Abhilfeklage zusammengeführt und ihre Teilnehmer analog den Einzelklagen im weiteren Verlauf des Abhilfeverfahrens in das Anmelderegister beim Bundesamt für Justiz aufgenommen.

3. Mit der Zulassung der Abhilfeklage gibt das Gericht in Kenntnis aller vorliegenden Fälle das Schema für die Anmeldung weiterer potenzieller Begünstigter und die dafür relevanten Belege vor, strukturiert also das weitere Verfahren und den weiteren Vortrag vor. Damit wäre für den Bereich der Anwendbarkeit der Abhilfeklage schon viel gewonnen. Die Abhilfeklage entspricht auch dem Leitbild der Verbandsklagenrichtlinie, die durch die besondere Struktur mit nur wenigen „Qualifizierten Einheiten“ als möglichen Klägern gerade einen Beitrag zur Verhinderung einer amerikanischen „adversarial and litigious culture in Europe“ leisten wollte.

Es gibt darüber hinaus aber noch zahlreiche weitere Fragen, nämlich:

- Wie lässt sich echter Wettbewerb zwischen Prozessfinanzierern befördern? Denn Wettbewerb mag für Fluggastrechte bestehen, wie es eben ausgeführt wurde, aber ich glaube nicht, dass er für die Finanzierung großer Kollektivverfahren wirklich besteht. Solange also nicht mehrere Angebote, sagen wir fünf bis sieben, für die Finanzierung eines konkreten Falles vorgelegt werden, muss es aus meiner Sicht bei einem absoluten Cap bleiben. Denn Wettbewerb ist der einzige Weg zur Findung eines risikoadäquaten Preises. Das kann ein Gericht ex post, wie es vorgeschlagen wurde, eben nicht leisten, weswegen ich die These Nr. 50 von Herrn Riehm ablehnen muss.
- An einer Offenlegung der Drittfinanzierung aber geht meines Erachtens kein Weg vorbei, weil das Gericht wissen muss, worüber und über wessen Interessen es eigentlich entscheidet. Tschechien ist bei der Umsetzung der Verbandsklagenrichtlinie richtigerweise so weit gegangen, dass auch die wirtschaftlich berechtigten Personen hinter einer juristischen Person als Prozessfinanzierer offengelegt werden müssen, damit man weiß für wen dieser Prozessfinanzierer hier möglicherweise eigentlich agiert. In der Schweiz gibt es einen

Prozessfinanzierer, die Litigation Partners SA, die von einer kasachischen Familie gegründet wurde und für deren Geldwäsche genutzt wird.

- In den USA gibt es Klagen gegen Intel, wo der Richter die Offenlegung des Finanzierers verlangte, der Kläger es daraufhin aber vorzog, lieber die Klage zurückzunehmen, anstatt den Finanzierungshintergrund offen zu legen. Also hier öffnet sich noch ein weites Feld, das genauer durchdrungen werden sollte.
- Darüber hinaus gibt es aber noch einen Themenbereich, den wir bisher gar nicht wirklich angesprochen haben, nämlich: Wie soll bei Kollektivverfahren eigentlich mit der Idee der Brüssel Ia-Verordnung umgegangen werden, dass Urteile anderer europäischer Gerichte „in gleicher Sache" automatisch anzuerkennen sind? Ja, und dementsprechend auch:
- Wie ist umzugehen mit einer nach der Brüssel Ia-Verordnung anzuerkennenden Rechtshängigkeit „der gleichen Sache" für alle später beginnenden Verfahren an anderen Gerichten europaweit?

Wie Generalanwalt Bobek beim EuGH schon vor Jahren deutlich geschrieben hat, passt die Brüssel Ia-Verordnung einfach nicht auf Kollektivverfahren. Auch hierüber wird also vertieft nachzudenken sein.

Vielen Dank.

Vorsitzende:

Dann ist der nächste Herr Richter. Weitere Wortmeldungen habe ich im Moment nicht. Sie sind wie gesagt herzlich eingeladen, auch zu den noch verbleibenden Themenblöcken hier Ihre Wortbeiträge anzumelden.

Präsident des OLG Dr. Werner *Richter*, Düsseldorf:

Vielen Dank. Ich bin mir nicht ganz sicher, ob ich jetzt die Strukturierungsvorgaben der hochverehrten Abteilungsleitung einhalte; aber wir haben ja gehört, man wird auch dann gehört, wenn man Strukturierungsvorgaben nicht einhält, auch dann gilt der Grundsatz des rechtlichen Gehörs.

Wir haben gestern viel über die Vogelperspektive gehört. Ich möchte jetzt aus Sicht eines OLG-Präsidenten mal ein bisschen zur Bodenhaftung beitragen und beginne nochmal mit Massenverfahren.

Eben hat der Kollege aus Stuttgart gesagt, dass wir mit Massenverfahren eigentlich in der Justiz immer schon gut klargekommen sind. Ich habe 1989 beim Landgericht in Köln angefangen. Da gab es gerade eine große Welle von Kapitalanlageverfahren; das waren damals schon Massenverfahren. Andere wurden gerade genannt und ich glaube, wenn ich das auch mit Blick auf die Dieselverfahren sehe, es ist nicht die Tatsache, dass es Massenverfahren als Einzelklagen gibt, das Problem, sondern die Art und Weise, wie sie geführt werden. Und vielleicht, wie sie gerade auch in den Dieselverfahren geführt werden.

Wir haben gehört, die Justiz – die Gerichte – dürfe sich ihre Verfahren nicht aussuchen. Das wollen wir auch gar nicht. Das ist nicht unser Privileg. Wir bearbeiten die Verfahren, die bei uns landen. Vielleicht haben nur Hochschullehrer das Privileg, sich die Themen, die sie bearbeiten, selbst auszusuchen.

Personalwirtschaftlich erst einmal hat uns das sogar geholfen. Es hat Stellen gerettet. Stellen an den Landgerichten und an den Oberlandesgerichten. Wir haben vom Rückgang der Zivilverfahren schon gehört. Obwohl die Studie hier noch gar keine Erwähnung gefunden hat. Die Studie aus dem vergangenen Jahr von Frau Meller-Hannich und Frau Nöhre zum Rückgang der Eingänge in den Zivilverfahren.

Es gab eine ganze Menge an Massenverfahren, die dann auch stellenwirtschaftlich für uns von Bedeutung waren. Das ist die eine Seite.

Die andere Seite ist natürlich, was macht das mit den Richterinnen und Richtern, die diese Verfahren bearbeiten und zur Kenntnis nehmen müssen, wie sie bearbeitet werden?

Ich möchte jetzt um Gottes Willen keine Anwaltsschelte betreiben. Im Gegenteil. Ich halte die Zusammenarbeit in der deutschen Justiz zwischen Gerichten und Anwaltschaft für vorbildlich. Das hat aus meiner Sicht etwas zu tun mit der gemeinsamen guten Juristenausbildung, mit der zweistufigen Ausbildung zum Einheitsjuristen. Wir verstehen uns in Deutschland insgesamt gut zwischen den Gerichten und der Anwaltschaft. Warum war das im Dieselverfahren nicht ähnlich? Oder warum war das nicht immer so? Ich meine, wir sollten auf allen Seiten selbstkritisch sein. Das gilt für die Klägerseite und für die Beklagtenseite. Das gilt aber auch für die Gerichte.

Ich beginne mal mit der Klägerseite. Ich glaube, Herr Hartung ist nicht mehr da; ich habe das gestern gehört. Natürlich sind Klägeranwälte nicht irgendwie der ‚Robin Hood' eines Autokäufers, eines SUV-Fahrers, der auf einmal sein Umweltbewusstsein entdeckt hat. Das Marketing spricht schon dagegen. Früher ging man zum Anwalt, weil man ein rechtliches Problem hatte. Heute sagt einem ein Anwaltsmarketing: „Sie haben ein Problem, kommen Sie doch zu mir". Auch innerhalb des Prozesses: Wir haben vom Umfang schon gehört, aber auch von der Art und Weise, wie vielleicht zwischen Anwalt und Mandanten agiert wird. Viele Kollegen am Oberlandesgericht Düsseldorf sind hingegangen, auch an den Landgerichten, und laden mittlerweile in den Dieselverfahren auch die Klägerinnen und Kläger persönlich zu den Terminen. Da kommen Überraschungen zustande. Jetzt können Sie mir sagen, Herr Richter, das hat nur eine anekdotische Evidenz, aber immerhin. Dann äußert sich der Kläger verwundert darüber, dass er beim Erfolg der Klage das von ihm ja durchaus geschätzte Auto zurückgeben muss.

Oder Videoverhandlungen: Dann nutzen wir, auch ich selbst in den Verfahren, die ich führe, § 128a ZPO. Es wäre aber schön, wenn auf der Anwaltsseite, auf Klägerseite auch ein sachbearbeitender Rechtsanwalt tätig werden könnte. Das geschieht nicht. Sondern man hat offenbar jemanden mit Anwaltszulassung, in der Regel noch sehr, sehr junge Kollegen aus der Anwaltschaft. Einer meiner Beisitzer hat mal gesagt in der Videoverhandlung – wir waren noch nicht zugeschaltet mit Ton – „jetzt schicken Sie schon Kinder".

Auch das gehört zur Wahrung, zur ganzen Wahrheit dazu.

Also Klägerseite, auf der Beklagtenseite ähnlich. Ich bin weder verbraucherfreundlich noch beklagtenfreundlich, das darf ich gar nicht sein. Ich bin neutral, ich bin Richter, schon ein Leben lang.

Zur Beklagtenseite, offen gestanden Frau van Wijngaarden, ich habe Ihr Referat gestern gehört und auch Ihre Klage darüber, dass der Beklagtenseite, sprich der Herstellerseite, Unrecht geschieht oder zuweilen Unrecht geschieht.

Ich kann das natürlich nicht für alle Gerichte beantworten und noch nicht mal für mein eigenes. Das sind natürlich unabhängige Kolleginnen und Kollegen. Aber ich habe nicht den Eindruck, dass die Herstellerseite da übervorteilt wurde.

Nochmal, auch da meine ich, ein Stück weit mehr Selbstkritik wäre gut.

Was ist denn passiert?

Die Entscheidung des 6. Zivilsenats vom 25. Mai 2020 hat es doch deutlich gesagt. Der Motortyp EA 189, das war gezielt sittenwidrig und verwerflich.

Und wenn es dann darum geht, dass wir als Gerichte uns die Frage stellen, was ist denn jetzt eigentlich mit den Abschaltvorrichtungen? Dann würden wir es ganz gerne auch mal von der Beklagtenseite erläutert bekommen. Was steht denn hinter diesen komplexen Einrichtungen?

Wir haben keine Scheu davor, uns mit schwierigen technischen Fragen zu beschäftigen. Das tun die Kolleginnen und Kollegen in den Werkvertragskammern und -senaten jeden Tag. Aber wir möchten ganz gerne wissen, worum es geht. Und zwar von beiden Seiten. Und jetzt nochmal Selbstkritik, habe ich gesagt, natürlich auch wir.

Wir Gerichte mussten auch erst lernen in den Präsidien, das Stichwort fiel gerade, wie ordnen wir eigentlich diese Prozesse am besten in der Selbstverwaltung. Da haben wir am Anfang auch nicht alles richtig gemacht. Es ist natürlich richtig gewesen, nach Herstellern zu sortieren. Und das haben wir nach und nach auch getan.

Also, nicht die Massenverfahren sind allein das Problem, sondern die Art und Weise, wie sie geführt werden. Und ich würde auch gerade in diesem wunderbaren Forum eines Juristentages, wo wir hier ganz toll gemeinsam diskutieren, dafür werben, dass jeder auch mal ein Stück weit selbstkritisch sich hinterfragt. Denn eins hat die Diskussion ja gezeigt, um die Massenverfahren, und bewirkt: Wir haben eine Diskussion um die ZPO-Reform. Einmal durch die Massenverfahren, das Thema der hiesigen Abteilung. Und ich hatte es schon erwähnt, die Studie zum Rückgang der Eingänge in Zivilverfahren aus dem vergangenen Jahr. Eine gute Diskussion.

Wir führen sie seit einiger Zeit zwischen den OLG-Präsidentinnen und Präsidenten, mit der Präsidentin des BGH, in verschiedenen Runden, auch in der Reformkommission mit dem BMJ.

Vielleicht deshalb aus meiner Sicht zum Schluss ein Blick nach vorne. Was muss denn geschehen?

Zugang zum Recht. Ja, wir müssen den Zugang zum Recht verbessern und müssen im Blick haben, dass die Klägerinteressen ganz unterschiedlich sind. Wir haben nicht nur Verbraucher, sondern wir haben auch diejenigen, die im Wirtschaftsleben stehen, Unternehmen, Kaufleute.

Vorhin fiel mal das Stichwort, warum gehen Handwerker nicht mehr zu den Amtsgerichten? Offengestanden belegt die Studie, die ich gerade erwähnte, viel stärker noch, dass Kaufleute nicht mehr zu den Landgerichten gehen.

Wir haben einen Kompetenzverlust in wirtschaftsrechtlichen Streitigkeiten. Das sollte uns beschäftigen. Und beschäftigt uns in den Reformrunden auch sehr intensiv.

Zugang zum Recht. Wir brauchen ein Justizportal, in dem informiert wird darüber, welche staatlichen Angebote zur Konfliktlösung gemacht werden können und gemacht werden. Wir brauchen eine neue Kommunikationsplattform, die den bisherigen Fortschritt, und der ist ja da in Sachen elektronische Aktenführung, noch erweitert. Gegenwärtig verschicken wir PDF-Dokumente von der Kläger- zur Beklagtenseite, das muss anders werden. Wir brauchen eine gemeinsame Kommunikationsplattform, die gefüllt wird von beiden Seiten des Zivilprozesses und begleitet und gefördert wird durch gerichtliche Hinweise.

Die Vorschläge liegen auf dem Tisch. Sie werden Geld kosten. Und das wurde heute auch schon erwähnt. Wenn die Justiz substanzielle Fortschritte machen will, soll, dann braucht sie die finanzielle Unterstützung von Landes- und Bundespolitik. Digitalisierung in dem von mir gerade genannten Sinne kostet Geld. Und die ersten Ansätze kommen ja und sind richtig.

Ich finde das jetzt, ich glaube, im Stadium des Regierungsentwurfs befindliche Online-Verfahrensgesetz ganz hervorragend. Und es ist auch der Weg, den wir künftig beschreiten sollten. Wir müssen ausprobieren. Wir müssen Dinge neu ordnen und ausprobieren.

Qualität der Rechtsprechung hat aber nicht nur was mit dem Zugang zum Recht zu tun. Sondern auch wie wir Recht sprechen. Und da meine ich, dass wir einen Fehler der ZPO-Reform von vor über 20 Jahren dringend korrigieren müssen. Wir müssen das Spruchkörperprinzip wieder stärken.

Das Kammerprinzip an den Landgerichten und das Senatsprinzip an den Oberlandesgerichten. Wenn ich die Zahl richtig im Kopf habe, werden gegenwärtig 80 % aller Verfahren an den Landgerichten durch den Einzelrichter entschieden. Das war aus meiner Sicht nicht das Ziel der ZPO-Reform und muss korrigiert werden, weil das Mehr-Augen-Prinzip natürlich ein ganz wesentliches Element bei der Qualitätssicherung ist.

Wir müssen stärker die Verfahren strukturieren. Insbesondere in wirtschaftsrechtlich komplexen Streitigkeiten. Das heißt, ich habe es irgendwann mal so formuliert: Wir müssen den § 139 ZPO anwenden und endlich scharfstellen. Und wir müssen das Instrument nutzen, das es in vielen Verfahrensarten schon gibt. Ich denke an komplexe wirtschaftsrechtliche Streitigkeiten im Patentbereich, im Kartellbereich. Wir müssen Verfahrenskonferenzen durchführen, im Interesse derjenigen, die bei uns Recht suchen.

Also, die wirtschaftsrechtlichen Streitigkeiten gilt es auch zu stärken und nicht nur den Verbraucher im Blick zu behalten. Vielleicht müssen wir insgesamt auch nochmal neue Verfahrensarten anbieten. Gegenwärtig können wir uns entscheiden als Richter: Nehmen wir den frühen ersten Termin oder das schriftliche Vorverfahren. Dann haben wir noch im amtsgerichtlichen Bereich den § 495a ZPO.

Es ist ein richtiges und wichtiges Angebot, was jetzt auf dem Weg ist – das Online-Verfahren. Vielleicht brauchen wir auch noch andere Verfahrensarten. Vielleicht auch ein „Fast-Track-Verfahren“.

Zu den wirtschaftsrechtlichen Streitigkeiten ist ein wichtiges Gesetz morgen im Bundesrat, das Justizstandort-Stärkungsgesetz.

Wir werden ab dem Jahr 2025 Commercial Courts haben. Das ist eine wichtige Botschaft für Unternehmen, für Kaufleute, dass wir auch im großformatigen Streitwertbereich, in wichtigen Wirtschaftsfragen auch wieder ein kompetentes Angebot für die am Wirtschaftsleben Beteiligten vorhalten werden. Ganz wichtig, nicht nur für die Oberlandesgerichte, die damit betraut sind, sondern auch für die Fortentwicklung unseres Rechts dadurch, dass wir dem Bundesgerichtshof wieder Gelegenheit geben, in zentralen wirtschaftsrechtlichen Fragen Leitentscheidungen zu treffen.

Also lassen Sie uns den Impuls aus den Massenverfahren, so sehr sie uns auch ärgern, und aus der Studie zum Rückgang der Eingangszahlen, lassen Sie uns diesen nutzen und weiter gemeinsam an einer Verbesserung der Zivilprozessordnung, in dem von mir nur skizzenhaft genannten Sinne, arbeiten.

Herzlichen Dank für Ihre Aufmerksamkeit.

Prof. Dr. Christian *Wolf*, Hannover:

Eine Vorbemerkung. Leider macht Cord Brügmann mit seinem Podcast Rechtsgespräch derzeit eine Pause. In Folge 95 des Podcast stellt Cord Brügmann aber noch die vom Berliner Senat in Auftrag gegebene Studie, „Zugang zum Recht in Berlin“, vor. Wir haben nicht nur die bereits erwähnten Untersuchungen, sondern auch die Berliner Unmet-Legal-Needs-Studie. Dies sollte man der Diskussion unbedingt auch zugrunde legen. Das wollte ich nur vorweg gesagt haben.

Herr Halmer, Sie haben mir empfohlen, ich soll den spiritus rector der Grünen Jugend machen, die sich von den Grünen losgesagt hat. Eigentlich finde ich es ganz charmant, wenn man mir bei meinem hohen Alter empfiehlt, den spiritus rector eine Jugendorganisation zu geben. Ich dachte aber eigentlich, wir beide hätten uns darauf verständigt, wie jeder anständige Mann, einmal in seinem Leben nach Sacramento reiten zu wollen. Wer mit diesem Satz nichts anfangen kann, Herr Halmer kann Ihnen nachher sicherlich ausführlich erklären, in welcher Folge der Münchner Geschichten Therese Giehse diesen Satz über Tscharlie gesagt hat.

Nachdem Sie hier, Herr Halmer, noch einmal das Thema Fremdbesitzverbot angesprochen haben und sich das Thema Fremdbesitz auch in der Beschlussvorlage wiederfindet, erlaube ich mir doch, zwei Sätze zu dem Thema zu sagen. Erstens: wozu Fremdbesitz führt, können wir bei den medizinischen Versorgungszentren, insbesondere bei zahnärztlichen Versorgungszentren sehen. Es findet ein Rückzug aus der Fläche statt. Versorgungszentren siedeln sich vor allem in Großstädten mit einer wohlhabenden und finanziell leistungsstarken Bevölkerung an. Und es findet eine Konzentration auf bestimmte, für den Leistungserbringer lukrativ abrechenbare ärztliche Dienstleistungen statt. Sollte es zum Fremdbesitz an Anwaltskanzleien kommen, werden wir die gleiche Entwicklung bei den Anwaltskanzleien sehen. Es gibt keinen Grund, warum das, was uns bei den von Investoren getriebenen medizinischen Versorgungszentren schon vorexerziert wird, bei Anwaltskanzleien mit Investorenbeteiligung nicht stattfinden wird. Ein Nachteil dieser Abteilung ist, dass wir den Anwaltsmarkt nur durch die Brille des Zivilrechts betrachten. Wir haben wenig Untersuchungen bis gar keine Untersuchungen, welche Fälle von

Anwaltskanzleien in der Fläche bearbeitet werden und welchen Deckungsbeitrag die Fälle leisten. In der Fläche sind nach wie vor in bestimmten Umfang Allgemeinanwälte tätig. Wenn Sie Hilfe nach dem ein Gewaltschutzgesetz suchen, hilft es Ihnen wenig, wenn Sie auf dem flachen Land leben und der darauf spezialisierte Rechtsanwalt z.B. 150 km entfernt in Hamburg seine Kanzlei unterhält. Sie benötigen den Anwalt vor Ort, der schnell vor Ort helfen kann. Das Gleiche gilt, wenn ein kleiner Drogendealer auf dem Land aufgegriffen wird. Dem Kleinkriminellen hilft kein teurer Strafverteidiger in Hamburg. Was er benötigt, ist ein Anwalt vor Ort, der nicht unbedingt ein Spezialist sein muss, aber dem Mandanten halbwegs durch den Fall helfen kann. Wir müssen uns anschauen, wie sich Anwaltskanzleien in der Breite finanzieren, welche Fälle diese bearbeiten und welche Konsequenzen eine Konzentration auf die Großstädte für den Zugang zum Recht in der Fläche hätte. Dies ist der erste Punkt.

Der zweite Punkt, den man bei dem Thema Fremdbesitz bedenken muss, ist, dass wir im anwaltlichen Berufsrecht nur auf den jeweiligen einzelnen Fall bezogene widerstreitende Interessen kennen. Wir kennen aber keine widerstreitenden wirtschaftlichen Interessen im Allgemeinen. In der Diskussion wird teilweise behauptet, wie von Herrn Römermann, man könne die sich widersprechenden wirtschaftlichen Interessen mit ‚Chinese Walls' in den Griff bekommen. Dies greift jedoch nicht. Zunächst: Wenn ich in eine Anwaltskanzlei als Investor zehn Millionen investiere, will ich wissen, was die Kanzlei mit meinem Geld machen. Ich will Einfluss nehmen. Nicht auf den einzelnen Fall, aber auf die Grundstruktur der Kanzlei, auf die Ausrichtung der Kanzlei, auf die Annahmepraxis der Mandate. Wir haben keine Regelung für widerstreitende Kapitalinteressen. Was passiert, wenn der Kapitalgeber A in die Kanzlei B investiert und gleichzeitig die Kanzlei B einen Prozess führt gegen die Firma C, in welcher der Kapitalinvestor Mehrheitsaktionär ist? Müsste man dies dann nicht regeln? Dass in einem solchen Fall nur noch die Interessen des Mandanten im Vordergrund stehen, glaube ich jedenfalls nicht. Ich halte das auch für lebensfremd.

Um Einfluss als Investor Einfluss zu nehmen, benötige ich auch keine Mehrheit auf der Gesellschafterversammlung der Kanzlei. Um mich mit meinen Interessen durchzusetzen, genügt ein Mittagessen mit dem CEO der Kanzlei. Fragen, wie diese „Wieso läuft das bei Euch so? Ich habe mich erkundigt die Wettbewerber, sagen …". Wer das Kapital hält, kann hinreichend Druck entfalten, um das anwaltliche Ethos zu untergraben.

Ich bitte Sie herzlich, den Antrag zum Fremdbesitz mit großer Mehrheit abzulehnen. Ich erspare mir jetzt, Ihnen aus dem Schlussantrag des Generalanwalts in dem EuGH-Verfahren Halmer vs. RAK

München zu zitieren. Sie können dies alle selbst nachlesen. Folgt der EuGH der Leseart des Generalanwalts, wird die Entscheidung in dem Verfahren für den bayerischen AGH ein sportliches Unterfangen. Übernimmt der EuGH – was wir nicht wissen können – die Position, gibt es für den AGH eigentlich nur zwei Möglichkeiten zu entscheiden, die beide europarechtswidrig sind. Der Generalanwalt hält die deutsche Regelung der möglichen Beteiligungsstrukturen an Kanzleien für widersprüchlich, mithin inkohärent und damit europarechtswidrig. Gleichzeitig führte der Generalanwalt aber auch aus, dass ein Fremdbesitz an Rechtsanwaltskanzleien den europäischen Grundsätzen einer unabhängigen Rechtsanwaltschaft widersprich, mithin europarechtswidrig ist. M.a.W. hält der AGH die Entscheidung der RAK München aufrecht, der Halmer UG die Zulassung zu entziehen, handelt er europarechtswidrig, weil die Bestimmung der BRAO, auf die sich die Kammer stützte, inkohärent ist. Hebt der AGH hingegen die Entscheidung der RAK München auf, schafft er einen europarechtswidrigen Zustand. Denn der Fremdbesitz an einer Rechtsanwaltskanzlei verstößt, so der Generalanwalt, gegen das Europarecht, weil er sich mit der Entscheidung in Widerspruch zu den europäischen Grundsätzen für eine unabhängige Anwaltschaft setzten würde. In dieser Situation würde das Bundesverfassungsgericht wohl dem Gesetzgeber eine Übergangsfrist von z.B. drei Jahren setzen, um eine verfassungskonforme Lösung zu schaffen und bis dahin die beanstandete Regelung aufrechterhalten. Dies Lösungsweg ist dem EuGH verbaut. Wie man die Entscheidung des EuGH dann umsetzt, wenn sie so kommt, wie vom Generalanwalt beantragt, wird spannend. Aber dazu an anderer Stelle mehr. Danke.

Vorsitzende:

Vielen, vielen herzlichen Dank an alle, die sich an der Diskussion beteiligt haben und auch an diejenigen, die aufmerksam zugehört haben und auch dem Podium nochmals herzlichen Dank. Wir würden jetzt in die Mittagspause gehen bis um 14 Uhr und ich darf Sie nochmals sehr herzlich bitten, uns Ihre Wortbeiträge für die verbleibenden Themenblöcke zukommen zu lassen. Wir haben natürlich vieles schon diskutiert, aber Massenverfahren, Strukturierung des Parteivortrags, Musterfeststellungs- und Abhilfeklage stehen auch heute Nachmittag nochmals auf der Agenda und wir werden dann heute Nachmittag spätestens um 16 Uhr in die Beschlussfassung einsteigen. Herzlichen Dank, schöne Mittagspause.

Fortsetzung der Diskussion

am 26. September 2024 nachmittags
(anwesend etwa 120 Teilnehmerinnen und Teilnehmer)

Stv. Vorsitzender:

Meine Damen und Herren, willkommen zurück. Auf unserer Tagesordnung stehen noch die Massenverfahren und die Strukturierung des Parteivortrags.

Der erste Redner ist Herr Rechtsanwalt beim Bundesgerichtshof Lindner. Bitte.

Rechtsanwalt beim BGH Richard *Lindner*, Karlsruhe:

Danke schön, Herr Vorsitzender. Man müsste jetzt einen provokanten Vortrag halten, damit eine gewisse Wachheit in der nachmittäglichen Ruhezeit eintritt.

Ich beginne ganz wohltuend, glaube ich: Ich bin auch total für strukturierten Vortrag. Ich schätze ihn außerordentlich und ich sehe persönlich auch keinen besseren Weg, eine Richterin oder einen Richter von den eigenen Argumenten zu überzeugen, als wenn man ihr oder ihm einen sehr leichten Zugang verschafft. Insofern kann man dieses Ziel uneingeschränkt verfolgen.

Mich treibt allerdings auf der anderen Seite die Sorge um, dass ich dann in Urteilen nicht nur lese, was ich schon höchst ungern oft lese, der Vortrag sei unsubstantiiert und deswegen nicht zu verwerten. Zukünftig wäre er dann möglicherweise auch unstrukturiert und deshalb nicht zu verwerten. Diese Sorge befällt mich gerade auch angesichts eines besonderen Massenverfahrens. Ich glaube, ich habe beim ersten Beitrag schon versucht zu differenzieren: Es gibt unterschiedliche Massenverfahren. Massenverfahren, die eine ganz einfach strukturierte Tatsachengrundlage haben, wo man also im Tatsächlichen nicht viel falsch machen kann. Denken wir an den Widerruf einer Autofinanzierung. Da muss ich eigentlich nur die Vertragsdaten vortragen und vielleicht das Vertragsformular und dann sagen: Ich habe widerrufen und die Frist ist noch nicht abgelaufen. Viel mehr an Sachvortrag ist da ja nicht zu leisten.

Auf der Gegenseite, auf der anderen Seite dieses Spektrums stehen natürlich unsere Dieselverfahren. Hier ist es auf der tatsächlichen Seite äußerst komplex und auf der rechtlichen auch noch. Und hier jetzt, etwa mit einer Seitenbegrenzung, zu verlangen, dass Tatsachen strukturiert vorgetragen werden, das halte ich für einen Anwalt möglicherweise für eine Überforderung. Ich habe heute früh noch mal nachgesehen: Die zwei Leitentscheidungen in Dieselsachen BGHZ 225, 316 und BGHZ 237, 245, also die post EuGH-Entscheidung, die haben in der amtlichen Sammlung 35 und 36 Seiten.

Jetzt muss man noch hinzunehmen: Die Anwälte wussten ja vor diesen Entscheidungen noch gar nicht, was sie alles vortragen mussten. Und sie müssen ja nicht nur die Abschalteinrichtungen vortragen. Sie müssen auch vortragen, welche Indizien für eine Schummel-Software sprechen und so weiter. Also der Tatsachenvortrag zu sehr inhaltlich zu strukturieren, das halte ich für sehr schwierig. Und dann haben wir eben – den haben wir ja sogar in der höchstrichterlichen Rechtsprechung – einen Wechsel in den Anspruchsgrundlagen. Den müsste ich ja als Anwalt im Verfahren auch noch antizipieren. Da sehe ich, wenn ich das mit der Sanktion unstrukturierter Vortrag versehen kann, eine Gefahr.

Ich meine allerdings aus den bisherigen Überlegungen durchaus herauszuhören, dass eher eine verfahrensmäßige Strukturierung geleistet werden soll. Als allgemeine Regel fällt mir im Moment eigentlich nur ein, dass man sagt: Okay, lieber Anwalt, du musst den Tatsachenvortrag von dem Rechtsvortrag sauber trennen. Das wäre möglicherweise eine im Gesetz aufzunehmende Regel, die man in § 253 ZPO unterbringen könnte. Aber viel mehr scheint mir als allgemein geltende Regelung nicht möglich zu sein.

Ich glaube – auf dieses Problem wurde gestern hingewiesen – das Verstecken und Zurückhalten von Vortrag ist aus verfahrensrechtlicher Sicht keine gute Idee. Das wird auch heute schon sanktioniert. Zurückhalten von Vortrag kann natürlich in zweiter Instanz sehr leicht der Präklusion anheimfallen. Verstecken von Beweisanträgen irgendwo im Schriftsatz wird spätestens in der dritten Instanz sanktioniert. Wir können versteckte Beweisangebote nicht mehr verwerten. Das scheitert allerspätestens am Subsidiaritätsgebot. Die Partei muss daher irgendwann in der Berufungsinstanz sagen, ich habe da aber auf Seite 273 meines Vortrags noch ein Beweisangebot. Also die Sanktionierung von solchen seltsamen Prozesstaktiken ist heute schon möglich – jedenfalls in der dritten Instanz. Das sind allerdings Prozesstaktiken, die ich keinem Anwalt empfehlen würde.

Der zweite Schritt wäre eben – und da wäre ich natürlich dafür – ein Verfahrensmanagement-Gespräch. Das wäre durchaus zu überlegen. Ich denke nur – auch einer meiner Vorredner hat ja darauf hingewiesen – die ZPO würde doch dafür jetzt schon offen sein. Das müsste man doch jetzt schon unterbringen können. Wenn man es als Richter will, müsste es doch in das Verfahren integrierbar sein. Dann könnte man das als Richterin oder Richter doch schon einmal versuchen. Es ist allerdings, glaube ich, zunächst mehr Arbeit. Man muss sich dann natürlich intensiv mit dem Fall befassen und muss eine präzise Vorstellung davon haben. In diesem Gespräch kann man dann möglicherweise, das habe ich ja auch schon angedeutet, vielleicht auch beide Seiten zu präziserem Vortrag anhalten, vielleicht doch auch noch mal auf sekundäre Darlegungslasten hinweisen. Gerade in Dieselfällen würde dann vielleicht die ein oder andere Nebelwand, die auch von der Beklagtenseite aufgebaut wird, durchbrochen werden.

Also mein Plädoyer wäre: Regelungen in die ZPO zu schreiben, die eine Sanktionierung unstrukturierten Vortrags in allgemeiner Weise fordern, halte ich für sehr gefährlich. Dem würde ich nicht zustimmen. Denkbar ist die Strukturvorgabe einer Trennung zwischen Tatsachenvortrag und Rechtsvortrag, wobei der Rechtsvortrag dann so lang sein kann, wie er eben aus Sicht des Anwalts sein muss. Wie gesagt, gerade in den Dieselfällen waren bis zur höchstrichterlichen Klärung ganz viele Anspruchsgrundlagen denkbar und deswegen auch viel Vortrag zu halten. Einer Umfangbeschränkung würde ich mit großer Skepsis gegenüberstehen. Sonst wird, glaube ich, das rechtliche Gehör mehr als erforderlich eingeschränkt.

Danke schön.

Stv. Vorsitzender:

Vielen Dank, Herr Lindner. Zu Ihren Ausführungen eine kleine Anekdote. In den 1970er Jahren hat es eine große ZPO-Reform gegeben und zwar nach dem sogenannten Stuttgarter Modell. Dabei stand Pate, was Herr Lindner gerade skizziert hat. Grundgedanke: Die Verfahren werden aufgeteilt in die komplexen, die eine Case-Management-Konferenz benötigen, diese Konferenz heißt „früher erster Termin", und die anderen, die weniger komplexen, bei denen gleich Schriftsätze auszutauschen sind, um sie dann in einem einzigen Haupttermin, ggf. mit Beweisaufnahme zu erledigen. Soweit ich weiß, gibt es keine systematische Evaluation dieser sog. Vereinfachungsnovelle aus dem Jahr 1976. Aber es gibt Stellungnahmen von Experten, etwa des früheren Präsidenten des Oberlandesgerichts Celle, Franzki. Dabei kommt heraus, dass die Zweiteilung in frühen ersten Termin und schriftliches Vorverfahren mit anschließendem Haupttermin außer hier in Stuttgart nirgendwo praktiziert worden ist. Dort entspricht die gerichtliche Praxis derjenigen eines schriftlichen Vorverfahrens mit relativ frühem ersten Haupttermin, dem dann weitere Haupttermine folgen. Die Reform ist an den Gerichten komplett abgeprallt; sie haben so weitergemacht wie vor der Reform. Die Stuttgarter Gerichte nach dem ‚Stuttgarter Modell' und die Karlsruher im

Zweifel nach dem ‚Karlsruher Modell' und so weiter und so fort. Insofern kann man sich fragen, welchen Nutzen ZPO-Reformen eigentlich haben können.

Herr Riehm, bitte.

Prof. Dr. Thomas *Riehm*, Passau:

Vielen Dank.

Ja, die Auswirkungen der Prozessrechtsnovelle aus den 1970er-Jahren ist ein schönes Beispiel, weil es auch die Beharrungskräfte einer eingefahrenen Praxis zeigt, und dass die Macht des Prozessrechts gegenüber dem, was in den Gerichten tatsächlich getan wird, vielleicht doch überschätzt wird. Ich möchte noch etwas zur Strukturierung und zu Umfangsbegrenzungen sagen.

Ich sehe Umfangsbegrenzungen auch – wie Herr RA (BGH) Lindner – kritisch im Hinblick auf das rechtliche Gehör, wenn sie für das ganze Verfahren gelten. Was ich sehr befürworten würde, wäre eine Verfahrensphase, in der die Parteien zur Vorbereitung einer mündlichen Verhandlung gezwungen sind, den Kern ihres Vorbringens noch einmal herunterzubrechen auf fünf bis zehn Seiten – je nach Verfahren und dann individuell durch das Gericht vorgegeben: „Teilen Sie bitte mit, was aus Ihrer Sicht zentral ist, und das Gericht wird auf Seite 10 aufhören zu lesen". In meiner eigenen schiedsrichterlichen Praxis habe ich die Erfahrung gemacht, dass das wunderbar funktioniert, auf diese Art den Verfahrensstoff zu strukturieren.

Bei Strukturierungsvorgaben stellt sich ferner immer die Frage, wann im Verfahren ein sinnvoller Zeitpunkt für sie ist. Herr VRiLG Mehring hat das in seinem Eingangsstatement schon angesprochen. Vor Eingang der Klage kann das Gericht noch nicht vorgeben, worum es gehen soll. Wenn die Klageschrift erst einmal vorliegt, ist der Kläger zunächst im Vorteil, weil er damit die Macht hat zu bestimmen, in welche Felder der Beklagte jetzt nur noch etwas eintragen kann, und welcher Beklagtenvortrag dann unter „Sonstiges" fällt. Diese Macht sollten wir dem Kläger nicht geben. Und wenn wir dann den Beklagten abwarten, sind wir in einem Verfahrensstadium, in dem möglicherweise die Akte schon sehr angewachsen ist. Das ist meines Erachtens ein grundsätzliches Problem. Es kann funktionieren – auch das aus meiner anekdotischen Praxis – wenn das Gericht nach der ersten Schriftsatzrunde mitteilt, welche Gesichtspunkte aus seiner Sicht nunmehr zentral sind, zu denen die Parteien vertieft vortragen sollen. Das setzt allerdings voraus – und damit sind wir bei einem Punkt, den wir anfangs schon besprochen hatten –, dass das Gericht die Ressourcen dafür hat. Als Schiedsgericht haben wir es da leicht, wir haben genug Zeit für die Verfahren und können die Akte frühzeitig durcharbeiten.

Aber beim staatlichen Gericht, das eine große Masse von Verfahren gerade in der ersten Instanz zu bearbeiten hat, ist fraglich, ob es nach Eingang der Klageerwiderung tatsächlich in dieser Intensität die Akte durcharbeiten kann, um für diesen Einzelfall zu bestimmen, wozu es noch Vortrag erwartet. Ich unterstütze natürlich die Forderung, dass die Justiz so gut ausgestattet werden soll, dass sie das leisten kann; aber ich denke, in der gegenwärtigen Praxis ist es nach dem, was ich aus den Instanzgerichten höre, schlicht in keiner Weise leistbar, dass jedes Verfahren in diesem Stadium in der ersten Instanz so gründlich angeschaut wird. Danach ist das Kind aber eben schon im Brunnen. Dann kann das Gericht kaum noch leitend eingreifen. Und deswegen läuft meines Erachtens in der Praxis die Vorschrift des § 139 Abs. 1 S. 3 ZPO dann auch leer, weil schlicht die Ressourcen für seine Anwendung fehlen. Nun haben wir keine Länderfinanzminister hier im Saal. Deswegen können wir wahrscheinlich einstimmig beschließen, dass wir wollen, dass die Justiz viel mehr Geld und viel mehr Personal bekommt, um das leisten zu können. Und dann sind vorzeitige Strukturierungstermine wunderbar. Bei den Commercial Courts ist ein solcher Organisationstermin nun auch gesetzlich in § 621 ZPO vorgesehen, das finde ich sehr gut. Dieser Organisationstermin soll zur Strukturierung genutzt werden. Ich habe in diesem Gesetzgebungsverfahren mehrfach gefordert, dass diese Regelung für den allgemeinen Zivilprozess gelten sollte. Und ich sehe, dass die dazu zwingend gehörende Ressourcenfrage ungeklärt ist und realistischerweise auch nicht geklärt werden wird, egal was wir heute Nachmittag beschließen.

Dass zusammen mit Strukturierungsvorgaben in einem mittleren Verfahrensstadium dann auch eine Umfangsbegrenzung für den nachfolgenden, konkret spezifizierten Vortrag angeordnet wird, halte ich für sinnvoll. Dagegen halte ich eine Umfangsbegrenzung bereits beim Start des Verfahrens tatsächlich für mit dem rechtlichen Gehör nicht vereinbar, wenn etwa das Gericht den Parteien von Anfang an mitteilt: „Was immer ihr wollt, mehr als zehn Seiten stehen dafür in der ersten Instanz nicht zur Verfügung." Es gibt einfach Verfahren, die brauchen mehr Platz.

Einen weiteren Punkt, den wir in diesem Zusammenhang diskutiert haben, dessen Erfolg wir auch erstmal abwarten sollten, sind digitale Tools zur Sachverhaltserfassung, über die wir bereits gestern gesprochen haben. Also, dass die Parteien den Sachverhalt in bestimmten standardisierbaren Fällen dem Gericht in Form digitaler Daten präsentieren. Beispielsweise könnten bei einem Diesel-Fall Motortyp, Kaufdatum usw. in einem Datensatz übermittelt werden. Vielleicht sollten wir abwarten, ob das nicht die Fallbearbeitung der Gerichte schon so sehr vereinfacht, dass diese äußerlichen Strukturierungsvorgaben für die Gliederungspunkte im Schriftsatz gar nicht mehr nötig sind. Denn wenn es wirklich darum geht, wie das Gericht schnellstmöglich einen Überblick über die Sachverhaltsdaten erhalten kann, ohne das aus 300 Seiten Schriftsatz herauslesen zu müssen, dann genügt es ja schon, wenn die Sachverhaltskerndaten in diesem Datensatz enthalten sind, der dann in der E-Akte auch entsprechend prominent präsentiert wird. Vielleicht warten wir mal ab, was das bewirkt und überlegen erst dann weiter, ob man die Parteien noch stärker beschränken sollte in der Art, wie sie ihren Stoff präsentieren wollen.

Denn die Bedeutung der rhetorischen Kunst der Anwaltschaft sollte man nicht kleinreden. Es gehört auch zum guten Recht der Partei, die ihren Fall vielleicht in der Dogmatik nicht ganz so präzise präsentieren kann, dass sie ihn wenigstens rhetorisch so gut präsentieren darf, dass sie versuchen kann, das Gericht zumindest davon zu überzeugen, dass es doch bitte einen rechtlichen Weg suchen möge, hier den Bösen irgendwie zu sanktionieren. Auch wenn man das nicht in einer sauberen rechtlichen Struktur präsentieren kann, finde ich das ein legitimes anwaltliches Anliegen.

Eigentlich wollte ich auch zum Leitentscheidungsverfahren noch Stellung nahmen. Das mache ich aber ganz kurz, weil diese Diskussion für den Moment meines Erachtens obsolet ist, denn gestern hat der Rechtsausschuss dessen Einführung beschlossen, und heute um 19.10 Uhr wird es im Bundestag in letzter Lesung verabschiedet werden. Wenn Sie mir gleichwohl ein kleines Nachtarocken erlauben, dass die zu verabschiedende Fassung hinsichtlich der Aussetzung, die ja das zentrale Diskussionsthema war, die schlechteste aller Lösungen gefunden hat, nämlich eine Aussetzung nach Ermessen des Gerichts, verbunden mit einem Widerspruchsrecht der Parteien, wenn Sie „gewichtige Gründe“ vorbringen, warum eine Aussetzung nicht gerechtfertigt sein soll, während beim Bundesgerichtshof das Leitentscheidungsverfahren läuft. Gegen die Aussetzungsentscheidung ist sodann die sofortige Beschwerde statthaft. Ich fürchte, dass wir dann genau die Aussetzungsstreitigkeiten bekommen werden, die wir aus dem früheren KapMuG kennen: Dann haben wir ein Leitentscheidungsverfahren beim BGH, wir haben 10.000 Verfahren, bei denen Instanzgerichte der Auffassung sind, das Leitentscheidungsverfahren könnte relevant sein, und dann das Verfahren aussetzen – nicht zuletzt zur eigenen Arbeitsersparnis. Und mindestens eine Partei will aber eine zumindest vorläufig vollstreckbare Sachentscheidung – häufig mit guten Gründen, etwa bei den Rückforderungen von Einsätzen aus Online-Glücksspielen, wenn sie gegen einen maltesischen Anbieter vollstrecken wollen: Da haben die ersten 20 Gläubiger vielleicht noch Chancen, aber spätestens ab dem 100. Gläubiger wird es eng, ob beim Anbieter noch genug Masse zur Vollstreckung existiert.

Diese Kläger wollen nicht, dass ihre Verfahren ausgesetzt werden, die wollen jetzt erstmal einen erstinstanzlichen vorläufig vollstreckbaren Titel. Dann streiten sie eben in den Instanzen weiter über die Berechtigung der Aussetzung, damit hat keiner was gewonnen. Das kennen wir aus dem KapMuG-Verfahren, in denen wir jahrelange Streitigkeiten bis zum BGH gesehen haben, in denen nur über die Berechtigung von Aussetzungen gestritten wurde und in diesem Zusammenhang über die Frage, ob eine Rechtsfrage vorgreiflich ist oder nicht. Ich glaube, das sollten wir uns nicht antun – zumal es mit gutem Grund gerade bei der letzten KapMuG-Reform gestrichen wurde, weil man diese Aussetzungsstreitigkeiten vermeiden wollte. Ich verstehe tatsächlich nicht, warum es jetzt im Leitentscheidungsverfahren wieder eingeführt wird. Persönlich habe ich dafür plädiert, gar keine Aussetzungsmöglichkeit gegen den Willen der Parteien vorzusehen, aber es sind so viele Justizvertreter hier, dass ich glaube, hierfür keine Mehrheit finden zu können.

Abschließend möchte ich noch kurz etwas zu dem Musterbeweisverfahren sagen, das Herr VRiLG Mehring vorgeschlagen hatte. Auch hier bin ich sehr skeptisch und habe das in einem Aufsatz ausgeführt, der demnächst in der JZ erscheinen wird. Ich sehe hier große Risiken für die Unmittelbarkeit der Beweisaufnahme; diese ist ein wichtiger Bestandteil des rechtlichen Gehörs. Auf den ersten Blick habe ich Sympathien für Ihren Vorschlag, den mittelbar betroffenen Parteien die Möglichkeit einzuräumen, als Nebenintervenienten teilzunehmen. Ich stelle mir das allerdings praktisch sehr, sehr schwierig vor, wenn ich dann 10.000 Nebenintervenientenvertreter in einem Saal habe, die einen armen Zeugen wahrscheinlich über drei Jahre vernehmen, weil jedem noch eine Frage einfällt, die er auch noch stellen wollte, weil es in seinem Verfahren auf diese Aussage ankommen könnte. Ich glaube, das wird rein praktisch in manchen Fällen funktionieren, wo nur eine kleine Zahl von Klägerkanzleien existiert, aber in anderen Fällen an rein logistische Grenzen stoßen. Wir können logistisch nicht Tausende Nebenintervenienten an der Beweisaufnahme teilnehmen lassen. Und wenn wir das nicht haben. wird es schwierig, wenn Zeugenaussagen, an denen die konkreten Parteien eines späteren Verfahrens nicht beteiligt waren, nicht mehr hinterfragt werden dürfen, und die Parteien keine eigenen Fragen mehr stellen dürfen, die sich ja auch aus neuen Erkenntnissen ergeben können. Wir haben in Massenverfahren oft die Situation, dass in einem Sachverhaltskomplex Jahre später neue Zusammenhänge oder neue Dokumente auftauchen. Die würde man einem Zeugen nochmal vorhalten wollen. Jeder Kläger und jeder Beklagte hat das Recht, neue Aspekte in einem Fall zu jedem Zeitpunkt der Entwicklung des Massenverfahrens zu entdecken, die dann eben zum Gegenstand von Beweisverfahren gemacht werden können müssen. Dies von dem Vorliegen ganz besonderer Gründe abhängig zu machen, halte ich für eine Verkürzung der Parteirechte, die wir nicht vornehmen sollten.

Für eine Kollektivierung der Tatsachenfeststellung haben wir das Abhilfeverfahren und die Abtretungsmodelle. Dort ist die Beweisaufnahme von vornherein zentralisiert. In allen anderen Fällen bräuchten wir irgendeine Form von institutioneller Repräsentation der anderen Parteien in der Beweisaufnahme, wenn deren Wirkung über den Prozess hinausweisen soll. Wir haben kein Generalanwaltssystem, wir haben keine neutrale Instanz wie einen Ermittlungsrichter, die irgendwie repräsentativ sein könnte für andere Parteien. Ich meine, die Unmittelbarkeit lässt uns keine Wahl, als dass die konkreten Parteien des betroffenen Rechtsstreits an den Beweisaufnahmen immer beteiligt sein müssen.

Vielen Dank.

Stv. Vorsitzender:

Jetzt Herr Dr. Bahrenfuss, Präsident des OLG Schleswig.

Präsident des OLG Dr. Dirk *Bahrenfuss*, Kiel:

Ja, schönen guten Tag.

Vieles, was ich zum Thema Massenverfahren sagen könnte, hat der Kollege Richter aus Düsseldorf schon gesagt. Ich kann auch nur unterstützen, dass gerade die Stärkung des Kollegialprinzips beim Landgericht ganz wesentlich wäre, um auch die Qualität der Rechtsprechung wieder zu verbessern.

Ich kann auch nur noch einmal bestätigen, dass die Gerichte selbstverständlich in der Lage und bereit sind, Massenverfahren abzuwickeln. Das gehört zu unseren Aufgaben und das machen wir auch. Dass wir das tun, möchte ich an einem Beispiel zeigen. Wir haben in Schleswig-Holstein nur 3.000 Dieselverfahren beim Oberlandesgericht in der Berufung erhalten. Da sind wir weit weg von den Zahlen anderer Oberlandesgerichte. Davon waren Ende 2023 noch 800 offen und inzwischen sind, nachdem die Leitentscheidungen des BGHs ergangen sind, vielleicht jetzt noch 400 oder 300 offen. Das heißt, wir arbeiten die gerade kräftig ab, was im Übrigen dazu führt, dass die Verfahrensdauer bei uns am Oberlandesgericht gerade stark ansteigt, weil wir diesen Bestand abarbeiten. Die Verfahrensdauer errechnet sich nur nach den Verfahren, die erledigt worden sind.

Es ist gestern darauf hingewiesen worden, dass die langen Verfahrensdauern abschreckend seien. Ich bin auch bei meiner Amtseinführung von der Rechtsanwaltskammer gefragt worden, was wir denn gegen die langen Verfahrensdauern im Zivilprozess tun würden. Ich kann diesen Befund schlicht und einfach nicht teilen. Unsere Amtsgerichte haben eine durchschnittliche Verfahrensdauer von knapp vier Monaten. Ein Großteil darauf beruht auf gesetzlichen Fristen. Das heißt, wir kommen unserem Rechtsgewährleistungsanspruch wirklich sehr schnell nach. Das Gleiche gilt auch für das Oberlandesgericht, eben von durchschnittlich sieben Monaten kommend im letzten Jahr sind wir jetzt am Steigen. Aber das hängt auch damit zusammen, dass die Bestände gerade abgearbeitet werden. Wir haben – da spreche ich jetzt nur für Schleswig-Holstein – die niedrigsten Bestände seit vielen Jahren, teilweise überhaupt. In früheren Zeiten hatten wir viel, viel höhere Bestände bei den Amtsgerichten, Landgerichten und auch beim Oberlandesgericht. Da sind wir weit von entfernt.

Selbstverständlich haben wir mit den Massenverfahren viel zu tun: Diesel, Verstöße gegen die Datenschutz-Grundverordnung, Online-Glücksspiel. Das ist der Standard bei uns. Diesel machte Ende 2023 50 Prozent oder knapp 50 Prozent unseres Bestandes beim Oberlandesgericht aus. Und wie gesagt, da sind wir gerade dabei, diese abzubauen.

Warum dauern diese Verfahren so lange? Ja, weil wir warten müssen auf Leitentscheidungen, Grundsatzentscheidungen, Entscheidungen des EuGHs bei den Datenschutz-Grundverstößen. Beim Online-Glücksspiel warten wir auf die Entscheidung des EuGHs bei den beiden Vorlagen. Selbstverständlich führt das dazu, dass die Verfahrensdauer ansteigt.

Auch die Anwaltschaft, die dahintersteht, hat sicherlich nicht immer ein Interesse immer daran, das schnell zu befeuern, weil wir zum Teil dann den fünften oder sechsten Fristverlängerungsantrag bekommen. Für keine dieser Akten würden Sie binnen zwei Monaten eine Berufungsbegründung und eine Berufungserwiderung bekommen. Das dauert in der Regel viel, viel länger.

Woran hapert es noch? Sachverständigengutachten. Wenn Sie ein Sachverständigengutachten über einen Diesel machen wollten, dann müssten Sie in der Lage sein, einen Prüfstand zu finden und dann müssten Sie sich wahrscheinlich in eine Warteschlange von drei bis vier Jahren stellen, bis dann das Auto dort auf diesem Prüfstand – es gibt, glaube ich, sieben in Deutschland, die dafür in Frage kommen – überhaupt geprüft werden könnte.

Das Problem bei den Beitragsanpassungsverfahren, ein weiteres Massenphänomen, ist, dass wir jetzt gehalten sind oder jedenfalls der Versicherungssenat meines Hauses natürlich auch die Berechtigung der Beitragserhöhung prüft und sich konfrontiert sieht mit Massen von Dateien, die von Versicherern zugesandt werden. 20.000, 30.000

Dateien zur Belegung der Berechtigung der Beitragserhöhung. Die Sachverständigen, die angefragt werden, sagen, pro Versicherungsjahr würden sie 40.000 Euro nehmen und das würde drei bis vier Jahre dauern, bis die Gutachten kommen. Man muss schlicht und einfach auch mal konstatieren, dass zum Teil der Senat beim Oberlandesgericht dann Urteile über 11,75 Euro ausgesprochen hat. Also da ist keinerlei Relation und man fragt sich, ob die Rechtsschutzversicherer nicht besser fahren würden, wenn sie diese Ansprüche direkt begleichen würden, anstatt Gutachten zu bezahlen.

Ich frage mich auch, warum Mechanismen, die wir eigentlich haben, nicht greifen. Es gibt eine Ombudsstelle bei der privaten Krankenversicherung, die wäre eigentlich für die Klärung solcher Aufgaben auch da. Warum geht man nicht dorthin? Warum versagen die Mechanismen, die eigentlich die Kontrolle der Beitragserhöhung vorsehen im Versicherungsrecht?

Und das Gleiche gilt auch für die Fluggastrechte. Der Flugverkehr steigt, wie Sie vielleicht der Presse entnommen haben, auf einen Höchststand nach Corona. Jedes Jahr wieder weiter steigende Zahlen. Das Amtsgericht Köln hat gerade in einer Abfrage mitgeteilt, dass nach, ich glaube, 16.000 Verfahren in 2022, 37.000 in 2023, sie dieses Jahr schon 34.000 Eingänge hatten.

In Schleswig-Holstein haben wir insgesamt nur 21.000 Zivilsachen bei den Amtsgerichten und ich frage mich, wie die Kollegen das bewerkstelligen. Ich kann nur sagen, dass wir sehr glücklich sind, dass wir keinen funktionierenden Regionalflughafen haben. Insofern bin ich da ganz dankbar.

Aber warum kommen diese Verfahren überhaupt zu einem Amtsgericht, wenn es in der Regel eigentlich nur einer Datenbankabfrage bedarf, aus der erkennbar ist, ob der Flug verspätet war oder ausgefallen ist, und das Ganze dann standardisiert abgearbeitet wird. Das könnte man mit Legal-Tech machen. Es besteht meiner Meinung nach gesetzgeberischer Handlungsbedarf, eine Schlichtungsstelle einzurichten auf Bundesebene, bezahlt von den Fluggesellschaften, die sich das hier zunutze machen, und die dann eben verbindliche Entscheidungen trifft. Die wenigen Fälle, wahrscheinlich fünf Prozent, die hoch streitig sein sollten aus guten Gründen, die können gerne von Gerichten entschieden werden.

Man muss dazu sagen, das wird auf dem Rücken der Steuerzahler ausgetragen, denn der Zivilprozess ist hoch defizitär. Wir haben circa 40 Prozent Kostendeckungsgrad und offensichtlich ist es günstiger für eine große Fluggesellschaft, diese Ansprüche nicht zu bedienen und sich verurteilen zu lassen und die Gerichtskosten zu tragen, als das direkt zu begleichen, wenn sie erkennt, dass dieser Anspruch berechtigt ist.

Hinzu kommt, dass der Verbraucher ja quasi gezwungen wird, circa 20 bis 30 Prozent an einen institutionellen Prozessfinanzierer oder wie man es nennen möchte, abzutreten, um diesen Anspruch durchzusetzen. Viel einfacher wäre es doch, wenn er sich direkt per Gesetz vorgesehen an die Fluggesellschaft oder an die Schlichtungsstelle wenden kann und eben 100 Prozent seines Anspruchs bewilligt bekommt. Das würde ich für sinnvoll halten.

Dann sind einige Stichworte gefallen. Datenaustausch, ja. Wir brauchen einen funktionierenden Datenaustausch.

Professor Riehm hat gerade angesprochen, den Austausch auch von Metadaten über Datensätze zu ermöglichen. Das würden wir sehr begrüßen, denn wir merken ja, dass die Anwälte untereinander diese Daten austauschen, wir sie aber als Gericht nicht bekommen, obwohl wir eigentlich eine Datenaustauschplattform haben, nämlich das beA, und es wäre ein Leichtes, einen Xjustiz-Datensatz mit den wesentlichen Prozessdaten mitzuteilen.

Eine kleine Anekdote: Als Vorsitzender versucht man natürlich auch, Beschlussvorlagen der Beisitzer zu verstehen und wenn man sich durch den ersten Band einer Dieselklage durchgekämpft hat und am Ende auf Seite 296 feststellt, dass man nur deswegen davon ausgeht, dass es sich um einen Volkswagen handeln könnte, weil da vorne auf dem Aktendeckel Volkswagen als Beklagter steht, dann ist man doch ziemlich irritiert, was die Strukturierung der Klage angeht.

Das hat das Landgericht dann auch in einem zweiten Band ebenfalls so gesehen und hat fünf Fragen gestellt und dann ist es dem Anwalt gelungen, auf einer Seite die wesentlichen Daten mitzuteilen.

Außerdem teile ich das, was Professor Riehm gestern gesagt hat, dass mit der Schaffung eines vereinfachten Online-Verfahrens eine gewisse Kostenfalle verbunden ist. Wenn der Bürger denkt, er kann mit einem Online-Formular in fünf Minuten eine Klage einreichen, ist er sich möglicherweise nicht bewusst, dass er dann auch für seine, für die Gerichtskosten und auch für die Kosten der Gegenseite haftet. Zumal, man darf auch nicht ganz vergessen, wir haben ein sehr gut funktionierendes Online-Verfahren für das Erwirken von Titeln. Das nennt sich Mahnverfahren. Wir haben jedes Jahr ungefähr 100.000 Mahnverfahren in Schleswig-Holstein und nur 21.000 Zivilverfahren vor den Amtsgerichten. Und diese Mahnverfahren enden zu 95 bis 98 Prozent sofort mit einem Titel. Also insofern, schnelle Rechtsdurchsetzung sichern wir bereits jetzt in den verschiedensten Bereichen.

Die Thesen sehen vor, Personal und Sachausstattung der Gerichte müssen sichergestellt sein. Selbstverständlich. Da bin ich ganz dabei. Da ist allerdings auch stellenweise Kritik geübt worden.

Ein Redner hatte gesagt, durch die Digitalisierung hätte sich die Verfahrensdauer verdreifacht. Dem kann ich jetzt aus meiner schleswig-holsteinischen Sicht nur widersprechen. Selbstverständlich ist das, was wir als Produkt für die elektronische Verfahrensakte einführen, nicht perfekt. Es ist aber gut und es funktioniert im Großen und Ganzen.

Es liegt auch nicht an dem Unwillen der Justiz, was die Digitalisierung angeht. Tatsächlich ist die Justiz im Bereich der öffentlichen Verwaltung eigentlich der Vorreiter der Digitalisierung. Wenn Sie sich gefragt haben, warum Sie in Corona-Zeiten kein Kfz zulassen konnten, weil Sie eben keinen Präsenztermin bekommen haben, aber gleichzeitig ein Grundbuch umschreiben lassen konnten, eine Firma im Handelsregister eintragen lassen konnten, dann war das dem zu verdanken, dass wir da voll digital gearbeitet haben und die Kolleginnen und Kollegen mit großem Engagement aus dem Homeoffice diese Sachen abgewickelt haben. Und das hat dazu geführt, dass wir auch wirklich sehr gut dastehen.

Die E-Akte kann einiges, was auch zum Beispiel vorher gefordert worden ist. Zum Beispiel können wir selbstverständlich in der E-Akte eine Strukturierung vornehmen und uns Relationsübersichten erstellen lassen, was ich persönlich sehr schätze als Richter, weil ich dann alle Sachen auf einen Blick für die mündliche Verhandlung schon fertig habe.

Und was die Videoverhandlungen angeht, ich höre immer wieder aus verschiedenen Bundesländern, dass das sehr restriktiv gehandhabt wird. Wir sind da, weil wir sehr schnell ein funktionierendes System bereitgestellt bekommen haben, sehr offensiv mit Videoverhandlungen. Ich würde sagen, 90 bis 95 Prozent unserer Senatsverhandlungen finden per Video statt. Nur dann, wenn es wirklich erforderlich ist, holen wir uns die Parteien ran. In der Regel, wenn es um Zeugeneinvernahme geht, dann lässt sich das nicht verhindern. Aber ich höre es auch von den Amtsgerichten, dass sie das in den geeigneten Verfahren doch sehr offensiv einsetzen. Und das wird gut angenommen, weil es allen Beteiligten viel Geld spart, viel Reisezeit spart und es hat einen ganz großen weiteren Vorteil, nämlich die Terminvereinbarung. Hier war von einem Richterkollegen gesagt worden, er hätte den Vorteil der Videoverhandlung noch nicht gesehen. Einen solchen gibt es aber und dieser ist für uns immens. Wir sitzen am oberen Ende von Deutschland, etwas weit ab von einem Bahnknotenpunkt und sind schwer zu erreichen. Und wenn Sie mit Anwaltskanzleien aus Berlin, Hamburg, München verhandeln, ist es viel einfacher, einen Videotermin in kürzester Frist zustande zu bekommen als eine Anreise machen zu lassen. Wir haben am Montag mündlich verhandelt und der eine Kollege kam vom Verbraucherschutzverband hier aus Baden-Württemberg und musste am Sonntag extra anreisen. Das tat mir auch leid, aber das war wieder einer der wenigen Fälle, den wir nicht per Video durchführen konnten.

Ja, vielleicht ein letztes: Wie wird es mit der Digitalisierung weitergehen? Das sind ja alles Voraussetzungen für viele Punkte, die wir auch in den Beschlussvorlagen drin haben. Werden wir das Datum 2026 überhaupt halten können? Wer vor anderthalb Wochen die Mitteilung aus Sachsen-Anhalt gelesen hat, dass die jetzt einen eigenen IT-Justizdienstleister aufbauen wollen, weil sie mit ihrem eigenen sich nicht in der Lage sehen, die E-Akte umzusetzen, der wird, glaube ich, ermessen können, dass das nicht bis Ende 2025 erledigt sein wird. Der IT-Justizdienstleister, von dem Sachsen-Anhalt spricht, ist auch unserer. Ich kann nur sagen, unsere E-Akte läuft bei ihm, also er scheint in der Lage zu sein, das aufzubauen und das Problem dürfte sein, dass man einen IT-Justizdienstleister nicht binnen ein, zwei oder drei Jahren aufbaut. Ich wüsste nicht, wo die Kollegen das Personal dafür herbekommen wollen.

Und das wird dazu führen, dass die Digitalisierung an einzelnen Stellen scheitern wird und viele Gedanken, die wir uns machen, setzen eine funktionierende Digitalisierung und eine umfangreiche, also eine flächendeckende Digitalisierung wirklich voraus. Vielen Dank.

Stv. Vorsitzender:

Vielen Dank für diesen Einblick ins schleswig-holsteinische Modell, das offenbar ganz gut funktioniert.

Der nächste Redner ist Professor Hellgardt aus Augsburg.

Prof. Dr. Alexander *Hellgardt*, LL.M., Augsburg:

Ich möchte etwas sagen zu Massenverfahren und dem Zusammenspiel von Prozessrecht und materiellem Recht. In dem Entwurf von These 39 heißt es: „Bei Massenverfahren sollte eine stärkere materiellrechtliche Pauschalierung der Ansprüche angestrebt werden.“ Das ist aber nur die Oberfläche dessen, worüber wir nachdenken müssen.

Als Ausgangspunkt sollten wir uns verdeutlichen, warum eigentlich Massenverfahren so wichtig geworden sind und eine viel größere Bedeutung haben, als es vor 20 Jahren der Fall war. Der Bedeutungszuwachs hat ganz viel mit dem Wandel der Funktion von Zivilrecht an sich zu tun. Im Rahmen dieser Abteilung, bei der es um Rechtsdurchsetzung geht, scheint das eher ein Randthema zu sein. Aber der Funktionswandel hat eben auch wichtige Auswirkungen auf die Rechtsdurchsetzung. Der entscheidende Punkt ist, dass Zivilrecht immer stärker zu regulatorischen Zwecken eingesetzt wird. Auch bei den Beispielen, über die wir gerade geredet haben, wie Diesel-Skandal, Online-Glückspiel, Versicherungsbeiträge usw., geht es immer um Dimensionen des Allgemeinwohls, etwa um Umweltschutz oder

Marktregulierung. Das sind keine Individualkonflikte zwischen einzelnen Personen, wie etwa im Nachbarrecht, sondern das sind Fragen, die das Allgemeinwohl betreffen, bei denen es häufig auch um eine präventive Steuerungswirkung von Recht geht.

Damit präventive Steuerung funktioniert, ist es notwendig, dass die tatsächlichen Schäden ausgeglichen und damit die korrespondierenden Gewinne auf Seiten der anderen Partei vollständig abgeschöpft werden. Wenn nur 20, 30 oder auch 70 Prozent der Betroffenen ihre Ansprüche gelten machen, lohnen sich Rechtsverstöße nach wie vor.

Damit regulatorisches Privatrecht effektiv durchgesetzt werden kann, müssen auch im materiellen Recht bestimmte Grundvoraussetzungen geschaffen werden. Diese wirken sich dann in allen Arten von Massenverfahren erleichternd aus. Ein wichtiges Beispiel sind Pauschalierungen, wie Herr Mehring sie in seinem Referat erwähnt hat, etwa die BGH-Rechtsprechung zur Bezifferung des Minderwertes von Dieselfahrzeugen mit unzulässiger Abschalteinrichtung. Diese Arten von Erleichterung ermöglichen es, dass Massenverfahren auf eine effiziente Art und Weise durchgeführt werden können. An solche materiellrechtliche Regeln kann auch ein Musterbeweisverfahren anknüpfen, um etwa den Mindestbetrag eines Schadens oder einer Minderung festzustellen.

Für das Zusammenspiel zum Prozessrecht und für die Verfahrensgarantien, die Herr Riehm gerade erwähnt hat, ist das sehr wichtig. Aus meiner Sicht müssen die Parteirechte den Betroffenen immer als Möglichkeit zur Verfügung stehen. Ein Massenverfahren, in dem ein pauschalierter Schadens- oder Minderungsbetrag festgestellt wird, darf nicht in absoluter Rechtskraft für alle erwachsen, die gar nicht da an diesem Verfahren beteiligt sind. Aber die Realität ist, dass 70 Prozent der Menschen bislang überhaupt gar kein Verfahren führen würden. Die bekommen durch verschiedene Arten von Massenverfahren überhaupt erst Zugang zum Recht und erhalten zumindest einen Pauschalbetrag. Es muss aber nicht sein, dass jeder Einzelne in einem pauschalierten Massenverfahren seine Argumente vorträgt und Beweisanträge stellt. Sofern nach wie vor die Möglichkeit besteht, einen Anwalt zu beauftragen und einen Individualprozess zu führen, sei es auch mit all den materiellrechtlichen und prozessualen Hürden, die wir für die Massenverfahren abschaffen wollen, dann stünde keiner schlechter, als er heute steht. Aber 70 Prozent der Betroffenen stünden weitaus besser.

Das sind Fragen, die sich gar nicht nur rein prozessrechtlich lösen lassen. Wenn wir das materielle Recht nicht so anpassen, dass es die Möglichkeit gibt, Schäden, Minderungsbeträge usw. zu pauschalieren, dann können prozessuale Massenverfahren nur sehr begrenzt helfen. Dies zeigt das Beispiel des Kapitalmarktrechts, wo wir schon länger

Erfahrungen mit Massenverfahren haben. Wenn es auf individuelle Kausalverläufe ankommt, etwa die Frage, ob ein Anleger persönlich von einer Fehlinformation Kenntnis gehabt und deswegen seine Anlageentscheidung getroffen hat, dann laufen alle prozessrechtlichen Massenverfahren leer. Wo soll dann die Erleichterung herkommen? Dafür müssen wir parallel die Voraussetzungen im materiellen Recht schaffen. Dies betrifft insbesondere auch Verfahren, bei denen es für den Einzelnen nur um geringere Beträge geht. Aber der entscheidende Punkt ist, dass eine zivilrechtliche Steuerungswirkung nur dann erreicht werden kann, wenn alle Betroffenen ihren jeweils geringen Schaden auch wirklich ersetzt bekommen.

Stv. Vorsitzender:

Vielen Dank, Herr Hellgardt. Jetzt Herr Kollege Huber aus Tübingen.

Prof. Dr. Stefan *Huber*, LL.M., Tübingen:

Vielen Dank.

Ich möchte gerne ein paar Worte zur Beweisaufnahme in Massenverfahren sagen. Hier besteht ja im Grunde Einigkeit darüber, dass es wenig effizient ist, wenn ein und dasselbe Beweismittel in zahlreichen gleich gelagerten Verfahren jeweils erneut Gegenstand einer Beweisaufnahme zum identischen Beweisthema ist. Daher bin ich im Grundsatz sehr aufgeschlossen für die Beschlussvorschläge, die das Recht der Parteien zu einem solchen Vorgehen einschränken wollen, insbesondere auch in Nummer 37 der Beschlussvorschläge. Zugleich bin ich jedoch auch davon überzeugt, dass der Unmittelbarkeitsgrundsatz, den Herr Riehm bereits erwähnt hat, ein wichtiger Baustein für Gerichtsentscheidungen von hoher Qualität ist. Daher denke ich, dass wir den Zusammenhang in den Blick nehmen müssen, der zwischen der Form, in der die erste ursprüngliche Beweisaufnahme stattfindet, und der Idee, die Ergebnisse einer solchen Beweisaufnahme später in anderen Verfahren zu verwerten, besteht. Wenn wir hier gerade die in Nummer 37 der Beschlussvorschläge angesprochene Zeugenvernehmung anschauen, habe ich gewisse Zweifel, ob die Praxis, wie sie derzeit in deutschen Gerichten stattfindet, wirklich ideal ist. Wir haben die richterliche Protokollierung. Wenn wir dies im internationalen Vergleich betrachten, können wir feststellen, dass heutzutage in anderen Verfahrensordnungen häufig auf moderne Technologie zurückgegriffen wird, die im Grunde gar nicht mehr so modern ist: Videoaufnahme, Audioaufnahme oder zumindest Wortprotokoll. Wenn eine Zeugenvernehmung in solcher Weise festgehalten wird, ist es auch überzeugender, diese in anderen Verfahren, die gleich gelagert sind, zum identischen Beweisthema zu verwerten und das Recht der Parteien auf eine erneute Einvernahme zumindest einzuschränken, so wie es Nummer 37 der Beschlussvorschläge vorsieht. Ich denke, diesen Zusammenhang zwischen der ursprünglichen Art und Weise, in der eine Beweisaufnahme stattfindet, und der Idee, diese Beweisaufnahme später in anderen Verfahren zu verwerten, sollten wir sehen und berücksichtigen.

Ganz kurz noch ein Hinweis, ein Appell, im Kontext von Legal-Tech-Anwendungen im Allgemeinen. Das ist nichts Neues, aber irgendwie gerät es doch immer wieder in den Hintergrund: Die Entwicklung von vielen Legal-Tech-Anwendungen benötigt Zugriff auf deutsche Gerichtsentscheidungen in frei abrufbaren Datenbanken. Hier halte ich es für dringend geboten, die Dinge mit mehr Entschlossenheit und Intensität voranzutreiben. Andere Rechtsordnungen, auch in Europa, sind hier deutlich weiter.

Vielen Dank.

Stv. Vorsitzender:

Herr Streyl vom Landgericht Krefeld.

Richter am LG Elmar *Streyl*, Krefeld:

Ich möchte eine Lanze für die Strukturierung brechen. Strukturierung und Systematisierung, das sind eng verwandte Begriffe. Und wir haben ein extrem systematisches Recht. Aber dass wir uns dann dagegen wehren, im Prozess so eine gewisse Systematisierung, Strukturierung einzuführen, das verstehe ich nicht. Strukturiert vorzutragen ist keine Kunst, das ist eine ganz große Wohltat. Ich leite eine Zivilkammer, in der Proberichter anfangen und die können das nicht alle von Anfang an. Das muss geübt werden und dann gelingt die strukturierte Darstellung eigentlich allen. Ich würde deshalb erwarten, wenn das Gesetz stärkere Strukturierungen im Schriftsatz vorsieht, dann würden sich auch die Anwälte sehr schnell daran gewöhnen und die Qualität unserer Arbeit würde sich steigern. Das ist es ja letztlich, worauf es ankommt. Wir wollen gute Ergebnisse erzielen. Also nicht nur wir Richter, sondern die Anwälte genauso. Und wenn wir den Erkenntnisprozess verbessern können, meine ich persönlich, dann sollten wir das auf jeden Fall tun. Damit will ich jetzt nicht in eine bestimmte Richtung oder bestimmte konkrete Vorschläge für Strukturierung machen. Dazu sind die Thesen, über die wir abstimmen sollen, nicht differenziert genug.

Zwei ergänzende Punkte noch.

Strukturierung darf sich aber nicht auf den Schriftsatz beschränken. Das wäre ganz falsch. Wir müssen auch das Verfahren stärker strukturieren. Das dümpelt jetzt frei dahin. Jeder kann weitgehend machen, was er will. Manche Anwälte und manche Richter handhaben das klüger, andere weniger klug. Aber es gibt ganz viele Erkenntnisse aus der Psychologie und aus anderen Wissenschaftsbereichen, wie man gut zu einer Erkenntnis kommen kann. Und das sollten wir, glaube ich, nutzen. Wir sollten uns bei der Strukturierung mit der Verfahrensstrukturierung befassen und mit der Strukturierung des Vortrages, und da viel stärker im Gesetz Vorgaben machen. Ob man die dann sanktionieren muss, ist eine zweite Frage. Sanktionieren ist ein böses Wort. Aber es bedeutet eigentlich nur, dass Folgen an ein Verhalten geknüpft werden. Ich meine aber, selbst wenn man keine Folgen an Verstöße gegen Strukturvorgaben knüpft, dann hat das schon einen Wert an sich. Meine Erwartung ist eigentlich bei den allermeisten Richtern und Anwälten so, wenn es im Gesetz steht, dann hält man sich dran oder versucht, sich dran zu halten. Und dann können wir viel besser mit Einzelverstößen leben, als die Masse der Verfahren frei laufen zu lassen mit sehr unterschiedlich guten Ergebnissen.

Mit der Strukturierung werden die Anwälte gefordert, aber wir müssen natürlich auch als Richter mehr leisten. Die Anwälte, das ist eine ganz häufige Klage sagen: ‚Ja, ich weiß ja gar nicht, was ich vortragen muss. Dann trage ich erstmal alles vor.' Das ist eine ganz berechtigte Klage der Anwälte. Ich bin gerade mit Frau Wolff, der Präsidentin des OLG Bremen, in einer Unterarbeitsgruppe eines Projekts der OLG-Präsidenten und wir versuchen ein Konzept zu entwickeln, mit denen wir auch die Gerichte viel stärker in die Pflicht nehmen. Ob sich das Konzept dort durchsetzt, ist noch nicht klar. Ich stelle es trotzdem mal grob dar. Wir geben den Parteien Gelegenheit, ihren Standpunkt in jeweils zwei Schriftsätzen vorzutragen. Und dann ist es Pflicht des Gerichts, jeder Partei zu sagen, wo sie steht, hat die Klage Erfolg, vorausgesetzt der nötige Beweis kann erbracht werden, oder hat eine Rechtsverteidigung Erfolg. Zu einem bestimmten, möglichst frühen Zeitpunkt des Verfahrens wissen die Parteien, wo sie stehen, wie der Prozess für sie ausgeht, vorbehaltlich einer Beweisaufnahme. Das ist unser Grundgedanke, der von der Anwaltschaft einiges Umdenken in der Arbeitsweise erfordert, der aber bei den Gerichten, würde ich persönlich vermuten, sogar noch mehr Umdenken und mehr Anpassung der Arbeitsweise erfordert.

Ich persönlich bin überzeugt, wenn wir Verfahren und Vortrag stärker gesetzlichen Regelungen unterwerfen, egal wie das nun konkret aussieht, dann werden wir viel bessere Prozesse bekommen. Und das ist es. Wir haben über ganz viele wichtige Dinge gesprochen, die uns gerade auch sehr drücken; Massenverfahren insbesondere, Zugang zum Recht und anderes. Aber die Erkenntnisgewinnung, das ist der Kern dessen, was wir tun, das ist, und das tut mir leid, dass ich das so sagen muss, in den Thesen relativ untergeordnet hier vertreten. Die Schwerpunkte liegen da vielleicht so ein bisschen falsch. Vielen Dank.

Stv. Vorsitzender:

Vielen Dank, Herr Streyl. Jetzt hat Herr Hübert das Wort.

Syndikusrechtsanwalt Jakob *Hübert*, Frankfurt a. M.:

Vielen Dank. Noch ein praktisches Thema zum Thema Massenverfahren und Prozesskostensicherheit. Herr Prof. Riehm, Sie haben in Antrag 40 eingebracht, dass die Prozesskostensicherheit gestellt werden soll bei unechten Sammelklagen, wenn die Beklagte einen entsprechenden Antrag stellt. Wir sind auch dafür, dass das Prozesskostenrisiko nicht auf die Beklagte abgewälzt werden sollte. Ich hoffe, das überrascht hier keinen. Seriöse Prozessfinanzierer holen deswegen grundsätzlich eine Gegenkostenversicherung ein und bezahlen dann, falls es für die finanzierte Partei erforderlich ist, die Prämie, sodass im Fall des Unterliegens die Beklagte von der Versicherung die Anwaltskosten oder die Kosten des Verfahrens ersetzt bekommt.

In der Praxis sehen wir allerdings ein Problem in der Form, in der die Sicherheit gestellt werden muss. § 108 ZPO nennt ja die Hinterlegung des Betrages und die Bankbürgschaft als zwei gängige Formen der Sicherheitsleistung. Die Hinterlegung ist für Finanzierer und für die finanzierte Partei insgesamt schwierig, weil sie das Verfahren massiv verteuert, weil ein sehr hoher Betrag für Jahre geblockt ist und nicht mehr für das Verfahren genutzt werden kann. Die Tatsache, dass ein Betrag als Sicherheit hinterlegt werden muss, erschwert daher auch die Einholung der Gegenkostenversicherung, weil die Versicherung die Sicherheitsleistung intern als einen Schadensfall behandeln muss. Die Versicherer haben das in der Vergangenheit mitgemacht. Inzwischen sind sie da sehr skeptisch und können nicht ohne Weiteres einen hohen Millionenbetrag einzahlen.

Die Bankbürgschaft, die wir ebenfalls im § 108 ZPO finden, ist aber praktisch nicht mehr zu bekommen. Aus unserer Praxis sehen wir, dass die Banken den Aufwand einer Bankbürgschaft sehr scheuen. Sie müssen strikte interne Prozesse durchlaufen, wie z. B. die Geldwäscheprüfung, und verzichten bei kleinen Beträgen auf das Geschäft. Bei großen Beträgen scheuen die Banken natürlich auch das Risiko. Die Banken prüfen ja nicht die Erfolgsaussichten der Klage. Deswegen habe ich in meinen vier Jahren bei Nivalion keinen einzigen Fall gesehen, in dem eine Bankbürgschaft eingeholt hätte werden können.

Im Übrigen erlaubt § 108 ZPO ja in Absatz 1 Satz 1 dem Gericht auch, nach freiem Ermessen zu entscheiden, in welcher Form die Sicherheit zu leisten ist. Wenn also das Gericht die Leistung der Sicherheit auch durch den Nachweis einer Gegenkostenversicherung erlaubt, stünde eine Sicherheit zur Verfügung, die mit der Bankbürgschaft vergleichbar ist. Rechtspolitisch besteht hier also gar kein Problem. Der § 108 ZPO bietet den Rahmen, innerhalb dessen man vorgehen kann. Mein Petitum ist lediglich, dass die Gerichte auch die Versicherungslösung als Sicherheit akzeptieren. Es scheint allerdings, dass sich die Bankbürgschaft und die Hinterlegung so eingebürgert haben, dass die Versicherungslösung gar nicht in Betracht gezogen wird. Schließlich kann die Versicherungslösung auch als Vertrag zugunsten Dritter ausgestaltet werden, sodass die Beklagte dann im Versicherungsfall, also falls die Klägerin unterliegt, einen direkten Anspruch gegen die Versicherung hätte und somit sowohl das Verfahren geführt werden könnte als auch die Beklagte gleichzeitig abgesichert wäre. Herzlichen Dank.

Stv. Vorsitzender:

Ganz herzlichen Dank, Herr Hübert. Als nächster Professor von Sachsen Gessaphe von der Fernuniversität Hagen.

Prof. Dr. Karl August *von Sachsen Gessaphe*, Augsburg:

Ja, vielen Dank. Wir hatten im Verlauf dieser beiden Tage gehört von kontroversen Positionen zwischen Verbraucherseite und Beklagtenseite. Mal war die eine die Gute, mal die andere die Böse. Und es wurde sehr viel gesprochen über die Anwaltschaft, der unstrukturierter Parteivortrag vorgeworfen wurde, und das bringt mich jetzt dazu, die Richterschaft etwas in die Pflicht zu nehmen. In meiner eigenen Erfahrung als Partei bei Verfahren, aber auch als Sachverständiger für ausländisches Recht, war meine Erfahrung, dass Aktenberge sich ansammeln, weil die Gerichte einfach relativ unkontrolliert einen uferlosen Austausch von Schriftsätzen zulassen, ohne jemals dazu zu kommen, mal einen Hinweisbeschluss zu geben, wo die Sache überhaupt lang geht. Und dann war das Gericht froh, wenn es festgestellt hat, es könnte ja ausländisches Recht anwendbar sein. Also laden wir die gesamte Akte ohne irgendeinen Hinweis zum Sachverhalt an den Sachverständigen und der darf sich dann durch 500 bis 2000 Seiten arbeiten. Der schlimmste Fall war vom Amtsgericht Dortmund: Ein Verfahren mit zehn Jahren Verfahrensdauer, bis man endlich gemerkt hat, dass spanisches Recht anwendbar sei. Also ich glaube, da müsste man bei der Strukturierung nicht nur beim Parteivortrag, sondern auch bei der Verhandlungsführung beginnen. Und ein weiteres Problem, das auch schon in der NJW aufgegriffen worden ist – ich weiß nicht mehr von welchem Kollegen – ist die etwas unglückliche Praxis, dass es jetzt häufig zu Richterwechseln kommt. Ich war Sachverständiger zum spanischen Recht in einem großen VW-Abgasverfahren vor dem Landgericht Braunschweig, und in der Zeit haben drei Vorsitzende Richter gewechselt. Es gab sechs Gutachten, u.a. von spanischen Professoren, von obersten Richtern, von mir und aus Ingolstadt ein Gutachten. Und in diese Berge von Akten, das waren zwei Kartons, mussten sich dann jeweils die neuen Vorsitzenden Richter einarbeiten. Das hat sicher nicht zur Verkürzung der Verfahrensdauer beigetragen. Und selbst bei kleinen lächerlichen Dingen wie beim Amtsgericht, dem Nachlassgericht, ein Verfahren zur Absetzung eines Testamentsvollstreckers, das über zwei Jahre dauert, ergeht nach einem Jahr ein Hinweisbeschluss, in dem angekündigt wird, das Testamentsvollstreckerzeugnis werde eingezogen, passiert ein Richterwechsel, und danach dauert es ein weiteres Jahr, bis dann endlich diese Entscheidung getroffen wird.

Stv. Vorsitzender:

Vielen Dank, Herr von Sachsen Gessaphe. Jetzt Herr Dr. Heiß von der Universität Passau.

Akademischer Rat a.Z. Dr. Thomas Alexander *Heiß*, Passau:

Dies ist ein Follow-up zu dem Gedanken, den ich heute früh eingebracht habe, und zu einer Erwiderung, die dazu kam und die, wie ich denke, von generellem Interesse ist.

Die Lösungen für das Problem der Massenverfahren, die wir bislang bedacht haben, fallen im Wesentlichen in zwei Kategorien. Das eine sind Instrumente, wie die Strukturierung vom Parteivortrag, die im Grunde in allen Zivilprozessen sinnvoll wären und mit dem bisherigen Repertoire an Prozessmaximen, Prinzipien und Rechtsinstituten harmonieren. Für eine ganze Reihe der diskutierten Ansätze lässt sich dies dagegen nicht sagen: Etwa für die Übernahme von Beweisergebnissen aus anderen Verfahren, eine kollektivierte Beweisaufnahme, die erweiterte Freiheit des Gerichts bei der Schätzung von Rechtsfolgen, oder auch die Aussetzung des Verfahrens gegen den Parteiwillen. Diese Gestaltungen greifen in der Tat, genauso wie Sie es, Frau van Wijngaarden, gesagt (und meinem Vorschlag entgegengehalten) haben, massiv in das Gefüge, ja in die normative Integrität, des Verfahrens ein. Es trifft zu, dass es sich hierbei um Gestaltungen handelt, die entweder auf Kosten der Einzelfallgerechtigkeit gehen, oder aber auf Kosten der prozessualen Verantwortungsverteilung, die ihrerseits, unter den Bedingungen des Prozesses, das Spiegelbild der Einzelfallgerechtigkeit oder der materiell-rechtlichen Wertungen ist, auf deren Realisierung der Prozess letztlich abzielt.

Indes, so fürchte ich, führt kein Weg an der Inkaufnahme der mit der zweitgenannten Kategorie verbundenen Kosten vorbei, wenn man dem Problem der Massenverfahren gerecht werden und nicht einfach nur den Status quo perpetuieren will. Die Frage, vor die wir uns jetzt gestellt finden, ist einzig die, ob wir diese Ansätze in das Hauptverfahren verlagern und damit den Massenprozess als das neue Leitbild, zumindest für einen Teil der Zivilverfahren, definieren, oder ob die Zugeständnisse strikt auf den Bereich eines Sonderverfahrens beschränkt werden sollen. Vorzugswürdig erscheint Letzteres. Zur Integration dieser Ansätze sollte dabei m.E. auf einen Mechanismus der Prozessrechtsdogmatik zurückgegriffen werden, der gerade darauf kalkuliert ist, Abstriche an – im Allgemeinen – essenziellen Einrichtungen des Verfahrensrechts zu inkorporieren und aufzufangen: den Mechanismus der Summarietät. Dieser zeichnet sich, vereinfacht gesagt, dadurch aus, dass ein Fall, der aufgrund einer besonderen Interessenlage eine substanzielle Abweichung vom Standardverfahren verlangt, einer Beurteilung nach dem prima facie Richtigen unterzogen wird, dies aber nur für die Zwecke einer vorläufigen, späterer Aufhebung und Korrektur zugänglichen Rechtsschutzgewährung. Ein entsprechendes Verfahren, wie das für den zuvor von mir angesprochenen vorläufigen Leistungsbefehl, könnte, wie dies auch Professor Greger vorgeschlagen hat, äußerlich in den Ablauf des Hauptprozesses integriert werden (etwa vergleichbar dem Vorbehaltsurteil im Urkundenprozess), sodass eine Verdoppelung des Verfahrensaufwands nicht zu befürchten ist.

Stv. Vorsitzender:

Vielen Dank.

Ich nutze die Gelegenheit, den wirklich geballten richterlichen Sachverstand, den wir hier im Raum haben, mit der Frage zu konfrontieren, ob solche Strukturierungsleitlinien nicht auch von den Gerichtspräsidien erlassen werden könnten, entweder allgemein oder für bestimmte Fallgruppen. Eine gesetzliche Regelung, die solche Regelungen mit Blick auf bestimmte Fallgruppen trifft, kann man sich kaum vorstellen. Auf die Fallgruppe kommt es indessen an. Aus den USA kenne ich das so, dass das Gericht auf seiner Homepage detailliert erklärt, was es erwartet, wie lang die Eingaben sein dürfen, wie sie eingereicht werden müssen und so weiter. Das sind sehr, sehr klare Vorgaben, und wer die nicht einhält, wird nicht gehört.

Etwas Ähnliches könnte ich mir auch für Deutschland vorstellen, auch wenn eine entsprechende Ermächtigung der Gerichtspräsidien hierzulande vielleicht etwas ungewohnt ist. Vielleicht müssen wir uns an dieser Stelle mal weiterentwickeln.

Jetzt Herr Professor Haoming Xu von der Universität Münster.

Prof. Dr. Haoming *Xu*, Münster:

Sehr geehrte Vorsitzende, meine Damen und Herren!

Ich darf mich zunächst vorstellen. Ich bin Professor an der „China University of Political Science and Law“ (CUPL) in Beijing und hatte Gastprofessuren in Münster, Freiburg sowie Frankfurt a. M. inne. Seit 24 Jahren bin ich ordentliches Mitglied des Deutschen Juristentags.

Heute diskutieren wir weiter über das Gutachten „Effektive Zivilrechtsdurchsetzung: Zugang zur Justiz, Prozessfinanzierung, Legal Tech – welcher rechtliche Rahmen empfiehlt sich?“. Aus meiner Sicht gibt es drei Punkte, die wir zunächst betrachten und besprechen müssen:

Erstens: Zwischen 2005 und 2023 gingen die Eingangszahlen der deutschen Zivilgerichte um mehr als 30% zurück. Sowohl die Gutachterin Frau Domej als auch die Verfasser des Abschlussberichts zum Forschungsvorhaben „Erforschung der Ursachen des Rückgangs der Eingangszahlen bei den Zivilgerichten“ und des fast gleichnamigen Buches haben darauf hingewiesen. Frau Domej hat sogar weiter festgestellt: „Diese Entwicklung hat sich seither fortgesetzt“.

Zweitens: Trotz neuer Instrumente (Prozessfinanzierung, Legal Tech, usw.) kann dieser Rückgangstrend nicht gestoppt werden.

Drittens: Wenn wir nach den Gründen des Rückgangstrends fragen, gibt es unterschiedliche Antworten: Frau Domej sagte: „Die Gründe sind vielschichtig und nicht gänzlich verstanden“. Im Abschlussbericht von Meller-Hannich/Höland/Nöhre lieferten Umfragen unter Rechtsanwälten zu drei unterschiedlichen Themen folgende Ergebnisse:

- Frage 10: Welche Gründe hat nach Ihrem Eindruck Ihre Mandantschaft dafür, eine Klage zu vermeiden? 1912 Rechtsanwälte haben teilgenommen. 56,3 % sagten: wegen „Unsichere[r] Erfolgsaussichten“; beim Abgleich mit den Rechtsgebieten sagten 59,3 % der Befragten: Es liegt im allgemeinen Zivilrechtsgebiet;
- Frage 12: Welche Gründe haben Sie generell dafür, Ihren Mandanten von der Klage abzuraten? Unter 1899 befragten Rechtsanwälten haben 66,2 % gesagt: wegen „Unsichere[r] Erfolgsaussichten“; beim Abgleich mit den Rechtsgebieten sagten 68,7 % der Befragten: Es liegt im allgemeinen Zivilrechtsgebiet;
- Frage 13: Welche Gründe dafür, nicht zu klagen, haben Ihrer Einschätzung nach in den letzten 10–15 Jahren an Gewicht gewonnen?

1568 Rechtsanwälte haben an der Umfrage teilgenommen, 50,1 % sagten: wegen „Unsichere[r] Erfolgsaussichten"; beim Abgleich mit den Rechtsgebieten sagten 54,7 % der Befragten: Es liegt im allgemeinen Zivilrechtsgebiet;

Liegt das Urteil der Anwälte falsch oder ist das Gesetz allein unzureichend, sodass es sowohl schwer zu verstehen ist als auch falsch angewandt wird? Falls mehr als 50 % der Mandantschaft und ihre Rechtsanwälte gar nicht mehr zu den Zivilgerichten gehen, um die vom objektiven Recht vorgeschriebenen Rechte und Pflichten einschließlich der Ansprüche zu verwirklichen, sollten wir dann nicht zumindest mit leiser Stimme fragen: Ist es wirklich sinnvoll, dass wir unter solchen Umständen noch weiter über „effektive Zivilrechtsdurchsetzung" diskutieren?

Meiner Meinung nach liegt der Schlüssel vielleicht darin, dass in den vergangenen Jahren oder Jahrzehnten sowohl Richter und Rechtsanwälte als auch Akademiker und Forscher das Zivilrecht als „ein eigenständiges Rechtsgebiet mit faktischer Ausschließlichkeit" betrachtet und angewandt haben, ohne zu erkennen, dass das Zivilrecht nicht mehr alleinstehend ist. Es muss im Kontext des gesamten Rechtssystems studiert und nicht zuletzt angewendet werden! Dies bedeutet zugleich, dass wir, statt stets in einer Einbahnstraße zu fahren und zu forschen, klar erkennen müssen: „Eine wirksame zivilrechtliche Durchsetzung muss auf der koordinierten Anwendung mehrspuriger Rechtsnormen aus unterschiedlichen Ebenen und Gebieten über das ganze Rechtsystem beruhen, die die Rechte und Pflichten einschließlich der Ansprüche definieren und zusammenspielen".

Die „koordinierte Anwendung mehrspuriger Rechtsnormen" bedeutet Folgendes: Aufgrund der gleichzeitigen Einwirkungen mehrerer Rechtsnormen aus unterschiedlichen Rechtsgebieten im Zivilrecht – namentlich Rechtsnormen aus dem Verfassungsrecht, EU-Recht, UN-Recht sowie aus anderen Rechtsgebieten (z. B. aus dem Verwaltungsrecht, wenn wir von „Beliehenen" sprechen; und aus der im Zivilrecht anzuwendenden und fortzubildenden Rechtsprechung), müssen alle einschlägigen Rechtsnormen bei deren Anwendung dann gleichzeitig berücksichtigt werden!

Es ist gerechtfertigt, zu sagen, dass wir anders als einst mit dem Zivilrecht umgehen sollten. „Anders einst! Es gab Zeiten, da niemand bezweifelte, was heute fast niemand verficht" (aus einem Vortrag von Otto von Gierke). Zusammenfassend:

„Omnis definitio in iure civili periculosa est; parum est enim, ut non subverti posset"!

Vielen Dank!

Stv. Vorsitzender:

Danke Ihnen. Herr Müller, Sie sind der Nächste.

Rechtsanwalt Dr. Werner *Müller*, Frankfurt:

Herr Wagner hat gerade die große richterliche Kompetenz erwähnt, die wir hier im Raum haben. Aber warum diskutieren wir eigentlich?

Ich habe gestern und heute auch Dinge gehört, die nicht neu sind. Warum sind Verfahren so lang? Was ist da unbefriedigend? Ein Problem ist der Richterwechsel. Das ist schon seit ewigen Zeiten so. Dann Verzögerung durch Sachverständigengutachten, auch seit ewigen Zeiten so. Was ist neu? Warum stehen wir hier? Ich glaube, neu ist die Digitalisierung und neu ist das Massenverfahren, das natürlich auch durch die Digitalisierung, durch die Computer erst ermöglicht wurde, verstärkt dadurch, dass wir jetzt von Europa gezwungen werden, die kollektive Leistungsklage einzuführen.

Das sind die neuen Elemente, die Digitalisierung und das Massenverfahren. Was halte ich dafür notwendig?

Beim Massenverfahren werden wir um eine Pauschalierungsmöglichkeit nicht herumkommen. Das ist natürlich ein bisschen gefährlich, weil das Grundgesetz den Individualrechtsschutz vorgibt. Aber wenn wir die Lösung haben, dass der Einzelne dem Ergebnis, das der Sachwalter erzielt hat, widersprechen kann, dann dürfte das wahrscheinlich mit unserem Grundgesetz vereinbar sein. Also Pauschalierung auf jeden Fall, ja.

Das nächste: Immer wieder wurde die Strukturierung angesprochen. Ich halte das dem Grunde nach für richtig, aber auch für ein bisschen schwierig. Vielleicht passt das, was Herr Wagner gerade angeregt hat, dass die Gerichte sich ihren Strukturierungsplan machen. Irgendwann wurde die Idee erwähnt, dass schon für die Klage durch Gesetz eine Strukturierung vorgeschrieben wird. Wenn ich jetzt das Gesetz machen müsste, ich wüsste nicht, was ich reinschreiben sollte.

Eine Strukturierung kann natürlich auch in einem Organisationstermin, in einer Vereinbarung zwischen dem Gericht und den Parteien festgelegt werden. Da hätte ich jetzt fast den stärksten Ansatzpunkt gesehen, den Organisationstermin, der ja in dem Justizstandortstärkungsgesetz schon vorgesehen ist, der wahrscheinlich für das amtsgerichtliche Verfahren nicht so geeignet ist. Aber für das landgerichtliche Verfahren könnte man den schon generell einführen. Wir wissen natürlich, bei Gericht gibt es ein Beharrungsvermögen. Sie, Herr Wagner, haben als Beispiel das Stuttgarter Verfahren erwähnt.

Aber wenn das irgendwann einmal akzeptiert ist, und der Commercial Court wird eine Leuchtturmfunktion haben, wenn es dort also zu sinnvollen Vereinbarungen zwischen den Parteien und dem Gericht kommt, dann könnte das ein sinnvoller Weg sein, der eine Strukturierung ermöglicht.

Das Wortprotokoll halte ich für sehr wichtig. Das ist ja auch im Justizstandortstärkungsgesetz vorgesehen. Wenn es technisch möglich ist – KI wird es sicherlich in nicht allzu ferner Zeit ermöglichen, dass auch im amtsgerichtlichen Verfahren ein Wortprotokoll hergestellt wird – dann müssen wir nicht mehr drüber streiten.

Eine kleine Frage habe ich noch: Irgendjemand sprach die These an ‚Videoverhandlung auf individuellen Antrag'. Ich habe niemanden gehört, der sich für eine ‚Videoverhandlung auf individuellen Antrag' ausgesprochen hätte. Sollte jemand hier auf dem Podium sein, der diesen Antrag positiv vertreten will, wäre ich für eine kurze Stellungnahme dankbar. Vielen Dank.

Stv. Vorsitzender:

Vielen Dank. Jetzt Herr Professor Römermann. Ich finde es für Deutschland symptomatisch, dass wir Digitalisierung allein als Mittel der Verfahrensverzögerung diskutieren. Ich glaube, ursprünglich war das mal anders gedacht, aber gut.

Rechtsanwalt Prof. Dr. Volker *Römermann*, Hannover:

Herzlichen Dank, lieber Herr Wagner. Als Sie vorhin gesagt haben, bei der dritten Wortmeldung würde das akademisch gewürdigt, habe ich mich spontan zu Wort gemeldet.

Stv. Vorsitzender:

Ich dachte, Sie seien schon versorgt!

Rechtsanwalt Prof. Dr. Volker *Römermann*, Hannover:

Das Sammeln hat nie aufgehört, Herr Wagner.

Ich würde gerne kurz zu 42, 43 – das ist die Strukturierung – etwas sagen und ganz kurz zurückspringen zu 24 und 27.

Zur Strukturierung: Als ich davon hörte, dass Niedersachsen und Bayern so einen Modellversuch machen mit dem Basisdokument, fand ich das hochcharmant. Und da hast du eine Spalte ‚Kläger', eine Spalte für einen braven ‚Beklagten', der sich an diese Struktur auch hält, und eine Spalte für das Gericht, wo das Gericht nur noch +/- macht und dann sozusagen mathematisch das Urteil ableitet. Hört sich toll an. Im Ergebnis bin ich skeptisch. In Wirklichkeit sind Anwaltsschriftsätze, ja, das merkt man ihnen vielleicht nicht immer an, Kunst. Die Dramaturgie meines Schriftsatzes möchte ich mir weder von der Beklagtenseite noch von irgendwem sonst vorgeben lassen, sondern ich möchte der Richterin und dem Richter die Chance geben, sich auf meine Einlassung einzulassen und schnell zu erkennen, dass das die ‚gute' Partei ist. Und das kann ich am besten, wenn ich nicht an eine solche Struktur gebunden bin.

Ich sehe in den Anträgen etwas von Umfangbeschränkung. Das scheidet ja schon von vornherein aus. Also das ist ja völlig klar. Sie können doch nicht einen wahrheitsgemäßen, zur Sache gehörenden Sachvortrag in einem Rechtsstaat nur deswegen abschneiden, weil er zehn Seiten überschreitet. Ich weiß, dass es ausländische Vorbilder dafür gibt. Das ist mir durchaus bekannt. Aber ich halte das für rechtsstaatlich unerträglich.

Die anderen Vorschläge, über die kann man nachdenken. Ich möchte anregen, darauf nicht allzu viel Zeit und Energie zu investieren. Und das aus einem ganz ganz simplen Grund: Bevor das Gesetz über die Strukturierung auch nur verabschiedet werden kann, hat die KI es längst gemacht. Du gibst ein: ‚Strukturiere mir die Schriftsätze in dieser Akte!' Und die KI macht eine wunderbare Struktur mit Kläger und Beklagter und so weiter. Und das Gericht hat nicht diese Nerverei, mit den Parteien drüber zu sprechen, ob jetzt die Struktur I, II oder 1, 2 oder B5, 8, 9 die richtige ist. Sondern die KI macht das so, wie sie es macht. Wunderschön. So schnell ist kein Gesetzgeber. Alle Diskussionen, die wir darüber führen, sind überholt in dem Moment, wo sie als Gesetz das Licht des Tages erblicken würden. Deswegen eine nette Diskussion, eine akademische Diskussion, aber im Ergebnis glaube ich, überholt die Technik das; 43 ist dieser Hinweis. Und da hat der Kollege Müller gerade schon Vieles gesagt.

Ich weiß nicht, ob Andreas Singer noch im Raum ist. Er hat gestern für einen wunderschönen Einblick in den Commercial Court gesorgt. Das Versuchslabor, wo man im Grunde den Schiedsgerichten etwas substanziell entgegensetzen möchte. Eine Alternative zu den Schiedsgerichten. Und ich glaube, das gelingt. Denn staatliche Gerichte könnten das leisten, wenn sie wollten und wenn sie die Anstrengungen unternähmen und wenn sie die Ausstattung hätten. Das Commercial Court ist insoweit ein wunderbares Experiment. Und ich bin sicher, da arbeitet man schon mit dem § 139 ZPO und strukturiert Verfahren im Einvernehmen mit den Parteien. Und dann hat man eine Struktur, mit der man arbeiten kann. Also zu 43 uneingeschränkt ‚ja'; kann ja gar nicht anders sein.

Wenn ich ganz kurz zu 24 und 27 zurückspringen darf: 24 ist im Grunde in einem Satz erledigt. Da steht die Werbung, ich sage es Ihnen schon, was da steht, die Werbung von Rechtsdienstleistungen und Anwälten soll aufeinander abgestimmt werden. Ja klar, in dem noch zu schaffenden Rechtsdienstleistungsgesetzbuch im allgemeinen Teil. Da steht das natürlich einheitlich. Da steht übrigens gar nichts dazu, weil da reicht ja das UWG völlig aus. Wir brauchen gar keine Sondernormen, aber das einheitlich. Wir brauchen einheitlich keine Sondernormen.

Die 27, das ist ein ganz großes Thema, das Fremdbesitzverbot. Ich weiß nicht, ob ich mit der Anregung noch kommen darf, das von der Tagesordnung im Grunde abzusetzen, weil das Fremdbesitzverbot ist ein so großes Thema und das wurde hier nur so am Rande gestreift im Grunde. Da jetzt drüber abzustimmen, jawohl, wir finden das gut, oder wir finden das schlecht, das sollte verschärft werden. Also ein Verschärfen kommt schon mal gar nicht in Betracht, weil wenn die Freiheit gelebt wurde über Jahre und es sind keine Missstände festzustellen, woher soll denn bitte der Gemeinwohlbelang kommen, der den Grundrechtseingriff eines Verbotes nach Artikel 12 Grundgesetz sollte rechtfertigen können? Woher soll das denn kommen? Ich brauche doch einen Gemeinwohlbelang. Wenn es aber keinerlei Anzeichen für Probleme mit Freiheit gab, über Jahre, woher soll dieser Gemeinwohlbelang zu argumentieren sein? Also eine Verschärfung, glaube ich, kommt schon verfassungsrechtlich nicht in Betracht. Man kann jetzt überlegen, ob man es aufhebt. Also dank Daniel Halmer kommt ja demnächst da so eine Entscheidung vom EuGH, das wird man ohnehin ja abwarten, was der EuGH uns da lichtvoll mitteilt.

Und dann, lieber Christian Wolf, Sie haben vorhin mich angesprochen und haben gesagt, der Römermann ist für ‚Chinese Walls'; bin ich gar nicht, weil es ja gar keinen Interessengegensatz gibt. Es gibt ja gar keinen Interessengegensatz zwischen Investoren in eine Anwaltskanzlei und den Anwälten dort. Ich sehe davon ab, das Thema groß zu vertiefen. Wir bräuchten dann tatsächlich mehr Zeit als bis 16 Uhr. Vielleicht nur so viel dazu: Wer davon ausgeht, dass eine Anwaltskanzlei nicht ertragsorientiert arbeitet, lebt in einer Scheinwelt. Und jetzt kommt der Punkt. Das ist auch gut so, dass Anwaltskanzleien ertragsorientiert arbeiten. Denn wenn sie nicht ertragsorientiert arbeiten würden, dann wären sie bald alle insolvent. Und wäre das denn verantwortungsvoll gegenüber Mandanten, gegenüber Mitarbeitern, gegenüber Familien und so weiter? Nein. Verantwortungsvolles Arbeiten in einer Kanzlei setzt voraus, dass man ein Minimum an unternehmerischen Standards befolgt. Und dazu gehört die Ertragsorientierung. Das kann doch gar nicht anders sein. Und wer davon ausgeht, dass die Ertragsorientierung dann, wenn es eine rein anwaltlich besetzte Anwaltskanzlei ist, geringer ist als bei einer Anwaltskanzlei, wo andere Berufe beteiligt wären, der möge mir das erstmal nachweisen. Denn ich habe schon Anwaltskanzleien gesehen. Und die, die ich gesehen habe, sind oft in erstaunlichem Maße ertragsorientiert. Man würde sagen, das braucht ihr doch gar nicht, aber sie sind es. Und Unternehmer sind nicht zwangsläufig gieriger als andere Menschen. Also die Diskussion ist größer, als wir sie in wenigen Minuten führen können. Deswegen rege ich beim hiesigen Präsidium an, zu erwägen, ob wir eine Abstimmung zu diesem Punkt heute brauchen, ob das uns überhaupt weiterführt und ob wir hinreichend Meinungen und Gedanken dazu ausgetauscht haben, die eine abschließende Beurteilung auf Grundlage der heutigen Erörterung seriös erlauben.

Vielen Dank.

Stv. Vorsitzender:

Vielen Dank, Herr Römermann.

Jetzt sind wir standesgemäß doch noch ein bisschen in Zeitdruck gekommen.

Frau Präsidentin des Oberlandesgerichts Bremen, Frau Wolff, hat das Schlusswort zum Thema Strukturierung.

Präsidentin des OLG Ann-Marie *Wolff*, Bremen:

Bremen ist klein und kann sich kurzfassen. Herr Professor Wagner, ich möchte ganz gezielt auf Ihre Fragen antworten.

Die Frage lautete, um das nochmal zu wiederholen, können denn nicht die Gerichte oder die Gerichtspräsidien die Strukturierungsvorgaben geben?

Man könnte sich das auch vorstellen, es wird dann auf der Homepage veröffentlicht und so weiter und so fort.

Also die Gerichtspräsidien, die können das sicherlich nicht machen, denn das ist ja auch eine Frage der richterlichen Unabhängigkeit in Einzelfällen, unter Umständen. Auch wenn das dann Richter sind in den Gerichtspräsidien, hätte ich da Bedenken.

Aber was ja auch schon passiert, etwa in Patentrechtsstreitigkeiten, dass sich Richter eines Gerichts zusammentun und mal sagen: „In unserem Gericht möchten wir gerne für bestimmte Arten von Streitigkeiten den Vortrag so und so haben." Das wird dann vielleicht auf der Homepage veröffentlicht oder den in Betracht kommenden Anwälten vermittelt.

Man kann sich das grundsätzlich vorstellen.

Ich denke natürlich auch an die Kolleginnen und Kollegen der Anwälte, wenn das jedes Gericht macht und jedes Gericht unterschiedlich macht, dann kommen die, glaube ich, in Schwierigkeiten, wenn sie bei mehreren Gerichten tätig werden.

Das mag in bestimmten Massenverfahren vielleicht eine gute Sache sein. Ich will das nicht ausschließen, dass sich da die betroffenen Kammern oder Senate zusammentun und versuchen, eine einheitliche Regelung für ein Gericht zu schaffen.

Aber das ist auch mit gewissen Problemen verbunden.

Ich möchte noch einmal darauf hinweisen, dass – die Zeit gönnen Sie mir bitte noch – unser Wunsch nach Strukturierung in erster Linie gar nicht so detailliert ist. Wir wären schon einfach dankbar, wenn wir mal den geschlossenen Tatsachenvortrag kriegen würden und nicht auf Seite 200 in den Rechtsvorträgen oder der Darstellung der Rechtsmeinung noch eine entscheidende Tatsache vorfinden würden. Ich weiß nicht, ob Sie sich das vorstellen können, aber so ist die Situation im Moment einfach. Wir wären froh, wenn das geregelt werden kann und das, meine Damen und Herren, das kann gesetzlich geregelt werden. Wir werden auch Vorschläge dazu machen. Das darf ich Ihnen versprechen.

Also von daher, wir wären schon mit deutlich weniger zufrieden. Nichtsdestotrotz ist Ihre Idee wirklich gut, dass man in bestimmten Massenverfahren sich als Gericht zusammentut, vielleicht auch über mehrere Gerichtsbezirke hinweg -

das weiß ich nicht – und da dann auch noch konkretere Vorgaben macht. Noch mal, wenn wir einen konzentrierten Tatsachenvortrag kriegen, dann sind wir auch in Umfangsprozessen in der Lage, einen frühzeitigen Organisationstermin – so werden wir unseren Vorschlag nennen – durchzuführen, mit dem der Prozess dann weitergeführt werden kann. Wir werden auch versuchen, vorzuschlagen, dass sich die Parteien darauf verlassen können, dass sie die Hinweise bekommen, auch auf unzureichenden Vortrag, und zwar frühzeitig, sodass eben nicht die Situation eintreten muss: „Ich trage jetzt mal eben von Adam bis Eva vor." Sie sollen sich darauf verlassen können, dass sie entweder schriftlich oder in dem Organisationstermin die Hinweise darauf bekommen, was eventuell noch fehlt.

Und jetzt will ich Ihre Zeit nicht weiter in Anspruch nehmen.

Vielen Dank.

Stv. Vorsitzender:

Vielen Dank, Frau Wolff. Jetzt ist es Zeit für die Schlussworte der Gutachterin sowie der Referentinnen und Referenten.

Frau Domej, Sie beginnen.

Gutachterin:

Ich bemühe mich, mich kurz zu fassen.

Ein Punkt zur Pauschalierung: Ich hätte eine klare Präferenz, sich hier zunächst einmal auf eine Pauschalierung im prozessualen Bereich zu beschränken. Man kann sicher nachdenken über materiellrechtliche Pauschalierungen, aber ich glaube, das sollte man nicht aus Gründen der Prozesseffizienz machen, sondern dahinter sollten andere Überlegungen stehen, die wir jetzt hier nicht diskutiert haben.

Zur separaten Bündelung der Beweisaufnahme: Ich würde davon abraten, ein weiteres KapMuG zu schaffen. Es stellt sich auch die Frage, was genau dann das Ergebnis sein oder wie die Verwertung dann aussehen soll.

Also: Was ist mit der Beweiswürdigung? Wie werden diese Beweise, speziell zum Beispiel Zeugenbefragungen, dann gewürdigt in dem Verfahren, in das sie eingeführt werden? Ich glaube, das schafft schon erhebliche Probleme.

Ich würde, wenn man gemeinsam Beweise aufnehmen will, im Zweifel die Verfahren zusammenführen und dann ein Verfahren haben, in dem alle Betroffenen beteiligt sind, und zwar als Parteien und nicht als Nebenintervenienten.

Ich wäre aber doch auch für eine maßvolle Erweiterung der Möglichkeiten des Beweismitteltransfers. Da bin ich gar nicht dagegen. Ich würde aber abraten von einem KapMuG 2.0 zum Zweck der Bündelung für die Beweisaufnahme.

Was die Strukturierung angeht: Ich habe auch Sympathien für eine Vorgabe, dass man Tatsachen und Rechtsvortrag trennen sollte. Ich bin sehr gegen irgendwelche weiteren komplexen Strukturvorgaben, erst recht auf gesetzlicher Ebene. Aber Strukturierung in Tatsachen- und Rechtsvortrag, das scheint mir sinnvoll.

Man muss bei den Sanktionen aufpassen. Ich verstehe die Furcht davor, dass jetzt dann plötzlich Vortrag für unbeachtlich erklärt wird. Ich glaube, da muss man aufpassen.

Bei den Umfangbeschränkungen sollte es selbstverständlich sein, dass das nicht als Beschränkung des rechtlichen Gehörs gedacht ist. Auf keinen Fall sollte das rechtliche Gehör beschränkt werden, indem man sagt, du darfst nur zehn Seiten vortragen, sondern das wäre in Kombination zum Beispiel mit dem Strukturierungstermin oder der Verfahrenskonferenz oder wie immer man es nennen möchte zu lesen und nicht als Gehörbeschränkung.

Und damit vielen Dank.

Stv. Vorsitzender:

Vielen Dank, Frau Domej.
Herr Halmer.

Rechtsanwalt Dr. Daniel *Halmer*, Berlin:

Ich mache es ganz kurz.

Ich glaube, Herr Müller, Sie hatten gefragt, wer ist eigentlich für einen Anspruch auf Videoverhandlung?

Ich bin das. Einfach aus der Erfahrung heraus, dass wir, wie gesagt, in acht Jahren nur zwei Videoverhandlungen hatten. In der Regel ist ja keine Öffentlichkeit gegeben, jedenfalls bei den Amtsgerichtsverfahren, bei den kleinteiligen, die wir führen.

Das heißt, alles, was man braucht, ist ein Laptop für den Richter. Die Anwälte sind ohnehin damit einverstanden, dass sie zu Hause bleiben können. Die haben auch Laptops. Das heißt, 400 Euro Invest pro Richter würde ausreichen.

Und ich finde, da sollte man dann pragmatisch rangehen.

Da möchte ich noch einmal erwähnen, künstliche Intelligenz. Volker Römermann hat es auch gerade angesprochen, wie weit da die AI schon ist. Bei unserer ersten Sitzung als Fachgruppe in München vor anderthalb Jahren war ich sehr euphorisch und habe gesagt: „Das wird alles rechtshistorisch sein, was wir diskutieren im September in Stuttgart."

So ist es nicht ganz gekommen, aber trotzdem bin ich immer noch sehr euphorisch. Und ich kann nur jede und jeden ermutigen, mal damit rumzuspielen und mal echte Use Cases zu probieren in GPT oder in anderen Sprachmodellen.

Mittlerweile, wie gesagt, sind wir so weit, dass wir eine Relationstabelle mit 95 Prozent Genauigkeit erstellen können. Datenextraktion ohnehin, Ladungen auslesen etc. Das funktioniert wunderbar.

Und wenn man das einmal in der Praxis sieht, dann hat man auch ganz andere Fantasien und Vorstellungen, wie so eine Strukturierung oder andere technologische Effizienzmaßnahmen auch bei Gericht aussehen könnten.

Danke.

Stv. Vorsitzender:

Vielen Dank.
Jetzt Frau de Lind van Wijngaarden.

Rechtsanwältin Dr. Martina de *Lind van Wijngaarden*, Frankfurt a. M.:

Es wird Sie nicht überraschen, dass ich mich nochmal zu der Frage der Pauschalisierung äußern möchte.

Aus der Sicht von Beklagten ist eine Pauschalisierung immer mit der Gefahr verbunden, dass über Sachen hinweg gebügelt wird und die Einzelfallgerechtigkeit und auch die Waffengleichheit auf der Strecke bleiben.

Herr Professor Hellgardt hatte angesprochen, es könnte ja mehr über materiell-rechtliche Pauschalisierung nachgedacht werden, weil er ohnehin beobachte, dass das Zivilrecht immer mehr zu regulatorischen Zwecken eingesetzt werde, nämlich um das Allgemeingut Umweltschutz oder auch die Marktregulierung im Bereich der Glücksspiele zu fördern und dort Rechtsverstöße zu ahnden. Das ist ein Irrweg. Das Zivilrecht ist dafür da, um Rechtsverhältnisse zwischen zwei Privatpersonen zu regeln, und es darf einen Schadensersatzanspruch nur dann geben, wenn der vermeintlich Geschädigte auch tatsächlich einen Schaden erlitten hat. Was Sie hier beschreiben, ist eigentlich der Ersatz eines gefühlten Schadens. Der ist noch nicht mal immateriell und da dürfen wir nicht hinkommen. Der BGH hat mit seiner Entscheidung zum Differenzschaden aus meiner Sicht Klimmzüge unternommen, um das Ganze materiell-rechtlich zu begründen. Fakt ist aber, auch Fahrzeuge mit einer vermeintlich unzulässigen Abschalteinrichtung, die seit zehn Jahren genutzt werden, waren im Kaufzeitpunkt nicht weniger wert als der Kunde dafür bezahlt hat. Es gibt keine fundierten Tatsachen und Belege dafür, die das Gegenteil beweisen. Und daher sollten wir uns davor hüten, dass jetzt die Sonderkonstellation Diesel zum Anlass dafür genommen wird, sämtliche Grundprinzipien über den Haufen zu werfen, in dem Bemühen, große Massenkomplexe irgendwie einfach und schneller abarbeiten zu können. Das führt dazu, dass die Beklagte einseitig benachteiligt wird. Von Herrn Prof. Hellgardt höre ich: „Dann erhält der Kläger ja zu mindestens einen Pauschalbetrag von 5 bis 15 Prozent im Sammelverfahren. Wenn er mehr will, kann er eine Einzelklage machen". Dahinter steckt das Mindset: Wo eine Pflichtverletzung ist, gibt es auch einen Schadensersatzanspruch. Das kann nicht sein, weil die Tatbestandsvoraussetzungen der konkreten Kausalität und des individuellen Schadens ansonsten komplett aufgegeben werden. Vielen Dank.

Stv. Vorsitzender:

Vielen Dank, Frau de Lind van Wijngaarden. Jetzt Herr Mehring.

Vors. Richter am LG Dr. Thomas *Mehring*, Stuttgart:

Ich möchte gerne darauf erwidern, was Herr Richter am Eingang des Nachmittags gesagt hat: Die Massenverfahren sind nicht das Problem, sondern die Art und Weise, wie sie geführt werden. Das halte ich nicht für richtig. Ich meine, die Justiz ist an den Dieselverfahren gescheitert, und zwar an der schieren Masse. Und das konnte auch nicht anders sein, weil wir keine taugliche Prozessordnung haben für solche Verfahren. Es war richtig, oder es ist richtig, dass der Vortrag in diesen Verfahren häufig Kraut und Rüben gewesen ist, ich mag Sie nicht mit weiteren Beispielen behelligen. Aber die Klägerkanzleien haben eben dazugelernt. Und im Laufe der Zeit sind die Schriftsätze deutlich besser geworden. Was sich nicht geändert hat, ist, dass der Vortrag als ins Blaue hinein angesehen worden ist. Wir haben Hersteller, da haben wir zehntausende von Verfahren gehabt, großenteils auch erledigte. Alle freuen sich über die Erledigung. Wir wissen nach zehntausenden Verfahren aber weder, wie die Abschalteinrichtungen genau funktionieren, noch, was der rechtliche Maßstab ist, der die Sittenwidrigkeit bestimmt. Aber erledigt sind sie doch. Das heißt, ohne andere prozessuale Instrumente kommen wir meiner Meinung nach nicht zu Ergebnissen, mit denen wir zufrieden sein können.

Das leitet über zu dem, was Herr Riehm gesagt hat, zum Thema Musterbeweisaufnahme. Die Liederhalle reicht nicht für zehntausend Parteien, die in einem gebündelten Verfahren den Zeugen befragen. Ich glaube zum einen, das Problem ist gar nicht so groß. In diesen Massenverfahren kommt ja der Sachverhalt vom Anwalt. Also 10.000 Anwaltskanzleien habe ich nicht, die gleichen Kanzleien tragen gleich vor. Das ist das eine. Das andere, was ist denn die Alternative? Faktisch ist die Alternative, dass der Zeuge überhaupt nicht gehört wird. Was Sie wollen, wäre dann, den Zeugen einzeln zu hören, da kann man einfach mal rechnen: der Zeuge hat einen Termin am Tag an 200 Tagen im Jahr. Dann braucht er 50 Jahre, um diese 10.000 Termine wahrzunehmen. Wir wünschen ihm alle eine gute Gesundheit, aber Herr Winterkorn beispielsweise wird das nicht erleben. Gehört wurde er am OLG Braunschweig, im KapMuG-Verfahren. Da haben sie ihn vier Tage vernommen und sind nicht fertig geworden. In 10.000 Verfahren einen, wie alt ist er?, 77 Jahre alten Mann zu vernehmen, das ist einfach unmöglich. Die Alternative lautet daher, gebündelt vernehmen oder die Beweisaufnahme findet nicht statt. Und wenn Sie den Unmittelbarkeitsgrundsatz und das rechtliche Gehör hochhalten, heißt es, wenn ich das so hochhalte, dass ich die Bündelung unmöglich mache, verkehrt sich der Grundsatz in sein Gegenteil. Vielen Dank.

Stv. Vorsitzender:

Frau Limperg, ich finde es sehr passend, dass die Präsidentin des Bundesgerichtshofs das Schlusswort spricht.

Präsidentin des BGH Bettina *Limperg*, Karlsruhe:

Ein Schlusswort steht mir sicher nicht zu. Aber zwei Bemerkungen. Zum einen wollte ich noch einmal auf einen Beitrag von vor der Pause zurückkommen. Da ging es um die Fragen der Regulierungen und der Erlaubnisvorbehalte im außergerichtlichen Rechtsdienstleistungsbereich. Ich würde dringend dafür appellieren, hier die Erlaubnisstrukturen beizubehalten. Wie gesagt, Recht ist keine Ware, sondern ein sehr hohes Gut im Rechtsstaat. Deswegen ist die Regulierung schlicht eine Qualitätsvoraussetzung dafür, dass es ein Mindestmaß an prüfbaren und regulierbaren Kompetenzen auch in dem außergerichtlichen Rechtsdienstleistungsmarkt gibt. Zum Zweiten komme ich nochmal zur Strukturierungsfrage, die in verschiedenen Beiträgen unterschiedliche Anklänge hatte. Die Strukturierungsfrage hat im Grunde drei Nasen. Das ist die Klägernase, die Beklagtennase und die Gerichtsnase. Uns allen tut Strukturierung gut. Sie kennen diesen Satz, „Für kurz hatte ich keine Zeit". Das ist genau das Problem, denn copy und paste tausendfach ist natürlich sehr viel einfacher, als sich einmal konzentriert hinzusetzen und zu überlegen, was ich denn eigentlich sagen will. Ich denke deswegen, dass eine gesetzliche Regelung weder ein Fluch wäre noch die Anwaltschaft ins Verderben führte. Wenn eine Strukturierung in besonderen oder in geeigneten Fällen vorgenommen werden soll, wenn sie eine Gliederung nach Tatbestand und Rechtsfolge, vielleicht noch eine Vorbemerkung und ein Fazit enthalten soll, kann schon viel gewonnen sein. Man muss das auch nicht unbedingt sanktionieren. Auch Sollvorschriften zwingen alle Beteiligten, einschließlich des Gerichts, zu einer gewissen Disziplin. Schließlich können auch die Chancen der Digitalisierung in strukturierten Formaten besser genutzt werden. Das betrifft sowohl Inhalte als auch Meta- und Stammdaten oder Datensätze wie etwa bei Textbausteinen. Eine kluge gesetzgeberische Vorgabe für eine Strukturierung in geeigneten Fallgruppen könnte daher ein wichtiger Baustein für eine effiziente und angemessene Justizgewährung sein. Vielen Dank.

Stv. Vorsitzender:

Ganz herzlichen Dank Ihnen allen, gerade auch für die Zeitdisziplin ganz am Ende. Wir treffen uns wieder um 15:55 Uhr zur Abstimmung in diesem Saal. Bis gleich.

Vorsitzende:

Meine sehr verehrten Damen und Herren, liebe Mitglieder des DJT, wir haben noch ein Stück Strecke vor uns, und zwar kein ganz kleines. Denn wir kommen nun zur Abstimmung.

Ich möchte dazu ganz kurz ein paar allgemeine Dinge vorwegschicken. Die erste und vielleicht wichtigste Sache: Es sind alle im Saal anwesenden Mitglieder des DJT abstimmungsberechtigt und Sie finden in Ihrem Ausweis Ihre rote Stimmkarte. Die müssten Sie jetzt alle zücken.

Anwesende im Saal, die keine solche Stimmkarte haben, bitte ich, sich jetzt auf die Empore zu begeben, und zwar einfach deshalb, weil wir sonst hier ein visuelles Problem mit der Auszählung bekommen. Umgekehrt würde ich diejenigen, die Mitglieder sind und abstimmungsberechtigt sind, sehr herzlich bitten, dass Sie sich bitte nach vorne begeben. Wir haben hier freundlicherweise Assistierende, die dann die Auszählungen in den jeweiligen Blöcken machen und deshalb wäre es gut, Sie würden sich auf die Blöcke verteilen. Ich bitte wirklich um Ihre Kooperation und es tut mir leid für die Zumutung, aber das erleichtert uns die Arbeit gehörig.

So, vielleicht nun kurz zu den Regularien. Wir diskutieren die einzelnen Thesen nun nicht mehr. Also wir können jetzt nicht mehr in eine inhaltliche Diskussion oder Verständnisdiskussion der Thesen einsteigen. Das geht aus Zeitgründen leider nicht.

Die Beschlüsse werden mit einfacher Mehrheit der abgegebenen Stimmen gefasst, Stimmenthaltungen bleiben bei der Feststellung der Mehrheit außer Betracht. Bei Stimmengleichheit sind Anträge abgelehnt.

So, ist das Prozedere verstanden und sind alle an ihren Plätzen? Dann danke ich Ihnen vielmals und bitte nochmals um Nachsicht für die etwas drakonischen Sitzungsmodalitäten.

Und ich denke, wir können dann jetzt beginnen mit der Abstimmung. Wir machen das so, dass ich die jeweils abzustimmende These vorlese und ich möchte Sie sehr herzlich zuerst um JA-Stimmen bitten. Dann werden die hier Block für Block zusammengezählt. Ich wiederhole das nochmals und wir notieren das und wenn jemandem ein Rechenfehler auffällt, bitte melden. Dann folgt das gleiche Prozedere für NEIN-Stimmen und für Enthaltungen, These für These. Manche Thesen, das sehen Sie in der Beschlussvorlage, stehen in einem solchen Bedingungsverhältnis, dass sie nur abgestimmt werden, wenn These a) abgelehnt oder b) angenommen oder wenn b) abgelehnt, wenn b) angenommen wurde usw.

(Beschlussfassung)

Vorsitzende:

Dann sind wir damit am Ende.

Dann darf ich Ihnen allen ganz herzlich für Ihre Disziplin danken und mich entschuldigen für mein etwas rigides Regiment hier in dieser letzten Phase.

Ich möchte die Gelegenheit nochmals nutzen, um mich bei allen ganz, ganz herzlich zu bedanken: der Gutachterin, den Referierenden, den weiteren Mitgliedern des Abteilungsvorstandes, Ihnen allen, die Sie sich beteiligt haben. Ich möchte mich bedanken für die wirklich großartigen Diskussionen und ich möchte, das ist mir wirklich ein Herzensanliegen, noch Folgendes sagen: ich halte diese Art von diskursiven Formaten, wie wir sie beim DJT praktizieren, für modellbildend für unsere Gesellschaft insgesamt. Ich halte es für wichtig, dass wir in der Sache gerne in aller Schärfe, aber mit persönlichem Respekt voreinander und in geregelten Bahnen und mit dem Ziel streiten, konstruktiv etwas zu bewirken und unseren Rechtsstaat und unsere Demokratie zu bewahren und voranzubringen. Und nach meinem Eindruck ist uns hier eine solche respektvolle sachliche Diskussion wirklich gelungen in den letzten Tagen. Und dafür möchte ich Ihnen allen wirklich ganz, ganz herzlich danken. In der Hoffnung, dass wir diese Art von zivilisierter Diskussionskultur und respektvollem Umgang miteinander auch weiter in unsere Gesellschaft hineinbefördern, nochmals herzlichen Dank.

Und einen letzten Dank möchte ich an die vielen helfenden Hände richten, die man vielleicht nicht immer gesehen hat, aber die wahnsinnig viel Arbeit hatten und da möchte ich stellvertretend insbesondere Frau Dr. Mayrhofer, die uns hier als Schriftführerin unterstützt hat und auch Herrn Schäffler, der unser Abteilungsassistent hier war, vielmals danken. Und dies geschieht in dem Wissen, dass ganz viele Helfende uns hier durch Technik, Organisation, Transkription usw. unterstützt haben. Viele haben intensiv auch schon bei der Vorbereitung vor Ort und auch aus der Ferne mitgeholfen, damit die Arbeit hier gelingt. Ihnen allen ein ganz, ganz, ganz herzliches Dankeschön, dass Sie sich das angetan haben.

Beschlüsse

Thema: Effektive Zivilrechtsdurchsetzung: Zugang zur Justiz, Prozessfinanzierung, Legal Tech – welcher rechtliche Rahmen empfiehlt sich?

A. Zugang zur Ziviljustiz und Modernisierung der Ziviljustiz

1. Der Zugang zur Ziviljustiz sollte auch durch Beteiligung

   a) kommerzieller Legal-Tech-Unternehmer
   angenommen 32:12:7

   b) kommerzieller Prozessfinanzierer
   angenommen 32:13:8

   verbessert werden.

2. Der Ziviljustiz sind mehr Ressourcen zur Verfügung zu stellen zur Verbesserung der

   a) technischen Ausstattung.
   angenommen 54:0:0

   b) Personalausstattung.
   angenommen 53:0:1

3. Die Zivilgerichte sollten stärker spezialisiert werden.
   angenommen 44:2:8

4. An den Zivilgerichten sollte das Kollegialprinzip gestärkt werden.
   angenommen 53:0:3

5. Small claims

   a) Die effektive Durchsetzung von small claims ist durch geeignete Regelungen zu unterstützen.
   angenommen 45:3:6

b) Small claims-Verfahren sollten weitgehend digital bearbeitet werden.
angenommen 43:3:11

6. Es sind spezifische Verfahrenslösungen für wirtschaftsrechtlich bedeutende Zivilverfahren zu entwickeln.
angenommen 41:2:13

7. Es sollte einen individuellen Anspruch auf Durchführung einer mündlichen Verhandlung als Videoverhandlung geben, es sei denn, es sprechen im konkreten Fall nicht gerichtsbezogene zwingende Gründe dagegen.
abgelehnt 23:26:10

8. a) Gerichte sollten unter bestimmten Umständen verpflichtet sein, eine elektronische Datenschnittstelle zur Übermittlung von Anträgen, Sachverhalt und rechtlicher Würdigung zur allgemeinen Verwendung bereitzustellen, wobei die Übermittlung über die Schnittstelle die Klage bzw. Klageerwiderung ersetzt.
angenommen 20:11:23

Falls a) angenommen

b) Zu diesen Umständen sollte der Fall gehören, in dem in einem Kalenderjahr voraussichtlich mehr als 100 gleichförmige Klagen zu erwarten sind.
angenommen 17:16:21

9. Es sollte eine einheitliche Kommunikationsplattform entwickelt werden, die für professionell am Verfahren Mitwirkende verbindlich ist.
angenommen 49:0:6

10. Es sollte ein einheitliches Justizportal als zentrale Anlaufstelle für Rechtssuchende geschaffen werden.
angenommen 49:1:5

B. Prozessfinanzierung

11. Der Prozessfinanzierungsvertrag sollte vertragsrechtlich dispositiv geregelt werden (Antrag Prof. Dr. Thomas Riehm).
abgelehnt 10:26:18

12. Einer Regulierung der Prozessfinanzierung bedarf es

    a) zum Schutz der Gegenpartei.
    abgelehnt 13:21:20

    b) zum Schutz von Finanzierten oder Begünstigten generell.
    angenommen 19:13:23

13. Es sollte eine behördliche Prozessfinanzierungsaufsicht geschaffen werden.
    abgelehnt 15:29:9

14. Eine Preiskontrolle ist bei der Prozessfinanzierung

    a) generell zu befürworten.
    abgelehnt 3:40:11

    Falls a) abgelehnt

    b) zugunsten von strukturell Schwächeren zu befürworten.
    abgelehnt 7:30:17

15. Eine Partei sollte im Fall der Prozessfinanzierung verpflichtet sein, offenzulegen, dass sie von einem Prozessfinanzierer finanziert wird.
    abgelehnt 20:25:9

16. Die Gegenpartei der finanzierten Partei sollte nur solche Verstöße gegen regulatorische Vorgaben rügen können, die sich direkt auf ihre Interessen auswirken.
    angenommen 28:15:12

17. Mängel der Prozessfinanzierungsvereinbarung sollten folgenlos sein für

    a) die Zulässigkeit der Klage.
    angenommen 42:6:4

    Falls a) angenommen

    b) die Begründetheit der Klage.
    angenommen 44:6:4

    Falls b) angenommen

c) Eine überhöhte Erfolgsbeteiligung des Finanzierers sollte nur zu deren Herabsetzung führen.
angenommen 20:13:18

18. Das Prozessgericht sollte Kostenbeschlüsse gegen den Prozessfinanzierer und gegen die finanzierte Partei als Gesamtschuldner festsetzen können.
abgelehnt 14:29:12

19. Es sollte ein gemeinnütziger Prozessfinanzierungsfonds mit staatlicher Anschubfinanzierung geschaffen werden.
abgelehnt 10:37:8

C. Legal-Tech-Klageorganisation

20. Außergerichtliche Rechtsdienstleistungen sollten generell erlaubnisfrei sein.
abgelehnt 3:48:4

21. Es sollte ein vom Inkassobegriff losgelöster und nicht auf die Forderungsdurchsetzung beschränkter Erlaubnistatbestand für die „Klageorganisation“ durch nichtanwaltliche Rechtsdienstleister geschaffen werden.
abgelehnt 13:28:14

22. Abtretungsmodelle sollten im Vertragsrecht dispositiv geregelt werden.
abgelehnt 3:32:19

23. Der gewerbsmäßige Erwerb von Forderungen zur Rechtsdurchsetzung sollte

c) generell
abgelehnt 13:25:15

Falls a) abgelehnt

d) im Fall von Verbraucherforderungen
abgelehnt 13:28:13

erlaubnisfrei sein.

24. Rechtliche Vorgaben für die Werbung durch Rechtsanwälte und nichtanwaltliche Klageorganisatoren sollten aufeinander abgestimmt werden.
angenommen 45:3:7

25. Die anwaltliche Verschwiegenheitspflicht sollte auf nichtanwaltliche Klageorganisatoren ausgedehnt werden.
angenommen 32:17:5

26. Die Beschränkungen betreffend Art und Höhe der Vergütung der anwaltlichen Tätigkeit (vgl. v.a. § 49b Abs. 1, Abs. 2 S. 1 BRAO, §§ 4, 4a RVG) sollten

a) gestrichen werden.
abgelehnt 11:33:8

Falls a) abgelehnt

b) verschärft werden.
abgelehnt 2:45:5

27. Das Fremdbesitzverbot (vgl. § 59c BRAO) sollte

a) gestrichen werden.
abgelehnt 3:42:11

Falls a) abgelehnt

b) verschärft werden.
abgelehnt 1:45:5

28. Die bestehenden Schranken für eine Prozessfinanzierung durch Rechtsanwälte (vgl. § 49b Abs. 2 S. 2 BRAO) sollten

a) gestrichen werden.
abgelehnt 3:36:13

Falls a) abgelehnt

b) verschärft werden.
abgelehnt 3:41:7

29. Es ist empirisch zu erheben, inwieweit personelle Verflechtungen zwischen

a) Rechtsanwälten und Klageorganisatoren
angenommen 24:4:25

b) Rechtsanwälten und Prozessfinanzierern
angenommen 24:6:22

zu Missständen führen.

30. Ein Verstoß gegen Vorschriften des Rechtsdienstleistungsrechts, die dem Schutz der Kunden eines Inkassounternehmens dienen, sollte folgenlos sein für

a) die Wirksamkeit der Abtretungen.
angenommen 31:9:11

b) die Zulässigkeit der Klage.
angenommen 32:10:10

31. Forderungsgegner und sonstige Dritte sollten sich auf Verstöße gegen verbraucher-schützende Normen des Rechtsdienstleistungsrechts nur berufen können, wenn auch der Verbraucher dies tut.
angenommen 34:9:10

D. Massenverfahren

32. Es sind spezifische Verfahrenslösungen für Massenverfahren zu entwickeln.
angenommen 47:1:6

33. Die Verwertung der Beweisergebnisse aus Parallelverfahren sollte erleichtert werden. **angenommen 47:4:3**

34. Musterbeweisaufnahme

a) Es sollte ein Rechtsinstitut einer Musterbeweisaufnahme geschaffen werden, indem die Beweisaufnahme zu gleichlautenden Fragestellungen nur in einem oder einzelnen Musterverfahren erfolgt, während Parallelverfahren ausgesetzt werden können.
angenommen 39:11:4

Falls a) angenommen

b) Die Stellung der Parteien der ausgesetzten Verfahren im Musterverfahren, ihre Bindung an die darin getroffenen Feststellungen sowie ihre Beteiligung an den Kosten der Musterbeweisaufnahme sollten nach dem Vorbild der Nebenintervention ausgestaltet werden (vgl. §§ 67, 68, 101 Abs. 2, 100 ZPO).
angenommen 19:18:14

35. Das Recht, die mündliche Anhörung des Sachverständigen nach Erstattung eines schriftlichen Gutachtens, das im selben Verfahren eingeholt wurde, zu verlangen, sollte davon abhängig gemacht werden, dass konkrete Fragestellungen oder Einwendungen gegen das schriftliche Gutachten vorgebracht werden.
angenommen 49:3:3

36. Das Recht, die mündliche Anhörung des Sachverständigen nach Einholung eines schriftlichen Gutachtens aus einem anderen Verfahren (vgl. § 411a ZPO) zu verlangen, sollte davon abhängig gemacht werden, dass konkrete Fragestellungen oder Einwendungen gegen das schriftliche Gutachten vorgebracht werden.
angenommen 49:2:3

37. Ist ein Zeuge bereits in einem anderen Verfahren richterlich vernommen worden, sollte die unmittelbare Einvernahme zum selben Beweisthema nur dann verlangt werden können, wenn ergänzende Fragestellungen oder Einwendungen gegen die Glaubhaftigkeit der bisherigen Angaben dargetan werden.
angenommen 44:8:3

38. Die Effizienz von Massenverfahren sollte durch Abstriche bei der individuellen Prüfung von Einzelforderungen verbessert werden.
abgelehnt 21:25:8

39. Bei Massenereignissen sollte eine stärkere materiell-rechtliche Pauschalierung der Anspruchshöhe angestrebt werden.
angenommen 32:14:9

40. „Unechte Sammelklagen"

a) „Unechte Sammelklagen", bei denen Klagevehikel aus abgetretenem Recht eine Vielzahl von Ansprüchen gebündelt geltend machen, sollten für unzulässig erklärt werden.
abgelehnt 10:34:8

Falls a) abgelehnt

b) Parallel zu § 19 VDuG sollten Beklagte auch in einem „unechten Sammelverfahren“ zur Zahlung eines kollektiven Gesamtbetrags verurteilt werden können.
abgelehnt 6:36:12

c) Klagevehikel sollten bei „unechten Sammelklagen“ auf Antrag der Beklagtenseite zu einer Prozesskostensicherheit entsprechend §§ 110 ff. ZPO verpflichtet werden.
angenommen 37:3:12

d) Klagevehikel sollten bei „unechten Sammelklagen“ über eine ausreichende Kapitalausstattung für den Kostenersatz verfügen müssen.
angenommen 39:3:12

Falls d) angenommen

e) „Unechte Sammelklagen“ sollten nur zulässig sein, wenn das Klagevehikel nachweist, dass es die Prozesskosten tragen kann.
abgelehnt 13:28:11

41. Leitentscheidungsverfahren

a) Es sollte ein Leitentscheidungsverfahren zur gebündelten Klärung von Fragen grundsätzlicher Bedeutung, zur Fortentwicklung des Rechts und zur Sicherung der Einheitlichkeit der Rechtsprechung eingeführt werden.
angenommen 46:4:4

Falls a) angenommen

b) Das Leitentscheidungsverfahren sollte in geeigneten Fällen die Beteiligung von Verbandsvertretern statt der ursprünglichen Parteien vorsehen.
abgelehnt 11:32:12

c) Die von den Leitentscheidungsverfahren betroffenen Einzelverfahren sollten nach pflichtgemäßem Ermessen des Gerichts ausgesetzt werden können.
angenommen 38:5:9

Falls c) angenommen

d) Die Aussetzung der Einzelverfahren sollte ohne Zustimmung der Parteien möglich sein.
angenommen 30:16:6

E. Strukturierung des Parteivortrags

42. Es empfehlen sich Vorgaben für Schriftsätze, und zwar

e) Strukturvorgaben für Schriftsätze durch gesetzliche Vorgaben.
angenommen 33:13:9

f) Strukturvorgaben für Schriftsätze durch gerichtliche Anordnungen.
angenommen 42:8:4

g) Online-Formulare mit manueller Dateneingabe.
angenommen 22:19:13

h) Umfangsbeschränkungen.
abgelehnt 17:26:13

i) eine Pflicht zur gesonderten Vorlage der Bestandteile eines Schriftsatzes, der aus Textbausteinen und individuellen Daten besteht.
angenommen 23:15:16

43. Verfahrenskonferenz

a) Soweit zweckmäßig sollte ein umfassend vorbereiteter Termin zur Strukturierung und Erörterung in der Regel nach Klagebegründung und Klageerwiderung zeitnah anberaumt werden.
angenommen 44:0:9

Falls a) angenommen

b) Dieser Termin sollte auch digital stattfinden können.
angenommen 49:0:3

F. Musterfeststellungs- und Abhilfeklagen (Verbandsklagen)

44. Die Rechtskraft einer Verbandsklage sollte nur zu Gunsten, nicht aber zu Ungunsten der angemeldeten Verbraucher wirken.
abgelehnt 8:36:10

45. Bei der Schätzung der Höhe des kollektiven Gesamtbetrags in einem Abhilfeendurteil (vgl. § 19 VDuG) sollten Gerichte zurückhaltend vorgehen.
abgelehnt 10:35:4

46. Beklagte in einem Musterfeststellungs- oder Abhilfeverfahren sollten ein ausdrückliches Recht auf widerklagende Feststellungen zur Klärung wesentlicher Sach- und Rechtsfragen haben.
angenommen 28:12:10

47. Gerichte sollten die Anordnung der Offenlegung von Beweismitteln in Verbandsklageverfahren (vgl. § 6 VDuG) restriktiv handhaben.
abgelehnt 6:42:3

48. Das Merkmal der Gleichartigkeit der Ansprüche (vgl. § 15 VDuG) sollte eng ausgelegt werden.
abgelehnt 9:34:7

49. Rechtsschutzversicherer sollten die Deckung für Einzelklagen von Verbrauchern verweigern dürfen, die ihre Ansprüche zu einer Abhilfeklage anmelden könnten.
angenommen 32:11:7

50. Im VDuG sollte die Höhe der Erfolgsbeteiligung von Prozessfinanzierern nicht absolut gedeckelt werden, sondern nur auf individuelle Angemessenheit anhand des konkreten Prozessrisikos kontrolliert werden.
angenommen 28:10:12

51. Im VDuG sollte explizit geregelt werden, dass der Sachwalter aus dem Kollektivbetrag zunächst einen Prozessfinanzierer bezahlen darf.
abgelehnt 17:18:17

52. Der Antrag auf eine Verbandsklage sollte Parallelverfahren bei anderen Spruchkörpern vorgehen und die Zusammenführung der Rechtsstreite beim Gericht der Verbandsklage zur Folge haben (§ 147 ZPO), wobei das Gericht im Zusammenhang mit der Zulassung der Verbandsklage über die Strukturierung der von weiteren Antragstellern beizubringenden Angaben und zu gegebener Zeit auch über Fortdauer oder Trennung der kraft Gesetzes erfolgten Verfahrensverbindung (§ 150 ZPO) entscheidet.
abgelehnt 9:31:12

Verhandlungen des 74. Deutschen Juristentages

Stuttgart 2024

Herausgegeben von der
Ständigen Deputation
des Deutschen Juristentages

Band II/2

Sitzungsberichte – Diskussion und Beschlussfassung

Teil L

Wen schützt das Arbeits- und Sozialversicherungsrecht? – Empfiehlt sich eine Neuausrichtung seines Anwendungsbereichs?

Teil L

Sitzungsbericht über die Verhandlungen der Abteilung Arbeits- und Sozialrecht

am 25. und 26. September 2024
über das Thema

Wen schützt das Arbeits- und Sozialversicherungsrecht? – Empfiehlt sich eine Neuausrichtung seines Anwendungsbereichs?

Die Ständige Deputation hat gewählt:

Prof. Dr. Martin *Franzen*, München
zum Vorsitzenden

Rechtsanwältin Dr. Susanne *Clemenz*, Gütersloh
Präsident des BSG a. D. Prof. Dr. Rainer *Schlegel*, Berlin/Gießen
zu Stellvertretenden Vorsitzenden

Prof. Dr. Christian *Rolfs*, Köln
zum Gutachter

Rechtsanwalt Prof. Dr. Georg *Annuß*, LL.M., München/Regensburg
Prof. Dr. Eva *Kocher*, Frankfurt (Oder)
Richterin am BSG Barbara *Geiger*, Kassel
zu Referentinnen und Referenten

Richter am SG Dr. Christian *Roth*, Landshut
zum Schriftführer

Diskussion

am 25. September 2024 nachmittags
(anwesend etwa 230 Teilnehmerinnen und Teilnehmer)

Vorsitzender:

Ich würde Sie bitten, jetzt Platz zu nehmen. Wir beginnen jetzt mit der Diskussion. Wir haben schon sehr viele Diskussionsmeldekarten erhalten. Deshalb meine Bitte: Fassen Sie sich kurz. Mein zweiter Hinweis geht dahin, dass die vorläufige Beschlussvorlage Ihnen nun vorliegt. Sie liegt am Eingang in Papierform aus, Sie können sie auch über die App herunterladen und lesen. Das erste große Thema, das wir hier aufrufen heute Nachmittag, wird der Arbeitnehmer- und Beschäftigtenbegriff sein und hierfür haben wir schon einige Wortmeldungen. Ich werde immer mehrere Personen aufrufen, damit diejenigen, die dann an zweiter oder dritter Stelle stehen, sich dann schon nach vorne begeben können. Damit vermeiden wir Zeitverlust durch das Gehen der Redner durch den Raum. So, als erste Rednerin habe ich Frau Präsidentin des BAG Inken Gallner. Bitte schön. Und derweil rufe ich auch noch als zweiten Redner Herrn Weiss auf. Herr Weiss, ist er da? Ich habe ihn heute morgen gesehen. Er ist nicht da. Dann stellen wir ihn mal zurück. Dann als nächsten Redner Herrn Höpfner. Und danach Herr Löwisch.

Also Frau Gallner ist schon da. Inken Gallner, dann Clemens Höpfner und dann Manfred Löwisch.

Präsidentin des BAG Inken *Gallner*, Erfurt:

Meine sehr verehrten Damen und Herren, ich fasse mich kurz. Ich bin mit Georg Annuß einer Meinung, dass es sinnvoll ist, einen rechtspolitischen und interdisziplinären Diskurs über die Funktionen des Arbeitsrechts und auch des Sozialversicherungsrechts zu führen, wirklich sorgfältig zu führen. Ich kann Georg Annuß' Satz nur annektieren, will ich das nennen, das Arbeitsrecht und auch das Sozialversicherungsrecht sind geeignet, die Weltwahrnehmung der Menschen zu beeinflussen. Sie haben einen sehr starken integrativen Anteil meine ich. Aber sind rechtspolitisch in einem engen Raum, meine ich, in einem sehr engen Raum. Damit bin ich bei den unionsrechtlichen Arbeitnehmerbegriffen, die Eva Kocher aufbereitet, aufgearbeitet hat. Dem autonomen Arbeitnehmerbegriff des Art. 45 AEUV und den sekundärrechtlichen Arbeitnehmerbegriffen einzelner Richtlinien. Hier gibt es aus meiner Sicht ein konsistentes System des EUGH, auch wenn das viele in diesem Raum wahrscheinlich anders sehen werden. Ja, meine sehr verehrten Damen und Herren, im harmonisierten Bereich ohne Rekurs auf das Recht des Richtlinienrechts, auf das Recht der Nationalstaaten herrscht über alle 27 Mitgliedstaaten hinweg der an der Unterordnung orientierte autonome Arbeitnehmerbegriff, der, ja der Organisationstheorie, die Eva Kocher vorhin auch angesprochen hat. Der autonome Arbeitnehmerbegriff ist im Kernbereich z. B. im Arbeitszeitrecht anzuwenden. Anzuwenden, Sie wissen ja also unmittelbar anzuwenden auch zwischen privaten, und zwar bei den Ruhezeiten meine ich, bei allen elf Stunden am Tag, 24 Stunden in der Woche, bei der Ruhezeit des vierwöchigen Jahresurlaubs und bei der Höchstarbeitszeit der 48 Stunden. Ich schließe für diesen Bereich mit Defätismus für die Rechtspolitik. Es ist 13 Jahre versucht worden die Arbeitszeitrichtlinie zu reformieren, das ist gründlich misslungen. Ich habe keine Hoffnung, dass eine Reform des Arbeitszeitrechts nun auf europäischer Ebene gelingt, dass der politische Wille stark genug ist, um eine Reform der Arbeitszeitrichtlinie durchzusetzen. Dort gibt es ja wirklich eine andere Wahrnehmung im Augenblick, jedenfalls nehme ich die europäische Ebene so wahr. Es geht um andere Dinge, es geht ums Ganze, es geht um Krieg, Frieden, Sicherheit, Freiheit, liberale Demokratie und Rechtstaatlichkeit. Danke schön.

Prof. Dr. Clemens *Höpfner*, Köln:

Vielen Dank Herr Vorsitzender. Das Gutachten und die Referate heute haben gezeigt, dass wir es eigentlich mit zwei ganz unterschiedlichen Diskussionsebenen zu tun haben. Ein Teil der Diskussion betrifft nur vordergründig die Frage des personellen Anwendungsbereichs des Arbeitsrechts. Tatsächlich geht es um inhaltliche Fragen des Schutzniveaus. Das zeigt sich ganz deutlich im Bereich des Arbeitszeitrechts, das haben wir heute Morgen schon gehört. Wenn wir hier fragen, wen das Arbeitsrecht schützt, geht es nur am Rande um die Frage nationaler oder unionsrechtlicher Arbeitnehmerbegriff oder Hybridformel. Es geht auch nicht um Verdienstgrenzen, die wir einziehen. Das zentrale Problem ist ein ganz anderes, das gar keiner gesetzlichen Neuregelung bedarf. Es geht um die Frage, welchen Typ des Arbeitnehmers wir wovor und weshalb schützen. Ich teile nicht alles, was Georg Annuß uns vorgestellt hat, insbesondere nicht die Ausrichtung auf abstrakte, gesellschaftspolitische Ziele jenseits des Arbeitsverhältnisses, aber hier bin ich ganz einig mit ihm, und insoweit sehe ich auch eine Einigkeit zwischen Referenten und Gutachter. Wir brauchen im Grundsatz ein moderneres Leitbild des Arbeitnehmers. Wir müssen weg von der pauschalen Annahme einer unmündigen, hilflosen Person, die wir vor sich selbst schützen müssen, und wir müssen hin zu einem mündigen Arbeitnehmer. Im Verbraucherrecht haben wir diese Entwicklung längst vollzogen. Im Arbeitsrecht fällt gerade der EUGH leider immer wieder in alte Denkmuster zurück, man denke nur an die Mitwirkungsobliegenheit des Arbeitgebers im Urlaubsrecht. Zum personellen Anwendungsbereich nur ganz kurz. Wir hatten gehört das Arbeitsrecht schützt Arbeitnehmer nicht „vor“, sondern „in“ Abhängigkeit. Ja, Frau Kocher, das stimmt, aber es stimmt nur für einen Kernbereich des Arbeitsrechts, der am Verlust der persönlichen Unabhängigkeit ansetzt. Für weite Teile des Arbeitsrechts gilt das nicht. Es gilt nicht für den Mindestlohn, es gilt nicht für den Umfang der Arbeitspflicht und es gilt auch nicht für die Dauer des Urlaubs. Hier geht es nicht um persönliche Abhängigkeit im laufenden Arbeitsverhältnis, sondern es geht um den Ausgleich einer materiellen Verhandlungsimparität bei und vor Vertragsschluss. Dort, wo kein Verhandlungsungleichgewicht besteht, etwa weil wir es mit einem Arbeitnehmermarkt zu tun haben, auf dem der einzelne die Chance hat, seine Interessen effektiv durchzusetzen, dort verlieren diese Regelungen ihre teleologische Berechtigung, das müssen wir konstatieren. Aber es gilt auch umgekehrt: Gestörte Privatautonomie ist kein spezifisches Arbeitnehmerproblem, sie betrifft alle wirtschaftlich Abhängigen, in unserem Kontext sind das etwa Crowdworker, Plattformbeschäftigte und Soloselbstständige, und anstatt diese Gruppen peu à peu in das Arbeitsrecht einzubeziehen, sollten wir uns ernsthaft Gedanken machen über den Ausbau eines spezifischen Arbeitnehmerähnlichen-Schutzrechts und die Förderung von Kollektivverhandlungen für diese Arbeitnehmerähnlichen. Vielen Dank!

Rechtsanwalt Prof. Dr. Dr. h.c. Manfred *Löwisch*, Freiburg:

Meine Damen und Herren, ein alter Mann darf sich auf alte Entscheidungen berufen und deshalb möchte ich Ihnen einen Satz aus einem Urteil des Bundesverfassungsgerichts vom 11. Juni 1958 zur Kenntnis bringen: „Wenn eine Tätigkeit in selbständiger und in unselbständiger Form ausgeübt werden kann und beide Formen der Ausübung eigenes soziales Gewicht haben, so ist auch die Wahl der einen oder der anderen Form Sache der Berufsfreiheit des Art. 12 Abs. 1.“ Meine Folgerung daraus ist: Wenn man von der eigenen Einordnung als selbstständig abgehen will, muss man das jedenfalls unter dem Gesichtspunkt der Verhältnismäßigkeit begründen. Und ich entnehme der Beschlussvorlage Nummer 14, dass auch die Referenten, der Gutachter und der Vorstand von einer Vermutung der selbstständigen Tätigkeit auch im Sozialrecht ausgehen und sagen, das muss nur noch durch Kriterien verstärkt werden und Kriterien, die dagegensprechen, müssen berücksichtigt werden.

Zu den Kriterien, die wir berücksichtigen müssen, gehören dabei nicht nur tatsächliche Kriterien, sondern es gehören auch rechtliche Kriterien dazu, insbesondere die rechtliche Einordnung des Rechtsverhältnisses, um das es geht. Niemand kommt auf die Idee zu sagen, in die Sozialversicherung gehören schon kraft der derzeitigen Regelung die Beamten, obwohl die natürlich auch Tätigkeiten ausüben und in bestimmter Art und Weise in Organisationen eingegliedert sind. Dazu mein erster Hinweis: Wie sieht das aus der Sicht des Bundessozialgerichts aus, wenn wir andere öffentlich-rechtliche Beschäftigungsverhältnisse haben? Damit bin ich bei einem Thema, das die Hochschulen zurzeit sehr bewegt: Wie ist das mit den Lehrauftragsverhältnissen, die in den meisten Bundesländern öffentlich-rechtlich ausgestaltet sind? Werden diese auch einbezogen?

Ich glaube, dass das nicht richtig wäre, und ich glaube vor allen Dingen – und das ist der zweite rechtliche Gesichtspunkt – man muss sehen, wie die Beschäftigungsverhältnisse rechtlich ausgestaltet sind. Die zuständigen Gesetze – hier die Landeshochschulgesetze – betrachten ein solches Rechtsverhältnis als selbstständig und schließen Weisungsgebundenheiten und Organisationseingliederungen aus. Das muss dann, meine ich, auch für die Einordnung im Sozialversicherungsrecht entscheidend sein. Das gilt dann auch für die Lehrbeauftragen an privaten Hochschulen, die sehr wohl auch den Landeshochschulgesetzen unterstehen.

Ich meine also, man muss beachten, wie die Beschäftigungsverhältnisse jenseits des Sozialversicherungsrechts ausgestaltet sind. Derartige gesetzliche Ausgestaltungen sind einzubeziehen.

Eine weitere wichtige Frage: Im Arbeitsrecht kennen wir ja durchaus, dass Leute zwar keine Arbeitnehmer sind, aber die Anwendung des Arbeitsrechts vereinbaren. Das ist anerkannt. Rechtlich werden sie dann als Arbeitnehmer behandelt.

Entsprechendes gilt für das Beschäftigungsverhältnis im Sozialversicherungsrecht. Wenn bestimmte Merkmale vereinbart werden, die für Beschäftigungsverhältnisse maßgebend sind, wie etwa Urlaub oder Entgeltfortzahlung im Krankheitsfall, kann das der Punkt sein, wo die Grenze zur sozialversicherungspflichtigen Beschäftigung überschritten wird.

Prof. Dr. Dr. h.c. mult. Manfred *Weiss*, Frankfurt a. M.:

Ich möchte gerne kurz auf die internationale Debatte hinweisen, ohne das schmälern zu wollen, was Gutachter und Referenten geleistet haben. Ich habe davor größte Hochachtung. Wenn Sie aber letzte

Woche mit mir zusammen beim Weltkongress der internationalen Gesellschaft für Arbeits- und Sozialrecht in Rom gewesen wären, dann hätten sie gesehen, wie weit wir von der internationalen Debatte entfernt sind. Dort ist man sich inzwischen einig – vielleicht auch hier im Raum – dass die „Alles-oder-nichts-Dichotomie" zwischen Arbeitsverhältnis und Selbstständigkeit nicht mehr zu halten ist. Man ist sich auch einig, dass das Einschieben einer dritten Kategorie – wie etwa unserer „Arbeitnehmerähnlichen Person" in Deutschland – auch nicht sehr viel weiterhilft. Von der Überlegung, einfach das Arbeitsverhältnis zu erweitern oder anders zu formen, kommt man immer mehr ab. Eine von der ILO aus Anlass ihres hundertjährigen Jubiläums eingesetzte Kommission, an der auch der von Frau Kocher in Bezug genommene Alain Supiot teilnahm, hat vorgeschlagen, einen Sockel von Rechten allen Arbeit Leistenden ungeachtet ihres Status zuteil werden zu lassen. Der Blick richtet sich seither primär auf die Schutzbedürftigkeit und nicht auf die Einteilung in Statuskategorien, so wie es auch bei Frau Geiger in ihrem Referat am Schluss bei ihrer Zukunftsperspektive anklang. Wenn man auf die Schutzbedürftigkeit schaut, kommt man wahrscheinlich dann zu einem abgestuften Schutzprogramm – so ähnlich wie es uns Rüdiger Krause in seinem Beitrag in der NJW vorgeschlagen hat. Das Problem ist nur, wenn man mit Schutzbedürftigkeit arbeitet – und im Grunde hat das ja auch erfreulicherweise Herr Annuß getan – muss man dies ganz seriös machen, sonst wird das nichts. Man kann zum Beispiel nicht über Arbeitszeit reden und dann nur die Freiheit hoch gewichten und den Arbeitsschutz vernachlässigen. Das ist einfach nicht seriös. In der internationalen Debatte geht es nun primär darum, erst nach der Schutzbedürftigkeit und erst danach nach den einzusetzenden Instrumenten zu fragen. Wir hatten letzte Woche in Rom eine ganz vorzügliche Debatte zu diesen Fragen. Kurzum: Schauen Sie bitte gelegentlich über den deutschen Tellerrand hinaus und auch über den europäischen. Versuchen Sie sich anzudocken an die internationale Debatte. Und da möchte ich zum Schluss noch einen Punkt erwähnen dürfen. Als ich vor langer Zeit noch der Deputation angehörte, war es üblich, in die Abteilungen Sachverstand aus dem Ausland hereinzuholen, um unsere Debatten zu bereichern. Das war sehr hilfreich. Warum das jetzt nicht mehr der Fall ist, weiß ich nicht. Ich darf vielleicht darauf hinweisen, dass schon auf dem Stuttgarter Juristentag im Jahre 1976 kein Geringerer als Otto Kahn-Freund aus England geholt wurde, um uns über die internationale Sicht auf das Streitrecht aufzuklären. Meine Bitte ist simpel: holen Sie gelegentlich internationalen Sachverstand. Es war die Rede von Alain Supiot, den hätte man zum Beispiel holen können. Er spricht im Übrigen hervorragend Deutsch. Danke für Ihre Aufmerksamkeit!

Geschäftsführer Roland *Wolf*, Berlin:

Vielen Dank Herr Professor Franzen, Herr Vorsitzender.

Ich glaube es ist Zeit, gerade auch vor dem Hintergrund des beeindruckenden Beitrags von Herrn Prof. Weiss, nochmal eines deutlich zu machen. Doch, wir müssen an dieser Dichotomie festhalten – an der Dichotomie zwischen selbstständiger Arbeit und Arbeitsverhältnis. Denn diese Dichotomie trägt dem Grunde nach das gesamte Arbeitsrecht. Kündigungsschutz-, Befristungsrecht und selbst das dem Arbeitsschutz zuzuordnende Arbeitszeitgesetz lassen sich nicht begründet auf Selbstständige anwenden. Und daher ist es sinnvoll – ja geboten – an dieser Dichotomie festzuhalten. Ich will jetzt gar nicht auf das Bundesverfassungsgericht von 1958 und ich will auch nicht auf den Juristentag von 1976 zurückverweisen. Ich will einfach zurückverweisen auf die Diskussion, die im Jahre 2015, 2016 und 2017 darüber geführt wurde, den Arbeitnehmerbegriff gesetzlich zu regeln und ins Bürgerliche Gesetzbuch zu übernehmen. Welche Folgen allein diese Regelung gehabt hat, für die Anwendung des Arbeitsrechts wissen Sie alle. Ich glaube vor dem Hintergrund dessen, dass zum Beispiel die Abgrenzung von selbstständiger Arbeitserbringung, Werk- und Arbeitnehmerüberlassung bis heute gewisse Fragen aufwirft, sollte man diese Diskussion, die wir gerade beendet haben, nicht wieder aufgreifen.

Das gilt ganz besonders auch vor dem Hintergrund der ja nun doch häufig sehr übergriffigen Rechtsprechung des Gerichtshofs der Europäischen Union. Unser Ziel sollte es nicht sein, vorgreiflich vor dem EuGH den Kotau zu machen, wie das sich andeutet in den Anträgen des Abteilungsvorstandes zu Nummer zwei und drei, sondern unser Ziel sollte sein, immer wieder den Europäischen Gerichtshof in seiner übergriffigen Rechtsprechung zu korrigieren. Wozu wir nicht allein, aber eben auch den nationalen Arbeitnehmerbegriff verteidigen müssen. Man denke nur an die Erwägungen des Gerichtshofes zum Thema Arbeitszeit. Es ist daher geboten, immer wieder den Versuch wenigstens zu unternehmen, Grenzen zu definieren und die auch Europa zu zeigen. Denn es gibt in vielen Richtlinien gar keinen spezifischen europäischen Arbeitnehmerbegriff, sondern es gibt tatsächlich nur die nationalen, auf die auch immer wieder Bezug genommen wird.

Das beste Beispiel, das das Gutachten ja auch aufruft, ist die anstehende Umsetzung von drei Richtlinien.

Ich könnte jetzt viel zur Mindestlohn-Richtlinie sagen, das erspare ich mir. Da müsste man ganz viel zu den gefährlichen Äußerungen unseres Bundesarbeitsministers zu dem Thema ausführen. Das will ich an dieser Stelle nicht aufgreifen. Viel näherliegend ist der Blick auf die Plattformrichtlinie und ihre Umsetzung, denn genau das ist ja in der Diskussion auf europäischer Ebene deutlich geworden. Der einheitliche Arbeitnehmerbegriff passt nicht. Deswegen wird künftig bei der Umsetzung dieser Richtlinie jeweils das nationale Recht zu Grunde gelegt und dessen Kriterien. Das ist auch gut und richtig so und wenn wir dann für die Zukunft irgendwelche Lösungen benötigen und ich glaube auch, dass wir Abgrenzungsfragen klären müssen, finden wir Lösungsansätze im hervorragenden Gutachten von Herrn Professor Rolfs.

Dessen wichtigste Aussage befindet sich auf Seite B 39 in drei Wörtern: „Mehr Freiheit wagen". Dieses „mehr Freiheit wagen" ist glaube ich die Aufgabe des Gesetzgebers. Die Aufgabe des Gesetzgebers, die er den Tarifvertragsparteien übertragen kann und muss – gerade auch vor dem Hintergrund der abnehmenden Tarifbindung auf der Arbeitnehmerseite, die nun auf 15 % aller Arbeitnehmer gesunken ist. Heute Mitglied in einer Gewerkschaft sind maximal 15 % aller Beschäftigten. Gerade auch vor dem Hintergrund der abnehmenden Bindung an Tarifverträge auf Arbeitnehmerseite kann eine solche Öffnung Anreize bieten, sich für eine Tarifbindung zu entscheiden. Vielen Dank!

Rechtsanwalt Stefan *Riese*, Karben:

Sehr geehrte Damen und Herren, ich möchte als Wirtschaftsanwalt eine weitere Perspektive aus der Praxis hier in die Diskussion einbringen. Neben dem Arbeitnehmerbegriff müssen wir über die positiven Kriterien der Selbstständigkeit sprechen. Lassen Sie mich diese Forderung kurz erläutern. Wir Juristen wenden ja methodisch die Hermeneutik an. Da sind wir gut und Hans-Georg Gadamer, wenn er uns zuschauen würde, wäre stolz auf uns. Wir haben heute sehr gute Impulse bekommen. Vielen Dank an den Gutachter, an die Referenten und Referentinnen. Aber es gibt neben einer „Welt des Sollens" in der Hermeneutik auch „die Welt des Seins". Wir bewegen uns in der Welt des Sollens und wenig in der Welt der Wirtschafts- und Sozialwissenschaften, die erkenntnis- und wissenschaftstheoretisch dem kritischen Rationalismus von Karl Popper folgen. Was nicht funktioniert wird nicht mehr gemacht, was funktioniert wird weiterverfolgt. Das heutige Thema hat eigentlich aus dieser Sicht der Ingenieure und der Betriebswirte zwei Ziele. Erstens, den Mitarbeiter vor Ausbeutung schützen und den Staat davor schützen, dass diese Menschen deshalb in Altersarmut fallen. Zweitens, und das ist vielleicht sogar noch wichtiger, den Unternehmen ermöglichen legal, wirtschaftlich und sozial zu handeln. Und damit weiter Beschäftigung in Deutschland zu ermöglichen. Es sollte aber kein Ziel in unserer Diskussion sein, möglichst viele in das System unserer Rentensysteme zu zwingen und damit die notwendige Restrukturierung unserer Rentensysteme hinauszuzögern. Nach dem „Herrenberg-Urteil“ muss ich Mandanten heute raten, eigentlich alle Freelancer als Angestellte einzustellen. Was hat das für Folgen in der „Welt des Seins“? Ein Autokonzern, den wir alle kennen, hat tausende von IT-Freelancern fest angestellt. Wer es nicht musste, hat es nicht gemacht. „Ich verdiene 150.000 Euro im Jahr. Ich lasse mich doch nicht in das Tarifkorsett des Konzerns einbinden“. Die IT-Einheit in diesem Konzern funktioniert heute nicht so gut, man überlegt, sie aufzulösen oder einzugliedern. „Wir wollen den ITlern ihre Freiheit nehmen aber gleichzeitig mit ihnen die Digitalisierung von Deutschland vorantreiben?“, das funktioniert meines Erachtens nicht. Und das müssen wir letztendlich realisieren und in unserer Rechtspolitik auch irgendwie abbilden.

Das „Herrenberg-Urteil“ zeigt aber noch etwas anderes: Es besagt im Prinzip, dass Lehrkräfte, Dozenten und Trainer eigentlich alle Angestellte sind. Die größten Auftraggeber dieser Gruppe sind aber Bundes- und Landesbehörden. Deshalb wird parallel zu unser Veranstaltung in fünf Arbeitsgruppen an Lösungen gearbeitet, damit eine sinnvolle Abgrenzung zwischen Angestellten und Selbstständigen gelingt.

Daher sollten auch wir rechtspolitisch Vorschläge zu Positivkriterien machen, damit Unternehmen und Behörden rechtssicher handeln können, bevor sie mit der Arbeit anfangen. Und hier passt auch das Motto „Mehr Freiheit wagen“. Mit Abgrenzungskritierien können schlanke Workflows für alle Beteiligten geschaffen werden, damit alle Beteiligten legal, wirtschaftlich und sozial handeln können.

Vielen Dank.

Prof. Dr. Gregor *Thüsing*, LL.M., Bonn:

Meine sehr verehrten Damen und Herren, Würdigere und Klügere stehen auf der Rednerliste. Ich will mich kurzfassen.

Wen schützt das Arbeits- und Sozialrecht? Die Frage ist groß und weit, und ich glaube es ist in der Tat richtig, dass der Juristentag sich auch die großen Fragen stellt. Der Gutachter war pfiffig genug und hat die Frage eigentlich ausgeblendet und hat sich auf das zurückgezogen, was er glaubte, politisch eher machbar zu sein, eher umsetzbar zu sein, vielleicht auch eher konsensfähig zu sein scheint.

Das kann man so machen, und auch das ist ertragsfähig, und deswegen kann man diese Seiten auch mit großem Gewinn lesen – aber es würde dann doch etwas fehlen, und deswegen danke ich insbesondere Georg Annuß sehr, dass er in diese Lücke gesprungen ist und er diese mehr als ausgefüllt hat. In seinen einleitenden Worten hatte er deutlich gemacht, dass wir uns bei jeder Reform, die wir uns für das Arbeits- und Sozialrecht überlegen, klar machen müssen, welchem

Ziel diese Reform denn eigentlich dienen soll. Der, der nicht weiß, in welche Richtung es geht, kann so schnell und so langsam gehen, wie er will, er wird nicht am Ziel ankommen. Deswegen fand ich es auch sehr sympathisch zu sagen, bevor wir auf Formulierungen gehen, bevor wir uns einzelne Normen anschauen, sollten wir nochmal genau schauen, was sind denn die Ziele, auf die wir uns einigen können. Denn dass das Arbeitsrecht nur Arbeitnehmerschutzrecht ist, stimmt schon lange nicht mehr. Wir haben viele Momente des Arbeitsrechts, die über den klassischen Arbeitnehmerschutz hinausgehen und gesamtgesellschaftlichen Aspekten dienen, die das Gemeinwohl realisieren wollen. Das Arbeitsrecht heute und auch das Sozialrecht sind nicht nur in den Grenzen des Gemeinwohls zu verstehen, sondern sicherlich auch als ein wichtiges Instrument zur Sicherung des Gemeinwohls, das nicht mit dem Schutz des Arbeitsnehmers und des Beschäftigten alleine deckungsgleich ist.

Diesen Mut zu haben führt zur Konfrontation. Der, der allen gefallen will, verliert sich in Belanglosigkeit. Den Fehler hat Georg Annuß nicht gemacht und er hat ja durchaus die eine oder andere sportliche These präsentiert. Er hat sich einen Panzer zugelegt und deswegen will ich mal zuschlagen. Ich hoffe, ich tue mir nicht mehr weh als er sich, da er ja gut geschützt ist.

Ich habe das so verstanden: Eine Neuausrichtung sollte kritisch gegenüber dem paternalistischen Denken des Arbeitsrechts sein. I must confess: Das Arbeitsrecht darf auch bisweilen paternalistisch denken. Denn dass wir in einer Welt leben würden, in der jeder Arbeitnehmer der mündige Arbeitnehmer ist und weiß, was gut ist und auch die Mittel und Wege hat, die Ziele zu erreichen – stimmt das denn wirklich?

Ich glaube: Das stimmt nicht. Die Welt ist bunter. Es gibt diese Arbeitnehmer. Es gibt aber eben auch zahlreiche andere, es gibt auch den Arbeitnehmer, der den Mindestlohn braucht und den Mindestlohn infrage zu stellen mit dem Hinweis darauf, dass wir ja heute eher einen Arbeitnehmermarkt haben, würde niemanden von uns überzeugen. Deswegen darf Paternalismus sein, aber wir müssen natürlich auch schauen, wo er wirklich angebracht ist. Es muss ja eine Regelung sein, die letztlich einem Freiheitsgedanken dient, einer wirklich verstandenen Freiheit.

Paternalismus ist dort angebracht wo der, der entscheidet, eben nicht über optimale Informationen oder nicht über die Freiheit verfügt, anhand dieser Informationen zu entscheiden. Für diese Situation gilt es zu typisieren. Diese Typisierung gelang uns in der Vergangenheit im Arbeitnehmer- und im Beschäftigtenbegriff. Aber Frau Geiger, Sie haben zurecht darauf hingewiesen, dass die maßgeblichen Kriterien, die wir haben, uns zunehmend in den Händen zerbröseln.

Weisung und Eingliederung – wobei die Eingliederung, wenn man weit genug zurückblickt, immer schon nur ein Hilfskriterium war, was die Weisung absichern sollte, was in der Abgrenzung nach links und rechts das fehlende oder ausgedünnte Weisungsrecht stützen sollte. Wenn wir merken, die Weisung allein kann es nicht mehr sein, müssen wir uns auf neue Pfade machen und überlegen, was wir stattdessen ansetzen können – wie wir ehemals die Eingliederung gefunden haben. So wie die Rechtsprechung es tut, zu sagen: Das Weisungsrecht kann sich verfeinern in funktionsgerechter dienender Teilhabe. Ich glaube das ist der O-Ton von BAG und BSG. Aber da hilft man sich schlicht ein wenig mit sprachlichem Nebel, der letztlich nur eine im Einzelfall gerechte, aber dogmatisch kaum begründbare Entscheidung kaschieren will. Deswegen brauchen wir die Überlegung, wem wir überhaupt dienen wollen, wen wollen wir schützen und welche Regelungen wollen wir deswegen anwenden. Um diese Grundsatzfrage kommen wir nicht herum.

Ich glaube eben dieser apodiktische Wechsel hin zum eigenverantwortlich Handelnden, der sich selbst schützen kann, wenn das richtig wäre und wir das zu Ende denken, dann könnten wird das Arbeits- und Sozialrecht ganz ad acta legen. Wir haben da einige Punkte, aber all das kann dazu führen, dass ein zweiter Punkt zu der Frage nach der Binnendifferenzierung hinzukommt. Brauchen wir nicht stärkere Schattierungen zwischen schwarz und weiß, zwischen vollem Schutz und Schutzlosigkeit?

Es ist seltsam für den Außenstehenden, der noch nie Arbeitsrechtler oder Sozialrechtler war, zu begründen oder wahrzunehmen, dass das gleiche Schutzkonzept gilt, für den, der in der ersten Bundesliga den Rasen bespielt und genauso für den, der den Rasen mäht. Das ist kaum begründbar, das sind andere Verhandlungspositionen, das sind andere Schutzbedürfnisse, das sind andere Freiheiten.

Georg Annuß – auch da möchte ich nur Fußnote zu dem sein, was er gesagt hat – hat deutlich gemacht, wenn er sich ein Ziel des Arbeitsrechts vorstellen könnte, dann wäre es insbesondere auch die Freiheitssicherung. Die Freiheitssicherung im Sinne des Schutzes vor Fremdbestimmung, aber auch die Freiheitssicherung im Sinne der sozialen Sicherung, diejenige, eben nicht nur abstrakt mögliche Entscheidungen zu treffen, ohne dass mein Lebensstandard aus finanziellen Gründen grundsätzlich in Frage gestellt wird. Wenn ich mir diese Freiheitssicherung anschaue, dann muss man eben feststellen, dass es auch differenzierte Regelungen geben könnte. Das Arbeitsrecht und das Sozialrecht waren immer schon dafür offen. Es gab diese Binnendifferenzierung schon. Im Arbeitsrecht die leitenden Angestellten, die anderen Regeln unterworfen sind und im Sozialrecht haben wir die Pflichtversicherungsgrenze als Beispiel – oder in die andere Richtung im Hinblick auf die Rentenversicherung der kleinen Selbstständigen in § 2 Nr. 9 SGB VI.

Deswegen könnte man sich das nochmal genauer anschauen und da ist es Verdienst des Gutachters hier tatsächlich den Blick geweitet zu haben und zu prüfen, welche Differenzierungen könnten dann noch sinnvoll sein. One size fits all ist nicht der Gedanke, an dem wir uns festhalten sollen.

Ich hänge so oft an Ihren Lippen, Frau Kocher, begierig zu lernen – aber da habe ich Sie wahrscheinlich falsch verstanden. „Einkommen ist kein Indiz für Verhandlungsparität". Den Satz in dieser Kürze würde ich ganz sicher nicht unterschreiben. Wer so viel verdient, dass er frei entscheiden kann, ob er die nächsten zwei Jahre arbeiten will oder nicht, der hat eine andere Verhandlungsmacht als derjenige, der weiß, dass er auf den Mindestlohn angewiesen ist, um sich und die Seinen über den nächsten Tag zu retten.

Deswegen ist es gut und richtig, dass man hier darüber nachdenkt, ob wir das nicht an Verdienstgrenzen bestimmter Schutzinstrumentarien festmachen wollen, die dafür auch angelegt sind, Verteilungsgerechtigkeit zu realisieren.

Vier Wochen Urlaub sind schön und ich sage Ihnen als Hochschullehrer, Semesterferien sind noch schöner, aber dass sie aus dem Gedanken des Gesundheitsschutzes dringend erforderlich wären, das glaube ich nicht. Ich habe drei wunderbare Kinder und die liebe ich sehr, aber ich kann Ihnen von Urlauben berichten, die waren sicherlich anstrengender als die Arbeit.

Wir haben insofern genau zu schauen, welche Norm in der Vergangenheit hilfreich war und welche nicht. Das könnte die Aufgabe des Juristentags sein, oder nicht? Hier ehrlich und vor allem ideologiefrei zu schauen, nicht im Sinne des Mehr von Arbeitnehmerschutz, nicht im Sinne des Mehr an Marktfreiheit, sondern besser und zielgenauer. Da müssen wir uns eben doch die Frage stellen, an der man letztlich nicht drum herumkommt: Wie behandeln wir es mit dem Arbeitnehmerbegriff, wie handhaben wir es mit dem Beschäftigtenbegriff?

Und nicht nur Georg Annuß macht sich unbeliebt, auch ich kann das. Ich glaube man wird den Arbeitnehmer und den Beschäftigten nie wegdefinieren können. Das ist ein Typus, der nur in wertender Gesamtbetrachtung ermittelt und subsumiert werden kann. Der kann nicht definiert werden durch die Kriterien A, B und ganz besonders C – und wenn die erfüllt sind, dann ist er es und wenn sie nicht erfüllt sind, dann ist er es nicht. Sondern wir müssen uns jedes einzelne Merkmal anschauen und dann in der Gesamtbetrachtung schauen, ob der Idealtypus im Max Weber'schen Sinne hier hinreichende Nähe zur real vor mir handelnden Person hat, sodass ich sagen kann „Er ist Arbeitnehmer oder sie ist Beschäftigte“. Da kommen wir nicht drumherum.

Ich warne auch davor hier mit Vermutungsregelungen zu arbeiten. Es ist ein Ärgernis dogmatisch wie tatsächlich (und das letzte ist vielleicht noch wichtiger, jedenfalls für Nicht-Juristen), dass wir in der Plattformrichtlinie zu diesen Vermutungsregelungen gekommen sind. Wir hatten sie einmal im Sozialversicherungsrecht und dort haben wir sie abgeschafft. Wir hatten sie einmal in einem Entwurf zu § 611a BGB und da haben kluge Menschen und viel juristischer Sachverstand dieses Übel im Ansatz schon verhindern können, es ist nicht reingekommen. Man hat am Ende erkannt, dass wir nichts Besseres haben als die Rechtsprechung des Bundesarbeitsgerichts und die haben wir dann zu übernehmen.

Man mag das als copy-paste-Gesetzgebung, als Merkzettelgesetzgebung verunglimpfen, aber es ist eben letztlich die Erkenntnis, dass die Rechtsprechung es vielleicht nicht so falsch gemacht hat. Aber es scheinen mir die Ausschläge nach links und rechts in der Frage „Wer ist Beschäftigter?“ im Sozialrecht weit größer zu sein als im Arbeitsrecht die Frage „Wer ist Arbeitnehmer?“. Herrenberg und seine Musikschule in der Bismarckstraße 9 ist eine Entscheidung, die richtig sein mag, aber allein dadurch, dass sie in einer Kontinuität andersartiger Entscheidungen stand, dass man aufgrund derselben Norm auf einmal zu doch merklich anderen Ergebnissen kommt, führt sie zu einer Begründungslast, dass man sagen muss: „Wie kann das eigentlich sein?“ Und dadurch, dass man in diesem entschiedenen Fall zu einem Ergebnis kommen will, was vorher so nicht vorhersehbar gewesen wäre, muss sich jeder die Frage stellen „Wie ist es in meinem Fall, der vielleicht nicht Herrenberg, vielleicht nicht Musikschule ist, aber vielleicht ähnlich? Gelten die neuen Maßstäbe auch hier?“

Und diese Unsicherheit gilt es zu vermeiden. Insofern ist eine Perspektive, die sich dieser Juristentag stellen könnte, wie wir helfen können doch konkreter zu werden.

Frau Geiger, Sie haben sehr zu recht und sehr überzeugend für die Eigenständigkeit des Sozialrechts geworben. Aber wenn man das historisch einordnet, wird man feststellen: Im Anfang war das Arbeitsrecht und das Sozialrecht war die Magd, die ihm folgte.

Will heißen: Am Anfang waren der Arbeitnehmer und der Beschäftigte doch weitgehend deckungsgleich und die Erweiterung, die dann das Sozialrecht vorgenommen hat, war immer im vergleichenden Pendelblick zum Arbeitsrecht. Man hat gesagt, wir brauchen keinen Arbeitsvertrag, weil es das faktische Arbeitsverhältnis gibt, aber es war immer die Vorstellung, dass Eingliederung und Weisungsabhängigkeit im Arbeitsrecht nicht anders zu interpretieren sind als im Sozialrecht.

Heute habe ich den Eindruck, Weisungsabhängigkeit und Eingliederung werden im Sozialrecht ein bisschen großzügiger betrachtet – am arbeitsrechtlichen Maßstab, nur zwei Nummern größer, dann sind wir im Sozialrecht. Das ist sicherlich zu pauschal, um wissenschaftlich fundiert zu sein. Aber vielleicht ist es doch ein Einwurf in die Diskussion, dass wir uns hier überlegen: „Können wir nicht diese Koppelung präziser fassen?“

Sicherlich genug und doch viel zu lang geredet. Ich danke Ihnen herzlich für Ihr Zuhören.

Vorsitzender:

Ja vielen Dank lieber Gregor. Stefan Greiner macht sich dann schon auf den Weg. Ich würde gerne dem Panel jetzt hier oben, der Abteilung die Gelegenheit geben – lieber Stefan, wenn das in Ordnung ist – zu den Aspekten, die Gregor Thüsing grade aufgeworfen hat, weil er ja die Referentinnen und auch den Gutachter direkt angesprochen hat, Stellung zu nehmen.

Gutachter:

Ich will gar nichts Zusätzliches beitragen. Wir haben eine Menge guter Ideen gehört, die natürlich jeweils unterschiedliche Akzente setzten. Daher verzichte auf eine weitere Stellungnahme.

Prof. Dr. Eva *Kocher*, Frankfurt (Oder):

Ich nutze die Gelegenheit gerne, also auch von mir vielen Dank für die Diskussionsbeiträge und die Anregungen.

Ich fange nochmal da an, wo Herr Annuß auch angefangen hat. Bei der These, dass eigentlich das gesamte Arbeitsrecht verfassungswidrig sei, weil es die Freiheit vernachlässige.

Ich glaube, wenn man genauer anschaut, auch wie das Bundesverfassungsgericht herangeht, so sagt es ja eher: Das Arbeitsrecht gewährleistet Freiheit, weil es auf Abhängigkeit reagiert. Das ist das Entscheidende, dass sich die Abhängigkeit letztlich in der Welt des Seins befindet und insofern nicht in der Welt der Norm.

Und das Gleiche gilt auch für Veränderungsresistenz. Auch die Veränderungsresistenz von Menschen in einem Arbeitsverhältnis kommt aus der Welt des Seins, denn man ist eben als Arbeitnehmer/Arbeitnehmerin auch Mensch, hat eine Familie, die Kinder gehen irgendwie in die Schule, man hat vielleicht ein Haus gebaut, wenn man entsprechend verdient. Also diese Veränderungsresistenzen haben auch damit zu tun, dass ein Arbeitsverhältnis etwas mit der Person zu tun hat.

Ist das Einkommen ein Maßstab dafür, wie ich auf das Arbeitsverhältnis angewiesen bin? Also wir reden hier eigentlich nicht ja über das Einkommen, d. h. über die Vergütung, die jemand hat, der gerade über ein Arbeitsverhältnis verhandelt, sondern über die Vergütung, über die in diesem Moment verhandelt wird.

Ich wüsste nicht, wie man zu dem Schluss kommen kann, dass in dieser Situation allein wegen der Tatsache, dass man über eine hohe Vergütung spricht, Verhandlungsparität gegeben wäre. Was mir auch nochmal wichtig ist zu sagen, als Antwort auf Herrn Höpfner: Man begründet über § 611a BGB einen Status und erfasst damit die verschiedensten Arten von Schutzbedürfnissen, die in unterschiedlicher Art und Weise auf Organisationsmacht reagieren, aber auch auf andere Abhängigkeiten reagieren. In dieser Komplexität ergibt die Dichotomie Sinn, weil sie Orientierung bietet und Komplexität reduziert.

Wir müssen daneben tatsächlich darüber nachdenken, wie wir z. B. die Solo-Selbständigkeit auch arbeitsrechtlich regeln oder mit Rechten versehen wie z. B. kollektive Rechte oder Entgeltschutz. Auch darüber muss man nachdenken. Die EU-Kommission hat da mit ihren Leitlinien eigentlich ganz gut vorgelegt.

Letzter Punkt: Ich wollte nochmal das Instrument der Vermutung verteidigen und ihre Verknüpfung mit Indikatoren.

In der Richtlinie Plattformarbeit finden sich selbst ja keine Indikatoren mehr, aber es finden sich Kriterien für den Anwendungsbereich der Richtlinie, die sehr gut als Indikatoren dienen können. Diese Indikatoren helfen uns nämlich dabei, etwas aus der Welt des Seins in die Welt der Norm mit zu nehmen.

Und Herr Thüsing, Sie haben vollkommen Recht, das ist 2015/2016/2017 nicht gut versucht worden. Das Problem bisher ist immer gewesen, dass man versucht hat, allgemeine und abstrakte Indikatoren für alle Arten von Arbeitsverhältnissen zu finden. Das kann nicht funktionieren. Genauso können auch Positivkriterien für die Selbstständigkeit auf so einer abstrakten Ebene nicht funktionieren.

Aber wo es funktionieren kann, ist bestimmte Gruppen von Zweifelsfällen konkrete Indikatoren zu schaffen, z. B. für die Plattformbeschäftigung, für Praktika.

Es gibt einen Richtlinienentwurf der EU-Kommission vom März zur Bekämpfung von Scheinpraktika und Regelungen der Arbeitsbedingungen in Praktika, da wird zu Recht ebenfalls mit Vermutung und Indikatoren gearbeitet.

Für Freiwilligenarbeit könnte man das auch machen, um Rechtssicherheit für die Praxis zu schaffen. Das wäre etwas ganz Anderes als die Vermutungs- und Indikatorenregelungen, die damals 2015 diskutiert wurden.

Vielen Dank!

Rechtsanwalt Prof. Dr. Georg *Annuß*, LL.M., Regensburg:

Ich bitte um Nachsicht, dass ich vom Rednerpult und nicht von meinem Platz aus spreche. Dies ist nötig, nicht nur weil sich die Gedanken beim Gehen verfestigen, sondern auch, weil ich während des Gehens die Rüstung ablegen musste. Du, lieber Gregor, hattest so schön angekündigt, du würdest draufhauen, aber das war nicht so, und ich musste die Rüstung ablegen, um mich dir kuschelnd in die Arme zu werfen.

Warum? Ich will kurz anfangen bei Clemens Höpfner. Lieber Clemens, ich glaube wir sind in vielen Dingen einer Meinung, das entnehme ich auch Deinem Redebeitrag. Allerdings sagtest Du, wir seien unterschiedlicher Auffassung, was meinen Rückgriff auf die gesellschaftliche Ebene angehe; den würdest du nicht nachvollziehen oder mitgehen wollen. Dem möchte ich entgegen, dass wir uns immer fragen müssen, was wir als Rechtsgemeinschaft regeln wollen. Und das ist die vorrangige Frage, und erst, wenn wir sie beantwortet haben, können wir identifizieren, wie eine richtige inhaltliche Regelung aussieht und erst dann können wir auch bestimmen, wer von dieser Regelung erfasst sein soll. Deswegen glaube ich, dass eine sinnvolle Regelung des Arbeitsrechts und insbesondere des personellen Anwendungsbereichs nicht möglich ist, ohne die gesellschaftliche Ebene zu betreten und ohne zu schauen, ob möglicherweise neben dem, was wir als Juristen erkennen, noch andere Regelungsbedarfe bestehen. Darin sind wir Juristen allerdings zumeist ganz schlecht, und wir sollten einmal Anleihen nehmen bei dem, was Joachim Ritter und Martin Heidegger in den Freiburger Vorlesungen 1928 und 1929 vorgezeichnet haben und in jüngerer Zeit von Wolfgang Wälsch in seinem dicken Buch Vernunft zu einem Konzept „transversaler Vernunft" ausgebaut wurde; dann würden sich einige Fragen ganz anders stellen.

Damit ist auch schon die Antwort gegeben an Sie, Herr Wolf. Ich glaube, ihr Beitrag hat schön gezeigt, in welche beklemmende Enge Sie uns führen. Es gebe nur Arbeitnehmer und Selbstständige, eine strikte Dichotomie, und die müssten wir beibehalten. Der Vorhang fällt und alle Fragen sind offen, denn Sie haben ja gerade geschwiegen zu der Frage, welche Sachverhalte sie wo einordnen und ob das wirklich richtig ist, dass wir an dieser scharfen Linie entlang die Differenzierung vornehmen. Insofern, lieber Herr Weiss, bin ich ganz bei Ihnen, und in den USA ist es selbstverständlich, dass wir unterschiedliche Arbeitnehmerbegriffe haben. In den einzelnen Bundesstaaten teilweise auch für unterschiedliche Rechtsbereiche. Wenn wir uns die Habilitationsschrift von Rolf Wank anschauen, wo er erstmal nur deskriptiv gearbeitet hat, sehen wir auch die materiell unterschiedlichen Begriffsabgrenzungen. In der jüngsten NZA hat Rolf Wank nun sehr deutlich gefordert, dass wir differenzieren müssen, weil wir die Vielfalt der Lebenswirklichkeit gar nicht mehr einfangen können. Ich glaube das ist richtig.

Nur, Herr Weiss, und da sind wir auseinander, die internationale Diskussion ist zwar interessant, doch verharrt sie allzu oft auf einer wenig relevanten Metaebene und führt selbst auf dieser Abstraktionsebene nicht zu einheitlichen Ergebnissen; insoweit will ich nur verweisen auf den Tagungsband, an dem sie ja auch mitgeschrieben haben, herausgegeben von Guy Davidoff, wo wir als Antipoden der internationalen Diskussion sehen Guy Davidoff auf der einen Seite sowie Brian Langille und Bob Hepple auf der anderen Seite. Doch müssen wir sehen, dass die Grundfrage „Warum schützen wir was?" so gut wie keine Rolle spielt in der internationalen Diskussion. Ich glaube, wir müssen da sehr viel genauer hinschauen. Und jetzt komme ich mit einer Retoure: Sie haben von mir verlangt, dass ich genauer hinschauen müsste, vor allem bei der Arbeitszeitfrage, und dafür haben Sie – wenn auch geringen – Beifall bekommen.

Ich möchte hier klarstellend darauf hinweisen: Ich hatte drei Aspekte genannt, die eine Arbeitszeitregulierung rechtfertigen können: den Schutzbedarf eines Einzelnen hatte ich genannt; zweitens hatte ich genannt ein weitergehendes öffentliches Interesse, und drittens das Schutzbedürfnis Dritter. Das heißt diese drei Aspekte sind als Rechtfertigungsdimensionen da, aber das Problem, und nur dagegen habe ich mich gewandt, ist, dass wir Arbeitszeitrecht konstruieren, als paternalistischen Schutz, und zwar auch in solchen Punkten, wo es nicht nötig ist. Ich kann ein ganz einfaches Beispiel nennen – ich weiß, Herr Schlegel kommt jetzt wieder: „Ach, Herr Annuß, Sie und ihre Putzfrau", aber es ist für mich ein schönes Beispiel: Unsere Putzfrau kam und fragte: „Darf ich nächste Woche bei Ihnen nach der Hausreinigung auch Rasenmähen und die Hecke schneiden? Mein Sohn hat Klassenfahrt, und ich würde ihm gerne noch einen Zuschuss geben". Wir haben unsere Putzfrau ordnungsgemäß angemeldet, sie ist unsere Arbeitnehmerin. Ich habe sie, ich gestehe es, vorsätzlich an dem Tag 11 Stunden bei uns arbeiten lassen und ich habe sie dafür bezahlt.

Glauben wir wirklich, dass wir in solch einer Situation sagen dürfen, das ist unzulässig? Und glauben wir, dass in einer solchen Situation die Entscheidung dieser Frau, den erstrebten individuellen Vorteil zu erlangen, dass diese Entscheidung negiert werden darf? Ich glaube, das ist nicht der Fall. Und da, lieber Gregor, bin ich auch ganz bei dir: Ich habe allerdings nicht gesagt, wir dürfen Arbeitsrecht überhaupt nicht paternalistisch konstruieren. Das kann ein wichtiger Zweck sein, aber wir müssen uns als Gesellschaft immer darüber klar sein und Rechenschaft darüber ablegen, ob wir das wollen und aus welchem Grunde wir das wollen. An einer anderen Stelle sind wir uns, glaube ich, ganz einig, und Du hast es sehr schön dargestellt, als Du sagtest, dass wir die Normen aufgliedern und zu Binnendifferenzierungen kommen sollten. Da bin ich sofort dabei. Ich glaube aber, es reicht nicht, nur nach Binnendifferenzierungen im bestehenden System zu fragen, weil wir damit aus dem Blick verlieren würden, dass möglicherweise außerhalb des bestehenden Systems strukturell gleichartige Lebenssachverhalte sind, die wir die Typisierungen mit einbinden müssten – und nur das ist mein Petitum. Ich wollte darauf hinweisen, dass wir gerade diese über das bestehende System hinausgreifenden Zusammenhänge nicht erkennen können, solange wir nur innerhalb des Systems diskutieren. Vielen Dank.

Richterin am BSG Barbara *Geiger*, Kassel:

Das Herrenberg-Urteil ist verschiedentlich angesprochen worden. Dazu möchte ich Ihnen sagen: Das Bundessozialgericht entscheidet Einzelfälle, d.h. wir machen keine Berufsgruppenbildung. Es hat im Nachgang zu diesem Urteil große Unruhe gegeben, das ist mir bewusst. Der Senat hat letzte Woche in einer mündlichen Verhandlung weitere Revisionen zugelassen zu dem Thema Dozenten und Lehrer. In diesen Verfahren muss jetzt die Revision erst einmal eingelegt werden und wenn das passiert ist, dann werden wir sehen, was daraus wird. Aber es wird sicherlich im weiteren Verlauf mehr Klarheit geben, welche Fallgruppen da unter Umständen zu unterscheiden sind.

Es gab in früherer Zeit schon mal eine Entscheidung zu Musikschullehrern, damals zu einem Gitarrenlehrer. Damals ist dem Willen der Vertragsparteien größere Bedeutung beigemessen worden. Im Herrenberg-Urteil war der Parteiwille im Ergebnis nicht ausschlaggebend. Ich meine, das dürfte wohl auch nicht völlig aus dem Blauen gekommen sein, eine entsprechende Linie in der Rechtsprechung dürfte jedenfalls in anderen Konstellationen vorher schon erkennbar gewesen sein. Ich selbst war an diesem Verfahren nicht beteiligt und kann Ihnen die Details des Falles nur schildern, soweit sie der Öffentlichkeit aus dem Urteil ohnehin bekannt sind. Soweit ich weiß, ging das Verfahren aber zurück auf einen Statusfeststellungsantrag der Musikschullehrerin. Sie wollte beschäftigt sein. Wie es sich dann mit dem Parteiwillen verhält, muss man eben im Einzelfall prüfen.

Soweit die Abteilung in der vorläufigen Beschlussvorlage in einer These vorschlägt, im Statusfeststellungsverfahren eine Vermutungsregelung für das Vorliegen von Selbstständigkeit einzuführen, möchte ich im Hinblick auf die Äußerung von Prof. Dr. Löwisch klarstellend sagen: Das ist nicht die geltende Rechtslage. Die geltende Rechtslage enthält keine Vermutung von Selbstständigkeit. Es handelt sich um einen Vorschlag der Abteilung für eine Fortentwicklung des Statusfeststellungsverfahrens. Ich habe in meinem Referat vor Scheinlösungen im Verfahrensrecht gewarnt und ich habe das auch im Vorfeld des heutigen Tages im Hinblick auf diese These getan. Ich glaube, da vermischt man die Dinge und macht den zweiten vor dem ersten Schritt. Man muss sich erst einmal im materiellen Recht überlegen, unter welchen Umständen ein ausreichendes Schutzniveau bei Selbstständigen gegeben ist. Wenn man das jetzt im Verfahrensrecht so verankert, dann ist es eben die kleine Lösung. Es ist ein Stück weit eine Kapitulation vor dem eigentlichen Problem, vor der politischen Konsensbildung darüber, welche weiteren Gruppen von Selbstständigen wie in die Altersvorsorgepflicht und in die gesetzliche Rentenversicherung einbezogen werden sollen. Damit kommt man ja bisher nicht voran. Deswegen bietet die vorgeschlagene Fortentwicklung einen Ansatzpunkt dafür, wo man es schon jetzt mit einem Mindestsicherungsniveau mal probieren könnte. Ich unterstütze diese These aus den genannten Gründen nur bedingt. Darüber gilt es eben zu diskutieren.

Herr Riese hat von der Ermöglichung von Legalität im Zusammenhang mit dem Herrenberg-Urteil gesprochen. Da möchte ich nochmal drauf hinweisen: die gibt es nicht zum Nulltarif und die gewünschte Wahlfreiheit auch nicht. Es kann nicht so sein, dass Beschäftigung und die damit verbundene Sozialversicherungspflicht beliebig vermeidbar ist, um Geld zu sparen. Und man muss bei der Diskussion ganz genau hingucken, ob nicht vielmehr auch bei Selbstständigen ein Schutzbedarf vorhanden ist.

Prof. Dr. Stefan *Greiner*, Bornheim:

Begriffe, zumal Rechtsbegriffe, zeichnen sich dadurch aus, dass sie einen Begriffskern aufweisen, der die klaren Fälle möglichst sauber und sachgerecht zu erfassen versucht. Darüber hinaus produzieren Rechtsbegriffe Ausstrahlungswirkungen und haben Randbereiche, in denen die Dinge diffundieren und das, was im Begriffskern ganz klar gilt, zweifelhaft und unsicher wird. Potenziell erfasste Sachverhalte bedürfen insofern einer Einzelfallbetrachtung.

Dies vorausgeschickt, scheint mir der klassische, weisungsanknüpfende Hueck'sche Arbeitnehmerbegriff, wie er in § 611a BGB und in der konkretisierenden Rechtsprechung Niederschlag gefunden hat, auch heute noch gut geeignet, die spezifischen Risiken und den spezifischen Schutzbedarf derer zu erfassen, die für eine bestimmte Zeitspanne ihre persönliche Leistungsfähigkeit dem Vertragspartner zur einseitigen Disposition auf Grundlage eines privatrechtlichen Vertrages und gegen Entgelt zur Verfügung stellen. Insofern teile ich im Ausgangspunkt die Einschätzung des Gutachters Christian Rolfs, dass eigentlich kein Anlass besteht, aus Gründen der aktuellen Fortentwicklung den Kernbegriff des Arbeitnehmers grundsätzlich infrage zu stellen. Die angesprochenen Ausstrahlungswirkungen können in Teilbereichen durch die Rechtsprechung abgebildet werden, wie etwa die viel diskutierte Crowdworker-Entscheidung des Bundesarbeitsgerichts zeigt. Die Grundtendenz stimmt, auch wenn Details der Entscheidung diskussionsbedürftig und diskussionswürdig sind. Das Bundesarbeitsgericht hat damit eine notwendige Anpassung an moderne Phänomene vorgenommen, aber klar auf Basis der klassischen Begriffsbildung.

Ob die vielfach mit Blick auf das Herrenberg-Urteil diskutierte Auseinanderentwicklung der Begriffsbildung im Arbeits- und Sozialrecht der Weisheit letzter Schluss ist – dahinter möchte ich ein Fragezeichen setzen. So richtig es ist, die unterschiedliche Teleologie von Arbeits- und Sozialrecht zu berücksichtigen, scheint mir doch die im Herrenberg-Urteil praktizierte Abkoppelung der Begriffsbildung sowohl von der klassischen Weisungsbindung als auch von weisungsersetzender Eingliederung keine zuträgliche Entwicklung zu sein. Es ist in dieser Zuspitzung begrifflich problematisch und praktisch misslich, wenn im Arbeitsrecht, wie zuletzt durch den Gesetzgeber 2017 mit Schaffung des § 611a BGB, die Weisungsbindung sehr stark akzentuiert und in den Vordergrund gerückt wird, während sich das Sozialrecht durch richterliche Fortentwicklung davon zunehmend entfernt.

Im Hinblick auf die Fortentwicklung der Kernbegriffe stellt sich die Grundfrage, wie man die Weichen stellen möchte. Was ist besser? Strukturelle Klarheit durch eine im Grundsatz einheitliche, in Ausstrahlungsbereichen jedoch entwicklungsoffene Begriffsbildung oder eine feinsinnige, immer stärkere teleologische Ausdifferenzierung bereits auf Ebene der Kernbegriffe? Folgt man letzterem, hier von Georg Annuß vertretenen Ansatz, müsste man bereits im Ausgangspunkt die Begriffsbildung im Arbeitsschutzrecht, im Arbeitsvertragsrecht, bei der Entgeltfortzahlung und im Kündigungsrecht teleologisch auffächern. Konsequenz wären ganz unterschiedliche Arbeitnehmerbegriffe für die einzelnen Teilbereiche des Arbeitsrechts. Daneben stünde ein seinerseits teleologisch aufgefächerter Beschäftigtenbegriff des Sozialrechts.

Generell gilt dabei: Immer stärkere teleologische Ausdifferenzierungen bei Grundbegriffen führen zwar dazu, dass wir die Regelungszwecke der einzelnen Teilgebiete sehr treffsicher und sauber abbilden können. Zwischen einem vertragsrechtlichen, kündigungsrechtlichen und arbeitsschutzrechtlichen Arbeitnehmerbegriff zu unterscheiden, erfreut zweifellos das Herz jedes Rechtsdogmatikers und damit auch meines. In der Praxisbetrachtung schlägt ein steigender Komplexitätsgrad jedoch irgendwann in praktische Unanwendbarkeit des Rechts um. Wird Recht nicht mehr verstanden, erodiert die Rechtsanwendung. Genauigkeit einerseits und Transparenz andererseits sind insofern mitunter Gegenpole. Rechtslage und Rechtswirklichkeit im Arbeitsleben klaffen ohnehin schon infolge hoher Komplexität vielfach auseinander. Meine große Befürchtung ist, dass dieses Auseinanderklaffen von Rechtslage und Rechtswirklichkeit noch deutlich potenziert zum Tragen kommt, je komplexer und unübersichtlicher die Begriffsbildung gerade bei dem zentralen Kernbegriff des Arbeitnehmers wird. Das sollte man bei allen Diskussionen um Kernbegriffe bedenken.

Worüber man ganz ohne Änderung der Kernbegriffe trefflich streiten kann, ist, inwiefern die historischen Rahmenbedingungen und Grundannahmen des Arbeitsrechts heute noch stimmen. Wir beobachten in Teilen eine umgekehrte Marktmacht in Folge eines Arbeitnehmermarktes. Wir beobachten mitunter ein starkes Autonomiebedürfnis der Arbeitnehmerinnen und Arbeitnehmer, dem eine beidseitig zwingende, öffentlich-rechtlich abgesicherte Rechtssetzung entgegenwirkt. Viel beachtete Beispiele finden sich im Arbeitsschutzrecht, insbesondere im Arbeitszeitrecht. Ist diese paternalistische Struktur in den einzelnen Teilgebieten stets noch sachangemessen? Die Anwendung des arbeitsrechtlichen Systems zielt im Übrigen – etwa in der Entgeltfortzahlung oder im Kündigungsrecht – stark auf eine einseitige Risikoverlagerung auf den Arbeitgeber ab. Auch insofern kann man die Frage stellen, ob diese Risikostruktur in der Ausgestaltung der einzelnen Teilgebiete wirklich noch so sachangemessen ist, wie sie historisch einmal war.

Mir scheint unter dem Strich, dass dies der zielführendere Ansatz ist: Notwendige Fortentwicklungen des Arbeitsrechts sollten durch schutzzweckorientierte Ausdifferenzierung in den einzelnen Teilgebieten erreicht werden. Darin liegt das richtige Anliegen, das Georg Annuß zu Recht zur Grundlage seines Referats gemacht hat. Man sollte dies in den Detailfragen des materiellen Arbeitsrechts diskutieren und nicht bei der grundlegenden Festlegung seines persönlichen Anwendungsbereichs. Beim Schlüsselbegriff des Arbeitnehmers ist begriffliche Klarheit vorzugswürdig. Hinreichender Raum für Binnendifferenzierung ist an anderer Stelle.

Rechtsanwältin Silke *Becker*, Mannheim:

Sehr geehrte Damen und Herren, interessante und spannende Veranstaltung. Ich bin zum ersten Mal hier. Ich möchte Ihnen etwas Einblick in die Praxis geben.

Ich bin Mitglied des Vorstands und Leiterin des Rechtsausschusses im Bundesverband für selbstständige Wissensarbeit e.V. und ich bin Unternehmensjuristin für ein Unternehmen, das den Einsatz von selbstständigen IT- und Digitalisierungsexperten organisiert. Wir gehören zu dem gerade angesprochenen „diffundierten Randbereich". Wir sind da, wo der Graubereich zwischen dem Begriff „abhängig beschäftigt" und „selbstständig" besonders groß ist und wo sich schwer schematische und einfache Kriterien zur Abgrenzung finden lassen. Dies erschwert die Beurteilung, ob und wie selbstständige IT-Experten rechtssicher eingesetzt werden können.

Die Auswirkung, die wir durch diese Unsicherheit, durch diesen Graubereich gerade in IT- und Digitalisierungsprojekten haben, die ist gravierend und dies besonders da, wo es um Innovation geht, um die Zukunftsfähigkeit deutscher Unternehmen. Wir erleben, dass Unternehmen vor der Beauftragung von selbstständigen Experten zurückschrecken. Sie haben Angst vor Scheinselbstständigkeit, vor verdeckter Arbeitnehmerüberlassung.

Hinzu kommt, dass die Konsequenzen einer fehlerhaften Statusbeurteilung gravierend sind. Das geht hin bis zur persönlichen Haftung des Vorstands und der Geschäftsführung. Wenn dann ein Rechtsanwalt kommt und sagt: „Ja lieber Vorstand, dann geht's ans Geld deiner Kinder und dann kannst du dir die schwedischen Gardinen anschauen", kann das zu einer restriktiven Haltung führen. Wir verschenken damit Potential in unseren Digitalisierungsprojekten, in den innovativen Projekten, also genau in den Projekten, die unsere Unternehmen brauchen. Wir verschenken das Potential durch diese fehlende Sicherheit. Wir bemerken, dass Selbstständige Aufträge verlieren und Unternehmen vor der Beauftragung zurückschrecken. Wir sehen umfangreiche Compliance-Programme, mit denen versucht wird, diesem Graubereich Herr zu werden.

Ich kann nachvollziehen, dass dieser offene Typus-Begriff hier eine gute Lösung ist. Was in unserem Bereich aber neuerdings erschwerend hinzukommt, ist das Thema „Weisungsfreiheit". Das wurde auch von den Vorrednern angesprochen. Weisungsfreiheit war immer etwas, das in der selbständigen Wissensarbeit, bei höheren Dienstleistungen gegeben war. Weisungsfreiheit war vorhanden und ein starkes Argument für die Selbstständigkeit. Plötzlich ist die Weisungsfreiheit nicht mehr so relevant, muss in Teilen nicht mal mehr vorliegen. Da haben wir einen Unterschied zum Arbeitsrecht, der bereits im Vorfeld angesprochen wurde. Dieses Thema, also dass die Weisungsfreiheit als starkes Kriterium für die Selbständigkeit wegfällt, verunsichert umso mehr.

Uns ist auch klar, dass die Sozialversicherung wichtig ist! Uns ist ebenfalls klar, dass wir den Schutzzweck der Sozialversicherung nicht gefährden dürfen. Die Vergütung von Selbstständigen sollte es ihnen ermöglichen, eine ausreichende Eigenvorsorge zu treffen. Es sollte auch ein Nachweis gefordert werden dürfen, dass eine Altersvorsorge besteht, die mindestens die Grundsicherung gewährleistet – und zwar sicher.

Aber wenn diese Parameter gegeben sind und jemand selbstständig arbeiten will, dann sollte doch die Einstufung als selbstständige Tätigkeit möglich sein. Wir müssen auch in modernen und agilen Projekt-Organisationsformen nach wie vor Selbstständigkeit zulassen.

Rechtsanwalt Hartmut *Kilger*, Tübingen:

Herr Vorsitzender, meine Damen und Herren. Mein Name ist Hartmut Kilger, ich spreche für das System, das in der Ziffer 9 der Vorschläge als „anderweitiges obligatorisches Alterssicherungssystem" erwähnt ist.

Von diesem hat Herr Rolfs vorhergesagt, dass ein großer Teil der Zuhörer hier bei dem System versichert sind. An der Ziffer 9 besteht überhaupt keine Diskussion, die haben wir schon in Bonn, vor zwei Jahren, mit beschlossen. Allerdings wäre weiterhin das Anliegen, dass man ausdrücklich erwähnt, dass die Einrichtungen das andere obligatorische Alterssystem sind, damit daran keine Zweifel bestehen.

Zur Ziffer 10 hätte ich erhebliche Bedenken! Ziffer 10 geht davon aus, dass gut Verdienende von der Versicherungspflicht zu Gunsten einer privaten Vorsorge eine Obhut bekommen. Ich denke, dass wir Versorgungswerke uns dagegen nachhaltig zur Wehr setzen würden, wenn das für uns vorgeschlagen werden würde. Ich denke mir, dass man das auch der gesetzlichen Rentenversicherung abraten soll. Dabei geht es weniger um die Frage der Beitragsmittel, die durch diese Versicherten aufkommen. Es geht vor allen Dingen darum, das habe ich auch erlebt, dass es eben sehr gut Verdienende gibt, die so leben, dass sie nachher beim Sozialamt sitzen.

Das heißt, den Versorgungsauftrag, den wir Versorgungswerke von den Ländern haben, den würden wir ernst nehmen und eben auch die Gutverdiener selbstverständlich weiter pflichtversichern. Damit wäre an sich meine Rede zu Ende, denn wir haben ein System, das wurde vor 100 Jahren geschaffen und auch fortentwickelt und ist sehr modern, auf Kapitalbasis. Eben ein System, das genau diese Probleme, die Sie erörtert haben, nicht hat. Wir haben kein Problem mit dem Beschäftigen-Begriff, wir haben kein Problem mit den Arbeitszeiten und wir würden auch sehr daran arbeiten, dass diese Probleme bei uns gar nicht auftreten, denn wir knüpfen allein an die Zugehörigkeit der Kammer. Fertig!

Wenn ich noch eine grundsätzliche Bemerkung machen darf im Anschluss an die beiden Redner, die sich schon vorher als „alte Herren" bezeichnet haben: Ich gehöre da auch dazu. Ich bin seit 52 Jahren als Anwalt zugelassen und seit mehr als 35 Jahren Fachanwalt für Sozialrecht und möchte noch einen ernsten Blick in die Welt des Seins tun. Gerade auch für meine Vorrednerin, bei der Frage des Schutzes durch das Sozialversicherungsrecht.

Ich rede jetzt vom Sozialversicherungsrecht. Bei der Frage des Schutzes des Sozialversicherungsrecht ist bei mir als erstes, als ich das Thema gelesen habe, der Gedanke aufgekommen: „Gehört zu dem Schutz nicht auch der Rechtssuchende und sein Berater?" Von dem ist bisher nicht die Rede gewesen.

Lassen Sie mich da kurz ausholen: Recht besteht – das brauche ich nicht weiter auszuführen – aus materiellen Regelungen und aus Verfahren. Das beste Recht nützt nichts, wenn das Verfahren nicht das Recht durchsetzt. Gerade hat ein Vorredner von der Differenz zwischen Rechtswirklichkeit und Rechtstheorie gesprochen. Unser Blick ist auf das materielle Recht fokussiert, der Schutz durch Verfahren ist bisher außer in § 7a SGB IV nicht in den Blick genommen worden.

Bei der Ausschau nach dem Adressaten des richtigen Sozialversicherungsrechts darf der Rechtsunkundige nicht vergessen werden. Er ist auf sachkundigen Rechtsrat angewiesen. Er bedarf dieses Schutzes, ausdrücklich Schutzes. Gerade auf einem Juristentag braucht nicht betont zu werden, kundigen Rechtsrat können nur Volljuristen erteilen. Ich will nicht von anderen Beratern reden. Es gibt ja auch den § 14 SGB I und, nachdem Sozialversicherungsträger ihre Versicherten zu beraten haben, eine gute Einrichtung, die auch sehr wahrgenommen wird. Aber sie wird nicht durch Volljuristen durchgeführt und im Übrigen von Personen, die natürlich auch ihre eigene Organisation im Auge haben müssen. Deswegen ist das Angebot zwar nützlich, aber nicht ausreichend. Es besteht, ich will das in aller Deutlichkeit sagen, aufgrund meiner Berufserfahrung von mehr als fünf Jahrzehnten jedenfalls, was den Bürger in unserem Land betrifft, ein Beratungsnotstand. Ein Beratungsnotstand, ich wiederhole es ausdrücklich nochmal. Wir haben eine erdrückende Nachfrage nach sozialversicherungsrechtlichen Fragen und wir haben ein sehr eingeschränktes Angebot von wenigen Rentenberatern und wenigen Fachanwälte für Sozialrecht. Die in der Anwaltschaft ausgewiesenen Sozialrechtler machen weniger als ein Promille der Anwaltschaft aus und man halte sich vor Augen, wie viel der Bundeshaushalt für das Soziale ausgibt. Die Zahl vermehrt sich nicht, sie verringert sich. Ich gebe eine Diagnose wieder, die schon Georg Wannagat, der ehemalige BSG-Präsident, und Jochen Plagemann, der damalige Anwalt Plagemann, Anfang der neunziger Jahre gestellt haben. Damals hat es einen gewissen Aufbruch gegeben, inzwischen ist er versandet. Ich habe mehrere hundert Syndikus-Anwälte vertreten in ihren Sozialversicherungssachen. Sie haben, bis auf wenige, mir alle gesagt: Verschonen Sie mich mit dem Sozialrecht. Ich wage es nicht in das Sozialgesetzbuch zu schauen und Frau Richterin Geiger hat ihren Beitrag damit begonnen, dass sie gesagt hat: Arbeitsrechtler Vorsicht, jetzt kommt Sozialrecht. Das beleuchtet genau diese Situation. Wir haben Handlungsbedarf im Sozialrecht, in der Beratung des Bürgers. Es betrifft uns Juristen alle und da ich zur Eile gedrängt werde, möchte ich nur noch sagen: Ändern ließe es sich nur durch eine Änderung unserer Ausbildung. Das Sozialrecht findet in der Ausbildung nicht statt und die, die hier sitzen, sind ein Großteil derer, die im Sozialrecht den Bürger beraten, das wollte ich an dieser Stelle noch mit anbringen. Vielen Dank.

Prof. Dr. Claudia *Schubert*, Hamburg:

Meine sehr geehrten Damen und Herren, unser Thema lautet: Wen schützt das Arbeitsrecht? Dieser erste Teil der Diskussion widmet sich der Frage: Abgrenzung und Abstufung im Arbeitsrecht. Hinsichtlich der Abgrenzung des Arbeitnehmerbegriffs haben wir alle die Erfahrung gemacht, dass dieser mit seinen abstrakten Kriterien durchaus in der Lage ist, auch neue Phänomene aufzugreifen. Das mag neue Forschungsbedarfe, neue Diskussionsbedarfe mit sich bringen, aber die Leistungsfähigkeit des Begriffs ist an dieser Stelle festzuhalten. Ein Defizit haben insbesondere die Vorredner, Herr Riese und Frau Becker, aufgezeigt. Einzelfallentscheidungen entfalten eine Wirkung auf die Praxis und können Unsicherheit für die Rechtsanwendung in der Zukunft erzeugen. Das ist umso wichtiger als die Abgrenzung des Arbeitsvertrages ein Massenphänomen ist, mit dem wir umgehen können müssen.

Das führt zu der Frage: Was haben wir für Handlungsmöglichkeiten jenseits der notwendigen Einzelfallentscheidung, die die Arbeitsgerichte und die Sozialgerichte bei Individualklagen treffen? Gibt es Möglichkeiten, dem Einzelnen die vorherige Einschätzung zu erleichtern, ob er Arbeitnehmer oder Beschäftigter ist? Dazu möchte ich auf zwei Entwicklungsmöglichkeiten verweisen: Parallel zu unserer Sitzung wird in der zivilrechtlichen Abteilung ein Leitentscheidungsverfahren diskutiert, in dem nicht mehr nur anhand des Einzelfalles, sondern umfassender für Fallgruppen Klarheit über Abgrenzungsfragen geschaffen werden kann. Ob dies im Arbeitsrecht für die Abgrenzung des Arbeitsvertrages praktikabel ist, bedarf einer genaueren Prüfung, aber diese sollte vorgenommen werden. Eine zweite Verbesserung kann erreicht werden, indem dem Einzelnen die Möglichkeit gegeben wird, die Einordnung seines Vertrages oder seines Status vorab selbst mit Hilfe eines Legal Tech zu überprüfen. Anwaltskanzleien haben häufig schon jetzt solche Tools zur Verfügung. Diese Instrumente können als eine Form des Empowerments des Einzelnen unseren Rechtsstaat ergänzen. Solche technischen Instrumente können vor der Erhebung einer Individualklage bei den Gerichten oder einem Statusverfahren bei der DRV Bund eine Ersteinschätzung ermöglichen und Unsicherheiten bei der Rechtsanwendung reduzieren.

Zu den Abstufungen im Arbeitsrecht möchte ich mich knapp fassen. Ich unterstütze die Vorschläge des Gutachtens und der vorhergehenden Stellungnahmen, Differenzierungen zwischen unterschiedlichen Personengruppen vorzunehmen. Abstufungen können Schutzbedarfe besser abbilden. Das gilt zunächst für die Abstufung zwischen Arbeitnehmern, Arbeitnehmerähnlichen und Selbstständigen. Dass ich für diese Dreiteilung eintrete, ist bekannt, und ich will mich daher nicht wiederholen. Betont sei nur, dass eine solche Abstufung nicht die Gefahr eines Downgrading der Arbeitnehmer zu Arbeitnehmerähnlichen begründet. Sowohl die Erfahrungen in Deutschland als auch in anderen Mitgliedstaaten, die arbeitnehmerähnliche Personen kennen, weisen nicht in diese Richtung. Abstufungen sind aber auch innerhalb der Arbeitnehmerschutzgesetze angezeigt. Bereits in der Vergangenheit wurde wiederholt darüber diskutiert, ob eine Differenzierung nach dem Entgelt erfolgen sollte. Der Gesetzgeber hat dies bisher nicht aufgegriffen. Ich denke, dass es gute Gründe gibt, solche Differenzierungen vorzunehmen. Wir schützen den Arbeitnehmer als persönlich Abhängigen wegen des daraus resultierenden Schutzbedarfs. Wenn dem Einzelnen aber die eigenverantwortliche Vorsorge aufgrund seines Einkommens möglich ist, sollte man ihm diese auch zumuten. Das gilt vor allem für die Entgeltersatzleistungen. Nicht ohne weiteres entbehrlich wird dagegen der Kündigungsschutz. Vielen Dank.

Prof. Dr. Nadine *Brandl*, Berlin:

Sehr geehrte Damen und Herren, liebe Kolleginnen und Kollegen, mein Name ist Nadine Brandl, Leitung Bereich Recht und Rechtspolitik in der ver.di-Bundesverwaltung. Ich wollte mich eigentlich zuerst nur zum Arbeitnehmerbegriff äußern, aber gestatten Sie mir auch ein, zwei Sätze zur Frage Deregulierung Kündigungsschutz, Anknüpfung an Einkommen und Ähnliches zu sagen.

Ich bin selten mit Herrn Wolf einer Meinung, aber zum Thema Arbeitnehmerbegriff denke ich auch, es kann nicht unser Ziel sein, dass wir die Selbstständigen zu Arbeitnehmern machen. Ich denke, wir müssen darüber weiterhin nachdenken, wie es auch heute schon in einigen Bereichen des Arbeitsrechts der Fall ist, den Anwendungsbereich des Arbeitsrechts weiter auszudehnen, und zwar auf einem

Arbeitnehmer vergleichbar schutzwürdige Personen, Soloselbstständige, wirtschaftlich abhängige Soloselbstständige. Ich denke, das ist der richtige Weg und nicht die Soloselbstständigen zu Arbeitnehmern zu machen, indem wir einen erweiterten Arbeitnehmerbegriff zugrunde legen.

Es wurde mehrfach auch die Frage des europäischen Arbeitnehmerbegriffs erwähnt. Warum sollen Beamte weniger Arbeitsschutzrecht im Sinne des Arbeitszeitrechts haben? Diesbezüglich ist der europäische Arbeitnehmerbegriff völlig angemessen. Ich würde ihn jedoch nicht eins zu eins auf das gesamte Arbeitsrecht runterbrechen wollen; die EU-Richtlinien geben heute schon richtigerweise vor, wann und für welche Fälle der europäische Arbeitnehmerbegriff zugrunde zu legen ist.

Ich möchte noch etwas Grundsätzliches sagen, es war mehrfach der Punkt angesprochen, wie viel Selbstverwirklichung wir im Arbeitsverhältnis haben. Das sehen wir in ver.di in unserem Organisationsbereich jeden Tag: Die Selbstverwirklichung der Arbeitnehmer ist beschränkt. Freiheit, Selbstbestimmung im Arbeitsverhältnis und insbesondere beim Thema Arbeitszeitrecht sind schwierig. Es wurde vorhin unter anderem auch Home-Office angesprochen in diesem Kontext – Selbstbestimmung und Flexibilität im Home-Office. Es gab in 2023 1,3 Milliarden Überstunden – davon gut 750.000 unbezahlt. Es gibt zahlreiche valide Studien, die belegen, dass insbesondere die Selbstbestimmung im Home-Office geringer ist, stattdessen jedoch die Vermischung von Privatleben und Arbeitsleben im Home-Office deutlich größer ist als in allen anderen Bereichen. Deswegen finde ich gerade auch Zeiterfassung im Home-Office wichtig, richtig und nötig. In diesem Kontext war mehrfach angesprochen auch der Punkt der Professoren und Richter. Sehen Sie mir das nach, aber warum sollen nicht auch Professoren Zeiterfassung betreiben? Wissenschaftsfreiheit spricht nicht gegen Zeiterfassung. Richterliche Unabhängigkeit spricht nicht gegen Zeiterfassung.

Und noch etwas zum Tarifrecht: Tarifdispositives Recht war mehrfach angesprochen – aus unserer Sicht als Gewerkschaften ist tarifdispositives Recht kein Instrument zur Stärkung der Tarifbindung. Es war als Einzelbeispiel von meinen Vorrednern vorgestellt worden, dass wir durch Tarifverträge natürlich auch nach oben abweichen können von Gesetzen. Dazu brauchen wir jedoch keine gesetzliche Regelung der Zulassung tarifdispositiven Rechts. Das können wir bereits heute durch Tarifverträge schon ohne weiteres – nach oben abweichen können wir grundsätzlich immer. Tarifdispositives Recht wird in der Regel genutzt, um nach unten von gesetzlichen Mindeststandards abzuweichen. Dafür sind wir als Gewerkschaften nicht zu haben. Sie kennen die EuGH-Rechtsprechung, da ist mindestens auch eine Stufe von Gesamtschutz einzuziehen, wenn wir über tarifdispositives Recht sprechen. Tarifdispositives Recht im Arbeitszeitrecht ist auch immer wieder ein Thema.

Inken Gallner hat vorhin die EU-Arbeitszeitrichtlinie angesprochen. Wir sind als Gewerkschaften heilfroh, dass die Arbeitszeitrichtlinie seit 2012 nicht zur Reform freigegeben wurde, weil der Schutzrahmen der Arbeitszeitrichtlinie wichtig, richtig und nötig ist. Ich würde vorschlagen, wir sollten, statt weiter zu deregulieren viel mehr darauf setzen, dass wir die unionsrechtswidrigen Regelungen des deutschen Rechts erst einmal unionsrechtskonform ausgestalten. Da kann man beim Arbeitszeitrecht anfangen. Beim Arbeitszeitrecht sollten wir nicht über die Regulierung nachdenken und schon gar nicht über Aufweichung der Arbeitszeitrichtlinie.

Und zu meinem letzten Punkt: Anknüpfung des Kündigungsschutzes und dessen Schutzniveau am Einkommen. Die vom Gutachter und einigen Vorrednern angedachte Regelung ist nicht neu, was heute aber noch nicht erwähnt wurde ist, dass seit zwei Wochen der Gesetzentwurf zum Zukunftsfinanzierungsgesetz II vorliegt, wo enthalten ist, den Kündigungsschutz der Banker, Risikoträger in Kapitalanlagegesellschaften, Versicherungsgesellschaften und Banken im Spitzenverdienerbereich auf einen reinen Abfindungsschutz umzustellen. Die Regelung soll laut Entwurf des Zukunftsfinanzierungsgesetzes auf nicht systemrelevante Bereiche erweitert werden. Bisher ist sie begrenzt auf systemrelevante Bereiche. Es gibt Rechts-Gutachten zu dieser Thematik. Schon 2019 im Kontext des Brexit-Begleitgesetzes erstellte Gutachten für die Gewerkschaften, aber auch für viele andere Juristen besagten: Ein solches Vorhaben ist verfassungswidrig. Die Anknüpfung des Kündigungsschutzes am Einkommen ist verfassungswidrig. Die Gleichstellung der Risikoträger/der Spitzenverdiener mit leitenden Angestellten durch ausschließliche Anknüpfung am Einkommen ist ein Verstoß gegen Art. 3 und 12 des Grundgesetzes, weil sie sind gerade nicht vergleichbar mit Leitenden, weil anders als bei Leitenden Personal- und Entlassungskompetenz bei ihnen grundsätzlich nicht vorhanden ist – ein höheres Einkommen bedeutet nicht gleichzeitig Einstellungs- und Entlassungskompetenz, in der Regel ist vielmehr Gegenteiliges der Fall. Vielen Dank.

Vorsitzender:

Vielen Dank Frau Brandl. Wir haben jetzt noch vier Wortmeldungen zum Arbeitnehmerbegriff, obwohl wir jetzt ja festgestellt haben, dass wir durchaus auch Wortbeiträge gehört haben, die sich nicht nur auf den Arbeitnehmerbegriff und den Beschäftigtenbegriff bezogen haben. Aber gut, Sie können sich gerne auch noch morgen melden.

Ich würde vorschlagen, angesichts der fortgeschrittenen Zeit, dass wir diese vier Beiträge zum Arbeitnehmerbegriff morgen hören und danach diese Debatte abschichten, um dann zum nächsten Thema zu kommen. Es gab ja schon Vorgriffe auf die nächsten Themen.

Herr Daum, Sie sind dann morgen früh gleich als Erster dran. Ich hoffe, Sie sind dann anwesend, das wäre günstig. Dann Herr von Medem, dann Herr Höpfner und Frau Salzburger. Das sind, wenn ich das richtig gesehen habe, noch vier Beiträge zum Arbeitnehmerbegriff.

Gut, dann hat Frau Geiger noch die Möglichkeit etwas zu ergänzen. Im Übrigen beginnt dann bald die Eröffnungsveranstaltung und Sie brauchen ja noch ein bisschen Zeit, um dorthin zu gehen.

Richterin am BSG Barbara *Geiger*, Kassel:

Ich habe wirklich nur eine ganz kurze Anmerkung. Ich habe nicht gesagt: „Vorsicht, jetzt kommt Sozialrecht“, sondern ich habe gesagt: „Keine Angst“. Sie müssen sich nicht fürchten.

Vorsitzender:

Dann würde ich die Diskussion für heute beenden und ich freue mich auf die Fortsetzung der Diskussion morgen. Ich wollte Sie noch darauf hinweisen, wenn Sie Anträge stellen wollen zu den Beschlüssen, die wir morgen fassen wollen, dann sollten Sie das jetzt bald tun – schriftlich einreichen hier. Vielen Dank.

Fortsetzung der Diskussion

am 26. September 2024 vormittags
(anwesend etwa 147 Teilnehmerinnen und Teilnehmer)

Vorsitzender:

Ich möchte Ihre angeregten Gespräche ungern unterbrechen, aber wir haben noch ein relativ breit gefächertes Spektrum an Themen zu behandeln. Es hängt auch von Ihrer Diskussionslust ab, wie weit wir kommen und wir müssen auch irgendwann unsere Diskussion abschließen. Deshalb würde ich Sie bitten, Platz zu nehmen, damit wir am heutigen Vormittag in unsere Verhandlungen eintreten können und mit der Diskussion von gestern fortfahren können.

Wir haben vier Diskussionsbeiträge noch nicht abgearbeitet, das sind Herr Daum, Herr von Medem, Herr Hopfner und Fr. Salzburger. Ich würde die Genannten bitten, sich schonmal nach vorne zu begeben und Herrn Daum – das ist der erste Redner – bitten ans Mikrofon zu kommen.

Dann wollte ich Sie noch darüber informieren, dass die vorläufige Beschlussvorlage, jetzt auf dem neuesten Stand, ausliegt. Das ist der Stand von heute Vormittag. Wir haben die Anträge von gestern eingearbeitet. Sie liegt am Tisch am Eingang in gedruckter Form aus. Allerdings nicht so viele Exemplare, weil wir davon ausgehen, dass sie alle digital sind und auch die App benutzen.

Anscheinend ist das nicht der Fall.

So ich glaube wir können beginnen. Herr Daum hat das Wort, bitte schön.

Akademischer Rat Dr. Jan Alexander *Daum*, Ingelheim:

Herzlichen Dank! Einen wunderschönen guten Morgen.

Mein Name ist Jan Alexander Daum, ich bin akademischer Rat am Institut für Arbeits- und Wirtschaftsrecht an der Universität in Köln. Mich hat gestern getriggert, dass Prof. Thüsing das Sozialrecht ganz launig als die „Magd“ bezeichnet hat, die dem Arbeitsrecht hinterherlaufe. Diese Formulierung möchte ich explizit nicht übernehmen.

Auch ich meine jedoch, dass de lege ferenda eine gewisse Einheitlichkeit zwischen dem Arbeitnehmerbegriff des § 611a BGB und dem sozialversicherungsrechtlichen Beschäftigtenbegriff des § 7 SGB IV angezeigt wäre.

Das Gutachten und auch das gestrige Referat von Frau Geiger wenden sich mit dem Argument dagegen, dass das Sozialrecht andere Ziele verfolge. Nämlich unter anderem den Schutz des Einzelnen vor den Wechselfällen des Lebens. Ich meine, dass – historisch betrachtet – Arbeits- und Sozialversicherungsrecht auf dieselbe Herausforderung antworten. Keine Sorge, ich möchte Sie nicht mit ganz langwierigen Ausführungen zur Rechtsgeschichte langweilen.

Bis zum Anfang des 19. Jahrhunderts war unser Wirtschaftssystem vom Ständesystem geprägt. Das heißt, die meisten Leute waren Bauern kraft Geburt und mussten Bauern bleiben. Sie waren ihrem Gutsherrn zu unentgeltlichen Abgaben und Diensten verpflichtet. Im Gegenzug erhielten Sie vom Gutsherrn ein Mindestmaß an sozialer Sicherheit. In den Prozessen des allgemeinen Landrechts hieß es damals zum Beispiel 1794 „Jede Gutsherrschaft ist schuldig sich ihrer Untertanen in Notfällen anzunehmen".

Mit der Einführung der Gewerbefreiheit durch die Stein-Hardenberg'sche Reform 1807 endete diese Epoche und damit auch der Schutz für diese Wechselfälle des Lebens durch die Güter. Viele ehemalige Bauern zogen im Zuge der industriellen Revolution in die Großstädte und unterwarfen Sich dem nächsten Herrn – nämlich dem Fabrikanten. Ohne dass dieser wiederum einer ähnlichen Fürsorgepflicht unterworfen gewesen wäre, wie eben der Gutsherr zuvor.

Der soziale Frieden konnte zuvor dadurch hergestellt werden, dass der Ersatz für den einstigen Schutz geschaffen wurde, nämlich durch den Arbeitgeber, Arbeitsrecht und durch die solidarische Gemeinschaft und das Sozialversicherungsrecht. Arbeits- und Sozialrecht wählen zwar unterschiedliche Methoden und Mittel, um jeden Schutz sicher zu stellen. Sie beziehen sich originär aber auf denselben Personenkreis jener abhängigen Beschäftigten. Natürlich – und bitte verstehen Sie mich nicht falsch – ist es dem Gesetzgeber heute unbenommen, in die Sozialversicherung neben dem Beschäftigten andere Personengruppen einzubeziehen. Das ist auch vielfach geschehen. Auch dem Arbeitsrecht in § 611a BGB ist es ebenfalls unbenommen, dem Gesetzgeber im Arbeitsrecht und in Spezialgesetzen des Arbeitsrechts, den geschützten Personenkreis gegenüber § 611a BGB zu erweitern oder zu beschränken. Etwa wenn die Vorgaben unionsrechtlich determiniert sind. Das betrifft dann natürlich nicht den Beschäftigtenbegriff des SGB IV.

Im Grundsatz plädiere ich aber für eine Einheitlichkeit zwischen § 611 a BGB und § 7 SGB IV, denn die gepriesene Flexibilität des Beschäftigtenbegriffs bringt meines Erachtens vor allem eins mit sich: Rechtsunsicherheit. Für den Laien, insbesondere Arbeitgeber, sind unterschiedliche Einordnungen durch die Arbeits- und Sozialgerichte kaum verständlich, sondern erscheinen willkürlich.

Verstehen Sie mich jetzt zuletzt bitte richtig! Weder BAG noch BSG kommen aus Boshaftigkeit oder aus Eitelkeit zu unterschiedlichen Ergebnissen. Vielmehr liegt es in der Natur von Wertungsfragen, dass unterschiedliche Menschen – auch Richter – zu unterschiedlichen Ergebnissen gelangen. Um die damit verbundene Rechtsunsicherheit zu minimieren, plädiere ich zu einheitlichen Statusfeststellungsverfahren für das Arbeits- und für das Sozialversicherungsrecht. Vielen Dank!

Vorsitzender:

Vielen Dank Herr Daum!

Als nächster Redner Herr von Medem. Ich würde Sie als Redner künftig bitten, sich möglichst kurz zu fassen, weil wir doch sehr viele Redebeiträge haben.

Wir haben eine Pause so gegen 11:00 Uhr ungefähr anvisiert, nur dass Sie auch planen können.

Rechtsanwalt Dr. Andreas von *Medem*, Bonn:

Guten Morgen. Ich bin Rechtsanwalt und überwiegend in der Wirtschafts- und Arbeitgeberberatung tätig. Diese Perspektive war in zwei Beiträgen schon angeklungen. Tatsächlich ist die Abgrenzung von abhängiger Beschäftigung und Selbständigkeit sehr wichtig für Unternehmen. Man neigt dort mittlerweile zur Übervorsicht, und zwar wegen der strafrechtlichen Konsequenzen, die bei einer falschen Einordnung drohen. Und diese Übervorsicht hat tatsächliche Konsequenzen, die man vielleicht als Richter oder auch Beamter in der Deutschen Rentenversicherung nicht sieht. Es werden neue Geschäftsmodelle mit Vereinbarungen, die die Parteien für sinnvoll halten, nicht gelebt, weil man Angst hat vor strafrechtlichen Folgen. Das ist in einer Wirtschaftsordnung eigentlich nie gut.

Einer meiner ersten Fälle betraf Museumsführer und es war völlig klar: Keiner der Beteiligten hielt das klassische Arbeitsverhältnis für richtig und passend – mit Einordung in Dienstpläne, mit weisungsgebundener Arbeit. Man bekam vom Auftraggeber nicht gesagt, wann man was machen musste, sondern beide Seiten wollten frei sein. Trotzdem wurde seitens der Deutschen Rentenversicherung und vom Sozialgericht das Ganze als abhängige Beschäftigung angesehen. Das wurde dann später in der Berufungsinstanz geändert, aber nach der Entscheidung zu Musikschullehrern, die auch schon mehrfach zur Sprache kam, ist das zumindest wieder fraglich.

Worum ging es eigentlich inhaltlich? Den meisten Leuten war klar, dass sie auf die ein oder andere Weise sozialversicherungspflichtig sind, auch in der Rentenversicherung – entweder als „kleine Selbstständige“ oder eben als Beschäftigte. Es ging letztlich nur darum: „Wer zahlt die Beiträge?“. Diese Unterscheidung strafbewehrt zu machen mit all den negativen Konsequenzen für das Wirtschaftsleben, die ich sehe, halte ich für zweifelhaft. Die Frage ist: Wie löst man das Ganze? Löst man es verfahrensrechtlich mit irgendwelchen vorgeschalteten Statusfeststellungsverfahren? Ich würde eher sagen, dass es an der Zeit ist – und ich bin dankbar, dass soeben die historischen Grundlagen beleuchtet wurden –, Arbeitsrecht und Sozialversicherungsrecht wirklich zu entkoppeln und sich die eigentlich relevanten materiellen Fragen zu stellen: „Warum schützt man Arbeitnehmer? Warum bezieht man bestimmte Menschen in die Sozialversicherung ein?“. Die Sozialversicherung betrifft eben längst nicht mehr nur die abhängig Beschäftigten, sondern es sind sehr viel mehr, und ich glaube, da sollte man weiterdenken.

Und erstens überlegen: Wer ist schutzbedürftig? Da sind wir uns in der Krankenversicherung einig: Alle Einwohner sind schutzbedürftig, sich vor dem Risiko von Krankheit zu schützen. Bei der Rentenversicherung sind wir auch fast so weit, dass wir sagen: Alle müssen sich absichern.

Eine zweite Frage ist: Wer soll von einem Solidarsystem profitieren können? In der Krankenversicherung also von dem einkommensbasierten System „Wer wenig verdient, zahlt weniger Beiträge, obwohl das Krankheitsrisiko das gleiche ist wie bei jemandem, der hohe Beiträge zahlt.“ Das ist die materiellrechtliche Frage.

Drittens: Wer beteiligt sich an den Beiträgen? Arbeitgeber und Arbeitnehmer solidarisch? Ja, das ist eine gute Grundidee. Aber natürlich ist es doch faktisch so: Die Arbeitgeber rechnen intern auf den Bruttolohn die Arbeitgeberbeiträge zur Sozialversicherung obendrauf. Auch hier zahlt im Ergebnis natürlich derjenige, der vom Schutz profitiert – also der Arbeitnehmer.

Dann ist die letzte Frage: Wie soll das Ganze administriert werden? Wer führt die Beiträge ab? Da ist es in der Tat sinnvoll, dass man sagt: Wenn ein Arbeitgeber sowieso eine große Organisation hat mit z. B. 10.000 Beschäftigten, für die er die Lohnabrechnung macht, dann ist es sehr praktisch und effizient, wenn der Arbeitgeber auch die Sozialversicherungsbeiträge abführt. Da macht man sich also das Arbeitsverhältnis und die damit verbundene Organisation zunutze.

Diese Fragen muss man einmal durchgehen. Und dann muss man prüfen, ob es wirklich angemessen und notwendig ist, dass man in Zweifelsfällen – wo das Arbeitsrecht eigentlich eher für Selbständigkeit spricht – sagt: „Wir sind im Sozialversicherungsrecht strenger und ordnen Menschen als abhängig Beschäftigte ein, die das arbeitsrechtlich eigentlich nicht sind und wo die Parteien das eigentlich nicht wollen". Gibt es da nicht intelligentere Lösungen, auch auf verfahrensrechtlicher Ebene? Damit meine ich nicht das Statusfeststellungsverfahren, ob jemand abhängig beschäftigt ist oder nicht, sondern dass man sagt: Wenn man – und wir hätten doch die IT-Möglichkeiten dazu – abprüfen kann, ob jemand sozial abgesichert ist, dann muss man für die Sozialversicherung nicht mehr genau prüfen, ob er nun abhängig beschäftigt ist oder nicht. Sondern die Absicherung kann unabhängig davon vorab geklärt werden. Und wenn man dann beispielsweise einen selbstständigen IT-Berater hat und der Auftraggeber lässt sich bestätigen, er ist abgesichert in allen Zweigen der Sozialversicherung, er trägt das alles selbst, dann muss doch im Sozialversicherungsrecht in Zweifelsfällen niemanden mehr interessieren, ob der IT-Berater abhängig tätig ist oder nicht. Das wäre aus meiner Sicht ein diskussionswürdiger Ansatz.

Vorsitzender:

Vielen Dank Herr von Medem.

Ich möchte nochmal darauf hinweisen, dass ich um sehr kurze Diskussionsbeiträge bitte, weil wir wirklich noch ein straffes Programm haben. Außerdem noch ein Hinweis: Die Referenten und der Gutachter haben sich jetzt in den Saal begeben, weil die Akustik hier oben auf dem Podium viel schwieriger ist als bei Ihnen im Saal. Und wir müssen uns hier, da wir hier nicht mitdiskutieren, in der Sache anstrengen, dass wir etwas verstehen und die Gutachter und Referenten den Ausführungen lauschen können.

Bitte schön, Sebastian Hopfner.

Rechtsanwalt Dr. Sebastian *Hopfner*, München:

Meine sehr verehrten Damen und Herren, liebe Kolleginnen und Kollegen, liebe Professorinnen und Professoren,

ich komme immer sehr gerne zum Deutschen Juristentag, weil der Deutsche Juristentag sich nicht nur mit Recht beschäftigt, sondern vor allem mit Rechtspolitik. Ich bin Geschäftsführer des Arbeitgeberverbands Versicherungsunternehmen und auch selbst tätiger Anwalt mit eigener Kanzlei. Ich will an der Stelle nochmal den Fokus etwas nachschärfen:

Wenn wir heutzutage über Politik reden – und wenn es nur Rechtspolitik ist – dann reden wir über etwas, was in eine Erosion geraten ist. Deswegen ist es auch sehr gut, dass der Deutsche Juristentag sich hier und heute mit der Abteilung mit der zentralen Frage des Arbeits- aber auch des Sozialversicherungsrechts beschäftigt: „Wer soll eigentlich davon erfasst werden?".

Damit beschäftigen wir uns mit einer Frage die Millionen Menschen in diesem Land betrifft. Viele sind in ihrem Status, kennen ihn, mögen ihn, schätzen ihn, wechseln ihn vielleicht, wie auch immer. Aber man sollte nicht unterschätzen, wie viel negative Sichtweise mittlerweile in der Praxis auf unser aktuelles Abgrenzungssystem vorhanden ist und wieviel Frust dies bei Betroffenen hervorruft. Man kann natürlich sagen, dass die Erosion unseres politischen Systems nur etwas mit Migration und Überforderung der Infrastruktursysteme und zusammenbrechenden Brücken zu tun hat. Aber ich glaube das ist falsch.

Ich glaube, dass alle Stellen, die wir zu bearbeiten haben, rechtspolitisch relevant sein können bei der Frage, ob die Bürgerinnen und Bürger dieses Land akzeptieren und ob sie dieses System mit tragen wollen. Dazu gehört eben auch gerade diese Abgrenzungsfrage. Deshalb ist es aus meiner Sicht auch völlig richtig, wenn Georg Annuß in seinem Referat anspricht, dass die gesellschaftliche Entwicklung natürlich Berücksichtigung finden muss und die gesellschaftliche Entwicklung bzw. die Entwicklung in der Arbeitswelt hat durch die Digitalisierung und durch Covid einen fundamentalen Wandel mit sich gebracht. Dieser führt dazu, dass wir eigentlich mit dem Instrument, das wir aktuell anwenden, überhaupt nicht mehr bestimmen können, wer Selbständiger oder wer Abhängig-Beschäftigter ist. Wer ist Arbeitnehmer und wer ist ein freier Mitarbeitet?

Wir können es mit den Instrumenten, die uns zur Verfügung stehen, im Moment nicht. Ich glaube, man muss auch ganz klar sagen, dass wir damit aus meiner Sicht eine völlig berechtigte Erwartungshaltung an uns – an diejenigen, die die Rechtsentwicklung beeinflussen wollen – nicht erfüllen. Wenn wir in der Praxis als Berater oder als Anwalt von einem Mandanten gefragt werden: „Ist das jetzt ein Selbständiger oder ist das ein Arbeitnehmer?“ dann antworten wir: „Ja gut, das Bundessozialgericht entscheidet das anhand des Begriffes der wertschöpfenden Teilhabe am Betriebsgeschehen.“ Das ist unzureichend. Wenn das meine Antwort ist, dann blicke ich in völlig ratlose Gesichter.

Niemand weiß wirklich, was das ist. Ich verbreite keine Fakenews wenn ich folgendes berichte: Ich saß vor zwei Jahren beim Sozialgericht in Stuttgart, da ging es um die Frage der Einordnung von Gutachtern. In der Versicherungswirtschaft haben wir Unternehmen, die natürlich auch die Schadensregulierung vornehmen. Wir beschäftigen auch viele selbständige Gutachter. Die fahren hin zu den Leuten, schauen sich den Schaden an und sagen: „Ist ein Schaden, ist so hoch etc.“. Und bei dieser Abgrenzungsfrage sagt dann der Sozialrichter: „Eigentlich bin ich ja jetzt mittlerweile anhand dieser Definition des Bundessozialgerichts im luftleeren Raum. Eigentlich kann ich ja entscheiden, was ich will." – So gesagt worden beim Sozialgericht in Stuttgart. Das ist die Realität.

Ich meine, wir sollten das hier wirklich ernst nehmen. Wir sollten versuchen, zumindest einen Weg zu finden der praktikabel ist. Dieser Weg muss rechtssicher sein, denn auch der Satz der Unternehmer: „Im schlimmsten Fall droht dir das Strafgericht", der kann doch nicht wahr sein. Was wir haben, ist ein Haftungssystem, das dazu führt, dass wir im Grunde genommen Unternehmerinnen und Unternehmer drakonisch bestrafen, wenn sie eine falsche Einschätzung auf vollkommen unklarer Grundlage vornehmen. Natürlich gibt es das Status-Feststellungs-Verfahren und ich finde es auch gut, dass auch mal angesprochen worden ist, wie das abläuft.

Im Gutachten von Prof. Rolfs ist der Vorschlag enthalten, darüber nachzudenken, ob diese Clearing-Stelle unbedingt bei der DRV-Bund verortet sein oder ob sie nicht etwas mehr Neutralität haben sollte.

Jetzt habe ich gestern von Herrn Schlegel gehört, dass die Clearing-Stelle für den DRV-Bund doch eine sehr wichtige Institution ist, die sie auch gerne behalten möchte und dass sie auch unabhängig arbeiten. Meine Erfahrungen sind auch durchaus gut mit der Clearing-Stelle. Das Problem aber ist, dass sie zu langsam arbeitet und in der heutigen digitalisierten Welt, wo die Unternehmen extrem schnell digital arbeiten, diese auch die Erwartungshaltung haben, dass innerhalb kürzester Zeit Rechtssicherheit besteht.

Ich denke – und hier formuliere ich jetzt eine Zielvorstellung – es muss doch möglich sein, dass es eine Begrifflichkeit oder eine Definition gibt, die auch von denjenigen die Legal-Tech-Produkte herstellen, genutzt werden kann. Eine programmierbare Definition! Damit man ein Programm haben kann und alles idealerweise von einer staatlichen Stelle gestellt wird – Wo ich Daten eingebe und sofort die Antwort bekomme.

So wie bei z. B. Esta-Verfahren. Wenn ich in die USA einreise, habe ich innerhalb von 36 Stunden die Antwort, ob ich einreisen darf oder nicht.

Es sind ganz einfache Fragen, die gestellt werden, aber hier muss es auch möglich sein, dass es digital eine schnelle Antwort gibt. Das ist die Erwartungshaltung und der müssen wir entsprechen. Vielen Dank.

Gewerkschafts-Fachsekretärin Ursula *Salzburger*, Hannover:

Die Bitte sich kurz zu fassen, Herr Franzen, braucht es für mich nicht. Ich bin Frau, ich kann kurz. Beschäftigten eine Stimme zu geben. Hintergrund ist, dass die wenigsten Arbeitnehmenden ihre Rechte überhaupt wahrnehmen. Sie tun dies in ganz besonderen Situationen. Recht heißt deswegen für mich, dass das Recht erstmal gesetzt bleiben muss.

Es darf sich in wesentlichen Punkten als Schutzgesetz für die Arbeitnehmenden nicht verändern Als Gewerkschaft bekommen wir natürlich wenig von den Beschäftigten, die keinen Betriebsrat haben, zu sehen und zu hören. Deswegen ist mein Petitum, das für die Beschäftigten nach wie vor das Arbeitsrecht gelten muss. Im Hinblick auf die Kündigungsregelungen sollte dieses sich nicht in ein bloßes Abfindungsgesetz verwandeln. Die Arbeitszeiten und der Urlaub, sind ist wichtig und müssen als Gesetz geregelt bleiben. Mich hat auch Prof. Dr. Thüsing mit seinem Halbsatz sehr getriggert, dass der Urlaub ja auch sehr schwierig sein kann. Nichts destotrotz dient der Urlaub zur Gesunderhaltung. Wir werden alle nicht gesünder, wenn wir älter werden, das weiß jede einzelne von uns mit Sicherheit aus persönlicher Erfahrung und deswegen sind Gesetzte, Schutzgesetze für die Beschäftigten in aller erster Linie und sollten sich auch nicht negativ verändern. Danke.

Vorsitzender:

Jetzt treten wir ein in das Thema 2. Präzisierung des Schutzbedarfs, und hier hat sich Herr Brücher gemeldet. Bitte Herr Brücher.

Referatsleiter Bertold *Brücher*, Berlin:

Sehr geehrte Damen und Herren, mein Name ist Bertold Brücher, ich bin Referatsleiter beim Bundesvorstand des Deutschen Gewerkschaftsbundes. Es liegt in der Natur der Sache, dass die Gewerkschaften als Interessenswahrer der Beschäftigten einen anderen Blick auf das Arbeitsrecht haben als Arbeitgeberverbände und deren Lobby.

So nimmt es nicht Wunder, dass wir als DGB den Thesen des geschätzten Kollegen Prof. Dr. Annuß kritisch gegenüberstehen. Sympathie haben wir hingegen größtenteils für die Thesen der Kollegin Frau Prof. Dr. Eva Kocher. Nehmen wir zum Beispiel Annuß' These Nr. 5, nach der eine freiheitlich egalitäre Betrachtungsweise etabliert werden sollte, die das Arbeitsrecht als eine Ordnung der Rechtsbeziehungen unter freien und gleichen Privatrechtssubjekten auffasst. Schon die Grundannahme entspricht nicht den Realitäten. Arbeitsrecht ist nicht ausgestaltet als einseitig den Arbeitnehmenden freiheit- und schutzgebend und darum ist eine rein auf die BGB-Grundgedanken reduzierte Anschauung der stets gleich starken freien Vertragspartner*innen eine Fiktion, die, außer bei einigen hochdotierten Spitzenkräften in Forschung und in Entwicklung, unrealistisch bleibt. Denn das Arbeitsverhältnis ist keine Beziehung auf Augenhöhe. Für die meisten Beschäftigten und ihre Familie ist der Lohn der Arbeit Existenzgrundlage. Zwischen Arbeitgeber und Arbeitnehmer besteht demnach ein Abhängigkeitsverhältnis und ein Machtgefälle, das gesetzlich ausgeglichen werden muss. Auch die in These Nr. 9 geforderte „sinnvolle" Neukonzeption des allgemeinen Kündigungsschutzes weg vom Statusschutz hin zum abfindungsbasierten Flankenschutz macht nur dann Sinn, wenn es jedem Beschäftigten nach Beendigung eines Arbeitsverhältnisses jederzeit unproblematisch möglich wäre, in ein neues auskömmlich vergütetes Beschäftigungsverhältnis zu kommen.

Darum setzt sich der DGB für die Stärkung der Individualarbeitsrechte ein. Hierzu gehören verlässliche Regelungen über die Inhalte des Arbeitsverhältnisses selbst, die Arbeitszeit, verlässliche und pünktliche Lohnzahlung sowie eine Beschränkung der Möglichkeit der Befristung und schließlich ein Ausbau des Kündigungsschutzes. Dieses Verständnis wird in den Thesen Eva Kochers geteilt. Beispielhaft ist ihre These 4 zu nehmen. In ihr legt Kocher dar, dass der gesetzliche Begriff des Arbeitsvertrags kontinuierlicher Reflektion und Nachjustierung bedarf, um den Schutzwecken, auch angesichts grundlegender sozialer und okonomischer Entwicklungen, gerecht werden zu können. Das gilt insbesondere für neue Betriebs- und Organisationsformen, wie sie durch die Digitalisierung ermöglicht werden. Ich möchte schließen: Ein Verständnis, das das Arbeitsverhältnis auf ein reines Austauschverhältnis Arbeit gegen Lohn skelettiert und hier soziale Faktoren außer Acht lässt, verkennt in beklemmender Weise die gegensätzlichen Interessenlagen, die tatsächlichen Stärkeverhältnisse und deren Auswirkungen auf die Gesellschaft. Und dementsprechend werden wir uns nach diesen Maßgaben auch im Abstimmungsverhalten verhalten.

Vorsitzender:

Ja vielen Dank, wir werden jetzt eine zentrale These des Gutachtens diskutieren. Nämlich die Tarifdispositivität. Dazu liegen einige Wortmeldungen vor.

Rechtsanwalt Dr. Benjamin *Heider* LL.M., Berg:

Ja, vielen Dank Herr Vorsitzender. Schneller kann ich nicht laufen und reden werde ich auch nicht doppelt so schnell, aber ich werde nicht so viel reden. Sehr verehrte Frau Präsidentin, meine sehr verehrten Damen und Herren, Benjamin Heider, ich bin Rechtsanwalt und Fachanwalt für Arbeitsrecht beim Arbeitgeberverband der Versicherungsunternehmen und möchte zunächst dem Gutachter danken. Herr Professor Rolfs hat festgestellt, dass ein einheitlicher Arbeitnehmer- und Beschäftigtenbegriff nicht empfehlenswert sei. Das kann man so sehen, dass es also differenzierter persönlicher Geltungsbereiche bedarf. Damit ist die Frage des Gutachtens eigentlich auch schon beantwortet und man könnte aufhören. Aber Herr Professor Rolfs geht natürlich weiter und macht sich Gedanken, was man sozusagen besser machen könnte. Und ich lese in seinem Gutachten einen absoluten Schwerpunkt darin, dass er den Sozialpartnern mehr Rechte einräumen will. Das ist natürlich etwas, was wir gutheißen und wo wir auch davon ausgehen, dass die Gewerkschaften das eigentlich genauso sehen müssten wie wir und hier volle Zustimmung signalisieren müssten. Wir haben auch schon sehr konfrontative Juristentage erlebt, also insofern, denke ich, müssten wir da an einem Strang ziehen. Wir haben genug Regulierung in Deutschland; also ist es sinnvoll, wenn wir den Tarifparteien mehr Rechte einräumen. Das stärkt letztendlich auch den sich aus Artikel 9 Abs. 3 Grundgesetz ergebenden Auftrag. Je größer die Gestaltungsfreiheit der Tarifparteien, desto besser kommt der Schutz im Auftrag von Artikel 9 zur Geltung. Der Gutachter schlägt vor, dass man auch über Öffnungsklauseln einen Weg gehen könnte, um mehr Teilhabe zu gewährleisten. Das ist sicherlich sinnvoll. Ein abgestufter personaler Schutz durch eine Öffnungsklausel. Es geht um die Erweiterung von Freiräumen für Kollektiv- und Einzelvertrag aufgrund geringerer Schutzbedürftigkeit. Das haben wir auch gestern schon in den Referaten und der Diskussion festgestellt. Bestimmte Personengruppen, vielleicht Hochverdiener, kann man aus bestimmten Gesetzen ausnehmen. Ich denke da an insbesondere an das Kündigungsschutz- und das Arbeitszeitgesetz. Aber auch aufgrund zunehmender Mobilität und Autonomie in vielen Arbeitsverhältnissen, ist eine differenziertere Betrachtung geboten. Wenn es in der Mindestlohnrichtlinie heißt, eine Zielgröße von 80 Prozent Tarifabdeckung sei wünschenswert, muss diese gewünschte Tarifbindung aber auch für Arbeitgeber attraktiv sein, damit wir das eben auch erreichen können, dass wir hier eine Tarifsteigerung oder eine erhöhte Mitgliedschaft erreichen können. Dazu können eben tarifliche Flexibilität, können Öffnungsklauseln einen Beitrag leisten. Ganz konkret z. B. Formvorschriften hat der Gutachter vorgeschlagen. Das ist richtig, bekommen wir zum Glück jetzt ja auch im Bürokratieentlastungsgesetz, das Gutachten zeitlich überholend, einige Erweiterungen. Wir in der Versicherungswirtschaft haben auch mit unserem Sozialpartner ver.di einiges gemacht und viel erreicht. Auch bei der Befristung, denke ich, ist das ein Thema, was wir in die Hände der Sozialpartner legen können. Auch dies ist bereits im aktuellen Gesetzesvorhaben dergestalt adressiert, dass Altersgrenzenvereinbarungen künftig nur noch der Textform bedürfen sollen (§ 41 Abs. 2 SGB 6 n. F.). Auch das Arbeitszeitrecht ist natürlich ein Thema, wo man sagen kann, die Tarifparteien, gegebenenfalls auch die Betriebsparteien, wenn wir das ordentliche austarieren, wissen am besten, was man hier machen kann. Wir fordern schon lange, dass man das europäische Recht, was hier die Flexibilität, zum Beispiel zur Arbeitszeit in der Woche, betrifft, nutzt. Das Gleiche gilt für Teilzeit und Befristung. Der Vorsitzende, Herr Professor Franzen guckt bestimmt schon auf die Uhr, da will ich mich kurzfassen und zum Ende kommen.

Mein Fazit: für die Neuausrichtung des Arbeitsrechts leistet das Gutachten einen guten Beitrag. Mehrere Vorschläge zur Stärkung der Tarif- und Betriebspartner sind das Richtige, weil eben diese Tarif- und Betriebspartner am besten wissen, wo eine Neuausrichtung notwendig ist und in welche Richtung diese gehen muss. Und auch das kann eine Entlastung des Gesetzgebers sein. In diesem Sinne mein Fazit: Pro Tarifautonomie. Vielen Dank für Ihre Aufmerksamkeit!

Vorsitzender:

Vielen Dank. Herr Döring ist der nächste Redner und danach Prof. Höpfner und Herr Danuser.

Justiziar Valentin *Döring*, Berlin:

Vielen Dank. Valentin Döring, Justiziar bei Verdi.

Verdi ist eine große Gemeinschaft. Wir vertreten aber auch sehr viele Solo-Selbstständige, sind der mitgliederstärkste Selbstständigenverband in Deutschland, vielleicht sogar europaweit. Es geht um Tarifdispositivität. Wir sind der Meinung, dass Tarifverträge heute schon attraktiv genug sind, sodass wir keine Freiheit mehr brauchen, um nach unten absenken zu können, um gute Tarifverträge abschließen zu können. Die Freiheit, abzusenken, die lehnen wir ab. Die brauchen wir auch nicht. Was hier auch immer wieder ein Thema ist, ist das Thema Positivliste für Selbstständigkeit. Auch da sind Tarifverträge ein gutes Regelungsinstrument und durchaus tauglich. Die Plattformrichtlinie wurde schon angesprochen. Auch da, einfach um auszuräumen, dass das eine Umkehrung in die Arbeitnehmerschaft ist. Da geht es um Beweislastumkehr, die die schwächere Seite bevorteilt, bei Prozessen bei Statusfeststellungsklagen. Was ich jetzt zum Thema Tarif hier sagen möchte und will ist, wir können Tarifverträge machen für Arbeitnehmer, wir können Tarifverträge machen für arbeitnehmerähnliche Personen, wir können aber auch – Frau Kocher, wie Sie gestern schon kurz fallen gelassen haben – nach der Leitlinie der Wettbewerbskommission auch Tarifverträge für Solo-Selbstständige machen und das ist eine Möglichkeit, tarifvertragliche Regelungen in

Positivlisten aufzustellen – Abgrenzung zu machen zwischen Selbstständigkeit und nicht. Ich finde die ganzen Beispiele, die hier gebracht werden, taugen nicht. Ja wenn man will, dass der selbstständige IT-ler 14 Tage dasitzt und wartet, bis was kommt, dann sollte man ihn für 14 Tage anstellen. Weil sonst kann er nichts anderes machen. Wenn man einen selbstständigen IT-ler will, der dann, wenn er mal Zeit hat, das Problem löst, dann kann man ja Selbstständige beschäftigen. All das kann man regeln. Tarifverträge sind attraktiv und wir brauchen keine Absenkung zu machen.

Prof. Dr. Clemens *Höpfner*, Köln:

Vielen Dank, Herr Vorsitzender. Meine Damen und Herren, gegen Tarifdispositivität spricht grundsätzlich erstmal nichts, wenn wir dieses Instrument intelligent einsetzen. Zwei Einschränkungen möchte ich machen. Erster Punkt: Wenn der Gesetzgeber tarifdispositives Gesetzesrecht schafft, dann muss er es zwingend ermöglichen, dass nicht nur im Falle einer normativen Tarifbindung vom Gesetz abgewichen werden darf, sondern dass dies auch für Bezugnahmefälle gilt. Das ist ganz einfach erklärbar: Wenn der Gesetzgeber zwingendes Recht schafft und dann die gesetzliche Regelung für die Tarifvertragsparteien öffnet, dann macht er das in der Vorstellung, dass die Sozialpartner am Ende ein gleichwertiges Schutzniveau herstellen. Wenn dann im Außenseiterarbeitsverhältnis zumindest eine Bezugnahmeklausel auf den gesamten fachlich einschlägigen Tarifvertrag existiert, dann wird genau dieses Schutzniveau abgebildet, sodass es keine verfassungsrechtliche Rechtfertigung für den Eingriff in die Arbeitsvertragsfreiheit der Parteien des Außenseiterarbeitsverhältnisses gibt. Auch die Stärkung der Tarifbindung taugt dafür nicht. Der zweite Punkt: Die Forderung nach einer Öffnung für Tarifverträge, nach Tarifdispositivität, ist aus meiner Sicht erst der zweite Schritt. Wir müssen uns aber zunächst Gedanken über den ersten Schritt machen. Nehmen wir das Beispiel Arbeitszeitgesetz. Im Arbeitszeitgesetz würde es für die betroffenen Berufsgruppen, Stichwort Vertrauensarbeitszeit, im Prinzip überhaupt nichts bringen, wenn wir dort mit Tarifdispositivität arbeiten, weil im gesamten Bereich Consulting, Rechtsberatung usw. noch nicht einmal Sozialpartner auf Arbeitnehmerseite existieren, die Tarifverträge abschließen können. Selbst wenn wir das hätten, bedarf es aus Sicht vieler Arbeitnehmer in der Wissensarbeit, das sieht man auch an den Mitgliedschaftsverhältnissen, im Grunde keiner Gewerkschaft, weil die Arbeitnehmer auf diesem Niveau in der Lage sind, ihre Interessen individualvertraglich angemessen durchzusetzen. Auch hier gibt es keinen Grund, warum man jetzt die Einschaltung quasi eines Intermediärs, einer Gewerkschaft und eines Arbeitgeberverbands, zwingend verlangt. Hier sollten wir uns vielmehr Gedanken machen über eine allgemeine Dispositivität des Arbeitszeitrechts. Das kann natürlich nicht so aussehen, dass wir sagen, das Arbeitszeitrecht ist dispositiv. Ansonsten könnten wir es durch den Arbeitsvertrag abbedingen. Wir sollten stattdessen in die Richtung Wahlarbeitsmodell denken. Diesen Ansatz kennen wir ja schon von Frau Nahles im Weißbuch Arbeiten 4.0, damals allerdings nicht auf individualrechtlicher Basis, sondern nur unter Mitwirkung von Tarifvertrags- und Betriebsparteien. Das war ein Fehler. Ein individualrechtliches Wahlmodell lässt sich demgegenüber ganz einfach darstellen. Wenn Sie einen Arbeitnehmer haben, in einer Führungsposition, dann hat dieser die Möglichkeit, entweder ein strenges Arbeitszeitregime, so, wie es bisher ist, mit strenger Trennung von Beruf und Freizeit, zu wählen oder eben komplett auf ein Vertrauensarbeitszeitmodell zu setzen mit Freistellung nicht nur von der Erfassung der Arbeitszeit, sondern vom materiellen Arbeitsrecht. Der Arbeitnehmer muss dann nur die Möglichkeit haben, frei zu wählen, nach welchem dieser Modelle er arbeiten will, und auch die Möglichkeit, im Laufe des Arbeitsverhältnisses das Modell zu wechseln, falls etwa seine familiäre Situation sich ändert. Ich glaube, in diese Richtung müssen wir viel intensiver nachdenken. Deswegen ist hier Tarifdispositivität eigentlich der falsche Ausgangspunkt. Wir bräuchten stattdessen eine „These 8a“ sozusagen, wir brauchen mehr Individualdispositivität in unserer Rechtsordnung. Vielen Dank!

Vorsitzender:

Ich habe jetzt noch zwei Wortmeldungen zum Thema Tarifdispositivität, also Nummer 3. unserer Gliederung. Herr Danuser macht sich schon bereit und Frau Brandl ebenfalls. Wenn es noch Stellungnahmen und Redebeiträge zu diesem Thema gibt, würde ich Sie bitten, sich gleich zu melden, weil wir dann gerne Gutachter und Referenten die Gelegenheit geben würden, Stellung zu nehmen. Wir würden dann gerne diesen Teil abschließen und uns in der Folge dem Sozialversicherungsrecht zuwenden. Zu diesem liegen auch schon viele Wortmeldungen vor. Also, wer jetzt noch zum Thema Tarifdispositivität Diskussionsbedarf hat, bitte die Diskussionsmeldekarte ausfüllen und das dann hier vorne bekanntgeben. Herr Danuser, bitte, Sie haben das Wort.

Tarifreferent Markus *Danuser*, Wiesbaden:

Vielen Dank Herr Vorsitzender. Meine Damen und Herren, dies ist mein erster Juristentag, an dem ich nun direkt einen Redebeitrag absetze. Hätte ich nicht gedacht. Ich bin auch etwas aufgeregt. Mal gucken, ob ich es über die Rampe bekomme. Frau Brandl hat gestern einen Eindruck hinterlassen, den ich nicht so ganz teile. Ihr Kollege hat diesen gerade nochmal deutlich bestärkt. Ich finde den Eindruck, dass wir Sozialpartner nicht in der Lage wären oder kein Interesse hätten, tarifdispositives Recht zu nutzen, der ist vollkommen falsch. Ich würde es Ihnen gerne am Beispiel der Chemie kurz referieren. Ich habe Frau Salzburger vorhin gefragt, sie wollte dazu nichts sagen, aber ich glaube wir haben als Chemie-Sozialpartner eine nachhaltig eingeführte, konstruktive und auch teilweise innovative Sozialpartnerschaft und nutzen, glaube ich, Tarifdispositivität in dem Sinne, dass wir nicht nach unten oder oben abweichen, das ist für mich die falsche Kategorisierung, wir müssen in beiderseitigem Interesse nach links oder rechts gehen, um eine gute Lösung zu finden für beide Sozialpartner. Es hat also nichts mit Abweichungen von oben nach unten zu tun oder nach oben, sondern es geht im Grunde genommen um Verbesserung für die Arbeitnehmerinnen und Arbeitnehmer. Aber eben auch unter Berücksichtigung der Interessen der Arbeitgebenden. Insofern hat mich dieser Eindruck sehr gestört. Es hat mich auch gestört, dass man im Grunde genommen mit vermeintlichen Fesseln aus Europa sagt: „Das können wir nicht machen." Weil uns irgendwie die Gleichbehandlungsrechtsprechung des EUGH wieder einfliegt. Ich bin anders als Frau Präsidentin Gallner durchaus kritisch, was die EUGH-Rechtsprechung anbelangt. Ich bin auch der Meinung, dass einige Entwicklungen aus Europa durchaus geeignet sind oder geeignet sein könnten, die deutsche Tarifautonomie aus Artikel 9 Abs. 3 zu unterminieren. Also wenn ich mir anschaue, was in der Lohntransparenzrichlinie drinsteht, die jetzt ja zur Umsetzung ansteht, da bekomme ich schon relativ schlechte Laune als Chemie-Sozialpartner, denn am Ende wird es ja um den Kernbereich der tariflichen Gestaltungsmacht, das Entgeltsystemen, gehen. Wenn da nochmal mit einem europäischen Blick draufgeguckt wird, geht das aus meiner Sicht ziemlich nah an das, was wir als Kernbereich vom Artikel 9 Abs. 3 für uns in Anspruch nehmen. Insofern, etwas mit Europa zu entschuldigen oder abzulehnen, finde ich nicht in Ordnung, eher sollten wir versuchen, der Politik oder vielleicht dem Bundesverfassungsgericht Gelegenheit zu geben, in Europa die bewährte Tradition von Artikel 9 Abs. 3, die natürlich nicht in allen Ländern der Europäischen Union verankert oder gar bekannt ist, hochzuhalten. Aber das ist, nun gut, was wir bewahren müssen, wollend, dass Europa sich weiterentwickelt, aber auch darauf achtend, dass wir nicht im Grunde unsere starke Sozialpartnerschaft, die wir gerade in der Chemie haben, die Tarifbindung auf Arbeitgeber- und Arbeitnehmerseite dadurch zu gefährden, dass wir Tarifbindung unattraktiver machen.

Und das ist eben eine Gefahr, die meiner Ansicht nach aus Europa droht.

Ich komme sofort zum Schluss mit einem Dank an den Gutachter, weil das, was dort vorgeschlagen wird, das sind Vorschläge, die in die richtige Richtung gehen. Das gibt uns Handlungsspielraum. Wir können als Sozialpartner dort im Interesse der Unternehmer, aber auch im Interesse der Beschäftigten etwas tun. Wir nehmen diesen Auftrag gerne an und insofern hoffen wir, dass dieser wichtige Teil des Antrages auch hier auf Zustimmung stößt. Vielen Dank.

Prof. Dr. Nadine *Brandl*, Berlin:

Guten Morgen sehr geehrte Damen und Herren, liebe Kolleg*innen, auch von meiner Seite. Nadine Brandl mein Name – Leitung Bereich Recht und Rechtspolitik der ver.di-Bundesverwaltung in Berlin.

Ich würde gerne noch kurz an meinen Beitrag von gestern anknüpfen und noch ein, zwei Punkte auch zum Thema Kündigungsschutz und Arbeitszeitrecht sagen. Mir war nicht klar, dass wir so schnell zum Thema tarifdispositives Recht wechseln, weil es so wenig Redebeiträge zu dem ersten Thema heute morgen auf der Agenda gab. Deswegen würde ich das gerne noch vorschalten.

Erstens zum Thema Kündigungsschutz: Punkt 5 – gestern noch Punkt 4 – der Beschlussfassung sieht vor, den Kündigungsschutz für Spitzenverdiener, so werden sie genannt, hin zu einem reinen Abfindungsschutz zu deregulieren. Das halten wir für verfassungswidrig. Ich habe das gestern schon erwähnt. Es gibt ein Gutachten des ehemaligen BAG-Richters Burghard Kreft, der dort einschlägig beschreibt, warum das reine Festmachen an Einkommensgrößen schon nicht geeignet ist, um daran einen schlechteren Kündigungsschutz anzuknüpfen. Das verstößt gegen Art. 12 und 3 Grundgesetz. Was mir bei dieser Diskussion fehlt, ist auch die Frage der verfassungsrechtlichen Legitimation der Einschränkungen von Schutzrechten des Art. 12 GG und die Frage der Geeignetheit bzw. Notwendigkeit solcher Reformen. Eva Kocher hat es gestern richtigerweise schon kritisiert – keiner der gestrigen und heutigen Redner, die sich für einen solchen deregulierten Abfindungsschutz einsetzten, haben beschrieben, warum das notwendig sein soll. Keinerlei Empirie wurde vorgetragen, warum wir unbedingt für diesen Bereich den Kündigungsschutz deregulieren sollten, was zudem auch die Gefahr mit sich bringt, dass es ohne Weiteres zu weiteren Absenkungen von Vergütungsstufen und damit langfristig zur Ausweitung dieses Vorhabens auf weitere Beschäftigtengruppen kommt. Zur Empirie: Es gibt zahlreiche valide Studien, die belegen, dass nur in 10 % aller jährlich beendeten Arbeitsverhältnisse Abfindungen gezahlt werden – so ist der Kündigungsschutz in

Deutschland heute. Darin sind Abfindungen aus Aufhebungsverträgen und Klageverfahren bereits enthalten. Kläger die zu Gericht gehen, erhalten in 50 % der Fälle Abfindungen. Das ist deutlich mehr, aber es klagen auch nur 11 % der Gekündigten gegen ihre Kündigung, damit sind es 50 % von 11 %, die eine Abfindung erhalten. Die Studien belegen auch, dass der Kündigungsschutz in Deutschland kein Einstellungshemmnis ist; er verhindert weder Einstellungen noch notwendige Entlassungen. Deswegen sind wir der Auffassung, dass wir bei diesem Vorhaben, das jetzt auch im Entwurf des Zukunftsfinanzierungsgesetzes II steht, behutsam bei der Abstimmung sein sollten. Wir sollten dieses Vorhaben besser nicht begleiten und forcieren.

Zum Thema Arbeitszeit: Es ist in Punkt 6 – vorher war es Punkt 5 der Beschlussfassung – vorgesehen, die Ausnahmen vom Arbeitszeitgesetz im § 18 ArbZG weiter zu erweitern, so auf Personen mit selbstständiger Entscheidungsbefugnis heißt es dort. Dieses Vorhaben dürfte meiner Meinung nach unionsrechtswidrig sein. Art. 17 der EU-Arbeitszeitrichtlinie, der in diesem Kontext immer wieder zitiert wird, lässt das gar nicht zu. Wir haben viele Juristen in Deutschland, inklusive der Gewerkschaften, die richtigerweise sagen, dass der bereits heute existierende § 18 ArbZG – die generelle Ausnahme von leitenden Angestellten – schon unionsrechtswidrig ist. Das noch zu erweitern, dafür bietet sich keinerlei Grund, Anlass oder Rechtfertigung. Weil, was steht in Art. 17 dieser Richtlinie? Erstens sieht Art. 17 keine völlige Herausnahme vor, sondern lediglich Möglichkeiten der Abweichung von Höchstarbeitszeiten, Ruhezeiten, nicht jedoch die völlige Herausnahme von Personengruppen und wenn wir sie herausnehmen, dürfen wir nur die herausnehmen, deren Arbeitszeit völlig frei bestimmbar ist, oder bei denen aufgrund der Besonderheit ihrer Tätigkeit die Arbeitszeit nicht messbar ist. Und da sagt selbst der EuGH, dass das begrenzt zu handhaben ist. Deswegen ist die generelle Herausnahme dieser Personen weitgehend unzulässig.

Zum Thema tarifdispositives Recht: Ich bin gerade zitiert worden, wir bleiben allerdings trotz alledem bei unserer Meinung der Ablehnung des Ausbaus von tarifdispositivem Recht – aus Ihrer Sicht „leider", aus unserer Sicht berechtigt. Wir haben bereits heute viele Regelungen tarifdispositiven Rechts, das Befristungsrecht, was angeführt wurde, das Arbeitszeitgesetz usw. In der Regel werden tarifdispositive Regelungen genutzt, um von gesetzlichen Mindeststandards nach unten abzuweichen, das sehen wir nach wie vor nicht als unsere Aufgabe an. Und Herr Wolf hatte gestern zurückgehende Mitgliederzahlen der Gewerkschaften erwähnt. Wir haben diesbezüglich sicherlich noch Luft nach oben, was unsere Mitgliederstärke angeht. Daran arbeiten wir täglich. Was Herr Wolf nicht erwähnt hat, ist die immer mehr zunehmende Zahl von OT-Mitgliedschaften. Bereits mehr als die Hälfte der Unternehmen bei Gesamtmetall ist heute in OT, also ohne Tarifbindung. Ich denke, wir sind uns einig, dass wir die Tarifbindung stärken müssen. Die Frage ist der Weg dahin – sicherlich nicht über OT und die Nutzung tarifdispositiven Rechts. Ein Weg zu mehr Tarifbindung wäre aus unserer Sicht z.B. die Umsetzung von Art. 4 und 5 der EU-Mindestlohnrichtlinie – so die Einführung eines nationalen Aktionsplans, die Erleichterung von Tarifverhandlungen und Ähnliches. Es wurde zudem immer wieder die Frage der Bezugnahme erwähnt – die Möglichkeiten arbeitsvertraglicher Bezugnahmen. Herr Höpfner, Sie hatten es glaube ich gerade gesagt – die Eröffnung des tarifdispositiven Rechts auch für Bezugnahmen. Meine Antwort darauf lautet Nein, weil wenn überhaupt tarifdispositives Recht, dann zum einen nur unter Wahrung des Gesamtschutzes, siehe dazu auch der EuGH zum Thema Leiharbeit. Zum anderen sollte es kein tarifdispositives Recht für nicht Tarifgebundene über arbeitsvertragliche Bezugnahmen geben, denn auch die Bundesregierung sagt, Ziel tarifdispositiven Rechts müsse die Stärkung der Tarifbindung und Tarifautonomie sein, dann ist für die Nutzung tarifdispositiven Rechts aber auch originäre Tarifbindung erforderlich, wenn ich von Abweichungen nach unten vom Gesetz Gebrauch machen möchte.

Und ein letzter Punkt – er steht nicht in den Beschlussvorschlägen oder in Beschlussanträgen, aber im Gutachten: Die Gleichstellung kirchlicher Regelungen mit Tarifverträgen – auch das lehnen wir ab. Kirchliche AVRs sind AGBs und keine Tarifverträge und deshalb nicht von oder in das tarifdispositive Recht einzubeziehen.

Vielen Dank.

Gutachter:

Ganz lieben Dank, dass ich die Gelegenheit habe, zu zwei bis drei Dingen noch einmal etwas zu sagen. Vielleicht auch einiges zu dem, was gestern bereits zum Arbeitnehmerbegriff noch vorgetragen worden ist.

Georg Annuß hat gesagt, wir sollten genauer hinschauen bei dem arbeitsrechtlichen Schutz. Das ist genau mein Vorschlag. Da sind wir und in der Sache einig. Wir sollten genauer hinschauen, und genauer hinschauen kann nicht der Gesetzgeber, der kennt die Verhältnisse vor Ort nicht präzise und er kann auch nicht mit der Geschwindigkeit, mit der sich die Arbeitswelt ändert, die gesetzlichen Grundlagen immer wieder anpassen. Genau hinschauen können nur des Tarifvertrags- und die Betriebsparteien und deswegen sollten sie es sein, die hier die weiteren Aufgaben übernehmen können und sollen, so, wie ich das im Gutachten vorgeschlagen habe.

Natürlich wird das Recht dadurch nicht weniger komplex, sondern es wird komplexer, das ist völlig klar. Abgestufter Schutz kann übrigens auch heißen, dass auch Selbständige in bestimmte Schutzmechanismen einbezogen werden. Als Beispiel: Die Spanier haben durch eine Ergänzung des Arbeitsgesetzbuches vor zwei Jahren das „ley rider", das sog. Rider-Gesetz – also das Gesetz über die Rechte der Fahrradkuriere – implementiert, wo geregelt wird, dass die Auftraggeber – vor allem die Plattform-Auftraggeber, die selbständige Fahrradkuriere einsetzten – für die Fahrradkuriere eine Haftpflicht- und eine Unfallversicherung abschließen müssen und sie schulen müssen über die Gefahren des Straßenverkehres. Also, man kann auch Schutzmechanismen nicht nur für Arbeitnehmer, sondern auch für bestimmte prekäre Selbstständige einziehen. Stichwort wäre etwa eine Unfall- und Haftpflichtversicherung für selbstständige Fahrradkuriere. Auch das ist möglich.

Zu Artikel 17 der Arbeitszeitrichtlinie, die gerade nochmal angesprochen worden ist: Da stehen in Absatz 1 Buchstabe a) die leitenden Angestellten. Sie stehen dort ausdrücklich drin und von daher habe ich wenig Bedenken, dass der deutsche Gesetzgeber die Richtlinie an dieser Stelle ordnungsgemäß umgesetzt hat. Er hat die Richtlinie an einigen Stellen nicht ordnungsgemäß umgesetzt, dafür hat er in vielen anderen Stellen aber deutlich mehr getan, als er müsste. Das hat in Deutschland gute historische Gründe, aber diese Gründe, die für die damals historischen Verhältnisse gegolten haben, müssen ja nicht für alle Zeiten und alle Arbeitsverhältnisse auch heute gelten.

Deswegen auch hier mein Plädoyer: Mehr Freiheit wagen! Gebt den Tarifparteien mehr Rechte zurück. Artikel 9 Abs. 3 GG ist dafür da, dass die Arbeitsbeziehungen im Wesentlichen durch die Kollektivvertragsparteien geordnet werden. Das, was wir in den letzten Jahren zunehmend beobachten, dass der Gesetzgeber immer mehr Regelungsbereiche an sich zieht und den Tarifvertragsparteien unter einem Gesetz, das noch dazu „zur Stärkung einer Tarifautonomie" benannt wird, in Wahrheit Tarifautonomie entzieht. Das ist nicht sachgerecht, da müssen wir von runter. Der Weg darf so nicht – von Verfassungswegen „darf" er natürlich – aber er sollte aus meiner Sicht so nicht weiter bestritten werden. Stattdessen sollten wir den Tarifvertragsparteien hier mehr Spielräume zurückgeben. Das hat glücklicherweise bei den Allermeisten von denen – und damit bin ich bei dem, was gerade diskutiert worden ist – bei den Allermeisten, von denen, die hier gerade gesprochen haben, großen Anklang gefunden. Sie alle trauen selbstverständlich den Tarifvertragsparteien zu, die Dinge in die Hand zu nehmen. Clemens Höpfner hat darauf hingewiesen, Bezugnahmeklauseln sollten möglich sein. Da stimme ich Dir völlig zu, Clemens, soweit der Arbeitgeber selbst tarifgebunden ist oder jedenfalls das gesamte Tarifwerk Bezug nimmt. Die fehlende Tarifbindung der Arbeitnehmer wird man durch Bezugnahmeklauseln ersetzen dürfen. Die fehlende Tarifbindung des Arbeitgebers, aus meiner Sicht, demgegenüber nicht. Denn wenn wir eine – das Ziel ist ja auch, jedenfalls nach meiner Überlegung – eine Stärkung der Tarifbindung erreichen wollen, geht das nur so. Tarifbindung, in diesem Sinne, meint dann eben auch die bloße Geltung des Tarifvertrages ohne die Bindung an sich. Also die arbeitsvertragliche Bezugnahme auf den Tarifvertrag, die durch den Arbeitgeber typischerweise formularmäßig gesetzt wird, und diese Möglichkeit sollte weiter offenbleiben. Nur ist sie eben nur dann sichergestellt, wenn der Arbeitgeber seinerseits der Bindung unterliegt, und das nicht zu seiner freien Disposition steht. Von daher haben wir da möglicherweise eine kleine Divergenz. Richtig ist natürlich, dass wir in vielen der modernen Bereiche der selbstständig tätigen Dienstleister bislang jedenfalls überhaupt gar keine Tarifverträge haben. Dass wir da tarifvertragsfreie Zonen haben, das ist keine gute Entwicklung. Dass es im Bereich mancher freien Berufe bis heute nicht gelungen, ist, Tarifverträge abzuschließen. Aber möglicherweise ergeben sich ja gerade durch die dann hier durch den Gesetzgeber eröffneten Möglichkeiten, vom Gesetz abzuweichen, Chancen für die Bildung neuer Tarifvertragssysteme, die sich bislang nicht entwickeln konnten. Weil vielleicht bislang keine Notwendigkeit bestand. Wenn als Gegenbeispiel immer die Leiharbeit und die Abweichungen vom AÜG genannt worden sind, dann muss ich dem ganz klar entgegensetzen: das war damals keine Gewerkschaft. Das war ein Verein, der so getan hat, als wäre er eine Gewerkschaft, und der Verträge abgeschlossen hat, die er Tarifverträge genannt hat. Aber die CGZP war eben keine Gewerkschaft und da muss man dann eben auch ganz klar sagen: Missbrauch lässt sich leider nicht immer verhindern, aber das sehen wir in ganz vielen anderen Bereichen auch. Aber dass es in Einzelfällen zu Missbrauch gekommen ist, heißt nicht, dass die Idee, den Tarifvertragsparteien mehr Spielräume einzuräumen, deswegen im Kern fehlerhaft ist.

Ein letzter Punkt zum Kündigungsschutz: Das ist ja der einzige Bereich, in dem jedenfalls das Gutachten vorschlägt, auch durch Individualvertrag vom geltenden Recht abzuweichen. Im Übrigen schlägt das Gutachten ausschließlich vor, dass es den Tarifvertrags- oder in weniger wichtigen Bereichen den Betriebsparteien überlassen wird, vom Gesetz abzuweichen. Der Kündigungsschutz ist der einzige Bereich, bei dem auch eine Vertragsdispositivität vorgeschlagen wird – für einen sehr kleinen Kreis von Arbeitnehmerinnen und Arbeitnehmern, 180.000 Euro brutto plus, das ist eine extrem kleine Zahl, noch dazu dürfte die Zahl derer, die gewerkschaftlich dort organisiert sind, vermutlich gen Null tendieren. Es mag Einzelne geben, aber es wird nicht Viele geben, die in diesem Bereich gewerkschaftlich organisiert sind. Wenn Sie darauf hingewiesen haben, dass bislang eben nur sehr wenige Kündigungsschutzrechtsstreitigkeiten oder Auseinandersetzungen über die Beendigung des Arbeitsverhältnisses mit einer Abfindung enden, dann kann ich hier nur sagen: Der Vorschlag ist ja gerade: Das Opt-out aus dem Kündigungsschutzgesetz ist verbunden mit der zwingenden Zusage einer Abfindung in der Höhe, in der Betriebsleiter und Andere auch heute schon einem Auflösungsantrag des Arbeitgebers ohne Begründung entgegensehen, weil § 14 Abs. 2 Kündigungsschutzgesetz eben hier einen begründungslosen Aufhebungsantrag ermöglicht. Für diesen Personenkreis ist dann eben eine Abfindung fest vorgeschrieben und dann vertraglich vereinbart. Von daher haben wir eine Lösung, die in den allermeisten Fällen schon heute so praktiziert wird. Ich sehe also nicht, dass wir da einen substanziellen Verlust haben. Sondern wir haben für einen kleinen Kreis von Beschäftigten die Möglichkeit, Vertragsautonomie zurückzugewinnen. Eine Verletzung von Artikel 12 oder Artikel 3 Grundgesetz sehe ich beim besten Willen nicht. Diese Differenzierung ist dem Gesetzgeber nach meinem Verständnis ganz sicher gestattet. Herzlichen Dank an dieser Stelle.

Prof. Dr. Eva *Kocher*, Frankfurt (Oder):

Da wir nun ja die Diskussion zum Arbeitsrecht abschließen, wollte ich noch zu ein paar Punkten Stellung nehmen. Ich knüpfe an dem an, was gestern häufiger betont wurde: dass wir ganz präzise schauen müssen, wo genau nun Schutzbedarf besteht. Wo es konkret wurde, habe ich leider selten konkrete Argumente und genaue Hinweise gehört. Ein Beispiel sind die vorgeschlagenen Sonderregelungen im Kündigungsschutz für Personen mit besonders hohem Einkommen. Ich habe noch kein Argument gehört, was plausibel machen würde, dass diese eine andere Verhandlungsstärke hätten. Die Risikoträger in Kreditinstituten sind schließlich eine ganz andere Fallgruppe. Hier wird das Einkommen als Indiz für Verantwortung verwendet, und das ist naheliegend und nachvollziehbar. Das heißt aber doch nicht, dass das Einkommen auch ein geeignetes Indiz für eine bestimmte Verhandlungsstärke in der Zeit vor Vertragsschluss wäre. Jedenfalls habe ich dazu noch kein Argument gehört, außer dem allgemeinen Gefühl, wer viel verdient, könne doch Zeiten überbrücken. Aber im Kündigungsschutz geht es eben nicht nur darum; es geht gerade auch darum, die soziale „Veränderungsresistenz“ zu berücksichtigen, die sich daraus ergibt, dass ein Arbeitsverhältnis mit dem Leben von Menschen verflochten ist, mit sozialen Beziehungen, Familie etc. Das gibt es auch bei hohem Einkommen.

Der zweite Punkt ist das Europarecht. Klar, auch ich finde nicht alles gut, was die EU und der EuGH machen, und es lässt sich viel kritisieren. Aber wenn man sich nicht komplett lossagen will von der Europäischen Union, sollte man doch konkreter begründen, welche Entscheidung man nun falsch findet und warum. Wenn Entscheidungen auf legitimiertem Weg getroffen wurden, spricht erstmal rechtlich einiges dafür, sie auch umzusetzen und sich an ihnen zu orientieren. Wer dies nicht möchte, braucht auf die konkrete Regelung bezogene Sachargumente.

Zuletzt zur Tarifdispositivität: Herr Höpfner meint, gegen Tarifdispositivität spreche nichts. Naja, so einfach ist es nicht. Wenn der Gesetzgeber eine Regelung trifft im Arbeitsrecht, eine zwingende Regelung, dann muss er das verfassungsrechtlich rechtfertigen. Und in der Regel geht der Gesetzgeber davon aus, dass der jeweilige gesetzliche Schutz erforderlich ist, im Arbeitsrecht in der Regel zum Schutz für die in § 611a BGB erfassten Vertragsverhältnisse. Wenn der Gesetzgeber dann gleichzeitig Tarifdispositivität vorsieht, delegitimiert er letztlich die eigene Regelung. Wenn man nicht Individualvertragsdispositivität vorsehen will, also vom zwingenden Charakter absehen, sollte man doch konkreter sagen, was genau der Sinn und Zweck der Tarifdispositivität im konkreten Fall sein soll. Förderung der Tarifautonomie kann es jedenfalls nicht sein, wie ich dargestellt habe; es gibt keinerlei Hinweise, dass das funktionieren würde. Die Geschichte in der Arbeitnehmerüberlassung hat ja gezeigt, wohin Tarifdispositivität führen kann, wenn sie deutliche ökonomische Anreize setzt. Für die CGZP ist ja erst acht Jahre nachdem die Regelung erlassen wurde, festgestellt worden, dass sie keine Gewerkschaft war; in der Zwischenzeit bestand jahrelang ein rechtswidriger Zustand. Und zur These, man könne Missbrauch nicht verhindern: Man kann vermeiden, Anreize für Missbrauch zu setzen. Weitgehende Öffnungsklauseln in einem Bereich, der real tatsächlich ein wichtiger Kostenfaktor ist, stellen deutliche Anreize dar. Solche Anreize kann man und sollte man vermeiden. Zuletzt das Argument, die Tarifparteien wüssten es besser. Auch da müsste man genauer sagen, was genau und wie und wo. Dazu habe ich wenig gehört. Wenn wir sagen, der Arbeitnehmerbegriff in 611 a BGB ist im Prinzip gut geeignet, Abhängigkeit zu beschreiben, dann müsste man auch konkret formulieren, was genau in dem Bereich, über den wir hier ja sprechen, eigentlich die Tarifparteien besser wissen. Sie können sicher Modifikationen von gesetzlichen Ansprüchen regeln. Aber in Fragen, in denen Dispositivität erhebliche Anreizwirkungen für Missbrauch mit sich bringt, also in zentralen Fragen wie Entgelt, Kündigungsschutz, Arbeitszeit, da ist Tarifdispositivität nicht das richtige Instrument.

Gutachter:

Martin, darf ich einen Satz kurz erwidern? Frau Kocher hat im Ansatz völlig richtig gesagt: Jeder Eingriff des Gesetzgebers und auch jede arbeitsrechtliche Regelung des Gesetzgebers bedarf einer verfassungsrechtlichen Legitimation. Ich würde sagen, das Legitimationsbedürfnis ist aber geringer, wenn ich tarifvertragliche Abweichungen ermögliche, weil dann die Angriffsintensität geringer ist. Weil es eben die Möglichkeit verschafft, auch den Tarifvertragsparteien von dem Eingriff, den der Gesetzgeber vorgenommen hat, dort abzuweichen, wo sie es für gerechtfertigt halten. Ich halte also das Legitimationsbedürfnis für geringer und nicht für größer.

Prof. Dr. Eva *Kocher*, Frankfurt (Oder):

Der Eingriff in die Tarifautonomie ist geringer, aber der Eingriff in die Vertragsfreiheit der Nicht-Tarifgebundenen bleibt ja derselbe.

Rechtsanwalt Prof. Dr. Georg *Annuß*, LL.M., Regensburg:

„Und wie nach Emmaus weiter ging's mit Geist- und Feuerschritten, Prophete rechts, Prophete links, das Weltkind in der Mitten". Herr Brücher, Sie haben gesagt, ich sei ein Arbeitgeberlobbyist. Ich glaube, das beruht auf einem Grundmissverständnis. Und dieses Grundmissverständnis führt dazu, frei nach Schulz von Thun und seiner Vorstellung eines Kommunikationsquadrats, dass Sie etwas auf eine Weise hören – Gleiches gilt für Frau Kocher – wie ich es nicht gesagt habe. Ich habe nicht gesagt, dass das Arbeitsrecht verfassungswidrig sei. Ich habe gesagt, dass Arbeitsrecht notwendig sei; dass arbeitsrechtlicher Schutz notwendig sei, um die Individualität des Einzelnen zu sichern – seine Selbstverwirklichungsinteressen und seine Persönlichkeitsinteressen zu sichern. Die Frage ist nur, und das ist ein gesellschaftlicher Aushandlungsprozess, wie wollen wir sie sichern und inwieweit wollen wir sie sichern. Sehr schön zum Ausdruck gebracht hat unseren Dissens Frau Salzburger. Sie hat gesagt, Recht müsse Recht bleiben und dürfe sich nicht verändern. Das ist nicht meine Vorstellung von Recht. Meine Vorstellung von Recht ist, dass wir mittels Recht unser Zusammenleben miteinander regeln, und wenn sich die sozialen Bedingungen ändern, müssen wir auch frei darüber nachdenken, inwieweit wir unser Recht verändern, und nicht nur darüber, ob wir innerhalb des bestehenden Rechtsrahmens einzelne Affiliationen ändern, hinzufügen oder weglassen. Lassen Sie uns einmal zurückschauen in das Buch „Die Frau und der Sozialismus" von August Bebel. Was hat Bebel da getan? Er hat gesellschaftliche Verhältnisse beschrieben, die dringend einer Änderung bedürfen, was damals aber nicht mehrheitsfähig war. Aber es ist Mehrheit geworden, was er damals für richtig hielt, weil es irgendwann unumgänglich und selbstverständlich war, weil es dann zu den geänderten gesellschaftlichen Vorstellungen passte. Und darum möchte ich werben, dass wir darüber diskutieren, inwieweit die geänderten gesellschaftlichen Verhältnisse eine Veränderung des Rechtsrahmens erfordern. Mit Blick auf These 5: Herr Brücher, Sie sagten, es passe nicht zur Realität, wenn ich fordere, Ziel solle eine Betrachtungsweise sein, die im Arbeitsverhältnis darauf aus ist, dass wir einen egalitären Umgang miteinander haben; dass wir freie und gleiche Menschen haben, die da miteinander umgehen. Ja, dass das zur Realität nicht passt, mag ja sein, aber dann ist doch die Frage, inwieweit müssen wir unterstützen und wo müssen wir eingreifen, um das zur Realität zu machen. Und Frau Kocher, bitte auch da müssen wir genau hinschauen: die internationale Diskussion und gerade auch die gewerkschaftlich geführte internationale Diskussion. Der Beitrag von Jens Schubert in der NZA hat es doch schön gezeigt, aber wir könnten es im internationalen Kontext noch viel weiter ausführen, Herr Weiß, ich hätte Sie hier vermutlich als Zeugen, dass dort ganz wesentlich artikuliert wird, dass der Menschenwürde-Aspekt im Vordergrund steht – und das ist mein Ansatz. Ich möchte darüber sprechen, wie wir miteinander die Würde des Einzelnen im Arbeitsverhältnis sichern können. Meine These ist, dass wir das Ganze bislang in einer Weise aufgesetzt haben, dass es nicht funktioniert, da wir viel Relevantes ausblenden. Und ja, bitte sehen Sie es mir nach, dass ich so viele Worte brauche, aber es ist notwendig, um meine Botschaft rüberzubringen. Die mögen Sie für falsch halten, aber die Botschaft ist mir wichtig. Und ja, bei der rechtspolitischen Gestaltung haben wir Rigiditäten – auf der einen Seite nämlich die Gewerkschaften, Prophete links, und auf der anderen Seite die Arbeitgeberverbände, Prophete rechts, die eigene Interessen haben, und zwar daran, dass der Status quo erhalten bleibt. Wir müssen aber über den Status quo und das bestehende System hinausdenken, deswegen brauchen wir für die rechtspolitische Gestaltung ein Weltkind in der Mitten.

Dann nur noch ein Wort zur Tariföffnung: Es ist ja irre, und da bin ich ganz bei Ihnen Herr Döhring, es ist irre, dass wir über Abweichungen nach unten diskutieren. Stellen wir uns wirklich vor, Arbeitnehmer gehen auf die Straße und streiken dafür, dass wir nach unten abweichen von Gesetzen? Was für Situationen sind das denn, wo wir über Abweichungen nach unten nachdenken? Das sind Situationen, wo wir erkennen, dass im zwingenden Arbeitnehmerschutzrecht Rigiditäten bestehen, die der Lebenswirklichkeit nicht mehr gerecht werden, weil wir marktstarke Arbeitnehmer oder eigeninteressierte

Arbeitnehmer haben, die sagen: dass passt für unser Arbeitsverhältnis nicht. Die richtige Konsequenz daraus kann aber doch nur sein – und da sind wir uns im strukturellen Ansatz einig, Frau Kocher, die richtige Konsequenz kann doch nur sein, dass wir sagen, Arbeitnehmerschutzrecht darf zwingend nur so weit gehen, wie es notwendig ist, um den Mindeststandard zu sichern. Dann sind wir auch bei der verfassungsrechtlichen Rechtfertigung. Sie verlangt, dass wir über die Schaffung eines gesetzlichen Mindestschutzes hinaus Raum lassen für tarifautonome Gestaltung, wo wir dann auch das Eigeninteresse des Mitarbeiters aktivieren können. Und dann sehen wir auch, warum die Gewerkschaften so schwach sind – da werden sie rebellieren, wenn ich das sage: weil der gesetzliche Arbeitnehmerschutz so hoch gezogen wurde, dass es kein ausreichendes Eigeninteresse an kollektiver Autonomie mehr gibt.

Vorsitzender:

Vielen Dank, wir verlassen jetzt weitgehend das Arbeitsrecht und wenden uns dem Sozialversicherungsrecht zu. Jedenfalls nach unserem Diskussions- und Zeitplan. Jetzt habe ich Wortmeldungen von Frau Prof. Brosius-Gersdorf. Sie sind die Erste. Sie können schon nach oben gehen, und danach Herr Ritter und Herr Gunkel. Sie können sich schonmal bereit machen und nach vorne begeben.

Prof. Dr. Frauke *Brosius-Gersdorf*, Berlin:

Schönen Guten Morgen, Brosius-Gersdorf, Universität Potsdam.

Zunächst geht mein großer Dank an Herrn Rolfs für das schöne Gutachten. Es ist immer sehr erfreulich, wenn die Sozialrechtler von den Arbeitsrechtlern lernen können. Herr Rolfs und auch Frau Geiger haben dankenswerterweise das wichtige Thema der Einbeziehung von Selbstständigen in die gesetzliche Rentenversicherung angesprochen. Beide nähern sich dem Thema von unterschiedlichen Seiten, liegen aber meines Erachtens inhaltlich sehr nah beieinander, weil sie letztlich beide für eine Altersvorsorgepflicht mit Wahlfreiheit plädieren. Es ist wohl nur eine Frage der Regelungstechnik, ob man das über eine Pflicht zur privaten Altersvorsorge mit Opt-In-Pflicht in die Rentenversicherung bei nicht ausreichender privater Vorsorge macht oder über eine Rentenversicherungspflicht mit Opt-Out-Recht bei ausreichender privater Altersvorsorge. So richtig es natürlich politisch und womöglich auch verfassungsrechtlich ist, dass der Gesetzgeber eine Altersvorsorgepflicht für Selbstständige einführt, so sehr habe ich aber Zweifel an einem Wahlrecht für Selbstständige zwischen privater und gesetzlicher Altersvorsorge. Wenn der Gesetzgeber Selbstständige verpflichtet zur Altersvorsorge, ist er an den Gleichheitssatz des Art. 3 Abs. 1 Grundgesetz gebunden. Der Gleichheitssatz verlangt, dass bei einer Wahlfreiheit für Selbstständige auch Beschäftigte Wahlfreiheit haben müssen zwischen gesetzlicher und privater Altersvorsorge. Und zwar vor allem dann, wenn die Altersvorsorgepflicht nur für neue Selbstständige gelten soll, wie es im Koalitionsvertrag steht. Eine Wahlfreiheit nur für neue Selbstständige und nicht auch für Beschäftigte ist unter Gleichheitsgesichtspunkten nicht zu rechtfertigen. Sie ist nicht durch Vertrauensschutzgesichtspunkte gerechtfertigt, weil neue Selbstständige noch keine private Vorsorge aufgebaut haben, sodass kein Schutz vor Überlastung und Übersicherung besteht. Neue Selbstständige sind auch nicht unter dem Gesichtspunkt von Sonderlasten zu begünstigen gegenüber Beschäftigten, weil der Gesetzgeber Selbstständigen keine Sonderlasten auferlegt, wenn er sie gleichbehandelt mit Beschäftigten in der gesetzlichen Rentenversicherung. Ich denke, wir sind uns einig, dass auch keine per se geringere Schutzbedürftigkeit von Selbstständigen besteht, weil Selbstständige nicht grundsätzlich eine größere finanzielle Leistungsfähigkeit und mithin keine größere Vorsorgefähigkeit und -bereitschaft haben. Was die sehr großzügige Rechtsprechung des Bundesverfassungsgerichts betrifft, dass der Gesetzgeber an die historische Konzeption der Rentenversicherung anknüpfen und sie fortentwickeln darf, würde ich schon grundsätzlich bezweifeln, ob das ein Argument ist, das zur Rechtfertigung von Ungleichbehandlungen im Sinne des Art. 3 Abs. 1 Grundgesetz taugt. Im Übrigen knüpft aber der Gesetzgeber bei einer Einbeziehung Selbstständiger an die Rentenversicherung auch gar nicht an die historische Konzeption der Rentenversicherung an, sondern bricht mit ihr. Deshalb meine ich, dass zwar sehr viel spricht für eine gesetzliche Verpflichtung Selbstständiger zur Altersvorsorge; der Gesetzgeber muss dann aber entweder auf Wahlfreiheit für Selbstständige zwischen privater und gesetzlicher Altersvorsorge verzichten oder eine solche Wahlfreiheit auch für Beschäftigte vorsehen. Von einem Wahlrecht zwischen Rentenversicherungspflicht und privater Vorsorge für alle Erwerbstätigen kann man aber nur abraten. Politisch spricht dagegen die finanzielle Stabilität der Rentenversicherung. Und verfassungsrechtlich sehe ich die Gefahr, dass es zu einer negativen Risikoselektion kommt und die Möglichkeiten der Umverteilung innerhalb der Rentenversicherung geschmälert werden. Das knabbert dann am Solidarprinzip. Und damit bekommen wir nicht nur verfassungsrechtliche, sondern auch unionsrechtliche Probleme. Vielen Dank!

Abteilungsleiter Jürgen *Ritter*, Dallgow-Döberitz:

Meine sehr geehrten Damen und Herren, mein Name ist Jürgen Ritter, Abteilungsleiter bei der Deutschen Rentenversicherung Bund in Berlin. Es geht mir um die These 13 in dem Gutachten von Prof. Dr. Rolfs „Beschäftigte mit einem Arbeitsentgelt oberhalb der Beitragsbemessungsgrenze in der gesetzlichen Rentenversicherung sollten die Möglichkeit des „Opt-out“ zugunsten einer gleichwertigen privaten Alters- oder Invalidenvorsorge haben“. Diese These ist jetzt im Antrag 12 aufgegangen. Die Forderung knüpft daran an, dass auch für Selbständige die Option eines „Opt-Outs“ geschaffen werden soll. Aus meiner Sicht wird bei der These das Individuum in den Vordergrund, die Solidargemeinschaft in den Hintergrund gerückt. Es wird von einer Annahme ausgegangen, die selbst wieder auf einer These beruht, nämlich der These, es gäbe Personen die allein aufgrund der Tatsache, dass sie über ein hohes Arbeitseinkommen verfügen, nicht den Schutz der Sozialversicherung benötigten. Diese These und die daraus abgeleitete Forderung der Schaffung eines „Opt-outs“, wird von der Deutschen Rentenversicherung aus verschiedenen Gründen nicht unterstützt. Ein Grund ist, dass, je größer die Basis der Solidargemeinschaft ist, desto besser die Risikostreuung ist. Dies trägt zur Stabilität der Rentenversicherung bei. Immer neue und weitere Ausnahmen von der Pflichtversicherung stellen das System einer Pflichtversicherung insgesamt in Frage. Lassen Sie mich dies nachfolgend kurz begründen. In dem Gutachten wird davon ausgegangen, dass die Herausnahme von besserverdienenden Personen aus dem System des gesetzlichen Rentenversicherung vorübergehend zwar mit finanziellen Einbußen für die Rentenversicherung verbunden sei. Langfristig sei aber zu berücksichtigen, dass den dann ausbleibenden Beiträgen keine Leistungsausgaben gegenüberstehen. Angesichts der deutlich höheren Lebenserwartung von Personen mit überdurchschnittlichem Einkommen, würde ein „Opt-Out“ die gesetzliche Rentenversicherung im Ergebnis sogar entlasten. Das klingt erstmal einleuchtend, aber diese Betrachtungsweise greift zu kurz, da Sie andere Aspekte als die Langlebigkeit ausblendet, wie beispielsweise das geringere Erwerbminderungsrisiko der Personengruppe über der Beitragsbemessungsgrenze oder die geringere Wahrscheinlichkeit, von Umverteilungsmaßnahmen zu Gunsten von Geringverdienern zu profitieren. Auch dies zeigt, dass ein solidarisches System darauf angewiesen ist, dass Risiken austariert werden. Diesem Prinzip entspricht es, dass eine Gruppe Risiken mitträgt, die sich bei einer anderen Gruppe stärker manifestieren. Das bedeutet für die Deutsche Rentenversicherung Solidarität und Stabilität. Letztendlich ist die Einbeziehung der Besserverdienern in die gesetzliche Rentenversicherung im Rahmen einer

Versicherungspflicht Ende der 1960er Jahre in Folge der Sozialenquete Kommission erfolgt. Bis Ende 1967 existiere in der Rentenversicherung der Angestellten nicht nur eine Beitragsbemessungs-, sondern wie heute noch in der Kranken- und Pflegeversicherung, eine Versicherungspflichtgrenze. Anlass für die Streichung war, dass es als erstrebenswertes Modell sozialer Sicherung gesehen wurde, alle Staatsbürger in den Schutz einer Pflichtversicherung einzubeziehen. Auch war es der Wunsch der damals Besserverdienenden in die gesetzliche Rentenversicherung einbezogen zu werden bis zur Beitragsbemessungsgrenze. Also man hat die soziale Absicherung auch dieser Personengruppe gesehen und sich ganz bewusst für eine Hinzunahme der Besserverdienten in die Pflichtversicherung der gesetzlichen Rentenversicherung zu plädieren. Ende der 1960er Jahre wurde dies dann zum Anlass genommen, die jetzige Regelung zu treffen. Damals gab es auch eine Verfassungsbeschwerde gegen diese Regelung, die erfolglos blieb. Aus Sicht der Deutschen Rentenversicherung sollte aus den genannten Gründen auf ein Wahlrecht zwischen gesetzlicher Rentenversicherung und privater Vorsorge unbedingt verzichtet werden. Ein solches Wahlrecht würde zu einer Risikoselektion zu Lasten der gesetzlichen Rentenversicherung und damit der Beitragszahler führen. Personen, für die die private Vorsorge teurer wäre, zum Beispiel wegen eines erhöhten Erwerbsminderungsrisikos oder weil sie das Todesfallrisiko von Angehörigen absichern möchten, würden sie sich für die gesetzliche Rentenversicherung entscheiden, die anderen eher dagegen. Würden man dem Vorschlag folgen, würden sich noch diverse weitere Fragen stellen: „Was soll passieren, wenn der Verdienst die Einkommensgrenze zeitweilig oder dauerhaft unterschreitet beziehungsweise der Betroffene seine Beitragszahlungen in die private Altersversorgung nicht mehr nachkommen kann? Soll er dann wieder in die gesetzliche Rentenversicherung zurück wechseln können? Diese Option würde dazu führen, dass in vielen Fällen ein Wechsel zwischen den Sicherungssystemen entstehen würde. Die hierdurch bedingte Diskontinuität der Versicherungsverläufe würde dem Ziel des Aufbaus einer auskömmlichen Alterssicherung entgegenstehen. Auch die Frage der gleichwertigen Absicherung in der privaten Vorsorge wäre zu thematisieren. Ich nenne hier nur die Finanzierung von Rehabilitationsleistungen, die Berücksichtigung der Zeiten der Kindererziehung oder der Pflege von Angehörigen. Völlig aus dem Blick des Gutachtens geraten sind auch die Lebensläufe mit Teilzeitphasen, die häufig bei Frauen wegen der Kindererziehung vorliegen oder bei denjenigen vorliegen, die ihre Angehörigen pflegen und deshalb in Teilzeit arbeiten, und bei denen eine Befreiung deshalb nicht möglich wäre, wären also mittelbar benachteiligt. Unabhängig von diesen Aspekten wäre auch zu fragen, wie die Beitragsbemessung im privaten Vorsorgesystem erfolgen soll. Bei der Annahme des Gutachtens müsste für das „Opt-out“ der jeweilige Höchstbeitrag der gesetzlichen Rentenversicherung gelten, um eine Gleichbehandlung herbeizuführen. Ich komme nun zum Ende. Im Ergebnis wirft der Vorschlag zur Schaffung eines „Opt-outs“ für Besserverdiener vielfältige, sozialpolitische Fragestellungen auf und bewirkt im Ergebnis, das eine nicht wünschenswerte, sozialpolitische bedenkliche Endsolidarisierung im Bereich der Alterssicherung stattfindet. Er würde im Widerspruch zur Einführung einer Erwerbstätigenversicherung stehen. Wenn der Antrag hier auf eine Gleichbehandlung von Selbständigen und Beschäftigen abstellt, stellt dies keinen Grund für die Geforderte Ausnahme dar. Der Antrag wird deshalb von mir abgelehnt. Vielen Dank!

Rechtsanwalt Alexander *Gunkel*, Berlin:

Meine Damen und Herren, liebe Kollegen und Kolleginnen. Mein Name ist Alexander Gunkel. Ich bin Mitglied der Hauptgeschäftsführung der Bundesvereinigung der Deutschen Arbeitgeberverbände und ehrenamtlich alternierender Vorsitzer der Deutschen Rentenversicherung Bund. Ich möchte Stellung nehmen zu den Beschlussvorschlägen, die neue Kriterien für die Abgrenzung von abhängiger Beschäftigung und selbstständiger Tätigkeit vorsehen. Zunächst: Ich sehe bei beiden Vorschlägen ein gutes Ziel, das ich unterstütze, nämlich Selbstständigkeit zu erleichtern. Aber wie so oft: Was gut gemeint ist, muss nicht zu einem guten Ergebnis führen, und so ist es auch leider hier. Ich möchte meine fünf Grunde nennen, weshalb ich beide Beschlussvorschläge ablehnen werde. Das erste Argument ist, dass die neuen Kriterien, die vorgeschlagen werden, so viel unbestimmte Rechtsbegriffe enthalten, dass sie eine jahrelange, ich befürchte sogar jahrzehntelange Rechtsunsicherheit bei der Abgrenzung von abhängiger Beschäftigung und selbstständiger Tätigkeit bedeuten würden. Wenn Sie allein den Beschlussvorschlag 9 angucken, da befinden sich die Worte „weitestgehend“, „ausreichend“ und „hinreichend“. Ich ahne, wie viel zunächst in Rechtsaufsätzen darüber diskutiert wird, wie lange die Sozialversicherungsträger darüber beraten, was damit gemeint ist. Wie lange es dann dauert, bis wir eine höchstrichterliche Rechtsprechung haben. Also haben wir viel Unsicherheiten, aber das Gegenteil, was Selbstständige brauchen. Außerdem können sich genau diese Kriterien, die die Selbstständigkeit fördern wollen, gegen Selbstständige richten. Nehmen Sie beispielsweise das Kriterium, das im Beschlussvorschlag Nr. 9 vorgesehen ist. Das soll der Nachweis einer hinreichender Altersvorsorge sein. Wie soll denn ein junger Existenzgründer, der erst seinen ersten Auftrag bekommen möchte, wie soll denn so einer eine hinreichende Altersvorsorge haben? Er hat doch kein

Geld verdient. Auch in der gesetzlichen Rentenversicherung haben wir bewusst für Existenzgründer eine besondere Regelung, die sie gerade nicht mit dem vollen Beitrag belasten, sondern sie in der Phase der Existenzgründung entlasten soll. Wer eine hinreichenden Altersvorsorge nicht nachweisen kann, dem würde es dann erschwert werden. Im Umkehrschluss, wenn er diese Kriterien nicht nachweist, könnte darauf geschlossen werden, dass es sich um einen Beschäftigten handelt. Dritter Punkt, auf deutscher, auf nationaler Ebene neue Kriterien zur Abgrenzung von abhängiger Beschäftigung zu selbstständiger Tätigkeit einzuführen, hieße, dass wir einen Konflikt mit dem europäischen Recht riskieren, denn auf der europäischen Ebene haben wir eine Abgrenzung zwischen abhängiger Beschäftigung und selbstständigen Tätigkeit, die vielen rechtlichen Regelungen zu Grunde liegt, was neue Probleme bringen kann. Viertens, wir hatten ja schonmal eine Vermutungsregelung im Sozialgesetzbuch 4, die 1998 eingeführt worden ist, mit den sogenannten Korrekturgesetzen, und die Erfahrung war ein Desaster. Es gab jede Menge Rechtsunsicherheit. Selbstständigkeit ist im Ergebnis erschwert worden. Es gab – und es gibt sie glaube ich noch heute – die Diskussion darüber, wie die damals eingeführte Vermutungsregelung sich zu dem Amtsermittlungsgrundsatz verhält, den wir nicht nur im Verwaltungsrecht, sondern darüber auch im Sozialverwaltungsrecht die SGB X haben, wie beide zusammenpassen. Dieser Konflikt wurde gar nicht mehr ausgetragen, sondern der Gesetzgeber – die rot-grüne Koalition – hat selbst das Fiasko gesehen, was sie angerichtet hat. Die Regelung wurde wieder zurückgenommen. Zu Recht. Fünfter Punkt, wer entscheidet denn, wer muss sich denn mit dieser Regelung, die da vorgeschlagen wird, befassen? Es ist zunächst mal das Unternehmen, entweder als Arbeitgeber oder als Auftraggeber, das entscheiden muss, ob diese Kriterien vorliegen. Das heißt, es muss dann z.B. prüfen, ob eine hinreichende Altersvorsorge vorliegt. Es müsste diese Unterlagen dann auch zu den Lohnunterlagen nehmen. Das müsste dann von der Rentenversicherung, von der Betriebsprüfung, geprüft werden. Die müsste sich dann die Unterlagen zu verschiedenen Versicherungen vorlegen lassen. Und genauso auch beim Statusfeststellungsverfahren, das auch von der Rentenversicherung durchgeführt wird, müssten diese Kriterien dann zusätzlich geprüft werden. Das alles würde bedeuten: neue Bürokratie und auch Kostenaufwand. Ich glaube, dass ist das letzte in der aktuellen wirtschaftlichen Situation, das wir brauchen. Heute Vormittag wird im Deutschen Bundestag, wie ich höre, das „Bürokratieentlastungsgesetz 4“ beschlossen. Ich glaube der Deutsche Juristentag ist gut beraten, an diesem Tag nicht das gegenteilige Signal zu senden und neue Bürokratie vorzuschlagen. Vielen Dank.

Vorsitzender:

Vielen Dank, Herr Gunkel. Jetzt habe ich noch eine Wortmeldung von Frau Dr. Haußmann vor der Pause. Sie will nochmal etwas zu den Tarifvertragsparteien sagen, wenn ich es richtig verstanden habe bzw. richtig lesen kann auf der Diskussionsmeldekarte. Und zur Bedeutung der Digitalisierung. Um 11 Uhr wollen wir dann in die Pause gehen.

Rechtsanwältin Dr. Katrin *Haußmann*, Stuttgart:

Also es soll wirklich nur eine Anregung sein, ein Gedanke, eine Frage auf den Weg, was die Realität, auch die technischen Realitäten angeht. Und auch die Frage von Frau Kocher, wozu eigentlich die Tarifautonomie hier hilfreich sein könnte, wo wir hier etwas einsetzen könnten. Das ist die Überschrift. Ich wollte nur nochmal vor Augen führen, und die Diskussion um die Plattform-Arbeitsverhältnisse und Beschäftigungsverhältnisse zeigt es ja sehr stark, dass ganz viel, was wir hier unter abstrakten Kriterien besprechen, sich in technischen Applikationen abspielt. Der gesamte Einsatz wie z.B. dieser Beschäftigten im weiteren Sinne, um deren Einordnung im Arbeitsrecht und dem Sozialversicherungsrecht wir streiten. Das sind Applikationen, die auswerfen, was jemand für Einsatzangebote bekommt. Die Effekte programmiert haben, wenn solche Einsätze angeboten werden. Beispielsweise bei solchen Essenslieferanten, wenn die von den Belieferten negativ bewertet werden. Attraktivere Angebote, was die Dienstplaneinsätze angeht. Also da mischen sich Einsatzbereitschaft und Einsatzangebote, Leistungsbewertungen, Verdienstmöglichkeiten in einer Weise in technischen Algorithmen in den Applikationen, dass ich mich die ganze Zeit frage, wie beurteilen Sie das eigentlich beim Bundessozialgericht oder beim Bundesarbeitsgericht noch? Was macht eigentlich die deutsche Rentenversicherung mit diesen Dingen? Hat jeder, der diese Dinge kriterienkonform formuliert, der Richtlinien formuliert, der Ausführungsanweisungen formuliert; hat der eine Vorstellung, wie es in diese Applikation reinkommt oder wie sie die Informationen dieser Applikationen rausbekommen? Und ist die Art, wie Sie darüber sprechen, noch zeitgemäß, oder braucht die deutsche Rentenversicherung vielleicht demnächst eine Applikation, die sich andockt an diese Einsatzapplikationen, und hat dann so ein Parameter, mit denen die Einsätze zugeordnet werden. Also ich möchte es nicht übertreiben, die Zeit ist auch rum, aber ich wollte nur diesen Aspekt nochmal reingeben, weil ich nicht sehe, wo Sie es eigentlich sehen können und vielleicht ist die Musiklehrerin von Herrenberg eigentlich auch nur eine Plattform.

Vorsitzender:

Ja, vielen Dank! So es ist jetzt eine Minute vor 11.00 Uhr. Ich denke, wir können jetzt die Kaffeepause antreten. Vielleicht richten Sie sich so ein, dass Sie um 11.20 Uhr wieder hier sind. Dann können wir die Diskussion fortsetzen.

Fortsetzung der Diskussion

am 26. September 2024 vormittags
(anwesend etwa 147 Teilnehmerinnen und Teilnehmer)

Vorsitzender:

Meine sehr geehrten Damen und Herren,

ich würde Sie bitten, Platz zu nehmen. Wir fahren jetzt mit den Verhandlungen fort. Es tut mir leid, es hat wegen der Finalisierung der Beschlussvorlage etwas länger gedauert, aber dadurch hatten Sie auch die Gelegenheit, Gespräche zu führen und sich auszutauschen. Im Moment wird die endgültige Fassung der Beschlussvorlage produziert und diese uns dann irgendwann erreichen.

Ich gebe es Ihnen dann bekannt. Wir fahren dann fort mit dem Sozialversicherungsrecht. Wir haben Wortmeldungen von Frau Matern, und dann Frau Rixner.

Frau Matern bitte, dann Frau Rixner und als nächstes Herr Kalle. Die zuletzt Genannten können sich schonmal hier nach vorne begeben. Frau Matern bitte.

Verwaltungsdirektorin Beate *Matern*, Berlin:

Sehr geehrte Damen, sehr geehrte Herren, Beate Matern mein Name, zu der richtigen Aussprache, von der deutschen Rentenversicherung Bund.

Zunächst einmal zu den Thesen, jetzt hier zu den Beschlussanträgen 9 und 14. Diese werden von uns nicht befürwortet, also abgelehnt. Und zwar aus den bereits von Herrn Gunkel genannten Gründen. Wir haben insgesamt Probleme hinsichtlich der Bestimmtheit und auch hinsichtlich der Umsetzbarkeit der Vorlagen. Es könnte zwar generell die Idee befürwortet werden, jetzt hier die Problemlage zu entschärfen, auch in Bezug auf den Erwerbsstatus und die gravierenden Folgen – gerade was die Beiträge des Arbeitgebers angeht. Aber so, wie die Vorschläge gefasst sind, sehen wir, dass da viele offene Fragen in Bezug auf das Verhältnis, wenn es in den Betrieben gestaltet wäre, wie vorgeschlagen unter Nummer 9, wie dann das umsetzbar sein sollte.

Wir würden es generell befürworten, überhaupt in den § 7a SGB IV zu übernehmen, aber auch da würde sich dann die Frage stellen, welche Kriterien sind so geschärft, denn das steht ja auch im Raum, es sind schnelle Verfahren gewünscht, aber auch rechtssichere Verfahren.

Mit den so formulierten Kriterien ist es nicht erkennbar. Zum einen, weil wir nunmehr den Willen der Vertragsparteien nehmen. Völlig offen in der Vorschrift bleibt aber, welche Bedeutung diesem Willen der Vertragspartei zukommen soll und auch welche Fragen in welcher Gewichtung der Kriterien berücksichtigt werden. Und insbesondere die Frage der Vorsorge und unter welchen Voraussetzungen hier eine Bedürftigkeit daran schließender Versorgungsregelungen vorgesehen werden kann.

Das sind offene Fragen sowie auch das Verhältnis insgesamt. Dann zu den weiteren Regelungen im Sozialrecht im SGB IV, nämlich zu den einzustellen Prüfungen aber auch bei den Arbeitgeberprüfungen in Bezug auf die Frage: Welcher Maßstab gilt eigentlich jetzt? Dann diese neuen Kriterien, oder weiterhin die Kriterien des § 7 SGB IV, die von der Rechtsprechung weiterentwickelt worden sind. Dies wären lauter offene Fragen, die durch die beiden Vorlagen jetzt hier nicht befriedigend gelöst werden können.

Aus unserer Sicht ganz wichtig in Bezug auf die Altersvorsorge. Wir hatten ja auch das Thema Digitalisierung. Wenn schnelle Entscheidungen erfolgen sollen, müsste es sich zwingend um zertifizierte Verträge handeln, die leicht prüfbar sind, so wie es jetzt im Riester-Verfahren erfolgte. Es müsste sichergestellt sein, dass sie pfändungs- und insolvenzsicher sind, sowie kapitalisierbar. Das geht so auch nicht hervor, aus den Regelungen und ebenso wenig reicht es aus, wenn wir nur die Altersvorsorge und den Krankheitsschutz berücksichtigen. Man müsste auch, und dass sagte Frau Prof. Gersdorf auch schon vorhin, Art. 3 GG mit im Blick haben, wenn ein Opt-Out ermöglicht wird, dann eben zu gleichen Bedingungen. Insoweit ist unseres Erachtens auch ein Erwerbsminderungsschutz zwingend erforderlich neben der Altersvorsorge.

Dann noch weitere Hinweise hier zu dem Antrag Nr. 15. Da wäre es aus unserer Sicht gut denkbar und vorstellbar, dass dann, wenn man da eine Lösung eines Beratungsgremiums möchte, es sinnvollerweise den Spitzenorganisationen der Sozialversicherung – weil es reicht eben nicht, das nur mit dem Blick auf die Rentenversicherung zu wenden, sondern Sozialversicherung betrifft eben auch den GKV-Spitzenverband, also die Krankenversicherung und die Bundesagentur für Arbeit – und insofern wäre das allenfalls ein Weg dort ein entsprechendes Beratungsgremium anzusiedeln. Dann noch die Nr. 16, da ging es um die Frage der Abmilderung der Regelverjährungsfrist, Absenkung auf 2 Jahre, um eben tatsächlich die Folgen für die Arbeitgeber abzumildern. Aus unserer Sicht bedarf es einer solchen gesetzlichen Regelung gar nicht, weil bislang schon im SGB IV die Möglichkeit vorgesehen ist, dass der Arbeitgeber dann tatsächlich eine Art Prüfung jederzeit beantragen kann, wenn er dann wirklich für sich

Bedarf sieht, um bestimmte Risiken zu vermeiden. Das wars, Vielen Dank.

Referentin Pia *Rixner*, Berlin:

Sehr geehrte Damen und Herren, ich bin Pia Rixner, Referentin bei der Bundesvereinigung der deutschen Arbeitgeberverbände.

Ich schlage, vielen Dank auch an Frau Matern, für diesen Präzisierungsvorschlag, folgenden, nochmals präzisierenden Antrag vor: Für die Erleichterung von Statusfeststellungsverfahren wird bei den Spitzenorganisationen im Rahmen der Sozialversicherungen ein gemeinsames, aus Arbeitgebern und Selbstständigen bestehendes Beratungsgremium eingerichtet. Eine kurze Begründung dazu.

Zunächst ist es wichtig, dass wir verlässliche und schnelle Entscheidungen in Statusfeststellungsverfahren treffen können, die auch für die Auftraggeber vorhersehbar und planbar sind. Deswegen schlagen wir dieses Beratungsgremium vor, das die Entscheidungen – also die Entscheidungen der Sozialversicherungsträger, die kommen einmal im Jahr zusammen, sprechen über Entwicklungen und vereinbaren dann gemeinsam die Vorgehensweisen – mit trifft. Hier möchten wir gerne das gegenseitige Verständnis und das Wissen voneinander verstärken. Es kann keine Blackbox sein, was die Spitzenorganisationen miteinander vereinbaren. Es muss aber auch möglich sein, dass wir die Praxis, das reale Leben, in diese Entscheidungen hineintragen und mit hineinwirken lassen.

Und nein, wir haben den Sozialpartner nicht vergessen, aber er ist hiervon nicht betroffen. Deswegen – und ganz ausdrücklich – ein Gremium aus Arbeitgebern/Auftraggebern und Selbstständigen. Das ist ähnlich wie die Arbeitgeberbank z. B. auch über den Beitragssatz der Umlagekassen allein entscheidet.

Auch hier geht es nicht um den Ausschluss des Sozialpartners, hier geht es alleine darum, wer am Ende die Zeche trägt und das ist eben auch im Hinblick auf Statusfeststellungverfahren letztendlich der dann festgestellte Arbeitgeber. Ok, er hat einen Rückforderungsanspruch, aber den halte ich für minimal. Ich wiederhole also nochmal, dass wird diesen Vorschlag machen, um Transparenz und gegenseitiges Verständnis bei den Entscheidungsträgern, aber auch in der Praxis von Auftraggebern und Selbständigen zu stärken. Wenn wir Sie überzeugen konnten, freuen wir uns über Ihre Zustimmung zur Antragziffer 15 in der präzisierten Form. Vielen Dank.

Wiss. Mitarbeiter Dr. Ansgar *Kalle*, Rheinbach:

Sehr geehrte Damen und Herren, mein Name ist Ansgar Kalle. Ich bin Rechtsreferendar und angehender Habilitand in Bonn. Ich möchte mich zum Themenkomplex „Verfahrensrecht" äußern und in dem Zusammenhang erörtern, mit welchen prozessualen Instrumenten eine größere Rechtssicherheit bei der Auslegung des Begriffspaares Arbeitnehmer – Beschäftigter hergestellt werden kann.

Die bisherige Diskussion hat ergeben, dass sich der Beschäftigtenbegriff de lege lata vom Arbeitnehmerbegriff unterscheidet und dass viel dafür spricht, es de lege ferenda hierbei zu belassen. Das Arbeits- und das Sozialrecht arbeiten mit verschiedenen Zielsetzungen, weshalb es teleologisch verfehlt wäre, beide Fachbereiche an dieselbe Begrifflichkeit zu binden. Gleichwohl ist zu konstatieren, dass sich der Arbeitnehmer- und der Beschäftigtenbegriff inhaltlich äußerst nahekommen: Beide knüpfen tatbestandlich an das Weisungsrecht und an die Eingliederung in eine fremde Organisationssphäre an. Zwar erwähnt § 611a BGB das letztgenannte Kriterium anders als § 7 SGB IV nicht ausdrücklich, allerdings wird auch im Arbeitsrecht oft mit dem Kriterium der Eingliederung argumentiert. Dies geschieht mit Recht, denn Eingliederung und Weisung sind eng miteinander verknüpft: eine starke Eingliederung kann Einzelweisungen aus Arbeitgebersicht weitgehend verzichtbar machen. Aufgrund der großen inhaltlichen Nähe ist unbefriedigend, dass sich beide Begriffe in der Arbeits- und in der Sozialgerichtsbarkeit weitgehend unabhängig voneinander entwickeln. Dies kann zu erheblichen Divergenzen in der Statusbeurteilung führen; etwa indem die gemeinsamen Begriffsmerkmale unterschiedlich gewichtet werden. Dieses Phänomen ist in der Praxis zu beobachten: So betont die Arbeitsgerichtsbarkeit vor allem das Weisungsrecht, während die Sozialgerichtsbarkeit in Grenzfällen dem Merkmal der Eingliederung höhere Bedeutung beimisst. Mit welchen prozessualen Hilfsmitteln lässt sich nun größere Rechtssicherheit bei der Statusbeurteilung schaffen?

Eine These der Beschlussvorlage lautet, eine rechtswegübergreifende Feststellung der Arbeitnehmer- bzw. Beschäftigteneigenschaft zu ermöglichen. Das Gutachten sieht dies mit Recht kritisch. Ergänzend zur dort geäußerten Kritik ist anzumerken, dass ein einseitiger Durchgriff auf die jeweils andere Gerichtsbarkeit lediglich begrenzt dazu beitragen kann, auf eine möglichst gemeinsame Begriffsbildung hinzuwirken. Dies ließe sich eher erreichen, indem man einen Dialog zwischen Sozial- und Arbeitsgerichtsbarkeit anregt. Ein solcher Dialog böte ein Forum, auf dem beide Gerichtsbarkeiten gemeinsame Wertungsmaßstäbe entwickeln können. Ferner regte der regelmäßige Austausch dazu an, abweichende Statusbewertungen nur dort vornehmen, wo dies aus fachbereichsspezifischen Wertungen, die transparent zu machen wären, geboten ist. Ein solcher Dialogprozess ließe sich schaffen, indem man den Gerichten in Grenzfällen ähnlich der Divergenzvorlage die Möglichkeit bietet, ein anhängiges Verfahren auszusetzen, um sich mit der jeweils anderen Gerichtsbarkeit über eine Statuszuordnung auszutauschen. Dies stellte eine Option für anhängige Verfahren dar, in denen sich die Frage nach der statusrechtlichen Einordnung stellt. Um außerhalb streitiger Gerichtsverfahren größere Rechtssicherheit zu erreichen, bietet sich an, das Statusfeststellungsverfahren des Sozialrechts dahingehend zu erweitern, dass dort auch die Arbeitnehmereigenschaft festgestellt werden kann. Hierdurch könnten die Vorteile des § 7a SGB IV auch für das Arbeitsrecht fruchtbar gemacht werden. Um dies zu erreichen, rege ich an, das Verfahren an eine beim BMAS angesiedelten Stelle zu übertragen, die sowohl mit Arbeits- als auch mit Sozialrechtlern besetzt ist.

Widersprechen möchte ich ferner der These, wonach eine Vermutung ins SGB IV aufzunehmen ist, kraft derer die Beschäftigung bei Vorliegen bestimmter Kriterien unterstellt wird. Vermutungen dienen im deutschen Prozessrecht vor allem der Überwindung von Beweisproblemen. Daher sind sie auf Tatsachen zugeschnitten. Bei Typusbegriffen wie „Beschäftigter" oder „Arbeitnehmer" ist eine Vermutung indes strukturell verfehlt, da sich dort keine Beweis-, sondern Qualifikationsprobleme stellen. Aus diesem Grund sehe ich auch die im aktuellen Vorschlag der Plattform-RL vorgesehene Vermutung der Arbeitnehmereigenschaft äußerst kritisch. Sollte diese Vermutung gültige Richtlinienvorgabe werden, hielte ich es für die beste Lösung, dass der deutsche Gesetzgeber von einer separaten Vermutungsregelung absieht. Rechtfertigen ließe sich dies dadurch, dass das nationale Beweisrecht bereits hinreichend leistungsfähig ist, um wie von der Plattform-RL bezweckt die Durchsetzung von Arbeitnehmerrechten sicherzustellen. Liegen die in der Plattform-RL genannten vermutungsbegründenden Umstände – Kontrolle und Steuerung – vor, gäbe dies bereits de lege lata ausreichenden Anlass, dem potenziellen Arbeitgeber eine sekundäre Darlegungslast aufzuerlegen, kraft derer er Umstände vorzutragen hat, die für Selbstständigkeit sprechen. Dieser Mechanismus ermöglicht eine hinreichende prozessuale Durchsetzung der materiellen Rechtslage. Überdies bietet er größeren Raum für eine wertende Einzelfallbetrachtung, die bei wertungsoffenen Typusbegriffen von besonderer Bedeutung ist.

Vielen Dank für Ihre Aufmerksamkeit!

Rechtsanwalt Hartmut *Kilger*, Tübingen:

Meine Damen und Herren, mein Name ist Hartmut Kilger. Ich spreche für die Berufsständische Versorgung und, es wird Sie vielleicht verwundern, ich bin völlig einverstanden mit dem, was die Vertreter der Deutschen Rentenversicherung gesagt haben. Denn auch unser System ist ein System der Solidarität im Versichertenkreis. Deswegen kommt die Ziffer 9 aus meiner Sicht überhaupt nicht in Betracht. Wir sind uns einig gewesen zu der Ziffer 11 in Bonn und sie steht auch jetzt wieder auf dem Katalog. Würde Ziffer 9 beschlossen, wäre letztlich die Ziffer 11 aufgeweicht. Der Kreis der Selbstständigen wird dadurch letztlich beschnitten. Ich will mich gar nicht lange aufhalten mit dem offensichtlich mit heißer Nadel gestrickten Wortlaut dieses Vorschlags. Man stößt sich schon am Angang an der Definition für Know-How basierte Dienstleistungen, das würde, wenn ich das englische Wort richtig verstehe, bedeuten, dass sämtliche, der gesamte Personenkreis der Berufsständischen Versorgung, erfasst würde. Ärzte, Anwälte, Steuerberater etc. haben ihre Tätigkeit aufgrund ihres erworbenen Know-Hows und erbringen Dienstleistungen. Und auch zu den übrigen Tatbestandsmerkmalen hat Herr Gun kel und hat Frau Matern ja schon das Notwendige gesagt. Ich würde mich aber auch gegen eine Fassung wenden, die einen verbesserten Wortlaut hätte, denn es führt dazu, dass die Definition der Selbstständigkeit auf einen Bereich beschnitten wird, der sehr viel enger ist als der bisherige. Wir haben eben auch Anwälte, die anfangen und noch nicht viel verdienen. Wir haben Anwälte, die aus Europa kommen und einen kurzen Versicherungsverlauf haben, die vielleicht erst in höherem Alter in die Versorgung gelangen. Wir haben das im Bereich der Ärzte auch. Das heißt diese Frage der ausreichenden und anderweitigen Vergütung, da können wir uns dann lange mit einer gewaltigen Bürokratie, Frau Matern hat das gesagt, streiten, was zutrifft und was nicht zutrifft. Also im Endeffekt sind wird in der Berufsständischen Versorgung, ich glaube da spreche ich für die, die dort tätig sind, dagegen, dass eine Vorschrift dieser oder eine Empfehlung dieser Fassung in die Schlussfassung mit aufgenommen würde. Wir würden dagegen stimmen. Vielen Dank.

Wiss. Mitarbeiter Fabian *Thiele*, Freiburg:

Ja, vielen Dank, Fabian Thiele mein Name. Ich bin wissenschaftlicher Mitarbeiter aus Freiburg. Ich saß zwar bei noch keinem Bundeskanzler auf dem Schoß und ich bin auch kein alter Mann, aber ich bin Kern-Sozialrechtler und als solcher, also dann hoffentlich mit Gründen in der Sache, möchte ich gerne zu Frau Beckers Vorschlag, also der Nr. 9, Stellung beziehen. Rechtspolitik und opportune Vorschläge in allen Ehren, aber ein bisschen Systemkonformität sollten wir schon mit bedenken und so leid es mir tut, dieser Vorschlag ist vollständig systemwidrig. Warum? Kurzer Kontext: Wie funktionieren eigentlich Typusbegriffe?

Typusbegriffe, und zwar teleologisch. Unser Ziel bei Typusbegriffen ist, oder das Ziel des Gesetzgebers, soziale Schutzbedürftigkeit nicht im Einzelfall zu ermitteln, sondern durch eine gesetzgeberische Wertung zu ersetzen und zwar im Fall von § 7 SGB IV, dass wir Schutzbedürftigkeit durch Beschäftigung typisieren. Das bedeutet wir dürfen diesen Begriff nicht teleologisch auslegen. Warum nicht? Der Gesetzgeber hat eine Grundentscheidung getroffen, die dahingeht zu sagen, Selbstständige, und zwar die Personen, die die formalen Merkmale der Selbständigkeit erfüllen, sind nicht schutzbedürftig. Beschäftigte demgegenüber sind schutzbedürftig. Also solche Personen, die die Merkmale der Beschäftigung verwirklichen. Warum ist der Vorschlag vor dem Hintergrund systemwidrig? Nun, der Vorschlag schreibt die fehlende soziale Schutzbedürftigkeit letztlich als Merkmal der Selbstständigkeit fest. Das verkennt aber, dass die soziale Schutzbedürftigkeit, bzw. ihr Fehlen, nicht Voraussetzung, sondern Folge von Beschäftigung und Selbstständigkeit sind. Das bedeutet es liefe darauf hinaus, wenn wir die Höhe der Vergütung als Indiz für Selbständigkeit machen würden, ein Indiz, was die Schutzbedürftigkeit indiziert, zu einem Tatbestandsmerkmal gewissermaßen der Selbstständigkeit zu machen. Das knüpft aber nicht an die Stellung im Arbeitsprozess an, worauf es eigentlich bei der Selbstständigkeit ankommt, sondern das knüpft an die Vorsorgefähigkeit an, also eigentlich an die Rechtsfolge, die unsere Norm gerade erreichen möchte. Was bedeutet das? Naja, es liefe eben auf eine teleologische Auslegung des Begriffs der Selbstständigkeit hinaus. Das geht nicht. Die teleologische Auslegung von Typusbegriffen ist gewissermaßen gesperrt. Das BSG hat ja kurz, das wissen Sie sicher alle, die Höhe des Einkommens bei der Auslegung des Beschäftigtenbegriffs herangezogen, von 2017 bis 2019, hat das dann aber aus guten Gründen wieder gelassen. Das ist nämlich leider einfach systemwidrig. Außerdem ist es ganz schön zirkulär, wenn Sie den fehlenden Schutzbedarf damit begründen, dass das Einkommen hoch ist. Ja, was machen Sie dann? Dann begründen Sie Schutzbedürftigkeit mit Schutzbedürftigkeit bzw. Sie begründen die fehlende Schutzbedürftigkeit damit, dass die Person halt eben gerade nicht schutzbedürftig ist. Dieses Argument ist, ja, eben hochgradig zirkulär. Es mag wertungsmäßig überzeugend sein, ja, aber dann müssen wir eigentlich ehrlich sein. Das Einkommen darf eigentlich bei der Beurteilung der Statusgruppen erstmal keine Rolle spielen, weil das in der Sache auf Sozialschutzbedürftigkeit hinausläuft. Auch wenn ich mir die Fähigkeit zur Eigenvorsorge anschaue, also dass schon eine hinreichende Absicherung besteht, etwa in der Rentenversicherung, soll hier ein Ausschlusstatbestand für Beschäftigung sein und zu Selbstständigkeit führen. Auch das ist zirkulär. Auch begründe ich die Frage nach der Fähigkeit zur Eigenvorsorge, was der Topos ist, der der sozialen Schutzbedürftigkeit zugrunde liegt, letztlich damit, dass ich sage, hier liegt die Fähigkeit zur Eigenvorsorge vor. Auch das ist also zirkulär. Unser Gesetz funktioniert anders. Wenn wir sachwidrige Ergebnisse in Folge der Statusbeurteilung erzielen, dann machen wir das normalerweise über Versicherungspflichtgrenzen, über Beitragsbemessungsgrenzen oder über negative Merkmale in den einzelnen Versicherungszweigen. Denken Sie zum Beispiel an § 2 Abs. 1 Nr. 9, hier wird Solo-Selbstständigkeit gewissermaßen als Voraussetzung der Versicherungspflicht definiert oder eine Unterform der Solo-Selbstständigkeit als Voraussetzung definiert, um eine Rückausnahme sozusagen zu machen davon, dass Selbstständige nicht pflichtversichert sind. Das heißt wir haben hier sozusagen ein negatives Tatbestandmerkmal im Gesetz drin und das wusste der Gesetzgeber auch schon sehr lange. Wenn Sie ein bisschen zurück gucken, es gab früher in allen Versicherungszweigen Negativmerkmale, die die Betriebsgröße indiziert haben bei Selbstständigen, die die Versicherungspflicht ausgeschlossen haben. Also z. B. in allen Versicherungszweigen, in der RVO 1911 gab es Pflichtversicherung für Selbstständige oder zumindest Versicherungsmöglichkeiten für Selbstständige, die einen Betrieb mit weniger als 3 Beschäftigten geführt haben. Wir kennen diese Regelungstechnik, wenn wir das umsetzen wollen, sollten wir es vielleicht so machen. Außerdem, falls wir das so machen würden, wie es in These 9 vorgeschlagen ist, liefe das auf eine Beurteilung der Schutzbedürftigkeit im Einzelfall hinaus. Auch das, das brauche ich nicht länger auszuführen, wäre ein ganz schöner Systembruch. Außerdem würden diese Kriterien auch für umstrittene Beschäftigte gelten. Da steht ja nicht drin: „Das sind Indizien, die nur für fragliche Selbstständige gelten“, sondern die würden genauso gelten für Fälle der umstrittenen Beschäftigung. Ja und was passiert dann? Dann haben wir Beschäftigte mit einem hohen Einkommen, die darüber hinaus auch noch vorsorgefähig sind und vielleicht nicht so richtig weisungsgebunden. Ja, dann haben Sie die Abgrenzungsprobleme aus der Selbstständigkeit halt einfach in die Beschäftigung verschoben. Damit ist überhaupt nichts gewonnen auf Kosten eines ganz schönen Systembruchs. Was leistet dieser Vorschlag dennoch? Er verdeutlicht das Kernproblem, denn die Abgrenzung des versicherten Personenkreises anhand der Statusgruppen scheint nicht zufriedenstellend zu funktionieren. Er scheint zu schlechten Ergebnissen zu führen. Was meine ich mit schlechten Ergebnissen? Schutzzweckwidrige Ergebnisse. Was ist denn der Schutzzweck? Also es geht darum, Einzelne vor den Wechselfällen des Lebens zu schützen, die Allgemeinheit vor der Bedürftigkeit des Einzelnen zu schützen und was setzt das jeweils voraus? Dass unsere Person nicht vorsorgefähig ist. Also nicht in der Lage ist, hinreichende Eigenvorsorge zu betreiben, um sich hinreichend für diese Wechselfälle des Lebens abzusichern. Das ist die Definition sozialer Schutzbedürftigkeit. Diese Abgrenzung oder dieses Anliegen funktioniert bei den klassischen Fällen. Also bei klassischen Selbstständigen, den typischen Fabrikanten Ende des 19. Jahrhunderts, da funktioniert das wunderbar. Das funktioniert auch wunderbar bei klassischen Beschäftigten. Also irgendwelchen Arbeitern, irgendwelchen Angestellten, die in einem normalen Industriebetrieb mitarbeiten. Aber an den Rändern der Versicherungspflicht, da funktioniert diese Statusorientierung eigentlich nicht. Das sehen wir auch an den Vorschlägen, die wir haben. Wir wollen unsere Höchstqualifizierten eigentlich nicht in die Versicherungspflicht einbeziehen, darauf dürfte dieser Vorschlag ja wohl abzielen, obwohl sie „de lege lata" trotz fehlender Schutzbedürftigkeit einbezogen werden. Die wollen wir gerne raushaben. Wir wollen kleine Selbstständige eigentlich viel weitreichender drinnen haben, als es jetzt gerade der Fall ist, weil ihr Schutzbedarf eigentlich unumstritten ist. Wir schreiben hier in unseren Thesen ein Opt-Out für Besserverdienende rein. Auch das zielt darauf ab, okay wir haben eine Gruppe, die pflichtversichert ist, die aber eigentlich keinen Schutzbedarf aufweist, deswegen soll die am oberen Ende der Versicherungspflicht raus dürfen. Wenn wir jetzt aber unsere Vorschläge genau angucken, dann scheint es ja nicht nur an den Randbereichen zu knirschen, sondern auch im Kern, denn plötzlich sollen normale Selbstständige auch pflichtversichert oder zumindest vorsorgepflichtig in der Altersvorsorge werden, was sie übrigens in der Kranken- und Pflegeversicherung schon sind. Es geht also darum in der Sache bei all diesen Vorschlägen aus teleologischen Gründen die Ränder der Versicherungspflicht zu korrigieren bzw. eigentlich ja sogar ihren Kern, weil mit der sehr holzschnittartigen Beurteilung anhand des Status die Ergebnisse für sachwidrig gehalten werden. Wenn aber unser Begriff, auf dem die Abgrenzung basiert, nur im Kernbereich und da auch nur eingeschränkt zu funktionieren scheint, ja, dann sollten wir vielleicht uns ehrlich machen und über den Begriff als solchen nachdenken. Was sollten wir also tun? Wir sollten eine besser am Schutzzweck orientierte Abgrenzung des versicherten Personenkreises machen und wie sollten wir das tun? Wir sollten eigentlich uns vom Dualismus aus Beschäftigung und Selbstständigkeit verabschieden. Der Vorschlag von Frau Becker scheint das auch erreichen zu wollen. Er ist aber aus den von mir eben gerade ausgeführten Gründen nicht systemkonform. Er läuft aber in der Sache auf eine Abkehr von den Typusbegriffen durch die Hintertür hinaus. Das habe ich gerade eben erklärt warum. Wir legen Typusbegriffe jetzt auf einmal teleologisch aus, das dürfen wir eigentlich nicht. Wir versuchen also die gesetzgeberische Wertentscheidung zu korrigieren, im Nachhinein. Ja, lasst uns das doch bitte offen und ehrlich machen, gut, diese Typusbegriffe scheinen nicht die Ergebnisse zu erzielen, die wir eigentlich erzielen wollen. Was sollen wir tun? Wir sollten uns von Selbstständigkeit und Beschäftigung abwenden und dann stellt sich natürlich die Frage: Dürfen wir das? Ja, das dürfen wir. Das Sozialrecht bedient sich zwar der arbeitsrechtlichen Einordnung, wir hängen aber keineswegs davon ab. Wir dürfen den Schutzbereich auch anders definieren, gerade wenn wir den Eindruck bekommen, dass die Anknüpfung an die alten Kategorien nicht gut zu funktionieren scheint, denn das Sozialrecht und die Spitze sei mir erlaubt, ist nicht die kleine Magd des Arbeitsrechts, sondern eigentlich, wenn man es sich ehrlich betrachtet, ist das Arbeitsrecht die Hilfswissenschaft des Sozialrechts und deswegen gehen auch alle Forderungen, den Arbeitnehmer- und den Beschäftigtenbegriff irgendwie enger aneinander zu kitten komplett am Problem vorbei, weil sie verkennen, dass es eben doch um unterschiedliche Schutzzwecke geht. Im Arbeitsrecht geht es um den Schutz in Abhängigkeit. Auch eine Person, die 200.000 EUR verdient, will keine 16 Stunden am Tag arbeiten. Im Sozialrecht geht es um den Schutz vor dem Verlust der Erwerbstätigkeit als Lebensgrundlage, also es geht darum, einen Entgeltersatz zu sichern, indem Vorsorge betrieben wird. Das ist das Kernanliegen der Sozialversicherung. Eben diese Vorsorge muss auch oder diese Vorsorgefähigkeit muss auch das Entscheidende sein, was wir bei der Abgrenzung der Versicherungspflicht zugrunde legen. Wenn wir uns fragen, wie geschieht Vorsorge? Ja, normalerweise entweder durch ein umlagefinanziertes Verfahren oder durch Kapitalanlage. Also Geld wäre ein denkbar konkreter Vorschlag und ich weiß, dass ich mich mit dem unbeliebt mache, z. B. unmittelbar an das Einkommen anzuknüpfen, um die Vorsorgefähigkeit unabhängig vom Status zu beurteilen. Diese Vorschläge sind wirklich nicht neu. Ich forsche dazu für meine Promotion und das gibt es eigentlich schon seit Ende des 19. Jahrhunderts in der Literatur immer wieder.

Ich glaube aber vor dem Hintergrund, dass unser Erwerbsleben zu erodieren scheint, was immer wieder behauptet wird, ist jetzt vielleicht ein guter Zeitpunkt, sich so etwas mal grundsätzlich zu fragen. Wenn wir das täten, würden wir übrigens auch sämtliche Abgrenzungsprobleme entfallen lassen. Dann bräuchten wir nicht mal ein „Legal Tech", mit dem wir irgendwie beurteilen können, ob jemand automatisch versicherungspflichtig ist oder nicht. Frau Beckers Vorschlag läuft darauf in der Sache hinaus, wenn wir das machen wollen, und das möchte ich noch einmal fordern oder darum bitten, dann wenigstens konsequent. Schaffen wir die Statusgruppen ab und orientieren wir uns für alle Erwerbstätigen am Einkommen oder wenn wir diesen Vorschlag oder das gleiche Ergebnis erreichen wollen oder etwas weniger radikal, dann bitte nicht den Selbstständigen und den Beschäftigten teleologisch definieren, sondern Negativbeispiele oder Negativausnahmen in den einzelnen Versicherungszweigen regeln. Das ist sicherlich nicht der richtige Zeitpunkt hier solche Vorschläge in irgendwelche Thesen reinzuschreiben, aber vielleicht als Denkanstoß für die kommenden Jahre.

Vielen Dank.

Prof. Dr. Stephan *Gräf*, Bad Kissingen:

Vielen Dank für das Wort! Mein Name ist Stephan Gräf von der Universität Konstanz.

Ich möchte mich noch einmal der gesetzlichen Vermutung, die im Raum steht, zuwenden. Ich bin auch dankbar, dass Herr Kalle das Thema gerade nochmals aufgebracht hat. Die Vermutung gehört an sich zum materiellen Recht; mein Beitrag hätte daher auch zum Thema 1 gepasst. Die Vermutung hat aber auch erhebliche verfahrensrechtliche Implikationen, die ich kurz skizzieren möchte. Dies auch deshalb, weil es sich unter den diskutierten Punkten um einen solchen handelt, bei dem der deutsche Gesetzgeber in naher Zukunft zum Handeln gezwungen ist; er muss nämlich die Plattformarbeitsrichtlinie umsetzen.

Dabei werden sich in meinen Augen zwei große Fragen stellen. Erstens: Wie hat der Kriterienkatalog auszusehen? Nach meinem Verständnis wird es einen solchen geben müssen, auch wenn Kriterien in der finalen Fassung der Richtlinie nicht mehr ausdrücklich erwähnt sind; dies ist ein Gebot der effektiven und transparenten Richtlinienumsetzung. Zweitens: Wie groß macht man den Anwendungsbereich der gesetzlichen Vermutung? Im ursprünglichen Richtlinienentwurf sollte die Vermutung für das gesamte Arbeitsrecht und für das Sozialversicherungsrecht gelten. Das wäre kompetenzwidrig gewesen – und das hat der Richtliniengeber zum Glück auch erkannt. Er hat aber nun in die Richtlinie geschrieben, die Mitgliedstaaten mögen sich doch bitte überlegen, die Vorgaben überzuerfüllen und die Vermutung auf das Sozialrecht zu erstrecken. Und hier komme ich zum Kern meines Beitrags: Mein Plädoyer wäre hierzu ein klares „Nein".

Das möchte ich ganz kurz skizzieren: Diese Vermutung ist letztlich dysfunktional. Wozu sind Rechtsvermutungen da, wenn man dieses Regelungsinstrument einmal dogmatisch ansieht? Erstens, um der Beweisnot einer unterlegenen Partei zu begegnen, zweitens zur Erhöhung der Rechtssicherheit und drittens dienen sie der Prozessökonomie. Dies war auch eines der Ziele der Kommission: Sie wollte mit der Vermutung unter anderem die Zahl der notwendigen Gerichtsverfahren verringern. Die Parteien sollen von sich aus erkennen, was Sache ist. Das wird bei näherer Betrachtung aber nicht funktionieren. Es wird sogar möglicherweise zu einer Vergrößerung der Verfahrenszahlen kommen.

Das darf ich kurz begründen: Ein Kriterienkatalog muss bei einer Vermutung, die einerseits hinsichtlich des Vermutungsgegenstands auf die Arbeitnehmereigenschaft bzw. die Beschäftigteneigenschaft gerichtet ist und die andererseits die Möglichkeit einer Widerlegung bietet, notwendigerweise so ausgestaltet sein, dass die Kriterien eher weiter sind als die des jeweils geltenden Arbeitnehmerbegriffs; ansonsten bestünde kein Raum mehr für eine Widerlegung. Das hat sich ganz besonders in der ursprünglichen Richtlinienfassung in dem dort enthaltenen Kriterienkatalog gezeigt, der zurecht als zu weitgehend kritisiert wurde; und er wäre nach dem Vorschlag von Frau Kocher sogar noch weiter, die den Kriterienkatalog mehr oder minder mit dem Anwendungsbereich der Richtlinie synchronisieren will. Was haben wir dann im Ergebnis? Eine Vermutungsbasis, die sehr häufig dazu führen wird, dass viele Personen im Graubereich, um die es uns ja geht, vermutungsweise Arbeitnehmer sind, auch wenn sie tatsächlich Selbständige sind. Die Vermutung muss aus Sicht der Unternehmen dann widerlegt werden. Dies führt aber zu prozessökonomischen Fehlanreizen; denn was wird man Unternehmen, die solche Personen im Graubereich beschäftigen, raten müssen? Sie sollten möglichst frühzeitig, am besten schon bei Beginn des Vertragsverhältnisses, ein Statusfeststellungsverfahren anstreben, um die Widerlegung zu erreichen. Dazu braucht man nämlich ein behördliches oder gerichtliches Verfahren, jedenfalls um die Vermutung rechtssicher aus der Welt zu schaffen. Wenn man das flächendeckend empfiehlt, wird standardmäßig schon zu Beginn vieler Vertragsverhältnisse ein Statusfeststellungsverfahren durchgeführt. Dadurch würde man letztendlich auch den tatsächlichen Arbeitnehmern bzw. Beschäftigten einen Bärendienst erweisen. Denn was haben die Behörden bzw. Gerichte zu diesem frühen Zeitpunkt als Tatsachenbasis zur Verfügung? Nur das Papier, nur die Vertragstexte – und diese sind ja bekanntlich eher so ausgestaltet, dass sie in Richtung Selbständigkeit deuten. Dadurch würde der anerkannte Grundsatz des Vorrangs der tatsächlichen Vertragsdurchführung gemäß § 611a Abs. 1 Satz 6 BGB, der für das Sozialrecht auch in der BSG-Rechtsprechung anerkannt ist, letztlich faktisch unterlaufen.

Und man kann das Ganze noch weiterspinnen: Wir haben nun vielfach Statusverfahren zu Beginn des Dauerschuldverhältnisses, die unnötigerweise relativ häufig zur Feststellung von Selbständigkeit führen werden. Dann gibt es eine entsprechende rechtskräftige Entscheidung. Wenn das Dauerschuldverhältnis irgendwann in eine persönliche Abhängigkeit „umkippt", so wie in der Crowdworking-Entscheidung, würde sich zwar auch die Rechtskraft der ersten Entscheidung auflösen. Dann würde der Arbeitnehmer aber von sich aus tätig werden und seinerseits ein Feststellungsverfahren anstreben müssen. Das heißt, wir hätten dann pro Person zwei Feststellungsverfahren, bis die Sache letztendlich geklärt ist. Es käme häufig also zu einer Verdoppelung der Verfahren. Zudem hätte ein tatsächlicher Arbeitnehmer ein gewisses psychologisches Hindernis, gegen die nicht in seinem Sinne ausgegangene erste Statusentscheidung vorzugehen. Zudem könnten manche Richter davor zurückschrecken, die Sache anders als die Kollegen zu beurteilen, die zuvor gegenteilig entschieden haben. Im Ergebnis liefe das Ganze konträr zu dem, was die Kommission mit der Vermutung eigentlich vorhatte. Die Kommission wollte ja nicht die Tür zum Arbeitsrecht vergrößern, auch wenn das meiner Ansicht nach auf Dauer durch die EuGH-Rechtsprechung so kommen wird. Die Kommission wollte nur diejenigen, die bereits Arbeitnehmer bzw. Beschäftigte sind, durch die Tür stoßen – quasi mit einem Tritt gegen den Hintern. Aber dieses Ziel, eine Anreizwirkung für eine richtige Statusfeststellung zu schaffen, droht aus den genannten Gründen konterkariert zu werden.

Kurz: Rechtsvermutungen, wie sie in der Plattformarbeitsrichtlinie stehen, sind eigentlich ungeeignet für Dauerschuldverhältnisse. Sie passen bei Eigentumsvermutungen oder ähnlichen Dingen, aber bei Dauerschuldverhältnissen funktionieren sie eher nicht. Übrigens auch deswegen nicht, weil sich das Problem stellt: Wie wirkt denn eigentlich die Widerlegungsentscheidung? Hat sie, wenn sie später im Laufe des Vertragsverhältnisses erfolgt und der Selbständige aufgrund der Vermutung als Arbeitnehmer behandelt wurde, Rückwirkung? Dann kämen wir in Rückabwicklungsprobleme, die wir ja eigentlich im Arbeitsrecht sehr scheuen. Dann wäre das Ganze noch problematischer aufgrund der Statuswechsel, die damit verbunden wären. Mein Plädoyer wäre daher, die Vermutung, die ja umgesetzt werden muss, auf das Nötigste, nämlich auf den Bereich der Plattformarbeit zu beschränken und das Konzept nicht auf weitere Branchen auszudehnen. Und erst recht nicht auf das Sozialversicherungsrecht, um zu vermeiden, dass es zu unnötigen Wechseln zwischen den Versicherungssystemen kommt, die praktisch nur schwer zu handhaben wären.

Vielen Dank für Ihre Aufmerksamkeit.

Rechtsanwalt Alexander *Gunkel*, Berlin:

Meine Damen und Herren,

ich möchte Stellung beziehen zu dem Beschlussvorschlag Nr. 16, der ein richtiges Ziel verfolgt, nämlich die Haftung für Arbeitgeber zu beschränken für Beitragsnachforderungen, die in einer Betriebsprüfung entstehen können. Heute müssten Arbeitgeber bis zu vier Jahre nach einer Betriebsprüfung Beiträge nachzahlen, und nicht nur die eigenen Beiträge, die die Arbeitgeber schulden, sondern – mit einer kleinen Ausnahme für die letzten drei Monate – müssen sie auch die die Beiträge der Beschäftigten nachzahlen. Diese hohen Nachforderungen können in der Tat existenzbedrohend sein für Betriebe. In der Vergangenheit hat es deshalb auch schon Insolvenzen gegeben. Allein der Lösungsvorschlag, der hier präsentiert wird, hilft so nicht weiter und schießt vor allem deutlich über das Ziel hinaus. Denn vorgesehen ist, das alle Arbeitgeber in Deutschland nicht nur alle vier Jahre, wie es Pflicht ist, sondern alle zwei Jahre eine Betriebsprüfung erhalten sollen. Das wäre ein gigantischer Aufwand. Nirgendwo ist die Prüfintensität höher als im Bereich des Sozialversicherungsrechts. Die Sozialversicherungsträger prüfen deutlich häufiger und konsequenter, nämlich alle Betriebe, als das im Steuerrecht der Fall ist. Wir haben jedes Jahr rund 800.000 Betriebsprüfungsfälle. Wenn Sie den Betriebsprüfungszyklus halbieren, bedeutet das 800.000 Betriebsprüfungsfälle zusätzlich. Das bedeutet nicht nur zusätzliche bürokratische Belastung für die Arbeitgeber, die diese Betriebsprüfung über sich ergehen lassen müssen, sondern es würde auch bedeuten, dass viele tausend Beschäftigte neu von den Rentenversicherungsträgern für die Betriebsprüfung eingestellt werden müssten. Neuer Bürokratiezuwachs, neue Millionenlasten für die Verwaltung. Ich kann das Ziel nachvollziehen, die Haftung von Arbeitgebern zu begrenzen und deshalb nicht erst vier Jahre zu warten, bis es dann zu solchen hohen Nachzahlungen kommen kann. Aber dafür gibt es ja heute ein ausdrücklich vorgesehenes Instrument im § 28p SGB IV. Danach können Arbeitgeber nicht erst nach zwei Jahren – wie es der Antrag vorsieht – sondern jederzeit, also auch schon ein Jahr nach der letzten Betriebsprüfung, verlangen, dass die Rentenversicherungsträger zur Betriebsprüfung kommen und sich die Fälle ganz konkret angucken. Dann können sie feststellen, ob es sich um eine abhängige Beschäftigung oder eine selbstständige Tätigkeit gehandelt hat, und dann kann darüber entschieden werden. Arbeitgeber haben dank der Rechtsprechung des BSG sogar einen Anspruch darauf, dass dann mittels eines Verwaltungsakts darüber entschieden wird, ob ein abhängiges Beschäftigungsverhältnis vorliegt – ja oder nein. Dann haben sie Rechtssicherheit und müssen keine zwei Jahre warten. Aber wir brauchen nicht wegen dieses rechtlichen Ziels alle Arbeitgeber in Deutschland mit einer Betriebsprüfung alle zwei Jahr überziehen. In den meisten Betriebsprüfungen ist es ohnehin so, dass keine Nachforderung besteht, die meisten Arbeitgeber werden dieses Interesse an einer vorzeitigen Betriebsprüfung nicht haben. Insofern ist der Status quo sehr zielgenau: Es ist den Arbeitgebern freigestellt, wann sie eine Betriebsprüfung verlangen wollen und dass sie dafür nicht zwangsweise zwei Jahre warten müssen. Das ist die flexiblere Möglichkeit im Gegensatz zur deutlich anwachsenden Bürokratie, die hier vorgeschlagen wird. Danke.

Rechtsanwältin Silke *Becker*, Mannheim:

Sehr geehrte Damen und Herren, ich bin die Antragstellerin von Nr. 9 der ja ausgiebig diskutiert wurde. Vielen Dank für den Input.

Herr Kilger, Sie haben Recht, er ist etwas mit heißer Nadel gestrickt. Aber sehen sie es mir nach, es ist mein erster Deutscher Juristentag, es war mein erster Diskussionsbeitrag und mein erster Antrag. Ich habe schon jetzt aus den Diskussionsbeiträgen danach gelernt. Mir war die Dynamik hier nicht klar, ich finde es faszinierend und bereichernd.

Ja, in § 7 SGB IV passt die Beschlussvorlage vielleicht nicht so gut. Ich habe eine entsprechende Antragsänderung vorgenommen. Ich möchte, dass das Thema in § 7a SGB IV verankert wird. Warum?

Warum ist es überhaupt so wichtig. Wenn man Sie, Herr Gunkel, hört, könnte man fast davon ausgehen, dass der Status quo gut ist. Dass sie mit dem Verfahren, das wir jetzt haben – mit der Abgrenzung, die wir jetzt haben – leben können. Ich kann Ihnen aus der Praxis sagen und habe es gestern auch schon aufgeführt: Das können wir nicht.

Das Bürokratiemonster das uns zurzeit umtreibt – auch mit diesen ganzen Compliance-Richtlinien im Unternehmen, die Bürokratie ohne Ende erzeugen, ohne dann tatsächlich die Rechtssicherheit bringen, die wir gerne hätten – das ist Wahnsinn. Genauso, wenn Sie sich die Antragsformulare zur Statusfeststellungsverfahren angucken. Das V027 oder C0031 beinhalten um die 30 Fragen, die zum Teil mit Freitext beantwortet werden müssen. Wie soll man denn das bewerten? Das ist für alle Beteiligten – von der Rentenversicherung über den Unternehmer und den Selbstständigen bis hin zu den Intermediären – wahnsinnig schwer. Wenn sie so ein Statusfeststellungsverfahren, wenn Sie diese Bögen auf dem Tisch haben, dann kann ich ihnen aus der Praxis nur sagen: „Es ist irre."

Was war denn das Ziel dieses Antrags? Das Ziel dieses Antrags war, das Verfahren zu vereinfachen. Es ist anscheinend nicht so rübergekommen. Es geht darum, Bürokratie abzubauen.

Was ist die Idee? Die Idee ist, dass wir Nachweise fordern, die man vorlegen kann – Die einfach und klar nachgeprüft werden können. Ja, der Gesetzestext ist komplex aber das, was da dann rauskommt ist konkret. Es ermöglicht, einfach überprüfbare Nachweise bei der Deutschen Rentenversicherung vorzulegen. Aber vielleicht denke ich mir das auch zu simpel.

Dennoch haben wir hier Handlungsbedarf! Und wenn wir nachweisen können, dass die Möglichkeit zu einer ausreichenden Eigenvorsorge vorliegt, wenn wir nachweisen können, dass auch tatsächlich Maßnahmen getroffen wurden, um sicherzustellen, dass man bei Eintritt der Rente auch oberhalb der Grundsicherung abgesichert ist und nicht die Allgemeinheit für die unzureichende Altersvorsorge von Selbstständigen aufkommen muss, dann müssten wir doch Selbstständigkeit wieder besser und einfacher zulassen und beurteilen können.

Wir haben auch einen konkreten Vorschlag dazu gemacht, wann ein Honorar eine ausreichende Vorsorge zulässt und uns hier an der Bezugsgrenze orientiert. Das ist nicht unbestimmt. Die Bezugsgröße wird jedes Jahr festgelegt. Das ist das durchschnittliche Arbeitsentgelt aller Rentenversicherten. Das heißt wir haben versucht, es konkret zu machen. Wir wollen, dass das Statusfeststellungsverfahren einfacher und rechtssicher wird, deswegen unser Vorschlag zum § 7a SGB IV.

Die Nachweise zur Möglichkeit der Eigenvorsorge und tatsächlich getroffene Absicherungen, kombiniert mit einer Vermutungsregelung, die greift, wenn der Parteiwille aller zur Selbständigkeit vorliegt, sollte doch ausreichen, um hier eine Rechtssicherheit bezüglich des Status Selbständig zu haben – auch im Hinblick auf die gravierenden Konsequenzen für die Unternehmen im Falle einer fehlerhaften Statusbeurteilung, die gerade angesprochen wurden. Für die Unternehmensseite ist es wirklich der Wahnsinn, ich kann es Ihnen nur so aus der Praxis sagen. Wir kämpfen damit tagtäglich. Vielen Dank.

Geschäftsführerin Silke *Spahr*, Berlin:

Guten Tag meine Damen und Herren, mein Name ist Silke Spahr. Ich vertrete die Bundesarbeitsgemeinschaft der Selbstständigen-Verbände. Diese vereinigt 36 Verbände und wir sehen uns im Übrigen in keiner Weise von den Gewerkschaften vertreten – ganz im Gegenteil.

Wir sind der Meinung, dass das aktuelle Statusfeststellungsverfahren in keiner Weise geeignet ist, diese notwendige Abgrenzung vorzunehmen. Das kann man behaupten und man kann es belegen. Wir haben im Juni 2024 eine Befragung von Experten vorgenommen, also Rechtsanwälte und Rentenberater, die in den zurückliegenden 24 Monaten an die 5.000 Statusfeststellungsverfahren beurteilt haben. Und das Ergebnis war in Ihrer Wahrnehmung: 69 % dieser Fälle werden als nicht unabhängig wahrgenommen, sondern bewusst mit der Zielsetzung abhängige Beschäftigung zu erkennen.

Wie kommt man zu solch einer Wahrnehmung? Ich bemühe mal ein Beispiel aus der Firmenwirtschaft: auch die Filmschaffenden sind in der Bundesarbeitsgemeinschaft vertreten sowie die Honorarärzte, IT-ler, Handwerker. Aber warum ist dieses Verfahren aus unserer Sicht nicht unbedingt unabhängig?

In der Filmwirtschaft werden u. a. Serien produziert und wir haben durchaus Fälle, in denen die Deutsche Rentenversicherung zu dem Ergebnis kommt: „In Folge 1 und 2 sind die Editoren, Regisseure und Kameraleute abhängig beschäftigt, in Folge 3 und 4 nicht."

Das ist doch verwunderlich und zeigt, welchen Schwierigkeiten wir ausgesetzt sind und das ist wiederum wichtig für Sie aus der Praxis zu wissen.

Noch ein Beispiel aus der Filmwirtschaft: Es gibt Kameraleute, die müssen diese Statusfeststellungsverfahren ein bis zweimal in der Woche durchführen. Und wie bereits ausgelegt wurde, sind mehr als 30–40 Fragen von den Auftraggebern und den jeweiligen Selbstständigen auszufüllen. Wir sind in der Tat einer riesigen Bürokratie ausgesetzt und wir versuchen auch mit dem Vorschlag von Frau Becker, den wir unterstützen, eine Vereinfachung dieses Systems hervorzurufen. Wir versuchen Rechtssicherheit zu schaffen und wir fordern eine inhaltliche Prüfung, die so bereits von der Deutschen Rentenversicherung vorgenommen wird und zwar, wenn man in den jeweiligen Verfahren einen Antrag auf späteren Eintritt der Versicherungspflicht stellt. Auch jetzt muss die Deutsche Rentenversicherung schon prüfen, ob krankenversichert wurde und Altersvorsorge betrieben wird.

Also meine Damen und Herren, es geht uns um Entbürokratisierung. Wir wollen eine Rechtssicherheit für die Solo-Selbstständigen, um die Wettbewerbsfähigkeit der Deutschen Wirtschaft zu sichern, sie ist elementar wichtig. Vielen Dank.

Präsident des BSG a. D. Prof. Dr. Rainer *Schlegel*, Berlin/Gießen

Meine sehr geehrten Damen und Herren,

ich möchte nicht vom Podium des Abteilungsvorstandes aus sprechen, sondern als einfaches Mitglied des deutschen Juristentages. Ich habe jahrelang selbst als Richter in verschiedenen Instanzen der Sozialgerichtsbarkeit und zum Schluss auch in dem für Statusfragen zuständigen 12. Senats des Bundessozialgerichts gearbeitet und selbst zur Abgrenzung abhängiger Beschäftigung von selbstständiger Tätigkeit beigetragen. Auch das Urteil zu den Krankenhausärzten und Pflegern wurde maßgeblich von mir mitentschieden. Ich stehe zu dieser Rechtsprechung. Die Gerichte und auch das BSG können nur mit den Maßstäben arbeiten, den ihnen der Gesetzgeber zur Verfügung stellt. Angesichts von 37 Millionen abhängig Beschäftigten in Deutschland und rund 4–5 Millionen Selbstständigen in Deutschland sind die gesetzlichen Regelungen, zu welcher Gruppe Erwerbstätige gehören, „recht sparsam“.

§ 7 SGB IV sagt sinngemäß: Beschäftigung ist die nicht selbstständige Arbeit, insbesondere in einem Arbeitsverhältnis; damit sind wir bei § 611a BGB und einem Verweis ins Arbeitsrecht. Satz 2 des § 7 Abs. 1 SGB IV werden Anhaltspunkte für abhängige Beschäftigung genannt; dies sind Tätigkeit nach Weisung und die Eingliederung in die Betriebsorganisation des Weisungsgebers. Nicht mehr und nicht weniger! § 7 SGB IV war früher noch spärlicher, Satz 1 umschrieb nur den Typus. Wir definieren nicht, sondern wir gehen von einem Typus aus, von der Vorstellung vom klassischen Arbeiten und Angestellten, die jeder hier im Saal hat, und die im Wesentlichen der Welt des 19.Jahrhunderts vielleicht auch des 20.Jahrhunderts entspricht.

Aber spätestens seit 30–40 Jahren ist diese Arbeitswelt deutlich verändert. Die Begriffe sind die gleichen geblieben, aber der Typus, wie ihn die Rechtsprechung und Lehre konkretisieren sollen, kam mit der Entwicklung und Veränderung der Arbeitswelt nicht immer mit. Im Jahre 1996 hat das Bundesverfassungsgericht festgestellt, dass § 7 SGB IV in seiner damals noch „schmalen“ Fassung ohne Anhaltspunkte nicht gegen das Rechtstaatsprinzip verstößt, er also hinreichend bestimmt sei. Denn – und das war die Begründung – der § 7 SGB IV zugrunde liegende Typus werde durch Rechtsprechung und Literatur hinreichend konkretisiert und für die Praxis tauglich aufbereitet. Das war im Jahre 1996 und gerade mal rund 5 Jahre, nachdem das Internet seinen Siegeszug rund um die Welt antrat, mit umfassenden Einflüssen auch auf die Art und Weise wie wir arbeiten.

Auch ich bin ein Freund klarer, kurzer und präziser Gesetze. Das SGB IV ist ein solches klares, kurzes prägnantes Gesetz – jedenfalls in weiten Teil. Aber bei § 7 SGB IV sehen wir, dass in den letzten Jahren bei der von der Vorschrift zu leistenden Abgrenzung doch zunehmend Rechtsunsicherheit entstanden ist. Das zu leugnen wäre unsinnig, denn allein die tektonischen Wellen, die das Herrenberg-Urteil ausgelöst hat, zeigen, dass hier Handlungsbedarf besteht. Man könnte sich auf den Standpunkt stellen, dass die Statusbeurteilung der betroffenen Musiklehrer nicht weltbewegend ist. „Was soll’s?“ Denn Musiklehrer sind wie alle Lehrer auf jeden Fall versicherungspflichtig in der Rentenversicherung und am Ende sei es doch gleichgültig, ob sie in der Rentenversicherung kraft selbständiger Tätigkeit (§ 2 SGB VI) oder als abhängig Beschäftigte pflichtversichert sind. Dabei würde übersehen: als abhängig Beschäftigte zahlt der Arbeitgeber die Beiträge zur Hälfte und übernimmt das komplette Verfahren, den Beitragsabzug, der Arbeitgeber erstattet die Meldungen und ist für Nachweise und die Beitragszahlung verantwortlich. Im Fall der Selbstständigkeit liegt diese Last beim Selbständigen selbst und rentenwirksam werden solche Zeiten nur dann, wenn die Beiträge tatsächlich gezahlt worden sind. Ganz viele der Lehrer wissen überhaupt nicht, dass sie nach § 2 SGB VI auch als Selbstständige rentenversicherungspflichtig sind oder wären und sie die Beiträge zur Rentenversicherung vollständig selbst zahlen müssen.

Das im Herrenberg-Urteile zu Tage getretene Problem betrifft aber nicht nur Musikschullehrer. Das Problem ist größer, weil die Folgen des Herrenberg-Urteils alle Volkshochschullehrer betreffen, nicht nur Musiklehrer. Im Herrenberg-Urteil wurde das § 7a SGB IV-Verfahren von der Lehrkraft angestrengt. Das Ergebnis war: Feststellung abhängiger Beschäftigung mit der Konsequenz, dass der Träger der Volkshochschule zur Beitragsnachzahlung verpflichtet war. Das Urteil betrifft vor allen auch Lehrer, die derzeit die Integrationskurse bestreiten, die Kommunen dafür aber weder Stellen noch genügend Geld zur Verfügung haben. Stehen aber die Integrationskurse auf dem Spiel, weil das bisherige Konzept der Volkshochschulen nicht mehr funktioniert und die Rechnung der Volkshochschule nicht mehr aufgeht, wird ein Urteile des Bundessozialgerichts zum Politikum. Das genannte Konzept der Volkshochschulen sie so aus: man stellt selbstständige Lehrkräfte mit relativ geringem Stundenhonorar ein; dafür braucht es weder Stellen noch hält man das Arbeitsrecht für anwendbar. Man braucht keinen Personalrat, keinen Arbeitsschutz und auch keine Kündigung. Man kann die Lehrkräfte nach Bedarf engagieren kann oder auch auf sie verzichten. Beim Herrenberg-Urteil geht es nicht um einen Einzelfall, sondern um ein systematisches, systemisches Problem.

Wenn wir durch eine gewisse Erweiterung des Gesetzes, durch eine kleine Präzisierung an der einen oder anderen Stelle des § 7 oder des § 7a SGB IV dazu beitragen könnten, dass die Abgrenzung abhängige Beschäftigung von selbständiger Tätigkeit einfacher wird und mehr Rechtssicherheit hergestellt werden kann, dann sollten wir uns dafür aussprechen, selbst wenn wir damit nicht sämtliche Probleme dieser Welt und sämtliche Probleme der Arbeitswelt regeln. Wir könnten zumindest Teilprobleme lösen. Es wäre schon viel geholfen, wenn wir unser anderem für Lehrer, für Handwerksmeister aber auch für IT-Experten und andere Hochqualifizierte, die wir für die anstehenden Umstrukturierungsprozess in vielen Bereichen unserer Wirtschaft in begrenzten Projekten agiler Arbeit unbedingt brauchen, zu mehr Rechtssicherheit kommen könnten.

Noch ein Wort zu der Vermutungsregelung des früheren § 7 Abs. 4 SGB IV, die wieder aufgehoben wurde: Die Aufhebung dieser Vermutung wurde im Gesetzgebungsverfahren nicht begründet, sondern einfach aus dem Gesetz rausgestrichen. Ob sie wirklich dysfunktional war, wissen wir nicht sicher, behaupten das aber, um jeden neuen Anlauf für neue Vermutungsregelungen oder auch die Formulierung von Anhaltspunkten für selbständige Tätigkeit zu verhindern. Die Situation war damals jedenfalls eine andere, als sie heute ist. Die damalige Regelung formuliert fünf Kriterien gibt und ordnete an, dass von selbständiger Tätigkeit auszugehen ist, wenn vier davon erfüllt sind.

Jetzt geht es um die Formulierung von Anhaltspunkten für selbständige Tätigkeit. Diese lassen der Rechtsprechung Raum für Flexibilität, um auf neue Entwicklungen der Arbeitswelt zu reagieren. Auf der anderen Seite könnte man im Statusfeststellungsverfahren durch zertifizierte Nachweise in einem automatisierten Verfahren das Verfahren deutlich beschleunigen und vereinfachen. Mit zertifizierten Produkten zur Eigenvorsorge hätte man zudem einen erheblichen Zuwachs an Rechtssicherheit und Vorhersehbarkeit.

Ein letzter Punkt: Wir gehen bislang immer davon aus, dass wir bei der Statusbeurteilung nur einzelne Aufträge – also den jeweils nächsten Auftrag der beispielsweise nur vier Tage Arbeitseinsatz umfasst – betrachten. Wir machen die Perspektive also ganz eng und berücksichtigen nicht das Erwerbsmodell der betreffenden Person, die etwas jahrelang nur in einzelnen Projekten agil arbeitet. Es ist jedoch eine erheblicher ein Unterschied, ob ich einmal in meinem Leben zwei Wochen als Kameramann an einer Filmproduktion mitarbeite, oder ob ich das jede zweite Woche bei ganz unterschiedlichen Produktionsfirmen und Projekten mache, dies also mein Erwerbsmodell ist.

Meiner Meinung nach müsste man jedenfalls dazu kommen, dass bei der Beurteilung abhängige Beschäftigung oder selbstständige Tätigkeit die Betrachtung erweitert wird und das jeweilige Erwerbsmodell betrachtet wird.

Jedenfalls wäre es vertretbar, das Gesetz um nur wenige Zeilen, wenige Worte zu ergänzen – auch wenn das Gesetz dadurch länger wird und auch neue unbestimmte Rechtsbegriffe mit Leben erfüllt werden müssten, wenn aber auf der anderen Seite durch Anhaltspunkte und spezifische Nachweise in zertifizierter Form ermöglicht wird, im Statusfeststellungsverfahren zu raschen Entscheidungen und zu mehr Rechtssicherheit zu kommen.

Vielen Dank!

Gutachter:

Ja, vielen Dank, dass ich nochmal die Gelegenheit habe, etwas zu sagen. Ich würde gerne zweigeteilt erst etwas zum Beratungsgegenstand unserer Abteilung und im zweiten Teil ein paar Sätze zu einem anderen, aber uns glaube ich ebenfalls interessierenden und gerade auch aktuellen Thema noch ein paar Sätze sagen.

Zum Ersten, zur Beratung unserer Abteilung: Ganz vieles von dem, was auf meinem Zettel bis vor 5 Minuten stand, hat Herr Schlegel vorweggenommen. Das brauche ich also nicht zu wiederholen. Einige wenige Sätze zur Erwerbstätigenversicherung: Manche oder viele, verstehen den Impetus, wir wollen eine allgemeine Versicherungspflicht für alle Erwerbstätigen – die auch der deutsche Juristentag vor zwei Jahren in Bonn auf der Basis des Gutachtens von Herrn Steinmeier, den ich hier im Saal gesehen habe und herzlich begrüße, beraten und beschlossen hat – dahingehend, dass es sich um eine Erwerbstätigenversicherung in der deutschen gesetzlichen Rentenversicherung handeln soll. Dem haben wir heute in vielen Diskussionen glaube ich gute Argumente entgegengesetzt. Versicherungs- oder Altersvorsorgepflicht für alle heißt nicht, Altersvorsorgepflicht zwingend in der gesetzlichen Rentenversicherung. Die gesetzliche Rentenversicherung ist, insbesondere, was die Erwerbsminderungsrentner angeht, auf den abhängig Beschäftigten konzipiert. Sie trägt den Bedürfnissen Selbstständiger, die im Falle einer gesundheitsbedingten Einschränkung sehr viel einfacher, oder jedenfalls in vielen Fällen einfacher, ihren Betrieb umstrukturieren können, nicht präzise Rechnung. Aufgaben, die sie selber vielleicht nicht mehr wahrnehmen können, können sie fremd vergeben, sie können Arbeitnehmer einstellen oder Aufgaben an Arbeitnehmer weiter übertragen, die sie selber aus gesundheitlichen Gründen nicht mehr erledigen können. Diesen Bedürfnissen Selbstständiger wird die gesetzliche Rentenversicherung heute nicht gerecht und diese Bedürfnisse sind auch sehr unterschiedlich, da der Kreis derer, die selbstständig beschäftigt sind, ein sehr heterogener ist. Wenn wir diesen heterogenen Bedürfnissen richtig Rechnung tragen wollen, dann brauchen wir eine Altersvorsorgepflicht für Selbstständige, damit am Ende nicht der Steuerzahler mit Leistungen der Grundsicherung im Alter einspringen muss. Aber diese Vorsorgepflicht muss nicht notwendig eine Versicherungspflicht in der gesetzlichen Rentenversicherung sein. Deswegen ist das, was im Koalitionsvertrag stand oder steht – schon seit 2009, seitdem ist es ja immer wieder fortgeschrieben, aber ja nie realisiert worden: Nachweis der ausreichenden Alterssicherung reicht aus, und nur, wenn das nicht gelingt, wer das nicht macht, der wird dann in die gesetzliche Rentenversicherung aufgenommen. Ich bin sicher, dass sowohl die berufsständischen Versorgungswerke als auch die Lebensversicherer, als auch alle anderen Anbieter in der Lage sind, hier schnell Zertifizierungen und entsprechende Dokumentationen formularmäßig und digital an die gesetzliche Rentenversicherung zu übermitteln, in denen sicher festgestellt wird, dass eine betreffende Person über entsprechende Absicherung im Alter verfügt.

Wenn hier eingewandt worden ist, es gäbe ja z.B. die Kindererziehungszeiten in der gesetzlichen Rentenversicherung, die in diesen Systemen aber nicht abgebildet werden würden: Ja, was spricht denn bitte schön dagegen, dass der Bund den Zuschuss, den er bislang für Kindererziehungszeiten in der gesetzlichen Rentenversicherung zahlt, dann eben an diejenigen Versorgungswerke auszahlt, bei denen die Betreffenden versichert sind? Ich bin mir sicher, Herr Kilger, Sie würden sich nicht dagegen wehren, wenn der Bund für die Kindererziehungszeiten derer, die bei ihnen versichert sind, drei Jahresbeiträge rüberschiebt und sagt, versichern Sie die mal bitte. Dann bilden Sie entsprechend der Beträge, die aus Steuergeldern bislang in die gesetzliche Rentenversicherung fließen, die Vorsorge in den berufsständischen Versorgungswerken ab. Was spricht denn dagegen, diese Steuermittel, die ohnehin zur Verfügung gestellt werden, in das Vorsorgesystem zu geben, in dem die Betreffenden in ihrer Alterssicherung sind? Das also zum Thema gleichwertige Alterssicherung. Das können eben auch andere Vorsorgeträger. Das ist nicht identisch mit der gesetzlichen Rentenversicherung, aber es kann gleichwertig ausgestattet werden. Ich bin mir relativ sicher, dass sich dafür relativ leicht Kriterien entwickeln lassen, die dann in einem Digitalverfahren abgeglichen werden können, zwischen den jeweiligen Versorgungsträgern und der deutschen Rentenversicherung.

Zwei Sätze nochmal, da es erneut aufgerufen worden ist, das Thema „Plattformrichtlinie" von gestern. Die Richtlinie beauftragt nunmehr die Mitgliedsstaaten, hier Kriterien zu entwickeln. Wir werden sehen, ob und inwieweit das gelingt und inwieweit diese Kriterien wirklich von dem abweichen, was ohnehin in § 611a BGB steht. Ich glaube, dass wir eigentlich mit unseren prozessualen Regeln, die wir im arbeitsgerichtlichen Verfahren haben, alles Notwendige bereits getan haben. Ich fürchte aber, dass sich die Kommission mit dem bloßen Hinweis auf die bestehende Regelung des Arbeitsgerichtsgesetzes und der ZPO als Umsetzung der Richtlinien nicht zufriedengeben wird.

Es gibt noch einen zweiten Punkt, der mich gestern Abend spät, als ich wieder ins Hotel zurückgekommen bin, noch berührt hat. Wir haben gestern hier an dieser Stelle, sowohl Bundesjustizminister Buschmann als auch vom Präsidenten des Bundesverfassungsgerichts flammende Reden für den Rechtsstaat gehört. Sie haben gesagt: wir müssen den Rechtsstaat verteidigen, wir müssen ihn vor extremistischen Kräften schützen. Dann komme ich abends ins Hotel zurück und lese, dass die Schleswig-Holsteinische Landesregierung, die nicht von irgendwelchen extremistischen Parteien getragen wird, sondern von CDU und Grünen, die 4 Sozialgerichte im Land und die 5 Arbeitsgerichte zu jeweils einem Arbeitsgericht und einem Sozialgericht zusammenlegen will. In einem Flächenland wie Schleswig-Holstein, bedeutet dies, dass jetzt nicht nur die aktuell etwa 300 betroffenen Richterinnen und Richter und Justizbeschäftigten von ihren bisherigen Standorten in Schleswig, in Lübeck, in Elmshorn und so weiter wahrscheinlich nach Neumünster fahren müssen. Der Standort des Gerichts steht noch nicht ganz fest, aber es wird wohl Neumünster werden. Also viele zukünftig weitere Wege zur Arbeit haben. Das betrifft auch die ehrenamtlichen Richter und Richterinnen, die in der Arbeits- und Sozialgerichtsbarkeit eine wichtige Rolle spielen, weil Sie den Rechtsstaat in die Betriebe zurücktragen, weil sie das, was sie in ihren Verhandlungen in der Arbeits- und Sozialgerichtsbarkeit erleben, in ihre Betriebe zurückspielen. Es betrifft natürlich die Rechtsanwälte vor Ort, es betrifft den DGB-Rechtsschutz, es betrifft die Arbeitgeberverbände, die vor Ort die Beratung leisten und die dann zukünftig möglicherweise viele hundert Kilometer fahren müssen, um die Rechte der Beschäftigten wahrzunehmen. Und wer bitte schön klagt dann auf ein paar Euro Überstundenvergütung, wenn er dafür drei Stunden Fahrtzeit in Kauf nehmen muss. Der Rechtsstaat muss vor Ort präsent sein.

Wenn wir den Rechtsstaat verteidigen wollen, dürfen wir ihn nicht auf irgendeinen Ort in einem Bundesland, das so groß ist wie Schleswig-Holstein konzentrieren, sondern der Rechtsstaat muss vor Ort Flagge zeigen. Das heißt, wir brauchen ortsnahe Gerichte auch und gerade in der Arbeits- und Sozialgerichtsbarkeit und deswegen hoffe ich sehr, dass diejenigen, die für Schleswig-Holstein Verantwortung tragen, diese Entscheidung noch einmal überdenken. Ganz herzlichen Dank, das musste gesagt werden.

Richterin am BSG Barbara *Geiger*, Kassel:

Die letzte Äußerung von Herrn Prof. Dr. Rolfs kann ich natürlich nur unterstützen.

Ich möchte mich kurz nochmal zu dem Thema der Einbeziehung der Selbstständigen in die Altersvorsorgepflicht äußern. Da ist angesprochen worden, ob es eine Wahlfreiheit bzw. ein Opt-out geben soll oder nicht. Das war beim 73. Deutschen Juristentag in Bonn 2022 auch eine große Diskussion. Der Gutachter, Herr Prof. Dr. Steinmeyer, hat sich damals gegen das Opt-out ausgesprochen. Das hat sich seinerzeit nicht durchgesetzt. Man hat dann den Beschluss gefasst, dass die neuen Selbstständigen ohne anderweitige obligatorische Absicherung mit einer Möglichkeit zum Opt-Out in die gesetzliche Rentenversicherung einbezogen werden sollen. Hintergrund war wohl in erster Linie, die Akzeptanz einer solchen Reform zu erhöhen, aber vielleicht hatte man auch Bedenken, dass es doch Vertrauensschutzgründe geben könnte, die dagegen sprechen, dass man diese

Maßnahme ohne eine Befreiungsmöglichkeit treffen kann. Die Frage, ob dann vor dem Hintergrund von Art. 3 GG auch ein Opt-Out für Beschäftigte erforderlich würde, die ist wirklich gar nicht einfach zu beantworten. Es kommt am Ende wohl auch auf die konkrete Ausgestaltung an. Aber es gibt nach wie vor gewisse Unterschiede zwischen Beschäftigten und Selbstständigen, und zwar im Erwerbsmodell, aber auch in den Einflussmöglichkeiten und Verantwortlichkeiten der Auftraggeber. Man könnte wohl einen Gestaltungsspielraum des Gesetzgebers bejahen, insoweit eine Differenzierung vorzunehmen zwischen den Beschäftigten und den Selbstständigen. Jedenfalls würde ich das nicht für ausgeschlossen halten.

Was ich aus der Diskussion über die Ausgestaltung von § 7 und § 7a SGB IV mitnehme, ist Folgendes: es besteht ein ganz großes Verlangen nach mehr Rechtssicherheit und Vorhersehbarkeit. Das war mir vorher schon klar, aber es ist nochmal ganz plastisch geworden. Das Statusfeststellungsverfahren kann das aus den Gründen, die ich in meinem Referat dargestellt habe, so wohl nicht alleine leisten. Ich habe gestern davor gewarnt, Scheinlösungen im Verfahrensrecht zu suchen. Ich sehe viele ungeklärte Rechtsfragen wenn ich den jetzigen neuen Vorschlag zur Umgestaltung des Statusfeststellungsverfahrens lese. Man sollte insofern auch im Interesse der Rechtssicherheit nicht den zweiten vor dem ersten Schritt gehen. Man muss sich aus meiner Sicht Gedanken darüber machen, wie die soziale Absicherung für die Selbständigen aussehen soll. Es geht um die Höhe des Mindestschutzes und um die Art und Weise der Absicherung. Wie soll das inhaltlich umgesetzt werden? Und dann muss man flankierend im Verfahrensrecht eine administrierbare Lösung finden. Wenn die Selbstständigen in die gesetzliche Rentenversicherungspflicht einbezogen würden, dann wäre das ein Massenverfahren und wahrscheinlich bräuchte man im Verfahrensrecht eine Vermutungsregelung, um den Verwaltungsaufwand in sinnvollen Grenzen zu halten.

Prof. Dr. Eva *Kocher*, Frankfurt (Oder):

Vielen Dank für die Möglichkeit, noch einmal zu reagieren, vor allem auf den Beitrag von Herrn Gräf. Ich habe nämlich gar nicht so richtig verstanden, wo wir auseinander liegen, bei der Frage der Umsetzung der Plattform-Richtlinie. Zunächst einmal möchte ich betonen, dass es nicht mit der Richtlinie vereinbar wäre, wenn wir jetzt noch nach weiteren Kriterien suchen würden, von denen die Vermutung abhängig werden soll. Genau das ist nach der Richtlinie nicht zulässig. Mein Vorschlag wäre – und so ähnlich ist es ja in Beschlussvorschlag 4 auch formuliert – dass die Kriterien, die den Anwendungsbereich der Richtlinie bestimmen, maßgebliche Indikatoren für eine Vermutung werden. Die Widerlegung fände dann im Rahmen der Gesamtbetrachtung nach § 611 a BGB statt. Mir wäre wichtig, dass man das methodisch in Form von Indikatoren für eine Gesamtbetrachtung umsetzt. Weshalb da jetzt für jeden gedanklichen Schritt eigenständige Verfahren erforderlich sein sollen, habe ich nicht verstanden, ich kann das jedenfalls nicht aus der Richtlinie entnehmen. Mein Vorschlag läuft darauf hinaus, dass wir im System des bisherigen Rechts bleiben, nur dass wir eben gesetzlich festgelegte Indikatoren bekommen. Ich glaube übrigens, das wäre ohnehin ein tolles Regelungsmodell für das Arbeitsrecht, auch für andere Sachbereiche, in denen es typischerweise Abgrenzungsprobleme gibt: nicht nur Praktika, die auch schon die EU-Kommission benannt hat, sondern auch Freiwilligenarbeit bzw. Ehrenamt. Das wäre auch genau der methodische Ort, an dem zum Beispiel für bestimmte Branchen Tarifverträge einen Platz haben könnten. Sie könnten in einem bestimmten Bereich ganz konkrete Indikatoren festlegen – nicht abstrakte Indikatoren für den Arbeitnehmerbegriff allgemein, wie es bisher oft diskutiert wurde, sondern ganz konkret für Berufsgruppen etc., um etwas mehr Rechtssicherheit zu schaffen. Die Widerlegung würde am Ende weiterhin in der Gesamtbetrachtung stattfindet, so dass sich in der Sache nichts am bisherigen Recht und in der Sache auch nichts am Arbeitnehmerbegriff des § 611 a BGB ändern würde. Ich meine, das entspricht ungefähr dem, was sich auch Herr Gräf vorstellt, so hatte ich jedenfalls Ihre letzten Bemerkungen verstanden, Herr Gräf – aber vielleicht haben wir uns da auch missverstanden.

Rechtsanwalt Prof. Dr. Georg *Annuß*, LL.M., Regensburg:

Dieses Mal von meinem Platz aus, weil ich nicht viel zu sagen habe. Im Sozialversicherungsrecht kann ich mich im Wesentlichen Rainer Schlegel anschließen. Da bin ich ein ausdrücklicher Fan seines Ansatzes. Ich möchte nur die Perspektive noch ein bisschen weiten. Mir geht es auch da darum, dass wir nicht einfach danach fragen, ob das Arbeits- oder das Sozialversicherungsrecht die demutsvolle Magd ist, die dem jeweils anderen Rechtsgebiet folgt. Ich glaube, wir müssen beides zusammendenken. Das ist in unserer Diskussion aufgrund des Themas unserer Abteilung relativ kurz gekommen. Wir haben nicht gefragt, ob Arbeitsschutzrecht im weitesten Sinne und Sozialversicherungsrecht kommunizierende Röhren sind und inwieweit. Mir ist es wichtig, diesen Blickwinkel hier in Erinnerung zu rufen. Als Gesellschaft müssen wir fragen, wie wir unsere Verhältnisse gestalten wollen, und dazu haben wir beide Mittel. Wir sollten auch beide betrachten, wenn wir fragen, wie gestalten wir Lebenswirklichkeit. Eine Voraussetzung dafür scheint mir zu sein, und da bin ich ganz nah bei Herrn Thiele, dass wir darüber nachdenken, den Dualismus von Selbständigen und Beschäftigten aufzugeben, soweit das geht. Das wird nicht überall funktionieren, aber ich glaube, wir müssen ein Stück weit in diese Richtung gehen. Und dann wäre ich dankbar, wenn wir noch eine Frage diskutieren würden und als gesellschaftliche Frage verstehen würden, von der ich glaube, dass der 12. Senat des Bundessozialgerichts sie vereinnahmt hat und sie letztlich politisch beantwortet hat, in einer Weise, die durchaus umstritten ist. Das ist die Frage, wie wir mit der Verbeitragung des Ehrenamts umgehen. Wozu der 12. Senat im Grunde genommen ja sagt, wenn im Ehrenamt eine funktionsgerecht dienende Teilhabe feststellbar sei und die ehrenamtlich Tätigen über die Ehrenamtspauschale des 3 Nr. 26 Einkommenssteuergesetz – das sind derzeit 3.000 EUR jährlich – hinaus verdienen, dann seien sie auch zu verbeitragen. Da würde ich fragen, regeln nicht Einkommensteuerrecht und Sozialversicherungsrecht doch ganz grundsätzlich unterschiedliche Fragen, und ist nicht die gesellschaftliche Grundentscheidung, etwas dem Ehrenamt zuzuweisen, gleichzeitig die Entscheidung, dass man auf die soziale Anerkennung für die ehrenamtliche Tätigkeit seinen Lebensunterhalt nicht bauen kann? Und ist das nicht gleichzeitig die gesellschaftliche Grundentscheidung, dass wir es nicht verbeitragen, weil es eben der Natur nach nicht lebensstandardsichernd ist? Und das wäre mir wichtig, dass wir vielleicht auch da nochmal drüber nachdenken und die Rechtsprechung dazu animieren, diesen politischen Gedanken, etwas dem Ehrenamt zuzuweisen, vielleicht doch etwas mehr zu respektieren, als das bislang erfolgt. Vielen Dank.

Vorsitzender:

Ja vielen Dank. Wir haben heute Vormittag, glaube ich, eine sehr facettenreiche, fruchtbare und erkenntnisreiche Diskussion gehabt. Ich würde denken, dass wir jetzt in die Mittagspause gehen können und uns um 14 Uhr hier wieder versammeln zu der weiteren Beratung. Wir werden prüfen, ob wir gegebenenfalls die Abstimmung über die Beschlussvorlage zeitig vorziehen könnten, falls nicht mehr so viele Redebeiträge von Ihnen vorliegen sollten. Das werden wir jetzt prüfen und dann sehen wir um 14 Uhr weiter. Vielen Dank und haben Sie eine angenehme Mittagspause.

Beschlüsse

Thema: Wen schützt das Arbeits- und Sozialversicherungsrecht? – Empfiehlt sich eine Neuausrichtung seines Anwendungsbereichs?

I. Arbeitnehmer-/Beschäftigtenbegriff im Arbeits- und Sozialrecht

1. Ein einheitlicher Arbeitnehmer- und Beschäftigtenbegriff für das Arbeits- und Sozialversicherungsrecht ist nicht empfehlenswert.
   angenommen 84:3:6

2. Der Arbeitnehmerbegriff des § 611a Abs. 1 BGB sollte unverändert beibehalten werden.
   angenommen 81:5:11

3. Ergänzend sollte § 611a Abs. 1 BGB auf die Anwendungsfälle des unionsrechtlichen Arbeitnehmerbegriffs nach der Rechtsprechung des EuGH, insbesondere GmbH-Fremd-Geschäftsführer und nicht beherrschende GmbH-Gesellschafter-Geschäftsführer, erstreckt und Ausnahmen gegebenenfalls spezialgesetzlich geregelt werden.
   abgelehnt 3:77:13

   Falls nein:

   a) Der Gesetzgeber sollte die Anwendungsfälle des unionsrechtlichen Arbeitnehmerbegriffs in einem § 611b BGB gesetzlich niederlegen und auf diese Regelung in den arbeitsrechtlichen Gesetzen verweisen, welche EU-Richtlinien umsetzen, die den unionsrechtlichen Arbeitnehmerbegriff zugrunde legen.
   angenommen 40:27:28

4. Die von der EU-Plattformarbeitsrichtlinie geforderte Vermutungsregel zugunsten der Arbeitnehmereigenschaft sollte die Merkmale zugrunde legen, welche nach dieser Richtlinie den Begriff der Arbeitsplattform bestimmen, insbesondere den Einsatz automatisierter Überwachungs- und Entscheidungssysteme.
   abgelehnt 23:39:36

II. Präzisierung des arbeitsrechtlichen Schutzbedarfs in ausgewählten Sachgebieten

5. Der Geltungsbereich des Kündigungsschutzgesetzes sollte alle Vertragsverhältnisse erfassen, die einen Vertragspartner zu persönlicher Leistungserbringung im Umfang von durchschnittlich mindestens zehn Stunden wöchentlich verpflichten und länger als sechs Monate bestehen, bei gleichzeitiger Umstellung auf einen Abfindungs- anstelle des bisherigen Bestandsschutzes.
abgelehnt 7:85:6

Falls nein:

a) Das Kündigungsschutzgesetz sollte unter der Voraussetzung, dass sich der Arbeitgeber zur Zahlung einer Abfindung in Höhe von 12, bei älteren Arbeitnehmern 18 Monatsgehältern verpflichtet, dispositiv ausgestaltet werden, sofern der Arbeitnehmer eine Arbeitsvergütung erzielt, welche im Jahr das Doppelte der Beitragsbemessungsgrenze der Rentenversicherung (derzeit ca. 181.000 €) übersteigt.
abgelehnt 24:61:15

6. Die Ausnahmen vom persönlichen Anwendungsbereich des Arbeitszeitgesetzes nach § 18 Abs. 1 ArbZG sollten an Abs. 17 Abs. 1 der Arbeitszeitrichtlinie (RL 2003/88/EG) angepasst und dementsprechend insbesondere auf „sonstige Personen mit selbstständiger Entscheidungsbefugnis“ ausgedehnt werden.
angenommen 71:18:9

7. Werkstattbeschäftigte nach § 221 SGB IX sollten in das Mindestlohngesetz einbezogen werden, es sei denn, die Beschäftigung dient vor allem der Rehabilitation.
angenommen 35:30:33

III. Präzisierung des arbeitsrechtlichen Schutzbedarfs durch die Tarifvertragsparteien

8. Der Gesetzgeber sollte das Instrument des tarifdispositiven Rechts für die Präzisierung des arbeitsrechtlichen Schutzbedarfs über die geltenden tarifdispositiven Regelungen hinaus nutzbar machen.
angenommen 50:23:24

Wenn ja:

a) Tarifdispositiv gestaltet werden sollte das Arbeitszeitgesetz in den durch das Unionsrecht gezogenen Grenzen.
angenommen 57:20:17

b) Tarifdispositiv gestaltet werden sollten die Rechtsansprüche auf Teilzeitarbeit einschließlich der jeweiligen Form- und Fristenregelungen.
angenommen 40:31:24

c) Tarifdispositiv gestaltet werden sollte das Recht der befristeten Arbeitsverhältnisse einschließlich der Rechtsfolgen einer unwirksamen Befristung.
abgelehnt 30:43:19

d) Die Tarifvertragsparteien sollten die Anwendung des Betriebsverfassungsgesetzes für branchentypisches Fremdpersonal öffnen können.
abgelehnt 34:39:21

IV. Präzisierung des Schutzbedarfs im Sozialversicherungsrecht

9. In § 7 Abs 1 SGB IV sollte im Anschluss an die in Satz 2 genannten Anhaltspunkte für Beschäftigung auch der Typus der selbständigen Tätigkeit erwähnt und Anhaltspunkte für selbstständige Tätigkeit wie folgt formuliert werden: „Selbstständige Tätigkeit ist vornehmlich durch eigenes Unternehmerrisiko, die Verfügungsmöglichkeit über die eigene Arbeitskraft und die im Wesentlichen frei gestaltete Tätigkeit und Arbeitszeit gekennzeichnet. Anhaltspunkte für eine selbstständige Tätigkeit sind insbesondere eine ausreichende Eigenvorsorge sowie eine diese zulassende Höhe der Vergütung."
abgelehnt 23:63:11

10. Der Versicherungsschutz in der Sozialversicherung sollte so ausgestaltet sein, dass seine Entgeltersatzleistungen hinter dem erzielten Arbeitsentgelt zurückbleiben (Lohnabstandsgebot), zugleich aber bei Beitragsleistungen eines durchschnittlich verdienenden Vollzeitbeschäftigten deutlich über dem Niveau der Grundsicherung liegen.
angenommen 77:8:12

11. Eine Altersvorsorgepflicht für Selbstständige ohne anderweitige obligatorische Altersabsicherung muss zügig umgesetzt werden (vgl. Beschluss Nr. 10, 73. DJT 2022 Bonn).
angenommen 94:0:5

12. Wird Selbstständigen bei der Einführung einer Altersvorsorgepflicht die Möglichkeit zur Befreiung von der Versicherungspflicht in der gesetzlichen Rentenversicherung eingeräumt, sollten Beschäftigte mit einem Jahresarbeitsentgelt oberhalb der Beitragsbemessungsgrenze (derzeit ca. 90.000 €) ebenso die Möglichkeit des „Opt-out“ zugunsten einer gleichwertigen privaten Alters- und Invaliditätsvorsorge haben.
abgelehnt 9:78:12

V. Verfahrensfragen

13. Eine rechtswegübergreifende Entscheidung über den Status als Arbeitnehmer und Beschäftigter ist nicht zu empfehlen.
angenommen 83:2:11

14. Das Statusfeststellungsverfahren nach § 7a SGB IV sollte folgendermaßen fortentwickelt werden: Eine selbstständige Tätigkeit wird widerlegbar vermutet, wenn die Vertragsparteien übereinstimmend von Selbstständigkeit ausgehen, weitere für Selbstständigkeit sprechende tatsächliche und/oder rechtliche Kriterien vorliegen und der Auftragnehmer eine ausreichende, Bedürftigkeit vermeidende Absicherung gegen das finanzielle Risiko von Krankheit und zur Altersvorsorge nachweist.
angenommen 49:27:21

a) § 7a Abs. 1 SGB IV sollte wie folgt ergänzt werden:
Anhaltspunkte für eine selbstständige Tätigkeit sind insbesondere
   - eine ausreichende Eigenvorsorge sowie eine diese zulassende Höhe der Vergütung;
   - ein Nachweis über eine dauerhafte eigene Absicherung gegen die Risiken von Krankheit und Pflege, eine hinreichende Alters- und Erwerbsminderungsvorsorge sowie eine eigene Berufshaftpflicht- oder Schadensversicherung gegen mögliche Schadensersatzansprüche aufgrund der Dienstleistung.

Eine ausreichende Eigenvorsorge zulassende Vergütung liegt in der Regel vor, wenn sie – bei einer tatsächlichen oder hypo-

thetischen Arbeitsleistung von einem Monat oder mehr – im Monat mindestens den Betrag von X % (noch zu definieren) der monatlichen Bezugsgröße übersteigt.
Von einer hinreichenden Altersvorsorge ist auszugehen, wenn der zur Dienstleistung Verpflichtete einen zertifizierten Vertrag über eine eigene private Altersvorsorge einschließlich eines Schutzes bei Erwerbsminderung, eine Versicherung in der gesetzlichen Rentenversicherung oder einer vergleichbaren anderen öffentlich-rechtlichen Vorsorgeeinrichtung vorlegt, aus denen sich ergibt, dass ab Erreichen der Regelaltersgrenze nicht kapitalisierbare bedürftigkeitsvermeidende Leistungen gewährt werden, die pfändungs- und insolvenzsicher sind.
abgelehnt 15:73:8

15. Für die Erleichterung von Statusfeststellungen wird bei den Spitzenorganisationen der Sozialversicherungsträger ein gemeinsames aus Arbeitgebern und Selbstständigen bestehendes Beratungsgremium eingerichtet.
angenommen 60:13:26

16. Die Folgen rückwirkender Feststellung von Versicherungs- und Beitragspflicht für Arbeitgeber sollten außer im Falle vorsätzlicher Vorenthaltung von Beiträgen abgemildert werden, indem die Regelverjährungsfrist für Beitragsnachforderungen auf zwei Jahre verkürzt und der Turnus der Betriebsprüfungen entsprechend angepasst werden.
abgelehnt 31:56:9

Verhandlungen des 74. Deutschen Juristentages

Stuttgart 2024

Herausgegeben von der
Ständigen Deputation
des Deutschen Juristentages

Band II/2

Sitzungsberichte – Diskussionen und Beschlussfassung

Teil M

Beschlagnahme und Auswertung von Handys, Laptops & Co. – Sind beim offenen Zugriff auf Datenträger die Persönlichkeitsrechte angemessen geschützt?

Teil M

Sitzungsbericht
über die Verhandlungen
der Abteilung Strafrecht

am 25. und 26. September 2024
über das Thema

Beschlagnahme und Auswertung von Handys, Laptops & Co. – Sind beim offenen Zugriff auf Datenträger die Persönlichkeitsrechte angemessen geschützt?

Die Ständige Deputation hat gewählt:

Prof. Dr. Ingeborg *Zerbes*, Wien
zur Vorsitzenden

Rechtsanwältin Anke *Müller-Jacobsen*, Berlin
zur Stellvertretenden Vorsitzenden

Prof. Dr. Mohamad *El-Ghazi*, Trier
zum Gutachter

Bundesanwalt Dr. Jörn *Hauschild*, Karlsruhe
Rechtsanwältin Gül *Pinar*, Hamburg
Vors. Richter am LG Gregor *Herb*, Berlin
zu Referentinnen und Referenten

Vors. Richter am TDG Timo *Walter*, München
zum Schriftführer

Diskussion

am 25. September nachmittags
(anwesend etwa 106 Teilnehmerinnen und Teilnehmer)

Vorsitzende:

Wir setzen fort mit einem zwar recht kurzen, aber sicher sehr intensiven Nachmittag; inhaltlich folgendermaßen: Herr El-Ghazi wird replizieren, also sein Gutachten in einer verdichteten Form darstellen, damit wir auf dem Stand der Dinge sind, von dem auch die Referentinnen und Referenten ausgegangen sind.

Bevor das aber stattfindet, möchte ich Sie auf bestimmte Formalien unserer Diskussion hinweisen. Die gesamte Diskussion wird aufgezeichnet, weshalb ich Sie bitte, unbedingt alle vom Rednerpult aus zu sprechen. Wir werden keine Saalmikrofone vergeben. Und um eine Wortmeldung anzumelden, finden Sie in Ihren Tagungsunterlagen Karten, wir haben auch noch weitere hier liegen. Das sind die Diskussionsmeldekarten. Wir bitten Sie, diese auszufüllen, vor allem Ihren Namen, Titel, E-Mail-Adresse und ein Stichwort zum Thema Ihrer Wortmeldung. Diese Wortmeldungen sind vorne ans Podium zu bringen, zu Herrn Walter. Wir werden sie dann ordnen. Das bedeutet für uns Folgendes: Wir werden den ersten Teil der Diskussion um Allgemeines und die eigentlichen Voraussetzungen drehen lassen. Wenn Sie zu später kommenden Punkten sprechen möchten, können Sie gerne schon eine Wortmeldungskarte abgeben, aber wir würden uns die Freiheit nehmen, diese Wortmeldung auf den Folgetag zu verschieben. Ich bitte Sie, wenn Sie zum Rednerpult kommen, dass Sie nochmal kurz Ihren Namen sagen. Warum? Das erleichtert eine Schriftfassung aus der Aufzeichnung herzustellen, damit wir die Redebeiträge den Rednerinnen und Rednern auch zuordnen können, und Sie bekommen dann auch noch die Möglichkeit, und deswegen ist Ihre E-Mail-Adresse so unentbehrlich wichtig, diesen Redebeitrag zu korrigieren. Sie bekommen über Ihre E-Mail einen Link zu Ihrem Redebeitrag auf einer Onlineplattform, die dafür eingerichtet wird, um die Schriftfassung korrigieren zu können. Ergänzungen bringe ich vielleicht zwischendurch, aber ich glaube das war's in etwa. Dann können wir loslegen mit den inhaltlichen Fragen, ich bin sehr gespannt darauf. Mohamad El-Ghazi wird nun sein Gutachten auf den Punkt bringen.

Gutachter:

Vielen Dank für die Einleitung. Sehr geehrte Mitglieder der Ständigen Deputation, liebe Referenten, liebe Referentin, liebe Damen und Herren: vor zweieinhalb Jahren wurde ich gefragt, ob ich das hier übernehmen und dieses Thema in Angriff nehmen möchte. Damals habe ich mir gedacht, hm, ja, haut mich jetzt erstmal nicht vom Hocker. Zumindest auf den ersten Blick. Ich hatte diese Frage damals nicht auf dem Schirm. Zweieinhalb Jahre später ist es gefühlt in aller Munde, nicht nur aufgrund der Entwicklungen in Österreich, na klar, auch mit Blick auf den DJT. Und ich muss sagen, nachdem ich das Gutachten geschrieben hatte, war ich mir ganz sicher: so wie es ist, kann es nicht bleiben. Ich habe jetzt ein paar Minuten Zeit, aber dann sollen Sie diskutieren, das ist unser Anspruch. Ich möchte meine Kernthese einmal vorstellen, und dann wollen wir vor allem hören, wie die Stimmung so bei Ihnen ist bei diesem Thema.

Die Frage, die wir diskutieren, ist eigentlich ganz einfach: sind unsere Smartphone-Daten hinreichend geschützt? Und diese Debatte, die wir eigentlich schon seit zwanzig Jahren geführt haben, aber bisher eben mit den heimlichen Ermittlungsmaßnahmen im Fokus. Stichwort: Online-Durchsuchung. Nicht im Fokus hatten wir den offenen Zugriff auf das Smartphone und den darauf gespeicherten Daten über die Standardzwangsmaßnahme der Beschlagnahme nach § 94 ff. StPO. Und ja, Sie haben es heute schon gehört, aber ich wiederhole es gerne, denn das ist meine Wahrnehmung: die Beschlagnahme von Smartphones gehört zum „Goldstandard“ des Strafverfahrens. Ich glaube, sie gehört eben auch deshalb zum Goldstandard, weil die Eingriffsvoraussetzungen so niedrigschwellig sind.

Ja, das Smartphone und die darauf befindlichen Daten werden behandelt wie jede andere beweisrelevante Entität, die wir kennen. Deswegen unterliegen sie auch dem Beschlagnahmeregime nach § 94 ff. StPO. Daher herrschen diese niedrigen Anforderungen. Dabei sind die Daten, die wir dort haben, sehr sensibel. Das Handy ist ein Dateneldorado, aber nicht nur das Smartphone, sondern auch andere komplexe IT-Geräte. Für die Jüngeren unter uns fungiert es als Begleiter im Alltag, in allen Lebenslagen, die meiste Zeit haben wir es bei uns – sieben Tage die Woche, 24 Stunden am Tag und gerade mit Blick auf die fast unendlichen Anwendungsmöglichkeiten, die man hat mit diesem Universalgerät – so muss man es ja nennen – besteht die Gefahr, dass man damit ein universelles Bild über uns zeichnet. Vom Bewegungsverhalten bis hin zu Persönlichkeitsprofilen. Und daher verdienen diese Geräte, ohne Wenn und Aber, einen angemessenen Schutz. Meines Erachtens ist egal, wie der Staat auf diese Daten zugreift. Ob offline oder online, diese Daten verdienen einen angemessenen Schutz. Die Regelungen der §§ 94 ff. StPO bieten nicht diesen angemessenen Schutz. Sie sind anachronistisch. Was den Umgang mit komplexen IT-Geräten anbelangt: bedenklich unterreguliert. Meines Erachtens bestehen Schutzlücken und Regelungsdefizite, die man beheben muss. Unter anderem, weil ich auch der Meinung bin, dass dieser offene Zugriff auf das Smartphone und den darauf befindlichen Daten einen Eingriff in das IT-Grundrecht darstellt, also in das Grundrecht auf die Gewährleistung der Vertraulichkeit und Integrität informationstechnischer Systeme.

Richtig ist – das haben mir meine Kolleginnen und Kollegen schon gesagt –, dass das Bundesverfassungsgericht diese Gewährleistung im Zusammenhang mit der Online-Durchsuchung entwickelt hat. Richtig ist auch, dass die strengen Regeln, die das Bundesverfassungsgericht damals angelegt hat an die Online-Durchsuchung, selbstverständlich nicht für die offene Beschlagnahme gelten. Hier stellt sich zunächst die Frage, ob das IT-Grundrecht hier überhaupt einschlägig ist. Meines Erachtens ist es dies. Deswegen finde ich die Annahme falsch, dass der Schutzbereich nicht eröffnet sei. Schauen wir in das Urteil rein. Man kann eine klare Zweiteilung erkennen. Der erste Teil beschreibt die Problematik mit der sich das Bundesverfassungsgericht konfrontiert sieht. IT-Geräte, die Breite der Daten, die dort gespeichert sind, und die Gefahr der Totalausforschung. Erst in einem zweiten Teil greift das Bundesverfassungsgericht die Rechtfertigung auf, erst dort wird vor allem die Heimlichkeit immer wieder hervorgehoben. Die Position, die ich in dem Gutachten vertrete, ist keine Sondermeinung. Ich bin ein bisschen erstaunt, dass viele sagen: „Oh Gott, der ist aber progressiv, der Herr!" Weil ich meine, dass das IT-Grundrecht einschlägig ist? Wenn man in die Arbeiten schaut, in die Monografien schaut, die es in der Wissenschaft gegeben hat zum IT-Grundrecht zwischen 2008 und 2020, dann ist es meines Erachtens eindeutig die herrschende Meinung, dass das IT-Grundrecht einschlägig ist auch bei offenem Zugriff auf komplexe IT. Leute, die sich jahrelang in Promotionen mit diesem Thema auseinandergesetzt haben, sind zu diesem Ergebnis gekommen. ob das IT-Grundrecht auch beim offenen Zugriff einschlägig ist. Die Heimlichkeit spielt auf der Ebene der Rechtfertigung eine Rolle – aber nicht auf der Ebene des Schutzbereichs. Mit anderen Worten, anders als es vielleicht Herr Hausschild hier gesagt hat: das IT-Grundrecht ist meines Erachtens kein Grundrecht, das primär darauf angelegt ist, den Bürger vor der gestiegenen Gefahr der heimlichen Infiltration oder der technischen Manipulation seines Geräts zu schützen. Na klar, das auch. Aber was ist der Kerngehalt dieses Grundrechts? Meines Erachtens ist es originär darauf angelegt, den Bürger vor den Gefahren der Ausforschung seiner Persönlichkeit zu bewahren, das ist sein Kern. Es kommt nicht darauf an, auf welchem Weg das passiert und es kommt auch nicht darauf an, ob parallel zur Vertraulichkeit auch die Integrität beeinträchtigt ist.

Ich empfehle Ihnen, das Urteil nochmal in Ruhe zu lesen, schauen Sie Randnummer 39 der Entscheidung des Bundesverfassungsgerichts von 2008 an. Meines Erachtens bleibt kein Zweifel offen, dass es nicht notwendig ist, dass parallel zur Vertraulichkeit auch die Integrität des Geräts betroffen sein muss, damit das IT-Grundrecht einschlägig ist. Die Modalität der Heimlichkeit, das gestehe ich hier ein, spielt eine Rolle, wie gesagt auf der Ebene der Rechtfertigung, und das passt natürlich insgesamt auch in die tradierte Grundrechtsdogmatik mit der Trennung zwischen Schutzbereich, Eingriff und Rechtfertigung. Das gilt natürlich auch bei allen anderen Grundrechten, bei der Wohnungsdurchsuchung zum Beispiel. Da ist es ja auch keiner bezweifeln, dass es einen Eingriff nicht gibt, weil die Maßnahme nicht heimlich ist. Bei Art. 10 Grundgesetz, Fernmeldegeheimnis, würde keiner sagen, dass das Grundrecht deshalb nicht einschlägig sei, weil der Betroffene zufälligerweise weiß, dass sein Gerät abgehört, dass seine Kommunikation überwacht wird. Niemand würde negieren, dass der Schutzbereich betroffen wäre. Und so sehe ich es eben auch beim komplexen IT-Gerät. Die Heimlichkeit spielt auf Schutzbereichsebene keine Rolle.

Unser Beschlagnahmeregime ist ziemlich undifferenziert. Es hat Sonderregelungen für die Postbeschlagnahme, aber für alles Weitere nicht. Ist das eine geeignete Ermächtigungsgrundlage für derartige Grundrechtseingriffe? Ich denke nicht, zumindest ist diese Grundlage nicht mehr geeignet. Das Bundesverfassungsgericht hat früher schon gesagt, ja, diese §§ 94 ff., die werden dem Normenklarheits- und Normenbestimmtheitsgebot noch gerecht. Wie sahen aber die Geräte damals aus? Ich habe jetzt mal eines mitgebracht, ein Gerät von ungefähr 2008. Gucken Sie mal, das ist eines was wir selber in Gebrauch hatten im Jahr 2008. Wir haben das jetzt wieder in Gebrauch: mein 3-jähriger Sohn möchte auch ein Handy haben und nutzt aktuell dieses. Ich musste es ihm gestern noch heimlich wegnehmen. Also 28 MB Speicherqualität, das sind 10 Fotos vielleicht, ein paar SMS, da müssen sie dann immer löschen. An E-Mails war noch lange nicht zu denken. Applikationen? Also ich weiß nicht, ob Sie im Jahr 2008 das Wort „App“ schon kannten. Ich glaub, ich kannte es nicht. Na klar, die Geräte haben sich verändert. Die Gegenwart sieht einfach ganz anders aus heute, und in Anbetracht dessen darf man diese Entscheidungen des Bundesverfassungsgerichts aus dem Jahr 2006 oder auch 2008, wo das Gericht sich wirklich ausführlich mit der hinreichenden Bestimmtheit der §§ 94 ff. auseinandersetzt, nicht als abweichende Entscheidungen heranziehen. Die Technik sah damals eben anders aus. Die §§ 94 ff. sind entwicklungs- und technikoffen, aber diese Technikoffenheit hat irgendwo ihre Grenzen, und ich glaube, die sind inzwischen erreicht. Mit Blick auf den immensen technologischen und gesellschaftlichen Wandel, den wir in den letzten 15–20 Jahren in der Telekommunikationstechnologie zu verzeichnen haben, können die Vorschriften verfassungsrechtlich nicht mehr den Anforderungen gerecht werden. Die Zeit ist vorbei. Man könnte auch sagen, dass die Vorschriften mal verfassungsgemäß waren, aber es jetzt nicht mehr sind. Sie haben sich in die Verfassungswidrigkeit hineinentwickelt. Meines Erachtens ist es nur noch eine Frage der Zeit bis auch das Bundesverfassungsgericht es so sehen muss und es dem österreichischen Verfassungsgerichtshof nachahmen wird, und deshalb fordere ich auch in dem Gutachten, dass wir auf diese Transformation reagieren, indem wir ein Sonderbeschlagnahmeregime für komplexe IT-Geräte schaffen. Der Gesetzgeber soll selbst die Leitplanken festlegen, wann ein solches Gerät, das solche sensiblen Daten beinhaltet, beschlagnahmt und gesichert werden kann und wann die Daten durchgesehen werden können. Das sollte nicht einer dauernd überlasteten Justiz überlassen bleiben. Es ist die Aufgabe des Gesetzgebers, Anlass, Zweck und vor allem Grenzen dieser Maßnahmen festzuschreiben. Wann darf die Durchsicht erfolgen und wie erfolgt sie?

Ich habe gefordert, dass wir einen Kernbereichsschutz brauchen in diesem Sonderrechtsregime, aber darüber werden wir sicherlich noch diskutieren. Ich habe auch verlangt, dass höhere Anforderungen gestellt werden an die Durchführung der Maßnahme, höhere materielle Hürden. Ich habe nicht den Vorschlag aus der Literatur aufgegriffen und gesagt, die Maßnahme soll nur noch dann statthaft sein, wenn eine Katalogstraftat wie bei 100b oder 100a, also Onlinedurchsuchung oder Telekommunikationsüberwachung, im Raum steht. Soweit gehe ich nicht, das lässt sich eindeutig nicht ableiten aus der Rechtsprechung des Verfassungsgerichts. Aber ich bin der Meinung man sollte unten ansetzen. Man sollte dafür sorgen, dass nicht bei jeder Ordnungswidrigkeit, nicht bei jeder Bagatellstraftat und auch leichteren Straftaten eine Beschlagnahme des Smartphones, eine Durchsicht der Daten in Betracht kommt. Ich habe vorgeschlagen, Cyberstraftaten herauszunehmen, das halte ich notwendig, gerade mit dem Blick auf die Cybercrime-Convention. Aber bei Straftaten unterhalb mittlerer Kriminalität soll die Maßnahme grundsätzlich nicht in Betracht kommen. Was sind Straftaten mittlerer Kriminalität? Orientieren wir uns an dem, was das Bundesverfassungsgericht sagt: Straftaten bis zu einer Maximalfreiheitsstrafe von 3 Jahren sind keine Straftaten mittlerer Kriminalität. Ich bin offen für Kritik, habe nochmal darüber nachgedacht, was das bei Ordnungswidrigkeiten bedeutete, vor allem wenn es auch um Unternehmensbebußung geht. Vielleicht bieten sich Zwischenlösungen an wie bei § 46 Abs. 4a Ordnungswidrigkeitengesetz, da geht's um die Zulässigkeit der Bestandsdatenauskunft im Ordnungswidrigkeitenverfahren. Da hat man eine Zwischenlösung gewählt, das kommt nur in Betracht bei Bußgeldtatbeständen mit einem Bußgeld über 50.000, – Euro. So könnte man das für diese Maßnahme auch machen, um der Kritik entgegenzuwirken.

Noch zwei Punkte, die ich ganz kurz nenne, bevor wir in die Diskussion einsteigen. Ich bin der Meinung, Handys sind besonders beschlagnahmeanfällig. Der Datenbestand ist so groß, dass es nicht sehr schwierig ist, die benötigte Beweisrelevanz zu erreichen. Dafür genügt nach heutigem Verständnis die nicht fernliegende Möglichkeit, dass beweisrelevantes Material dabei ist. Dieses Kriterium der Beweisrelevanz dient dazu, die Ausforschungsdurchsicht zu vermeiden, und dieses Merkmal hat seine Funktion bei Smartphones und anderen komplexen IT-Geräten eigentlich verloren. Ich fordere, dass man diesem Merkmal diese Funktion wieder verleiht, indem man, wenn man ein Sonderrechtsregime formuliert, höhere Anforderungen an die Beweisrelevanz stellt. Wir wollen eine qualifizierte Beweisrelevanz. Herr Hauschild hat angesprochen, dass man aufgrund von Tatsachen die Aussicht hat, an relevantes Beweismaterial zu kommen. Und für mich ist vor allem wichtig, welche prozessualen Auswirkungen es hat, die Staatsanwaltschaften müssen dann erst mal darlegen oder die Ermittlungsbehörden müssen erst mal darlegen, warum sie sich erhoffen, auf dem Handy Daten zu finden, vor allem an welchen Daten sie interessiert sind und warum sie glauben, dass da was Relevantes bei sein könnte.

Ein letzter Aspekt, den ich ansprechen möchte: häufig geht die Maßnahme einher mit der Vorenthaltung des Geräts. Tage, Wochen, Monate sind keine Seltenheit, aber auch Jahre, in denen das Gerät den Betroffenen vorenthalten wird. Hier geht die Maßnahme auch über die Online-Durchsuchung hinaus, weil wir bei der Online-Durchsuchung keinen Entzug des Gerätes haben. Jeder von Ihnen weiß, was es bedeutet, Frau Zerbes hat es geschildert. Was es bedeutet, wenn man sein Gerät eben nicht hat. Ich vermute die Hälfte von Ihnen würde nicht mal mehr den Weg nach Hause finden, wenn Sie ihr Handy nicht hätten, und ich bin auch immer wieder erschrocken. Man muss das vermeiden. Sobald eine Spiegelung in Betracht kommt, würde ich dafür plädieren – also auch heute ist das aus dem Gebot der Verhältnismäßigkeit selbstverständlich – dass man eine Mitnahme vermeiden muss. Wenn man ein Sonderrechtsregime schafft, sollte man die Subsidiarität der Mitnahme festschreiben, einfach um die Justiz zu sensibilisieren. Das macht man bei anderen Zwangsmaßnahmen, obwohl man es nicht müsste, weil es aus dem Gebot der Verhältnismäßigkeit folgt. Was mir besonders am Herzen liegt, das wäre mein letzter Punkt: die Rückgabe des Geräts. Ich habe eben gesagt, dass es teilweise Jahre dauert. Meine Idee ist, dass man ein Fristenmodell verankert im Gesetz. Wenn das Gerät entzogen wird, dann soll es eine Grundfrist geben für die Dauer der vorläufigen Sicherstellung und der Durchsicht, vielleicht ein Monat, vielleicht drei Monate, sechs Monate, die Frist sollte erfahrungsbasiert festgelegt werden. Man sollte gucken, wie lange wir typischerweise brauchen. Wichtig für mich ist, dass die Frist verlängert werden kann, auf Antrag der Staatsanwaltschaft durch gerichtliche Entscheidung. Da kann man das Smartphone dann länger behalten, aber man sollte begründen müssen, warum es mit der Durchsicht noch nicht geklappt hat und warum man glaubt, dass es jetzt in Zukunft klappen wird. Das ist auch ein Punkt über den ich mich freuen würde, wenn wir hierüber in eine Diskussion miteinander kommen. Ich bin mir insgesamt bewusst, dass natürlich nicht alle Ziele auf Anklang stoßen. Ich bin Wissenschaftler im Hauptberuf, ich bin offen für Kritik, ich bin vor allem auch gerne bereit, mich durch die Praxis eines Besseren belehren zu lassen. Umgekehrt wünsche ich mir aber auch von der Praxis, dass sie offen ist für Einwände und Kritik und dass wir in eine offene Diskussion miteinander gehen. In diesem Sinne wünsche ich uns jetzt heute und morgen spannende Diskussionen. Merci.

Vorsitzende:

Ganz herzlichen Dank für die wirklich auf den Punkt gebrachte Darstellung Deiner Gedanken. Noch liegen keine Wortmeldungen vor. Vielleicht lassen wir einen Moment Pause und richten die Diskussion heute schwerpunktmäßig auf die Frage der Anlasstatschwelle. Falls Sie eine Wortmeldung für morgen vormerken wollen, geben Sie gerne jetzt eine Karte ab. Ich darf nun Herrn Killmer ans Pult bitten; bitte nennen Sie selbst auch noch einmal Ihre Funktion. Sie haben eine ausgesprochen schöne Schrift, sie ist aber eher ein Ornament.

Bundesanwalt Dieter *Killmer*, Karlsruhe:

Mein Name ist Dieter Killmer, Bundesanwalt beim Bundesgerichtshof in Karlsruhe. Sie sprechen also mit jemandem, der seit 25 Jahren Strafverfolgung betreibt, und deswegen sehen Sie es mir nach: ich bin offen für wissenschaftliche Kritik, möchte aber auch ein bisschen den praktischen Impuls hier reinbringen. Ich bin zudem auch, das will ich an dieser Stelle sagen, Mitglied des Präsidiums des Deutschen Richterbundes. Ich fühle mich also durchaus berufen, vielleicht noch ein bisschen mehr als nur meine eigene Praxis, sondern insgesamt die Praxis zu Gehör zu bringen. Ich will einmal kurz voranstellen, was die besondere Grundrechtssensibilität betrifft, unabhängig davon, ob wir jetzt wirklich den Schutzbereich eröffnet wissen wollen oder nicht. Darüber kann man streiten, das haben Sie auch von verschiedenen Seiten beleuchtet. Dieser Sensibilität ist man sich in der Praxis sehr wohl bewusst, und da bin ich auch grundsätzlich sehr bei Ihnen. Ich möchte aber nochmal ein dogmatisches Argument zur Diskussion stellen, das mir dann doch immer durch den Kopf geht. Und zwar, wenn ich zwei Maßnahmen betrachte, nämlich einmal die Telekommunikationsüberwachung gemäß § 100a und einmal die Durchsuchung in § 102 StPO. Dann sieht man, dass wir für § 100a einen bestimmten Straftatenkatalog haben, das ist heute auch schon hier erörtert worden, für § 102 dagegen nicht. Ich sehe doch, dass die Maßnahme, über die wir hier sprechen, ich sag einmal den virtuellen Gang durch ein Speichermedium, weitaus eher einer Durchsuchungsmaßnahme vergleichbar ist, denn einer heimlichen Telekommunikationsüberwachung. Aus rechtssystematischen Gründen sehe ich daher, wenn ich mir die Strafprozessordnung insgesamt betrachte, dass ich die Beschlagnahme elektronischer Beweismittel an den Eingriffsvoraussetzungen des § 102 bemessen wollen würde, nicht an denen von § 100a. Und wie gesagt, auch dort, wenn wir jetzt nicht gerade den § 103 haben, brauche ich keine qualifizierte Auffindevermutung oder ähnliches, wir können durchsuchen bei einem bestimmten Verdachtsgrad, der auch kein hinreichender ist, Frau Pinar, sondern unter dieser Schwelle liegt. Das heißt, wir sollten uns schon in diesem Bereich bewegen. Ich wollte eigentlich nichts dazu sagen, dass hier von „Goldstandard" die Rede war, aber es stört mich ungemein, dass muss ich ganz ehrlich sagen. Denn dies impliziert eine Beliebigkeit mit Handys, was ich so nicht teilen kann. Ich weiß, es ist eine sehr pragmatische Erwägung, dass ich sage: Die Praxis versucht ja eher schon die Datenmenge zu verringern, einfach, weil sie derer gar nicht Herr wird. Ich finde auch tatsächlich die Annahme, die Sie sehr launig hier rübergebracht haben, es sei auch deshalb „Goldstandard", weil es so eine niedrige Eingriffsschwelle gibt. Da würde ich deutlich widersprechen. Wenn es überhaupt ein „Goldstandard" wäre, dann deshalb, weil ein Smartphone eben entsprechend aussagekräftig ist, weil aber auch entsprechend viele Straftaten entweder unmittelbar mit dem Smartphone zusammenhängen oder aber auch nach Straftaten später über Straftaten kommuniziert wird. Es ist also keineswegs so, dass Ermittlungsbehörden sich die niedrige Schwelle zu Nutzen machen, um auf ein Beweismittel zuzugreifen, sondern Ermittlungsbehörden sind sich der Eingriffstiefe sehr wohl bewusst und auch der besonderen Sensibilität in diesem Zusammenhang.

Ich möchte auf ein paar praktische Belange kurz zu sprechen kommen. Das eine wäre eben, wenn wir entsprechende Eingriffsschwellen schüfen, die Frage von Mindeststrafen. Sie haben die drei Jahre angesprochen, dann möchte ich doch einmal sehr pragmatisch die Ge-

genfrage stellen, was wäre denn bei Straftaten, bei denen wir keinen Ermittlungsansatz haben, als die Mitnahme des Handys? Dann würden die Ermittlungen nach § 170 Absatz 2 StPO eingestellt, das ist ein Ergebnis mit dem ich vielleicht als Strafverfolger, muss ich zugeben, schwerlich leben kann. Ein zweiter Punkt, der heute schon kritisch beleuchtet wurde, ist der der Dokumentation. Da richte ich mich an Sie, Frau Pinar. Ich meine, das muss man ein bisschen richtigstellen. Sie haben die Datenintegrität hier als einen großen Punkt herausgestellt, da bin ich völlig bei Ihnen. Aber heutzutage ist es ja schon nicht nur möglich, sondern eine Verpflichtung des Gerichts, aufzuklären, wenn Zweifel an der Datenintegrität bestehen. Dann muss das Gericht natürlich auch heutzutage schon aufklären, und genauso ist es natürlich, das werden Sie dank Ihrer forensischen Praxis ja noch weitaus mehr üben und wissen und auch anwenden müssen. Ihnen steht jederzeit frei, Beweisanträge zu stellen zu der Behauptung, dass die Datenintegrität verletzt ist, Sachverständige zu hören, natürlich Sachverständige zu der Frage der Datenerhebung intensivst zu befragen, was auch bei deutschen Gerichten stattfindet. Es ist also keineswegs so, dass sozusagen blackbox-artig eine Datenspiegelung an das Gericht kommt, die unüberprüft einfach so zugrunde gelegt wird, und jemand daraufhin verurteilt wird. So einfach, wie ich es mir manchmal wünschen würde, weil ich überzeugt bin im Einzelfall, so einfach ist es aber zurecht nicht, sondern es wird eben sehr kritisch hinterfragt. Ich glaube an dieser Stelle möchte ich es dabei zunächst bewenden lassen, freue mich auf weitere Diskussionen und freue mich auf Ihre Wortmeldungen. Danke schön.

Vorsitzende:

Herzlichen Dank, Herr Professor Deiters bitte zum Thema: Regelungsbedürfnis.

Prof. Dr. Mark *Deiters*, Münster:

Sehr geehrte Damen und Herren,

ich möchte zunächst die Gelegenheit nutzen, dem Gutachter aber auch der Referentin und den Referenten zu danken, dafür, dass sie dieses schwierige Thema doch sehr umfangreich und in allen Facetten bearbeitet haben, dass wir heute darüber doch sehr gut reden können. Ich glaube die unterschiedlichen Positionen sind sehr klar geworden. Ich möchte nur zu der Frage Stellung nehmen, ob überhaupt ein Regelungsbedürfnis besteht. Die Frage ist von Herrn Hauschild in Zweifel gezogen worden, auch von meinem Vorredner, während die anderen Referenten sich dafür stark gemacht haben, dass eine neue gesetzliche Regelung zumindest angezeigt ist. Und dem Ganzen liegt die Frage zugrunde: Ist hier wirklich das vom Bundesverfassungsgericht neu geschöpfte IT-Grundrecht betroffen oder ist es nur ein Eingriff in das Grundrecht auf die informationelle Selbstbestimmung? Ich meine, wie auch schon Herr Herb vorgetragen hat, das ist möglicherweise eine Scheinfrage. Mal ganz unabhängig davon, ob das IT-Grundrecht betroffen ist, ist doch eines klar: Es handelt sich bei einer Sicherstellung und Durchsicht eines Smartphones nicht bloß um eine Informationserhebung, bei der man es mit einer einfachen Ermächtigungsgrundlage sein Bewenden lassen kann. Es handelt sich wegen der abstrakten Gefahr umfassender Persönlichkeitserforschung zumindest um einen so gewichtigen Eingriff in das Grundrecht der informationellen Selbstbestimmung, dass da ein Regelungsbedürfnis besteht. Abstrakte Gefahr heißt natürlich nicht, dass der Vorwurf erhoben würde, dass die Staatsanwaltschaften hier nicht sensibel vorgingen. Ich habe das, offen gestanden, auch dem Gutachten nicht entnehmen können, dass dieser Vorwurf erhoben wurde. Aber das ändert doch nichts daran, dass die abstrakte Gefahr der Persönlichkeitserforschung besteht und dass das Strafprozessrecht eben davor schützen soll, dass solche abstrakten Gefahren im Einzelfall konkret werden. Bei dem redlichen Staatsanwalt braucht man ja überhaupt keine Strafprozessordnung und das, finde ich, macht doch relativ klar, dass hier durchaus ein Regelungsbedürfnis besteht und dass die von 1877 stammenden Ermächtigungsgrundlagen mit unserer heutigen Technik nicht Schritt gehalten haben. Selbst wenn man das anders sähe und meinte, man kommt mit dem Verhältnismäßigkeitsgrundsatz vielleicht auch weiter, man kommt vielleicht sogar zu den gleichen Ergebnissen: Ist es nicht Aufgabe des Gesetzgebers, hier die Leitlinien festzulegen? Oder sollen wir es der Judikative überlassen, hier Schritt für Schritt das zu ebnen, was dann am Ende der Gesetzgeber irgendwann wieder kodifizieren soll, mit der Gefahr, dass die Judikative immer einen Schritt später kommt? Das Kind ist dann meistens schon in den Brunnen gefallen. Und deswegen meine ich, es besteht in der Tat ein Regelungsbedürfnis. Und die entscheidende Frage liegt dann schlicht darin, wie es geregelt werden soll. Hier meine ich, hat der Gutachter durchaus abgewogene Vorschläge unterbreitet, die ich nun auch nicht revolutionär nennen würde. Es ist noch viel mehr denkbar.

Vorsitzende:

Das passt gut zum IT-Grundrecht bei offenen Ermittlungsmaßnahmen.

Prof. Dr. Matthias *Jahn*, Frankfurt:

Frau Vorsitzende, sehr geehrte Damen und Herren, Kollegen und Kolleginnen,

es passt wirklich gut dazu. Dieter Killmer war so freundlich, mein Diskussionskärtchen nach vorne zu bringen. Deshalb darf ich ihm widersprechen. Mir geht das etwas zu schnell. Wenn man das Hemd falsch unten anfängt zu knöpfen, merkt man es erst oben am Kragen. Und jetzt schon beim ersten Aufschlag die Frage zu diskutieren, wie eine Regelung im Detail aussehen könnte, scheint mir verfrüht. Es muss erst einmal gewissenhaft geprüft werden, welcher der verfassungsrechtliche Rahmen ist, in dem wir uns auf diesem Feld bewegen.

Wenn Sie das Thema der strafrechtlichen Abteilung nur etwas umformulieren, wird die entscheidende Frage gestellt: Ist beim offenen Zugriff auf Datenträger das IT-Grundrecht angemessen geschützt? Dann wird klar, dass es womöglich nicht nur um den Schutz des allgemeinen Persönlichkeitsrechts geht, bei dem wir schon im ersten Semester unseren Studierenden beibringen, dass die epische Weite des Schutzbereichs die Weite der Schranken – und damit der Beschränkbarkeit von Freiheit – bedingt. Für die strafrechtliche Abteilung dieses Juristentags folgt daraus: diskutierte man vorschnell nur über das allgemeine Persönlichkeitsrecht als Schutzbereichseröffnung, dann hätte der Bundesgesetzgeber der StPO einen sehr weiten Einschätzungsspielraum bei der Schrankenherstellung, den er ausnutzen könnte und politisch im Zweifel auch ausnutzen würde. Ginge es hingegen um den Schutz durch das IT-Grundrecht auch für die Konstellation offener Ermittlungen durch die Strafverfolgungsbehörden, das ja erst eine Erfindung des Jahres 2008 ist, dann ist der Spielraum, den der Gesetzgeber ausnutzen könnte, deutlich enger zu bemessen. Sie alle kennen die rechtspolitische Kritik am Ersten Senat des Bundesverfassungsgerichts, der sich seit 15 Jahren anhören muss, dem Gesetzgeber verbleibe überhaupt kein Regelungsspielraum im Bereich des Gefahrenabwehrrechts mehr. Seit den großen Entscheidungen, beginnend im Jahr 2008 mit der Entscheidung zur Online-Durchsuchung im Niedersächsischen Verfassungsschutzgesetz und der eindrucksvollen Kette weiterer Entscheidungen in der Ära des Verfassungsrichters Masing, insbesondere zur teilweisen Verfassungswidrigkeit des BKA-Gesetzes, beschränken sich die Gesetzgeber im Bund und in den Ländern im Gefahrenabwehr- und Polizeirecht im Wesentlichen auf eine wörtliche Übernahme oder vorsichtige Paraphrase der Leitsätze und tragenden Entscheidungsgründe des Karlsruher Gerichts. Das erfasst natürlich auch den Regelungsspielraum, soweit das IT-Grundrecht zum Tragen kommt und würde in vergleichbarer Weise auch den StPO-Gesetzgeber inhaltlich eng binden. Dann fehlte ihm die Beinfreiheit.

Damit zurück zum Ausgangspunkt, zu der Vorfrage: Geht es beim offenen Zugriff auf Smartphones und Co. speziell um das IT-Grundrecht oder geht es – so, wie auch das Thema der Abteilung formuliert ist – nur um den Schutzbereich des allgemeinen Persönlichkeitsrechts? Hier sind sie derzeit mit zwei Positionen konfrontiert. Das ist einmal die Auffassung, für die sich Bundesanwalt Hauschild stark gemacht hat. Ich darf das aus dem an die Presse verteilten Referatstext zitieren. Dort heißt es, die Rechtsprechung des BVerfG sei in Bezug auf den offenen Zugriff auf Smartphones „klar und eindeutig" in dem Sinne, dass nur das allgemeine Persönlichkeitsrecht einschlägig sei, nicht das IT-Grundrecht. Und Herr Kollege El-Ghazi hat in der Zusammenfassung seines Gutachtens am Beginn der Diskussionen heute Mittag gesagt, auch das darf ich zitieren, es „bleibt kein Zweifel", dass das IT-Grundrecht einschlägig sei.

Diese Abteilung muss sich also, nach dem, was ich gerade zum potenziellen Regelungsspielraum des StPO-Gesetzgebers ausgeführt habe, erst einmal klar darüber werden, welche der beiden Thesen nun richtig ist. Ich kann es Ihnen damit nicht ersparen – es bedarf ein wenig Textexegese. Wir müssen deshalb noch einmal in die Ausgangsentscheidung zum Niedersächsischen Verfassungsschutzgesetz hineinschauen, um zu prüfen, ob die El-Ghazi-These zutrifft, die in einem DJT-Begleitaufsatz zu Recht als das zentrale Ergebnis seines Gutachtens herausgestellt worden ist (so – aber inhaltlich kritisch – Brodowski in der JZ). Zwei Belegstellen sind im 120. Band unmittelbar einschlägig. Da ist einmal die Sentenz in Randnummer 205, in der das Bundesverfassungsgericht bei der Schutzbereichsdefinition sagt, das IT-Grundrecht schütze „insbesondere vor einem heimlichen Zugriff, durch den die auf dem System vorhandenen Daten ganz oder zu wesentlichen Teilen ausgespäht werden können".

„Insbesondere": daraus zieht Herr El Ghazi die Konsequenz, wenn das „insbesondere" für heimliche Zugriffe gelte, welche Arten von Zugriffen gibt es denn daneben? Also sei auch der offene Zugriff auf IT-Systeme erfasst. Und dafür spricht auch, das hat er auch noch einmal in seinem Kurzstatement klar herausgearbeitet, eine weitere Stelle in der BVerfG-Ausgangsentscheidung aus dem Jahre 2008, nämlich die Randnummer 238. Ich weiß, das ist jetzt alles technisch und dogmatisch kleinteilig, aber es kommt eben, meine Damen und Herren, nicht nur für Sie auf dem Juristentag, sondern auch und vor allem für den Bundesgesetzgeber darauf an, was das Bundesverfassungsgericht damals gesagt und damit wohl gemeint hat. In dieser Randnummer 238 heißt es, fast zehn Seiten weiter unten in der amtlichen Entscheidungssammlung, die „Eingriffsintensität des geregelten Zugriffs wird weiter durch dessen Heimlichkeit bestimmt". Wir befinden uns in der verfassungsrechtlichen Prüfung also auf der zweiten und, was die Konsequenzen für die Schranken betrifft, auf der dritten Stufe des Ihnen allen geläufigen dreistufigen Schemas: Schutzbereich – Eingriff – verfassungsrechtliche Rechtfertigung. Daraus ergibt sich einigermaßen zwingend, dass dann, wenn das Verfassungsgericht auf der zweiten und dritten Stufe seiner Prüfung sagt, die Heimlichkeit sei im speziellen Fall der Online-Durchsuchung ein wichtiger Parameter für die Bestimmung der Intensität, auf der ersten Stufe die Heimlichkeit noch keine entscheidende Rolle spielt, also auch der offene Zugriff auf ein IT-System mitgemeint sein muss. Und genau das ist die El Ghazi-These.

Ich weiß nicht, wie es Ihnen nach meinem kleinen Verfassungsrechtskolloquium geht: Mir leuchtet das ein. Wenn die Grundlagen unbestimmt bleiben, dann werden die Ergebnisse zufällig.

Dafür, dass das IT-Grundrecht einschlägig ist, spricht schon nach der Ausgangsentscheidung des Jahres 2008 viel, die dogmatisch überzeugenderen Argumente, auch wenn die Rechtsfrage durch das Bundesverfassungsgericht – das ist einzuräumen – eher subkutan behandelt wurde. Folgt man dem, ist der Schutz, den der offene Zugriff für den Beschuldigten nach der StPO zukünftig bedarf, keine Frage einer freien rechtspolitischen Willensentschließung plein pouvoir, sondern eine verfassungsrechtliche Frage der Wesentlichkeit. Das Grundrechtswesentliche muss der Gesetzgeber regeln, und zwar bald: da hat er keine Beinfreiheit bezüglich des „Ob“ einer Normierung.

Und zum zweiten: steht der Einschlägigkeit des IT-Grundrechts wirklich entgegen, dass das Bundesverfassungsgericht in nachfolgenden Kammerentscheidungen, in denen es immer wieder einmal auch um eine Handybeschlagnahme als nicht-heimliche Ermittlungsmaßnahme ging, sich zu dieser Rechtsfrage nicht ausdrücklich verhalten hat? Ich habe mir einige Beschlüsse, die Herr Hauschild (in den Fußnoten 8 bis 10 seines Referats) hervorgehoben hat, insbesondere die jüngste Leitsatzentscheidung der Zweiten Kammer des Zweiten Senats aus dem Jahre 2023, 2 BvR 1844/ 21, noch einmal unter diesem Aspekt angesehen. Hier war die Verfassungsbeschwerde wegen der Beschlagnahme des Mobiltelefons indes bereits unzulässig. Dem Verfassungsgericht wirft man ja immer wieder mal vor, dass es sich zu Gesichtspunkten äußert, die überhaupt nicht in Rede stehen. Dass es aber bei einer insoweit unzulässigen Verfassungsbeschwerde in der Begründetheit nichts zum IT-Grundrecht sagt, das sind Entscheidungsgründe de lege artis, ein Gegenschluss aus diesem Schweigen also unzulässig.

Im Ganzen gilt also: für die Einschlägigkeit des IT-Grundrechts bei dem offenen Zugriff der Ermittlungspersonen auf Smartphones sprechen die besseren Gründe.

Vorsitzende:

Vielen Dank, lieber Herr Kollege Jahn. Jetzt wird der Herr Schriftführer, Herr Walter, sprechen. Er ist Vorsitzender Richter am TDG, die Schriftführung übernehme ich derweil.

Vors. Richter am TDG Timo *Walter*, München:

Sehr geehrte Kolleginnen und Kollegen, wenn ich schon kurz die Rollen wechseln darf, dann erlaube ich mir zugleich ein paar Hinweise vorab zu meinem Gerichtszweig, der einigen hier kaum bekannt sein dürfte. Das soldatische Disziplinarrecht ist – anders als das Beamtendisziplinarrecht – bislang noch nicht den Verwaltungsgerichten zugewiesen. Zuständig sind die Truppendienstgerichte als zivile Gerichte auf Bundesebene, die als Teil der Judikative – dies nur als Klarstellung – nicht etwa in eine militärische Hierarchie eingefügt sind. Das uns gegebene Verfahrensrecht – die Wehrdisziplinarordnung – verweist im Wesentlichen auf die Strafprozessordnung. Es gibt im § 20 WDO zwar eine eigene Dursuchungsvorschrift, diese ist jedoch den §§ 94 ff. StPO nachempfunden, die zudem ergänzend heranzuziehen sind. Ein aktuelles Gesetzgebungsverfahren gibt es auch dort, und es sieht sogar einen umfassenden Verweis auf die strafprozessualen Durchsuchungsnormen vor. Ich kenne die hier diskutierte Herausforderung aus der eigenen richterlichen Tätigkeit. Wir haben nicht häufig, aber regelmäßig, eigene Durchsuchungsentscheidungen zu treffen, etwa beim Verdacht auf sexuelle Verfehlungen oder beim Umgang mit Betäubungsmitteln sowie beim Verdacht verfassungsfeindlicher Betätigung, teilweise unterhalb der Strafbarkeitsschwelle.

Immer wieder beantragen die Ermittlungsbehörden die Durchsicht von Mobiltelefonen. Ein Staatsanwalt aus Norddeutschland – nicht Bayern! – sagte mir unlängst, er lese bei Vergewaltigungen schon gerne, was in der Beziehung vorher und danach so zwischen den Beteiligten gechattet wird. Ich kann das verstehen, und doch geben solche Fälle Anlass, über die – nach El Ghazi – „qualifizierte Beweisrelevanz“ zu sprechen. Als Richter sind meine Sympathien durchaus bei den Thesen von Herrn Dr. Hauschild. Normalerweise plädiere ich nicht für mehr Regulierung, ich bin dankbar, wenn man uns bei derartigen Fragen viel Freiraum oder „Beinfreiheit“, wie es Herr Jahn gerade genannt hat, für ausgewogene und richtige Entscheidungen lässt, und ich halte den Verhältnismäßigkeitsgrundsatz für ein überaus gut geeignetes Instrument dazu. Auch hier: normalerweise, denn die Rechte der Durchsuchten sind selbst beim offenen Zugriff auf komplexe IT-Systeme nicht ausreichend geschützt. Der rasanten technischen und gesellschaftlichen Entwicklung kann das Durchsuchungsregime der StPO nicht gerecht werden. Hat man zu Beginn des Jahrtausends ein Mobiltelefon beschlagnahmt, dann erhielt die Ermittlungsbehörde Einblick vielleicht in das Telefonbuch des Durchsuchten. Außerdem konnte sie gegebenenfalls SMS lesen, wobei der Speicher bei vielen schon nach 50 Nachrichten voll war, und man musste dann immer erst Nachrichten löschen, um wieder neue empfangen zu können. Ein Handy war damals eben nicht smart. Das ist seit einiger Zeit anders. Vor allem ist neben dem Eingriff in die Privat- bis Intimsphäre der Durchsuchten und unter Umständen auch der Kommunikationspartnerinnen und Kommunikationspartner heute mit dem Entzug allein schon des Smartphones ein Ausschluss vom Alltagsleben wahrscheinlich, auch das sage ich nicht als Erster.

Sind Institutsangehörige von Professor Kipker anwesend? Die waren eigentlich angekündigt. Nein? Dann muss ich die Frage stellen, die er gerne seinen Studierenden in Vorlesungen stellt. Er fragt, was Ihnen lieber wäre, einen Fremden 30 Minuten lang ohne Aufsicht in Ihre Wohnung zu lassen, so dass er Schränke und Fächer öffnen und durchwühlen kann, oder ihm 30 Minuten lang Zugriff auf das entsperrte Smartphone nebst allen Apps und Fotos zu geben. Sehr verehrte Damen und Herren, was meinen Sie dazu, was wäre Ihnen lieber?

Allgemein bitte ich Sie, je nachdem, wie Sie diese Frage beantworten, aber ich habe da eine Tendenz, jedenfalls morgen so abzustimmen, dass eine Beschlussfassung über die Nummer 17 der vorläufigen Beschlussvorlage, die Ihnen vorliegen dürfte, sich in Ihrer jetzigen Form erledigt, dass diese These 17 obsolet wird. Das heißt, die Frage der Überschrift unserer Veranstaltung in der ursprünglichen Form zu beantworten mit: „Nein“. Im Besonderen möchte ich Ihnen die These 12 des Gutachters ans Herz legen, die findet sich derzeit in den Nummern 14 und 15 der Beschlussvorlage wieder. Wenn ich das richtig sehe, lehnen auch Frau Pinar und Herr Herb diesen Vorschlag nicht ab. Es geht um die Dauer des Eingriffs, mit meinen Worten. Die Rechtsprechung des Bundesverfassungsgerichts zur zeitlich auf sechs Monate begrenzten Geltung von Durchsuchungsbeschlüssen ist auf die Phase der Durchsicht nach § 110 StPO nicht anzuwenden. Eine zeitliche Befristung des Entzugs eines Smartphones wäre naheliegend, um dem Verhältnismäßigkeitsgrundsatz im Einzelfall Geltung verschaffen zu können. Derzeit kann ich das als Richter allerdings nicht. Das Gesetz schweigt aktuell dazu, und gerade deswegen scheidet aus Sicht des BGH eine zeitliche Befristung durch Richterin oder Richter aus. Zitat: „Eine eigenständige prognostische Bewertung des erforderlichen und verhältnismäßigen sachlichen und zeitlichen Umfangs noch ausstehender bzw. möglicher weiterer Auswertungen ist ihm – gemeint: dem Richter – versagt.“ Das ist der Beschluss des 3. Strafsenates des BGH vom 20. Mai 2021, der mir und Kolleginnen und Kollegen immer vorgehalten wird, weshalb wir eine Frist nicht setzen könnten. In dem Fall handelt es sich um einen solchen gemäß § 110 Abs. 1 in Verbindung mit § 98 Abs. 2 Satz 2 StPO analog, das sollte so nicht bleiben, denn, so das Bundesverfassungsgericht (2 BvR 1749/20) in der „Adbusting"-Entscheidung, der zufälligerweise ein Bundeswehrkontext zu Grunde lag: „Der gerichtliche Durchsuchungsbeschluss dient dazu, die Durchführung der Maßnahme messbar und kontrollierbar zu gestalten."

Ich danke für Ihre Aufmerksamkeit und wünsche uns allen noch eine fruchtbringende Diskussion. Möge diese münden in zeitgemäße, hilfreiche Empfehlungen an den Gesetzgeber. Vielen Dank.

Vorsitzende:

Es folgt Frau Richterin Bachmann zu den etwas schon ins Detail gehenden Voraussetzungen der Beschlagnahme.

Richterin Nicou *Bachmann*, Freiburg:

Ich grüße Sie alle, vielen Dank.

Vielleicht geht mein Beitrag doch noch einen Schritt zurück. Ich erinnerte mich vorhin daran, wie ich nach einigen Jahren anderswo wieder ins Strafrecht kam als Ermittlungsrichterin und einen Durchsuchungs- und Beschlagnahmeantrag bekam bezüglich eines Handys, Verdacht des Exhibitionismus. Aus der Sachverhaltsschilderung ergab sich, dass zwei Mädchen in der Nähe einer Ortschaft auf dem Feld gewesen sind, plötzlich kommt ein Mann auf sie zu mit offener Hose und spricht sie an, und vor lauter Angst rennen sie weg. Sie werden vernommen von einer Polizeibeamtin, die ein paar Sachen abfragt, auch eine Lichtbildvorlage macht, könnte sein, könnte nicht sein. Und dann wollten sie durchsuchen bei einem Mann, der dort in der Ortschaft ganz in der Nähe wohnte, vielleicht 10 Minuten zu Fuß entfernt, der eine Vorstrafe hatte – eine Jugendstrafe, wenn ich mich recht entsinne, von anderthalb Jahren auf Bewährung wegen Sexualdelikten mit Kindern. Und ich bekam diesen Antrag auf den Tisch, und ich fing an zu blättern in der StPO und dachte: Ja, da müssen doch irgendwelche besonderen Voraussetzungen vorliegen, da ein Handy beschlagnahmt werden und es durchgeschaut werden soll. Ich weiß nicht, wie lange ich gesucht habe, vielleicht 20 Minuten, vielleicht eine halbe Stunde. Ich habe nichts gefunden und war sehr erstaunt darüber. Ich meine, dass Tatsachen vorliegen müssen, bevor man eine Durchsuchung eines Handys vornimmt, weil doch sehr persönliche Sachen dort zu finden sind. Ich meine, es müssen Tatsachen vorliegen, die den Verdacht begründen und rechtfertigen, warum eine solche Maßnahme gestattet werden kann. Auch der Grundsatz der Verhältnismäßigkeit ist ganz stark zu betonen bei einer solchen Sache, die einen solch großen Eingriff darstellt.

Ich bin aber dagegen, dies an das Strafmaß zu koppeln. Auch für Ordnungswidrigkeiten meine ich, dass es erforderlich ist, auch dort die Durchsuchung von solchen Gerätschaften zu gestatten, wenn ich beispielsweise an Verstöße gegen das Fahrpersonalgesetz denke. Bei der Fahrpersonalverordnung ist es meines Erachtens auch erforderlich, dass man an solche Geräte geht, und da sind auch nicht so persönliche Daten darauf, würde ich mal annehmen. Aber ich bin eben auch ganz stark dagegen, dass man ebenso eine mittlere Kriminalität als Voraussetzung nimmt, weil es manche Straftatbestände gibt, die aus meiner Sicht mit einem relativ geringen Strafmaß bedacht sind. Ich wundere mich immer wieder über den § 21 StVG – vorsätzliches Fahren ohne Fahrerlaubnis – Freiheitsstrafe bis zu einem Jahr, weil ich denke, aus dieser Tat könnte vielleicht eine große Gefährdung erwachsen. Genauso ist es beim § 184 StGB – Verbreitung pornografischer Inhalte – und gleich hinter der Nummer eins ist erwähnt, dass man als Person über 18 Jahren einer Person unter 18 Jahren solche Gegenstände darlegt, und auch das ist mit einer Freiheitsstrafe bis zu einem Jahr belegt.

Also, zusammengefasst sollte es meines Erachtens strengere Voraussetzungen geben. Wobei ich mir noch nicht im klaren darüber bin, reichen das Gesetz und die angewandte Rechtsprechung, oder musss man tatsächlich ein neues Gesetz beschließen? Muss man das Gesetz neu formulieren oder reicht es zu sagen, wir müssen uns an Tatsachen halten, und es muss eben, je stärker der Eingriff ist, desto stärker, desto gewichtiger und fester müssen die Voraussetzungen sein, die einen solchen Eingriff gestatten.

Und dann noch ganz kurz zur Frist für die Durchsicht – das ist der vierte Punkt. Sechs Monate müssten es mindestens sein, und eine Verlängerungsmöglichkeit. Aus meiner Sicht. Vielen Dank.

Vorsitzende:

Es besteht die Möglichkeit, weitere Wortmeldungskarten abzugeben. Ich selber entziehe mich meiner Vorsitzendentätigkeit und werde selbst jetzt eine Wortmeldung abgeben und begebe mich dazu ans Rednerpult. Ich spreche jetzt als Strafrechtslehrerin aus Österreich.

Prof. Dr. Ingeborg *Zerbes*, Wien:

Österreich als Vorreiter des Beschuldigtenschutzes ist jetzt schon öfter erwähnt worden. In Österreich liegt eine Entscheidung des Verfassungsgerichtshofes vor, die demnächst umgesetzt werden muss, und zwar äußerst dringend umgesetzt werden muss, da der VfGH die bisherigen Sicherstellungsregeln mit einer Fristsetzung bis zum 01.01.2025 aufgehoben hat. Wenn bis dahin keine neue Regelung in Kraft tritt, ist es nicht mehr möglich, Gegenstände sicherzustellen und zu beschlagnahmen. Wie Sie wissen, drohen in Österreich jetzt Wahlen. Bis dahin gibt es, soweit ich weiß, keine Ministerrats-Sitzung mehr, in der ein neues Gesetz beschlossen werden könnte. Und der jetzige Entwurf aus dem Justizministerium ist nach wie vor politisch umstritten. „Österreich als Vorreiter der Beschuldigtenrechte" – das bedarf einer kleinen Infrage-Stellung. Der Hintergrund, vor dem das Thema in Österreich so berühmt geworden ist, besteht nämlich darin, dass die von sehr weitgehenden Handysicherstellungen und sehr weitgehenden Handydurchsuchungen betroffenen Beschuldigten einer politischen Elite angehören. Eine politische Elite, der Beschuldigtenrechte bislang fremd waren. Und ausgerechnet jetzt hat sie das Thema entdeckt. Der politische Wind hat sich also interessanterweise schnell gedreht. Kurzum, erstens ist die österreichische Reformdynamik zu relativieren. Zweitens zur Anlasstatschwelle. Ich habe schon lange vor der VfGH-Entscheidung für die Gruppe der Rechtsanwältinnen und Rechtsanwälte einen Entwurf zur Neuregelung zur Sicherstellung komplexer Datenträger verfasst und ebenfalls eine Anlasstatschwelle vorgeschlagen. Meine Idee war, dass angesichts des versteckten Geheimnischarakters der Eingriff einer Handy-Auslesung genauso schwer wiegt wie eine Telekommunikationsüberwachung. Denn niemand weiß mehr, was er oder sie auf dem eigenen Handy gespeichert hat. Ich habe daher ursprünglich vorgeschlagen, dieselbe Anlasstatschwelle vorzusehen wie bei der Telekommunikationsüberwachung. In diesem Punkt habe ich allerdings, wie ich finde, von der Staatsanwaltschaft zurecht Gegenwind bekommen. Warum? Typischerweise wird ein Handy oder ein sonstiges IT-Gerät nach einer Hausdurchsuchung oder Personendurchsuchung sichergestellt, und diese Maßnahmen sind an keine Anlasstatschwelle gebunden. Eine Anlasstatschwelle für die Sicherstellung würde daher bedeuten, dass bei einer Hausdurchsuchung wegen einer geringfügigen Straftat, bei der man ein Handy findet, auf dem man Beweise vermutet, liegen gelassen werden müsste. Das sind daher meine Bedenken zur Anlasstatschwelle, die ich aus Gesprächen mit der Staatsanwaltschaft entwickelt habe. Ich bin aber neugierig, wie sich die Diskussion hier entwickelt.

Es kommt noch was hinzu: Wenn, wie im Gutachten auch angesprochen, Cybercrime oder computerbezogene Straftaten ausgenommen werden, ist eine Abgrenzung ausgesprochen schwierig, man kann fast jede strafbare Handlung schon mit einem Computer oder mittels Daten zu begehen, jedenfalls jedes Vermögensdelikt, und die Grenzziehung ist kaum möglich. Auch wenn's sehr vielversprechend klingt, dass Cybercrime ohne Grenze erfasst ist, aber da müsste vorsichtig überlegt werden, ob man überhaupt eine sprachliche Grenze findet zwischen Cybercrime und eben nicht computerbezogener Kriminalität.

Vorsitzende:

Ich bitte jetzt Herrn Kollegen Professor Ignor ans Rednerpult, wieder zur Kategorie der betroffenen Grundrechte.

Rechtsanwalt Prof. Dr. Dr. Alexander *Ignor*, Berlin:

Vielen Dank. Ich habe mich zum Thema Grundrechte und Verhältnismäßigkeit gemeldet. Was den Grundsatz der Verhältnismäßigkeit anbelangt, sind meine Erfahrungen sehr ernüchternd, da er einerseits theoretisch nachdrücklich betont, andererseits praktisch häufig missachtet wird. Besonders ernüchtert hat mich ein Fall, in dem ich für einen Rechtsanwalt und Steuerberater tätig war, dessen Kanzlei wegen des gegen ihn erhobenen Vorwurfs der Beihilfe zur Verletzung eines Dienstgeheimnisses durchsucht wurde. Hierbei wurden die Akten sämtlicher laufender und ehemaliger Mandate des Anwalts zur Durchsicht sichergestellt. Das war aus meiner Sicht der Inbegriff einer unverhältnismäßigen Durchsuchung. Indes blieben sowohl die Beschwerde als auch die Verfassungsbeschwerde, mit der ich beauftragt worden war, erfolglos; obwohl ich mich auf eine Entscheidung des BVerfG aus dem Jahr 2005 berufen konnte – die unter Winfried Hassemer ergangen war –, in der die Beachtung des Grundsatzes der Verhältnismäßigkeit bei der Durchsuchung von Anwaltskanzleien besonders angemahnt und im zugrunde liegenden – und, wie ich fand, vergleichbaren – Fall der Grundsatz als verletzt angesehen worden war (BGH NJW 2005, 1915).

Ich halte viele der hier unterbreiteten Vorschläge zur rechtlichen Eingrenzung der bestehenden Möglichkeiten, Daten auf einem iPhone oder Notebook sicherzustellen, für unterstützenswert. So die Forderung meiner Vorrednerin, dass ein die Sicherstellung rechtfertigender Verdacht ausreichend tatsachenbasiert sein müsse. Ferner möchte ich den Vorschlag von Herrn Herb unterstützen, im Durchsuchungsbeschluss eine Eingrenzung der sicherzustellenden Daten vorzunehmen. Es liegt auf der Hand, dass z.B. beim Vorwurf der Kinderpornografie einschlägige Bilder sichergestellt werden müssen. Indessen bedarf die Durchsuchung des iPhones eines Geschäftsmanns wegen des Vorwurfs der Untreue grundsätzlich nicht der Sicherstellung von Bildmaterial. Auch eine zeitliche Eingrenzung des zu durchsuchenden Datenmaterials erscheint sinnvoll. Ferner halte ich die Forderung des Gutachters nach einem inneren Zusammenhang, einer Konnexität zwischen Tatverdacht und sicherzustellenden Daten für sehr bedenkenswert. Schließlich möchte ich die Vorschläge nach einer strengen Dokumentation der Auswertungen unterstützen. Das versteht sich eigentlich von selbst.

Mir ist aber auch noch etwas anderes wichtig. Und damit komme ich zu den Grundrechten. Von der Sicherstellung von iPhones, Laptops etc. sind nicht nur Persönlichkeitsrechte betroffen. Es kann davon auch die Ausübung anderer Grundrechte betroffen sein, namentlich die allgemeine Handlungsfreiheit. Das gilt insbesondere bei Personen, für die Handy und Laptop ihre wichtigsten Arbeitsmittel sind. Immer mehr Menschen sind für die Ausübung ihres Berufs vollständig darauf angewiesen. Ich denke an einen aktuellen Mandanten, für den sich die Beschlagnahme seines iPhones und seines Notebooks – wegen eines Vorwurfs, der mit seiner geschäftlichen Tätigkeit nichts zu tun hat – so auswirkt, als habe man ihn seiner Freiheit beraubt und eingesperrt. Er ist von allem abgeschnitten, was sein Berufsleben ausmacht. Die Staatsanwaltschaft sieht sich nicht in der Lage, die Spiegelung der Daten durch die Ermittlungsbehörden zu beschleunigen. Hier sehe ich dringenden Regelungsbedarf. Die Sicherstellung von Daten, auf die eine Person existenziell angewiesen ist, muss so schnell wie möglich erfolgen, möglichst noch am Ort der Durchsuchung, so dass die Mitnahme der Hardware des Betroffenen vermieden wird. Ist das nicht möglich, ist für die längerfristige Mitnahme ein höherer Grad von Tatverdacht erforderlich, um die Verhältnismäßigkeit zu wahren. Vielen Dank.

Staatsanwalt Dr. Oliver *Piechaczek*, Hanau:

Liebe Kolleginnen und Kollegen, mein Name ist Dr. Oliver Piechaczek, ich bin Staatsanwalt in Hanau und Mitglied des Präsidiums des Deutschen Richterbundes. Ich möchte nur noch mal betonen, dass es die ureigenste Aufgabe von Strafverfolgungsbehörden ist, ein Ermittlungsverfahren rechtsstaatlich zu betreiben und dass wir uns in unserer Praxis sehr stark darauf fokussieren, Eingriffe so gering wie möglich zu gestalten. Ich habe jetzt schon ein paar Mal von schlechter staatsanwaltschaftlicher Praxis gehört. Dem möchte ich entgegentreten. Den Blick auf die Praxis sollte man nicht stets an dem Bild des „bad cop“, sondern vielmehr an demjenigen des „good cop“, am guten Staatsanwalt, orientieren. Selbstverständlich werden wir bei Durchsuchungsmaßnahmen in einen Gewerbebetrieb versuchen, den Eingriff gering zu halten und den Weiterbetrieb des Unternehmens zu gewährleisten. Ich habe das bislang nur so kennengelernt und gehandhabt. In solchen Fällen versuchen wir im Rahmen unserer Möglichkeiten, eine Datenspiegelung zu ermöglichen und die Geräte bei dem Unternehmen zu belassen oder zumindest schnellstmöglich zurückzugeben. Teilweise wird für eine priorisierte Spiegelung und Rückgabe besonders sensibler und notwendiger Daten ein Aufpreis an externe Sachverständige, das heißt an spezialisierte IT-Forensiker, gezahlt. Es mag zwar immer wieder negative Einzelfälle geben, aber ich muss das doch in diesem Kontext noch mal sagen: So arbeiten wir wirklich nicht, das ist nicht unser Maßstab. Darüber hinaus habe ich ein Eigeninteresse daran, den Weiterbetrieb eines Unternehmens zu ermöglichen. Ich war früher selbst als Rechtsanwalt tätig und habe deswegen auch immer das Thema Haftung im Blick. Jedenfalls möchte ich nicht derjenige sein, der ein Unternehmen – salopp formuliert – an die Wand fährt.

Nun zum Thema Beweisrelevanz. Da wurde vorhin, ich glaube von Herrn Herb, by the way gesagt: wenn man wegen des Verdachts des Besitzes kinderpornographischer Inhalte durchsucht, dann hätten uns auf dem Gerät befindliche Chats nichts anzugehen. Man solle sich gewissermaßen darauf beschränken, das Gerät auf Bilder und Videos zu sichten und den Rest komplett weglassen. Eine solche Herangehensweise ist hochgradig gefährlich. Ein solches Modell würde der Gesetzgeber meiner Einschätzung nach auch nicht mitmachen. Denn nicht selten finden sich in Chats Hinweise auf realen Missbrauch. Diesen Realmissbrauch erkennen wir erst durch die Auswertung des Mobiltelefons. In diesen Fällen geben uns die Forensiker und Auswerter unmittelbar Rückmeldung und wir wissen: Need to action. Wir müssen sofort dafür Sorge tragen, dass die betroffenen Kinder geschützt werden. Ein von vornherein sehr bürokratischer Prozess – so fasse ich das wirklich auf – würde mich in einer meiner wesentlichen Aufgabe beschneiden, denn Ermittler in diesem Bereich stehen jeden Morgen auf, um Kinder zu schützen. Eine zu starke Begrenzung wäre meines Erachtens hochgradig gefährlich. Dann könnten uns Delikte durchrutschen, die sehr, sehr intensiv und gravierend für die Betroffenen sind. Ein weiterer Gesichtspunkt, Herr Walter, das hatte ich eben von Ihnen als Fall aus Ihrer Praxis gehört: Ein Staatsanwalt, der bei Ermittlungen wegen einer etwaigen Vergewaltigung gerne auch mal gewusst hätte, wie es denn in den Chats aussieht, die sich auf dem sichergestellten Mobiltelefon finden. Ganz ehrlich, ich bin in meiner Praxis froh darüber, dass es Mobiltelefone und Chatkommunikation als Erkenntnisquellen gibt. Häufig geht es in diesen Fällen um Aussage gegen Aussage-Konstellationen. Und nicht selten in meiner Praxis ist es ein großer Fehler gewesen, dass ich aus Verhältnismäßigkeitsgründen verzichtet habe, das Mobiltelefon sicherzustellen oder dies aus anderen Gründen nicht möglich war. Nicht selten kommt dann die Verteidigung und präsentiert die Chatkommunikation. Das ist der Moment, in dem ich als Ankläger in der Hauptverhandlung beginne, mich zu schämen und unter den Tisch zu rutschen, weil die Chats offenbaren, in welchem Umfang vorher bereits kommuniziert wurde, während die Geschädigte oder der Geschädigte bislang immer ausgesagt hatte, es habe vorher nie entsprechende Avancen gegeben und es sei plötzlich zu einem sexuellen Übergriff gekommen. Mobiltelefone sind eine zentrale Erkenntnisressource. Chats sind ein ganz, ganz wertvolles Mittel, um einen Sachverhalt aufzuklären. Erneut möchte ich dem Bild entgegentreten, dass die Staatsanwaltschaft immer nur dazu da wäre, eine Anklage ins Ziel zu bringen und eine Verurteilung zu erwirken. Die Staatsanwaltschaft ist gehalten, Sachverhalte sauber aufzuklären und gerade in Aussage gegen Aussage-Konstellationen benötigen wir den Zugriff auch auf Chatkommunikation. Auch deswegen wäre ich sehr, sehr zurückhaltend, was Begrenzungen und Beschränkungen anbelangt. Vielen Dank.

Vorsitzende:

Vielen Dank. Nun Herr Kollege Gertler, ebenfalls eine Stimme aus der Staatsanwaltschaft.

Oberstaatsanwalt Dr. Nils Fabian *Gertler*, Karlsruhe:

Dr. Gertler, Oberstaatsanwalt bei der Staatsanwaltschaft in Pforzheim. Ich schließ mich mal dem Vorredner an: ich habe es als Staatsanwalt immer als meine vornehmste Aufgabe betrachtet, unschuldige Menschen vor Strafverfolgung zu schützen. Dazu ist es notwendig, dass wir, wie mein Vorredner betont hat, den Sachverhalt nach bestem Wissen und Gewissen und nach unseren besten Möglichkeiten aufklären. Dazu gehört auch die Auswertung von Smartphones. Wie kommt es zu dieser Auswertung von Smartphones? Ich finde, da ist in der Diskussion etwas ein bisschen verrutscht. Die Staatsanwaltschaft beschlagnahmt nicht eigenständig Smartphones, sie durchsucht auch nicht selbstgefällig, sondern das beruht in 99,9 Prozent der Fälle auf richterlicher Anordnung. Wenn also in dem vom Kollegen geschilderten Fall die Kanzleiräume durchsucht wurden und alle Akten mitgenommen wurden, dann gab es wohl eine entsprechende richterliche Anordnung, die nach der Schilderung des Kollegen, dann auch in der Instanz und in der Beschwerdeinstanz gehalten wurde, bis hoch zum Bundesverfassungsgericht. Ohne den Fall zu kennen, finde ich, spricht für deren Richtigkeit doch einiges. Auch was das Bild des Staatsanwaltes anbelangt, ist etwas verrutscht. Der Gesetzgeber geht sehr zu Recht davon aus, und auch die Rechtsprechung des Bundesgerichtshofs bisher, dass es gesetzestreue Staatsanwälte und gesetzestreue Polizeibeamte gibt. Im Gegensatz zu den Vereinigten Staaten haben wir deshalb keine „fruit of the poisonous tree doctrine", die eben rechtswidrig erlangte Beweismittel und dann Folgebeweismittel von der Verwertung ausschließt, sondern wir haben die Abwägungstheorie des BGH.

Zu einzelnen praktischen Gesichtspunkten einer möglichen Regelung: Rückgabefristen halte ich leider für ein Bürokratiemonster. Wenn man da jetzt 6 Monate reinschreiben würde, dann wird in der Hälfte der Gerichtsbezirke diese Frist wohl nicht reichen, dann würde man also nach 6 Monaten standardmäßig den Antrag stellen, wegen Überlastung der Polizei die Frist auf 12 Monate zu verlängern, dann auf 18 Monate und so weiter. Ich weiß nicht, was diese Frist dann tatsächlich für einen positiven Effekt hätte. Bei der Spiegelung von Daten und der Herausgabe dieser Daten oder der Originaldatenträger an den Beschuldigten bitte ich zu bedenken, dass inkriminierte Daten, insbesondere im Bereich der Sexualdelikte und Kinderpornografie, keinesfalls an den Beschuldigten herausgegeben werden dürfen. Diese Datenträger unterliegen dann der Einziehung, übrigens auch bei einem unschuldigen Beschuldigten. Ich kann einen Datenträger, auf dem versehentlich Kinderpornografie gelandet ist, also ohne Besitzwillen da draufgekommen ist, keinesfalls zurückgeben. Sonst würde ich mich wegen Verbreitens von Kinderpornografie strafbar machen. Ähnliches gilt übrigens bei einer Vielzahl von Delikten, in denen wir auf Smartphones zugreifen, denn diese sind häufig Tatmittel und unterliegen damit auch der Einziehung. Zu denken ist da an den gesamten Bereich der Vermögensdelikte, Beleidigungsdelikte, Hate-Speech etc. Schließlich das Anwesenheitsrecht der Verteidigung bei der Auswertung bzw. Sichtung von Datenbeständen. Es gab einmal vor 2004 eine entsprechende Regelung in § 103 Abs. 3 StPO a. F. und da war geregelt, dass die durchsuchungsbetroffene Person ihr eigenes Siegel anbringen darf auf den Gegenständen und bei der Auswertung der Papiere dann anwesend sein muss. Der Gesetzgeber hat das gestrichen, weil es praktisch keine Rolle spielte. Anwälte sitzen nicht stundenlang da und schauen dem Beamten über die Schulter, während er Urlaubsfotos mit der Familie scannt, um zu schauen, ob darunter pornografisches Material ist. Hab ich noch nie erlebt. Obwohl dieses Angebot regelmäßig an die Verteidigung erfolgt, seitdem ich einmal von einem entsprechenden Beschluss des LG Kiel Kenntnis erlangt habe, der besagt: für eine bessere Auswertung von Datenträgern besteht ein solcher Anspruch. Also auch da halte ich eine Regelung für verfehlt. Danke.

Vorsitzende:

Danke. Geben Sie gerne noch Diskussionsbeitragskarten ab. Wir müssen aber unseren Abteilungstag für heute abschließen und treffen einander morgen um 9:30 Uhr hoffentlich genauso diskussionsfreudig wieder. Studierende und Referendarinnen und Referendare sehen wir morgen bereits um 8:30 Uhr zu einer Sonderveranstaltung. Ich wünsche Ihnen allen einen sehr schönen Abend. Herzlichen Dank für Ihre Teilnahme.

Fortsetzung der Diskussion

am 26. September vormittags
(anwesend etwa 94 Teilnehmerinnen und Teilnehmer)

Vorsitzende:

Einen wunderschönen guten Morgen, meine lieben Kolleginnen und Kollegen. Herzlichen Dank, dass Sie wieder da sind. Ich darf jetzt ganz ungezwungen die Diskussion von gestern fortsetzen. Davor aber noch zwei Bemerkungen. Ich bitte Sie zum einen jetzt schon, dass Sie bis zur Abstimmung bleiben, und, damit Sie mit abstimmen können, auch Mitglied zu werden. Es wäre natürlich schön, wenn wir für die Abstimmung der einzelnen Beschlüsse eine große und kritische Menge zustande brächten. Die Aussagen haben dann entsprechend mehr Gewicht. Also bitte bis zum Ende durchhalten, das heißt bis einschließlich zur Abstimmung bis spätestens 18:00 Uhr.

Damit sind wir beim heutigen Zeitplan. Es ist jetzt 9:30 Uhr oder etwas später, damit haben wir etwa zwei Stunden, nach einer kurzen Pause noch einmal eine Stunde vor der Mittagspause und eine Stunde nach der Mittagspause, 14:00 Uhr bis 15:00 Uhr. Um 15.00 Uhr wird die Diskussion beendet. Ab 16:00 Uhr beginnen wir die Abstimmung. Die Beschlussvorlage haben sie schon in einem Entwurf verfügbar, sei es über die App, sei es in Papierform. Diese Beschlussvorlage werden wir natürlich, wenn erforderlich, nach den Ergebnissen der Diskussion noch adaptieren, ebenso, wenn weitere, neue Thesen vorgebracht werden. Das war es einleitend von meiner Seite. Jetzt starten wir mit der Diskussion. Ich habe mir wieder erlaubt, die Wortmeldungen ein bisschen zu ordnen, wieder mit den allgemeinen Fragen beginnend, wobei der Diskussionsschwerpunkt dann bei den Überlegungen zur Eingriffstiefe liegen soll, das heißt bei den Informations- und Integritätsrechten und bei der Rückgabe des IT-Geräts. Heute geht's wirklich ans Eingemachte, würde ich sagen.

Herr Jaeger darf beginnen.

Journalist Andreas *Jaeger*, Frankfurt a. M.:

Guten Morgen, mein Name ist Andreas Jaeger, ich bin aus Frankfurt am Main und journalistisch tätig und ich wollte einfach ein paar Aspekte, die für mich praxisrelevant sind, in die Diskussion einführen.

Herr Prof. El-Ghazi hatte gestern die Praxis erwähnt. Ich mache oft Prozessbeobachtungen und habe dabei mitbekommen, dass man einige Aspekte bei der Beschlagnahme nicht berücksichtigt. Insbesondere bei Verteidigungsoptionen der Personen, die der Straftaten bezichtigt werden. Also Sie kennen jetzt diesen Reichsbürger-Fall, da gibt es drei Prozesse und da werden die beschlagnahmten Daten anscheinend nicht richtig abgeglichen, so habe ich das zumindest mitbekommen. Durch die Anwendung von künstlicher Intelligenz ist es aus meiner Sicht möglich, so etwas durchzuführen und da müsste man einheitliche Richtlinien einführen, um dem Sorge zu tragen.

Weil ich auch investigativ journalistisch tätig bin, habe ich selber ein Problem mit Beschlagnahmungen gehabt und kann nur sagen: danach ist es sehr schwierig, weiterzuarbeiten. Ich halte es vor allem deswegen für problematisch, weil Urheberrechte verletzt werden können, insbesondere bei Journalisten oder bei anderen Personen, deren Texte geschützt werden müssen. Natürlich auch bei Juristen. Und es kann auch sein, dass die Software, die dann eingesetzt wird, um Online-Durchsuchungen zu machen oder bei einer Beschlagnahmung, dass diese Softwareeinsätze dann auch Sachbeschädigungen erzeugen. Das ist eine Sache, die ich – auch weil es heute und gestern erwähnt wurde – wegen der Eigentumsrechte für wichtig halte. In Hessen hatten wir das Problem, dass das Hessische Verfassungsschutzgesetz in Teilen für verfassungswidrig erklärt wurde. Auch wegen Verletzungen der Persönlichkeitsrechte.

Ich denke mir, man sollte prüfen, inwieweit man Landesgesetze an Vorgaben aus dem Bund und der EU angleicht. Persönlich habe ich auch das Problem, dass ich bei dieser Beschlagnahmung relevante Daten hatte, die geholfen hätten, Straftaten aufzudecken und diese wurden anscheinend nicht genutzt. Ich verstehe nicht warum. Also in Hanau – gestern hatten wir einen Kollegen hier aus Hanau – da war auch so ein Fall, denn ich hatte ein paar Jahre vorher in Hanau recherchiert und bemerkte schon damals grundlegende Fehler bei den Ermittlungen.

Warum da nicht nachgebessert wird, verstehe ich nicht. Da müsste man mehr Augenmerk drauflegen und persönlich bin ich immer wieder erschrocken, was so alles in Registern steht, denn in meinem Fall wurden alle Sachen zurückgegeben, nur einige Dateien, u. a. eine Präsentation fehlten. Bei den Registern der Strafverfolgungsbehörden ist es jedoch so, dass man durch eine Beschlagnahmung auch gewisse Registereintragungen überprüfen könnte. Insbesondere durch KI, da der Grundsatz „in dubio pro reo" gilt. Das halte ich für sehr wichtig. Ich denke, selber habe ich bezüglich einiger Attentate recherchiert und da könnte man sicherlich Erkenntnisse gewinnen, um weitergehende Aufklärungen durchzuführen, was bislang offensichtlich unterblieb. Das wäre es erstmal. Ich danke Ihnen.

Vorsitzende:

Herr Kollege Hoheisel-Gruler bitte.

Hochschullehrer Rechtsanwalt Roland *Hoheisel-Gruler*, Sigmaringen:

Guten Morgen, liebe Kolleginnen und Kollegen. Roland Hoheisel-Gruler, ich bin hauptamtlich Lehrender an der HS Bund, Fachbereich Kriminalpolizei in Wiesbaden. Wir haben gestern in der Debatte recht viel gehört mit hoher anekdotischer Evidenz, vom GBA, aus Staatsanwaltschaften, aus anwaltlicher Sicht, auch aus gerichtlicher Sicht und was aufgefallen ist: bei dieser Debatte haben wir ganz wenig über die Grundrechte gesprochen, über die es eigentlich geht. Wir haben gehört, dass gute staatsanwaltschaftliche Arbeit, gute Ermittlungsarbeit selbstverständlich ist und das natürlich dann auch bei der Frage der Verhältnismäßigkeit abgewogen wird. Sei es das Mittel auf der einen Seite oder sei es überhaupt die Frage der Notwendigkeit, dass schon gewusst wird, was man macht und dass deswegen keine gesetzliche Neuregelung notwendig wäre. Wir hatten einen Debattenbeitrag, der mal versucht hat, auf die Grundrechte runterzubrechen. Und wir haben gesehen, dass der Schutzbereich des Rechts auf Vertraulichkeit und Integrität informationstechnischer Systeme offensichtlich eröffnet wird – in Randnummer 238 oder so.

Wenn wir in der Entscheidung weiter nach vorne blättern, sehen wir aber auch die dogmatische Herleitung dieses Grundrechts, nämlich aus dem Allgemeinen Persönlichkeitsrecht. Das ist doch genau das Recht, das aus Artikel 2 GG in Verbindung mit der Menschenwürde diesen Raum der Privatheit garantiert. Den Raum der individuellen Lebenssphäre, in der der Staat erstmal grundsätzlich nichts zu suchen hat. Es sei denn, er hat verdammt gute Gründe. Und diese verdammt guten Gründe, die er braucht, das ist ein anerkannt überwiegendes öffentliche Interesse zum einen. Und zum zweiten eine strenge Verhältnismäßigkeitsprüfung, die eben nicht erst der Rechtsanwendende auf den Tisch bekommt, sondern, weil wir in der Privatsphäre unterwegs sind und wie hier in dem Privaten immer auch Kernbereichsfragen mitdenken müssen, bereits der Gesetzgeber lösen muss.

In der dogmatischen Herleitung zum Recht auf Vertraulichkeit und Integrität informationstechnischer Systeme sagt uns das Verfassungsgericht: ja, wir haben das Recht auf informationelle Selbstbestimmung. Aber das reicht doch nicht mehr aus. Die Idee vom APRIS ist doch gerade: wir wollen konkrete Informationen von einem Bürger haben, der grundsätzlich selber über die Preisgabe und Verwendung entscheidet. Das müssen wir im Einzelfall überwinden. Das bildet doch die Geschichte, wenn man ganze informationstechnische Systeme haben will, nicht mehr ab.

Und jetzt schauen wir nochmal in die Entscheidung zum Volkszählungsurteil als die Mutter dieser Persönlichkeitsrechte im digitalen Bereich. Da sagt uns das Bundesverfassungsgericht noch, dass gerade wegen dieser Gefährdungslage der Gesetzgeber schon von Verfassungswegen gehalten ist, hier die Verhältnismäßigkeit strikt zur Anwendung zu bringen, Randnummer 152 oder irgendwie so. Der Gesetzgeber ist gehalten, hier verhältnismäßig zu agieren. Zum zweiten Satz des Verfassungsgerichts in dieser Entscheidung: mehr als früher bedarf es verfahrensrechtliche und organisatorische Regelungen durch den Gesetzgeber, um die Rechte der Bürgerinnen und Bürger nachhaltig zu sichern. Also bereits hier schon eine Absage. Und daraus schließen wir doch nur eines: wenn klar ist, dass dieser Schutzbereich eröffnet ist, wenn auch klar ist, dass aufgrund der technischen Entwicklung der letzten Jahrzehnte das Leben sich digitalisiert hat und mein Privatleben, meine Privatsphäre sich in dieser kleinen Kiste hier in meinem Jackett befindet, dann müssen wir diese Maßstäbe hochziehen und der Gesetzgeber muss uns Antworten geben. Wo ist das überwiegende Interesse bei der Frage, was sagt uns der Gesetzgeber? Was ist denn gefälligst in welcher Form ein Verhalten, das mit Kriminalstrafe zu bestrafen ist? Welcher Umfang ist es eben nicht? Da sind wir bei dem Punkt, dass man sagen können muss: hier in dieser und in jener Konstellation sind wir konstant mit dabei, da haben wir ein überwiegendes öffentliches Interesse, da könnten wir auf diese mobilen Endgeräte Laptops etc. zugreifen. Und wenn schon in der Volkszählungsentscheidung drinsteht: bereichsspezifische normklare Regelung, Eingrenzung, verfahrensrechtliche Hinweise etc. – dann muss es umso mehr für Handys gelten, dass man sagt, „okay, diese Daten aus diesen Apps, gegebenenfalls von mir aus auch diese und jene Chats aber nicht“. Da haben wir jetzt mal was und dann gucken wir durch. Das möchte ich zu bedenken geben. Danke.

Vorsitzende:

Herr Kollege Baur bitte.

Prof. Dr. Alexander *Baur*, Göttingen:

Guten Morgen, ich hatte einen langen Weg, deswegen mache ich es kurz. Alexander Baur von der Universität Göttingen, Strafrecht und Kriminologie. Ich muss gestehen, ich habe mir lange überlegt, ob ich mich heute morgen zu Wort melde. Ich beobachte die Diskussion ja eher von der Seitenlinie. Offen gestanden: im Kern bin ich Kriminologe und beschäftige mich mit der Rechtswirklichkeit und vielleicht nicht mit den dogmatischen Höhen und Tiefen des Strafprozessrechts. Ich will trotzdem einen Satz zur Vorbereitung einer gesetzlichen Regelung sagen, und darüber reden wir hier ein Stückweit ja auch. Wie geht jetzt die Reise eigentlich weiter? Wir haben über die verfassungsrechtlichen Ausgangsbedingungen gesprochen. Das hat Kollege Jahn gestern auch nochmal sehr eindrücklich auf dem Punkt gebracht, wie ich finde. Wir haben neben der Strafprozessordnung schon über Bewertungskonsistenzen zwischen Detailrechtsordnungen gesprochen. Das ist alles passiert.

Was wir auch gemacht haben, mein Vorredner hat das, ich weiß gar nicht, ob abwertend oder nicht, „ein bisschen anekdotisch" genannt: wir haben über Rechtswirklichkeit gesprochen, und ich will schon fast sagen, wir haben über Rechtswirklichkeiten gesprochen. Wir haben nämlich über Rechtswirklichkeit aus Strafverfolgungssicht gesprochen und wir haben über Rechtswirklichkeit aus anwaltlicher Sicht gesprochen. Die scheinen sich irgendwie zu unterscheiden, habe ich gelernt. Das war für mich ein wenig überraschend.

Wir sprechen, und das treibt mich heute morgen jetzt doch hier hoch, immer wieder von einer evidenzbasierten Kriminalpolitik. Auch das Verfassungsgericht wird vielleicht eines Tages mal eine Entscheidung treffen müssen, die wirklichkeitsbezogen ist. Und ich frage mich dann immer: was wissen wir eigentlich? Empirische Strafverfahrensforschung ist jetzt nicht in größter Blüte in Deutschland. Eigentlich bräuchten wir die ganz dringend, um nämlich Rechtswirklichkeiten mal abzugleichen. Ich weiß als neutraler Beobachter nicht, wer hier Recht hat mit seiner Wirklichkeit. Ich weiß nicht, wo der Effektivität Einbußen drohen. Ich weiß nicht, was in der Praxis vielleicht an Missbrauchspotenzial aus anwaltlicher Sicht bereits schon gang und gäbe ist, und wo man gegensteuern muss. Und ich finde, und dafür will ich Werbung machen, auch in diesem Forum müssten wir eigentlich, wenn wir jetzt wirklich mit Anlauf über eine gesetzliche Neuregelung sprechen, vielleicht auch mal die Grundlagen einer Evidenzbasierung, die den Namen verdient, schaffen. Und wir bräuchten empirische Strafverfahrensforschung. Wir bräuchten eine ausgewogene, ausgeglichene, umsichtige Bestandsaufnahme dessen, was eigentlich schon passiert und wohin wir wollen, damit der Gesetzgeber dann im Idealfall eine politische Entscheidung treffen kann. Ich hoffe ja, dass es trotz aller verfassungsrechtlicher Vorgaben noch rechtspolitische Spielräume gibt, die zu nutzen sind. Aber dabei hat der Gesetzgeber eine solide Beratung verdient und die kostet. Und das ist das letzte, was ich sage: manchmal fehlt eben auch Geld und der politische Wille dazu, dieses Geld zu investieren. Dafür mache ich gern nochmals Werbung. Ganz herzlichen Dank.

Vorsitzende:

Vielen Dank. Frau Kollegin Schmidt bitte.

Wiss. Mitarbeiterin Lisa *Schmidt*, Münster:

Hallo, Lisa Schmidt. Ich bin Wissenschaftliche Mitarbeiterin an der Universität Münster bei Professor Deiters. Zu dem Unterschied zwischen offener und heimlicher Maßnahme möchte ich sagen, dass ich aus Betroffenensicht den Unterschied nicht so ganz nachvollziehen könnte. Wenn ich mir jetzt vorstelle, mein Handy wurde irgendwie drei Wochen lang einer heimlichen Maßnahme vollzogen, oder wir haben den gleichen Zeitraum, den das Handy weggenommen wird: der Status, was die Behörden wissen oder nicht, ist, glaub ich, aus Betroffenensicht ziemlich gleich. Denn auch was gelöscht wurde, ist im Zweifel noch als irgendein Datenschnipsel vorhanden. Die Eingriffsintensität in beiden Fällen liegt sehr nah beieinander und nicht massiv auseinander.

Dann noch zur Staatsanwaltschaft und zur Verhältnismäßigkeit. Dass hier viele „good cops“ sitzen, ist klar geworden. Aber auch, dass es sich um einen bedeutenden Grundrechtseingriff handelt. Jedenfalls alle jungen Menschen sind sich da einig. Die Schutzmöglichkeiten müssten darum bei der Gesetzeslektüre ansatzweise nachvollziehbar sein. Also ist der Bedarf eigentlich ziemlich klar, weshalb ich mich im Kern frage, warum sich die Staatsanwaltschaft so sehr wehrt gegen eine Regelung und eine Klarstellung. Erst recht, wenn sie mit dem Status Quo und ihrer sehr verhältnismäßigen Arbeit doch eigentlich genau das erfüllt, was beispielsweise Herr El Ghazi fordert. Ich sehe jetzt noch nicht die Gefahr einer Überregulierung. Danke.

Vorsitzende:

Vielen Dank, dann Herr Kollege Dr. Diemer bitte.

Bundesanwalt a. D. Dr. Herbert *Diemer*, Weingarten (Baden):

Guten Morgen, mein Name ist Dr. Herbert Diemer, ich bin Bundesanwalt beim Bundesgerichtshof, allerdings seit 2019 außer Dienst. Der zeitliche Abstand verschafft mir vielleicht eine etwas distanziertere Sicht auf die Dinge. Ich begrüße die Themenwahl, in der zum Ausdruck kommt, dass man eigentlich das Rad jetzt nicht neu erfinden will, sondern dass man zunächst einmal davon ausgeht, dass auch für die Durchsuchung grundsätzlich ausreichende Regeln bereitgestellt sind und insbesondere den § 110 StPO für verfassungsgemäß befindet, und eigentlich auch mit der Rechtsprechung, die sich darum herum gebildet hat, was die Zulässigkeit anbelangt, einverstanden ist. Und es geht jetzt darum, ob ein unbedingter zusätzlicher Regelungsbedarf für die offene Durchsuchung besteht, wenn es um informationstechnische Systeme geht, Beispiel Handy.

Sie haben, Herr El-Ghazi, gestern anhand des Handys Ihrer Tochter mit wachsender Begeisterung aufgezeigt, worin der Unterschied zu den heutigen Systemen besteht. Für mich ist damit klar geworden: Was es unterscheidet, ist im Wesentlichen die Masse. Es ist kein prinzipieller Unterschied. Ein Handy ist ein Handy, und da sind Daten drauf. Heute gibt es eben ein Smartphone, da sind auch Daten drauf, aber halt wesentlich mehr. Man kann sie anders kombinieren, man kann anders mit ihnen umgehen. Und deswegen bin ich der Meinung, dass sich bei der rechtstatsächlichen Situation, die dem § 110 StPO zugrunde liegt, seither jedenfalls im Prinzip nichts geändert hat. Es hat sich lediglich graduell etwas geändert dahingehend, dass man jetzt mehr Daten speichern kann. Man kann sie anders kombinieren oder verändern. Aber im Grundsatz sind persönliche Daten persönliche Daten und eine Speicherung ist eine Speicherung. Es ist egal, ob in Leitzordnern oder in sonstigen Ablagen oder eben in einem Handy. Im Prinzip – und damit für mich auch rechtlich – bleibt's gleich. Persönliche Daten sind persönliche Daten und Speicherung ist eine Speicherung.

Was hinzugekommen ist, ist, dass man mit dieser Informationstechnik Straftaten begehen kann und zwar ganz erhebliche. Man kann etwa Kinder missbrauchen; man kann Mordanschläge für islamistische, rechts- oder linksextremistische Anschläge mit tödlichen Folgen oder zur Sabotage staatlicher Einrichtungen planen, und vieles mehr. Aber es bleiben alles dennoch Daten aus dem persönlichen Lebensbereich eines Verdächtigen, und deswegen meine ich, dass ein weiterer grundsätzlicher Regelungsbedarf nicht besteht. Was dem Wunsch nach einem weiteren restriktiven Regelungsbedarf zugrunde liegt, ist in meinen Augen eine nicht ganz zutreffende Vorstellung. Man stellt sich vor, die Durchsuchungspersonen freuen sich schon am Vorabend auf die Durchsuchung, um dann neugierig reinzugehen in die Wohnung und möglichst viel zu wissen, gleich ob zur Sache gehörend oder nicht. Das macht aber eine Staatsanwaltschaft nicht, deren ausschließliche Aufgabe es ist, Straftaten aufzuklären. Hier geht es darum, die Dinge zu finden, die eben im Rahmen des Anfangs- oder fortgeschrittenen Tatverdachts zur Aufklärung der Straftat wesentlich sind, und nicht irgendwelche persönliche Bedürfnisse oder wirtschaftliche oder gar unlautere Interessen zu befriedigen.

Aus meiner Praxis kann ich Ihnen sagen: die Durchsuchung ist nicht das einzige, aber ein wesentliches Mittel, Daten zur Aufklärung einer Straftat zu erheben, seien es belastende oder entlastende. Gerade auch letzteres ist ja ganz wichtig, denn die Staatsanwaltschaft sucht stets auch – dazu ist sie, anders als in anderen Systemen, gesetzlich verpflichtet – nach entlastenden Tatsachen. Es kommt in der Öffentlichkeit nicht immer raus und vielleicht auch gerade die Jungen wissen das vielleicht gar nicht so genau, dass die deutsche Staatsanwaltschaft so konzipiert ist, dass sie von Amts wegen zugunsten und zu Lasten des Beschuldigten ermitteln muss. Es ist anders als in Amerika und den Kriminalfilmen. Das ist ja das einzige, was man immer sieht, im Fernsehen, da ist der böse Staatsanwalt, der immer nur guckt, dass er „seinen Fall gewinnt". Davon reden wir hier nicht im Profibereich. Wir reden nicht von Gewinnen oder Verlieren, sondern machen's halt und versuchen, alle erheblichen Fakten zum Beweis der Schuld oder Unschuld zu ermitteln. Und von daher glaube ich, sollte man sich einfach mal überlegen, wie man eine solche Diskussion führt, ob man lediglich davon ausgeht, dass die durchsuchenden Personen, bei denen es sich ja immerhin um die ausführenden Personen eines Rechtsstaates handelt, gewissermaßen Halbkriminelle sind, die aus persönlichem oder unlauterem Interesse sich auf alles freuen, was zu finden ist, um dem Betroffenen zu schaden. Das, meine ich, sollte man bei der Diskussion und der Abstimmung auch berücksichtigen.

Und nun habe ich also eine graduelle Veränderung der Situation, indem ich anders als vor Jahrzehnten einfach Millionen von Daten speichern kann, aber es bleibt im Grundsatz gleich. Nur kann ich jetzt eben mit den informationstechnischen Geräten noch schwerste Straftaten begehen. In dieser Situation soll der Deutsche Juristentag dem Gesetzgeber vorschlagen, die Staatsanwaltschaft möglichst an die Kette legen und auch die Polizei, indem ihnen außer weiteren Restriktionen auch bürokratische Hindernisse auferlegt werden. Der Verhältnismäßigkeitsgrundsatz in der Form, wie er in den bisherigen Gesetzen und in der Rechtsprechung des Bundesverfassungsgerichts und des Bundesgerichtshofs seine Ausprägung gefunden hat, reicht aber auch heute noch aus, um die persönlichen Daten eines Betroffen angemessen zu schützen. Sie können diesen Verhältnismäßigkeitsgrundsatz in meinen Augen nicht formalisieren. Sie können ihn nicht für alle denkbaren Einzelfälle in Gesetze gießen, weil Sie sonst nämlich unter Umständen an der Sache vorbeischießen und empfindliche Straftaten schlicht unverfolgt bleiben könnten. Paradebeispiel ist, das ist gestern vorgetragen worden: bei einer Vergewaltigung muss ich nicht unbedingt einen Chat durchsuchen. Diese Ansicht geht, Herr Mohamed El-Ghazi, verzeihen Sie, wenn ich das so hart sagen muss, an der Wirklichkeit vorbei. Denn Sie können, wie auch mein Vorredner schon gesagt hat, Sie können gerade zum Beispiel bei in diesen Fällen häufig vorkommender Aussage gegen Aussage zusätzliches und wertvolles Beweismaterial zugunsten oder zuungunsten eines Beschuldigten oder Angeklagten finden, um die Richter von der Wahrheit zu überzeugen. Denn Sie sind in einem Rechtsstaat verpflichtet, alle möglichen Beweismittel für und gegen einen Beschuldigten oder Angeklagten zu finden, auch wenn das Opfer noch so schutzwürdig ist und die jeweils widerstreitenden Aussagen noch so schlüssig wirken.

Vorschläge, die offene Durchsuchung von Datenträgern gesetzlich nur zu ermöglichen ab einer gewissen Strafhöhe oder nur im Rahmen des Verdachts einer gesetzlich katalogisierten Straftat, sind also meines Erachtens im Sinne einer geordneten Rechtspflege auch im Interesse der Rechtsunterworfenen nicht vernünftig. Sie schüfen nur Hürden, Verzögerungen, und ich meine schon, dass die effektive Aufklärung von Straftaten mindestens genauso wichtig ist, wie die Eingrenzung der staatlichen Macht im Bereich der Strafverfolgung. Das bitte ich zu bedenken bei der Abstimmung und wünsche der Veranstaltung einen guten weiteren Verlauf.

Vorsitzende:

Ganz herzlichen Dank. Frau Kollegin Bertheau bitte.

Rechtsanwältin Dr. Camilla *Bertheau*, Berlin :

Guten Tag, liebe Kolleginnen und Kollegen. Camilla Bertheau, Rechtsanwältin in Berlin. Das ist jetzt unabsichtlich eine Gegenrede zu meinem Vorredner und vielleicht zu manch anderen Rednern auch. Ausgangspunkt ist für mich tatsächlich, wie einer meiner Vorredner schon gesagt hat, der tiefe Eingriff in das Persönlichkeitsrecht oder IT-Grundrecht als Ausprägung des Persönlichkeitsrechts. Ich bin der Überzeugung, dass so schwerwiegende Eingriffe in den Schutzbereich eines Grundrechtes vom Gesetzgeber geregelt werden müssen. Sehr nachdrücklich fand ich auch den Bericht der Kollegin Bachmann – ich glaube gestern –, die sagte, es könne doch nicht sein, dass man nirgendwo nachlesen kann, was man jetzt hier tun muss an dieser Stelle. Anknüpfen möchte ich auch an eine Aussage von Herrn Herb gestern. Er sagte, und das finde ich äußerst wichtig: der Eingriff passiert bereits im ersten Schritt der Durchsicht. Es ist nicht erst die Verwertung im Ermittlungsverfahren, die das eigentliche Problem darstellt, sondern der Eingriff in die Persönlichkeitsrechte passiert bereits mit Beginn der Durchsicht. Genau hier müssen wir meines Erachtens schon entsprechenden Schutz herstellen, oder, wie auch immer, ansetzen.

Deswegen zieht es meines Erachtens nicht, wenn von Seiten der Staatsanwaltschaft gesagt wird: „Das interessiert uns doch zum Großteil gar nicht; wir gucken doch nur nach dem, was wir brauchen für das Verfahren". Denn da ist das Kind schon in den Brunnen gefallen. Der Betroffene hat einen Eingriff schon erlitten, wenn die Durchsicht möglich ist. Wir haben schon verschiedene Ansätze gehört, wie man diesen Eingriff möglicherweise begrenzen kann. Ich halte den Straftatenkatalog durchaus für machbar. Sicher muss man sich darüber streiten, wo und wie man dann ansetzt. Dass es aber grundsätzlich nicht möglich sein soll, einen solchen zu regeln, leuchtet mir nicht ein. Schwerste Straftaten, sogar schwere Straftaten, wären natürlich weiterhin darin enthalten, da gibt es ja kein Vertun. Wir haben andere Regelungsbereiche bei verdeckten Maßnahmen, bei denen wir Straftatenkataloge haben, also warum soll, was in diesem Bereich möglich ist zu regeln, nicht auch im offenen Bereich zu regeln möglich sein.

Ein weiterer Vorschlag oder ein weiteres Instrumentarium ist die Voraussetzung, die genauen Erkenntnisinteressen so genau zu beschreiben, dass man schon weiß, auf welche Daten etc., bestimmte Chatverläufe oder Bilder zugegriffen werden soll. Das ist sicher nur eingeschränkt möglich. Das Beispiel mit der Vergewaltigung zieht meines Erachtens auch hier nicht, weil es für mich selbstverständlich ist, wenn ich Aussage gegen Aussage habe, dass eine Kommunikation zwischen den Beteiligten dem Erkenntnisinteresse dient. Das wäre dann direkt in einem entsprechenden Antrag auf Durchsicht enthalten.

Auch schon genannt wurden die Anwesenheitsrechte der Verteidigung. Das halte ich für sinnvoll, auch wenn es nur selten genutzt wird. Die Möglichkeit dazu wäre aber, meine ich, notwendig. Ich möchte jetzt noch einen weiteren Vorschlag hinzufügen, vielleicht können wir darüber auch diskutieren. Im Verfassungsschutzbereich ist es gang und gäbe, dass man trennt zwischen den Personen, die sichten, und den Personen, die ermitteln. Das heißt, die sichtenden Personen müssten von den Ermittlungspersonen einen Auftrag haben, was das Erkenntnissinteresse ist, was der Anfangsverdacht ist, wonach sie suchen sollen. Alles andere geht an die Sichtungsstelle. Das geht nicht darüber hinaus, das findet keinen Ansatz in den Akten, es ist ja nicht so, dass es Neugier der Staatsanwälte ist. Das glaube ich nicht. Aber die Akten sind ja vielfach auch weiteren Personen zugänglich, da hat man mitunter viele Verfahrensbeteiligte. Wer guckt da alles rein? Und sie glauben nicht, wie oft sich Leute darüber unterhalten, über Durchsuchungsfotos, die unaufgeräumten Schlafzimmer etc. Natürlich interessiert das die Leute und das können wir gar nicht ändern, dass wir alle irgendwie auch so gestrickt sind, dass man da mal hinguckt und dass man das auch im Kopf behält. Deswegen wäre mein Vorschlag: Trennung zwischen den Daten, die für das Verfahren von Bedeutung sind, die kommen zu den Ermittlungsbeamten und die anderen

Daten, die bleiben in der Sichtungsstelle und gehen keinen Menschen etwas an. Danke.

Vorsitzende:

Vielen Dank. Herr Kollege Just bitte.

Student Otto *Just*, Paderborn :

Meine sehr verehrten Damen und Herren, mein Name ist Otto Just. Ich bin Student der Rechtswissenschaft an der Georg-August-Universität in Göttingen und habe mich im Rahmen meiner Schwerpunktarbeit mit dem Thema des Zugriffs auf und der Auswertung von Daten von Handys und Smartphones beschäftigt. Bei meiner wissenschaftlichen Arbeit bin ich auf ein Problem gestoßen, bei der eine erhebliche Schutzlücke besteht. Und zwar spreche ich hier von den Entsperrmaßnahmen.

Ein Smartphone ist heutzutage mit einer modernen Entsperrmethode, einer Gesichtsentsperrung oder dem biometrischen Fingerabdruck gesichert. Sie müssen sich vorstellen, eine solche Gesichtsentsperrung oder ein Fingerabdruck kann nicht einfach mithilfe einer Software oder anderen technischen Möglichkeiten ausgehebelt werden, das heißt: der Verfahrensbeteiligte wird in diesem Fall gezwungen, sein Gesicht oder seinen Finger offenzulegen, um das Gerät zu entsperren – und in diesem Fall besteht eine rechtliche Schutzlücke. Und zwar eine Problematik in der Strafprozessordnung. Dort ist nämlich de lege lata keine ausdrückliche Ermächtigungsgrundlage geregelt, die eine solche Aushebelung von den Sperrmethoden normiert und in diesem Rahmen – insbesondere verweise ich auf das Landgericht Ravensburg – greift das Gericht auf eine Ermächtigungsgrundlage zurück, die einen solchen Fall nicht explizit regelt, in diesem Fall der § 81b Abs. 1 der Strafprozessordnung, nämlich die erkennungsdienstlichen Maßnahmen. Wie Sie sicher wissen, die erkennungsdienstlichen Maßnahmen erfüllen in diesem Fall eine Tatnachweis- und Identifikationsfunktion. Sie sind aber nicht darauf ausgerichtet, dass diese Maßnahme auch für den Zugriff und für die Auswertung der Daten hinreichend bestimmt sind. Wir haben nämlich das Recht auf informationelle Selbstbestimmung, Artikel 2 Abs. 1 in Verbindung mit Artikel 1 Abs. 1 GG. Da gelten besondere Eingriffsvoraussetzungen. Und in diesem Fall besteht die Problematik, dass die Schranke dem Grundsatz der Normenklarheit entsprechen und hinreichend bestimmt sein muss. Eine solche hinreichende Bestimmung und eine gesetzgeberische Darstellung ist im § 81b StPO aber nicht vorgesehen.

Wer also zwangsweise den Finger oder das Gesicht vor informationstechnische Geräte halten lässt, so ist in diesem Fall der Zugriff, wie bei den heimlichen Maßnahmen, viel zu intensiv, d.h. die Persönlichkeitsrechte, das Recht auf informationelle Selbstbestimmung ist ja eine Ausprägung des allgemeinen Persönlichkeitsrechts, geht ins Leere, das bedeutet, wir haben hier ein Schutzdefizit. In diesem Fall plädiere ich für eine gesetzgeberische Klarstellung, vorzugsweise eine Änderung des § 81 b StPO – ausgedehnt auf einen § 81 b Abs. 1 S. 2 – der gerade diese Problematik beim Zugriff auf das Handy durch Aushebelung von Entsperrmethoden hinreichend und gesetzlich bestimmt. Ich bedanke mich ganz herzlich.

Vorsitzende:

Vielen Dank. Frau Kollegin Roesen bitte.

Leitende Regierungsdirektorin Dr. Katrin *Roesen*, Bonn:

Guten Morgen, ich bedanke mich, an dieser ausgesprochen spannenden Diskussion teilnehmen zu dürfen. Mein Name ist Dr. Katrin Roesen und ich bin Leiterin der Sonderkommission Kartellbekämpfung im Bundeskartellamt. Die Sonderkommission Kartellbekämpfung ist Teil der Rechts- und Prozessabteilung und unsere Aufgabe ist es, die Beschlussabteilungen im Bundeskartellamt, die Ordnungswidrigkeitenverfahren führen, zu unterstützen. Zum einen ist es unsere Aufgabe, die Beschlussabteilungen im Ermittlungsverfahren – etwa bei der Beantragung von Ermittlungsmaßnahmen – rechtlich zu beraten. Zum anderen sind wir für die Organisation von Durchsuchungen sowie für die Entgegennahme von Kronzeugenanträgen und Hinweisen auf Verstöße zuständig.

Worum geht es in den Ordnungswidrigkeitenverfahren des Bundeskartellamts? Um die Durchsetzung des Kartellrechts. In der Regel steht hier der dezentrale Vollzug des europäischen Kartellverbots oder auch des europäischen Missbrauchsverbots im Raum. Diese Verbote sind in Artikel 101 und 102 AEUV geregelt.

Bereits gestern fand das Kartellrecht in einigen Vorträgen kurz Erwähnung, bei Herrn Dr. Hauschild und auch bei Herrn Herb, und darüber hinaus, was ich mit Erleichterung zur Kenntnis genommen habe, heute auch bei Herrn Prof. Dr. El-Ghazi. Die Erwägung, dass man jedenfalls für bestimmte Ordnungswidrigkeiten von der These 1 und einem kategorischen Ausschluss des Zugriffs auf komplexe IT-Geräte wie Mobiltelefone absehen sollte, teile ich ausdrücklich.

Im Kartellrecht stehen schwerwiegende Unternehmensverstöße im Raum, die mit sehr hohen Sanktionen bewehrt sind. Konkret mit

Sanktionen bis zu 1 Mio. Euro für die handelnden Personen und bis zu 10 Prozent des jährlichen weltweiten Gesamtumsatzes eines Unternehmens, verstanden als wirtschaftliche Einheit. Vielleicht ein Beispiel: Bei einem Unternehmen, rein hypothetisch ein Telekommunikationsanbieter mit einem Umsatz von 100 Mrd. Euro jährlich, beläuft sich die Obergrenze des Sanktionsrahmens auf 10 Mrd. Euro. Natürlich wird am Ende selbst bei schwerwiegenden Verstößen die Obergrenze bei derart großen Unternehmen nicht ausgeschöpft und ein Bußgeld von 10 Mrd. Euro festgesetzt. Die nähere Bußgeldzumessung richtet sich nach der Schwere der Tat im Einzelfall und nach den relevanten Bußgeldzumessungskriterien. Diese sind inzwischen auch gesetzlich normiert, in § 81d des Gesetzes gegen Wettbewerbsbeschränkungen, abgekürzt GWB. Was deutlich wird, ist, dass es sich um Wirtschaftsdelikte mit erheblichem Unrechtsgehalt handelt. Auch insoweit ein paar Zahlen: Die konsequente Kartellverfolgung findet insbesondere seit Anfang der 2000er Jahre statt. Zu diesem Zeitpunkt wurde im Kartellrecht ein Kronzeugenprogramm eingeführt, das inzwischen auch gesetzlich normiert ist. Insgesamt wurden seit dieser Zeit Bußgelder mit einer Gesamthöhe von über 5 Mrd. Euro festgesetzt. Betrachtet man allein die letzten fünf Jahre, sind es Bußgelder in Höhe von ca. 1,4 Mrd. Euro. Diese Verfahren, diese Ordnungswidrigkeitenverfahren, sind hochkomplex, sehr aufwendig und dauern typischerweise mehrere Jahre. Wenn es zum Erlass von Bußgeldbescheiden gegen Unternehmen und die handelnden Personen kommt, ist das OLG Düsseldorf als Tatsacheninstanz zuständig und anschließend der Bundesgerichtshof als Revisionsinstanz. Größtenteils handelt es sich bei den Verstößen um reine Ordnungswidrigkeiten. Nur ein Teilbereich ist kriminalisiert, nämlich der Bereich der Submissionsabsprachen, insbesondere im Bereich der öffentlichen Auftragsvergabe. Die Submissionsabsprachen sind in § 298 StGB geregelt. Selbst dann, wenn der Tatbestand des § 298 verwirklicht ist, bleibt jedoch die Wettbewerbsbehörde bzw. das Bundeskartellamt für die Verfolgung der Unternehmen zuständig. Es findet eine Aufspaltung des Verfahrens statt, d.h. die Verfolgung der natürlichen Personen erfolgt im Strafverfahren durch die Staatsanwaltschaft und die Verfolgung der Unternehmen parallel durch die Wettbewerbsbehörde im Ordnungswidrigkeitenverfahren. Dies ist in § 82 Abs. 2 GWB gesetzlich normiert.

Die Sicherstellung von IT-Daten ist für die wirksame Verfolgung von Wirtschaftsdelikten wie Kartelltaten essenziell. Wenn das nicht mehr möglich wäre, müssten wir in der digitalisierten Welt unsere Arbeit einstellen. Ein kategorischer Ausschluss der Möglichkeit, IT-Daten sicherzustellen, wäre im Kartellrecht – aus meiner Sicht – auch europarechtswidrig, wenn man sich die Richtlinie der EU 2019/1 – sog. „ECN Plus Richtlinie“ – anschaut und den dortigen Erwägungsgrund 30. Danach muss nämlich ein Zugriff ausdrücklich auch auf forensische Informationen, die das Unternehmen oder die Unternehmensvereinigung hat, durch die nationalen Wettbewerbsbehörden in digitaler Form beschafft werden können. Dies gilt unabhängig von dem Medium, auf dem die Informationen gespeichert sind, wie bspw. Laptops, Mobiltelefone, andere mobile Geräte oder in der Cloud.

Ich kann hier nur für das Kartellrecht sprechen. Ich möchte aber darauf hinweisen, dass es natürlich auch noch andere Ordnungswidrigkeitenverfahren gibt, wie bspw. im Bereich der Finanzdienstleistungsaufsicht (BAFin), oder im Bereich der Netzregulierung (BNetzA). Diese Verfahren betreffen ebenfalls schwerwiegende Verstöße von Unternehmen, die mit erheblichen Sanktionen bewehrt sind, und als Ordnungswidrigkeitenverfahren geführt werden.

Im Folgenden werde ich nochmal näher auf die Rechtswirklichkeit bzw. den konkreten Verfahrensablauf innerhalb des aktuellen Rechtsrahmens im Kartellrecht eingehen. Das Bundeskartellamt führt Durchsuchungen häufig synchron an mehreren Unternehmensstandorten durch. Dies ist nur möglich, wenn ein entsprechender Anfangsverdacht vorliegt und eine entsprechende gerichtliche Anordnung. Teilweise durchsuchen wir auch Privatwohnungen, insbesondere in Zeiten des Homeoffice kann dies im Einzelfall angezeigt sein. Vor einer solchen Maßnahme müssen wir selbstverständlich gerichtliche Durchsuchungsbeschlüsse beantragen. Unsere Anträge müssen wir sorgsam begründen, denn die Durchsuchung, auch wenn es um Geschäftsräume geht und die Verletzung von Artikel 13 Grundgesetz nicht im Raum steht, ist ein schwerwiegender Grundrechtseingriff in die Rechte des Unternehmens und muss gerechtfertigt sein. Das Vorliegen der Voraussetzungen wird vom Amtsgericht Bonn vorab überprüft und insoweit untersucht, ob ein Anfangsverdacht für diesen Grundrechtseingriff dargelegt wurde. Voraussetzung für einen Durchsuchungsbeschluss ist immer, dass der Anfangsverdacht auf konkreten Tatsachen beruht, so dass vage Anhaltspunkte oder bloße Vermutungen gerade nicht ausreichen.

In den gerichtlichen Durchsuchungsbeschlüssen wird auch typischerweise bereits das Beweismaterial genannt, nach dem insbesondere gesucht wird, wie z.B. Kalendereintragungen oder Memos, Kommunikation mit Wettbewerbern und auch Kommunikation innerhalb des Unternehmens. Entsprechende Unterlagen können entweder in Papierform oder aber in digitaler Form vorliegen. Es gibt – bei den Durchsuchungen können wir das feststellen – immer mehr die Tendenz zum papierlosen Büro, das heißt die Sicherung von IT-Daten muss erfolgen können. Wie gehen wir dabei in der Regel vor? Es wird eine logische Kopie der IT-Daten erstellt, die relevant sein können. Häufig befinden sich diese Daten nicht auf Servern, die im

Unternehmen stehen, sondern auf Servern außerhalb des Unternehmens, auf die das Unternehmen Zugriff hat. Wenn die Durchsuchung im Unternehmen abgeschlossen ist, die Einsatzkräfte also nicht mehr vor Ort im Unternehmen sind, hat das Unternehmen die kopierten Daten nach wie vor, es bleibt also arbeitsfähig.

Zum Thema Mobilgeräte. Zur Aufklärung von Verstößen stellen wir häufig auch Mobilgeräte von Zielpersonen, die möglicherweise beteiligt sind, sicher. Wir beschlagnahmen die Geräte in der Regel nicht, sondern stellen sie nach § 110 StPO lediglich vorläufig sicher. Hierbei geht es um Mobilgeräte, die zumindest auch im beruflichen Kontext genutzt werden. Die Sicherung der Daten und Aufbereitung vor Ort im Unternehmen durch die IT-Forensiker bei der Durchsuchung scheidet in der Regel bereits aus technischen Gründen aus. An dieser Stelle noch eine kurze Bemerkung zu Kommunikationsdiensten: Der Messenger Dienst WhatsApp und auch andere gängige Messenger Dienste sind Ende-zu-Ende-verschlüsselt, das heißt, diese Nachrichten können nur am Endgerät ausgelesen werden. Über solche Dienste, das haben wir in unseren Verfahren gesehen, tauschen sich Wettbewerber häufig in Codesprache untereinander aus. Die Mitnahme des Mobilgeräts lässt sich also häufig nicht vermeiden. Sie erfolgt aber wie gesagt nicht, um das Gerät zu beschlagnahmen, sondern um die Sicherung der Daten und die anschließende Durchsicht nach § 110 StPO zu ermöglichen. Wenn die Daten kopiert und aufbereitet sind, erfolgt die Rückgabe des Geräts. Und ist der Betroffene in der Zwischenzeit abgeschnitten von der digitalen Welt? Das ist nicht die Erfahrung, die wir machen. Das Problem löst sich nicht selten bereits am Durchsuchungstag. Man muss sich vorstellen, was wäre, wenn ich mein Gerät verliere oder es in ein Gewässer fällt, also irreparabel verloren ist. Auch dann – das mag vielleicht beruhigen – gibt es Möglichkeiten, zu agieren. So hat der Betroffene hat in der Regel auch vor der Rückgabe des Geräts Zugriff auf seine Daten und damit auch auf die entsprechenden Rohdaten. Die Daten sind häufig in einer Cloud gespeichert und ebenso wie im Falle eines Verlustes kann der Betroffene eine Ersatz-SIM-Karte mit der gleichen Handynummer besorgen. Wenn er Daten benötigt, die sich ausnahmsweise nur auf der SIM-Karte befinden, besteht die Möglichkeit, eine Kopie dieser Daten zu erstellen. Darüber hinaus werden bereits in der Durchsuchungssituation vor Ort eine Durchsuchungsniederschrift sowie ein Asservatenverzeichnis erstellt, in welchem aufgelistet ist, welche IT-Daten und welche E-Mail-Konten usw. gesichert wurden und welche IT-Daten vorläufig sichergestellt wurden. Der Betroffene kann zudem nicht nur gegen die Durchsuchungsanordnung vorgehen und diese mit einem Rechtsbehelf angreifen, sondern auch gegen die vorläufige Sicherstellung der IT-Daten und des Mobiltelefons oder sonstiger Geräte. Wenn der Betroffene der vorläufigen Sicherstellung ausdrücklich widerspricht, erfolgt nach § 110 Abs. 3 in Verbindung mit § 98 Abs. 2 StPO eine gerichtliche Überprüfung der Maßnahme durch das AG Bonn bzw. anschließend durch das LG Bonn.

Im Nachgang an die Durchsuchung vor Ort im Unternehmen werden die Daten des Mobilgeräts, soweit möglich, in den Räumlichkeiten der Wettbewerbsbehörde kopiert und ebenso wie die weiteren kopierten IT-Daten durch die IT-Forensiker technisch so aufbereitet, dass die Sichtung der Daten und die in diesem Sichtungsprozess anstehende Aussonderung der potenziell beweisrelevanten Daten erfolgen kann. Das erfolgt häufig mittels Suchbegriffen. Die Sichtung ist durchaus ein sehr aufwendiger Prozess. Die Daten, die nicht als potenziell beweisrelevant identifiziert wurden, werden anschließend gelöscht.

Die Daten, die als potenziell beweisrelevant eingestuft wurden, werden dagegen in der Regel zunächst der Verteidigung mit der Frage übermittelt, ob die Daten freiwillig herausgegeben werden nach § 94 Abs. 2 StPO. Das heißt, nach der vorläufigen Sicherstellung nach § 110 StPO, der Sichtung und der Aussonderung der Daten erfolgt sodann die endgültige Sicherstellung. Die endgültige Sicherstellung kann durch eine freiwillige Herausgabe oder eine gerichtliche Beschlagnahmeanordnung erfolgen. Die Verteidigung hat insoweit die Möglichkeit, darauf hinzuweisen, dass es noch Daten gibt, die aus ihrer Sicht nicht potenziell beweisrelevant sind. Wenn keine freiwillige Herausgabe erfolgt bzw. keine Einigkeit über die Frage der potenziellen Beweisrelevanz besteht, beantragt das Bundeskartellamt die richterliche Beschlagnahme der Daten. Vor Erlass des Bußgeldbescheids erhält die Verteidigung wiederum nach § 147 Abs. 1 StPO Einsicht in die endgültig sichergestellten Beweismittel.

Ich komme zum Fazit. Der These 1, dass der Zugriff zur Aufklärung von Ordnungswidrigkeiten ausgeschlossen werden sollte, kann ich nicht zustimmen. Aus meiner Sicht sollte man sich, wie es auch bei Frau Professor Zerbes anklang, für die Bewertung der Rechtmäßigkeit von Zugriffen auf komplexe IT-Geräte an der Durchsuchung nach § 102 StPO orientieren. Auch die Durchsuchung ist ein bedeutender Grundrechtseingriff. Schaut man sich den Wortlaut der Norm jedoch an, sehen die Voraussetzungen für diese Maßnahme niedrigschwellig aus. Tatsächlich sind sie es aber bei der gebotenen Auslegung bekanntlich nicht. Dies bedeutet, dass bereits innerhalb des bestehenden Rechtsrahmens, der auch im Falle eines Zugriffs auf komplexe IT-Geräte aufgrund der Eingriffstiefe nur vermeintlich niederschwellig ist, ein angemessener Ausgleich zwischen dem Interesse an der gebotenen Aufklärung von Verstößen und der Schwere des betreffenden Grundrechtseingriffs erfolgen kann.

Es ist wichtig, dass man im Hinblick auf die Schwere des Eingriffs sensibilisiert ist, aber am Ende keine Überformalisierung des Verfahrens herbeiführt. Denn dies würde im Ergebnis keinen echten materiellen Mehrwert bringen, sondern das Verfahren für alle Beteiligten erschweren.

Vielen Dank.

Vorsitzende:

Herzlichen Dank liebe Frau Kollegin. Herr Kollege El-Ghazi bitte.

Gutachter:

Vielen Dank. Nur eine ganz kurze Anmerkung zu den Ausführungen der Kollegin. Ich habe gestern gesagt, ich bin gerne bereit, mich durch die Praxis eines Besseren belehren zulassen; ich bin offen für Kritik und die Kollegin und ich haben uns gestern auch schon bilateral ausgetauscht. Auch zum Thema Ordnungswidrigkeiten bin ich kritikfähig. Ich will Ihnen nur meinen Ausgangspunkt erklären. Was war mein Ausgangspunkt? Sie haben gerade gesprochen von „Ordnungswidrigkeiten" als als schweres Unrecht. Sie haben auf das hohe Unrecht von Kartellordnungswidrigkeiten hingewiesen. Damit übergehen Sie die Wertung, die der Gesetzgeber vorgenommen hat. Der Gesetzgeber hat solche Kartellverstöße nicht als Straftaten eingeordnet. Von dieser Wertung gehe ich aus. Aus § 21 Ordnungswidrigkeitengesetz folgt, dass Straftaten immer Vorrang gegenüber Ordnungswidrigkeiten genießen. Dies gilt kategorial, egal, um was für eine Straftat es geht. Und auch unabhängig davon, wie hoch die Strafe ist, die nach dem Straftatbestand verhängt werden kann. Deswegen kann ich diese Position nicht teilen. Ordnungswidrigkeiten wiegen daher auch nicht schwerer als leichte Straftaten.

Wir haben aber in der Tat ein Problem mit der Unternehmensbebußung, die keine Entsprechung im echten Kriminalstrafrecht hat. Inzwischen präferiere ich gerade mit Blick auf Verbände eine Zwischenlösung im Sinne des § 46 Abs. 4a Ordnungswidrigkeitengesetz. Vielleicht können Sie eine solche Lösung mitgehen? Vielen Dank.

Vorsitzende:

Vielen Dank. Herr Kollege Mansouri bitte.

Wiss. Mitarbeiter Yusef *Mansouri*, Bayreuth:

Schönen guten Tag zusammen. Yusef Mansouri mein Name, Universität Bayreuth. Ich bin dort Wissenschaftlicher Mitarbeiter. Vorweg eine Anmerkung zum gestrigen Vortrag von Herrn El-Ghazi: Das Handy, das Sie gestern gezeigt haben, ist auch heute durchaus von Relevanz. Ich habe zuletzt in den Nachrichten – ich weiß nicht, ob es ARD oder ZDF war – gesehen, dass das „Dumbphone" bei jüngeren Leuten wieder immer mehr im Trend ist. Zugegeben: Das Razr V3, oder was Sie gestern gezeigt haben, bietet schon ein „richtiges Feeling" zum Telefonieren. Und auch ich muss gestehen, ich vermisse die Zeiten, als es das Nokia 3210 gab – Handys, die nicht „smart" waren. Ich glaube, das hatte was. Der ein oder andere hier im Saal kann vielleicht mitfühlen. Aber Spaß beiseite. Als jemand, der zu diesem Thema promoviert, treiben mich die hier besprochenen Inhalte natürlich um, und ich wollte eigentlich etwas zum Unionsrecht sagen. Das werde ich auch, kann aber gleichwohl nicht die verfassungsrechtlichen Wertungen, die hier in Rede stehen, außenvorlassen. Deshalb muss ich einige wenige Aspekte betonen und versuche das ein wenig zusammenzufassen, indem ich Rekurs auf das nehme, was gestern im Großen und Ganzen angeklungen ist.

Zu den zentralen Fragen gehörte tatsächlich: IT-Grundrecht, ja oder nein? Klar ist, dass man sich für verdeckte Maßnahmen darauf verständigen möchte. Das wurde erstmals für die Online-Durchsuchung festgestellt. Für die hier in Rede stehende offene Durchsuchung kann meines Erachtens eigentlich nichts anderes gelten, denn ich glaube, dass man die Passage des Bundesverfassungsgerichts – die besagte „Insbesondere-Randnummer" des Beschlusses zur Online-Durchsuchung – nicht anders verstehen kann. Das liegt zum einen daran, dass – hier stimme ich einer Vorrednerin zu – es für den Betroffenen keinen Unterschied machen kann, wie der Zugriff erfolgt, weil sich an der Tiefe des Eingriffs nichts ändert und er hier wie dort keine großen Einwirkungsmöglichkeiten hat. Ja, in gewissen Grenzen – aber auch diese sind nicht überall gesetzlich abgesichert – kann er im Rahmen der Durchsuchung über Beteiligungs- und Anwesenheitsrechte mitwirken, aber es wäre doch wünschenswert, wenn man auch das gesetzlich verankern könnte. Und zum anderen, das möchte ich noch einmal betonen, dürfen wir nicht den Zeitgeist vergessen, in dessen Rahmen die Entscheidung zur Online-Durchsuchung entstanden ist. Ginge es wirklich nur um Integritätsschutz und die heimliche Infiltration, dann wäre das Ganze nicht im allgemeinen Persönlichkeitsrecht verortet worden, das heißt in Artikel 2 Absatz 1 und Artikel 1 Absatz 1 des Grundgesetzes. Wäre ich Teil des entscheidenden Senats gewesen und wäre es mir gerade nicht darum gegangen, den

Schutz im Mantel des Persönlichkeitsrechtes zu suchen, dann hätte ich das wahrscheinlich – an dieser Stelle könnte man ein wenig ausholen – irgendwo anders verortet. Führen wir uns also diesen Zeitgeist nochmal vor Augen, dann muss der Persönlichkeitsschutz das Kernelement gewesen sein. Und deshalb: Ja, das IT-Grundrecht ist auch bei offenen Beschlagnahmen betroffen.

Gestatten Sie mir, Frau Zerbes, noch einige wenige Sätze zu den Eingriffsschwellen und der Eingriffstiefe, bevor ich zum Unionsrecht komme. Denn auch das können wir nicht übergehen. Wir haben auch schon von einigen Vorrednerinnen und Vorrednern gehört, dass es tatsächlich um die Datenmenge geht, die den Grundrechtseingriff ausmacht. Diesbezüglich ist ein Vergleich mit § 100b StPO auch nicht fernliegend. Außerdem ist das Smartphone ein informationstechnisches System, was, so meine ich, nicht wirklich im Streit steht. Wenn ich die einschlägige Literatur dazu lese, kommt mir jedoch der Vergleich mit § 100a StPO ein wenig zu kurz. Führen wir uns für einen Moment vor Augen: auf der einen Seite steht eine punktuelle Maßnahme, die Beschlagnahme. Auf der anderen Seite haben wir eine Überwachungsmaßnahme, die zeitlich befristet ist. Im ersteren Fall habe ich ein Handy, das über Jahre hinweg Daten angesammelt hat. Wollen Sie einmal nachsehen, wie viele Fotos Sie zum Beispiel haben und was das an Datenmenge ausmacht? Ich glaube das ist etwas, das man im Rahmen der Beschlagnahme nicht komplett unberücksichtigt lassen darf und deswegen, finde ich, zieht zumindest im Ansatz der Vorschlag, die Nachbarvorschriften – nach 16 Jahren seit der Entscheidung zur Online-Durchsuchung – mit in den Blick zu nehmen und die Eingriffsschwellen gegebenenfalls anzuheben. Ein Blick auf § 100a StPO zeigt, dass etwas verwundert: bei einer Quellentelekommunikationsüberwachung – oder auch bei einer einfachen Telekommunikationsüberwachung – geht es um laufende Telekommunikation, die überwacht werden kann. Hierzu gehören beispielsweise Livetelefonie, Messenger-Daten, Bilder und so weiter und so fort. Das ist für einen begrenzten Zeitraum möglich. Auf der anderen Seite haben wir die Beschlagnahme, wo über Jahre hinweg Daten gesammelt wurden. Der Einblick in die Persönlichkeit ist dort doch ein ganz anderer. Hier kann ich über die Person mehr herausfinden, als wenn lediglich die Kommunikation – Achtung: nur die Kommunikation mit anderen Menschen – überwacht wird. Jetzt vergleiche ich noch einmal mit § 100a StPO, eine befristete Maßnahme, meinetwegen für ein paar Wochen oder ein paar Monate, die hohe Hürden kennt. Es kann doch nicht sein, dass eine Maßnahme höheren Eingriffsvoraussetzungen unterliegt, obwohl derselbe Datentyp betroffen ist, die Eingriffstiefe im Rahmen der Beschlagnahme aber deutlich darüber liegt, jedoch unter niedrigeren Eingriffsvoraussetzungen steht. Dass der Unterschied allein in der Heimlichkeit des Zugriffs liegt, ist seit der Einführung des § 95a StPO und der Aufweichung der „offenen" Durchsuchung und Beschlagnahme durch § 110 IV StPO – nämlich dann, wenn die Durchsicht nicht während, sondern nach der Durchsuchung erfolgt – kein starkes Argument mehr.

Ich glaube auch, dass mindestens die Vertreterinnen und Vertreter der Staatsanwaltschaft, die heute hier sitzen, Teil der „good prosecutor" und eben nicht die „bad prosecutor" sind. Sie korrigieren das sicherlich auch über den Verhältnismäßigkeitsgrundsatz, Ihnen sei hier auch gar nichts anderes unterstellt. Ich möchte bloß anmerken, dass das in diesem Fall natürlich allein in Ihren Händen liegt, auch wenn ich Ihnen vertrauen würde, wenn Sie mein Handy beschlagnahmen. Ebenso glaube ich, dass Sie nicht gezielt nach verfahrensirrelevanten Inhalten suchen würden, es sei denn, ich biete Ihnen hier so viel „interessante" Fläche – ich hoffe nicht. Für den Betroffenen führt dies aber zu weniger Kontrollmöglichkeiten im Nachhinein – verglichen mit einem Mindestmaß an Formalisierung. Ich spreche auch nicht von Überbürokratie. Allen wäre damit ein Stück weit geholfen: der Betroffene kann kontrollieren, Sie müssen sich im Nachhinein in der Regel keine Sorgen machen, dass Sie etwas „falsch gemacht haben", sondern halten sich nur an das, was kodifiziert ist. Ich habe mir eben noch einmal eine Entscheidung des Amtsgerichts Pirna angesehen, das eine Durchsuchung und Beschlagnahme eines Smartphones wegen des Verdachts der Handynutzung am Steuer angeordnet hat. Ich sehe ein, dass es gute Gründe gibt, hierfür das Handy zu beschlagnahmen. Dennoch wirkt mir das ein wenig außer Verhältnis, wenn die Aufklärung von Verkehrsordnungswidrigkeiten und Ähnlichem mit diesem massiven Eingriff in die Persönlichkeit einhergeht.

Zum Abschluss noch einige wenige Ergänzungen fernab der Thematik um die Eingriffsschwellen, die nicht dazu bestimmt sind, mich ins Schussfeuer geraten zu lassen, sondern vielmehr nur der Fachabteilung Strafrecht als gedankliche Anregung dienen, auch wenn diese nicht als These mit aufgeführt sind. Vielleicht veranlassen diese Aspekte aber einmal den Gesetzgeber, auch hierauf einen Blick zu werfen. Gemeint sind die verfassungsrechtlichen Vorgaben, die sich aus dem sogenannten „Doppeltürmodell" ergeben, das im Zusammenhang mit dem Datenaustausch zwischen Strafverfolgungsbehörden und den Datenübermittlern, z. B. den privaten Telekommunikationsanbietern, entwickelt wurde. Dabei geht es im Kern darum, dass die dem Datenaustausch zugrundeliegenden korrespondierenden Eingriffe von Abfrage und Übermittlung jeweils einer eigenen Rechtsgrundlage bedürfen. Das ist bei den §§ 94, 95 StPO nicht unproblematisch. Denn wenn über § 95 StPO die Herausgabe der Daten verlangt wird, die nicht unter die §§ 100a ff. StPO fallen, das sind beispielsweise Inhaltsdaten, die bei Dritten gespeichert sind, dann müssen wir uns die Frage stellen, ob das noch den Vorgaben des Bundesverfassungsgerichts zum Doppeltürmodell gerecht wird. Ich persönlich untersuche das gerade auch in meiner Doktorarbeit, neige im Moment aber dazu, dass man diese Vorgaben hier mitberücksichtigen muss. Das hat nicht nur verfassungsrechtliche Bedeutung, sondern ist auch eine Frage des Unionsrechts. Gemeint ist in diesem Zusammenhang die Richtlinie 2016/680/EU zum Schutz natürlicher Personen bei der Verarbeitung personenbezogener Daten durch die Strafverfolgungsbehörden. Dort ist das Doppeltürmodell noch einmal in Artikel 8 Abs. 2 der Richtlinie geregelt. Dieser schreibt vor, dass die personenbezogenen Daten, die verarbeitet werden sollen, in der Befugnisnorm mit angegeben werden müssen. In § 94 StPO ist das derzeit nicht der Fall, weshalb die Norm derzeit nicht mit diesen Vorgaben vereinbar sein dürfte. Der Gesetzgeber hat die Richtlinie im Bundesdatenschutzgesetz weitestgehend, aber nicht „perfekt", umgesetzt. Die Richtlinie wird noch an anderen Punkten relevant, einer meiner Vorredner hatte vorhin noch über die Zugriffe auf biometrisch gesicherte Smartphones gesprochen. Szenarien wie „Entschuldigen Sie, lieber Betroffener, wir haben ihr Handy nunmehr gefunden. Sie können es uns jetzt einfach machen und Ihr Gesicht vor das Handy halten, dann sind wir hier schneller durch. Oder aber wir nehmen es mit." sind vor dem Hintergrund des § 51 Bundesdatenschutzgesetz bzw. Art. 8 Absatz 1 der Richtlinie nicht ganz unproblematisch. Schließlich gibt es noch Verfahrens- und Protokollierungspflichten, etwa in § 76 Bundesdatenschutzgesetz. Damit wollte ich ein wenig den Blick auf unionsrechtliche Datenschutzaspekte gerichtet haben, von denen wir uns nicht lösen können und die wir deshalb berücksichtigen müssen, wenn wir dieses Regime neu regeln wollen. Hier gäbe es noch weitere Beispiele, die ich aus Zeitgründen ausgelassen habe. Ich möchte abschließen mit einer allerletzten Frage. Gäbe es die §§ 94 ff. StPO nicht und man würde Sie – unter Ausblendung rein berufsspezifischer Interessen und in detaillierter Kenntnis der verfassungsrechtlichen Rechtsprechung – fragen, wie denn eine Regelung zur Beschlagnahme von Smartphone-Daten auszusehen hätte, die den verfassungsrechtlichen Vorgaben entspräche – hätten Sie sie dann wirklich so formuliert? Oder hätten Sie den Blick auf andere Nachbarvorschriften schweifen lassen, wie zum Beispiel § 100b StPO, bei dessen Schaffung man sich maßgeblich an verfassungsgerichtlichen Vorgaben orientiert hat und der deshalb als „Kind verfassungsgerichtlicher Rechtsprechung" bezeichnet werden kann? Ich glaube, dass eine Norm aus dem Jahre 1877 für Smartphone-Daten dem Persönlichkeitsschutz heute nicht mehr gerecht wird.

Vielen Dank.

Vorsitzende:

Ganz, ganz herzlichen Dank. Jetzt möchte ich meinen Kollegen Deiters bitten.

Prof. Dr. Mark *Deiters*, Münster:

Ich will zunächst zu den Eingriffsvoraussetzungen etwas sagen. Wir haben hier eben ein sehr leidenschaftliches Plädoyer dafür gehört, dass wir bei den Kartell-Ordnungswidrigkeiten entsprechende Eingriffe nach wie vor zulassen. Da spricht praktisch auch einiges dafür. Zugleich ist in diesem Redebeitrag deutlich geworden, dass die Mitnahme des Geräts nicht wegen der Sicherstellung des Geräts erfolgt, sondern um den Zugriff auf die Kommunikation zu haben. Und damit ist eigentlich klar, dass wir es mit einem Eingriff zu tun haben, der zumindest mal in die Nähe der Telekommunikationsüberwachung gerät. Damit müssen wir, um systemgerecht zu handeln, uns Gedanken darüber machen, ob wir hier einen Straftatenkatalog brauchen oder wenigstens eine Resektion dahingehend, dass wir den Eingriff nur bei Straftaten von erheblicher Bedeutung zulassen. Das scheint nahezulegen, dass wir auch sagen: bei Ordnungswidrigkeiten darf diese Maßnahme nicht genutzt werden. Ich schlage allerdings vor, um die Diskussion vielleicht zu entlasten, dass wir hier keinen fundierten Gesetzesvorschlag machen. Vielleicht sollten wir das Problem der Ordnungswidrigkeiten schlicht ausklammern. Dem liegt folgende Überlegung zugrunde. Herr El-Gazhi hat geringe Verstöße vor Augen und dabei auch die vor 1975 entstandene Ordnungswidrigkeit. Zugleich scheint mir das Ordnungswidrigkeitenrecht möglicherweise noch eine andere Funktion zu haben, insbesondere im Bereich der Wirtschaft. Da hat das Strafrecht ohnehin Probleme. Diesen können wir hier nicht ausreichend nachgehen, das können wir hier nicht leisten. Wir müssen auch nicht jede einzelne Frage klären. Deswegen mein Vorschlag, von dieser These bei der Abstimmung abzusehen, aber trotzdem über den Straftatenkatalog zu entscheiden.

Mein zweiter Punkt betrifft die Älteren unter uns, zu denen ich selbst gehöre. Herr Dr. Diemer hat eben gesagt, vielleicht habe die jüngere Generation nicht so recht im Blick, dass es den § 160 Abs. 2 der Strafprozessordnung gibt. Das besondere Risiko meines Berufs ist, dass ich mit immer jüngeren Personen zu tun habe. Daher kann ich Ihnen versichern, dass auch die heutige Generation den § 160 Abs. 2 StPO „mit der Muttermilch aufsaugt“, weil das noch immer an deutschen Universitäten genauso gelehrt wird. Also, ich glaube, hier kann man den Jüngeren nichts vorwerfen. Ich glaube aber durchaus auch, dass die Jüngeren bei den technischen Möglichkeiten eine stärkere Sensibilität haben als wir Älteren. Ich bin immer wieder erstaunt darüber, wenn mir meine Töchter etwas darüber beibringen, was mein Handy so alles kann. Die wissen jetzt ganz genau, wo ich mich befinde, erstaunlicherweise wissen sie auch, wo sich mein Auto befindet, obwohl ich gerade selbst nicht so genau weiß, wo es steht. (Lachen)

Also, es ist wohl auch nicht bloß ein quantitatives Problem. Richtig ist, dass es immer um personenbezogene Daten geht. Es ist aber nicht nur die Menge dieser Daten. Hinzu kommen unsere heutigen technischen Möglichkeiten, diese auszuwerten. So schlägt die Quantität letztlich in eine andere Qualität um. Das ist ja auch der Grund dafür, dass das Bundesverfassungsgericht überhaupt dem Gedanken nähergetreten ist, so etwas wie ein IT-Grundrecht aus der Taufe zu heben. Schon seit 1983 haben wir in der Praxis des Strafprozessrechts mit dem Recht der informationellen Selbstbestimmung Probleme, weil wir mitunter gar keine Ermächtigungsgrundlage finden für das, was wir tun. Auch dieser Umstand hat das Bundesverfassungsgericht dazu gebracht, weiter zu spezifizieren. Wenn Sie glauben, es sei allein ein quantitatives Problem, dann ist das nicht richtig. Deswegen würde ich mich tatsächlich dafür stark machen, einen Straftatenkatalog zu schaffen entlang den Vorschlägen, die der Kollege El-Gazhi hier unterbreitet hat. Danke schön.

Vorsitzende:

Vielen Dank. Herr Kollege Kunze bitte.

Senior Counsel Klaus *Kunze*, Stuttgart:

Schönen guten Morgen, liebe Kolleginnen und Kollegen. Mein Name ist Klaus Kunze, ich war zehn Jahre Staatsanwalt im Bereich Wirtschaftskriminalität und bin jetzt Senior Counsel bei einem großen deutschen Automobilkonzern hier in Stuttgart. Wir sprechen hier unbestritten über Grundrechtseingriffe. Gestützt auf Vorschriften, die verfasst wurden, als es noch kein Smartphone gab, als es noch keine IT-Datenträger gab, als es noch nichts dergleichen gab. Herr Herb, ich bin Ihnen sehr dankbar, dieses Beispiel angeführt zu haben: wer hätte denn jemals Fotoalben mitgenommen, wenn eine Durchsuchung in Privaträumen stattgefunden hätte. Oder Verträge, die im privaten Bereich geschlossen wurden? Niemand. Heute haben wir das auf dem Handy. So, deswegen denke ich mir, ist es wichtig, dass wir uns von den bestehenden Normen lösen, Herr Hauschild. Dazu gleich ein paar Beispiele aus der Praxis, nicht aus der Dogmatik.

Außerdem reden wir hier üblicherweise in der Diskussion über § 81b StPO oder auch § 100a StPO; Normen, die gegen den Beschuldigten gerichtet sind. Hier handelt es sich ganz häufig aber auch um zentrale Grundrechtseingriffe bei Dritten. Jetzt spreche ich als Unternehmensvertreter. Das sind Dritte, deren Handys und deren Datenaufzeichnungen mitgenommen werden. Dann haben wir gehört, die Auswertungsmöglichkeiten der Behörden seien sowieso begrenzt. Deswegen schon bestehe ein vitales Eigeninteresse der Behörden, möglichst zielgerichtet kleine Datenmengen mitzunehmen. Ich kann Ihnen sagen: wir sprechen von Terabytes. Wissen Sie, wieviel das ist? Wenn Sie diese beschlagnahmten Terabytes auf CD-ROMs brennen würden und diese CD-ROMs nebeneinanderstellen, dann können Sie die Strecke zwischen Stuttgart und Karlsruhe auf der Autobahn damit pflastern. Diese Datenmengen werden gesichert. Werden die ausgewertet? Wer übernimmt die Auswertung? Ich sage nur: amerikanische Verhältnisse. Da lohnt sich, über eine Begrenzung zu sprechen, überdies, übrigens kein Einzelfall, wenn Daten über acht Jahre lang sichergestellt werden. Über acht Jahre! Liebe Kolleginnen und Kollegen, da dreht sich mir nicht nur der Magen als ehemaliger Staatsanwalt um, sondern natürlich auch als Unternehmensvertreter. Da müssen wir mal aufwachen. Das ist die Praxis. Ermittlungen zugunsten des Beschuldigten, Herr Dr. Diemer, habe ich noch nie erlebt. Sie sagen: Einzelfälle. Völlig klar, würde ich auch sagen in alter Profession, aber das kann es nicht sein. Ich werde empfangen mit den Worten: „Das kennen wir schon alles, was Sie hier anbringen“. Dann sage ich: „Können Sie nicht kennen, das ist unsere interne Untersuchung.“ Das nur dazu, um Ihnen en Gefühl aus der Praxis zu geben. Es läuft anders – und das ist einfach ein Thema, wo wir nicht die Augen verschließen dürfen. Wir sollten auch nochmal reden – Entschuldigung, ich will niemanden nerven und langweilen – über Daten, die bei Dritten sichergestellt wurden, etwa bei Mitarbeitern.

Ein weiterer Punkt, ich glaube Frau Dr. Roesen sprach es eben an: die Daten werden alle prima bezeichnet im Sicherstellungsprotokoll Teil B. Da steht dann drin: „5 Sticks, 3 Diskettenlaufwerke“. Das ist genau genug bezeichnet. Ich glaube, da haben Sie selber eine Meinung zu. Worauf will ich hinaus? Herr Herb, ich danke Ihnen nochmals für ihre Ausführung. Die unterstütze ich vollständig. Ich kann nur dafür plädieren, dass wir tatsächlich sagen, bei der Sichtung müssen neue Normen herangezogen werden. Die Staatsanwaltschaft, und das ist mein wirklich ungutes Gefühl, ist dabei einfach übergriffig. Ich hätte es früher nicht für möglich gehalten. Ich glaube in Berlin war das nicht möglich, jedenfalls nicht zur damaligen Zeit. Das ist meine Behauptung. Das ist wahrscheinlich heute alles anders. Ich würde an dieser Stelle auch dafür plädieren, nicht nur auf die Strafprozessordnung zu achten, sondern auch auf die RiStBV, dass hier vielleicht ähnliche Ergänzungen stattfinden. Ich habe noch einmal nachgeschaut.

Dazu steht im Prinzip gar nichts drin. Ein weiterer Punkt, der gehört nicht hierher, und das rege ich mal an für ein zukünftiges Thema – in aller Bescheidenheit –, ist die Sammlung und Beschlagnahme von Fahrzeugdaten, die generiert werden. Ein Riesenproblem – betrifft alle. Die Strafermittlungsbehörden, die Automobilhersteller, aber auch die Kunden, die Autonutzer, es ist vielfältig. Keine expliziten Regelungen. Damit schließe ich. Ich danke Ihnen für Ihre Aufmerksamkeit.

Vorsitzende:

Vielen Dank. Herr Kollege Killmer bitte.

Bundesanwalt Dieter *Killmer*, Karlsruhe:

Vielen Dank! Dieter Killmer, Bundesanwalt beim Bundesgerichtshof, zugleich Stellvertretender Vorsitzender des Deutschen Richterbundes. Wenn ich es mir hätte aussuchen können, wäre ich lieber nach Herrn Mansouri ans Podest getreten, weil ich mir da schon gedacht hab, ich kenne es eigentlich gar nicht, dass man als Staatsanwalt so viel warme Worte bekommt. Und dann habe ich mir erträumt, jetzt kriege ich das Wort. Sollte nicht so sein. Jetzt sollte ich dann doch wieder nach dem Staatsanwaltsbashing ein Stück weit, das hier stattgefunden hat, ans Podest treten. Aber das bin ich gewohnt und es soll ja auch ein offener Austausch sein. Das will ich gar nicht kritisieren.

Ich will Sie noch einmal ganz kurz abholen an der Diskussion, die wir gestern geführt haben im Zusammenhang mit der Grundrechtsbetroffenheit. Herr Professor Jahn hat dazu gestern finde ich sehr eindrücklich vorgetragen und hat eben ganz eindeutig dogmatisch angemahnt, zu differenzieren zwischen Grundrechtsbetroffenheit und der Intensität des Grundrechtseingriffs. Und er hat daraus eben gefolgert, aus seiner Sicht, und diese These will ich jetzt durchaus auch einmal kollegial mitvertreten, dass das IT-Grundrecht bei entsprechenden Beschlagnahmen, über die wir hier reden, betroffen ist. Und dieser Annahme möchte ich jetzt einmal für die Theorie folgen, obwohl es eben erhebliche Unterschiede gibt zu der Entscheidung, die dem IT-Grundrecht zugrunde lag. Ich will Sie nur noch einmal kurz in Erinnerung rufen. Wir haben ja keine längerfristige Überwachung, wir haben keinen Eingriff in Verschlüsselungstechnologie, wir haben keine Infiltration des Gerätes und wir haben keine Heimlichkeit. Und das ist eben in der Strafprozessordnung ein wesentlicher Unterschied. Das klang vorhin einmal ganz kurz an, die Frage, ob das den nennenswerten Unterschied macht. Die Strafprozessordnung differenziert dort sehr wohl zwischen heimlichen Eingriffen und offenen Eingriffen und dies auch mit gutem Grund, weil das eine Frage der Rechtsschutzmöglichkeit der Betroffenen ist, daher die Differenzierung. Herr Jahn sprach daraufhin gestern insbesondere die Frage an, und das tauchte auch in anderen Referaten gestern schon auf, die Frage der Wesentlichkeitstheorie. Also, welche wesentlichen Entscheidungen muss denn der Gesetzgeber treffen? Und ich warne davor, allein aufgrund der Grundrechtsbetroffenheit, die ich jetzt als These einmal teilen möchte, allein aufgrund der Grundrechtsbetroffenheit des IT-Grundrechts zu der Einschätzung zu gelangen, dass deswegen über §§ 94, 98 StPO hinausgehende Regelungen hier erforderlich sind. Ich möchte noch einmal deutlich erinnern, das habe ich gestern auch einmal schon getan, an die Parallele zur Durchsuchung, die sich aus meiner Sicht eher aufdrängt. Denn bei der Durchsuchung, da teile ich auch völlig die Einschätzung der Kollegin vom Bundeskartellamt, die Durchsuchung, die regelmäßig bereits die Sicherstellung von Handys entsprechend zum Gegenstand hat, das heißt, das kommt mitnichten ohne richterliche Entscheidung, sondern sie ist bereits Gegenstand der richterlichen Entscheidung in der absoluten Vielzahl der Fälle. Und die Durchsuchung hat eben gerade keine erhöhte Eingriffsschwelle in Form eines Straftatenkataloges. Wir haben auch keine Mindesteingriffsschwelle in Form von bestimmten Strafrahmen und wir haben auch insoweit keine besonderen Regelungen zum Zufallsfund. All das regeln wir über den Grundsatz der Verhältnismäßigkeit, der heute Morgen bereits hinlänglich thematisiert worden ist und im Übrigen auch über die zweite Ebene der Verwertbarkeit von erhobenen Beweismitteln. Das ist etwas, was in der Diskussion hier generell zu kurz kommt. Es ist ja mitnichten so, dass alle Beweise, die erhoben werden, später auch im Strafprozess Verwendung finden dürfen. Wenn wir jetzt also Regelungen schaffen, die zum Beispiel über die §§ 100a oder 100b StPO hinausgehen, das kam heute Morgen auch wieder zum Vortrag, dann kämen wir im Grunde genommen – das bisschen Dogmatik sei mir dann doch erlaubt, auch als Praktiker – dann kämen wir zu einem sich aufdrängenden Widerspruch zu den Durchsuchungsvorschriften, bei denen es ein solches Regelungsregime eben gerade nicht gibt. Das heißt, man dürfte durchsuchen, allerdings dürfte man nichts machen, sobald man dort ein Handy findet. Und das kann aus meiner Sicht nicht sein! Zumal Artikel 10 GG – Herr Professor Deiters, Sie sprachen vorhin die Nähe zu Artikel 10 GG an – da sehe ich dann doch noch den ganz eklatanten Unterschied: denn die Datenübermittlung ist eben nicht mehr im Gange und es wird nicht auf dem Weg zugegriffen, sondern wenn die Nachricht bereits beim Empfänger angekommen ist und dieser im Übrigen auch die Möglichkeit gehabt hätte, Daten entsprechend zu löschen. Hat er nicht getan.

Ich möchte noch auf einen Punkt ganz kurz eingehen, die völlig berechtigte Fragestellung, ich sehe mich hier jetzt mal als good cop, Herr Mansouri, Sie haben das so bezeichnet, oder good prosecutor, und ich möchte die Frage beantworten, warum sich denn auch ein good cop oder ein good prosecutor dagegen wehrt, entsprechende Neuregelungen hier zu akzeptieren oder diese vielleicht zu fordern oder zu fördern oder hinzunehmen. Und ich will dies nur ganz exemplarisch zu Gemüte führen, weil mehr Raum dafür hier nicht sein wird. Denn das eine ist, dass immer ganz erhebliche Strafbarkeitslücken drohen. Ich sage einmal: die gesetzgeberische Kreativität ist mitnichten kongruent mit der Kreativität, die das Leben dann im Alltäglichen, wenn es um Straftaten geht, widerspiegelt. Ich prophezeie also jetzt schon Strafverfolgungslücken. Es drängt sich auf im Bereich Kinderpornografie, es drängt sich auf im Bereich Terrorismus – was mein Spezialgebiet wiederum ist – und auch der ganze Aspekt von Hate-Speech zum Beispiel im vergangenen Jahr hat ganz erhebliche Probleme, aber auch Anerkennung und Verfolgungswürdigkeit entsprechend widerfahren. All das würde mit entsprechenden Katalogtaten, aus meiner Sicht jedenfalls, der drohenden Straffreiheit oder dem Verfolgungshindernis anheimfallen. Der zweite große Punkt neben Strafbarkeitslücken wäre tatsächlich die Frage der Dokumentation. Das klingt immer so herrlich! Machen wir doch eine Dokumentation, ich sage einmal aus der Praxis der Dokumentation, wenn es um Telekommunikationssachen geht, §§ 100a und b StPO. Ich möchte aus meinem Herzen keine Mördergrube machen, dass ich manchmal den Eindruck habe, Dokumentationspflichten sind erfunden worden, um der Staatsanwaltschaft die Ermittlungen tatsächlich zu erschweren. Es geht nicht darum, zu dokumentieren, vielmehr geht es auch darum, dass Kapazitäten gebunden werden, die an anderer Stelle viel dringender gebraucht werden. Also noch mehr Dokumentationsverpflichtungen braucht keine Staatsanwaltschaft. Und der dritte und letzte Punkt: ich fand auch dieses Bild gestern mit dem Handy total faszinierend, ein rhetorisch wirklich toller Kniff, den ich mir merken muss. Dieses Handy herauszuholen: sie haben ja auch selbst damit dokumentieren wollen, was von 2008 bis jetzt entsprechend an technologischem Fortschritt geschehen ist. Ich möchte mir kaum ausmalen, wenn der Gesetzgeber jetzt tätig würde und gerade im technischen oder technologischen/hochtechnologischen Bereich Regelungen zu schaffen versuchte, wie schnell die wiederum veraltet wären. Insoweit warne ich vor zu viel Regelung. Dies nicht unter dem Aspekt des liberalen Demokratieabbaus, sondern nur einfach davor, dass wir möglicherweise mit den altbewährten, zugegeben in Teilen auch offenen Vorschriften, bislang sehr gut gefahren sind und die sich vielleicht, und dann komm ich doch zum liberalen Gedanken zurück, als technologieoffen gezeigt haben, wie man es vielleicht im Bereich des Kraftstoffes nennen würde. Herzlichen Dank.

Vorsitzende:

Vielen Dank, Frau Kollegin Beddies bitte.

Leitende Oberstaatsanwältin Tomke *Beddies*, Waiblingen:

Danke schön. Vieles ist von meinem Vorredner gerade aus dem Bereich der Bundesanwaltschaft schon gesagt worden, ich möchte mich daher kurzfassen. Mein Name ist Tomke Beddies, ich leite das Cybercrime-Zentrum bei der Staatsanwaltschaft Karlsruhe. Es wird Sie daher nicht wundern, wenn ich die Diskussion dann noch ein weiteres Mal auf die Rolle der Staatsanwaltschaft im Ermittlungsverfahren lenken möchte. Die Staatsanwaltschaft ist ein dem Gericht gleichgestelltes Organ der Rechtspflege. Sie ist nicht Partei im Strafprozess und sie hat nicht nur belastende, sondern auch entlastende Umstände zu ermitteln. Sie trägt die Verantwortung für die Rechtmäßigkeit, aber auch für die Gründlichkeit und für die schnelle Durchführung des Ermittlungsverfahrens. Der Staatsanwaltschaft wird daher von der verfassungsgerichtlichen Rechtsprechung die Rolle eines Wächters zugeschrieben. Ich habe vereinzelt in der Diskussion ein gewisses Misstrauen gegenüber staatsanwaltschaftlicher Arbeit gemeint gespürt zu haben und möchte deshalb nur noch einmal betonen, dass ich keinen Staatsanwalt kenne, der diese dargestellten Grundsätze nicht ernst nimmt. Und wenn Handys, wie es hier in der Diskussion schon hieß, durchforstet werden, dann geschieht das nicht auf der Suche nach Zufallsfunden sondern nach Be- und Entlastendem. Es wird Sie nicht wundern, dass ich, wenn ich dies vor Augen habe, einen Richtervorbehalt speziell für die Anordnung der Durchsicht der Daten für nicht geboten halte. Ich beziehe mich insoweit auf die Ziffer 5 der vorläufigen Beschlussvorlage. In der Praxis, auch das ist schon angesprochen worden, ist ohnehin in der Regel die Sicherstellung zum Zwecke der Durchsicht angeordnet. Und ich sehe auch keinen Bedarf für eine Anhebung der Anordnungsvoraussetzungen. Im Gegenteil! Bei einer Anhebung der Anordnungsvoraussetzungen sehe ich die Gefahr, dass die Effektivität der Strafverfolgung beeinträchtigt wird. Ich sehe auch die Gefahr, dass eine Hemmung des Vollzugs bei Anträgen nach § 98 Absatz 2 Satz 2 StPO eben diese Effektivität der Strafverfolgung beeinträchtigt. Ich erinnere hier nur an das Beschleunigungsgebot. Gestatten Sie mir jetzt noch eine kleine Nachfrage zum Beschlussvorschlag Ziffer 13. Die Praxis unterscheidet zwischen der Aufbereitung und der Auswertung von Daten. Beides wird auch dokumentiert. Ist mit Ziffer 13 gemeint, dass Aufbereitung und Auswertung dokumentiert werden oder ist gemeint, dass ein Protokoll über die Durchsicht einer jeden Datei zu erstellen ist? Das macht einen entscheidenden Unterschied. Danke.

Vorsitzende:

Vielen Dank, Herr Kollege Piechaczek bitte.

Staatsanwalt Dr. Oliver *Piechaczek*, Hanau:

Mein Name ist Dr. Oliver Piechaczek, ich bin Staatsanwalt in Hanau und Mitglied des Präsidiums des Deutschen Richterbundes und um im Bild zu bleiben, Herr Killmer hat das gerade ja schon korrigiert: good prosecutor und nicht good cop, um das mal klarzustellen.

Zunächst einmal möchte ich noch einige Gesichtspunkte zum Thema Eingriffstiefe zur Diskussion beitragen. Herr El-Ghazi hat sich dazu in seinem Gutachten ausführlich verhalten, Herr Jahn hat sich gestern in seinem Redebeitrag dazu geäußert. Methodisch rekurrieren beide auf eine Entscheidung des Bundesverfassungsgerichts aus dem Jahr 2008 und die überschaubare Datenmenge, die damals auf Smartphones speicherbar war. Aus dem Umstand, dass diese Datenmenge nunmehr um ein Vielfaches größer ist, ziehen beide den Schluss, dass der Eingriff im Falle einer Sicherstellung zwingend intensiver ist und dass deswegen auch deutlich höhere Anforderungen an die Rechtfertigung von Eingriffen zu stellen sind. Und genau aus diesem Grunde und unter Berücksichtigung der Wesentlichkeitstheorie müsse der Gesetzgeber tätig werden. Auf mich wirkten die Ausführungen der von mir angesprochenen Vorredner gar so, als sei die gesetzgeberische Einschätzungsprärogative gewissermaßen – um es salopp zu formulieren – auf 0,5 reduziert. Meiner Meinung nach macht man es sich mit so einer Sichtweise zu einfach und ich bezweifle, dass das Bundesverfassungsgericht einer solchen Argumentation beitreten würde. Denn – erstens – ist es ja nicht nur so, dass wir mittlerweile mehr Daten auf unseren Mobiltelefonen gespeichert haben. Vielmehr hat sich auch das Nutzungsverhalten vollständig verändert. Ich kann von einer großen Eingriffstiefe nicht per se sprechen, wenn ich Daten in WhatsApp-Gruppen mit 20 Leuten teile. Das ist für mich ein Schritt in Richtung Sozialsphäre und weg von der Intimsphäre. In Teilen wurde in den Redebeiträgen der Eindruck erweckt, dass bei der Auswertung eines Mobiltelefons stets und weit überwiegend die Intimsphäre betroffen sei und man es mit einer gänzlichen Ausforschung der Person zu tun habe. Eine solche Sichtweise bildet meines Erachtens die Realität nicht ab. Ein zweiter Punkt, der meine Sichtweise als Vertreter eines staatlichen Organs widerspiegelt: Ich habe mehr Sorge davor, dass meine persönlichen Daten massenhaft Privaten anvertraut werden als vor dem Staat als vermeintlichem Datensammler. Mir kommt das in manchen Redebeiträgen janusköpfig vor. Es sind private Anbieter, denen wir die Daten überlassen und die uns als Gegenleistung dafür intensiv ausforschen. Teilweise gibt Google einem an bestimmten Orten bestimmte Suchanfragen, die wir tatsächlich gerade eingeben wollen, bereits vor; etwa dann, wenn ich mich – wie gerade jetzt – in Stuttgart auf dem Deutschen Juristentag aufhalte. Private erheben deutlich mehr Daten als es der Staat tut. All dies zeigt: Das Bundesverfassungsgericht dürfte die Maßstäbe, die es im Jahr 2008 aufgestellt hat, nicht 1:1 auf die heutige Zeit übertragen. Wir sollten das daher auch nicht tun. Das Bundesverfassungsgericht dürfte auch – das ist ein dritter Gesichtspunkt – in den Blick nehmen, dass Nutzer zunehmend Backups anlegen und sie im Falle der Sicherstellung ihres Smartphones daher nicht komplett von der Welt abgekoppelt sind, sondern nach dem Erwerb eines neuen Geräts wieder in das virtuelle Leben zurückkehren können. Laut einer Erhebung von Bitkom sichern immerhin schon ein Drittel der Nutzer ihre Mobiltelefone mit Backups. Diese Zahl wird perspektivisch sicher zunehmen. Das Bundesverfassungsgericht würde zudem – viertens – die zunehmende Bedeutung von Smartphones für die Strafverfolgung berücksichtigen. Zu einem funktionierenden Rechtsstaat gehört neben dem Schutz von Grundrechten auch eine effektive Strafverfolgung. In den Reden zur Eröffnung des Deutschen Juristentags wurde sehr viel über die Bedrohungen für unseren Rechtsstaat gesprochen. In Zeiten wie diesen ist eine effektive Strafverfolgung zum Schutz des demokratischen Diskurses von besonderer Bedeutung. Die Auswertung von Smartphones und ganz grundsätzlich von elektronischen Devices ist ein besonders wertvolles Beweismittel, um Strafverfolgung in bestimmten Deliktsfeldern überhaupt erst zu ermöglichen. Und diese Geräte sind – das darf nicht vergessen werden – sehr häufig Tatmittel, die von Strafverfolgungsbehörden einzuziehen sind. Dieser Gedanke leitet über zu der Frage, ob ein abschließender Katalog von Delikten festgelegt werden sollte, bei denen die Auswertung von Smartphones und PCs zulässig sein sollte. Zwei Aspekte sind mir in diesem Zusammenhang besonders wichtig. Wir haben in den letzten Jahren, wie ich finde, ganz erstaunliche Fortschritte bei der Ausweitung des Stalking-Straftatbestands gemacht. Bei Ihrem Vorschlag, Herr El-Ghazi, wäre die Nachstellung ausgeklammert und das kann nicht wirklich im Sinne des Gesetzgebers sein. Ich kann diesen Straftatbestand nicht einerseits ausweiten, gerade auch um das Cyber-Stalking, und es strafprozessual erleichtern, Beschuldigte wegen Nachstellung in Untersuchungshaft nehmen zu können und dann einige Jahre später andererseits die Verfolgung massiv erschweren. § 238 StGB ist ein wichtiger Straftatbestand. Darüber hinaus möchte ich für Deliktsfelder wie Hate Speech und das Erstellen von Deepfakes sensibilisieren. Deepfakes sind zum Beispiel ein Thema, das den Gesetzgeber in der nächsten Zeit sicherlich beschäftigen wird. Sollte der Gesetzgeber hier einen Straftatbestand schaffen, dürfte dieser sicherlich im Bereich des Computerstrafrechts angesiedelt werden, wobei ein Strafrahmen von Geldstrafe oder Freiheitsstrafe bis zu zwei oder drei Jahren realistisch sein dürfte. Folgte man dem Vorschlag des Gutachtens von Herrn El-Ghazi, dürfte auch in diesem Deliktsfeld Strafverfolgung realistischerweise kaum möglich sein.

Abschließend möchte ich noch zwei weitere Themen ansprechen: zum einen das Anwesenheitsrecht der Verteidigung, zum anderen die angestrebten Dokumentationspflichten. Das Anwesenheitsrecht der Verteidigung bei Ermittlungsmaßnahmen ist in der StPO nicht als Regelfall vorgesehen. Mir leuchtet Frau Pinars Forderung vom gestrigen Tage nicht ein. Es gibt keinen sachlichen Grund, weswegen wir ausgerechnet bei der Auswertung von Datenträgern eine solche Ausnahme von der Regel der Abwesenheit der Verteidigung bei Ermittlungsmaßnahmen machen sollten. Das möchte ich an zwei Beispielen verdeutlichen. Bislang habe ich bei Ermittlungen in Kapitaldelikten stets alleine der Leichenöffnung beigewohnt. Mir ist kein Fall bekannt, in dem die Verteidigung bei der Obduktion vor Ort war oder die Anwesenheit gewünscht hätte. Es ist auch kaum denkbar, die Tätigkeit eines Rechtsmediziners bei der Leichenöffnung zu überwachen und ihn etwa dazu anzuhalten, das Skalpell an einer anderen Stelle anzusetzen. Juristen können diese Tätigkeit in der Regel nicht valide beurteilen. Deswegen stelle ich mir die Frage: Was möchte ein Verteidiger/ eine Verteidigerin denn mit der Anwesenheit erreichen? Was möchte man erreichen, wenn man sich jeden einzelnen Schritt der Auswertung erklären lässt? Die IT-Forensiker sind bereits jetzt mit der Auswertung riesiger Datenmengen komplett überlastet. Wenn dann noch die Notwendigkeit der Terminabstimmung mit der Verteidigung bestünde, ist das schlicht nicht darstellbar. Es wäre ein immenser Aufwand, ohne dass dem ein werthaltiger Vorteil gegenüberstünde. Genauso wenig ist die Verteidigung – um ein weiteres Praxisbeispiel zu nennen – bei den Landeskriminalämtern und beim Bundeskriminalamt anwesend, wenn Proben befühlt werden und dann die DNA-Analyse durchgeführt wird. Mir leuchtet daher die hier erhobene Forderung schlicht nicht ein und ich halte das nicht für praktikabel; insofern sehe ich da auch keinen Regelungsbedarf. Was die Dokumentationspflichten anbelangt, möchte ich den Blick auf den Zuständigkeitsbereich der Generalstaatsanwaltschaft Frankfurt am Main wenden. In einer dort eingerichteten Arbeitsgruppe wurden gewissermaßen best practice rules für die Auswertung von Datenträgern und die Tätigkeit von IT-Sachverständigen erstellt. Im dortigen Bereich wird kein Sachverständiger/IT-Forensiker tätig, der nicht eine intensive Überprüfung durchlaufen hat. Es gibt dort hohe Anforderungen an die Gebäudesicherheit. Die Personen, die in dem jeweiligen Unternehmen tätig sind, müssen sicherheitsüberprüft werden. Die Integrität der Datenträger wird sichergestellt, indem die IT-Forensiker nur mit Schreibschutz auswerten dürfen. Wir haben in diesem Bereich also bereits jetzt eine sehr große Regelungsdichte. Und selbst wenn es zu Fehlern bei der Auswertung kommt, dann wird auch das natürlich sauber dokumentiert und kann während der Hauptverhandlung intensiv hinterfragt werden mit gegebenenfalls entsprechenden Folgen für die Verwertbarkeit in der Hauptverhandlung. Herr Killmer hat zudem zutreffend darauf hingewiesen, dass der Gesetzgeber bei der Regelung der geforderten Dokumentationspflichten dauerhaft hinterherhinken dürfte. Bei der Vielzahl neuer Applikationen und neuer Devices ist eine Gesetzgebung auf dem jeweiligen Stand der Technik nicht möglich. Wir würden hier ein bürokratisches Monster erschaffen. Das kann nicht der Weisheit letzter Schluss sein. Vielen Dank!

Vorsitzende:

Unser Gutachter hat nochmals um das Wort gebeten.

Gutachter:

Ganz kurz. Ich muss hier einen Punkt klarstellen. Ich bin in ganz vielen Punkten bei meinen beiden Vorrednern. Natürlich müssen wir die Rechtfertigungsparameter, die das Bundesverfassungsgericht 2008 entwickelt hat, nicht auf die Beschlagnahme übertragen. Auch ich lehne einen entsprechenden Vorschlag aus der Literatur ab, die uns bekannten Kataloge auch für die Beschlagnahme von Smartphones zu übernehmen. Ich möchte unten ansetzen. Zumindest für leichte Straftaten soll die Maßnahme nicht mehr in Betracht kommen. Deswegen bin ich nicht einverstanden, wenn in Bezug auf meinen Vorschlag von Katalogstraftaten die Rede ist.

Ein weiterer Punkt: Mit ihren Beispielen malen Sie den Teufel an die Wand und beschreiben falsche Schreckensszenarien. Sie berufen sich immer auf mögliche Eingriffslücken im Bereich von Terrorismusstraftaten und Kinderpornografie. Wenn Sie meinen Vorschlag zugrunde legen, werden in diesen Bereichen keine Lücken auftreten. Ich meine, der Vorschlag verschafft Ihnen vielleicht sogar mehr Zeit, um sich auf die wirklich schweren Straftaten fokussieren zu können.

Darüber hinaus haben Sie auch Cyberstalking angesprochen. Ich habe einen Vorschlag unterbreitet, der den Vorgaben der Cybercrime-Konvention gerecht wird. Das heißt, bei Cyberstraftaten bleibt die Beschlagnahme stets statthaft, unabhängig davon, wie schwer oder leicht die Tat wiegt. Wir haben gestern vom Kollegen Hauschild gehört, der Begriff Cyberstraftat sei zu unbestimmt. Ich habe mich bei meinem Vorschlag an § 100g Abs. 1 StPO orientiert. Der Begriff ist heute schon gesetzliche Realität. Danke!

Vorsitzende:

Vielen Dank! Frau Kollegin Pinar bitte.

Rechtsanwältin Gül *Pinar*, Hamburg:

Ich bin eben angesprochen worden zum Anwesenheitsrecht. Was will ich damit erreichen? Ich möchte verhindern, dass die Durchsicht spontan erfolgt. Das ist mein Hauptziel. Wenn man auf der Straße angehalten wird und noch nicht klar ist, ob mit diesem Telefon irgendetwas erreicht werden kann und ob mit einem Telefon eine Straftat begangen ist, ob man damit irgendetwas aufklären kann, soll man nicht erst mal durchsehen. Das war, was ich gestern gesagt habe. Erstmal das Telefon vor's Gesicht halten und einmal durchscrollen: das will ich verhindern. Wenn in solchen Fällen zunächst beim Anwalt angerufen werden müsste, dann müsste die Polizei zumindest Gefahr in Verzug begründen können. Und das will ich erreichen. Natürlich ist das ein zweischneidiges Schwert. Das weiß ich. Wenn ich ein Anwesenheitsrecht habe und es nicht ausübe, wird mir später vorgehalten werden, warum ich nicht da war. Wenn ich dann da wäre, dann ist das anders als beim Arzt. Dem kann und werde ich nicht sagen, wie er das Skalpell halten soll. Aber ich könnte bei der Datenauswertung fragen, was Sie eigentlich erreichen wollen.

Dann schauen wir uns die Zeiträume an: was guckt ihr euch an, was nicht? Wenn es zum Beispiel um Kokain geht, gucken wir uns dann die Fotos an? Welche Suchparameter geben wir ein? Alles, was mit Drogen zu tun hat? Alles, was mit Geld zu tun hat? Auch „Geldzählmaschine"? Sehen wir beispielsweise auch Gesichter von anderen Personen? Ich brauche keine Sexfotos von dem Beschuldigten. Oder? Ich verbringe im Moment seit drei Monaten in einer Hauptverhandlung Zeit damit, dass wir Fotos aussortieren, die zum Kernbereich gehören; das würde ich verhindern, wenn ich bei der Auswertung daneben säße. Ich würde möglicherweise auch verstehen, wie die Auswertung läuft. Im Moment kriege ich zum Teil Rohdaten und die Auswerteprogramme; dann sitze ich davor und frage mich, was ich damit anfangen soll. Möglicherweise könnte ich Informationen aneinanderreihen, die mir hilfreich sein könnten bei der eigenen Arbeit.

Und ganz zuletzt: ich weiß nicht, ob ein Straftatenkatalog tatsächlich sinnvoll wäre, deswegen habe ich dafür plädiert, Anordnungsleitlinien aufzustellen. Ich möchte, dass bei der Anordnung z.B. einer Durchsuchung gesagt wird: wir schauen auf dieses und jenes. Das würde tatsächlich die Gefahr beseitigen, dass die Technik fortschreitet und wir deswegen das Gesetz immer anpassen müssen. Wir müssen ja nicht sagen: Guckt euch nur WhatsApp an, Signal und Telegram dürft Ihr nicht! Sondern man muss einfach dezidiert sagen können: Wir wollen die Kommunikation zwischen diesen Personen zu dem und dem Thema – alles andere interessiert uns nicht.

Vorsitzende:

Vielen Dank. Ich würde für diesen Diskussionsslot jetzt noch eine letzte Wortmeldung nehmen. Wir machen dann eine halbe Stunde Pause und setzen danach fort. Es gibt dann wieder Platz für weitere Wortmeldungen. Jetzt bitte Herr Kollege Stadler.

Vors. Richter am LG Dr. Andreas *Stadler*, Leipzig:

Schönen guten Tag liebe Kolleginnen und Kollegen, mein Name ist Andreas Stadler, ich bin Vorsitzender Richter einer großen Strafkammer am Landgericht Leipzig, zugleich Mitglied des Präsidiums des Deutschen Richterbundes, spreche hier aber ausdrücklich nur für mich selbst. Wenn ich Revue passieren lasse, was wir bisher gehört haben, dann war heute früh ganz beeindruckend der kriminologische Punkt von einem Kollegen, nämlich die Frage nach dem Rechtstatsächlichen, und die kam – so habe ich es zumindest verstanden – zu dem Zwischenergebnis: Wir können vom Rechtstatsächlichen im Moment nicht sagen, ob das hier zu lösende Problem überhaupt ein solches ist, weil wir keine Daten darüber haben. Und wir haben außerdem von verschiedenen Kollegen gehört, dass sie gar nicht so schlimm sind, wie andere meinen, dass sie es seien. Und wir haben Einzelfälle gehört von Kollegen, die sagen: „Ihr seid noch viel schlimmer, als wir alle zusammen glauben".

Im Großen und Ganzen würde ich aber trotzdem die Frage, die die Arbeitsgruppe im Moment zu beantworten hat und die da oben steht – „Sind die Rechte angemessen geschützt?" – an sich mit „ja" beantworten, schon alleine deshalb, weil es relativ schwierig ist, überhaupt die Fälle zu finden, in denen man mit Berechtigung sagen kann, dass die Persönlichkeitsrechte nicht angemessen geschützt gewesen wären. Wenn der Kollege eines großen bekannten Stuttgarter Automobilkonzerns auf die Daten seines Unternehmens als eines Dritten im Verfahren verweist, nehme ich das zur Kenntnis, das sind aber keine Persönlichkeitsrechte. Das sind andere. Das sind Geschäftsgeheimnisse. Das ist das Recht am eingerichteten und ausgeübten Gewerbebetrieb. Dort muss der Schutzmechanismus anders laufen und er muss uns jetzt hier nicht unbedingt beschäftigen. Im Übrigen glaube ich, und ich möchte eine Lanze für den Gesetzgeber aus den 1870er Jahren brechen, mit den Instrumentarien, die er uns an die Hand gegeben hat, kann man vergleichsweise vernünftig arbeiten und kann eben auch die Persönlichkeitsinteressen tatsächlich schützen, denn spätestens seit dem Inkrafttreten des Grundgesetzes wissen wir, dass Eingriffe des Staates in die Grundrechte verhältnismäßig sein müssen. Wenn es hier pauschal häufig geheißen hat, hier sitzen ja nur die good prosecutors und good cops, die bad cops und die bad prosecutors sind nicht da, dann muss ich sagen, auch für die gilt der Verhältnismäßigkeitsgrundsatz. Auch sie unterliegen einer Rechtsmäßigkeitskontrolle. Insofern sind den Befürchtungen, die Viele zurecht oder abstrakt zurecht äußern, dass das Leben komplett durchforstet wird, dass Informationen zusammengesammelt werden, die man gar nicht bräuchte, dass Entlastendes weggelassen wird, diesen Befürchtungen kann man im Grunde damit entgegentreten, dass es diesen Verhältnismäßigkeitsgrundsatz gibt. Er ist justiziabel und der wird angewandt. Dieser Grundsatz und seine Folgen sind es ja, die uns hier umtreiben bei der Frage, was muss auf der Tatbestandsebene noch weiter ausziseliert werden. Wir stehen vor der These, man müsse Straftatenkataloge benennen, man müsse sich auf schwerere Straftaten konzentrieren. Dabei haben wir aber bereits erkannt, dass es auch um Beleidigungen im Internet, um Hate-Speech und ähnliches geht. Rufen wir uns in Erinnerung, dass die Beleidigung eine der geringsten Straftaten nach dem Strafgesetzbuch ist. Wenn man noch tiefer will, wo soll man dann eine Grenze ziehen, die die Bezeichnung Grenze verdient? Die Kollegin vom Bundeskartellamt hat uns nachvollziehbar geschildert, dass es Ordnungswidrigkeiten gibt, die man anders als durch Datenauswertung gar nicht nachweisen kann und durch Kommunikationsauswertungen. Ich glaube, wenn wir alle länger genug darüber nachdenken, werden wir noch eine ganze Menge andere Punkte finden, für die man das genauso sagen kann. Wo ich selber mitgefühlt habe, ist die Frage – auch da kommen wir zurück zum Gesetzgeber von damals – der Daten auf den Handys. Im Grunde ist das Handy doch nicht das Interessante. Auch der Laptop ist nicht das Interessante, wenn das weg ist, holt man sich das nächste, und man wollte sowieso in zwei Monaten sich ein Gerät einer neueren Generation besorgen. Insofern kann man das Nützliche mit dem Angenehmen verbinden, aber das Wichtige sind doch die Daten. Das Wichtige sind die Daten, die nicht verfahrensrelevant sind, die man zurückhaben möchte, sofern sie denn exklusiv auf den Datenträgern sind, und von denen man auch möchte, dass sie kein anderer durchsucht. Da bin ich – jetzt als Person, nicht als Verbandsvertreter – sehr dafür, etwas zu regeln. Wenn man etwas regelt, dann dass Gegenstände, die nicht für den Tatnachweis benötigt werden, unverzüglich zurückzugeben sind. Das steht jetzt auch schon in der Strafprozessordnung: Die Beschlagnahme ist aufzuheben von beschlagnahmten Gegenständen, die für das Verfahren nicht relevant sind. Das kann man auf Daten genauso anwenden. Das wäre etwas, was ich gegebenenfalls für sinnvoll hielte.

Bei allem bin ich bei meinen Kollegen vom Richterbund, die, und das kann ich aus eigener Praxis sagen, natürlich vor Schwierigkeiten stehen. Wenn man in Betäubungsmitteldelikten Tatnachweise führt, sich einen festen Katalog von sinnvollen Schlagworten einfallen zu lassen, nach denen man die Datenträger durchsucht, ist in einem Kriminalitätsbereich wo mit Geheimcodes, Abkürzungen u. ä. gearbeitet wird, schwierig bis unmöglich. Für alles andere gilt natürlich, dass nicht zu durchsuchen ist, was offensichtlich nicht dazugehört. Eine Kollegin meinte, man müsse doch sicherstellen, dass die Daten bei der Stelle, die durchsucht, bleiben, also der Stelle, die die Auswertung macht und praktisch dort gar nicht rausgehen. Aus meiner Sicht entspricht das den tatsächlichen Verhältnissen. Ich kenne genügend Akten, in denen lediglich Auswertevermerke zur Akte gelangt sind, dass sich auf dem Handy keine tatrelevanten Daten befinden, obwohl das ganze Handy auszuwerten war. Also es kommt nicht zwingend das Bild der Schwiegermutter in die Akte, wenn es dort nicht hingehört.

Vorsitzende:

Vielen Dank! Ich darf jetzt die verdiente Pause einläuten für eine halbe Stunde. Wir werden dann um 12:00 Uhr mit der Diskussion fortsetzen. Danke schön.

Fortsetzung der Diskussion

am 26. September 2024 mittags
(anwesend etwa 87 Teilnehmerinnen und Teilnehmer)

Vorsitzende:

Liebe Kollegen und Kolleginnen, ganz herzlich willkommen, entschuldigen Sie die sachte Verspätung, wir setzen aber jetzt ohne weitere Verzögerung fort. Nächster Redner ist Herr Ignor.

Rechtsanwalt Prof. Dr. Dr. Alexander *Ignor*, Berlin:

Vielen Dank. Ich habe mich gestern versehentlich nicht vorgestellt. Alexander Ignor ist mein Name, ich bin Rechtsanwalt in Berlin und außerplanmäßiger Professor an der dortigen Humboldt-Universität für Strafrecht und Strafprozessrecht.

Ich möchte einen Vorschlag zum Ordnungswidrigkeitenrecht machen im Hinblick auf den Beitrag der Mitarbeiterin aus dem Bundeskartellamt. Der Umstand, dass Verstöße gegen das Kartellrecht nicht im Strafrecht geregelt, sondern Gegenstand des Ordnungswidrigkeitenrechts sind, hat meines Wissens politische Gründe. Damit wurde seinerzeit Forderungen der Wirtschaftsverbände entsprochen. Er lässt sich aber auch dogmatisch damit begründen, dass es sich bei der Integrität des Wettbewerbs nicht um ein klassisches Rechtsgut handelt wie bei Leib und Leben oder dem Eigentum, sondern um einen Bestandteil der Wirtschaftsordnung. Dass für die Verfolgung von Verletzungen dieses wichtigen Gemeinschaftsanliegens auch Zwangsmittel wie die Durchsuchung und die Beschlagnahme benötigt werden, leuchtet ein. Deshalb der Vorschlag, hierfür im Ordnungswidrigkeitenrecht spezielle Regelungen zu schaffen, denen ein pauschales Verbot der Sicherstellung von Datenträgern bei Ordnungswidrigkeiten im Übrigen nicht entgegenstünde. Die speziellen Regelungen könnten auch für weitere Bereiche des Ordnungswidrigkeitenrechts gelten, etwa das Arzneimittelrecht oder Außenwirtschaftsrecht. Zusätzlich könnte im Ordnungswidrigkeitenrecht differenziert werden nach der Art der zu durchsuchenden Geräte, insbesondere danach, ob es sich um Dienstgeräte oder private Geräte handelt. In Unternehmen werden Mitarbeiter häufig, wenn nicht regelmäßig, mit Diensthandys und -laptops ausgestattet.

Vorsitzende:

Vielen herzlichen Dank. Herr Kollege Diemer bitte.

Bundesanwalt a.D. Dr. Herbert *Diemer*, Weingarten (Baden):

Meine Damen und Herren, es ist völlig klar: Durchsuchung ist einer der schwersten Eingriffe in die persönlichen Grundrechte. Das ist überhaupt keine Frage, und ich bin davon ausgegangen, dass wir da alle einig sind, dass auch die Durchsuchung, egal ob heimlich oder offen, strikter Regelung bedarf. Aber ich bin auch der Meinung, dass die Regelungen bereits existieren und dass diese ausreichen. Frau Kollegin Roesen vom Bundeskartellamt bin ich sehr dankbar für ihren Beitrag. Sie hat an einer konkreten Maßnahme aufgezeigt, welchen Regelungen eine Durchsuchung, Sicherstellung, Auswertung und Rückgabe von Datenträgern zwingend unterliegt, und die sind, meine ich, schon sehr stringent. Hinzu kommt: Die Durchsuchung steht sehr häufig am Anfang eines Ermittlungsverfahrens. Da haben Sie oft nur einen Anfangsverdacht im Sinne des Bundesverfassungsgerichts, also sehr dünne Hinweise auf eine mögliche Straftat, und immer wieder haben Sie auch Fälle, in denen die Durchsuchung das einzige Mittel ist, um den Beschuldigten zu entlasten. Denn Sie haben als Staatsanwalt von Rechts wegen auch zugunsten des Beschuldigten zu ermitteln. Herr Kunze, wenn dies bei ihnen noch nicht vorgekommen ist, dann mag das sein, aber es gibt solche Situationen. Dann stehen Sie da und müssen durchsuchen, um zu wissen, ob sich der Tatverdacht erhärtet oder nicht, und das ist gar nicht mal so selten wie man denkt. Und jetzt herzugehen, und – Herr Deiters, ich schätze Ihre Meinung sehr und zitiere Sie auch in meinen Kommentierungen – einen Straftatenkatalog für Durchsuchungen zu normieren, halte ich für abwegig. Ich halte nämlich Kataloge in der Anfangsphase eines Ermittlungsverfahrens einfach für schädlich, für eine effektive Strafrechtspflege sowohl im Interesse der Gesellschaft als auch im Interesse eines Beschuldigten. Es ist hier bereits gesagt worden, dass man bei Katalogen oft auch danebenliegen kann. Bei der Vielfalt des Lebens lassen sich für diese wichtige Anfangsphase eines Ermittlungsverfahrens die konkreten Tatsachen niemals vollständig vorhersehen. Das Entscheidende ist, dass man die Verhältnismäßigkeit im Sinne der höchstrichterlichen Rechtsprechung berücksichtigt. Diese kommt in den bisherigen Gesetzen zum Ausdruck. Die bisherige Diskussion hat mich aber auch in gewisser Weise belehrt. Ich bin zwar nach wie vor der Auffassung, dass neue Regelungen nicht nötig sind, würde diese Aussage aber auf „neue Regelungen für die Voraussetzungen einer Durchsuchung“ beschränken, denn: der materielle Eingriffsgehalt in das Persönlichkeitsrecht bei einer Durchsuchung hat sich im Laufe der Zeit nicht grundsätzlich geändert. Die Möglichkeiten der Datenspeicherung durch moderne Technik eröffnen aber die Möglichkeit der Speicherung massenhafter Daten in einer Qualität, die vom historischen Gesetzgeber nicht vorhergesehen werden konnte. Deshalb könnte es sich durchaus anbieten, und das macht der Gesetzgeber ja auch dogmatisch an anderen Stellen, bestimmte Grundsätze, die im Geist der vorhandenen gesetzlichen Regelungen und der Rechtsprechung schon zum Ausdruck kommen, noch einmal gesetzlich ausdrücklich auszusprechen, gewissermaßen deklaratorisch, oder wie Sie es gesagt haben, Frau Pinar, als gesetzliche Leitlinien. Damit würde der Gesetzgeber die Bedeutung, die er diesen Grundsätzen zumisst, eindeutig und unumgehbar ausdrücken. Denkbar wäre für mich somit eine zusätzliche gesetzliche Regelung, gesetzestechnisch durchaus innerhalb von § 110 StPO, die etwa so lauten könnte: „Die Durchsuchung und die Sicherstellung dürfen nicht außer Verhältnis stehen zu Art und Schwere der Tat". Das wäre der eine Punkt, und der andere wäre: „Bei der Art und Weise der Sicherstellung, sowie der Auswertung und der Rückgabe der Datenträger müssen die Belange des Betroffenen neben den Belangen der Strafrechtspflege in angemessenem Verhältnis berücksichtigt werden". Dieser letztgenannte Gesichtspunkt würde der teilweise existenziellen Bedeutung digitaler Informationstechnik in vielen Berufsleben Rechnung tragen. Vielen Dank!

Vorsitzende:

Sie können uns den Vorschlag gerne ausformuliert übergeben. Danke vielmals.

Frau Kollegin Bachmann bitte.

Richterin Nicou *Bachmann*, Freiburg i. Br.:

Aus dem Stichwort Verhältnismäßigkeit, was ich auf dem Zettel angegeben habe, ist noch mehr geworden. Ich versuche trotzdem, mich einigermaßen kurz zu halten.

Der erste Punkt ist: Strafverfolgung ist auch ein Schutz der Grundrechte insofern, als der von einer Straftat Betroffene zu schützen ist.

Der zweite Punkt: Wenn man eine Gesetzesänderung will, dann muss diese auch notwendig sein, und sie muss durchdacht sein. Zu dem heutigen Thema, was wir haben, oder zu unserem ganzen Thema, da fehlen mir doch noch Informationen darüber, was technisch derzeit möglich ist und wie es gehandhabt wird, deswegen hatte ich die Idee gehabt, dass man einen Fachmann vom LKA hätte referieren lassen können, 15 Minuten stringent über das, was möglich ist. Frau

Dr. Roesen hat vorhin dann für mich ganz toll und sehr detailliert und sorgfältig aufgelistet, wie die Arbeit beim Bundeskartellamt ist, und außerdem ist auch unsere Spezialistin der Cyberkriminalität anwesend. Ich sehe folgende Probleme bei einer gesetzlichen Regelung, wenn man die Verhältnismäßigkeit ausdrücklich erwähnt in diesem Zusammenhang: Es ist eine Selbstverständlichkeit meines Erachtens nach, und sie gilt auch für alle anderen Bereiche, und möglicherweise würde dann jemand den Umkehrschluss ziehen und sagen, ach, die anderen Durchsuchungen müssen dann nicht verhältnismäßig sein, da muss nicht der Verhältnismäßigkeitsgrundsatz eingehalten werden. Es sind meines Erachtens verfassungsrechtliche Selbstverständlichkeiten, dass je größer der Rechtseingriff ist, desto höher die Voraussetzungen dafür sein müssen.

Entsprechender Gedanke: wenn man einen Katalog von Straftaten aufnimmt oder dann überhaupt sagt, nur für Straftaten ist diese Auswertung möglich, wird dann nicht der Umkehrschluss gezogen, dass es bei Ordnungswidrigkeiten nicht gestattet ist? Und das hielt ich für problematisch, auch wenn einzelne Ordnungswidrigkeiten-Bereiche ja vorhin erwähnt worden sind, für die das vielleicht zugelassen werden könnte. Ich erlebe manchmal übrigens bei der Verhandlung über die Nutzung eines elektronischen Geräts, also Mobiltelefons, oftmals die Aussage des Betroffenen: „Ja, das stimmt alles gar nicht, was der Polizist hier sagt – hat er denn ein Foto von mir?“ Und da hat sich für ihn nicht die Problematik des Eingriffs gezeigt. Aber auch andere Ordnungswidrigkeiten gibt es, wo ich meine, dass es ausgenutzt werden sollte.

Weitere Problematik: Schwere der Straftatbestände, nur für leichte Straftaten. Da ist für mich die Frage: was ist eine leichte Straftat? Es kann meines Erachtens nicht nur aus dem Strafrahmen mittelbar geschlossen werden, denn der Strafrahmen bildet oftmals nicht das ab, was so eine Straftat beispielsweise für den Geschädigten bedeuten kann. Ich habe gestern den § 184 und den § 21 StVG erwähnt, es gibt noch ganz viele andere.

Sehr interessant ist, um nochmals darauf zurückzukommen, der Vortrag von Frau Dr. Roesen gewesen, vom Bundeskartellamt. Da war ich fasziniert davon, wie unglaublich gründlich und durchdacht und sorgfältig sie ihre Arbeit macht und in diesem Bereich gearbeitet wird. Mein Wunsch und eigentlich meine Forderung wäre, dass auch die normalen Staatsanwaltschaften, die normalen Ermittlungsrichter beim Amtsgericht so ausgestattet werden, dass ihnen eine gründliche Arbeit möglich ist. Mir wird oftmals bei meiner Arbeit, zu meiner Arbeit gesagt, ja wenn man das so detailliert macht, so sorgfältig macht, dann schafft man die Sachen nicht, oder dass man beim Amtsgericht eben die Sachen, die Anträge nur überfliegen kann und dann abzeichnet, beispielsweise Durchsuchungsantrag oder Ähnliches, ansonsten würde man nicht mit der Arbeit zurechtkommen.

Sehr gut fände ich auch die Bezugnahme auf die RiStBV, also die Richtlinien für das Bußgeldverfahren und für das Strafverfahren, welche Richtlinien für unsere Arbeit sind.

Meine Vorschläge sind Folgende, nämlich erstens, dass diese Anforderungen in die RiStBV aufgenommen werden können, wo man sie schön detailliert auflisten könnte, was alles erforderlich ist, für den Antrag, Voraussetzungen usw. Und der zweite Vorschlag ist, die Justiz besser auszustatten. Nicht nur mit mehr Personal, sondern auch mit besseren Mitteln und dass eine bessere Vernetzung insgesamt möglich ist. Ich habe nur ein Stichwort dabei, forumSTAR, mit dem ich seit 2008 arbeite, arbeiten muss. Vielen Dank.

Vorsitzende:

Vielen Dank. Herr Kollege Gertler bitte.

Oberstaatsanwalt Dr. Nils Fabian *Gertler*, Karlsruhe:

Meine sehr verehrten Damen und Herren, zunächst Frau Pinar. Sie hatten dieses Beispiel der spontanen Durchsicht eines Mobiltelefons bei einer polizeilichen Kontrolle. Aus staatsanwaltschaftlicher Sicht würde ich sagen, wenn so eine Akte auf meinem Tisch landen würde, hätte ich danach Fragen. Schon jetzt ist eine Ausforschungsdurchsuchung unzulässig. Ich brauche den Anfangsverdacht und ich muss davon ausgehen dürfen, dass die Durchsuchung auch zum Auffinden irgendwelcher Beweismittel führt. Das heißt anlasslos, anlässlich irgendeiner Tat mal das Mobiltelefon durchzuschauen, weil da schon was drauf sein wird, da würde ich mit den Polizisten doch mal Rücksprache halten wollen. Weil hier doch viele Studierende anwesend sind, möchte ich vorab kurz mal, sehr knapp schildern, wie denn so eine Auswertung eines Mobiltelefons oder eines anderen komplexen elektronischen Geräts vonstattengeht. Ich hatte schon gestern erwähnt, wir Staatsanwälte tun es in der Regel nicht einfach mal so, sondern wir haben vorab einen richterlichen Durchsuchungs- und Beschlagnahmebeschluss erwirkt, der, gebe ich aber zu, hinsichtlich der Beschlagnahme nicht den Konkretisierungsanforderungen genügt, sondern die Geräte nicht mit IMEI-Nummer, das ist die gerätespezifische Kennnummer eines Mobiltelefons, bezeichnet oder mit genauem Modell. Ich weiß das meistens vorab nicht, sondern der Gegentand ist nur nach seiner Kategorie bezeichnet. Deshalb habe ich meistens eine Beschlagnahme ohne richterlichen Beschluss. Die Durchsuchung allerdings mit richterlichem Beschluss. Hier ist auch regelmäßig Gefahr im Verzug gegeben, denn elektronische Daten, da hat Herr El-Gazhi ja gestern zurecht drauf hingewiesen, sind ungemein flüchtig. Wenn ich jetzt erst den Richter anrufen würde und solange das Gerät beim Betroffenen der Durchsuchung, egal, ob das der Beschuldigte oder ein Dritter ist, belassen würde, bestände die Gefahr, dass die Daten gelöscht werden. Ich habe, sofern kein gerichtlicher Beschluss vorliegt, nachgelagertem Rechtschutz. Es handelt sich ja, wie Herr Kirchheim gesagt hat, um eine offene Maßnahme. Auch bei einer Beschlagnahme ohne richterlichen Beschluss habe ich die Widerspruchsmöglichkeit, so dass hier auch Rechtschutz gegeben ist.

Große Schwierigkeiten bereitet in der Praxis häufig überhaupt das Mobiltelefon zu finden und Zugriff auf dieses zu nehmen. Insbesondere rechtzeitig Zugriff zu nehmen, bevor das Gerät derart gesperrt ist, dass eine Auswertung faktisch unmöglich ist. Dann wenn ich das Gerät gefunden habe, wird es regelmäßig in den Offline- oder Flugmodus gesetzt, um eine Online-Löschungsaufforderung durch den Beschuldigten nach der Durchsuchung zu verhindern. Soweit es für die Auswertung dann erforderlich ist, erfolgt eine Entsperrung des Gerätes und in einem zweiten Schritt immer die Spiegelung des Dateninhalts. Die weitere Auswertung des Gerätes findet regelmäßig und ausschließlich auf dem gezogenen – neudeutsch – „Image" des Gerätes statt. In eng begrenzten Ausnahmefällen findet dann noch eine händische Sichtung des Gerätes selbst, des physikalischen Gerätes statt. Die Fälle herausgehobener Bedeutung, die mir in 20 Jahren Staatsanwaltschaft bekannt geworden sind, die kann ich an einer Hand abzählen, bei denen eine solche händische Auswertung tatsächlich erfolgte, weil dies extrem zeitintensiv und schwierig ist. Der nächste Schritt ist die Entschlüsselung des vorgefundenen Datenbestandes, die regelmäßig viel Zeit in Anspruch nimmt. Genau wie die Entsperrung des Gerätes, bei diesem Gerät hier zum Beispiel, dem iPhone 16.

Zur Aufbereitung der Daten. Erst in diesem letzten Schritt findet eine Beschränkung der auszuwertenden Daten daraufhin, ob sie verfahrensrelevant sind oder nicht statt, wobei es sich hier ausdrücklich um einen dynamischen Prozess handelt. Zum Beispiel kann ich wegen kinderpornographischen Materials durchsuchen. Ich finde auf dem Gerät Fotos, von denen ich denke, die Models, die da abgebildet sind, sind sehr jung. Das ist aber keine Kinderpornographie, war nur Jugendpornographie, aber dennoch strafbar. Wenn man sich diese Auswerteschritte in der Praxis anschaut, kann ich versichern, dass eine Beschädigung des Gerätes, außer es handelt sich um das gerade genannte I-Phone16, nur in Ausnahmefällen stattfindet, und auch nur dann, wenn ich einen nicht kooperativen von der Durchsuchungsmaßnahme betroffenen Bürger habe. Das ist vergleichbar mit der Situation, dass ich in der Wohnung einen Tresor finde und da reinschauen möchte und der von der Durchsuchung Betroffene zurecht sagt, mache ich nicht auf. Dann schaue ich eben anders da rein, wenn ich meine, da muss ich reinschauen. Was die Eingriffsintensität betrifft, so ist heute hier Artikel 10 Grundgesetz angeführt worden. Ich halte Artikel 10 hier nicht für vergleichbar. Wenn man sich das Ganze mit den strengen Anforderungen an die Postbeschlagnahme, also neudeutsch „snail-mail", anschaut, dann sind diese Vorschriften nicht einschlägig, wenn das Poststück, das ich suche, beim Beschuldigten bereits empfangen wurde und ich in dessen Wohnung darauf zugreife, sondern die Postsendung ist nur während des Übermittlungsvorgangs geschützt. Auch besteht meines Erachtens nicht die Gefahr regelmäßiger Entwicklung umfassender Persönlichkeitsprofile des Betroffenen. Erstens sind diese, soweit sie tatbezogen sind, notwendig und zulässig. Das Strafprozessrecht und das Strafurteil verlangt von uns, dass wir Tat und Täter umfassend würdigen, also hier auch die Persönlichkeit erforschen. Das ist Gegenstand des Ermittlungsverfahrens. Im Übrigen besteht die große Gefahr, auch in der strafrechtlichen Praxis, dass die Aussagekraft so vorgefundener Daten überhöht wird, denn sie stellen regelmäßig nur einen Ausschnitt der tatsächlichen Persönlichkeit des Betroffenen dar. Abgebildet ist nur die Online-Persönlichkeit und dort auch nur diejenigen Daten, die tatsächlich von dem Gerät aufgezeichnet wurden. Dass der Täter, der betroffene Beschuldigte, an anderer Stelle andere Daten abgelegt hat, ist nicht nur zu vermuten, sondern wahrscheinlich. Also Vorsicht.

Ich möchte noch eingehen auf die Beschlussvorlage und da mich an den Thesen abarbeiten. Zu 1–3 weise ich darauf hin, dass jede Einschränkung, auch wenn sie cyberoffen formuliert ist, meines Erachtens erhebliche Strafbarkeitslücken nach sich zieht. Wenn man § 100g Abs. 1 Nr. 2 StPO, heranzieht, also der Cyberkriminalität, dann sind solche Taten gemeint, die mittels Telekommunikation begangen werden. Ausgenommen wären dann immer noch alle Taten der leichten oder mittleren Kriminalität, je nachdem, wo man da die Grenze ziehen wollte, die nicht mittels Telekommunikation begangen werden, aber bei denen ich Beweismittel auf einem Telekommunikationsgerät, einem komplexen IT-Gerät, habe. Ich sage mal aus meiner langen Erfahrung als Jugendstaatsanwalt, es ist geradezu Mode geworden, seine Taten auf Video aufzuzeichnen. Auch gibt es Beweismittel, die die Glaubwürdigkeit von Zeugen belegen oder widerlegen können, zum Beispiel im Rahmen von Beleidigungen. Wenn ich da dann den Chat auffinde, wie man sich nach der angeblichen Beleidigung oder nach der angeblichen Nachstellung noch große Liebesschwüre leistet, zieht das den Tatverdacht meistens erheblich in Zweifel. Bei These Nr. 4, der qualifizierten Beweisrelevanz, beißt sich meines Erachtens die Katze in den Schwanz. Wenn das Smartphone umfassende Daten enthält und deshalb besonderen Schutz verdient, dann begründet dies ja gerade die Annahme der Erwartung, dass ich auf diesem Gerät umfassende Daten finde, die natürlich auch Tatrelevanz haben. Ich halte deshalb eine solche Regelung, würde es Gesetz, für wenig geglückt. Bei der Ausgestaltung des Richtervorbehalts schließlich weise ich darauf hin, dass, wenn dieser abschließend wäre, also einer Erweiterung im Laufe des Ermittlungsverfahrens nicht zugänglich, dies dazu führen würde, dass ich quasi hypothetische Kataloge als Staatsanwalt beantragen würde und mir ausdenken müsste, was könnte ich denn alles auf diesem Gerät finden. Das ist in der Praxis widersinnig. Wenn ich allerdings einen erweiterbaren Richtervorbehalt habe, dann führt das in der Praxis der Dynamik des Ermittlungsverfahrens – die Durchsuchung ist regelmäßig die erste offene Maßnahme im Ermittlungsverfahren – zu stetiger Erweiterung dieses Beschlusses und stetig neuen gerichtlichen Beschlüssen. Eine explizite Erwähnung des Verhältnismäßigkeitsgrundsatzes, These Nr. 9, halte ich für unnötig, da dieser von Verfassungswegen in jedem Verfahren und Stadium und bei jeder Verfahrenshandlung sowieso zu beachten ist. Bei These Nr. 11 weise ich nochmals auf die Gefahr der Herausgabe inkriminierter Daten hin, da ich den Datenbestand in diesem frühen Zeitpunkt eben noch nicht umfassend gesichtet habe. Man stelle sich vor, man ermittelt wegen Betruges. Es wurde ein Kraftfahrzeug verkauft. Man sucht deshalb nach Bildern, die hier im Rahmen des Online-Verkaufs verschickt wurden, von Kraftfahrzeug und Kraftfahrzeugschein auf dem Telefon. Dann sagt man, okay, man kann ja den ganzen anderen Datenbestand wieder zurückgeben. Im Laufe der Auswertung findet man dann inkriminierte strafrechtliche Inhalte. Stellen Sie sich vor: Bilder von Drogen, Bilder, wir hatten es gerade vorher, der Leiche oder realistischer, kinderpornographisches Material. Zur These Nr. 12 des Anwesenheitsrechts: Ich hatte es gestern schon erwähnt, das wurde 2004 meines Erachtens nach mit gutem Grund abgeschafft. Thesen 14 und 15 halte ich schlichtweg für ein Bürokratiemonster, weder zeitgemäß noch dem Verfahren und seinem raschen Abschluss dienlich. Die These 17 entspricht im Endeffekt dem, was da hinter mir an die Wand geworfen wird. Ich halte sie für ausbaufähig und leider etwas unbestimmt, und These 18 ist die These, die ich als Staatsanwalt gerne und mit Herz unterschreibe und auch mit Nachdruck hier an Bund und Länder appelliere, uns besser auszustatten. Ich glaube, die Staatsanwältinnen und Staatsanwälte sind die ersten, denen daran gelegen ist, Ermittlungsverfahren rasch und zügig zu einem Abschluss zu bringen. Ich danke.

Prof. Dr. Ingeborg *Zerbes*, Wien:

Ganz herzlichen Dank.

Ich möchte zu zwei Dingen etwas ergänzen. Das eine betrifft die Fluktuation oder die Gefahr des Verschwindens von Daten, wenn man an einen Richtervorbehalt gebunden ist und damit Zeit verliert. Das könnte man sehr gut durch eine Gefahr-im-Verzug-Regelung in den Griff abfedern. Das würde, soweit ich es einschätze, niemand ablehnen. Was vielleicht noch ein bisschen zu kurz gekommen ist, sind die Fragen zu einer Schwelle der Anlasstat. Die Alternativlösung hat eigentlich Herr Herb gebracht: Es könnte und sollte schon in der Anordnung eine Beschränkung festzulegen sein. Wir sollten in dieser Richtung weiter diskutieren, denn sie könnte ein ganz guter Kompromiss sein. Eine Anordnung könnte sich, je nach Verdachtslage, zum Beispiel auf Bilddateien beschränken oder auf Chatverläufe in gewissen Zeitrahmen. Man müsste natürlich auch vorsehen, dass diese Festlegung je nach Ermittlungsdynamik später noch ergänzt werden kann. Aber der erste Zugriff wäre somit mit einer auf die Auslesung bestimmter Daten reduzierten Anordnung verbunden. Für eine Veränderung dieser Festlegung könnte eine erneute Anordnung vorgesehen werden, wenn sich aus weiteren Ermittlungsergebnissen etwa ein anderer Zeitraum oder eine andere Datenkategorie ergibt als ursprünglich vermutet. Das ist übrigens der Kern des aktuellen österreichischen Vorschlags. Was damit verbunden wäre, ist heute auch schon angeklungen: eine strikte Trennung des Aufbereitungsprozesses von einem Auswertungsprozess im engeren Sinne. Die IT-Forensiker, die die Aufbereitung vornehmen, müssten allein nach jenen Datenkategorien suchen, die in der Anordnung festgelegt sind. Die Auswertung könnte dann das Ermittlungsorgan an diesem bereits reduzierten Datensatz vornehmen, ohne Einblick auf den gesamten Datensatz des sichergestellten Handys zu haben. Aufbereitungs- und Auswertungsprozess müssten somit strikter getrennt werden als es nach heutiger Praxis üblich ist. Vielen Dank.

Und jetzt bitte der Kollege Kempf.

Rechtsanwalt Eberhard *Kempf*, Frankfurt:

Meine sehr verehrten Damen und Herren, alle Positionen, die sich für die Beibehaltung der geltenden gesetzlichen Regelung aussprechen und gegen den von unserem Gutachter gemachten Vorschlag, berufen sich, was die Quantität der sichergestellten Daten und deren möglicherweise langzeitige Aufbewahrung angeht, darauf, dass alles, was im weiteren Verfahren nicht mehr gebraucht wird, nicht nur gelöscht werden kann, sondern auch gelöscht werde. Ich habe von dieser Möglichkeit nur in einem Fall einmal Gebrauch gemacht. Nach der Sichtung eines Datenträgers sagte die Polizei: „Es gibt dabei drei, vier Dateien, die sind für uns ohne jeden Belang". Meine Reaktion darauf: „Dann löscht sie bitte, dann kann das Verfahren weiter gehen." Das dafür zuständige LKA gab mir als Antwort: „Wir können das nicht löschen, weil das Datenimage, was wir von dem jeweiligen Gerät von dem Datenträger genommen haben, soll ja ein getreues Abbild des Originaldatenträgers sein." Die Authentizität des Datenimages wird dargestellt durch den sogenannten Hashwert. Der Hashwert ist nichts anderes als eine genaue zahlenmäßige Festlegung der Bits und Bytes, die auf dem Datenträger sichergestellt worden sind. Und wenn an diesem Datenträger irgendetwas geändert wird, ändert sich der Hashwert. Mit dem geänderten Hashwert verliert das Datenimage die Authentizität seiner Übereinstimmung mit dem ursprünglichen Datenträger. Mir ist nicht bekannt, dass es zwischenzeitlich Lösungen gibt, die dieser nicht vorhandenen Löschungsmethode und dadurch der Zerstörung der Authentizität des Datenimages widersprechen. Ich habe davon gehört, dass ein Doktorand oder Habilitand die Möglichkeit vorgeschlagen hat, dass ein Eingriff in die Authentizität des gezogenen Datenimages zwar vorgenommen, aber in allen Einzelheiten protokolliert wird – heute am soundsovielten haben wir Datei eins, zwei, drei gelöscht und damit so einen Hashwert in Höhe von … aus dem Datenimage entnommen. Der neue Hashwert beträgt das und das. Wenn das dokumentiert wäre, dann könnte gelöscht werden, aber von einer solchen Prozedur hab ich bisher noch nichts gehört. Wenn wir den Vorschlägen für die Beschlüsse folgen, dann müsste jedenfalls festgehalten werden, dass solche Löschvorgänge, wenn sie denn schon vorgenommen werden und ich meine auch vorgenommen werden müssen, protokolliert werden, um zu verhindern, dass mit dem authentischen Datenimage die Daten über die Aufbewahrungszeit einer Akte von 10 Jahren oder bei entsprechendem Dateninhalt von 30 oder 50 Jahren gespeichert bleiben. Vielen Dank.

Vorsitzende:

Vielen Dank. Frau Pinar bitte.

Rechtsanwältin Gül *Pinar*, Hamburg:

Es passt genau dazu, weil die Frage aufkam, was mit der Protokollierung gemeint ist. Genau das ist gemeint. Protokollierung ist in §168b StPO geregelt, da werden aber die Ergebnisse der Ermittlungshandlungen protokolliert. Damit sind nicht die Zwischenschritte gemeint, die sollten im Rahmen der Auswertung protokolliert werden, meiner Meinung nach. Die sind mit §168b nicht gemeint und ich finde, dass man das da klarstellen muss.

Vorsitzende:

Herzlichen Dank. Herr Kollege Stahlmecke bitte.

Richter am AG Dominik *Stahlmecke*, Dortmund:

Vielen Dank! Meine Damen und Herren, mein Name ist Dominik Stahlmecke, ich bin als Ermittlungsrichter am Amtsgericht Dortmund tätig. Weil eben die Frage aufgekommen ist, ob das Thema, über das wir sprechen, überhaupt ein praktisches Problem darstellt, möchte ich die Gelegenheit nutzen, um ein oder zwei Aspekte zu bedenken zu geben, wie die bisherigen Regelungen in der Praxis gehandhabt werden. Wir haben hierzu von Vertretern der Strafverfolgungsbehörden gehört, dass man an einer umfassenden Aufklärung von Straftaten interessiert sei, dass man umfassende Befugnisse brauche, auch um Entlastendes zu Tage zu fördern und man sich zugleich aber auch der Sensibilität der Daten und der Schwere des Eingriffs bewusst sei und kein Interesse daran habe, mehr zu erheben als tatsächlich wirklich erforderlich ist. Ich bin mir nicht sicher, ob ich dem aus meiner Praxis so zustimmen kann.

Nach dem gestrigen und dem heutigen Tag kann es niemanden mehr überraschen und sind wird uns alle bewusst, dass Handys, Laptops und Co. nicht irgendwelche Geräte sind, die als solche schon eine Beweisrelevanz haben, die sich allein aus dem Auffinden beim Beschuldigten oder ihrer äußerlichen Betrachtung ergibt. Beweisbedeutung haben regelmäßig vielmehr die Daten, die darauf enthalten sind. Dies klingt nun zunächst banal. Ich glaube aber, dass die Unterscheidung gar nicht so banal ist, wenn man sich einmal die Praxis verdeutlicht. Denn in dieser lauten die Anträge, über die zu entscheiden ist, man möge ein „Mobiltelefon" beschlagnahmen oder bei der Durchsuchung nach einem „Mobiltelefon" suchen. Die Praxis folgt an dieser Stelle also noch – entsprechend den StPO-Regeln – einem gegenständlichen Denken, benennt das Beschlagnahmeobjekt also als körperlichen Gegenstand. Ich glaube, dass diese Beschränkung auf einige wenige Geräte hier auch noch das Gefühl vermittelt, man habe den Eingriff verhältnismäßig auf wenige Gegenstände beschränkt und bewege sich eng an der Beweisrelevanz.

Tatsächlich aber ist das natürlich nicht der Fall. Tatsächlich ist ein solcher Antrag auf einen weit überschießenden Datenbestand gerichtet und werden Daten pauschal zum Gegenstand des Zugriffs gemacht, die von vornherein absehbar für das Verfahren mit hoher

Wahrscheinlichkeit keine Relevanz haben werden. Das gegenstandsbezogene Denken führt manches Mal sicher auch dazu, dass eine genaue Vorstellung von dem, was auf dem Gerät denn nun im Einzelnen vorhanden und gesichert werden soll, nicht so konkret besteht. Natürlich gibt es auch andere Fälle, wie zum Beispiel bei kinder- und jugendpornographischen Inhalten oder bei schriftlichen Beleidigungen in Chats. Auch wenn hier eine konkrete Vorstellung der gesuchten Inhalte besteht, erfolgt eine Begrenzung auf diese Daten häufig jedoch nicht, sondern es heißt lapidar im Antrag und oft genug auch im Durchsuchungsbeschluss, dass das Mobiltelefon beschlagnahmt werden soll bzw. dass durchsucht werden soll mit dem Ziel, das Handy aufzufinden. Für die Auswertung fehlt es dann an jeder Begrenzung und im Prinzip haben die Ermittlungsbehörden hier freie Hand, im gesamten Datenbestand zu suchen, wonach auch immer sie wollen. Aus meiner Sicht ist das verfassungsrechtlich wenigstens bedenklich. Das Bundesverfassungsgericht hat mehrfach betont, dass bei Durchsuchungsanordnungen eine Beschränkung der Maßnahme auf das eigentliche Durchsuchungsziel bereits im Durchsuchungsbeschluss selbst durch den Richter erfolgen muss, damit Grund und Grenzen der Maßnahme klar absehbar, kontrollierbar und messbar bleiben. In der Praxis werden wir dem derzeit häufig nicht gerecht, sondern überlassen es mit gegenstandsbezogenen Durchsuchungs- und Beschlagnahmebeschlüssen dem einzelnen Beamten, zu bestimmen, nach was und nach welchen Kriterien er das Gerät – also letztlich nach seinem eigenen Gutdünken – durchsucht.

Vielleicht sollte man an dieser Stelle auch noch erwähnen, dass die Verfahren, die den Herrn Bundesanwälten hier vorschweben und bei denen die Staatsanwaltschaft eng in die Ermittlungen eingebunden ist, nur ein kleiner Ausschnitt des Gesamten ist. Wenn Sie dagegen an allgemeine Abteilungen denken, in denen häufig und mit hoher Schlagzahl neue Verfahren zu bearbeiten sind, folgen die Anträge oftmals unverändert den Anregungen der Polizei. Eine vollständige Einarbeitung, die eine nähere inhaltliche Konkretisierung der gesuchten Dateien ermöglichte, erfolgt in der Masse häufig nicht. Und wenn dies auch noch in einem Beschluss umgesetzt wird, der keine Beschränkungen hergibt, dann wird hier den Ermittlungsbehörden letztlich ein großes Einfallstor eröffnet, im gesamten Datenbestand zu suchen, was auch immer man suchen möchte. Das wollte ich als kurze Gedankenpunkte dazu anmerken, wohin die Anwendung der bisherigen Regelungen in der Praxis führt. Vielen Dank!

Vorsitzende:

Vielen Dank! Herr Kollege Gertler bitte.

Oberstaatsanwalt Dr. Nils Fabian *Gertler*, Karlsruhe:

Ich mach's kürzer als beim letzten Mal. Ich bitte in der Diskussion sauber auseinanderzuhalten: das Ziehen des Images des zu sichernden Gerätes, die Aufbereitung der Daten aus dem Image und die Auswertung der Daten, die aufbereitet wurden. Das geht mir in der Diskussion bisher häufig durcheinander. Aus den vom Vorredner genannten Gründen kann das Image nur den kompletten Datenbestand erfassen, sonst kann ich die Integrität der Daten nicht gewährleisten. Das ist derzeit jedenfalls Stand der Technik. Eine andere Vorschrift durch den Gesetzgeber würde technisch Unmögliches von uns verlangen. Zweitens, die Aufbereitung der Daten erfolgt mittels Software. Da wir, glaube ich, keine Ermittlungsperson im Raum haben, vermute ich stark, dass ich die einzige Person bin, die mal mit Cellebrite tatsächlich selbst gearbeitet hat und so eine Auswertung tatsächlich vorgenommen hat. Diese Aufbereitung erfolgt mittels Software. Die jedenfalls in Baden-Württemberg gebräuchliche Software Cellebrite lässt eine auf einzelne Datenkategorien beschränkte Auswertung und Aufbereitung nicht zu. Die Aufbereitung erfolgt immer umfassend, das heißt, ja, Passwörter für das Online-Banking werden von der Software ausgelesen und aufbereitet. Dritter Schritt: die so aufbereiteten Daten werden von einer natürlichen Person, meistens einer Ermittlungsperson der Staatsanwaltschaft, selten von der Staatsanwaltschaft selbst, händisch betrachtet und ausgewertet und dies ist der einzige Schritt, bei dem derzeit nach Stand der Technik tatsächlich eine Beschränkung der auszuwertenden Daten stattfinden kann. Ich kann dann sagen, nein, die Passwörter für das Online-Banking schaue ich mir nicht an, die sind nicht verfahrensrelevant, ich such ja nach Kinderpornographie. Weil mein Vorredner gerade gesagt hat, da sind zu viele Ermittlungsrichter mit ähnlichen Beschlüssen mit zu umfassendem Inhalt unterwegs. Ich halte es für ein großes Manko der derzeitigen Ausstattung der Gerichte und Staatsanwaltschaften, wenn Ermittlungsrichter zum „Abnicker" staatsanwaltschaftlicher „mishaps" werden, ohne Ansehen und Überlegung jedem staatsanwaltschaftlichen Antrag einfach mal stattgeben und den unterschreiben. Fehler passieren auch Staatsanwälten, das soll vorkommen. Deshalb: eine bessere Ausstattung von Ermittlungsrichtern tut dringend not. Zweitens, das gilt auch für die Staatsanwälte. Auch wir sollten nicht Abnicker und willenlose Gehilfen der Umsetzung polizeilicher Durchsuchungsanregungen sein. Wir sollten und müssen in der Praxis solche polizeilichen Anregungen, es sind Anregungen, auch wenn da immer Antrag draufsteht, jedenfalls in Baden-Württemberg, diese Anregung kritisch hinterfragen und gegebenenfalls auf das notwendige und vernünftige Maß eindampfen. Schon um Selbstschutz zu betreiben. Ich will nicht Terabytes von Daten ausarbeiten, wenn ich es nicht muss. Danke!

Vorsitzende:

Ganz herzlichen Dank, wir haben eine Punktlandung für die Pause, die sollte jetzt eine Stunde dauern, d. h. bis 14:00 Uhr, danach sehen wir uns wieder hier. Vielen Dank für's rege Beteiligen!

Fortsetzung der Diskussion

am 26. September 2024 nachmittags
(anwesend etwa 87 Teilnehmerinnen und Teilnehmer)

Vorsitzende:

Herzlich willkommen zum letzten Teil unserer Diskussion, bitte entschuldigen Sie die Verspätung, wir haben jetzt die endgültige Beschlussvorlage erstellt, damit sie nachher auch wirklich die richtige Beschlussvorlage verfügbar haben. Wir setzen die Diskussion einfach fort, ich habe noch drei Wortmeldungen in der Hand, es ist noch Platz für weitere, aber irgendwann müssen wir natürlich enden. Ich darf zunächst Herrn Timo Walter, unseren Schriftführer, bitten, kurz etwas zur Geschäftsordnung durchzugeben. Danke schön.

Schriftführer:

Herr Dr. Diemer hat am 26. September 2024 um 12:42 Uhr schriftlich folgenden Antrag auf Aufnahme in die Beschlussvorlage an den Abteilungsvorstand gestellt:

„In das Gesetz könnte folgende Formulierung aufgenommen werden: Die Durchsicht von elektronischen Speichermedien darf zur Art und Schwere der Anlasstat nicht außer Verhältnis stehen. Bei der Art und Weise und dem Umfang der Sicherstellung sind die Belange des Betroffenen neben den Belangen der Strafrechtspflege angemessen zu berücksichtigen. Datenträger dürfen nicht länger zurückbehalten werden, als es zur Erreichung des Untersuchungszweckes unerlässlich ist."

Der Antrag ist nach Richtlinie Nr. 9 für die Verhandlungen des Deutschen Juristentages nebst Ausführungsbestimmungen zulässig. Vielen Dank für die aktive Beteiligung, Herr Dr. Diemer. Irgendwie sind es drei verschiedene Thesen. Wir haben uns deswegen bemüht, Ihrem Antrag so gerecht wie möglich zu werden, aber auch das Ansinnen nicht aus dem Auge zu verlieren, dass wir uns auf die rechtspolitisch wesentlichen Punkte des Verhandlungsthemas beschränken. Deswegen werden Sie in der im Laufe des Nachmittages rechtzeitig vor Beschlussfassung verteilten, endgültigen Beschlussvorlage eine neue These 5 vorfinden, die unserer Meinung nach dem Geist des Antrags von Herrn Dr. Diemer am meisten entspricht. Diese lautet: „Soll der Eingriff allgemein daran gebunden werden, dass die Durchsicht von elektronischen Speichermedien zur Art und Schwere der Anlasstat nicht außer Verhältnis steht?“. Der erste Satz des Antrags Diemer leistet wertvolle Propädeutik, ist aber keine eigenständige These. Und bei dem Teil des Antrags, dass Datenträger nicht länger zurückgehalten werden dürfen als für den Untersuchungszweck unerlässlich, da waren wir so frei, weil das offensichtlich eine Selbstverständlichkeit darstellt, dass wir darüber nicht abstimmen werden, um für den außer Erwartung stehenden, aber nicht unmöglichen Fall der Fälle den Gesetzgeber nicht in Kalamitäten zu bringen. Deshalb werden Sie sich gleich in These 5 wiederfinden, hoffentlich so, wie Sie das wünschen. Vielen Dank.

Vorsitzende:

Danke auch von meiner Seite für den Vorschlag. So, ich darf fortsetzen mit Herrn Killmer. Bitte.

Bundesanwalt Dieter *Killmer*, Karlsruhe:

Ich möchte zwei Aspekte noch einmal aufgreifen. Zum einen möchte ich von Ihnen, Frau Zerbes, die Einladung annehmen, spezifisch noch einmal der Frage der möglichen Teilung zwischen Aufbereitungs- und Auswertungsprozess auf den Grund zu gehen. Auf den ersten Blick lässt sich dies, wie so vieles hier, gut hören und gut lesen. In der Praxis aber ist ein solcher Ansatz zum Scheitern verurteilt. Hierzu will ich ein ganz einfaches Beispiel, das mir so in den Sinn gekommen ist, bilden, das vielleicht auch bei Ihnen Zweifel an einer solchen Lösung aufkommen lässt. Und zwar geht's darum, ich habe z. B. zwei Beschuldigte in einem Ermittlungsverfahren, weswegen auch immer. Nehmen wir mal islamischen Terrorismus, weil dies so schön greifbar ist. Wir durchsuchen bei zwei Beschuldigten und sagen dann entsprechend, ich möchte Handys sicherstellen, beschlagnahmen und suche jetzt gezielt nach Chats im Zeitraum 01.01.–01.02.2024, weil es dort entsprechend Anschlagsvorhaben gab zwischen dem Terroristen 1, dem Beschuldigten Killmer, und dem Terroristen 2, dem Beschuldigten Herb. Die Namen nehme ich jetzt einfach mal der Sympathie halber. Jetzt ist es allerdings so, wenn ich jetzt davon ausgehe, es gibt eine Sicherungsebene, bzw. eine wirklich von dem eigentlichen Ermittlungsprozess getrennte Aufbereitungsebene, dann müsste der Techniker, der das aufbereitet, versuchen, den fraglichen Chat zu finden, in dem wir uns über die Begehung eines Anschlags ausgetauscht habe. Jetzt ist es aber dummerweise so, dass Herr Herb und ich uns nicht mit den Klarnamen entsprechend dort vorstellen, sondern wir natürlich auf Telegram und auf WhatsApp diverse andere

Profile nutzen und diese wird der Techniker nicht identifizieren können. Das können vielfach selbst die Ermittler zu Beginn noch nicht einmal, sondern das können sie erst dann, wenn sie tatsächlich Chats und ähnliches übereinanderlegen und dann z. B. feststellen, dass der eine Beschuldigte immer Akhi genannt wird, das wäre dann in dem Beispiel ich. Und ich könnte jetzt zahlreiche Beispiele bilden. Ich will darauf hinaus, dass eben diese fiktiv sehr gut und so schön sauber und trennscharf klingende Trennung zwischen Aufbereitung auf der einen Seite und Bewertung, Auswertung, Ermittlung, wie sie es auch nennen wollen, auf der anderen Seite in der Praxis aus meiner Sicht nicht funktionieren wird, weil man eben Daten vielfach von vornherein nicht prognostisch derart einschränken kann, sondern sich deren Bedeutung vielfach erst im Zuge der Ermittlungen ergibt. Und das spricht eben auch gegen eine prognostische Annahme einer Beweisrelevanz im vorhinein. Auch das ergibt sich oftmals erst später. Man kann natürlich vieles schreiben und dem Gesetzgeber vorschlagen, das wird aber dazu führen, dass dann auch Anträge mit entsprechend viel Lyrik allerdings auch mit wenig Tatsachengrundlage daherkommen. Deswegen glaube ich, wird dieser gut gemeinte Vorschlag in der Praxis nicht funktionieren. Einen zweiten Aspekt möchte ich noch kurz erwähnen. Wir haben vorhin ja auch über das Thema Datenintegrität gesprochen und mir ist das so gesehen wichtig, als dass ich immer wieder auch in Hauptverhandlungen in der Vergangenheit das völlig berechtigte Interesse von Verteidigern vernommen habe, zu sagen: Moment, wenn die Staatsanwaltschaft eine Auswahl getroffen hat hinsichtlich der Beweismittel, dann will ich natürlich als Verteidigung die Möglichkeit haben, diese Auswahl auch entsprechend zu überprüfen. Das heißt, sobald die Staatsanwaltschaft überhaupt eine Art von Vorauswahl trifft, z. B. bei Chats einen gewissen Zeitraum vornimmt oder eine gewisse Applikation über die diese Chats mutmaßlich geführt worden sind, würde ich, und das ist deswegen gar keine Kritik an der Verteidigung, sondern ich halte das für geboten, würde ich als Verteidiger natürlich auch diese Auswahl stark in Zweifel ziehen. Ich würde sagen: Moment, woher und wie soll ich denn belegen, dass nicht drei Tage vorher, fünf Tage vorher in einer anderen Applikation wie auch immer entlastend oder in einer Art und Weise gechattet worden ist, die das, was man dort singulär herausgezogen hat, vielleicht in einem ganz anderen Licht erscheinen lässt? Deswegen: Datenintegrität ist auch aus Sicht der Staatsanwaltschaft ein sehr, sehr hohes Gut. Erstens natürlich um den Beweiswert des Images und der erhobenen Daten entsprechend belegen zu können. Aber auch, um in die Lage versetzt zu sein, auch späteren Verfahrensentwicklungen, die sich vielfach erst in der Hauptverhandlung ergeben, nicht vorzugreifen. Kleiner Exkurs an dieser Stelle, vielfach wird die Verteidigung auch erst in der Hauptverhandlung und damit erst viel zu spät tätig. Also jedenfalls, wir brauchen ein vollständiges Datenimage aus meiner Sicht, um auch der Verteidigung später die Gelegenheit zu geben, tatsächlich in deren Sinne noch einmal Beweisanträge stellen zu können. Alles das würden wir aufgeben – und das kann auch die Verteidigung so nicht wollen –, wenn wir kein vollständiges Datenimage erzeugen, sondern zuvor eine Vorauswahl treffen und damit auch die Datenintegrität insgesamt in Frage stellen. Diese zwei Aspekte waren mir an dieser Stelle wichtig. Ich bedanke mich herzlich.

Vorsitzende:

Vielen Dank. Herr Kollege Harden bitte.

Generalstaatsanwalt Thomas *Harden*, Köln:

Ich bin Generalstaatsanwalt in Köln und Lehrbeauftragter für Strafverfahrensrecht an der Heinrich-Heine-Universität Düsseldorf und möchte einige Worte verlieren zum Straftatenkatalog. Mir ist es wichtig, dass die verfassungsrechtlich anerkannte funktionsfähige Strafrechtspflege dabei nicht aus dem Blick verloren wird. Kann es wirklich gewollt sein und richtig sein, bei einer ganzen Reihe von Tatbeständen den Ermittlern ein ganz wesentliches Beweismittel vorzuenthalten? Meine Antwort lautet: nein. Die Kollegin Dr. Roesen vom Bundeskartellamt hat bereits den Bereich der Ordnungswidrigkeiten – wie ich fand eindrucksvoll – angesprochen. Vordergründig denkt man, Ordnungswidrigkeiten seien nicht so bedeutsam, aber es ist, so glaube ich, hinreichend deutlich geworden, dass es schon auf diesem Feld durchaus Sinn macht, dass da weiter Beweismittel erlangt werden können und ich möchte das auch für den Bereich der niederschwelligen Straftaten exemplarisch ansprechen. Die Beleidigung ist schon genannt worden. Es gibt aber noch ein paar weitere Tatbestände, die auch relativ kleine Strafandrohungen mit sich bringen, aber kaum anders als über die Sicherstellung eines Handys bewiesen werden können: Androhung von Straftaten nach § 126 StGB mit Freiheitsstrafe von bis zu drei Jahren, § 140 StGB Billigung von Straftaten, gleicher Strafrahmen, und vielleicht last but not least § 353d StGB, Verbotene Mitteilungen über Gerichtsverhandlungen, mit einem Strafrahmen von bis zu einem Jahr Freiheitsstrafe. Da ist mir der Fall aus Chemnitz vor Augen, wo ein Justizvollzugsbeamter einen Haftbefehl fotografiert hat, der dann in der rechten Szene mittels Facebook über ganz Deutschland hinweg verbreitet wurde. Wie sollen wir da ohne das Handy als Beweismittel weiterkommen? Ich meine: ohne dieses zentrale Beweismittel läuft die Strafverfolgung dann in einer ganzen Palette von Straftatbeständen leer. Ich glaube, bei genauerer Nachschau wird man weitere solcher Beispiele finden. Vielen Dank.

Vorsitzende:

Herzlichen Dank. Ich habe jetzt noch eine Wortmeldung. Sie können noch – wir haben Zeit – die ein oder andere Wortmeldung anmelden, wenn Sie mögen. Es gibt aber dann auch die Gelegenheit für ein Schlusswort des Gutachters, der Referentin und der Referenten zum Abschluss. Ich habe jetzt noch eine Wortmeldung in der Hand, sie ist vom Kollegen Jaeger.

Journalist Andreas *Jaeger*, Frankfurt am Main:

Zu den weiteren Anwendungsbeispielen, die der Generalstaatsanwalt eben genannt hat, sehe ich die Bereiche der §§ 20, 21, 63, 64, also die Fälle im Bereich der Schuldunfähigkeit und des Maßregelvollzugs, die teilweise ineinander übergehen oder in logischer Weise ineinander übergehen können. Bei den forensischen Gutachten wird oft darauf verzichtet, irgendwelche Datenerfassungen und -analysen von beschlagnahmten Handys durchzuführen und dann auch auszuwerten. Ich denke, dass das ein großer Fehler ist. Vielmehr müsste man dies gesetzlich regeln, da die Folgen von Bagatellstraftaten manchmal zu sehr langen Strafen führen können. Denn die Daten von digitalen Geräten sind für die Ausforschung der Persönlichkeit sehr wichtig und natürlich ist es als verfahrensrelevant anzusehen, ob jemand wirklich krank ist oder nur ein Suchtproblem hat oder vielleicht nur irgendwas ins Getränk getan bekommen hat. Solche Fragestellungen sind mit Hilfe der sichergestellten Daten viel leichter und rechtssicherer zu beantworten. Das wollte ich noch kurz anmerken. Danke.

Vorsitzende:

Ganz herzlichen Dank. Mir liegt jetzt keine weitere Wortmeldung vor. Dann schließe ich die Diskussion damit ab, damit nun sowohl der Gutachter als auch unsere Referentin und Referenten Gelegenheit haben, noch ein Schlusswort zu formulieren. Ihnen schon jetzt an dieser Stelle ganz herzlichen Dank. Ich wäre sehr froh, wenn Sie alle bei der Beschlussfassung noch dabei wären.

Gutachter:

Vielen Dank für die Gelegenheit, noch einmal zwei, drei Aspekte anzusprechen, beziehungsweise klarzustellen. Ich beginne mit der

These 1. Wir haben inzwischen viel über Ordnungswidrigkeiten gesprochen. Ich selbst habe eine Zwischenlösung vorgetragen und vorgeschlagen. Meiner Meinung nach können mit dieser Zwischenlösung die Bauchschmerzen, die Sie haben, behoben werden. Gleichzeitig ist gewährleistet, dass bei leichten Ordnungswidrigkeiten gravierende Eingriffe unstatthaft sind.

Zur zweiten These: Das ist der Vorschlag, wie ich ihn auch in meinem Gutachten unterbreitet habe. Gerade die Ermittlerinnen und Ermittler haben versucht, durch Beispiele Eingriffslücken zu belegen. Daher könnten sie mit dem Vorschlag nicht leben. Meines Erachtens entstehen solche Lücken nicht. Entweder ging es bei den Beispielen um schwere Straftaten oder um solche, die der Ausnahme von Cyberstraftaten unterfallen, also Straftaten mittels Telekommunikation. Ich habe in meinem Gutachten ausführlich dargelegt, warum diese Ausnahme gerechtfertigt ist. Nicht nur mit Blick auf die Cybercrime-Konvention, sondern für sie streiten auch inhaltliche Gründe. Derjenige, der Straftaten mittels Telekommunikationstechnik begeht, verdient in dieser Hinsicht geringeren Schutz.

These 3: Auch ich werde dagegen stimmen. Die Gründe dafür habe ich in meinem Gutachten dargelegt.

Soll der Eingriff entsprechend der These 4 nur dann zulässig sein, wenn bestimmte Tatsachen die Annahme rechtfertigen, dass verfahrensrelevante Erkenntnisse gewonnen werden können (sog. qualifizierte Beweisrelevanz)? Ich habe dargelegt, dass mit Blick auf die Breite der Daten, die auf IT-Geräten zur Verfügung stehen, das Merkmal der Beweisrelevanz, was wir in § 94 haben, keine Rolle mehr spielt. Man muss nicht besonders kreativ sein, um einen abstrakten Auffindeverdacht darzulegen. Ich hatte vor drei Tagen ein Gespräch mit einer Staatsanwältin, die bei mir promoviert. Die Kollegin sei ganz meiner Meinung, sagte sie. Gerade gestern aber habe sie einen Durchsuchungsbeschluss beantragt. Es ging um einen Diebstahl von 1.000 EUR Bargeld. Sie habe die Beschlagnahme des Mobiltelefons gleich mit beantragt. Es könne ja sein, dass der Beschuldigte über sein Smartphone Einkäufe aus seiner Beute tätigen wollte. Vielleicht wollte er sich gleich ein neues Handy oder was auch immer kaufen. Wie gesagt, wir müssen dem Merkmal der Beweisrelevanz seine Bedeutung zurück verleihen, um Ausforschungssuchen zu vermeiden. Daher müssen wir bei der Beschlagnahme von IT-Geräten höhere Anforderungen an die Beweisrelevanz formulieren. Es soll auf Grundlage von Tatsachen ein konkreter Auffindeverdacht begründet werden müssen.

Mir liegt die These zur Rückgabe von IT-Geräten innerhalb bestimmter Fristen sehr am Herzen. Das von mir vorgeschlagene Fristenmodell wurde hier teilweise als Bürokratiemonster bezeichnet. Es wurde aber nicht dargelegt, warum es ein Bürokratiemonster sein soll.

Ich denke, die besagten Fristen können den Ermittlern eine gewisse Orientierung bieten. Jeder weiß dann, wir haben jetzt diese oder jene Frist, und wird sich schon deshalb bemühen, sie auch einzuhalten. Natürlich ist auch die Politik adressiert. Sie ist aufgefordert, für die erforderlichen personellen Ressourcen zu sorgen, die es benötigt, um diese Fristen zu wahren.

Insgesamt habe ich die Diskussionen als sehr bereichernd empfunden. Schon im Vorfeld gab es in der Fachabteilung spannende Diskussionen. Es gäbe auch den einen oder anderen Punkt im Gutachten, den ich jetzt nach den Diskussionen gerne überarbeiten würde. Ich habe viel mitgenommen. Ich würde es begrüßen, wenn die Ermittlerinnen und Ermittler auch die Bedenken aus der Anwaltschaft und die Bedenken aus der Wissenschaft ernst nehmen würden. Herzlichen Dank.

Bundesanwalt Dr. Jörn *Hauschild*, Karlsruhe:

Sehr geehrte Damen und Herren, meine Sicht ist von der Ermittlerpraxis geprägt und wir haben in der Diskussion auch viele gegensätzliche Stimmen aus anderen Blickwinkeln gehört. Auffallend ist, dass bei diesem Thema der Teufel oft im Detail steckt. Dies zeigt sich beispielsweise bei der Frage der Sichtung und Auswertung von Daten, insbesondere welche Arbeitsschritte zu dokumentieren sind. So wurde im Gutachten die Auffassung vertreten, dass für die offene Beschlagnahme von Smartphones eine Regelung entsprechend § 100a Abs. 6 StPO zu normieren sei. Betrachtet man § 100a Abs. 6 Nr. 2 StPO jedoch näher, so stellt man fest, dass die gesetzliche Regelung einer Protokollierung hier vor allem dazu dient, die Verwertbarkeit der gewonnenen Beweise im Nachhinein unter Berücksichtigung der heimlich eingesetzten Überwachungssoftware und deren Funktionsumfang feststellen zu können. Dies ist ein wesentlicher Unterschied zur offenen Maßnahme. Darüber hinaus stellt sich auch im Hinblick auf die schriftliche Dokumentation der Ermittlungen die Frage, warum eine Eingriffsnorm, insbesondere im Hinblick auf die zitierte Wesentlichkeitstheorie, überhaupt jedes Detail regeln muss. Hat sie sonst wirklich keine Legitimation? Vielmehr enthält die StPO eine ganze Reihe von Grundsätzen, die nicht bis ins Detail normiert sind. So ergibt sich neben den verfassungsrechtlichen Vorgaben insbesondere aus dem Grundsatz der Aktenvollständigkeit, dass die Ermittlungsbehörden ohnehin zu einer lückenlosen Dokumentation des Ermittlungsverfahrens verpflichtet sind. So sind den §§ 147, 163 Abs. 2 S. 1, § 168b Abs. 1, §§ 169a und 406e Abs. 2 StPO Ausprägungen des Grundsatzes der Aktenvollständigkeit zu entnehmen. Für die Sicherstellung von IT-Geräten folgt daraus, dass die IT-forensische

Sicherung und Untersuchung von Datenträgern umfassend zu protokollieren ist. Diese Protokolle sind mir im Zusammenhang mit der technischen Sicherung und anschließenden Auswertung von Daten aus den Ermittlungsakten bekannt. In Vorbereitung meines Referates habe ich diesbezüglich nochmals beim Bundeskriminalamt zu den technischen Abläufen nachgefragt. Dort wurde mir mitgeteilt, dass die Aufbereitung der sichergestellten Daten durch technische Spezialisten zunächst gesichert, also gespiegelt wird. Eine Sichtung der Daten findet in dieser Phase nicht statt. Anschließend wird diese Kopie den Ermittlern mittels einer speziellen Software zur Sichtung und Auswertung zur Verfügung gestellt. Neben den IT-Geräten werden u. a. die gefundenen Zugangsdaten zu Online-Diensten detailliert beschrieben. Darüber hinaus werden die einzelnen Arbeitsschritte der Datenaufbereitung und Untersuchung, die angewandten Methoden sowie die eingesetzte Software dargestellt. Auch die anschließende Sichtung und Auswertung der Daten wird von den Ermittlungsbehörden in der Akte dokumentiert. Wenn dies – wie der Ermittlungsrichter aus Nordrhein-Westfalen hier geschildert hat – im Einzelfall, insbesondere in Massenverfahren bei den Landesstaatsanwaltschaften, nicht immer der Fall ist, folgt daraus nicht ohne weiteres die Verfassungswidrigkeit der bestehenden Regelungen. Im Ergebnis dürfen die gesetzlichen Anforderungen nicht so hoch sein, dass selbst wir bei der Bundesanwaltschaft mit geringeren Fallzahlen uns schon Gedanken machen müssen, wie wir das in der Praxis überhaupt umsetzen können. Wie soll das erst der Dezernent einer Staatsanwaltschaft in einer allgemeinen Abteilung mit teils über 120 Eingängen im Monat gewährleisten können? Was mir im Rahmen der Diskussion und auch schon bei der Vorbereitung des Referats in Gesprächen mit den Experten der Cybercrime-Zentren der Generalstaatsanwaltschaften aufgefallen ist, ist, dass wir in der Breite relativ wenig Kenntnis von den genauen technischen Abläufen im Zusammenhang mit der Sicherstellung und Auswertung von Daten haben. Eine solche Kenntnis ist aber für die rechtliche Beurteilung nicht unerheblich. Ich bin auch sehr dankbar für den Beitrag des hier anwesenden Kriminologen. Es ist zunächst einmal richtig, dass wir aus unterschiedlichen Blickwinkeln unsere Positionen vertreten. Ich habe aber den Eindruck, dass das nicht ausreicht, weil die Diskussion gezeigt hat, dass es eigentlich in mehrfacher Hinsicht an einer validen Bestandsaufnahme fehlt. Nicht nur – wie schon erwähnt – in technischer Hinsicht! Es fehlt auch eine nachvollziehbare Faktenbasis, ob es in der Praxis tatsächlich so viele Fehler gibt, wie im Gutachten behauptet wird. Mir ist nicht bekannt, wie lange beschlagnahmte Datenträger tatsächlich bei der Staatsanwaltschaft aufbewahrt werden. In diesem Zusammenhang gibt es verschiedene Gerichtsentscheidungen, die im Gutachten zitiert werden, bei denen es sich aber letztlich um Einzelfallentscheidungen handelt. Die Entscheidungen können auch als Beleg dafür herangezogen werden, dass die Anwendung des Verhältnismäßigkeitsgrundsatzes und die damit verbundene Kontrollfunktion der Gerichte in der Praxis funktioniert. Darüber hinaus gibt es keine umfassende und aussagekräftige Erhebung darüber, wie lange und aus welchen Gründen die Datenträger tatsächlich ausgewertet werden. Müssen z. B. fremdsprachige Dateien erst übersetzt werden? Wie sieht also die Praxis tatsächlich aus? Hier wäre eine wissenschaftliche Untersuchung zwingend geboten. Im Ergebnis bin ich der Meinung, dass wir heute nicht auf einer eigentlich unklaren fachlichen und sachlichen Grundlage Beschlüsse formulieren sollten, die dann deutlich über das Ziel hinausschießen. Vielen Dank.

Rechtsanwältin Gül *Pinar*, Hamburg:

Auch ich danke für die offene Diskussion. Ich verstehe seit gestern schon ein bisschen mehr, wie die Blockadehaltung der Staatsanwaltschaft entsteht. Wir leben nicht alle auf unterschiedlichen Kontinenten. Wir haben, nicht nur weil ich Verteidigerin bin und Sie Staatsanwälte und Staatsanwältinnen, unterschiedliche Sichtweisen. Ich kann Ihnen versichern, auch innerhalb der Anwaltschaft haben wir Unterschiede im Alltag. Ich bin im Strafrechtsausschuss des Deutschen Anwaltsvereins und dort sind viele Wirtschaftsstrafrechtler, deren Alltag ein ganz anderer ist als meiner. Die haben mit ganz anderen Daten, mit ganz anderen Beschlagnahmen zu tun als ich. Mir geht es auch um Mandanten, die auf der Straße angehalten werden. Trotzdem muss man das alles regeln. Die Fälle, die Sie heute genannt haben, alles, was sie im Moment als Ermittlungsmaßnahme haben, können Sie nach wie vor noch auch im Falle einer gesetzlichen Neuregelung weiterhin so tun. Selbstverständlich. Im Rahmen der organisierten Kriminalität zum Beispiel, wenn Sie Bandenstrukturen aufdecken müssen. Ich bin mit Ihnen ja einig, dass Sie auch dann gucken können, ob A mit B kommuniziert hat, wenn A sich die ganze Zeit Z nennt. Das ist klar, aber darum geht es nicht. Tatsächlich hat es vorhin Herr Stahlmacke auf den Punkt gebracht: in den allermeisten Fällen, wenn es nicht um organisierte Strukturen geht, steht es im Gutdünken von Polizeibeamten, was er sich im Handy anguckt. Und das kann nicht sein, das darf nicht sein! In Anbetracht dessen, was in dem Handy alles drin ist, muss das genauer geregelt werden. Aber nochmal: egal wie streng eine solche Norm wäre, das, was Sie heute tun, das werden Sie weiterhin tun dürfen. Nur eben diese Auswüchse gäbe es nicht.

Vors. Richter am LG Gregor *Herb*, Berlin:

Vielen Dank, meine Damen und Herren. Natürlich ist auch mir klar und ist ja hier gestern und heute zur Sprache gekommen, welche Probleme sich daraus ergeben, wenn man meinen Vorschlag aufnimmt, den Eingriff dadurch zu begrenzen, dass man den Umfang der der Durchsicht zu unterziehenden Daten eingrenzt. Und ich gebe Ihnen recht, sehr geehrter Herr Killmer, in dem von Ihnen geschilderten Fall der beiden Terroristen wäre wahrscheinlich nicht viel zu gewinnen, wenn man eine Eingrenzung in der Form vornähme, wie Sie sie eben im Beispiel vorgenommen haben. Deswegen ist mir eines wichtig: Ich möchte meinen Vorschlag nicht so verstanden wissen, dass man den Datenbestand, der der Durchsicht unterzogen werden soll, immer, auch in solchen Fällen, auf ein Minimum reduziert. Gerade in Fällen des Terrorismus in denen – wie ich in meinem Vortrag ausgeführt habe – Strukturen aufzudecken sind, wird die Eingrenzung bis hin zur nahezu vollständigen Auswertung des Mobiltelefons reichen können, so dass man sich natürlich fragen kann, welchen Mehrwert eine solche „Begrenzung" in diesen Fällen hat. Immerhin macht auch in solchen Fällen die Begrenzung der Durchsicht transparent, dass eben der nahezu totale Zugriff gewollt ist, auf den sich die Prozessbeteiligten dann entsprechend einstellen können. Dass eine gesetzliche Regelung, die den der Durchsicht zu unterziehenden Datenbestand beschränkt, ihrerseits eher generalklauselhaft sein, jedenfalls aber mit unbestimmten Rechtsbegriffen arbeiten wird, ist meines Erachtens klar; wir kennen die Regelung im § 103 StPO, dass es sich bei den Gegenständen, die man beim Nicht-Verdächtigen sucht, um bestimmte Gegenstände handeln muss. Der Begriff der Bestimmtheit ist seinerseits ja relativ wenig bestimmt, was aber die Rechtsanwender in der Praxis nicht davon abgehalten hat, das Instrument der Durchsuchung bei Nicht-Verdächtigen vernünftig in der alltäglichen Praxis einzusetzen. Ich meine, dass wir als Juristen mit solchen Begriffen umgehen können, und ich vertraue darauf, dass die am Strafverfahren Beteiligten eine Handhabung finden werden, auch ohne, dass ihnen das Buchstabe für Buchstabe vorgegeben wird. Ich bedanke mich.

Vorsitzende:

Hervorragendes Zeitmanagement, vielen Dank. Mir bleibt jetzt gar nicht viel zu sagen, außer dass Sie die Beschlussvorlage bereits in den Händen haben, soweit ich das überblicke. Um 16 Uhr beginnen wir mit der Abstimmung. Die Modalitäten erkläre ich dann. Ganz herzlichen Dank, ich wünsche eine angenehme Pause.

(Beschlussfassung)

Vorsitzende:

Frau Graf-Schlicker hat um das Wort gebeten.

MinDir aD Marie-Luise *Graf-Schlicker*, Berlin:

Ja, meine Damen und Herren, ich möchte nicht schließen, ohne Dank zu sagen. Vor allen Dingen ein ganz besonderes Dankeschön an das Podium hier: die Vorsitzende und den Vorstand der Sitzung, den Gutachter, die Referenten. Es waren wirklich zwei ganz tolle, intensive Diskussionstage und natürlich möchte ich auch Ihnen allen, die Sie daran mitgewirkt haben, ein herzliches Dankeschön sagen. Sie haben mit Ihren Diskussionen den Deutschen Juristentag wirklich bereichert. Schauen wir mal, wie es weiter gehen wird. Ich bin mir ganz sicher, dass dieses Thema für uns alle auf dem Tisch bleiben wird. Herzlichen Dank und guten Heimweg.

Vorsitzende:

Danke schön, Frau Graf-Schlicker, ich freue mich wahnsinnig, Sie hier oben zu sehen. Mir bleibt jetzt nur noch, weiteren Dank auszusprechen und einen Abschied, bis man sich vielleicht dann draußen in gemütlicher Form wiedersieht. Mein Dank gilt natürlich besonders dem Podium: das ist unser Gutachter Herr El-Ghazi, das sind unsere Referentinnen und Referenten Frau Pinar, Herr Hauschild und Herr Herb. Ohne Sie wäre das ganze einfach nicht in dieser Form gelungen, und ich freue mich sehr, dass wir Sie gewonnen haben. Ganz, ganz herzlichen Dank. Ganz herzlichen Dank auch an meine Kollegin Anke Müller-Jacobsen, an den Schriftführer Timo Walter – ohne Euch wäre ich geliefert. Vielen Dank. An unsere Abteilungsreferentin Frau Anne Nentwich: ich danke für die Unterstützung über die gesamte Zeit unserer Tagung. Bei ihr kann man jetzt noch die Fortbildungsbescheinigungen abholen, sie hat sie parat. Ich bedanke mich natürlich auch bei Pauline und Jan, die das Zählen unterstützt haben. Sind Sie noch da? Herzlichen Dank. Ganz, ganz lieber Dank für Ihren unermüdlichen Einsatz gilt auch dem TontechnikerInnen-Team: das sind Frau Bening, Herr Samuel und Herr Amin. Und natürlich auch den nicht anwesenden vielen Helferlein, die hier herumlaufen. Also noch einen Applaus, auch wenn Sie jetzt gerade nicht anwesend sind. Danke. Ich sehe Sie hoffentlich alle spätestens in Erfurt wieder.

Beschlüsse

Thema: Beschlagnahme und Auswertung von Handys, Laptops & Co. – Sind beim offenen Zugriff auf Datenträger die Persönlichkeitsrechte angemessen geschützt?

I. Voraussetzungen für eine (vorläufige) Sicherstellung, Beschlagnahme und Durchsicht (§§ 94, 98, 110 Abs. 3 und 4 StPO) komplexer IT-Geräte

1. Soll der Eingriff zur Aufklärung von Ordnungswidrigkeiten

   a) ausgeschlossen werden?
   abgelehnt 0:67:3

   b) mit Ausnahme solcher Taten ausgeschlossen werden, die mittels Informationstechnik begangen wurden?
   abgelehnt 0:66:5

   c) mit noch zu bestimmenden Ausnahmen ausgeschlossen werden?
   abgelehnt 27:39:4

2. Soll der Eingriff zur Aufklärung von Straftaten, deren Strafdrohung unter einer bestimmten Höhe liegt

   a) ausgeschlossen werden?
   abgelehnt 7:54:8

   b) mit Ausnahme solcher Taten ausgeschlossen werden, die mittels Informationstechnik begangen wurden?
   abgelehnt 19:45:4

3. Soll der Eingriff

   a) auf die Aufklärung von Katalogstraftaten beschränkt werden?
   abgelehnt 2:58:9

   b) auf Straftaten von im Einzelfall erheblicher Bedeutung beschränkt werden?
   abgelehnt 16:46:6

4. Soll der Eingriff nur dann zulässig sein, wenn bestimmte Tatsachen die Annahme rechtfertigen, dass er verfahrensrelevante Erkenntnisse bringen wird (qualifizierte Beweisrelevanz)?
abgelehnt 33:34:2

5. Soll der Eingriff allgemein nur daran gebunden werden, dass die Durchsicht von elektronischen Speichermedien zur Art und Schwere der Anlasstat nicht außer Verhältnis steht?
abgelehnt 8:54:7

II. Regulierung der Eingriffstiefe

6. Soll bereits die Anordnung diejenigen Daten konkretisieren, die durchgesehen werden dürfen?
angenommen 38:31:2

7. *Falls ja:* Soll der Verstoß gegen diese Konkretisierung ein Verwertungsverbot zur Folge haben?
abgelehnt 20:43:7

8. Soll eine Beschränkung zur Verwendung von Zufallsfunden implementiert werden?
abgelehnt 27:39:4

9. Sind für die Durchsicht von komplexen IT-Geräten Regelungen zum Schutz des Kernbereichs privater Lebensgestaltung einzuführen?
angenommen 35:28:4

10. Soll ausdrücklich vorgesehen werden, dass die dauerhafte Ingewahrsamnahme eines Datenträgers gegenüber der Sicherung der Daten durch Kopie mit anschließender Herausgabe des Datenträgers subsidiär ist, sofern der Herausgabe keine andere Rechtsvorschrift entgegensteht?
angenommen 36:24:8

III. Informations- und Gehörsrechte

11. Soll dem Geräteinhaber ein Anspruch auf Aushändigung einer Datenkopie der (vorläufig) sichergestellten Daten

a) unverzüglich nach Mitnahme des Geräts eingeräumt werden?
abgelehnt 25:34:8

b) nach Abschluss der Auswertung der Daten eingeräumt werden?
angenommen 36:23:8

12. Soll die Verteidigung berechtigt sein, bei einer Durchsicht von Daten nach § 110 Abs. 3 StPO anwesend zu sein?
abgelehnt 21:42:5

13. Sollen die einzelnen Arbeitsschritte bei der Durchsicht, der Aufbereitung und der Auswertung der Daten dokumentiert werden müssen?
angenommen 34:26:9

IV. Rückgabe des IT-Geräts

14. Soll die Rückgabe des IT-Geräts, soweit sie zulässig ist, an eine Frist gebunden werden können?
angenommen 36:27:5

15. Falls ja: Soll diese Frist durch eine gerichtliche Entscheidung auf Antrag der Staatsanwaltschaft verlängert werden können?
angenommen 56:6:7

V. Rechtsschutz

16. Soll das Gericht im Fall einer nicht gerichtlich angeordneten Beschlagnahme analog zu § 307 Abs. 2 StPO anordnen können, dass die Durchsicht bis zur Entscheidung (§ 98 Abs. 2 Satz 2 StPO) ausgesetzt wird?
angenommen 38:26:6

VI. Abschließend

17. Genügen die bestehenden Regelungen der StPO, um die Persönlichkeitsrechte beim offenen Zugriff auf komplexe IT-Geräte angemessen zu schützen?
abgelehnt 31:37:3

18. Zur Bewältigung der Datenauswertung ist die personelle und materielle Ausstattung der Ermittlungsbehörden bedarfsgerecht auszubauen.
angenommen 67:0:3

Verhandlungen des 74. Deutschen Juristentages

Stuttgart 2024

Herausgegeben von der
Ständigen Deputation
des Deutschen Juristentages

Band II/2

Sitzungsberichte – Diskussion und Beschlussfassung

Teil N

Bewältigung zukünftiger Krisen: Welche gesetzlichen Rahmenbedingungen werden benötigt, um effektiv und effizient zu reagieren und finanzielle Hilfen bedarfsgerecht zu verteilen?

Teil N

Sitzungsbericht über die Verhandlungen der Abteilung Öffentliches Recht

am 25. und 26. September 2024
über das Thema

Bewältigung zukünftiger Krisen: Welche gesetzlichen Rahmenbedingungen werden benötigt, um effektiv und effizient zu reagieren und finanzielle Hilfen bedarfsgerecht zu verteilen?

Die Ständige Deputation hat gewählt:

Prof. Dr. Johanna *Hey*, Köln
zur Vorsitzenden

Hauptgeschäftsführer Prof. Dr. Hubert *Meyer*, Hannover
zum Stellvertretenden Vorsitzenden

Prof. Dr. Florian *Becker*, LL.M., Kiel
Prof. Dr. Hanno *Kube*, LL.M., Heidelberg
zu Gutachtern

Prof. Dr. Peter *Axer*, Heidelberg
Stv. Hauptgeschäftsführer Dr. Joachim *Schwind*, Hannover
Dr. Heike *Spieker*, Berlin
zu Referentinnen und Referenten

Richter Dr. Matthias *Modrzejewski*, Stuttgart
zum Schriftführer

Diskussion

am 25. September nachmittags
(anwesend etwa 122 Teilnehmerinnen und Teilnehmer)

Stv. Vorsitzender:

Vielen Dank Frau Spieker, wir danken für Ihr Referat, dass eine wertvolle Abrundung der insgesamt in den Blick zu nehmenden Aspekte geboten hat. Wir kommen jetzt in die Diskussionsrunde.

Wir haben es uns so vorgestellt, dass wir insgesamt vier Blöcke zur Diskussion haben. Wir würden die Blöcke drei und vier, die morgen folgen, schwerpunktmäßig den Ausführungen widmen, die auf dem Gutachten von Herrn Kube beruhen. Und wir würden heute und morgen früh schwerpunktmäßig die organisatorischen Dinge diskutieren wollen, die auf dem Gutachten von Herrn Becker beruhen und die sich in unseren Beschlussvorschlägen in den Thesen eins bis vierzehn widerspiegeln. Wir können natürlich eine solche Diskussion hier nicht völlig vorstrukturieren, sondern die hat ja auch eine Eigendynamik. Nach unseren Vorstellungen wäre es sinnvollerweise so, dass wir zunächst mal mit den etwas allgemeineren Dingen beginnen: Was ist der Begriff der Krise, den Florian Becker heute Morgen vielfältig ausgeleuchtet hat? Wo bestehen Handlungsbedarfe? Müssen wir im Grundgesetz etwas ändern? Bestehen kompetenzrechtliche Fragenstellungen? Wer sind die maßgeblichen Akteure der Krisenbewältigung? All das sind Stichworte, die wir uns für heute beispielsweise vorstellen können. Morgen könnte es dann nochmal in die konkretere Umsetzung gehen. Wir haben jetzt drei Wortmeldungen vorliegen. Ich würde die eben zuletzt reingekommene Wortmeldung nach vorne ziehen. Herr Prof. Pielow hat sich nämlich gemeldet zum Begriff der Krise und Folgefragen und das scheint mir eine der sinnvollen Einstiegsthematiken, um die Diskussion zu eröffnen. Sie müssten bitte nach oben kommen, weil wir sonst das nicht aufgezeichnet bekommen und wir kein Saalmikrofon zur Verfügung haben.

Rechtsanwalt Prof. Dr. Christian *Pielow*, Dortmund:

Sehr geehrte Referenten, verehrte Vorsitzende dieses Panels, zunächst gilt meine Hochachtung und meine Anerkennung den aussagestarken und sehr dichten Referaten, die wir gerade hören durften. Ich darf vorausschicken, dass ich mit einer Studierendengruppe aus Bochum angereist bin, weil wir im Sommersemester die Vorlesung Öffentliche Versorgung miteinander bestritten. Insofern könnte ich zum Beratungsthema gut und gerne ein Co-Referat halten, will mich aber auf die von Ihnen, lieber Herr Kollege Meyer, aufgeworfene Eingangsfrage konzentrieren: „Was heißt eigentlich Krise?". Im Entwurf zur Beschlussfassung heißt es in These 1: „Krisen werden durch Naturkatastrophen oder durch andere außergewöhnliche Ereignisse ausgelöst." Es geht danach vorwiegend um Situationen, in denen sich aufgrund unvorhergesehener Ereignisse eine bestimmte Gefahr realisiert hat, in denen mit anderen Worten das Kind bereits in den Brunnen gefallen ist. Insofern frage ich mich und frage ich Sie, ob dieses Verständnis der Krise nicht doch weiter gefasst werden muss. Geht es tatsächlich nur um ad hoc-Situationen, in denen es bereits zu Schäden gekommen ist, oder muss es nicht gerade auch um vorsorgende Maßnahmen, auch angesichts schon bestehender Krisen, gehen? Beide Themen sind letztlich in den Referaten auch vermengt worden. Im Beitrag von Herrn Kollegen Axer ging es auch um Vorsorgefragen im Gesundheitswesen und thematisierte er dazu das Prinzip der Versorgungssicherheit. Mit Herrn Kollegen Becker bin zwar auch ich der Auffassung, dass wir kein umfassenderes Krisengesetz oder Krisenverwaltungsrecht brauchen. Womöglich bedarf es aber neuer, juristisch brauchbarer und dogmatisch nachvollziehbarer Arbeitskategorien, mit denen Krisen schon im Vorfeld der Katastrophe besser begegnet werden kann. Ich möchte Ihnen zwei Beispiele nennen, die mich drüber nachdenken lassen, ob man ein „Krisenrecht" in diesem Sinne nicht weiter verstehen muss. Zum einen: Was machen wir mit den einstürzenden Brücken in unserem Land? Damit ist die Krise vieler Infrasturen angesprochen, nicht nur im Straßenwesen, sondern etwa auch im Schienenverkehr u. a. m. Kommt das, was hier verhandelt wird, erst zum Tragen, wenn tatsächlich Brücken einstürzen und es womöglich auch zu Personen- und Sachschäden kommt (was Gott sei Dank bislang, im Gegensatz zu Verhältnissen in Italien/Genua, noch nicht passierte)? Anderes Beispiel: Frau Kollegin Hey hat einleitend auch die Klimakrise angesprochen. Geht es Ihrem Beratungsgegenstand dann nur um die Situation des Ahr-Hochwassers, wenn sich also infolge des Klimawandels bestimmte Gefahren – Hochwasser, Dürreereignisse, Hitzeereignisse usw. – realisiert haben? Oder muss es nicht schon im Vorfeld um die Abwendung oder Abmilderung solcher Folgen, hier konkret: um die Klimawandelfolgenvorsorge gehen, durchaus im Sinne einer spezifischeren Gefahrenabwehr? Das herkömmliche Polizei- und Ordnungsrecht, aber etwa auch das Gewerbe- und das Anlagen- oder Immissionsschutzrecht greifen hier nur bedingt und schon einmal zu kurz. Aus meiner Sicht besteht vielfältig Anlass, zur Bewältigung zukünftiger, aber auch aktueller Krisen insgesamt vorausschauender tätig zu werden, und zwar ebenso rechtswissenschaftlich wie rechtspraktisch. Dazu stellen sich viele Einzelfragen, etwa zur Verantwortungszuweisung und -verteilung, zu Haftungsfolgen, Verfahrensfragen und anderes mehr. Insofern möchte ich dafür plädieren, den Begriff der Krise, womöglich auch in den Beschlüssen dieser Abteilung, im Ansatz breiter zu fassen und die notwendige Abwehr von Krisenfolgen im Blick zu behalten. Es handelt sich um zwei Seiten einer Medaille, die vielfältig ineinandergreifen. Vielen Dank.

Stv. Vorsitzender:

Vielen Dank lieber Herr Pielow. Da sich die beiden folgenden Wortmeldungen thematisch anders mit kompetenzvergleichenden Fragestellungen beschäftigen, würde ich vorschlagen, dass Herr Becker schonmal erwidert auf das, was Herr Pielow gerade angemahnt hat.

Gutachter *Becker*:

Ja, vielen Dank. Also eigentlich rennen Sie offene Türen ein. Denn zum einem ist der Begriff der Krise meines Erachtens natürlich in gewisser Weise beliebig; ich habe versucht, das am Anfang anzudeuten. Von der Sinnkrise bis hin zur Regierungskrise kann man viele Zustände mit diesem Begriff bezeichnen. Letztlich alles, was vom normalen Zustand in irgendeiner Art und Weise abweicht, kann man als Krise empfinden.

Wir müssen es hier aber sinnvoll einordnen, damit das Phänomen ein Betrachtungsgegenstand des öffentlichen Rechts wird und das betrifft natürlich in erster Linie die großen Krisen. Die Klimakrise haben wir explizit nicht unter diese Krise gefasst, weil hier nämlich das Charakteristikum der Plötzlichkeit fehlt. Krisen, so wie wir sie verstanden haben, die die Reaktionsfähigkeit von Staat und Gesellschaft herausfordern, sind Krisen mit unvorhersehbaren Kausalverläufen mit Unsicherheit, Plötzlichkeit; also Dinge die irgendwie über uns kommen, auf die wir uns aber so gut wie möglich vorbereiten müssen. Die Klimakrise passt da meines Erachtens in diese Reihe nicht rein. Was Sie ebenfalls angesprochen haben, nämlich die Aufgabe der Krisenbekämpfung weiterzufassen: Auch das ist im Gutachten mit dem Begriff des Krisenzyklus reflektiert. Der besteht aus Krisenvermeidung, Vorbereitung auf die Krise, Bekämpfung der Krise im eigentlichen Sinne, Beseitigung der Krisenfolgen (da sind wir insbesondere bei den finanziellen Fragen) und am Ende der Krisenaufarbeitung, also der Frage rechtlicher und politischer Verantwortung für das Geschehen und zwar bezogen auf den gesamten Zyklus.

Also man fragt am Ende auch nicht nur „Wie ist die Krisenbekämpfung im eigentlichen Sinne verlaufen?“, sondern „Hätte man auch mehr tun können, um sie zu vermeiden oder sich besser vorzubereiten?“. Das bezieht sich auf den Vorschlag, den wir vorhin von Herrn Schwind gehört haben. Ich glaube und vielleicht ist das trotz der Breite der Referate nicht ganz zum Ausdruck gekommen, wir hatten schon in den Gutachten und Referaten diesen Zyklus im Blick und haben uns nicht nur auf diesen engen Bereich beschränkt. Viele der Vorschläge, über die wir uns hier unterhalten haben, die auch in den Referaten vorgetragen worden sind, beziehen sich ja gerade auf die Vorbereitung auf die Krise. Was Herr Kube vorgetragen und begutachtet hat, bezieht sich auf die Abarbeitung der Krise in finanzieller Hinsicht. Also von daher glaube ich, dass das in der Gesamtheit dessen, was hier bislang vorgelegt worden ist, schon berücksichtigt wurde. Danke.

Stv. Vorsitzender:

Vielen Dank Herr Becker für diese Einordnung nochmal. Der Herr Schwind auch nochmal dazu.

Stv. Hauptgeschäftsführer Dr. Joachim *Schwind*, Hannover :

Ja, vielen Dank für die Anregungen. Ich will aus meiner Sicht nochmal die Abgrenzung zum allgemeinen Gefahrenabwehrrecht verdeutlichen, vielleicht am Beispiel Brücken. Wir haben ja umfangreiche technische Regelwerke, die regelmäßige Begutachtungen von Brücken im Fünfjahreszyklus fordern. Ich würde jetzt also sehr ungern von einer Brückenkrise in Deutschland sprechen, auch wenn wir wissen, dass einzelne derzeit möglicherweise schwierig sind. In dem Moment aber, wo es Anhaltspunkte gibt für die beschriebenen Probleme im Stahlbeton, da bin ich voll im Gefahrenabwehrrecht und muss sperren, außer Betrieb nehmen und alles, was man so macht, um furchtbare Unglücke zu verhindern. Bis dahin bin ich in dem von Ihnen zurecht angemahnten Bereich aber der Gefahrenprävention, denn viele unserer technischen Regeln, wie hier die zur regelmäßigen Begutachtung, sind ja letztlich Ausfluss einer antizipierten Gefahrvermeidung. Also das Thema durchzieht eigentlich das gesamte öffentliche Recht in Deutschland, sonst bräuchten wir die ganzen Vorschriften nicht. Insofern würde ich auch dafür plädieren, die plötzlichen Ereignisse, die sich der Planung entziehen, eng in den Bereich Krise zu fassen. Der Rest ist Gefahrenabwehr oder das, was Verwaltung eben macht, Vorsorge und Prävention.

Prof. Dr. Johanna *Hey*, Köln:

Vielleicht nur ganz kurz: In der Tat geht es nicht nur um unmittelbare Krisennachsorge und was man für die nächste Krise lernen kann, sondern auch um Krisenvermeidung. Und wenn man sich insbesondere Überschwemmungsereignisse im Ahrtal anschaut, dann wundert man sich, warum manches zerstörte Haus genau da wieder aufgebaut wird, wo es zuvor gestanden hat. Das heißt also, das Planungsrecht wäre ein sehr, sehr wichtiges Feld, das gilt insbesondere für die durch den Klimawandel notwendigen Planänderungen. Also ich glaube es ist ein sehr wichtiger Aspekt. Herr Schwind hat schon gesagt, es ging uns primär um die Eilbedürftigkeit der Maßnahmen bei begrenzten Ressourcen. Aber wie gesagt, ich glaube, den Nachsorgebegriff könnte man noch etwas weiter fassen.

Stv. Vorsitzender:

Okay, wenn es keine Ergänzungen zum Thema Krisenbegriff mehr gibt, dann würde ich jetzt Herrn Dr. Ritgen schonmal bitten, dass er sich zum Mikrofon begibt und ich darf zwischendurch nochmal die Zwischenbemerkung von Herrn Pielow aufgreifen, dass ja viele auch Studentinnen und Studenten hier sind und ich möchte ausdrücklich ermutigen, sich an der Diskussion zu beteiligen. Das ist nicht nur eine Diskussion von Mitgliedern des Juristentages, sondern auch derjenigen, die sich vertieft mit diesen Gefahrabwehrrecht auseinandergesetzt haben und was beitragen können, sind herzlich eingeladen, dies hier auch zu tun. Da freuen wir uns. So und jetzt hat Herr Dr. Ritgen vom deutschen Landkreistag das Wort.

Dr. Klaus *Ritgen*, Berlin:

Meine Damen und Herren, zunächst möchte ich der Abteilung für die Wahl des Themas danken. Sie werden mir alle zustimmen: Etwas aktuelleres hätte man sich als Fragestellung kaum ausdenken können. Die Polykrise ist nicht nur ein theoretisches Phänomen, sondern was, was wir tagtäglich aufs Neue erleben. Insofern herzlichen Glückwunsch zur Themenwahl. Auch deshalb meinen herzlichen Glückwunsch, weil ich immer den Eindruck gehabt habe, dass gerade das Bevölkerungsschutzrecht ein Rechtsgebiet ist, das bisher dogmatisch noch nicht wirklich auf dem allerhöchsten Niveau durchdrungen gewesen ist. Das hat sich jetzt grundlegend geändert, insbesondere die Gutachten und die Referate leisten dazu einen ganz wesentlichen Beitrag.

Kollege Meyer hat gerade schon darauf hingewiesen, dass ich für den Deutschen Landkreistag tätig bin. Von daher wird es Sie nicht wundern, dass ich in vielem insbesondere mit dem übereinstimme, was mein Kollege Schwind vom Niedersächsischen Landkreistag in seinem Referat ausgeführt hat. Auch ich bin der festen Überzeugung, dass sich das Prinzip der kommunalen Selbstverwaltung und die Dezentralität der Gefahrenabwehr auch im Katastrophenschutz und bei der Bekämpfung sonstiger Krisen hervorragend bewährt hat. Und zwar nicht nur bei lokal begrenzten Krisen, sondern auch bei überregionalen Großschadensereignissen, weil auch diese überregionalen Großschadensereignisse – Corona ist ein Beispiel dafür, obwohl es keine Katastrophe im engeren Rechtssinn gewesen ist – vor Ort bekämpft werden. Und dafür brauchen wir wirksame Mechanismen.

Deshalb sehe ich auch keinen Anlass für eine grundsätzliche Reform des Systems, wie sie insbesondere zum Ende der letzten Legislaturperiode auf politischer Ebene gefordert wurde. Seinerzeit gab Forderungen, die auf eine ganz grundsätzliche Neuorganisation des Katastrophenschutzes, insbesondere auf eine stärkere Rolle des Bundes zielten. Diese Forderungen werden aktuell – soweit ich es überblicke – zu Recht nicht mehr erhoben.

Richtig ist aber natürlich, dass Gefahrenabwehr, die Katastrophenbekämpfung vor Ort auf Hilfe angewiesen sein kann, sei es aus anderen Kommunen, sei es aus den Ländern, sei es vom Bund. Insoweit spielen vor allem das Technische Hilfswerk, eine Organisation des Bundes, die bisher noch gar nicht erwähnt worden ist, und natürlich auch die Bundeswehr eine wichtige Rolle. Nicht zuletzt die Bundeswehr unterstützt die Kommunen im Wege der Amtshilfe vielfach, nicht nur bei Corona, sondern auch im Ahrtal und in vielen anderen Fällen. Und richtig ist auch: Die Rechtsgrundlagen, auf denen ein solches ebenenübergreifendes Zusammenwirken in der Krisenbewältigung geschieht, sind bisher nicht immer eindeutig. Das hat insbesondere Prof. Becker in seinem Gutachten sehr deutlich herausgearbeitet.

Wir als Deutscher Landkreistag hatten die Hoffnung, mit der Gründung des Gemeinsamen Kompetenzzentrums Bevölkerungsschutz (GeKoB) jedenfalls einen Teil der beschriebenen Herausforderungen der ebenübergreifenden Zusammenarbeit lösen zu können. Das GeKoB ist eine Einrichtung, die auf einer Verwaltungsvereinbarung der Länder mit dem Bund basiert und damit betraut ist, Instrumente wie ein bundesweites Lagebild und ein Ressourcenregister zu entwickeln. Herr Schwind hat die Notwendigkeit solcher Instrumente in seinem Referat herausgearbeitet. Bisher geschehen ist in dieser Hinsicht allerdings noch nicht allzu viel, es gibt weder ein digitales Lagebild, noch gibt es ein Ressourcenregister. Es gibt allenfalls Überlegungen in dieser Hinsicht. Deswegen kann ich durchaus nachvollziehen und werde das auch unterstützen, dass man sich Gedanken darüber macht, wie man die ebenenübergreifende Zusammenarbeit, die bessere Koordinierung von Bund und Ländern auf eine sicherere gesetzliche Grundlage stellt. Der Forderung nach einer entsprechenden Gesetzgebungskompetenz für den Bund stimme ich daher zu. Das allein wird aber nicht ausreichen. Vielmehr muss das BBK oder eine andere Stelle des Bundes, die mit der Wahrnehmung dieser Aufgabe betraut wird, auch entsprechend ausgestattet werden. Mit den bisherigen Strukturen wird das nicht gelingen. Insoweit werden auch die Länder gefordert sein, die – so jedenfalls mein Eindruck – beim GeKoB eher auf der Bremse stehen und jedenfalls deutlich mehr Engagement zeigen könnten.

Dazu ein Beispiel, worum ich glaube, dass die bisherigen Ansätze nicht ambitioniert genug sind. Ich hatte gerade schon erwähnt, dass ein Ressourcenregister entstehen soll. Da würde man heute ja eigentlich erwarten, dass ein solches Register digital geführt wird und befüllt werden kann. Im GeKoB plant man dagegen – jedenfalls im ersten Schritt – eine Excel Datei vorzuhalten, in der die Länder und Kommunen ihre jeweiligen Ressourcen sozusagen händisch einzutragen haben würden. Das scheint mir nicht besonders zukunftsgerichtet zu sein. Daher abschließend noch die Bitte, dass der Beschlussvorschlag, in dem zu Recht ein bundesweites Lagebild und ein Ressourcenregister gefordert wird, noch um das Wörtchen „digital" ergänzt wird.

Vielen Dank

Stv. Vorsitzender:

Ja, vielen Dank lieber Klaus Ritgen, für diese Ausführungen. Er hat die Bundeswehr erwähnt, die noch gar nicht vorkam. Wir haben in der Tat in der Coronaphase in weiten Teilen im öffentlichen Gesundheitsdienst ausgeholfen. Da haben übrigens in Niedersachsen alleine auch 800 Finanzbeamten im öffentlichen Gesundheitsdienst ausgeholfen, die Neuerfahrungen gemacht haben, dass Arbeit plötzlich gewertschätzt wurde in der Öffentlichkeit.

Kreisrätin im Landkreis Regina *Tryta*, Verden an der Aller:

Sehr geehrte Frau erste Vorsitzende, meine sehr geehrten Damen und Herren,

der erste Punkt bei mir ist auch die Zusammenarbeit zwischen Bund und Ländern und mit dem BBK. Herr Dr. Ritgen hat es gerade ausführlich ausgeführt. Das wollte ich auch gerne unterstreichen. Ich kann dazu aus der Praxis nochmal sagen, das war immer das, was uns fehlte. Wir als Kommune – also ich habe sämtliche Krisen seit 2015/2016 mitgemacht – haben dann immer selber in der Zeitung geschaut, was kommt da auf uns zu. Das reißt ja hier nicht ab, das wurde mehrfach gesagt: Krisen, Polykrisen. Das heißt also, wenn wir da ein Lagebild hätten und zwar laufend: Wo passiert was? Was kommt auf uns zu? Dann kann man natürlich frühzeitiger reagieren und Maßnahmen in die Wege leiten und das hilft uns dann auch, die Krise besser zu bewältigen.

Dann will ich auf einen zweiten Punkt eingehen und zwar: es wurden hier in den Gutachten die Hilfsorganisationen und auch Spontanhelfer genannt. Wenn ich mir die Anregung erlauben darf, vielleicht auch nochmal auf das Thema Einbeziehung der Bevölkerung einzugehen. Oder ob möglicherweise diskutiert werden könnte, dazu noch etwas aufzunehmen. Wir haben im Moment in den Landeskatastrophenschutzgesetzen und in dem Gesetz über den Zivilschutz und die Katastrophenhilfe des Bundes die Möglichkeit, im Einsatzfall auch Bürgerinnen und Bürger heran zu ziehen, aber im Bereich der Prävention, also die Bürgerinnen und Bürger sozusagen in die Vorbereitung mit einzubeziehen, gibt es keine Rechtsgrundlage und da, wo es keine Rechtsgrundlage gibt, haben wir auch keine Verwaltungsressourcen dafür. Da geht es aus meiner Sicht um Themen wie zum Beispiel Erste-Hilfe Kenntnisse in der Bevölkerung, die Bevorratung der Bevölkerung, Grundkenntnisse, wie überhaupt Katastrophenschutz und Zivilschutz funktionieren, wie man sich als Bürgerin oder Bürger einbringen kann. Das ist ein Politikum. Bisher ist es ja schon schwierig, überhaupt mal eine Broschüre zu bewerben für die Bevorratung.

Im Landkreis Verden haben wir die Erfahrung gemacht, als wir das in die Zeitung gebracht haben, dass uns sofort Panikmache unterstellt wurde. Das führe zu Hamsterkäufen, „wer könne denn sowas machen?“. Also ein Gesetz hat ja auch eine bewusstseinsbildende Kraft. Wenn wir also diese Vorschrift mit aufnehmen oder entsprechende Vorschriften mit aufnehmen können, dass die zuständigen Behörden auf allen Ebenen daraufhin wirken müssen, dass die Bevölkerung mit einbezogen wird, dann würde da vielleicht diese Panik ein bisschen herausgenommen werden. Und es ist zum Beispiel so, wenn man an flächendeckenden Stromausfall denkt: wir versuchen gerade unsere Bevölkerung aufzuklären, dass wir dann als Katastrophenschutzbehörde dem Einzelnen nicht werden helfen können. Es würde so sein, dass man allenfalls die Treibstoffversorgung, was hier auch als Beispiel genannt wurde und noch nicht geklärt ist, für unsere Rettungsfahrzeuge sicherstellen könnte. Also wir werden uns auf ganz zentrale Ressourcen konzentrieren müssen. Wir können dann nicht dem einzelnen Bürger helfen und dann ist es natürlich wichtig, dass er selber schon mal ganz gut aufgestellt ist. Und ich möchte da gar nicht an den Verteidigungsfall denken. Dann hat man ja eine ganz andere Situation unter Zerstörung von Infrastrukturen und so weiter und dann müssten die Bürger erst recht mit einbezogen werden, um gute Grundkenntnisse zu haben. Nur dann kann man dem Ganzen überhaupt begegnen. Ich glaube, auch da hat man im Moment noch politisch Angst, das den Menschen zu sagen, aber anders kommt man dem Thema nicht bei und dann muss man auch wirklich ganz oben anfangen, das neu aufzubauen, denn wir haben da praktisch nichts zurzeit.

Vielen Dank.

Stv. Vorsitzender:

Ja vielen Dank Frau Tryta. Ich will das Schlusswort aufgreifen, wir haben auch nichts, nämlich keine Wortmeldung im Moment vorliegen. Insofern nochmal die ausführliche Ermunterung, sich hier zu melden. Möchte zu den beiden Beiträgen eben noch jemand etwas aus dem Podium beitragen? Ich glaube es waren mehr Anregungen und Zustimmungen als kontroverse Diskussionen. Dann haben wir jetzt den Kollegen Hoffmann aus Nienburg. Die Funktion des Ersten Kreisrats kennen Sie jetzt schon. Er ist der Erste Kreisrat aus dem Landkreis Nienburg an der Weser und wird uns insbesondere zum Thema Helfendengleichstellung nochmal etwas sagen; das ist die Ziffer 14 unseres Beschlussvorschlages.

Rechtsanwalt Lutz *Hoffmann*, Nienburg:

Ja, Frau Vorsitzende, Herr Vorsitzender meine sehr geehrten Damen und Herren, ich habe eigentlich eher eine kleine Frage zum Verständnis der Nr. 14 unserer Thesen, die wir hier heute verhandeln. Da ist die, wie ich finde, sehr richtige und angemessene Gleichstellung von Helfenden der diversen Organisationen, vom THW über die Feuerwehr bis zu den Hilfsorganisationen, zum einen drin, aber da lese ich auch, ohne Differenzierung, dass Spontanhelferinnen und -helfer sowie ungebundene Helferinnen und Helfer auch gleichgestellt werden sollen. Da muss ich ehrlich sagen, als Leiter des Stabes eines Kreises wird mir da ein Stück weit Angst und Bange, dass mich die Menschen falsch verstehen könnten. Eigentlich kann es nur darum gehen, dass wesentlich Gleiches dann auch wirklich gleichbehandelt wird. Dass also natürlich Leute, die sich einfach selbst zu spontanen Helfern erklären, logischerweise nicht unbedingt gleich in den Genuss einer Entgeltfortzahlung kommen sollten. Wobei, wenn wir sie anfordern, sind die auch gar nicht mehr so spontan, also so ein kleiner Widerspruch ergibt sich da. Meine Frage einfach, wie habe ich diese Nr. 14 ganz genau zu verstehen?

Stv. Vorsitzender:

Vielen Dank, mag dazu jemand sofort antworten?

Stv. Hauptgeschäftsführer Dr. Joachim *Schwind*, Hannover :

Ich fange mal an und Frau Spieker ergänzt vielleicht. Wir haben ja im Rahmen der Ahrtal-Katastrophe insbesondere eine sehr große Hilfswelle der Zivilgesellschaft gesehen, die vielen Geschädigten neben der tatsächlichen Hilfe beim Aufräumen der Wohnung auch vermittelt hat: „Ihr seid nicht allein, wir stehen hier an eurer Seite!" Aus meiner Sicht ist davon aber zu unterscheiden, was Behörde braucht zur Krisenbekämpfung und was Behörde anfordert. Das Thema Lenkung von Spontanhelfern ist inzwischen ein eigenes veritables Themengebiet geworden, weil die Erfahrung insbesondere aus unseren Elbehochwassern war: Wenn man der Bevölkerung, die helfen will, nicht die Möglichkeit gibt, etwas zu tun – Stichwort: Sandsäcke füllen, auch wenn die Sandsackfüllmaschine das möglicherweise sogar schneller kann – dann haben wir auch viele Helfer an Orten, wo sie selber eher zur Gefahr werden und dann Hilfe brauchen.

Also für mich wäre wichtig – das ist auch soweit ich es sehe, überall Landesrecht: All die, die wir behördlich brauchen, können wir auch spontan nachts um 3 Uhr als Helfer einsetzen. Das war zuletzt beim Hochwasser so, dass wir sagen, wir benötigen Menschen, die fast auf dem Deich schlafen, die regelmäßig Deichbegehungen machen. Diese Personen können wir ohne formalen Rechtsakt in den Status einer Helferin oder eines Helfers setzen. Das ist nicht unbedingt nur interessant für Freistellungsansprüche, sondern die Situation wird dann schwierig, wenn denen wirklich etwas passiert.

Dass wir diese Menschen absichern müssen, insbesondere bei schweren Unfällen, die ja unter Umstände Berufsunfähigkeit bedeuten kann, ist klar. Für mich wäre immer wichtig, dass wir den behördlichen Akt- also „Du hast einen Auftrag, du bist in unserem Auftrag als Verwaltungshelfer eingebunden" – haben. Ansonsten haben wir eine Situation, die wir kaum beherrschen können, weil jeder sich dann selber zum Helfenden erklärt.

Wer mitmenschlich ist und es schafft, anderen beim Aufräumen zu helfen, hat nicht unbedingt die Erwartung, dass er das im behördlichen Auftrag tut, sondern viele haben ja beim Ahrtal auch eigenen Urlaub, eigene Finanzmittel eingesetzt.

Bei so großen Schadenslagen gibt es aber sicher eine Grauzone: Ich darf beim Ahrtal-Geschehen daran erinnern, dass irgendwann der Transport der privaten Helfer jedenfalls organisiert werden musste, gerade weil sonst die Zugänglichkeit des Schadensgebietes für diese privaten Unterstützer überhaupt nicht mehr gegeben war. Aus meiner Sicht aber gilt stets ein klares Rechtsregime: Der Stab vor Ort muss sagen, wen brauche ich und wer ist im behördlichen Auftrag da. Und nur dann ist man auch Helfer im Rechtssinne des Katastrophenschutzrechtes.

Stv. Vorsitzender:

Frau Spieker, möchten Sie ergänzen?

Dr. Heike *Spieker*, Berlin:

In Ergänzung dessen, was Herr Dr. Schwind gerade sagte, geht es aus meiner Sicht insbesondere um zwei Dinge, die man, glaube ich, für tatsächliche oder künftige potenzielle Spontanhelfende klar nachvollzichbar machen muss. Zum einen, was ist die rechtliche Behandlung, wenn etwas passiert, und warum gibt es vielleicht auch Unterschiede in der Behandlung. Es muss eine Nachvollziehbarkeit von rechtlichen Regelungen bzw. Nicht-Regelungen geben. Eine – vielleicht auch erweiterte – Nachbarschaftshilfe ist eine andere Art von spontaner Hilfe als eine (nicht ironisch gemeinte) institutionelle Spontanhilfe. Eine in diesem Sinn „unabhängige Spontanhilfe" braucht einen gewissen Rechtsrahmen, der bisher allerdings rechtlich kaum fassbar zu machen ist. Zum anderen brauchen wir einen solchen erkennbaren und für alle Beteiligten handhabbaren Rechtsrahmen, damit eine solche Spontanhilfe ihr Potenzial im Bevölkerungsschutz, im künftigen Katastrophenschutz wie im künftigen Zivilschutz entfalten und den Bevölkerungsschutz entscheidend stärken kann.

Ich glaube aber, ich habe Ihre Kritik sehr deutlich verstanden und habe das auch notiert und würde das gerne mit den Kolleginnen und Kollegen noch diskutieren, wie wir das sprachlich besser fassen können. Herzlichen Dank!

Stv. Vorsitzender:

Ja, vielen Dank auch Ihnen. Meine Anregung wäre, wir überlegen einmal, ob wir zum Beispiel eine Formulierung finden, dass wir die beiden Wörter „behördlich koordinierte" Spontanhelfer und Spontanhelferinnen einfügen oder so etwas, damit klar ist, nicht jeder, den Sie eben genannten haben, Frau Spieker, der sich kraft selbsternannter

Lebensaufgabe als Spontanhelfer fühlt, hat diese Rechte, sondern nur jemand, der sich einsetzt, so wie die Behördenführung es für sinnvoll hält und aber nicht in irgendeiner Organisation ist. Das glaube ich, war das Anliegen von Herrn Hoffmann. Prima. Dann haben wir jetzt einen Themen- und Ortswechsel. Wir gehen mal in den Osten. Herr Dr. Dombert ist der Nächste, der sich gemeldet hat, er ist Rechtsanwalt in einer Kanzlei in Potsdam, die seinen Namen trägt, und er wird zum Thema Generalklausel im Infektionsschutz sprechen.

Rechtsanwalt Dr. Maximilian *Dombert*, Potsdam:

Ja, vielen Dank, also nicht nur Ortswechsel, sondern auch Themenwechsel. Eine Anmerkung als Frage gestellt, zum Beschlussvorschlag Ziffer Nr. 11. Dort ist vorgesehen: „Das Infektionsschutzrecht bedarf", ich überspringe, „einer stärkeren Fundierung von Standardmaßnahmen gegenüber einer Generalklausel". Als Frage formuliert: Ist nicht aber gerade die unvorhergesehene Situation die „Stunde der Generalklausel" und würde nicht vielleicht eine Fundierung oder auch Kodifizierung der in der Corona-Pandemie ergriffenen Maßnahmen letzten Endes nur Maßnahmen der Vergangenheit nachzeichnen können, die aber nicht notwendigerweise die Maßnahmen sind, die man dann braucht, wenn man eben in die unvorhergesehene Situation gerät?

Mit dieser Frage würde ich die Anregung, ohne dass ich hier jetzt schon sozusagen einen wörtlichen Lösungsvorschlag hätte, die Anregung jedenfalls in den Raum stellen, dass man in der Formulierung der Ziffer 11 nicht versehentlich die Generalklausel zu weit in den Hintergrund rückt. Damit es dann nicht in den unvorhergesehenen Situationen heißt: „Jetzt müssen wir erstmal gucken, ob denn die Tatbestandsvoraussetzungen der aus der Vergangenheit hergeleiteten Maßnahme hier gegeben sind", mit der Folge, dass man ja auch im Umkehrschluss sagen könnte, dass dann möglicherweise der Anwendungsbereich der Generalklausel in der unvorhergesehenen Situation zu sehr beschränkt wäre. Vielleicht mit der, ich sehe schon Herrn Prof. Axer, ich hatte Sie auch hier mutmaßlich als Erwiderung vor Augen. Vielen Dank.

Stv. Vorsitzender:

Herzlichen Dank, Herr Dombert, die Beantwortung der von Ihnen aufgeworfenen Frage bedarf Staatsrechtslehrerqualitäten, vielleicht kann Herr Axer dazu Stellung nehmen.

Prof. Dr. Peter *Axer*, Heidelberg :

Dass die infektionsschutzrechtliche Generalklausel bleiben muss und es ihrer bedarf, ist unbestritten, so wie sie auch im allgemeinen Polizeirecht ihren Platz hat und benötigt wird. Das Problem zurzeit ist jedoch, dass die Generalklausel nunmehr wiederum die zentrale Eingriffsermächtigung ist und aus der Corona-Zeit bislang noch keine Lehren im Hinblick auf die Formulierung genauerer gesetzlicher Eingriffsermächtigungen gezogen wurden. Angesichts der Erfahrungen in der Corona-Zeit reicht die Generalklausel verfassungsrechtlich allein jetzt nicht mehr als Grundlage für Eingriffe bei vergleichbaren Ereignissen aus. Es bedarf einer Kodifikation im Hinblick auf die wesentlich in Grundrechte eingreifenden Maßnahmen, indem in Tatbestand und Rechtsfolgen speziellere Ermächtigungen im Infektionsschutzrecht formuliert werden. Dies ist mit der Formulierung „der stärkeren Fundierung von Standardmaßnahmen gegenüber einer Generalklausel" im Entwurf für den Beschlussvorschlag gemeint, nicht aber, dass die Generalklausel als solche abgeschafft werden soll.

Die Generalklausel hat weiterhin ihre Berechtigung, aber darüberhinausgehende Standardmaßnahmen sind erforderlich. Schon wenige Monate nach dem „Coronaschock" merkte man, dass die Generalklausel als Eingriffsermächtigung angesichts der schwerwiegenden Eingriffe nicht ausreicht, und der Gesetzgeber besserte nach, da auch die Gerichte andeuteten, dass die Generalklausel nicht zeitlich unbegrenzt als Ermächtigung herangezogen werden kann. Allerdings ist ein Teil der damals neu geschaffenen Ermächtigungen nicht mehr in Kraft oder beziehen sich nur auf das Corona-Geschehen, nicht aber auf, neue vergleichbare Ereignisse. Aufgrund der Erfahrungen in der Corona-Zeit wird, wenn vergleichbare Erkrankungen oder vergleichbare Krisen zukünftig auftreten, die Generalklausel noch weniger lang als Ermächtigung dienen können. Zukunfts- und krisenfest wird das Infektionsschutzgesetz nur mit mehr detaillierteren Eingriffsermächtigungen aufgrund der Erfahrungen in der Corona-Zeit, ohne dass auf die Generalklausel verzichtet werden kann.

Stv. Vorsitzender:

Vielen Dank Herr Axer. Kollege Schwind möchte ergänzen.

Stv. Hauptgeschäftsführer Dr. Joachim *Schwind*, Hannover :

Ich würde beipflichten wollen: Wenn man morgen früh als Gesundheitsamt eine Kita-Gruppe schließen muss, führt das bei Lektüre von

§ 28 Infektionsschutzgesetz zur ersten Erkenntnis: Das Gesetz hat aber einen sehr altertümlichen Sprachgebrauch. Wenn man dann in § 28a liest, sieht man viele Standardmaßnahmen, stellt aber fest: Oh, die epidemiologische Lage, die Voraussetzung für alle ist, besteht ja gar nicht mehr. Also ist die Frage „Wie schließe ich eine Kita-Gruppe wegen Corona morgen früh?" eine Frage, deren Antwort im Gesetz viel zu kompliziert geworden ist. Ich würde Herrn Axer daher zu 100 % beipflichten. Ich würde mit Blick auf Beschlussvorschlag Nummer 11 anregen, dort mehr Standardmaßnahmen als speziellere Regelungen zu einer Generalklausel zu regeln. Das wäre dann das, was wir im Polizeirecht auch haben, also einen Kanon von Maßnahmen im Infektionsschutzrecht, die notwendig sein können. Und das sind letztlich praktisch alle die Maßnahmen, die in den Corona-Verordnungen der Länder und den vorhergehenden Allgemeinverfügungen Inhalte waren. Also zum Beispiel die Absage von Großveranstaltungen. Damit hat alles angefangen. Warum schafft man dafür jetzt keine Rechtsgrundlage? Das wird uns immer wieder einmal ereilen, dass wir sagen müssen: „Nächste Woche 5.000 Leute in einer Halle, das ist fachlich schwierig". Gleichzeitig sind wir gut beraten, die Generalklausel so zu fassen, dass sie Auffangcharakter wie im Polizeirecht hat. Ich glaube, in der Sache haben wir da Einigkeit.

Stv. Vorsitzender:

Vielen Dank. Die Ausführungen führen dazu, dass wir wahrscheinlich auch diesen Beschlussvorschlag ein wenig modifizieren werden, ohne seinen Sinn grundlegend zu ändern. Ich habe jetzt keine weiteren Wortmeldungen vorliegen. Das kann ein Indiz dafür sein, dass wir im Abteilungsvorstand mit unseren Thesen einigermaßen das Stimmungsbild getroffen haben. Darüber wären wir nicht ganz so traurig. Aber gleichwohl möchte ich Sie nochmals ermuntern, sich kritisch an der Diskussion zu beteiligen. Ich würde selbst nochmal eine Frage an die beiden Kollegen richten, die zuletzt hier gesprochen haben. Vielleicht in der umgekehrten Reihenfolge. An Herrn Schwind die Frage: Kollege Axer hat heute Morgen die fragmentierten Gesetzgebungskompetenzen des Bundes etwas beklagt und ausgemalt, was er sich stattdessen vorstellen könnte. Genannt wurden die Krankenhausreform, das Rettungswesen und der öffentliche Gesundheitsdienst. Vielleicht nochmal eine Einschätzung aus der Praxis, wie diese Fragen bewertet werden. Dann die Gelegenheit für Herrn Axer, seine Sicht näher zu bringen.

Stv. Hauptgeschäftsführer Dr. Joachim *Schwind*, Hannover:

Danke für den Ball auf dem Elfmeterpunkt. Ich will es einmal so sagen: Wir wären ja heilfroh, wenn der Bund im Gesundheitsbereich seine vorhandenen Kompetenzen so nutzen würde, dass wir alle damit gut arbeiten können. Das Stichwort „Krankenhaus" ist gefallen, aber ich nehme mal als Beispiel das Infektionsschutzgesetz. Das ist ein Gesetz, mit dem ca. 400 kommunale Gesundheitsämter jeden Tag umgehen müssen. Wir haben nicht in jedem Gesundheitsamt ein Rechtsreferat mit einem Set von Starjuristen, die sich in mittlerweile hunderte Seiten starken Kommentierungen und Monografien zu §§ 28, 28a IfSG einlesen können, sondern es kommt der Anruf: Die Kita hat zahlreiche Infektionen, das Gymnasium hat ein Ausbruchsgeschehen, was machen wir? Und das müssen die Kolleginnen und Kollegen der Verwaltung in der Regel vorbereiten und die Amtsärztinnen und Amtsärzte dann binnen Minuten entscheiden. Wir können nicht verstehen, dass der Bund das auch von Herrn Prof. Axer angesprochene Thema der guten Kodifikation nicht aufnimmt, weil das das erste Krisenhandwerkszeug ist. Das ist so, wie wenn der Werkzeugkasten nicht aufgeräumt ist und die Schraubenschlüssel nicht gut zu finden sind.

Dann dauert es eben viel länger, und das ist in der Krise immer schlecht. Zum Bereich Rettungsdienst speziell: Ich bin da Rädelsführer einer Vereinigung, die sich dagegen richtet, den Rettungsdienst als Leistungsbereich in das SGB V zu übernehmen. Die Gründe hat Herr Axer selbst genannt. Die rettungsdienstlichen Aufgaben sind keine Angelegenheit der Sozialversicherung, nicht nur, weil nicht alle Menschen sozialversichert sind, sondern auch, weil das Gefahrenabwehr ist. Und wir brauchen den Rettungsdienst als funktionierendes Standbein vor Ort im Konzert mit Polizei und mit unserer Feuerwehr. Das fängt in der Leitstelle an. Wenn sie an einen klassischen Verkehrsunfall denken, wer ist da? Die Feuerwehr macht die technische Bergung, die Polizei sichert ab, und der Rettungsdienst kümmert sich um die Verletzten. Wir haben große Sorge, dass, wenn man einen Teil aus der Länderkompetenz in den Leistungsbereich des SGB V überführt, dann wird es Standardsetzungen vom Bund geben. Und mit Standardsetzungen vom Bund haben wir keine guten Erfahrungen gemacht. Auch der manchmal beklagte Flickenteppich ist aus unserer Sicht problemlos durch Absprachen zu regeln. Wir haben in Niedersachsen zum Beispiel einen sehr gut funktionierenden Landesausschuss Rettungsdienst, der auch für die wenigen Fälle der übergreifenden Hilfe die Standardisierungen und die Normen macht.

Und es ist ja bereits einiges geregelt im SGB V. Es gibt beispielsweise die Regelung des § 133 SBG V, die sagt, wir dürfen damit mit dem

Geld für den Rettungsdienst keinen Katastrophenschutz finanzieren. Das hat der Bund eindeutig geregelt. Gegen behutsame sprachliche Modernisierungen – es ist immer noch von Krankentransportleistungen die Rede – hat niemand etwas, aber wir hätten die dringende Bitte an den Bund, sich um die Dinge zu kümmern, die sicher in seiner Kompetenz zu erledigen sind. Dringend ist ein Gesundheitssicherstellungsgesetz, aber die Dinge, die die Dinge vor Ort voraussichtlich verschlimmbessern, die sollten nach hinten gestellt werden.

Prof. Dr. Peter *Axer*, Heidelberg:

Ich beginne mit dem Thema Rettungsdienst. Die kompetenzrechtliche Diskussion ist aufgekommen, weil die Notfallversorgung insgesamt, d.h. auch durch Ärzte und Krankenhäuser, auf dem Prüfstand steht. Die Notfallversorgung ist bundesrechtlich wesentlich im SGB V geregelt und in § 60 SGB V wird zudem ein Anspruch auf Übernahme der Fahrkosten sowie in § 133 SGB V die Vergütung des Rettungsdienstes normiert. Doch unterfällt nach bislang allgemeiner Ansicht der Rettungsdienst als Teil der Gefahrenabwehr der Kompetenz der Länder vergleichbar dem Katastrophenschutz und der Feuerwehr und ist das Rettungswesen in den Rettungsdienstgesetzen der Länder normiert. Zurzeit wird auf Bundesebene überlegt, weitergehende bundesrechtliche Regelungen zum Rettungsdienst durch Einfügung eines eigenen Leistungsbereichs Rettungsdienst in das SGB V aufzunehmen. Dies soll auf die Kompetenz Sozialversicherung nach Art. 74 Abs. 1 Nr. 12 GG gestützt werden. Soll allerdings auf der Grundlage der Bundeskompetenz für die Sozialversicherung eine vollumfängliche und grundlegende Neuregelung des Rettungsdienstes erfolgen, wird damit die Kompetenz für die Sozialversicherung überspannt und die Länderkompetenz überspielt, so dass es einer ausdrücklichen eigenen Kompetenz für eine vollumfängliche Bundesregelung bedürfte, etwa in Art. 74 Abs. 1 Nr. 19 GG. Die beschränkten Kompetenzen des Bundes zeigen sich auch auf anderen Feldern, etwa bei den Krankenhäusern (Art. 74 Abs. 1 Nr. 19a GG) oder bei den auf die Zulassung beschränkten Regelungsbefugnissen des Bundes bei ärztlichen Berufen und für das Heilgewerbe, so dass die Regelungen von Berufen wie etwa dem Notfallsanitäter schwierig ist und die begrenzte Kompetenz einer in der Sache oftmals gebotenen weitergehenden umfassenden bundeseinheitlichen Regelung im Wege steht.

Im Hinblick auf das Infektionsschutzrecht ist festzustellen, dass dies bis zur Corona-Pandemie kaum Aufmerksamkeit fand und eher „stiefmütterlich" behandelt worden ist. Ein kleines Beispiel zur Illustration des Stellenwertes des Infektionsschutzgesetzes aus dem universitären Ausbildungs- und Prüfungsbetrieb mag genügen: Wollte man im Ersten Juristischen Staatsexamen in der Corona-Zeit das Infektionsschutzrecht ansprechen, stand man vor dem Problem, dass das Infektionsschutzgesetz nicht in dem Hauptband der Gesetzessammlung Sartorius, sondern sich nur in dem zur Prüfung nicht mitzubringenden Ergänzungsband fand und daher kaum prüfbar war – im Ergänzungsband des Sartorius befindet sich das Infektionsschutzgesetz auch heute noch. Über die fehlende Normierung von Standardmaßnahmen und die Kodifikationsreife des Infektionsschutzrechts hatten wir schon gesprochen.

Handlungsbedarf gibt es ebenfalls in Bezug auf den Öffentlichen Gesundheitsdienst, dem in der Corona-Pandemie besondere Aufgaben zukamen, der aber, schlecht finanziert und ausgestattet, die Aufgaben und Befugnisse nur schwer erfüllen konnte. Der im Wesentlichen in Ländergesetzen zum Teil sehr unterschiedlich geregelte Öffentliche Gesundheitsdienst müsste hinsichtlich seiner Aufgaben überprüft und in seiner Finanzierung kontinuierlich und ausreichend ausgestattet werden.

Stv. Vorsitzender:

Vielen Dank! Während Herr Kurtzke sich auf den Weg macht zum Mikrofon, will ich nochmal kurz eingehen auf das, was Sie gesagt haben, Herr Axer. Wir teilen wohl alle den Eindruck, dass der Bund seine Kompetenz sehr weit auslegt, was das Thema der Sozialversicherung angeht. Die Frage ist, welche Konsequenzen zieht man daraus. Zu dem Thema „Situation in den Notfallaufnahmen der Krankenhäuser“, erlauben Sie mir die Anmerkung: Unser Problem ist, dass diese Einrichtungen verstopft werden mit Patienten, die da nicht hingehören, weil ein Großteil der dort Auftauchenden vom eigentlich zuständigen niedergelassenen Bereich nicht mehr versorgt wird. Deswegen finden wir dort Menschen vor, die jedenfalls nicht dort sein müssten. Das wiederum führt dazu, dass die Rettungswagen teilweise durch die Gegend geistern, weil sie ihre Patienten in den überfüllten Notaufnahmen nicht – zeitnah – loswerden. Das ist ein wirkliches Problem. Das sollte der Bund lösen. Jetzt ist Herr Kurtzke dran. Er ist Rechtsreferendar und wirft ein ganz neues Themenfeld auf. Bitte schön.

Rechtsreferendar Paul *Kurtzke*, Bad Blankenburg:

Vielen Dank, Herr Vorsitzender. Ich will zu dem Punkt „Ergänzung des Grundgesetztes Art. 30a GG“ etwas sagen. Dort wurde vorgeschlagen, die Ministerpräsidentenkonferenz mit dem oder der Bundeskanzler/in zu kodifizieren. Im aktuellen Beschlussvorschlag sehe ich darin aber noch keinen verfassungsrechtlichen Mehrwert. Allein die Kodifizierung dieses Gremiums führt noch nicht dazu, dass sich daraus irgendeine höhere Legitimität ergibt. Denn der jetzige Vorschlag sagt nur, dass es die Konferenz gibt, dass sie regelmäßig und bei Bedarf außerordentlich tagt.

Das müsste man vielleicht noch wenigstens dahingehend ergänzen, dass irgendwie umschrieben wird, warum es diese Konferenz gibt. Also meinetwegen „sie tagt zur Koordinierung der Verwaltung von Bund und Ländern" oder „zur Bewältigung von Krisen" oder jedenfalls irgendeinen Hintergrund, warum es sie gibt. Denn zur politischen Koordination, also zur Frage „Wie sind politische Handlungen vorzubereiten und zu legitimieren", braucht es aus meiner Sicht keine Ergänzung des Grundgesetzes, da diese Strukturen vorausgesetzt werden. Die Willensbildung innerhalb der politischen Parteien und der politischen Parteien untereinander sowie der regierungsbeteiligten Parteien insbesondere ist etwas, was das Grundgesetz sowieso voraussetzt. Das bedeutet, diese dort tatsächlich existierenden Gremien, also z. B. auch der Koalitionsausschuss, bedürfen an sich keiner verfassungsrechtlichen Legitimierung, da sie einfach Teil des politischen Tagesgeschehens sind. Ich will jetzt nicht sagen, dass man diesen Art. 30a GG grundsätzlich nicht aufnehmen sollte oder dass ich es nicht für empfehlenswert halte, aber ich bin der Meinung, wenn er aufgenommen werden soll, dann mit einem weiteren Gehalt, der umreißt, wofür es dieses Gremium gibt und was es darf; ggf. auch, was es nicht darf.

Stv. Vorsitzender:

Vielen Dank auch für diese Anmerkung. Das ist ein Thema, was mich selber beschäftigt hat und ich bin nicht ganz unschuldig, dass das heute hier auftaucht in der Beschlussvorlage. Uns ging es in der Tat darum, deutlich zu machen, dass dieses Gremium, jedenfalls in der Coronakrise, sehr stark das politische Geschehen geprägt und teilweise geradezu rechtsetzend tätig geworden ist. Dazu hat es nun gar keine Kompetenzen, sondern dort werden politische Absprachen getroffen. Faktisch ist das dort Besprochene unmittelbar nach der Pressekonferenz als Handlungsanweisung in den Gesundheitsämtern umgesetzt worden. Man wusste, das wird ja morgen kommen und wenn das morgen kommt, dann machen wir das doch bereits heute. Das wirft die Frage der Legitimität auf: Dieses Gremium muss es rechtlich wenigstens an relevanter Stelle geben. Für Menschen, die mit der Corona-Politik insgesamt wenig anfangen konnten, war die MPK ein Ansatzpunkt zu sagen: „Wer regiert denn eigentlich diesen Staat?" Die haben auch noch andere Formulierungen gefunden dafür. Das war unser Ansatzpunkt. Ob die Formulierung so bleiben muss, wie sie hier ist, oder ob man noch mal einen Satz ergänzt, zu dem Thema, was ist die Funktion dieses Gremiums insgesamt, darüber müssen wir nachdenken, das finde ich in Ordnung.

Gutachter *Becker*:

Ihr Redebeitrag hat sehr gut die Schwierigkeit unterstrichen, die man in einem solchen Gremium hat. Auf der einen Seite steht das Bedürfnis politischer Koordination, die geboten und notwendig ist. Zur Förderung von Effizienz und Effektivität der Gefahrenabwehr der Krisenbekämpfung ist dies wichtig. Auf der anderen Seite steht in diesem Beschlussvorschlag gerade das nicht, worüber wir uns während der Corona-Zeit teilweise sehr gewundert haben: Das Phänomen, das vorhin schon als Verantwortungsdiffusion bezeichnet worden ist. Man hat sich zusammengefunden und politische Beschlüsse getroffen, die dann zu Hause in den Ländern als rechtsverbindlich verkauft wurden. So konnte sich jeder einzelne Ministerpräsident seiner politischen Verantwortung in gewisser Weise durch den Hinweis entziehen: „Wir haben das in der MPK gemeinsam beschlossen, da kann ich nicht ausscheren. Das müssen wir jetzt so machen." Das kommt natürlich im Vorschlag nicht zur Geltung, weil es, was ich glaube, auch gar nicht klug wäre, eine solche Möglichkeit einzuräumen. Vielmehr sollten wir umgekehrt die Ministerpräsidenten daran erinnern, dass sie die Verantwortung für eine dezentrale Rechtsetzung und Rechtsanwendung tragen. Wir sollten sie nicht über eine politische Koordination hinaus aus dieser Verantwortung durch die Möglichkeit entlassen, Kompetenzen kollektiv und nicht dezentral auszuüben.

Stv. Vorsitzender:

Herr Kube bitte.

Gutachter *Kube*:

Ich bin ebenfalls dankbar für den Redebeitrag und möchte mich den Worten meines Kollegen Prof. Becker nachdrücklich anschließen. Ich denke, das ist eine These, die sorgfältiger Formulierung bedarf. Auf der einen Seite sehe ich ebenfalls einen Bedarf nach Verankerung dieses Gremiums im Grundgesetz, um seine institutionelle Legitimität zu stärken. Auf der anderen Seite darf es unter den Gesichtspunkten der Kompetenzordnung und auch der demokratischen Verantwortung nicht so sein, dass ein neuer Art. 30a GG von den sonstigen Vorgaben der bundesstaatlichen Kompetenzordnung entbindet. Es darf also nicht so sein, dass das Wort Koordinierung in Art. 30a GG so stark wirkt, dass es die bundesstaatliche Kompetenzverteilung überspielt. Im Ergebnis sollte deshalb meines Erachtens eine vorsichtige, zurückhaltende Formulierung aufgenommen werden, die dazu führt, dass die institutionelle Legitimation dieses Gremiums außer Zweifel gestellt wird.

Stv. Vorsitzender:

Vielen Dank, darüber werden wir nochmals nachsinnen, heute Abend. Ich will nochmal fragen: Gibt es auch eine Wortmeldung zu Art. 30a GG? Ja ok, dann bitte ich aus dem Publikum Herrn Külpmann, unseren Kollegen aus der Ständigen Deputation, der im wirklichen Leben Vorsitzender Richter am Bundesverwaltungsgericht ist.

Vors. Richter am BVerwG Prof. Dr. Christoph *Külpmann*, Leipzig:

Ich möchte etwas zu dem Beschlussvorschlag Nr. 10 zu Art. 30a GG sagen: Ich werbe dringend dafür, den Beschlussvorschlag abzulehnen. Ein solches Gremium sollte man nicht in das Grundgesetz aufnehmen, aus zwei Gründen. Erstens: Wenn man das jetzt in das Grundgesetz aufnimmt, dann insinuiert man doch, dass das, was in der Corona-Zeit in diesen Ministerpräsidenten-Konferenzen gemacht worden ist, rechtlich unzulässig gewesen wäre. Das halte ich für eine ziemliche absurde Vorstellung. Natürlich können und dürfen der Bundeskanzler und die Ministerpräsidenten sich absprechen, wenn sie einen Flickenteppich vermeiden wollen. Sie dürfen miteinander reden. Ob sie das in einer Konferenz, in einer Telefon-Konferenz oder in einer Zoom-Konferenz machen, ist egal. Wenn man das Gremium jetzt in das Grundgesetz hineinschreibt, gibt man denen Futter, die sagen, dass das damals unzulässig gewesen sei. Das ist wohl nicht so gemeint, klingt aber danach. Das ist das eine. Und zweitens: Warum soll ich ein Gremium im Grundgesetz erwähnen, von dem alle, die es vorschlagen, sagen, es habe eigentlich keine Funktion, weil sich die Verantwortung nicht verändern soll. Warum soll es dann geregelt werden? Denn am Ende sind sich doch alle einig: Jeder, der an diesen Konferenzen teilnimmt, trägt am Ende die Verantwortung, die er trägt, eben in seinem Land. Und dann muss ein bayerischer Ministerpräsident oder ein schleswig-holsteinischer Ministerpräsident sagen: Mir ist das Verhindern eines Flickenteppichs lieber als ein Sonderweg, oder er sagt das Gegenteil. Aber das ist Politik, das sollte man nicht regeln. Danke.

Stv. Vorsitzender:

Jetzt hat sich die Diskussion doch Fahrt aufgenommen, aber jetzt müssen wir sie beenden. Wir müssen gewährleisten, dass Sie rechtzeitig in die Eröffnungsveranstaltung kommen, die uns in diesem Juristentagsgeschehen alle zusammenführt. Wir werden den Faden auch für die These Nr. 10 morgen früh wieder aufnehmen. Wir treffen uns um 9:30 wieder zur Fortsetzung der Diskussion. Vielen Dank.

Fortsetzung der Diskussion

am 26. September 2024 vormittags
(anwesend ca. 81 Teilnehmerinnen und Teilnehmer)

Vorsitzende:

Guten Morgen! Ich hoffe Sie hatten gestern einen schönen Abend bei der Juristennacht und ich freue mich, dass Sie wieder hier sind zum Verhandeln. Bemerkenswert war, wie oft in der gestrigen Eröffnungsveranstaltung auf unsere Abteilung verwiesen wurde. Es gab eigentlich kein Grußwort, in dem nicht von den herausfordernden Zeiten die Rede war, von der Notwendigkeit, auf Krisen zu reagieren. Das ist auch eine Bestätigung Ihrer Arbeit hier in der Abteilung. Bevor wir in die neue Diskussion einsteigen, möchte ich Ihnen nochmals das Prozedere in Erinnerung rufen. Der Schreibdienst ist dabei, Ihre Beiträge zu erfassen und wird sie in der Kaffeepause zur Korrektur zur Verfügung stellen. Darüber werden Sie per E-Mail informiert und können dann sofort korrigieren. Aus meiner eigenen Erfahrung ist nichts unerquicklicher, als nach Wochen den eigenen Redebeitrag korrigieren zu müssen. Also nutzen Sie die Gelegenheit ruhig, um das parallel zu unseren Verhandlungen zu machen. Im Abteilungsvorstand haben wir gestern Abend noch einmal an der Beschlussvorlage gearbeitet und die gestrigen Anregungen aufgenommen. Sie haben auch immer noch die Möglichkeit, Anregungen zur Beschlussvorlage zu machen. Eine endgültige Beschlussvorlage werden wir in der Mittagspause austeilen, sodass Sie genügend Zeit haben, die letzte Fassung zu studieren. Lassen Sie mich kurz die Änderungen erläutern, die wir gestern bereits aufgenommen haben. In der Nummer 9b, da ging es um die Lagepläne, das Echtzeitregister, haben wir zur Klarstellung „in digitaler Form“ aufgenommen. Das versteht sich zwar fast von selbst, aber wir haben es nochmal hineingeschrieben. Der andere Punkt, den wir sehr sehr wertvoll fanden, war die Anregung von Frau Tryta zur notwendigen Bürgeraktivierung. Da kann natürlich schnell der Einwand der Bevormundung gegengehalten werden, und dass der freie Bürger selbst entscheiden muss, ob er sich etwa gegen Überschwemmungen absichert. Deshalb haben wir zurückhaltend formuliert, dass es um Aktivierung geht, und nicht um Pflichten. Dann gab es zwei Punkte, die uns wichtig und hilfreich erschienen, die wir aber heute noch einmal aufgreifen sollten. Zum einen zur Nummer 14. Da geht es um die Gleichstellung der Helfenden. Zum einen geht es um die Ungleichbehandlung der Helfenden im THW, bei Feuerwehren einerseits, und anerkannten Hilfsorganisationen andererseits. Da bedarf es der Gleichstellung. Anders verhält sich das beim Spontanhelfer. Völlig zu Recht wurde gefragt, was denn den Spontanhelfer ausmacht. Auch besteht die Gefahr der Gleichstellung von Ungleichem, wenn diejenigen, die sich als selbsternannte Helfer betätigen, den Helfern gleichgestellt werden, die in Hilfsorganisationen eingebunden sind. Das haben wir versucht aufzugreifen, indem nur noch von Regelungsbedarf die Rede ist. Aber ich glaube, das ist ein Punkt, über den wir gleich noch einmal diskutieren können. Dasselbe gilt auch für die Frage der Aufnahme eines Art. 30a GG zur Konferenz aus Bundeskanzler und Ministerpräsidenten. Soweit – damit es kein Hinterzimmergespräch bleibt – unser kleiner Bericht zu unserer Nacharbeit des gestrigen Nachmittags. Damit übergebe ich wieder an Hubert Meyer, damit wir wieder in die Diskussion eintreten können.

Stv. Vorsitzender:

Ganz herzlichen Dank, liebe Johanna Hey, für diese Einleitung. Wir haben jetzt einige Wortmeldungen zu dem vorgeschlagenen Art. 30a GG in Ziffer 10 des Beschlussvorschlags. Auch dazu gibt es Vorüberlegungen des Abteilungsvorstands von gestern Abend, die wir aber noch zurückstellen wollen, weil wir die Diskussionen hier heute Morgen mitberücksichtigen möchten. Es gibt ferner Wortmeldungen zum Thema des Beschlussvorschlags 14. Das Thema Bürgeraktivierung wird ebenfalls nochmals prominent aufgegriffen werden. Insofern haben wir noch ein bisschen was vor uns heute Morgen. Ich würde starten wollen mit dem Thema, bei dem wir gestern Nachmittag hier abgebrochen haben. Nämlich die These 10, die sich mit der Konferenz des Bundeskanzlers mit den Regierungschefinnen und -chefs der Länder beschäftigt. Dazu habe ich jetzt drei Wortmeldungen vorliegen. Ich würde beginnen wollen mit dem Kollegen Dr. Ritgen vom Deutschen Landkreistag, anschließend Joachim Schwind, und dann wird sich Herr Kurtzke positionieren, der sich gestern beim anderen Thema auch schonmal zu Wort gemeldet hat. Bitte.

Dr. Klaus *Ritgen*, Berlin:

Vielen Dank, dass ich mich noch einmal zu Wort melden darf. Zunächst möchte ich die gestern bereits begonnene Diskussion über die Sinnhaftigkeit der Schaffung einer ausdrücklichen verfassungsrechtlichen Grundlage für die Konferenzen des Bundeskanzlers mit den Regierungschefs der Länder in einem neuen Art. 30a GG noch um einen Aspekt ergänzen. Ich habe durchaus Sympathie für die Idee, ein Gremium, das sich in der Krise als faktisch so bedeutsam erwiesen hat, auch im Verfassungstext zu verankern. Der Gedanke, der gestern geäußert worden ist, dass durch eine nachträgliche Verankerung in der Verfassung sozusagen die vorhergegangenen Beschlüsse delegitimiert werden, hat mich dagegen nicht überzeugt. Allein aus der Tatsache, dass es der verfassungsändernde Gesetzgeber für geboten erachtet, einen Sachverhalt in der Verfassung zu regeln oder vorhandene Bestimmungen des Verfassungsrechts zu ändern – und das geschieht ja laufend –, kann doch nicht ohne Weiteres geschlussfolgert werden, dass geschehe, um einen bis dahin verfassungsrechtlich fragwürdigen Zustand zu ändern. Gerade im vorliegenden Zusammenhang kommt hinzu, dass die faktische Bedeutung dieses Gremium, das bis dahin – und auch danach – vielfach im Stillen gewirkt hat bzw. wirkt – erst in der Corona-Pandemie offen zu Tage getreten ist. Dies ist m. E. Anlass genug, um über eine Verfassungsergänzung nachzudenken.

Gleichzeitig scheint mir aber ein Aspekt in der Diskussion gestern noch nicht hinreichend beachtet worden zu sein, und diesen würde ich gerne nochmal als Anregung aufwerfen: das Verhältnis dieses dann möglicherweise neu zu schaffenden verfassungsrechtlichen Gremiums zu den Parlamenten, und zwar sowohl zum Deutschen Bundestag wie auch zu den Landtagen. Sie werden sich erinnern: Es gab insbesondere in der Coronakrise eine ganz breite Diskussion zu der Frage, ob der Deutsche Bundestag, aber insbesondere auch die Landesparlamente, die ihnen von den Verfassungen zugewiesene Funktion angemessen ausgefüllt haben. Wenn man jetzt noch ein weiteres Gremium mit noch nicht ganz klaren Kompetenzen im Grundgesetz verankert, besteht doch nach meiner Wahrnehmung jedenfalls die Gefahr, dass sich die Entscheidung auch über wesentliche Fragen dann noch mehr, als das bereits in der Coronakrise der Fall war, auf die exekutive Ebene konzentriert und die Rolle der Parlamente noch weiter in den Hintergrund gerückt wird. Diesen Aspekt bitte ich, in die Beratung einzubeziehen.

Dann würde ich gerne auch noch etwas zur These 14 – der Helfergleichstellung –, aber auch zur Frage der Finanzierung sagen. Dazu muss ich etwas weiter ausholen und Ihnen einen Einblick in die Praxis der kommunalen Spitzenverbände gewähren. Auf dem Höhepunkt der Coronakrise, am 23.12.2020 erreichte uns eine Einladung der Bundeskanzlerin zu einer kurzfristig anberaumten Videokonferenz. Grundlage oder Hintergrund war ein Hilferuf der Trägerverbände der Alten- und Pflegeheime, die vor der Situation standen, kurzfristig in erheblichem Umfang Corona-Tests durchführen zu müssen, etwa um den Verwandten der Heimbewohner Besuche zu ermöglichen. Die Trägerverbände haben glaubhaft versichert, dass sie das mit dem vorhandenen Personal, also mit dem Personal, das es in den Pflegeheimen gibt, nicht bewältigen könnten. Die erste Idee der Bundesregierung dazu war: Gut, dann fragen wir die Kommunen, die werden schon noch genügend Personal haben, um auch diese Aufgabe zu übernehmen. Wir konnten der Bundeskanzlerin dann relativ schnell klarmachen, dass das nicht gehen wird, weil die Kommunen während Corona ja selbst völlig überlastet waren. Der zweite Gedanke war: Dann machen wir es eben mit freiwilligen Helfern. Die ebenfalls eingeladenen Hilfsorganisationen haben allerdings darauf hingewiesen, dass ihre ehrenamtlichen Mitglieder zwar bereit und motiviert seien, auch diese Aufgabe zu übernehmen. Zugleich wurde aber auch betont, dass die Aktivierung in der angespannten Situation nur möglich sein werde, wenn diese zusätzlichen Helfer von ihren Arbeitgebern freigestellt würden und die Entgeltfortzahlung gesichert sei. Damit wären wir wieder bei dem Punkt der auch aus meiner Sicht notwendigen Helfergleichstellung.

Darüber hinaus hat man überlegt, wie man weitere, bisher noch nicht in den Hilfsorganisationen gebundene Freiwillige finden und zur Wahrnehmung dieser Aufgabe motivieren könne. Auch mit diesem Ansatz verband sich allerdings ein Rattenschwanz von Fragen. Diskutiert wurde etwa, ob diese neuen Helfer in die Hilfsorganisationen eingebunden oder auf arbeitsrechtlicher Grundlage von den Einrichtungen oder gar den Kommunen beschäftigt werden sollten. Auch Finanzierungs- und Haftungsfragen wurden diskutiert. Jedenfalls zeigte sich, dass es für das Problem eines in der Krise sich plötzlich ergebenden personellen Mehrbedarfs zur Bewältigung bestimmter, als dringlich eingestufter Aufgaben keine vorgefertigten Lösungen gab. Auch über diesen Aspekt sollte man deshalb weiter nachdenken. In der Coronakrise ist das Problem – wie Sie sich erinnern werden – letztlich durch den Markt, also durch die weitgehend staatlich finanzierten, aber privat organisierten Testzentren gelöst worden, die wie Pilze aus dem Boden geschossen sind. Dass dies angesichts bekannt gewordener Betrugsfälle keine ideale Lösung war, muss hier nicht weiter vertieft werden. Vielen Dank

Stv. Vorsitzender:

Herzlichen Dank. Der Hinweis zu der Ziffer 14 ist ein bisschen anders gelagert, als wir es gestern andiskutiert haben. Es geht um die spontanen Helfer, die gar nicht eingebunden werden wollen in staatliche Organisationen. Wir müssen darüber nachdenken, ob wir jetzt alles erfasst haben oder ob wir es noch abändern müssen. Ich bitte zu Ziffer 14 nochmals Frau Spieker um Stellungnahme.

Dr. Heike *Spieker*, Berlin:

Herzlichen Dank, ich versuche auch, mich kurz zu fassen. Ich wollte gerne noch etwas sagen zu den Spontanhelfenden, wie man sie sich vorstellt, wenn man einfach den Begriff nimmt. „Ahrtal-Shuttle“ ist ein Begriff, der vielleicht bundesweit eine Assoziation auslöst für ein Phänomen von Helfenden, das, wenn alle Prognosen sowohl in den Fachkreisen wie auch in der Politik richtig sind, wir von solcher Art von Hilfeleistung phänomenologisch in Zukunft mehr sehen werden. Dass ehrenamtliches Engagement grundsätzlich zurückgehen wird, soweit es institutionalisiert ist, aber anwachsen wird in spontaner Hilfeleistung, bestätigen derzeit die Prognosen einhellig. Daraus ist die Überlegung entstanden, und zwar nicht nur eben in der Politik, sondern wirklich auch in akademischen und Praktiker-Fachkreisen, dass wir nach der jetzigen Einschätzung Spontanhilfe und Spontanhelfende phänomenologisch als fest mitzurechnende Größe für den Bevölkerungsschutz in den nächsten zehn, fünfzehn, zwanzig Jahren betrachten müssen. Das Phänomen als solches wirft eine Reihe von Rechtsfragen auf, beispielsweise und auch in dem von Herrn Dr. Ritgen schon angedeuteten Sinn die Frage der Rechtsstellung, des Weisungsverhältnisses für Spontanhelfende oder gegenüber Spontanhelfenden, Haftung für Fremdschäden, also Schäden, die durch Spontanhilfe verursacht werden, gleichzeitig auch für eigene Schäden der Spontanhelfenden und Aufwendungen. Juristisch betrachtet können alle diese Rechtsfragen beantwortet werden und führen grundsätzlich zu befriedigenden Lösungen. Das Problem ist nur, dass dies alles nicht fachgesetzlich oder in einem Recht zusammengefasst ist, und nicht in Bezug auf Zivilschutz, Katastrophenschutz, Bevölkerungsschutz, sondern „bits and pieces all over the place“. Und das ist ein Problem für all diejenigen, die sich mit diesen Rechtsfragen beschäftigen müssen, also für staatliche Akteure, für Behörden, für staatliche Einsatzorganisationen, für nichtstaatliche Einsatzorganisationen, aber auch für die Spontanhelfenden selbst. Und daraus ist die Idee oder die Fragestellung entstanden: Wäre es nicht vielleicht hilfreich, eine solche zusammenfassende Rechtsbeschreibung irgendwo niederzulegen? Das ist die Idee, die Fragestellung dahinter. Ich bin Ihnen aber wirklich sehr dankbar, dass Sie gestern noch einmal darauf hingewiesen haben, dass die Formulierung, so wie sie war unter Punkt 14, nicht gut war. Die Frage wäre, und das ist für mich sozusagen einfach eine offene Frage: Empfinden wir es als hilfreich zu formulieren, dass es hilfreich sein könnte, die Rechtsstellung von Spontanhelfenden zu beschreiben, zu normieren, um sie handhabbar zu machen für alle diejenigen, die damit irgendwie in unterschiedlichen Situationen umgehen müssen. Herr Dr. Ritgen, ich gebe Ihnen vollkommen Recht: Da sind Spontanhelfende in der Corona-Testung möglicherweise und in spezifischen Fragestellungen anders zu behandeln als der Ahrtal-Shuttle oder ein Einsatz von Spontanhelfenden in einer Zivilschutzsituation. Herzlichen Dank, dass Sie darauf aufmerksam gemacht haben. Danke.

Stv. Vorsitzender:

Vielen Dank, Frau Spieker. Wir haben schon beschrieben, was wir uns gestern Abend zu dieser Ziffer 14 vorgestellt haben. Nun die Vorsitzende dazu.

Prof. Dr. Johanna *Hey*, Köln

Wenn ich noch einmal kurz nachfragen darf, Herr Dr. Ritgen. Dass bei der Spontanhilfe Regelungsbedarf besteht, ist unstreitig, aber Sie haben weitergehend auch eine Freistellung durch den Arbeitgeber und Aufwandsentschädigungen angeregt. Ich habe Zweifel, ob wir das wirklich fordern sollten. Sollte man die Arbeitgeber an den Kosten beteiligen? Und bedarf es einer Aufwandsentschädigung? Kann man nicht einfach auf die Hilfsbereitschaft setzen, Helfer, die (unbezahlten) Urlaub nehmen und auch keine Entschädigung für die eingesetzte Zeit beanspruchen? Die Absicherung gegenüber Schäden, die durch die Hilfeleistung verursacht oder erlitten werden, leuchtet mir ein. Ansonsten würde ich auf Altruismus setzen. Ich glaube, diese unbedingte Hilfsbereitschaft gibt es auch, und diese sollte man nicht durch finanzielle Kompensation dämpfen. Deshalb wollte ich fragen, ob wichtig ist, dass wir diesen Punkt aufnehmen sollten oder die konkrete Regelung der Spontanhilfe offenlassen können.

Stv. Vorsitzender:

Ok, vielen Dank. Dann würde ich jetzt den Kollegen Herrn Schwind bitten.

Stv. Hauptgeschäftsführer Dr. Joachim *Schwind*, Hannover :

Ich möchte mich noch einmal zum Art. 30a GG im Entwurf äußern. Zum einen wollte ich darauf hinweisen – das ist gestern in meinem mündlichen Vortrag möglicherweise zu kurz gekommen –: Es gibt ja jetzt schon heute eine Regelung. Das würde auch dagegen sprechen zu sagen, das erwecke nun den Eindruck, man muss etwas ganz neu regeln. Ich will Ihnen die Regelung gerne einmal zu Gehör bringen, sie steht in § 31 der Geschäftsordnung der Bundesregierung und lautet:

„Die präsidierenden Mitglieder der Landesregierung sollen mehrmals im Jahr persönlich zu gemeinsamen Besprechungen mit der Bundesregierung vom Bundeskanzler eingeladen werden, um wichtige politische, wirtschaftliche, soziale und finanzielle Fragen zu erörtern, um in persönlicher Fühlungnahme zu einer verständnisvollen, einheitlichen Politik in Bund und Ländern beizutragen." Sie merken, das ist schon von der Sprache eine Vorschrift, die mehrere Jahrzehnte auf eine Modernisierung gewartet hat.

Aus meiner Sicht ist zuerst also zu fragen: Will man den jetzigen Status quo dieser Regelung behalten? Dann kann ich prognostizieren, wenn es näher untersucht würde: Der Bereich „persönliche Fühlungnahme" klingt nicht nach Videokonferenz. Dieses kleine Problem will ich nur ansprechen, aber aus meinem Verfassungsverständnis heraus will ich nochmal dafür werben: In diesem Gremium haben sich wie in keinem anderen die zentralen Leitentscheidungen in der Corona-Krisenbewältigung kulminiert. Es gibt ja auch faktisch einen Verwaltungsunterbau über die Konferenz der Staatskanzleichefs der Länder. Es gibt faktisch eine A- und B-Länderkoordinierung vor diesen Konferenzen. Und es gibt – das werden Sie auch noch im Kopf haben – immer öfter die auch sonst in den Ministerkonferenzen zu beobachtende Staatspraxis, dass Protokollerklärungen abgegeben werden von Ländern, wenn sie sich nicht voll hinter dem Beschlussvorschlag versammeln können. Also insofern ist die Staatspraxis dieser Besprechungen Jahrzehnte etabliert, und es ist ein wichtiger Bereich. Ich mag mir gar nicht mehr ausmalen, wie der Bereich der Informationstransparenz usw. aussähe und beurteilt werden würde, den wir im Verwaltungsrecht sehr hoch hängen, wenn wir bei diesem Gremium weiter sagen würden: Alles geheim, alles Hinterzimmer. Es muss doch auch die Frage geregelt werden: Wie werden die Beschlüsse veröffentlicht? Das ist auf europäischer Ebene alles normiert. Mit der Regelung ist keine Kompetenzverschiebung im Grundgesetz verbunden. Es ist legitim und wichtig, dass sich die Funktionsträger von Bund und Länder absprechen und zur gemeinsamen Entscheidung kommen. Sie verantworten sich alle nach ihrer Verfassungsordnung in den Ländern. Die Regelung dieses wichtigen Gremiums scheint mir ein Punkt in der Krisennachlese zu sein, über den wir noch einmal debattieren müssen. Aus meiner Sicht ist eine Regelung im Grundgesetz selbst angemessen.

Stv. Vorsitzender:

Ja, vielen Dank, und Herr Kurtzke kommt bitte auch nochmal zum gleichen Thema.

Rechtsreferendar Paul *Kurtzke*, Bad Blankenburg:

Vielen Dank, Herr Vorsitzender. Ich möchte mich auch bedanken, dass ich nochmal etwas dazu sagen darf. Ich habe, weil es gestern dann auch in Folge meiner Wortmeldung, eine Diskussion dazu gab, nochmal über das Thema nachgedacht und auch vorhin im Gespräch mit Herrn Prof. Dr. Kube laut Gedanken entwickelt, die ich jetzt mit Ihnen teilen will, weil sie – wie ich hoffe – zur Diskussion beitragen können.

Wir müssen uns im Wesentlichen fragen: Welches Regelungsziel verfolgen wir mit der Aufnahme dieser Konferenz in das Grundgesetz.

Der in diesem Zusammenhang bereits angesprochene Europäische Rat ist ein Organ der Europäischen Union, welches keine rechtsetzenden Kompetenzen hat, aber die langfristige Zielsetzung der Union und die Weiterentwicklung der Verträge berät, also hauptsächlich eine rechtsbegleitende Funktion hat. Deshalb ist er mit der hier gegenständlichen Ministerpräsidentenkonferenz nicht vergleichbar. Denn hier geht es darum: Wie sollen der Bund und die Länder bei der Ausführung ihrer jeweiligen Verwaltungsaufgaben zusammenarbeiten, insbesondere, wenn sie alle mit dem gleichen Problem, meinetwegen einer Epidemie oder Pandemie, konfrontiert sind?

Heißt: Ich tue mich ein bisschen schwer damit zu sagen: Wir rufen ein neues Verfassungsorgan aus, nämlich diese Konferenz. Das Regelungsziel ist aus meiner Sicht eher, dass wir sagen, wir brauchen irgendeine Widerspiegelung auf Verfassungsebene von der verfassungsrechtlichen Realität, dass es ein Besprechungsorgan gibt, welches faktisch Macht ausübt, und wir haben quasi eine parallele Problemstellung wie bei der Finanzierung. Dort haben wir nämlich die Situation, dass der Bund durch die Gewährung von Finanzen, die an gewisse Voraussetzung geknüpft sind, in die Länder reinregieren kann. Das soll möglichst weitgehend ausgeschlossen werden, kann also nur in gewissen Fällen gemacht werden, weil man die Sorge hatte, dass der Föderalismus beschädigt wird, wenn der Bund, der ja viel finanzmächtiger ist, über die Finanzierung auf die Länder einwirkt.

Wir fragen uns hier also: Gibt es durch diese Institution eine mögliche Störung unseres föderalistischen Gleichgewichts oder unserer föderalistischen Entscheidungsfindung, also der Entscheidungsfindung in den Ländern? Dieser Schwerpunkt, also die Frage, wie kriegen wir geregelt, dass dieses Organ schon existieren soll, weil es eine politische Verständigung ermöglicht, die sonst nicht stattfände, die es auch im Bundesstaat geben muss, die aber gleichzeitig klar machen soll, dass die Ministerpräsidenten am Ende dafür in der Verantwortung stehen, was sie tun? Und vor allem gegenüber ihren Landtagen auch rechenschaftspflichtig bleiben und eben nicht sagen können: „Ja, wir haben das aber so vereinbart.“ Diese Krux ist das, denke ich, was die Regelung ausmachen sollte und was sie bisher nicht tut. Ich habe jetzt selber auch nicht den lösenden Vorschlag, der diese ganzen Sachen adressiert. Ich denke aber, dass der Artikel jedenfalls an der falschen Stelle eingefügt werden soll. Ich bin der Meinung, er sollte, wenn, weiter hinten, dort, wo auch die Verwaltungsregelungen des Grundgesetzes vorkommen, geregelt sein. Nämlich bei der Frage: Wie vollziehen wir Gesetze? Die Ministerpräsidentenkonferenz hat nicht die Aufgabe, Recht im Sinne der Gesetze zu setzen, das soll auch und das ist Konsens, den Landtagen und dem Deutschen Bundestag vorbehalten bleiben. Sie soll effektiv koordinieren, wie man Gesetze – wie z. B. beim Infektionsschutzgesetz, Gesetze des Bundes – umsetzt. Heißt: Sie wäre aus meiner Sicht eher dort angebracht und nicht so weit vorne, wo der Eindruck entstehen könnte, es wird ein Verfassungsorgan, es wird eigene Befugnisse haben und wir legitimieren in unbekanntem Umfang, dass es noch diese Struktur gibt, die dann vielleicht Kompetenzen hat oder nicht. Vielen Dank.

Stv. Vorsitzender:

Vielen Dank, Herr Kurtzke. Wenn es keine Wortmeldungen mehr zu diesem Thema gibt, würde ich Ihnen gerne kurz skizzieren, wie wir uns von Seiten des Abteilungsvorstandes vorstellen, mit der bisherigen Ziffer 10 umzugehen, das nimmt einen Teil Ihrer Bedenken auf. Bevor ich das mache, unterbreche ich mich aber selber und würde Frau das Wort geben, weil sie auch zu diesem Thema sprechen möchte. Bevor ich hier das Fazit ziehe, sollten wir erst die Diskussion abwarten. Bitte schön, Frau Tryta.

Kreisrätin im Landkreis Regina *Tryta*, Verden an der Aller:

Vielen Dank, dass ich dazu noch sprechen darf. Ich fand die Ausführungen gerade auch nochmal sehr anregend und erhellend. Eigentlich nähern sich die Positionen ja gerade ein Stück weit auch an. Dass man also sagt: Wir brauchen da doch etwas. Ein Argument wäre da aus meiner Sicht nochmal, dass sich die gesellschaftlichen Verhältnisse und die Krisenszenarien in der Zeit, wo wir das Grundgesetz haben, massiv geändert haben. Das heißt: Zum Ausdruck kommen sollte,

dass es einfach stärker nötig ist, über die normalen Kompetenzverteilungen hinaus, die wir im Grundgesetz haben und die natürlich so bleiben sollen, sich auszutauschen, um einer Krise besser entgegentreten, sie besser gemeinsam bewältigen zu können. Da könnte es vielleicht eine Möglichkeit sein, dass man die Formulierungen noch ein bisschen verändert, zum Beispiel, dass Fragen der Bund-Länder-Kooperation oder Maßnahmen der Länder in ihrer eigenen Zuständigkeit dort gemeinsam erörtert werden. Dann käme man vielleicht zusammen. Vielen Dank.

Stv. Vorsitzender:

Danke, Frau Tryta. Es gibt jetzt eine weitere Wortmeldung zu diesem Themenkomplex durch Herrn Steinbeck. Herr Steinbeck ist Doktorand und wissenschaftlicher Mitarbeiter bei meinem Nachbarn auf dem Podium, Prof. Kube.

Wiss. Mitarbeiter Luca *Steinbeck*, Heidelberg:

Sehr geehrte Frau Vorsitzende, sehr geehrter Herr stellvertretender Vorsitzender, sehr geehrte Damen und Herren,

ich würde gerne an dieser Stelle auch noch einen Gedanken in die Diskussion einbringen, der mir persönlich zu kurz gekommen ist. Und zwar frage ich mich die ganze Zeit, ob die Antwort vielleicht im Demokratieprinzip zu suchen ist.

Wenn ich als wahlberechtigter Bürger der Meinung bin, dass sich meine Landesregierung zu stark an die Vorgaben der Ministerpräsidentenkonferenz hält und die Verantwortung quasi delegiert, obwohl sie politisch und rechtlich beim Land liegt, dann kann ich meinen Unmut im Rahmen meiner nächsten Wahlentscheidung kundtun. Ich glaube, im Endeffekt ist das ein Prozess, der keiner Konstitutionalisierung bedarf, sondern der im demokratischen Diskurs aufgearbeitet werden kann, wenn wir der Meinung sind, dass im Land zu viele Entscheidungen „delegiert" werden.

Ich sehe das große Problem nicht und bin auch der Meinung, dass man die MPK nicht als Verfassungsorgan kodifizieren sollte. Es gibt informelle Zusammenarbeit im Bundesstaat an vielen Stellen. Weil gerade der Regelungsstandort angesprochen wurde: Es gibt auch informelle Zusammenarbeit, koordinierte Zusammenarbeit im Bereich der Gesetzgebung. Und wenn man die MPK jetzt bei den Verwaltungskompetenzen kodifizieren würde, dann würde man den Bereich ausklammern, der sich mit der Vorbereitung von Gesetzesvorlagen beschäftigt, die in den Ländern unter Umständen einheitlich sein sollen. Deshalb würde ich, wenn man schon über eine Kodifizierung nachdenkt – Sie sehen aber, ich sehe das eher kritisch – einen Regelungsstandort weiter vorne wählen, und zwar dort, wo er jetzt auch durch die Abteilung vorgesehen ist.

Letzter Punkt: Im Moment steht das Wort „Krise" noch in dieser Vorschrift. Das „stört" mich persönlich auch ein bisschen, weil wir ja gelernt haben oder auch im Laufe der Diskussion schon mehrfach feststellen konnten, dass der Begriff der Krise relativ unbestimmt ist. Ich glaube – schließlich taucht das Wort „Krise" bislang im Verfassungstext nicht auf –, dass man sich keinen Gefallen damit tun würde, einen solchen Begriff zu konstitutionalisieren, der inhaltlich und sprachlich zu weit ist. Er ist zu ungenau, schafft keinen Mehrwert. Durch die Aufnahme des Krisenbegriffs wissen wir nicht hinreichend genau, wann die Ministerpräsidentenkonferenz tagt und wann nicht. Denn es gibt ja auch außerhalb von Krisensituationen durchaus Möglichkeiten oder Notwendigkeiten, sich im Rahmen einer Ministerpräsidentenkonferenz zu koordinieren, auch bezüglich langfristig wirkender Folgen, wie dem Klimawandel. Dieser passt zwar nicht zu unserem Abteilungsthema, doch besteht hier sicherlich genauso viel Koordinierungsbedarf im Bundesstaat zwischen den einzelnen Ländern. Danke.

Stv. Vorsitzender:

Vielen Dank. Wenn ich jetzt keine Wortmeldungen übersehen habe, würde ich jetzt Ihnen skizzieren, wie unsere Überlegungen sind. Ich glaube, die nehmen zwei, drei Gedanken, die eben geäußert worden sind, durchaus auf. Wir würden als Abteilungsvorstand dazu neigen, den konkreten Formulierungsvorschlag zu streichen, der noch in der alten Beschlussvorlage steht. Damit ist der Anbindung an die europäische Regelung entfallen, als auch dem Umstand Rechnung getragen, der eben von Herrn Steinbeck geäußert wurde: Wollen wir da wirklich im Grundgesetz von bestimmten Krisen sprechen? In einer Vorschrift, wo wir sie gar nicht so richtig einordnen können. Wir würden aber daran festhalten wollen, die Konferenz wegen ihrer Bedeutung als zentrales Krisensteuerungsinstrument und als Zeichen des kooperativen Föderalismus im Grundgesetz geregelt zu sehen. Wir würden auch daran festhalten, sie in Art. 30a GG oder irgendwo in diesem Abschnitt des Grundgesetzes zu verankern, weil es eben gerade nicht darum geht, Kompetenzen zu verschieben. Das würde uns wichtig sein. Und wir haben uns eben schon verständigt: den Hinweis von Frau Tryta können wir gerne mit aufnehmen. Wir hätten ohnehin vorgesehen, im Beschlussvorschlag einen Satz mit sinngemäß folgendem Inhalt zu ergänzen: Hiermit ist keine Änderung der Kompetenzordnung verbunden. Wir müssen darüber nachdenken heute Mittag, ob wir das nochmals umformulieren. Sie haben ja angeregt, die Maßnahmen der Länder, die in eigener Zuständigkeit sind, dort anzusprechen. Da finden wir einen Weg und würden im Übrigen einfach eine Botschaft senden, ohne das so konkret mit einem Formulierungsvorschlag zu unterlegen. Ich will ich zudem unterstreichen, was Herr Steinbeck eben gesagt hat: Das Instrument der Ministerpräsidentenkonferenz stellen wir nicht in Frage. Sie trifft auch außerhalb des Krisengeschehens wichtige Verabredungen, ich nenne beispielhaft das ganze Medienrecht, was hier in einer anderen Abteilung diskutiert wird. Es wird als Länderrecht über die MPK koordiniert und wird in Staatsverträgen umgesetzt. Staatsverträge bedeuten, es wird ausgehandelt auf der Ebene der Staatskanzleien. Die Landesparlamente haben noch genau zwei Möglichkeiten. Sie können ja oder nein sagen, aber sie können an den Texten grundsätzlich keinen Deut verändern. Auch das zeigt uns, welche Bedeutung diese Institution hat. Deswegen ist die Krisenbekämpfung ein Anlass, das Handeln der MPK nochmals zu reflektieren und ins Gedächtnis zu rufen, aber es ist nicht der einzige Grund. In dem Sinne würden wir es heute Mittag im endgültigen Beschlussvorschlag verankern, also ohne die konkrete Formulierung, aber mit der Zielrichtung Verankerung im GG.

Wenn wir diesen Themenbereich soweit abschließen können, dann habe ich jetzt die Wortmeldung eines Kollegen zu einem anderen Thema vorliegen, zum Thema Aktivierung der Zivilgesellschaft. Das haben wir gestern unter Ziffer zwei der Beschlussvorlage schon angesprochen. Es hat sich gemeldet Herr Landrat Brötel. Herr Brötel ist seit ungefähr 20 Jahren Landrat des Landkreises Neckar-Odenwald und seit genau 16 Tagen Präsident des Deutschen Landkreistages.

Landrat Dr. Achim *Brötel*, Buchen:

Frau Vorsitzende, Herr stellvertretender Vorsitzender, liebe Kolleginnen und Kollegen. Danke, dass ich Gelegenheit habe, noch einige Akzente aus Sicht der Landkreise zu setzen, nachdem ich gestern leider nur zeitweise an den Diskussionen teilnehmen konnte.

Mein erstes Stichwort ist in der Tat „Aktivierung der Zivilgesellschaft“. Wir haben viel geredet über staatliche Zuständigkeiten und über ehrenamtliche Helferstrukturen. Mir geht es aber auch um die Eigenverantwortlichkeit von uns allen oder die Aktivierung der Zivilgesellschaft, egal wie man das bezeichnen will. Wenn es denn richtig ist, dass Krisenbekämpfung ein Verbundprojekt von Staat und Gesellschaft ist, so hat es Herr Professor Becker in seiner These 7 formuliert und das teile ich ganz ausdrücklich, dann wird es ohne die Eigenverantwortung nicht gehen. Wir müssen uns deshalb auch noch sehr viel stärker überlegen, wie wir Bürgerinnen und Bürger, wie wir uns alle in dieses Geschehen miteinbeziehen können, über Informationen, auch über die Teilnahme an Übungen, über die Frage, ob wir Schutzräume weiter zurückbauen oder vielleicht aktiv dafür werben, auch wieder Schutzräume neu einzurichten. Und: Wir müssen bei der Gelegenheit auch darüber nachdenken, wie wir diejenigen schützen können, die nicht in der Lage sind, sich selbst zu schützen. Wir haben im Ahrtal nämlich auch Situationen gehabt, wo eine Einrichtung von Menschen mit einer Behinderung sehr tragisch betroffen war. Der erste reflexartige Ruf war: Da muss ein staatliches Register her, das diese Situationen aufnimmt. Das wird der Staat aber nicht auch noch leisten können und das würde er vor allem auch gar nicht aktuell halten können. Da ist wirklich Eigenverantwortung gefragt, und diese Eigenverantwortung würde ich gerne noch stärker akzentuieren, weil ich sie wirklich für sehr wichtig halte.

Der zweite Aspekt, den ich gerne ansprechen wollte: Wir haben gestern klar herausgearbeitet, dass ein wirksamer Katastrophenschutz klare Zuständigkeiten und klare Verantwortlichkeiten braucht. Er braucht aber – und das ist das, was ich noch einmal betonen will – vor allem auch eine aufgabenadäquate Finanzausstattung. Wenn das untere staatliche Aufgabe ist, dann müssen die dafür Berufenen durch die zuständigen Länder auch tatsächlich aufgabenadäquat finanziell ausgestattet sein. Das betrifft gerade auch die ehrenamtlichen Helferstrukturen. Wir haben in der Praxis doch oft die Situation, dass wir für die Anschaffung, für die Investition zwar eine gute Finanzierung haben, dass dann aber niemand daran denkt, dass Einsatzmittel nachher auch unterhalten, gewartet, irgendwann vielleicht wieder instandgesetzt und repariert werden müssen, damit sie überhaupt einsatzfähig sind. Und wenn ehrenamtliche Gruppen, egal ob das Feuerwehren sind, ob es das Rote Kreuz ist, ob das DLRG oder ob es das THW ist, wenn die am Ende des Tages uns nicht nur einen Teil ihrer Lebenszeit schenken, um sich für den Katastrophenschutz einzusetzen, sondern auch noch Geld sammeln und Würstchen verkaufen müssen, damit Einsatzmittel überhaupt einsatzfähig bleiben, dann läuft da etwas falsch. Das ist eine Bestandsaufnahme aus dem Lande, in dem wir tagen, da ist es nämlich gerade so: Die Investition wird gefördert, die Unterhaltung nachher wird aber nur mit einer Pauschale abgegolten, die bei Weitem nicht kostendeckend ist. Deswegen braucht es dringend auch eine aufgabenadäquate Finanzausstattung.

Die dritte Anmerkung betrifft den Beschlussvorschlag Ziffer 7. Die dort aufgeworfene Frage oder Aussage: mehr Kompetenzen des Bundes im Bereich der Gesundheitsversorgung. Ich will ganz klar sagen, die braucht es aus meiner Sicht in keinster Weise. Wenn eine Katastrophe oder Krisenbekämpfung eine räumliche Nähe zur Gefahrenquelle und auch zum drohenden Schaden voraussetzt, dann muss sich das auch in der Gesetzgebungskompetenz widerspiegeln. Warum sind wir in Deutschland denn so gut durch die Pandemie gekommen? Viel besser als viele unserer europäischen Nachbarn? Weil wir eine flächendeckende Krankenhausstruktur bei uns im Land haben. Und wir erleben im Moment gerade, wo wir darüber diskutieren, Gesetzgebungskompetenzen des Bundes zu erweitern, einen sehr übergriffigen Bundesgesundheitsminister, der im Grunde dabei ist, die ländlichen Räume von kritischer Infrastruktur im Bereich der Gesundheitsversorgung leerzuräumen. Aus meiner Sicht wären erweiterte Kompetenzen für den Bund deshalb der völlig falsche Weg. Die Zuständigkeit muss vielmehr eindeutig bei den Ländern bleiben.

Vierte, vielleicht nicht ganz ernst gemeinte Anmerkung: Ich finde es nicht falsch, dass wir über Datenschutz reden bei der Krisenbekämpfung. Ich finde es aber mindestens genauso wichtig, dass der in der Prioritätenliste ziemlich weit hinten eingereiht ist, so wie Sie das ja auch getan haben in den Vorschlägen. Ich gehe mal einfach von mir selber aus. Ich persönlich würde jedenfalls wesentlich lieber datenschutzwidrig gerettet werden als datenschutzkonform sterben zu müssen. Vielleicht sieht das irgendjemand im Saal anders?

Jetzt ist Krise aber ja immer auch ein produktiver Zustand. Von daher bin ich wirklich sehr froh und sehr dankbar, dass wir diese Fragen hier auch diskutieren. Mark Twain hat einmal gesagt: „Ich habe in meinem Leben schon ganz viele Katastrophen erlebt. Die wenigsten davon sind eingetreten." Das sollte auch das Ziel sein, an dem wir gemeinsam weiterarbeiten.

Herzlichen Dank.

Stv. Vorsitzender:

Vielen Dank für diese klare Positionierung. Ich glaube, das Thema Datenschutz wird noch im weiteren Verlauf des Tages eine Rolle spielen. Das können wir dann noch aufrufen.

Ja, klar, der Gutachter darf immer, Prof. Becker bitte.

Gutachter *Becker*:

Darf ich in Ergänzung zu dem, was Sie gerade gesagt haben, auf einen Punkt noch einmal hinweisen, den wir gestern in den Referaten und Vorträgen kurz behandelt haben? Und zwar geht es um die angemessene und v.a. aufgabenakzessorische Finanzausstattung. Das ist ja ein generelles bundesstaatliches Problem. Anliegen der finanzverfassungsrechtlichen Ordnung ist es auch, eine Entflechtung der Finanzmittel von Bund und Ländern zu erreichen, die in unserem Fall vom Bund unter dem Vorzeichen des Bevölkerungsschutzes verwendet werden. Wir hatten ja gestern auf den Dualismus von Katastrophenschutz des Landes und Zivilschutz des Bundes hingewiesen, den der Bund unter dem Vorzeichen des Bevölkerungsschutzes durchbricht. Es ist ja so, dass ein nicht unerheblicher Teil des Katastrophenschutzes vor Ort letztlich unter dem Vorzeichen der Amtshilfe durch Bundeseinrichtungen, THW und Bundeswehr, aber auch durch Nutzung der Bundesreserven für den Zivilschutz geleistet wird.

Die Länder verlassen sich natürlich in gewisser Weise auch darauf, dass zum Zwecke des Zivilschutzes Geräte, Strukturen, Organisationen existieren, die man eben dann nicht mehr selbst finanzieren muss. Vielmehr verlässt man sich darauf, dass der Bund das tut. Der Bund tut es auch; und dies geschieht (zumindest bis vor zwei Jahren) wohl wissend, dass viele der Dinge, die er da in seinen Lagern hat, vermutlich nie für den Zivilschutz, sondern eben für den Katastrophenschutz eingesetzt werden. Ein ähnliches Verhältnis gibt es ja bei dem Verhältnis des THW zu den Landespolizeien. Mir sagte im Zusammenhang mit der Erstattung dieses Gutachtens ein Herr vom THW, dass die Mitwirkung des THW beim Katastrophenschutz eigentlich gar nicht so ein riesiges Thema ist, sondern eher punktuell bei einem Hochwasser eine Rolle spielt. Aber das THW erbringt viele Unterstützungsleistungen für Polizei und Feuerwehren. Wenn also wieder irgendwo ein Unfall ist, dann kommt halt auch mal der Lichtmast vom THW dazu, weil die Feuerwehr gerade keinen hat. Ich denke, es ist ein ganz wichtiger Punkt, dass wir diese Entflechtung leisten können, dass der Bund tatsächlich auch nur das erledigt, wofür er zuständig ist, und dass die Länder das tun (und finanzieren) müssen, wofür sie zuständig sind. Teil der Wahrheit ist, dass man die Dinge dann auch bezahlen muss. Das führt uns dann wieder zu der größeren Frage der Verteilung von Finanzmitteln zwischen Bund und Ländern. Aber die Länder haben sich natürlich in diese bequeme Situation zurückgezogen und gesagt, „Wir schaffen die Sachen gar nicht erst an, im Notfall kommt ja der Bund." Das ist ein, finde ich, verfassungsrechtlich und v.a. finanzverfassungsrechtlich unbefriedigender Zustand.

Stv. Vorsitzender:

Vielen Dank. Wir haben jetzt eine Wortmeldung, die sich auf die Ziffer 24 des Beschlussvorschlags bezieht. Die würden wir zurückstellen für den zweiten Teil der Diskussion, weil wir diesen Themenblock dann aufrufen.

Wir haben eine weitere Wortmeldung von Frau Bychara-Hahn. Wenn ich das richtig sehe, möchte sie sich nochmal äußern zu den Definitionen der Krise, also ganz zum Anfang unserer Beschlussvorlage. Das Erfreuliche ist, sie ist Referentin im Bundesamt für Bevölkerungsschutz, ein wichtiger Partner, der sich bisher noch nicht zu Wort gemeldet hatte. Umso besser, dass sie sich jetzt meldet. Danke schön.

Referentin Desiree *Bychara-Hahn*, Berlin:

Frau Vorsitzende, Herr Vorsitzender, sehr geehrte Damen und Herren,

bevor ich kurz etwas sage zur Definition der Krise, fand ich die Diskussion gestern sehr, sehr interessant. Ich habe sehr zufrieden und auch schon im BBK kommunizierend zur Kenntnis genommen, dass Sie sich mit den gleichen rechtlichen Fragen, aber auch mit den gleichen faktischen Fragen und Gremien auseinandersetzen, wie wir das tun, und kann sagen, dass Themen wie Lagebild etc. eine sehr hohe Priorität haben. Sie haben so eine hohe Priorität, weil wir uns gerade in einer Situation befinden, die abweicht von der Situation der letzten Jahre. Ich möchte gerne vorschlagen, dass wir uns vielleicht auch die Frage stellen, ob der Krisenbegriff, der in der Beschlussvorlage vorhanden ist, ob der auch der aktuellen sicherheitspolitischen Situation gerecht wird.

Sie werden, soweit ich weiß, sich morgen auch mit dem Thema Krieg in Europa beschäftigen. Wir beschäftigen uns hauptberuflich nur mit diesem Thema. Deswegen ist natürlich der Aspekt des Katastrophenschutzes jetzt nicht der, auf den ich überwiegend eingehen möchte. Wenn ich die Krisendefinition, die Sie hier zugrunde legen, heranziehe, dann ist das schon eine, die nach meinem Verständnis auf den Katastrophenschutz und nicht auf den Zivilschutz abzielt.

Das mache ich einmal deutlich daran, dass Sie auf Notsituationen abstellen und auch kurzfristige Herausforderungen genannt werden. Der Katastrophenschutz ist natürlich sehr wichtig. Gleichzeitig werden aber in den Beschlussvorlagen auch immer wieder die zivile Verteidigung, die zivilmilitärische Zusammenarbeit und der Zivilschutz herangezogen. Weshalb ich mich frage, ob es vielleicht sinnvoller wäre, dass man die Ziffer 1 auch ein bisschen breiter fasst, sich auch mit den Herausforderungen im Zivilschutz befasst, diese zumindest berücksichtigt und vielleicht anstatt „außergewöhnliche Notsituationen" von „außergewöhnlichen Situationen" spricht und anstatt „kurzfristig besonders herausfordern" vielleicht das Wort „vorübergehende Herausforderungen" benutzt. Das Ganze ist aus meiner Sicht relativ wichtig. Wir sind aktuell in einer Situation, die nicht dem Verteidigungs-, dem Spannungs- oder dem Zustimmungsfall entspricht. Gleichzeitig sind wir aber auch nicht mehr in einer reinen Friedenssituation. Das wird wahrscheinlich morgen noch ein bisschen genauer definiert und skizziert werden.

Das bedeutet sowohl für den Bund als auch für die Länder, dass wir uns massiv vorbereiten. Der Bund ist für die zivile Verteidigung zuständig. Die Ausführung des Verwaltungshandelns erfolgt aber auf Seiten der Länder, der Landkreise. Frau Dr. Spieker hat gestern schon einiges dazu gesagt. D.h. wir können zum jetzigen Zeitpunkt nicht in Form der Bundesauftragsverwaltung Handeln anweisen, weil wir einfach noch nicht im Verteidigungsfall sind. Gleichzeitig müssen wir oder dürfen wir, und das tun wir auch, und damit meine ich den kompletten zivilen Bereich, uns gemeinsam mit Vorplanungen beschäftigen. Es gibt dazu Mechanismen in Deutschland, zum Beispiel die zivile Alarmplanung als Pendant der militärischen Alarmplanung.

Das Land Niedersachsen hat das in ihr Katastrophenschutzgesetz mit eingebracht. Also auch das zeigt, glaube ich, auf welcher Ebene wir uns mittlerweile beschäftigen. Die zivile Alarmplanung ist streng föderal strukturiert und hat das Ziel, gewisse Funktionen in Krisensituationen sicherzustellen, unter anderem die Aufrechterhaltung der Staats- und Regierungsfunktionen. Aber sie werden auch viele Maßnahmen im Bereich Verkehr finden. Es wird auch sichergestellt, dass wir alle Steuern zahlen dürfen im Krisenfall. Also sie ist sehr umfassend und ist ein sehr, sehr wichtiges Element, was im Krisenfall zu Trage kommt, was aber nur dann zu Trage kommen kann, wenn wir uns jetzt mit Vorplanungen beschäftigen. Diese befinden sich zumindest aus Sicht der Beteiligten momentan in einem Raum, der rechtlich nicht definiert ist.

Weshalb wir uns sehr intensiv mit der Frage auseinandersetzen, in welcher Situation befinden wir uns gerade. Es gibt sehr viele Formate, die das aufgreifen zwischen Bund und Land und der Bundeswehr. Also es finden Vorplanungen statt auf allen Ebenen, und vor dem Hintergrund würde ich wirklich dafür plädieren, ob man überlegt, dass die Beschlussfassung sich auch ein bisschen öffnet in der Definition, was eine Krise ist und vielleicht sich auch mit den sicherheitspolitischen Aspekten beschäftigt. Vielen Dank.

Stv. Vorsitzender:

Vielen Dank Ihnen für diesen den Blickwinkel noch einmal weitenden Beitrag, den wir uns sorgfältig überlegen müssen. Wir werden uns Ziffer 1 noch einmal ansehen unter diesen Gesichtspunkten. Der nächste Redner ist Herr Dr. Rudersdorf, wenn ich das richtig ausspreche. Meine Handschrift ist übrigens noch schlechter, aber er kommt. Er ist Rechtsdezernent und wird zu zwei Punkten das Wort ergreifen.

Rechtsdezernent Dr. Michael *Rudersdorf*, Siegburg:

Ja, sehr geehrte Vorsitzende, sehr geehrte Damen und Herren, ich bin Rechtsdezernent und auch für den Bevölkerungsschutz zuständig in einem großen nordrhein-westfälischen Kreis und Leiter des

Krisenstabes. Deshalb wollte ich jetzt vielleicht ein paar praktische Inputs bringen. Ich möchte zu zwei Punkten etwas sagen. Das ist der Beschlussvorschlag drei: „Ein spezielles Krisengesetz". Ich fasse das mal in meinen Worten zusammen, so wie ich es verstanden habe: Brauchen wir nicht, kann man wohl aus anderen Gesetzen herleiten, kann man auch alles so. Ich fände ein einheitliches Krisengesetz gut, weil wir werden mehr Krisen kriegen. Wir haben sehr gravierende Krisen, da geht es um hohe Schadenssummen, es geht um gewichtige Grundrechtseingriffe und im Krisenstabs sitzen ja nicht nur Juristen, da sitzen auch viele Praktiker, Feuerwehren, was weiß ich alles. Da muss man sagen, wenn wir jetzt sagen, wir schlagen mental das Krisenstabsgesetz auf, ist das für die Praktiker was Besonderes, dass wir sagen: „So, es wird allen verdeutlicht, wir sind jetzt in diesem Krisenmodus und haben das ganze Repertoire an den folgenden Aufgaben und Befugnissen." Wäre so mein Gedanke, dass man sich dessen bewusstwird und in Deutschland gibt es so viele Gesetze, also ich glaube, auf das käme es dann auch nicht mehr an. Zweiter Punkt, das sind die schon vielfach zitierten Helfer. Wir sind von der Flut 2021 schwer getroffen worden, also Teile des Kreisgebiets, und ich habe viele Gespräche auch mit Helfern geführt, im privaten wie im beruflichen Kontext. Teilweise waren wirklich Leute dabei, die haben 14 Tage ihre Arbeit ruhen lassen, haben Urlaub genommen und haben geholfen. Das war für mich persönlich sehr schön, muss ich sagen. Also so eine Krise ist ja immer so ein Brennglas auf die Gesellschaft. Sie sehen die Schattenseiten, aber Sie sehen auch die schönen Momente, die Hilfsbereitschaft, das ist teilweise super. Keiner meiner Gesprächspartner hat gesagt, ich hätte gerne staatliche Hilfe. Es gibt psychologische Untersuchungen – ich kann jetzt keine Fundstellen sagen, aber es ist auch nicht die Veranstaltung dafür – das Ergebnis war im Endeffekt Menschen wollen freiwillig Hilfe leisten. Man hat den Menschen Geld angeboten und sie haben eher damit reagiert, dass sie nicht mehr freiwillig helfen wollten, sondern dass sie gesagt haben, also für die paar Euro mache ich das nicht und das war ein ganz anderes Signal, das wurde ganz anders aufgenommen in dieser psychologischen Untersuchung. Deshalb wäre ich aus diesem Gesichtspunkt schon vorsichtig. Wir werden Abgrenzungsschwierigkeiten haben: „Wann bin ich das eine?", „Wann bin ich das andere?". Also beispielsweise das Haus, in dem ich aufgewachsen bin, ist auch flutgeschädigt gewesen. Ich habe dann geholfen bei meinen Eltern, und dann haben wir gleich, als ich dabei war, der ganzen Straße geholfen. Muss ich dann sagen, ich bin beim eigenen Haus kein Helfer, da bin ich, ich sage mal, Sohn meiner Eltern, bei den anderen Nachbarn bin ich dann Helfer. Sie werden solche Abgrenzungsschwierigkeiten kriegen. Sie werden auch bei sonstigen Dienstleistungen Schwierigkeiten kriegen, das abzugrenzen, z. B., wenn ich jetzt eine Wohnung zur Verfügung stelle. Das sind alles Themen, die bei uns im Amt intensiv diskutiert wurden, weil wir dann überhaupt keine Kontrolle mehr haben über die Leute. Wenn wir irgendwo eine Liste veröffentlichen und sagen, da gibt jetzt jemand kostenlos Wohnraum ab, was ist das für ein Mensch? Wenn ich da jetzt Flüchtlingsfamilien mit Kindern reinstecke, können wir dann als öffentliche Hand dahinterstehen und sagen, das ist alles in Ordnung. Diese Menschen sind von uns nicht geprüft. Wir haben es teilweise auch gesehen, dass Helfer da helfen wollten, wo sie eigentlich gar nicht gebraucht wurden. Sie standen im Weg, und das hat uns die Sache eher noch erschwert. Ich weiß nicht, wenn Sie so eine Vorschrift schaffen, ob Sie dann Impulse setzen, dass die Leute sagen: „So, ich nehme jetzt meine Schippe und renne da los." Und Sie stehen im Endeffekt den anderen Hilfsorganisationen oder den Einsatzkräften im Weg. Das sind alles so Punkte, Frau Dr. Spieker, ich bin da ganz bei Ihnen, dass die Hilfsorganisationen auch bei uns im Kreis Probleme haben, neue Helfer zu akquirieren. Ich nenne es die Coffee-to-go-Mentalität – „Ich möchte immer spontan helfen, wenn ich jetzt gerade Lust und Laune habe." Aber sich einer Organisation anzuschließen, wie dem Roten Kreuz oder den Maltesern oder so, das wollen immer weniger. Das ist bedauerlich und für uns im Endeffekt auch ein Problem, weil wenn ihre Kräfte geschickt werden, dann wissen wir, da hat jemand die Hand drauf, wir haben feste Ansprechpartner, die Leute sind quasi geprüft. Das haben wir bei den anderen Helfern nicht. Da plädiere ich eher dafür, weil man das nicht eingefangen kriegt, ob man das dann nicht lässt. So mein bescheidener Gedanke dazu. Vielen Dank.

Stv. Vorsitzender:

Vielen Dank von unserer Seite. Da sind die Gutachter gefordert: Herr Kollege Becker fängt an, insbesondere mit dem Stichwort Krisengesetz. Herr Kube würde sich dazu auch äußern. Und dann kommt noch einmal der Kollege Schwind mit einem anderen Thema.

Gutachter *Becker*:

Nur ganz kurz: Natürlich ist der Gedanke sympathisch zu sagen, wir nehmen den parlamentarischen Gesetzgeber in die Verantwortung, der muss ein allgemeines Krisengesetz erlassen. Aber die Aussage hier in der These oder in der Beschlussvorlage 3b) ist letztlich vor dem Hintergrund formuliert worden, dass es ja doch ein recht weit aufgefächertes besonderes Krisenverwaltungsrecht gibt. Und man muss sich dann einfach die Frage stellen, was der Mehrwert eines allgemeinen Krisengesetzes sein soll. Es wäre dann ja so eine Art allgemeiner Teil, den man „vor die Klammer“ zieht. Was soll aber in diesem Gesetz geregelt sein? Oder könnte man die Regelungen angesichts der Unvorhersehbarkeit von Krisen nicht nur so allgemein halten, dass es am Ende dann doch wieder wertlos ist, weil es das Gesetz auf das Katastrophenschutzrecht, das Rettungsdienstrecht und das Sozialversicherungsrecht usw. zurückverweisen muss, die ja im Krisenfall eine nicht unerhebliche Rolle spielen? Also ist letztlich die These dadurch motiviert, dass zumindest ich nicht so genau weiß, was man in ein solches Gesetz hineinschreiben soll, so dass es tatsächlich einen Mehrwert hat. Man kann eine weitere Generalklausel erlassen: „Der Staat hat alle Möglichkeiten und Befugnisse, eine Krise abzuwehren“. Aber ich glaube, das hilft am Ende nicht weiter. Selbst wenn man sich jetzt in die Zeit der Corona-Krise zurückversetzt, in der das Infektionsschutzrecht relativ kurzfristig immer wieder weiterentwickelt worden ist, dann muss man sich die Frage stellen, ob das die Konsequenz von Versäumnissen gewesen ist, die es vorher gegeben hat. Hat der Gesetzgeber nicht doch schnell – wenn auch in teilweise zweifelhafter Art und Weise – auf eine Entwicklung reagiert? Also: Hätte man vom Gesetzgeber erwarten können, dass die Dinge, die als §§ 28a usw. in das Infektionsschutzgesetz eingefügt wurden, vorher ohne Kenntnis der Corona-Situation geregelt werden? Das kann man mit gutem Gewissen verneinen, da es sich hier um Probleme (und Lösungen) handelte, die in dieser Art und Weise schwer vorhersehbar waren. Ich würde nach wie vor an dieser Beschlussvorlage festhalten, weil ich nicht weiß, was der Gegenstand eines solchen Gesetzes sinnvollerweise wäre.

Gutachter *Kube*:

Ich möchte das, was Kollege Prof. Becker gesagt hat, gerne unterstreichen. Ich kann es aus praktischer Sicht nachvollziehen, dass man dann, wenn man davon ausgeht, dass eine Krise besteht, ein entsprechendes Gesetz aufschlägt, aus dem sich alles ergibt, was zu tun ist. Aber zum einen glaube ich, dass ein entsprechender allgemeiner Krisenbegriff sehr, sehr schwer zu fassen ist und eben auch unter einen derartigen Tatbestand sehr schwer subsumierbar wäre. Zum anderen haben wir schlechte Erfahrungen mit – und das sage ich jetzt so ausdrücklich – der Idee der Ausnahmelage gemacht. Konkret würde sich die Frage stellen, inwiefern ein solches, allgemeines Krisengesetz eine Sperrwirkung gegenüber zahlreichen anderen Regelungen entfalten würde, die verschiedene Sicherungsfunktionen haben. Es wäre nicht klar, inwieweit sich ein allgemeines Krisengesetz und andere spezifische Krisengesetze ergänzen sollen; und es wäre nicht klar, inwiefern ein allgemeines Krisenregime von anderweitigen Maßstäben befreien würde. Deshalb glaube ich, ist es zielführender, an den hergebrachten Tatbeständen und Rechtsfolgen in den spezifischen Krisengesetzen, die es schon gibt, festzuhalten und diese sinnvoll weiterzuentwickeln.

Stv. Vorsitzender:

Vielen Dank nochmal an beide Gutachter. Bevor ich jetzt dem Kollegen Schwind das Wort gebe, möchte ich anfragen, ob es weitere Wortbeiträge und Wortmeldungen zu den Beschlussvorschlägen 1–14 gibt? Wir haben jetzt keine mehr vorliegen, das ist sozusagen der last call für diesen Komplex, den wir dann abschließen würden. Erst aber drängt es den Kollegen Schwind nochmal, das Thema: Die Bundeskanzlerin ruft Landräte an.

Stv. Hauptgeschäftsführer Dr. Joachim *Schwind*, Hannover:

Herzlichen Dank. Ich wollte als kurzen Beitrag noch zur Diskussion Krisengesetz einwerfen: Wir haben in vielen Verwaltungsbereichen inzwischen auch europäische Regelungen – nehmen Sie den ganzen Bereich Tierseuchenbekämpfung –, die Maßnahmen vorgeben, die entweder direkt durch europäische Verordnungen geregelt sind oder national umgesetzt sind in einer Fülle von deutschen Rechtsverordnungen. Also den Moment, wo ein Krisenstab den Schalter umlegen könnte und sagen könnte: „Ab jetzt ist nur noch das allgemeine Krisengesetz zuständig“, den werden wir in der Praxis kaum finden, Stichwort: aufwachsende Lagen. Wenn am Freitag um 15 Uhr sich ein Tierhalter meldet und sagt: „Ich hab hier einen Vogelgrippe-Verdacht“, wissen Sie nicht, in welcher Lage Sie sind, ob es harmlos ist oder ob Sie kurz vor dem allgemeinen Katastrophenfall stehen. Das allgemeine Krisengesetz sind die Katstrophenschutzgesetze der Länder und die Bekämpfung muss immer im Fachrecht der Gefahrenabwehr anfangen, dafür haben wir es. Insofern werden wir immer im Krisenstab die Situation haben, dass wir die fachliche Einschätzung des Gesundheitsamtes, des Veterinäramtes, der Feuerwehr, der Fachberater der Hilfsorganisation brauchen.

Ich wollte gerne in Ergänzung zu Herrn Dr. Ritgen das schwierige Thema Spontanhelfer und das Thema „Die Bundeskanzlerin am Telefon“ zum Thema Testung in den Altenheimen kurz ergänzen. Ich habe das alles an anderer Stelle schon einmal aufgeschrieben. Die Lage hier war noch etwas anders, weil es um Aufgaben insbesondere der Altenheimbetreiber zur Testung ihres eigenen Personals ging und für diese Aufgabe, die im Bereich der Mitarbeiterfürsorge und des Einrichtungsbetriebs liegt, war es auch grundsätzlich im Frühjahr 2021 kurz bevor der Impfstoff da war, grundsätzlich möglich, Menschen normal mit sozialversicherungspflichtigem Beschäftigungsverhältnis/Minijob anzustellen. Wir hatten alle ein Interesse daran, dass getestet wird. Wir haben dann unter Hochdruck und mit viel Mühe an einem Wochenende organisiert, dass die Personalanforderungen der Bundeswehr, die immer über dem Krisenstab des Landkreises gehen, auch zu Gunsten Privater erfolgen können. Das ist eine absolute Sondersituation gewesen. Wenn Sie sonst Amtshilfe der Bundeswehr anfordern als Oberbürgermeister oder Landrat, dann ist völlig klar, sie brauchen diese Amtshilfe zur Erledigung eigener Aufgaben, das sehen Artikel 35 GG, § 8 VwVfG so vor. Hier war es so, dass es nie eine staatliche Aufgabe war, das Personal in einem Altenheim morgens zu testen, sondern wir haben hier sozusagen Drittamtshilfe angefordert, also Personal angefordert, dass Privaten hilft, eine ihnen obliegende Aufgabe zu erfüllen. An diesem Beispiel sehen Sie, wie komplex das Thema Spontanhelfer, ungebundene Helfer und Unterstützung in Krisenzeiten ist. Frau Hey hat auch schon einen Weg angedeutet: Es ist grundsätzlich die Frage, ob man das nicht mit den normalen Instrumenten des Arbeits- und Sozialrechts hinbekommt. Da sind wir in Deutschland nicht die flexibelsten und müssen das vielleicht auch noch einmal nachsteuern, aber das würde das Thema dieser Abteilung sprengen. Mir war nur wichtig, darauf hinzuweisen: Wir haben an dieser Stelle einen weiteren Erkenntnis-Baustein gehabt, wo wir jetzt unter der Stichwort KRITIS natürlich gucken müssen, wie ertüchtigen wir alle Privaten, die alle wichtigen Aufgaben haben, in Krisensituationen die richtigen Maßnahmen zu treffen. Zur Beschlussvorlage: Aus meiner Sicht sollten wir das genauso formulieren, wie der Abteilungsvorstand Ihnen vorschlagen wird. Wir nehmen in der Ziffer 14 auf, das das Thema Spontanhelfer untersucht werden muss, würden aber keine fachliche Festlegung endgültig treffen. Wie mein Beispiel zeigt, sind es äußerst komplexe Freikonstellationen, die alle unterschiedlich behandelt werden müssen. Vielen Dank.

Stv. Vorsitzender:

Vielen Dank für die Abrundung dieses Themas, die auch zielgenau bei Ziffer 14 der Beschlussvorlage angekommen ist. Da wir jetzt keine weiteren Wortmeldungen zu diesem ersten staatsorganisationsrechtlichen Komplex haben, würde ich das Thema hier jetzt beenden. Ich bedanke mich für die bisher dazu vorgetragenen Wortbeiträge und darf jetzt an die Kollegin Johanna Hey zurückgeben, die zu dem finanziellen Part und zum Rechtsschutz durch den Rest der Veranstaltung führen wird.

Vorsitzende:

Wir sollten die Zeit vor unserer Pause nutzen, um in den Themenkomplex finanzieller Hilfen einzusteigen. Um den thematischen Wechsel zu erleichtern, würde ich Hanno Kube bitten, noch einmal die zentralen Stichworte aufzurufen.

Gutachter *Kube*:

Wir kommen jetzt in der Tat zu einem eigenständigen Themenbereich, der über unser Oberthema Krisenbewältigung eng mit dem ersten Themenbereich verbunden ist. Finanzierungsfragen sind in unserer Diskussion immer schon ein wenig mitgeschwungen. Jetzt treten diese Fragen in den Mittelpunkt. Ich glaube, es ist glücklich, wenn wir insofern von der Sekundärebene der Krisenbewältigung sprechen. Diese Sekundärebene bezieht sich im Ganzen auf zwei Arten von Finanzierungsbedarfen. Zum einen geht es, und das ist in unserer bisherigen Diskussion vor allem schon angeklungen, um die Finanzierung der staatlichen Krisenbewältigung und die Finanzierung der sonstigen Einsatzkräfte und Helfer, auch um deren Entschädigung. Und zum anderen geht es bei Finanzierungsfragen um die direkte finanzielle Unterstützung der Bürgerinnen und Bürger und der Wirtschaft. Der Gegenstand meines Gutachtens ist dieser zweite Aspekt, die finanzielle Hilfeleistung des Staates.

Wenn wir zurückblicken auf das, was in der Coronakrise geschehen ist, was in der Energiekrise geschehen ist und was auch lokal geschehen ist, während und nach der Ahrtalkatastrophe, dann sehen wir ein ganz weites Spektrum unterschiedlicher Maßnahmen, die ergriffen wurden, um Bürgerinnen und Bürger und die Wirtschaft finanziell zu unterstützen. Sie erinnern sich an all die Zuschussprogramme in der Coronakrise wie die Soforthilfen und die weiteren Leistungen zugunsten der Wirtschaft, daneben an die sozialstaatlichen Leistungen unterschiedlicher Art wie die Heizkostenzuschüsse und den Zuschlag zum Kindergeld. In der Energiekrise trat die Energiepreisbremse hinzu, die Strompreisbremse, die Gaspreisbremse; daneben die weiteren Maßnahmen des wirtschaftlichen Abwehrschirms. Auch in der Ahrtalkatastrophe gab es Soforthilfen, darüber hinaus auf Bundesebene die langfristige Aufbauhilfe 2021 als Sondervermögen des Bundes. In meinem Gutachten habe ich versucht, dieses weite Spektrum an ergriffenen Maßnahmen zu strukturieren und mit Maßstäben zu konfrontieren. All das möchte ich nun nicht nochmals im Einzelnen nachzeichnen, sondern nur ganz kurz daran erinnern, um die Diskussion zu eröffnen. Wir hatten eine ganze Reihe von Maßnahmen, die im Rahmen der bestehenden Sozialsysteme abgewickelt wurden, unter Zugrundelegung der Daten, die in den Sozialsystemen schon vorhanden sind. Daneben gab es Maßnahmen, die über das Steuerrechtssystem vermittelt wurden. Das waren zum einen Maßnahmen, die auf Modifikationen des materiellen Steuerrechts und des Steuerverfahrensrechts beruhten; angefangen von einer Erweiterung der möglichen Verlustrückträge bis hin zu Stundungen und anderen Billigkeitsentscheidungen im Verfahren. Zum anderen wurde das Steuerrechtssystem aber auch als reiner Transmissionsriemen eingesetzt, um finanzielle Hilfe zu überbringen; Beispiel ist die Indienstnahme der Arbeitgeber im Lohnsteuerverfahren. Darüber hinaus wurden finanzielle Hilfen durch Preisregulierungen geleistet; ich verweise hier auf die direkten Preisbremsen und die Verbrauchsteuerentlastungen wie den Tankrabatt. Im Ganzen sehen wir also ein sehr weites Spektrum von Maßnahmen, die alle das Ziel hatten, Bürgerinnen und Bürger und die Wirtschaft finanziell zu unterstützen.

Die Fragen, die sich vor diesem Hintergrund stellen, sind Fragen wie: Waren diese finanziellen Hilfen bedarfsgerecht? Wie kann die Bedarfsgerechtigkeit der Hilfeleistung noch stärker gewährleistet werden? Gab es in diesem Zusammenhang Grundrechtsansprüche? Und gab es prüfungsbedürftige Grundrechtseingriffe, so zum Beispiel zu Lasten der Arbeitgeber? Welche Datenschutzfragen stellen sich? Lassen Sie mich als Beispiel dazu auf einen Vorschlag hinweisen, der in meinem Gutachten enthalten ist: So könnten steuerliche Informationen herangezogen und an die Auszahlungsstellen weitergegeben werden, um finanzielle Hilfen durch die Auszahlungsstellen bedarfsgerecht zuzuschneiden; gerade auch zugunsten von Menschen, die in den sozialen Systemen mit ihren Daten nicht hinreichend angelegt sind. Es stellen sich also inhaltliche und auch verfahrensbezogene Fragen, wenn es darum gehen soll, finanzielle Hilfen in Zukunft effektiv und effizient, aber auch verfassungsgemäß zu erbringen.

Schließlich stellen sich auch im Bereich der finanziellen Hilfen ganz erhebliche kompetenzrechtliche Fragen. Dies gilt zum einen mit Blick auf die horizontale Kompetenzordnung, vor allem das Verhältnis zwischen Legislative und Exekutive. Ich hatte einige Gespräche vor allem in Baden-Württemberg geführt, mit dem Finanzministerium, mit dem Rechnungshof, im parlamentarischen Bereich. Und da ging es oftmals um die haushaltsrechtliche Steuerungsverantwortung in der Krise, so etwa für die Nutzung einer allgemeinen Krisenrücklage. Zum anderen ist die vertikale, bundesstaatliche Kompetenzordnung zu bedenken. So ist im Verhältnis zwischen Bund und Ländern zu klären, wer jeweils die Gesetzgebungszuständigkeit zur Regelung finanzieller Hilfen hat, wer für den gesetzesgebundenen Vollzug, aber auch die gesetzesfreie Verwaltung zuständig ist und wer die finanzielle Lastentragungszuständigkeit nach Art. 104a ff. GG hat. Schließlich müssen wir diskutieren, welche Finanzierungsquellen im Steuerstaat zur Verfügung stehen, um finanzielle Krisenhilfen erbringen zu können. Wir haben die Steuern, wir haben aber auch das Sozialversicherungssystem und wir haben die Möglichkeit der Kreditfinanzierung in der Krise.

Wir sehen also ein weites Spektrum von Fragen inhaltlicher Art und kompetenzrechtlicher Art, die wir nun diskutieren können mit Blick auf das große Portfolio an Maßnahmen, die wir in den Krisen der letzten Jahre gesehen haben. Und wir können auch darüber nachdenken, inwieweit wir in diesem Zusammenhang die Verfassungsordnung selbst weiterentwickeln können oder auch sollten.

Vorsitzende:

Ganz herzlichen Dank! Sie sehen, die Hilfe auf der Sekundärebene betrifft ein breites Spektrum von Rechtsfragen. Angeregt von den Überlegungen, die wir eben zu Spontanhelfern und zur Bedeutung von Altruismus hatten, würde ich gerne eine Grundsatzfrage zu Subsidiarität und bedarfsgerechter Hilfe vorschalten. Denn zunächst bedarf es der Klärung, was wir unter Bedarfsgerechtigkeit und Verteilung nach Bedürftigkeit verstehen Ist es zum Beispiel zumutbar auf Vermögen zurückzugreifen, bevor man staatliche Hilfen in Anspruch nimmt? Muss man jeden Schaden, jede krisenbedingte Einbuße vergemeinschaften? Ich würde hierzu gerne erst einmal Herrn Schwind das Wort erteilen.

Stv. Hauptgeschäftsführer Dr. Joachim *Schwind*, Hannover:

Ja, vielen Dank. Wir haben ja grundsätzlich die Situation im Gefahrenabwehrrecht, dass sie an einem bestimmten Punkt immer sagen müssen, nun müssen wir als Staat Maßnahmen ergreifen, die eine Einschränkung der Grundrechte der Bürgerinnen und Bürger bedeuten. Ich will ein Beispiel sagen: Wir waren in einer sehr schwierigen Lage in der Coronakrise, als wir festgestellt haben, dass bei einem großen Versandhändler Infektionen massenhafter Art in einem zentralen Güterverteilzentrum aufgetreten sind. Wenn die Lage noch schlimmer gewesen wäre, hätte man sogar möglicherweise Paketlieferdiensten die Tätigkeit untersagen müssen, wenn nicht eine völlig kontaktlose Abholung in Wohnvierteln möglich gewesen wäre. Ich glaube, jedem ist klar, was das für eine massive Einschränkung für die Bevölkerung bedeutet hätte, die vollständig zu Hause saß und alles bestellte, was es im Internet noch gab, z. B. an Gartenartikeln. Da waren wir an einem extrem kritischen Punkt.

In so einer Lage, wenn staatliche Maßnahmen mit großer Breitenwirkung getroffen werden, stellt sich ja zwangsläufig die Frage, was mache ich auf der Ebene der Entschädigung für diejenigen, die von der Ausübung ihrer Berufsfreiheit betroffen sind, und für diejenigen, die nicht mehr einkaufen können? Und es hat sich auf jeden Fall gezeigt: Wenn Sie in unserem hochsensiblen System reagieren wollen, müssen Sie die Sekundärebene sofort mit der Primärebene zusammendenken.

Es ist völlig undenkbar, dass Sie im Krisenmanagement vor die Presse treten und sagen, wir müssen leider die Friseursalons schließen oder wir müssen den Bestellhandel unterbinden oder den Einzelhandel schließen, wir sagen aber der betroffenen Berufsgruppe, den Wirtschaftszweigen, die daran hängen, heute nicht, wie es weitergeht. Es gibt daher einen unglaublichen Druck, nach der Primärebene der Maßnahmen zur Abfederung auch die Sekundärebene sofort in den Blick zu nehmen. Denken Sie an das ganze Thema der Solo-Selbstständigen, die zu Beginn von Corona ganz schwierig zu unterstützen waren. Daher ist es hochverdienstvoll, wenn wir aufbauend auf dem Gutachten von Professor Kube überlegen: Wie können wir diesen Punkt besser vorplanen?

Ich will auch noch mal auf die Kollegin im BBK eingehen: Wir ahnen ja alle, wenn es einen Angriff von außen gibt, dann wird er möglicherweise zuerst unsere IT und unsere Verkehrsströme betreffen. Es gibt natürlich auch noch andere Szenarien. Ich will aber deutlich machen: Z.B. der deutsche wirtschafts- und gesamtgesellschaftliche Verkehr hängt an einigen wenigen Autobahnen. Wenn Sie sich einmal nur anschauen, was auf der A2 zwischen Ruhrgebiet und Berlin in jeder Sekunde transportiert wird: gigantisch. Wenn wir in diesem hochsensiblen System ernsthafte Störungen haben, kann keiner sagen, wie es ohne Sekundärmaßnahmen des Staates gehen wird. Also insofern ist mein Plädoyer, auch den Bereich des Sekundärrechts besser vorzuplanen, weil wir damit in jeder Krise ebenfalls wesentliche Beruhigungen bekommen. Die Menschen brauchen eine funktionierende Warenversorgung, sie brauchen aber auch finanzielle und ökonomische Sicherheit.

Vorsitzende:

Wir haben eine Meldung von vorhin, die hierzu sehr gut passt. Justus Lichau geht es um die Frage der Elementarschadensversicherung. Wenn man an die sich häufenden Extremwetterereignisse denkt, stellt sich die Frage, ob man weiterhin einfach darauf setzen kann, dass der Staat schon helfen wird. Manche Krisen sind eben nicht so unwahrscheinlich, dass man sich nicht gegen sie absichern sollte.

Student Justus *Lichau*, Herne:

Sehr geehrte Frau Vorsitzende, sehr geehrte Kolleginnen und Kollegen, ich wollte ganz konkret zum Instrument der Elementarschadensversicherungspflichten einen Gedanken teilen. Und zwar glaube ich, dass das zumindest mal in den kommenden Jahren durchaus eine valide Lösung sein kann, aber durchaus nur eine Lösung auf Zeit.

Denn tatsächlich finde ich, dass in dieser Vorlage die Dynamik der Klimakrise fehlt oder zumindest nicht zu Ende gedacht wird. Denn es ist nun mal so, dass wir es da mit Kipppunkten zu tun haben. Und daher ist relativ klar – es wurde ja auch schon genannt, dass Krisen und ihre Folgen teilweise absehbar sind und gerade bei Naturkatastrophen, Überschwemmungen, Dürren und vielen weiteren Naturereignissen ist es eben so – dass relativ gut vorhersehbar ist, dass das in den nächsten Jahren deutlich zunehmen wird, stärker als es bislang passiert ist. Und gerade in dieser Konstellation ist dann aus meiner Sicht die Frage, wie Versicherungsträger oder wie lange Versicherungsträger eine entsprechende Versicherung überhaupt darstellen können, ohne dass sich das finanziell zu einem enormen Risiko entwickelt. Das ist auch eines der Argumente gewesen, das in der politischen Diskussion zu dieser Maßnahme bereits aufgekommen ist. Dann ist vielleicht die Frage, wie der Staat da eine Rolle spielen kann, was aber natürlich mit extremem finanziellen Aufwand verknüpft wäre. Das ist dann eben gerade auch in der aktuellen Haushaltssituation noch mal ein Faktor, der für eine Umsetzung dieser Maßnahme in den Blick genommen werden muss. Es ist jedenfalls festzuhalten, dass die Klimaschäden, die Kosten, die durch die Klimakrise entstehen, im Endeffekt definitiv größer sind als das, was konsequenter Klimaschutz kosten wird. Daher denke ich, dass der Aspekt dieser zeitlichen Begrenzung einer entsprechenden Maßnahme, dieses Instruments der Elementarschadenversicherungspflicht, dass das in dem Punkt zumindest noch nicht deutlich herauskommt, dass man da vielleicht nochmal drüber nachdenken muss.

Danke schön.

Prof. Dr. Peter Axer, *Heidelberg*:

Die Versicherungspflicht gegen Elementarschäden steht seit langem weit oben auf der politischen Tagesordnung und erfährt mit jedem Hochwasser nochmals stärkere Aufmerksamkeit. Der Bundesrat hat sich Mitte 2024 für eine Versicherungspflicht ausgesprochen, seitens der CDU/CSU-Fraktion gab es im Bundestag einen Antrag zu einer Elementarschadenversicherung, die verpflichtend angeboten werden sollte, deren Abschluss allerdings abgelehnt werden konnte

(Opt-out-Lösung), und auch ansonsten findet eine Änderung gegenüber dem bisherigen Zustand viel Zustimmung. Ablehnend gegenüber einer Versicherungspflicht sind dagegen insbesondere das Bundesjustizministerium und wohl in größerem Umfang die Versicherungswirtschaft. In Baden-Württemberg bestand bis in die 90er Jahre hinein eine Pflichtversicherung, die europarechtlich daran gescheitert ist, dass sie bei einem öffentlich-rechtlichen Monopolversicherer erfolgte. Aber selbst nach der Überführung liegt die Versicherungsquote immer noch bei über 90 Prozent, während sie in anderen Ländern weit darunter liegt und in Bremen ungefähr Mitte 20 Prozent betragen soll. Dass in Baden-Württemberg eine Versicherung gegen Hochwasser mit so hoher Verbreitung existiert, zeigt, dass eine umfassende Elementarschadenversicherung grundsätzlich möglich ist. Natürlich bleibt die Frage, wie mit hohen, den Einzelnen überfordernden Prämien in Hochrisikogebieten, etwa am Rhein oder an der Oder, bei einer risikobezogenen Prämiengestaltung umzugehen ist. Aber auch hier bieten sich Wege zur Lösung an, etwa Selbstbehalte, eine staatliche Beteiligung bei der Rückversicherung oder die staatliche Bezuschussung der Prämie, wie sie etwa bei Ernteversicherungen in der Landwirtschaft zum Teil schon erfolgt. Wo ein Wille ist, ist auch ein Weg.

Zu Recht ist darauf hingewiesen worden, dass eine Elementarschadenversicherungspflicht nicht gegen den Klimawandel oder gegen das Hochwasser als solches schützt – wobei allerdings etwa durch Präventionsanreize mit niedrigeren Prämien der Hochwasserschutz durch den Eigentümer und Versicherungsnehmer gefördert werden könnte. Maßnahmen in Bezug auf den Klimawandel sind natürlich unabhängig von einer Elementarschadenversicherungspflicht weiterhin erforderlich und gegen Hochwasserschäden müssen weitere Maßnahmen erfolgen. Zurzeit soll ein Entwurf für ein Hochwasserschutzgesetz in die ministerielle Abstimmung gegeben worden sein. Aber die Umsetzung von entsprechenden Maßnahmen, etwa der Bau von Rückhaltebecken oder die Renaturierung von Flüssen, wird sicherlich planungsrechtlich und aufgrund der zu finanzierenden Kosten eine längere Zeit in Anspruch nehmen.

Vorsitzende:

Ja, vielen Dank. Ich würde jetzt gerne die Kaffeepause eröffnen, auch um Ihnen noch einmal Gelegenheit zu geben, sich mit der Ausfüllung von Diskussionskarten an der Diskussion zu beteiligen. Nach der Kaffeepause werden wir erst einmal weiter die Fragen der finanziellen Hilfen diskutieren.

Fortsetzung der Diskussion

am 26. September vormittags
(anwesend ca. 81 Teilnehmerinnen und Teilnehmer)

Vorsitzende:

So, meine Damen und Herren, lassen Sie uns wieder in die Beratungen eintreten.

Ich habe eine Meldung von Herrn Göbel, Geschäftsführer und Direktor des Landkreistages Rheinland-Pfalz. Herr Göbel hat eine Wortmeldung zum Thema Elementarschaden, Schadensvorsorge der Haushalte.

Geschäftsführer Andreas *Göbel*, Mainz:

Ich wollte zwei Aspekte ansprechen, Frau Vorsitzende, Herr Vorsitzender. Zunächst wollte ich auch noch mal auf den Punkt Elementarschadenversicherung kommen.

Der Oberbegriff zu beiden Punkten ist eigentlich, dass wir zielgerichtet staatliche Maßnahmen ergreifen müssen. Und da kommt, wie es auch angeklungen ist, der Subsidiaritätsgrundsatz zur Geltung.

Elementarschadenversicherung, das haben Sie auch schon gesagt, ist Thema immer dann, wenn es zu Katastrophen kommt. Dann wird immer ganz schnell nach staatlichen Maßnahmen gerufen. Aber ob die zielgerichtet und effektiv sind, ist dann die andere Frage. Ich will vielleicht noch einen weiteren Aspekt hier mit reinbringen. Das ist auch die Frage des Bauplanungsrechts an der Stelle.

Wenn ich nämlich wieder eine Vollkasko-Mentalität habe und klar ist, dass am Schluss der Staat einspringt, dann macht man sich einfach keine Gedanken, Schäden zu vermeiden.

Es geht jetzt nicht nur darum, wenn ich ein bestimmtes Haus habe, das an einem Fluss liegt oder in einer gefährdeten Lage, dass ich eigene Maßnahmen ergreife, sondern es wird ja teilweise wieder neu gebaut. Und das sieht man auch, wie der Staat teilweise auch widersprüchliche Maßnahmen ergreift. Im Ahrtal ist es in der Tat so, dass Häuser genau wieder an die gleiche Stelle gebaut werden. Warum? Der eine Grund ist, dass in der Tat wenig Platz ist. Der zweite Grund ist, dass es nur Fördermittel gibt, wenn dieses Haus wieder genau an dieser Stelle gebaut wird. Und das ist ehrlich gesagt total widersinnig. Und das soll dann am Schluss wieder mit einer Elementarschadenversicherungspflicht ausgeglichen werden. Also das halte ich ehrlich gesagt für hochproblematisch.

Der zweite Punkt, da will ich vielleicht einen ganz größeren Punkt noch mal aufgreifen. Herr Professor Kube, Sie haben die Sekundärebene bei der Schadensvorsorge angesprochen.

Der Begriff der Nachhaltigkeit wird inflationär verwendet. Der wird nur nicht so inflationär verwendet, wenn es um die Ausgaben bei öffentlichen Mitteln geht. Also da auch wieder die Frage der Zielgerichtetheit an der Stelle.

Wenn ich, wie Sie Herr Schwind gesagt haben, bei entsprechenden Grundrechtseingriffen auch an die Folgen denken muss, was richtig ist. Ansonsten sind die Grundrechtseingriffe schwer vermittelbar, sonst bricht in der Tat große Unruhe aus. Es muss aber auch die Leistbarkeit gegeben sein.

Und deswegen frage ich mich: Legen wir tatsächlich bei unserer momentanen Haushaltspolitik auf allen Ebenen, Bund, Länder und Kommunen, überhaupt die Grundlagen dafür, dass wir in Krisen leistungsfähig sind?

Wir hatten vor der Coronakrise eine lange Zeit des wirtschaftlichen Wachstums. Die haben wir im Moment nicht. Insoweit muss man vielleicht ein bisschen umdenken an der Stelle, nachhaltig denken. Um überhaupt im Fall der Fälle Krisenvorsorge so betreiben zu können, dass wir dann, wenn es darauf ankommt, denjenigen, die Hilfe brauchen, auch wirklich helfen können.

Gutachter *Kube*:

Vielen Dank. Wenn ich dazu so freundlich aufgefordert werde, möchte ich gerne einen Gedanken teilen, der mir zu den Stichworten „Grundrechtseingriffe“, „sekundärer Ausgleich“ und „Paketlösung“ in den Sinn kam. Ich kann es gut nachvollziehen, dass sich aus praktischer Sicht Paketlösungen anbieten, dass sie die Akzeptanz eingreifender Maßnahmen unmittelbar gewährleisten. Aber wir müssen auch unter dem Gesichtspunkt der finanziellen Leistungsfähigkeit des Staates sehen, dass keineswegs jeder Grundrechtseingriff, auch nicht in der Krisensituation, finanziell ausgleichsbedürftig wäre. In der Grundrechtsdogmatik ist es so, dass nach Art. 14 Abs. 3 GG Eigentumsenteignungen entschädigungspflichtig sind. Darüber hinaus kennen wir die Dogmatik des Staatshaftungsrechts. Aber als allgemeiner Grundsatz gilt, dass dann, wenn ein Grundrechtseingriff aus Gemeinwohlgründen erforderlich und verhältnismäßig ist, dieser Grundrechtseingriff von den Bürgerinnen und Bürgern hingenommen werden muss. Und das führt mich zu der allgemeinen Frage, wie wir als Gemeinwesen ganz grundsätzlich mit

Krisen umgehen wollen, die eine bestimmte Generation treffen. Ist es tatsächlich so, dass jedwede Einbuße, jedweder Aufwand, den wir zur Krisenbewältigung individuell haben, entschädigungspflichtig gestellt werden sollte, und damit oftmals über eine Kreditfinanzierung auf die nächste Generation abgewälzt wird? Oder ist es nicht doch grundsätzlich so, dass wir als Gemeinwesen, das in einer bestimmten zeitlichen Situation von einer Krise heimgesucht wird, damit umgehen müssen, diese Krise bewältigen müssen? Das erinnert mich an das, was Herr Bundesminister Buschmann gestern zur Situation nach dem Zweiten Weltkrieg im Vergleich mit unserer Lage heute sagte. Im Ergebnis also: Nicht jeder Grundrechtseingriff ist entschädigungspflichtig, auch wenn die Entschädigung die Akzeptanz der Maßnahme steigert.

Vorsitzende:

Ja, vielen Dank. Damit haben wir die Frage der Subsidiarität und der Eigenvorsorge der Bürger gut abgearbeitet.

Ich habe jetzt vier Meldungen, die sich alle mit dem Thema Entschädigungsrecht, aber auch der Frage der Bewilligung von Finanzhilfen auseinandersetzen.

Ich rufe Sie in der Reihenfolge der Beschlussempfehlungen auf. Das ist von gestern noch Herr Manuel Schwartz. Und dann habe ich Herrn Janzen, Herrn Dr. Dombert und Herrn Michaelis.

Wir fangen an mit Herrn Dr. Dombert, der sich zum sozialen Entschädigungsrecht gemeldet hat, zu Beschluss Nummer 15.

Rechtsanwalt Dr. Maximilian *Dombert*, Potsdam:

Ja, vielen Dank, dass ich mich dazu äußern darf. Ich möchte die Bedeutung und die Wichtigkeit der Beschlussvorlage zu Ziffer 15 betonen. Wir haben gesehen, dass die Corona-Pandemie ganz exemplarisch gezeigt hat, dass das soziale Entschädigungsrecht dringend in Gesetzesform geregelt werden sollte.

Ich kann das insoweit auch aus der anwaltlichen Praxis einmal kurz darlegen. Wir haben als Praxis und ich auch als Person das Land Brandenburg verteidigen dürfen in der Entscheidung oder besser gesagt in den Ausgangsentscheidungen, die der Rechtsprechung des Bundesgerichtshofs zugrunde liegen, die Herr Professor Axer gestern in Bezug genommen hat. Als es also um die Frage ging, ob und inwieweit das Land Brandenburg, hier stellvertretend für alle anderen Länder, insoweit entschädigungs-, ausgleichs-, oder wie auch immer -pflichtig war oder geworden ist für die von ihm verhängten Lockdown-Maßnahmen.

Und das, was der Bundesgerichtshof am Ende dann bestätigt hat und was ich auch in meinen anwaltlichen Vorträgen vorgetragen habe, ist eben, dass das richterrechtlich geprägte Entschädigungsrecht nicht in der Lage ist, massenhafte Schadensereignisse aufzufangen und zu bewältigen. An der Stelle geht es nämlich um Verteilungsfragen. Und Verteilungsfragen, dann tatsächlich ja in Millionen, wenn nicht gar Milliardenhöhe, sind ganz originär Fragen, die das demokratisch legitimierte Verfassungsorgan, nämlich hier dann die Bundes- und/oder Länderparlamente zu regeln haben. Das können nicht Richterinnen und Richter auf der Bank tun. Die sind dafür da, Einzelfallgerechtigkeit herzustellen.

Und das soziale Entschädigungsrecht und seine gesetzliche Kodifizierung ist auch deswegen so wichtig, weil man dann ja eben dort als Gesetzgeber die Fragen regeln kann, die wir eben mit der Elementarschadensversicherungspflicht ansprechen.

Ich denke da auch noch in eine andere Richtung. Die Rolle des Planungsrechts ist gestern ebenfalls schon angesprochen worden. Das habe ich auch in der anwaltlichen Praxis erlebt, dass Grundstückseigentümerinnen und Grundstückseigentümer im Risikobereich von Hochwasser und Überschwemmungsflächen – das Haus im Ahrtal, was an derselben Stelle wieder aufgebaut wird – bisweilen richtig hart darum kämpfen, dass die Hochwasserschutzmaßnahmen das eigene Grundstück bestenfalls gar nicht und wenn dann nur wirklich so wenig wie möglich betreffen. Mit anderen Worten, wir erleben es in der anwaltlichen Praxis, dass dann tatsächlich die Einwendungen gegen die wasserrechtlichen Planfeststellungsbeschlüsse vehement sind. Da wird gekämpft um jeden Quadratmeter Garten, der bitte schön von der Hochwassermauer unberührt bleiben soll. Und die Frage, inwieweit, ich will niemandem seine Einwendungsmöglichkeit abschneiden, aber die Frage, inwieweit dann das Vorliegen einer Elementarschadensversicherung oder aber auch das Vorhandensein von Hochwasserschutzmaßnahmen, inwieweit das dann möglicherweise Voraussetzung oder jedenfalls Berücksichtigungspunkt bei der Gewährung von Entschädigungsleistungen sein sollte, das ist eine Frage, die kann der Gesetzgeber dann eben in einer entsprechenden Kodifizierung des Entschädigungsrechts treffen; die muss er auch treffen.

Insofern würde ich die Bedeutung hier unterstreichen wollen, die dieser Ziffer 15 in unseren Beschlussvorschlägen zukommt und hoffe, dass ich das mit meinen Worten auch entsprechend getan habe.

Vielleicht darf ich aber auch, ich will hier kein Privatissimum beginnen, auf Ihre eben geäußerte Frage eingehen: „Nicht jeder Grundrechtseingriff ist entschädigungspflichtig." Das ist wohl so richtig, aber macht nicht auch die Tatsache, dass eine Entschädigung gewährt wird, den Grundrechtseingriff vielleicht erst verhältnismäßig? Also war nicht vielleicht die Betriebsschließung, die Tatsache, dass Ladengeschäfte und gastronomische Einrichtungen schließen mussten, zum Wohle der Allgemeinheit, waren die nicht vielleicht auch deswegen verhältnismäßig, weil Bund und Länder Entschädigungshilfen, finanzielle Hilfen gewährt hatten. Also ist das nicht vielleicht dogmatisch durchaus auch eine Verknüpfung, die dann wiederum auch die Wichtigkeit der Ziffer 15 in unseren Beschlussvorlagen unterstreicht. Vielen Dank.

Vorsitzende:

Wir kommen zu einer Wortmeldung zu den Punkten 15, 16, 17 und 19 von Herrn Janzen. Das ist besonders interessant, weil Herr Janzen Referatsleiter bei der NRW-Bank ist.

Referatsleiter Christian *Janzen*, Münster:

Ja, guten Tag. Ich bin allerdings, würde ich sagen, sicherlich auch in einer privaten Funktion hier, aber natürlich spielt meine Berufserfahrung hier eine besondere Rolle bei der Bewertung der Punkte, die wir jetzt hier diskutieren.

Erstmal vielen Dank, dass ich hier sprechen darf, Frau Vorsitzende, liebe Kolleginnen und Kollegen.

Ja, zum Beschlusspunkt 15. Ich muss vorab dazu sagen, ich arbeite in einem Bereich, der sich momentan viel mit diesen Themen beschäftigt, dabei handelt es sich um die „Wiederaufbauhilfen" für die Opfer der Starkregenereignisse in Nordrhein-Westfalen. Das Thema „Corona" (Anm.: gemeint ist in diesem Zusammenhang die Bewilligung staatlicher Zuschüsse) hat uns eher am Rande betroffen. Das ist allerdings sicherlich das große Ereignis, was hier jetzt bei der Bewertung dieser zweiten Sekundärebene eine besondere Rolle spielt, auch hier im Vordergrund steht. Aber trotzdem möchte ich hier ein paar Gedanken mit auf den Weg geben und zwar zu Beschlusspunkt 15.

Ob da das Sozialrecht der richtige Ort ist, um diese Dinge gesetzlich zu verankern, das würde ich gerne bezweifeln wollen. Denn es geht viel um Sachschäden, Einkommenseinbußen. Und das sind ja üblicherweise Sachen, die jetzt nicht unbedingt im Sozialrecht behandelt und abgewickelt werden, sondern das sind ja doch eher andere Lebenssachverhalte, die wir bearbeiten, die man in anderen Regelungen findet.

Was Ersatzleistungen für den Bürger direkt betrifft, wenn er nicht unternehmerisch tätig ist, das mag man natürlich anders sehen und dementsprechend an geeigneter Stelle regeln.

Zu Punkt 16. Das ist ein sehr wichtiger Punkt. Da geht es ja darum, ob finanzielle Hilfen grundsätzlich nach Bedürftigkeit zu gewähren sind. Ich finde, dabei darf nicht vergessen werden, dass wir trotzdem ein einfaches und schnelles Hilfeverfahren benötigen. Und deswegen müssen die Voraussetzungen für eine zu prüfende Bedürftigkeit eindeutig und klar benannt werden. Und sie müssen auch leicht überprüfbar sein, denn die Bewilligungsbehörden können sonst schnell überfordert werden. Das ist einfach ein Punkt, denn wenn viele Voraussetzungen für die Bewilligung von Hilfen aufgestellt und abgefragt werden, führen diese dann natürlich auch zu Schwierigkeiten in der Antragsbearbeitung und zu vielen Rückfragen der Behörden. Das ist einfach so.

Insofern komme ich dann zu 17, was den Datenschutz angeht und den Datenaustausch. Das kann ich nur begrüßen. Wenn eine Bewilligungsbehörde in solchen Zusammenhängen agieren muss, ist das einfach eine gute Sache, wenn man hier auf die Sozial- und Steuerdaten der Antragstellerinnen und Antragsteller zurückgreifen und diese austauschen darf. Der Staat tut das ja auch schon, denn die Finanzbehörden haben sich beispielsweise das Recht einräumen lassen, dass ihnen Zuwendungen mitgeteilt werden, u. a. auch Subventionen, die in Krisenfällen gewährt werden. Warum sollte das auch nicht im Gegenzug in Richtung Bewilligungsbehörden möglich sein? Ich erinnere da an § 93a AO und die darauf basierende Mitteilungsverordnung, die den Finanzämtern in diesem Zusammenhang ja sehr viele Möglichkeiten einräumt.

Zu Punkt 18. Das ist eigentlich so mein Liebling hier, weil da geht es ja um die Wirtschaftshilfe und das ist ja nun mal ein Bereich, in dem wir als NRW-Bank sehr aktiv sind. Und ja, was soll ich dazu sagen? Ich möchte einräumen, dass die Wirtschaftshilfen im Rahmen dieser großen Krisen die wir haben, auch gerade jetzt die letzten Klimaereignisse, alle über eine Vorschrift abgewickelt werden, die die wenigsten kennen dürften. Das ist der § 53 Bundeshaushaltsordnung bzw. die §§ 53 der jeweiligen Landeshaushaltsordnungen. Darin geregelt sind die sogenannten Billigkeitsleistungen. Wenn man sich diese Vorschriften mal genauer anschaut, wird man feststellen, dass sie recht schmal gehalten sind. Schaut man sich dazu die Verwaltungsvorschriften an, die der Bund und die Länder jeweils für ihre Zuständigkeitsbereiche erlassen haben, wird einem auffallen, dass diese ebenfalls sehr schmal gehalten sind.

Legt man dann aber den § 44 der jeweiligen Landeshaushalts- und der Bundeshaushaltsordnung und die dazugehörigen Verwaltungsvorschriften daneben, dann sieht man plötzlich ein Meer von Verwaltungsinnenrecht, was sich dem jeweiligen Bearbeiter entgegenstellt. Und ja, man sieht halt eben, es gibt so eine gesetzgeberische Unsicherheit oder man kann es auch positiv formulieren, er überlässt es den Behörden, sehr viel selbst im Rahmen dieser Billigkeitsleistungen zu regeln, eine entsprechende Verwaltungspraxis im Rahmen von Art. 3 GG zu schaffen, und das kann man jetzt kritisieren oder man kann es begrüßen.

Was ich in diesem Zusammenhang anmerken möchte ist, diese Regelung des § 53 der jeweiligen Haushaltsordnungen, das ist halt das Recht, was seit der Oderflut 2003 (Anm.: gemeint sind die Flutereignisse in den östlichen Bundesländern Anfang der 2000er Jahre), bei den Corona-Hilfen und jetzt auch bei den Wiederaufbau-Hilfen für die Hochwasserschäden in Rheinland-Pfalz und Nordrhein-Westfalen haben.

Also man sollte sich als Gesetzgeber vor diesem Hintergrund schon die Frage stellen, ob er das neu gestalten will und ob er so den Bürgerinnen und Bürger hilft, die Zusammenhänge und Anspruchsberechtigungen besser zu verstehen, und auch den Behörden, ihre Arbeit besser erledigen zu können. Der bisherige Rechtsrahmen ist nämlich für alle Beteiligten immer so etwas wie eine Blackbox.

Was allerdings dem vorausgehen sollte – und da plädiere ich für – ist eine Evaluation dieser vielen staatlichen Hilfen, die bislang bewilligt wurden. Wir haben aufgrund der letzten Hochwasserereignisse eine Fülle von Rechtsprechung aus Ostdeutschland zum Thema „staatliche Hilfeleistungen“. Teilweise laufen die Verfahren ja heute noch, wenn Sie in die Rechtsmittelinstanzen schauen. Also es gibt eine Basis, eine Grundlage, die man schon jetzt auswerten kann: was hilft den Menschen? Wie kann ein Verwaltungsprozess einfacher gestaltet werden? Es gibt also Grundlagen, man kann sich Gedanken machen, man kann sich zusammensetzen, vernetzen, man könnte ein entsprechendes Gutachten in Auftrag geben, um für ein System staatlicher Hilfen in Krisenfällen entsprechende Vorschläge zu machen.

Es ist meines Erachtens eine entsprechende Analyse erforderlich, denn eines darf man nicht vergessen – ich will jetzt sicher nicht, dass das hier so eine Unwucht gibt – aber es gibt auch Hasardeure, es gibt auch Glücksritter, die so ein bisschen versuchen, mit Hilfe dieser ganzen Normen und staatlichen Hilfeleistungen, die wir momentan haben, sich einen monetären Erfolg zu verschaffen, den sie wirtschaftlich vielleicht vorher nicht hatten.

Ich will jetzt nicht behaupten, dass das ein großer Prozentsatz ist, ganz im Gegenteil, wir wollen ja helfen, aber auch der Staat muss letztendlich klare Regeln haben, um sich selbst zu schützen, um den Staatshaushalt zu schützen und er darf auch nicht in diesem Zusammenhang überfordert werden. Aber wie gesagt, ich möchte nicht, dass das jetzt hier so eine Unwucht bekommt. Ich möchte das nur am Ende so anmerken. Also ein klares Verfahren, eine gute Analyse ist vor der Schaffung eines neuen Regelwerks für Wirtschaftshilfen einfach sehr wichtig.

Zu Punkt 19, Digitalisierung. Da kann ich nur sagen, ja, Digitalisierung ist ein ganz wesentlicher Punkt, die brauchen wir. Und wir brauchen auch eine bundesweite Digitalisierung im Rahmen der Hilfen. Und was in diesem Zusammenhang auch sehr wichtig ist, ist die sehr gute Vernetzung der Bewilligungsbehörden mit den Behörden vor Ort, weil die oft die Zustände vor Ort besser prüfen und bestätigen können. Die können uns Bewilligungsbehörden dann mitteilen: „Ja, die Dinge sind so, wie sie sind. Das können wir bestätigen" und dann werden Hilfeverfahren schnell und effektiv. Wir hoffen, dass uns das mit den Wiederaufbauhilfen in Nordrhein-Westfalen gelingt. Meines Erachtens funktioniert das auch sehr gut. Und das ist halt wirklich so ein wichtiger Punkt, dass man da so ein Feedback zwischen den Behörden hat.

Und letztendlich hilft die Digitalisierung dann auch bei der Geschwindigkeit der Bearbeitung. Denn eins muss man auch ganz ehrlich sagen: Die Leute, die in diesen Gebieten leben, haben Schweres durchgemacht. Es sind schwere Schicksale und so eine Bewilligungsbehörde, wie wir sie sind, wir sind halt weit weg. Manchmal fehlt einem vielleicht das nötige Fingerspitzengefühl, dann die Zeit. Und das kann dazu führen, dass Entscheidungen getroffen werden, die vielleicht nicht ganz so günstig sind. Und deswegen kann ich eine Digitalisierung in diesem Zusammenhang nur begrüßen.

Das war es von meiner Seite.

Vorsitzende:

Vielen Dank. Dann würde ich gerne Herrn Schwartz das Wort erteilen. Sie hatten zum Punkt 19 die Frage gestellt, wie viel die Automatisierung zur Verbesserung der Bewilligungsentscheidungen beiträgt und den Antrag gestellt, Satz 3 des Beschlussvorschlags 19 zu streichen. Vielleicht können Sie das noch einmal näher erläutern. Sie sind tätig in einem Landesrechnungshof, und das ist wahrscheinlich auch der Hintergrund Ihrer Meldung.

Oberregierungsrat Manuel *Schwartz*, Rostock:

Sehr geehrte Frau Vorsitzende, liebes Panel, liebe Kolleginnen und Kollegen!

Ich hatte vorgeschlagen, den Satz 3 in der Nummer 19 der Beschlussvorlage zu streichen. Der Hintergrund ist ganz einfach der, wie Frau Professorin Hey schon sagte, dass ich Mitarbeiter beim Landesrechnungshof Mecklenburg-Vorpommern bin und aus der Prüfungserfahrung von dort sagen kann, dass eine automatisierte Überprüfung der Anspruchsberechtigung wahrscheinlich nicht dazu führen wird, spätere Rückforderungen zu vermeiden. Es ist ganz einfach so, dass in Notfällen gerne schnell bewilligt werden soll.

Da muss man aber unterscheiden, dass es bei den Finanzhilfen nach der Haushaltsordnung eigentlich zwei Sachen gibt:

Einmal die Billigkeitsleistungen nach § 53 LHO, die der vorherige Redner schon angesprochen hatte, und die Zuwendungen, die er auch schon kurz genannt hat, in § 44 LHO. Nun sind diese Finanzhilfen, wenn es um Krisen geht, wohl eher Billigkeitsleistungen. Das Wesen der Billigkeitsleistungen ist, dass erlittene Härten ausgeglichen werden. Das bedeutet, dass man am Ende auch gar nicht nachprüft, ob derjenige, der jetzt diese Billigkeitsleistungen bekommen hat, diese tatsächlich auch dafür verwendet, genau das zu ersetzen, was eben zerstört wurde oder wo ihn die Härte getroffen hat.

Das ist bei Zuwendungen nach § 44 LHO anders. Dort ist es so, dass jemand etwas tut und man nachher nochmal guckt – im Rahmen der Verwendungsnachweisprüfung –, ob er auch genau das gemacht hat, wofür er das Geld bekommen hat. Denn er sagt eigentlich: „Ich möchte etwas tun und ich brauche dafür Geld, habe das Geld aber nicht. Das, was ich tun möchte, liegt auch im Interesse des Staates." Und deshalb fragt er den Staat, ob er Geld kriegt. Der Staat sagt, er gibt Geld, aber nur wenn derjenige genau das macht, was er gesagt hat.

Diese beiden Fälle sollte man unterscheiden und da bei Billigkeitsleistungen am Ende keine Überprüfung stattfindet, sollte man dort den Schwerpunkt tatsächlich eher schon auf die Antragsprüfung legen und dort ausgiebig prüfen, ob der Anspruch tatsächlich auch besteht, ob also auch eine Härte erlitten wurde.

Der Kollege nannte hier Hasardeure und Glückritter. Genau das könnte das Problem sein bei einer automatisierten Anspruchsüberprüfung. Ich glaube nämlich auch, dass hier dann die Leute vielfach Sachen beantragen werden, auf die sie möglicherweise gar keinen Anspruch haben. Deshalb glaube ich, würde man keinen Mehrwert davon haben, das automatisiert zu überprüfen, und müsste am Ende sowieso schauen, ob derjenige tatsächlich einen Anspruch gehabt hätte. Wenn man das schnell macht und auch automatisiert macht, dann hätte man nichts gewonnen.

Vorsitzende:

Vielen Dank. Ich habe jetzt noch eine Meldung zu Nr. 15 und danach würde ich gerne dem Panel die Möglichkeit geben, Stellung zu nehmen. Zunächst aber Herr Professor Dolde zum Beschlussvorschlag 15.

Rechtsanwalt Prof. Dr. Klaus-Peter *Dolde*, Stuttgart:

Vielen Dank Frau Vorsitzende.

Ganz kurz zur Ziffer 15: Dort steht der Satz „Das einzelfallorientierte Staatshaftungsrecht ist in diesem Zusammenhang ungeeignet die finanziellen Schäden auszugleichen." Herr Dombert hat das verteidigt, ich möchte jedoch beantragen, den Satz zumindest zu relativieren.

Wenn der Gesetzgeber – wie es mit der Bundesnotbremse geschehen ist – verbietet den Betreibern verbietet, ihren Laden aufzumachen, dem Friseur z. B. verbietet er sein Handwerk auszuüben. Dann bestimmt er Inhalt und Schranken des Eigentums.

Es geht nicht darum, dass jede Beeinträchtigung des Grundrechts ausgeglichen werden muss, aber es gibt eine umfängliche Rechtsprechung zur Verhältnismäßigkeit und zur Ausgleichspflicht bei Inhaltsbestimmungen von Eigentum. Der BGH hat dies mit einem Satz – ohne sich damit auseinanderzusetzen – beiseitegeschoben. Der Satz hier bestätigt es und deswegen meine ich, kann der Satz so nicht stehenbleiben, denn damit gibt es keinen Artikel 14 GG mehr.

Die Frage ist, wann haben wir denn Massenereignisse und Einzelereignisse? Ich würde dann doch darum bitten, zumindest zu schreiben: „ist beschränkt geeignet", um Artikel 14 GG irgendwo doch noch in den Text aufzunehmen.

Er ist nicht außer Kraft gesetzt. Wir haben ja gesagt: Auch in der Pandemie gelten die Grundrechte. Und wie man den Artikel 14 GG nur auf Einzelfallregelungen beschränkt, das kann ich nicht nachvollziehen. Danke.

Vorsitzende:

Vielen Dank. Ich versuche, die unterschiedlichen Positionen zu Beschlussvorschlag 15 zusammenzufassen: Zum einen gibt es das Anliegen, die Position, das Staatshaftungsrecht sei ungeeignet, zumindest zu relativieren.

Zum anderen wird in Frage gestellt, ob das SGB XIV der richtige Ort ist und ob die Schadensersatzansprüche im Sozialversicherungsrecht geregelt werden sollten. Herr Axer, darf ich Sie bitten, hierzu Stellung zu nehmen?

Prof. Dr. Peter *Axer*, Heidelberg:

Zum zweiten Punkt zuerst: Das soziale Entschädigungsrecht im SGB XIV ist im Augenblick noch auf Personenschäden aufgrund einer gesundheitlichen Schädigung konzentriert, aber es kann für weitere Schäden geöffnet und erweitert werden. Aktuell gibt es etwa in

§ 89 SGB XIV bereits eine Regelung zum Berufsschadensausgleich, die einen Einkommensverlust ausgleicht. Das soziale Entschädigungsrecht hat eine Nähe zum traditionellen Staatshaftungsrecht, was sich schon in seinen Wurzeln, dem Aufopferungsgedanken, zeigt, und kann somit insoweit von seiner Idee her auch weitere Schäden erfassen. Zudem geht das soziale Entschädigungsrecht über den Gedanken der Aufopferung hinaus, der etwa bei der Gewaltopferentschädigung auch nicht richtig tragen würde, und erfasst überdies Schäden, für die eine solidarische Gesamtverantwortung der Gemeinschaft besteht. Dies ist vom Gesetzgeber näher zu bestimmen und zu regeln. Bei den Opfern von Krisen – Herr Dombert hat es bereits angesprochen – ist der Gesetzgeber dazu berufen, Regelungen zu treffen, was zu entschädigen ist und das Verfahren sowie den Umfang der Entschädigung zu regeln.

Zum ersten Punkt, der Frage nach der Reichweite des traditionellen Staatshaftungsrechts bei wirtschaftlichen Maßnahmen während der Corona-Pandemie: Natürlich kann man die Rechtsprechung des Bundesgerichtshofs wissenschaftlich kritisieren und den Eigentumsschutz des Art. 14 GG als nicht ausreichend berücksichtigt ansehen. Allerdings ist nach den bisherigen Entscheidungen des Bundesgerichtshofs deutlich geworden, dass das einzelfallorientierte Staatshaftungsrecht kaum geeignet ist in Fällen umfangreicherer, flächendeckender Schließungen Entschädigungsansprüche zu begründen. Der Bundesgerichtshof verweist insoweit zutreffend auf eine sozialstaatliche Verpflichtung, was wiederum zum sozialen Entschädigungsrecht führt.

Gutachter *Kube*:

Gerne ergänze ich auch noch ein Wort zur Abgrenzung des Staatshaftungsrechts vom sozialen Entschädigungsrecht. Es ist natürlich richtig, dass auch im Bereich des Art. 12 GG, der Berufsfreiheit, Entschädigungen zur Herstellung der Verhältnismäßigkeit von Eingriffen denkbar sind. Aber ich möchte auch meinerseits in den Vordergrund rücken, dass wir es in Großkrisen mit Massenphänomenen zu tun haben. Deshalb sind in diesem Rahmen die Gerichte in individuellen staatshaftungsrechtlichen Verfahren nicht so gut dazu geeignet, finanzielle Ausgleiche zu gewährleisten, wie der Gesetzgeber, der die entsprechenden Lagen in einem sozialen Entschädigungsrecht abstrakt vorwegnehmen und mit Entschädigungsrechtsfolgen versehen kann. Aus diesem Grund würde auch ich daran festhalten, dass das Staatshaftungsrecht für die finanzielle Bewältigung von Krisen nicht so gut geeignet ist wie das soziale Entschädigungsrecht, soweit der Aufopferungsgedanke fruchtbar gemacht werden soll.

Hinsichtlich der Abgrenzung von Art. 14 und Art. 12 GG möchte ich ergänzen, dass sich hier die Frage stellt, ob Eingriffe in den eingerichteten und ausgeübten Gewerbebetrieb unter Art. 14 GG fallen oder ob wir es nicht doch mit Eingriffen in die Berufsfreiheit zu tun haben. Dann stellt sich aber umso mehr die Frage, ob auf dieser Grundlage Entschädigungen in der Breite tatsächlich verfassungsrechtlich erforderlich sind.

Stv. Hauptgeschäftsführer Dr. Joachim *Schwind*, Hannover:

Gerade beim letzten Punkt haben die jungen Kolleginnen und Kollegen das Wort „klausurrelevant" blinken sehen, glaube ich. (Gelächter im Publikum)

Wir wissen ja alle, das Staatshaftungsrecht an sich ist dringend modernisierungsbedürftig. Die Gesetzgebungskompetenz hat der Bund nun seit 20 Jahren dafür, nach einer Grundgesetzänderung. Es ist nichts passiert. So wie ich die Historie verstehe, ist das Staatshaftungsrecht ja im Kern verschuldensabhängig. Wir haben bei § 839 BGB ja immer das Erfordernis eines Verschuldens eines Amtswalters. Und schon deswegen ist das Recht für die Krisenbewältigung bei Massenphänomenen ungeeignet. Natürlich muss auch jeder das Recht haben, in der Krise überprüfen zu lassen: War die behördliche Maßnahme rechtmäßig? Diese Prüfung wird aber bei den massenhaften Schließungen von Einrichtungen, weil ja die ex-ante Perspektiv zählt, ganz überwiegend immer zum Ergebnis kommen: grundrechtskonform und rechtmäßig. Damit haben wir aber die Frage der Entschädigung, die wir bei diesen Massenphänomenen in besonderer Weise haben, nicht geklärt.

Das Thema beschäftigt ja erst seit der Einführung des allgemeinen Landrechts für die preußischen Staaten durch die dortigen Artikel 74 und 75 die Jurisprudenz, ist also nur etwas mehr als 200 Jahre ungelöst. Im Kern bleibt es trotz anderer Rechtsinstitute dabei: Das Staatshaftungsrecht ist ein auf das Verschulden eines individuellen Amtswalters zugeschnittenes Recht. Das passt von der Materie nicht für die hier in Rede stehenden Massenphänomene, wo der Staat zum Teil aus Verhältnismäßigkeitsgründen, aber auch aus gesamt- und volkswirtschaftlicher Klugheit Entschädigungen gewährt, weil wir wollen, dass die Unternehmen und unsere ganze Wirtschaft durch die Krise kommen. Wir werden das nochmal erwägen, aber ich würde uns raten, an der Erkenntnis festzuhalten, dass mit dem Staatshaftungsrecht die Abdeckung von grundsätzlich rechtmäßigen Masseneingriffen nicht geht.

Und das Zweite zu Ziffer 19 und auch zu den beiden Kollegen aus der Praxis, denen ich sehr für ihren Beitrag danke, und insbesondere zu Satz 3: Ich würde dazu raten, zu formulieren, dass wir in geeigneten Fällen uns eine Automatisierung der Anspruchsberechtigung vorstellen können. Warum? Wir haben nach diesen Schäden immer eine extrem große Zahl von Antragstellerinnen und Antragstellern. Denken Sie an die jüngsten Hochwasserlagen in diesem Januar. Vielen hilft es nur dann, wenn man ihnen schnell ein Signal der Hilfe gibt. Sie kennen das Sprichwort: „Doppelt hilft, wer schnell hilft". Wir haben heute mit der Technik ganz andere Möglichkeiten, wenn Sie überlegen, wie Schadensmeldungen bei den privaten Versicherungen funktionieren. Die sagen ganz oft: Schicken Sie mir Ihr Handyfoto an die E-Mail XY, den Rest machen wir, jedenfalls bei kleineren und mittleren Schäden. Das ist die Erwartung der Bürgerinnen und Bürger an den Staat auch in der Krise. Das müssen wir erfüllen. Dafür brauchen wir zentrale Systeme. Da sind Landesbanken, Förderbanken, zentrale Landesämter die richtigen Anspruchsstellen, weil wir in der Regel in diesen Fällen Schadenslagen haben, die über eine Gemeinde oder einen Landkreis hinausgehen. Entsprechende zentrale Apps sind dann in der Krise ein großer Vorteil, um jedenfalls die unkomplizierten Fälle vorzubearbeiten. Eine einfache Frage – beispielsweise: Liegt die Postleitzahl des Schadenorts überhaupt im Schadensgebiet? – die kann man sehr wohl automatisiert prüfen. Wenn es komplizierter wird, zum Beispiel beim Wiederaufbau eines ganzen Hauses, dann ist völlig klar, da wird uns keine KI helfen, sondern da müssen sich Spezialisten die Fälle angucken. Aber deswegen mein Plädoyer, dass wir sagen: „in geeigneten Fällen automatisierte Überprüfung", damit kann man den Großteil der eher kleineren Schäden schon vorbearbeiten und den Leuten schnell eine erste Rückmeldung geben.

Gutachter *Becker*:

Nur ein kurzer Punkt als Ergänzung zu der Frage des Staatshaftungsrechts. Man spricht ja heute eigentlich eher von dem weiteren Begriff des „Rechts der öffentlich-rechtlichen Ersatzleistungen". Und wir haben dort natürlich im Kern § 839 BGB als Verschuldenstatbestand. Aber ein ganz großer Bereich des Rechts der öffentlichen Ersatzleistungen ist auch dem Aufopferungsgedanken geschuldet. Und der setzt gerade rechtmäßiges Verhalten voraus.

Und davon gehen wir ja bei vielen Maßnahmen während der Pandemie aus. Es waren zumindest nach Ansicht der meisten gerichtlichen Entscheidungen zwar vielleicht grenzwertige, aber im Ergebnis rechtmäßige Maßnahmen.

Das heißt also, Rechtswidrigkeit und Verschulden spielen hier bei möglichen Ersatzleistungen keine Rolle. Und die Rechtsprechung zum Recht der Ersatzleistungen ist ja traditionell überall dort zurückhaltend, wo es darum geht, großflächigen Schadensphänomenen mit Richterrecht und Einzelfallentscheidungen zu begegnen.

Denn da kommt ein weiterer verfassungsrechtlicher Gesichtspunkt ins Spiel, nämlich die Haushaltshoheit des Parlaments. Natürlich kann man hier und da mal eine Betriebsschließung im Wege des Aufopferungsanspruchs abfangen. Aber kann man tatsächlich so großflächige Entschädigungsleistungen einfach qua Rechtsprechung einführen, die dann massiv – wir unterhalten uns ja wahrscheinlich über Milliardenbeträge – in die Haushaltshoheit des Parlaments eingreifen? Wo soll das Geld dann herkommen? Es steht in keinem Haushaltsplan. Das ist natürlich ein Aspekt, den man bei dieser Frage sicherlich auch aus verfassungsrechtlicher Sicht mitberücksichtigen muss.

Vorsitzende:

Wir hatten verschiedene Wortmeldungen zum Thema der bedarfsgerechten und zugleich schnellen Bewilligung von Hilfen.

Das Thema Automatisierung des Bewilligungsverfahrens ist eben zu Recht von Herrn Schwind nicht relativiert, aber präzisiert worden.

Möglicherweise möchte Hanno Kube dazu noch ergänzen?

Ansonsten wäre mir ein Anliegen, noch einmal aufzurufen, wie wir mit der These 17 zum Datenschutz umgehen. Der Beschlussvorschlag ist ja vom Grundsatz her so formuliert, dass man den Datenschutz nicht aussetzen sollte, ihn aber an die besondere Krisensituation anpasst. Aber möglicherweise möchte auch dazu Hanno Kube noch etwas sagen.

Gutachter *Kube*:

Zunächst noch ein kurzes Wort zu These 19, zur Automatisierung. Ich möchte mich auch dafür aussprechen, dass wir hier die Worte „in geeigneten Fällen“ ergänzen. Es gibt sicherlich Fälle, in denen eine händische, eine manuelle Nachprüfung erforderlich ist. Das verstehe ich gerade auch aus Sicht des Landesrechnungshofs. Aber gleichzeitig glaube ich, dass die Automatisierung im vorliegenden Bereich große Potenziale eröffnet. In der Sache hängt dies auch davon ab, auf welche Datenbestände man zugreifen kann, um die Bedarfsgerechtigkeit der Vergabe von vornherein sicherzustellen und aufwendige Rückforderungsverfahren, die auch Vertrauen beschädigen können, zu vermeiden. Letztere Problematik ist ja gerade jetzt bei den Verwaltungsgerichten sehr präsent.

Zu These 17: Sie betrifft einen Kernvorschlag im Rahmen des Gutachtens, die Verwendung von Steuerdaten durch die Auszahlungsstellen. Selbstverständlich muss dabei streng auf den Datenschutz, insbesondere die Vereinbarkeit mit der Datenschutzgrundverordnung, geachtet werden. Das ist geltendes Europarecht. Aber gleichzeitig bietet die DSGVO hier einige Möglichkeiten. § 139b AO ist schon jetzt so ausgestaltet, dass er Optionen im Rahmen der DSGVO nutzt; bislang zur Verbindung der Steuer-ID mit der IBAN-Nummer, um Auszahlungskanäle zu schaffen. Dieses Thema treibt das Bundesfinanzministerium derzeit sehr stark um, die Eröffnung von Direktzahlungsmöglichkeiten. Diesen Weg könnte man nun weitergehen und § 139b AO um zusätzliche Vorschriften ergänzen, die es in Übereinstimmung mit der DSGVO ermöglichen, steuerliche Daten zur richtigen Bemessung von finanziellen Hilfeleistungen zu nutzen. Natürlich brauchen wir auch die Abstimmung mit § 30 AO, dem Steuergeheimnis. Aber es erscheint keineswegs ausgeschlossen, dass diese Abstimmung gelingt.

Gutachter *Becker*:

Nur ein Satz noch, der eher eine Beobachtung als eine dogmatische Feststellung ist. Ich glaube, dass das Datenschutzrecht deutlich mehr Spielräume lässt, als man so glaubt. Und vielfach wird es doch auch so sein, dass der Datenschutz einfach als Ausrede benutzt wird, um irgendwas nicht machen zu müssen. Es mag da sicherlich Ecken und Kanten geben, die in der Praxis Schwierigkeiten bereiten, aber es existieren doch im Datenschutzrecht durchaus Flexibilitäten, um auch gerade in Situationen wie diesen pragmatisch zu handeln. Und dann wird von interessierter Seite der Datenschutz in gewisser Weise überhöht und als übermächtiges Problem dargestellt.

Vorsitzende:

Vielen Dank, Herr Becker, das leuchtet ein, denn es geht ja nicht um die Nutzung von Daten für staatliche Eingriffe, sondern für die Verteilung von Hilfen. Auch das mag eine Rolle spielen. Ich würde gerne, bevor wir zu den Fragen der Finanzverfassung kommen, Herrn Michaelis zum Thema Doppelförderung aufrufen. Auch hier haben wir das Problem, wie man Kenntnis von mehrfacher Inanspruchnahme von Hilfen erlangt, um diese effektiv zu verhindern. Herr Michaelis ist Studierender.

Stud. Marco *Michaelis*, Waldbrunn:

Sehr geehrte Frau Vorsitzende, sehr geehrter Herr Vorsitzender und sehr geehrtes Panel.

Ich möchte mich erst einmal herzlich bedanken dafür, dass ich mich heute mit Ihnen allen austauschen kann. Gut, dann gehen wir auch direkt in medias res, denn mir geht es um den Punkt 22 in den Beschlussvorschlägen, und zwar, näher gesagt, um den ersten Satz zu den Grundsätzen der Vermeidung der Doppelförderung.

Nach meiner Auslegung dieses Satzes soll es darum gehen, Körperschaften und Vereinigungen, die sich hauptsächlich durch Spenden finanzieren, von staatlichen Hilfen auszunehmen. Aus meiner Erfahrung als ehrenamtlich Tätiger würde ich das so einschätzen, dass das eine erhebliche Anzahl an ehrenamtlich tätigen Organisationen betrifft. Denn sehr viele NPOs, also Non-Profit Organizations, finanzieren sich durch Spenden, und würden dadurch ausgenommen werden von möglicher staatlicher Finanzierung oder staatlicher Hilfe. Das würde in unserem konkreten Fall auch Hilfsorganisationen betreffen, weil sie sich häufig durch Spenden finanzieren. Dann lässt mich das weiterdenken, denn es geht vorliegend gerade um Krisensituationen, und gerade in einer Notsituation würden Personen eher dazu tendieren, sparsam mit eigenen Mitteln umzugehen. Ein Mangel an Spenden zu Krisenzeiten hätte folglich bei diesen spendenfinanzierten Vereinen und Körperschaften erhebliche Folgen. Das würde bedeuten, dass diese Hilfsorganisationen, die ja unter anderem spendenfinanziert sind, nicht genug Mittel auftreiben können, um in Krisensituationen tätig zu werden.

Deswegen ist meine Nachfrage in concreto darauf bezogen, wie der Satz zu verstehen und was der Hintergrund hiervon ist.

Dr. Heike *Spieker*, Berlin:

Haben Sie, ganz herzlichen Dank für die Stellungnahme und die damit verbundenen Fragen.

Der Hintergrund der Empfehlung unter Punkt 22 ist, dass Hilfsorganisationen in bestimmten Situationen auch Finanzhilfen an Geschädigte auszahlen.

Das ist eine Praxis, die nicht ganz alt ist, aber jetzt schon seit 2002 eigentlich üblich in bestimmten Konstellationen und die beispielsweise in den Auslandsoperationen sehr, sehr häufig ist. Beispiele sind etwa Fukushima oder die Ukraine.

Und ähnlich haben wir es jetzt tatsächlich ein paar Mal in Hochwasser- und Starkregen-Situationen gehabt, dass es sich in den vergangenen 20 Jahren als probates Mittel erwiesen hat, und zwar probat für alle Beteiligten, auch für die staatlichen Beteiligten und Akteure, in der ganz ersten kurzfristigen Zeit Finanzmittel über die eingenommenen Spenden für diese Situation auszukehren.

Für die Hilfsorganisation bedeutet das aber gleichzeitig, dass wir natürlich sicherstellen müssen, dass wir nicht aktiv dazu beitragen, dass ein und dieselbe Hilfe zwei- oder dreimal geleistet wird. Ungeklärt ist eigentlich, an wen ggf. etwaige Finanzhilfen zurückzuzahlen sind, wenn solche Hilfen denselben Geschädigten für denselben Schaden ausgezahlt worden sind. Gleichzeitig bedeutet dies im gegebenen Fall auch, dass die Verwendung der Spendenmittel ggf. zwei- und mehrfach erfolgen muss. Der damit verbundene Verwaltungsaufwand auf allen Seiten ist dann äußerst ineffizient. Es geht also nicht darum, Rechtswidrigkeiten zu vermeiden, sondern darum, eine Schadenfolgenminderung für alle Beteiligten so effizient wie möglich zu gestalten.

Wenn es da ein System gäbe, was jeder Beteiligte auch sicher beherrschen kann, das wäre einfach für die Effizienz objektiv sehr hilfreich. Danke.

Vorsitzende:

Vielen Dank. Wir sollten allerdings darüber nachdenken, ob die Stellung dieses Beschlusses richtig ist. Man sollte ihn vorziehen. Im Abschnitt zur Finanzverfassung passt das nicht. Zu den Vorschlägen zur Organisation der Finanzierung habe ich eine weitere Meldung von Herrn Schwartz, und zwar zu Beschlussvorschlag 21. In Beschlussvorschlag 21 geht es um die Zwecksicherung von öffentlichen Mitteln zur Krisenbekämpfung, zum Beispiel durch Bindung der Mittel in Stiftungen.

Oberregierungsrat Manuel *Schwartz*, Rostock:

Ja, vielen Dank. Zur Nummer 21: Dort steht im letzten Satz: „Insoweit könnte einfachrechtlich an Stiftungslösungen gedacht werden." Dort würde ich vorschlagen, dass wir das irgendwie auf öffentlich-rechtliche Stiftungen begrenzen, da wir das Problem haben, dass, wenn Mittel durch den Staat in private Stiftungen gehen, diese weg sind und wir keine Möglichkeit mehr haben, dann weiterhin über den Zweck zu bestimmen. Und wir haben auch keine Möglichkeit mehr, anderweitig darauf Einfluss zu nehmen, was die Stiftung dann damit macht. Wenn es eine öffentlich-rechtliche Stiftung ist, dann kann der Gesetzgeber jederzeit auf das Errichtungsgesetz zugreifen, die Stiftung aufheben, das Geld woanders für verwenden, wenn noch Geld übrig ist, oder auch Geld nachschießen. Bei einer privaten Stiftung ist es nun mal anders. Diese sind – das wissen wir alle – rechtsfähige Vermögen und grundsätzlich sind private Stiftungen für die Ewigkeit angelegt. Das heißt, sie müssen aus ihrem Grundstockvermögen erst einmal Mittel erwirtschaften, die sie dann einsetzen. Ich weiß, es gibt neuerdings, oder seit zehn Jahren oder so, auch die Verbrauchsstiftung, aber auch dort kann man auf den Stiftungszweck nur sehr schlecht zugreifen, insbesondere als öffentliche Hand. Und insofern würde ich halt dafür plädieren, das auf öffentlich-rechtliche Stiftungen zu beschränken. Vielen Dank.

Prof. Dr. Peter *Axer*, Heidelberg:

Durch die Errichtung einer Stiftung soll gerade eine Änderung des Stiftungszwecks und der Vermögensverwendung verhindert werden. In dem Entwurf für den Beschlussvorschlag heißt es allgemein „Stiftungslösungen", so dass damit sowohl die öffentlich-rechtliche als auch die privatrechtliche Stiftung erfasst ist. Ein Beispiel für eine privatrechtliche Stiftung: In § 65b SGB V ist etwa die Stiftung „Unabhängige Patientenberatung Deutschland" privatrechtlich organisiert und wird wesentlich staatlicherseits mittels Sozialversicherungsbeiträgen durch den als Körperschaft des öffentlichen Rechts organisierten GKV-Spitzenverband finanziert. Man kann den Weg über eine privatrechtliche Stiftung aus staatlicher Sicht durchaus auch kritisch sehen, doch ist es nicht ausgeschlossen, so vorzugehen und vielleicht ist dies zur stärkeren Zwecksicherung auch ein guter Weg. Die öffentlich-rechtliche Stiftung kann sich ebenfalls in bestimmten Fällen als geeignet erweisen und ist in der Formulierung „Stiftungslösungen" miterfasst, so dass beide Formen möglich sind.

Vorsitzende:

Ja, vielen Dank. Und damit kommen wir zu einer weiteren Wortmeldung zum Finanzverfassungsrecht. Und zwar hat Herr Dürr einen Beitrag zum Beschlussvorschlag 23. Herr Dürr ist Doktorand.

Wiss. Mitarbeiter Jakob *Dürr*, München:

Herzlichen Dank. Ich möchte gerne einen Gedanken zu Ziffer 23 der Beschlussvorlage teilen. Diese beschäftigt sich mit der Finanzierung von Krisenmaßnahmen und lautet im Moment: „Im Steuerstaat werden finanzielle Krisenhilfen im Regelfall steuerfinanziert." Dem ist natürlich uneingeschränkt zuzustimmen. Ich frage mich nur, ob man diesen Punkt nicht noch ein bisschen schärfen könnte, insbesondere mit Blick auf die Frage der Beteiligung von sogenannten Krisengewinnern an der Finanzierung von Krisenmaßnahmen. Zur Verdeutlichung möchte ich exemplarisch zwei vergangene Maßnahmen nennen. Beide beruhen auf derselben europäischen Notfallverordnung, die 2022 im Rahmen der Energiekrise verabschiedet wurde. Das ist erstens die sogenannte Übergewinnsteuer, in Deutschland bezeichnet als EU-Energiekrisenbeitrag. Durch diese wurde bei bestimmten

Energieunternehmen ein steuerrechtlich definierter Übergewinn zu einem Drittel abgeschöpft. Die Erlöse sind mit Blick auf die Krise zweckgebunden, wenn auch der Zweck sehr breit bestimmt ist. Die zweite Maßnahme ist nicht unmittelbar steuerlich, betrifft aber doch zumindest auch das Abgabenrecht: Die Abschöpfung von sogenannten Überschusserlösen auf dem Energiemarkt. Hierbei wurden die Strommarkterlöse von Produzenten erneuerbarer Energien, die in der Krise hohe Gewinne erzielt haben, gekappt. Die überschießenden Beträge wurden sodann durch einen sogenannten privatrechtlichen Wälzungsmechanismus zur Finanzierung der Strompreisbremse verwendet. Am letzten Dienstag hat das Bundesverfassungsgericht über die Frage verhandelt, ob es sich dabei nicht um eine unzulässige Sonderabgabe handelt, worauf es mir im Detail hier aber gar nicht ankommt.

Mein Petitum wäre vielmehr, dass man Ziffer 23 mit Blick auf derartige vergangene Entwicklungen schärft. Es könnte klargestellt werden, dass Krisenhilfen grundsätzlich gerade aus dem allgemeinen Steueraufkommen zu finanzieren sind und dass der besondere Zugriff auf sogenannte Krisengewinner im Rahmen einer konkreten Krisenmaßnahme erhöhten Rechtfertigungsanforderungen unterliegt. Vielen Dank.

Vorsitzende:

Das ist ein in der Tat sehr interessanter Aspekt. Möglicherweise möchte dazu auch Hanno Kube Stellung nehmen? Sonst würde ich Ihre Anregung gerne aufgreifen. Die Maßnahmen zur Erfassung von Übergewinnen im Energiesektor sind aus diversen Gründen stark umstritten. Aber wir sollten uns nicht darauf fokussieren, ob Art. 122 AEUV die richtige Ermächtigungsgrundlage für die EU-Verordnung zum EU-Energiekrisenbeitrag ist. Sondern es geht Ihnen um die grundsätzliche Frage, ob Krisengewinner zur Krisenfinanzierung herangezogen werden sollten. Das Einzige, was man den Maßnahmen im Energiebereich zugutehalten kann, ist, dass es um Übergewinne geht, die auf staatlicher Regulierung basieren. Sie sind zumindest auch Folge des Merit Order Prinzips zur Energiepreisbildung. Damit wirken sie ähnlich wie die Fehlbelegungsabgabe. Trotzdem sollte man aus meiner Sicht sehr zurückhaltend sein mit einer allgemeinen Forderung, Krisengewinne abzuschöpfen. Und zwar nicht nur, weil Krisengewinne ausgesprochen schwer zu definieren sind, sondern auch, weil gleichzeitig Krisenverluste nur beschränkt zum Abzug gebracht werden können. Damit gibt es erhebliche Unwuchten, das ist das eine. Aber auch aus ökonomischer Sicht sind Krisengewinnabschöpfungen, wenn man hierzu eine allgemeine Forderung aufstellen würde, problematisch. Dann hätte man nämlich auch daran denken können, den jedenfalls vorübergehend sehr hohen BioNTech-Gewinn abzuschöpfen. Auch das war ein „Krisengewinn“, zudem ein Effekt staatlicher Regulierung, weil er jedenfalls auch Folge der staatlich finanzierten und zum Teil angeordneten Impfungen war. Aber eine allgemeine Besteuerung von (krisenbedingten) Übergewinnen läuft Gefahr, die unternehmerische Risikobereitschaft, die im schlechten Fall zu Verlusten, im besten Fall aber zu Übergewinnen führt, massiv zu dämpfen. Risikobereitschaft ist aber elementare Voraussetzung von Innovationen, auf die wir angewiesen sind.

Gutachter *Kube*:

Ich bin ebenfalls dankbar für diese wertvolle Erwägung, die aber zugleich etwas über die These 23 hinausgeht. Denn die Erwägung betrifft die Frage nach den konkreten Steuerquellen, die man zur Finanzierung der Finanzhilfen heranziehen sollte. In diesem Zusammenhang stehen uns jetzt die Übergewinnabgaben vor Augen, die aber einen speziellen Konnex zur Energiekrise haben. Das ist dann doch eine recht konkrete, besondere Konstellation. So stellt sich für mich die Frage, ob und inwieweit der Gedanke einer Krisengewinnsteuer verallgemeinert aufgenommen werden kann, ob und inwieweit eine solche Steuer auch bei anderweitigen Krisen sinnvoll erscheint. Dazu kommt noch die Frage, was Krisengewinne sind und ob es „gute“ und „böse“ Krisengewinne gibt. Darüber hinaus ist der Grundsatz der Nonaffektation des Steueraufkommens zu berücksichtigen. Denn das Ziel ist ja vorliegend die Finanzierung der finanziellen Hilfen, nicht nur die Abschöpfung als solche. So wäre zu prüfen, ob Übergewinne, die aus steuerlichen Gründen vielleicht richtigerweise abgeschöpft werden, tatsächlich spezifisch dazu verwendet werden können, um finanzielle Hilfen zu finanzieren. Ich verstehe das Anliegen, aber würde eher dazu raten, es hier, in These 23, nicht aufzunehmen, weil es voraussetzungsreich ist und Folgefragen aufwirft.

Vorsitzende:

Gut, damit haben wir die Wortmeldungen zum Block Finanzhilfen, Sekundärebene, finanzieller Hilfe und Entschädigung erst einmal abgearbeitet.

Wenn es im weiteren Verlauf hierzu nochmals Diskussionsbedarf gibt, insbesondere zu der bisher nicht behandelten Frage der Finanzierung im Verhältnis Bund-Länder, können wir hierhin zurückkehren.

Zunächst würde ich aber gerne zum Diskussionsblock 4 mit den Fragen Rechtsschutz und Krisennachsorge übergehen. Zu beidem habe ich Wortmeldungen und möchte zunächst meinem Deputationskollegen Christoph Külpmann, der sich zu den Vorschlägen zum Thema Rechtsschutz gemeldet hat, das Wort erteilen.

Vors. Richter am BVerwG Prof. Dr. Christoph *Külpmann*, Leipzig:

Vielen Dank für die Worterteilung. Ich möchte zu mehreren Punkten etwas sagen.

Zunächst zum Rechtsschutz, das ist Beschlussvorschlag 26. Den Vorschlag halte ich in zwei Punkten für nicht überzeugend.

Das erste ist 26a. Danach soll man in Eilverfahren möglichst schnell wieder zur Rechtmäßigkeitsprüfung übergehen, also weg von der Folgenabwägung, das ist sicher richtig. Es ist eine Aufforderung an die Justiz. Ob sie das leisten kann, wird man sehen.

Und dann heißt es, in nachfolgenden Hauptsacheverfahren solle die Zulässigkeit nach Außerkrafttreten der Norm in Krisen wie der Corona-Pandemie nicht am Fehlen eines schwerwiegenden Grundrechtseingriffs scheitern. Das ist zunächst mal eine rechtspolitische Frage, die man sich sehr genau überlegen soll. Stellen Sie sich vor, Sie mussten bei einem Schwimmbadbesuch im November 2020 eine Einmal-Maske tragen, weil das in irgendeiner der 1.327 Corona-Verordnungen gestanden hat. Sollen Sie die Verwaltungsgerichte bis hin zum Bundesverwaltungsgericht im Jahr 2024 damit noch behelligen können? Ist das ein sinnvoller Einsatz von Ressourcen? Wenn Sie das zulassen, geht das immer zu Lasten von Menschen, die wirkliche Probleme haben. Das ist ein Rechtsschutz, in dem es nur noch ums Recht-Haben geht, nicht mehr um den Schutz subjektiver Rechte.

Deswegen sehe ich das grundsätzlich kritisch. So wie der Vorschlag hier steht, ist er auch sehr unpräzise. Denn es wird nicht klar, welche Hauptsacheverfahren gemeint sind. Es sind zwei Situationen denkbar. Das eine ist eine normale Feststellungsklage, dass der Kläger nicht verpflichtet war, eine Corona-Maske im Schwimmbad zu tragen. Das ist eine Feststellungsklage, die fängt beim VG an, dann kommt das OVG und möglicherweise das Bundesverwaltungsgericht. Wenn sich die Maßnahme erledigt, gelten die allgemeinen Grundsätze für das Fortsetzungsfeststellungsinteresse. Das Bundesverwaltungsgericht hat sich gerade erst darauf festgelegt, dass man einen qualifizierten Grundrechtseingriff fordert, wenn keine andere der herkömmlichen Fallgruppen zum Fortsetzungsfeststellungsinteresse vorliegt. Daran sollte man nicht rütteln. Ich halte das auch für sinnvoll. Denn es geht um subjektiven Rechtsschutz und nicht darum, doch Recht gehabt zu haben. Das ist für Betroffene manchmal schwer zu verstehen, aber unser Rechtsschutzsystem ist kein Recht-Habe-Recht, sondern dient dem subjektiven Rechtsschutz.

Wenn der Vorschlag auf abstrakte Normenkontrollen gemünzt ist, dann ist die ganze Formulierung schief. Eine abstrakte Normenkontrolle wird grundsätzlich unzulässig, wenn die Norm außer Kraft tritt. Denn die Normenkontrolle ist ja nicht auf subjektiven Rechtsschutz gerichtet, sondern darauf, objektiv festzustellen, ob eine Norm wirksam ist. Das löst sich von Fragen des subjektiven Rechtsschutzes. Und in der Anerkennung der Fallgruppe qualifizierter Grundrechtseingriff liegt eine Erweiterung dieses Grundsatzes. Und so hat man die Normenkontrolle in Corona-Verfahren ja auch nach Außer-Kraft-Treten einer Norm für zulässig gehalten, wenn es um wirklich gravierende Eingriffe ging, etwa Betriebsschließungen. Aber warum sollte man das noch weiter ausdehnen, warum soll darüber befunden werden müssen, ob etwa eine saarländische Corona-Verordnung, gültig zwischen März und Mai 21, das Tragen von Masken in Schwimmbädern verbieten durfte? Noch dazu mit inter omnes-Wirkung? Das leuchtet mir nicht ein. Deswegen schlage ich vor, 26a insoweit zu streichen.

Der zweite Punkt betrifft den Beschlussvorschlag 26c. Da heißt es: Im Hinblick auf Rechtsverordnungen ist jedenfalls bereichsspezifisch, etwa für infektionsschutzrechtliche Verordnungen, die Normenkontrolle auch auf Bundesebene durch das Bundesverwaltungsgericht zu eröffnen.

In jedem Fall sollte die Formulierung „jedenfalls bereichsspezifisch“ gestrichen werden. Denn damit wird angedeutet, dass man es für sinnvoll hält, Bundesrechtsverordnungen allgemein der abstrakten Normenkontrolle beim Bundesverwaltungsgericht zu unterwerfen. Damit könnte jede Änderung der Straßenverkehrsordnung von 82 Millionen Verkehrsteilnehmern im Wege der abstrakten Normenkontrolle angegriffen werden. Änderungen der Baunutzungsverordnung könnten mindestens von jeder Gemeinde, möglicherweise von jedem Bauwilligen oder jedem Grundstückseigentümer in der abstrakten Normenkontrolle angegriffen werden. Das kann man – auch mit Blick auf die Ressourcen des Bundesverwaltungsgerichts – meines Erachtens nicht ernsthaft wollen. Sollte man das für das Infektionsschutzgesetz anders regeln? Auch das sollte man nicht tun. Damit würde eine grundsätzlich gerichtsfremde erstinstanzliche Zuständigkeit für das Bundesverwaltungsgericht begründet. Folgende Fragen wären zu klären: Was waren für Erkenntnisse vorhanden, als die Verordnung erlassen worden? Wie waren die Erkenntnisse zur Infektion? Wie war das Infektionsgeschehen? Die gesamte Tatsachenerhebung würde dem Bundesverwaltungsgericht aufgehalst, weil es keine Vorbereitung in einer Vorinstanz gäbe. Das wäre grob systemwidrig. Ich sehe auch keine Rechtsschutzlücke, die das ernsthaft fordern würde. Wir sind mit dem Rechtsschutz in der Corona-Krise im Großen und Ganzen, glaube ich, gut gefahren.

Aber wo ich schon einmal hier stehe, möchte ich auch etwas zu den Beschlussvorschlägen 28 und 29 sagen. Vorschlag 28 findet man intuitiv richtig, also, dass nach einer Krise eine umfassende Aufarbeitung der Folgen notwendig ist. Das ist richtig, indes bewusst passiv formuliert. Also: Wer arbeitet auf? Das beantwortet Nr. 29, der eine verpflichtende Krisennachbereitung durch einen unabhängigen Beauftragten verlangt. Ich schlage vor, das abzulehnen. Der Vorschlag verhält sich z.B. nicht zum Recht des Parlaments, eine Enquete-Kommission zu bilden und damit die im Verfassungsrecht vorhandenen Möglichkeiten der Aufarbeitung zu nutzen. Eine solche Enquete-Kommission hat ja den großen Vorteil, dass auch die mitarbeiten, die z.B. bei Corona den ganzen Maßnahmen kritisch gegenübergestanden haben. Dagegen ähnelt die Vorstellung eines unabhängigen Beauftragten einem unabhängigen Weisen vom Berge, der die Sache dann schon befrieden wird. Ich weiß nicht, wen Sie sich da vorstellen, vielleicht einen Politiker wie Heiner Geißler, der dann den großen Konsens schafft. Das wird nicht funktionieren. Denn das sind politische Prozesse und die gehören dahin, wo sie sonst auch hingehören, nämlich in den Bundestag und nicht zu einem unabhängigen Beauftragen. Danke schön.

Vorsitzende:

Herr Axer, wollen Sie zum Rechtsschutz Stellung nehmen?

Prof. Dr. Peter *Axer*, Heidelberg:

Vielen Dank für Ihren Beitrag, der den Unterschied zum Entwurf der Beschlussvorlage deutlich zum Ausdruck bringt. Die Frage ist jedoch schon, wann ein schwerwiegender Eingriff in Grundrechte vorliegt oder der Eingriff als nicht schwerwiegend zu qualifizieren ist, mit der Folge, dass nachträglicher Rechtsschutz im Hauptsacheverfahren bei nicht schwerwiegenden Eingriffen unzulässig ist und dann keine Prüfung der Begründetheit mehr erfolgt. Bereits die Entscheidung des Bundesverfassungsgerichts zum Reiten im Wald mit dem Sondervotum Grimm verdeutlicht die Schwierigkeiten, zwischen gewichtig und weniger gewichtig abzugrenzen. Es werden sich immer Fälle finden, bei denen man selbst der Ansicht ist, etwa beim Verbot eines Feuerwerks an Sylvester im öffentlichen Raum, mit dem sich der VGH Baden-Württemberg zu beschäftigen hatte, oder bei denen Viele der Ansicht sind, dass kein schwerwiegender Eingriff vorliegt. Doch wie ist es, wenn im Rheinland Karnevalsumzüge verboten werden oder wenn die Pflicht zum Tragen einer Maske in einer Verkaufsstelle des Einzelhandels besteht, welche vom OVG Mecklenburg-Vorpommern in einem Urteil aus Mai 2024, nachdem dort immerhin die Menschenwürde, das Recht auf körperliche Unversehrtheit und das Allgemeine Persönlichkeitsrecht angesprochen wurden, nicht als gewichtiger Grundrechtseingriff angesehen wurde. Selbst wenn „nur“ das Grundrecht der Allgemeinen Handlungsfreiheit (Art. 2 Abs. 1 GG) als einschlägig angesehen wird, handelt es sich doch um ein Grundrecht. Für dieses erfolgt dann, da schon die Zulässigkeit verneint wird, gerichtlich keine Prüfung des Eingriffs in der Sache mehr. Mit der seitens des Gerichts erfolgenden Weichenstellung „ungewichtig“ wird somit, selbst wenn ein Grundrecht betroffen ist, der Rechtsschutz mit einer Prüfung der Begründetheit im Hauptsacheverfahren ausgeschlossen. Dies gilt sowohl im Hinblick auf die Fortsetzungsfeststellungssituation als auch im Hinblick auf die Normenkontrolle nach § 47 VwGO, die in der Zulässigkeit mit dem Erfordernis der Antragsbefugnis subjektiv-rechtlich konzipiert ist. Mit der Entlastung der Gerichte ist ein Argument aus der Praxis angesprochen, doch rechtfertigt dies es, von einer inhaltlichen Entscheidung auch vor dem Hintergrund der Rechtsschutzgarantie durch „Gewichtung“ abzusehen?

Ein unmittelbarer Rechtsschutz gegen Rechtsverordnungen des Bundes auf der Grundlage von § 47 VwGO sollte, zumindest bereichsspezifisch, etwa im Hinblick auf infektionsschutzrechtliche Verordnungen, eröffnet werden. Dafür spricht die erga omnes Wirkung der Normenkontrolle und die damit verbundene Rechtssicherheit und Rechtsklarheit. Da inzwischen immer mehr Bundesländer die Normenkontrolle nach § 47 VwGO ermöglichen, stellt sich die Frage, ob die restriktive Haltung auf Bundesebene noch zu rechtfertigen ist oder nicht zumindest, wenn man, etwa im Hinblick auf die Straßenverkehrsordnung, eine gerichtliche Überlastung befürchtet, bereichsspezifisch die Möglichkeit zur Normenkontrolle geschaffen werden sollte.

Gutachter *Becker*:

Nur ein Punkt in Ergänzung zu dem, was Herr Kollege Axer gerade gesagt hat. Ich glaube bei dem, was sie gerade vorgetragen haben, kommt die Befriedungsfunktion des Rechtsschutzes zu kurz; und zwar nicht nur im Hinblick auf die rückwirkende, rückblickende Aufarbeitung dessen, was die Leute eben subjektiv als belastend empfunden haben, sondern auch in der Zukunft, weil ich in der nächsten Krisensituation weiß, dass am Ende ohnehin kein Gericht in der Sache entscheiden wird. Im einstwilligen Rechtsschutz verliere ich die Abwägung, weil die Maßnahme nicht hinreichend belastend ist, und in der Hauptsache fehlt mir dann das Rechtsschutzbedürfnis. Das wird der Befriedungsfunktion der Rechtsprechung und im Übrigen wahrscheinlich auch Artikel 19 Abs. 4 GG nicht gerecht.

Vorsitzende:

Nun würde ich gerne zu dem Punkt kommen: wie stellt man die Evaluation der Maßnahmen und die Aufarbeitung nach der Krise sicher? Dazu möchte sich Herr Schwind äußern.

Stv. Hauptgeschäftsführer Dr. Joachim *Schwind*, Hannover:

Noch kurz zu dem vorherigen Punkt, dass es Menschen gibt, die große Hoffnung in das Bundesverwaltungsgericht setzen: Das ist ja erstmal kein schlechtes Zeichen für das Gericht. Das Chaos um die jüngste StVO-Novellen, wo monatelang nicht richtig klar war, was gilt und was gilt nicht, zeigt meines Erachtens, dass eine abstrakte Normenkontrolle geholfen hätte. Auch wenn die Zahl der potenziellen „Kunden" mich ebenfalls erschrecken würde, das will ich gerne zugeben.

Nun zur These 29: Wenn man zustimmt, Krisenaufarbeitung muss sein, dann kann ich in meiner beruflichen Laufbahn die Regel entdecken: Je größer der Einsatz, desto schlechter die Nachbereitung. Wir haben in der Ausbildung der Notfallsanitäter und Notfallsanitäterinnen, bei den ehrenamtlichen Feuerwehrleuten usw. selbstverständlich die Übung, dass es nach dem Einsatzende irgendeine Form von Nachbereitung gibt. Es ist Aufgabe der Führungskraft, darauf zu achten, und das passiert jeden Tag. Wenn wir aber die ganze Republik lahmlegen und jahrelang nichts anderes machen als Krise, dann ist die Krisenaufarbeitung höflich gesagt ein Genuschel von Einzelteilen, die jedenfalls keiner versucht konsistent zusammenzufassen. Ich habe in meinem Referat im schriftlichen Teil einmal dargelegt, was es alles gibt. Ich will als wichtige Behörden die Staatsanwaltschaften nennen, die selbstverständlich nach diesen Krisen – denken Sie an das Ahrtal – äußerst kleinteilig bewerten müssen. Aber eben unter der Perspektive: Gibt es strafrechtliche relevante Schuld einzelner Personen? Dann haben wir das Instrument der Enquete-Kommissionen der Parlamente, dass seinen parlamentarischen Reiz gerade durch die Kombination von Parlamentariern und Fachleuten hat, aber genau wie Untersuchungsausschüsse immer sehr schnell in der Gefahr steht, schon auf der Ebene der Tatsachenfeststellung in den politischen Streit zu geraten. Untersuchungsausschüsse sind wichtig, sie sind ein Kernelement des Parlaments, aber sie neigen doch sehr dazu, einen bestimmten Blickwinkel der Betrachtung der Lage zu haben, je nachdem ob man der Regierung oder der Opposition angehört. Hier war der Vorschlag – und ich will ausdrücklich sagen, der letzte, an den ich denken würde, wäre Heiner Geißler – jemanden zu nehmen, der sehr schnell nach der Krise unabhängig und unabhängig von allen anderen Zwecken agiert und das zusammenstellt, was als objektives Material zur Verbesserung bei der Gefahrenabwehr und im Krisenmanagement beiträgt. Das muss aufgesammelt werden durch einen befristeten Beauftragten auf Zeit.

Regierungsrat Manuel *Schwartz*, Rostock:

Vielen Dank. Zu der Nummer 29 hat der Kollege vom Bundesverwaltungsgericht ja auch schon einiges gesagt. Ich sehe es genauso. Ich glaube, wir brauchen es nicht.

Wenn wir es aber brauchen, würde ich gerne im Wortlaut des vorgeschlagenen Absatzes etwas ändern wollen, und zwar an mehreren Stellen. Zum einen haben wir dort „im erheblichen Maße Kräfte des Bundes und der Länder in Anspruch genommen“ stehen. Das ist ein unbestimmter Rechtsbegriff. Mit unbestimmten Rechtsbegriffen wissen wir zwar zu arbeiten, aber ich denke, es bietet sich hier an, durch den Wortlaut gegebenenfalls auf Artikel 109 und Artikel 115 Grundgesetz Bezug zu nehmen, indem man vielleicht sagt: „Hat die Bekämpfung eine Naturkatastrophe oder eine außergewöhnliche Notsituation“ und so weiter „Kräfte“ – ohne „im erheblichen Maße“ – „des Bundes und der Länder in Anspruch genommen“... Dann hätten wir gleich den indirekten Verweis auf Artikel 109 und Artikel 115 Grundgesetz. Und aufgrund der neuen Rechtsprechung des Bundesverfassungsgerichts wissen wir, wann das der Fall ist, und hätten das meines Erachtens schon etwas eingeschränkt.

Das zweite ist: Wie unabhängig kann jemand sein, wenn er von der Bundesregierung bestellt wird? Die Bundesregierung wird natürlich jemanden bestellen, der entweder sehr wahrscheinlich ihre Auffassung stützt oder, wenn es hauptsächlich Länder betroffen hat, vielleicht die dortigen Handlungen nicht unterstützt. Da hier auch Länder in Anspruch genommen werden sollen oder Kräfte der Länder in Anspruch genommen wurden, bietet es sich aus meiner Sicht an, dort zu sagen „die Bundesregierung mit Zustimmung des Bundesrates“. Oder dass man die Länder anderweitig irgendwie mit einbezieht in die Bestellung des unabhängigen Beauftragten.

Der dritte Punkt ist, dass dort steht: „Spätestens ein Jahr nach Beseitigung der Gefahr“. Ein Jahr halte ich für zu kurz. Aus meiner Prüfungserfahrung ist ein Jahr sehr wenig Zeit. Wenn wir jetzt hier jemanden haben, der neu bestellt wurde. Der hat vielleicht gar keine Erfahrung damit, einen Sachverhalt aufzuarbeiten oder nicht die Erfahrung, die andere Personen damit haben, wie zum Beispiel die

Rechnungshöfe oder auch die Leute, die in Untersuchungsausschüssen häufig bestellt werden. Dann haben wir, da er auch erstmal einen Stab zusammenstellen muss, das Problem, dass dieses eine Jahr vielleicht gar nicht eingehalten werden kann. Was heißt das denn aus verfassungsrechtlicher Sicht, wenn das Jahr nicht eingehalten wird? Ich weiß es nicht. Das müssten wir uns vielleicht überlegen.

Und dann die Formulierung „nach Beseitigung der Gefahr“: Das Problem ist, wenn ich jetzt aus sicherheits- und ordnungsrechtlicher Sicht gucke, dass die Gefahr im Grunde genommen vorbei ist, wenn die Störung eintritt. Bei „ein Jahr nach Beseitigung der Gefahr“ könnte man den Gefahrenbegriff eventuell anders auslegen und es verstehen als „ein Jahr nach Beseitigung der Störung oder des eingetretenen Schadens“? Das würde aber wieder Probleme dabei bereiten, wenn wir fünf Wörter danach die Gefahrenabwehr haben. Wissen Sie, wir haben da einmal die „Gefahr“, die wir gegebenenfalls auch als „Störung“ verstehen und dann aber Verbesserungsmöglichkeiten bei der „Gefahrenabwehr“, wo die „Gefahrenabwehr“ wohl nur die „Gefahr“ bedeutet ohne die Störung oder den Schaden selbst. Also ich denke, dort sind noch Probleme in der Formulierung. Vielen Dank.

Rechtsanwalt Dr. Maximilian *Dombert*, Potsdam:

Ja, vielen Dank. Ich muss jetzt nur ein bisschen springen. Ich würde gerne zur Beschlussthese 26a sprechen und dazu auch aus anwaltlicher, praktischer Sicht Folgendes ausführen. Ich kann die intellektuellen, abstrakten Erwägungen, die der Beschlussziffer zugrunde liegen, und wie Professor Axer und auch Professor Becker eben gerade nochmal erläutert haben, sehr gut nachvollziehen. Das Problem ist und insofern muss ich dann und will ich doch gerne, auch wenn es vielleicht erstmal für einen Anwalt, der ja auch nicht gern an Zulässigkeitshürden scheitert, etwas merkwürdig erscheint, will ich doch dann doch Herrn Professor Külpmann an dieser Stelle zustimmen und dafür werben wollen, dass man diese Beschlussziffer 26 a so nicht übernimmt.

Warum ist das so? Ich habe in der Tat in der anwaltlichen Praxis Normenkontrollen gegen Bebauungspläne beim Oberverwaltungsgericht liegen. Die tragen ein 20-er Aktenzeichen. Da habe ich noch keine Verfügung. Ich habe noch nicht einmal eine Ladung zur mündlichen Verhandlung. Ich kann meinem Mandanten nicht sagen, wann über diesen Bebauungsplan entschieden wird. Jüngst besuchte ein früherer Kollege von Herrn Professor Külpmann, der mir gut bekannt ist, mit einem Studienpraktikanten eine Verhandlung des Verwaltungsgerichts Potsdam und fiel rückwärts um, als dann zum Aufruf kam eine Sache mit einem Aktenzeichen aus 2017. Noch nicht entschieden. Und das sind tatsächlich aktuell laufende Fälle.

Das heißt, man kann also diese Beschlussziffer 26a, wenn man sie denn überhaupt verabschieden wollte, so nicht verabschieden ohne den ganz klaren Appell an Bund und Länder, dann bitte die Verwaltungsgerichtsbarkeit sachlich, finanziell auch personell entsprechend auszustatten, um derartige Rechtsfragen aus der Vergangenheit auch noch zu klären. Das heißt also, ich würde dafür votieren, diesen Beschlussvorschlag abzulehnen. Wenn man ihn aber aufnehmen wollte, dann müsste er mit diesem Appell verbunden werden, anderenfalls wäre das hehre Ziel schon ganz praktisch nicht zu erreichen. Vielen Dank.

Prof. Dr. Johanna *Hey*, Köln:

Wenn es dazu nicht direkt Diskussionsbedarf gibt, würde ich gerne noch einmal die Debatte zu Nr. 29 aufgreifen mit der Forderung einer Verankerung der Aufarbeitung im Grundgesetz. Ich verstehe, dass man an der konkreten Formulierung vielleicht noch einmal feilen muss, aber vorgelagert stellt sich die Frage, ob es überhaupt einer speziellen grundgesetzlichen Aufarbeitungs- und Berichtspflicht bedarf. Denn, wie wir von Herrn Külpmann gehört haben, gibt es natürlich auch heute schon die Möglichkeit der Aufarbeitung. Ich würde gerne einen Punkt ergänzen. Auch Herr Külpmann war nicht gegen Evaluation der Maßnahmen und Aufbereitung des aktuellen Krisengeschehens. Da sagen alle sofort: Ja, super, machen wir. Aber ich habe den Eindruck, dass man mit Evaluationsversprechen auch darauf abzielt, Gesetze leichter verdaubar zu machen. Das ist so ein modernes Phänomen. Immer mehr Gesetze bekommen eine Evaluationsklausel. Aber wenn dann nicht evaluiert wird, passiert nichts. Die Evaluation ist nicht einklagbar. Zumindest wüsste ich nicht, wer klageberechtigt wäre. Und selbst wenn evaluiert wird, weiß man meistens gar nicht: Was soll man eigentlich genau evaluieren? Was ist Evaluationsziel? Dann wird evaluiert und wir haben einen schönen Bericht. Herr Axer hat vorgetragen, dass auf der Grundlage von § 5 Abs. 9 Infektionsschutzgesetz ein 120-seitiger Evaluationsbericht erstellt wurde. Der liegt dann da, darauf folgt aber nichts. Immerhin würde ein Artikels 35 Absatz 4 GG zur Bestellung eines Beauftragten zur Abgabe eines derartigen Krisennachsorgeberichts verpflichten. Das ließe sich wohl im Wege eines Organstreits auch einklagen. Den Gesetzgeber wird man allerdings nicht dazu zwingen können, Schlussfolgerungen aus einer derartigen Evaluation zu ziehen. Aber ich sehe, dass Herr Schwind, direkt replizieren möchte.

Stv. Hauptgeschäftsführer Dr. Joachim *Schwind*, Hannover :

Danke erst einmal für die Anregungen. Wir sind ja nicht so vermessen, dass wir heute Mittag gleich Gesetz und Kommentar zur neuen Vorschrift fertig haben müssen. Also insofern glaube ich: Mit letzten Unschärfen können wir leben.

Ich würde gerne aber nochmal, Frau Vorsitzende, auch Hinweisen auf den Unterschied zwischen einer Evaluationsklausel in einem Gesetz und der Aufarbeitung einer Krise geben. Die erstere ist für mich immer folgendes Zeichen des Gesetzgebers, auch zur psychologischen Beruhigung der Normadressaten: „Eigentlich wissen wir als Parlament auch nicht so genau, aber wir steuern mal los in diese Richtung und versprechen euch, wir werten aus, ob wir ungefähr das Ziel unseres Handelns getroffen haben."

Heute ist der Fokus ein anderer, er liegt auf dem Einsatz und fragt: „Was können wir für das Krisenmanagement lernen? Wo sind die konkreten Verbesserungspotenziale?" Und an dem einen Jahr Frist würde ich sehr gerne festhalten. Einmal ist es auch eine Abgrenzung zu den parlamentarischen Instrumenten, die in der Regel viel länger dauern. Wenn Sie sich überlegen, wie lange so eine durchschnittliche Enquete-Kommission dauert, sind zwei Jahre eine Kleinigkeit. Hier soll schnell nach der Krise aus exekutivischer Sicht unabhängig gefragt werden, wo sind die „low-hanging fruits" der Verbesserung, also wie kann man ganz schnell Krisenmanagement optimieren.

In zeitlicher Dimension: März 2020 Corona, 24.02.2022 Angriff Russlands gegen die Ukraine. Wir sind da von einer in die nächste Krise geraten. Verbesserungen im Krisenmanagement klappen nur, wenn man auch schnell Konsequenzen zieht.

Es müssen ja nicht die letzten und allumfassenden Konsequenzen sein, die das Parlament zieht, sondern konkretes Krisenmanagement. Und ich glaube, das hat auch die Kollegin vom BBK ja angedeutet, wir haben derzeit viele aktive Themen, auch in der Bund-Länder-Zusammenarbeit. Da braucht es mehr Rückenwind, um Bewegung zu erzeugen. Und daher besteht die Hoffnung, dass man mit einer solchen Regelung sich eben nicht in die „Krisen-Demenz" flüchtet und den Eindruck hat, war doch eigentlich alles ganz prima, hat irgendwie geklappt, sondern auch das schnell aufgreift, was man untergesetzlich verbessern kann.

Vorsitzende:

Wir haben zwar noch eine weitere Wortmeldung. Ich würde Sie trotzdem gerne jetzt in die Mittagspause entlassen, aber mit einigen Denkanstößen.

Erster Denkanstoß: Besuchen Sie doch die Fachausstellungen. Die Fachausstellungen sind schön, manchmal gibt es Popcorn und es gibt auch interessante Dinge anzuschauen. Das Zweite, was ich Ihnen sehr ans Herz legen möchte, sind zwei miteinander verbundene Vorschläge: Es werden mobile Wahlurnen durch das Gebäude gehen, in denen die Mitglieder des Vereins Deutscher Juristentag e.V. ihre Stimme zur Wahl der neuen Mitglieder der ständigen Deputationen abgeben können.

Mitgliedschaft – das ist das Stichwort, das ich Ihnen ganz besonders ans Herz legen möchte. Denn wir werden nach der Mittagspause abstimmen, und Sie können nur mitstimmen, wenn Sie Mitglied sind. Und ich gucke gerade mal nach rechts, wo die Jugend sitzt. Die Mitgliedschaft ist gerade für Studierende und Referendare wirklich kostengünstig: 30 Euro. Daher also noch mal meine Anregung, wenn Sie mitstimmen wollen, dann können Sie noch ganz spontan Mitglied werden.

Der Abteilungsvorstand wird sich, während Sie die Fachausstellung genießen und sich ein Mittagessen besorgen, zurückziehen und die Anregungen, die Sie uns auch im Laufe des Vormittags mit auf den Weg gegeben haben, noch einmal darauf hin anschauen, ob und wie wir sie in die Beschlussvorlage einarbeiten können. Nach der Mittagspause erhalten Sie dann die finale Beschlussvorlage und die Möglichkeit, sich diese in Ruhe anzusehen. Dann können wir in die Abstimmung einsteigen, aber das soll Sie nicht davon abhalten, auch nach der Mittagspause noch einmal das Wort zu ergreifen. Sie wissen um die Aufzeichnung der Redebeiträge. Selbst wenn diese dann nicht mehr zu Änderungen der Beschlussvorlage führen, wird weiterhin alles dokumentiert.

Fortsetzung der Diskussion

am 26. September 2024 nachmittags
(anwesend ca. 76 Teilnehmerinnen und Teilnehmer)

Vorsitzende:

So, bevor wir in die Abstimmung einsteigen, würde ich Herrn Dr. Zoth das Wort erteilen. Herr Zoth möchte sich zu der Notwendigkeit von Übungen im Katastrophenschutz äußern.

Dr. Peter *Zoth*, Stuttgart:

So, schönen Nachmittag auch von meiner Seite. Sehr geehrte Frau Vorsitzende, sehr geehrte Herr Vorsitzender, liebe Kolleginnen und Kollegen,

ich möchte noch einen kurzen Gedanken mit Ihnen teilen, der auch an die Beschlussvorlage 28 anknüpft. Wir haben uns ja heute Vormittag sehr stark auch mit dem Punkt Evaluation beschäftigt – Krisen auswerten als Instrument, um Krisenvorsorge zu betreiben.

Ich möchte in dem Zusammenhang noch ergänzen, dass natürlich zu einer wirksamen Krisenvorsorge auch das regelmäßige Durchführen von Übungen gehört. Also gerade von den Stellen, die dann im Katastrophenschutz tätig werden. Weil jede Evaluation bringt nur dann etwas, wenn ich die Evaluation auch in die Fläche bringe. Also die Leute, die es am Ende umsetzen, müssen daraus lernen, wie man die Krisen besser bewältigen kann. Wir müssen damit rechnen, in Zukunft mit vielerlei Krisen zu tun zu haben, die wir in der Vergangenheit noch nicht in der Breite hatten. Ich nenne nur das Stichwort „Cyberangriffe", die ja auch diskutiert werden. Und hier halte ich es für sehr essenziell, dass wir uns Gedanken machen, Stresstests durchführen und auch die notwendigen Stellen und Übungsszenarien durchspielen. Was z. B. in einem Fall konkret zu machen ist, wenn ich kein Internet mehr nutzen kann. Wir leben ja alle in einer sehr digitalen Welt. Aber wie ist dann die öffentliche Verwaltung aufrechtzuerhalten? Eine Kollegin, die ja auch hauptberuflich in der Katastrophenvorsorge tätig ist, hat heute Morgen auch noch weitere Szenarien genannt, die in Zukunft auftreten können. Vor dem Hintergrund möchte ich gerne anregen, dass die Beschlussvorlage 28 noch um den Gedanken der Krisenvorsorge durch das regelmäßige Durchführen von Übungen ergänzt wird, zum Beispiel mit dem Satz: des Weiteren sind in regelmäßigen Abständen von den im Katastrophenschutz tätigen Stellen Übungen durchzuführen und diese auszuwerten. Vielen Dank.

Vorsitzende:

Vielen Dank. Ein Thema ist noch offen, dass auch die Vertreterin des BBK heute Vormittag in Erinnerung gerufen hat, und das ist die notwendige Vorbereitung auf bewaffnete Konflikte.

Hierzu gibt es, auch wenn dies nicht im Zentrum unseres Krisenbegriffs steht, die These 30. Dazu würde ich gerne Frau Spieker das Wort erteilen.

Dr. Heike *Spieker*, Berlin:

Haben Sie herzlichen Dank, Frau Professor Hey.

Ich darf vielleicht einfach nur nochmal einmal zusammenfassen für diejenigen, die bisher einfach weniger Gelegenheit hatten, sich mit dem Zusammenspiel zwischen Völkerrecht und nationalem Recht zu beschäftigen. Das Zusammenspiel betrifft weniger Naturkatastrophen, also Katastrophenschutz-Szenarien, einfach deshalb, weil es da im Völkerrecht an hartem rechtlich verpflichtenden Recht nicht viel gibt – was eine eigene Problematik darstellt. Für das, was wir im deutschen Recht als Zivilschutzsituation, also Situation eines bewaffneten Konflikts mit Auswirkungen klassisch auf deutschem Staatsgebiet bezeichnen, was aber auch schon, wenn man etwas weiter in der Auslegung ist, ähnlich im Sinne von Frau Bychara-Hahn, auch schon Situationen betrifft, in denen Streitkräfte sich durch Deutschland hindurchbewegen, die aber als Streitkräfte möglicherweise demnächst Parteien eines bewaffneten Konflikts sind.

Um es ganz konkret zu sagen für den Fall, dass Frankreich beispielsweise in den bewaffneten Konflikt in der Ukraine eintritt und Truppenverlegungen von Frankreich durch Deutschland hindurch vornimmt, so ist das kein Zivilschutz-Fall im eigentlichen Sinn, aber ein dem Zivilschutz ähnlicher Fall, wo man drüber nachdenken muss, ob bestimmte Vorschriften, die für den Zivilschutz im Völkerrecht geregelt sind für den bewaffneten Konflikt, in Deutschland in einem derartigen Fall schon gelten. Insgesamt enthält das in bewaffneten Konflikten anwendbare humanitäre Völkerrecht eine ganze Reihe von Vorschriften zum Schutz der Zivilbevölkerung, die nicht self-executing sind, sondern einer spezifischen Umsetzung in nationales, deutsches Recht bedürfen.

Das Problem bei diesen Vorschriften ist eben, dass die allermeisten nicht unmittelbar anwendbar sind, insbesondere wenn sie wirksam sein sollen. Allein durch die Transformation aus einem völkerrechtlichen Vertrag in deutsches Recht werden viele Vorschriften nicht automatisch anwendbar. Insbesondere dann nicht, wenn Akteure, staatliche wie nicht staatliche, wissen und rechtssicher beherrschen müssen, welche weiteren Rechtsverpflichtungen aus den humanitär-völkerrechtlichen Pflichten erwachsen. Außerdem sind diese aus dem humanitären Völkerrecht erwachsenden Verpflichtungen nicht ausschließlich Verpflichtungen des Bundes, sondern auch der Länder. Mein persönliches klassisches Beispiel ist immer der Schutz von Kulturgut. Voraussetzung für den Schutz von Kulturgut ist, dass Kulturgut als solches erkennbar und zur Gewährleistung dieser Erkennbarkeit als Kulturgut gekennzeichnet ist. Die Kennzeichnung von Kulturgut ist rechtlich verpflichtend im Völkerrecht geregelt. Das bedeutet jedoch noch nicht, dass die völkerrechtliche Regelung auch umgesetzt wird, von allen Beteiligten in allen Situationen. Die Kennzeichnung von Kulturgut erfolgt in den einzelnen Bundesländern durchaus unterschiedlich, in jedem Einzelfall sicherlich aus guten Gründen. In der Gesamtschau bedeutet dies allerdings, dass die Kennzeichnung und Kartographierung von Kulturgut in Deutschland nicht einheitlich und im Ergebnis auch nicht flächendeckend umfassend erfolgt ist.

Entsprechendes gilt beispielsweise für Zivilkrankenhäuser. Krankenhäuser sind grundsätzlich zivile Objekte und dürfen deshalb nicht angegriffen werden. Um diesen Schutz und die Wahrscheinlichkeit der Beachtung der entsprechenden Schutzvorschriften zu erhöhen, gibt es im humanitären Völkerrecht eine Bestimmung, wonach Zivilkrankenhäuser mit – in Deutschland – dem Roten Kreuz, in anderen Staaten mit dem Roten Halbmond gekennzeichnet werden können.

Das ist hilfreich, die Frage ist nur, wer bestimmt denn, was ein Zivilkrankenhaus ist und was nicht und was dann gekennzeichnet werden darf? Und nach welchen Kriterien erfolgt eine solche Entscheidung? Das ist in Deutschland schlichtweg nicht geregelt. Und nicht jedes Krankenhaus, das kein Bundeswehrkrankenhaus ist, ist automatisch ein Zivilkrankenhaus.

Einen letzten Satz, noch näher am Zivilschutz und an der nach deutschem Recht für Zivilschutz will ich zum Zivilschutzzeichen anfügen. Das ZSKG besagt ja, dass die Voraussetzungen für den Zivilschutz, die das Humanitäre Völkerrecht setzt, in Deutschland gelten. Wenn man dann in die zugehörige Regel des Humanitären Völkerrechts schaut, gehört dazu auch, dass Zivilschutzpersonal oder eine Zivilschutzorganisation, wenn sie denn den völkerrechtlichen Schutz – ausdrücklich nicht angreifbar – genießen sollen, ausschließlich der Zivilschutzaufgabe bzw. -funktion gewidmet sein müssen. Dies hört sich in der Theorie zunächst einmal sehr logisch an, wenn man sich das aber praktisch vorstellt, ist das natürlich nicht trivial, weder institutionell noch organisatorisch. Was heißt denn diese Ausschließlichkeit? Wenn man dann juristisch auslegt und sich damit intensiv beschäftigt, kommt man schon zu einer Vorstellung, was diese Ausschließlichkeit bedeutet und wie man sie praktisch auch herstellen und sicherstellen kann. Es gibt jedoch keine entsprechende Normierung im deutschen Recht. Auch da wäre es, davon bin ich überzeugt, für das Funktionieren der zivilschutzrechtlichen Garantien und Schutzvorschriften wichtig, dass wir zur Wirksamkeit dieses völkerrechtlichen Schutzes eine gesetzliche Festlegung treffen. Aus diesem Grund wäre es wichtig, wenn der Juristentag den Gesetzgebern eine solche Empfehlung aussprechen würde. Aber ich stehe selbstverständlich nicht nur bereit, um über Modifikationen zu diskutieren, sondern auch um noch nähere Erklärungen zu geben. Herzlichen Dank für die Aufmerksamkeit.

Vorsitzende:

Ganz herzlichen Dank, Frau Spieker. Die These 30 rundet ab, was heute Morgen bereits angeklungen ist. Der Verteidigungsfall ist „the elephant in the room“, über den niemand sprechen will und den wir bei der Eingrenzung unseres Verhandlungsgegenstandes auch bewusst ausgeklammert haben. Dies schließt aber nicht aus ein Petitum der Vorbereitung in einer Zeit, in der man eben noch in Ruhe agieren kann. Dazu gehört insbesondere, die zur Umsetzung der völkerrechtlichen Verpflichtungen notwendigen gesetzlichen Grundlagen zu schaffen. Das ist, glaube ich, nochmal sehr wichtig.

Und damit kommen wir in die entscheidende Phase. Die Beschlüsse sind mittlerweile im Internet abrufbar. Aber wir haben hier vorne auch genügend Exemplare, so dass Sie sich mit den Ausdrucken versorgen können.

Zur Erleichterung des Zählvorgangs wäre ich dankbar, wenn sich diejenigen von Ihnen, die stimmberechtigt sind, nach vorne setzen könnten.

Bevor Sie gleich Gelegenheit erhalten, die endgültige Beschlussvorlage noch einmal in Ruhe zu studieren, werde ich Ihnen kurz erläutern, was wir gegenüber dem ersten Entwurf geändert haben. Wir haben zu Nummer 1 länger darüber diskutiert, ob wir hier eine Erweiterung auch auf den Krisenfall einer kriegerischen Auseinandersetzung aufnehmen sollen, uns dann aber dagegen entschieden, weil es zu viele Weiterungen in den Beschlüssen gehabt hätte. Trotzdem formulieren wir durch Aufnahme des Wortes „insbesondere“ etwas offener, um zum Ausdruck zu bringen, dass weitere Krisen, eben auch infolge eines Verteidigungsfalls, mit abgedeckt sind. Aufgenommen haben wir durch das Wort „vorübergehend“, dass eine solche

Krise auch länger andauern kann, also nicht notwendigerweise kurzfristig ist, sondern, das wissen wir aus Corona, auch mehrere Jahre dauern kann. Zur Verdeutlichung des Kerns unserer Krisendefinition, dass diese nicht konkret vorhersehbar ist, haben wir dann das Wort „schockartig" aufgenommen. Ein Wort eher aus dem ökonomischen Krisenjargon, das aber auch das Bundesverfassungsgericht im Haushaltsurteil verwendet hat.

Nr. 10 haben wir beibehalten, auch die Verortung in einem neuen Art. 30a GG. Das schien uns der am ehesten geeignete Ort für eine solche Regelung, auch um deutlich zu machen, dass es nicht um eine Veränderung der Gesetzgebungskompetenz geht, das wird zusätzlich klargestellt durch den Satz „Hiermit ist keine Änderung der Kompetenzordnung des Grundgesetzes verbunden", also nur ein Gremium politischer Absprachen. In Nummer 11 haben wir klargestellt, dass die Standardmaßnahmen keineswegs die Generalklausel ersetzen sollen, sondern nur ergänzend hinzutreten.

Nummer 14, da ging es um die Thematik der Gleichstellung der Helfer. Die Spontanhelfer sind aus der grundsätzlichen Forderung nach Gleichstellung herausgenommen, stattdessen wird offener formuliert „Dabei ist auch der rechtliche Status von Spontanhelfern zu klären." Das lässt sich dann konkretisieren durch unsere Diskussion um Entschädigungsregelungen, Freistellung durch den Arbeitgeber versus Altruismus.

In der Nummer 15, über die wir heute Morgen relativ lange diskutiert haben, wo es um das Entschädigungsrecht geht, haben wir versucht noch einmal klarzustellen, dass das Staatshaftungsrecht vor allen Dingen aus zwei Gründen nicht geeignet erscheint: Zum einen weil wir es mit Massenphänomenen zu tun haben und zum anderen – das hängt allerdings zusammen – weil massenhafte Entschädigungen im Hinblick auf die parlamentarische Budgetverantwortung nicht gerichtlich entschieden werden sollten.

In Nummer 19, da geht es um die Automatisierung der Bewilligungsprüfung, dort haben wir klargestellt: „Zugleich erlaubt dies in geeigneten Fällen eine automatisierte Überprüfung", so dass deutlich wird, dass weiterhin Einzelfallprüfungen erforderlich und möglich bleiben können. Umgestellt haben wir die Beschlussvorschläge 21 und 22, indem wir den vorherigen 22 zu 21 gemacht haben, das ist nur dem Umstand geschuldet, dass danach die finanzverfassungsrechtlichen Fragestellungen behandelt werden, das Problem der Doppelförderung betrifft dagegen den Verwaltungsvollzug.

Damit kommen wir zu dem heute Vormittag ebenfalls diskutierten Thema „Rechtsschutz". Uns ist sehr bewusst, dass die Forderung nach Rechtsschutz trotz Erledigung zu einer erhöhten Arbeitsbelastung der Verwaltungsgerichtsbarkeit führt, aber, und das ist der

Grund, warum wir trotzdem an diesem Beschlussvorschlag festgehalten haben, das Problem von Ohnmachtsgefühlen schien uns doch sehr zentral. Deshalb haben wir ergänzt „aus Gründen der Befriedungsfunktion der Rechtsschutzgarantie". Ebenfalls etwas zurückhaltender formuliert ist der Beschlussvorschlag 26c, da ging es um die Frage, ob auch für bundesrechtliche Rechtsverordnungen die Normenkontrolle eröffnet werden soll. Das haben wir etwas restriktiver formuliert, indem klarer wird, dass es um krisenrelevante Verordnungen, namentlich infektionsschutzrechtliche Verordnungen geht.

Und zum Schluss der Beschlussvorschlag 29, den wir gerade eben noch einmal diskutiert haben. Wir halten die Verankerung der Krisennachbereitung im Grundgesetz in einem Art. 35 Abs. 4 GG weiterhin für diskussionswürdig, vor allem, um die Bedeutung einer solchen Analyse des Krisengeschehens und seiner Bekämpfung zu unterstreichen. Der richtigen Anregung einer föderalen Absicherung ist Rechnung getragen, indem wir eine Zustimmung des Bundesrates aufgenommen haben. „Spätestens ein Jahr nach Beseitigung der Gefahr" haben wird durch die offenere Formulierung „zeitnah" ersetzt. Das kann man dann konkretisieren in einem Ausführungsgesetz. Und damit will ich Ihnen jetzt Zeit lassen, die Beschlussvorlage noch einmal in Ruhe durchzulesen, bevor wir in die Abstimmung gehen.

Beschlüsse

Thema: Bewältigung zukünftiger Krisen: Welche gesetzlichen Rahmenbedingungen werden benötigt, um effektiv und effizient zu reagieren und finanzielle Hilfen bedarfsgerecht zu verteilen?

I. Grundlagen

1. Krisen werden insbesondere durch Naturkatastrophen oder andere außergewöhnliche Notsituationen ausgelöst, die Staat und Gesellschaft schockartig und vorübergehend besonders herausfordern.
angenommen 35:0:0

2. Die Erfahrungen der COVID-19-Pandemie, der durch den russischen Angriffskrieg gegen die Ukraine verursachten Energiekrise sowie diverser Extremwetterereignisse zwingen zu einer Intensivierung der Krisenvorsorge und zur Etablierung permanenter Krisenreaktionsstrukturen, hierzu gehört auch die Aktivierung der Bevölkerung zu einer besseren privaten Krisenvorsorge.
angenommen 35:0:0

3. Es bedarf hierfür

   a) keiner gesonderten Krisenkompetenzordnung; die grundgesetzliche Kompetenzordnung beansprucht auch in Krisenzeiten Geltung.
   angenommen 35:0:0

   b) keines allgemeinen Krisengesetzes und auch nicht der Aufnahme eines Staatsziels Resilienz in das Grundgesetz. Indes sind das einfachgesetzliche Notstandsrecht, insb. die Sicherstellungsgesetze und das Zivilschutz- und Katastrophenhilfegesetz (ZSKG), das Katastrophenschutzrecht der Länder sowie die gesetzlichen Grundlagen für die Auskehrung von Finanzhilfen auf notwendige Anpassungen hin zu überprüfen.
   angenommen 34:0:1

   c) keines neuen allgemeinen Krisenverwaltungsrechts mit neuen Handlungsformen. Die existierenden exekutiven Handlungs-

formen, von der Allgemeinverfügung bis hin zur Rechtsverordnung, haben sich gemeinsam mit Instrumenten wie Videositzungen und Online-Abstimmungen grundsätzlich als flexibel und geeignet gezeigt, um krisenbezogenes Handeln zu ermöglichen.
angenommen 35:0:0

4. Nach Möglichkeit sollten personenbezogene Daten, die (auch) zur Krisenbewältigung benötigt werden, nach dem Once-Only-Prinzip erhoben und verarbeitet werden.
angenommen 33:0:2

II. Primärebene der Krisenerstintervention

5. Gefahrenabwehr (Polizei, Feuerwehr und Rettungsdienst) ist ebenso wie der Katastrophenschutz Länderangelegenheit. Eine Verlagerung v.a. der operativen Kompetenzen auf den Bund würde keine Probleme lösen, sondern den Vorteil der dezentralen und modularen Krisenbewältigung durch ortsnahe kommunale Behörden mit ihren Leitstellen verspielen.
angenommen 35:0:0

6. Allerdings sollte der Bund durch Erweiterung von Art. 73 Abs. 1 Nr. 10 GG um einen neuen Buchstaben d) die ausschließliche Gesetzgebungskompetenz über die Zusammenarbeit zwischen Bund und Ländern im Bereich des Katastrophenschutzes erhalten. Ein Zustimmungsvorbehalt des Bundesrates für entsprechende Regelungen ist in Art. 73 Abs. 2 GG aufzunehmen.
angenommen 34:0:1

7. Die fragmentierte grundgesetzliche Kompetenzordnung im Gesundheitswesen sollte besonders für Krisenzeiten im Hinblick auf die Krankenhausversorgung, den öffentlichen Gesundheitsdienst und die Sicherstellung der Gesundheitsversorgung (Gesundheitssicherstellungsgesetz) überprüft und die Zuständigkeit des Bundes klarer formuliert und geweitet werden.
angenommen 29:2:4

8. Im Bereich des Zivilschutzes ist die Länderverwaltung in Gestalt der Bundesauftragsverwaltung dahingehend zu überprüfen, inwieweit eine in den Ländern naturgemäß abweichende Vollzugspraxis der Wirksamkeit von bundesweit vergleichbar wirksamen Zivilschutzmaßnahmen entgegensteht. Insbesondere sollte der

Bund die Kompetenz erhalten, eigene Engpassressourcen und Zivilschutzreserven aufzubauen, vorzuhalten, zu verwalten und ggf. einzusetzen. Dies kann etwa durch entsprechende Ergänzung des § 4 Abs. 1 ZSKG erfolgen.
angenommen 33:0:2

9. Das deutsche System des Katastrophenschutzes verfügt bisher weder über ein einheitliches Informationsmanagement im Allgemeinen noch über ein einheitliches Ressourcenregister.

   a) Das Bundesamt für Bevölkerungsschutz und Katastrophenhilfe (BBK) sollte durch Ergänzung von Art. 87 Abs. 1 Satz 2 GG Zentralstellenfunktion in dem neu dem Bund ausschließlich zugewiesenen Zuständigkeitsbereich der Zusammenarbeit im Katastrophenschutz bekommen und einer effektiven Wahrnehmung entsprechend ertüchtigt werden.
   angenommen 34:0:1

   b) Insbesondere sollten zur Wahrnehmung der Koordinierungsfunktion des BBK bundesweit verpflichtend in digitaler Form Lagebilder, ein von jeder Katastrophenschutzbehörde jederzeit einsehbares Echtzeit-Register über Ressourcen und Fähigkeiten im Bevölkerungsschutz, Muster-Konzepte für Haupt-Krisenlagen und bundesweite Verteilmechanismen wie das Kleeblattkonzept rechtlich geregelt und administriert werden.
   angenommen 34:0:1

   c) Zu diesen Bedarfsanalysen, Registern und Instrumenten sollten sämtliche Akteure des Zivil- und Katastrophenschutzes einschließlich der anerkannten Hilfsorganisationen Zugang haben.
   angenommen 34:1:0

10. Die Konferenz der Bundeskanzlerin/des Bundeskanzlers mit den Ministerpräsidentinnen und Ministerpräsidenten der Länder sollte auch wegen ihrer Bedeutung als zentrales Krisen-Steuerungsinstrument und Zeichen des kooperativen Föderalismus im Grundgesetz selbst geregelt werden, z.B. in einem neuen Art. 30a GG. Hiermit ist keine Änderung der Kompetenzordnung des Grundgesetzes verbunden.
    abgelehnt 11:20:4

11. Das Infektionsschutzrecht bedarf der Überarbeitung durch eine stärkere Ausrichtung auf Epidemien, eventuell sogar in einem eigenständigen Epidemiegesetz, und der stärkeren Fundierung von Standardmaßnahmen ergänzend zur Generalklausel. Zurzeit ist das Infektionsschutzgesetz für der Corona-Pandemie vergleichbare Ereignisse nicht gerüstet. Kodifikationsreife hinsichtlich des Infektionsschutzes ist gegeben.
angenommen 35:0:0

12. Bei der Erfüllung der Aufgaben im Bevölkerungsschutz – Zivil- und Katastrophenschutz – nehmen in Deutschland die anerkannten Hilfsorganisationen ein jeweils eigenes Mandat wahr. Im Interesse größerer Handlungssicherheit sind, bspw. in § 26 ZSKG, die Art und Weise der Aufgabenwahrnehmung der anerkannten Hilfsorganisationen gesetzlich zu regeln.
angenommen 33:0:2

13. Im Bereich des Katastrophenschutzes erschwert bei großen länderübergreifenden Lagen die gegenwärtige Diversität landesgesetzlicher Regelungen und Konzepte einen schnellen Einsatz auf rechtssicherer Basis. Über § 26 Abs. 1 Satz 1 ZSKG übertragen sich diese Diversität und die daraus resultierende Handlungs- und Rechtsunsicherheit bei länderübergreifenden Maßnahmen auch auf Zivilschutz-Situationen, in denen ein bundesweit vergleichbares Handeln von besonderer Wichtigkeit ist. Hier ist eine größere Vergleichbarkeit der Regelungen zu schaffen, beispielsweise über einen Musterentwurf eines Katastrophenschutzgesetzes [mit dem Instrument des bundeseinheitlichen Landesrechts].
angenommen 33:0:2

14. Im Hinblick auf Freistellungen und Entgeltfortzahlungen, Ausgleichs- und Ersatzansprüche sowie soziale Absicherung in Einsatzsituationen sowie im Rahmen von Aus-/Fortbildungen und Übungen ist die Behandlung von Helferinnen und Helfern von THW, Feuerwehren und anerkannten Hilfsorganisationen ungleich. Um die Funktionsfähigkeit und Wirksamkeit sowohl des Katastrophenschutzes als auch des Zivilschutzes in Deutschland vor dem Hintergrund der Trends in der Entwicklung des Ehrenamts in der Zukunft aufrecht zu erhalten, sollten die Gesetzgeber für eine Gleichstellung („Helfendengleichstellung“) Sorge tragen. Optionen zur Herstellung einer solchen Gleichstellung umfassen einen Staatsvertrag, ein Bundesgesetz auf der Grundlage von Art. 72, 74 Abs. 1 Nr. 12 GG (Arbeitsrecht) oder eine Harmonisierung der Landesgesetzgebungen, ggf. auf der Grundlage eines

Mustergesetzes. Dabei ist auch der rechtliche Status von Spontanhelferinnen und -helfern zu klären.
angenommen 29:1:5

III. Sekundärebene der finanziellen Hilfe und Entschädigung

15. Krisen und Maßnahmen zu ihrer Bewältigung verursachen finanzielle Einbußen und Schäden und werfen deshalb Fragen nach finanzieller Unterstützung und Entschädigung auf. Das einzelfallorientierte Staatshaftungsrecht ist zur Bewältigung von Massenphänomenen auch im Lichte der parlamentarischen Budgetverantwortung ungeeignet. Doch ist zu erwägen, das soziale Entschädigungsrecht, bislang im SGB XIV auf gesundheitliche Schädigungen aufgrund bestimmter schädigender Ereignisse begrenzt, auszubauen und um Regelungen zum Ausgleich etwa von Schäden aus Naturkatastrophen zu ergänzen.
angenommen 31:2:2

16. Finanzielle Hilfen sind grundsätzlich nach Bedürftigkeit zu gewähren. Bei produktbezogenen Entlastungen (etwa Preisbremsen) können deshalb flankierende Maßnahmen geboten sein, die die Bedarfsgerechtigkeit der Hilfe sichern. Direkte Finanzhilfen lassen sich vor allem im Rahmen der Sozialsysteme bedarfsgerecht überbringen.
angenommen 34:0:1

17. Weitere in der Krise zu unterstützende Personenkreise können über Informationen ermittelt werden, die der Finanzverwaltung vorliegen. Um im Krisenfall die Weitergabe steuerlicher Informationen an Auszahlungsstellen zur sachgerechten Bemessung von Finanzhilfen im Einzelfall zu ermöglichen, sollten Rechtsgrundlagen geschaffen werden; zu empfehlen ist eine Erweiterung von § 139b AO. Eine Besteuerung von zunächst pauschal geleisteten Finanzhilfen zur sozialen Staffelung ist dagegen abzulehnen.
angenommen 32:1:2

18. Finanzielle Wirtschaftshilfen sollten stärker als bislang gesetzlich fundiert und strukturiert werden, um eine bedarfsgerechte und EU-beihilfenrechtskonforme Hilfeleistung sicherzustellen und auch eine klare Zuordnung der bundesstaatlichen Vollzugs- und Finanzierungskompetenzen zu gewährleisten. Diesbezügliche Grundsätze, die sich auch auf das Antrags- und Abrechnungsver-

fahren beziehen können, sollten bundesgesetzlich normiert werden.
angenommen 33:0:2

19. Ratsam ist eine verstärkte Vereinheitlichung des Vollzugs von Finanzhilfen in den Ländern auf Grundlage digitaler Verwaltungssysteme. Das „Einer-für-alle"-Prinzip bei der Umsetzung der Leistungserbringung im Rahmen des Onlinezugangsgesetzes (OZG) ist perspektivenreich und kann eine zügige Auszahlung von Hilfen gewährleisten. Zugleich erlaubt dies in geeigneten Fällen eine automatisierte Überprüfung der Anspruchsberechtigung, um eine spätere Rückforderung zu Unrecht gewährter Hilfen nach Möglichkeit zu vermeiden, die zudem auf Fälle fehlenden schutzwürdigen Vertrauens in die Rechtmäßigkeit der Gewährung begrenzt ist.
angenommen 32:0:3

20. Finanzielle Entlastung in Krisen kann auch durch das Steuerrecht gewährt werden, insbesondere durch einen erweiterten Verlustrücktrag, die erleichterte Anpassung von Vorauszahlungen und die Gewährung von Stundungen. Steuerliche Katastrophenerlasse, die bei lokalen Krisen zum Einsatz kommen, bedürfen jedoch einer gesetzlichen Grundlage.
angenommen 33:0:2

21. Zu vermeiden sind Doppelförderungen infolge der Gewährung staatlicher Hilfen und der Verwendung von Spendenmitteln. Ein Informationssystem über staatlich finanzierte Hilfeleistungen würde die Effizienz der Hilfeleistung durch die anerkannten Hilfsorganisationen erheblich steigern.
angenommen 35:0:0

22. Soweit zur Krisenbewältigung Fonds im Rahmen des finanzverfassungsrechtlich Zulässigen und unter Beachtung der bundesstaatlichen Zuständigkeiten gebildet werden, ist auf eine hinreichende Zwecksicherung der Rücklagen zu achten. Insoweit könnte einfachrechtlich an geeignete Stiftungslösungen gedacht werden.
angenommen 34:0:1

23. Im Steuerstaat werden finanzielle Krisenhilfen im Regelfall steuerfinanziert. Sofern die Strukturen der gesetzlichen Krankenversicherung für allgemeine Maßnahmen der Krisenbewältigung über den Kreis der Versicherten hinaus genutzt werden, ist

grundsätzlich sicherzustellen, dass diese versicherungsfremden Leistungen über den Steuerzuschuss (Art. 120 Abs. 1 Satz 4 GG) refinanziert werden.
angenommen 34:0:1

24. Für staatliche Finanzhilfen gelten das Subsidiaritätsprinzip und der Vorbehalt des Möglichen. Soweit Krisen und ihre Folgen absehbar sind, sind auch Versicherungslösungen zu erwägen. In Bezug auf Naturkatastrophen, insbesondere Überschwemmungen, ist die Versicherbarkeit auszuweiten bis hin zu einer Versicherungspflicht (Elementarschadenversicherungspflicht).
angenommen 30:1:4

25. Im Katastrophenschutz und folgend im Zivilschutz ist die Kostentragungspflicht weder in Bezug auf Einsatzkosten noch auf Verwaltungskosten bundesweit einheitlich geregelt. Dies führt in Fällen länderübergreifender Kooperation bei sämtlichen Beteiligten zu Unsicherheit. Eine gesetzliche Festlegung zur Pflicht der Tragung von Einsatzkosten mit einer Leitlinie zu Art, Form und Berechnungsparametern bei Verwaltungskosten würde sämtliche Akteure des Bevölkerungsschutzes in der effizienten Ab- und Nachbearbeitung eines Einsatzes unterstützen.
angenommen 34:0:1

IV. Rechtsschutz und Krisenaufarbeitung

26. In Krisen kommt dem verwaltungsgerichtlichen einstweiligen Rechtsschutz besondere Bedeutung zu. Die bestehenden Regelungen haben sich grundsätzlich bewährt; zu einer Erleichterung der gerichtlichen Abwägung würde die vorgeschlagene Präzisierung von Ermächtigungen, insb. im Infektionsschutzrecht, führen.

    a) Ist angesichts der Dynamik und bestehender Ungewissheiten anfangs oftmals nur eine Folgenabwägung im Interesse zügiger Entscheidung möglich, hat so schnell wie möglich die Rechtmäßigkeitskontrolle wieder im Zentrum zu stehen. In nachfolgenden Hauptsacheverfahren sollte die Zulässigkeit nach Außerkrafttreten der Norm in Krisen wie der Corona-Pandemie aus Gründen der Befriedungsfunktion der Rechtsschutzgarantie (Art. 19 Abs. 4 GG) nicht am Fehlen eines schwerwiegenden Grundrechtseingriffs scheitern.
    angenommen 17:16:2

b) In der Verhältnismäßigkeitsprüfung sind etwa die in anderen Bundesländern getroffenen Maßnahmen zur Krisenbekämpfung bei der Erforderlichkeit und Angemessenheit stärker zu berücksichtigen und muss sich das jeweilige Handeln zeitbezogen als kohärent und folgerichtig erweisen.
angenommen 26:2:7

c) Im Hinblick auf Rechtsverordnungen ist bereichsspezifisch, etwa für infektionsschutzrechtliche Verordnungen die Normenkontrolle auch auf Bundesebene durch das Bundesverwaltungsgericht zu eröffnen.
angenommen 17:8:10

27. Für eine gute Krisenbewältigung kommt der Psychosozialen Notfallversorgung für den Bereich der Opfer-/Patienten-/Angehörigen-Betreuung (PSNV-B) und für die Einsatzkräfte (PSNV-E) eine bedeutsame Rolle zu. Diese noch junge Staatsaufgabe sollte gesetzlich auf Ebene der Länder als Aufgabe geregelt und ausgestaltet werden.
angenommen 34:0:1

28. Nach einer Krise ist eine umfassende Aufarbeitung der sozialen und wirtschaftlichen Folgen notwendig. Aus der Evaluation der bisherigen Regelungen, ihrer Umsetzung in der Krise sowie ihrer kurz- und langfristigen Wirkungen müssen im Fall von Missständen konkrete Maßnahmen zur Verbesserung abgeleitet werden, angefangen von der Krisenprävention bis hin zu einer funktions- und aufgabenadäquaten Organisationsstruktur auf allen Ebenen, von der Europäischen Union über den nationalen Gesetzgeber bis hin zu der im Einzelfall handelnden Verwaltung.
angenommen 34:0:1

29. Um aus Krisen systematisch zu lernen, sollte durch einen neuen Art. 35 Abs. 4 GG eine verpflichtende Krisennachbereitung beispielsweise wie folgt geregelt werden: „Hat die Bekämpfung einer Naturkatastrophe, eines besonders schweren Unglücksfalls oder einer anderen Krise im Gebiet mehr als eines Landes in erheblichem Maße Kräfte des Bundes und der Länder in Anspruch genommen, so bestellt die Bundesregierung mit Zustimmung des Bundesrats eine unabhängige Beauftragte oder einen unabhängigen Beauftragten, der dem Bundestag, der Bundesregierung und dem Bundesrat zeitnah über Verbesserungsmöglichkeiten bei der Gefahrenabwehr und im Krisenmanagement zu berichten hat. Das Nähere regelt ein Bundesgesetz."
angenommen 18:16:1

V. Gesetzliche Umsetzung der völkerrechtlichen Vorgaben im Bereich des Zivilschutzes

30. Zu den gesetzlichen Rahmenbedingungen der Bewältigung zukünftiger Krisen gehört für einen wirksamen Schutz potenzieller Opfer bewaffneter Konflikte die Umsetzung der völkerrechtlichen Normen des humanitären Völkerrechts. Dabei sind Bund und Länder aufgefordert, insbesondere die Ausschließlichkeit der Wahrnehmung von Zivilschutzaufgaben durch Zivilschutzorganisationen und -personal und die Verwendung des Zivilschutzzeichens (Kenn- bzw. Schutzzeichen) als Bedingung des völkerrechtlichen Schutzes sowie zur Kennzeichnung von Zivilkrankenhäusern und von Kulturgut als Voraussetzungen der Wirksamkeit völkerrechtlichen Schutzes in einfachgesetzlichen Normen umzusetzen und konkret auszugestalten.
angenommen 33:0:2

Verhandlungen des 74. Deutschen Juristentages

Stuttgart 2024

Herausgegeben von der
Ständigen Deputation
des Deutschen Juristentages

Band II/2

Sitzungsberichte – Diskussion und Beschlussfassung

Teil O

Empfehlen sich im Kampf gegen den Klimawandel gesetzgeberische Maßnahmen auf dem Gebiet des Gesellschaftsrechts?

Teil O

Sitzungsbericht über die Verhandlungen der Abteilung Wirtschaftsrecht

am 25. und 26. September 2024
über das Thema

Empfehlen sich im Kampf gegen den Klimawandel gesetzgeberische Maßnahmen auf dem Gebiet des Gesellschaftsrechts?

Die Ständige Deputation hat gewählt:

Rechtsanwalt Prof. Dr. Jochen *Vetter*, München/Köln
zum Vorsitzenden

Prof. Dr. Mathias *Habersack*, München
Rechtsanwältin Dr. Barbara *Mayer*, Freiburg i. Br.
zu Stellvertretenden Vorsitzenden

Prof. Dr. Marc-Philippe *Weller*, Heidelberg
zum Gutachter

Prof. Dr. Joachim *Hennrichs*, Köln
Wiss. Mitarbeiterin Vera *Obernosterer*, Köln
Syndikusrechtsanwältin Dr. Friederike *Rotsch*, Frankfurt a. M.
zu Referentinnen und Referenten

Rechtsanwalt Dr. Daniel *Schubmann*, Hannover
zum Schriftführer

Diskussion

am 25. September nachmittags
(anwesend etwa 210 Teilnehmerinnen und Teilnehmer)

Gutachter:

Ich möchte zunächst die Gelegenheit nutzen, herzlich Danke zu sagen. Einmal dafür, dass der DJT mir anvertraut hat, dieses Gutachten zu verfassen und zweitens auch Danke an die Referentinnen und Referenten und den Abteilungsvorstand, dass Sie sich alle mit dem Gutachten so intensiv auseinandergesetzt haben. Wir haben im Vorfeld sehr konstruktiv zusammengearbeitet, das werden Sie, liebe Kolleginnen und Kollegen im Saal, auch sehen an den Abstimmungsvorschlägen, die wir Ihnen unterbreiten werden. Und das Ganze lebt natürlich immer von der Kontroverse aus These und Antithese; das war schon bei Hegel der Ausgangspunkt fur wissenschaftlichen Fortschritt. Lassen Sie mich daher auf die Referate erwidern, damit auch die Diskussion in Schwung kommt. Sie werden nicht überrascht sein, dass ich ein paar Punkte etwas anders sehe.

Zunächst zum ersten Kritikpunkt: Sollte Deutschland eher einen Alleingang machen oder geht es nur gemeinsam im globalen Kontext; letzteres hat Joachim Hennrichs in seinem Referat betont und daher eine nationale Klimaregulierung im Gesellschaftsrecht abgelehnt.

Die zweite Frage geht dahin, ob es richtig ist, das Klima zu fokussieren oder nicht eher die Nachhaltigkeit als breiteres Konzept ins Visier zu nehmen.

Der dritte Punkt, der den eigentlichen Kern dieses DJT berührt: Ist es notwendig, das Gesellschaftsrecht zu aktivieren oder überlassen wir es allein dem öffentlichen Recht und dem Regulierungsrecht? Ich plädiere hier für einen Mix, also keine Alternative, sondern für eine Ergänzung des öffentlichen Rechts durch das Gesellschaftsrecht.

Und der vierte Kritikpunkt, der in den Referaten betont wurde, ist das Problem der Bürokratisierung. Hier will ich betonen, das betrifft jedenfalls nicht die Gutachten-Vorschläge, die auf eine Erweiterung der privatautonomen Gestaltungsmöglichkeiten hinauslaufen. Etwas anderes mag gelten für die CSRD und die ESRS, also die Reporting Standards, die aber unabhängig von den Vorschlägen im Gutachten schon existieren. Der Vorschlag der Klimaquote knüpft daran an, bringt aber keine signifikant darüberhinausgehenden Formalitäten. Ich gebe aber zu, dass es im Bereich der bereits erlassenen europäischen Regulierung einige Übertreibungen gibt, die man rückführen könnte.

Zunächst zu der Frage, was ist mit dem Kampf gegen den Klimawandel in der Bundesrepublik? Man muss hier die umweltphysikalische und die juristische Ebene auseinanderhalten. Aus Sicht der Umweltphysik ist es richtig und natürlich wünschenswert, ein globales Handeln anzustreben. Die rechtliche Ebene ist allerdings eine andere. Die Bundesrepublik hat sich schon 1992 und dann 2015 völkerrechtlich verpflichtet, das Klima zu schützen: In der Konvention von Rio (1992) und dann im Pariser Klimaabkommen (2015). Die EU hat das aufgegriffen mit dem EU-Klimagesetz; hiernach müssen alle EU-Mitgliedstaaten bis 2050 klimaneutral werden. Die Klimaneutralität als Ziel hat das Bundesverfassungsgericht auch aus unserem Grundgesetz abgeleitet. Der Klimabeschluss aus dem Jahr 2021 betont, dass Artikel 20a GG den Staat zum Klimaschutz und auch zur Klimaneutralität verpflichtet. Natürlich ist es wünschenswert, dass wir das international koordinieren. Aber gleichzeitig müssen wir auf der Basis des Rechts doch überlegen, was müssen wir als Bundesrepublik tun, um dieser Verpflichtung nachzukommen. Das kann natürlich das öffentliche Recht machen, aber es kann eben auch mithilfe des Gesellschaftsrechts geschehen. Und auf andere warten – „die anderen Staaten machen noch weniger" – das ist keine rechtlich zulässige Argumentation. Das hat uns der Europäische Gerichtshof für Menschenrechte in der jüngsten Entscheidung der Klimaseniorinnen gegen die Schweiz (2024) in Erinnerung gerufen, das ist übertragbar auf Deutschland. Und die United Nation Framework Convention von Rio (1992), der Deutschland beigetreten ist, basiert auf dem Prinzip der „Common but Differentiated Responsibilities". Die Staaten haben verschiedene Verantwortlichkeiten entsprechend ihrer unterschiedlichen Kapazitäten. Jeder Staat muss seiner eigenen Verantwortlichkeit entsprechend seiner Kapazität nachkommen. Man kann nicht auf andere zeigen, das ist der letzte Satz des erwähnten EGMR-Urteils gegen die Schweiz: „you should not deviate responsibilities by pointing to responsibilities of other states". In rechtlicher Hinsicht ist mithin die Argumentation, die anderen machen noch weniger, nicht zulässig. Und Deutschland macht innerhalb der EU nicht am meisten, wir sind im Bereich des Klimaschutzes allenfalls Mittelmaß. Wir können also nicht sagen, dass wir die höchsten Verpflichtungen haben.

Der zweite Punkt, den ich aufgreifen möchte, ist die Frage: Ist Klimaneutralität der richtige Maßstab? Und ich meine ja. Natürlich ist die Nachhaltigkeit ebenfalls ein rechtlicher Maßstab. Wir finden sie in vielen Regulierungen oder in der Environmental Social Governance-Diskussion (ESG). Das ist richtig und das eine geht auch nicht auf Kosten des anderen. Das sind beides zu erfüllende Ziele. Wir haben die Regulierung auf EU-Ebene zur Nachhaltigkeit (CSRD, CSDDD), aber gleich-zeitig haben wir eben auch die Klimaneutralität als einen speziellen Aspekt. Wolfgang Schön hat einmal das Klima als „Über-Ich" der Nachhaltigkeitsfaktoren bezeichnet, also ein besonderes herausragendes Element, das natürlich nicht absolut vorgeht, aber das doch ein großes Gewicht hat innerhalb der Nachhaltigkeitsdiskussion. Und so ist es eben auch im Recht. Das EU-Klimagesetz spricht nicht von Nachhaltigkeit, sondern von der Klimaneutralität. Das Bundesklimaschutzgesetz verpflichtet die Bundesrepublik zu Klimaneutralität bis 2045. Im Unternehmensrecht ist es auch schon angekommen an einer etwas speziellen Stelle, dem Energieeffizienzgesetz. In dessen § 18 ist schon von „klimaneutralen Unternehmen" die Rede und die Bundesregierung hat hier die Verordnungsermächtigung, das zu definieren. Das bedeutet: Wir sind jetzt schon aufgerufen zu sagen, was „klimaneutrale Unternehmen" ausmacht. Und zu sagen, das macht allein das öffentliche Recht, ist m.E. keine gute Strategie. Da sollte das Gesellschaftsrecht schon auch mitreden. Denn Artikel 22 CSDDD adressiert neuerdings auch die Unternehmen iS Klimaneutralität; die CSDDD ist eine Richtlinie, sie muss in Deutschland umgesetzt werden. Insofern muss sich das Gesellschaftsrecht ohnehin dazu verhalten. Es kann nicht sein, dass das nur das öffentliche Recht allein macht. Ich habe Ihnen hier auf der PowerPoint-Folie die einschlägigen Gesetze abgedruckt: Das Ziel der Klimaneutralität bis zum Jahr 2050 ist für die Mitgliedstaaten verbindlich festgehalten im Europäischen Klimagesetz. Und Art. 22 CSDDD bricht die Klimaneutralität herunter auf die Unternehmen, diese müssen einen Klimaplan entwickeln. Letztlich sind die Unternehmen zur Erreichung der Klimaneutralität bis 2050 angehalten.

Und das führt jetzt zur Frage: Wie erreichen wir das? Ist sozusagen das Gesellschaftsrecht hier geeignet? Richtig wurde in den Referaten darauf hingewiesen, dass wir schon den EU-Emissionshandel haben, der funktioniert auch, aber er funktioniert eben nur partiell und defizitär – warum? Nun, den Emissionshandel haben wir schon seit 20 Jahren, seit 2004, das wissen wahrscheinlich die meisten gar nicht, so unauffällig funktioniert er. Er erfasst bis heute nur 46 % der gesamten Emissionen der BRD. Natürlich könnte man ihn politisch erweitern, man kann ihn insofern effektiver machen, das ist ökonomisch unstreitig. Das ist aber dann auf der Seite der gesellschaftspolitischen Kosten ein Problem. Der Emissionshandel treibt die sozialen Kosten nach oben. Wenn man den CO_2-Zertifikatehandel vom Preis her erhöht, dann wird das unmittelbar weitergereicht an die Tankstellen, an die Energiepreise und dann müssen wir das sozial abfedern, auch das ist in der Politik unstreitig. Das schlägt auch der führende Ökonom am Potsdamer Institut für Klimaforschung, Ottmar Edenhofer, vor. Man muss dann ein „Klimageld“ zur sozialen Abfederung einführen. Wir alle wissen aber genau, dass die Politik sich bisher nicht darauf einigen kann. Nicht mal die aktuelle Bundesregierung schafft es, das Klimageld einzuführen. Glauben Sie wirklich, dass die künftigen Bundesregierungen das schaffen werden? Es würde mithin eine soziale Dysbalance geben, wenn man nur auf den Emissionshandel abstellte. Wir hatten das Realexperiment schon,

leider, wegen des Ukrainekriegs. Da sind die Strompreise nach oben geschnellt wegen der Verknappung der fossilen Energieträger und es kam zu einer Strompreisbremse, um das abzufedern. Diese ist ihrerseits ein komplexes Thema und stand gestern vor dem Bundesverfassungsgericht, ob sie eigentlich verfassungskonform ist, die Strompreisbremse. Also mit anderen Worten: Auch der Emissionshandel ist alles andere als trivial. Es sind keine einfachen Lösungen und auch politisch keine einfachen durchsetzbaren Alternativen.

Daher der Vorschlag des DJT-Gutachtens, diesen Emissionshandel nicht abzuschaffen, sondern ihn durchaus auszubauen, aber ihn eben zu ergänzen um gesellschaftsrechtliche Elemente. Die CSDDD verlangt uns das sowieso ab, den Artikel 22 CSDDD haben wir schon und wir müssen ihn umsetzen. Und das sollte man nutzen, um das aufzugreifen. Man sollte hier insbesondere an die Expertise der Unternehmen anknüpfen, an die dezentrale branchenspezifische individuelle Perspektive, das ist viel besser als ein regulatorischer Top-Down-Ansatz, wo man starre CO_2-Vorgaben bekommt, die alle möglichen Unternehmen treffen und vielleicht diese dann auch zu sehr einschränken. Im DJT-Vorschlag, den wir mit der Klimaquote machen – da kommen wir morgen noch näher zu – wird an die Planungsverantwortung der Unternehmen appelliert. Es geht nicht darum, dass Deutschland oder die Unternehmen schneller CO_2-neutral werden sollen als andere, sondern es geht darum, dass sie sich jetzt schon Gedanken machen, wie sie bis zum Jahr 2045 oder 2050 klimaneutral sind. Also es geht nur um eine Planungsaktivierungsverpflichtung. Wir alle wissen selbst, wenn man vor komplexen Aufgaben steht, dann ist es manchmal schwer, mit der Planung zu beginnen. Man schiebt es gern vor sich her und wartet dann bis „kurz vor knapp“. Und das will die Klimaquote verhindern, denn sie will die Unternehmen jetzt schon dazu anhalten und einladen, sich konkrete Planungen vorzunehmen. Es geht hier um eine Selbstverpflichtung, das werden wir morgen näher hören, es gibt also keine strikten Vorgaben, sondern jedes Unternehmen kann selbst entscheiden, wie viel es tut.

Mein letzter Punkt, Stichwort Bürokratie: Da haben wir in der Tat viel aufgeladen, das hängt jetzt aber nicht mit den Maßnahmen zusammen, die wir hier vorschlagen. Im Gegenteil: Wir schlagen, was die Klimaneutralität der Gesellschaften angeht vor, das Ganze auf

Scope 1 und 2 zu begrenzen. Umstritten sind die Scope 3-Emmissionen. Da müssen wir natürlich machen, was die EU vorgibt, tendenziell wäre unser Ansatz jedoch, diese zunächst so weit wie möglich auszuklammern, weil sie schwierig zu berechnen sind und sie auch Trickle-Down-Effekte auf KMU haben.

Abschließend nochmal zur Klimatrias aus dem DJT-Gutachten:

Die Klimaquote ist kein Bürokratiemonster, sie knüpft vielmehr an den Nachhaltigkeitsbericht der CSRD an. Der enthält viele Daten. Wenn man diese Daten schon hat, dann ist es auch sinnvoll, aus den Daten planerisch etwas zu machen, statt sie nur zu berichten, und genau daran setzt die Klimaquote an, anknüpfend auch an Artikel 22 der CSDDD, der ohnehin einen Klimaplan voraussetzt, der seinerseits Zwischenziele vorsehen muss. Nämlich Fünfjahresziele – Frau Obernosterer hatte das aufgezeigt – und eine jährliche Aktualisierung – Frau Rotsch hatte das erwähnt. Das ist alles schon EU-rechtlich vorgegeben. Es ist daher nur ein kleiner Schritt, das runterzubrechen auf Jahresziele, um die Planung zu konkretisieren. Zumal wenn – wie es das Gutachten vorschlägt – die Verfehlung dieser Jahresziele keine Sanktionen nach sich ziehen soll. Verpflichtend wäre nur, aufbauend auf den Daten, die ohnehin schon erhoben werden, eine Jahreszielgröße zu formulieren und die Unternehmen zur Planung anzuhalten. Wie sie das ausgestalten, in welcher Höhe die Quote ausfällt, bleibt ganz ihnen überlassen. Das heißt, wenn die CO_2-Substitutionstechnologien es (noch) nicht hergeben, müssen sie auch keine schnellen Schritte machen.

Und die beiden anderen Vorschläge sind ebenfalls keine Beschränkung der Unternehmen:

Die Klimarechtsform ist eine Freiheitserweiterung. Man bekommt eine neue Rechtsformvariante, niemand muss sie wählen, man kann sie wählen, das ist ein Rechtsformangebot, ein Signaling-Effekt an den Markt. Wir wissen seit Akerlof, dass wenn es ein Marktversagen gibt, wie es beim Begriff der Klimaneutralität der Fall ist, weil nämlich die Leute den Begriff unterschiedlich verstehen, muss der Staat das definieren und man kann es dann nutzen und daraus Vorteile ziehen.

Und bei den Vorschlägen zur Klima-Governance sind wir uns hier auf dem Podium ja einig, dass wir keine Pflichtenaufladung auf Vorstandsebene wollen. Also keine Verschärfung der Verpflichtung von § 76 und § 93 AktG, sondern eher kosmetische Ergänzungen der Corporate Governance, die ohnehin schon in der Praxis breit gehandhabt werden. Das betrifft die Klimaexpertise im Aufsichtsrat und das Say on Climate. Darüber können wir gerne diskutieren.

Vielen Dank, ich freue mich auf die Diskussion.

Prof. Dr. Alexander *Schall*, Hamburg:

Liebe Damen und Herren, ich darf mich vorstellen. Alexander Schall, Universität Lüneburg. Wir sind eine Institution, die sich in besonderer Weise der Zivilgesellschaft und der Nachhaltigkeit verpflichtet sieht, dennoch muss natürlich Nachhaltigkeit richtig gemacht werden und diesem Zusammenhang habe ich diese provokant zugespitzte These formuliert: Privatrechtsregulierung ist Rechtsschutzdiebstahl. Ich will das kurz erläutern. Wenn der Staat uns etwas gebietet oder verbietet, gibt uns das öffentliche Recht einen ganzen Strauß von Abwehrmöglichkeiten, die wichtigsten davon sind natürlich das Verwaltungsermessen und die Bindung – eine strenge Bindung – an die Verhältnismäßigkeitsprüfung, Erforderlichkeit, Gebotenheit, Angemessenheit. Dazu kommt im Verwaltungsrecht auch noch die Inzidentprüfung der Rechtsmäßigkeit aller staatlichen Ermächtigungsakte. Man kennt das, man kann es im Staatsexamen auch mal vergessen, unten angefangen beim Verwaltungsakt. Im Zivilrecht, wenn wir öffentliche Ziele regulieren, haben wir nichts anderes als die Normenkontrolle, weil der Staat zum Beispiel sagt: Gutgläubiger Erwerb zum Schutz des Rechtsverkehrs. Dann sagen wir: Ja, das wird eine Inhalts- und Schrankenbestimmung sein, hoffen wir, dass es verhältnismäßig ist, und das war's. Das ist eine erhebliche Verkürzung und es fehlen uns dann die ganzen Schutzmechanismen. die das öffentliche Recht anbietet. Vor allem – und das ist das Wichtigste – haben Zivilgerichte kein Rechtsfolgeermessen, das merken Sie, wenn Sie über die rote Ampel gehen. Der Polizist muss Ihnen kein Bußgeld geben. Aber wenn Sie einen Anspruch haben, dann tritt das Gericht in eine Prüfung, aber ob es angemessen wäre, Ihnen ein Anspruch zuzusprechen oder nicht, spielt dabei keine Rolle. Nun wissen Sie, was meine These bedeutet. Daraus folgt für mich, dass das Privatrecht natürlich regulieren kann, aber wenn man diese Regelungskompetenz in Anspruch nimmt, dann muss man eben das Verhältnis der Privaten untereinander regeln. Und wenn man da jemanden schützen will, dann bleibt einem ja nichts anderes übrig als zum Beispiel Mieterschutz ins BGB zu schreiben, Arbeitnehmerschutz in die entsprechenden Gesetze, Verbraucherschutz, Anlegerschutz. Das Lieferkettengesetz ist ein gutes Beispiel, das unser Staat eben öffentlich-rechtlich durchsetzen wollte und diese Ermessensschranken und Rechtsschutzmöglichkeiten bewahren wollte. Jetzt aber soll eine zivilrechtliche Haftung gelten, da fällt das weg. Und für mich folgt daraus, dass man grundsätzlich, wenn man öffentlich-rechtliche Allgemeinwohlbelange, die nicht die Privaten untereinander betreffen, durch das Privatrecht regelt, vorsichtig sein muss. Ob man einen Verbraucherwiderruf verbieten darf, um die Müllmengen zu reduzieren, ist fraglich. Vorher muss man doch erstmal nachdenken, ob es nicht andere Möglichkeiten gibt, z.B. den Unternehmen die Vernichtung der zurückgesandten Waren zu verbieten. Und genau aus diesem Grund komme ich für die vorgeschlagenen Maßnahmen zu dem Schluss, dass ich eher dran glauben würde, dass eine öffentlich-rechtliche Regulierung in Umsetzung der Artikel 22 richtig ist. Dann greift die Legalitätspflicht, und flankierende gesellschaftsrechtliche Maßnahmen würde ich nicht für richtig halten. Ich beantworte die Frage, die hier gestellt wurde, daher mit einem klaren Nein. Danke.

Prof. Dr. Jens *Koch*, Universität Köln:

Meine Damen und Herren, Jochen Vetter hat darauf hingewiesen: All das, was wir hier heute von der Rednertribüne sagen, wird aufgezeichnet, gedruckt und veröffentlicht. Er hat nur eine Sache nicht erwähnt: Es wird nicht mehr gelesen. Die Wortlautprotokolle erscheinen irgendwann im nächsten Jahr im Band II/2 der Verhandlungen des Deutschen Juristentags: Sie können sicher sein: Kein Hahn kräht dann noch danach, was Professor Dr. Oberschlau drei Minuten vor sich hinextemporiert hat. Das liest keiner mehr.

Was dagegen alle lesen, das sind unsere Beschlussempfehlungen. Die werden noch Jahrzehnte später immer wieder zitiert und als Autorität herangezogen. Deshalb ist es so wichtig, dass jeder Redner sich nicht damit zufriedengibt, ein paar warme Worte an die Galerie zu richten, sondern er muss immer genau darauf achten: „Wo finde ich meine Botschaft in den Beschlussempfehlungen wieder?“ Diese Beschlussempfehlungen sind gerade ausgeteilt worden und ich möchte Sie bitten, einmal am Maßstab der Vorfelddiskussion zu überprüfen, ob sie es uns ermöglichen werden, unsere Überzeugungen zum Ausdruck zu bringen. Dazu möchte ich zunächst einmal meine Eindrücke der bisherigen Diskussion zusammenfassen. Dabei erscheinen mir drei Punkte besonders relevant:

Mein erster Eindruck lautet: Das, was Marc-Phillip Weller hier zusammengetragen hat, das sind in der Tat die Stellschrauben, über die wir verfügen. Mehr hat das Gesellschaftsrecht nicht zu bieten. Im Vorfeld ist lang und breit darüber gestritten worden, ob man die ein oder andere Stellschraube mehr nach links oder mehr nach rechts drehen könnte, aber es ist nach meiner Beobachtung kaum auf neue Stellschrauben hingewiesen worden.

Daran schließt sich mein zweiter Eindruck an: Das ist ernüchternd wenig, was wir mit spezifisch gesellschaftsrechtlichen Mitteln leisten können. Gregor Bachmann hat zutreffend resümiert: „Das kann man machen; das muss man aber nicht machen.“ Und dann ergänzt Joachim Hennrichs unter Verweis auf Montesquieu: „Wenn man es nicht machen muss, dann darf man es nicht machen.“

Das führt zu meinem dritten Eindruck: Andere Rechtsgebiete können es eindeutig besser. Hier hat namentlich Holger Fleischer aufgezeigt: Gesellschaftsrecht ist allenfalls die third oder fourth best solution.

Schauen wir jetzt einmal, wo wir diese Eindrücke in den Empfehlungen wiederfinden. Wie müssen Sie abstimmen, wenn Sie diese weit verbreiteten Eindrücke teilen?

Empfehlung Nr. 1 ist eher eine Wohlfühlempfehlung, mit der wir zum Ausdruck bringen, dass wir den Klimawandel nicht gut finden. Das wird uns wenig Spielraum zur Ausdifferenzierung geben.

In der Empfehlung Nr. 2 steht dann aber tatsächlich, dass das Öffentliche Recht es besser kann als das Gesellschaftsrecht. Aber das steht nur im vorgeschalteten Konditionalsatz und Sie können nicht isoliert für diesen Konditionalsatz stimmen, sondern Sie müssen für den Hauptsatz stimmen. Der Hauptsatz lautet: „Das Gesellschaftsrecht soll aktiviert werden.“ Natürlich kann man sagen, dass das dann in den Einzelheiten durchaus bescheiden formuliert ist: Es geht ja nur darum – Jochen Vetter hat das gerade noch einmal bekräftigt – dass wir auch unseren Beitrag leisten wollen. Ich glaube aber, dass das eine falsche Sichtweise ist. Es sind nicht wir, die diesen Beitrag leisten, sondern wir schreiben den Unternehmen vor, was sie für einen Beitrag leisten müssen. Den Unternehmen ist es aber völlig egal, ob das jetzt aus dem Gesellschaftsrecht, Kapitalmarktrecht oder Öffentlichen Recht kommt. Aus ihrer Sicht wird einfach nur immer mehr oben draufgepackt. Dadurch entsteht diese Belastungskumulation, auf die Frau Obernosterer hingewiesen hat.

Wo hebe ich eigentlich die Hand, wenn ich dafür plädieren will, äußerst zurückhaltend zu sein, weil sich da jetzt schon viel zu viel Maßnahmen angehäuft haben, die allesamt nur wenig bringen, die Unternehmen aber über alle Maße belasten? Wo melde ich mich, wenn ich befürchte, dass noch mehr gesellschaftsrechtlicher Aktionismus nicht nur wirkungslos, sondern sogar kontraproduktiv sein könnte, weil wir der Politik eine Art weiße Salbe mit Placeboeffekt liefern? Besteht denn nicht auch die Gefahr, dass die Politik derartige gesellschaftsrechtliche Ausflüchte wählt, um nicht dahin zu gehen, wo es weh tut. Dann wird uns gesagt: „Wir machen zwar keine wirkungsvolle CO_2-Bepreisung, aber stattdessen haben wir eine wunderbare neue Abwägungsklausel für den Vorstand und einen Klimaexperten für den Aufsichtsrat eingeführt.“ Wo hebe ich die Hand, wenn ich sagen will: „Das Gesellschaftsrecht soll nicht die weiße Salbe für die Politik sein.“?

Jetzt werden sich einige von ihnen allerdings fragen: „Was hat der Koch denn für ein Problem?“ Wir können doch einfach bei These 1 und 2 mit „Nein“ stimmen.“ Aber das können wir eben nicht oder –

besser gesagt – wir können es nur dann, wenn wir eine wirklich katastrophale Außenwirkung unserer Abteilung in Kauf nehmen. Denn dann steht am Freitag in der Zeitung: ‚Die Wirtschaftsrechtliche Abteilung des Deutschen Juristentags hat beschlossen, dass das Gesellschaftsrecht keinen Beitrag gegen den Klimawandel leisten sollte.“ Das sähe nun auch sehr unglücklich aus.

Und deshalb brauchen wir etwas anderes, wo wir in den Empfehlungen diese doch immer wieder geäußerten Bedenken zum Ausdruck bringen können: die Bedenken an den nur sehr umweghaften Wirkungspfaden, die das Gesellschaftsrecht eröffnen kann, und an den daraus abgeleiteten Forderungen nach Subsidiarität und Verhältnismäßigkeit. Das muss bereits ganz vorne in den Grundsatzteil rein. Ich finde das aber erst bei der These 6, bei der Nachhaltigkeitsberichtserstattung. Diese These 6 scheint mir die Handschrift meines Kollegen Joachim Hennrichs zu tragen, aber ich würde mir eine solche These schon viel weiter vorne wünschen. Sonst werden ganz viele Einwände, die in den vergangenen Wochen geäußert wurden, in den so überaus wichtigen Empfehlungen unserer Abteilung keinen Niederschlag finden können.

Prof. Dr. Tim *Drygala*, Leipzig:

Meine Damen und Herren, der Klimaschutz wird völlig zurecht als große Menschheitsaufgabe verstanden. Und es ist deshalb auch völlig verständlich, dass niemand dabei abseitsstehen will, auch das Wirtschaftsrecht nicht. Das dürfte auch der Grund für die Auswahl des Themas dieser Abteilung gewesen sein. Die Frage ist, was können wir dazu beitragen, und diese Frage klang auch eben schon an. Wir dürfen dabei nur eins nicht vergessen: Unser Beitrag darf nicht nur symbolischer Natur sein. Er muss zum einen wirksam sein und zum zweiten – und darauf möchte ich besonders hinweisen – darf er nicht sekundäre Effekte hervorrufen, die das angestrebte Ziel schwächen oder gar konterkarieren. Und insofern habe ich erhebliche Bedenken. Die Berücksichtigung von Klimabelangen ist zum einen durch die Nachhaltigkeitsberichtserstattung und zum anderen durch die CSDDD bereits dicht geregelt. Eine zusätzliche Klimaquote im nationalen Recht macht die Dinge für die deutschen Unternehmer schwieriger im Vergleich zu ihrer europäischen Konkurrenz. Und wenn man dem Gedanken nahetritt, sollte man unbedingt, wie die Richtlinien es tun, an die Unternehmensgröße anknüpfen und nicht an die Rechtsform und schon gar nicht an die Börsennotierung. Wir setzen ansonsten einen Fehlanreiz, die Rechtsform der AG zu meiden und die Börsennotierung erst recht, und das in einer Zeit, in der ohnehin immer weniger deutsche Unternehmen börsennotiert sind. Der demgegenüber stehende Zusatznutzen für den Klimaschutz dürfte hingegen geringfügig sein. Im Bezug auf den Rechtsformzusatz „klimaneutral“ gelten ganz ähnliche Bedenken. Er dürfte seriös nur zu verwirklichen sein, wenn wir hinter ihn eine neue Bürokratie stellen, die den missbräuchlichen Einsatz verhindert. Gerade die immer weiter ausufernde Bürokratie ist es aber, die die Unternehmen heute besonders beklagen. Sie werden diese zu vermeiden suchen, sodass auch hier ein Zugewinn an Klimaschutz im Verhältnis zum Aufwand nicht wirklich zu erwarten ist. Insgesamt bin ich daher nicht davon überzeugt, dass das Gesellschaftsrecht hier einen sinnvollen Beitrag leisten kann, ohne dass jetzt hier im Detail wesentlich ausführen zu können. Zwei wesentliche Punkte habe ich meines Erachtens nach angesprochen, die wesentlichen Dinge sind durch das Öffentliche Recht oder durch die europäischen Richtlinien bereits geregelt. Ich habe mir daher vorgenommen, den Vorschlägen des Gutachtens überwiegend nicht zuzustimmen. Herzlichen Dank.

Prof. Dr. Patrick *Leyens*, Bremen:

Das Gutachten und die Referate zu diesem schwer zu fassenden Thema sind eine große Leistung, aus meiner Sicht vor allem, weil die Beobachtungen zu konkreten Empfehlungen verdichtet und umsetzbare Handlungsaufforderungen formuliert werden. Vielem wird man gut zustimmen können. Der Begriff der Planungsaktivierungspflicht im Referat von Eva Obernosterer hat mir gefallen. Er ist zwar lang, aber letztlich doch griffig, und, ich denke, er spricht eine der zentralen Möglichkeiten an, mit dem sich das Gesellschaftsrecht daran beteiligen könnte, dem Klimawandel entgegenzuwirken. Bei Einzelheiten, wie dem Vorschlag, Scope-3-Emissionen außen vor zu lassen, müssten wir wohl doch noch einmal überlegen. Wenn dies mit der zwischenzeitlich verabschiedeten Richtlinie zur Corporate Sustainability Due Diligence (CSDDD) nicht vereinbar ist, ergibt eine solche Positionierung wenig Sinn für unsere Abteilung.

Mit meinem Wortbeitrag möchte ich mich aber vor allem der Kernthese des Gutachtens von Marc-Philippe Weller zuwenden, nämlich der Fokussierung auf den Klimaschutz. Das ist, wie in den Literaturbeiträgen im Vorfeld des Juristentags und auch heute bereits verschiedentlich angesprochen, nur ein Teilaspekt von ESG. Die Argumente für diese Fokussierung werden in Gutachten und Referaten genannt. Im Wesentlichen spreche für eine Fokussierung, dass sie Konkretheit liefere, also rechtssicher sei und Abwägungen, zum Beispiel gegenüber Biodiversität, überflüssig mache. Kurzum: Die Fokussierung soll Zielkonflikte vermeiden.

Meines Erachtens müssen wir hier einhaken. Die Grundsatzfragen und noch mehr die praktischen Herausforderungen der Unternehmensführung bekommen wir durch eine Ausklammerung von Themen oder Fragestellungen nicht in den Griff. Zielkonflikte verschwinden nicht, sie bestehen fort und können gar verschärft werden.

Dazu zwei kurze Punkte: Erstens bleibt das Zusammenspiel mit den internationalen Anforderungen ungeklärt. Die Stichworte lauten: UN-Leitprinzipien, Selbstverpflichtung auf den UN Global Compact und OECD-Leitsätze. Die genannten Regelwerke werden als soft law bezeichnet. Sie haben aber allesamt eine erhebliche Durchschlagskraft. In der Praxis werden sie über Selbstverpflichtungen, Lieferanten-Kodices und darauf bezogene Compliance-Klauseln etc. faktisch oder sogar rechtlich verbindlich. Vor allem sind diese Bestimmungen über das Lieferkettensorgfaltspflichtengesetz (LkSG) und die CSDDD für die Unternehmen und außerdem für die Investoren über die Taxonomie-VO und die Offenlegungs-VO verbindliches Gesetzesrecht, ob als Transparenzpflicht oder Handlungspflicht spielt in der Praxis nicht unbedingt eine Rolle.

Wenn wir solche internationalen Leitprinzipien einfach außer Acht lassen, hat das wegen der zuletzt genannten Verordnungen letztlich eines zur Folge: Investoren ziehen ihr Geld ab. Dafür gibt es viele Beispiele. Bekannt ist der temporäre Rückzug der Investoren bei VW. Zuerst gab es den Vorwurf von Menschenrechtsverletzungen in China, dann ein Audit, das aus Sicht der Investoren die Verletzungen entkräftete, daraufhin eine Kurssteigerung um 5 %. Solche temporären Verluste – schlimmer wäre ein dauerhafter Abzug von Finanzmitteln – können sich die Unternehmen nicht leisten.

Zweitens ist die Abstimmung der Vorschläge auf die bestehenden Durchsetzungsmechanismen nicht klar: Im Gutachten ist viel von Freiwilligkeit die Rede. Das verwundert. Die aufkommende Nachhaltigkeitsgesetzgebung deutet in die Richtung, dass Freiwilligkeit in der Vergangenheit nicht genügt hat, der drohende Abzug von Finanzmitteln dahin, dass wirtschaftlicher Druck auf Wohlverhalten besteht, der nutzbar gemacht werden kann. Die Durchsetzungsmechanismen sind aber vielschichtig. Es geht jedenfalls nicht nur um das Aktienrecht und ein Voice or Vote der Investoren.

Zu nennen ist die Prozessstandschaft im Lieferkettenrecht sowie die Aktivität der NGOs, die hierüber oder über Eingaben beim BAFA ganz erheblichen Druck machen. Soweit es die OECD-Leitsätze anbelangt, lassen sich die nationalen Kontaktstellen nicht einfach ausblenden. Die Kontaktstellen könnten beispielsweise angerufen werden, wenn Klimaschutzziele, also die E-Säule von ESG, einseitig zulasten von Sozialbelangen, der S-Säule, gewichtet würden. In der Folge ziehen die Unternehmen große, und zwar negative Aufmerksamkeit auf sich. Kurzum: Die Unternehmen als Regelungsadressaten sind darauf angewiesen, dass die Abteilung ausgewogene Lösungen empfiehlt, sich der Zielkonflikte annimmt und die Vorschläge in das bestehende Durchsetzungssystem einpasst.

Zum Schluss aber noch Zustimmung zu zwei Thesen zu den Organen und der Corporate Governance, nach derzeitiger Nummerierung Thesen 12 und 15. Wie dort vorgeschlagen, ist das Thema ESG, darunter natürlich der Klimaschutz, so wichtig, dass es mit der Ernennung eines Spezialisten in Vorstand und/oder Aufsichtsrat nicht erledigt werden kann. Dies zu glauben oder es durch Rechtsregeln zu suggerieren, wäre kontraproduktiv. Beiden Thesen würde ich also voll zustimmen und mich damit dafür aussprechen, von den schlimmstenfalls als entlastend empfundenen Vorgaben zur Ernennung solcher Experten abzusehen. Vielen Dank.

Prof. Dr. Anne-Christine *Mittwoch*, Halle (Saale):

Ich denke, dass wir bei den Themen, die wir jetzt angesprochen haben, in der Sache Kerngesellschaftsrecht betroffen haben und möchte dazu eine Wortmeldung abgeben, die ich auch in der Funktion als Mitglied des DJB, also des Deutschen Juristeninnenbundes, vornehmen möchte. Der Gutachtenauftrag der wirtschaftsrechtlichen Abteilung beschränkt die Diskussion auf einen einzelnen Nachhaltigkeitsaspekt – den Klimawandel. Das ist aus verschiedenen Gründen sinnvoll. Gleichzeitig ist die Verengung aus zweierlei Gründen eben nicht sinnvoll. Zum einen berührt sie nur einen Aspekt, das auf internationaler Ebene geprägte und für die Erreichung eines effektiven Klimaschutzes erforderliche Nachhaltigkeitskonzept. Dass dieses nicht konturlos ist, belegen die breiten Forschungen der Natur- und Sozialwissenschaften, sowie der Nachhaltigkeitswissenschaften, die gibt es tatsächlich. Zum anderen steht sie dadurch auch im eklatanten Kontrast zu dem nachhaltigkeitsfordernden Rechtsakt des Unionsrechts, sowohl der Corporate Sustainability Reporting Directive, als auch der Corporate Sustainability Due Diligence Directive liegt ein umfassendes Nachhaltigkeitskonzept im Sinne der Nachhaltigkeitsdefinition der Vereinten Nationen zu Grunde. Gleiches gilt mit Blick auf das europäische Finanzmarktrecht, hier zentral die Taxonomie- und Offenlegunsverordnung, aber etwa auch CRD III und CRD VI. Eine Beschränkung gesetzgeberischer Maßnahmen auf den Klimawandel lässt nicht nur zahlreiche mit diesem verbundene weitere ökologische Belange außenvor, wie etwa den Verlust der Biodiversität. Sie ignoriert zudem die für eine umfassende Nachhaltigkeitstransformation erforderlichen Sozialbelange. Ein integraler Bestandteil der sozialen Dimension von Nachhaltigkeit ist etwa die Geschlechtergerechtigkeit. Diese ist dementsprechend Gegenstand aller genannten Unionsrechtsakte zur Nachhaltigkeitsförderung und als SPC Nr. 5

ausdrückliches Nachhaltigkeitsziel der Agenda der Vereinten Nationen. Wenn die Nachhaltigkeitstransformation der Wirtschaft gelingen soll, um den rechtlich ohnehin erforderlichen Einklang zum Europarecht herzustellen, muss der deutsche Gesetzgeber weiter denken, als nur punktuell klimafördernde Maßnahmen. Das Gutachten von Marc-Philippe Weller empfiehlt die Einführung einer Klimaquote für Großunternehmen. Dabei handelt es sich, das haben wir jetzt heute gehört, um eine vom Vorstand autonom gesetzte Jahreszielgröße zur Verringerung der Treibhausgasemissionen, der ein von der Unternehmensleitung zu erstellender Klimatransformationsplan zu Grunde liegt, der jährlich zu aktualisieren ist. Diese Klimatransformation ließe sich im Einklang mit den europäischen Anforderungen der Corporate Sustainability Reporting Directive und Corporate Sustainability Due Diligence Directive, die wir ohnehin zu beachten haben, zu einem Nachhaltigkeitstransformationsplan erweitern, der auch soziale Zielvorgaben berücksichtigt. Regelungstechnisch entspricht dieses Vorgehen, auch das haben wir heute schon gehört, dem Konzept der regulierten Selbstregulierung, das liegt tatsächlich auch der gesellschaftsrechtlichen Konzeption der DOP für die Durchsetzung von Geschlechtergleichberechtigung im Unternehmen zu Grunde. Eine solche regulierte Selbstregulierung wird der Diversität von Unternehmen und Geschäftsmodellen gerecht.

Dr. Sophia *Schwemmer*, Berlin:

Ich wollte nochmal den Punkt der Belastung der Unternehmen durch das Aufaddieren immer neuer Pflichten im Bereich der Nachhaltigkeit aufgreifen. Es sind sich hier wohl alle einig, dass dies vermieden werden muss. Allerdings ergeben sich diese Belastungen nach meiner Wahrnehmung im Wesentlichen aus der Nachhaltigkeitsberichterstattung. Und tatsächlich wird wohl jeder, der mit den European Sustainability Reporting Standards arbeiten muss, bestätigen, dass diese wirklich einen Detaillierungsgrad erreichen, der Unternehmen überfordert. Herr Professor Hennrichs und Frau Rotsch haben uns dies nochmal eindrucksvoll dargelegt. Ich habe vor diesem Hintergrund aber nun ein wenig die Sorge, dass wir aus der allgemeinen Genervtheit über die Nachhaltigkeitsberichterstattung heraus das Kind mit dem Bade ausschütten und allzu kategorisch jede weitere Maßnahme ablehnen, die die Unternehmensverantwortung für den Klimaschutz adressiert.

Meiner Meinung nach sollten wir diesem Reflex widerstehen und uns vielmehr jedes vorgeschlagene Instrument für sich ansehen. So scheint mir z. B. der Klimatransformationsplan, also Art. 22 Corporate Sustainability Due Diligence Directive durchaus ein sinnvolles Instrument zu sein, das öffentlich-rechtliche Regelungen zu Emissionshandel etc. gut flankieren kann. Die Kernidee kann eigentlich jeder nachvollziehen, der schonmal vor einer unüberschaubaren, ungewohnten Mammutaufgabe stand – insoweit kann man die Klimatransformation vielleicht mit einem Dissertationsprojekt vergleichen. So lästig es ist, so hilfreich ist es dabei auch, wenn man dieses Projekt zu Beginn in planbare Arbeitspakete zerlegt, die man dann Jahr für Jahr abarbeiten kann. Aus dieser Perspektive kann man Art. 22 Corporate Sustainability Due Diligence Directive nicht als das nächste Übel aus Brüssel sehen, das wir jetzt eben auch noch umsetzen müssen, sondern tatsächlich als sinnvolles Instrument, das auch kaum weitere Lasten schafft, sondern vielmehr die Daten sinnvoll nutzt, die wir durch die aufwendige Nachhaltigkeitsberichtserstattung schon generiert haben.

Und vielleicht noch eine Anmerkung zur globalen Dimension, die Herr Professor Hennrichs angesprochen hat: Art. 22 Corporate Sustainability Due Diligence Directive adressiert – wie die gesamte Richtlinie – auch drittstaatliche Gesellschaften, die einen bestimmten Umsatz im Binnenmarkt erzielen. Die EU verfolgt insoweit also bereits einen Regelungsansatz, der auf extraterritoriale Wirkungen abzielt – mit allen Problemen, die das wiederum mit sich bringt. Es sind aber jedenfalls nicht allein die europäischen Unternehmen, die einen weiteren Wettbewerbsnachteil erleiden, sondern es soll ein level playing field im Binnenmarkt geschaffen werden.

Wiss. Mitarbeiter Matthias *Kneissl*, LL.M., Hamburg:

Vielen Dank, Prof. Dr. Vetter. Mein Name ist Matthias Kneissl und ich bin Wissenschaftlicher Mitarbeiter an der Bucerius Law School bei Prof. Dr. Prütting und promoviere an der Universität Augsburg bei Prof. Dr. Dr. Röver zur Nachhaltigkeitsberichterstattung. Zunächst möchte ich Prof. Dr. Weller für sein Gutachten und die daraus folgende Diskussion danken. Anknüpfend an die Worte von Prof. Dr. Koch „Welche Botschaft wollen wir nach außen senden“ würde ich gerne folgende zwei Fragen aufwerfen: Erstens, ist das Gesellschaftsrecht der richtige Ort für die Klimatransformation? Und zweitens, mit welchen Instrumenten können Unternehmen an dieser partizipieren?

Ich finde, wir sollten heute ein Signal aussenden, dass auch das Gesellschaftsrecht einen Beitrag zur Klimatransformation zu leisten vermag. Wenn wir uns anschauen, wer für die weltweiten Treibhausgasemissionen verantwortlich ist, fällt auf, dass es meistens große Energie- und Industrieunternehmen sind. Bestätigt wird dies durch die Studie von Richard Heede aus dem Jahr 2014, die bei aktuellen rückwärtsgewandten Klimahaftungsklagen und vorwärtsgewandten

Klimaschutzklagen zitiert wird. Es mag daher sinnvoll erscheinen, den Energie- und Industriesektor zur Reduktion seiner Emissionen aufzufordern. Inwieweit einzelne Aspekte im LkSG oder klassischen Gesellschaftsrecht geregelt werden sollten, entscheidet schlussendlich der Gesetzgeber.

Im Nachfolgendem stellt sich die Frage, wie man eine solche Emissionsreduzierung erreichen kann. Die Vorrednerinnen und die Vorredner haben gesagt, Prof. Dr. Weller hat in seinem Gutachten derartige Instrumente benannt, von denen man nur nach links oder rechts abweichen könnte. Dafür sind wir heute hier: Wir diskutieren, inwieweit die vorgeschlagenen Instrumente ihren Beitrag zur Klimatransformation leisten können und ob und inwiefern diese Vorschläge verbessert werden können. Ein weiterer Gedanke zur Erreichung der Klimatransformation ist anknüpfend an die Ausführungen von Prof. Dr. Hennrichs: Wo kann die Modifikation bereits bestehender aktienrechtlicher Regelungen zur Klimatransformation beitragen? Darum finde ich diese Diskussion gerade sehr spannend. Die VGR-Arbeitsgruppe „Reformbedarf im Aktienrecht" hat in diesem Zusammenhang eine Änderung der §§ 76, 93 AktG zur Aufnahme von Nachhaltigkeitskriterien vorgeschlagen. Das Gutachten und eine Reihe von Besprechungsbeiträgen haben diese Vorschläge zu Recht abgelehnt. Ich stimme daher der Beschlussvorlage Punkt IV. Nr. 12 zu. Als Begründung kann, angeführt werden, dass es egal ist, ob im Öffentlichen Recht oder im Aktienrecht eine Erweiterung der Leistungsführung im Hinblick auf die gesetzlichen Bestimmungen zu Einhaltung etwaiger Emissionsreduzierungsziel eingeführt wird. Denn sämtliche Vorschriften hat der Vorstand in Folge des Corporate Governance Kodex sowie den allgemeinen Vorschriften nach § 76 (1) AktG und somit § 93 AktG zu befolgen.

Ich würde den Grundsatzfragen im Punkt I zustimmen, die Diskussion aber auf die Frage verlagern, wie vom Gutachter vorgeschlagene Instrumente modifiziert werden müssen oder im Rahmen der Schlussvorlage bestätigen werden können.

Vielen herzlichen Dank.

Rechtsanwalt Dr. Thomas *Heidel*, Bonn:

Vor mir liegt hier noch das letzte Blatt der Power Points Ihres schönen Referats, lieber Herr Hennrichs. „Wenn es nicht notwendig ist, ein Gesetz zu machen, dann ist es notwendig, kein Gesetz zu machen." (Montesquieu) So ist es auch mit hier angedachten gesellschaftsrechtlichen Regeln zum Klimaschutz!

Ich glaube aber, lieber Herr Hennrichs, bei aller Sympathie, die ich seit Jahrzehnten zu Ihnen habe, ich glaube, Sie haben mit Ihren Eingangsbemerkungen, in denen Sie auf die Weltlage in Sachen Klimaschädlichkeit geblickt haben, mit denen haben Sie die falsche, wenn ich das so krass sagen darf, die falsche Tonlage gesetzt. Denn das sah in Ihren Charts so wunderbar aus für Deutschland: Es ist bei uns alles eigentlich ganz okay, und das Schlimme ist, dass es überall sonst auf der Welt steil nach oben geht mit dem CO_2-Austausch. Aber wenn wir uns mal angucken, wie der durchschnittliche Verbrauch pro Kopf ist, dann ist das ganz anders: Dann hätte man vielleicht auch mal darauf hinweisen können, dass der durchschnittliche CO_2-Ausstoß in Deutschland pro Kopf 60 % über dem der Weltbevölkerung liegt. Er ist zum Beispiel viermal so hoch wie der in Indien. Das sind Zahlen des Bundesumweltamtes, ich habe die gerade eben nachgeguckt, ich gebe es sehr gerne zu, ich bin kein Umweltexperte, ich wähle auch nicht Grün.

Und Sie werden auch feststellen, wenn Sie sich in der EU umschauen, dass pro Kopf der Bevölkerung der CO_2-Ausstoß in Deutschland höher ist als in Italien. Er ist auch höher als in Frankreich. So das Bundesumweltamt. Ich zitiere immer gerne, und ich zitiere gerne nicht nur Montesquieu, dass es nötig sein kann, keine Gesetze zu machen. Ich zitiere auch sehr gerne andere, es war Kästner oder Tucholsky, der schrieb: Es gibt nichts Gutes in der Welt, außer wir tun es selbst. Ich meine, eine so starke Wirtschaftsnation wie Deutschland (und jemand hat vorhin gesagt, Japan hat größeres Wirtschaftswachstum als Deutschland; wir haben aber Japan überholt in den letzten Jahren und sind nun drittgrößte Wirtschaftsmacht der Welt) – eine so starke Wirtschaftsmacht muss mehr tun zum Klimaschutz als andere.

Wir dürfen dabei nicht sagen und können nicht mit dem Totschlagsargument kommen, Frau Rotsch: Wenn wir Vorschriften machen, dann wandert die Industrie ab. Das haben schon ganz andere gesagt, wenn sie inhaltlich etwas ablehnen. Diese Totschlagsargumente ziehen meines Erachtens nicht. Es muss um konkrete Inhalte gehen. Mit denen muss man sich auseinandersetzen. Wir müssen natürlich den Wirtschaftsstandort Deutschland in jeder Weise attraktiv machen. Aber wir müssen auch vernünftige Gesetze machen, starke gesetzliche Vorschriften zum Klimaschutz.

Ich meine also, wir dürfen nicht sagen, überall sonst in der Welt ist es noch viel schlimmer als bei uns. Wie Sie das gesagt haben, Herr Hennrichs, und wie das manch eine anderer sagt. Nein, wir müssen bei uns anfangen!

Aber müssen wir mit Mitteln des Gesellschaftsrechts anfangen? Nein, auf gar keinen Fall. Es ist überhaupt nicht einzusehen, dass eine börsenorientierte Aktiengesellschaft besondere Klimaschutzvorschriften zu beachten hat und ein gleich-großes, gleichstarkes Unternehmen, das eine Personengesellschaft ist, keine entsprechenden Vorschriften hat, wie dies der Gutachter vorschlägt. Das Gesellschaftsrecht, das habe ich auch ausführlich dem Gutachter und den Referenten geschrieben und das ist jetzt auch das ein oder andere Mal gesagt worden, das Gesellschaftsrecht ist der völlig verfehlte Ansatzpunkt zum Klimaschutz. Klimaschutz erfordert öffentlich-rechtliche Vorschriften. Öffentlich-rechtliche Vorschriften, die alle gleichmäßig treffen, das ist der richtige Ansatzpunkt.

Und ich finde, Sie, lieber Herr Koch, haben natürlich hundert Prozent Recht: vom Deutschen Juristentag in der Abteilung Wirtschaftsrecht darf nicht das Signal ausgehen, wir wären gegen ergänzende Regulierungen zum Klimaschutz auf dem Gebiet des Gesellschaftsrechts. Meines Erachtens müssen wir uns um die These bemühen: Wir sind zum Klimaschutz für starke, für effektive, für weitergehende Regelungen als bisher – aber auf dem Gebiet des öffentlichen Rechts. Das sollte unsere These sein. Wir sind als Deutschland, als führende Weltindustrienation schuldig, dass bei uns anständig was zum Klimaschutz gemacht wird. Vielen Dank.

Prof. Dr. Joachim *Hennrichs*, Köln:

Ich wollte eigentlich gerne zu Herrn Heidel direkt replizieren, wenn ich darf.

Herr Heidel, der CO_2-Ausstoß pro Kopf ist bei uns viel höher als z.B. in Indien. Ja, das ist so. Und wenn es Ihnen um soziale Gerechtigkeit bei der Bewältigung der Folgen des Klimawandels geht, dann ist das ein relevantes Datum.

Das war aber nicht mein Punkt. Mein Punkt war: Auswirkungen auf den Klimawandel. Und dem Klima ist es egal, wo die CO_2-Emissionen geschehen und wie die Pro-Kopf-Verteilung der Emissionen ist. Für den Klimawandel ist der globale CO_2 Ausstoß entscheidend, und das war meine Kurve. Also Ihr Argument widerlegt dies in dieser Hinsicht gar nicht. Das ist vielmehr ein anderer Aspekt, nämlich die soziale Gerechtigkeit bei der Bewältigung der Folgen des Klimawandels. Darüber kann man natürlich reden, aber das ist eine völlig andere Dimension.

Dann haben Sie gesagt: So ein starkes Land wie Deutschland müsse anfangen. Das ist das bekannte Vorbildargument, wir müssten doch Vorbild sein. Leider zeigt die Verhaltensforschung sehr deutlich: Die Vorbildfunktion funktioniert nicht. Reden Sie mit dem Kollegen Ockenfels von der Kölner WiSo-Fakultät, der und viele seiner Kollegen haben zig Studien darüber gemacht. Die Quintessenz ist, zugespitzt: Leider ist Egoismus viel ansteckender als Altruismus. Also wenn wir mit gutem Beispiel vorangehen, wie Sie fordern, tun wir zwar etwas für unser gutes Gefühl, wir können uns auf die Schultern klopfen und sagen „An uns hat es nicht gelegen!“ aber gegen den Klimawandel bewirken wir trotzdem mit unilateralen und noch dazu falschen Politikmaßnahmen leider nichts. Im Übrigen: der Rest der Welt folgt dem europäischen Beispiel in der Klimaschutzregulierung bislang ja gerade nicht. Kein anderer Wirtschaftsraum etwa hat eine so ambitionierte Nachhaltigkeitsberichterstattung wie wir. Wir sind da kein Vorbild, sondern eher reibt sich der Rest der Welt verwundert die Augen darüber, was wir alles wie kleinteilig regeln.

Aber nochmals, ich bin nicht gegen Maßnahmen im Kampf gegen den Klimawandel, ich bin auch überhaupt nicht für ein „Weiter so!“. Ich meine nur, wir müssen die Politikmaßnahmen daran messen, was effektiv zur Lösung des Problems beiträgt und was nicht. Und die Kurve zeigt, dass die bisherigen Politikmaßnahmen nicht gewirkt haben. Danke.

Rechtsanwalt Berthold *Welling*, Frankfurt a. M.:

Ja, vielen Dank, Herr Vetter. Vielen Dank auch Herr Prof. Weller, zunächst erstmal für ihr Gutachten, weil das ist eine sehr gute Grundlage für die Diskussion und ich bin auch allen Teilnehmern dankbar, dass wir hier darüber ausgewogen diskutieren können. Das deswegen, weil wir heute auf einer ganz anderen, nämlich fachlich orientierten Ebene diskutieren, als in vielen anderen Diskussionsformaten, die ich sonst mitbekomme, bzw. ich sonst mitdiskutieren darf oder muss. Das bedeutet, dass wir ideologiefrei diskutieren und wir versuchen die Wirksamkeit der entsprechenden Maßnahmen zu erörtern und in diesem Zusammenhang haben Sie, lieber Herr Weller, eine sehr gute Grundlage dafür geschaffen, mehr als ein reines Surfen auf der aktuellen Diskussionswelle des Klimaschutzes. Es ist ein guter Beitrag, um sich damit auseinander zu setzen und abzuwägen, ob das Gesellschaftsrecht das richtige Mittel ist. Zum Thema Bürokratie möchte ich eine kleine Einwendung geben, deswegen weil bereits das Gefühl vermittelt wurde, wir ersticken in Bürokratie. Das ist auch definitiv der Fall. Wir sind überreguliert, wir haben kein Überregulierungs-Management, sondern wir haben meines Erachtens in Deutschland und der EU-mittlerweile ein Missmanagement mit Blick auf die bürokratischen Anforderungen. Das heißt wir schaffen es nicht mehr einfachste Dinge zu regeln, sondern sind in vielen Belangen zu detailverliebt und schaffen es durch die steigende Bürokratie nicht mehr bestimmte Vorhaben auf die Zielgerade zu bringen. Das allerdings als Argument zu nehmen, mit Blick auf den Klimaschutz, ist immer ein zweischneidiges Schwert, weil damit mehr oder minder der Eindruck entsteht, dass lediglich ein Schutzschild erhoben wird, aus Sicht der Wirtschaft, um sich vor den Kosten zu drücken. Mir geht es aber hier im Detail nicht um eine Kostenvermeidung, sondern um die Wirksamkeit der vorgeschlagenen Lösungen. Und wir sehen, ich glaube das haben Prof. Hennrichs, als auch Prof. Koch, als auch Frau Obernosterer ganz gut dargelegt: Wir haben eine überlagerte gesetzliche Regulierung, sowohl auf der europäischen als auch auf der nationalen Ebene. Und das kann ich aus der Praxis bestätigen. Einen Regelungsbereich möchte ich deswegen noch ergänzen: Die EU-Taxonomie, die in der Diskussion ein wenig zu kurz gekommen ist. Zwar adressiert die EU-Taxonomie zunächst einmal den Klimaschutz gegenüber der Finanzwirtschaft. Und damit könnte man meinen, ist die Realwirtschaft mehr oder minder ausgeklammert. Das ist natürlich mit Nichten so. Denn jedes Target, in das die Finanzwirtschaft investiert, ist gefordert die Klimaschutzziele zu erreichen. Bedeutet am Ende, dass die Realwirtschaft genau die gleichen Vorgaben erfüllen muss wie die Finanzwirtschaft. Mit anderen Worten: Das Eselchen, dass diesen Karren zieht ist dann die Realwirtschaft. Das ist noch eine zusätzliche Regelung im Klimaschutz, die neben die CSRD und CSDDD tritt. Wir haben damit die CSRD, wir haben die EU-Taxonomie und wir haben zudem noch die menschenrechtliche Regelung über die CSDDD, mit anderen Worten: Wir haben bereits deutlich überlagernde Regelungen. Und jetzt ist die Frage: Macht es Sinn im Gesellschaftsrecht noch eine zusätzliche nationale Regelung einzuführen? Diese Frage hat glaube ich Joachim Hennrichs gut beantwortet und da möchte ich dann vielleicht noch einen zweiten Gedanken hinzufügen: Das ist die Frage, welche Möglichkeit habe ich als Unternehmen? Und ich kann ein Beispiel eines Unternehmens in Ludwigshafen nennen, die einen eigenen Windpark haben, allerdings letztlich den für die Klimaschutzziele erforderlichen, sog. grünen Strom nicht ans Werk bekommen. Und das nicht deswegen, weil sie es nicht möchten, sondern weil die staatlichen Rahmenbedingungen des Netzausbaus bzw. die Infrastruktur nicht stimmen. Und hier werden dem Unternehmen Grenzen gesetzt, die auch das Gesellschaftsrecht nicht überwinden kann. Das heißt ich als Management möchte die Klimaschutzziele erreichen, es verfügt – teilweise – aber nicht über die tatsächlichen Möglichkeiten, diese entsprechend umzusetzen. Einen letzten Punkt möchte ich ergänzen, der in die Richtung von Joachim Hennrichs geht, jedoch nicht mit Montesquieu unterlegt, sondern einfach nur mit einer einfachen Redewendung. Sie kennen das geflügelte Wort: Es ist alles gesagt, nur noch nicht … – und so ist es hier auch – alles bereits geregelt, nur noch nicht von mir. Danke schön.

Prof. Dr. Jan-Erik *Schirmer*, Frankfurt (Oder):

Mein Name ist Jan-Erik Schirmer, Europa-Universität Viadrina. Ich beziehe mich auf die Grundsatzfrage, ob Gesellschaftsrecht zur Bekämpfung des Klimawandels geeignet ist. Ich möchte mit meinem Wortbeitrag eine alternative Sichtweise zu der von Herrn Hennrichs liefern, wonach Klimaschutz nicht national, sondern international betrieben werden sollte.

Wir haben viel die Kurve zu den jährlichen Emissionsmengen gesehen, die Herr Hennrichs uns gerade als Beleg für seine Sichtweise gezeigt hat. Und wenn ich ihn richtig verstanden habe, dann war die Benchmark für die Frage, ob nationale klimaschützende Maßnahmen wirksam sind, ob diese Kurve heruntergeht, also die globalen Emissionen im Jahresvergleich abnehmen. Wenn das das verlangte Ziel ist, wenn wir daran messen wollen, ob gesellschaftsrechtliche Instrumente zielführend sind, dann werden wir wahrscheinlich dieses Benchmark nicht erreichen. Das ist aber auch gar nicht so entscheidend. Denn für das Klima ist es eben genauso wichtig, dass diese Kurve nicht steiler nach oben zeigt, die Zuwachsrate der jährlichen Emissionsmengen also kleiner wird. Denn je mehr global emittiert wird, desto steiler die Kurve und desto wärmer wird es. Und je weniger global emittiert wird, desto flacher die Kurve und desto weniger warm wird es. Genau deswegen ist die ökonomische Argumentation mit dem Wasserbetteffekt, was auch mittlerweile unter den Ökonomen debattiert wird, so klar nicht. Nur weil die globalen Emissionen derzeit noch weiter steigen, bedeutet das nicht, dass nationale Klimaschutzmaßnahmen wirkungslos sind. Die entscheidende Kontrollfrage, die wir uns stellen müssen, ist nämlich, wie hoch die globalen Emissionsmengen – und die Temperaturen – wären, wenn auch in der EU weiterhin so viel emittiert würde wie ohne Klimaschutz. Die Antwort ist klar: Dann wären die Emissionen noch umfangreicher und der Klimawandel wäre ein noch größeres Problem.

Das ist also richtigerweise unser Ansatzpunkt, wir müssen uns fragen, wie wir es hinkriegen, die Kurve der globalen Gesamtemissionen weiter abzuflachen und sie vielleicht perspektivisch sogar ins Negative zu kippen. Da müssen wir uns fragen, welche Instrumente eignen sich dafür. Übrigens: Wenn wir wie Herr Henrichs sagen, nationale Maßnahmen bringen nichts, dann wären auch nationale öffentlich-rechtliche Anstrengungen nicht zielführend. Einfach aus dem Grund, weil es nicht internationale, sondern rein nationale Maßnahmen wären. Das scheint ja offenbar aber auch nicht unser Konsens zu sein. Und dann ist die entscheidende Frage, welches Instrumentarium eignet sich jetzt. Wir wissen es schlicht nicht genau, ob das Gesellschaftsrecht sich dafür so wahnsinnig gut eignet. Wir haben es schlicht noch nicht versucht. Möglicherweise ist aber genau das der Punkt. Vielleicht versuchen wir es einmal. Und wenn wir es versuchen, könnte Folgendes dabei rauskommen: Vielleicht sehen wir nicht sofort, dass diese Kurve flacher wird oder hinunter geht. Aber möglicherweise bereiten diese gesellschaftsrechtlichen Maßnahmen dann wirklich größere wirksamere Maßnahmen auf internationaler Ebene vor.

Und wenn wir zum Beispiel darüber reden, dass Unternehmen zukünftig, wie es Marc-Philipp Weller vorschlägt, eben nicht nur den Klimatransformationsplan machen müssen, sondern sich jährlich darüber vergewissern müssen, wie dieser Klimatransformationsplan konkret aussieht, dann könnte das ein Schritt sein, der vielleicht dazu führt, dass in der Tat diese Kurve sich abflacht oder sogar hinunter geht. Ich würde deshalb dafür plädieren, dass wir eben nicht nur, wie es Jens Koch vielleicht ein bisschen augenzwinkernd formuliert hat, dabei auf Publicity achten, dass wir vielleicht irgendwie nach außen nicht so blöd aussehen mit dem, was wir uns überlegen. Sondern dass wir die wenigen gesellschaftsrechtlichen Instrumente, die wir zur Bekämpfung des Klimawandels haben, zumindest in Erwägung ziehen, um zu versuchen, den Anstieg dieser Kurve abzuflachen und möglicherweise ins Negative zu kippen.

Herzlichen Dank.

Studentin Marianna Lourdes *Dänner*, Eppelheim:

Vielen Dank. Keine Sorge, es sollte auch nicht so lange dauern. Es knüpft im Wesentlichen an die Worte von meinem Vorredner an. Was mir in vielen Beiträgen bisher gefehlt hat, ist eine gewisse Leidenschaft, die davon zeugt, dass wir als Juristen in das Recht vertrauen, die Möglichkeit mit dem Recht etwas zu verändern, und zwar unsere Gesellschaft so zu regeln, wie es die aktuellen Zustände erfordern. Und insbesondere dann, wenn die Politik auf manchen Ebenen versagt.

Natürlich brauchen wir das öffentliche Recht, um Maßnahmen hinsichtlich des Klimawandels zu schaffen. Aber wir reden auf Ebene des öffentlichen Rechts über den Klimawandel und notwendige Maßnahmen seit 1972, seit der Stockholm-Konferenz. Und wenn ich sage wir, dann leider nicht ich, weil ich existiere erst seit 2001. Aber das zeugt vielleicht so ein bisschen davon, dass nur Regelungen auf der Ebene des öffentlichen Rechts nicht ausreichen. Die Dringlichkeit des Klimawandels erfordert, dass wir alle Stellschrauben nutzen, die wir haben. Das zeugt auch davon, dass wir als Gesellschaftsrechtler und Juristen nicht Verantwortung abschieben sollten und sagen, andere Gebiete können das besser regeln, sondern wir haben die Möglichkeiten auf der Ebene des Gesellschaftsrechts, und wir sollten sie zumindest nutzen, um es zu versuchen. Es gibt bereits Beispiele außerhalb von Deutschland, wo das auf der Ebene des Gesellschaftsrechts versucht wird. Es werden zum Beispiel Interessen der Natur an Vorstände herangetragen und diese Projekte laufen auch erfolgreich. Sie zeigen, dass man tatsächlich die Interessen der Natur besser mit einbeziehen kann. Was mir auch persönlich sehr wichtig ist, dass sich wirtschaftlicher Erfolg und Klimaschutz nicht ausschließen. Man kann auch im Interesse der Natur wirtschaften und trotzdem wirtschaftlichen Profit erzielen. Und was mir besonders wichtig ist, dass diese Vorbildfunktion nicht unterschätzt werden sollte. Die Vorbildfunktion haben wir in vielen Bereichen schon verpasst, es gibt weltweit schon Regelungen oder Länder, die uns weit voraus sind im Hinblick auf Klimaschutzmaßnahmen. Aber im Hinblick auf das Gesellschaftsrecht können wir vielleicht noch eine Vorbildfunktion einnehmen. Und viele Länder außerhalb von Deutschland schauen auch auf Deutschland als Vorbild und schauen, was wir für Regelungen haben. Das sieht man, wenn man mit Juristen aus anderen Ländern kommuniziert. Und somit sollten wir diese Vorbildfunktion nutzen, denn das schulden wir auch insbesondere Vertretern jüngerer Generationen wie meiner. Dass wir es zumindest versuchen, weil wir haben diese Möglichkeiten. Und es schadet uns ja auch nicht und vielleicht können wir damit tatsächlich etwas bewegen.

Vielen Dank.

Prof. Dr. Rafael *Harnos*, Passau:

Mein akademischer Lehrer, Jens Koch, hat die Marschroute vorgegeben: Die Redner sollen auf die Beschlussvorschläge eingehen. Das mache ich auch, weil ich dem akademischen Lehrer nie widerspreche.

Zum Beschlussvorschlag 1: Danach sollen wir uns auf Klimaneutralität fokussieren. Dazu hat Herr Welling eigentlich schon alles gesagt. Der ganze Deutsche Juristentag blendet völlig die Sustainable Finance aus. Wir regulieren auf der EU-Ebene Finanzunternehmen, versuchen das Geld der Finanzunternehmen in Gesellschaften zu lenken, die klimaneutral sind, auf Meeresschutz und Biodiversität achten und so weiter und so fort. Nach der Sustainable Finance sollte man auch die sozialen Fragen im Auge behalten; das hat Anne-Christine Mittwoch zu Recht angesprochen. Das wird hier alles ausgeblendet. Wäre ich DJT-Mitglied, würde ich gegen den ersten Beschlussvorschlag abstimmen. Aber nicht, weil ich gegen Klimaschutz bin, sondern weil ich den Scope des Juristentages für zu eng halte. Ich glaube, dass der erste Beschlussvorschlag in etwa so formuliert werden sollte: Sollen wir uns auf Klimaschutz fokussieren oder die Regulierung auf weitere ESG-Gesichtspunkte erweitern? Das wäre der erste Vorschlag.

Den zweiten Vorschlag hat Herr Leyens angesprochen. Es geht um den Beschlussvorschlag 4 Buchstabe a: Scope 3 soll im Zusammenhang mit dem Klimatransformationsplan ausgeklammert werden. Hier habe ich das Gefühl, dass alle im letzten halben Jahr geschlafen haben. Wegen Art. 22 CSDDD muss sich der Klimatransformationsplan auch zu Scope-3-Emissionen verhalten. Deswegen sollten wir uns nach der Umsetzungsart fragen: Marc-Philippe Weller hat in einem Zeitschriftenbeitrag einen pragmatischen Vorschlag unterbreitet. Ob er dogmatisch stichhaltig ist, bin ich mir nicht sicher. Vielleicht sollten wir darüber nachdenken, was Vera Obernosterer vorgeschlagen hat: Wie kann man die überlappenden Scope-3-Emissionen bei unterschiedlichen Unternehmen auseinanderzuhalten.

Und dann der Beschlussvorschlag 5: Es geht um die Umsetzung von Art. 22 CSDDD. Ich glaube, dass diese Beschlussvorschläge viel zu ungenau sind. Wir sollten uns näher damit auseinandersetzen, was das Gutachten vorgeschlagen hat. Und da halte ich das Gutachten, um mit einem großen deutschen Gesellschaftsrechtler zu sprechen, für ein Unglück. Sie lenken die Diskussion in eine bestimmte Richtung. Art. 22 CSDDD soll im Aktiengesetz und im GmbH-Gesetz umgesetzt werden, obwohl die CSDDD von Anfang an weder an die Aktiengesellschaft anknüpft noch an die GmbH. Sie erfasst auch Personenhandelsgesellschaften und Drittstaatunternehmen. Damit verträgt sich der Vorschlag im Gutachten nicht. Deswegen fände ich es für sehr wichtig festzuhalten, dass Art. 22 CSDDD im LkSG umgesetzt wird, aber bitte nicht im Gesellschaftsrecht.

Schließlich haben einige zuvor gesagt, dass man das Gesellschaftsrecht aktivieren muss. Insoweit kann ich nur mit Gregor Bachmann antworten, der leider nicht da ist: Es gibt die Legalitätspflicht. Wenn wir den Klimaschutz im öffentlichen Recht regulieren, muss der Vorstand oder der Geschäftsführer diese Vorgaben umsetzen, weil er dazu gegenüber der Gesellschaft verpflichtet ist. Der Mechanismus ist so einfach, dass ich nicht weiß, wieso wir unbedingt in ihm herumwerkeln rumwursteln müssen.

Vielen Dank und ich freue mich auf die Diskussion morgen.

Vorsitzender:

Herzlichen Dank Herrn Harnos und allen Vorrednerinnen und Vorrednern. Ich fand, das war eine extrem ernsthafte, faire und offene Diskussion, bei der die unterschiedlichen Standpunkte sehr deutlich angesprochen wurden. Heute waren die im Hinblick auf eine Aktivierung des Gesellschaftsrechts kritischen oder zumindest zurückhaltenden Stimmen in der Mehrheit. Morgen werden sicher auch noch Stimmen zu Wort kommen, die den einzelnen gesellschaftsrechtlichen Maßnahmen positiver gegenüberstehen. Die Frage, ob neben dem öffentlichen Klimaschutzrecht, dessen überragende Bedeutung für die Bekämpfung des Klimawandels uns allen klar ist, auch Maßnahmen auf dem Gebiet des Gesellschaftsrechts sinnvoll sind, lässt sich nur anhand der einzelnen Vorschläge diskutieren. Das wird Gegenstand unserer morgigen Verhandlung sein. Im Abteilungsvorstand haben wir bereits jetzt verschiedene Anregungen zu den Beschlussvorschlägen mitgenommen. Das betrifft insbesondere das Verhältnis des öffentlichen Klimaschutzrechts zu gesellschaftsrechtlichen Maßnahmen.

Wir sind damit am Ende unserer heutigen Sitzung angelangt. Ich kann an dieser Stelle nur noch einmal allen Diskutanten herzlich danken und schließe unsere Verhandlungen des ersten Tages.

Fortsetzung der Diskussion

am 26. September 2024 vormittags
(anwesend etwa 205 Teilnehmerinnen und Teilnehmer)

Vorsitzender:

Sehr geehrte Damen und Herren, wir setzen unsere Verhandlungen fort. Wir haben die gestern diskutierten Beschlussvorschläge im Anschluss an unsere gestrige Diskussion ein wenig überarbeitet. Die aktuelle Fassung liegt Ihnen vor und wir werden sie auch am Bildschirm hinter uns anzeigen. Das gilt gerade auch für weitere Änderungen im Laufe der heutigen Verhandlungen.

Bevor ich den nächsten Redner und Rednerinnen aufrufe, gestatten Sie mir einige subjektive Bemerkungen unter dem Eindruck der gestrigen Diskussion. Ich hatte im Nachgang den Eindruck, dass wir mit unserer Diskussion der allgemeinen Themen und Beschlussvorschläge das Pferd etwas von hinten aufgezäumt haben. Die Antwort auf die allgemeine Frage, was das Gesellschaftsrecht leisten kann, sollte eher die Conclusio dessen sein, was wir zu den konkreten gesellschaftsrechtlichen Vorschlägen insbesondere des Gutachters heute diskutieren. Wir sollten uns daher jetzt den einzelnen vorgeschlagenen Maßnahmen zuwenden.

Mein Eindruck war auch, dass das sehr kluge Referat von Joachim Hennrichs mit seinem Hinweis auf die internationalen Auswirkungen deutscher Klimaschutzbewegungen und den Wasserbett-Effekt eine sehr ernüchternde, fast schon lähmende Wirkung entfalten kann, auch wenn dabei auch aus meiner Sicht Vieles leider zutreffend beschrieben wurde. Trotzdem der Hinweis, dass über die rein ökonomischen Erwägungen hinaus, die uneingeschränkt vielleicht für den Gold- und Devisenhandel gelten, bei Maßnehmen im Kampf gegen den Klimawandel neben der ethischen Dimension auch zusätzliche ökonomische Erwägungen hinzukommen: Es ist allen klar, dass wir früher oder später weltweit klimaneutral sein müssen und dass Maßnahmen zur Beseitigung des Klimawandels teurer sind als Maßnahmen zu dessen Eindämmung, auch wenn die mikroökonomische Betrachtung auf Ebene des einzelnen, sich im internationalen Wettbewerb befindlichen Unternehmens zumindest zeitweise anders aussehen mag. Es muss CO_2 eingespart werden. Das nicht auszuschließende Risiko, dass jemand anderes irgendwo in der Welt das Gramm CO_2, dass ich in Deutschland einspare, zusätzlich emittiert, sollte uns nicht in Lethargie versetzen. Dass aufgrund des Wasserbett-Effekts niemand mehr versucht, den Ausstoß klimaschädlicher Treibhausgase zu mindern, kann auch nicht die Lösung sein. Im Übrigen sehen wir Bemühungen um deutlich verstärkten Klimaschutz in immer mehr Ländern einschließlich den USA, China oder auch Australien. Auf den letzten Autokraten und das letzte Entwicklungsland zu warten, können wir uns nicht erlauben. Von Ländern, die ihre Bevölkerung nicht ernähren können, können wir nicht erwarten, dass sie die Bekämpfung des Klimawandels mit höchster Priorität verfolgen; bei denjenigen Ländern, die dieses Problem nicht haben, ist dies anders.

Schließlich noch ein Hinweis zu Beschlussvorschlag 1 und die Priorisierung des „E" Im Rahmen der ESG-Bemühungen, auf den gestern nur Frau Prof. Mittwoch eingegangen ist. Zu dem Verhältnis Klimaschutz oder besser menschenbedrohende Verschlechterung der Umweltbedingungen im Verhältnis zu anderen Nachhaltigkeitsthemen sollte Beschlussvorschlag 1 eine gewisse Rangordnung deutlich machen. Eine Nachhaltigkeitsstrategie erfordert wie jede andere Strategie, Schwerpunkte und Prioritäten zu setzen und andere Themen im Interesse der als wichtiger angesehenen Maßnahmen jedenfalls für eine gewisse Zeit nicht oder nicht prioritär zu verfolgen. Wir wollen kein Unternehmen ermuntern, bei anderen Nachhaltigkeitsaspekten weniger zu machen, aber wir diskutieren ja darüber, welchen Themen sich der Gesetzgeber in besonderem Maße annehmen sollte. Meine persönliche Meinung ist, dass wir im Augenblick mit der Bekämpfung des Klimawandels und auch des Verlusts der Biodiversität Themen haben, die im Vergleich zu anderen Nachhaltigkeitsbelangen von ihrer Bedeutung und ihrem Bedrohungspotential in einer völlig anderen Liga spielen. Daher möchte ich Beschlussvorschlag 1 und die darin zum Ausdruck kommende Differenzierung bei den unterschiedlichen Nachhaltigkeitsaspekten unterstützen.

Schließlich noch ein letzter Hinweis zu den einzelnen, heute zur Diskussion stehenden Maßnahmen auf dem Gebiet des Gesellschaftsrechts. Nach meinem Eindruck besteht bei den Unternehmen (nicht zu Unrecht) Frustration über zu weitreichende und gerade nicht differenzierende und priorisierende Berichtspflichten, Taxonomie und einen bürokratischen Aufwand für die Unternehmen, dessen Nutzen häufig nicht erkennbar ist. Da ist in vielerlei Hinsicht zu wenig über Kosten und Nutzen nachgedacht worden. Das sollte uns aber bei den jetzt anstehenden Themen nicht davon abhalten, immer im Einzelfall zu schauen: Bringt die jetzt konkret vorgeschlagene neue Maßnahme etwas für den Klimaschutz und stehen Aufwand und Nutzen in einem angemessenen Verhältnis? Die Frustration über einzelne Maßnahmen der Vergangenheit sollte uns davon nicht abhalten.

Dabei möchte ich es an dieser Stelle belassen. Wir setzen unsere Diskussion jetzt fort und ich rufe die nächsten Redner auf.

Prof. Dr. Carsten *Schäfer*, Frankfurt a. M.:

Ich möchte die Gelegenheit nutzen für ein paar allgemeine Bemerkungen. Zunächst: Wir verhandeln als wirtschaftsrechtliche Abteilung nicht darüber, ob Klimaschutz sinnvoll ist oder nicht, das dürfte eindeutig sein, sondern über konkrete Regelungsvorschläge, die uns im Gutachten und teilweise auch in den Referaten unterbreitet wurden. Und insofern greife ich gerne eine Formulierung auf, die Herr Heidl gestern verwendet hat: „Normen müssen vernünftig sein". Und dazu gehört auch eine Folgenabsetzung. Der Gesetzgeber ist gut beraten, wenn er nicht, was gestern teilweise angeregt wurde, irgend etwas regelt und dann sieht, was passiert. Vielmehr sind die erheblichen unerwünschten Nebenwirkungen, insbesondere auf Unternehmen, mitzubedenken. Sodann sind wir alle vermutlich einig darin, dass auch das Wirtschaftsrecht, so heißt unsere Abteilung ja, neue Regelungen beisteuern muss, nämlich bei der CS3D-Umsetzung. Auf diese sollten wir uns aber grundsätzlich konzentrieren. Demgegenüber halte ich die vorgeschlagenen Änderungen im Aktiengesetz nicht für sinnvoll, insbesondere soweit sie eben in Konflikt treten mit der CS3D-Umsetzung, was die teilweise unterschiedlichen Anwendungsbereiche, aber auch die Formulierung der Tatbestände im Einzelnen betrifft. Hier ist, so meine ich, Zurückhaltung angezeigt. Und das betrifft sowohl die Klimaquote als auch, worauf gestern in den Referaten schon hingewiesen wurde, den vorgeschlagenen Konsultationsbeschluss, vulgo „Say on climate", zumal das Gesetz ohnehin konkrete und sehr ehrgeizige Zielvorgaben machen wird. Auf zusätzliche flankierende und potenziell konfligierende Regeln sollte man daher verzichten. Abschließend noch ein technischer Hinweis: Die Beschlussvorschläge eins bis drei, das hat unser Vorsitzender ja auch schon angekündigt, sollten umformuliert werden, um die positiven Beiträge des Wirtschaftsrechts hervorzuheben. Und diese sind, wie erwähnt, ohnehin im Rahmen der CS3D-Umsetzung erforderlich. Zugleich würde ich auf allgemeine Aussagen speziell zum Gesellschaftsrecht als Einstieg verzichten und mich insofern auf Beschlussvorschläge zu den konkreten Vorschlägen beschränkten. Und hierauf zielte meines Erachtens auch der Wortbeitrag von Jens Koch gestern, und das möchte ich nachdrücklich unterstützen.

Richter am OLG a. D. Dr. Christian *Müller-Gugenberger*, Steinenbronn:

Ich möchte mich kurz zum Vorschlag äußern, einen neuen Rechtsformzusatz einzuführen, und zwar aus der Sicht eines Richters, der viele Jahre beim Landgericht in einer Beschwerdekammer und dann beim OLG in einem Beschwerdesenat tätig war, zu deren Zuständigkeit das Firmen- bzw. Registerrecht gehört.

Die Idee, die Klimawende, die dringend notwendig ist, zu fördern, verdient grundsätzlich alle Unterstützung. Doch der Weg, das Registerrecht, das Firmenrecht dafür zu instrumentalisieren, ist ein Irrweg. Firmenrecht ist Namensrecht und dient der Individualisierung des Rechtsträgers. Das Handelsregister dient dazu, offen zu legen, wer hinter den sehr vielfältigen Rechtsformen steht. Es soll Transparenz zu den Verantwortungsträgern schaffen. Das Handelsregister ist jedoch keine Plattform für Reputation. Dieser Denkansatz, man könne über das Handelsregister etwas Positives signalisieren, führt in die Irre. Das ist nach meiner Ansicht ein Fehlgebrauch des Firmenrechts und des Handelsregisters. Deshalb halte ich diesen Vorschlag bereits vom Ansatz her für verfehlt.

Er widerspricht zudem der bisherigen Entwicklung: Das Handelsrechtsreformgesetz von 1998, das EHUG von 2007 bis hin zum MoPeG – alle Gesetze haben versucht, das Firmenrecht zu vereinfachen, zu liberalisieren und die Eintragung im Handelsregister zu beschleunigen, nicht zuletzt mit der Zielsetzung, Unternehmensgründungen zu fördern. Was aber jetzt in dem neuen § 20 HGB vorgeschlagen wird, das ist aus meiner Sicht ein „Bürokratiemonster" und das kann vor den Registergerichten nicht funktionieren.

Ich frage mich auch, was soll ein Firmenzusatz „klimaneutral" – abgekürzt „kn" (?) – als weiterer Zusatz nach dem obligatorischen Rechtsformzusatz, wenn ich anstrebe, dass alle Firmen, alle Unternehmen möglichst bald klimaneutral werden sollen? Dann haben alle einen Zusatz, der am Ende überflüssig wäre. Allein dieses Ergebnis zeigt, dass wir hier auf einem falschen Weg sind.

Und wenn ich mir schließlich vorstelle, ich müsste als Registerrichter prüfen, ob das Vorbringen der „Daimler-Benz AG" beim Registergericht (§ 37 Abs. 2 HGB), die „Porsche SE" trage den Zusatz „klimaneutral" zu Unrecht, zutrifft oder nicht, ich wäre verzweifelt. Wie ein Registerrichter – und die darüber liegenden Instanzen – so etwas in vernünftiger Zeit entscheiden sollen, das kann ich mir praktisch nicht vorstellen. Deshalb bin ich ganz entschieden der Auffassung: Klimaschutz ja, aber nicht über das Firmenrecht und nicht über einen Rechtsformzusatz. Danke schön.

Vorsitzender:

Ganz herzlichen Dank, Herr Müller-Gugenberger. Das gibt mir Gelegenheit, kurz darauf hinzuweisen, wie wir uns die Diskussion heute Morgen vorstellen. Wir haben unseren Zeit- und Diskussionsplan ausgelegt und Herr Müller-Gugenberger hat schon völlig zurecht gefragt, ob er da jetzt richtig reinpasst. Die Frage des Firmenzusatzes „klimaneutral" ist eines der Themen, die wir heute Morgen diskutieren wollen. Wir haben allerdings noch eine ganze Menge Wortmeldungen zu den eher allgemeinen Themen und Beschlussvorschlägen bekommen. Wir würden diese Wortmeldungen zunächst aufrufen und anschließend die Themen Klimaquote, Nachhaltigkeitsberichterstattung und Rechtsformzusatz „klimaneutral" diskutieren. Unser Zeit- und Diskussionsplan ist allerdings – darauf hatte ich gestern bereits hingewiesen – nicht in Stein gemeißelt. Sie bestimmen die Themen, die wir intensiver diskutieren, und es ist auch möglich, zu mehreren Einzelthemen und Beschlussvorschlägen in einem Wortbeitrag Stellung zu nehmen. Als nächstes hat Herr Prof. Dr. Timo Fest das Wort.

Prof. Dr. Mathias *Habersack*, München:

Ich möchte gerne eine Lanze für einen Beitrag des Gesellschaftsrechts brechen, nachdem ich gestern den Eindruck hatte, dass ein gewisser Fatalismus vorherrscht. Marc Weller hat ja gestern noch einmal die Ausgangsbedingungen in Erinnerung gerufen. Wir stehen nicht vor der Frage, ob wir etwas tun wollen; die Frage ist vielmehr, was getan werden muss. Wir haben das Paris-Abkommen, wir haben Artikel 20a GG, wir haben den Klimabeschluss des Bundesverfassungsgerichts, wir haben das EU-Klimagesetz und das nationale Klimaschutzgesetz und wir haben die bindenden Emissionsreduktionszielvorgaben. Wenn man Montesquieu bemühen möchte, dann lautet die Antwort: Ja, wir brauchen ein Gesetz. Dem steht auch nicht entgegen, dass unser Handeln durch das Nichtstun anderer verwässert werden kann. Es gibt eben die bindenden Vorgaben, weshalb darauf zu vertrauen ist, dass die anderen Regelungsgeber mitziehen. Die Situation ist vergleichbar mit der einer Familie, die in eine Notsituation geraten ist und in der jetzt alle den Gürtel etwas enger schnallen müssen; auch hier kann man seinen eigenen Beitrag nicht unter Hinweis darauf verweigern, dass nur das Handeln aller zum Ziel führt.

Wir sind uns vermutlich einig, dass eine Regulierung über öffentliches Recht wirkungsmächtiger wäre; aber insoweit sind bereits gestern die sozialen Kosten und Folgen einer scharfen Regulierung in Erinnerung gerufen worden. Schaut man, wie der Gesetzgeber mit dieser Situation umgeht, stimmt mich dies nicht unbedingt hoffnungsvoll. Das Heizungsgesetz ist erheblich verwässert worden. Auch reden wir derzeit wieder sehr lautstark über eine Aufgabe des Verbrennerverbots sowie darüber, dass sich abzeichnende Sanktionen für die Nichterreichung von Reduktionszielen außer Kraft gesetzt werden sollten. Auch sprechen wir über Kaufanreize für E-Autos, obwohl es eigentlich gerade im Zeitalter knapper Kassen sehr viel näher läge, die Weiterbenutzung von verbrennerbetriebenen Fahrzeugen zu verteuern. Kurz: Ausschließlich auf das öffentliche Recht zu setzen, scheint mir keine besonders zielführende Perspektive.

Das führt mich zum Gesellschaftsrecht, konkret zum Aktienrecht. Das Aktienrecht hat sich traditionell als durchaus geeignet erwiesen, sich für Gemeinwohlbelange zu öffnen. Es ist bereits Heidelberg Materials erwähnt worden, einer der größten CO_2-Emittenten weltweit. Ich rufe zusätzlich in Erinnerung, dass allein Thyssenkrupp für 2,5 % des bundesweiten CO_2-Aufkommens steht. Nimmt man andere Großemittenten hinzu, zeigt dies doch, dass wir mit dem Einsatz des Gesellschaftsrechts über Instrumente sprechen, die durchaus wirkungsmächtig sein können. Die große Aufgabe besteht genau darin, diese Instrumente so zu formulieren, dass sie in das System des Aktienrechts passen, dass sie möglichst stimulierend wirken, dass sie mit dem Gedanken der Privatautonomie im Einklang stehen, also möglichst wenig dirigistisch sind. Das führt mich zu dem gestern vorgebrachten Einwand, die Beschlussempfehlungen würden die Finanzmärkte ausblenden. Dem ist allerdings nicht so, wenn wir den Vorschlag berücksichtigten, ein Say on Climate und damit Mitspracherechte der Kapitalgeber hinsichtlich der Klimapolitik der einzelnen Gesellschaft einzuführen. Damit wären nämlich die Kapitalgeber und die Intermediäre angesprochen, darunter namentlich Stimmrechtsberater und die Fondsverwalter. Über diesen Mechanismus ließen sich Aktienrecht und Finanzmarktrecht zusammenführen. Vielen Dank.

Prof. Dr. Timo *Fest*, Kiel:

1. Nach den Redebeiträgen, die wir gestern gehört haben, und aufgrund der rechtspolitischen Wirkung unserer Beschlüsse, die Jens Koch in Erinnerung gerufen hat, würde ich den vorläufigen Beschlussvorschlag Nr. 2 nur ungern aufteilen. Sollten wir über die These, dass der Gesetzgeber Maßnahmen zur Verbesserung des Klimaschutzes primär im öffentlichen Recht verorten soll, gesondert abstimmen, befürchte ich nämlich breite Zustimmung. Ein solches Abstimmungsergebnis stünde unserer Abteilung nicht gut zu Gesicht.

2. Dem Vorschlag, den vorläufigen Beschlussvorschlag Nr. 2 wie ausgeführt aufzuteilen, liegt die Annahme zugrunde, dass gesetzge-

berische Maßnahmen im Bereich des öffentlichen Rechts sich trennscharf von solchen im Gesellschafts- bzw. Unternehmensrecht unterscheiden ließen. Dies bezweifele ich aus zwei Gründen. Erstens, die Buchführungs- und Offenlegungspflichten, einschließlich der in den Referaten wiederholt angesprochenen nicht-finanziellen Berichterstattung nach der Corporate Sustainability Reporting Directive, sind öffentlich-rechtlicher Natur. Daher entbehrt es nicht einer gewissen Ironie, wenn mit gewisser Vehemenz gefordert wird, das öffentliche Recht zur Verbesserung des Klimaschutzes auszubauen, die Nachhaltigkeitsberichterstattung aber abzuschaffen oder jedenfalls zu verringern. Das passt nicht zusammen. Zweitens, sowohl die Nachhaltigkeitsberichterstattung als auch die Sorgfaltspflichten in der Lieferkette sind durch unionsrechtliche Vorgaben geprägt bzw. werden es demnächst sein. Die Richtlinien legen jedoch nur Ziele verbindlich fest. Die Wahl der Mittel, um diese effektiv zu verwirklichen, obliegt den Mitgliedstaaten. Ist es für die Unternehmen von Bedeutung, ob die Vorgaben im öffentlichen Recht oder im Gesellschafts- bzw. Unternehmensrecht umgesetzt werden? Im Ergebnis dürfte dies zu verneinen sein, da die Legalitätspflicht der Vorstandsmitglieder sämtliche Pflichten umfasst, die an die Gesellschaft adressiert sind.

3. Im Ergebnis stimme ich Marc-Philippe Weller darin zu, dass wir den Herausforderungen des Klimawandels mit einem Mix aus öffentlichem Recht, Gesellschafts- und Unternehmensrecht begegnen sollten. Dieser Mix muss jedoch „smart" sein, darf sich also nicht in symbolischen Maßnahmen erschöpfen. Unsere Abteilung sollte daher konstruktive Vorschläge unterbreiten und sich nicht mit dem Hinweis auf ein konturenloses Primat des öffentlichen Rechts der Diskussion verschließen. Vielen Dank.

Prof. Dr. Alexander *Hellgardt*, B.A., LL.M., Augsburg:

Wir sollten konkretisieren, inwieweit das Gesellschaftsrecht ein geeignetes Regulierungsinstrument zum Klimaschutz ist. Ich bin der Auffassung, dass man insoweit differenzieren muss. Es müssen ein paar grundsätzliche Voraussetzungen gegeben sein, damit privatrechtliche Rechtsdurchsetzung funktioniert. Der erste analytische Schritt ist, zwischen den Regulierungszielen und den zu ihrer Verfolgung eingesetzten Regulierungsinstrumenten zu unterscheiden. Wenn man das analytisch trennt, entsteht schon eine gewisse Klarheit. Regulierungsziele setzt der Gesetzgeber und sie sind zunächst einmal unabhängig davon, mit welchen Mitteln sie verfolgt werden. Deshalb ist es problematisch, wenn der Gesetzgeber davor zurückschreckt, das eigentliche Regulierungsziel selbst zu definieren und das den Unternehmen überlässt, wie wir das bei der Nachhaltigkeitsberichterstattung sehen.

Dort gibt es keine Kennziffern, die einheitlich vorgegeben werden, sondern jedes Unternehmen soll selbst Nachhaltigkeitsmaßstäbe entwickeln. Darunter leidet nicht nur die Vergleichbarkeit der Berichte, vielmehr ist auch konzeptionell unklar, welche Parameter eigentlich maximiert werden sollen. Ich komme nun zu den Regulierungsinstrumenten: Hier kann man ganz grob öffentliches Recht und privatrechtliche Instrumente, insbesondere solche des Gesellschaftsrechts, unterscheiden. Bei der Eignung dieser Instrumente zum Klimaschutz gibt es verschiedenen Ebenen. Zunächst wird häufig argumentiert, dass bei globaler Betrachtung alle Anstrengungen, die wir in Deutschland oder Europa unternehmen, sowieso verpuffen und nur den Effekt haben, dass die vermiedenen Emissionen dann irgendwo anders auf der Welt entstehen. Ich halte das für nicht stichhaltig, selbst wenn es in der Sache zutrifft. Dieses Risiko müssen wir hinnehmen, wenn wir den Klimaschutz nicht als Projekt insgesamt aufgeben wollen. Denn unsere Glaubwürdigkeit in internationalen Verhandlungen hängt davon ab, dass wir selbst unsere Hausaufgaben machen. Wenn wir selbst gar nichts machen, dann können wir auch schlecht von Schwellen- und Entwicklungsländern verlangen, dass sie ihr eigenes Recht ändern und ihre Emissionen reduzieren. Auf der nationalen Ebene geht es dann um die Frage, ob wir öffentliches Recht oder Gesellschaftsrecht einsetzen sollten. Ich glaube, Gesellschaftsrecht eignet sich immer dann, wenn wir einen Interessengleichlauf zwischen den betreffenden Personen, seien es Aktionäre, Vorstands- oder Aufsichtsratsmitglieder, und den öffentlichen Belangen, um deren Durchsetzung es geht, haben. Wenn man dieses Grundschema auf den Klimaschutz anwendet, sollte man unterscheiden zwischen Maßnahmen zur Anpassung an den Klimawandel und solchen zur Vermeidung des Klimawandels. Bei Anpassungsmaßnahmen gibt es einen sehr weitreichenden Interessengleichlauf. Es geht um die langfristige Überlebensfähigkeit der Unternehmen, etwa darum, Fabriken vor Überschwemmungen zu schützen. Dafür kann man ohne Weiteres gesellschaftsrechtliche Instrumente einsetzen, etwa Vorstandsvergütungsziele definieren, die an Anpassungsmaßnahmen ausgerichtet sind. Bei der Bekämpfung des Klimawandels haben wir es dagegen mit einem Phänomen zu tun, das die Ökonomen Public Good nennen. Gelingt es uns gemeinsam, den Klimawandel maßgeblich zu begrenzen, kommt dieser Erfolg allen zugute. Wenn ich aber der Einzige bin, der voranschreitet und in großem Maße Emissionen vermeide, habe ich lediglich Kosten und es gibt keinen messbaren Effekt. Hier besteht also eine Divergenz zwischen den Gewinninteressen der Aktionäre und dem Gemeinwohlziel. In einem solchen Fall ist es sinnvoll, ein Level Playing Field zu schaffen, so dass sämtliche Unternehmen dieselben Vorgaben haben. Das ist zunächst eine Aufgabe des öffentlichen Rechts.

Allerdings endet damit die Rolle des Gesellschaftsrechts nicht. Sobald wir öffentlich-rechtlich ein einheitliches Level Playing Field definiert haben, können gesellschaftsrechtliche Instrumente daran anknüpfen und unternehmensinterne Anreize dafür schaffen, die Vorgaben auch wirklich zu erreichen. An dieser Stelle kommen Regulierungsinstrumente ins Spiel wie die jetzt vorgeschlagene Klimaquote. Wenn wir uns an diesem Schema orientieren, dann können wir die ersten Thesen sehr viel zielgenauer formulieren und klarstellen, in welcher Hinsicht das Gesellschaftsrecht einen sinnvollen Beitrag zum Klimaschutz leisten kann.

Prof. Dr. Christoph *Kumpan*, Hamburg:

Ich begrüße sehr, dass sich das Büro der Abteilung dazu durchgerungen hat, einen allgemeinen Beschluss voranzustellen, der die Dringlichkeit und Notwendigkeit des Klimaschutzes deutlich macht, ohne schon die Frage aufzugreifen, ob das auch durch Gesellschaftsrecht erfolgen soll. Denn wenn wir uns auf einen von allen getragenen gemeinsamen Beschluss in dieser Hinsicht verständigen können, könnte diese Abteilung ein gewichtiges Signal für den Klimaschutz aussenden.

In den anschließenden Beschlüssen kann es dann darum gehen, ob auch das Gesellschaftsrecht dafür herangezogen werden soll oder nicht. Hinsichtlich der Frage, ob das Gesellschaftsrecht für klimaschützende Maßnahmen herhalten soll oder nicht, hat Alexander Hellgardt soeben Überzeugendes ausgeführt. Dem schließe ich mich an.

Wenn wir uns aber dafür entscheiden sollten, das Gesellschaftsrecht für den Klimaschutz einzuspannen, sollten wir nicht beim Klimaschutz stehen bleiben. Wenn wir am Ende zwar niedrigere Temperaturen haben, aber nur noch fünf Tierarten existieren, dürfte nicht viel gewonnen sein – etwas überspitzt gesagt. Ich möchte daher anregen, in den Beschlüssen den Begriff der Klimaneutralität bzw. des Klimaschutzes durch den Begriff des Umweltziels im Sinne der Taxonomie-Verordnung zu ersetzen. Damit würden wir an die in der Taxonomie-Verordnung bereits umfänglich ausgebaute und austarierte Zielvorgabe des EU-Verordnungsgebers anknüpfen. In Art. 9 der Taxonomie-Verordnung sind vom europäischen Verordnungsgeber sechs Umweltziele definiert worden. Diese wurden außerdem – und das kommt mir momentan in unserer Diskussion noch zu kurz – um das sog. Do-No-Significant-Harm-Prinzip ergänzt. Dieses besagt, dass bei der Verfolgung eines Umweltziels keines der anderen Umweltziele erheblich beeinträchtigt werden darf. Bei aller Richtigkeit und Wichtigkeit des Klimaschutzes dürfen wir die anderen Umweltziele nicht vergessen. Jedenfalls sollten wir aber bei unseren Beschlüssen das Do-No-Significant-Harm-Prinzip berücksichtigen.

Ich gehe also nicht so weit wie gestern Anne Mittwoch, die einen ganz breitgefächerten Nachhaltigkeitsansatz verfolgt sehen wollte. Denn auch ich habe die Sorge, dass sich die Unternehmen verzetteln könnten, wenn sie ein ganz breites Potpourri von unterschiedlichen Zielen verfolgen müssten. Und auch ich halte die ökologische Perspektive, wie Marc-Philippe Weller, gegenwärtig für vorrangig.

Aber warum ist es sinnvoll, einen breiteren ökologischen Nachhaltigkeitsansatz zu verfolgen? Fonds und andere Anlageintermediäre, die grüne Anlageprodukte vertreiben wollen, müssen sich bei ihren Investitionen an der Taxonomie-Verordnung orientieren und die Unternehmen, in die sie investieren, daran messen. Ebenso sind Unternehmen, die eine sog. Europäische Grüne Anleihe begeben wollen, gezwungen, die Taxonomie-Verordnung zu beachten. Das bedeutet, dass Unternehmen, die „grün" sein wollen und sich am Markt finanzieren möchten, jedenfalls mittelbar ohnehin bereits gezwungen sind, die Vorgaben der Taxonomie-Verordnung einzuhalten. Dann aber fragt sich, warum darauf nicht auch im Gesellschaftsrecht auf diese Verordnung Bezug genommen werden kann. Die betroffenen Unternehmen würden nicht zu mehr verpflichtet, als ohnehin schon von ihnen – jedenfalls mittelbar – verlangt wird. Des Weiteren hätten wir einen klaren Maßstab – festgelegt in der Taxonomie-Verordnung und deren Delegierten Verordnungen. Und dieser Maßstab wäre für Unions- und nationales Recht einheitlich und nicht unterschiedlich, was zu einem Auseinanderfallen von Unions- und nationalem Recht führen würde.

Abschließend möchte ich mich noch einmal dafür aussprechen, dass jedenfalls das Do-No-Significant-Harm-Prinzip in den Beschlussvorschlägen berücksichtig werden sollte. Umweltziele sollten nicht zulasten anderer Umweltziele verfolgt werden können. Vielen Dank.

Prof. Dr. Anne-Christin *Mittwoch*, Halle (Saale):

Ja, vielen Dank. Ich möchte gerne zwei Punkte machen, nur da ich jetzt schon mehrfach zitiert worden bin, vielleicht sei mir noch eine ganz kurze Klarstellung erlaubt. Mit Blick auf das Konzept der Nachhaltigkeit, also wenn ich davon spreche, dass wir ein umfassendes Nachhaltigkeitskonzept berücksichtigen sollten, meine ich da nicht ein irgendwie geartetes esoterisches offenes Konzept, sondern beziehe mich dezidiert auf die Nachhaltigkeitsforschung, die Verlautbarungen der Vereinten Nationen und natürlich die europäischen Rechtsakte im europäischen Rechtsrahmen, auch hier sind Sozialbelange schon angelegt. Dies gilt auch für die Taxonomie-Verordnung über Artikel 18, die Social Taxonomy kommt noch, sie ist verzögert, aber sie ist beabsichtigt und wenn wir uns das internationale Umfeld anschauen, also gerade was nachhaltige Anleihen oder nachhaltige Kreditvergabe angeht, dann haben wir die Sozialbelange auch mit drin. Also über kurz oder lang werden wir da nicht drumherum kommen.

Meine zwei Punkte, zunächst zu den Grundsatzfragen, da beziehe ich mich auf Beschlussvorlage 1.1 bis 1.3, Klimaschutz und Gesellschaftsrecht. Es wurde jetzt schon mehrfach angesprochen, dass die Frage nicht das Ob sein kann, sondern das Wie. Ich möchte einmal die Perspektive erweitern, diese kann nämlich meines Erachtens nicht nur das deutsche Recht sein, sondern wir müssen uns einordnen und sehen, dass der deutsche Gesetzgeber hier als ein Rad in einer globalen Transformation agiert. Wir implementieren Vorgaben der internationalen Ebene, der Vereinten Nationen etc. und natürlich der Europäischen Union. Und in dem Rahmen müssen wir uns natürlich auch sehen. Und diese Vorgaben bedienen sich alle, wie Marc-Philippe Weller das auch schon betont hat, ganz zentral eines sog. Smart Mix. Das heißt, wir differenzieren nicht zwischen Öffentlichem Recht und Privatrecht, so wie wir das in der deutschen Perspektive eben herkömmlicherweise tun.

Punkt zwei: Gesellschaftsrecht ist nur neutrales Organisationsrecht, das wurde gestern mehrfach vorgebracht. Tatsächlich ist aber vielfach belegt, dass die Neutralität nie existiert hat. Wir haben die Gemeinwohldiskussion im Aktienrecht schon seit es die Aktiengesellschaft gibt, wir haben die Rechtsfigur des Unternehmensinteresse, wir haben FüPoG, wir haben Mitbestimmung. Es geht hier immer darum, wie weit öffnet sich Gesellschaftsrecht für Gemeinwohlbelange und letztlich um die Frage des Verhältnisses der Gesellschaft, also als Unternehmen, zur Gesamtgesellschaft.

Dazu noch kurz ein praktischer Hinweis zum Abwanderungsargument und der Vorbildrolle, die wir hier haben. Marc-Phillipe Weller, Mathias Habersack und andere haben hier Argumente genannt. Ich möchte noch einmal kurz auf den Klimabeschluss des Bundesverfassungsgerichts hinweisen, der ist bislang hier noch nicht zur Sprache gekommen. Das Bundesverfassungsgericht sagt ausdrücklich, dass die Pflicht aus Art. 20a GG eben dem entgegensteht: Dass der Klimawandel ein globales Phänomen ist und der deutsche Gesetzgeber also kein Verweisen auf Emissionen anderer Staaten als Rechtsfertigung dafür heranziehen kann, nichts zu tun, lässt sich dort nachlesen.

Und dann der letzte Punkt zur Beschlussvorlage 3.6, die Nachhaltigkeitsberichtserstattung, da haben wir gestern darüber gesprochen, und heute auch. Was bringt es denn, Aufwand und Nutzen bzw. Kosten und Nutzen. Und wenn wir sagen, es wird bisher nichts oder nicht genug getan, dann müssen wir auch sehen, was haben wir denn bislang im Unternehmensrecht getan? Wir haben die NFRD, die sog. CSR-Richtlinie, die ja keine CSR-Richtlinie ist. Nur um nicht finanzielle Berichtserstattung geht es hier, für wenige nicht-finanzielle Aspekte. Natürlich bringt dies eine Kurve, wie wir sie gestern gesehen haben, nicht zum erheblichen Abflachen. Für andere Beurteilungen ist es noch zu früh, denn die CSRD greift im Moment noch nicht, die CSDDD greift noch nicht, die Taxonomie-Verordnung greift noch nicht in erheblichem Umfang, da ihre delegierten Rechtsakte nicht ausreichend wirtschaftliche Tätigkeiten erfassen. Also so wie die Rechtsakte konzipiert sind, greifen sie im Moment noch nicht. Was es bringt, das werden wir erst in den nächsten Jahren sehen. Das müssen wir natürlich beobachten, da bin ich ganz bei dem, was meine Vorredner gesagt haben. Und zuletzt zum Reporting, das soll natürlich kein Selbstsieg sein. Reporting ist ja so gedacht, dass es die Erfüllung von Handlungsspflichten belegt. Das hat Peter Hommelhoff schon vor über 10 Jahren nachgewiesen, dass eigentlich das, was wir hier machen, keine Frage des Reportings ist und sein sollte, sondern es geht um Handlungspflichten der Geschäftsleiter, es geht um Kerngesellschaftsrecht. Da kann man sich durchaus überlegen, dass man die auch regulatorisch antastet, dann kann man vielleicht das Reporting auch wieder entlasten oder zumindest das zusammendenken. Vielen Dank. (Beifall)

Dr. Tobias *Brouwer*, Frankfurt a. M.:

Meine sehr geehrten Damen und Herren, mein Name ist Tobias Brouwer, ich bin für den Verband der Chemischen Industrie tätig. Gerne möchte einige Punkte zu den Grundsatzfragen und den bisherigen Grundsatzbeschlüssen sagen. Vorab: Ich bin für Klimaschutz. Ich halte allerdings die aktuelle Diskussion, ob wir zusätzlich zu den europäischen Regelungen der CSRD und CSDDD auch noch im Gesellschaftsrecht Reglungen implementieren sollten, für fragwürdig. Das wurde schon viel diskutiert. Wir haben die Legalitätspflicht des Vorstands wie auch des Aufsichtsrats. Den betroffenen Unternehmen werden über öffentliches Bilanzrecht, über die CSRD-Umsetzung, bereits viele Pflichten auferlegt, die wir heute diskutieren. Wir haben die CSDDD, die meines Erachtens im Lieferkettensorgfaltspflichtengesetz umgesetzt wird. Und auch daran knüpfen sich Legalitätspflichten an, sodass sich die Frage stellt, ob wir wirklich noch etwas Zusätzliches und dann möglicherweise Abweichendes oder darüber Hinausgehendes auch im Gesellschaftsrecht ausdrücklich brauchen. Ich habe mal einen Beschlussvorschlag formuliert, der den Verlauf der bisherigen Diskussion aus so meiner Perspektive wiedergeben würde. Er würde so lauten: „Klimaschutz erfolgt primär durch öffentliches

Recht. Mit der nationalen Umsetzung der CSRD und CSDDD sind Unternehmen bei Erreichen der unionsgesetzlichen Größenschwellen bereits verpflichtet, einen Klimatransformationsplan zum Erreichen von Klimaneutralität bis zum Jahr 2050 aufzustellen und darüber zu berichten. Durch die Legalitätspflicht ist die Unternehmensverwaltung angehalten, diese gesetzlichen Vorgaben zu erfüllen. Einer von den EU-Vorgaben abweichenden und insbesondere darüberhinausgehenden Verankerung eines Klimaplans oder der Klimaquote speziell im deutschen Gesellschaftsrecht (Aktien- und GmbH-Recht) bedarf es daher nicht. Vielmehr sind die Wirkungen der noch umzusetzenden europarechtlichen Maßnahmen auf die Reduktion des weltweiten Treibhausgasausstoßes abzuwarten und auszuwerten." Der letzte Punkt betrifft die Situation, die wir derzeit haben: Die europäischen Vorgaben sind noch nicht einmal in Kraft und wir reden schon wieder über einen Zusatz im Gesellschaftsrecht. Jetzt weiß ich natürlich, ein solcher Beschlussvorschlag sollte nicht zu einer Spaltung der Debatte führen. Deswegen finde ich den Vorschlag von Herrn Professor Carsten Schäfer sehr gut, dass wir eine allgemeine Formulierung finden sollten, wonach Klimaschutz wichtig ist, dass es aber auch schon Legalitätspflichten gibt, und wir uns daher jetzt auf die konkreten Maßnahmen des Gutachtens konzentrieren und diskutieren sollten, ob sich diese tatsächlich für den Klimaschutz rentieren. Das wäre eine Idee, wie wir eine Brücke schaffen könnten. So viel zu meinen Gedanken dazu. Vielen Dank.

Prof. Dr. Dr. h.c. Peter *Hommelhoff*, Heidelberg:

Herr Koch hat uns gestern zurecht darauf hingewiesen, wir sollten auf die Thesen hin argumentieren. Richtig, aber wir müssen noch weiter auf den Gesetzgeber hin argumentieren. Er hat die Aufgabe, die Corporate Sustainability Due Diligence Directive bis Mitte 2026 umzusetzen. Ich kann mir nicht vorstellen, dass die dafür zuständigen Ministerialbeamten zusätzlich ein separates Projekt zum Klimaschutz auf den Weg bringen. Wenn wir Erfolg haben wollen, und die DJT-Empfehlungen sollen ja den Gesetzgeber zum Handeln veranlassen, dann müssen wir versuchen, die Vorschläge, die wir hier entwickeln und mit Mehrheit beschließen, an dies Transformationsprojekt anzukoppeln, sonst haben wir keine Chance durchzukommen. Artikel 22 CS3D wurde in diesem Zusammenhang schon mehrfach genannt. Die Vorschläge des Gutachters lassen sich wie folgt spiegeln:

Die Corporate Sustainability Due Diligence Directive erfasst alle Kapitalgesellschaften und Personenhandelsgesellschaften. Daher ist eine Konzentration auf die Aktiengesellschaft allein beim Klimaschutz kontraproduktiv. Wir müssen den Ansatz so wählen, dass wir die Unternehmen unabhängig von ihrer Rechtsform ansprechen. Das bedeutet: wenn wir die DJT-Empfehlungen nicht ins Gesellschaftsrecht reinschreiben wollen, dann werden sie in das neue Lieferkettensorgfaltspflichtengesetz eingearbeitet werden müssen.

Zweiter Punkt: Schwellenwert 500 Arbeitnehmer, Mitbestimmung, Drittelbeteiligung. Das kontrastiert gegen die Corporate Sustainability Due Diligence Directive: 1.000 Arbeitnehmer, 450 Millionen Umsatz. Sollten wir die geringere Zahl nehmen? Ich glaube nein; der deutsche Gesetzgeber sollte das nicht tun, weil er für die Überarbeitung der Corporate Sustainability Due Diligence Directive im Jahre 2030 Verhandlungsmasse braucht. Wenn er sie schon jetzt aus der Hand gibt, hat er nachher in den Verhandlungen schlechte Karten.

Scope 1, 2 und Scope 3. Ich glaube nicht, dass uns die Formulierung des Artikels 22 Abs. 1 UnterAbs. 1 so viel Freiraum lässt, für die nur teilweise Berücksichtigung von Scope 3. Scope 3 wird verhältnismäßig umfassend anzugehen sein.

Der Klimatransformationsplan steht bereits im Artikel 22. Die Klimaquote hat den ganz großen Vorteil, dass sie mit einer einzigen Ziffer ungeheure Aussage- und Steuerungskraft entfaltet. Die Klimaquote sollte der deutsche Gesetzgeber als Addendum zu den Nachhaltigkeitsquoten nach Artikel 8 der Taxonomie-Verordnung ernsthaft erwägen – sie ist eine wirklich sehr hilfreiche Zusatzinformation, die nicht sonderlich schwer zu beschaffen ist.

Das ist sämtlich Gesellschaftsrecht. Es ist nämlich deshalb Gesellschaftsrecht, weil in den Bestimmungen der Corporate Sustainability Due Diligence Directive der Art. 22 im Kontext gesehen werden muss mit den Vorgaben aus Artikel 5; diese sind mehrfach darauf angelegt, Schutzsysteme zu etablieren und zu betreiben. Ein ebensolches, wenn auch etwas verkürztes Schutzsystem. Wollte man diese CS3D-Vorgaben im Aktiengesetz umsetzen, dann als neuer § 91 Abs. 4 bis 12, also mitten im Gesellschaftsrecht.

Die Überprüfungskadenz ist im Artikel 22 Abs. 3 vorgegeben, mithin ganz nah am Vorschlag von Herrn Weller. – Einige Bemerkungen zur Corporate Governance. Was bisher nicht deutlich genug angesprochen worden ist: der enorme Aufwuchs der externen Corporate Governance durch die Sozialpartner und durch die Organisationen der Zivilgesellschaft. Sie werden künftig eine ganze Vielzahl von gesetzlich begründeten Anhörungsrechten, Mitwirkungsrechten, Beschwerderechten und Klagrechten haben – ein neuer starker Schub auch auf die interne Corporate Governance durch den Aufsichtsrat. Da er nach § 111 Abs. 1 den Vorstand in seiner gesetzlich vorgegebenen Tätigkeit zu überwachen hat, muss selbstverständlich der Aufsichtsrat konsequent die Gesamtkompetenz haben, diese Betätigung des Vorstandes, der Geschäftsleitung hinsichtlich der Nachhaltigkeit und des Klimaschutzes zu bewerten, um seine Überwachungsaufgabe wahrnehmen zu können. Eine Gesamtbefähigung des Aufsichtsrats versteht sich so gesehen von selbst mitsamt entsprechender Mindestbefähigung aller Aufsichtsratsmitglieder. Das sind ungeschriebene Anforderungen an die Amtsführung; man könnte aber auch auf den Gedanken kommen, eine explizite Ausformulierung der Anforderungen habe eine gewisse Steuerungswirkung und schaffe Aufmerksamkeit für diejenigen, die diese Aufgabe wahrzunehmen haben.

Einem gesetzlich angeordneten Klimaausschuss sollten wir reserviert gegenüberstehen. In Betracht käme allenfalls eine Empfehlung im Corporate Governance Kodex; besser nur eine Anregung.

Letzter Punkt: Say on Climate. Ich verstehe die Aufregung nicht, die damit verbunden ist. Schon in seinem Feststellungsbeschluss befindet das Basisorgan mit der Gewinn- und Verlustrechnung: Wie viel Geld haben wir ausgegeben für die Erzielung der Nachhaltigkeitsziele, insbesondere für den Schutz des Klimas? Und mit dem Beschluss zur Ergebnisverwendung entscheidet das Basisorgan darüber, wieviel Geld im Unternehmen einbehalten, thesauriert werden soll, auch damit das Unternehmen seine Nachhaltigkeitsziele erreicht, und wieviel Geld an die Gesellschafter als Dividende ausgekehrt wird. Sie sind mitten im Schutz der Gemeinwohlgüter dabei; und schließlich die Entlastung für das, was die Geschäftsleitung auch mit Blick auf die Nachhaltigkeit getan hat, verbunden mit Vertrauen, ob die Geschäftsleitung das auch in der Zukunft machen soll. In diesem Kontext ist „Say on Climate" oder besser: „on Sustainability" eigentlich eine bare Selbstverständlichkeit.

In summa: Die Deputation und ihr Gutachter sind schlicht vom europäischen Gesetz überholt worden. Das ändert aber nichts daran, dass die Vorschläge ausgereift sind und uns viel Anregung gegeben haben. Und Ihnen, lieber Herr Koch, sei zur Presse zugerufen: Die wirtschaftsrechtliche Abteilung wird den Klimaschutz, der uns jetzt durch den europäischen Gesetzgeber ohnedies schon vorgegeben ist, mit Nachdruck vorantreiben und unterstützen.

Vorsitzender:

Ganz herzlichen Dank, Herr Hommelhoff. Das mag mir Gelegenheit geben, eine kurze Erläuterung einzuschieben. In der Tat ist der Gutachter von der Corporate Sustainability Due Diligence Directive überholt worden, die Deputation und der Abteilungsvorstand allerdings nicht. Wenn wir in den Beschlussvorschlag zu Klimaquote und CSDDD [in den finalen Beschlussvorschlägen Nr. 3] schauen, sehen wir gravierende Abweichungen gegenüber der betreffenden These des Gutachters. Art. 22 CSDDD nehmen wir als gegeben hin und schlagen nicht vor, diese abzuschaffen. Es geht allein um dessen Umsetzung durch den deutschen Gesetzgeber. Dazu gibt es drei Vorschläge, über die wir auch separat abstimmen wollen.

Der eine ist eher restriktiv derart, dass empfohlen wird, den Anwendungsbereich der CSDDD in Deutschland nicht über den zwingenden Anwendungsbereich der CSDDD hinaus zu erweitern. Im Anschluss stellen wir separat zwei Erweiterungen zur Diskussion: Zum einen die Frage, bis wann Klimaneutralität im Sinne der Scope 1 und Scope 2 Emissionen hergestellt werden soll: erst 2050, wie in der CSDDD vorgesehen, oder bereits 2045, wie im deutschen Klimaschutzgesetz vorgesehen? Zum anderen die Frage, ob über die in Art. 22 CSDDD vorgesehenen Maßnahmen hinaus noch eine Verpflichtung zu einer jährlichen Klimaquote, also einer jährlichen Vorgabe für die angestrebten Treibhausgasreduktionsziele, vorgesehen werden sollte. In der CSDDD sind lediglich 5-Jahres-Ziele, allerdings mit jährlicher Aktualisierung, vorgesehen. Die Unterschiede scheinen mir nicht gravierend zu sein, aber vielleicht kann der Gutachter gleich noch einmal die Unterschiede etwas präziser erläutern, als ich das jetzt auf die Schnelle gemacht habe. Aber zunächst hat Frau Dr. Lina Rolffs das Wort.

Rechtsanwältin Dr. Lina *Rolffs*, Köln:

Vielen Dank. Ich möchte mich als erstes einreihen in die heute erfreulicherweise doch sehr überwiegenden Stimmen, die sich für ein deutliches Bekenntnis auch zu gesetzgeberisch verankerter Unternehmensverantwortung für Klimaschutz ausgesprochen haben. Das habe ich tatsächlich gestern in den Referaten teilweise vermisst. Das mag natürlich auch der Fragestellung geschuldet sein: Brauchen wir Regelungen im Gesellschaftsrecht, ja oder nein? Da habe ich aus den Referaten überwiegend mitbekommen, Klimaschutz mag wichtig sein, aber jedenfalls nicht hier. Da fehlte mir die positive Vision, die wir, glaube ich, in den Beschlüssen auch transportieren müssen, wie es denn sonst erreicht werden soll. Und da möchte ich auch im Anschluss an Frau Prof. Mittwoch nochmal auf das Bundesverfassungsgericht zurückkommen. Es ist wirklich keine Frage, ob wir etwas machen müssen oder in welcher Geschwindigkeit. Sondern es gibt ein Budget. Es gibt ein nationales Budget, das aus dem globalen Budget auf Deutschland runtergebrochen wurde, und das eingehalten werden muss. Es besteht dringender Handlungsbedarf. Und die internationale Dimension, die natürlich aus dem globalen Charakter dieser Aufgabe hervorgeht, sieht das Bundesverfassungsgericht ja darin, dass neben den Anstrengungen, die es national braucht, zusätzlich auf internationaler Bühne auf gemeinsame Maßnahmen hingewirkt werden muss.

Dann noch drei weitere Bemerkungen zu den Referaten aus meiner Sicht. Diese verfassungsrechtlich gebotene schnelle Reduktion der Emissionen kann nur dort gelingen, wo auch Einfluss auf die Emissionen besteht. Und das ist bei den Unternehmen. Deswegen meine ich auch, dass der Gesetzgeber dringend die Unternehmen in den Blick nehmen muss, damit am Ende eine reale Reduktion der Emissionen von Unternehmen steht.

Dabei kommt es zweitens auch auf den Scope 3-Aspekt an. Es gibt Unternehmen, die 90 % ihrer Emissionen im Scope 3 haben. Also wenn wir mal das Beispiel eines Autoherstellers in den Blick nehmen, dann liegt dort ein sehr hoher Anteil der Emissionen bei den Fahremissionen ihrer Autos, die nicht in ihre Scope 1- oder 2-Emissionen gerechnet werden können. Gleichzeitig ist es aber so, dass natürlich der Autohersteller einen sehr viel größeren Einfluss als der Verbraucher darauf hat, wie viel diese Autos in ihrer Lebensdauer emittieren. Und deswegen meine ich, dass es eine Berücksichtigung von Scope 3 braucht, um diese Emissionen abzubilden.

Der dritte Punkt betrifft die Bürokratie. Ich kann gut verstehen, dass es einen großen Aufwuchs an Reporting-Anforderungen gegeben hat und dass das eine Herausforderung für Unternehmen ist, die vielleicht auch nicht in aller Gänze erforderlich gewesen ist. Aber wir sprechen ja jetzt hier über einen Klimaplan, einen Transformationsplan, der aus meiner Sicht nicht eine Nebenpflicht ist, die irgendwo in Risikomanagement-Abteilungen oder Compliance-Abteilungen behandelt werden kann, sondern der den Kern des Geschäftsmodells betrifft und dementsprechend Teil der Geschäftsstrategie ist und deshalb auch in § 90 AktG als solcher explizit genannt werden sollte.

Daraus folgt für mich erstens: Ich spreche mich für die Klima-Quote aus. Weil ich, wie es hier jetzt schon öfter gesagt wurde, der Meinung bin, dass das in der jetzt vorgeschlagenen Form zunächst mal keine Überforderung sein kann. Der Vorschlag ist ja inzwischen wirklich nur noch ein kleiner Teil der ohnehin erforderlichen Umsetzung der CSDDD geworden. Ich glaube, dass es den Unternehmen zuzumuten ist, sich damit jährlich zu befassen – auch vor dem Hintergrund, dass sie sich ohnehin in der jährlichen Geschäftsstrategie damit auseinandersetzen müssen. Und ich denke, dass die jährliche Befassung einen Beitrag zu einer besseren Umsetzung leisten kann. Ich rege zweitens an, über § 90 AktG nachzudenken. Und ich befürworte schließlich nachdrücklich ein deutliches Bekenntnis zur Unternehmensverantwortung im Gesetz.

Promotionsstudent Victor *Habrich*, Heidelberg:

Ich möchte mich zu einem konkreten Beschlussvorschlag äußern, und zwar zum 5. lit. c.

Ich halte die Klimaquote, also die Ergänzung des Klimatransformationsplans um jährliche Emissionsreduktionsziele, für einen gelungenen Vorschlag zur Umsetzung von Artikel 22 CSDDD, insbesondere aus drei Gründen.

Erstens: Soweit mit dem Transformationsplan auch auf den Reputationsmechanismus gesetzt wird, stellt erst die Klimaquote diesen scharf. Die Öffentlichkeit kann nennenswerten Druck auf Unternehmen nur aufbauen, wenn ihr dafür konkrete und vergleichbare Ansatzpunkte zur Verfügung stehen.

Zweitens: Verdrängungs- bzw. Wasserbetteffekte, also dass manche Unternehmen, die von anderen Unternehmen eingesparten Emissionen schlicht substituieren, können durch die Klimaquote geschmälert werden, soweit sie innerhalb von Deutschland auftreten. Substituierende Unternehmen können leichter an den Pranger gestellt werden, wenn sie eine Lockerung ihrer jährlichen Reduktionsziele öffentlich machen müssen. Sollte die Klimaquote sich zum europäischen Umsetzungsstandard entwickeln, würde Entsprechendes für Europa gelten.

Und drittens: Die Klimaquote verursacht, soweit sie überschießend ist, keine erheblichen Mehrkosten für Unternehmen. Kurzum, ihr Nutzen überwiegt ihre Kosten.

Danke schön.

Wiss. Mitarbeiter Moritz *Böbel*, Heidelberg:

Die in den Gutachten vorgeschlagene Klimaquote für AG und GmbH dient auch einem organisationsrechtlichen und damit einem nach der Definition, die Frau Dr. Rotsch gestern eingebracht hat, genuin gesellschaftsrechtlichen Anliegen. Die Klimaquote hat für die Verwaltungsorgane der Gesellschaft, Vorstand beziehungsweise GmbH-Geschäftsführer und Aufsichtsrat, Enthaftungsfunktion. Im Außenverhältnis wird das Unternehmen aufgrund der CSDDD perspektivisch verpflichtet sein, beim Stich 2050 klimaneutral zu sein. Was der Gesellschaft im Fall der Non-Compliance mit diesem Ziel droht, ist von der CSDDD den nationalen Gesetzgebern überlassen. In Betracht kommen mit Blick auf das Gebot der effektiven Richtlinienumsetzung namentlich eine Verbandsbuße oder aufsichtsrechtliche Maßnahme, etwa die kurzfristige Stilllegung treibhausgasintensiver Anlagen. In diesem jedenfalls teuren Fall kann sich die Gesellschaft bei ihren Verwaltungsorganen regressieren. Sobald im

Außenverhältnis ein Schaden eingetreten ist, also ab 2050 droht ohne die Klimaquote, dass jeder Vorstand im Zeitraum von 2024 bis 2050 für sich in Anspruch nimmt, selbst genug unternommen zu haben, um die Verantwortlichkeit der Gesellschaft für die Zielverfehlung seinen Vorgängern und Nachfolgern zuzuschreiben. Die Klimaquote ist probates Mittel, um dieses Problem zu antizipieren und präventiv zu lösen. Ein Vorstand, der die Zwischenziele seiner Amtsperiode erreicht, begeht im Verhältnis zur Gesellschaft keine Organpflichtverletzung im Sinne des § 93 II S. 1 AktG und muss daher ab 2050 selbst dann keine Haftung mehr fürchten, wenn die Gesellschaft das ihr im Außenverhältnis gesetzte Ziel verfehlt. Die Einhaltung der periodischen Vorgaben der Klimaquote ist für den aktuellen Vorstand so ein haftungsrechtlicher „Safe Harbor". Das Gesellschaftsrecht kann insoweit genuin organisationsrechtlich dazu beitragen, für alle Akteure frühzeitig klare Verhältnisse zu schaffen, um späte Organhaftungsprozesse zu vermeiden.

Vielen Dank.

Prof. Dr. Johannes *Wertenbruch*, Marburg:

Ich habe mich gemeldet zum Thema Rechtsformzusatz, da gab es ja gestern auch schon eine Reihe von Wortbeiträgen und von Herrn Müller-Gugenberger eben und daran würde ich gerne anknüpfen. Es ist ja vorgeschlagen als Rechtsformzusatz, die Firma besteht ja aus einem Rechtsformzusatz und sonstigen Bestandteilen und in Bezug auf den Vorschlag Rechtsformzusatz im rechtstechnischen Sinne hat Herr Müller-Gugenberger Recht. Aus mehreren Gründen. Es gibt eine andere Möglichkeit, und da hat Herr Müller-Gugenberger nicht recht. Abkoppelung vom Rechtsformzusatz und allgemeiner Firmenbestandteil, das hat mehrere Vorteile. An sich ist ja der Rechtsformzusatz neutral und klimaneutral bezieht sich ja auf den Unternehmensgegenstand und nicht auf die Rechtsform als solche. Und deshalb sollte man die Rechtsform und den Unternehmensgegenstand trennen. Dafür sprechen mehrere Gesichtspunkte. Es zeigt sich, insbesondere wenn ich den Rechtsformzusatz, also die handelsrechtlichen Firmen AG, GmbH, KG, OHG und die Namenszusätze EGBR und Partnerschaft, wenn ich das nicht am Ende platziere, sondern am Anfang und in der Mitte. Für die EGBR haben jetzt das OLG Hamburg und OLG Köln entschieden, man GBR am Anfang, in der Mitte oder am Ende setzen kann, bei der GmbH und AG ist es genauso. Wenn ich es abkoppele von der Rechtsform und nehme es auf, als allgemeinen Firmenbestandteil, und wir nehmen mal das Beispiel A, Chipproduktion GmbH, wenn ich da in Klammer hinten dransetze „klimaneutral", da könnte man darauf kommen, dass die Chipproduktion klimaneutral ist, aber besonders transparent ist es nicht. Transparenter wäre eben A, klimaneutrale Chipproduktion GmbH und das bekomme ich ins Handelsregister eingetragen, wenn es nicht irreführend ist im Sinne von § 18 II AktG. Es muss eben stimmen, aber dadurch belastet es gleichwohl auch die Registergerichte, weil die dies prüfen müssen. Es ist damit zu rechnen, dass Konkurrentenklagen erhoben werden, so dass dann die Gerichte entscheiden müssen, ob es klimaneutral ist. Wenn man in meinem Beispiel mit der Chipproduktion den eigentlichen Rechtsformzusatz GmbH in die Mitte nimmt, dann hat man so eine Art Chipproduktion in A GmbH (klimaneutrale Chipproduktion) und da ist es eben besser, wenn man sagt A GmbH klimaneutrale Chipproduktion. Dann ist klimaneutrale kein Rechtsformzusatz, sondern allgemeiner Firmenbestandteil und damit auch transparent.

Jetzt zur Frage, ob hier regelnd eingreifen muss. Gestern hat ja Herr Hennrichs gesagt, man muss das so nicht regeln. Klimaneutral als allgemeinen Firmenbestandteil, das sollte man regeln, weil im Firmenrecht ja der Grundsatz der Gestaltungsfreiheit gilt. Man sollte das definieren, und zwar die materiell rechtlichen Voraussetzungen und vor allen Dingen die formalen Voraussetzungen, weil das Registergericht formalisiert das Verfahren. Behörden sollten es nicht prüfen müssen, da dies Geld kosten, so dass die Länder die unter Verweis auf die Kosten ablehnen werden. Dann könnten bestimmte Umweltingenieure nach den Regelungen die Prüfung vornehmen Bescheinigung ausstelle. Diese kostet auch Geld und mit der Bescheinigung gehen sie zum Registergericht. Beim Registergericht erfolgt die Eintragung und es ist transparent.

Und wenn dann jemand mit einer UWG-Klage kommt, dann kann man sagen, hier ist die Bescheinigung und dann kann man ja regeln, die Bescheinigung gilt nicht ewig. Da muss in gewissen Zeitabständen eine neue Bescheinigung eingeholt werden, sonst setzt ein Löschungsverfahren oder etwas ähnliches ein. Es ist transparenter und rechtlich besser, wenn man es nicht an die Rechtsformen ankoppelt, sondern als allgemeinen Firmenbestandteil ansieht. Ich habe mal gestern Abend geguckt, es gibt mittlerweile 35.000 EGBR's, in Stuttgart 1.700. Und da gibt es eben nicht nur die kleinen Handwerksbetriebe oder Musikbands im Immobilienbereich. Ich kann ja eine ganze Straße mit Altbauten kaufen, mache eine energetische Sanierung, die haben dann alle mal energieeffiziente Gebäudehüllen, die GBR's. Und da mache ich Umsatz, dass können ja 20,30 Häuser sein, solange ich nur vermiete und verpachte, habe ich kein Handelsgewerbe. Wenn das einige machen mit klimaneutral und die haben die Bescheinigung, und ich habe als eine GBR oder GmbH das nicht, kommen die Leute auf die Idee, der ist nicht klimaneutral. Umkehrschluss, das heißt, ich muss dann nachziehen und das sollte man so in der Tat nicht unterschätzen. Und deshalb, so würde ich vorschlagen zu beschließen, dass der Gesetzgeber die materiellen und formellen Voraussetzungen der Aufnahme des Firmenbestandteils „Klimaneutral" als allgemeiner Firmenbestandteil „Klimaneutral" regeln sollte. Vielen Dank.

Prof. Dr. Rüdiger *Wilhelmi*, Konstanz:

Ich möchte mich zunächst zur Klimaquote und zum Klimatransformationsplan äußern. Bei Ziffer 5 Buchstabe a ist es sehr sinnvoll an die Corporate Sustainability Due Diligence Directive anzuknüpfen. Hier dürfte das Gutachten vom europäischen Gesetzgeber überholt worden sein. Ich möchte darauf hinweisen, dass dies allerdings in der Konsequenz ein paar Abweichungen gegenüber dem Gutachten bedeutet, die aber sinnvoll sind. Erstens: Dass eben auch Scope 3 umfasst ist. Zweitens: Dass eben der Adressat jetzt nicht mehr der Vorstand oder das Geschäftsführungsorgan ist, sondern das Unternehmen bzw. die Gesellschaft als solche. Drittens: Dass dann letztendlich auch die Sanktion aus Artikel 27 CSDDD gilt. Das dürfte aus meiner Sicht auch bedeuten, dass wir nicht, so wie es bisher angeklungen ist, den Vorstand von der Haftung freihalten. Wenn das Unternehmen oder die Gesellschaft sanktioniert werden kann, muss auch der Vorstand eine entsprechende Pflicht haben. Im Übrigen bin ich mir auch sonst nicht sicher, ob es wirklich richtig ist, den Vorstand letztendlich bei diesen Berichterstattungen weitgehend von der Haftung freizustellen.

Bei Ziffer 5 Buchstabe b geht das Ziel der Erreichung des Klimaneutralitätsziels schon 2045 zwar über die Corporate Sustainability Due Diligence Directive hinaus. Aber dieses Ziel folgt aus dem Klimaschutzgesetz und ist deswegen aus meiner Sicht hier auch nicht mehr zu diskutieren.

Bei Ziffer 5 Buchstabe c, der Klimaquote, muss ich zugeben, habe ich etwas gemischte Gefühle. Einerseits müssen die Unternehmen einen Klimatransformationsplan sowieso erstellen. Denn nach der Corporate Sustainability Due Diligence Directive sind sie ja verpflichtet, 5-Jahres-Pläne zu machen. Hier müssten sie jetzt zwar Jahrespläne machen. Aber das wären ja keine völlig neuen Pläne; denn wenn ich einen Klimatransformationsplan seriös erstellen und umsetzen will, dann muss ich die darin enthaltenen Ziele zumindest intern auch auf die einzelnen Jahre heruntergebrochen haben. Andererseits sehe ich das Problem, dass mit einer jährlichen Klimaquote eine gewisse Kurzfristigkeit hineinkommt. Denn ich muss zwar auch bei einem seriösen 5-Jahres-Plan jährlich nachverfolgen, ob ich ihn einhalte oder nicht. Die jährliche Quote würde insofern nur zu einer stärkeren Bindung führen. Aber wenn ich die Perspektive von Vorständen oder Geschäftsführungsorganen einnehme, dann ist zuzugeben, dass die Einhaltung jährlicher Quoten gerade in neuen und komplexen Gebieten wie hier manchmal schwierig ist, so dass auch bei einem halbwegs normalen Lauf der Dinge massive Reputationsverluste drohen. Fünf Jahre sind da aus meiner Sicht besser zu steuern. Letztendlich ist auch der Klimatransformationsplan über fünf Jahre bindend, auch wenn die jährliche Quote zu größerer Transparenz und einer stärken Bindung führen würde.

Grundsätzlich möchte ich zur Klimaquote noch anmerken, dass wir im Moment sehr stark im Hinblick auf das Ziel Klimaschutz diskutieren. Es ist im Moment gewissermaßen das Killerargument gegenüber allen anderen Aspekten. Wir wollen Klimaschutz und das schlägt quasi alles andere. Aber wir müssen uns im Klaren sein, dass dies nicht neutral gegenüber anderen Zielen des Unternehmens ist. Dabei geht es nicht nur um das Gewinnerzielungsinteresse, sondern – wir haben schon drüber diskutiert – auch um soziale Aspekte und andere Umweltbelange als den Klimaschutz. Das Verhältnis zwischen diesen Zielen ist nicht neutral. Das Gutachten versucht sich da so ein bisschen rauszuhalten und zu versuchen, nicht in eine Abwägung mit den damit verbundenen Schwierigkeiten zu geraten. Aber diese Schwierigkeiten werden wir – glaube ich – nicht vermeiden können. Es ist notwendig, den Klimaschutz gegenüber den anderen Zielen abzuwägen und wir wollen vermutlich auch, dass die Abwägung in eine bestimmte Richtung geht, aber wenn ich diese Klimaquote oder eben auch schon den Artikel 22 CSDDD auch im Gesellschaftsrecht umsetze, dann bedeutet dies eine Aufwertung des Klimaschutzes im Rahmen dieser Abwägung. Einmal aus dem Gesetz heraus, er ist eben hervorgehoben, und zum anderem auch einfach, weil ich dazu stärker Stellung nehmen muss als zu anderen Fragen. Aber dann stellt sich auch die Frage: Ist das im Umkehrschluss eigentlich eine Abwertung der anderen Ziele? Das kann man wollen, es ist vielleicht auch sinnvoll, aber ich möchte zu bedenken geben, dass es – und da wird es jetzt ganz grundsätzlich dogmatisch – auch eine Bewegung wieder stärker in Richtung Stakeholder Value gegenüber dem Shareholder Value Ansatz bedeutet. Und das hat auch Rückwirkung auf alle anderen Ziele. Denn wenn ich erstmal mit einem Ziel anfange, kann ich nicht sagen, die anderen ignoriere ich aber alle, da mache ich weiterhin Shareholder Value, nur beim Klimaschutz nicht, das wird nicht funktionieren, selbst wenn ich dem Klimaschutz, was vermutlich richtig ist, gegenüber den anderen Zielen eine besondere Bedeutung zukommen lasse.

Dann noch eine ganz kurze Bemerkung zur Ziffer 8, also zu der Prüfungspflicht. Wenn wir tatsächlich diesen Klimatransformationsplan haben, egal ob über fünf Jahre oder einer jährlichen Klimaquote, dann muss der Aufsichtsrat nachhalten, was eigentlich mit diesem Plan und seiner Umsetzung passiert. Der Aufsichtsrat kann das nicht ignorieren. Daher ist es gefährlich in Ziffer 8 zu sagen, der Aufsichtsrat muss nur auf die Auswahl der Prüfer und die Prozesse schauen, sondern ich würde mit Herr Hennrichs dafür plädieren, § 171 AktG richtig zu lesen. Dann gilt die bewährte Aufgabenverteilung zwischen Abschlussprüfern und Aufsichtsrat eben auch hier. Wir sollten sie auch nicht abschwächen. Das wäre ein schlechtes Signal, denn es würde bedeuten, der Klimaschutz ist doch nicht so wichtig, daher muss sich der Aufsichtsrat nur eingeschränkt darum kümmern. Wenn wir den Klimatransformationsplan ernst nehmen, dann muss der Aufsichtsrat hier wie sonst auch inhaltlich prüfen und kann sich, selbst wenn dies in der Regel der Schwerpunkt sein dürfte, nicht nur auf die Prüferbestellung und die Prozesse beschränken.

Vielen Dank.

Prof. Dr. Markus *Roth*, Marburg:

Ich darf mich ganz herzlich bedanken für das Gutachten, das – wie ich finde – einen guten Aufschlag gegeben hat für unsere Diskussion. Inhaltlich würde mich gerne den Stimmen anschließen, die dem positiven Beitrag des Gesellschaftsrechts betont haben. Diesbezüglich würde ich den Blick gerne noch ein bisschen weiten. Wir haben relativ viel national diskutiert und so die Rechtsvergleichung bisher doch noch etwas stiefmütterlich behandelt. Es gibt aber durchaus Diskussionen im Ausland, die wir auch für unsere Sektion furchtbar machen können. Die Klimagesetzgebung steht vor der Aufgabe eine intrinsische Motivation zu fördern. Die Unternehmensleiter sollten unsere Vorschläge positiv aufzunehmen und nicht als weitere Last empfinden. Klimagesetzgebung kann auch die Möglichkeit geben, sich positiv nach außen darzustellen. Das geht durch einen Rechtsformzusatz, aber in England hat die British Academy hat sich sehr deutlich für einen Purpose der Unternehmen ausgesprochen, diesen findet man jetzt auch im UK Governance Code, gefordert wird ein Zweck, ein raison d'être, der auch die Frage beantwortet: warum gibt es diese Unternehmen? Dieser Zweck geht darüber hinaus, dass das Unternehmen einfach nur da und vielleicht Geld verdienen soll. Betont wird der Beitrag des Unternehmens über die reine Gewinnmaximierung hinaus. Meines Erachtens sollten wir die Möglichkeit betonen, dass die Unternehmen ihre Vision stärker herausstellen. Zur Bekämpfung des Klimawandels brauchen eher wieder mehr Visionen als weniger und vielleicht weniger Ängstlichkeit und auch weniger Angst etwa eine Klimaquote nicht einhalten zu können. Das würde ich gerne noch mit in die Diskussion einbringen. Die Rechtsvergleichung spricht auch nicht unbedingt für einen Rechtsformzusatz „klimaneutral“, Johannes Wertenbruch hat ja einen Weg aufgezeigt, wie man nach geltendem Firmenrecht eine Klimaneutralität betonen kann. In den USA gibt es hingegen erfolgreich die Rechtsform der Benefit Cooperation. In Deutschland führen wir jetzt aktuell eine Diskussion, dass das Vermögen gebunden werden kann in einer Gesellschaft, die quasi eine Benefit Cooperation ohne Benefit ausgestaltet werden soll, die also einen echten Vorteil der Gesellschaft insgesamt nicht mehr vorsieht, jedenfalls nach den aktuellen Vorschlägen. Eine echte deutsche Benefit Gesellschaft wäre hingegen etwas, was dazu dienen kann neben der Klimaneutralität auch andere Nachhaltigkeitsgesichtspunkte zu fördern. Die Bezeichnung als Benefit Gesellschaft würde ein Unternehmen herausheben, der Nutzen für die Gesellschaft insgesamt könnte im Wettbewerb deutlich gemacht werden. Für solche Rechtsformen gibt es auch verschiedene europäische Beispiele. Ich denke, es würde unserer Diskussion guttun, darauf noch einmal zu blicken.

Zum Klimatransformationsplan: Ich bin hier unsicher, ob die europäischen Ziele nicht vielleicht ein bisschen sehr ambitioniert sind, auch mit Blick darauf, was den Unternehmen abverlangt wird. Deutschland ist noch ambitionierter mit einer Klimaneutralität ab 2045. Wenn man sich ansieht, wie viele Windräder in Deutschland neu gebaut werden, dann stellt man fest, dass da nicht so viele dazukommen, jedenfalls nicht in diesem Jahr. Und insofern stellt sich auch die Frage: Schaffen wir es überhaupt, auf das 1,5-Grad-Ziel weltweit ja zuzusteuern oder werden wir es nicht überschreiten? In den letzten Monaten war es ja regelmäßig so, dass auf jedenfalls die Jahresbasis die 1,5-Grad überschritten worden sind. Die World Meteorological Organization wurde ja schon angesprochen. Es gibt auch eine europäische Klimabehörde, den Copernicus Climate Change Service, die momentan prognostiziert, dass die 1,5-Grad im Jahre 2032 erreicht sein werden. Insofern wäre das dann vielleicht etwas für die Revision der CSDDD, dass man dieses Ziel dann modifiziert, einfach weil es nicht eingehalten werden kann. Das ist dann vielleicht auch etwas für die Berichterstattung der Unternehmen, wo man sich auch überlegen sollte, ob nicht auf Risiken hingewiesen werden sollte. Auch sofern man einen Windpark gebaut hat, stellt sich noch die Frage, ob das Kabel gelegt werden kann. Auf solche Risiken sollten die Unternehmen hinweisen. Ohne das öffentliche Recht, ohne die Bereitstellung grüner Energie werden wir eine grüne Transformation nicht schaffen. Für den Hinweis auf diese Hindernisse zur Erreichung der Pariser Klimaziele sollte die Berichterstattung künftig stärker genutzt werden, auch zur Information der Politik, die so auch an ihre Pflichten erinnert werden kann. Es muss ermöglicht werden, dass eine grüne Transformation überhaupt stattfindet, dies mit der Beteiligung aller Stakeholder. Bis ein Starkstromkabel in das Rhein-Main-Gebiet gelegt wird, vergehen Jahrzehnte, in dieser Zeit können die Klimavorgaben nicht erfüllt werden, weil das Angebot an grüner Energie nicht zunimmt.

Ein letzter Punkt, über den wir als Gesellschaftsrechtler darüber nachdenken sollten, ebenfalls allgemeiner Natur: haben wir Rechtsformen, die Innovation wirklich fördern oder sind wir diesbezüglich nicht ein bisschen verkrustet? Sollten wir vielleicht so etwas wie eine amerikanische LLC mit in die Diskussion aufnehmen, damit grüne Innovationen auch skaliert werden können und wir eine entsprechende Wertschöpfung erzielen. Grüne Transformation sollte möglichst ja in Deutschland Wertschöpfung generieren und nicht unbedingt in China.

Vielen Dank.

Prof. Dr. Jan-Erik *Schirmer*, Frankfurt (Oder):

Ich würde auch gerne was zum Thema Klimaquote sagen, deswegen hatte ich mich gemeldet. Vorab kurz: Ich finde den Diskussionsverlauf, wie die Diskussion heute Morgen begonnen hat, sehr erfreulich. Ich finde, es ist sachlicher, es ist konkreter, instrumentenbezogener. Ich fand es auch sehr schön, dass Herr Hommelhoff darauf hingewiesen hat, dass Mark Philippe Weller so ein bisschen das Schicksal vieler Doktoranden erlitten hat. Man schreibt an etwas und auf einmal überholt einen der Gesetzgeber links mit Lichthupe. Und trotzdem sind die Vorschläge des Gutachters sehr interessant und diskussionswürdig.

Nun zum konkreten Vorschlag der Klimaquote. Wir hatten ja schon gesehen, dass die Abweichungen des Wellerschen Vorschlags zu dem, was sowieso der deutsche Gesetzgeber wegen der CSDDD umsetzen muss, minimal sind. Konkret: Klimaneutral schon 2045 statt 2050, und statt der fünfjährigen Zielsetzung mit Aktualisierungspflicht, jetzt die jährliche Zielsetzung. Die entscheidende Frage ist nun, was genau ist der Mehrwert einer solchen Wellerschen Klimaquote. Dazu haben wir schon gehört, dass es aus Klimaschutzgesichtspunkten etwas bringen könnte, weil die Bindung strikter ist und weil Reputationseffekte einsetzen könnten. Ich möchte ein weiteres Argument hinzufügen. Ich glaube, das wir aus Corporate Governance Gesichtspunkten – also aus genuin gesellschaftsrechtlichen Gründen – argumentieren können, warum so eine jährliche Klimaquote sinnvoll ist. Und ich glaube, dass wir uns dazu uns nochmal in Erinnerung rufen sollten, was das Bundesverfassungsgericht im Klimabeschluss gesagt hat. Im Klimabeschluss war ein zentrales Argument, dass der Gesetzgeber ja auch ein

Endziel hat, treibhausgasneutral zu werden. Das Problem nur ist, dass die zur Umsetzung angehaltenen politischen Akteure eine zu kurzfristige Anreizstruktur haben. Es wird quasi der Klimaschutz in die Zukunft verlagert. Es wird heute wenig gemacht und dann passiert Folgendes: Es muss sehr spät, sehr viel Klimaschutz betrieben werden.

Wir haben eine ähnliche Situation, wenn wir über jetzt Klimaziele von Unternehmen reden. Wir wissen, ab einem gewissen Zeitpunkt muss dann das Unternehmen klimaneutral sein. Allerdings haben wir nicht geregelt, und das ist ganz bewusst nicht geregelt, in welchen zeitlichen Schritten das erfolgen soll. Wenn wir jetzt aber ein jährliches Reduktionsziel hätten, dann könnte das dafür sorgen, dass die Lasten des Klimaschutzes über die Zeit etwas gleichförmiger verteilt werden. Das könnte im Interesse der Aktionäre und vor allem im Interesse der zukünftigen Aktionäre liegen. Das also das verhindert wird, was auch das Bundesverfassungsgericht umtrieb, dass nämlich in naher Zukunft weniger Klimaschutz betrieben wird und man dann etwa im Jahr 2035 erkennt, oh jetzt müssen wir aber wirklich mal vorankommen. Und dass dann das zu diesem Zeitpunkt beteiligte Aktionariat hohe wirtschaftliche Kosten für die dann nötigen harten Klimaschutzanstrengungen zu tragen hat. In dem Moment wo aber wie von Weller vorgeschlagen jährliche Minderungsziele gesetzt werden müssen, sorgt das einerseits dafür, dass dann diese Ziele überprüfbar sind. Und andererseits könnte es dafür sorgen, dass Emissionsreduktionspfade gleichförmiger über den gesamten Zeitraum nach unten verlaufen. Zudem könnte hier das zum Tragen kommen, worauf Alexander Hellgardt hingewiesen hat. Dass wir uns jetzt anschauen sollten, wie kann konkret das Gesellschaftsrecht helfen. Die eben beschriebene Anreizstruktur – das also zunächst wenig und dann ab den 2030er Jahren plötzlich ganz viel Klimaschutz betrieben werden muss –, haben wir vor allem in der Aktiengesellschaft, weil eben auch hier die Vorstände relativ kurze Zeithorizonte und damit Anreize haben – vor allem, wenn wir wie im Gutachten vorgeschlagen, die Klimaquote nicht mit der Vergütung verknüpfen. Dann müssen wir uns fragen, welchen Anreiz haben Vorstände jetzt ambitionierte Klimaziele aufzustellen und schon jetzt sehr harte Reduktionspfade einzuschlagen. Die Antwort ist wahrscheinlich: sehr wenige. Wenn wir aber jetzt nicht über die Vergütung gehen, sondern eben das Ganze über die jährlichen Klimaziele machen, dann könnten sich diese Anreizstrukturen ändern, einfach weil nun dann über konkrete Reduktionsziele gesprochen werden muss und diese verteidigt werden müssen – etwa, wie Herr Hommelhoff gesagt hat, in der Hauptversammlung, wenn über die Verwendung des Bilanzgewinn geredet und beschlossen wird. Und in der Situation kommen wir eben dazu, dass dann die Vorstände sich möglicherweise konkreter damit auseinanderzusetzen haben, wie diese Reaktionspfade aussehen. Demgegenüber könnte in der Personengesellschaft die Anreizstruktur der Akteure ohnehin langfristiger sein und dadurch macht es Sinn, sich das Gesellschaftsrecht genau anzuschauen. Das hier die Situation möglicherweise anders ist, dass wir hier also nicht über Regulierung dafür sorgen müssen, dass die Reduktionsverteilung über die Zeit ungefähr gleichförmig erfolgt. Deswegen glaube ich, hat der Vorschlag von Marc-Philippe Weller was für sich gerade im Kapitalgesellschaftsrecht über diese Klimaquote nachzudenken. Und ich glaube, dass könnte dann eben genau dass sein, wo das Gesellschaftsrecht dazu beiträgt, wie dieser externe Befehl von europäischer Ebene jetzt umzusetzen ist. Herzlichen Dank.

Gutachter:

Ich danke herzlich für die vielen konstruktiven Anmerkungen und bin sehr dankbar für die Fortentwicklung der Ideen, die wir hier präsentiert haben.

Zunächst zu dem Punkt „Klimaneutralität versus andere Nachhaltigkeitsaspekte". Das ist kein Gegensatz; natürlich sind andere Nachhaltigkeitsaspekte wichtig und sie werden vom geltenden Recht auch schon adressiert. Soziale Aspekte und Arbeitnehmerbelange sind im Gesellschaftsrecht in Deutschland schon seit dem Mitbestimmungsgesetz 1976 Teil des Gesellschaftsrechts. Ferner bereitet die EU gerade eine Richtlinie zur Biodiversität vor. Zu den Ozeanen und zur Vermeidung von Plastikmüll haben wir ebenfalls Regularien.

Wenn wir uns jetzt hier auf das Klima und nicht auf die Nachhaltigkeit als Ganzes konzentrieren, dann liegt das daran, dass es insofern konkrete internationale Verpflichtungen gibt. Es gibt das Pariser Klimaabkommen (2015), es gibt das Europäische Klimagesetz (2021) und es gibt den Artikel 22 CSDDD (2024), die alle speziell auf das Klima abstellen. Deswegen müssen wir uns auch jetzt mit diesem Aspekt auseinandersetzen, ohne dabei zu sagen, dass wir die anderen Aspekte vernachlässigen.

Danke an Jan-Erik Schirmer, der vorhin auf die zeitliche Abfolge hingewiesen hat. Die kleinen inhaltlichen Unstimmigkeiten zwischen Artikel 22 CSDDD und dem DJT-Gutachtenvorschlag liegen daran, dass das Gutachten Ende 2023 schon in Druck ging, während die CSDDD erst im Juni 2024, also 6 Monate später ihre endgültige Fassung erhalten hat. Und natürlich sollte der Anwendungsbereich zwischen Art. 22 CSDDD und Klimaquote parallel sein. Die Klimaquote ist ja gerade ein Vorschlag zur Umsetzung der Richtlinie, die damals ebenso in der Form so noch nicht bekannt war. Vielen Dank also für die Hinweise, dass man die Klimaquote nicht konzentrieren sollte auf börsenorientierte Gesellschaften, wie wir es ursprünglich vorgesehen haben. Das war eine Anknüpfung an § 76 Absatz 4 AktG, die ist jetzt hinfällig geworden durch den EU-Gesetzgeber. Man müsste den Anwendungsbereich nunmehr so formulieren, wie es die CSDDD vorsieht, das heißt rechtsformneutral und größenabhängig; das würde also nur die größeren Unternehmen betreffen. Und weil es nur die größeren Unternehmen betrifft: Diese Unternehmen haben auch die Daten, um diese Klimaquote ausflaggen zu können, denn sie machen die Nachhaltigkeitsberichterstattung nach der CSRD ohnehin schon. Sie erheben diese Daten überdies nach der Taxonomie-Verordnung (2021). Sie fallen alle fast deckungsgleich in den Anwendungsbereich dieser Sekundärrechtsakte. Und der Vorteil der Quote ist der, dass der Vorstand an seine Leitungsverantwortung erinnert wird und dass er die ohnehin erhobenen Daten übersetzt in eine Planung, um nicht „wie das Kaninchen vor der Schlange" vor dem Endziel 2045 bei der Klimatransformation zu erstarren. Der Vorstand muss sich jetzt schon konkret überlegen, wie sich das Unternehmen transformieren kann. Das tun viele Unternehmen ohnehin schon. Gerade auch CO_2-intensive Unternehmen, wie z. B. Heidelberg Materials. Das Zementunternehmen hat sich jetzt schon das Klimaneutralitätsziel 2050 gesetzt; wenn die Zementindustrie das hinbekommt mit neuen innovativen Techniken, dann können es auch andere Industrien. Und die, die es nicht hinbekommen, dafür ist Art. 22 CSDDD weich genug, und auch unser Vorschlag zur Klimaquote erhält Ausnahmeregelungen für die Industrien, die das nicht leisten können. Die Klimaquote will Großunternehmen in die Planungsverantwortung nehmen, damit sie sich jetzt schon konkrete Überlegungen machen; demgegenüber sind die 5-Jahres-Pläne, wie sie in der CSDDD vorgesehen sind, etwas zu weit gefasst.

Der Charme der Quote besteht darin, dass sie unternehmensindividuell flexibel gesetzt werden kann. Es wird keine starre Vorgabe von außen gemacht, sondern die Unternehmen können selbst entscheiden, wie hoch sie sie setzen. Sie können auch eine Quote von Null setzen in den nächsten Jahren, wenn es unrealistisch ist, dass sie in den nächsten Jahren die entsprechende Technologie haben oder CO_2-Emissionen substituieren können. Sie können dann später in den Folgejahren die Quote erhöhen, wenn dann die Technologien zur Verfügung stehen. Also das Instrument ist flexibel und insofern privatautonomiekonform. Gleichzeitig adressiert es die Planungsverantwortung und ist, wie Herr Hommelhoff vorhin treffend sagte, eine „griffige Größe", die auch als Reputationsinstrument eingesetzt werden kann.

Der Unterschied des Klimaquotenvorschlags zur CSDDD ist marginal, Jochen Vetter und Mathias Habersack haben vorhin auch schon darauf hingewiesen. Nach der CSDDD ist es vorgesehen, dass man einen Klimatransformationsplan erstellt, der jährlich zu aktualisieren ist, das ist der Absatz 3 in Artikel 22 CSDDD. Das heißt, man muss ohnehin jährlich überlegen, was machen wir eigentlich gerade. Und der kleine Schritt mehr, der eigentlich ohnehin von der Leitungsverantwortlichkeit des Vorstands umfasst ist, ist es dann, sich das konkret zu überlegen, welche Projekte sind für die CO_2-Substitution oder für die Dekarbonisierung geeignet; das muss man dann Ausflaggen mit einer Quote.

Der Charme dieser Klimaquote liegt auch daran, dass keine Sanktionen für Nichterfüllung vorgesehen sind, d. h. wenn man die Quote dann ex-post doch verfehlt, z. B. weil die Technologieeinführung länger dauert, soll gerade keine Sanktionierungen daran geknüpft werden. Es handelt sich mithin um einen moderaten Vorschlag, der lediglich auf Reputationseffekte setzt.

Wenn die Quote eingeführt würde, ist der Reputationseffekt stark genug, dass er beachtet würde. Es wird sich keines der adressierten Unternehmen erlauben, hier irgendwelche „Mondgrößen“ zu setzen, sondern es werden realistische Größen sein. Die Rechtstreue der Unternehmen, die wir mit der Quote ansprechen, dürfen nicht unterschätzt werden, diese ist gegeben. Also insofern sollten wir nicht nach strikteren Sanktionen rufen, sondern das Vertrauen haben, dass das Instrument so wirkt.

Hinzu käme die behördliche Aufsicht der CSDDD; diese ist zwar nur rudimentär und sollte m.E. auch nicht unnötig verschärft werden; man sollte in die Selbstverantwortung der Unternehmen Vertrauen haben.

Nicht zuletzt: Mit der Klimaquote könnte der Klimawandel durch diejenigen Unternehmen besonders bekämpft werden, die maßgeblich für ihn verantwortlich sind, nämlich durch die Großunternehmen, die das meiste CO_2 emittieren. Vielen Dank.

Student Alexander Philipp *Stern*, Heidelberg:

Sehr geehrter Herr Vorsitzender,
sehr geehrtes Büro,
sehr geehrte Damen und Herren,

nach der Lektüre der ersten Beschlussempfehlung, vermisse ich den Mut, der in den jüngsten Veröffentlichungen zum Juristentag zusammen mit dessen Autorität immer wieder beschworen wurde. Der erste Beschluss ist der wichtigste, den diese Abteilung hier fassen kann, denn er ist die Antwort auf die Gutachtenfrage: Empfehlen sich Maßnahmen zum Klimaschutz im Gesellschaftsrecht? Stattdessen ist dort eine fünf Zeilen lange Formulierung mit relativ vielen Nebeneinschüben, die vom eigentlichen Thema ablenken. Der Deutsche Juristentag muss sich nicht damit auseinandersetzen, ob naturwissenschaftlich vorgegeben ist, dass der menschengemachte Klimawandel ein Fakt ist. Das ist so und das muss keinem rational denkenden Menschen erklärt werden. Und es wird auch implizit dadurch ausgedrückt, dass sich die Abteilung überhaupt mit der Frage befasst. Es muss ein klarer und einfacher Beschluss gefasst werden, der auf die Gutachtenfrage mit „Ja" oder „Nein" antwortet. Wir können es uns vor allem vor dem Hintergrund dessen nicht erlauben, unklare Beschlüsse zu fassen, dass wir selbst die unklaren und teilweise widersprüchlichen Regelungen des nationalen Gesetzgebers und auch des Unionsgesetzgebers kritisieren. Gerade aber auch die tatsächlichen Umstände, sowohl des Klimawandels als auch der anstehenden Umsetzung der CSDDD sind so drängend, dass wir hier den Gesetzgeber eindeutig und mit Klartext adressieren müssen.

Die Antwort auf die Frage, ob sich Maßnahmen im Gesellschaftsrecht empfehlen, ist richtigerweise ja. Denn zumindest oder spätestens die Regelung der CSDDD sind materielles Gesellschaftsrecht. Sie adressieren Führung und Corporate Governance in der Gesellschaft. Es werden Organisationsvorgaben gemacht. Die Unternehmen müssen ein Schutzsystem einrichten, zu dem eben auch der Klimaschutz gehört. Es werden nicht einzelne unabhängige Pflichten vorgegeben, die öffentlich-rechtlich kontrolliert werden, sondern es wird ein System vorgegeben, in dem man durch Planung, Evaluierung und Zukunftsausrichtung unternehmerisch agieren muss. Die Aufgaben der CSDDD sind unternehmerische Herausforderungen und unabhängig davon, ob sie nun im LkSG, dem Aktiengesetz oder den anderen gesellschaftsrechtlichen Einzelgesetzen geregelt werden, bleibt es materielles Gesellschaftsrecht.

Die Richtlinie verlangt und fordert gerade von Unternehmern und Unternehmerinnen, dass sie als die Person, die am jeweiligen Risiko, nämlich dem Unternehmen als Emittent von Treibhausgasen, sitzen und das Geschäft beherrschen, sich damit auseinandersetzen. Es wird eben nicht irgendeine Behörde in die Pflicht genommen, angemessene Maßnahmen in einem Planfeststellungsverfahren festzulegen. Nein, es werden gerade die Unternehmer und Unternehmerinnen adressiert, die dieser Tätigkeit nachgehen, die Gefahren und Emissionen hervorruft. Denn nur sie wissen genau, wie diese Tätigkeit funktioniert. Sie wissen, wo die Stellschrauben in ihrem Unternehmen sind. Sie wissen, wo das Potenzial liegt. Sie wissen, wo sie mit Innovation nachhelfen können. Es ist gerade ihre unternehmerische Befähigung und ihre Kreativität gefordert, sich in ihren Unternehmen damit auseinander zu setzen und den Zielvorgaben der CSDDD zu entsprechen.

Es ist eine unternehmerische Aufgabe, welche die Richtlinie hier schafft und damit materielles Gesellschaftsrecht, das als solches auch behandelt werden muss, egal wo es denn steht. Die Gesellschaftsrechtswissenschaft darf gar nicht erst auf die Idee kommen, dieses Recht als fachfremdes Lieferkettenrecht von sich zu weisen. Es ist eine der wesentlichen Zukunftsaufgaben eines jeden Gesellschaftsrechtlers, sich mit diesem neuen materiellen Gesellschaftsrecht auseinanderzusetzen. Daher empfehle ich den Beschluss zu Erstens klar und eindeutig zu fassen: Ja, es empfehlen sich Maßnahmen zum Klimaschutz im Gesellschaftsrecht.

Vielen Dank.

Vorsitzender:

Vielen Dank, Herr Stern. Ich gebe offen zu, dass wir im Büro im Augenblick auf einer etwas anderen Linie sind, weil wir nach dem gestrigen Eindruck der Diskussion den Eindruck haben, dass die von Ihnen vorgeschlagene schlichte Aussage doch von vielen nicht geteilt wird. Nach unserem Eindruck müssen wir bei der Aktivierung des Gesellschaftsrechts im Kampf gegen den Klimawandel über die konkreten einzelnen Maßnahmen sprechen und schauen, ob diese eine Mehrheit finden oder nicht. Von einem allgemeinen Vorschlag, dass das Gesellschaftsrecht zur Bekämpfung des Klimawandels aktiviert werden sollte, von dem wir ursprünglich auch dachten, dass er vielleicht eine breite Zustimmung finden würde, würden wir abrücken, da es bei der Abstimmung nicht klar wäre, um welche gesellschaftsrechtlichen Maßnahmen es konkret geht. Als nächstes hat Herr Dr. Meyer-Seitz das Wort.

Ministerialdirektor Dr. Christian *Meyer-Seitz*, Berlin:

Ja, vielen Dank. Ich fühle mich verpflichtet, Ihnen noch einiges eben aus dem Wirken der Bundesregierung mitzuteilen, was eben mal so die Tagungspunkte hier, die Beschlussgegenstände unmittelbar beeinflusst. Also wir sprechen ja jetzt eben über zwei Richtlinien, über beide kann ich was berichten. Für die eine ist das Bundesministerium der Justiz auf jeden Fall zuständig, das ist die CSRD, und für die andere ist das BMAS, also Arbeit und Soziales, für vieles davon zuständig. Das ist die CSDDD. Und jetzt hat aber die Bundesregierung in einer Wachstumsinitiative im Juli 2024 unter Ziffer 15 bereits Stellung genommen zu der Umsetzung der CSDDD in deutsches Recht. Ich denke, ich kann hier, auch wenn ich nicht dem federführenden Ressort angehöre innerhalb der Bundesregierung, kurz etwas sagen zu dieser Wachstumsinitiative, die auch öffentlich zugänglich ist und die eigentlich eben den Spielraum des Gesetzgebers vorbereitet, sage ich ganz klar, natürlich nicht des Gesetzgebers, der Deutsche Bundestag ist da nicht gebunden, aber die Bundesregierung schon. Da kann man drei Punkte hervorheben, also das eine ist eben die CSDDD-Richtlinie, soll auch noch in dieser Legislaturperiode umgesetzt werden, auch wenn sie eben eigentlich erst bis 26.07.2026 umgesetzt werden soll, soll es noch in dieser Legislaturperiode geschehen. Es soll im Lieferkettensorgfaltspflichtengesetz geschehen, und es soll 1:1 geschehen, das heißt der Regelungsinhalt dieser Richtlinie soll 1:1 ins deutsche Recht übertragen werden. Es soll aber im Umkehrschluss eben nichts darüber hinaus geregelt werden, vor allen Dingen nichts, was die Unternehmen noch stärker belastet. Man muss sehen, wir bewegen uns hier im Kontext der sogenannten Wachstumsinitiative, das heißt diese Initiative enthält Vorschläge eben wie Unternehmen bürokratische Lasten abgenommen werden können und tatsächlich gibt es da noch einen vielfältigen weiteren Strauß. Das möchte ich hier jetzt ganz unkommentiert als Entscheidung der Bundesregierung schon einmal in die Diskussion einbringen, weil das, glaube ich, eben auch die Fragen, die hier jetzt diskutiert werden, durchaus beeinflusst. Jetzt komme ich zur CSRD, da sind wir wesentlich weiter, müssen wir auch, weil die Umsetzungsfrist bereits am 06.07.2024 abgelaufen ist und da ist, glaube ich, just heute Abend die erste Lesung im Deutschen Bundestag. Sie haben sicher Herrn Minister Dr. Buschmann gestern gehört und er hat auch jedenfalls indirekt eben die CSRD erwähnt, weil sie uns seit Monaten beschäftigt und uns schweres Kopfzerbrechen bereitet, und zwar nicht unbedingt wegen des Regelungstextes selber, sondern wegen der Standards, die immer angehängt sind und eben, als delegierte Rechtsakte, auch verabschiedet worden sind.

Sie sind aber eben nicht in irgendeiner Weise durch ein deutsches Umsetzungsgesetz, eben rein parlamentarisch reflektiert und beraten worden. Allein das macht uns Sorgen, noch mehr macht uns der Inhalt Sorgen, darüber ist auch schon hier geredet worden, dass diese Standards eben einen sehr zweifelhaften Mehrwert haben, aber einen riesigen Mehraufwand fordern. Das ist in der Tat in mehr als 1.000 Datenpunkten hinterlegt, dort müssen die Unternehmen eben Rechenschaft ablegen, das können vielleicht die kapitalmarktorientierten Großen schaffen. Sie müssen das auch, weil schon 2024 das erste Berichtsjahr ist, aber die 15.000 bilanzrechtlich großen Unternehmen, die werden eben da große Schwierigkeiten haben, das treibt uns um und deswegen steht auch in dieser Wachstumsinitiative drinnen, dass sich die Bundesregierung gegenüber der neuen EU-Kommission für eine Reduzierung dieser Standards der Berichtspunkte einsetzt. Da gibt es verschiedene Möglichkeiten, wie man darangeht und so weiter. Es gibt einmal die Problematik, dass der europäische Gesetzgeber eben nicht in der Lage war, doppelte Berichtspflichten wirklich auszuschließen. Wir haben das auf nationaler Ebene gemacht, indem wir das Lieferkettensorgfaltspflichtengesetz, ein Ersetzungsrecht für die Berichtspflicht, eingebaut haben, aber es gibt auch wesentlich überlappende Berichtspflichten im EU-Recht. Und der europäische Gesetzgeber hat es nicht geschafft, da jetzt wirklich eine klare Once-Only-Regelung, dass dann nur einer berichten muss und dass dann eben alle anderen Berichtspflichten über diesen einen umfassenden Nachhaltigkeitsbericht abgedeckt sind, hat er nicht geschafft.

Ist auch klar, weil diese Standard-Ebene ja auch nur bedingt europäisches Primärrecht sind und allein schon wegen dieser Regelungsunebenheit gab es da große Schwierigkeiten und es gibt Gutachten mittlerweile, die in verschiedenen Bereichen, also das betrifft also den Zertifikatehandel und es betrifft auch Regelungen über Abfall und so, da muss man tief im Umweltrecht drinnen sein, um das wirklich genau zu begreifen, was da eben jetzt an Doppelungen drinnen sind, die dann möglicherweise doch keine genauen Doppelungen sind. Das macht uns alles sehr großes Kopfzerbrechen und wir haben da deswegen jetzt auch den Auftrag aus der Wachstumsinitiative, bei der Kommission vorstellig zu werden und deutlich zu machen, dass diese Standards eine Mehrbelastung sind, die nicht wirklich verhältnismäßig sind, in der der Mehrwert in der Form zweifelhaft ist. Man kann sich über die Grundidee der Standards sehr gut unterhalten, und dass die Kommission es auch anders kann, also reduzierter, komprimierter, das zeigen die VSME-Standards und das wäre eben vielleicht eine Diskussionsbasis. Aber in der Form, wie es jetzt eben geschehen ist, macht uns diese ganze CSRD großes Kopfzerbrechen und das sage ich ganz offen und dabei begrüßen wir natürlich den Grundsatz der Nachhaltigkeitsberichtserstattung. Aber es ist in einer Art und Weise durch die EU jetzt durchgesetzt worden, die immer stärker, von der immer stärker klar wird, dass sie jedenfalls die mittleren Unternehmen überfordert. Vielen Dank. (Beifall)

Vorsitzender:

Ganz herzlichen Dank, Herr Dr. Meyer-Seitz, dass Sie als Leiter derjenigen Abteilung im Bundesjustizministerium, die für die meisten der gesetzgeberischen Maßnahmen, die wir hier diskutieren, zuständig ist, heute anwesend sind, zu uns sprechen und uns einen Einblick in den Maschinenraum des Gesetzgebers und der Bundesregierung geben. Das ist uns eine große Ehre und wir verstehen das auch als Zeichen der Wertschätzung des Bundjustizministeriums gegenüber der Arbeit des Deutschen Juristentages. Als nächstes hat Herr Vincent Hoppmann das Wort.

Wiss. Assistent Vincent *Hoppmann*, Hamburg:

Ich möchte mich zur Beschlussvorlage 4a äußern, zur Definition der Klimaneutralität und ganz konkret ein Plädoyer für Scope 3-Emissionen abgeben. Mein Vorschlag zur Neufassung von 4a lautet: „Soweit gesetzgeberische Maßnahmen an ‚Klimaneutralität' anknüpfen, sollte auf Emissionen in Scope 1, 2 und 3 abgestellt werden. Für Scope-3-Emissionen sind der besondere Ermittlungsaufwand und die indirekten Einflussmöglichkeiten zu berücksichtigen." Wir haben bereits mehrfach gehört, dass Scope 3 Teil der Umsetzung von Art. 22 CSDDD ist. Daneben streiten aber auch die bisherige Rechtspraxis und schlicht sinnvolle Argumente für die Berücksichtigung von Scope-3-Emissionen.

Zuerst zur Rechtspraxis über Art. 22 CSDDD hinaus. Oft sind bereits CSRD und ESRS aufgekommen. Es wird deshalb wenige Leute wundern, auch in den ESRS sind Scope-3-Emissionen einer der Datenpunkte, die ein Unternehmen zu berichten hat: die erheblichen Scope-3-Emissionskategorien. Bald wird also eine Vielzahl deutscher Unternehmen in irgendeiner Form über Scope-3-Emissionen berichten müssen. Und Professor Marc-Philippe Weller hatte gestern und heute insofern treffend festgestellt, dass es schlicht sinnvoll ist, mit den Daten, die ein Unternehmen berichtet, dann auch irgendetwas zu machen. Das gilt dann doch auch für Scope 3. Neben der CSRD gibt es auch im Lauterkeitsrecht die Frage: Wie wird der Begriff „klimaneutral" verstanden? Dabei hielt das OLG Frankfurt 2022 beispielsweise fest, dass grundsätzlich Scope-3-Emissionen einzubeziehen sind, wenn ein Unternehmen sich klimaneutral nennt. Schließlich gehen auch die Standardsetzer im Soft Law auf Scope-3-Emissionen ein. Herausheben möchte ich dabei die Science Based Target Initiative (SBTi), die von vielen Unternehmen genutzt wird, um Nettonullziele, Klimaneutralitätsziele zu verifizieren. Sie ist sehr deutlich und sagt, dass das Long-Term-Target (Net Zero Goal) 90 Prozent der Scope-3-Emissionen abdecken muss. Insofern denke ich, dass die Rechtspraxis bereits zeigt: Scope 3-Emissionen sind angekommen und werden von den meisten auch als notwendiger Bestandteil der Klimaneutralitätsdebatte gewertet.

Dass diese Praxis auch Sinn ergibt, zeigen verschiedene Argumente. Zuerst anknüpfend an das Referat von Professor Joachim Hennrichs: Von ihm haben wir gestern gehört, deutsche Alleingänge sind für das Klima nicht positiv. Aber hier sind Scope 3-Emissionen eben ein Anknüpfungspunkt, der aus deutschen Alleingängen größere Wirkung erzeugen kann, indem Scope-3-Emissionen auch an Emissionen abknüpfen, die gar nicht unbedingt in Deutschland entstehen. Ähnlich zur Lieferkettenregulierung kann man hier Effekte außerhalb des eigenen Staatsgebietes erzielen mit nationaler Gesetzgebung. Anknüpfend an das Referat von Frau Vera Obernosterer: Sie stellte richtigerweise die Mehrfachzählung mit Scope-3-Emissionen heraus. Scope-1-Emission des einen Unternehmens sind Scope-3-Emissionen eines anderen Unternehmens und umgekehrt. Aber das muss ja nicht unbedingt negativ sein. Wenn verschiedene Unternehmen sich auf dieselbe Emission beziehen, dann entsteht doch gerade ein Interesse daran, Klimakooperation zwischen diesen Unternehmen zu beginnen. Das eine Unternehmen profitiert von Reduktionen beim anderen Unternehmen. Gleichzeitig wird so vermieden, dass Klimaregulierung umgangen wird, indem Unternehmen Emissionen outsourcen auf Drittunternehmen in Drittstaaten. Einen solchen Carbon Leakage möchte wohl jeder vermeiden. Und schließlich noch ein pragmatisches Argument anhand eines Beispiels: Die Vergleichbarkeit von Emission verschiedener Unternehmen ist nur mit Scope 3 halbwegs möglich. Schaut man sich zum Beispiel die Wettbewerber Apple und Samsung an, dann besteht bei der Emissionsintensität in Scope 1 und 2 ein massiver Unterschied. Samsung hat etwa eine Emissionsintensität multipliziert mit dem Faktor 421,66 höher im Vergleich zu Apple. Apple outsourced die gesamte Produktion (Scope 3) und Samsung behält sie in-house (Scope 1 und 2). Ich denke daran sieht man dann, wenn man Unternehmen vergleichen will, Klimaperformance vergleichen will und keine Fehlanreize setzen möchte, dann empfiehlt es sich, Scope 3-Emissionen einzubeziehen.

Im Ergebnis will ich auch nicht radikal sein, ich sehe Aufwand und Einfluss, das sind natürlich Unterschiede zu Scope 1 und 2. Aber ich denke, die aktuelle Angst vor Nachhaltigkeitsbürokratie sollte hier nicht dazu führen, mit Scope 3 einen wichtigen Hebel für Klimaschutz zu vernachlässigen. Stattdessen sollten differenzierte Lösungen für Scope-3-Emissionen zugelassen und erarbeitet werden. Vielen Dank.

Rechtsanwalt Berthold *Welling*, Frankfurt a. M.:

Meine sehr verehrten Damen und Herren, ich melde mich nur deswegen nochmal zu Wort, ob-wohl ich gestern ja schon einen kleinen Redebeitrag hatte. Nicht deswegen, weil ich das Mikrofon suche, sondern deswegen, weil ich eine kleine Minderheit im Raum vertrete, die aber mehr oder weniger das erfüllen soll, worüber wir heute sprechen. Nämlich die Industrie. Und ich glaube, ich vertrete hier eine relativ große Branche, mit der Chemieindustrie, die sehr energieintensiv ist, und ich möchte Ihnen nur mal versuchen, zu erläutern. Vielleicht einen Satz vorweg. Wir sind für die Klimaneutralität. Wir treten seit Jahren dafür ein, ich weiß, der ein oder andere mag das nicht so unmittelbar fassen. Es ist so – wenn Sie sich mal anschauen, welche Aktivitäten wir im Rahmen der Berichterstattung alles auf dem Weg in unserer Branche gebracht haben. Sowohl Leitfäden, wir sind grade dabei ein Nachhaltigkeitsbranchenstandard zu entwickeln. Wir haben ein Branchenstandard entwickelt, das sind alles Hilfestellungen vieler Unternehmen. Warum? Da kann ich die Frage von Professor Roth aufgreifen. Weil wir uns die Frage stellen, womit wollen wir in Deutschland Geld verdienen? Und die Antwort ist ganz klar – mit neuer Technologie! Und die neue Technologie bedeutet nur Klimaneutralität. Und die Klimaneutralität ist einer der ganz wesentlichen Faktoren, die uns auch antreibt. Das heißt, uns auch wirtschaftlich antreibt, das ist ganz wichtig. Das möchte ich nur vorwegsagen. Es ist also nicht so, dass es hier ein Gegenspiel oder mehrere Gegenspiele geben soll, sondern ganz im Gegenteil: wir möchten gerne zusammenwirken. Das ist einer der wesentlichen Punkte. Und deswegen komme ich jetzt zu dem wesentlichen Punkt für mich, das ist jetzt Nr. 5 c. Für mich jetzt so im Gleichlauf, wir begrüßen es sehr, dass der Gleichlauf zwischen CSDDD und den Vorschlägen vorgenommen wird. Herr Professor Weller, da bin ich Ihnen dankbar, dass Sie das mit aufnehmen. Wo wir so ein paar kleine Probleme haben, das ist halt die jährliche Berichterstattung. Und ich weiß nicht, ob es zielführend ist. Ich glaube, das ist jetzt die gesichtswahrende Lösung einer Nullmeldung, aber da frage ich mich, warum eine Nullmeldung, wenn ich auch den fünf Jahresplan habe und versuche, mich gedanklich im Unternehmen daran zu orientieren. Ich möchte Ihnen eine Website empfehlen, die heißt Electricity Maps. Und Electricity Maps, ich weiß nicht, ob Sie diese Website kennen, da könne Sie punktgenau sehen, wie viel CO_2 Ausstoß im Moment in Deutschland für die Stromversorgung und für die Energieversorgung aufgewendet wird. Und Sie werden sehen: Wir sind nie grün. Unsere Nachbarn sind teilweise grün, manche sind dunkelrot, das bedeutet also sehr klimaschädlich, andere sind grün. Wir reden jetzt aber über Technologien, die alle strombasiert sind. Das heißt, wenn wir diese Transformation auf dem Weg bringen wollen, und das möchten wir, dann muss das strombasiert sein. Dann reden wir über einen strombasierten Cracker. Meine Damen und Herren gibt es einen strombasierten Cracker derzeit? Wir sind in der Versuchsphase. Mit anderen Worten: Ein großes Unternehmen ist grade dabei, so etwas auf den Weg zu bringen. Aber wir haben die Technologie noch nicht. Wir reden über Wasserstofftechnologien, Speichertechnologien. Die haben wir noch nicht. Das heißt, wir reden über Technologien, die in der Zukunft sind, sollen aber jetzt einen Jahresplan aufstellen, in dem wir die Klimaneutralität versuchen vorwegzunehmen. Das kommt mir so ähnlich vor wie beim Muppet Labor, in der die Zukunft von morgen schon heute ist. Und meine Damen und

Herren, das ist einer der ganz wesentlichen Punkte, die ich nur versuche, nochmal darzustellen. Für uns ist es wichtig, dass bei der Nr. 5 c, dass wir dort aus dem Jahresplan eher einen fünf Jahresplan erstellen. Das meint die Möglichkeit, die Klimaquote und die Daten dann entsprechend international auch abgleichen zu können. Vielleicht nur ein ganz kleiner Praxishinweis, und allerseits bin ich Ihnen sehr dankbar, dass Sie das noch eingeschoben haben. Die CSRD ist bei weitem keine einfache Regelung, die es leicht gilt umzusetzen. Wenn Sie versuchen, einem Mittelständler näher zu bringen, dass er tausend Datenpunkte zusammentragen muss, dann möchte Ihnen empfehlen, mal mit ihm zu sprechen.

Worum es geht, ist im Wesentlichen zu sehen, dass mit der CSRD ohnehin Schwierigkeiten bestehen. Wenn ich jetzt sozusagen einen Jahresplan aufstelle und würde versuchen, an größere Unternehmen nur die M&A-Transaktionen miteinzuberechnen, die ich ja auf der internationalen Ebene auch miteinberechnen muss, dann bedeutet das, dass ich jetzt sofort, punktgenau, die CO_2 Quote eines Indischen Unternehmens, das ich gegebenenfalls in meinen Konzern mitaufnehmen werde oder abstoße, mitberechnen muss. Und dann jedes Mal eine neue Korrektur vor-nehme. Deswegen würde ich aus pragmatischen Gründen dafür plädieren, das Ganze von einem Einjahresplan zu einem Fünfjahresplan auszuweiten und zu ergänzen. Das würde zumindest den einen oder anderen Punkt entschärfen. Uns geht es nur darum, dass wir eine pragmatische Lösung erreichen. Wir wollen keine Überholung, wir wollen ja auch über internationale Vergleichbarkeit reden. Insofern macht es sicherlich wenig Sinn, auf der deutschen Ebene jetzt nochmal einen Sonderweg zu gehen und dabei zu entsprechenden Verschärfungen bzw. zu Sonderregelungen zu kommen. Das in der gebotenen Kürze und vielen Dank für ihre Aufmerksamkeit.

Rechtsanwalt Dr. Peter *Hemeling*, Krailling:

Das Verhältnis öffentliches Recht und Gesellschaftsrecht ist bereits mehrfach angesprochen worden. Ich möchte gleichwohl nochmal kurz drauf zu sprechen kommen. Ich bin da ganz bei Prof. Hellgardt, der deutlich gemacht hat, dass das öffentliche Recht für die Regelung der Klimaschutzmaßnahmen Vorrang haben sollte. Wir müssen darauf achten, dass wir nicht – ich möchte fast sagen wieder – der Tendenz verfallen, schwierige und für Betroffene unangenehme Themen ins private Recht zu verlagern, weil die öffentliche Hand nicht die Entscheidungskraft hat, die Maßstäbe zu setzen. Wir haben in den letzten Jahren wiederholt gesehen, dass es leicht ist zu sagen: „Das können wir doch privatrechtlich regeln“. Gegen vorschnelle Regelungen im Gesellschaftsrecht spricht auch, dass der Klimaschutz bereits heute Eingang in den Pflichtenkatalog des Vorstands gefunden hat. Prof. Harbarth hat schon vor Jahren in einem Aufsatz darauf hingewiesen, dass Klimaschutz ein wesentliches Element des Gemeinwohls geworden ist und damit auch Teil des Unternehmensinteresses, das vom Vorstand zu berücksichtigen ist. Und in der Zwischenzeit haben auch zahlreiche Regelungsakte den Klimaschutz adressiert, so dass sich die entsprechende Pflichtigkeit des Vorstands deutlich verdichtet hat. Daher bedarf es keiner Regelung in §§ 76, 93 Aktiengesetz. Und es bedarf auch keiner expliziten Regelung im Vergütungsrecht. Denn ein Vorstand, der sagen würde: „Der Klimaschutz interessiert mich nicht", der wäre vom Aufsichtsrat bereits heute in der Festlegung der variablen Vergütungsbestandteile zu sanktionieren. Wenn der Aufsichtsrat dies nicht tut, handelt er pflichtwidrig. Also Fazit: Zurückhaltung bei der gesetzlichen Umsetzung im Gesellschaftsrecht. Wir sollten zunächst schauen, wie die europäische Richtlinie rechtsformübergreifend umgesetzt wird.

Nun etwas konkreter zur jährlichen Quote: Da möchte ich gerne an das anschließen, was mein Vorredner gesagt hat. Aus jahrzehntelanger Unternehmenspraxis kann ich Ihnen versichern, dass eine jährliche bezifferte und berichtspflichtige Quote einen hohen zusätzlichen Aufwand um einer Scheingenauigkeit willen verursachen würde. Es würde auch automatisch die Frage einer Überprüfung folgen und natürlich neue Ansatzpunkte für Streitereien bieten. Wir haben in den letzten Jahren wiederholt die Ziellatte zu hochgelegt und sollten uns nicht daran gewöhnen, unrealistische überehrgeizige Ziele zu setzen, die den Unternehmen unnötigen Aufwand bescheren. Es sollte daher bei den quantitativen Fünfjahreszielen bleiben. Das schließt natürlich nicht aus, und so ist es in der Richtlinie angelegt, dass jährlich über den Fortgang zu berichten ist. Aber doch nicht mit einer jährlichen zahlenmäßigen Quote!

Damit komme ich zum Nachhaltigkeitsbericht: Künftig werden die Fünfjahresziele und der jährliche Fortgang im Nachhaltigkeitsbericht abzubilden sein. Der ist heute schon so ausufernd, dass der Nutzwert für den Leser recht gering ist. Er enthält i. d. R. viele Leerformeln, ist ausufernd lang, aber wenig transparent. Es besteht wohl Einigkeit, dass diese Berichterstattung besser werden muss. Der Apell geht hier auch nach Brüssel. Dort wird der Regelsetzer seiner Verantwortung nicht gerecht, wenn er ungeachtet der Umsetzbarkeit, des Aufwands und der Verständlichkeit alle denkbaren Details zu einem Wunschkatalog zusammenträgt. In den USA hatte die SEC vor ca. 15 Jahren angesichts ausufernder und von Boilerplates strotzender 20-F Jahresberichte Regeln zur sog. Plein Language erlassen und neben einer maximalen Berichtslänge auch vorgegeben, dass das nur verständliche kurze Sätze und keine Leerformeln Verwendung finden dürfen. Das hat die SEC auch konsequent nachgehalten. In diese Richtung müssen wir uns bewegen, damit die Berichte verständlich und vergleichbar werden, und gleichzeitig der Aufwand reduziert wird.

Nun noch sehr kurz zum Rechtsformzusatz. Hier wurden die Gegenargumente aus gerichtlicher Sicht schon eindrucksvoll dargelegt. Zusätzlich lässt sich aus der Unternehmenspraxis sagen, das wäre wieder zusätzlicher bürokratischer Aufwand mit einem Anreiz für Greenwashing und einem Zerreden in der Hauptversammlung. Und was bringt es uns, wenn nach den europäischen Vorgaben am Ende jedes große Unternehmen klimaneutral sein muss. Last but not least zum Ganzen: Wir dürfen die Zielkonflikte nicht aus dem Auge verlieren. Ich bin auch dafür, dass die Unternehmen beim Klimaschutz mitziehen müssen und sich nicht wegducken können. Aber wir können nicht alles, was wünschenswert ist, gleichzeitig erreichen. Die Basis für all die Umbaumaßnahmen ist die Wirtschaftlichkeit. Die Wettbewerbsfähigkeit der deutschen Wirtschaft und zahlreicher großer Unternehmen leidet im Augenblick. Hier gilt es auszubalancieren, wie viel Umbau so ertraglich finanzierbar ist, dass die Gewinnerzielung und die Arbeitsplätze erhalten bleiben. Das gerät zu oft in Vergessenheit. Vielen Dank!

Dr. Cordula *Heldt*, Frankfurt am Main:

Lieber Herr Professor Weller, ich habe mich gewundert, dass Sie in Ihrem Gutachten geschrieben haben, Sie hätten Sustainable Finance ausgeklammert. Dabei sind Sie mit Ihren Vorschlägen mittendrin. Sustainable Finance, was ist das? Die Idee ist, dass Unternehmen über Nachhaltigkeitsberichterstattung dazu angehalten werden sollen, ihr Verhalten zu ändern. Wie soll das funktionieren? Die institutionellen Investoren wiederum sollen berichten, wie „grün" ihr Portfolio ist. Und dann sollen sie nur noch in die Unternehmen investieren, die „grün" oder auf dem Weg zu „grün" sind. Ohne die Umsetzung der CSRD in ihrer vollen Blüte abzuwarten, bin ich persönlich der Meinung, dass der Ansatz jetzt schon gescheitert ist – bis auf die Klimatransformationspläne, dazu komme ich gleich. Was ist jetzt das Problem, mit der CSRD, wenn wir uns mit der Logik des Kapitalmarkts, also Sustainable Finance, beschäftigen? Die Berichterstattung ist in die Vergangenheit gerichtet, sie ist nicht fokussiert, sie berichtet über alles und jeden. Genauso die Taxonomie. Im Ansatz gibt es zwar nach der Taxonomie die Möglichkeit, Planungen mit einzubeziehen, aber sie haben am Ende eine Taxonomiequote und da können Investoren wenig herauslesen. Womit können sie etwas anfangen? Mit Maßnahmen, die Unternehmen konkret planen, wobei Kosten und Zeitpläne angegeben werden. Das machen die Unternehmen jetzt schon und das wurde, glaube ich, hier noch gar nicht gesagt. Es gibt schon einen globalen Trend zu diesen Transformationsplänen. Das passiert also nicht erst, wenn die CSDDD in Kraft tritt, denn damit können Investoren, wie bereits gesagt, arbeiten.

Die Unternehmen sind schon weit vorangeschritten. Wir im Aktieninstitut beschäftigen uns derzeit damit, wie man globale Leitlinien für Transformationspläne aufstellen könnte. Insofern bitte ich um Verzeihung, dass ich einen deutschen Ansatz, der auch noch einen Sonderweg beschreitet, der noch nicht einmal mit der CSDDD ganz konform ist, von daher für nicht besonders zukunftsweisend halte. Was bedeutet es aber, wenn ich der Meinung bin, dass Klimatransformationspläne die Zukunft sind? Alles andere, was nicht fokussiert ist, sollte, wie gesagt vom Sustainable Finance-Ansatz her, zurückgedrängt werden. Wir sollten mutig sein, die Nachhaltigkeitsberichterstattung auf das zu begrenzen, was für die Zukunft von Bedeutung ist, und nicht über jeden und alles berichten.

Was bedeutet das für den Aufsichtsrat, was Professor Hennrichs auch schon angesprochen hat, bezüglich der Prüfung? Erwarten wir vom Aufsichtsrat im Ernst, dass er im Einzelnen jedes Detail der Nachhaltigkeitsberichterstattung prüft? Jetzt bekommt er ja mit der CSRD zumindest mal den Abschlussprüfer an die Hand, um ihm zu helfen. Ich glaube, das ist nicht der richtige Weg. Der Aufsichtsrat sollte den Vorstand bei seinen Maßnahmen und Planungen für die Zukunft begleiten, zum Beispiel wie er zur Klimaneutralität kommt. Übrigens, ich weiß nicht, ob ich die CSDDD falsch gelesen habe, da steht nicht nur Klimatransformationspläne, sondern verlangt ist auch die Planung der Unternehmen, wie sie zu einer nachhaltigen Wirtschaft kommen wollen. Man hat sich noch nicht damit auseinandergesetzt, aber das ist mehr als Klima. Auch daher braucht der Aufsichtsrat die Zeit, sich damit zu beschäftigen. Deswegen müsste alles andere zurückgedrängt werden. Ich weiß nicht, ob der Juristentag dem deutschen Gesetzgeber oder der Bundesregierung empfehlen kann, den Bürokratieabbau weiter voranzutreiben, aber das wäre meines Erachtens der richtige Weg. Vielen Dank.

Wiss. Mitarbeiter Matthias *Kneissl*, LL.M., Hamburg:

Vielen Dank. Wie gestern erwähnt, promoviere ich zur Nachhaltigkeitsberichterstattung und würde gerne diesen Aspekt in der Diskussion vertiefen. Zunächst möchte ich Herrn Dr. Welling für seine Einblicke in die Unternehmenspraxis danken, die ich nur bestätigen kann. Im Rahmen meiner Doktorarbeit habe ich im November

2023 eine Umfrage bei allen DAX-Unternehmen durchgeführt und kann im Kern sagen, bei den Unternehmen ist in Sachen Nachhaltigkeit schon einiges passiert und sie sich diesem Thema angenommen haben. Wenn man sich die DAX-Unternehmen anguckt, hat mittlerweile jedes eine eigene ESG-Homepage, eigene ESG-Beauftragte und ESG-Ansprechpartner sowie eigene Abteilungen eingerichtet. Meiner Meinung nach sind die Unternehmen hier auf dem richtigen Kurs.

Ein Kritikpunkt der Unternehmen in meiner Studie war, dass der Gesetzgeber seine Maßnahmen nicht langfristig verfolgt und zu schnell den Kurs ändert. Unternehmen müssen sich hierdurch wieder neu aufstellen. Dies betrifft die Berichterstattungspflichten und die damit verbundenen gesetzlichen Ungenauigkeiten, wie das BMJ gerade berichtete. Als Beispiel können die neuen ESRS-Standards angeführt werden, wo viele hinsichtlich des Sinns und Zwecks ausgelegt werden müssen. Auch die CSRD-Richtlinie und die CSDD-Richtlinie lassen den Unternehmen mit ihren kurzen Umsetzungsfristen wenig Vorlauf. Dem Punkt II Nr. 7 kann ich vor diesem Hintergrund zustimmen. Sowohl die CSRD als auch die CSDDD verursachen unverhältnismäßige Rechtsbefolgungskosten; der deutsche Gesetzgeber sollte daher bei europäischen Rechtsakten stärker auf die Beachtung des Verhältnismäßigkeitsgrundsatzes achten.

Ich stehe Punkt I Nr. 4c bzgl. einer „Verpflichtung zur Erstellung des Klimatransformationsplans um jährliche Treibhausgasreduktionsziele (Klimaquote)“ kritisch gegenüber, da dieses bedeutet, dass die Unternehmen anstatt des in Art. 22 CSDD vorgesehenen Rhythmus von fünf Jahren nun jährlich einen „Klimaplan“ aufstellen müssten. Ich glaube, dass die Nachhaltigkeitsberichterstattung bei künftigen Instrumenten zur Klimatransformation im Mittelpunkt stehen sollte. Denn sie ist ein Kernelement des Nachweises der Unternehmen bzgl. etwaiger ESG-Thematiken. Herr Prof. Hommelhoff hat heute schon darauf hingewiesen, dass sie das „Berichtsleben des Unternehmens“ sei. Sie ist ein Steuerungsinstrument und der Aktionär kann am Ende des Tages entscheiden, inwieweit er das Ganze mitträgt oder nicht z. B. durch Entlastungen des Vorstandes und Co. Unter Einordnung der vom Gutachter gemachten Vorschläge baut exemplarisch die „Klimaquote“ auf der Nachhaltigkeitsberichterstattung auf:

Die Berichterstattung kann als eine Art von Reporting-Ergänzung angesehen werden, die nach der Verabschiedung auf Basis der Berichterstattung kontrollierbar ist. Zu beachten ist auch, dass die Berichterstattung eine bürokratische Herausforderung für Unternehmen ist und daher nicht vom europäischen Richtlinientext abgewichen sollte.

Vielen Dank.

Prof. Dr. Dr. h.c. Holger *Fleischer*, LL.M., Hamburg:

Ich möchte zu dem weiteren Kontext ‚Rechtsformzusatz' sprechen und zur Klimaquote. Aber vielleicht mit zwei allgemeinen Vorbemerkungen noch. Erster Punkt, selbst wenn wir alle Vorschläge, die auf dem Tisch liegen, umsetzen würden, dürfen wir von einem grünen Gesellschaftsrecht keine Wunderdinge erwarten. Also Gesellschaftsrecht ist in dieser Hinsicht kein Game-Changer, sondern wird immer die dritt- oder viertbeste Lösung bleiben. Das ist nicht nur die Meinung von Juristen, die sich am Unternehmensrecht festklammern, sondern auch von professionellen Playern, die sich damit in ihrer Arbeit tagtäglich beschäftigen. Zum Beispiel beim Potsdamer Institut für Klimafolgenforschung oder auch bei unserem neuen Max-Plank-Institut in jener Phöbieoanthropologie.

Das entbindet uns nicht von der Notwendigkeit, einzelne Instrumente anzuschauen und zu überlegen, was wir im Gesellschaftsrecht beisteuern können. Man sollte aber beachten, dass die Plausibilisierungslast für die Einführung neuer Vorschriften oder neuer Instrumente bei denjenigen liegt, die etwas Neues vorbringen sollen. Und dazu muss man sich auch in jedem Einzelfall klar werden über die Zieleignung, über die Nebenwirkungen und über die Folgekosten. Natürlich kann man das nicht hart quantifizieren, aber zumindest sollte man verlangen, dass bei den einzelnen Vorschlägen im Sinne eines vernünftigen Vermutens dargelegt wird, worin der Zusatzeffekt liegt.

Zweite Vorbemerkung, auch das klang heute Morgen schon an bei Herrn Kumpan und Frau Mittwoch: Den Fokus auf den Klimaschutz zu legen, halte ich in seiner gesamten Breite für verfehlt. Das liegt ja quer zu den europarechtlichen und internationalen Dreiecktheorien, da haben wir andere Leitbegriffe.

Nachhaltigkeit und andere Leitbegriffe liegen auch quer zur insgesamten ESG-Diskussion national und international. Hier müssen wir den Bogen weiter spannen. Das zeigen auch die Erkenntnisse der Erdsystemwissenschaften, es geht nicht nur um Umweltschutz. Geoanthropologie, Versauerung der Meere, entsprechende weitere Komponenten. Aus der Vorrede will ich mir aber einen Punkt herauspicken, den ich für inspirierend halte: Die Diskussion um den Rechtsformzusatz. Die Diskussion wird vielleicht ein bisschen verengt geführt und vielleicht kann es hilfreich sein, dass man den Kontext weiter platziert. Das ist jetzt zwar für Deutschland eine neue Idee, aber international rechtsvergleichend nicht. Im Vereinigten Königreich hat man 2005 die Community Interest Company eingeführt. In den Vereinigten Staaten, in den meisten Staaten seit 2010, die Benefit Cooperation. In Italien 2016 die societá benefit und in Frankreich 2019 die société á Mission.

Und jetzt muss man sorgfältig unterscheiden, was sind diese Instrumente denn eigentlich rechtstechnisch. Da gibt es zwei große Unterschiede, die man im Blick haben sollte, auch regulatorisch. Die Benefit Cooperation ist eine Rechtsformvariante also eine Spielart, eine Abwandlung der US-amerikanischen Cooperation. Die Community Interesting Company ist eine Abwandlung der herkömmlichen britischen Company. Das ist die eine Seite, das ist die Rechtsformvariante. Auf der anderen Seite stehen die italienischen und französischen Modelle und das ist ein echter gesetzlicher Status, der nicht an einer bestimmten Rechtsform festhält, sondern transversal zur Verfügung steht. Und beide dieser Reglungstechniken haben Vor- und Nachteile. Das müsste man im Einzelnen diskutieren, aber das kann ich in der Kürze der Zeit hier nicht.

Jetzt der zweite Punkt: das Gutachten schlägt vor, wir sollen einen Rechtsformzusatz „klimaneutral" einführen. Das halte ich für wesentlich zu eng. Und das ist auch bei den internationalen Vorbildern nicht der Fall. Bei der Benefit Cooperation in den Vereinigten Staaten gibt es den General Benefit und den Specific Benefit. In England gibt es das Community Interest. In Italien beneficio commune. Und in Frankreich geht es um soziale und oder Umweltbelange. Ich denke, die Idee, die davorgestellt worden ist in dem Gutachten, die hat Potential und dieses Potenzial sollte man nicht beschneiden. Auch vor dem Hintergrund der rechtspraktischen und rechtspolitischen Perspektive. Es ist nicht zu erwarten, dass der Gesetzgeber drei, vier oder fünf Zusätze legitimieren wird. Wenn ich es einmal am Beispiel der GmbH sagen darf: wir haben schon die gGmbH. Sofern jetzt das Bundesministerium weiter voranschreitet, haben wir demnächst die thesaurierende GmbH, das ist die tGmbH. Ferner haben wir dann für den Klimaschutz noch die KNGmbH und dann hätten wir vermutlich die nGmbH, die nachhaltige GmbH, sowie die sGmbH, die besonders soziale GmbH. Daran sieht man schon, wir dürfen das nicht so sehr aufsplittern, sondern müssen versuchen, es im Kontext zu sehen. Und müssen versuchen das Potenzial, das dieser Lösung in-ne wohnt, zu bündeln, und dieses entweder auf die Nachhaltigkeit oder sogar weiter zu fassen. Es gibt dafür auch Vorschläge, die sind bisher noch nicht zur Sprache gekommen.

In der Schweiz gibt es eine Allianz für nachhaltiges Unternehmertum. Dies ist auch im Internet alles entsprechend verfügbar, und die sind schon viel weiter als wir, viel weiter als der Gutachter. Die haben nämlich schon ausformulierte Gesetzesvorschläge vorgelegt, und zwar nicht nur ausformulierte Gesetzesvorschläge für das Aktienrecht. Das ist in der Schweiz nicht nur im Obligationenrecht geregelt, sondern gilt auch für die Handelsregisterverordnung, mithin muss der Handelsregisterführer dies gegebenenfalls prüfen. Nun ist es so, dass für eine solche Idee eine Reihe von Einwenden zu überwinden sind, und ich nenne mal drei oder vier und sage, was ich davon halte. Also ein Einwand ist zu sagen, wir wollen das lieber an dem Produkt festmachen, klimaneutrales Produkt statt an dem Unternehmen. Das scheint mir aber nicht die Unternehmenssicht zu sein. Viele Unternehmen haben nachhaltiges Interesse an Corporate Branding, also auf die Unternehmensebene bezogen. Zweiter Einwand könnte sein, wir haben doch die wunderbare Welt der privaten Zertifizierung, das stimmt. Die hat aber eine große Schwäche, es gibt nahezu dreihundert solcher privaten Zertifizierungen, mit unterschiedlichen Adressaten, unterschiedlicher Überprüfung, unterschiedlichem Inhalt. Das ist also so eine Art Label-Dschungel und diesen Label-Dschungel kann man nicht mit einer Machete durchschlagen, sondern da ist es besser, wenn man auf staatlicher Ebene ein Instrument anbietet.

Drittes Argument, was als Gegenargument vorgebracht wird, wir können das doch alles kautelarjuristisch nachbilden, also in der GmbH und selbst im Aktienrecht kann man viel mehr machen für den Klimaschutz, als dass die meisten glauben. Man kann das in der Tat emulieren, man kann das nachbilden. Aber der Signalisierungs- und Selbstbindungseffekt, der ist ein ganz anderer, wenn der Staat da seine hoheitliche Hilfe anbietet.

Ein viertes Argument ist zu fragen, gibt es dafür überhaupt ein praktisches Bedürfnis? Das lässt sich in der Tat schwer abschätzen, aber wir haben immerhin eine Orientierungsmarke. Das ist der beträchtliche Bedeutungszuwachs der ausländischen Formen, der ausländischen Spezialformen, die ich gerade genannt habe. Bei diesen gibt's einen signifikanten Wachstumserfolg, wenn auch, dass muss man zugestehen, auf niedrigem Niveau. Dann bleiben letztlich die Second Order Fragen, so will ich das mal sagen, also wie im Einzelnen soll man das konzipieren. Dies muss man sich überlegen. Herr Wertenbruch hat das ein oder andere schon dazu gesagt, man darf sicherlich die Handelsregisterführer nicht überfordern, das ist in der Schweizerischen Regelung schon entsprechend berücksichtigt. Die Grundidee ist hier, die verdient Vertiefung. Das dies aber noch in dieser Legislaturperiode aufgerufen und ausbuchstabiert wird, glaube ich nicht, aber man darf nicht unterschätzen, dass der deutsche Juristentag auch ein Wissensspeicher ist für die nächste und übernächste Legislaturperiode. Dies haben wir beim Personengesellschaftsrecht gesehen, und das könnte hier in ähnlicher Weise stattfinden. Ich würde dafür werben, dass man in diesem weiteren Kontext, sei es als Rechtsformvariante, sei es als Rechtformzusatz oder als Unternehmensgegenstandzusatz, ein Prüfauftrag an den Gesetzgeber oder an die Ministerien weiterreicht, um die Möglichkeiten dieses Instruments, dieses neuen Instruments auszuloten.

Die rechtspolitische Großwetterlage ist schon beschrieben worden, keine „Eins zu Eins Umsetzung“ und das halte ich in der Sache auch für goldrichtig.

Man kann zwar jedes einzelne Argument auf Kosten und Nutzen prüfen, man muss aber die Summationseffekte auch berücksichtigen und die sind inzwischen auf nationaler und supranationaler Ebene überschritten. Das ist einfach zu viel. Und in dieser Großwetterlage wäre eine Klimaquote meines Erachtens nur gerechtfertigt, wenn sie signifikante Zusatzvorteile bringen würden. Das sehe ich aber nicht, das ist ja schon geäußert worden. Wir haben 5-Jahres-Pläne. Wir haben jährliche Aktualisierungspflichten. In der Praxis wird der Klimatransformationsplan das Schlüsseldokument sein, daran werden die Unternehmen arbeiten und das ist auch, denke ich, viel besser zu bewerkstelligen als eine jährliche Klimaquote.

Vielen Dank.

Prof. Dr. Alexander *Schall*, Lüneburg:

Ja vielen Dank. Ich möchte heute nochmal zu einem kleinen Detail etwas sagen und dann ein ganz großes Anliegen vorbringen. Der Reihe nach, zunächst zu dem Detail.

Die Frage ‚klimaneutral‘ – wenn man dahin geht, wo das der Kollege Wertenbruch mit sehr guten Argumenten gezeigt hat, dann hat er auch schon in einem Nebensatz gesagt, darf das nicht irreführend sein. Ich weise nur darauf hin, dass sich die Definition für mich so liest, als beschriebe sie den Zustand ‚klimaneutral werden wollend‘ und nicht ‚klimaneutral seiend‘, weil das ja erst in die Zukunft gerichtet ist. Unter dem Aspekt der Irreführung wäre ich da vorsichtig und würde darüber nachdenken, ob man nicht lieber irgendetwas wie ‚klimafreundlich‘ schreiben sollte. Das ist aber nur ein kleines Detail und ich bin kein Firmenrechtler.

Mein großes Anliegen ist es, den gestrigen Beiträgen Gerechtigkeit widerfahren zu lassen und eine Brücke zu schlagen. Dabei weise ich auch darauf hin, dass wir gehört haben, was die Bundesregierung tun will. Lassen Sie uns doch bitte, liebes Büro, ganz an den Anfang Ihren Punkt fünf setzen, lassen Sie uns doch zu Anfang das befürworten, was jetzt sowieso getan wird, nämlich die Umsetzung des Artikels 22 innerhalb des Lieferkettengesetzes noch in dieser Legislatur vor Ablauf der Frist. Das sollten wir bedingungslos unterstützen und das hat ja gestern auch jeder gewollt. Lassen Sie uns nicht drüber streiten, was das Gesellschaftsrecht oder öffentliche Recht tun kann, sondern setzen Sie das ganz nach oben, damit wir nicht das fatale falsche Signal setzen, wir meinen etwa, Deutschland solle gar nichts machen. Setzen Sie das völlig Unstreitige, das jeder hier will, auch nach vorne, denn auch ich will das. Und es macht ja auch Sinn und es macht ja auch nur Sinn im Lieferkettengesetz wegen der verschiedenen erfassten Rechtsformen einschließlich ausländischer Gesellschaften. Damit ersparen wir uns jeden Streit, den zugegebenermaßen die Frage der Abteilung aufgeworfen hat, ob das denn jetzt Gesellschaftsrecht ist oder nicht. Denn, mein lieber Herr Hommelhoff, es tut mir leid, aber das ist es eben nicht. Das Lieferkettengesetz ist öffentliches Recht, weil es vom BAFA überwacht wird. Welches Zivilrecht wird denn von einer Behörde überwacht? Und es steht unter Verhältnismäßigkeitsvorbehalten. Aber darüber können wir ewig streiten und es bringt doch gar nichts, denn wir sind ja auch nicht die gesellschaftsrechtliche Abteilung, sondern die wirtschaftsrechtliche. Das ist Unternehmensrecht, wenn man so will. Aber darüber soll man doch nicht streiten. Das will ich vom Tisch haben. Lasst uns Art. 22 an den Anfang stellen und dann ganz konkret die weiteren Vorschläge durchgehen, die ich zum Teil gut finde. Klimaquote – ich habe dazu keine Meinung gebildet bis jetzt. Dass wir der Reihe nach herunter abhaken, ob wir das wollen, ob wir einen Prüfungsauftrag haben wollen, ob wir das jetzt machen oder später, das wäre wirklich mein dringendes Petitum, auch um uns selbst Gerechtigkeit zu tun. Es waren gestern keine Klimaleugner oder Leute, die gesagt haben, dass wir überhaupt nichts machen sollen.

Nur ein kleiner Hinweis, aber auch nur am Rande, den kann ich mir nicht ganz ersparen. Natürlich verhindert Scope 3, dass wir die Sachen über Tochtergesellschaften ins Ausland verlagern und das berechtigterweise. Aber was Sie niemals verhindern werden, ist, wenn wir deindustrialisieren, wie das die Engländer auch machen, werden wir trotzdem konsumieren wollen und die Emissionen geschehen dann trotzdem und wir haben damit gar nichts mehr zu tun. Wir verdienen auch nicht mehr daran und haben dann die Hände clean. Aber wir müssen unser Konsumverhalten ändern, das ist es doch eigentlich. Nur ist das nicht unser Thema hier. Ich will dennoch darauf hinweisen, wenn wir es übertreiben und deindustrialisieren, dann werden die Konsumgüter woanders produziert, dem Klima ist nicht geholfen, unser Wohlstand schwindet und wir haben es nicht mehr in der Hand. Das ist etwas, was ich, wie gesagt, nicht überblicken kann. Aber überblicken kann ich, dass wir Artikel 22 machen wollen, dass das voran muss, dass wir ein starkes Signal senden. Das machen wir, streiten wir also nicht darum, ob das Gesellschaftsrecht ist, da kommen wir nirgends hin, und gehen wir dann die Maßnahmen von Marc-Philippe Weller durch, weil das ein starkes Gutachten ist, das setzt den Ton for years to come. Das ist die momentane Lage, das werden wir noch lange lesen. Insofern lohnt es sich, auch die einzelnen Vorschläge durchzugehen. Aber setzen Sie Art. 22 bitte an den Anfang. Das ist mein dringendes Petitum.

Danke.

Rechtsreferendar Samy G. *Sharaf*, München:

Vielen Dank. Ich beziehe mich auf den Rechtsformzusatz aus Ziffer 9 und möchte in drei Schritten vorgehen: Zunächst zum allgemeinen Firmenrecht, dann zu 9a und dann zu 9b.

Einmal, um das klarzustellen und nochmal aufzugreifen, was Holger Fleischer gerade schon betont hat: Dieser Purismus im Firmenrecht ist eigentlich spätestens seit dem Ehrenamtsstärkungsgesetz von 2013 in der Form einfach nicht mehr zutreffend. Wir kennen diesen Mechanismus längst, dass eine Zertifizierung in dem Fall aus dem Finanzamt, nämlich die §§ 51 ff. Abgabenordnung, über den Rechtsformzusatz gGmbH, gUG (haftungsbeschränkt) oder gAG ins Firmenrecht hineingetragen wird und damit in die Register eingetragen wird. Es spricht also vor diesem Hintergrund erstmal nichts dagegen, so etwas in Zukunft auch auszuweiten auf andere Felder.

Außerdem hierzu ein gewisser empirischer Befund. Wenn man mit den Industrie- und Handelskammern spricht, also mit denen, die eben mit diesen Firmenvoranfragen beschäftigt sind, sind eigentlich das dominierende Thema der letzten paar Jahre auch diese grünen Selbstzuschreibungen. Es gibt diverse Anfragen für solche Firmenbestandteile, wie „Green Technologies" oder sonstige Dinge, die eben nach Nachhaltigkeit, Klimaneutralität, grüner Technologie klingen, wo sich schon jetzt firmenrechtlich die Frage stellt und auch für die Registergerichte die Frage stellt: „Ist das eintragungsfähig? Passt das so mit dem Unternehmensgegenstand oder weckt das falsche Erwartungen am Markt?". Also insofern ist die Überforderung der Registergerichte, denke ich, kein Gegenargument gegen den Vorschlag des Gutachters.

Nun zu 9a, da greife ich auch den letzten Beitrag von Alexander Schall auf. In der These 9a kommt, denke ich, relativ gut heraus, dass der Gutachter schon davon ausgeht, dass die Klimaneutralität erst erreicht sein muss und dann erst der Firmenzusatz klimaneutral zulässig sein soll. Das hat allerdings, wie ich heute Morgen schon in dem nicht protokollierten Teil kurz angemerkt hatte, gewisse Folgeprobleme, die darin münden können, dass es Fehlanreize gibt, sobald man einmal in diesem Lock-In ist. Wenn man einmal den Zusatz „klimaneutrale Gesellschaft" führt, tut man sich schwer, noch schmutzige Unternehmen in den Konzern zu integrieren, weil damit über die Scope 1-Zurechnung droht, dass man den hart erarbeiteten Rechtsformzusatz sofort wieder verliert. Das wäre schade, wenn man bedenkt, dass es eben in diesen Unternehmen nachweislich großes Know-How und technischen Vorsprung in diesen Transformationsthemen gibt. Ob zwei bis drei Jahre Übergangsfristen für die Integration und Transformation von erworbenen Unternehmen ausreichend sind, vermag ich angesichts der komplexen Genehmigungsverfahren, gerade für Industrieanlagen, nicht zu sagen. Ich habe da leichte Skepsis. Aber auch das ist sicherlich etwas, woran man arbeiten kann.

Was die Ziffer 9b betrifft, die ja viele Einzelmaßnahmen, insbesondere die Satzungsverankerung aufgreift, glaube ich, dass der Gutachter vielleicht nochmal nachschärfen muss bzw. wir noch näher konkretisieren müssen: Was ist denn eigentlich das Ziel von diesem Rechtsformzusatz, also was soll damit bezweckt werden? Ist es eine Belohnung für ein überobligatorisches, freiwilliges Verhalten? Also soll es darum gehen, dass wir Vorreiter in der Branche belohnen, die entweder in zeitlicher Hinsicht früher in der Klimaneutralität angekommen sind, die vielleicht in persönlicher Hinsicht die Klimaneutralität angestrebt haben, obwohl sie nicht reguliert sind von Artikel 22 CSDDD? Ich gehe da in die Richtung der Differenzierung, die die Referentin Obernosterer auch aufgemacht hat in ihrem Referat: Die Regulierten und die nicht von Art. 22 CSDDD Regulierten. Oder ist es sogar ein überobligatorisches Handeln in sachlicher Hinsicht, dass man vielleicht nicht nur Klimaneutralität, sondern sogar klimapositives Handeln anstrebt? Kurzum: Wir sollten klarstellen, ob es sich um ein Signal für ein überobligatorisches oder ein lediglich rechtskonformes Verhalten handeln soll. Wenn es um die Einhaltung gesetzlicher Mindeststandards gehen soll, dann haben wir, meine ich, doch gewisse Konfliktpunkte mit dem Lauterkeitsrecht. Denn im Grundsatz soll eigentlich nicht Werbung mit Eigenschaften gemacht werden, die man ohnehin per Gesetz erfüllen muss. Das heißt, für die regulierten Unternehmen, die ohnehin 2050 klimaneutral agieren sollten, hätten wir da eine gewisse Friktion mit dem auch ohne die Green Claims Directive und ohne die EmpCo-Directive schon bestehenden Rahmen im Lauterkeitsrecht. Hierfür könnte eventuell der produktbezogene Ansatz des Lauterkeitsrechts durchaus überlegen sein. Ich möchte im Anschluss an Holger Fleischer damit schließen, dass ich denke, dass das Instrument Rechtsformzusatz durchaus Wirkungsmacht hat, dass wir es aber vielleicht in der Tat etwas breiter anschauen müssen. Daher denke ich, dass im Rechtsformzusatz durchaus noch einiges an Potential steckt und wir hiermit weitere überobligatorische Handlungen von Unternehmen anreizen könnten. Danke schön.

Prof. Dr. Anne *Sanders*, Bielefeld:

Ja, vielen Dank. Ich möchte mich diesem Plädoyer von Holger Fleischer für die Idee dieses Rechtsformzusatzes anschließen. Dabei fände ich es sinnvoll, den Anwendungsbereich entsprechend den Vorschlägen der Kollegen Harnos und Bachmann auch auf Einzelunternehmer auszudehnen und auch die Vorschläge für das Firmenrecht, die vorhin geäußert wurden vom Kollegen Wertenbruch fand ich sehr hilfreich. Und ich finde auch die Idee sehr hilfreich Herr Fleischer, den Ansatz noch zu erweitern. Insgesamt finde ich dieses aber als eine sehr weiterführende Idee und natürlich auch dann, wenn eine Überprüfbarkeit durch das Register möglichst einfach gehalten ist.

Wesentlich ist aber für mich, dass die Idee rechtsformübergreifend ausgestaltet ist. Das vermeidet nämlich eine Unterscheidung zwischen guten und schlechten Rechtsformen. Und Ansätze und Pflichten zu ökologischem Handeln gibt es ja in Unternehmen aller Art, ganz unabhängig von der Rechtsform. Und es gibt eben auch den Wunsch, eigenes Engagement, ganz unabhängig von der Rechtsform, verlässlich zu zeigen. Und auch im Ausland, darauf wurde schon hingewiesen, gibt es Ansätze, die rechtsformübergreifend angelegt sind. Zum Beispiel eben die société à mission.

Mein Plädoyer gebe ich dabei grade als Befürworterin für eine Gesellschaft mit gebundenem Vermögen oder thesaurierender Gesellschaft, wie sie dann mal heißen soll ab. Diese Gesellschaft soll eine besondere Finanzverfassung mit einer Vermögensbindung haben. Und die Vermögungsbindung kann man sagen, schließt Anreize zu Shareholder value zu maximierendem Handeln aus und das kann vielleicht auch indirekte Effekte haben. Aber diese Gesellschaft hat eben keine direkte ökologische oder soziale Ausrichtung. Und eine solche Ausrichtung sollte auch nicht auf eine Rechtsform beschränkt werden. Viele Unternehmer, die hinter der Idee mit gebundenen Vermögen stehen, lassen sich aber jetzt schon privat zertifizieren. Zum Beispiel bei Bilap und in anderen Formen. Und mit diesem Vorschlag hier, könnten sich eben Unternehmen mit aller Art, unabhängig von der Rechtsform, in öffentlich anerkannter Weise zertifizieren und das finde ich eine sehr, sehr nachdenkenswerte und innovative Idee. Vielen Dank.

Prof. Dr. Rafael *Harnos*, Passau:

Zu den Beschlussvorschlägen unter Ziffer 5, zunächst Buchstabe a. Hier freue ich mich sehr, dass Marc-Philippe Weller es begrüßt, den Anwendungsbereich der Klimaquote an Art. 22 CSDDD zu koppeln. Eine kleine Klarstellung dazu: Dass der Anwendungsbereich der CSDDD an die Unternehmensgröße anknüpft, im Sinne von Beschäftigtenzahl und Umsatz, wissen wir seit Anfang 2022. Die CSDDD-Diskussion drehte sich nicht um diese grundlegende Konzeption des Anwendungsbereichs, sondern darum, wie hoch denn die Mitarbeiteranzahl sein muss und wie hoch die Umsätze sei müsse. Das hätte man von vorneherein im Umsetzungsvorschlag regeln können.

Zur Buchstabe b: Klimaneutralität bis 2045 oder 2050? In der derzeitigen Fassung würde ich den Vorschlag ablehnen. Das Ziel der Klimaneutralität bis 2045 steht zwar im Gleichklang mit dem Klimaschutzgesetz, wir kommen aber in Teufels Küche, wenn wir die Umsetzung der CSRD in den Blick nehmen. Wenn wir § 289c Abs. 2 HGB-E mit Art. 22 CSDDD vergleichen, sind sie fast wortgleich. Und im deutschen Umsetzungsgesetz steht als Klimaneutralitätsziel ganz eindeutig 2050. Deswegen sollten wir die Umsetzungsnorm zu Art. 22 CSDDD im Lieferkettengesetz an den HGB-Entwurf angleichen, der jetzt schon im Bundestag liegt.

Und dann die Buchstabe c: die Klimaquote, also die Jahreszielgröße zur Emissionsreduktion. Hier werde ich mir eine Zusammenfassung der Debatte erlauben: Es gibt glühende Befürworter der Klimaquote, die kommen vornehmlich aus Heidelberg; Jan-Erik Schirmer gehört auch dazu. Und dann gibt es den ganzen Rest, der die Klimaquote ablehnt. Ich lehne sie auch ab. Die Klimaquote soll ein Bestandteil des „smart mixes" sein. Der Mix sieht so aus, dass der Gesetzgeber die Berichtspflichten regelt, die Unternehmen bei der Umsetzung laut stöhnen, die Politik dann die Berichtspflichten zurücknehmen oder zumindest aufeinander sinnvoll abstimmen will und die stöhnenden Unternehmen belasten wir mit der zusätzlichen Klimaquote. Das ist widersprüchlich. Und ich glaube nicht, dass dieser Regulierungsvorschlag sinnvoll und praktisch umsetzbar ist. Ich hätte mir gewünscht, dass Vertreter aus der Unternehmenspraxis uns sagen, was die Herausforderungen bei der Umsetzung der Berichtspflichten und der Klimaquote sind. Ich sitze in meinem Büro am Inn, Jan-Erik Schirmer sitzt in seinem Büro an der Oder und wir unterhalten uns über die Vorschläge, haben aber im Prinzip keine Ahnung von der praktischen Umsetzung. Deswegen würde ich gerne die Unternehmensvertreter hier vorne haben und von ihnen hören, was sinnvoll ist.

Zum Rechtsformzusatz, Beschlussvorschlag 9: Hier bin ich ein bisschen zwiegespalten. Ich halte es eigentlich auch für eine ganz nette Idee, den Unternehmen ein Werbemittel in die Hand zu geben. Dann muss sich die Regelung auf den Ist-Zustand fokussieren, nicht auf die Zukunft. Ist das Unternehmen klimaneutral oder ist das Unternehmen nicht klimaneutral? Wenn das Unternehmen klimaneutral ist, dann darf das Unternehmen den Zusatz führen; wenn nicht, dann halt nicht. Aus diesem Grund würde ich den Beschlussvorschlag 9a unterstützen. Der Beschlussvorschlag 9b, wonach alles mögliche in die Satzung reingeschrieben werden soll, überzeugt mich nicht. Diesen Regelungsvorschlag würde ich streichen. Das ist auch überbordende Bürokratie; zum Klimaschutz trägt es nicht bei. Wo ich große Bauchschmerzen habe, ist die Rolle der Registergerichte; das wurde schon angesprochen. Wie sollen die Registerrichter, die Rechtspfleger als die funktional zuständigen Organe innerhalb der Gerichte, beurteilen, ob ein Unternehmen klimaneutral ist oder nicht. Sie können sich im Prinzip nur auf die Wirtschaftsprüfergutachten stützen. Dann geben wir die Angelegenheit an die Wirtschaftsprüfer weiter, die geben schon genug Arbeitsbeschaffungsmaßnahmen mit Bezug zur Nachhaltigkeit haben. Das hat Frau Kalss in der JZ zugespitzt ausformuliert. Ich weiß nicht, ob eine solche Regulierung sinnvoll ist. Die Idee von Herrn Wertenbruch, die Regelung in das Firmenrecht zu verlagern, finde ich ganz gut. Ich bin mir nur nicht sicher, ob die Gerichte damit komplett außen vorgelassen werden. Die firmenrechtliche Lösung provoziert UWG-Streitigkeiten. Ein Autobauer klagt gegen einen anderen Autobauer, der Klimaneutralität in der Firma führt. Ob das so viel besser ist als die registerrechtliche Lösung, bin ich mir nicht sicher. Die Klagegefahr erhöht die Kosten. Wer sich darüber freut, sind natürlich die Anwälte, die haben wieder was zu tun. Aber die Regulierungskosten sollten wir schon auf dem Schirm haben, wenn wir über die Detailgestaltung diskutieren, wie Herr Fleischer es gesagt hat.

Einen letzten Punkt, der mir bislang etwas zu kurz kommt, hat Herr Hemeling angesprochen: die Vorstandsvergütung. In allen Veröffentlichungen spüre ich die Abwehrhaltung, die Vorstandsvergütung stärker mit Klimaschutz zu verknüpfen und den Aufsichtsrat dazu verpflichten, die Long Term Incentives auf Klimaschutz auszurichten. Diese Zurückhaltung überzeugt mich nicht. Wenn ich jetzt raus aus dem Saal gehe und 4,00 EUR in die Hand nehme, dann kaufe ich mir einen Kaffee. Das Geld verschafft mir den Kaffee, ich erreiche mein Ziel. Und die Menschen, die mir den Kaffee geben, stehen nicht hinter der Theke, weil sie Spaß am Deutschen Juristentag haben. Sie stehen dort, weil sie dafür Geld bekommen. So funktioniert nun mal die Welt. Auch wenn wir in der Nachhaltigkeitsbubble sind, sollten wir nicht vergessen, dass Geld ein extrem starkes Steuerungsinstrument ist. Deswegen glaube ich, wir sollten die Vorstandsvergütung nicht zu schnell als ein Instrument des Gesellschaftsrechts abschreiben, wenn es um den Klimaschutz geht. Vielleicht sollten wir in § 87 AktG den Klimaschutz doch klar verankern. Vielen Dank.

Student Timo *Rudolph*, Kiel:

Ja, erst mal vielen Dank für die Möglichkeit, hier etwas sagen zu können. Es kostet mich viel Mut, hier oben zu stehen, und ich will auch gar nicht viel Zeit in Anspruch nehmen, weil ich glaube, es gibt Leute hier im Raum, die deutlich substantiiertere Beiträge leisten können als ich. Eines möchte ich allerdings zum Argument der Wirtschaftlichkeit sagen, was ich jetzt öfter gehört habe. Alle sind sich eigentlich einig, dass Klimaschutz wichtig ist, doch dann kommt immer ein großes ABER. Und auf die Gefahr, mich hier im Raum unbeliebt zu machen, möchte ich einmal sagen, dass Jahrzehnte lang von Unternehmen mit Ausbeutung von Menschen und Umwelt private Gewinne erwirtschaftet wurden und wenn es dann um die Kostendeckung der Klimakatastrophe geht, werden diese Kosten sozialisiert. Um zu sagen, es geht nicht, wir können es nicht schaffen als Unternehmen, das bringt uns auch nicht weiter, um es mit den Worten eines großen Dichters und Denkers zu sagen, Probleme sind auch nur dornige Chancen. Ich bitte dies bei der Argumentation im Sinne derer, die diesen Planeten noch so lange wie möglich bewohnen wollen, zu berücksichtigen. Denn ohne bewohnbaren Planeten gibt es auch nichts zu wirtschaften.

Vielen Dank.

Prof. Dr. David *Bartlitz*, Paderborn:

Meine sehr verehrten Damen und Herren, verehrter Abteilungsvorstand. Ich habe sehr viel gelernt in den letzten zwei Tagen und sehr viele interessante Aspekte von Ihrer Seite vernommen, auch im Gutachten.

Ein Aspekt schien mir noch etwas stiefmütterlich behandelt. Den würde ich gerne adressieren, und zwar die rechtsökonomische Dimension der Fragestellung. Ich denke, es lohnt sich, dazu ein paar Bemerkungen zu machen. Mir war gestern Abend und heute früh etwas langweilig – nicht, weil das Programm langweilig war, sondern man hatte ein bisschen Leerlauf und musste zusehen, was man so tut – und dementsprechend habe ich ein bisschen rumgerechnet und habe mir gedacht: Die Sitzungen sind bald vorbei, wir könnten doch mal zum Schluss gemeinsam ein bisschen Mathematik machen, wenn sie mögen, und damit ganz elementar verstoßen gegen den Grundsatz: „Iudex non calculat“, in der Hoffnung, dass es vielleicht einen Beitrag zur Diskussion leisten kann.

Also gestatten Sie mir ein paar rechtsökonomische Bewertungen, Mathematik ist eigentlich übertrieben, es ist eigentlich nur Rechnerei, die ich Ihnen gerne vorstellen möchte. Und zwar wäre es mein Ziel, die drei Instrumente, die Herr Weller in seinem Gutachten vorgeschlagen hat, getrennt voneinander rechtsökonomisch zu bewerten und zwar in zwei Schritten. Schritt 1 wäre die Frage: Verspricht denn das Instrument einen Effizienzgewinn, also Effizienz in dem Sinne, dass wir eine Güter- und Ressourcenallokation erreichen können, die der bisherigen Güter- und Ressourcenallokation zumindest überlegen ist. Schritt 2, wenn wir das grundsätzlich bejahen können, wäre die Frage: Was ergibt denn eine Kosten-Nutzen-Rechnung? Und dazu habe ich mir auch ein paar Gedanken gemacht, die möchte ich Ihnen möglichst konkret vorstellen.

Zunächst einmal zu Instrument 1, der Rechtsformzusatz. Um das Instrument rechtsökonomisch bewerten zu können mit Blick auf die Effizienzfrage, müsste man das Instrument zunächst einmal ökonomisch qualifizieren. Was ist das im ökonomischen Sinne eigentlich, dieser Rechtsformzusatz „klimaneutral"? Wie gesagt, es geht nicht um eine rechtstechnische Einordnung, lediglich um eine rein ökonomische Qualifikation. Wenn ich das versuche, dann sehe ich den Rechtsformzusatz als ein Instrument des sog. Signaling. Michael Spence hat dieses Konzept in den 70er Jahren entwickelt, um Informationsasymmetrien abzubauen. Es handelt sich also um ein Instrument, das ein Ungleichgewicht an Informationen auf bestimmten Märkten reduzieren oder ganz beseitigen soll. Spence hat das ursprünglich für den Arbeitsmarkt entwickelt. Dabei stellt sich von vornherein schon die Frage, kann man das 1:1 übertragen? Wir schauen jetzt ja nicht auf bestimmte Märkte, wir reden ganz allgemein. Aber sei's drum, nachdem das Modell ganz gut empirisch getestet ist, kann man es wohl übertragen und verallgemeinern. Allerdings meine ich doch ganz eindeutig, dass wir keine Informationsasymmetrien mehr haben, die wir im Bereich der Klimaneutralität abbauen müssen. Warum? Diese Informationsasymmetrien werden bereits vollständig abgebaut durch die Nachhaltigkeits-Berichterstattung. In den entsprechenden Vorschriften finden sich sogar noch wesentlich weiter reichende Vorgaben. Also wir brauchen das schlicht und ergreifend nicht. Dieses Instrument ist nicht das richtige, um sein Ziel zu erreichen, daher bin ich der Meinung, den Rechtsformzusatz braucht es schlicht und ergreifend nicht und eine Kosten-Nutzen-Rechnung erübrigt sich hier. Ich komme dann später noch zu einer konkreten Empfehlung, Herr Koch hat ja darum gebeten, das möglichst konkret zu formulieren mit Blick auf die Beschlussvorlagen.

Nun zu Instrument Nr. 2: die Klimaquote. Wie würde man diese ökonomisch qualifizieren? Ich würde die Klimaquote umweltökonomisch als Mengeninstrument qualifizieren. Sie setzt Innovationsanreize, wobei sich die Anreizökonomie immer als ein ganz gutes Instrument erweist, denn diese setzt sozusagen eine besondere Motivation, die Anpassungen des Verhaltens nach sich zieht und dadurch zu einer Erhöhung der Wettbewerbsfähigkeit beitragen kann. Allerdings muss ich sagen, die Klimaquote ist doch durchaus weniger flexibel als ein Marktinstrument, wie wir es insbesondere im Zertifikate-Handel vorliegen haben, und vor allen Dingen auch teurer, da wir da ganz erhebliche Compliance Maßnahmen ergreifen müssen, Umstrukturierungen herbeiführen und so weiter. Das heißt, ein Emissionshandel wäre sicherlich günstiger. Jetzt ist gestern darüber gesprochen worden: Ist es denn ein Totschlag-Argument zu sagen, dass das eine oder andere gewählt werden müsse? Nein, finde ich nicht, ich finde, die Alternativität alleine beseitigt die Sinnhaftigkeit des Instrumentes nicht und wir können dabeibleiben und es einmal konkret durchrechnen, wenn sie mir gestatten. Übrigens, wenn sie jetzt fragen, was macht der Bartlitz da mit seiner ganzen Zauberei? Ich habe ein Gleichungssystem gebaut und dabei ein paar Parameter modelliert. Das könnte ich ihnen auch alles gerne ausführlich erklären, wenn es sie interessiert. Ich mache es jetzt nicht, weil sie sich sonst möglicherwiese mit einem Zahlengeflecht konfrontiert sehen, das zum Zwecke dieses Redebeitrags nicht weiterführt. Ich versuche, es einmal ganz einfach zu erklären. Die Idee war, eine Net-Benefit Rechnung zu erstellen, also zu überprüfen, was uns dieses Instrument überhaupt bringt. Ausgangspunkt ist ein erwarteter Climate Benefit auf der Basis von Erwartungswerten mit geschätzten Wahrscheinlichkeiten. Von diesem ziehen wir die totalen Kosten ab, die das Instrument bzw. dessen Einführung auslöst. Das basiert auf dem Ansatz von Coase aus den 60er-Jahren, der Theory of Social Cost. Es gilt also zu überprüfen, was die Gesamtkosten sind, die ein Instrument auslöst. Diese brauchen wir für eine volkswirtschaftliche Kosten-Nutzen-Rechnung, sonst ist das Ganze nicht solide. Konkret wäre zu fragen: Was ist denn die erwartete Reduktion an CO_2-Emissionen, die dieses Instrument verspricht, multipliziert mit dem CO_2-Preis – dabei nehme ich 100,00 EUR pro Tonne an. Davon ziehe ich die erwarteten totalen Kosten ab. Und nur wenn dieser Net Benefit, der daraus resultiert, größer Null ist, würde ein rationaler Gesetzgeber diese Maßnahme einführen. Wenn er gleich Null ist, liegt ein Fall der Indifferenz vor, dann kann man die Maßnahme einführen oder nicht. Wenn er kleiner Null ist, würde ein rationaler Gesetzgeber das Instrument hingegen nicht einführen.

Ich habe bei der Berechnung eine ganze Reihe von Annahmen getroffen (und auch treffen müssen). Manche Annahmen sind sehr stark, manche sind eher schwach. Da wäre etwa die Annahme von 450 börsenorientierten AG in Deutschland, 1500 mitbestimmten GmbH und noch eine ganze Reihe komplexerer Annahmen; auch damit will ich Sie nicht langweilen. Ich will Ihnen nur zumindest im Ansatz die Berechnungsgrundlagen offenlegen, damit sie wissen, wie ich zu meinem Ergebnis komme. Wenn ich also diese Annahmen treffe und das ganze konkret ausrechne, komme ich für diese Maßnahme der Klimaquote auf folgendes Ergebnis: der erwartete Klimabenefit von dieser Maßnahme auf der Grundlage meiner Parameter beträgt jährlich 4,125 Milliarden Euro, die Kosten betragen 1,32 Milliarden Euro, was einen positiven Benefit von 2,805 Milliarden Euro pro Jahr ergibt. Der Wert ist klar größer Null, sodass aus ökonomischer Sicht einiges für die Einführung dieses Instruments spricht.

Kommen wir zum Instrument Nr. 3: der Klimagovernance. Es gelten dieseleben Annahmen sowie dieselben Berechnungsgrundlagen wie eben. Anders fällt nun indes die ökonomische Qualifikation des Instruments aus. Es handelt sich um ein Instrument, was ganz anders gelagert ist, das eigentlich ein Instrument der Verhaltenssteuerung darstellt. Bei der Klimaexpertise und den Say-on-Climate-Beschlüssen kommt auch noch ein Element des Signaling mit hinein, aber das können wir zur Vereinfachung ignorieren. Interessanter ist auch hier die Rechnung. Auf der Grundlage meiner Annahmen kommen wir zu einem erwarteten Benefit von 1,65 Milliarden Euro, abzüglich der Kosten von 180 Millionen Euro ergibt sich also in Summe ein Überschuss von 1,47 Milliarden pro Jahr. Auch dieses Instrument sollte ein rationaler Gesetzgeber aus ökonomischer Sicht also einführen.

Gestatten Sie mir abschließend ein zusammenfassendes Ergebnis zu den drei Instrumenten: Der Rechtsformzusatz verspricht keinen Effizienzgewinn und ist daher nicht sinnvoll. Aus rechtsökonomischer Perspektive empfehle ich also, den Beschlussvorschlag Nummer 9 zumindest in dieser Form abzulehnen. Klimaquote und Maßnahmen der Klimagovernance versprechen beide einen Effizienzgewinn und sind daher beide einzuführen. Ich empfehle also die Beschlussvorschläge Nummer 5c sowie 14 bis 18 anzunehmen. Bemerkung: Im Verhältnis zueinander bringt die Klimaquote einen deutlich höheren erwarteten Climate Benefit allerdings um den Preis höherer Kosten. Der positive Gesamteffekt ist aber im Ergebnis größer.

Langer Rede kurzer Sinn: In der Zusammenschau sollte die wirtschaftsrechtliche Abteilung des Deutschen Juristentages beide Instrumente, also die Klimaquote und die Maßnahmen der Klimagovernance, zur Einführung empfehlen, um den Gesamtnutzen für die Klimabilanz zu maximieren. Vielen herzlichen Dank für die Aufmerksamkeit.

Vorsitzender:

Ganz herzlichen Dank, Herr Bartlitz. Wir gehen jetzt in die Pause bis 14:15 Uhr. Anschließend diskutieren wir die Vorschläge zur Klima-Governance einschließlich klimabezogenen Optimierungen der Vorstands- und Aufsichtsratsarbeit sowie den Say-on-Climate-Beschluss der Hauptversammlung. Bevor wir dann in die Abstimmungen gehen, würden der Gutachter und die Referent(inn)en noch einmal die Möglichkeit zur Stellungnahme erhalten. Alle, die an den Abstimmungen teilnehmen wollen, aber noch kein Mitglied des Deutschen Juristentags sind, haben jetzt noch die Möglichkeit, Mitglied zu werden. Vielen Dank!

Fortsetzung der Diskussion

am 26. September 2024 nachmittags
(anwesend etwa 205 Teilnehmerinnen und Teilnehmer)

Vorsitzender:

Sehr geehrte Damen und Herren, wir setzen nun unsere Verhandlungen fort. In der Mittagspause hat das Büro unter dem Eindruck der heutigen Diskussion noch kräftig an den Beschlussvorschlägen gewerkelt. Wir werden in Kürze einige Ausdrucke der überarbeiteten Vorschläge erhalten, im Übrigen können Sie diese im Internet und über Ihre DJT-App einsehen. Sie werden auch auf dem Bildschirm hinter uns angezeigt.

Als erste Rednerin hat nun Prof. Dr. Dörte Poelzig das Wort.

Prof. Dr. Dörte *Poelzig*, Hamburg:

Ich würde gerne etwas sagen zur bereits mehrfach angemahnten Abstimmung der Vorschläge auf die Sustainable Finance. Und Mathias Habersack hat es schon gesagt, eigentlich ist es schon in den Vorschlägen mit drin und um das Ergebnis vorwegzunehmen, These 17 und 18 zur Klima Governance ist, glaube ich, ein Ansatzpunkt, um die gesellschaftsrechtlichen Vorschläge mit Sustainable Finance zu verzahnen. Aber zunächst vorab: Ich glaube, solange keine öffentlich-rechtliche Regulierung als First Best Lösung existiert, müssen wir auf Second Best Lösung, oder wie Herr Fleischer formuliert hat – Third Best Lösung zurückgreifen und dazu gehören meines Er-achten das Gesellschaftsrecht und auch das Kapitalmarktrecht. Mathias Habersack sagte, die Familie oder jeder in der Familie muss den Gürtel enger schnallen und Marc-Philippe Weller in seinem Gutachten spricht davon, wir brauchen einen Smartmix, eine sinnvolle Verzahnung und dazu gehört auch eine sinnvolle Verzahnung des Gesellschaftsrechts mit den bereits vorliegenden Regelungen zur Sustainable Finance. Frau Held hatte bereits gesagt, worum es bei Sustainable Finance eigentlich geht. Es geht darum, dass man durch Transparenz durch die Taxonomie Ver-ordnung, durch die Offenlegungsverordnung, durch eine Reihe anderer Regeln, insbesondere auf europäischer Ebene versucht, Anleger dazu anzureizen, ihr Geld in nachhaltige Anlagen und da-mit in nachhaltige Unternehmen zu investieren. Damit soll auch die Realwirtschaft auf Nachhaltigkeit umgestellt werden, indem insbesondere die Kapitalkosten nachhaltiger Unternehmen sinken.

Allerdings hat der wissenschaftliche Beirat des BMF bereits im Jahr 2021 ein recht ernüchterndes Bild gezeichnet, inwieweit Sustainable Finance funktionieren kann, im Hinblick auf dieses Ziel die Realwirtschaft auf mehr ESG oder auf mehr Klimaschutz umzustellen. Insbesondere in funktions-fähigen Kapitalmärkten reichen Anlageentscheidungen auf Nachhaltigkeit ausgerichteter Anleger nicht, um tatsächlich für mehr Nachhaltigkeit durch geringere Kapitalkosten auf Seiten der Unter-nehmen zu sorgen, weil es jedenfalls in funktionsfähigen Kapitalmärkten immer auch die Gegen-seite geben muss. Dies heißt, solange es Anleger gibt, die wenig Wert auf Nachhaltigkeit legen, ist der Preiseffekt relativ gering. Wo aber Sustainable Finance einen Effekt haben kann, ist bei aktiven Investoren, die ihre Stimmrechte, etwa auf der Hauptversammlung aktiv ausüben, um so auch auf Nachhaltigkeit hinzuwirken.

Und hier glaube ich, kann das Gesellschaftsrecht eine sinnvolle Ergänzung der Sustainable Finance sein und das betrifft die Thesen 17 und 18. Also durch ein Say On Climate kann insoweit auf mehr Nachhaltigkeit hingewirkt werden. Wir haben darüber hinaus natürlich die §§ 143a f. AktG, die die Aktionärsrechterichtlinie umsetzen und jedenfalls institutionelle Investoren dazu an-halten, wenn auch nicht verpflichten, auf mehr Nachhaltigkeit hinzuwirken. Ob man das Say On Climate jetzt in das Aktiengesetz hineinschreibt oder in den DCGK, das bleibt zu diskutieren. Und These 18, die darauf hinwirkt, dass man Kooperation von Aktionären zur Einwirkung auf Nachhaltigkeit in Unternehmen fördert, indem man kapitalmarktrechtliche Hürden beseitigt, die sich aus dem Acting In Concert ergeben. Auch das ist eine sinnvolle Verzahnung des Gesellschaftsrechts mit dem Kapitalmarkrecht. Hier würde ich sagen, wäre eine europäische Lösung sicherlich sinnvoller, auch im Hinblick auf das, was Joachim Hennrichs gesagt hat, dass wir grenzüberschreitende Lösungen brauchen. Aber der DJT ist nun mal auf Änderung des deutschen Rechts gerichtet und soweit halte ich auch These 18 für einen sinnvollen Schritt.

Und den letzten Punkt, den ich machen möchte, ist Christoph Kumpan insoweit zuzustimmen, dass man hier mit der Abstimmung auf die Taxonomie Verordnung auch da die Verzahnung schaffen muss, indem man, was ja bereits angesprochen wurde, den Nachhaltigkeitsbegriff entsprechend anpasst und hier vielleicht in Richtung eines No Significant Harm Approachs, den wir auch in der Taxonomie-Verordnung haben, das vielleicht auch in die Vorschläge reinzuschreiben. Vielen Dank.

Wiss. Mitarbeiter Tonio *Friedmann*, LL.M., Mainz:

Schönen Guten Tag. Ich möchte mich zunächst bei Herrn Prof. Dr. Weller für die Erstellung des Gutachtens bedanken und möchte heute zwei Punkte ansprechen. Von den beiden Punkten möchte ich den einen nur bekräftigen und den anderen als Anregung für die weitere Diskussion aufwerfen. Wir haben gestern und heute schon gehört – und da waren sich alle Rednerinnen und Redner einig –, dass die Klimakrise die existenzielle Bedrohung unseres Planeten darstellt. Insofern haben wir auch gehört, dass Anpassungsmaßnahmen an die Klimakrise teurer sind als vorbeugende Klimaschutzmaßnahmen. Wir haben auch gehört, dass große und multinationale Unternehmen eine besondere Verantwortung haben, die wir angehen müssen.

Vor diesem Hintergrund freue ich mich, dass sich die Diskussion heute von der Frage „ob“ gesellschaftsrechtliche Maßnahmen zur Bewältigung der Klimakrise empfehlenswert sind, hin zu der Frage „wie“ wir gesellschaftsrechtliche Maßnahmen umsetzen können. Dabei teile ich die Auffassung, dass wir einen smart-mix von Regulierungsmaßnahmen brauchen, der Maßnahmen im öffentlichen Recht, aber auch im Gesellschaftsrecht vorsieht. Ich möchte aber hinzufügen, dass ich auch glaube, dass die alleinige Fokussierung auf die Klimakrise zu kurz greift. Vielmehr sollten wir uns, wie heute schon angesprochen, am Konzept der Nachhaltigkeit orientieren. Die Klimakrise ist nur eine von neun planetaren Belastungsgrenzen, von denen wir übrigens heute schon sechs überschritten haben.

Nun zu den Beschlüssen Nr. 10 und 11, die ich für nicht richtig halte. Ich möchte an die gestrige Aussage von Frau Dr. Rotsch anknüpfen, dass die Aufladung der Geschäftsleiterpflichten zu deren Konturlosigkeit beiträgt. Meines Erachtens ist die geltende Rechtslage diffus und konturlos, weil wir nach wie vor darüber streiten, inwieweit Nachhaltigkeitsaspekte außerhalb der Legalitätspflicht tatsächlich berücksichtigt werden dürfen. Insofern besteht hier aus meiner Sicht ein Bedarf an mehr Rechtssicherheit. Daher plädiere ich dafür, dass wir uns überlegen, was wir eigentlich meinen, wenn wir sagen, Nachhaltigkeitsaspekte können berücksichtigt werden, müssen aber nicht. Sprechen wir von Klimaanpassungsmaßnahmen, die im Rahmen des Rentabilitätsinteresse berücksichtigt werden müssen, oder sprechen wir von präventiven Klimaschutzmaßnahmen?

Darüber hinaus bin ich der Auffassung, dass eine gesetzliche Festschreibung der Geschäftsleiterpflichten die hier so oft angesprochene zunehmende Regulierung der Nachhaltigkeitsberichterstattung durch die Einführung einer Generalklausel vereinfachen und damit zur Entlastung der Unternehmen beitragen könnte. Damit würde das von Prof. Dr. Hommelhoff bereits 2015 erkannte Ziel des europäischen

Gesetzgebers, die Handlungspflichten der Unternehmensleitung zu erweitern, endgültig festgeschrieben.

Statt vieler legislativer Einzelmaßnahmen könnten wir eine Generalklausel einführen, mit der wir die Autonomie und Entscheidungskompetenz des Vorstands wahren, solange er sich im Rahmen der vorgegebenen Leitlinien bewegt. Hierfür bieten sich meines Erachtens die bereits heute im Deutschen Corporate Governance Kodex verwendeten Konzepte des Unternehmensinteresses und der nachhaltigen Wertschöpfung an. Damit könnten wir der von Frau Dr. Rotsch angesprochenen Konturlosigkeit entgegenwirken und nachhaltiges Wirtschaften fördern. Um mit einer vielleicht etwas provokanteren Frage zu enden: Können oder müssen nicht auch die Pflichten des Vorstands so ausgestaltet werden, dass die Externalisierung gesamtgesellschaftlich negativer Effekte verhindert wird – oder ist es zu viel verlangt, den Vorstand zu verpflichten, so zu wirtschaften, dass der Planet dabei nicht zerstört wird?

Danke schön.

Prof. Dr. Jan *Lieder*, Freiburg i. Br.:

Vielen Dank! Meine Damen und Herren, mit meinem Wortbeitrag steigen wir ein in den Teilbereich des Aufsichtsrats. Ich spreche zu den Vorschlägen 14–16 und kann in Teilen anknüpfen an das von Herrn Hommelhoff Gesagte, allerdings nicht in der ersten These zustimmen. Das Selbstorganisationsrecht des Aufsichtsrats scheint mir die Grundlage dafür zu sein, dass wir keinerlei Regelungen in diesem Bereich benötigen. Wir sollten also weder die Klima- respektive Nachhaltigkeitsexpertise noch den Klima- respektive Nachhaltigkeitsausschuss im Aktiengesetz festschreiben. Namentlich die Nachhaltigkeitsexpertise ist im Deutschen Corporate Governance Kodex besser aufgehoben.

Nach Empfehlung C.1 Satz 1 DCGK, wo es um das Kompetenzprofil des Aufsichtsrats geht, muss die Nachhaltigkeitsexpertise entsprechend nachgewiesen werden. Wir haben von Herrn Hommelhoff gehört, dass die Vorgaben des Europäischen Rechts entsprechend ausstrahlen, der Vorstand muss Artikel 22 CSDDD umsetzen, insofern muss auch die Nachhaltigkeitsexpertise beim Aufsichtsrat vorgehalten werden. Eine darüberhinausgehende Regulierung brauchen wir nicht. Empfehlung C.1 Satz 3 DCGK sagt, dass der Vorsitzende des Prüfungsausschusses Expertise auf dem Gebiet der Rechnungslegung oder Abschlussprüfung haben muss. Aufgrund der künftigen Prüfung der Nachhaltigkeitsberichterstattung hat er die entsprechende Expertise ebenfalls vorzuhalten. Die Empfehlung ist deshalb sinnvoll, weil sie in einer Art der Feinsteuerung den Regelungsgehalt nicht auf alle

Gesellschaften erstreckt. Mir ist völlig klar, dass sich Vorschlag 14 nur auf börsennotierte oder mitbestimmte Unternehmen bezieht. Gleichwohl plädiere ich dafür, dass die Vielgestaltigkeit, die besonderen Bedürfnisse der Unternehmen stärker in den Blick genommen werden. Deshalb sollten nicht alle Unternehmen mit einer solchen Vorgabe belastet werden, sondern es sollte der Comply or Explain-Mechanismus des Kodex Platz greifen. In der Unternehmenspraxis wird diese Nachhaltigkeitsexpertise bereits vorgehalten: Beispielsweise bei Vonovia sind sechs von zwölf, bei DHL sieben von zehn und bei anderen Unternehmen sind alle Aufsichtsratsmitglieder Nachhaltigkeitsexperten. Das Unternehmen sollte dort offenlegen müssen, worin die Nachhaltigkeitsexpertise besteht. Das ist nicht in allen Geschäftsberichten der Fall.

Zu Vorschlag 15: Klare Zustimmung. Erlauben Sie mir noch einen technischen Hinweis/Vorschlag. Wenn das Büro möchte, dass die Thesen von der Abteilung möglichst mit ja beantwortet werden. Dann würde ich vorschlagen, in 14 noch ein „nicht" einzufügen, 15 so zu belassen und bei 16 auch ein „nicht" einzufügen. Dann können wir alles mit ja abstimmen. Oder man formuliert alle Vorschläge positiv; ich bin da völlig offen.

Vielen Dank.

Zu Vorschlag 16 und den Nachhaltigkeitsausschuss: Hier gilt das für den Nachhaltigkeitsexperten Gesagte entsprechend. Ausgangspunkt ist erneut die Selbstorganisationspflicht, in deren Rahmen der Aufsichtsrat dazu berechtigt und verpflichtet ist, seine Arbeit möglichst effektiv zu strukturieren. Zu diesem Zweck kann, muss aber keinen Klima- oder Nachhaltigkeitsausschuss schaffen. Wir sollten dem Überwachungsorgan keine zusätzlichen Pflichten auferlegen und insofern auch hier die Vielgestaltigkeit unserer Aktiengesellschaften entsprechend berücksichtigen.

Vielen Dank.

Student Mariusz *Jelonek*, Heidelberg:

Ich widme mich dem Aufsichtsrat in zwei wichtigen Punkten, die in der Diskussion bisher nicht angesprochen wurden. Die hinreichende Leistungsfähigkeit dieses Organs kann ernsthaft bezweifelt werden. Die Aufgaben des Aufsichtsrats wachsen in den letzten Jahren enorm, ohne dass sein Werkzeugkasten entsprechend ergänzt worden ist.

Es gibt zwei potenzielle Antworten auf dieses Problem: Zunächst könnte ein Stab gesetzlich vorgesehen werden, der dem Aufsichtsrat als ein Beratungsgremium dienen und seine Tätigkeit vorbereiten würde. Die Aufsichtsratsmitglieder haben häufig umfassende Aufgaben außerhalb ihres Amtes. Daher müssten sie im Vorfeld hinreichend unterstützt werden, und zwar auch im Bereich des Klimaschutzes.

Zweitens sollten die Informationsrechte des Aufsichtsrats im Bezug auf das Unternehmen erweitert werden. Denn die Expertise des Aufsichtsrats nutzt nichts, wenn seine Mitglieder keine entsprechende Gesprächsgrundlage haben, weil sie informationell vom Vorstand extrem abhängig sind. Dies würde auch dem Risiko des Greenwashings im Bereich des Klimas innerhalb der Corporate Governance der Gesellschaft begegnen. Dem Aufsichtsrat könnte zum Beispiel ein Recht zustehen, das sich am § 107 Abs. 4 AktG orientiert und ihm direkten unabhängigen Zugriff auf leitende Mitarbeiter erlaubt.

Diese beiden Lösungen ließen sich alle positivrechtlich festschreiben, um die Leistungsfähigkeit des Aufsichtsrats zu stärken, ohne ihm weitere Expertise vorschreiben und seine Autonomie beschneiden zu müssen. Das könnte man als weitere Beschlussvorschläge erwägen.

Prof. Dr. Dr. h.c. Holger *Fleischer*, LL.M., Hamburg:

Ich möchte kurz zu zwei Punkten sprechen. Zu dem Say on Climate und zu der Aufsichtsratsexpertise.

Fange ich mit dem Say on Climate an. Da scheint es mir, stehen sich in annähernd gleicher Truppenstärke zwei Lager gegenüber und das Argumentarium ist ja auch sehr gut aufbereitet. Zuletzt in dem wunderbaren Band von der VGR zur Aktienrechtsreform. Auf der einen Seite, dass man die Aktionäre mit ins Boot holt, Aktionärsdemokratie, Erwartung internationaler Investoren – auf der anderen Seite, Schwächung des Vorstands, der Vorstandskompetenzen, Schwächung des Aufsichtsrats, Hauptversammlungsvotum auf unzureichender Informationsgrundlage. Ich hege eine gewisse Hoffnung, dass der § 112 AktG uns einen Weg weisen kann. Es ist ja heute schon möglich, dass der Vorstand dieses Votum selbst einholt, nach § 119 Abs. 2 AktG und die Praxis beginnt das auch ganz allmählich zu entdecken. In diesem Jahr sind wir in den MDAX vorgedrungen mit der GEA AG und vor einigen Wochen hat aus dem DAX die Bayer AG angekündigt, dass es einen Say on Climate geben wird.

Und nach meiner Beobachtung ist es insbesondere bei den großen Unternehmen ein wichtiger Gesichtspunkt, die Peer Pressure, also wenn die Vorstände, Aufsichtsräte und Chefs in breiterer Front von dem § 119 Abs. 2 AktG davon Gebrauch machten, könnte das ein Weg sein, das Problem zu lösen, ohne in das Aktienrecht unbedingt einzugreifen. Zumal es auch so ist, dass Vorstandsmitglieder, die im Vorfeld darauf angesprochen werden, das von großen Aktionären ein Bedürfnis besteht für ein Say on Climate, sich diese kaum dagegen wehren, den Weg nach § 119 Abs. 2 AktG einzuschlagen. Wenn man diesen Weg mit dem Say on Climate einschlägt, hat man die Schwierigkeit des acting in concert, das ja hat Frau Poelzig gerade schon ausgeführt. Da bin ich auch völlig einverstanden. Dies ist, glaube ich, der richtige Weg, wenn man da versucht, tastend entweder bei der SMA oder hilfsweise auf nationaler Ebene zu arbeiten.

Es ist ein internationales Problem und stellt sich nicht nur in Europa und in Deutschland. Ein Kollege aus Singapur hat neulich einen großen Aufsatz im General of Corporate Legal Studies in England veröffentlicht. Eine ketzerische Frage bleibt dann freilich: Ist es denn zulässig, eine Privilegierung nur für Pro-Klima-Vorschläge, oder wie ist es eigentlich mit Anti-ESG-Vorschlägen? Sollen die auch privilegiert werden bei diesem Acting in concert?

Zweiter Punkt: Klimaexpertise im Aufsichtsrat, da kann ich mich dem anschließen, was Jan Lieder gesagt hat. Dafür sehe ich kein Bedürfnis, weder auf der individuellen Ebene noch für den Klimaausschuss. Die Unternehmen können das machen, machen es teilweise auch oder machen es auf großer Linie zunehmend. Sehr bemerkenswert, dass sie auch keinen Klimaausschuss einrichten, sondern einen Nachhaltigkeitsausschuss oder einen ESG-Ausschuss. Auch da zeigt sich wieder, dass das Hauptthema einfach zu eng gefasst ist mit dem Klimaschutz.

Im Übrigen muss man im Blick haben, dass der legislatorische Aufwuchs für Spezialexpertise beim Aufsichtsrat nicht nur Vorteile hat, sondern eben auch viele Nachteile, und die sind noch nicht so richtig in den Blick genommen werden. Ein Nachteil besteht darin für die Gremienarbeit, wenn man glaubt, dass man einen Experten hat, nimmt die Diskussionsfreudigkeit in dem Gremium ab, weil man einen Experten hat. Das ist also der Autoritätsglaube, der authority bias. Und weitere Probleme treten auf, je mehr man von diesen Spezialisten an Bord nimmt, desto weiter werden die Wunschlisten. Also es leuchtet mir zum Beispiel nicht ein, warum man jetzt einen Klimaexperten oder Klimaexpertise im gesamten Gremium verlangt. Mit derselben Logik könnte man darauf verweisen, dass man Cybersecurity-Experten hat, Digitalisierungsexperten, Diversitätsexperten, Experten für künstliche Intelligenz und so weiter. Ich denke, die Unternehmen machen das schon, und sie können das auch, und sie brauchen hier keinen zusätzlichen Zwang, das ist vielleicht auch noch eine generelle These. Wenn wir uns überlegen, Gesellschaftsrecht: wie gehen wir voran? Weniger Zwang, mehr Ermöglichen des Gesellschaftsrechts. Ermöglichen des Gesellschaftsrechts hat auch den großen Vorteil, dass der Signaling-Effekt zum Tragen kommt. Auch davon war ja heute Morgen schon die Rede: wenn ich zwingendes Gesellschaftsrecht habe, habe ich keinen Signaling-Effekt mehr. Den habe ich nur, wenn ich kein zwingendes Gesellschaftsrecht, sondern ermöglichendes Gesellschaftsrecht habe. Danke

Prof. Dr. Tim *Drygala*, Leipzig:

Ich möchte mich nochmal zum Say on Climate äußern. Wir hatten gestern ganz kurz das Stichwort Say on Anything im Raum. Ich finde, das ist ein ganz wunderbarer Titel, der auf das Problem aufmerksam macht, das wir eine Allzuständigkeit der Hauptversammlung in Fragen der Geschäftsführung, und sei es nur in konsultativer Form, eigentlich nicht wollen. Wir wollen die Hauptversammlung dort ins Boot holen, wo das eigentliche zuständige Gremium in irgendeiner Form Entscheidungsschwächen aufweist. Dass das so ist, haben wir im Blick auf den Aufsichtsrat und die Vorstandsvergütung überzeugend nachgewiesen, dass da gewisse Entscheidungsschwächen bestehen, dass die Aufsichtsräte dem Verlangen der Vorstände der höheren und immer höheren Vergütung zu wenig Widerstand entgegensetzen. Und dementsprechend ist ein Say on Pay dann auch ins Gesetz gekommen. Einen vergleichbaren Nachweis müssten wir jetzt im Hinblick auf eine Entschcidungsschwäche des eigentlich zuständigen Vorstands für Klimafragen führen. Und dieser Nachweis scheint mir bisher nicht hinreichend geführt zu sein. Das hängt vor allem damit zusammen, und das hat Herr Harnos im nicht polemischen Teil der gestern ausgelegten Streitschrift überzeugend nachgewiesen, dass der Vorstand grade in dieser Frage ohnehin dicht reguliert ist. Wir haben in den Referaten und Diskussionen das ganze Instrumentarium kennen gelernt, aus dem sich ergibt, dass der Vorstand ohnedies auf das Klimaziel verpflichtet ist und dies vielleicht noch mehr sein wird, wenn wir die Klimaquote auch noch dazu beschließen. Dann sinkt ganz signifikant der Bedarf, die Hauptversammlung noch zusätzlich mit ins Boot zu nehmen und wir sollten bedenken: Eine geteilte Verantwortung kann auch eine geschwächte Verantwortung sein. In dem Sinne, dass das eine Gremium eben sagt: Naja, die anderen müssen auch noch entscheiden, dann lassen wir die mal machen. Das kann dazu führen, dass Verantwortung diffundiert. Im Verfassungsrecht ist es durchaus ein anerkannter Topos, dass man doppelte Zuständigkeiten vermeiden sollte, eben weil es die Verantwortung schwächt. Da sollten wir nochmal drüber nachdenken. Der zweite Punkt ist gerade eben angeklungen: Say on Climate kann natürlich auch zum Einfallstor werden zum Say on Rollback. Und dazu muss man sagen, ich finde die Abteilung sieht das Thema Klimaschutz im Verhältnis zu den Unternehmen und ihren Interessen ein wenig zu positiv. Ich fühle mich an das Wahlplakat aus 2021 erinnert „Erlebe das grüne Wirtschaftswunder".

Wenn wir uns jetzt draußen umschauen, haben wir das nicht. Und Thyssen Krupp wurde heute morgen erwähnt. Dieses Unternehmen ist in großen, großen Schwierigkeiten. Und am Ende des Tages kann es sein, dass das Ergebnis nicht lautet grüner Stahl, sondern gar kein Stahl. Und das grünste Auto ist das Lastenfahrrad. Ich kann mir gut vorstellen, dass viele Unternehmen massive Probleme haben werden, die Klimaziele umzusetzen. Und ich kann mir auch sehr gut vorstellen, dass das nicht nur zu etwas weniger Gewinn führen wird, wie die Befürworter behaupten, sondern dass wir tiefrote Zahlen sehen werden. Und in dieser Situation ist es mehr als naheliegend, dass Aktionäre hingehen werden und sagen: „Das wollen wir nicht, macht langsamer, macht weniger". Und wenn wir es am Ende des Tages gar nicht schaffen, dann holt aus der Bude wenigstens noch so viel raus, wie geht. Das mag man verwerflich finden, aber es ist ökonomisch nicht völlig auszuschließen, es gibt solche Denkweisen. Wenn wir hingehen und sagen: Das ist eine Menschheitsaufgabe, wir sind existenziell gefährdet, wir müssen das machen, egal was es kostet, dann kann die konsequente Lösung nur lauten: Es ist eigentlich nicht Unternehmensrecht, es ist ein soziales Schutzrecht. Das Klima soll geschützt werden vor den Unternehmen. Und wenn es soziales Schutzrecht ist, dann muss in dieser Frage des Say on Climate die Antwort ganz klar sein. Im sozialen Schutzrecht ist es immer so, dass man privatautonom nur nach oben und nicht nach unten abweichen kann. Das ist beim Verbraucherschutz so, das ist im Arbeitsrecht so und das ist das ist beim Mieterschutz so. Wenn wir das so sehen, dann müssen wir sagen: Say-on-Climate bitte nur dann, wenn die Aktionäre mehr Klimaschutz wollen, aber nicht weniger. Sonst kommen wir hier in Gefahr, dass merkwürdige Effekte entstehen und nachher die Aktionäre die ganze Aktion verwässern. Herzlichen Dank.

Rechtsanwalt Dr. Thomas *Heidel*, Bonn:

Mein Name ist Thomas Heidel aus Bonn, Rechtsanwalt.

Ich würde sehr gerne etwas sagen zu Say-on-Climate, zur These 17. Die ist so formuliert, dass einer Aktionärsminderheit ‚das Recht eingeräumt' werden solle. Das sieht so aus, als gäbe es das Recht nicht bereits jetzt. Es ist aber streitig, ob es nicht dieses Recht jetzt schon gibt, es gibt in der ZHR einen großen Aufsatz dazu. Frau Poelzig hat vorhin gesagt, ob wir das im Gesetz regeln oder im Kodex – das wäre nochmal zu diskutieren, sie meint also wohl auch, dass es das Recht jetzt schon gibt, sonst würde die Regelung im Kodex nicht genügen. Daher gebe sehr zu erwägen, dass so eine Formulierung (vor allen Dingen, wenn dieser Antrag abgelehnt werden sollte!) auch nach hinten los gehen könnte. Also man könnte mal überlegen, ob man das etwas anders formuliert.

Dann frage ich mich, ob man sich wirklich im Beschluss festlegen möchte darauf, dass es ein bloß ‚unverbindlicher Beschluss' ist. Wenn man Say-on-Climate zum Klimaschutz ermöglichen möchte, dann spricht viel dafür, dass der Beschluss verbindlich ist. Das gilt vor allem Dingen, wenn man, wie Herr Drygala grade eben sagte, zum Klimaschutz nötig wäre, den möglichen Beschlussinhalt darauf zu beschränken, dass mehr getan werden muss als von der Verwaltung im Transformationsplan vorgeschlagen. Dann muss es eigentlich ein verbindlicher Beschluss sein können. Daher frage ich mich, ob man nicht vielleicht klüger ist, dass wage zu lassen.

Zudem frage mich, ob die Formulierung klug ist, dass man ‚über den Klimatransformationsplan' Beschlüsse fassen können soll – nur über diesen. Müsste das nicht ein bisschen weiter formuliert werden. Zumal wenn die Klimaquote (von der ich nicht besonders viel halte) käme: Warum sollte dann das Aktionariat nicht sagen, also die Klimaquote, da müsstet ihr ein bisschen heftiger rangehen. Also ob man das nicht auch weicher formulieren könnte und anders formulieren müsste.

Last but not least zum vorgelegten Text – mein allerletzter allgemeiner Punkt kommt dann gleich noch: Die vorgeschlagene Formulierung ‚für alle Aktiengesellschaften', widerspricht das nicht der Idee, dass das Aktionariat nur über den Klimatransformationsplan abstimmen können soll; der betrifft aber nicht alle Gesellschaften. Ich glaube fast, das passt nicht ganz zusammen.

Der allerletzte Punkt: Ich gebe zu bedenken, ob man nicht am allerklügsten wäre (wenn man nicht dieses Drygala'sche Patentrezept nehmen will, dass man sagt: Nur wenn die Aktionäre mehr wollen, als der Vorstand will, können sie so einen Beschluss fassen; aber das wäre doch eine komische Entmündigung des Aktionariats) – ob es nicht das Klügste ist, diesen Beschluss einfach insgesamt zu streichen. Wir haben auch so schon genug Beschlussvorschläge zum Klimaschutz durch Gesellschaftsrecht. Mit Recht ist gesagt worden, Say on Climate ist nicht eigentlich ein Instrument des Klimaschutzes. Ich halte es für ausgeschlossen, dass wir Aktionären verbieten, zu beschließen, zum Klimaschutz mehr zu wollen als der Vorstand. Aber wir wollen eigentlich zum Klimaschutz eigentlich nicht ermöglichen (und dieser Gedanke ist gestern mit Recht immer mal wieder gekommen, es könnte ja in der Tat Aktionäre geben, die weniger Klimaschutz wollen). Das wollen wir eigentlich nicht ausdrücklich ermöglichen. Also vielleicht gar keinen Beschlussvorschlag: Dann sollen doch erst mal die Gerichte auskegeln, ob es nicht jetzt schon geht, dass eine Minderheit das Say on Climate durchsetzt nach § 122 Abs. 1, Abs. 2. Oder ob nicht vielleicht auch Herr Fleischer Recht hat, wenn er sagt, es genügt, dass nur der Vorstand die Fragen der HV zur Abstimmung vorlegen kann. Also, ich habe eine große Sympathie für den Standpunkt, wo wir sagen, 17 statt 18 Thesen, über die wir abstimmen, sind auch genug. Vielen Dank.

Prof. Dr. Timo *Fest*, Kiel:

Ich habe drei Bemerkungen zum Say-on-Climate.

1. Die von Frau Obernosterer in ihrem Referat angesprochene Organkompetenz allein mit der Prämisse zu verneinen, dass die Aktionäre keine Sachkunde in Klimaschutzfragen im Allgemeinen und für die Bewertung des Klimatransformationplans im Besonderen hätten, wäre zu undifferenziert. Das Aktionariat der Gesellschaften, über die wir uns unterhalten, besteht nämlich nicht nur aus einer Vielzahl von Kleinaktionären, die häufig unvorbereitet und ohne Interesse an einzelnen Tagesordnungspunkten in der Hauptversammlung erscheinen, sondern umfasst auch zahlreiche Institutionelle Investoren, die sich professionell und zum Teil einzelfallbezogen mit Fragen des Klimaschutzes in der Strategie einzelner Unternehmen beschäftigen. Bei anderen Investoren betreut ein Portfolio-Manager nicht selten mehr als 400 Gesellschaften mit der Folge, dass ein einzelfallbezogenes Monitoring unterbleibt. Im Ergebnis geht es dann nur um die Einhaltung der Anlageleitlinien und der darin abgegebenen Versprechen in Bezug auf die Stimmrechtsausübung. Diese differenzierte Betrachtung der institutionellen Investoren führt zu der weiteren Erkenntnis, dass viele, aber nicht alle Aktionäre ein Mehr an Klimaschutz befürworten. Es gibt eben auch Anti-ESG-Fonds, die erfolgreich große Summen eingeworben haben. Diese Inhomogenität des Aktionariats in Bezug auf Klimaschutz und Rendite vermag die binäre Struktur des Hauptversammlungsbeschlusses meines Erachtens nicht zu nivellieren. Dies zeigt sich zum Beispiel, wenn ein moderat ambitionierter Klimatransformationsplan deshalb keine Zustimmung findet, weil er einer besonders im Klimaschutz engagierten Aktionärsgruppe zu wenig ambitioniert ist, einer Anti-ESG-Gruppe hingegen überambitioniert erscheint. Für die sich dem Vorstand aufdrängende Frage, in welche Richtung der Planentwurf geändert werden soll, ist ein solcher Beschluss wertlos.

2. Die Vielzahl von Anmeldungen für unsere Abteilung dürfte ein Indikator nicht nur für das große gesellschaftspolitische Interesse an dem Thema, sondern auch dafür sein, dass die Aussprache zu einem Say-on-Climate viel Zeit in der Hauptversammlung in Ansprechen nähme. Daher steht die Einführung eines von der Entlastung gesonderten Say-on-Climate in einem gewissen Widerspruch zu der aktuellen Bestrebung der DCGK-Kommission, die Hauptversammlung zeitlich zu straffen.

3. Zuletzt sei in Erinnerung gerufen, dass zahlreiche institutionelle Investoren ihre Stimmen, die nicht selten über das Abstimmungsergebnis entscheiden, häufig Tage vor der Hauptversammlung abgeben, weshalb die in der Hauptverhandlung geführte Diskussion sich regelmäßig nicht auf das Abstimmungsergebnis auswirkt.

Die ausgeführten Punkte verbieten es meines Erachtens nicht, ein Say-on-Climate über den Klimatransformationsplan einzuführen. Sie lassen es aber – entgegen Beschlussvorschlag Nr. 17 – vorzugswürdig erscheinen, das Initiativrecht allein dem Vorstand und nicht auch einer Aktionärsminderheit einzuräumen. Vielen Dank.

Wiss. Mitarbeiterin Camilla *Seeman*, Icking:

Mein Name ist Camilla Seemann und ich bin Rechtsreferendarin am OLG München und ich würde gerne noch etwas zum Rechtsformzusatz klimaneutral oder eben im geregelten Firmenbestandteil klimaneutral, das heißt aber auf jeden Fall zum Beschlussvorschlag 9 hinzufügen. Und zwar würde ich dafür gerne auf vier Contra-Argumente eingehen, die gegen die Notwendigkeit eines Rechtsformzusatzes oder dem Firmenbestandteil vorgebracht wurden.

Erstens zu der Frage, was der Rechtsformzusatz oder Firmenbestandteil denn bringe, wenn doch ohnehin jedes Unternehmen klimaneutral werden soll. Bisher, so habe ich das zumindest verstanden, sagt niemand, dass alle Unternehmen klimaneutral werden müssen. Dies bezieht sich auf große Unternehmen, die unter den Anwendungsbereich der CSDDD fallen und sich nicht mit der Best-Efforts-Regelung exkulpieren können. Aber das sind ja längst nicht alle Unternehmen, die von einem Rechtsformzusatz oder eben dem Firmenbestandteil klimaneutral Gebrauch machen können. Und so oder so wird es natürlich in der Hoffnung, dass irgendwann jedes Unternehmen klimaneutral sein kann, wird es doch auf jeden Fall ein Prozess sein, dass immer mehr Unternehmen klimaneutral werden. Und auf dem Weg dorthin muss es in meinen Augen Anreize für die Unternehmen geben, die bereits früher als andere klimaneutral sind. Und wenn das mit einem Blick aufs Impressum erkennbar ist, sehe ich, um ehrlich zu sein, darin einen großen Mehrwert und eine große Belohnung für Unternehmen, die sich im Kampf gegen den Klimawandel eben besonders anstrengen.

Dann zu der Frage, ob es einen Bedarf gibt. In meinen Augen sprechen dafür sowohl die Green-Claims-Richtlinie als auch die Empowering-Consumers-Richtlinie. Die wurden ja eingeführt aufgrund des privaten Zertifizierungsdschungels, der zudem erstens mal natürlich VerbraucherInnen verwirrt und zudem die Gerichte überlastet mit den Folgen, die er jetzt nach sich zieht. Informationsasymmetrien werden in meinen Augen gerade nicht schon hinreichend durch die Nachhaltigkeitsberichterstattung abgebaut, denn die Nachhaltigkeitsberichte werden nicht von allen gelesen, die unter der Informationsasymmetrie leiden, von der wir reden.

Dann drittens zu der Frage, ob sich der Rechtsformzusatz auf die Klimaneutralität konzentrieren sollte. Das sollte er. Greenwashing kommt doch gerade durch schwammige Begriffe, die nicht messbar sind. Und ich frage mich, wie Nachhaltigkeit zum Beispiel gemessen werden kann oder auch Klimafreundlichkeit. Ob ein Unternehmen nämlich nachhaltig ist, kann vielleicht gerade noch nachgewiesen werden, zumindest an gewissen Kriterien festgemacht werden. Allerdings erstens mit vielen Fehleranfälligkeiten und zweitens ist gerade nicht messbar, inwieweit denn ein Unter-nehmen Nachhaltigkeit ist. Das heißt, ein nachhaltiges Unternehmen, inwieweit es sich anstrengt. Das Spektrum, das der Nachhaltigkeitsbegriff umfasst, ist nämlich riesig.

Und dann viertens zu der Frage, ob die Bekennung zur Klimaneutralität auch in der Satzung stehen sollte. Das heißt, Beschlussvorschlag 9b, das sollte er. Und warum? Das Argument, das Professor Harnos dagegen aufgebracht hat in seinem Aufsatz, nämlich, dass eine Festschreibung in der Satzung im Unterschied zu den Inspirationen aus dem Ausland keinen Sinn ergibt, wenn das Ziel doch schon erreicht ist, also das Unternehmen schon klimaneutral ist. Dieses Argument greift in meinen Augen nicht, und zwar warum? Weil auch klimaneutral zu sein noch ein Transformationsprozess ist. Die Klimaneutralität wird sich ja nämlich meist aus Emissionsreduktion auf der einen Seite und Emissionskompensation auf der anderen Seite zusammensetzen. Und mit zunehmenden technischen Möglichkeiten wird daraus hoffentlich immer mehr Reduktion und immer weniger Kompensation werden. Damit kann die Klimaneutralität selbst bei einem Unternehmen, das schon klimaneutral ist, noch immer noch ein Ziel sein, das es weiterhin zu erreichen und aufrechtzuerhalten gilt. Zudem wird das Festschreiben in der Satzung die Signalwirkung stärken, weil die Satzung nicht so schnell, nämlich nur mit dreiviertel Mehrheit geändert werden kann. Und dadurch hat der Rechtsformzusatz oder der Firmenbestandteil dann also auch eine gewisse Stabilität. Vielen Dank.

Stv. Vorsitzender:

Meine Damen und Herren, ich darf unserem Abteilungsvorsitzenden, Herrn Vetter, das Wort erteilen; danach ist Herr Holle an der Reihe.

Rechtsanwalt Prof. Dr. Jochen *Vetter*, München:

Liebe Kolleginnen und Kollegen, Ich möchte zu zwei Beschlussvorschlägen etwas sagen, weil diese in der Diskussion bisher noch nicht oder nur knapp angesprochen worden sind und wir immer nur über Beschlussvorschläge abstimmen wollen, die auch diskutiert worden sind.

Beschlussvorschlag 11 empfiehlt, dass §§ 76 Abs. 1 und 93 Abs. 1 S. 2 AktG nicht um prozedurale Pflichten zur ergebnisoffenen Berücksichtigung von Klimabelangen (und sonstigen Umwelt- und Gemeinwohlbelangen) ergänzt werden sollten. Wir haben in einem Projekt für die VGR, das schon erwähnt worden ist, einen etwas anderen Vorschlag gemacht, den ich kurz erläutern möchte. Wir haben vorgeschlagen, in § 76 AktG klarzustellen, dass der Vorstand die Gesellschaft unter eigener Verantwortung im langfristigen Interesse des Unternehmens unter angemessener Berücksichtigung von Umwelt- und sonstigen Gemeinwohlbelangen zu leiten hat. Zur Business Judgement Rule des § 93 Abs. 1 S. 2 AktG hatten wir als Folgeklarstellung vorgeschlagen, dass die angemessene Informationsgrundlage für die unternehmerische Entscheidung auch die Auswirkungen der Entscheidungsoptionen auf Umwelt- und sonstige Gemeinwohlbelange umfassen muss. Ich möchte kurz den Hintergrund dieser Vorschläge erläutern. Die Ergänzung des § 76 Abs. 1 AktG würde eine Kodifizierung des Stakeholder-Value-Ansatzes bedeuten. Es ging dabei nicht darum, die Pflichten des Vorstands zu erweitern, sondern darum, die Rechtslage klarzustellen und den weiten Handlungsspielraum des Vorstands zu betonen. Wenn ein Vorstand sehr beherzte Klimaschutzmaßnahmen ergreift, ist ein Konflikt mit wirtschaftlichen Interessen und dem Ziel einer Maximierung der Rendite nicht ausgeschlossen. Wer früher auf teureren grünen Strom umsteigt als ein Wettbewerber, der nimmt für eine gewisse Zeit einen finanziellen Wettbewerbsnachteil in Kauf, den er möglicherweise nicht mehr kompensieren kann. Uns ging es darum, dem Vorstand in angemessenem Umfang die Freiheit zu geben, derartige Schritte ohne Haftungsrisiko zu ergreifen. Dagegen ist teilweise eingewandt worden, dass beide vorgeschlagenen Änderungen lediglich die geltende Rechtslage klarstellen würden. Teilweise ist die Sorge geäußert worden, dass der Vorstand nun Rendite, Klima und sonstige Gemeinwohlaspekte völlig frei nach eigenem Gutdünken gewichten dürfe und das Unternehmen nach Belieben und ohne Verantwortung gegenüber der Gesellschaft und deren Gesellschaftern führen könne. Beide Einwände widersprechen sich. Im Hinblick auf den zweiten Einwand bleibt es jedenfalls dabei, dass der Aufsichtsrat den Vorstand abberufen kann, wenn er mit dessen Gewichtung der unterschiedlichen Stakeholder-Interessen nicht einverstanden ist. Die

Frage ist allein, ob man den Vorstand auch mit den Mitteln des Schadensersatzes nach § 93 Abs. 2 AktG an die Kandare nehmen möchte, wenn er aus Sicht der Aktionäre oder des Aufsichtsrats Gemeinwohlbelangen zu große Bedeutung beimisst. Das hielte ich bei angemessener Berücksichtigung der Klima- und Gemeinwohlbelange nicht für erforderlich und schon nach aktueller Rechtslage fernliegend. § 93 Abs. 1 S. 2 AktG ist für mich weniger eine Haftungsnorm als vielmehr die Kodifizierung, wie gute Entscheidungen zu treffen sind. Wer die Grundsätze sachlicher Entscheidungsfindung befolgt, haftet nicht. Heutzutage erscheint es mir sehr naheliegend, dass eine sachliche Entscheidungsfindung Kenntnis der Auswirkungen der zur Entscheidung stehenden Handlungsoptionen nicht nur auf die Rendite, sondern auch auf sonstige Interessen, die nach dem Unternehmensleitbild des Stakeholder-Value-Ansatzes mit zu berücksichtigen sind, erfordert.

Die Sorge, die auch der Gutachter geäußert hat, ist, dass bei jeder unternehmerischen Entscheidung der Aufwand erheblich erhöht würde, weil zuvor Klarheit über die Auswirkungen auf Umwelt- und sonstige Gemeinwohlbelange erlangt und das Ergebnis dokumentiert werden müsse. Das ist sicher nicht beabsichtigt und meines Erachtens auch nicht zu befürchten. Es gelten die gleichen Grundsätze wie bei Renditeerwägungen. Auch hier sind nicht bei jedem Bleistiftkauf Rentabilitätsvergleiche oder gar Ausschreibungsverfahren durchzuführen und zu dokumentieren. Es geht um die wichtigen unternehmerischen Entscheidungen. Ein Zusatzaufwand ergibt sich nur bei Entscheidungen mit relevanten Auswirkungen auf Klima- oder sonstige Gemeinwohlbelange, bei denen es aber auch richtig ist, dass der Vorstand die Entscheidung in Kenntnis der Auswirkungen trifft.

Soweit die Überlegungen, die hinter den Vorschlägen stehen und die mich nicht beunruhigen. Ein wenig Sorge bereitet mir allerdings, was die Juristen daraus machen könnten. Bei mehr als 15 Aktienrechtskommentaren und einigen Kollegen, die jede Gesetzesänderung zum Anlass nehmen, neue Haftungsrisiken für Vorstands- und Aufsichtsratsmitglieder an die Wand zu malen, ist die Gefahr nicht ausgeschlossen, dass in die Regelungen mehr hineingelesen wird als darin geregelt sein soll und dass die Praxis in eine irrationale Dokumentationsflut getrieben wird. Der eigentlich haftungsmindernde, weil den Entscheidungsspielraum des Vorstands klarstellende Effekt der Vorschläge, würde in sein Gegenteil verkehrt. Von daher hängt die Frage, wie man bei diesem Beschlussgegenstand abstimmt, zum einen davon ab, ob man in den Vorschlägen eine bloße Klarstellung der aktuellen Rechtslage oder eine Änderung der Rechtslage sieht, und zum anderen, wie viel Zutrauen man in einen angemessenen Umgang unserer Zunft mit diesen Regelungen hat.

Abschließend möchte ich kurz den letzten Beschlussvorschlag ansprechen, den ich nachdrücklich unterstützen möchte. Unter dem Begriff „Collaborative Engagement“ wird diskutiert, ob die formelle oder informelle Abstimmung von Aktionären zu einem „acting in concert“ und damit einer gegenseitigen Zurechnung der Stimmrechte nach § 30 (2) WpÜG und § 34 (2) WpHG führt. Diskutiert wird diese Frage insbesondere im Hinblick auf den Versuch einer abgestimmten Beeinflussung der Klimastrategie des Unternehmens. Die Fragestellung geht allerdings darüber hinaus. Es geht darum, wie weit der Vorstand von Einflussnahmeversuchen seiner Aktionäre abgeschirmt werden soll. Die Verlautbarungen der BaFin zu dieser Frage sind unklar und für die Praxis wenig hilfreich. Angesichts der weitreichenden Folgen, die das Unterlassen einer Stimmrechtsmeldung und erst recht die unbeabsichtigte Überschreitung der 30%-Schwelle bei börsennotierten Gesellschaften hat, ist dies für die Praxis extrem misslich. Ein anderer Aspekt der Frage, wie weit die Abschirmung des Vorstands von seinen Aktionären reichen soll, ist die Möglichkeit einer Aktionärsminderheit, einen Say-on-Climate-Beschluss auf die Tagesordnung der Hauptversammlung setzen zu lassen. Jedenfalls bei einem dem § 122 (2) AktG entsprechenden Quorum würden derartige Beschlüsse der Verwaltung nach meiner Einschätzung in der Praxis recht selten gegen ihren Willen aufgezwungen und verbindlich sollten solche Beschlüsse ohnehin nicht sein. Vielen Dank.

Stv. Vorsitzender:

Vielen Dank an Jochen Vetter.
Herr Max Holle ist schon auf dem Weg.

PD Dr. Philipp Maximilian *Holle*, Reutlingen:

Ich möchte zwei kurze Anmerkungen machen. Die erste betrifft die Formulierung der Abstimmungsvorschläge. Was mir hier noch fehlt, ist eine präzisere Benennung des Adressanten der Vorschläge. An wen richten wir uns eigentlich mit unseren Vorschlägen? In der Diskussion pendeln wir immer zwischen dem nationalen und dem europäischen Recht hin und her. Wenn wir etwa einen Rechtsformzusatz diskutieren, visieren wir das nationale Recht an. Wenn wir hingegen mit den vorhandenen Berichtspflichten hart ins Gericht gehen, so nehmen wir doch primär an europäischen Vorgaben Anstoß. Dieses Pendeln in der Diskussion ist der Themenstellung geschuldet, die keine rein nationale ist. Es ist auch von unserem „Auftrag“ gedeckt: § 2 Abs. 1 der Satzung des DJT gibt her, Vorschläge an den europäischen Gesetzgeber zu unterbreiten. Wenn man nun allerdings das schöne Gutachten von Herrn Weller liest, wird klar, dass es den nationalen Gesetzgeber adressiert. Aus den bisherigen Abstimmungsvorschlägen selbst geht das aber nicht hervor. Meine Anregung wäre, diesen Umstand in den Beschlussvorschlägen zum Ausdruck zu bringen – nach Möglichkeit gleich am Anfang. Man könnte an das anknüpfen, was Herr Schall gesagt hat: Im Anschluss an den Vorschlag, Artikel 22 CSDDD umzusetzen, könnte man klarstellen, dass darüber hinausgehende nationale Anstrengungen befürwortet werden. Ja, das ist dann eine ganz grundsätzliche Positionierung, aber hierüber haben wir durchaus diskutiert, so dass man dann auch in den Abstimmungsvorschlägen klar Farbe bekennen könnte.

Der zweite Punkt, den ich ansprechen möchte, betrifft die schon angedeuteten Berichtspflichten. Hier haben mir die gestrigen Ausführungen von Herrn Hennrichs zu denken gegeben. Seitdem grübele ich über die Idee, die Berichtspflichten zumindest stark zusammenzustreichen, weil wir jetzt explizite Verhaltenspflichten haben. Das ist so bestechend einfach, dass ich die ganze Zeit nach dem Haken suche und mich frage, warum hierauf bei all der Kritik an den Berichtspflichten nicht näher eingegangen wird. Mit den Berichtspflichten bezwecken wir ja unter anderem ein Nudging – wir wollen die Unternehmen anstupsen, den Klimaschutz zu intensivieren. Das ist natürlich ein Zweck, den man noch zusätzlich zu expliziten Verhaltenspflichten verfolgen kann – frei nach dem Motto „mehr ist hier immer gut". Im Hinblick auf den hervorgerufenen Aufwand muss man sich aber schon die Frage stellen, ob das zweckmäßig wäre. Wenn man das Verneinen würde, müsste man sich noch fragen, ob man die Berichtspflichten benötigt, um das Funktionieren sonstiger klimabezogener Pflichten zu sichern. Ich denke hier unter anderem an die Sustainable Finance: Sind deren Akteure auf die Berichte der Unternehmen in ihrer jetzigen – ausgesprochen umfangreichen – Form angewiesen, um ihre Funktionen in diesem Feld umfänglich ausfüllen zu können? Wenn auch das nicht der Fall wäre, dann meine ich, dass wir hier doch einen Punkt haben, mithilfe dessen man klar den Appell setzen könnte, der deutsche Gesetzgeber möge auf den europäischen Gesetzgeber einwirken und sich für einen Abbau des überbordenden Berichtswesens einsetzen. Ich wundere mich ein bisschen, dass gerade die Praxis hier durchweg über eine zu hohe Belastung durch die Berichtspflichten klagt, die gestrige Überlegung von Herrn Hennrichs bislang aber mit keiner Silbe dezidiert gewürdigt hat. Das Entscheidende ist doch, dass wir hier ein valides Sachargument hätten. Wir müssten uns nicht damit begnügen, zu sagen, dass das Berichtswesen die Unternehmen überlastet; das lässt sich nur allzu leicht als allgemeines unternehmerisches Wehklagen abtun. Vielmehr könnten wir sagen, wir brauchen das Berichtswesen in seiner jetzigen – überbordenden – Form schlicht nicht mehr. Danke schön.

PD Dr. David *Markworth*, Köln:

Ich möchte noch ein letztes Mal auf den Rechtsformzusatz oder Firmenbestandteil „klimaneutral“ (Beschlussvorschlag 9) zurückkommen. Einfach, weil ich denke, dass es sich um einen ganz besonders praxisnahen Vorschlag handelt, der sehr große Chancen hätte, aufgegriffen zu werden, wenn man heute einen dahingehenden Beschluss fassen würde. Es wurden einige gute Gründe dafür genannt, weshalb „klimaneutral“ jedenfalls nicht als Rechtsformzusatz, sondern nur als allgemeiner Firmenbestandteil zugelassen werden sollte. Meines Erachtens wäre es aber schon heute unproblematisch möglich, „klimaneutral“ als Firmenbestandteil zu verwenden. Wenn ich ein klimaneutrales Unternehmen habe, kann dieses sich ja schon heute etwa als „Max Müller Klimaneutral-GmbH“ o. ä. eintragen lassen. Und wenn dann ein Wettbewerber des Unternehmens der Auffassung ist, das stimme nicht, weil die „Max Müller GmbH“ tatsächlich gar nicht klimaneutral ist, dann kann er einen UWG-Verstoß anmahnen. Das angerufene Gericht hätte dann über eine Verletzung des Irreführungsverbots (§ 18 Abs. 2 HGB) zu entscheiden. Im Rahmen einer solchen Streitigkeit würde dann auf eine allgemeine Definition der „Klimaneutralität“ abgestellt. Eine Sonderdefinition des Begriffs im HGB möchte, soweit ersichtlich, niemand. Im Lichte dessen komme ich zu dem Zwischenergebnis, dass keine Notwendigkeit für eine Reform des HGB besteht. Alles, was unter Beschlussvorschlag 9 angedacht wird, können Unternehmen bereits heute und ohne Gesetzesänderung umsetzen, sofern sie denn der Auffassung sind, die Hürde der „Klimaneutralität“ nehmen zu können.

Dass noch eine jährliche Überprüfung der Klimaneutralität durch einen Abschlussprüfer oder einen anderen externen Sachverständigen vorgeschlagen wird (Beschlussvorschlag 9b), ändert meines Erachtens nichts an der Bewertung. Denn diese Zertifizierung hätte keine Vorwirkung im Hinblick auf die sich anschließende UWG-Streitigkeit darüber, ob ein Unternehmen tatsächlich klimaneutral ist. Der Sachverständige würde ja, folgt man dem Beschlussvorschlag, „nur“ das Vorliegen der Klimaneutralität prüfen, so wie der Abschlussprüfer den Jahresabschluss prüft, und damit nicht Recht setzen. Die Zertifizierung hätte mit anderen Worten keine Auswirkungen auf die ex-post (nach Registereintragung der Firma mit dem Zusatz „klimaneutral“) einsetzenden Streitigkeiten. Auch dies spricht aus Sicht eines Freundes des möglichst schlanken HGB gegen den Beschlussvorschlag 9.

Ich möchte stattdessen dafür plädieren, dass der Gesetzgeber eine viel weitergehende Möglichkeit in den Blick nimmt und zwar die Schaffung einer echten (staatlichen/staatlich beauftragten) Zertifizierungsstelle für klimaneutrale Unternehmen. Diese Stelle könnte dann an interessierte Unternehmen nach einer entsprechenden Prüfung das Label „klimaneutral“ vergeben und die Unternehmen wären frei darin, es in ihrer Firma zu nutzen. Die Stelle würde dabei die Klimaneutralität für und gegen alle feststellen. In der Folge wäre für die „klimaneutralen“ Unternehmen Rechtssicherheit gewährleistet.

So eine Stelle würde natürlich Geld kosten. Es läge nahe, dass sie von den Unternehmen, die zertifiziert werden wollen, bezahlt würde. Dies würde auf Anreizebene ähnliche Probleme verursachen, wie sie von Ratingagenturen bekannt sind, die sich aber analog lösen ließen. Dies wäre aus meiner Sicht aber die einzig sinnvolle Gesetzesreform, die der Gesetzgeber andenken sollte. Eine Reform des Firmenrechts sollte demgegenüber unterbleiben.

Prof. Dr. Rafael *Harnos*, Passau:

Inzwischen habe ich mir die neuen Beschlussvorschläge angeschaut und finde sie wirklich gut. Vieles würde ich so unterschreiben, bei manchen liege ich rechtspolitisch anders. Vor allem würde ich das, was die Abteilung in dem Beschlussvorschlag 13 vorgeschlagen hat, also dass man § 87 Abs. 1 Satz 2 AktG konkretisieren sollte, sehr begrüßen. Damit erledigt sich der leidige Meinungsstreit in der Literatur darüber, was Nachhaltigkeit im Vergütungsrecht bedeutet. Und ich freue ich mich natürlich, dass der Vorschlag inhaltlich in die richtige Richtung geht. Eine Kleinigkeit: In der zweiten Zeile sollte das Wort „Nachhaltigkeit“ hinter der „Gesellschaft“ gestrichen werden.

Ein weiterer Punkt betrifft die Beschlussvorschläge zum Aufsichtsrat. Hier bin ich in der Sache vollkommen bei allen, die Änderungen der Aufsichtsratsvorschriften ablehnen. Eine Kleinigkeit: Der Beschlussvorschlag 14 stellt immer noch auf die börsennotierten und mitbestimmten Gesellschaften ab. Der Beschlussvorschlag 16 spricht von Gesellschaften, die im Anwendungsbereich des Art. 22 CSDDD liegen. Das würde ich in Richtung des Beschlussvorschlags 16 angleichen. Und ich unterstütze das, was Jan Lieder vorgeschlagen hat: In den Beschlussvorschlägen zum Aufsichtsrat sollte überall ein „nicht“ stehen, dann kann man mit „Ja“ abstimmen.

Dann endlich ein Thema, mit dem ich mich etwas besser auskenne: Say on Climate. Hier würde ich deutlich unterstreichen, was Anne Sanders in ihrem VGR-Beitrag ausgearbeitet hat: Say on Climate ist kein Instrument des Klimaschutzes. Wir wissen nicht, was die Aktionäre wollen. Es gibt Aktionäre, die mehr Klimaschutz wollen. Es gibt Aktionäre, die Geld verdienen wollen, zum Beispiel ich. Wir wissen nicht, wie sich die Wirtschaftslage entwickelt. Wenn wir sagen, die Aktionäre sollen mehr Mitspracherechte beim Klimaschutz erhalten, und die Aktionäre entscheiden sich in fünf Jahren blöderweise für weniger Klimaschutz und für mehr Rendite, dann schießen wir uns ins Knie, wenn wir mehr Klimaschutz wollen. Deswegen würde ich das Say on Climate nicht so optimistisch sehen wie viele, die heute darüber gesprochen haben.

Was ich auf jeden Fall unterschreiben würde, ist der Beschlussvorschlag 17 Buchstabe b. Wenn die Aktionäre aller Aktiengesellschaften das Say on Climate anstoßen können sollen, dann ist es ein Mehrwert, den Vera Obernosterer gestern herausgearbeitet hat. Ich glaube aber, dass man auch in diesem Vorschlag die börsennotierten oder mitbestimmten Gesellschaften durch Gesellschaften, die in den Anwendungsbereich des Art. 22 CSDDD fallen, austauschen müsste. Dann sind die Beschlussvorschläge hinsichtlich des Anwendungsbereiches rund.

Außerdem würde ich dem Vorschlag beipflichten, beim Acting in Concert eine Klarstellung anzuregen. Und die Frage von Herrn Fleischer, ob auch Aktionäre, die weniger Klimaschutz und mehr Rendite haben wollen, ein Acting in Concert in ESG-Angelegenheiten ohne Konsequenzen vornehmen dürfen, würde ich klar mit einem „Ja" beantworten. Geld verdienen ist nicht verboten. Der Zweck einer AG liegt ja in Gewinnerzielung. Wenn ich mich als Aktionär mit anderen nicht so ESG-affinen Aktionären koordinieren will, sehe ich nicht ein, wieso ich Nachteile tragen soll, die aus den Regelungen der Beteiligungspublizität und aus dem Übernahmerecht resultieren; die ESG-affinen Aktionäre sollen ja einen safe harbour bekommen. Das ist eine Ungleichbehandlung von Aktionären, die unterschiedliche Präferenzen haben, aber legitime Ziele verfolgen. Deswegen würde ich den Beschlussvorschlag zum Acting in Concert erweitern. In der derzeitigen Form könnte ich dem Vorschlag nicht zustimmen, weil er zu eng ist.

Und dann wurde ich angesprochen wegen meiner Kritik an der Satzungsgläubigkeit des Gutachtens, was Rechtsformzusatz angeht. Ich muss sagen, dass ich inzwischen völlig überfordert bin, was den Begriff der Klimaneutralität angeht. Es gibt einen die Beschlussvorschlag zu Art. 22 CSDDD mit einem Begriff der Klimaneutralität, der Scope-3-Emissionen erfasst, soweit ich das verstehe. Dann liegt ein Beschlussvorschlag 9 Buchstabe a zum Rechtsformzusatz vor, danach sollen Scope-3-Emissionen nicht zur Klimaneutralität gehören. Wie passt das denn zusammen? Ich kenne die Relativität der Rechtsbegriffe, aber ich sehe schon systematische Probleme der Vorschläge. Und dann soll der Begriff der Klimaneutralität in der Regelung des Rechtsformzusatzes wohl unterschiedlich sein, je nachdem, ob es um den Zustand der Klimaneutralität oder um das Ziel der Klimaneutralität in der Satzung geht. Wenn ich es richtig verstanden habe, soll sich die Gesellschaft in der Zukunft noch mehr klimaneutral verhalten, auch wenn sie schon klimaneutral ist. Sie soll nicht nur auf die Kompensation der Emissionen achten, sondern auf die Reduktion. In meiner Gedankenwelt passt das alles nicht zusammen, ich bin aber auch ein einfacher Mensch. Für mich müsste die Regelung aus einem Guss sein. Und was in der Satzung steht, ist für die Klimaneutralität völlig egal. Etwaige Satzungsverstöße, wenn die Gesellschaft nicht noch klimaneutraler wird, werden nicht verfolgt. In der Publikumsgesellschaft nicht und in der geschlossenen Gesellschaft höchstwahrscheinlich auch nicht. In der geschlossenen Gesellschaft, einer GmbH zum Beispiel, wird der Geschäftsführer typischerweise auch ein Gesellschafter sein. Wenn er sich über die Satzung hinwegsetzt, was das Ziel einer vertieften Klimaneutralität angeht, passiert einfach nichts. Deswegen würde ich bekräftigen: Papierkram sparen. Klimaneutrale Gesellschaft ist eine Gesellschaft, die klimaneutral ist. Punkt. Vielen Dank.

Prof. Dr. Rüdiger *Wilhelmi*, Konstanz:

Ich würde gerne noch kurz zur Nummer 16 Stellung nehmen, das ist der Klimaschutz-Aufsichtsratsausschuss: Es überzeugt mich nicht, hier einen eigenen Ausschuss einzurichten. Denn anders als bei den anderen gesetzlich vorgeschriebenen Ausschüssen geht es nicht um einen relativ abgegrenzten Gegenstand, sondern um etwas, was das gesamte Geschäft der Gesellschaft betrifft. Deswegen überzeugt es nicht, diesen Teil in einen Ausschuss zu verbannen. Denn dann muss ich im Grunde doch alles wieder im Gesamtaufsichtsrat diskutieren, weil es Auswirkungen in alle Bereiche hat. Deswegen bin ich mir nicht sicher, ob wir uns wirklich ein Gefallen damit tun, hier einen eigenen Ausschuss einzurichten.

Dann zu Nummer 17, Say on Climate: Es wurde ja schon darüber gesprochen, dass offen ist, ob das wirklich dem Klimaschutz dient oder nicht. Auch wurde schon gesagt, dass es mit der bisherigen Balance innerhalb der Organe der Aktiengesellschaft nur schwer vereinbar ist. Vor allem aber passt die Parallele zum Say on Pay nicht. Anders als dort können wir hier erstens nicht, das wurde schon gesagt, ein Versagen hinsichtlich der Kompetenzverteilung beobachten, auf das wir jetzt reagieren.

Und zweitens denke ich, dass es anders als beim Say on Pay, wo es im Grunde um eine Frage der Gewinnverteilung, geht, an der die Hauptversammlung sowieso beteiligt ist, hier um eine Sache geht, die eigentlich genuin eine Vorstandsaufgabe ist und auch entsprechend detailliert ist. Deshalb ist es neben der Kompetenz kritisch einen so detaillierten Plan einfach einem Ja-oder-Nein-Votum des Aufsichtsrats zu unterwerfen.

Insgesamt zu Nummer 17 Buchstabe a und b: Mir ist die Formulierung nicht ganz klar. „a“ ist allgemein gefasst, während dann in „b“ steht, dies solle nicht nur für börsennotierte oder mitbestimmte Gesellschaften, sondern für alle Aktiengesellschaften gelten. Wenn wir das streichen, würde die Formulierung von „a“ immer noch für alle Gesellschaften gelten. Da sollten wir uns die Formulierung nochmal ansehen, was soll unter „a“ gelten und was ist die Änderung durch „b“. Das ist eine relative Kleinigkeit, aber wir sollten hier präzise bleiben.

Und der letzte Punkt: Alexander Schall, du hast ja hier gekämpft, damit die jetzige Nummer 1 an den Anfang kommt. Und ich finde das auch gut, den Punkt weiter nach vorne zu ziehen. Was mich nicht ganz überzeugt ist, dass es noch vor der jetzigen Nummer 3 kommt. Denn diese enthält eine allgemeine Feststellung, während die übrigen Nummern konkrete Punkte enthalten. Ich würde daher die jetzige Nummer 1 zwar an den Anfang unserer konkreten Beschlüsse stellen. Aber die generelle Aussage in Nr. 3, dass wir gesetzgeberische Maßnahmen in diesem Bereich brauchen, die gehört an die erste Stelle. Aber das ist vielleicht nicht der zentrale inhaltliche Punkt. Aber es liest sich etwas komisch, dass wir erst mal sagen, Artikel 22 CSDDD haben wir vorweg akzeptiert, und dann erst in die allgemeine Diskussion einsteigen. So liest sich das Papier im Moment.

Vielen Dank.

Rechtsanwalt Dr. Moritz *Pöschke*, Müllheim an der Ruhr:

Ja, vielen Dank, Herr Vetter, dass ich noch sprechen darf.

Ich habe es nicht so lange rausgezögert, um dann von Rednerseite das Schlusswort halten zu können, sondern ich bin inspiriert worden durch Ihre Anregung, Herr Vetter, noch etwas zum Beschlussvorschlag 11 zu sagen. Also zu 10 und 11. Die Frage der Vorstandspflichten in §§ 76 und 93 Aktiengesetz.

Zunächst zu 10, zum Beschlussvorschlag 10. Ich wäre auch dagegen, dass wir hier eine ergebnisbezogene Pflicht aufnehmen.

Aber ich habe große Sympathie für den Beschlussvorschlag 11. Der ist jetzt etwas kompliziert formuliert, ich bin also sozusagen gegen 11, das ist ja dann die doppelte Verneinung. Inhaltlich wäre ich also dafür, die Pflichten in §§ 76 und 93 AktG um einen prozeduralen Aspekt mit Blick auf ESG-Themen zu erweitern, also im Sinne der Möglichkeit zur Berücksichtigung. Warum? Weil ich die Unsicherheit in der Praxis jetzt schon sehe. Ich werde vielfach auf diese Themen angesprochen.

Ich habe auch mal mit Kollegen aus Ihrem Hause gesprochen, Herr Vetter, die dazu ein Gutachten für einen Vorstand geschrieben haben. Nämlich genau zu der Frage, ob in den Situationen, in denen sich eine Entscheidung nicht über eine langfristige Betrachtung wirtschaftlich rechtfertigen lässt; wenn etwa zum Beispiel, um in Ihrem Beispiel zu bleiben, jetzt schon grüner Strom teurer bezogen wird, ohne dass es sich langfristig rechnet.

In der Rechtsprechung des BGH ist klar, dass wir auch kurzfristig nachteilige Maßnahmen als Vorstand ausführen dürfen, wenn sich das langfristig wirtschaftlich rechtfertigen lässt.

Aber es gibt eben auch die Fälle, diese, die Sie geschildert haben und ähnliche, in denen das nicht klar ist. Im Schrifttum ist das Ganze nach wie vor umstritten. Der praktische Rat ist im Moment dann immer, zu dokumentieren, dass die Maßnahme andere Vorteile hat – Reputation, Marketing, Wettbewerbsvorteile, andere Themen; so dass wir zum Ergebnis kommen, die Maßnahme letztlich doch jedenfalls langfristig wirtschaftlich rechtfertigen zu können.

Aber es gibt den Beratungsbedarf, den Sie ja sozusagen als die mögliche Downside einer Regelung in §§ 76, 93 AktG geschildert haben, jetzt schon. Und ich glaube, überwiegend sind wir uns einig, dass es möglich sein sollte, diese Aspekte zu berücksichtigen – in einer offenen Abwägungsentscheidung des Vorstands. Und wir würden, glaube ich, für die Praxis die Rechtssicherheit erhöhen, wenn wir das entsprechend in §§ 76 und 93 AktG verorten würden. Vielen Dank.

Wiss. Mitarbeiterin Vera *Obernosterer*, Köln:

Zwar dürfen die Referenten nun ein Schlusswort halten. Allerdings glaube ich, dass die meisten Argumente schon pointiert vorgebracht wurden. Für mich bleibt nach dieser intensiven Diskussion die Erkenntnis, dass das Gesellschaftsrecht auf jeden Fall in der Prüfungsverantwortung ist, welchen Beitrag es zum Klimaschutz leisten kann. Es sollte aber auf gar keinen Fall zu einer Art Experimentierfeld mutieren. Wir sollten Maßnahmen nur ergreifen, wenn wir von deren Wirksamkeit tatsächlich überzeugt sind. Insofern stimme ich auch Herrn Fleischer zu, dass die Plausibilisierungslast auf der Seite derjenigen liegt, die Maßnahmen im Gesellschaftsrecht fordern. Legt man diesen Maßstab zugrunde, dann halte ich einzelne Vorschläge des Gutachters für kritisch.

Das gilt vor allem im Pendelblick zu den europäischen Vorgaben. Artikel 22 CSDDD verpflichtet nicht nur zur Klimaneutralität, sondern auch zur Einhaltung des 1,5-Grad-Ziels. Damit haben wir ein recht enges Regelungskorsett und dieses Korsett muss nicht noch enger geschnürt werden, wenn man die europäischen Vorgaben in das nationale Recht umsetzt.

Insofern glaube ich auch, dass die flexible Klimaquote nicht umfassend flexibel ist, sondern gewissermaßen starr. Die Quote muss sich jedenfalls an dem Klimatransformationsplan und damit Artikel 22

CSDDD orientieren und kann nicht völlig frei bestimmt werden. Damit kann der Vorstand die Klimatransformation nicht mehr nach Belieben vertagen und die Emissionen im letzten Moment reduzieren. Dennoch sollte man über ergänzende Verhaltensanreize neben der Klimaquote nachdenken. Dafür eignet sich die Vergütung, die mit dem Klimatransformationsplan verbunden werden kann und so den Vorstand anderweitig incentivieren kann. Dahingehend könnte man über eine gesetzgeberische Klarstellung nachdenken.

Auch für das Say on Climate hatte ich ursprünglich große Sympathien, aber glaube, dass der Anwendungsbereich durch den Artikel 22 erheblich minimiert wurde. Die Unternehmen, die neben der CSDDD noch für eine Say on Climate-Regelung übrigblieben, sind nicht unbedingt die Unternehmen, die wir mit einer Klimaregulierung adressieren sollten. Deswegen sehe ich mittlerweile ein Say on Climate auch als eher kritisch an.

Diese beiden Bemerkungen sollen als Schlusswort genügen. Vielen Dank.

Syndikusrechtsanwältin Dr. Friederike *Rotsch*, Königsstein im Taunus:

Zunächst auch einmal noch von meiner Seite ganz herzlichen Dank für die gute Diskussion. Insbesondere ganz besonders herzlichen Dank an die Diskussionsteilnehmerinnen und Diskussionsteilnehmer, die nicht jeden Tag vor einer größeren Menschenmenge stehen und sprechen und das meist auch noch direkt druckreif. Also Hut ab und vielen Dank dafür.

In den letzten beiden Tagen ist viel zitiert worden und mir ist bei der Debatte immer wieder ein Zitat durch den Kopf gegangen, das wahlweise Gerhard Schröder, Hans-Olaf Henkel oder Friedrich Merz zugeschrieben wird, ich habe es jetzt in der Kürze der Zeit nicht rausbekommen können, von wem das Zitat ist: „Wir können nicht davon leben, uns gegenseitig die Haare zu schneiden."

Dieses Land lebt davon, dass es Industrie hat. Und was wir hier diskutieren, ist ein weiterer Schritt in Richtung Deindustrialisierung. Und deswegen und eben aus echter Sorge um den Standort, verzeihen Sie mir, wenn ich mich jetzt vielleicht etwas pointiert, zu einigen Themen äußere.

Niemand hier – das finde ich wichtig, dass ich das nochmal klarstelle – bestreitet, glaube ich, dass Klimaschutz sinnvoll und notwendig ist, und dass wir hier eine echte Herausforderung haben. Und die Herausforderungen sind so gewaltig, dass natürlich jeder mit anpacken muss und natürlich auch die Unternehmen in die Pflicht genommen werden müssen. Die Frage für mich ist aber eben, ob das Gesellschaftsrecht dafür der richtige Ort ist, wirklich weitere Regelungen zu schaffen.

Es gibt bereits vielfältige Regelungen im Gesellschaftsrecht, die jedenfalls indirekt auf die Erzielung von Klimaschutz hinwirken. Das habe ich auch in meinem Referat ausgeführt. Und die ESG-Gedanken finden sich jetzt auch schon viel wieder. Unter anderem gibt es seit dem ARUG II auch klare Vorgaben für die Vergütungsstruktur. Wir haben hier noch einen Vorschlag, der das vielleicht noch etwas klarer macht.

Aber Sie sehen auch, dass, wenn Sie sich mal die Vergütungsstrukturen der Unternehmen ansehen, die Klimaschutzziele schon in ganz, ganz vielen solchen Vergütungsstrukturen verankert sind. Das heißt, was wir hier besprechen, ist heute schon Realität. Jedenfalls bei Unternehmen von Branchen, für die das Thema Klima und ökologische Nachhaltigkeitsziele ein echtes Thema ist.

Und deswegen behaupte ich auch, dass die bestehenden Regelungen, die wir schon haben, zusammen mit der Kombination im öffentlichen Recht und Gesellschaftsrecht völlig ausreichend sind. Wir sehen ja auch, dass Unternehmen sich bereits sehr konkrete Ziele gegeben haben, wann und wie sie die Klimaschutzziele erreichen wollen. Wir haben Beispiele gehört wie Heidelberg Materials, ThyssenKrupp, BASF. Da gibt es diese Pläne längst und da gibt es längst ambitionierte Ziele im Hinblick darauf, wann diese Unternehmen klimaneutral sein wollen. Wenn wir heute hier stehen und sagen, wir haben das eigentlich schon, das heißt die Unternehmen haben das, frage ich mich wirklich, warum wir die Unternehmen noch mit weiteren Regelungen belasten wollen.

Zur Kosten- und Nutzenrelation: weitere Regelungen sind eben nicht ohne zusätzliche Kosten möglich. Zusätzliche Regelungen verursachen zusätzlichen Aufwand und verursachen eben auch zusätzliche Berichtspflichten. Sie führen auch zusätzlichen Haftungsrisiken. Und schon jetzt sehen sich Unternehmen vielfältigen Klimaklagen ausgesetzt.

Und zu der Frage zusätzlicher Haftungsrisiken: Das klingt jetzt erst einmal recht theoretisch, aber für einen Vorstand ist das absolute Realität, dass er sich hinstellt und sagt: oh, was bedeutet das eigentlich hier für mich? Kann das noch dazu führen, dass ich an irgendeiner Stelle noch wieder hingucken muss, ob am Ende irgendjemand entweder mir in der Hauptversammlung das Leben schwer macht, solche Instrumente nutzt, um sie zu instrumentalisieren und Unternehmen anzugreifen. Wir können eben nicht einfach folgenlos versuchen weitere Regelungen im Gesellschaftsrecht aufzunehmen und mal zu gucken, wie sie sich so auswirken, wir sind nicht in einem akademischen Versuchslabor, in dem man mal einfach so ein paar Experimente machen kann und sie dann einfach abbricht, wenn sie nicht funktionieren.

Die Abwanderung von Unternehmen aus Deutschland ist keine Drohung, sondern schon jetzt Realität. Zu den Rahmenbedingungen, die zu solchen Entscheidungen führen, zählt auch, wenn auch nicht ausschließlich natürlich, die Überregulierung. Und weitere Regelungen im Gesellschaftsrecht bergen eben das Risiko, dass sich dieser Trend nochmal verstärkt, und glauben Sie mir, weg ist weg, die Unternehmen kommen nicht wieder.

Noch ein Punkt zu der Frage Smart Mix. There is no such thing as a smart mix. Die Erfahrung aus Unternehmenssicht zeigt, dass wir hier eben nicht von einem entweder oder einem Mix, oder einem ausgewogenen Verhältnis sprechen, sondern immer von einem „nochmal oben drauf", einer Addition, einem Plus, Plus, Plus an Pflichten und Lasten. Deswegen lassen wir die Regelungen doch da, wo sie hingehören, nämlich ins öffentliche Recht und nicht ins Gesellschaftsrecht.

Schließlich, und das hatte Herr Brouwer vor allem ja auch nochmal betont: Die Regelungen aus CSRD und CS3D sind ja zum Teil noch nicht mal in Kraft. Wir wissen ja noch gar nicht, ob und wie sie wirken, überlegen uns aber schon jetzt, wie wir die Schraube einfach noch ein bisschen fester drehen und noch ein bisschen fester drehen und noch ein bisschen fester drehen. Warten wir doch bitte einfach erst mal ab, welche Auswirkungen diese Regelungen, die jetzt schon kommen, haben werden.

Zu den einzelnen Vorschlägen noch ganz kurz.

Klimaquote, hier plädiere ich für eine schlichte Umsetzung der CS3D, kein weiteres Gold Plating, was deutsche Unternehmen im internationalen Wettbewerb weiter benachteiligt.

Speziell nochmal zu der Frage, jährliche Ziele.

Klima ändert sich nicht in Jahresschritten und auch Ziele kann ich nicht in Jahresschritten festlegen. Das sind längere Zeiträume, in denen Unternehmen da auch denken müssen. Jahresschritte sind völlig künstliche ‚Ziele' und was gemessen wird, muss auch berichtet werden. Also auch das würde wieder zu zusätzlichen Berichtspflichten führen.

Für den Rechtsformzusatz ‚klimaneutral' besteht meines Erachtens kein Bedarf. Es stellen sich natürlich die besprochenen Fragen im Hinblick darauf, wer das prüfen soll, und was ist, wenn das ein Wettbewerber angreift und vor allem, was passiert, wenn ich am Ende die Klimaneutralität dann doch verfehle? Verliere ich dann den Rechtsformzusatz oder drohen mir dann irgendwelche zusätzlichen Klagen? Alles ungelöst. Und wie gesagt, meines Erachtens auch nicht erforderlich. Es gibt ausreichend private Zertifizierungen mit maßgeschneiderten Lösungen für die einzelnen Branchen.

Zur Climate-Governance, das wird Sie nicht überraschen, dass ich auch hier denke, wir sind da ausreichend versorgt. In den Aufsichtsräten finden Sie die Expertise, schauen Sie sich die Kompetenzprofile an. Man kann sagen, sollten die nicht vielleicht ein bisschen genauer noch sagen, woraus die Aufsichtsräte ihre Expertise ableiten. Kann man machen. Im Grunde genommen werden Sie aber feststellen, dass Sie in den Aufsichtsräten über die Aufsichtsräte hinweg eine ausreichende Expertise finden. Zusätzliche Experten für Vorstand und Aufsichtsrat sehe ich deswegen kritisch, weil ich finde, Vorstände haben häufig schon große Größen. Es sollte reichen, dass die Experten auf der Ebene unter dem Vorstand sind und das werden Sie in den meisten Unternehmen auch finden.

Bei den Aufsichtsräten ist es ein Problem, wenn man einen weiteren Experten einführt, weil wenn man immer mehr spezifische Experten in den Aufsichtsräten haben will, fragt sich irgendwann, ob noch Platz ist für die Branchenexperten, die eigentlich wirklich bewerten können, was die Unternehmen machen.

Last but not least: Zum Thema „Say-on-Climate"; das klingt eigentlich erst einmal nach einem wunderbar folgenlosen Vorschlag, frei nach dem Motto: ‚Vielleicht nutzt es nicht, aber schaden tut es ja auch nichts!' Folgenlos ist das aber eben gerade nicht. Das war ja auch nicht gewollt, sondern es entfaltet natürlich eine faktische Bindungswirkung. Die ganzen Bedenken dagegen haben wir gehört im Sinne von, wie soll der Vorstand oder das Unternehmen das Hauptversammlungsvotum auslegen, insbesondere wenn das Votum ist: „wir sind damit nicht einverstanden"; heißt das dann zu viel oder zu wenig oder was heißt das eigentlich? Und auch schon jetzt, wenn ein Unternehmen das für sinnvoll erachtet, auch das haben wir in den letzten Jahren gesehen, dann steht es ihm ja frei, ein entsprechendes Votum der Hauptversammlung herbeizuführen.

Mein Fazit dürfte Sie daher auch nicht überraschen.

Wir haben es gehört; Gesetze sollen nur gemacht werden, wenn sie nötig sind. Meines Erachtens zeigen die bereits erzielten Fortschritte, dass zusätzliche gesetzliche Regelungen im Gesellschaftsrecht nicht erforderlich sind. Die Unternehmen haben längst reagiert und sind auf einem guten Weg und werden ja durch andere Regelungen in anderen Rechtsgebieten begleitet. Sie haben vor allem auch reagiert aus eigener Einsicht, unterstellen wir doch Vorständen nicht ständig, Umweltziele und Umweltbelange wären ihnen egal. Zusätzlich sehen sich Unternehmen dem Druck der Öffentlichkeit ausgesetzt – wir hatten das Thema Reputation, das ist für Unternehmen ein Riesenthema – aber auch dem Druck anderer Stakeholder, von Kunden, Investoren, Mitarbeitern natürlich auch von NGOs.

Deswegen noch einmal: Die Aktivierung des Gesellschaftsrechts ist nicht erforderlich. Ein zusätzlicher Nutzen weiterer Regelungen ist nicht erkennbar und daher sind die Vorschläge, jedenfalls die, soweit sie auf weitere Regelungen im Gesellschaftsrecht abzielen, abzulehnen.

Danke.

Prof. Dr. Joachim *Hennrichs*, Köln:

Ja, meine Damen und Herren, auch ich möchte mich zunächst ganz herzlich bedanken für die gute und unaufgeregte Diskussion. Das ist bei so einem emotional aufgeladenen Thema, glaube ich, nicht selbstverständlich.

Kann und sollte das Gesellschaftsrecht einen Beitrag im Kampf gegen den Klimawandel leisten? Ja, selbstverständlich. Das tut es auch bereits: Mit der Nachhaltigkeitsberichterstattung (die allerdings im Moment in der EU etwas übertrieben wird); mit der Legalitätspflicht; mit der Regulierung zu Lieferketten; mit Soft-Law-Instrumenten. Das ist in der Praxis der Gesellschaften auch längst angekommen. Klimaschutz ist ein Thema in den Unternehmen und zwar nach meiner Wahrnehmung, da bin ich voll bei dir, Friederike, auf allen Ebenen.

Braucht es zusätzliche neue gesetzgeberische Maßnahmen auf dem Gebiet des Gesellschaftsrechts zum Klimaschutz? Nun, ich will nicht wie Friederike zu allem Nein sagen, sonst hält mir die Diskussionsleitung wieder entgegen, ich würde Pessimismus verbreiten. Das will ich nicht tun.

Einigen Empfehlungen kann ich auch gut zustimmen, z.B. der Grundidee des Rechtsformzusatzes und dem Vorschlag für ein Say-on-Climate. Es braucht diese Maßnahmen vielleicht nicht unbedingt und viel helfen werden sie im Kampf gegen den Klimawandel auch nicht, aber sie basieren immerhin auf dem Prinzip der Freiwilligkeit oder meinem Verständnis von Aktionärsrechten.

Gegenüber anderen Vorschlägen des Gutachtens bin ich dagegen skeptisch. Das Gesellschaftsrecht kann, Holger Fleischer hat das vorhin noch einmal zutreffend gesagt, allenfalls das dritt- oder viertbeste Instrument im Kampf gegen den Klimawandel sein. Das gilt erst recht für das deutsche Gesellschaftsrecht allein betrachtet. Deshalb eben liegt die Plausibilisierungslast für neue gesellschaftsrechtliche Vorschriften bei denen, die sie vorschlagen. Und für mich ist der Mehrwert einiger der vorgeschlagenen neuen gesetzlichen Vorschriften, insbesondere der Jährlichkeit der Klimaquote und der Änderungen bei § 100 V AktG und § 107 AktG, noch nicht wirklich plausibel.

Wirkungsmächtiger für den Kampf gegen den Klimaschutz und zugleich effizienter sind nach meiner Überzeugung ohnehin Preismechanismen. Am besten international abgestimmt natürlich. Denn bei allem geht es doch auch um die effektive Verwendung knapper Ressourcen. Wir verwenden im Moment erhebliche Ressourcen auf Berichterstattung und Compliance-Beratung, die uns an anderen Stellen fehlen. Nämlich für Investitionen in Innovation und Anpassung.

Deregulierung im Bereich der Berichtspflichten nebst strikterer Preismechanismen, das wäre aus meiner Sicht eine würdige Empfehlung des Deutschen Juristentages an den Gesetzgeber. Jedenfalls darf das Gesellschaftsrecht nicht als Vorwand genommen werden, wirkungsmächtigere Instrumente nicht zu ergreifen, darauf hat Jens Koch gestern völlig zu Recht hingewiesen.

Ansonsten freue ich mich über die Unterstützung zu meinen Thesen zur Nachhaltigkeitsberichterstattung. Eine Anmerkung zu Herrn Holle: Auf den Zusammenhang zwischen CSRD und CS3D, die den Nudging Approach der Berichtspflichten jedenfalls teilweise erledigt hat, hat Herr Hommelhoff im Schrifttum und hatte ich in meinem Referat hingewiesen. Aber es lohnt, nochmals betont zu werden. Ich glaube allerdings nicht und wollte jedenfalls nicht dahin verstanden werden, dass die Nachhaltigkeitsberichterstattung mit der CSDDD jetzt komplett obsolet wäre. Das ist sie nicht. Sie hat weiterhin eine wichtige Informationsfunktion.

Aber die Berichtsinhalte müssen vielleicht dann doch nicht so detailliert und fein granular ausbuchstabiert sein wie nach den ESRS. Auch hier ist es aus meiner Sicht nicht eine Frage des Obs, sondern eine des Maßes. Vielen Dank.

Gutachter:

Das Bundesverfassungsgericht hat uns in seinem berühmten Klimabeschluss im Jahr 2021 an die Verantwortung gegenüber zukünftigen Generationen erinnert. Und der Deutsche Juristentag, der als Institution seit über 150 Jahren existiert, sollte dieser Verantwortung ebenfalls gerecht werden.

Es geht nicht darum, einen Gegensatz aufzumachen zwischen Industrie und Klimaschutz, sondern es geht gerade darum, die Industrie positiv mit einzubinden. Alle müssen einen Beitrag leisten zur Erreichung der Klimaneutralität. Der Staat, die einzelnen Haushalte, wir alle als Individuen, aber eben auch die Unternehmen.

Die Klimatrias, die im DJT-Gutachten vorgeschlagen wird, besteht nicht aus radikalen Maßnahmen, im Gegenteil, bei Lichte besehen sind es nur Minimalia. Es wurde in manchen der vorausgehenden Beiträge zu sehr die Angst vor der Deindustrialisierung in den Raum gestellt. Ich glaube nicht, dass die Klimaquote, die ohnehin schon auf dem etablierten Zahlenmaterial der CSRD aufbaut, zu einer Abwanderung von Unternehmen führen würde. Denn, wie auch richtig gesagt wurde, die meisten Unternehmen planen ohnehin schon in

Sachen CO_2-Reduktion. Es wäre von daher nur ein kleiner Schritt, diese eben auch noch griffig in einer Kennzahl auszuweisen.

Wir sollten auch nicht verwechseln, wer der Gesetzgeber ist. Wir als DJT können nur Empfehlungen abgeben. Und natürlich müssen alle Vorschläge, bevor sie Gesetz werden, nochmal einer Folgenabschätzung unterzogen werden. Da gebe ich Ihnen völlig Recht. Und unsere Diskussionen an den letzten beiden Tagen zeigen, dass die Ideen und Argumente, die ausgetauscht wurden, die Vorschläge weitergebracht haben. Sie werden etwa an den geänderten Thesen sehen, dass wir das für die Abstimmung nachvollzogen haben und natürlich europarechtskonform anhand Art. 22 CSDDD ausgestalten. Die Empfehlungen, die wir als DJT abgeben, würden folglich in einen Prüfauftrag des Gesetzgebers münden, der dann autonom entscheiden und auch das Regelungsdesign im Einzelnen wählen kann.

Die drei Maßnahmen, die Klimatrias, bestehend aus Klimaquote, Klimarechtsformzusatz und Klimagovernance, sind zwar kleinere Maßnahmen, die aber doch ein wichtiges Signal sind. Ein wichtiges Signal, dass auch das Gesellschaftsrecht seinen Teil zum Kampf gegen den Klimawandel beiträgt. Ein Signal, dass wir unserer Klimaverantwortung und auch unserer Verantwortung gegenüber künftigen Generationen gerecht werden. Vielen Dank für die Diskussion. (Beifall)

Vorsitzender:

Ganz herzlichen Dank an den Gutachter. Wir sind jetzt mit dem inhaltlichen Teil am Ende angekommen. Dem Dank der Referenten und des Gutachters können wir uns alle auf der Bühne anschließen. Das war wirklich eine sehr offene, sehr faire, sehr respektvolle Diskussion mit knappen und klaren Redebeiträgen. Es war ein Austausch gerade auch unter Ihnen und nicht nur mit dem Gutachter und den Referentinnen und Referenten.

Wir würden nach einer Pause von zehn Minuten mit der Abstimmung beginnen. In der Pause schauen wir uns einige wenige Beschlussvorschläge noch einmal an. Ich bitte alle, die an den Abstimmungen teilnehmen möchten, sich pünktlich in zehn Minuten wieder in unserem Saal einzufinden. Dazu noch einmal der Hinweis, dass ausschließlich Mitglieder des Deutschen Juristentags berechtig sind, an den Abstimmungen teilzunehmen. Vielen Dank!

Wir kommen zur Abstimmung über den ersten Beschlussvorschlag. Dazu weise ich auf eine Änderung gegenüber der letzten schriftlich vorliegenden Fassung der Beschlussvorschläge hin. Wir haben den vorher etwas weiter unten angesiedelten Beschlussvorschlag nach oben gezogen. Der Beschlussvorschlag 1 lautet: „Im Vergleich zu anderen Nachhaltigkeitsaspekten sind angesichts der Bedrohung der

Menschheit und der Umwelt Überlegungen zu besonderen gesetzgeberischen Maßnahmen im Bereich der ökologischen Nachhaltigkeit und insbesondere zur Eindämmung des Klimawandels in besonderem Maße gerechtfertigt.“ In dem Vorschlag ist noch keine Begrenzung auf das Gesellschaftsrecht enthalten.

Beschlüsse

Thema: Empfehlen sich im Kampf gegen den Klimawandel gesetzgeberische Maßnahmen auf dem Gebiet des Gesellschaftsrechts?

I. Grundsatzfragen, Abs. 22 CSDDD und Klimaquote

1. Im Vergleich zu anderen Nachhaltigkeitsaspekten sind angesichts der Bedrohungen der Menschheit und der Umwelt Überlegungen zu besonderen gesetzgeberischen Maßnahmen im Bereich der ökologischen Nachhaltigkeit und insbesondere zur Eindämmung des Klimawandels in besonderem Maße gerechtfertigt.
angenommen 90:2:4

2. Abs. 22 der Corporate Sustainability Due Diligence Directive mit seinen Vorgaben zur Eindämmung des Klimawandels sollte möglichst zeitnah in deutsches Recht umgesetzt werden.
angenommen 96:0:7

3. Bei der Umsetzung von Abs. 22 CSDDD mit dem darin für bestimmte Großunternehmen angeordneten „Plan zur Minderung der Folgen des Klimawandels“ (Klimatransformationsplan) sollte der deutsche Gesetzgeber:

   a) den Anwendungsbereich im Hinblick auf die betroffenen Unternehmen der CSDDD nicht erweitern;
   angenommen 94:4:1

   b) im Einklang mit dem Bundesklimaschutzgesetz (KSG) die Erreichung des Klimaneutralitätsziels bereits bis zum Jahr 2045 vorgeben;
   angenommen 54:38:6

   c) die Verpflichtung zur Erstellung des Klimatransformationsplans um jährliche Treibhausgasreduktionsziele (Klimaquote) ergänzen.
   abgelehnt 37:58:3

4. Weitergehende gesetzgeberische Maßnahmen auf dem Gebiet des Gesellschaftsrechts im Kampf gegen den Klimawandel sollten vor ihrer Einführung einer gründlichen Abschätzung ihrer Zieleignung und Wirksamkeit sowie einer Kosten-/Nutzen-Abwägung unterzogen werden.
angenommen 96:0:2

5. Die ohnehin begrenzten Möglichkeiten des Gesellschaftsrechts im Kampf gegen den Klimawandel dürfen vom Gesetzgeber nicht zum Vorwand genommen werden, von wirkmächtigeren Maßnahmen, insbesondere marktwirtschaftlichen Instrumenten abzusehen.
angenommen 96:0:4

6. Etwaige gesellschaftsrechtlich verpflichtende Maßnahmen zur Eindämmung des Klimawandels sollten im Grundsatz auf große, insbesondere international tätige Unternehmen mit erheblichem Ausstoß von Treibhausgasen begrenzt werden.
angenommen 77:6: 15

II. Nachhaltigkeitsberichterstattung

7. Die EU Corporate Sustainability Reporting Directive und die dazu als delegierte Rechtsakte erlassenen European Sustainability Reporting Standards (ESRS) erfüllen den Maßstab gemäß Beschluss 4. nicht und verursachen unverhältnismäßige Rechtsbefolgungskosten; der deutsche Gesetzgeber sollte insoweit auch bei europäischen Rechtsakten stärker auf die Beachtung des Verhältnismäßigkeitsgrundsatzes achten.
angenommen 90: 1:12

8. Die Überwachung der Nachhaltigkeitsberichterstattung durch den Aufsichtsrat sollte auf das durch einen Aufsichtsrat leistbare Maß beschränkt werden und vorrangig prozessorientiert verstanden werden, namentlich mit Blick auf die Auswahl und die konstruktive Zusammenarbeit mit dem Prüfer.
angenommen 94:2:6

III. Rechtsformzusatz „klimaneutral"

9. Der Gesetzgeber sollte allen Gesellschaften die Führung des im Handels- oder Gesellschaftsregister einzutragenden Rechtsform-

zusatzes „klimaneutral" oder eines Firmenbestandteils „klimaneutral" ermöglichen, die an die folgenden Voraussetzungen geknüpft ist:

a) Eine Gesellschaft sollte als klimaneutral eingestuft werden, wenn ihre Treibhausgasbilanz (*Scope 1* und *2*-Emissionen und nicht auf *Scope 3*-Emissionen) ausgeglichen ist und die Gesellschaft darlegt, dass sie in dem Prozess ihrer Klimatransformation der Reduktion von Emissionen (einschließlich „Carbon Capture & Storage") Vorrang gegeben und die Kompensation der verbleibenden Treibhausgase im konkreten Fall begründet hat.
abgelehnt 37:55:9

b) (i) Der Zustand der definierten Klimaneutralität ist bereits erreicht worden und (ii) ein externer Sachverständiger überprüft jährlich das Vorliegen der Klimaneutralität für das vorangegangene Geschäftsjahr; das Ergebnis der Prüfung wird veröffentlicht.
abgelehnt 43: 49: 7

c) Über a) hinausgehend sollte der Rechtsformzusatz „klimaneutral" voraussetzen, dass (iii) die Gesellschaft sich in der Satzung zur Klimaneutralität und zu einem Geschäftsmodell, das überwiegend auf klimaneutrale Produkte und/oder Dienstleistungen setzt, verpflichtet hat und (iv) die Klimaneutralität einem Ressort der Geschäftsleitung zugeordnet worden ist.
abgelehnt 33:56:8

IV. Klimagovernance

1. Regelungen zum Vorstand

10. Die Leitungs- und Sorgfaltspflichten der §§ 76, 93 AktG, § 43 GmbHG sollten nicht um ergebnisbezogen zu berücksichtigende Klimabelange ergänzt werden.
angenommen 90:6:3

11. §§ 76 Abs. 1 und 93 Abs. 1 Satz 2 AktG sollten nicht um prozedurale Pflichten zur (ergebnisoffenen) Berücksichtigung von Klimabelangen (und sonstigen Umwelt und Gemeinwohlbelangen) ergänzt werden.
angenommen 75:18:8

12. Die Bestellung eines Chief Climate Officer für den Vorstand sollte nicht zwingend gefordert werden.
angenommen 93:2:3

13. Es sollte in § 87 Abs. 1 Satz 2 AktG klargestellt werden, dass sich die Ausrichtung auf eine nachhaltige Entwicklung der Gesellschaft jedenfalls auch auf ökologische Nachhaltigkeit bezieht.
angenommen 83:10:9

2. Regelungen zum Aufsichtsrat

14. Zur Expertise des Aufsichtsrats von Gesellschaften die in den Anwendungsbereich des Abs. 22 CSDDD fallen sollte gesetzlich klargestellt werden, dass der Aufsichtsrat in seiner Gesamtheit über Klimaexpertise verfügen muss.
abgelehnt 47:50:4

15. Für zwingend einzurichtende Aufsichtsräte sollte die Bestellung eines Climate Expert nicht zwingend vorgesehen werden.
angenommen 90: 4:5

16. Der Aufsichtsrat von Gesellschaften, die in den Anwendungsbereich von Abs. 22 CSDDD fallen, sollte verpflichtet werden, die Zuständigkeit für die Erörterung klimabezogener Aufgaben des Aufsichtsrats einem speziellen Klima- oder sonstigen Ausschuss zuzuweisen.
abgelehnt 28:79:3;
erneute Abstimmung: abgelehnt 27:67:4

3. Regelungen zu Aktionären und Hauptversammlung

17. „Say on Climate“: Der Gesetzgeber sollte einer Aktionärsminderheit das Recht einräumen, zu verlangen, dass die Hauptversammlung unter einem eigenen Tagesordnungspunkt einen unverbindlichen Beschluss über den Klimatransformationsplan und ggf. die Klimaquote des Vorstands fasst.
angenommen 45:44:9;
erneute Abstimmung: angenommen 48:45:5

18. In § 30 Abs. 2 WpÜG und § 34 Abs. 2 WpHG sollte klargestellt werden, dass ein abgestimmtes Verhalten von Aktionären jedenfalls im Hinblick auf eine Verminderung klimaschädlicher Emis-

sionen des Emittenten nicht zu einer Stimmrechtszurechnung führt.

angenommen 59:11:25

Verhandlungen des
74. Deutschen Juristentages

Stuttgart 2024

Herausgegeben von der

Ständigen Deputation

des Deutschen Juristentages

Band II/2

Sitzungsberichte – Diskussion und Beschlussfassung

Teil P

Wie lässt sich öffentliche Informationsverantwortung in Zeiten digitaler und multipolarer Kommunikationskultur realisieren? Welche Aufgaben haben der Staat, die öffentlich-rechtlichen Rundfunkanstalten und die Wissenschaft?

Teil P

Sitzungsbericht
über die Verhandlungen
der Abteilung Medienrecht

am 25. und 26. September 2024
über das Thema

Wie lässt sich öffentliche Informationsverantwortung in Zeiten digitaler und multipolarer Kommunikationskultur realisieren? Welche Aufgaben haben der Staat, die öffentlich-rechtlichen Rundfunkanstalten und die Wissenschaft?

Die Ständige Deputation hat gewählt:

Vizepräsidentin des EGMR a. D. Prof. Dr. Dr. h.c. mult. Angelika *Nußberger*, M.A., Köln
zur Vorsitzenden

Prof. Dr. Klaus Ferdinand *Gärditz*, Bonn
Rechtsanwalt Prof. Dr. Christian *Winterhoff*, Hamburg/Göttingen
zu Stellvertretenden Vorsitzenden

Prof. Dr. Hubertus *Gersdorf*, Leipzig
zum Gutachter

Prof. Dr. Laura *Münkler*, Bonn
Rechtsanwalt Dr. Sebastian *Nellesen*, Bonn
Direktor der LFM NRW Dr. Tobias *Schmid*, Düsseldorf
zu Referentinnen und Referenten

Wiss. Mitarbeiterin Dr. Paula *Rhein-Fischer*, Köln
zur Schriftführerin

Diskussion

am 25. September nachmittags
(anwesend etwa 35 Teilnehmerinnen und Teilnehmer)

Vorsitzende:

Nach dieser sehr kurzen Mittagspause freue ich mich, dass Sie hierher zurückgefunden haben. Ich darf noch ein paar allgemeine Ankündigungen machen, wie das System funktioniert. Sie wissen ja, dass wir die Diskussion abdrucken wollen, also eine Schriftfassung davon erstellen.

Wir haben hier unsere Akustiker. Jetzt hat es funktioniert. Sie hören mich? Wunderbar! Dann darf ich Sie nochmals sehr herzlich zu unserer Diskussion über das Hauptreferat sowie die Referate begrüßen, die heute vorgetragen worden sind, und darf noch ein paar Hinweise zu der Art der Diskussion geben. Es ist eine strukturierte Diskussion in dem Sinn, dass wir sie veröffentlichen wollen, deshalb die Bitte an Sie alle, dass Sie die Karten ausfüllen und auf diesen Karten Ihre E-Mail-Adresse angeben. Ihre Redebeiträge werden dann sehr schnell abgetippt und Ihnen per E-Mail zugeschickt, so dass Sie eine Korrekturmöglichkeit haben und die Texte per E-Mail wieder zurückschicken können. Es gibt aber auch die Möglichkeit, hier – an einem Desk – die Korrekturen schriftlich zu machen. Wenn wir von Ihnen nichts hören, dann bekommen Sie die Texte zugesandt. Und wenn Sie sich bis zum 7. Oktober nicht zurückmelden, dann würde dies für uns bedeuten, dass die Fassung, die uns vorliegt, autorisiert ist. Das wollte ich gern ansagen. Das Einfachste ist, die E-Mail anzugeben und dann Ihren Text mit dem E-Mail-Programm zu kontrollieren. Dann noch ein weiterer Hinweis: Sie mögen sich ja vielleicht mehrfach melden. Wenn Sie das Kärtchen einmal ausgefüllt haben und danach nochmals das Wort ergreifen, würden Sie dies als „Folgemeldung“ ausweisen. Uns geht es nur darum, dass wir identifizieren können, wer gesprochen hat, so dass die Texte entsprechend richtig zugesandt werden können. Sie müssen also nicht alles nochmals ausfüllen, sondern nur „Folgemeldung“ schreiben, sodass wir wissen, wer der nächste Sprecher ist.

Damit würde ich in die Diskussion einsteigen. Wir hatten für heute Nachmittag zwei Hauptthemen identifiziert: Informationsverantwortung des Staates und Absicherung der Staats- und Unionsferne der Medien. Bei Informationsverantwortung des Staates haben wir zwei

Unterpunkte, zum einen „Änderungen der Informationsverantwortung in einer digitalen und multipolaren Kommunikationskultur“ und zum anderen „Abgrenzung zwischen zulässiger staatlicher Informations- und Öffentlichkeitsarbeit und unzulässiger Medienarbeit des Staates“. Frau Rechtsanwältin Anke Stelkens, Sie wollen zur Informationsverantwortung des Staates Stellung nehmen. Ich darf Sie bitten, hier vorne ins Mikrofon zu sprechen. Wir haben keine Saalmikrofone, weil die Aufnahme eben nur über dieses zentrale Mikrofon funktioniert. Vielen Dank.

Rechtsanwältin Anke *Stelkens*, München:

Also dann beginne ich mal die Diskussion. Mein Name ist Anke Stelkens, ich bin Rechtsanwältin in München und ich bin heute auch hier in meiner Eigenschaft als Vorsitzende der Sachverständigenkommission „Digitales“ im Deutschen Juristinnenbund (djb).

In der Sache möchte ich das Thema digitale Gewalt ansprechen und zwar in Form der medialen digitalen Gewalt, mit anderem Ausdruck Hate Speech oder Hetze. Das trenne ich so deutlich ab, weil wir gesellschaftlich auch andere Formen digitaler Gewalt erleben, die nicht Hate Speech sind und die ich hier im Medienrecht gar nicht verorten will. Aber auch im Medienrecht verorten sich Möglichkeiten, gegen digitale Gewalt vorzugehen und dazu findet sich in den bisher hier vorliegenden Beiträgen nichts.

Das Phänomen medialer digitaler Gewalt – und hier spreche ich insbesondere von Inhalten oberhalb der Strafbarkeits- und Rechtswidrigkeitsschwelle – ist nicht zu unterschätzen, was das Ausmaß von „Silencing“ angeht. Es ist deshalb nicht zu unterschätzen in seiner Bedeutung für den demokratischen Diskurs und für die Vielfalt und die Gefährdung von Diskursteilhabe in der Demokratie in unserer digitalisierten Informationsgesellschaft.

Im medienrechtlichen Zusammenhang möchte ich insbesondere hervorheben den „Effekt“, dass frauenfeindliche, antifeministische Inhalte – auch und gerade unterhalb von Rechtswidrigkeitsschwellen – sich offenbar besonders gut eignen, weite Teile der Bevölkerung medial anzusprechen und über diese Narrative dann weiter zu radikalisieren in Richtung antidemokratische Inhalte. Wir haben das Problem, dass sich via Plattformen und Social Media sehr viele solcher Inhalte – mit starken privaten finanziellen Mitteln ausgestattete, auf den öffentlichen Diskurs sehr stark einflussnehmende, user-generated und oft technisch auf Bandbreite optimierte Accounts – verbreiten, die für sich immer uneingeschränkt Meinungsfreiheit in Anspruch nehmen. Dieser Effekt ist quantitativ in einer immensen Größenordnung anzutreffen.

Aus rechtlicher Perspektive braucht es eine konzertierte Aktion in verschiedenen Rechtsgebieten, um diesen Phänomenen gegenüberzutreten. Neben natürlich strafrechtlichen Mitteln, neben zivilrechtlichen, zivilprozessualen Erleichterungen, neben Beratungsinfrastrukturen, neben Bildungsinitiativen, all diesen anderen Möglichkeiten gibt es auch im Medienrecht Möglichkeiten.

Ich denke an eine ziemlich weitgehende Reform des öffentlich-rechtlichen Rundfunks, die ich hier zur Diskussion stellen möchte. Und da möchte ich Bezug nehmen auf einen Hinweis der Kollegin Prof. Dr. Münkler, die schon die Kommunikationswissenschaften genannt hat als wichtige Nachbarwissenschaft. Das möchte ich bestärken. Die Kommunikationswissenschaften erwarten von den Rechtswissenschaften mittlerweile dringend, dass rechtlich gehandelt wird. Denn es gibt erschreckende Zahlen dazu, dass der Anteil der Rezeption von Inhalten, wie sie hier auch vielfach gefordert werden – also regionale Inhalte, durch öffentlich-rechtlichen Rundfunk gewährleistete Inhaltsangebote, vielfaltssichernd und in der Breite von privaten, redaktionell arbeitenden Medienunternehmen ergänzt in einem sich selbst regulierenden, dualen System – dass alle diese Inhalte zusammen marginalisiert sind. Dass sie faktisch mehr oder weniger „zum Verschwinden" gebracht wurden durch nicht-redaktionelle Plattformen, dass sie vielleicht in naher Zukunft ganz verschwinden. Eine Reform, die einen öffentlich-rechtlichen, vom Staat unabhängigen informationssichernden Rundfunk in einem dualen System gewährleisten möchte, kann sich daher nicht darauf beschränken, nur selber Informationen über redaktionelle Strukturen bereitzustellen. Ein öffentlich-rechtlicher Rundfunk muss dahin gehen, Inhalte zu ermöglichen. In der digitalisierten Informationsgesellschaft, die ihre Inhalte niedrigschwellig selber user-generieren kann, dann aber Übergewichte aufweist in Richtung finanziell stark ausgestatteter antidemokratischer Narrative, eine solche Gesellschaft kann es sich nicht leisten, nur einen öffentlich-rechtlichen Rundfunk anzubieten, der user-generated-content in seiner Quantität nicht beachtet. Es ist nicht wahrscheinlich, dass es eine Selbstregulierung zwischen redaktionell aufbereitetem und nicht-redaktionellem Content geben wird. Es bräuchte einen barrierefrei zugänglichen, öffentlich-rechtlichen Diskursraum auch für user-generated-content. Es wird hier schon gefordert, Mittel bereitzustellen für Counterspeech-Inhalte, für demokratische Diskurse, für sachliche, Fake-News-enttarnende Diskurse. Es braucht dafür einen gesicherten öffentlichen Diskursraum und das könnte ein öffentlich-rechtlicher Rundfunk von morgen bieten. Ansonsten wird es einen öffentlich-rechtlichen Rundfunk vielleicht noch geben, aber niemand hört mehr zu.

Eine weitere Möglichkeit mit dem Medienrecht gegen die genannten demokratiegefährdenden Phänomene vorzugehen, bietet eine Reform des Impressumsrechts. Über Schutzaccounts können gesicherte Zugänge in einen virtuellen Diskursraum eröffnet werden, die es ermöglichen, unter Schutz der eigenen Identität an demokratischen Diskursen teilzunehmen. Dies steht nicht im Gegensatz zu den bisher geltenden medienrechtlichen Grundsätzen einer „Verantwortlichkeit im Sinne der Pressegesetze" (ViSdP), zu einem Impressum beziehungsweise einer Anbieterkennung mit zwingender Angabe von verantwortlicher, natürlicher Person inklusive vollständiger Adressangabe. Es sollten aber Alternativen gefunden werden, um Selbstschutz zu ermöglichen und so der Breite des Diskurses wieder Raum zu geben und marginalisierte Stimmen, Counterspeech, Frauen zu stärken und zu ermutigen, sich am demokratischen Diskurs zu beteiligen. Es sollte also klare Regeln für Ausnahmen geben, damit Adresse und Klarname nicht zwingend angegeben werden müssen, wenn die Verantwortlichkeit sichergestellt ist. Dann kann sich vielleicht auch die Chance, einer in vordigitalen Zeiten aufgrund technischer und faktischer Hürden nicht denkbaren Vielfalt von gesellschaftlichen Stimmen verwirklichen, die ursprünglich mal das gesellschaftliche Versprechen der digitalen Kommunikationstechnologien war.

Was ich noch unterstützen möchte, ist die verstärkte Nutzung der Möglichkeiten, Datenerhebungen vorzunehmen, um gesicherte Erkenntnisse zu gewinnen, und Transparenzen bei den Plattformen einzufordern. Alle die Möglichkeiten, die jetzt der DSA bietet. Dafür braucht es Sachmittel, Personalmittel und Ausstattung auf nationaler Ebene. Und in diesen Sach-, Personal- und Ausstattungsmitteln müssen mitgedacht werden die Kompetenzen in Bezug auf Geschlechtergerechtigkeit, auf marginalisierte Personen, auf Minderheiten, auf Inhalte die momentan verdrängt werden.

Alle diese Maßnahmen meinen nicht, dass der Staat mediale Inhalte beeinflusst und beeinflussen soll, sondern sie bedeuten nur, dass der Staat sichere digitale Diskursräume als öffentliche Räume zur Verfügung stellt, in denen sich vielfältige Inhalte wieder entfalten können. Vielen Dank.

Vorsitzende:

Ja, ganz herzlichen Dank, Frau Stelkens. Ich denke, das Silencing, das Sie hier ansprechen, ist ein ganz neuer Aspekt, ebenso die Einräumung von zusätzlichen gesicherten Sprechräumen. Ich denke, es wäre vielleicht in dem Zusammenhang sinnvoll, wenn unsere Referenten dazu Stellung nehmen wollen. Ich würde das hier jetzt nicht so stehen lassen wollen, weil ich glaube, die anderen Wortmeldungen sind dann nicht mehr passend. Herr Gersdorf, wenn ich Sie als ersten Redner bitten darf.

Gutachter:

Ja, in der Tat Sie sprechen ein ganz grundsätzliches Problem an, das nicht nur Frauen und Mädchen betrifft, sondern auch andere Bevölkerungsteile, die digitaler Gewalt ausgesetzt sind. Nach unserer Verfassungsordnung darf alles gesagt werden, solange es nicht gegen Recht verstößt. Das muss nicht nur Strafrecht sein, aber in erster Linie ist es Strafrecht, alles diesseits der strafrechtlich relevanten, rechtlich relevanten Grenze kann in einer freien Kommunikationsordnung geäußert werden. Wenn ich Sie richtig verstehe, sollte man diesen Grundsatz vielleicht auch einmal in Frage stellen. Entsprechende Überlegungen haben auch schon Eingang in den Staatsvertrag gefunden. Ungeachtet der Verletzung von betroffenen Rechten, die Verletzung von Sorgfaltspflichten führt zu Unzulässigkeit, zu Rechtwidrigkeit. Ja und das könnte man jetzt auch mal überlegen, was systematisch gegen bestimmte Bevölkerungsgruppen geht, kann dann auch eventuell als unzulässig bewertet werden. Aber das muss sich eine staatliche Ordnung sehr gut überlegen, ob man diesen Schritt machen möchte, wie ich schon gesagt habe. Bislang ist die klare Grenze, was nicht gegen Recht verstößt, insbesondere nicht gegen Strafgesetze verstößt, ist zulässig und muss in einer von Meinungsfreiheit gekennzeichnet und Kommunikationsordnung auch prinzipiell zulässig sein. Was eventuell aber eine Möglichkeit ist – Sie wissen ja, dass in den sozialen Netzwerken die meisten Löschungen diesseits der strafrechtlich relevanten Grenze erfolgen, nämlich durch allgemeine Geschäftsbedingungen –, man könnte einen Diskurs mit den großen Playern führen, das bestimmte Werte nochmals deutlich unter der Schwelle von strafrechtlicher Relevanz schon zu entsprechenden Sanktionen in den Systemen führen. Das ist der Anspruch der sozialen Netzwerke, für einen Austausch von Gedanken in den Netzwerken Sorge zu tragen und die Schwelle liegt unterhalb der Verletzung von staatlichem Recht. Da könnte man nachjustieren, da könnte man vor allem auch den Diskurs suchen mit den Verantwortlichen. Jetzt haben Sie noch den öffentlich-rechtlichen Rundfunk oder andere Systeme angesprochen im Hinblick darauf, Räume zu eröffnen. Aber ich glaube ganz offen gestanden, dadurch werden die Probleme, die Sie beschrieben haben, nicht gelöst. Weil diese digitale Gewalt wird eben dann wahrscheinlich geäußert außerhalb der von Ihnen umgrenzten Räume, wie man die auch immer umhegt. Dann ist im Grunde die digitale Gewalt immer noch im Netz und wird transportiert. Also ich denke, dass man diesem Problem vor allem im Gespräch mit den sozialen Netzwerken begegnen sollte, damit sie die Standards noch weiter schärfen. Was Diskriminierung, was Ausgrenzung von bestimmten Bevölkerungsschichten, und dazu gehören Frauen und Mädchen selbstverständlich auch, anbelangt. Aber den Königsweg, kann ich Ihnen auch nicht anbieten.

Vorsitzende:

Vielen herzlichen Dank, Herr Gersdorf, ich denke Frau Münkler, Sie hatten ja sehr stark diese Selbstregulierungsthese vertreten. Vielleicht wollen Sie auch dazu Stellung nehmen.

Prof. Dr. Laura *Münkler*, Bonn:

Also zunächst einmal ist Ihre Frage in Bezug zu setzen zur staatlichen Informationsverantwortung als unserem Oberthema. Und da wäre dann der Gesichtspunkt, inwieweit es letztendlich zu einer Form von Silencing, also einer Unterdrückung bestimmter Meinungsspektren und damit auch Information kommt – durch digitale Gewalt. Was zunächst aufzuarbeiten wäre und, dass scheint mir Ihr Vorschlag zu sein, ist, ob letztendlich Foren geschaffen werden müssen, öffentliche Foren, wie wir sie sonst auf dem Marktplatz und Ähnlichem kennen. Nur im digitalen Raum, in dem dann ein besonderer Schutzstandard, der über das strafrechtliche Maß hinausgeht, gewährleistet wird. Meine Nachfrage diesbezüglich wäre, beziehungsweise die Schwierigkeit, die ich sehe, ist, wem eigentlich die Moderation solcher Foren überantwortet werden soll und nach welchen Gesichtspunkten dann hier Löschungsvorgaben statuiert werden. Das scheint mir jedenfalls einen neuralgischen Punkt in der Umsetzbarkeit darzustellen. So sehr ich mir auch wünschen würde, dass es gesicherte Foren für jegliche Meinungsspektren – nicht demokratiefeindlicher Art – gibt. Überantwortete man dies dem öffentlich-rechtlichen Rundfunk, wären jedenfalls Vielfaltsvorgaben zu beachten und sicherzustellen, dass durch die Moderation nicht wiederum andere Meinungsspektren unterdrückt werden.

Vorsitzende:

Vielleicht Herr Dr. Schmid, aus der Praxis, wollen Sie Stellung nehmen?

Direktor der LFM NRW Dr. Tobias *Schmid*, Düsseldorf:

Ja, sehr gerne. Also ich glaube, soweit ich Ihren Beitrag verstanden habe, muss man ja unterscheiden zwischen dem, was wir an rechtswidrigen Inhalten im Netz haben. Das ist aber, glaube ich, nicht der Fokus dessen, auf was Sie sich konzentriert haben. Und das scheint mir auch nichts zu sein, wo man große Forderungen aufstellen muss, sondern das ist in der Regel eine Frage des Vollzugsdefizits. Das muss man halt am Ende durchsetzen, was an rechtswidrigen Inhalten gefunden wird, sodass man dagegen vorgeht. Die Betitelung ist ja die Schaffung eines solchen Informationsraums. Ja, ich finde, das klingt erst einmal gut. Ich habe allerdings auch ein Fragzeichen. Ich frage mich, ob man damit nicht die, die eigentlich für soziale Plattformen und Medien verantwortlich sind, die das als Geschäftsmodell betreiben, damit aus der Verantwortung entlässt.

Also es besteht zumindest das Risiko, dass man sozusagen das Fehlverhalten, die fehlende Moderation dieser Plattform, jetzt umgeht, indem man im öffentlich-rechtlichen Rundfunkt sagt: „Dann bau Du doch was“ und keinem was passiert und dann ist alles wieder gut. Also das ist jetzt nicht zwingend ein Argument dagegen, aber ich würde das gerne einpreisen wollen, dass man ein bisschen aufpasst und dass wir jetzt nicht für jedes Fehlverhalten eine Umgehungsstraße bauen.

Nur noch ganz kurz zur Ergänzung: Also es hat ja auch einen gewissen Mehrwert, wenn die verschiedenen Meinungen in Foren aufeinandertreffen. Davon lebt ja der Diskurs am Ende auch, dass man sozusagen für jedes Spektrum dann irgendwelche selbständigen Räume schafft, in denen sie sich dann sozusagen geschützt austauschen könnten. Das kann natürlich auch etwas nehmen vom Diskurs, der gerade unterschiedliche Meinungen auch abbilden soll und die auch aufeinandertreffen sollen. Da sehe ich doch auch schon gewisse Gefahren.

Vorsitzende:

Vielen Dank. Frau Stelkens, ich frage mich, ob Sie nochmal respondieren wollen.

Die Idee hier beim Juristentag ist, dass wir am Schluss Beschlüsse fassen, die wir auch in die Rechtspolitik hineintragen. Bis jetzt ist Ihre Idee in keiner Weise, denke ich, abgebildet. Wir haben bereits Entwürfe der Beschlüsse erarbeitet. Da ist kein Beschluss dabei, der Ihren Punkt spiegeln würde. Sie sind frei, einen Beschlussentwurf für uns zu formulieren, den wir dann entsprechend auch zur Abstimmung stellen könnten. Das würde ich gerne anregen. Dann müssten Sie nach vorne kommen und ein Folgekärtchen ausfüllen.

Rechtsanwältin Anke *Stelkens*, München:

Ich mache es ganz kurz, zu Frau Prof. Dr. Münkler: Also, was ich nochmal klarstellen will, diese Idee basiert schon auf öffentlich-rechtlichem Rundfunk, der staatsfern ist. Das ist völlig klar. Und das Zweite, vielleicht auch nochmal, wenn wir solche Räume schaffen, heißt das ja nicht, dass wir alle Probleme lösen. Sondern das ist einfach nur ein Anfang und bitte nicht verwechseln, hier vorne zu Prof. Dr. Gersdorf: Ich möchte nicht sofort Inhalte komplett regulieren und „rechtswidrig" machen, darum geht es mir gar nicht. Sondern es geht wirklich erstmal wieder um die „Ermöglichung" von Diskurs. Und das ist der Grund, warum ich auf die Nachbarwissenschaft hingewiesen habe, denn die Kommunikationswissenschaften haben da tolle Beobachtungen auch empirischer Art, die vielleicht den Rechtswissenschaften doch sehr die Augen öffnen könnten. Also dafür würde ich sehr plädieren.

Vorsitzende:

Ist von Ihrer Seite noch eine Response gewünscht?

Dann würde ich jetzt Herrn Professor Kai von Lewinski, bitten, mit seiner Stellungnahme zu kommen.

Prof. Dr. Kai *von Lewinski*, Passau:

Ich möchte eine Anmerkung zu dem machen, was in unserem Programm als b) oder I.b) steht, zu der Frage der staatlichen Öffentlichkeitsarbeit und zu den Thesen 4–6 von Herrn Nellesen, da dies ja ein zwar abgewogenes, aber doch schon ein eindeutiges Plädoyer für eine Normierung der Regeln für die staatliche Öffentlichkeitsarbeit und Abgrenzung zur Medienarbeit usw. ist. Ich möchte dagegen argumentieren, also dagegen, die staatliche Öffentlichkeitsarbeit, das staatliche Informationshandeln umfassend zu normieren.

Zunächst: Es besteht schon im Grundsatz kein Regelungsbedarf. Durch die Rechtsprechung des Verfassungsgerichts und der Verwaltungsgerichte ist schon lange ausjudiziert, was die einschlägigen Kriterien sind: Richtigkeit, Sachlichkeit und Neutralität. Das würde der Gesetzgeber ja sowieso nur nachvollziehen wollen und nachvollziehen sollen. Herr Nellesen hat hier ja auch nicht noch ein weiteres Kriterium vorgeschlagen oder grundsätzliche Kritik an diesen Kriterien geübt. Das heißt, hier würde man nur eine ohnehin klare Rechtsprechung kodifizieren, und das ist unnötig.

Daneben ist ein zweiter Grund, dass man etwas mehr Zutrauen in das, was man diskursive Selbstregulierung nennen könnte, setzen kann. Herr Nellesen hat diese unterschiedlichen Grenzen, ab wann man sich vor dem Wahltermin dann besonders zurückhalten muss und so weiter, erwähnt. Solche feinen Abgrenzungen bergen immer einen Nachteil: Wenn man hier feste und bundeseinheitliche Grenzen zieht, wird man regionalen Spezifika nicht mehr gerecht. In Norddeutschland denkt man womöglich ein bisschen langsamer, da muss die Frist vielleicht ein bisschen länger sein. Ich spreche als (eingeschmeckter) Bayer und finde, dass bundesstaatliche Lösungen nicht immer der Weisheit letzter Schluss sind.

Und das Problem reguliert sich doch eigentlich auch dadurch, dass in den Grenzfällen, wenn also ein Amtsträger zu sehr Partei nimmt und auf irgendeinen Akteur unter Verletzung seiner Neutralitätspflicht einprügelt, dies diskursiv und medial verhandelt wird. Und gerade, wenn wir uns die Konstellation vorstellen, dass insbesondere Minister oder andere Amtswalter der Bundesregierung recht kräftig austeilen, dann trifft es regelmäßig niemanden, der unter diesem Schlag zusammensinkt. Es trifft keinen diskursiv Schwachen, und es wird dann in der Diskussion wieder geradegerückt. Also, diese Grenzüberschreitungen sind doch gar nicht das eigentliche Problem, sondern der Versuch der ganz genauen Grenzziehung. Denn diese Frage, wie hart man an die Grenze herangegangen ist oder ob sie gerade überschritten wurde, wird in anschließenden Diskussionen: „Hat sich ein Minister hier zu viel herausgenommen oder nicht?" ohnehin medial und politisch nachverhandelt. Eine rechtliche Regelung würde nur zu scheinexakten Normen führen, die das Problem der diskursiven Waffengleichheit usw. gar nicht adressieren.

Und noch ein viertes Argument – ganz ursprünglich oder jedenfalls in meiner Vergangenheit war ich auch mal schwerpunktmäßig Datenschutzrechtler. Das Datenschutzrecht schaut eigentlich immer sehnsuchtsvoll auf das Recht des staatlichen Informationshandelns, denn dort gibt es keinen Gesetzesvorbehalt. Stattdessen ist das Datenschutzrecht in eine Normenflut, eine Normlawine hereingelaufen, in eine „Verrechtlichungsfalle". Schauen Sie sich ein beliebiges Gesetz insbesondere im Verwaltungsrecht an; da stehen diese unendlichen Datenschutzerlaubnisklauseln, die einfach grauenhaft sind. Und die beruhen auf dem datenschutzrechtlichen Prinzip des Verbots mit Erlaubnisvorbehalt, dass also alles verboten ist, bis ich einen Erlaubnistatbestand habe; das führt zu diesen langen Katalogen. Herr Nellesen hatte zwar die Konstellationen des mittelbaren Grundrechtseingriffs genannt, die in einem akademischen Sinne grundrechtsdogmatisch vom Bundesverfassungsgericht nicht ganz befriedigend gelöst sind. Doch ist es nicht so, als hätten wir nicht schon genug Gesetzbuchblätter vollgeschrieben. Deshalb, aus so einer praktisch-pragmatischen Sicht – und das sag ich als Professor! –, würde ich die Null-Optionen der Regelung des staatlichen Informationshandels befürworten, dass wir es also beim Richterrecht belassen und bei dieser etwas krummen Osho-/Glykol- Rechtsprechungs-Grundrechtskonstruktion des Bundesverfassungsgerichts. – Vielen Dank!

Vorsitzende:

Herzlichen Dank, Herr von Lewinski!

Das war eine direkte Stellungnahme zu Herrn Nellesen und geht in medias res zu dem, was wir hier verhandeln. Brauchen wir hier tatsächlich mehr Regelungen, die hier Klarheit schaffen oder ist alles bereits klar genug aufgrund der Rechtsprechung? Ist es eine unnötige Ergänzung? Sie haben dazu verschiedene Argumente vorgebracht und ich denke, es wäre gut, Herrn Nellesen das Wort dazu zu geben.

Rechtsanwalt Dr. Sebastian *Nellesen*, Bonn:

Ja, vielen Dank. Ich teile Ihre Einschätzung nicht. Das wird Sie jetzt nicht überraschen. Ich sehe einen Regelungsbedarf, den ich schon mit meinem Referat aufzeigt habe. Aber ich ergänze das gerne.

Es ist ja nicht so, dass es heute überhaupt keine Regelungen gibt. Es gibt schon Regelungen, nur die stehen nicht im Gesetz. Es gibt verbreitet Verwaltungsvorschriften zur Öffentlichkeitsarbeit von Behörden, insbesondere für die Arbeit in Sozialen Medien. Dann gibt es die Rechtsprechung, die sehr vielfältig ist und sich auch entwickelt hat in den letzten Jahren. Das Problem ist nur, es gibt höchstunterschiedliche Auffassungen, also nehmen wir nur das Beispiel der Öffentlichkeitsarbeit der Bundesregierung. Obwohl das Bundesverfassungsgericht zu Äußerungen von Regierungsmitgliedern in den letzten Jahren x-fach entschieden hat, gibt es Stimmen in Rechtsprechung und Literatur, die grundlegend anderer Auffassung sind. Wenn man etwa der Auffassung des Sondervotums von Frau Professorin Wallrabenstein folgte, die nunmehr Berichterstatterin in einem wesentlichen Teil der äußerungsrechtlichen Verfahren ist, änderte sich die Dogmatik grundlegend. Mehrere solcher Verfahren stehen zur Entscheidung in den nächsten Jahren an.

Ich halte es für falsch, dass der Gesetzgeber überhaupt nichts regelt. Sie haben recht, dass so detaillierte Regelungen wie im Datenschutzrecht nicht wünschenswert sind. Es geht mir auch nur darum, die Leitlinien und Grundzüge zu regeln. Im Moment ist es so, dass im Prinzip jeder Behörde im Rahmen ihrer Kompetenzen sämtliche Formen an Öffentlichkeitsarbeit erstmal eröffnet sind. Sie kann Soziale Medien nutzen, wie sie möchte, es gibt keine weiteren Beschränkungen. Auf Ebene der Verwaltungsvorschriften gibt es für einzelne Behörden, z. B. für Gefahrenabwehrbehörden, Einschränkungen. Auf diese Weise wird zum Beispiel einzelnen Polizeibehörden eine bestimmte Art an Öffentlichkeitsarbeit verboten. Aber das sind aus meiner Sicht Regelungen, die ins Gesetz gehören. Zumindest die Grundsätze sollten gesetzlich geregelt sein. Ich habe das Abgeordnetengesetz angesprochen. Der Gesetzgeber regelt jetzt genau das für die Öffentlichkeitsarbeit der Fraktionen des Deutschen Bundestages, was ich für die behördliche Öffentlichkeitsarbeit vorschlage. In der Sache sind es die gleichen Gründe. Über die Rechtsprechung des Bundesverfassungsgerichts hinaus habe ich einige Beispiele genannt, die man vielleicht als Ausreißer sehen kann. Das bringt natürlich Rechtsunsicherheit mit sich.

Also, wenn man Bürgermeister ist, der sich vor Ort äußern muss, verbleibt bei der aktuellen Ausgangslage häufig erhebliche Rechtsunsicherheit. Natürlich kann man sich an der Rechtsprechung des jeweils zuständigen Gerichts orientieren, aber auch dann verbleiben enorme Wertungsspielräume. Dass der Gesetzgeber überhaupt nichts dazu sagt, halte ich für problematisch.

Sie haben weiter den Punkt „besondere Zurückhaltungspflicht vor Wahlen" angesprochen. In der Tat, es ist so, dass das natürlich medial verhandelt wird und jeder sich dann eine Meinung von dem Verhalten bilden kann. Aber gerade vor Wahlen kommt hier noch ein besonderer Aspekt hinzu, der im Wahlprüfungsverfahren relevant wird. Neutralitätsverstöße sind hier besonders relevant, weil sie zur Ungültigkeit der Wahl führen können. Das sind dramatische Folgen für einen wiedergewählten Amtsinhaber. Gerade hier brauchen wir besonders klare Regelungen. Ein Monat, drei Monate, fünf Monate, das sind alles Zahlen, die in der Rechtsprechung vertreten werden. Ich bin der Auffassung, dass es bei einer solchen Sachlage die Aufgabe des Gesetzgebers ist, für Klarheit zu sorgen.

Vorsitzende:

Vielleicht informationshalber, weil wir ja morgen abstimmen wollen, der Hinweis, dass wir eine erste Beschlussvorlage haben. Ich lese sie Ihnen kurz vor. Sie bekommen sie morgen schriftlich, bis 18 Uhr heute müssen wir sie abgeben. Jetzt ist sie noch im Entwurf, so dass sie morgen diskutiert und geändert werden kann: „Die normativen Leitplanken der staatlichen Information zur Öffentlichkeitsarbeit sollten gesetzlich geregelt werden, insbesondere (a) die grundsätzliche Zulässigkeit von Information zur Öffentlichkeitsarbeit, (b) deren Zwecksetzung, Reichweite, Form und Grenzen und, (c) die klare Abgrenzung zwischen amtlicher und nichtamtlicher Kommunikation (Transparenzgebot)." Das wäre der Vorschlag. Ich verstehe Sie so, dass Sie dagegen votieren würden, aber deshalb sind wir da, um das zu diskutieren, und ich glaube, Herr Gersdorf würde sich jetzt gerne dazu melden.

Gutachter:

Ich würde gerne den Ball zurückspielen. Sie haben zurecht erst einmal darauf hingewiesen, dass die Maßstäbe, die dann kodifiziert werden könnten, ja feststehen. Staatliche Informationstätigkeiten muss Kompetenz gebunden sein, muss auf eine Kompetenz zurückzuführen sein. Es gibt das Richtigkeitsgebot, Sachlichkeitsgebot und das Gebot parteipolitischer Neutralität, nicht allgemein politischer Neutralität, sondern parteipolitischer Neutralität. Jetzt könnte man das alles in das Gesetz hineinschreiben, aber Sie sagen sich, das steht doch alles fest und jeder Rechtsanwender weiß es. Also da würde ich auch große Zweifel haben, ob auf kommunaler Ebene, außerhalb von großen Ministerien wirklich jeder genau weiß, was er machen darf und was er nicht machen darf. Da kann man zweifeln, da müssen wir wahrscheinlich auch mehr empirische Arbeit leisten. Aber ich glaube, wenn man sich die kommunale Tätigkeit anschaut, habe ich so den Eindruck, da weiß man nicht ganz genau, was man darf und was man nicht darf. Den Ball, den ich zurückspielen möchte, Herr Lewinski, selbst wenn Sie ein Gesetz nicht für erforderlich halten, halten Sie dann eine gesetzliche Regelung wenigstens für erforderlich, die die Aufsicht über den Staat gewährleistet? Also eine Prüfung ermöglicht, ob der Staat sich im Rahmen dieser von Ihnen eben genannten, von mir eben auch nochmal wiederholten Leitplanken bewegt, bzw. jetzt, dass es nicht zwingend in unzulässige Medientätigkeit umschlägt. Das wird ja vielen staatlichen Stellen vielleicht sogar zurecht vorgeworfen, dass das gar keine Selbstdarstellung mehr ist, sondern der gesellschaftliche Diskurs, der im Grunde genommen geführt wird durch den Staat, was vielleicht der Staat nicht machen dürfte. Und selbst, wenn Sie auf die Festlegung der materiellen Kriterien verzichten, würden Sie dann wenigstens dafür plädieren, beispielsweise die Landesmedienanstalten zu ermächtigen, staatliche Stellen daraufhin zu überprüfen, ob sie sich noch im Rahmen zulässiger Informations-Öffentlichkeitsarbeit bewegen, oder aber umschlagen in unzulässige Medientätigkeit? Diese Frage würde ich gerne von Ihnen beantwortet haben.

Vorsitzende:

Ich lade Sie herzlich ein, Herr von Lewinski.

Prof. Dr. Kai *von Lewinski*, Passau:

Die Fragen von Hubertus Gersdorf möchte ich mit einem „Nein" oder eigentlich mit einem doppelten „Nein" beantworten:

Muss eine Aufsicht über die staatliche Öffentlichkeit- und Informationsarbeit sein? Oder reichen die normalen Regeln aus, nach denen die Verwaltung jetzt erstmal ihrer Binnen- und Eigenkontrolle unterliegt, dass also da die vorgesetzte Stelle draufschaut? Die Bundesregierung hat freilich keine vorgesetzte Stelle; da schauen aber dann die Gerichte drauf. Wenn aber eine Medienanstalt – ich schaue zu Tobias Schmid rüber – oder eine neu zu schaffende Aufsichtsbehörde für die Kommunikation im öffentlichen Bereich zuständig wäre, hätte man eine ganze eigentümliche Konstellation fehlender Staatsferne, also man hätte jetzt plötzlich eine, natürlich notwendigerweise unabhängig und damit irgendwie staatsfern einzurichtende Institution, die aber dann den Staat beaufsichtigt. Und da ich hier kein Vollzugs- oder Durchsetzungsdefizit erkenne, weil wir eine funktionierende Gerichtsbarkeit in diesem Bereich haben, würde ich sagen, eine solche Behörde braucht es nicht.

Zum zweiten Aspekt der Frage, wenn und wann staatliche Öffentlichkeitsarbeit irgendwann in Medienarbeit umschlägt: Das ist meiner Meinung nach – da bin ich, glaube ich, ziemlich im Mainstream – dem Staat nicht gestattet. Doch brauchen wir dafür keine Aufsichtsbehörde, sondern das ist schlicht verboten. Wir müssen dann eher auf die im Zweifelsfall verwaltungsgerichtlichen, vielleicht auch verfassungsrechtlichen Instrumente schauen, dass wir zu einem gescheiten effektiven gerichtlichen Rechtsschutz kommen. Aber eine neue Behörde einzurichten, gerade eine Behörde, die nur beaufsichtigen muss, dass etwas nicht geschehen darf, also die ja gar nicht ein „Ob“, sondern nur ein „Nicht“ reguliert, kommt mir irgendwie overstaffed vor. Diese Kontrolle würde ich bei den Gerichten lassen wollen.

Und wenn ich jetzt schon hier vorne stehe, dann darf ich noch kurz etwas sagen, warum ich gegen eine detaillierte und scheinexakte Regelung gerade auch des Vorwahlverhaltens von staatlichen Akteuren bin. Ich hatte es eben schon angedeutet: Es gibt eine diskursive Selbstregulierung, das, was man in den Medienwissenschaften die „Möglichkeit des publizistischen Gegenschlags“ nennt. Sie fehlt nur dort, was man in der Rechtsprechung über das staatliche Informationshandeln den Löw-Fall nennt – liebe Fußballfans, es ging nicht um Jogi Löw, sondern um einen Historiker namens Löw. Das sind Fälle, in denen durch staatliches Informationshandeln der Ruf einer Person geschädigt wird. Hier, nur hier könnte man tatsächlich darüber nachdenken, ob wir eine spezifische Rechtsgrundlage brauchen und ob das nicht stärker rechtlich eingehegt werden muss. Also, nur wo die Möglichkeit des publizistischen Gegenschlags für denjenigen, der da unter Verletzung der Neutralitätspflicht usw. betroffen worden ist, nicht besteht, muss das Recht beispringen. Die Konstellation aber, die wir hier praktisch vor Augen haben, ist eine hellblaue Partei – kann auch eine beliebige andere Partei sein –, die sich dann und wann nicht richtig angefasst fühlt. Sie ist jedenfalls ein medialer Akteur, der nicht in seiner bürgerlichen Existenz zerstört wird. Vielmehr haben sich solche Akteure so positioniert, dass sie gegen die „Systemmedien" oder gegen die „Systemparteien" stehen; für sie sind solche staatlichen Äußerungen gerade ein Beleg ihrer Haltung, passen in ihr Narrativ, und sie können sie umkehren und sie effektiv in ihre Kommunikationsstrategie einbasteln. Ich sehe die Notwendigkeit hier nicht darin, den Staat als kommunikativen Akteur irgendwie hundertprozentig oder mit hundert Paragraphen genau einzumauern, solange das publizistische Gleichgewicht und die Möglichkeit zum publizistischen Gegenschlag gewahrt sind, was ja eigentlich der Grundmodus der medialen Auseinandersetzung ist. Dass der Professor Löw durch staatliche Äußerungen sehr stark geschädigt worden war, das ist der eine Fall. Aber wenn sich ein Amtsträger über eine größere Partei oder über einen medienmächtigen Akteur äußert, besteht kein unmittelbarer Regelungsbedarf, denn hier kann sich das, jedenfalls in einem sehr breiten Korridor, durch Rede und Widerrede, also durch mediale und damit nicht-rechtliche Mechanismen, ganz gut auspendeln.

Vorsitzende:

Vielen Dank, Herr von Lewinski. Regeln oder Nichtregeln, das ist die Frage. Herr Dr. Schmid, was ist Ihre Position dazu?

Direktor der LfM NRW Dr. Tobias *Schmid*, Düsseldorf:

Ja vielen Dank. Ich bin nicht sicher, ob ich das Problem verstehe. Also, es bleibt ja zunächst einmal festzustellen, dass die Idee, staatliche Tätigkeiten in den Medien einzuschränken, jetzt nicht gerade revolutionär neu ist. Wenn ich mich richtig erinnere, haben wir das im Rundfunk bis in die letzte Unterfestung und das endet damit, dass der Staat eben keinen Rundfunk betreiben darf. Nun haben wir eine andere Medienrealität und deswegen finde ich den Vorschlag, dass man für diese neue Medienrealität eine Regel findet, die angemessen ist, weiterhin eine gute Idee. Wir werden, glaube ich, nicht den Zustand spiegeln können, wie wir ihn in der alten Welt haben, und sagen, der Staat ist in neuen Medien nicht aktiv. Das wird sich nicht abbilden lassen und das ist auch nicht sachgerecht. Aber die umgekehrte Idee, zu sagen, dass man das Prinzip aus der alten Welt über Bord wirft und dem Staat sich und seinen Vertretern jede Freiheit gibt, sich zu betätigen, hielte ich für unglücklich. Dass das durch eine Behörde beaufsichtigt wird, die dafür da ist, etwas zu beaufsichtigen, was nicht passieren soll, ist auch nicht ganz ungewöhnlich. Meiner Meinung nach machen die meisten Aufsichtsbehörden genau das. Sie kontrollieren nämlich den Umstand, dass etwas nicht passieren soll. Wir machen das jedenfalls bei Hass, Hetze, Pornografie und all diesen Dingen. Unsere Haupttätigkeit liegt darin, dass wir Dinge unterbinden, die nicht passieren sollten. Bitte?

Ja, wir machen dann auch noch Zulassungen, das stimmt, und Medienkompetenzprojekte und mittags gehen wir Kaffee trinken. Aber dem Grunde nach ist unsere Kerntätigkeit eine Aufsichtstätigkeit und das ist ja auch der Sinn. Und warum ist das so? Weil es sozusagen den öffentlichen Einrichtungen, in diesem Fall den Medienanstalten, obliegt, dass wir für die Allgemeinheit diese Interessen wahrnehmen und durchsetzen und es eben nicht alleine dem Rechtsweg des einzelnen betroffenen Bürgers oder der einzelnen betroffenen Organisation überlassen. Und genau das ist der Sinn, warum es das gibt. Und gerade im Verhältnis zum Staat finde ich das auch eine ziemlich gute Idee, weil sich gegen den Staat zu stellen auch nicht jedermanns große Leidenschaft ist. Für uns ist das aber kein größeres Problem. Also ich werbe sehr dafür, dass man den Grundgedanken, mit dem wir gut gefahren sind, einen möglichst großen Abstand zwischen medialer Gestaltung staatlicher Einrichtung und den Medien beizubehalten, dass man diese Idee weiterverfolgt. Ich finde es ehrlich gesagt fast selbsterklärend, dass das am Ende jemand beaufsichtigen sollte. Der Glaube, dass Dinge einfach nur deswegen nicht passieren, weil sie verboten sind, ist schön, hat jedenfalls mit meiner Realitätserkenntnis allerdings wenig zu tun. Also deswegen finde ich diese Idee weiterhin ziemlich naheliegend.

Vorsitzende:

Vielen Dank. Herr Nellesen, wollen Sie sich nochmals dazu äußern?

Rechtsanwalt Dr. Sebastian *Nellesen*, Bonn:

Ja, vielleicht noch kurz einige Punkte. Also ich kann Sie beruhigen. In meiner schriftlichen Fassung des Referats ist ausgeführt, dass der Gesetzgeber nicht alle Detailfragen regeln sollte, sondern nur die großen Linien im Gesetz gezeichnet werden sollten, aber nicht in jeder Verästelung bzw. Einzelregelung.

Ich möchte darauf hinweisen, wie sich die staatliche Kommunikation gewandelt hat und wie umfangreich sie mittlerweile ist. Allein die Bundesregierung betreibt nach eigener Auskunft aus dem Jahr 2022 415 Konten in Sozialen Netzwerken. Die staatliche Kommunikationstätigkeit hat erheblich zugenommen. Die Entwicklung ist eindeutig. Es wird immer mehr, es kommen immer neue Kanäle hinzu und es gibt keinerlei Regulierung, die dort eingreift. Ich sage nicht, dass das Betreiben entsprechender Kanäle per se problematisch ist. Hierfür gibt es sicherlich gute Gründe, aber irgendwo sind natürlich schon Grenzen erreicht. Jedenfalls sollte der Gesetzgeber sich einmal Gedanken darüber machen, ob sich das einfach so weiterentwickeln sollte. Natürlich wird die Bundesregierung ihre Medienarbeit auch weiter ausbauen.

Nochmal der Gedanke: Ist es wirklich richtig, dass jeder Behörde sämtliche Kanäle offenstehen für ihre Öffentlichkeitsarbeit oder sollte der Gesetzgeber das nicht auch bewusst beschränken für Behörden, die vielleicht sehr spezielle Aufgaben haben? Polizei, Gefahrenabwehrbehörden allgemein usw. Können die wirklich frei im Rahmen ihrer Kompetenzen alle Sozialen Netzwerke nutzen oder muss man da nicht regulierend eingreifen?

Letzter Punkt: Ich glaube, wir müssen uns ein Stück weit davon lösen, dass wir nur eine Partei auf Bundesebene im Fokus haben. Entsprechende Fragen stellen sich ja auch auf kleiner, auf örtlicher Ebene. Also, Herr Gersdorf hat es angesprochen, im nächsten Jahr sind z. B. in Nordrhein-Westfalen Kommunalwahlen. Natürlich fragen sich jetzt die Bürgermeister vor Ort, was darf ich denn in amtlicher Funktion äußern, wenn ich wieder kandidiere. Ab wann muss ich mich denn besonders zurückhalten? Wie darf ich mich äußern? Was darf die Gemeindeverwaltung noch an Pressearbeit machen? Das sind ja alles Fragen, die letztlich gesetzlich nicht geregelt sind. Da kann man sich natürlich in der praktischen Beratung anhand der Rechtsprechung orientieren. Ob dies dann aber wieder so entschieden wird, ist häufig offen. Dies bringt eine große Rechtsunsicherheit für die Praxis mit sich. Hier ließen sich durch wenige Regelungen schon enorme Verbesserungen schaffen.

Vorsitzende:

Vielen Dank, Herr Nellesen. Ich weiß nicht, Frau Münkler, wollen Sie noch Stellung nehmen?

Prof. Dr. Laura *Münkler*, Bonn:

Letztendlich scheint mir die Hauptessenz darin zu liegen, wie weitgehend diese rechtliche Regelung ist und ob sie von dem abweicht, was eindeutig durch die Gerichte schon vorgezeichnet wurde. Schlussendlich ist aber auch das Gesetz abstrakt generell gefasst, sodass sich auch diesbezüglich am Ende Auslegungsfragen auftun für die einzelnen Äußerungen. Das Problem beheben, wird eine gesetzliche Regelung daher nicht, weil die Schwierigkeit gerade in den Feinheiten des Einzelfalles liegt.

Eine gesetzliche Regelung vermag dieses Problem somit nicht im letzten Detail zu lösen. Wahrscheinlich wird es auch weiterhin Verwaltungsvorschriften bedürfen, die am Ende für die einzelnen Behörden das ausgestalten und jeweils nochmal spezifizieren. Ob nicht dennoch eine gesetzliche Regelung nützlich ist, um eine gewisse Vereinheitlichung, dann allerdings in sehr abstraktem Rahmen, darzustellen – das scheint mir eine Frage zu sein, bei der es vor allen Dingen um den politischen Willen geht. Ob es tatsächlich dann zu Änderungen in der Sache führt, hängt von der jeweiligen Ausformulierung ab und ob das von den groben Zügen der Rechtsprechung abweichen sollte oder nicht. Einen großen weitergehenden Nutzen verspreche ich mir hiervon persönlich nicht.

Vorsitzende:

Ich weiß nicht, ob Sie nochmal das Wort ergreifen wollen. – Ich möchte gerne zu den zwei Punkten auf unserer Tagesordnung, zur Informationsverantwortung des Staates, bei der die Frage der Regelung im Mittelpunkt stehen würde, und zur Absicherung der Staats- und Unionsferne der Medien, kurz die Entwürfe der Beschlüsse vorlesen. Erster Punkt: „Da im nationalen Recht die Staatsferne der Medien unzureichend abgesichert ist, hat der Gesetzgeber in Ergänzung zu § 53 Abs. 3 MStV eine Regelung zu schaffen, die jede beherrschende staatliche Einflussnahme auf einen Rundfunkveranstalter ausschließt." Zweiter Punkt: „Staatliche Telemedien, einschließlich sozialer Netzwerke, sollten gesetzlich verboten werden." Und dritter Punkt: „Die Landesmedienanstalten sollten die Befugnis erhalten, bei Telemedienangeboten die Einhaltung der Grenzen zwischen zulässiger staatlicher Informations- und Öffentlichkeitsarbeit und unzulässiger Medientätigkeit von Bund und Landesbehörden zu kontrollieren." Das war gerade der Punkt, dem Sie widersprochen haben. Aber vielleicht, weil die Vorschläge doch relativ weit gehen, wollen wir Herrn Gersdorf dazu nochmals das Wort geben, so dass er seine Thesen ergänzend über sein schriftliches Referat hinaus noch mündlich erläutern kann.

Gutachter:

Warum ist das einmal so wichtig? Herr Dr. Schmid hat da vorhin schon darauf hingewiesen, in Europa herrschen ganz unterschiedliche Rechtsverfassungstraditionen im Hinblick darauf, was der Staat in Bezug auf Medien unternehmen darf. Um die Demokratie in Europa zu sichern, ist es unverzichtbar, die Unabhängigkeit der Medien zu sichern. Ich glaube, darüber besteht ein Konsens. Wenn wir sogar sehr weit ausholen, müssen wir noch einmal die Besonderheit und die Wichtigkeit dieses Themas hervorheben. Ich habe vor einiger Zeit aus Slowenien, aus der Slowakei und aus anderen osteuropäischen Ländern Besuch in Leipzig erhalten und die haben mich dann im Einzelnen mal informiert, wie das in ihren Ländern so im Moment vor sich geht. Es droht keine Diktatur, ich glaube, generell in europäischen Staaten droht keine Diktatur in dem Sinne, dass eine Regierung, die mal an der Macht ist, nicht mehr abwählbar ist. Aber was droht und es droht nicht nur, es hat sich sogar schon realisiert, sind Autokratien, die dadurch gekennzeichnet sind, dass zwar noch der Staat Wahlen durchführen lässt, auch freie Wahlen durchführen lässt, aber auf Chancengleichheit beruhen die Wahlen nicht mehr. Das haben wir in der Türkei, das haben wir in Ungarn gesehen, das sehen oder sahen wir in Polen, das sehen wir in der Slowakei und so weiter und so fort. Vielleicht auch in der Bundesrepublik Deutschland, das wollen wir nicht hoffen. Wie passiert die Steuerung der Kommunikation in diesen Staaten? Der Staat setzt erst einmal auf die eigenen Kanäle, er stellt sich massiv dar. Herr Nellesen hat das eben schon berichtet. Welche Möglichkeiten auch schon unsere Bundesregierung und staatlichen Funktionsträger haben, das ist in diesen Staaten noch intensiver, mindestens genauso stark. Dann spricht man auch noch gerne mit den Medien, die man aber steuert, die man personell besetzt hat und auf die man erheblichen Einfluss hat, dort Personen platziert hat, die im Kern der jeweiligen Regierung wohlgesonnen sind. Man kann auch sagen, halbstaatliche oder gar staatliche Medien. Und dann gibt es noch ein paar unabhängige oder kritische Medien, die lässt man einfach links liegen. Die verfolgt man auch nicht, wie beispielsweise in Russland, wo selbst das erfolgt oder auch in anderen Ländern, aber die lässt man einfach arbeiten. Aber sie stellen eine Minderheit dar und die Bevölkerung glaubt jetzt das, was durch die Kanäle der Regierung oder gesteuerten Medien dann in der öffentlichen Meinungsbildung artikuliert wird, als entspräche das dann auch der Wahrheit. Sie wissen, es gibt zwar auch andere, kritische Äußerungen, aber in der Quantität glaubt man dann doch eher dem staatlichen Sender. Und so finden dann Wahlen statt und es wundert einen nicht, wer die Kommunikationsordnung steuert, steuert auch schnell den Wahlerfolg. In Polen hat es Gott sei Dank einen Rollback gegeben, aber die Strukturfragen sind auch dort nicht gelöst. Herr Schmid hat das zu Recht eben gesagt, dass das auch der Französischen Republik droht. In der Vergangenheit hat der Staat auch schon immer Einfluss auf die Medien genommen, aber es waren Demokraten. Was machen wir aber, wenn es plötzlich nicht mehr Demokraten sind? Die sagen, wir machen jetzt das, was ihr in der Vergangenheit auch gemacht habt. Und das gilt es unbedingt zu verhindern im Interesse unserer Demokratie. Es dürfen keine Autokratien entstehen. Diese Gefahr besteht vielleicht nicht so in der Bundesrepublik Deutschland, aber in vielen europäischen Staaten. Das ist keine Theorie, das ist leider Praxis. Und da wir hier in Deutschland besonders sensibilisiert sind, was den Grundsatz der Staatsferne anbelangt, aus guten Gründen, weil wir die nationalsozialistische Diktatur, den Propagandastaat, verarbeitet haben, auch die DDR-Diktatur verarbeitet haben, sollten wir in Deutschland versuchen, den Grundsatz der Staatsferne sehr stark weiterhin zu akzentuieren. Und wir sollten versuchen, die Werte, die Grundsätze, die wir hier entwickelt haben, nach Europa zu exportieren. Und in Europa ist zwingend Arbeit zu leisten, sonst haben wir keine resiliente Demokratie in der Europäischen Union, davon bin ich felsenfest überzeugt. Was Herr Schmid am Ende gesagt hat bezüglich Frankreich, so ist das Regelwerk. Der Präsident setzt die entsprechende Person ein, die wiederum andere Personen einsetzt. Das darf in Europa nicht Schule machen. Das war eine große Fußnote, ein großer Prolog, und deswegen ist es so wichtig, dass aus diesem Saal, aus Stuttgart die klare Botschaft herauskommt, dass erstens der Staat selbst Medien nicht betreiben darf. Klassischen, linearen Rundfunk, das ist einfachgesetzlich geregelt. Aber jetzt kommen wir ins Detail, wer genau hineinschaut, sieht, da knüpft völlig fehlsam der Gesetzgeber an eine gesellschaftsrechtliche Beteiligung an und die vertragliche Einflussnahme ist nicht erfasst, das gilt es zu korrigieren. Eine vollständige Schutzlücke existiert im Bereich der Telemedien. Es ist dem Staat die Verbreitung von Telemedien, also nichtlinearen Medienangeboten einfach gesetzlich nicht verboten. Das gehört aber verboten. Und nach Amerika schauend, auf das soziale Netzwerk von Trump schauend, muss auch der Betrieb von sozialen Netzwerken selbstverständlich dem Staat untersagt werden. Es ist im Kern ja auch einfachgesetzlich ein Telemediendienst. Und deswegen haben wir bislang so die Dinge formuliert, um deutlich zu machen, dass dieser Grundsatz der Staatsferne der Medien weiter auszubuchstabieren ist. Was für die Medienangebote gilt, gilt selbstverständlich auch für die Aufsicht über Medien. Auch die Aufsicht über Medien in Deutschland macht sich geradezu lächerlich; wenn man das macht, ist es eine Selbstverständlichkeit, dass die Aufsicht über Medien nicht die Staatskanzlei durchführt, sondern unabhängige Landesmedienanstalten. Herr Schmid hat vorhin darauf hingewiesen, Art. 30 der AVMD-RL und übrigens auch Art. 7 EMFA schreiben diese regierungsferne Medienaufsicht vor. Das, was für die Bundesrepublik Deutschland, für die Mitgliedstaaten der Europäischen Union gilt, muss selbstverständlich dann auch für die Kommission, für die Organe der Europäischen Union gelten. Auch muss es Europäischen

Organen, wie der Kommission verboten werden, eine Aufsicht über Medien vorzunehmen und deswegen eine Aufsicht auch über soziale Plattformen, so wie es nach dem DSA über in Bezug auf große Plattformen der Fall ist. Deswegen haben wir uns auch hier sehr auf diesen Punkt fokussiert und ich sage jetzt ganz deutlich, ganz persönlich, ich halte diese Punkte mit Blick auf die Osteuropäischen Entwicklungen für fundamental, nicht nur im Interesse unserer Medien, sondern im Interesse der Demokratie. Unsere Ordnung in Europa ist nicht resilient, was die Entwicklung in Richtung von Autokratien anbelangt. Es wäre sehr schön, wenn wir hier die Kraft finden, zu artikulieren, was der Staat darf und was er eben auch nicht darf.

Vorsitzende:

Ja, vielen Dank Herr Gersdorf. Ich hatte ja die Thesen zur Staats- und Unionsferne der Medien vorgelesen. Die dritte These hieß, die Landesmedienanstalten sollten die Befugnis erhalten, bei Telemedienangeboten die Einhaltung der Grenzen zwischen zulässiger staatlicher Informations- und Öffentlichkeitsarbeit und unzulässiger Medientätigkeit von Bundes- und Landesbehörden zu kontrollieren. Wir hatten miteinander diskutiert, ob wir diese Präzisierung zu den Bundes- und Landesbehörden in die These aufnehmen wollen. Ich sehe jetzt, dass Herr Prof. Bornemann dazu gerne Stellung nehmen will. Bitte schön.

Rechtsanwalt Prof. Roland *Bornemann*, Ottobrunn:

Ja, das ist eine ganz spannende These und man fragt sich, wie soll es anders gehen? Die Frage bleibt trotzdem, geht es so? Wir wissen alle, dass der Landesgesetzgeber für das Rundfunkwesen zuständig ist. Herr Gersdorf hat nochmal auf die rundfunkrechtlichen Regeln hingewiesen. Der Staat darf keinen Rundfunk veranstalten. Ich habe ungefähr 30 Jahre lang das Justiziariat der Bayerischen Landeszentrale für neue Medien geleitet. Wir haben gestritten mit Bürgermeistern, die es ganz toll fanden, im Kabelnetz Gemeinde-Rundfunk zu machen. Das ging natürlich nicht, aber dann ist die Frage, was ist eigentlich Rundfunk? Ist es die bloße Inanspruchnahme von Telekommunikationsübertragung an die Allgemeinheit, oder kommt es zusätzlich auf den Inhalt an und wie muss der sich von „Medienverhalten“ unterscheiden? Das ist nicht trivial. Soll man das wirklich der Praxis überlassen? Wir haben das damals dem Bürgermeister untersagt, aber der hat sich an das Verbot nicht gehalten. Gegenüber einer Kommune konnten wir kein Zwangsgeld anwenden, das ist dann über die Verwaltungsgerichte gelaufen, die am Wochenende noch im rundfunkrechtlichen Sinne entschieden haben. Aber wie ist es, wenn das Bundeskanzleramt betroffen ist? Die Bundeskanzlerin hat einen regelmäßigen Blog gehabt. Wo sind die Grenzen? Das Staatsfernegebot gilt für Anrufdienste nicht. Herr Gersdorf hat zurecht auf diesen Mangel des Gesetzes hingewiesen. Im Rundfunk darf Sendezeit außerhalb von Wahlwerbung in Vorwahlzeiten nicht für politische Werbung überlassen werden. Was ist mit zulässiger staatlicher Information? In den meisten Rundfunkgesetzen steht, dass der Staat Sendezeit beanspruchen kann für amtliche Verlautbarungen, für Katastrophendurchsagen, für solche Dinge, aber für mehr nicht. Es wäre mir außerordentlich lieb, auch wenn ich als Justiziar der Landeszentrale im Ruhestand bin, wenn das gesetzlich geregelt wäre. Nur jetzt ist die Frage, wer ist befugt, was zu regeln? Die Länder haben als Pressegesetzgeber einen presserechtlichen Auskunftsanspruch geregelt und das Bundesverwaltungsgericht sagt: „Ja, der gilt aber nicht gegenüber Bundesbehörden; das können die Länder nicht." Fand ich irgendwie komisch, denn ich dachte, wenn einer die Gesetzgebungskompetenz hat, dann muss sich auch der andere daranhalten, scheint aber nicht so zu sein. Deshalb würde es mich sehr interessieren, wer soll das Gesetz machen? Müssen möglicherweise Bund und Länder hier koordiniert vorgehen? Dass Landesstellen Bundesrecht exekutieren, das geht wohl, aber Landesrecht allein wird wahrscheinlich nicht reichen. Also da wüsste ich ganz gerne noch, wie kann das auch funktionieren? Und dann wäre ich sehr froh, in der Tat, wenn es eine gesetzliche Regel gibt, die die Unsicherheit in der Praxis nimmt und eine gesicherte praktische Handhabung ermöglicht. Danke schön.

Vorsitzende:

Vielen herzlichen Dank. Ich gucke in die Runde, wer, Herr Gersdorf?

Direktor der LFM NRW Dr. Tobias *Schmid*, Düsseldorf:

Ja, wobei ich jetzt auch Gefahr laufe, mich zu wiederholen. Also es ist so wie Herr Gersdorf gesagt hat. Ich glaube, es gibt sehr gute Gründe, warum wir weiterhin dabeibleiben sollten, dass eben der Staat sich nur im informatorischen Sinne der Medien bedienen kann. Bitte?

Moment, ich robbe mich näher heran (lacht). Nein, ich schließe mich dem an, was Herr Gersdorf gesagt hat. Es gibt gute Gründe, warum der Staat sich in der medialen Betätigung zurückhalten sollte. Und es ist so, wie Herr Bornemann beschrieben hat: Wir haben momentan wahlweise keine Regeln oder jedenfalls keine sehr klaren Regeln, was den Bereich der Telemedien angeht. Und das ist jedenfalls unzufriedenstellend. Wissen Sie, Sie können sich ja mal auf YouTube die Serie der Bundeswehr Mali angucken. Das ist die Darstellung eines Auslandseinsatzes. Das ist schön gemacht. Das hat jetzt mit Informationen nur nichts mehr zu tun, das ist halt ein Werbevideo für die Bundeswehr. Das wäre im Rundfunk verboten gewesen. Im Online-Bereich geht es. Und ich wollte nur verstehen, wie herum man es jetzt gern hätte. Ich bin ja jetzt nur die Exekutive und ich fände es ganz schön, wenn der Gesetzgeber entscheiden würde, ob er es jetzt so herum oder so herum haben möchte. Aber dann leuchtet mir nicht ein, was der Unterschied ist zwischen der Ausstrahlung eines Bewegtbild-Videos per Rundfunk und der Ausstrahlung eines Bewegtbild-Videos per Streaming oder Abrufdienst. Das will mir dann nicht so recht einleuchten. Entweder, das ist etwas, das wir nicht haben wollen, weil es eine Gefahr für die Demokratie und die Staatsferne darstellt. Dann müsste es aber eigentlich für jede Mediengattung gelten. Oder wir sagen, es ist eben keine Gefahr. Dann nehmen wir es aus dem Gesetz raus und wir wenden es nicht mehr an.

Aber was ich nicht verstehe, ist, das eine Video ist ja nicht weniger gefährlich als das andere oder weniger ungefährlich, sondern es ist ja das gleiche Video. Verstehen Sie?

Vorsitzende:

Herzlichen Dank!

Herr von Lewinski, Sie wollten gerade darauf antworten. Ich denke, das ist dann auch ein guter Abschluss für heute. Ich habe noch Herrn Mayen auf der Rednerliste, der natürlich hier besondere Vorrechte hat als ehemaliger Vorsitzender. Und dann habe ich noch Herrn Ditzl auf der Liste. Aber wir haben ja morgen noch Zeit. Ich würde jetzt Herrn Lewinski nochmals das Wort geben, weil es mir eine unmittelbare Response zu sein scheint und unsere Sitzung dann auf morgen vertagen.

Prof. Dr. Kai *von Lewinski*, Passau:

Ja, es zeigt sich auf dem Podium das Meinungsbild, dass eine Länderzuständigkeit in dieser Sache unproblematisch wäre. Dem soll – nur fürs Protokoll und nachher für die Druckfassung – widersprochen werden.

Die Rechtsprechung, die Herr Gersdorf referiert hat, kommt aus den bodenrechtlichen, altlastenrechtlichen Rechtsprechungen. Und es stimmt ja auch im Baurecht: Dort gibt es diese Figur der Polizeipflichtigkeit des Bundes oder von Bundesbehörden. Das viel näherliegende

Beispiel aber für die Konstellation, die uns hier vor Augen steht für ein Aussichtsdesign in diesem Bereich, wäre, wie es denn im Datenschutzrecht gemacht wird. Auch hier haben wir hauptsächlich Landesdatenschutzaufsichtsbehörden, aber niemand ist überhaupt jemals auf die Idee gekommen, die Landesdatenschutzbehörden, die Landesdatenschutzbeauftragten könnten zuständig sein für die Aussicht über den Bund. Das ist zwar nicht ein zwingendes, aber jedenfalls ist es ein Gegenargument – wenn der eine mit dem Bodenrecht argumentiert, würde ich mit dem Medienrecht oder dem etwas näher liegendem Datenschutzrecht argumentieren, jetzt erstmal nur anekdotisch. Ein zweites, etwas dogmatischeres Argument ist das des Kernbereichs: Es wäre doch schlechterdings irrwitzig, wenn die Bundesregierung ihre grundsätzlich ja zulässige Öffentlichkeitsarbeit nur nach Maßgabe einer zufällig zuständigen Aufsichtsbehörde machen dürfte. Vielleicht also Berlin? Wie ist es bei den Außenstellen in Bonn? Dann Nordrhein-Westfalen? Das widerspricht dem grundsätzlichen föderalen Aufbau, dass die exekutive oder gubernative Kernfunktion „Öffentlichkeitsarbeit der Regierung" nur nach Maßgabe einer zufälligen Landesbehörde gemacht werden könnte. Ohne die institutionellen Gegebenheiten oder die Regelungsbedürftigkeit irgendwie in Abrede zu stellen, müssen wir doch sehen, dass, wenn man diese Frage regeln wollte, wenn es eine Aufsichtsbehörde geben sollte, dann müsste es sehr sicher eine Bundesaufsichtsbehörde sein, die dann gegebenenfalls im Konzert mit den Landesmedienanstalten diesen Bereich regelt – ein ganz ähnliches Regelungskonstrukt, wie wir es im Datenschutzrecht auch haben.

Vorsitzende:

Ja, ganz herzlichen Dank, Herr Professor von Lewinski.

Dann darf ich für heute unsere Beratungen schließen, weil wir jetzt die Einführungsveranstaltung vor uns haben. Ich freue mich, wenn wir morgen an der Stelle weiter diskutieren können. Sie bekommen morgen früh die Beschlussvorlagen in schriftlicher Form, können so die Thesen sehen und ihnen gerne widersprechen.

Vielen herzlichen Dank!

Fortsetzung der Diskussion

am 26. September vormittags
(anwesend etwa 40 Teilnehmerinnen und Teilnehmer)

Stv. Vorsitzender *Gärditz*:

Ich hoffe, dass Sie noch genügend Platz gefunden haben, wenn nicht: hier vorne wären noch ein paar Sitze frei, wenn es zu eng wird. Ich begrüße Sie ganz herzlich zur Fortsetzung unserer Diskussion in der Abteilung Medienrecht. Wir hatten uns gestern im Wesentlichen mit dem Kernpunkt der Informationsverantwortung beschäftigt. Wir haben dazu auch gleich einen Redebeitrag und würden dann, wie es Ihnen gestern ausgehändigt worden ist, mit den entsprechenden Gliederung weitermachen und dann im Einzelnen sehen, wo noch von Ihrer Seite Aussprachebedarf besteht.

Hier nochmals der Hinweis von gestern: Wenn Sie Redebeiträge abgeben wollen, bitte bedienen Sie sich der dafür zur Verfügung gestellten Meldekärtchen. Das ist deswegen wichtig, weil wir damit Ihren Namen und Ihre Mail-Adresse haben. Es wird ja alles aufgezeichnet und – Sie haben das gestern von Frau Nußberger gehört – Sie kriegen dann per E-Mail Ihren Text nochmals zur redaktionellen Endbearbeitung. Dafür wäre es wichtig, dass Sie sich dieser Meldekarten bedienen.

Die Beschlüsse, die wir heute Nachmittag treffen wollen, sind im Übrigen, wenn Sie die entsprechende App installiert haben, bereits elektronisch abrufbar. Die Beschlussvorlagen liegen zudem hier aus, verteilt, das haben Sie schon gesehen. Das sind Entwürfe, das heißt, daran kann man auch noch im Laufe der Diskussion etwas ändern. Sie können nicht nur Redebeiträge stellen, sondern Sie können auch entsprechend Anträge zur Beschlussfassung stellen. Wenn Sie meinen, dass in den 18 Punkten, die wir als Thesen hier vorgeschlagen haben, etwas fehlt, über das Sie gerne abstimmen wollen, ist das jederzeit möglich, bis zu der Abstimmung, die wir heute für 16 Uhr terminiert haben. Und dann würden wir dort eine konsolidierte Liste zur Abstimmung geben. Wie gesagt, Sie können auch Änderungsanträge zur Formulierung oder Ähnliches einbringen.

Okay, dann würden wir weitermachen. Ich habe jetzt eine Wortmeldung noch zum Punkt der Staatsferne von Herrn Kollegen Thomas Mayen. Ich glaube, Sie müssen dort vorne an dem Mikrofon sprechen, oder? Ja, Herr Mayen, bitte schön.

Rechtsanwalt Prof. Dr. Thomas *Mayen*, Bonn:

Ja, guten Morgen. Mein Name ist Mayen, ich bin Rechtsanwalt in Bonn und ich habe mich zu Wort gemeldet zur Frage der Staatsferne im Zusammenhang auch mit den Fake-News und Social Bots und den sozusagen neuen sozialen Medien. Da bin ich mir nicht sicher, ob wir das mit der Staatsferne nicht ein bisschen hinterfragen sollten. Sowohl der Gutachter als auch Frau Winkler und Herr Schmid haben gestern auch in den wörtlichen Referaten und in den Wortbeiträgen die Staatsferne betont. Das soll auch für die sozialen Netze gelten, weil diese durch das Medienfreiheiten geschützt sind. Soweit ist das aus meiner Sicht nicht zu widersprechen.

Das gilt aber nicht für die Frage, „Was folgt aus der Staatsferne?". Herr Gersdorf will in These 10 (nicht der Beschlussvorlage, sondern der Thesen der Gutachter und Referenten), wenn ich richtig verstanden habe, das Europäische Gremium für Mediendienste befassen mit der Frage auch der Staatsferne-Regulierung. Das hat Herr Schmid gestern anders gesehen. Er hat betont, dass auch die Vorsitzende des Europäischen Gremiums für Mediendienste von Unionsseite und staatlicher Seite ernannt werde und deswegen auch die Staatsferne nicht habe, wenn ich es richtig verstanden habe. Und Frau Münkler, These 7, will die Lösung in der regulierten Selbstregulierung finden. Wie viel „selbst" dabei und wie viel „Regulierung" darin steckt, das ist mir nicht klar geworden. These 8 von Frau Münkler spricht sogar nur von der gesellschaftlichen Selbstregulierung. Ich fürchte, man wird dann dem Gefahrenpotential nicht gerecht, das es in dem Zusammenhang mit den sozialen Netzwerken gibt. Wir haben 2018 auf dem Juristentag in Leipzig, es wurde schon erwähnt, eine Sonderveranstaltung gemacht, die ich geleitet habe, wo es gerade darum ging, ob man dem neuen Phänomen der sozialen Netze und den damit verbundenen Gefahren hinreichend gerecht wird durch die klassischen aufsichtrechtlichen Themen, zu der auch die Staatsferne gehört. Aber da muss man ein bisschen mehr nachdenken.

Es geht darum, dass die Social-Bots, plastisch übersetzt durch Meinungsroboter, die sich als lebende Nutzer ausgeben, massenhaft durch „likes and tweets" den Eindruck einer Mehrheitsmeinung erzeugen, und so die öffentliche Meinung im Netz manipulieren. Noch grundlegender ist die Gefahr, dass soziale Netzwerke durch ihre Algorithmen sogenannte Filterblasen und Echokammern verstärken, in denen Individuen nicht mit anderen Meinungen und vor allem, mit solchen Inhalten in Kontakt kommen, die ihren persönlichen Präferenzen entsprechen.

Das Internet und die sozialen Medien sind so die Gefahr dafür, dass die Meinungsvielfalt nicht richtig abgebildet wird. Und Herr

Dabrock, damals Mitglied der Ethikkommission, sprach davon, dass die Gefahr besteht, dass die Öffentlichkeit als regulative Idee einer pluralen Zivilgesellschaft zerbröselt, wie es so schön heißt.

Ich sehe die Gefahr noch grundlegender, dass nämlich die Wahl als Legitimationsakt der Demokratie, letztlich ihren Legitimationscharakter verlieren kann und die Gefahren der Social-Bots tatsächlich so ernst zu nehmen sind, wie ich sie beschrieben habe.

Dies würde bedeuten, dass wir uns sozusagen mit der Staatsferne zwar eine Gefahr für die Demokratie vom Leibe halten, die andere aber sozusagen aushalten. Und da muss man überlegen, was ist sozusagen der gewichtigere Punkt und ob man nicht versuchen muss, die beiden Sachen auszutarieren.

Ich habe von Herrn Schmid verstanden, dass es eine technische Lösung gibt. Das würde ich gern nochmal näher ausdiskutieren, ob diese Lösung das Ganze löst, das müssen wir sehen. Und möglicherweise auch die Frage der Unabhängigkeit der Behörden, die das Maßgebliche darstellt. Aber das würde mir wichtig sein, dass wir das, glaub ich, nochmal diskutieren und das Instrument der Staatsferne einfach sozusagen zugrunde legen. Vielen Dank.

Stv. Vorsitzender *Gärditz*:

Ganz herzlichen Dank, Herr Mayen. Das ist in der Tat ein ganz zentraler Punkt. Mit der Staatsferne verbinden sich natürlich in der Tat Erwartungen an unabhängige Behördenstrukturen, die wir ansonsten ja sehr kontrovers diskutieren. Herr Mayen arbeitet bekanntermaßen auch intensiv im Regulierungsrecht. Da führen wir seit Langem Debatten und ich weiß, dass Sie das (wie im Übrigen ich auch) in der Tendenz eher kritisch sehen, weil wir auch eine demokratische Verantwortbarkeit brauchen. Jedenfalls dort, wo öffentliche Gewalt ausgeübt wird. Weil das ein ganz wichtiger Punkt ist und wir weitere Meldung eigentlich zu einem anderen Problemkreis haben, würde ich sagen, dass vielleicht auch der Gutachter und unsere Referierenden hierzu, wenn Sie möchten, zunächst wieder gesondert zu der Position Stellung nehmen, soweit Sie das nicht schon ohnehin getan haben. Aber ich glaube, es gibt doch nochmal Anlass zu einer ergänzenden Stellungnahme. Zunächst der Gutachter kraft Tradition.

Gutachter:

Ja, ganz herzlichen Dank. In der Tat im Gutachten, wo ja viele Fragen aufgegriffen wurden, konnte man nicht überall ins Detail gehen, aber Sie haben jetzt nochmal ein Grundsatzthema angesprochen und deswegen möchte ich gerne auf diesen Punkt vielleicht auch nochmal versuchen grundsätzlich Stellung zu nehmen.

Das Prinzip demokratischer Legitimation, was Herr Gärditz gerade jetzt angesprochen hat, ist vielleicht auch in der Rechtsprechung des Bundesverfassungsgerichts in den letzten Jahrzehnten erheblich geschliffen worden. Ich persönlich bringe immer in den Vorlesungen: alle Staatsgewalt geht von der „unmittelbaren" Staatsverwaltung und von der kommunalen Verwaltung aus. Weil wir ja für die mittelbare Staatsverwaltung auch durch die Rechtsprechung bescheinigt bekommen haben, dass da andere Organisationsstrukturen sehr wohl möglich sein sollen. Ich verfechte da im Kern auch die klassische Sicht. Sie wissen ja, dass ich auch über diesen Bereich mich habilitiert habe und da sind wir zusammen.

Aber! Was für mich von Anfang an immer wichtig war, dass dieses Prinzip der demokratischen Legitimation nicht absolut gilt, sondern Einschränkungen zugänglich ist. Und so würde ich auch dogmatisch rangehen. Überall dort, wo Staatsgewalt ausgeübt wird, gilt das „Böckenförd'sche Kettenprinzip", nennen wir das jetzt mal so. Es sei denn, es gibt hinreichende Sachgründe, die sich aber verfassungsrechtlich fundieren müssen und rechtfertigen müssen, die eine Abweichung von dieser demokratischen Legitimation erforderlich machen. Und genauso sehe ich das. Art. 5 GG, er gebietet Abweichungen von diesem Prinzip demokratischer Legitimation. Die Landesmedienanstalten mögen, darüber kann man jetzt auch schon streiten, Staatsgewalt ausüben und unterliegen dem Prinzip demokratischer Legitimation. Aber wenn wir aus Gründen des Art. 5 GG eben einen hinreichenden Grund haben, dann reicht es aus, davon abzuweichen. So würde ich dogmatisch immer herangehen und genau dies gilt ja für den klassischen linearen Rundfunk. Die ganze Dogmatik der Staatsferne – früher sprach man von Staatsfreiheit – ist ja ursprünglich in der Rechtsprechung des Bundesverfassungsgerichts bezogen auf die klassische Rundfunkaufsicht, auf die Zulassung und Aufsicht über den Rundfunk. Und ich habe deswegen in dem Gutachten mit Bedacht sehr viel Wert darauf gelegt, das weiterzuentwickeln, weil auch im deutschen Schrifttum, nicht nur im ausländischen, auch im deutschen Schrifttum bezweifelt wird, ob diese Dogmatik, die das Bundesverfassungsgericht für den linearen Rundfunk entwickelt hat, also das Erfordernis einer staatsfernen Aufsicht, Zulassung und auch Kontrolle des privaten Rundfunks auch gilt für andere Bereiche, nämlich für die Telemedien und da würde man erst mal sagen „ja was für den Rundfunk gilt, muss natürlich auch für die Telemedien gelten". Da kriegt man einen relativ klaren Konsens, es geht um Inhalte des Art. 5 GG und warum soll für den Rundfunk dann eine andere Aufsichtsstruktur von Verfassungswegen erforderlich sein als bei der Aufsicht, jetzt nicht Zulassung, aber Aufsicht über Telemedien. Ich glaube, da kann man relativ schnell einen Konsens herbeiführen. Die eigentlich interessante Frage ist, ob dieses staatsferne Aufsichtsmodell auch für die Kontrolle von Schrankengesetzen gilt. Das ist eigentlich die entscheidende Frage. Bei der Rundfunkfreiheit in der deutschen Dogmatik differenzieren wir zwischen der Ausgestaltung von Medienfreiheiten und der Schranke von Medienfreiheiten. Diese Notwendigkeit der staatsfernen Aufsichtsstruktur, die für die Kontrolle von Ausgestaltung, also die Vielfalt stiftenden und gewährleistenden Gesetze gilt, ist relativ schnell konsentiert. Aber gilt das auch für die Kontrolle der Gesetze im Sinne des Art. 5 Abs. 2 GG der Schrankengesetze? Das ist die Frage. Und wir haben uns in Berlin vor langer Zeit mal getroffen, das ist schon lange her, und da hat Herr Cornils einen Vortrag gehalten, hat es ganz radikal gesagt, „das gilt alles nicht". Und jetzt im Zusammenhang mit DSA, Digital Services Act, taucht insbesondere im zivilrechtlichen Schrifttum auch diese Position auf „die ganze Aufsichtsstruktur, die die öffentlich-Rechtler da für den Rundfunk entwickelt haben, gilt nicht für die sozialen Netzwerke". Und ich meine, dass genau dieses Aufsichtsmodell gilt. Warum?

Weil das Bundesverfassungsgericht ausschließen möchte, dass bei der Überprüfung privater Medienanbieter der Exekutive Spielräume eröffnet werden. Karlsruhe nennt das Handlungs-, Bewertungs-, Ermessens- und sonstige Spielräume, Optionsspielräume. Bei der Zulassung und Aufsicht vom Rundfunk, so sagt Karlsruhe, darf der Exekutive, sagen wir einmal, den Staatskanzleien der Länder, kein Spielraum überlassen werden, der sich zur unzulässigen politischen sachwidrigen Einflussnahme bei der Zulassung und bei der Aufsicht privaten Rundfunks nutzen ließe. Für jedermann verständlich: Es muss verhindert werden, dass die Roten die roten Sender zulassen und die Schwarzen die schwarzen Sender – damit es mal klar wird. Und jetzt stellt sich die Frage, ob dieses Modell nicht auch für den Vollzug, für die Kontrolle des Vollzugs der Gewährleistung von Schrankengesetzen gilt. Meines Erachtens: ja. Auch hier wäre der Exekutive ein Spielraum eingeräumt, die Entscheidung folgt wie selten direkt aus dem Gesetz, sondern beide der Anwendung von Schrankengesetze muss eine Bewertung erfolgen. Es ist nicht mehr Spielraum der Exekutive eingeräumt als bei der Kontrolle von Ausgestaltungsgesetzen. Es ist mittlerweile auch entschieden, dass der zentrale Maßstab, nämlich der Grundsatz der Verhältnismäßigkeit, nicht nur für den Vollzug von Schrankengesetzen gilt, sondern auch für den Vollzug von Ausgestaltungsgesetzen. Auch darüber könnte man jetzt einen Vortrag halten, aber im Ergebnis steht das fest, obwohl sich das eigentlich nicht einfügt in die Dogmatik der Dinge, in die Freiheit des Bundesverfassungsgerichts. Aber das sind dogmatische Feinheiten.

Diese Spielräume müssen der Exekutive genommen werden und weil diese Spielräume eben beim Vollzug auch der Schrankengesetze vorhanden ist und vorhanden sein muss, benötigen wir eine staatsferne Organisationsverfassung. Und das gilt auch für die sozialen Netzwerke, auch hier haben wir diese Spielräume, die genutzt werden könnten für eine sachwidrige Einflussnahme. Und ich möchte hier nochmal auf einen wichtigen Punkt der DSA hinweisen: Er orientiert sich, und das ist sehr, sehr traurig, sehr, stark an dem NetzDG. Und genau diesen Schritt haben wir in der Bundesrepublik Deutschland durch das NetzDG gemacht. Wir haben erst einmal akzeptiert, dass der Bund ein Gesetz erlässt. Das offenbar irgendwie neben die medienrechtliche Regulierung der Länder tritt und dann haben wir akzeptiert, dass das Bundesamt der Justiz die Aufsicht über das NetzDG ausführt. Das hat in einem Verfahren in Nordrhein-Westfalen, wie Sie wissen, auch schon dazu geführt, dass die Gerichte gesagt haben, das ist unvereinbar mit Art. 30 der AVMD-Richtlinie, also der Unabhängigkeit der Medienaufsicht. Das bezieht sich auch auf die Aufsicht über soziale Plattformen. Aber wir haben das in Deutschland nicht richtig ausbuchstabiert, wir haben es nicht klar entschieden gehabt. Die zentrale Frage, ob das NetzDG sich überhaupt auf die Bundeskompetenz, auf die Wirtschaftskompetenz stützen lässt oder ob es nicht eigentlich Medienregulierung ist, ist nie ausbuchstabiert worden. Mit der Folge, dass auch nie geklärt worden ist, ob die staatsferne Organisationsaufsicht auch für diesen Bereich gilt. Und da wir es in Deutschland nicht geklärt haben, haben wir jetzt das Problem in Europa. Aber wir sind ein wenig schuld. Ganz offen gestanden, ich habe versucht, in einem Verfahren diese Kardinalfragen klären zu lassen, wir sind da nicht durchgedrungen, weil der betreffende Politiker, der das klären lassen wollte, nicht betroffen war. Wenn wir einen betroffenen Fall gehabt hätten, wären wir vor den Gerichten gelandet, da hätte ich gesagt, jetzt entscheidet mal: ist der Bund überhaupt zuständig für das NetzDG? Jetzt sprechen wir auch ein bisschen aus dem Nähkästchen, die Googleianer dieser Welt wollten diese Frage geklärt wissen, weil sie ganz zufrieden sind, wenn die Medienregulierung da nicht so greift und wenn das über das Wirtschaftsrecht organisiert wird. Und jetzt haben wir den Schlamassel und diese grundsätzlichen Fragen sind europäisch nicht geklärt, in Deutschland haben wir sie auch nicht geklärt. Ich habe sehr lange ausgeholt, aber um zu verdeutlichen, dass diese Aufsichtsstruktur, die wir für den Rundfunk entwickelt haben, dass das Gebot das Staatsferne gilt; dass nicht die Staatskanzleien, sondern eine Zwischenebene, die natürlich auch ein wenig politisch abhängig ist, da machen wir uns nichts vor, die Aufsicht führt. Aber es macht in der Sache einen Riesenunterschied, ob die Kontrolle erfolgt durch die Staatskanzleien in der Bundesrepublik

Deutschland oder eben durch eine Mittelebene, die zuweilen sogar noch pluralistisch zusammengesetzt ist, es macht einen Riesenunterschied. Für mich ist wichtig, das gilt nicht nur für die Ausgestaltung, sondern auch für Schrankengesetze, und es gilt auch für soziale Plattformen, weil die Kommunikation auf den sozialen Plattformen nicht unter politischen Gesichtspunkten gesteuert werden darf. Da sehe ich eine große Gefahr, vielleicht weniger in Deutschland, aber ich schaue hier auch wieder eher auf das europäische Ausland.

Stv. Vorsitzender *Gärditz*:

Frau Münkler, bitte schön.

Prof. Dr. Laura *Münkler*, Bonn:

Vielen Dank für Ihre Anmerkung, ich würde gerne auf eine andere Facette eingehen, als mich auf die Aufsichtsstruktur zu konzentrieren und aufgreifen, was Sie einerseits zu Social Bots gesagt haben und andererseits zur Frage, die hiermit verbunden ist – jedoch hierin nicht ganz aufgeht –, nämlich, inwieweit eigentlich Fake News, als umgangssprachliche Bezeichnung, also Desinformation, reguliert werden sollte. Spezifisch: Inwieweit man hier auf gesellschaftliche Selbstregulierung oder auf regulierte Selbstregulierung setzen sollte.

Zunächst einmal haben Sie auf die Annahmen zu Filterblasen und Echokammern hingewiesen. So theoretisch eingängig diese Erklärungen sind und einleuchten, besteht hier das Problem, dass Sie empirisch bislang nicht nachgewiesen werden konnten. Dies ruft Schwierigkeiten hervor, weil letztendlich mit all diesen Formen der Regulierung Einschränkungen von Grundrechten einhergehen und wenn die Wirkung von Social Bots unklar verbleibt, bekommen wir auf Rechtfertigungsebene Probleme. Natürlich kann man insofern vertreten, dass angesichts dessen, dass eine gewisse theoretische Plausibilität besteht, man schon vielleicht vorzeitig/präventiv vorgehen kann. Diesbezüglich kann man unterschiedliche politische Positionen vertreten, also, inwieweit bevor Bedrohungslagen eintreten, sofern diese gravierend sind, regulierend vorgegangen werden sollte. Aber weil wir jedenfalls keinen Nachweis dieser Wirkungsannahmen haben, ruft dies doch gewisse Schwierigkeiten hervor.

Darüber hinaus ist man insoweit bereits dagegen vorgegangen, als dass man Kennzeichnungspflichten eingeführt hat, sowohl für Socialbots als auch KI generierte Inhalte, um letztendlich zu ermöglichen, dass die Bürger/-innen selbst bewerten, welche Bedeutung sie dem zumessen wollen – gerade auch mit Blick auf den Wahrheitsgehalt dieser einzelnen Informationen. Das scheint mir in gewisser Weise einen sinnvollen Mittelweg darzustellen, angesichts dieser Probleme. Mit Blick auf die Frage, wie mit Desinformationen umzugehen ist, würde ich ebenfalls sagen, dass ich hier schlussendlich eine mittlere Position vertrete: Denn vollständig der gesellschaftlichen Selbstregulierung überlassen, was ja auch durchaus vertretbar ist, angesichts der Problematik Wahrheitsnachweise zu führen, würde ich dies nicht vollkommen. Aber man muss eben der Problematik Rechnung tragen, mit Blick auf die Meinungsfreiheit: Wie hängt die werdende Aussage, die man trifft, mit dem mittransportierten Informationsgehalt und dem Meinungsgehalt zusammen? Hier haben wir eine relativ ausgeprägte und meines Erachtens überzeugende Dogmatik. Die jedoch auch falsche Informationen durchaus als Basis von Diskursbeiträgen zulässt, um das Meinungsspektrum nicht zu limitieren. Ich glaube dennoch, dass gegebenenfalls eine Akkreditierung oder Zertifizierungsmechanismen von Fakten-Checkern weiterführen können, um daran weitergehende Regulierungsmechanismen anknüpfen zu können. Ein hilfreicher Mechanismus kann etwa sein, Gegeninformationen von akkreditierten Fakten-Checkern stärker zu verbreiten. Ob das hilft, hängt natürlich stark davon ab, was die Maßgaben, die man für eine Akkreditierung vorschreibt, sind. Dabei geht es insbesondere um Vorgaben dazu, wie bestimmte Fakten überprüft werden müssen. Das kann man allein journalistischen Sorgfaltspflichten überlassen und Ähnlichem. Um Gegeninformationen zu privilegieren, sollte aber jedenfalls ein Qualitätsstandard eingehalten werden müssen, der zu klären ist. Das scheint mir ein Weg zu sein, mit dem man nicht irgendeine Form von Wahrheitsministerien staatlicherseits aufbaut, was problematisch wäre. Genauso, wenn letztendlich auch legitime Meinungsäußerungen, und damit potenziell relevante Informationen, unterdrückt würden. Das scheint mir insofern ein sinnvoller Mittelweg zu sein. Und insofern würde ich in dieser Hinsicht von regulierter Selbstregulierung sprechen.

Stv. Vorsitzender *Gärditz*:

Danke schön. Herr Schmid, bitte.

Direktor der LFM NRW Dr. Tobias *Schmid*, Düsseldorf:

Ja, vielen Dank. Vielen Dank für Ihren Beitrag und Ihre Fragen. Das ist ja auch ein außerordentlich komplexes Thema. Ich fange mal so rum an, ich würde mich gerne einfach auch an Professorin Münkler anschließen, bezüglich des ersten Teils, also der Frage, wie wir eigentlich mit desinformierenden Inhalten umgehen. Und ich darf noch einmal eine Erinnerung hervorrufen, das ist auch ein bisschen aus der

Praxis, bei dem was sozusagen bei- und anlandet an Aufforderungen, wo wir denn nun tätig werden sollen und wo nicht. Das hat ja einen gewissen Unterhaltungswert. Dass sich jede politische Partei bei uns meldet und immer die andere meint. Also ich habe jedenfalls inzwischen eine starke Tendenz, zu sagen, bei dem Kampf gegen Desinformationen stehen wir vor allem vor einer zentralen Herausforderung, nämlich jede Maßnahme, die wir ergreifen, sowohl seitens des Gesetzesgebers als auch dann bei uns auf der Ebene der Exekutive, läuft immer Gefahr, dass sie genau das zerstört, was man schützen will, nämlich das Recht auf freie Meinungsäußerung. Natürlich ist das die Gefahr der Desinformation, dass sie ja genau versucht, dieses Recht zu missbrauchen. Und das macht die Frage einer angemessenen Antwort schwierig. Ich glaube, und deswegen möchte ich mich gerne Frau Münkler anschließen, dass man deswegen etwas dosiert vorgehen muss. Und ich würde auch sagen, es spricht, glaube ich, viel dafür zu sagen, was kann ein angemessenes Mittel sein? Ich glaube in vielen Bereichen reicht Transparenz. Transparenz entzaubert Desinformation ganz oft. Wenn ich weiß, woher sie kommt, dann kann ich sie ja selber zuordnen. Der zweite Punkt, der in Frage kommt, bei dem man sicherlich noch diskutieren kann, ist die Frage, ob man vielleicht die Idee der Sorgfaltspflichten ausweitet. Sie kennen das, der Gesetzgeber hat den § 19 MStV Sorgfaltspflichten definiert. Die gelten inzwischen auch für Telemedien, ein furchtbar mühsames Geschäft in der Exekutive. Aber die Idee ist gut, zu sagen, bestimmte Sender, die bei der Bevölkerung eine große Wirkmacht haben, weil sie für eine Sachkompetenz stehen, unterliegen einer grundsätzlichen Pflicht, dabei Sorgfaltsregeln einzuhalten. Das gilt im Moment für die sogenannten journalistisch-redaktionellen Angebote – whatever that means. Man könnte sicherlich darüber nachdenken, ob man derartige Sorgfaltspflichten ausweitet. Ob man sagt, dass zum Beispiel staatliche Institutionen einer gewissen Sorgfaltspflicht unterliegen, wenn sie Kommunikation in der Öffentlichkeit vornehmen. Und dann erst am Ende kommen wir zur Frage: Gibt es Bereiche, in denen wir regulierend über Gebots- und Verbotsnormen eingreifen können? Und da schließ ich mich wieder dem an, mir selbst sozusagen, was ich gestern sagte. Ich würde vorschlagen, dass man das zunächst auf die Dinge beschränkt, die objektiv überprüfbar sind und deren Gefahr nicht so sehr in der einzelnen Meinung liegt, sondern eben in der Manipulation von Reichweite und Wirkmacht. Also Beispiel Coordinated Inauthentic Behavior: Die Socialbots sind ein bisschen komplizierter zu beurteilen, weil Socialbots inzwischen ja sozusagen auch in der Individualkommunikation benutzt werden. Man kann sich das anschauen, aber das wird man ein bisschen abschichten müssen. Zu dem anderen Feld, dass Sie angesprochen haben, der Staatsferne: Ja, also was uns zunächst klar sein muss, und das hat Herr Gersdorf auch angesprochen, ist, die Staatsferne, über die wir hier diskutieren, ist ein sehr deutsches Modell. Nun ist es so, dass die Medienregulierung, auch wenn sie gar nicht zuständig ist, aus Europa kommt. Und unsere europäischen Nachbarstaaten kennen dieses Prinzip so nicht. Und das merkt man dem Digital Services Act eben auch an. Der DSA erzählt etwas von Unabhängigkeit, aber das ist ein ganz anders Verständnis davon. Und deswegen finde ich es so wichtig, dass der Deutsche Juristentag sich mit diesem Thema beschäftigt. Denn wenn uns dieses Thema wichtig ist, dann werden wir dafür kämpfen müssen. Von alleine wird das in Europa nicht stehen bleiben. Weil es in Europa 25 Nationen gibt, die es wahlweise nicht kennen, und, lassen Sie uns auch ehrlich sein, das Interesse der Politik, Staatsferne einzuführen, ist ungefähr Null. Oder anders formuliert, Staatsferne hat einen kleinen Nachteil: Sie hat keine Freunde. Unabhängigkeit hat nie Freunde, außer die, die unabhängig sind. Aber das ist ein anderes Thema. Aber wenn wir das wollen, wenn wir das für einen guten Grundsatz halten, dann werden wir uns dafür einsetzen müssen. Von allein wird dieses Modell kaum überleben. Das gehört dann zur Frage: „Ja wie weit braucht es denn diesen staatsfernen Ansatz in der neuen Medienrealität?“ Da ziehe ich jetzt mal die Praktiker-Karte. Ich bin ja nun kein Verfassungsrechtler, ich fange mal so rum an. Also wenn die ständige Rechtsprechung des Bundesverfassungsgerichts in der Auslegung des Artikel 5 eine Staatsferne in dem Modell für den Bereich des klassischen Rundfunks vorsieht, leuchtet es mir nicht ein, warum das für die Fortentwicklung der Idee des Rundfunks nicht gelten sollte. Also, alle Kriterien eines audiovisuellen Beitrags ändern sich doch nicht dadurch, dass ich mir den auf YouTube anschaue. Die Suggestivkraft des Bewegtbildes, die Aktualität und die Reichweite sind alles Kriterien, die früher für den Rundfunk galten und jetzt gelten sie, warum nicht auch, für alle audiovisuellen Medien. Es gibt den schwer abzugrenzenden Bereich, das kommt eben aus der alten Logik, dass sich früher Regulierungen nach Technologien oder nach Darreichungsformen aufgeteilt haben. Ich komme in den schwer abzugrenzenden Bereich: Was ist mit den Mischformen dieser Medien? Schwer zu beantwortende Frage. Aber der Grundsatz sollte doch sein, wenn wir dem Bewegtbild, ihm folgend dann dem Audioangebot, eine besondere Wirkmacht und damit eine besondere Verantwortung und damit eine besondere Aufsichtsstruktur zusprechen, weil wir das demokratische Gemeinwesen, wesentlich wichtig finden, dann müssen wir das doch technologieneutral betrachten. Das ist doch der Verfassung und dem Bürger letztendlich vollkommen egal, ob ich das über meinen Computer oder über meinen Fernseher sehe. Und wenn Sie sich die Medienrealität aller unter 40-Jährigen anschauen, würde ich sagen, da guckt sowieso keiner mehr Fernsehen. Also insofern würde ich sagen, die gucken Fernsehen gar nicht, sondern YouTube. Also, wenn ich es rein praktisch sehe, würde ich sagen, ist der Unterschied nicht klar. Und da mir der Unterschied nicht klar ist, ist in der klassischen Regulierungsform die Idee der Staatsferne bei der Beaufsichtigung eines so wirkmächtigen Mediums wie dem Rundfunk eine gute Haltung. Da würde ich mich auch sehr dafür aussprechen, diesen Gedanken fortzusetzen. Und da das Mikro gerade an ist, würde ich noch gerne einen Satz sagen, der kommt bei der Aufsichtsstruktur auch immer gerne. Ich möchte mich bei der Gelegenheit auch ausdrücklich für eine föderale Aufsichtsstruktur aussprechen. Das liegt nicht daran, dass ich diesen wunderschönen Job habe, sondern aus einer praktischen Erfahrung. Wissen Sie, Föderalismus ist furchtbar ineffektiv. Furchtbar. Aber er ist auch gar nicht dafür da, effizient zu sein. Der Föderalismus ist die effektivste Form der Demokratiesicherung, wie wir spätestens nach den letzten drei Landtagswahlen gesehen haben, weil es eben nicht unmittelbar zur Radikalisierung einer ganzen Nation beiträgt. Und ich glaube, wenn ein Bereich es verdient hat, vor Radikalisierung geschützt zu werden, dann ist es der Medienbereich. Und deswegen ist die föderale Struktur der Medien eine mühsame und, wie ich Ihnen versichern kann, im Tagesgeschäft nervtötende Struktur, aber sie ist auf jeden Fall besser als eine Struktur, die sich mit einer Wahl radikalisieren ließe. Danke!

Stv. Vorsitzender *Gärditz*:

Vielen herzlichen Dank. Herr Nellesen, Sie wollten gar nichts sagen oder Sie wollten nur nachreichen? Okay.

Meine Damen und Herren, wir hätten damit nach unserer vorläufigen Gliederung den ersten Punkt der Informationsverantwortung behandelt. Jetzt ist es so, dass unsere vorläufige Gliederung, die Sie gesehen haben, als nächstes eigentlich die Bedeutung des privaten Rundfunks vorsehen würde. Ich würde das aber gerne umdrehen, weil ich zwei passende Wortmeldungen habe. Nämlich zu der EU-Medienanstalt und den Fragen der europäischen Kompetenzordnung. Das ist bei uns Punkt drei. Deswegen ziehe ich das jetzt vor, auch mit Blick auf die schon vorhandenen und zusammenpassenden Wortmeldungen, und würde dann natürlich mit dem Programm entsprechend fortfahren.

Ich hätte jetzt – schon gestern eingereicht – eine Wortmeldung von einem Herrn Ditzel aus Stuttgart. Herr Ditzel? Fällt aus?

Ach so, dann bleibt mir aber trotzdem der thematische Beitrag und eine weitere Wortmeldung eines Herrn Dupont-Nivet. Das sind Sie? Nivet? Mit T, ein T soll das also sein?

Jawohl! Bitte schön. Machen Sie das jetzt stellvertretend für Herrn Ditzel; sind Sie für ihn eingesprungen? Sie machen das jetzt, okay gut. Bitte schön.

Student Fedor *Dupont-Nivet*, Stuttgart:

Da kann ich uns ja gleich vorstellen, wir sind eine Gruppe an politikwissenschaftlichen Studenten der Uni Stuttgart, die von Herrn Professor Bergmann eingeladen wurden. Ganz herzlich nochmal vielen Dank! Wir finden, dass die generelle Fragestellung der öffentlichen Informationsverantwortung von dem juristischen Gutachter etwas kleinteilig gestellt wird. Wir würden das gerne aus einer politikwissenschaftlichen Perspektive erläutern und ja zunächst kann man sagen, können wir sagen, dass wir uns darüber einig sind, dass die öffentlichen Informationsverantwortung überhaupt nicht stattfindet. Stattdessen herrscht ein faktisches und auch ein juristisches Loch. Es gibt einen digitalen wilden Westen, den auch Herr Mayen angesprochen hat. Und, ja es gilt vielmehr das Recht des Stärkeren und aktuell sind die Stärkeren eben die Konzerne. Wir sind uns darüber einig, dass der deutsche Staat diese Informationsverantwortung strukturell überhaupt nicht leisten kann. Allein schon wegen des angesprochenen Föderalismus, den Sie auch als völlig ineffizient abgestempelt haben. Und genau deswegen, wie soll eine theoretische Medienanstalt in Bremen Google regulieren? Da braucht man kein Jurist zu sein, um dies zu verstehen, dass das unmöglich ist. Man kann sich insoweit eben auch nicht auf die USA verlassen. Das liegt an dieser libertären Denkschule, die dort herrscht, und daran, dass der öffentliche Rundfunk dort quasi ein Fremdwort ist und, was meiner Meinung nach in den ganzen Konzeptionen hier fehlt, an den geopolitischen Interessen, die die USA vertreten, und die natürlich ein Interesse daran haben, unsere Informationen über das Cloud-System zu kapern. Und die deshalb, wie Sie es eben auch schon erwähnt haben, die Regulierung lieber dem Wirtschaftsrecht überlassen als dem Medienrecht. Das ist aus unserer Sicht, aus der Sicht der Studenten der Politikwissenschaften, Studenten der Uni Stuttgart das Problem. Ja kann diese öffentliche Informationsverantwortung nur auf der EU-Ebene realisiert werden? Wir haben einen EU-Binnenmarkt, der sich als Wirtschaftsraum darstellt, und als Wirtschaftsraum ist er somit auch ein digitaler Medienraum und muss daher effektiv auf EU-Ebene geregelt werden. Und trotz meiner geringeren Erfahrungen im juristischen Milieu würde ich sagen, habe ich gemerkt, dass noch nie der Vorschlag einer EU-Medienanstalt gekommen ist. Diese hätte eben die Funktion einer Medienanstalt der gesamten europäischen Union. Diese zentrale Aufgabe dieser EU-Medienanstalt wäre die Regulierung der großen Plattformen nach den Vorgaben der EU-Grundrechte und der EU-Grundwerte. Dies würde eben die Einigkeit unter den EU-Staaten stärken und es würde ja vermeintliche Konflikte, wie staatsfern usw. wollen wir sein, nicht einschließen, weil man sich auf das EU-Recht beziehen würde und das ja sowieso schon geltend ist. Und genau dementsprechend, darüber sind wir uns einig, muss die Medienanstalt mit exekutiver Macht ausgestattet werden. Damit die Regulierung eigenständig durchgesetzt werden kann und dass im gegebenen Maße auch Anklage erhoben werden kann. Die Medienanstalt wäre dazu in der Lage, aber die Medienanstalt Bremen wäre dazu nicht in der Lage. Wie schon gehabt. Vielen Dank!

Stv. Vorsitzender *Gärditz*:

Wir würden mit Ihnen gerne noch über einen Punkt diskutieren, der im Vorfeld in den Gutachten und den Referaten sehr kontrovers beurteilt worden ist. Und der deswegen auch in unserer Beschlussagenda als eine These, über die Sie am Ende abstimmen können, auftaucht. Und zwar, wenn Sie die Thesen haben, das ist jetzt hier These Numero fünf. Da ist der Vorschlag, der Gesetzgeber sollte den Informationsauftrag als Markenkern des öffentlich-rechtlichen Rundfunks durch Schwerpunktsetzung zu Gunsten von Information, Bildung und Beratung in den Hauptprogrammen durch entsprechende Sendezeitvorgaben für die Hauptprogramme und gegebenenfalls eine entsprechende Budgetierung stärken.

Weil das so kontrovers war, haben wir auch im Vorfeld schon alternative Vorschläge unterbreitet, nämlich Variante eins: Im Gegensatz zu Sendezeitvorgaben sind gesetzliche Schwerpunktregelungen als medienpolitische Strukturentscheidung nur in abstrakter Weise vorgeben. Das Angebot auszugestalten für die Hauptprogramme von ARD und ZDF ist verfassungsrechtlich zulässig. Oder Variante zwei: statt Schwerpunkt und Quotenvorgaben für den öffentlich-rechtlichen Rundfunk sollte den zuständigen Gremien die Konkretisierung des Informationsauftrags überlassen bleiben – also im Prinzip an dem Status Quo festgehalten werden. Es geht also da tatsächlich jetzt hier um die Frage: Wollen wir eine stärkere Regulierung des Rahmens, in dem sich dann sozusagen die Inhalte des öffentlich-rechtlichen Rundfunks bewegen dürfen, und wollen wir den auch durch solche formalen Kriterien, die ja nicht ganz formal sind, sondern auch materiellen Gehalt haben, wie Sendezeitvorgaben stärker einhegen? Wir haben bisher keine Wortmeldung dazu. Wir würden sie aber ermuntern, wenn Sie dazu eine Position haben, sich zu melden, weil uns das im Vorfeld als eine der potenziell kontroversesten Punkte in der Abstimmungsagenda erschien.

Bitte schön! Wir würden sie trotzdem bitten, dass Sie immer so eine Karte kurz ausfüllen. Das können Sie gerne auch danach machen, also Sie melden sich jetzt mit Namen und Sie füllen danach die Karte aus, sodass wir den Redebeitrag zuordnen können.

Journalist Dr. Frank *Bräutigam*, Karlsruhe:

Guten Tag, vielen Dank, dass das möglich ist. Mein Name ist Frank Bräutigam, ich bin Journalist in Karlsruhe. Ich habe hier jetzt kein Mandat für meinen Arbeitgeber, den SWR oder die ARD, zu sprechen, sondern das ist eine persönliche Stellungnahme, die auch gar nicht so sehr ins Rechtliche geht, sondern vielleicht ein wenige Minuten nur einen kleinen Einblick auch in die Praxis geben soll, der aber vielleicht für die Beurteilung der rechtlichen Fragen womöglich auch hilfreich sein kann. Also ich leite in Karlsruhe die ARD-Rechtsredaktion, wir sind das Team, was unter anderem für die Tagesschau über die Themen Recht und Justiz im ersten Programm berichtet. Ich möchte drei kurze Punkte mit Ihnen teilen. Der erste mag Sie vielleicht überraschen, hier geht es um den Schwerpunkt Information, aber auch Unterhaltung im Auftrag nach dem jetzigen Staatsvertrag der öffentlich-rechtlichen Sender: Dass das so ist, finde ich auch gut so, obwohl ich Informationen mache. Ich glaube, wenn wir von allen Menschen Geld nehmen, und so ist das beim Rundfunkbeitrag, dann müssen wir auch für alle Menschen Programm machen und dürfen es nicht zu sehr verengen, das wäre mein erster Punkt. Der zweite Punkt geht dann mehr in Richtung Informationsauftrag: Den zu stärken, da laufen Sie bei mir ehrlich gesagt offenen Türen ein, wäre aber skeptisch, weil wir auch für Staatsferne sprachen bei Sendezeitvorgaben. Dazu zwei Einblicke aus der Praxis zu Information in der Hauptsendezeit. Wir machen zum Recht immer Sonderanstrengungen aus Anlass zu Jubiläen und haben zum 70jährigen Grundgesetzjubiläum vor fünf Jahren eine Sendung mit Prof. Voßkuhle gemacht „Im Namen des Volkes", ein Bürgertalk mit dem Präsidenten des Bundesverfassungsgerichts. Und ja, wir mussten ein bisschen kämpfen, aber wir haben das mittwochs um 20:15 Uhr im Ersten ausgestrahlt. Also mit ein wenig guten Gesprächen innerhalb unserer Hierarchie geht das. Und im zweiten Programm gebe ich allerdings zu, lief als Konkurrenzprogramm „Bares für Rares". Die hatten noch eine bessere Quote, aber alle Konkurrenzprogramme des Privatrundfunks an diesem Mittwochabend haben wir auch in der Quote mit der Sendung „Im Namen des Volkes" geschlagen. Zweites Beispiel: „75 Jahre Grundgesetz", hier haben wir eine Doku gemacht am 13. Mai dieses Jahres zur Frage, wie gut ist unser Grundgesetz? Und wir haben die auch montags um 20:15 Uhr gesendet im ersten Programm. Das ist nicht der Regelfall, ich will damit nur sagen, es ist auch immer wichtig, sehr detailliert anzugucken, wie viel wird denn wirklich in der Praxis gemacht im Informationsauftrag und nicht zu vorschnell so einen Eindruck zu haben „ach das geht ja alles den Bach runter", so einfach ist das nämlich ist. Und mein letzter und dritter Punkt bezieht sich auf Punkt 6 dann allerdings schon, aber ich würde das hier miteinschließen: Da geht es um den Informationsauftrag und die Verantwortung im Internet der öffentlich-rechtlichen Sender. Und da steht unter Punkt 6 hier, die Informationsverantwortung des öffentlich-rechtlichen Rundfunks gebietet es, den Wandel im Nutzungsverhalten nachzuvollziehen und daher digitale Telemedienangebote auszubauen. Damit rennen Sie bei mir persönlich, aber ich denke auch in diesem Fall bei unserer Senderleitung ganz offene Türen ein. Ich will aber dazu sagen, was hier gefordert wird, steht in krassem Gegensatz zu dem, was im neu geplanten Rundfunkstaatsvertrag geplant ist, denn dort ist die Richtung ganz klar das Gegenteil, zu beschränken, was öffentlich-rechtliche Sender auch in Sachen Information im Netz machen sollen. Es gibt die Interessen der Verlage, die will ich nicht leugnen, aber weil ich das hier so sah als Forderung, die ich total unterstütze, wollte ich diesen Konflikt, der in den nächsten Monaten nochmal stärker auch an die Öffentlichkeit kommt, nochmal benennen. Letzter Punkt dazu: Wie nutzen wir Information im Netz? Die Tagesschau ist nicht nur abends um acht die Sendung mit dem Gong, viele Studierende, die hier rumlaufen, die gucken die morgens auf Youtube beim Frühstück. Die Tagesschau ist auch auf Instagram und hat da 4,5 Millionen Follower. Und das ist ein Pfund. Und da gehen wir hin. Da gehen wir auch mit rechtlichen Themen hin und wenn wir da zu stark eingeschränkt würden, würden wir diesen Raum zu stark anderen überlassen, die kein Interesse an unabhängiger Information haben. Also, das war eher ein Einblick aus der Praxis eines Journalisten, weniger dogmatische Rechtsposition, aber ich danke Ihnen sehr, dass das so spontan möglich war.

Stv. Vorsitzender *Gärditz*:

Vielen herzlichen Dank, Herr Bräutigam. Ich habe, bevor ich der Runde jetzt Gelegenheit zur Stellungnahme gebe, einen unmittelbaren Folgeredebeitrag von Herrn Kollegen Kai von Lewinski, den ich nach vorne bitten darf.

Prof. Dr. Kai *von Lewinski*, Passau:

Inspiriert durch das, was Herr Bräutigam gerade gesagt hat, habe ich meine Meinung zu den verschiedenen Varianten für diese These revidiert. Sollte man das sehr schematisch und formal festlegen, sollte man das nur ungefähr festlegen, oder sollte man das einem Gremium überlassen? Bis Herr Bräutigam kurz gesprochen hat, hatte ich gedacht, nein, wir sollten hier nicht zu streng regeln, denn es herrscht nun mal Programmfreiheit, und die darf man nicht zu sehr einschnüren. Jetzt hatten Sie, Herr Bräutigam, ja nochmal das Hohelied gesungen auf „es muss doch ein Programm für alle sein". Natürlich, der öffentlich-rechtliche Rundfunk muss für alle da sein, doch führt das aber zu einer starken Sportunterhaltungsorientierung, und das ganze Programm fühlt sich recht seicht an. Die Welt wäre besser, wenn alles Deutschlandfunk wäre, jetzt mal ganz platt gesagt. Und irgendwie weicht der öffentlich-rechtliche Rundfunk, jedenfalls nach meiner Wahrnehmung, doch gerne den Vorgaben des Programmauftrags aus. Dort steht Information usw. schon immer ganz im Mittelpunkt, aber wenn man sich das Programm anschaut, dann ist vieles irgendwie auch Information. Oder man behauptet, die Unterhaltung zu brauchen, um die Leute für Informationssendungen beim Sender zu halten. Und so stieg in den letzten fünf Minuten in mir das Gefühl auf, vielleicht muss man das doch strenger, klarer regeln, und der Vorschlag von Herrn Gersdorf, Sendezeitvorgaben zu machen, hatte bei mir Sympathie gewonnen. Und da habe ich überlegt, wie kann man das dann rechtfertigen? Denn die Programmfreiheit besteht ja. Und da fiel mir ein, dass wir im Medienrecht durchaus einige Regelungen haben, die sehr formale Vorgaben machen, zum Beispiel die Begrenzung der Werbezeiten, die ja auch etwas mit Programmfreiheit zu tun hat. Wann darf ich Werbung reinschachteln, wann nicht? Wir haben die Vorgaben des Jugendschutzes, dass bestimmte Inhalte zu bestimmten Uhrzeiten nicht laufen dürfen. Und so kam in den letzten Minuten in mir eine wachsende Sympathie dafür auf, dass man tatsächlich entsprechende Sendezeitvorgaben, vielleicht auch entsprechende Budgetvorgaben machen könnte. Vielleicht wäre dies doch eine gute Sache, um das, was der parlamentarische Gesetzgeber durch den MStV möchte, durchzusetzen, und dem entgegenzuwirken, dass die Rundfunkanstalten immer wieder die zu beobachtende Ausweichbewegung ins seichte Gewässer machen.

Stv. Vorsitzender *Gärditz*:

Vielen herzlichen Dank. Ich würde jetzt hier, weil es alles zu dem Themenblock ist, die Wortmeldungen noch sammeln. Herrn Bornemann hatte sich noch gemeldet, bitte schön.

Rechtsanwalt Prof. Roland *Bornemann*, Ottobrunn:

Ganz generell: Je weniger klar und strukturiert Regelungen sein werden, umso unwirksamer sind sie auch am Ende. Deswegen wird die dritte Variante wirkungslos sein; das kann man auch getrost bleiben lassen. Es gibt übrigens, Herr von Lewinski, auch noch die europäische Quote. Also es existieren schon einige Vorgaben, die der Rundfunkgesetzgeber gemacht hat, aber er hat viel Freiheit gelassen.

Die Frage, ob der Rundfunkgesetzgeber überhaupt Vorgaben machen darf, ist keine Frage der Staatsferne. Das Bundesverfassungsgericht hat dem Rundfunkgeber vielmehr ins Pflichtenheft geschrieben, eine positive Rundfunkordnung auszugestalten. Das geht nun mal nicht anders als durch den Gesetzgeber, insofern können wir es mit Staatsferne natürlich nicht konterkarieren. Was richtig ist, dass bei Ausgestaltungsgesetzen andere Grundsätze herrschen als bei Schrankengesetzen. Aber wenn der Rundfunkgesetzgeber vielfaltsstiftende Ausgestaltung der Rundfunkfreiheit vornimmt und den Rundfunkauftrag klarer konturiert, dann ist es sein Job und der ist verfassungsradiziert und es ist sogar eine Pflichtaufgabe. Er darf darauf gar nicht verzichten. Die Frage ist, was er im Einzelnen macht, das ist ganz klar.

Ich wäre sehr empfindlich beim Thema Budgetierung. Deswegen würde ich mich dagegen aussprechen, dass staatliche Vorgaben zu den Budgets für bestimmte Genres, die zu bestimmten Zeiten bedient werden sollen, gemacht werden. Gerade die Finanzautonomie – da bin ich auch geschlagenes Kind; ich habe Ihnen ja gestern verraten, dass ich lange Jahre in der Bayerischen Landeszentrale für neue Medien tätig war. Finanzhoheit ist ein ganz hohes Gut und da sehe ich die Rundfunkfreiheit als besonders beeinträchtigt an. Deswegen möchte ich dagegen plädieren, dass die Budgetierung in den Vorschlag aufgenommen wird. Ansonsten bin ich der Meinung, Sendezeit-Cluster mit Quoten für Information, vielleicht für Bildung, für Beratung, was da so in den klassischen Rundfunkauftrag hineingehört, die zumindest im Jahresmittel erfüllt werden müssen, sind unproblematisch. Da wüsste ich auch nicht, woher die verfassungsrechtlichen Bauchschmerzen kommen sollten. Das ist meines Erachtens immer noch Ausgestaltung der Rundfunkfreiheit und dass der Gesetzgeber im Rahmen dieser positiven Ordnung dafür sorgt, oder Vorsorge dafür trifft, dass diese Informationen, dass das, was der Rundfunk zur Meinungsbildung beitragen soll, auch von möglichst vielen Rezipienten tatsächlich zur Kenntnis genommen werden kann, und deswegen auch die Zuschauer-Reichweiten, Zuhörer-Reichweiten mit in den Blick nimmt, halte ich auch nicht für ein grundsätzliches Problem. Der Teufel kann, wie immer, im Detail stecken, aber ich würde mich im Prinzip für die erste Variante aussprechen mit der Streichung der Wörter „ggf. Budgetierung". Danke.

Stv. Vorsitzender *Gärditz* :

Vielen herzlichen Dank.
Ich habe jetzt eine Meldung zum Themenblock. Bitte schön Frau Müller-Piepenkötter.

Justizministerin a. D. Roswitha *Müller-Piepenkötter*, Köln:

Guten Morgen, herzlichen Dank, meinen Namen haben Sie jetzt alle richtig gehört. Ich war Justizministerin in Nordrhein-Westfalen, bin aber jetzt heute hier, weil ich auch stellvertretende Vorsitzende des WDR-Verwaltungsmarktes bin und deshalb natürlich sehr interessiert.

Diese zweite Alternative zu der These mit der Schwerpunktsetzung stellt mir ein paar Fragen und zwar, die, dass wir es in unseren Gremien bisher so verstanden haben, dass gerade vor 2 Jahren die Schwerpunktsetzung erfolgt ist, nämlich auf den Dienst der Bildung, Beratung, Information und Kultur. Und dann als nächster Satz steht „darf auch Unterhaltung anbieten" im Rahmen, wenn es öffentlich-rechtlichen Kriterien entspricht. Mit derselben Änderung des Medienstaatsvertrags ist der Auftrag an die Gremien ergangen, Qualitätskriterien zu entwickeln. Und jetzt meine Frage: Wenn ich nicht die zeitliche Beschränkung habe, dazu gleich noch ein Satz, sollten wir denen nicht erstmal Gelegenheit geben, dass mal zu tun, was schon im Gesetz steht? Und dann zu sagen zu evaluieren und dann prüfen, ob tatsächlich diese Schwerpunktsetzung erfolgt?

Das war die erste Frage, die zweite Frage zu den Sendezeiten und Hauptsendezeiten. Ich glaube, Herr Schmid war es, ich weiß nicht, es wurde gestern schon gesagt: „Dann guckt das sowieso keiner mehr, das guckt ja jetzt schon kaum noch jemand. Dann guckt's keiner mehr, insbesondere nicht von jungen Leuten." Also, man sollte da auch nur was empfehlen, was seinen Zweck irgendwie erreichen kann und deswegen mein Vorschlag: Das Zweite zu nehmen mit der Schwerpunktsetzung, aber zu gucken, evaluiert doch mal erst das. Die Gremien, die Rundfunkräte haben sich gerade zusammengesetzt und die Kriterien entwickelt und alle zwei Jahre muss ein Bericht zur Erfüllung des Auftrages an die Landtage gemacht werden und da müsste es doch dann jetzt auch drinnen stehen. Es konnte im Letzten noch nicht stehen.

Danke schön.

Stv. Vorsitzender *Gärditz*:

Ja, vielen herzlichen Dank. Das ist noch bei der Frage einzubeziehen, auf welcher Basis wir eigentlich Kritik üben und möglicherweise ist es in der Tat so, dass man vielleicht einmal einen Befund braucht und vielleicht eine Evaluierung auch ganz sinnvoll wäre.

Jetzt habe ich noch zu dem vorliegenden Fragenteil einen Block, hier eine letzte weitere Folgemeldung. Und dann würde ich wieder allen auf dem Podium Gelegenheit zur Stellungnahme geben. Herr Thomas Mayen, bitte nochmals.

Rechtsanwalt Prof. Dr. Thomas *Mayen*, Bonn:

Kurz im Anschluss an das, was Herr Bornemann gesagt hat. Wir haben ja bei der Frage der Sendezeitenregelung Erfahrungen gemacht aus dem Bereich des privaten Rundfunks mit dem Regionalfensterprogramm, den Lokalfenstern. Und da ist es dem privaten Rundfunk durchaus zugemutet worden im Rahmen der Ausgestaltung der Rundfunkfreiheit. Wie Sie sagen, wird man auch zu den wichtigen Sendezeiten in Fenstern Sendezeiten einräumen müssen. Warum das beim öffentlich-rechtlichen Rundfunk, es ist ein anderer Ableitungszusammenhang, aber im Ergebnis nicht gehen soll, will mir nicht einleuchten. Das würde ich auch nicht für gut halten, das der Behörde zu überlassen. Denn ich habe die Erfahrung gemacht in einem größeren Verfahren aus dem privaten Punktbereich, dass das dann im Grunde leerläuft. Die Sender finden genügend Möglichkeiten, das auf der langen Hand ins Leere laufen zu lassen und deswegen bin ich mehr dafür, dass man das eigentlich regelt. Vielen Dank.

Stv. Vorsitzender *Gärditz*:

Ganz herzlichen Dank. Dann würde ich wieder dem Gutachter die Gelegenheit geben und ihn bitten, sich zu dem zentralen Punkt nochmals rundum zu äußern. Und im vorliegenden Fall bitte ich gerne auch noch alle drei der Referierenden um einen Kommentar. Bitte schön, Herr Gersdorf.

Gutachter:

Ja, ich bin erst einmal vom Ergebnis sehr erfreut, dass ich offenbar auch ein bisschen Rückenwind erhalte. So habe ich das wenigstens, die ein oder andere Stellungnahme verstanden, weil mir ja bislang von der anderen Seite hier ein heftiger Gegenwind entgegenbläst. Aber ich liebe Wind, ich liebe Reibung, denn Reibung erwärmt mich und alle Menschen, wenn es nicht zu heftig zugeht. Ich denke, wir sollten auch hier in diesem schönen Kreise zwischen Rechtspolitik und Rechtsdogmatik unterscheiden. Ich möchte jetzt erstmal zu den rechtsdogmatischen Fragen Stellung nehmen. Die Stichworte sind ja gefallen. Sowas wie eine Sendezeitvorgabe, ich würde jetzt nicht von Quotenregelung sprechen, weil Quotenregelung eigentlich fast immer schon negativ konnotiert ist, wenn man mit einer Quotenregelung ankommt, dann hat man eigentlich schon verloren.

Ich glaube wirklich, es bringt besser auf den Punkt „Sendezeitvorgabe". Stichwort, ist das mit der Programm-, besser Angebotsautonomie des öffentlich-rechtlichen Rundfunks vereinbar? Das ist ja die juristische Kernfrage. Der Rest ist dann Gestaltungsspielraum, vor allem politische Gestaltungswille, dazu habe ich eigentlich weniger Stellung zu nehmen. Das müssen wir den politischen Akteuren überlassen, dem demokratisch legitimierten Gesetzgeber.

Also, verstößt es gegen die Programmautonomie? Und deswegen habe ich auch in dem Gutachten erstmal versucht, auf die Besonderheit hinzuweisen. Es handelt sich um eine „Anstalt" des öffentlichen Rechts. Das ist erstmal ein substanzieller Unterschied zu einem privaten Rechtsträger. Eine Anstalt des öffentlichen Rechts kann sich nur innerhalb des zugewiesenen, gesetzlich zugewiesenen Aufgabenbereichs verhalten. Das wissen wir von den Hochschulen, deswegen haben die Hochschulen kein allgemeinpolitisches Mandat, auch wenn sie es häufig gerne haben wollen, sie haben es nicht, weil der Aufgabenbereich reduziert ist auf das, was in Art. 5 Abs. 3 GG steht. Das ist schon mal sehr wichtig und dementsprechend hat auch der Gesetzgeber in der Vergangenheit den öffentlich-rechtlichen Rundfunk beauftragt. Er kann ihn beauftragen, ein Vollprogramm zu machen, er kann ihn aber auch beauftragen, ein Spartenprogramm zu machen. Phönix, Dokumentationsereigniskanal kann keine Unterhaltung ausstrahlen, sondern ist auf dieses Genre beschränkt. Der Kinderkanal genau das gleiche, 3sat ebenso. Also da ist niemand auf den Gedanken gekommen zu sagen, das verstößt gegen die Programmautonomie. Der Gesetzgeber darf nur den öffentlich-rechtlichen Rundfunk bilden und dann die Verwirklichung dessen, was in Art. 5 GG stehen mag, wird in die Hände der Gremien gelegt. Soweit ist noch niemand gegangen. Also, es kann eine Beauftragung erfolgen. Jetzt kommt aber der Unterschied, bei der Beauftragung ist der Staat an Art. 5 GG gebunden. Das ist der Unterschied zu einer anderen juristischen Person des öffentlichen Rechts. Da hat er im Kern beliebige Freiheit. Also er ist in der Tat an die Programm- oder besser Angebotsautonomie gebunden. Aber er kann erst einmal Zwecke vorgeben, er kann sogar wie schon gesagt bestimmte Sender allein auf das Nachrichtengeschäft beziehen und begrenzen. Er kann sich aber eben auch grundsätzlich für ein Vollprogramm entscheiden wie bei den Hauptprogrammen: Erstes und Zweites Deutsches Fernsehen, aber innerhalb dieses Volumens wird er eine Einschränkung vornehmen und genau das ist der Fall, wenn man sagt, in dem Hauptprogramm sollen alle Genres abgebildet werden; Bildung, Beratung, Information, aber auch Unterhaltung. Aber es soll insgesamt erst mal einen Schwerpunkt geben. Warum ist das jetzt überhaupt so wichtig im Kontext der aktuellen Zeit? Wir sprechen über Fake News, wir sprechen über Desinformation und wissen, dass wir einen großen Schatz in der Bundesrepublik Deutschland haben, um den uns fast die ganze Welt beneidet, nämlich den öffentlich-rechtlichen Rundfunk. Aber die Demokratie zu stabilisieren und vielleicht auch nochmal weiter zu erwecken erfolgt, um es platt auszudrücken, nicht über ein Fußballspiel, sondern über Politikberichterstattung in einem sehr weiten Sinne. Das nenne ich eben auch Information. Also wenn wir die Demokratie sichern wollen, wenn wir ein Gegengewicht zu Fake News und zu Erscheinungsformen im Internet setzen wollen, dann müssen wir den Markenkern des öffentlich-rechtlichen Systems stärken. Und wenn wir das machen, das muss das natürlich auch dort gemacht werden, wo es die Menschen sich anschauen, das sind die Hauptprogramme, aber die Hauptprogramme werden eben von den Rezipienten nicht den Tag über gleichermaßen rezipiert, sondern in der Hauptsendezeit sitzen die Menschen vor dem Fernseher, vor den Empfangsgeräten, solange sie überhaupt noch einen Fernseher haben. Und wenn es also darum geht, dieses Ziel zu sichern, den Markenkern zu stärken, die Demokratie zu stärken, dann muss der Staat dafür Verantwortung haben, dass genau die Menschen die Information bekommen in den beiden Programmen und damit es nicht Ausweichmöglichkeiten gibt, eben auch dort in dem Zeitfenster, in dem die Menschen sich vor dem Fernsehgerät versammeln und das ist die Hauptsendezeit, 17–18, 20–22 Uhr. Das ist erst mal ein wichtiges Anliegen. Herr Nellesen sagt ja auch, da stimme ich Ihnen zu, aber es darf jetzt nicht diese Programmvorgaben, diese Sendezeitvorgaben geben, das verstößt gegen die Programmautonomie. Erstmal, wenn wir diesen Schritt jetzt nicht nehmen, dann können wir es uns auch gleich sparen. Dann ist es wieder Symbolregulierung, weil die Hauptprogramme, das weiß man schon, ohne dass es empirisch genau erwiesen ist, aber das scheint prima facie festzustehen, über den ganzen Tag hinaus hat schon das Erste und das Zweite im Schwerpunkt Information. Das Problem ist eigentlich nur in der Hauptsendezeit. Dort könnte evtl. ein Defizit vorliegen und das reibt sich zwar mit der Angebotsautonomie, aber verstößt nicht gegen diese. Warum nicht? Das Bundesverfassungsgericht verlangt oder gebietet zwar eine zu engmaschige Steuerung, verlangt hinreichende Spielräume. Es muss im Kern natürlich verhindert werden, dass der Gesetzgeber letztendlich Programmdirektor wird, also letztendlich entscheidet, was am Abend in den Hauptprogrammen läuft, in der Hauptsendezeit. Aber eine Sendezeitvorgabe auf Schwerpunkt Information im Zeitfenster 17–18 und 22–23 Uhr eröffnet noch enorm viele Spielräume. An welchem Tag wird dieser Schwerpunkt gewählt? Welche Inhalte? Es ist noch hinreichend Spielraum vorhanden, sodass ich hier ein Verstoß gegen die Angebotsautonomie wirklich nicht erkennen konnte. Herr Mayen hat darauf hingewiesen, Herr Bornemann auch, vor allem Sie, Herr Mayen, danke. Wir haben das im Gesetz geregelt. Für die privaten gibt es Fensterregelungen, die zwei reichweitenstarken Sender und der private Sender, der im Bereich der Information einen Zuschaueranteil von über 10 % hat, unterliegt der Fensterregelung. Und jetzt lese ich Ihnen mal vor, wie weit das geht. Die Dauer des Fensterprogramms bezieht sich auf den privaten Rundfunk, der sich sicherlich nicht mehr gefallen lassen muss als der öffentlich-rechtliche, also öffentlich finanzierte Rundfunk. Die Dauer des Fensterprogramms muss wöchentlich mind. 260 Minuten, davon mind. 75 Minuten in der Sendezeit von 19–23:30 Uhr betragen. Also ganz minutiöse Regelungen, die werden noch weiter ausbuchstabiert, noch weiter konkretisiert durch ein umfangreiches Satzungswerk der Landesmedienanstalten. Diese Regelung ist Gegenstand schon gerichtlicher Verfahren geworden und wurde unter dem Gesichtspunkt der Vielfaltsicherung von den Gerichten bestätigt. Und was für den privaten Rundfunk gilt, kann beim öffentlich-rechtlichen Rundfunk nicht gegen die Programmautonomie verstoßen. Andere Beispiele sind auch noch europäische Regelungen usw. Aber viel spezifischer ist das von Ihnen gebrachte Beispiel der Fernsehprogramme. Jetzt zur Rechtspolitik. Brauchen wir das? In der Tat, die Qualitätssicherung ist das Thema der Zukunft. Das ist Gegenstand eines laufenden Verfahrens vor dem Bundesverwaltungsgericht und ich kann jetzt schon einräumen, das wird nicht das letzte Verfahren sein, da werden auch durch die Wissenschaft vielleicht die Dinge noch ein wenig vorangetrieben werden, wir sind ja off the record. Wir wollen wenigstens verhindern, dass wir dieses Thema Extremisten überlassen, sondern aus der Mitte der Gesellschaft wollen wir den öffentlich-rechtlichen Rundfunk stärken. Das ist, glaube ich, auch ein wichtiges politisches Signal. Rechtspolitisch erst mal, Herr Nellesen hat da gesagt, Herr Gersdorf, was wollen Sie denn regeln? Die Linearität spielt doch keine Rolle. Deswegen, Herr Bornemann, die Budgetierung, die ich hier nenne, bezieht sich weniger auf die Linearität, sondern verknüpft vor allem für das Telemedienangebot. Da haben wir die einzige Steuerungsmöglichkeit, wenn wir dort Qualitätsvorgaben machen wollen, da können wir sagen, wenigstens für Information im Telemedienbereich muss das Budget X verwendet werden. Das ist nicht so ganz präzise in der Formulierung, aber das ist sehr wichtig, die Steuerung von Sendezeitenvorgaben klappt natürlich nicht, funktioniert nicht bei der Ausspielung, Ausstrahlung von nichtlinearen Telemedien. Nochmals Qualitätssicherung: das ist in der Tat das Thema, man könnte auch sagen, wir warten jetzt erst einmal ab, was das alles ergibt. Es ist ganz bedauerlich, dass der öffentlich-rechtliche Rundfunk, die Rundfunkräte nicht die Selbstverständlichkeit, das ganze Zahlenmaterial haben. Vielleicht wird der öffentlich-rechtliche Rundfunk durch Leipzig dazu verpflichtet, das zu bilden, könnte ich mir wenigstens gut vorstellen, aber jetzt könnte man sagen, dann warten wir doch erst mal ab. Aber wenn der Gesetzgeber sich sagt, „nein, unabhängig davon, ob der öffentlich-rechtliche Rundfunk diese Quote vielleicht jetzt schon erfüllt, wir wollen das!“, dann kann das eventuell durch die Realität bestätigt werden, dann zeigt es die großartige journalistische Qualität des öffentlich-rechtlichen Rundfunks.

Aber, wenn der demokratisch legitimierte Gesetzgeber sagt, „ja, genau das wollen wir und das wollen wir auch sicherstellen, dass in der Hauptsendezeit schwerpunktmäßig Information Bildung und Beratung erfolgt“, dann ist es meines Erachtens keine überflüssige Regulierung. Das kann sich dann decken mit den empirischen Zahlen, aber es kann dem auch schon vorgreifen. Und da sehe ich persönlich kein Problem.

Also, verfassungsrechtlich ist das, meines Erachtens, zulässig, ein solches System. Und über Rechtspolitik kann man sicherlich sprechen. Die Qualitätssicherung und damit die Evaluierung des Qualitätsniveaus des öffentlich-rechtlichen Rundfunks ist die Kardinalfrage. Die wird leider erst jetzt richtig angegangen. Aber das ist das in der Tat wichtigste Thema, da werden wir in den nächsten Jahren sicherlich mehr Zahlen haben und an diese Zahlen muss sich dann das öffentlich-rechtliche System auch messen lassen. Aber das spricht alles nicht gegen eine Reglung schon jetzt, weil damit der demokratisch legitimierte Gesetzgeber seinen Steuerungsauftrag, seine Demokratie sichernden Steuerungsauftrag nachkommt. Nochmal platt formuliert: Demokratie wird in der politischen Berichterstattung gesichert und nicht in der Übertragung von Sportereignissen.

Stv. Vorsitzender *Gärditz*:

Vielen Dank. Jetzt kann ich mir vorstellen, dass es möglicherweise – wie prognostiziert – windig wird. Ich würde jetzt in der umgekehrten Reihenfolge sozusagen mit der geborenen Opposition zu der gerade artikulierten These beginnen. Herr Schmid, wollen Sie den Aufschlag machen?

Direktor der LFM NRW Dr. Tobias *Schmid*, Düsseldorf:

Sehr gerne, vielen Dank!

Ich hatte mich bisher auch in meinem Papier zu diesem Teil des öffentlich-rechtlichen Rundfunks sehr zurückgehalten. Das liegt an meinem Job und an meiner beruflichen Vergangenheit. Ich fühle mich restbefangen. In diesem Fall würde ich aber Herrn Bräutigam beispringen wollen.

Ich mache das kurz. Ich glaube, dass die Vorgabe von Sendezeiten nicht praktikabel ist. Das wird in der Realität keinen Effekt haben. Ich glaube, die Bezugnahme auf die Regelung im privaten Rundfunk, das wird jetzt ein schwieriger Moment für Herrn Bornemann, ja, die gibt es. Ich war einmal bei einem Sender, der sie anwenden musste, bin heute bei einem Regulierer, der sie beaufsichtigt. Der Umstand, dass es diese Regel gibt, ist nicht gleichbedeutend mit der Aussage, dass sie gut ist.

Und der letzte Punkt dazu ist, ich glaube, der Gesetzgeber muss hier gar nichts tun, sondern der öffentlich-rechtliche Rundfunk muss etwas tun. Und wenn der öffentlich-rechtliche Rundfunk sich in der Gesellschaft halten möchte, wird er sowieso sich mehr und mehr auf den Bereich der Information konzentrieren müssen, weil für den Rest das Verständnis der Bevölkerung tendenziell rückläufig ist. Denn das ist das, was er am besten kann. Das ist sein USP. Das ist, was ihn ausmacht. Und in der Tat, ein Fußballspiel kann jeder Sender übertragen, die Tagesthemen kann halt nicht jeder. Und deswegen glaube ich, dass es am Ende so ist, dass sich der öffentlich-rechtliche Rundfunk von ganz allein auf Dinge konzentrieren wird, die ihn stark machen. Und damit er auch in der Zukunft ein wesentlicher und starker Teil unserer demokratischen Gesellschaft sein kann.

Und Sie erlauben mir noch, dass ich ganz kurz zurückkomme zu den Politologie-Studierenden und der Idee einer europäischer Regulierungseinrichtung. Ja, kann ich alles verstehen, meine praktische Erfahrung zahlt nicht auf diese Idee ein. Also vielleicht nochmal eine kleine semantische Unterscheidung: Ein nicht effizientes System kann trotzdem sehr effektiv sein. Das würde ich bei föderaler Medienaufsicht schon unterstellen. Sie hatten die Bremer genannt, das ist ganz richtig. Die Bremer allein könnten wahrscheinlich Google nur schwer regulieren. Aber wir machen ja gar nichts mehr allein, sondern Entscheidungen dieser Art fällen ja alle Medienanstalten zusammen.

Und vielleicht kann ich auch ein einfaches Beispiel nennen zum Thema Effektivität und Zusammenarbeit mit Europa. Ich hatte das gestern schon angedeutet. Wissen Sie, in der Realität sieht es so aus, Herr Breton stellt sich vor die Kamera und sagt: „Wir machen jetzt was gegen X". Dann dauert das sechs Stunden und das Telefon klingelt in Düsseldorf, die Europäische Kommission ruft an und sagt: „Sie haben unseren Kommissar gehört, wir haben nur leider keine Fälle. Könnten Sie etwas für uns zusammentragen?". Und genauso ist es gelaufen, und zwar nicht nur für die Bundesrepublik, sondern die deutsche Medienaufsicht hat auf Bitten der Europäischen Kommission die Fälle, die in den Mitgliedsstaaten identifiziert wurden, also Antisemitismus, Verletzung der Menschenwürde und des Jugendschutzes, für alle 27 europäischen Regulierungsbehörden zusammengetragen. Wir haben das koordiniert und wir haben das nach Brüssel gemeldet.

Das ist ganz interessant, dass man ausgerechnet eine föderale Struktur danach gefragt hat. Und es gibt noch einen zweiten interessanten Fakt. Wir haben nach dem Angriff der Hamas auf Israel binnen weniger Wochen über 600 Fälle nach Brüssel gemeldet. Davon kamen über 500 aus Deutschland. Die irische Regulierungsbehörde hat wie viele Fälle gemeldet? Null. Warum erwähne ich die irischen Kollegen? Weil sie für Google zuständig sind.

Also die Theorie, dass eine Zentralbehörde in Frankreich, in Spanien, in Italien oder in Irland am Ende effektiver ist als eine föderale Struktur, glaube ich nicht. Und es ist auch tatsächlich in der Realität nicht so. Sie wissen, wir sind die einzige Medienaufsicht, die inzwischen künstliche Intelligenz einsetzt. Wir sind die einzige Medienaufsicht in Europa, die jeden Tag 1.000 Online-Seiten kontrolliert und ich glaube, das alleine ist momentan Beweis genug.

Und es gibt ein letztes Argument. Wissen Sie, ich bin ganz leidenschaftlicher Europäer und ich bin jetzt seit sieben Jahren in diesem Gremium und ich mache das wirklich gerne. Aber ich habe auch gelernt, dass nicht für alles Europa die Lösung ist. Ich nenne noch ein Beispiel aus der Praxis und dann lass ich es auch gut sein. Ich durfte zwischendrin der ERGA vorsitzen und verteilte die Sub-Groups, also die Arbeitsgruppen für das folgende Jahr. Es wurde unter anderem die Sub-Group „Disinformation" aufgerufen. Also gab es den „Call for Interest". Jeder Mitgliedsstaat kann sich da melden, wer das gerne machen möchte. Und es meldete sich der Kollege aus? Richtig, Ungarn. Dann sagte ich: „Wie schön, warum interessiert Dich das Thema so?", und dann sagte er, sie hätten ein riesiges Problem mit Desinformation und dann meine ich „Aha, soso ...". Und dann sagte er, nun ja, bei ihnen gäbe es doch extrem viele Beiträge in den Medien, die die Regierung kritisieren würden und das ginge so ja nicht! Am Ende haben es dann die Slowaken gemacht. Das wäre heute auch nicht mehr die Lösung, aber immerhin damals hat es funktioniert. Ich will nur sagen, Europa sind halt 27 und die sind halt nicht alle so wie hier.

Stv. Vorsitzender *Gärditz*:

Vielen Dank!
Herr Nellesen, bitte.

Rechtsanwalt Dr. Sebastian *Nellesen*, Bonn:

Ja, vielen Dank.

Das war jetzt relativ viel, aber ich versuche vorne bei Herrn Bräutigam anzufangen. Vielen Dank für Ihren Beitrag! Hierzu kann ich sagen, dass ich es im Wesentlichen genauso sehe wie Sie. Ich glaube, wir müssen allerdings aufpassen bei dem Schluss von der Finanzierung auf den Auftrag. Eigentlich ist es umgekehrt richtig. Man kann nicht argumentieren, alle müssen einen Beitrag zahlen und deswegen müsse auch das Angebot Unterhaltung enthalten und entsprechend breit aufgestellt sein. Genau umgekehrt: der Auftrag ist zunächst maßgeblich. Die Finanzierung folgt dem Auftrag.

Sie haben den Telemedienauftrag angesprochen und die These VI. Die haben wir ganz bewusst aufgenommen mit Blick auch auf die aktuelle Diskussion. Sie haben den Medienänderungsstaatsvertrag angesprochen. Angeblich soll in dieser Woche noch die Anhörung beginnen. Bisher findet sich hierzu noch nichts, aber wenn sich das bewahrheitet, wie Sie es eben beschrieben haben, dann ist das natürlich ein krasser Widerspruch zu dem, was wir heute hier als Beschlussvorschlag präsentieren und hoffentlich auch beschließen werden.

Im Übrigen habe ich den Eindruck, dass der Elefant im Raum der neue Medienänderungsstaatsvertrag ist, obwohl der Entwurf ja noch nicht veröffentlicht ist. Deswegen ist es natürlich schwierig, darüber zu diskutieren, aber es gibt ja schon die eine oder andere öffentliche Informationen dazu. Wenn sich das alles wie bisher bekannt bewahrheitet, dann wird das eine sehr grundlegende Reform, die es so in den letzten Jahren nicht gegeben hat.

Daran schließt sich gleich die Äußerung von Frau Müller-Piepenkötter an. Sie haben vollkommen recht, ich teile ihre Einschätzung. Irgendwann muss man den öffentlich-rechtlichen Rundfunk auch einmal in Ruhe arbeiten lassen. Die große Reform steht jetzt sicherlich noch an. Wann auch immer sie genau kommen wird. Alle Fragen, Stichwort Beitragserhöhung usw., sind politisch wohl auch noch nicht abschließend geklärt. Aber wenn diese Reform umgesetzt ist, sollte man den öffentlich-rechtlichen Rundfunk in der Tat erst einmal arbeiten lassen und nicht in wenigen Jahren erneut grundlegende Strukturänderungen durchführen.

So, dann zu den Regelungen, die von Herrn von Lewinski, Herrn Mayen und Herrn Gersdorf im Zusammenhang mit der Zulässigkeit von Sendezeitvorgaben angesprochen wurden. Herr von Lewinski hatte die Jugendschutzregelungen angesprochen. Herr Gersdorf und Herr Mayen haben die Drittfensterprogramme und die Regionalfensterprogramme thematisiert. Ich halte es nicht für überzeugend, aus diesen Regelungen für den privaten Rundfunk Schlussfolgerungen für die Zulässigkeit von Sendezeitvorgaben für den öffentlich-rechtlichen Rundfunk zu ziehen. Diese Regelungen sind vielfaltssichernde Maßnahmen, die eine vorherrschende Meinungsmacht verhindern sollen. Es sind zudem keine Regelungen, die für alle Privaten gelten, sondern nur für Einzelne. Aktuell finden sich Drittfensterprogramme nur bei RTL und Regionalfenster nur bei RTL und SAT1. Dabei geht es darum, vorherrschende Meinungsmacht zu verhindern. Das ist der Rechtfertigungsgrund für den Eingriff in die Programmautonomie, den auch die Entscheidungen nennen, die Herr Gersdorf angesprochen hat. Das ist bei den Sendezeitvorgaben aber nicht der Fall. Diese dienen nicht der Vielfaltssicherung. Sie verfolgen einen anderen Zweck. Deshalb kann man diese Argumentation auch nicht übertragen.

Das Thema Evaluierung wurde angesprochen. In der Tat, das ist ein bisschen ein schwarzes Loch. Wir diskutieren, wissen aber abschließend gar nicht, ob es nicht vielleicht schon so ist, wie hier gefordert wird. Womöglich sind die geforderten Quoten bereits erfüllt. Insgesamt glaube ich, dass Sendezeitvorgaben für das lineare Programm keine großen praktischen Auswirkungen hätten. Die Entwicklung geht klar vom linearen weg zum digitalen Angebot des öffentlich-rechtlichen Rundfunks. Und die Vorstellung, dass, wenn man sonntags abends 20:15 Uhr statt des Tatorts eine Informationssendung senden würde, die gleichen Quoten erreicht würden, halte ich für fernliegend. Ich weiß nicht, was das bringen soll. Kann man wirklich annehmen, dass die Personen, die eigentlich den Tatort sehen wollen, dann die Informationssendung einschalten, nur weil diese den Sendeplatz übernommen hat? So verhält sich kein mündiger Zuschauer. Er schaltet einfach um und guckt etwas anderes.

Stv. Vorsitzender *Gärditz*:

Vielen Dank. Laura, bitte schön.

Prof. Dr. Laura *Münkler*, Bonn:

Ich beginne mal mit der Nachfrage, müssen wir nicht die öffentliche Informationsverantwortung weltweit denken und versuchen zu erklären, weshalb das Juristen insofern etwas kleinteiliger denken. Das ist natürlich ein Vorwurf, der häufig erhoben wird und das kann man auf unterschiedlichen Ebenen abarbeiten. Was wir hier stark versuchen zu tun, ist ausgehend von Kompetenzen das ganze zu rekonstruieren und uns zu fragen, wer ist denn eigentlich derjenige, der adressiert werden muss, um solche Regelungen zu schaffen? Und insofern ist zu beobachten, dass eigentlich in jüngerer Zeit ein relativ weitgehender Bereich auf die europäische Union übergewandert ist. Wobei man durchaus darüber streiten kann, ob eigentlich gerade im Bereich von Regelungen, die in der EMFA getroffen wurden, tatsächlich eine Kompetenz der Union besteht oder das nicht doch eigentlich bei eben den Nationalstaaten zu verorten ist. Und angesichts dessen ist der Fokus letztendlich in gewisser Weise limitierter als aus einem politikwissenschaftlichen Blickwinkel. Man müsste sich aber auch sonst ohnehin wissenschaftlich anschauen, inwieweit eigentlich ein nationenübergreifender Diskursraum besteht.

Mit Blick auf die Erwägungen, die zur Frage des Informationsanteils sowie mit Blick auf Schwerpunktvorgaben vorgebracht wurden, bin ich etwas zurückhaltender als mein Kollege hinsichtlich dessen, ob das verfassungsrechtlich sicher regelbar wäre. Mir scheinen da gewisse Unsicherheiten zu bestehen, ohne das jetzt eindeutig als verfassungsrechtlich nicht zulässig deklarieren zu können. Allerdings scheint mir zum einen hier eine Differenzierung auch schon rechtlich zum jetzigen Zeitpunkt angelegt zu sein, nämlich mit Blick auf den linearen Rundfunk und Telemedienangebote. Hier sollte man vielleicht beobachten, welche Auswirkungen das hat. Was mich persönlich jetzt ehrlich nicht überzeugt, ist zum einen, Herr Nellesen wies schon darauf hin, einen Erst-Rechts-Schluss vorzunehmen, weil das divergente Bereiche betrifft. Zudem leuchtet mir die Differenzierung die Sie, Herr Gersdorf, vorgenommen haben zwischen geborenen und gekorenen Grundrechtsträgern im jeweiligen Status persönlich nicht unbedingt ein. Ich sehe sie nicht in dieser Weise im Rahmen der Verfassung abgebildet. Was den Gesichtspunkt der Frage Evaluierung des Qualitätsniveaus angeht: Was sind denn die Qualitätskriterien und wer soll die eigentlich entwickeln? Hier war mein Petitum, dass diesbezüglich vor allem die Gremien modifiziert werden müssen, weil sonst mir jedenfalls unklar bleibt, wie diese Evaluierung eigentlich qualitativ belastbar erfolgen soll. Zudem dürfte die Frage, was jetzt eigentlich die Qualitätskriterien sind, ja wohl letztlich den springenden Punkt in dieser Problembewertung darstellen. Und wenn wir das staatlicherseits vorgeben, dann scheint mir das doch ein relativ weitgehender Übergriff in den zivilgesellschaftlichen Diskursraum darzustellen.

Stv. Vorsitzender *Gärditz*:

Danke schön, Herr Nellesen, Sie wollen nochmals nachschieben. Ich denke, das geht noch, es passt ja mit in den aktuellen Block hinein. – Super – Bitte schön!

Rechtsanwalt Dr. Sebastian *Nellesen*, Bonn:

Gerne, vielen Dank! Ich habe nur noch zwei Punkte zu ergänzen, die ich gerade nicht direkt mitbedient habe. Einmal der Punkt, der passt jetzt ganz gut zu den Ausführungen von Frau Münkler, Qualitätskontrolle. Also auch aus meiner Sicht ist das ein sehr wichtiger Punkt. Perspektivisch ist für den öffentlich-rechtlichen Rundfunk zentral, dass das Angebot hohen Qualitätsansprüchen entspricht. Herr Gersdorf hat das Verfahren beim Bundesverwaltungsgericht angesprochen. Dies ist natürlich nur ein Grund. Die Menschen erwarten ein entsprechendes qualitatives Angebot. Dieses wird dann auch angenommen. Wir sehen das in einem ganz anderen Bereich, nämlich bei der Lokalpresse. Dass die Abozahlen hier sinken, hat sicherlich auch mit der gelieferten Qualität zu tun. Abonnenten sind heute nicht mehr bereit, viel Geld zu bezahlen für ein Produkt in manchmal überschaubarer Qualität. Deswegen hatte ich auch in meinem Referat dafür plädiert, dass man eine Qualitätssicherung einführt, eine aus meiner Sicht externe wissenschaftliche Überprüfung, ob der Auftrag des öffentlich-rechtlichen Rundfunks erfüllt wird. Meiner Kenntnis nach ist im aktuellen Entwurf des Medienänderungsstaatsvertrags vorgesehen, dass ein Medienrat eingeführt werden soll, der für die Qualitätskontrolle zuständig sein soll. Ein solches neues Gremium braucht es aus meiner Sicht eigentlich nicht. Wir brauchen nicht noch mehr Gremien. Die Einführung eines neuen Medienrats würde zudem auch Fragen der Abgrenzung zu den Kompetenzen der Rundfunkräte aufwerfen. Im Übrigen stellt sich wieder die Frage der staatsfernen Besetzung. Stichwort ZDF-Fernsehratsentscheidung. Entscheidend ist aus meiner Sicht, dass es eine externe Qualitätskontrolle gibt. Die Entwicklung in den Anstalten geht ja auch in die richtige Richtung. Ich denke etwa an den ZDF-Kompass. Zweiter Punkt, Herr Bräutigam hat es auch angesprochen. Der Onlinebereich sollte nicht einzelnen politischen Kräften überlassen bleiben. Gerade hier sollte auch der öffentlich-rechtliche Rundfunk präsent sein. Man hat es ja gerade nach den Wahlen in den östlichen Bundesländern gesehen. Die AfD hat TikTok mit Abstand am erfolgreichsten genutzt und sich so einen Vorteil verschafft. Und natürlich ist es richtig und wichtig, dass der öffentlich-rechtliche Rundfunk auch in Sozialen Medien präsent ist. Dass die Tagesschau beispielsweise bei TikTok aktiv ist, halte ich für richtig. Und die vielen Abrufe belegen, dass das ein gutes Angebot ist, das bestehen bleiben bzw. ausgebaut werden sollte. Das ist aus meiner Sicht ganz klar.

Stv. Vorsitzender *Gärditz*:

Vielen herzlichen Dank. Wir hatten für 11 Uhr eine Kaffeepause bis 11:30 Uhr vorgesehen, da sind wir jetzt auch ganz gut gelandet. Der Themenblock hier wäre damit auch gut abgeschlossen, sodass wird dann nach der Pause mit den privaten Angeboten im Medienbereich weitermachen könnten. Wir sehen uns also um 11:30 Uhr.

Ach so ja: Vor dem Saal stehen Kolleginnen mit einer mobilen Wahlurne und alle Mitglieder des Deutschen Juristentages können dort abstimmen für die ständige Deputation. Also, genau, dass können jetzt tun. Die Wahlurnen folgen sozusagen den Kaffeedepots hinterher, damit Sie es leichter haben. Bis in einer halben Stunde!

Fortsetzung der Diskussion

am 26. September vormittags
(anwesend etwa 32 Teilnehmerinnen und Teilnehmer)

Stv. Vorsitzender *Winterhoff*:

Wir möchten die Diskussion fortsetzen und sind jetzt thematisch bei den Blöcken IV. und danach V. Wir möchten also diskutieren die Bedeutung des privaten Rundfunks, bisher haben wir uns ja mit dem öffentlich-rechtlichen Rundfunk befasst. Und dann möchten wir auf die Gewährleistung der Aufsicht auf nationaler und europäischer Ebene eingehen, und Sie sind herzlich aufgerufen, Diskussionskarten bei uns abzugeben und damit Ihre Diskussionsbeiträge anzumelden. Ich darf noch einmal höflich daran erinnern, dass es im Fall von Diskussionsbeiträgen sehr wünschenswert wäre, wenn Sie am Anfang noch einmal kurz, damit alle Anwesenden wissen, wer zu Ihnen spricht, Ihren Namen und Ihre Funktion erwähnen könnten. Und das ist dann hinterher auch für die Transskribierung der Redebeiträge hilfreich. Ich bin außerdem gebeten worden, Sie darauf hinzuweisen, dass Sie die Mittagspause nutzen könnten, um die Fachausstellung zu besuchen, die in dem Ihnen bereits bekannten Kongresszentrum insbesondere im Untergeschoss abgehalten wird. Die dort präsenten Aussteller würden sich sehr freuen, Sie begrüßen zu können und von der angebotenen Palette von Produkten und Dienstleistungen überzeugen zu können. Soweit der Werbeblock.

Und nun kommen wir zu der Frage: Wie ist es mit dem privaten Rundfunk? Und es gibt hier auch schon eine erste Wortmeldung zu diesem Thema von Herrn von Lewinski, der sich, glaube ich, nicht mehr vorzustellen braucht.

Prof. Dr. Kai *von Lewinski*, Passau:

Ja, wenn ich jemandem lästigfalle, dann bitte ich um Zeichen. Ich habe mich zur These 7 gemeldet, möchte aber eigentlich auch noch einen kleinen Rücksprung zur These 6 tun. Vor allem will ich keinen langen Vortrag halten, sondern nur zwei Vorschläge machen. Wir waren ja gebeten, Anregungen zu geben, die Thesen eventuell noch etwas anders zu formulieren.

Und zwar: Unser ganzer Verhandlungsgegenstand ist ja sehr, sehr rundfunkrechtlich gedacht, diskutiert und formuliert. Dadurch gerät die Presse aus dem Blick. Und deshalb möchte ich, um den Aspekt der Presse nicht unausgesprochen zu lassen, anregen, bei der These 6 in beiden alternativen Formulierungen nicht „digitale Telemedienangebote", sondern „digitale audiovisuelle Telemedienangebote" zu sagen. Damit wäre der bekannte Streitpunkt, was die presseähnlichen Telemedienangebote betrifft, den wir hier nicht verhandeln, ausdrücklich ausgeklammert.

Und der zweite Vorschlag bezieht sich auf die These 7. Da ist jetzt vorgeschlagen: „Der private Rundfunk als zweite Säule des dualen Systems ist elementar ...". Hier würde ich anregen, die These zu formulieren: „Der private Rundfunk als zweite Säule des dualen Systems sowie die Presse sind elementar für den öffentlichen Informationsraum." Denn sonst – wir müssen über die Presse hier nicht im Einzelnen diskutieren – klingt es so, als sei die Presse außen vor oder als sei sie für den öffentlichen Informationsraum nicht notwendig. Aber wenn man sich die politische Debatte anguckt, dann sind FAZ und Süddeutsche eben doch mindestens so wichtig wie der Deutschlandfunk. – Danke!

Stv. Vorsitzender *Winterhoff*:

Ja, vielen Dank für den Diskussionsbeitrag. Unser Gutachter hat gleich, nicht so laut vernehmbar, dass Sie es gehört hätten, zu der ersten Äußerung von Herrn Lewinski „sehr gut" gesagt. Deswegen gehe ich davon aus, dass er diese These, die Herr Lewinski vertreten hat, auch kommentieren möchte. Bitte Herr Gersdorf.

Gutachter:

Ja ne, ich habe nur meine Zustimmung im Bezug auf These 6 zum Ausdruck bringen wollen. Das sehe ich da ganz genauso, es ist jetzt sehr schlank und man sollte jetzt nicht ein sehr schwieriges Problem hier behandeln. Das wäre fast Gegenstand einer eigenen Tagung. Das Verhältnis zwischen Presse und öffentlich-rechtlichem Rundfunk. Um das jetzt auszuklammern, sollte man sagen, der Ausbau des Telemedienangebotes ist bezogen, aber eben auch begrenzt auf die audiovisuellen Medien.

Bei These 7 hingegen würde ich das jetzt so nicht. Sie müssen das ja im Zusammenhang mit dem Satz 2 sehen, Stichwort „Anreizregulierung". Wir wollen uns das ja jetzt, glaube ich, nicht im Hinblick auf die Presseanreizregulierung vorstellen, das bedürfte dann der weiteren Konkretisierung. Ich denke, das System der Anreizregulierung ist jetzt erstmal auf den privaten audio-visuellen Mediensektor bezogen und deswegen würde ich bei es bei These 7 dabei belassen.

Stv. Vorsitzender *Winterhoff*:

Vielen Dank. Wir sind jetzt, ohne dass es beabsichtigt gewesen wäre, ja noch einmal zurück gegangen zu These 6, und Herr Bräutigam, der jetzt, wenn ich es richtig sehe, leider nicht mehr im Saal ist, hatte ja darauf hingewiesen, dass unsere These, dass digitale – und jetzt ergänzt, auch audiovisuelle – Telemedienangebote ausgebaut werden sollten, nicht im Einklang stehe mit aktuellen politischen Bestrebungen.

Gutachter:

Vielleicht nochmal genau dazu. Ich kenn die Papiere noch nicht im Einzelnen. Aber ich glaube verstanden zu haben, dass die Zurückhaltung der Rundfunkkommission sich ausschließlich darauf bezieht, noch textlastigere Telemedienangebote in Zukunft anzubieten. Also diese Begrenzung bezieht sich meines Erachtens, meiner Wahrnehmung nach, auf Textdienste und soll das Verbot presseähnlicher Telemedien nur nochmal weiter konkretisieren.

Aber das damit dem öffentlich-rechtlichen Rundfunk im AV-Bereich in Zukunft im Telemedienbereich keine Entwicklungschance eingeräumt würde, das widerspricht erkennbar dem Bundesverfassungsgericht. Und ich glaube, dass die Rundfunkkommission so etwas nicht reinschreiben wird.

Stv. Vorsitzender *Winterhoff*:

Vielen Dank für diese wichtige Klarstellung. Ich habe jetzt eine Wortmeldung von unserem Referenten Sebastian Nellesen, bitte schön!

Rechtsanwalt Dr. Sebastian *Nellesen*, Bonn:

Ja, vielen Dank!

Also ich glaube, wir müssen abwarten, was tatsächlich in dem Entwurf drinsteht. Wenn er tatsächlich diese Woche noch veröffentlicht werden soll, bleibt ja nicht mehr so viel Zeit. Dann sind wir alle schlauer. Deswegen spricht Vieles dafür, dass erstmal so als Gegenpunkt zu belassen, wie wir es formuliert haben. Was konkret im Entwurf geregelt sein wird, werden wir sehen. Über kurzfristige Ereignisse sollte auch zukünftig über einen Liveticker auf einer Internetseite des öffentlich-rechtlichen Rundfunks berichtet werden dürfen. Viele Menschen suchen gerade in Ausnahmesituationen nach verlässlichen Informationen. Der öffentlich-rechtliche Rundfunk ist hier der erste Ansprechpartner, bei dem man sich verlässlich informieren kann. Solche Berichterstattung nur noch im Nachgang zu bereits linear ausgestrahlten Sendungen zuzulassen, halte ich nicht für sinnvoll. Aber ich glaube, wir sollten die Diskussion hierzu im Detail jetzt nicht weiterführen, weil wir alle nicht wissen, was denn wirklich vorgeschlagen wird. Das ist zeitlich ein bisschen ungünstig, lässt sich jetzt aber auch nicht ändern.

Stv. Vorsitzender *Winterhoff*:

Ja. Danke schön!

Ich habe mich eben selbstkritisch gefragt, warum es dieses Ergänzungsvorschlages im Hinblick auf die Presse bedurfte? Und ich glaube, wir haben eine plausible Antwort, die wir darauf geben können. Denn unser Oberthema fokussiert sich ja auf die öffentliche Informationsverantwortung und auf die Aufgaben des Staates und der öffentlich-rechtlichen Rundfunkanstalten. Und da wir auch schon gehört haben, dass es keine Staatspresse geben darf, der Staat also kein Akteur ist und sein kann im Hinblick auf Presseerzeugnisse, ist es erklärbar, warum wir die Presse bei Themenbock IV nicht ausdrücklich erwähnt haben. Aber es schadet natürlich nicht, die Presse zu erwähnen, um dadurch zum Ausdruck zu bringen, dass private Presseorgane, Presseeinrichtungen und Pressepublikationen eine ebenfalls erhebliche Bedeutung haben für die Information der Bevölkerung, für die Information der Allgemeinheit, die ja für die Meinungs- und politische Willensbildung wirklich von elementarer Bedeutung sind. Und dass die privaten Medien auch von großer Bedeutung sind, spiegelt sich im Übrigen ja auch in These 8 wider, die wir formuliert haben und die insbesondere zurück geht auf Überlegungen unseres Referenten Herrn Nellesen. Denn wir haben ja den empirischen Befund, dass die lokalen Medien, insbesondere die Lokalpresse, unter wirtschaftlich großen Druck geraten sind, dass es dort Konzentrationsprozesse gibt und dass zu befürchten steht, dass im lokalen Bereich die mediale Vielfalt – so es sie überhaupt noch gibt – immer weiter zurück geht. Daher besteht das Risiko, dass es überhaupt keine lokale gedruckte, digitalveröffentlichte, textbezogene Berichterstattung mehr geben wird. Das ist Grund für diese These 8, die vielleicht Herr Nellesen noch etwas erläutern könnte, weil es dafür im Ausland, insbesondre in England schon Beispiele gibt.

Rechtsanwalt Dr. Sebastian *Nellesen*, Bonn:

Ja, das kann ich gerne machen. Das habe ich ja zumindest bei meinem Referat noch kurz thematisiert. Es ist so: Seit Jahren entwickelt sich der Pressemarkt auf der lokalen Ebene rückläufig. Das Angebot wird immer geringer. Was es noch gibt, das ist immer konzentrierter bei einzelnen Großverlagen. Es gibt mittlerweile viele Landkreise, in denen es nur noch eine Zeitung gibt. Manchmal gibt es auch noch mehrere, aber die stammen dann häufig vom gleichen Verlag. Die Redaktionen sind zusammengelegt. Es kommen häufig die gleichen Texte in verschiedenen Blättern. Es gibt Mantelredaktionen, die ganz große Bereiche abdecken. Es ist einfach ein Konzentrationsprozess, der seit vielen Jahren unbestritten läuft. Es ist ja nicht so, dass man sich hierzu nicht schon vielfältige Gedanken gemacht hat. Die Diskussion zur Frage der Förderung läuft seit längerer Zeit. Eine Zustellförderung wurde bereits vielfältig diskutiert und es wurden hierzu umfangreiche Gutachten erstellt. Letztlich hat die Bundesregierung die Vorschläge für eine Förderung nicht umgesetzt und auch kürzlich mitgeteilt, dass sie das nicht zeitnah beabsichtigt, obwohl der Bundeskanzler noch einmal die Bedeutung der Lokalpresse kürzlich betont hat. Aber dennoch wird das wohl nicht zu einer finanziellen Unterstützung führen, sodass sich natürlich die Frage stellt: Wie will man dem Problem denn begegnen? Dass aus einer Ausdünnung der lokalen Presselandschaft Gefahren resultieren, liegt auf der Hand. Es besteht die Gefahr, dass es keinen funktionierenden Meinungs- und Willensbildungsprozess mehr gibt auf der lokalen Ebene. Wenn niemand mehr über die Ereignisse vor Ort berichtet oder nur noch die Gemeindeverwaltung selbst über ihr eigenes Handeln, ist das problematisch. Die Berichterstattung der Gemeindeverwaltung selbst ist vermutlich nicht immer so neutral, wie die freie Presse berichten würde. Es gibt Studien, die belegen, dass diese negativen Entwicklungen zu einer geringeren Wahlbeteiligung führen. Es wird davon gesprochen, dass Korruption durchaus stärkere Ausmaße annehmen kann. Es sieht halt einfach niemand mehr hin. Insgesamt kommt es auf diese Weise zu einer Abwärtsspirale. Da muss man sich natürlich die Frage stellen: Kann man das einfach so hinnehmen als Staat oder muss man hier nicht gewisse Grenzen einziehen und versuchen, Lösungsansätze zu entwickeln? Mein Vorschlag ist, dass man hier überlegt, den Auftrag des öffentlich-rechtlichen Rundfunks zu erweitern, der ja zurzeit auf zumindest regionale Berichterstattung beschränkt ist – die lokale Berichterstattung ist ausgenommen. Das ist natürlich schon ein relativ starker, grundlegender Einschnitt, aber es ist halt so, dass es keinen flächendeckenden funktionierenden Markt auf lokaler Ebene mehr gibt. Es gibt einzelne Ausnahmen, natürlich. In Großstädten sieht das anders aus oder auf nationaler Ebene würde ich das auch jetzt nicht so sehen. Da gibt es natürlich schon die entsprechenden überregionalen Medien, die das noch gewährleisten, aber bei der lokalen Presse ist das nicht mehr der Fall. Und da sollte man schon überlegen, ob man nicht im Wege der Zusammenarbeit des öffentlich-rechtlichen Rundfunks und Privater eine Lösung finden kann. Ich hatte auf die Praxis aus Großbritannien verwiesen. Es geht ja gar nicht darum, die Privaten zu verdrängen, sondern in Großbritannien ist es ja so, dass die 165 bei den Privaten angestellten Journalisten vom öffentlich-rechtlichen Rundfunk bezahlt werden. Ja, also die Privaten werden auf diese Weise nicht irgendwie marginalisiert. Sie werden gerade unterstützt.

Stv. Vorsitzender *Winterhoff*:

Vom Podium möchten sich jetzt auch noch Frau Münkler und Herr Schmid äußern. Bitte, in der Reihenfolge.

Prof. Dr. Laura *Münkler*, Bonn:

Kooperationsmodelle sind natürlich eine interessante Idee. Die Frage scheint mir jedoch in zwei Punkten zu liegen: Erstens, wie sind sie ausgestaltet? Zweitens, wenn wir das machen, können wir wirklich einen Vergleich mit dem englischen System hier heranziehen, weil die Finanzierungsmodelle ja doch divergent sind? Und inwieweit, da Beiträge des öffentlich-rechtlichen Rundfunks hineingesteckt werden sollen, ist das finanzverfassungsrechtlich wirklich tragbar? Darüber hinaus müsste doch zunächst einmal aufgearbeitet werden, was denn eigentlich die Gründe für den Einbruch des Lokaljournalismus und der Berichterstattung sind. Eigentlich setzt meines Erachtens das Intermedienkollisionsrecht gerade darauf, dass es in diesem Bereich eine Zurücknahme des öffentlichen Rundfunks in der Berichterstattung geben muss. Damit dieses Feld der lokalen Berichterstattung nicht überlagert wird und eine problematische Konkurrenz von anderweitigen Märkten entsteht, sodass man vielleicht doch nochmal auf Ursachenforschung gehen müsste, woran denn jetzt eigentlich der Niedergang des lokalen Journalismus festzumachen ist. Das wären jedenfalls zwei konträre Konzepte. Ob man jetzt eher auf Kooperationsmodelle setzt oder ob nicht stärker der Fokus auf das Intermedienkollisionsrecht gerichtet werden sollte, gälte es zu klären. Letztendlich – das war mein generelles Petitum – sollten aber verschiedene Regulierungsmodelle in Ansatz gebracht werden, um einen vielfältigen, pluraleren Meinungsbildungsprozess zu ermöglichen. Es bestehen Unklarheiten sowohl über die Bedrohungsszenarien als auch über die Funktionsmechanismen des öffentlichen Willensbildungsprozesses. Dann ist es doch sinnvoll tentativ regulierend vorzugehen.

Direktor der LFM NRW Dr. Tobias *Schmid*, Düsseldorf:

Ja, vielen Dank. Ich habe jetzt ein bisschen ein schlechtes Gewissen, weil mir die Idee zu spät kommt, aber ich sage es jetzt trotzdem: Ich habe ähnlich wie Frau Münkler etwas Annäherungsschwierigkeiten an dieses Kooperationsmodell – ich glaube, auch aus der Praxis abgeleitet. Es ist immer schwierig, wenn innerhalb eines Systems zwei, dem Grunde nach im Wettbewerb stehende Systemteile sich überkreuz helfen müssen. Das kann man theoretisch so machen. Ich weiß nicht, ob es praktisch gut funktioniert. Aber ich habe – und das ist das, was mir zu spät eingefallen ist – einen anderen Gedanken, den ich noch in die Diskussion bringen möchte und den man vielleicht alternierend aufnehmen kann. Ich war vor drei Wochen bei meinen Kollegen in Kanada. Die berichteten mir vom Online News Act, der in Kanada in Kraft gesetzt wurde und der eine einfache Regel hatte, die wir auch schon aus Australien kennen: Die großen Plattformen – die Größe ist dann wieder definiert, das ist so ein bisschen das, was die Europäer „Very Large Online Plattform" nennen – sind verpflichtet, zur Stützung von lokalem und regionalem Journalismus, Geldzahlungen zu leisten, die dann wiederum über – in diesem Fall dann die dortige Medienaufsicht – an Rundfunksender – also Radio, Fernseher und Zeitung – verteilt werden. Und das ist jetzt kein kleines Geld. In Kanada zahlt die Firma Google 100.000.000,00 kanadische Dollar pro Jahr. Sie klagten natürlich gleichzeitig dagegen. Facebook übrigens, also Meta, hat sich für den gegenläufigen Weg entschieden und hat nicht gezahlt, sondern stattdessen alle kanadischen News-Angebote auf seinen Plattformen gesperrt. Mit der schönen Mitteilung, damit habe man auch schon Australien in die Knie gezwungen und als nächstes ist dann Neuseeland dran. Also, das ist auch eine schöne Form der Auseinandersetzung. Das ist jetzt eher wieder Politik, aber der grundsätzliche Gedanke, dass man sich überlegt, wer ist denn ursächlich für diese Verschiebung der Wahrnehmung – und der öffentlich-rechtliche Rundfunk ist ja eher Leidtragender und nicht Ursache für die Situation der lokalen Presse, sondern möglicherweise sind es eher die großen Plattformen. Und zu sagen, man benutzt den Solidaransatz, finde ich nicht so abseitig. Es knüpft, wenn ich das noch kurz sagen darf, an den Gedanken an, den wir vorher aus der alten Rundfunkwelt hatten. Da ist die Diskussion ja auch ein bisschen durcheinander gegangen. Das stimmt, die großen Fernsehsender, die früher furchtbar reich waren, müssen regionale Veranstalter bezahlen. Das sind diese sogenannten Regionalfenster. Letztlich ist das auch nichts anderes, also man gewährleistet eine Angebotsvielfalt, indem man das Geld von dem, der aus diesem Markt sehr viel Geld verdienen kann, nimmt und sagt: „Das kannst du gerne machen, aber du musst auch der Gesellschaft etwas zurückgeben und so musst du halt eine regionale Vielfalt finanzieren." Also diesen Gedanken gab es schon einmal. Den könnte man im Prinzip weiterdrehen und sagen, die finanziellen Profiteure jetzt sind eben die großen Plattformen. Warum sollte man sie nicht dazu auffordern, dass sie ihrerseits einen Teil – für sie ja eher eine Rundungsgröße, 100.000.000,00 EUR – dann wiederum für den Markt zu Verfügung stellen? Also das kommt jetzt ein bisschen arg spät, aber ich hatte es im Kopf und das musste raus.

Stv. Vorsitzender *Winterhoff*:

Vielen Dank. Unsere Diskussion, die derzeit ja leider nur hier auf dem Podium geführt wird und an der teilzunehmen Sie nochmals herzlich eingeladen seien, zeigt, dass diese These 8 durchaus eine gewisse Berechtigung in sich trägt. Sie ist diskussionswürdig. Es haben jetzt zwei der Diskutanten darauf hingewiesen, dass man Ursachenforschung betreiben müsse, das hat Frau Münkler gesagt, und Herr Schmid hat eine Ursache benannt, das sind die großen Plattformen, die möglicherweise mit dafür verantwortlich sind, dass es auf lokaler Ebene zu einem Mediensterben, dass es zu Konzentrationsprozessen kommt. Und ich glaube, man kann festhalten, dass Einigkeit besteht, dass öffentliche Informationsverantwortung, also eine Informationsverantwortung des Staates dahingehend existiert, dass der Staat nicht die Augen vor solchen Entwicklungen verschließen darf, sondern dass er notfalls korrigierend eingreifen muss oder eingreifen sollte, vielleicht etwas weicher formuliert. Ob das dadurch geschieht, dass es zu Kooperationen zwischen öffentlich-rechtlichem Rundfunk und privaten Medienanbietern kommt, wie das These 8 im Moment zu Grunde legt, oder ob, wie das in Kanada dann ja offenbar der Fall ist, durch Gesetz Zahlungspflichten großer Plattformbetreiber etabliert werden, das sei jetzt einmal dahingestellt. Aber ich glaube, der Befund ist, es gibt so etwas wie eine Verantwortung des Staates auch im Hinblick auf den lokalen Sektor, und ich habe jetzt zwei weitere Wortmeldungen, Herr Gersdorf wollte sich äußern und dann auch nochmal Sebastian Nellesen, bitte in der Reihenfolge.

Gutachter:

Es wurde nach den Gründen gefragt, Herr Schmid hat zu Recht auf die Logik der Plattformenökonomie hingewiesen, das hat nicht nur der wirtschaftlichen Basis des Lokaljournalismus heftig zugesetzt, sondern überhaupt allen Medien. Aber diese Konzentrationsprobleme und auch Refinanzierungsprobleme auf der Ebene des Lokaljournalismus gibt es schon deutlich vor dem Internet, das hat schlicht und ergreifend damit zu tun, dass die Werbemärkte auf lokaler Ebene deutlich begrenzter sind als auf regionaler und vor allem auf bundesweiter Ebene, sodass die Refinanzierung deutlich schwieriger ist. Gleichwohl sollte man in der Tat nach den Ursachen schauen und auch sehen, prüfen, ob diese Ursachen nicht überwindbar sind, wenn vielleicht sich auch in der Logik und Rationalität der Verleger sich ein bisschen etwas ändert. Wer weiterhin auf die Papierpresse setzt, wird natürlich andere Refinanzierungsprobleme haben als diejenigen, die auf digitale Angebote setzen, weil Distributionen und Druck schon so viel Geld verschlingen, dass eine Refinanzierbarkeit schwierig ist. Das ist aber ein sehr, sehr komplexes Thema. Ich habe offen gestanden, andere ja auch, mit der Kooperation schon in dieser Allgemeinheit ein bisschen Probleme, weil das natürlich schnell der Einstieg jetzt auch des öffentlich-rechtlichen Rundfunks eben dann doch in die Textdienste darstellen sollte. Das hat genau dann wiederum den Hintergrund zur These 7: Im Interesse der Funktionsfähigkeit der Presse, glaube ich, ist es sehr, sehr wichtig, dass der öffentlich-rechtliche Rundfunk sich im Bereich von Textdiensten, ich sage nochmals, das sind nicht alle Telemediendienste, sondern textlastige Telemedien weiterhin zurückhält. Wenn dann in diesem Bereich jetzt die Presse auch noch Konkurrenz durch das öffentlich-rechtliche System erhielte – wir sind ja alle glücklich über publizistische Konkurrenz, keine Frage, aber dann riskierten wir, dass dann die wirtschaftliche Grundlage der klassischen Presse weiterhin Schaden nähme. Und diese Presse, und darauf hat Herr Lewinski nochmal hingewiesen, ist eine wichtige demokratiestabilisierende Säule. Zu Kooperation hat übrigens das Bundesverfassungsgericht auch schon Stellung genommen, nämlich im Bereich des Rundfunks und auch der damit verbundenen Probleme. Es hat ein Trennungsgebot entwickelt und überall dort, wo private und öffentlich-rechtliche Rundfunkveranstalter kooperieren, muss am Ende klar sein, wer ist für was verantwortlich. Und das hat gute Gründe, weil die Zuordenbarkeit wichtig ist für die Systeme, ganz unterschiedliche Voraussetzungen gelten und durch die Kooperation darf dieses ganz unterschiedliche System von Voraussetzungen nicht unterlaufen werden. Und das gilt natürlich für jedes Kooperationsmodell, daher habe ich ein bisschen Bauchschmerzen und sehe natürlich auch die Probleme, das ist eben ein Thema für sich schon wieder. Ich könnte mir sehr gut vorstellen, dass aus dem Beitragsaufkommen auch lokaler Journalismus gefördert wird. Selbstverständlich muss über die Verteilung der öffentlichen Gelder dann staatsfern entschieden werden, so etwas sieht beispielsweise der Freistaat Sachsen vor. Da werden Landesmittel zur Verfügung gestellt, die konkrete Verwendung wird dann in die Hände der staatsfern organisierten sächsischen Landesmedienanstalten gestellt. Und ich könnte mir sehr gut vorstellen, dass nicht nur Landesmittel zur Verfügung gestellt werden, sondern auch der Rundfunkbeitrag. Aber das ist ein ganz grundsätzliches Problem: wer soll am Rundfunkbeitragsaufkommen partizipieren, so wie in der Vergangenheit nur der öffentlich-rechtliche Rundfunk oder vielleicht auch private audiovisuelle Medien mit dem Schwerpunkt Information und vielleicht auch der lokale Journalismus? Ich glaube, in dieser Richtung sollte eher die Diskussion gehen, die geführt werden muss, weil der Lokaljournalismus für die Vielfalt, für die Demokratie von ganz erheblicher Bedeutung ist. Das System darf nicht einfach links liegenbleiben, aber ob die Therapie Kooperationsmodelle die richtige ist, da würde ich eher ein Fragezeichen setzen wollen.

Stv. Vorsitzender *Winterhoff*:

Insofern passt jetzt die Reihenfolge der Wortbeiträge sehr gut, denn Sebastian Nellesen hat diese These formuliert und will jetzt sicherlich versuchen, sie gegen die Kritik, die von unserem Gutachter kam, zu verteidigen.

Rechtsanwalt Dr. Sebastian *Nellesen*, Bonn:

Vielen Dank. Also ich hänge nicht an dem Wort ‚Kooperation', das kann man auch anders formulieren. Ich glaube, es ist wichtig klarzumachen, dass es nicht darum geht, die private Lokalpresse gegen den öffentlich-rechtlichen Rundfunk auszuspielen und damit das Ende der Lokalpresse noch zu beschleunigen. Im Gegenteil: Es gibt hier zurzeit praktisch keinen bzw. kaum einen Wettbewerb. Der Auftrag des öffentlich-rechtlichen Rundfunks ist beschränkt auf mindestens regionale Berichterstattung. Ich rede auch ganz explizit nur über die lokale Ebene. Darüber hinaus ist die Sachlage im Pressenbereich noch anders. Im lokalen Bereich ist die Sachlage aber so, dass es stark rückläufige Entwicklungen und Konzentrationsprozesse gibt. Die Ursachen sind vielfältig, da hat auch die Lokalpresse sicherlich einen Anteil dran, Stichwort Qualität. Die Preise sind gestiegen, die Abos gehen zurück, es werden kaum neue Abos akquiriert. Natürlich gibt es online frei verfügbar viele Inhalte, warum soll man dann eine teure Tageszeitung abonnieren? Also, das ist natürlich eine Spirale, die sich immer weiterdreht. Ohne Unterstützung ist die lokale Presselandschaft in wenigen Jahren noch deutlich stärker ausgedünnt. Je länger wir warten, desto größer werden die Probleme und desto stärker wird der Staat eingreifen müssen. Negative Entwicklungen werden sich abzeichnen, insbesondere bei Wahlen oder Abstimmungen auf lokaler Ebene wird sich dies zeigen. Auf diese Weise wird das Problem dann sicherlich Vielen noch deutlicher vor Augen geführt, welche negativen

Entwicklungen hieraus resultieren können. Hierzu gibt es Studien, die die negativen Entwicklungen belegen. Bei dem von mir dargestellten Konzept aus Großbritannien werden die privaten Anbieter nicht verdrängt. Ein Teil des Beitragsaufkommens würde zur Finanzierung von Journalisten verwendet, die weiter bei den privaten Anbietern beschäftigt sind. Das führt nicht dazu, dass die privaten Anbieter verdrängt werden durch den öffentlich-rechtlichen Rundfunk, sondern im Gegenteil, sie wurden gestärkt, weil sie in Form der Gehaltszahlungen finanziell entlastet würden. Ich stimme zu, dass es sicherlich einige Detailfragen gibt, die man vorab klären müsste. Das sind aber Ausgestaltungsfragen. Zunächst müsste man die Systemfrage beantworten, ob man so eine Kooperation überhaupt möchte. Und wenn man das nicht möchte, dann muss man die Frage beantworten – wenn man sie nicht ganz unbeantwortet lassen möchte – „was soll der Staat denn sonst machen?" Danke.

Stv. Vorsitzender *Winterhoff*:

Vielen Dank. Dann würde sich der Rundfunkbeitrag also in Richtung eines Medienbeitrages weiterentwickeln und damit quasi als Demokratie-Beitrag charakterisiert werden können. Herr Bornemann, von Ihnen liegt mir eine Wortmeldung vor, Sie haben das Wort. Bitte schön.

Rechtsanwalt Prof. Roland *Bornemann*, Ottobrunn:

Ich komme Ihrer Aufforderung verspätet nach und stelle mich vor. Roland Bornemann, Rechtsanwalt, Honorarprofessor an der Uni Mainz.

Also Herr Nellesen, „vielleicht müssen wir ‚Kooperation' anders nennen", sagten Sie. Meine Lebenserfahrung deutet sehr stark darauf hin, dass Kooperation gelingen kann zwischen ungefähr gleichstarken Partnern. Wenn wir sehr ungleichgewichtige Partner haben, müssen wir es tatsächlich anders nennen. Ich schlage vor: ‚Okkupation'. Wenn man dem einen nur Geld abnimmt und dem anderen gibt, wenn das die Form von Kooperation ist, die kann funktionieren. Aber anders hab ich sie in der Praxis kaum erlebt. Und ich muss Ihnen leider ein bisschen Praktiker-Wermut in den schönen wissenschaftlichen Wein gießen. Wir haben in Bayern Erfahrung mit dem lokalen Fernsehen gemacht, wir haben ja in Bayern eine ziemlich vielfältige Lokalfernsehlandschaft. Lokalfernsehen kann sich nicht aus den lokalen Werbemärkten refinanzieren. Früher gab's dann das öffentlich-rechtlich erhobene Teilnehmerentgelt, das abgeschafft wurde. Inzwischen gibt es – Herr Gersdorf berichtete von sächsischer Zahlung – in Bayern Haushaltsmittel des Freistaats Bayern in jährlich niedriger zweistelliger Millionenhöhe für das lokale Fernsehen, ursprünglich für die Distributionskosten gedacht. Die staatsferne Landeszentrale soll das Geld verteilen. Aber ich sag Ihnen eins, die Landeszentrale als Förder-Erstempfänger staatlicher Mittel erhält einen Förderbescheid – wenn ich kurz eine Werbepause machen darf für den von mir mit heraus gegebenen Kommentar zum Bayerischen Mediengesetz: Zu Art. 23 BayMG finden Sie einen Abdruck der staatlichen Förderbedingungen und wenn Sie die lesen, dann haben Sie das starke Bedürfnis, die Staatsferne besser abzusichern. Denn das funktioniert in der Praxis zwar besser, als es nach dem Papier aussieht, aber die Förderbedingungen des staatlichen Förderbescheides an die Landeszentrale, die sind knüppelhart. Wir hatten versucht, eine Kooperation mit dem Bayerischen Rundfunk zustande zu bringen. Die Gespräche waren freundlich und ergebnislos. Dabei sollte das vielleicht sogar leichter sein, wenn zwei Akteure Bewegbild veranstalten, dass eine Kooperation zustande kommt. Wir hatten die vage Hoffnung, der Bayerische Rundfunk gibt gesendete Programmbeiträge vielleicht für lau ab, weil es ja schon finanziert ist. Die Kooperation ist aus urheberrechtlichen Gründen gescheitert. Nicht, dass der Bayerische Rundfunk das nicht hätte umsetzen können, aber es hätte einer zusätzlichen Honorierung der Autoren usw. für diese weitere Verwertung erfordert. Das wäre teurer geworden. Also haben wir jahrelang praktisch ohne Ergebnis verhandelt. Bevor Herr Söder Ministerpräsident wurde, hat er öffentlich bei Veranstaltungen gefordert, den Anteil der Landesmedienanstalten, die nach geltendem Recht 1,8989 % aus dem Rundfunkbeitrag erhalten, auf 3 % zu erhöhen. Ursprünglich waren es mal 2 %. Keine Chance das im Kreis der Länder umzusetzen: Die Länder sind in ihrer Mehrheit dagegen. Der Bayrische Rundfunk ist auf jeden Fall sehr dagegen, denn es ging ja von seinem Anteil ab. Und die Landesparlamente sind sehr dagegen, den Rundfunkbeitrag zu erhöhen, um die Mittel zu bekommen. Wenn Sie jetzt davon ausgehen, oder sich vorstellen, der öffentlich-rechtliche Rundfunk bezahlt das Redaktionspersonal der Lokalzeitungen. Ja wo soll das Geld herkommen? Entweder muss er es von dem Seinen nehmen, obwohl er uns, nahezu täglich erklärt, dass er zu wenig hat, oder aber, man muss den Rundfunkbeitrag erhöhen und da sind nicht nur die Länder, in denen die AfD im Parlament sitzt, sondern es sind fast alle Länder sehr, sehr zögerlich, um nicht zu sagen dagegen. Also das sind schöne Überlegungen und man muss sich in der Tat, da haben Sie Recht, überlegen, kann man Lokalqualitätsjournalismus dauerhaft sichern?

Eins der Hauptprobleme – es wurde, glaube ich, nicht angesprochen – ist, dass einfach nahezu keine Werbung mehr stattfindet in den

Zeitungen. Die Abonnements waren ja noch nie tragend, vielmehr haben die Zeitungen vormals richtig viel Werbung gemacht. Schauen Sie mal die Süddeutsche, wie dick die früher am Samstag mit Immobilienangeboten war. Den Kfz-Markt gibt's in Zeitungen praktisch nicht mehr. Das ist alles in die Online-Angebote abgewandert. Und das holen die Zeitungsverleger auch nicht wieder zurück, außer sie gehen in die Online-Angebote. Also irgendjemanden auszumachen, den man mit guten Gründen, Geld abnehmen kann, um es dem Lokaljournalismus zu geben, das wäre eine gute Idee. Ich fürchte nur, der öffentlich-rechtliche Rundfunk wird's nicht sein. Das wird politisch nicht umsetzbar sein und man muss sich immer fragen, ob man Vorschläge machen will, von denen man schon weiß, dass sie nicht funktionieren. Entschuldigung.

Stv. Vorsitzender *Winterhoff*:

Kein Grund zur Entschuldigung. Vielen Dank Herr Bornemann. Ich habe jetzt eine Wortmeldung, die betrifft These 7 und stammt von Thomas Mayen. Da wir aber bisher über These 8 diskutiert haben, möchte ich vorher noch den Podiumsteilnehmern Gelegenheit geben, vielleicht auf Herrn Bornemann zu erwidern.

Herr Schmid wollten Sie? Habe ich das eben richtig verstanden?

Sebastian Nellesen? Gut, dann können wir gleich – ja bitte.

Vorsitzende:

Ich wollte gerne noch eine Präzisierung der These erreichen, weil wir nachher abstimmen müssen. Wir haben jetzt das Kooperationsmodell diskutiert, aber auch Zusatzfinanzierungen. Jetzt gab es hier ein absolut negatives Votum zu diesen Querfinanzierungen oder Zusatzfinanzierungen. Daher ist die Frage, ob wir die These so stehen lassen oder variieren sollen, weil wir jetzt noch die Möglichkeit hätten, sie anders zu fassen. Danach sind wir in der Abstimmung und dann können wir nicht mehr alles hin- und herschieben. Deshalb richtet sich meine Frage nach der Diskussion an Herrn Nellesen: Wollen Sie die These jetzt so beibehalten, oder ändern?

Stv. Vorsitzender *Winterhoff*:

Wenn ich das richtig sehe, will sich Thomas Mayen genau zu diesem Punkt äußern.

Rechtsanwalt Prof. Dr. Thomas *Mayen*, Bonn:

Ja, für mich stellt sich die Frage bei der These 7 und der These 8, das gehört beides zusammen, ob der private Sektor überhaupt da reingenommen werden darf. Wenn ich das vergleiche mit dem Thema der Abteilung, er besteht aus zwei Sätzen. Das eine heißt: „wie lässt sich öffentliche Information für Bewertung in Zeiten digitale und multipolare Kommunikationskultur realisieren“ und der zweite Satz „welche Aufgaben haben der Staat die öffentlich-rechtlichen Rundfunkanstalten und die Wissenschaft“. Herr Winterhoff hat es ja abgeleitet, dass die öffentliche Informationsverantwortung auch das Private abdeckt und würden Satz 1 und Satz 2 als Ergänzung lesen, würde also nicht in Satz 2 eine Konkretisierung von Satz 1 sehen. Das muss man also deutlich entscheiden. Das müsste auch der Abteilungsvorstand wissen, wie die Deputation das Thema festgelegt hat. Wenn der private Sektor aufgenommen werden soll, den würde ich aber empfehlen, den Abschnitt IV, die Überschrift als öffentliche Informationsveranstaltung des privaten Rundfunks und der Presse zu definieren und zu beschreiben, weil das die öffentliche Informationsverantwortung der Themenbestätigung von Satz 1 aufgreift. Das wäre der eine Punkt. Der zweite Punkt wäre, ich würde dann im Satz 2 der These 7, das darf ich vielleicht an der Stelle gleich schon sagen, weil es die Abfassung der Thesen betrifft, das Wort Anreizregulierung vermeiden. Das Wort Anreizregulierung ist besetzt aus dem Energiewirtschaftsrecht, es hat dort Eingriffscharakter und ist sicherlich unter dem Gebot der Staatsferne noch problematischer als das Herr Bornemann schon geschildert hat. Ich würde von allgemeinen staatlichen Anreizen sprechen und ergänzen, dass dafür auch das Gebot der Staatsferne gilt. Es muss also die staatsfreie Gewährleistung gelten. Ansonsten sind sie im Widerspruch zu dem, was Herr Kube diskutiert hat.

Stv. Vorsitzender *Winterhoff*:

Vielen Dank. Eine Anregung betrifft dann die Überschrift für unseren Abschnitt IV „Bedeutung des privaten Rundfunks und der Presse“. Damit würden wir dann also unser Thema ein bisschen erweitern und öffnen im Hinblick auf eine Einbeziehung auch privater Medien, und der andere Aspekt betrifft den Begriff der Anreizregulierung in These 7. Anreizregulierung ist ein Terminus technicus, vielleicht kann man den Begriff an dieser Stelle einfach ersetzen durch „Anreize“, das ist dann weniger technisch, denn es geht ja darum in These 7, dass private Rundfunkanbieter möglicherweise, wenn sie den Gesetzen des Marktes gehorchen, reine Informationsangebote, die vielleicht nicht auf so viel Nutzerinteresse stoßen, zurückfahren und stattdessen Unterhaltsangebote in den Vordergrund rücken, und die Idee, die dieser These zu Grunde liegt, war, dass man Anreize schaffen sollte für private Rundfunkanbieter, auch Informationsangebote in ihr Programm aufzunehmen, auch in nennenswertem Umfang, damit es insoweit eine vielfältige Rundfunklandschaft gibt und auch die privaten Rundfunkanbieter ihren Beitrag leisten zur Information der Öffentlichkeit über relevante Themen, und dazu bedarf es gewisser Anreize. Das nächste Stichwort ist nämlich die Refinanzierbarkeit, und das knüpft an die Gesetze des Marktes an.

Herr Gersdorf, wollen Sie das ein wenig ergänzen?

Gutachter:

Herr Mayen kommt ja aus dem Regulierungsrecht und ist der beste Telekommunikationsrechtler in der Bundesrepublik Deutschland, wollte ich schon fast sagen. Und im Bereich der Netzindustrie wird die Anreizregulierung in ganz anderem Kontext gesehen. Da soll es um Effizienzsteigerung gehen. So, und das passt hier im Medienbereich nicht. Aber man kann den Begriff der Anreizregulierung auch eben weiter verstehen, nämlich wie Sie es eben auch gesagt haben, als „Anreize zu setzen", freiwillig mehr publizistische Leistung im Sinne von Information zu bringen, im Sinne von Demokratie stiftenden Benefits zu leisten und dafür Vorteile zu bekommen bei der Sichtbarkeit auf Plattformen, um nur einige Beispiele zu bringen. Das sind also auch Instrumente, derer sich der Mediengesetzgeber bedient. Und ich habe deswegen überhaupt keine Probleme mit dem Begriff der Anreizregulierung auch im medienrechtlichen Zusammenhang, wenngleich wir alle natürlich wissen, dass es hier nicht um Effizienzsteigerung geht wie im Bereich des Telekommunikationsrechts, des Eisenbahnregulierungsrechts der Netzindustrie.

Stv. Vorsitzender *Winterhoff*:

Jetzt gibt es von dieser Seite des Podiums Wortmeldungen, insbesondere zu These 8.

Rechtsanwalt Dr. Sebastian *Nellesen*, Bonn:

Ja, vielen Dank. Also, ich habe eben ja schon gesagt, an dem Wort ‚Kooperationsmodell' hänge ich jetzt nicht. Ich habe gerade mit Herrn Schmid kurz bilateral gesprochen. Das muss ja nicht so konkret sein, sondern man kann es etwas offener fassen. Es gibt sicherlich verschiedene Modelle, die weitergedacht werden sollten. Ich glaube,

Herr Schmid ist schon in der Formulierung weiter, sodass ich gerne übergebe.

Direktor der LFM NRW Dr. Tobias *Schmid*, Düsseldorf:

Ich melde mich dazu, wenn ich einen Satz habe.

Stv. Vorsitzender *Winterhoff*:

Ja, was machen wir? Frau Nußberger hat jetzt dankenswerterweise die Beschlussvorlage fortgeschrieben, und wir haben jetzt die Alternative, entweder in These 7 weiterhin den Begriff der Anreizregulierung zu verwenden in einem nicht telekommunikationsrechtlichen Sinne oder den Begriff der Anreizregulierung durch schlicht „Anreize“ zu ersetzen, was der weniger technische Begriff ist. Ich hätte eine Sympathie für die letztgenannte Alternative. Ich sehe Nicken. Sollen wir dann auf Anreize umstellen? Gut, dann haben wir da einen Konsens. Dann kann dieses Missverständnis, das der Begriff Anreizregulierung möglicherweise hervorrufen kann, vermieden werden. Dann sind wir bei These 8 und der Frage, wie formulieren wir diese These? Erweitern wir sie im Hinblick auf verschiedene Optionen?

Vorsitzende:

Ja, bevor die beiden den Text fertig formuliert haben, wäre eine Konkretisierung gut, weil wir nachher abstimmen müssen. Wir würden also die Überschrift ändern. Diese Änderung ist konsentiert. Wir verweisen auf die „Bedeutung des privaten Rundfunks und der Presse“; im ersten Satz verweisen wir auf den privaten Rundfunk als zweite Säule des dualen Systems sowie auf die Presse. Dem hat Herrn Gersdorf widersprochen, während er mit der Ergänzung des Worts „audiovisuell“ einverstanden war. Ich wollte nur fragen: Ist dieser Widerspruch fundamentaler Art? (Nein.) Okay, dann ist es entsprechend geändert und ich kann es so durchgeben an das Sekretariat des Juristentags. Okay, jetzt sind wir bei Ihrem Formulierungsvorschlag.

Rechtsanwalt Dr. Sebastian *Nellesen*, Bonn:

Ja, wir würden Folgendes vorschlagen. Also wir sind bei These 8. „Der Gesetzgeber sollte der rückläufigen Entwicklung des Lokaljournalismus entgegenwirken. Denkbar wären Kooperationsmodelle zwischen öffentlich-rechtlichem Rundfunk und lokalen privaten Medien.“ Was sollte noch ergänzt werden? Finanzierungsauflagen für very large online platforms zur Finanzierung journalistischer Inhalte?

Stv. Vorsitzender *Winterhoff*:

Die Frage ist, müssen wir diese Optionen, die der Gesetzgeber einsetzen könnte, so stark konkretisieren? Oder sollte man nicht sich eher darauf beschränken, zu sagen, es steht im Ermessen des Gesetzgebers, geeignete Mechanismen einzusetzen, Herr Gersdorf?

Gutachter:

Also in der Tat, ich würde der Einfachheit halber vorschlagen, den Satz einfach in der Mitte enden zu lassen. Der Gesetzgeber sollte der rückläufigen Entwicklung des Lokaljournalismus entgegenwirken, Punkt. Und dann haben wir da mehrere Optionen. Und darüber muss man auch im Detail einfach jetzt hier nochmal sprechen. Ich würde jetzt das nicht weiter ausbuchstabieren, sondern einfach mit „entgegenwirken" schließen, weil dann die Botschaft deutlich wird, „so darf es nicht weitergehen, da muss was gemacht werden." Was? Darüber müssen wir noch diskutieren. Vor allem der Gesetzgeber muss sich darüber Gedanken machen.

Rechtsanwalt Dr. Sebastian *Nellesen*, Bonn:

Ja, vielen Dank. Vielleicht kann man es auch noch etwas klarer fassen. Es sind Beispiele. Zum Beispiel haben wir gerade darüber gesprochen, dass es schon jetzt Fördermodelle gibt, die aber leider das Problem nicht lösen. Wenn so etwas dabei am Ende herauskäme, dann wäre Satz 1 zwar erfüllt, aber in der Sache wäre nichts gewonnen. Deswegen ist es schon sinnvoll, dass wir einen Zusatz formulieren, mit dem darlegt wird, was gedanklich hinter dem Vorschlag steht.

Stv. Vorsitzender *Winterhoff*:

Man könnte ja auch den Gedanken, der hier entfaltet worden ist, einfach als Beispiel anfügen, indem man sagt, „zu denken sein könnte beispielsweise an die in Großbritannien etablierten Modelle einer Kooperation von…" Dann hat man das sehr offen formuliert. Man hat ein Beispiel dafür, das das Verständnis dieser These erleichtert, ohne sich festzulegen. Sollen wir das so versuchen? Ich wiederhole das kurz, dass angeregt wird, dass die Formulierung dahin abgewandelt wird, dass problemlösende Kooperationsmöglichkeiten in Erwägung gezogen werden, so in dem Sinne.

Vorsitzende:

Zur Wahl steht jetzt im Prinzip die Möglichkeit, quasi in der Mitte des Satzes einen Punkt zu setzen und ganz allgemein zu bleiben: „Der Gesetzgeber sollte der rückläufigen Entwicklung des Lokaljournalismus entgegenwirken." Das könnte man einfach zur Abstimmung bringen. Dann hatten wir das ausformulierte Modell als zweiten Satz.

Vorsitzende:

Dann wäre jetzt mein Vorschlag, den ersten Satz zu ergänzen: „Der Gesetzgeber sollte der rückläufigen Entwicklung des Lokaljournalismus entgegenwirken, beispielsweise durch problemlösende Kooperationsmodelle." Wäre das akzeptabel? Ja?

Stv. Vorsitzender *Winterhoff*:

Gut, wunderbar. Dann haben wir jetzt diesen Punkt, glaube ich, auch ausreichend ausführlich diskutiert, und mit Blick auf die Uhr würde ich anregen, dass wir jetzt zu unserem Gliederungspunkt V kommen, das betrifft die Gewährleistung der Aufsicht auf nationaler und europäischer Ebene. Ihnen liegen die Thesen 9 bis 12 vor. Wenn es dazu Diskussionsbeiträge gibt, wäre ich Ihnen dankbar, wenn Sie die Diskussionskarten jetzt an dieser Stelle abgeben könnten. Und solange keine Diskussionskarte vorliegt, könnten wir vielleicht kurz auf These 9 zu sprechen kommen, und damit knüpfen wir an die Diskussion an, die wir heute Vormittag schon geführt haben zum Stichwort „Staatsferne". Wir haben gelernt, Staatsferne hat keine Freunde, insbesondere nicht unter den Regierungen in den Mitgliedstaaten, und hier sprechen wir ja über ein unionsrechtlich geprägtes Themenfeld. Und meine Frage wäre, die vielleicht wichtig ist als Hintergrund für die Abstimmung heute Nachmittag: Wie realistisch ist es eigentlich, dass man Zuständigkeiten auf Unionsebene im Hinblick auf die Aufsicht ändern kann? Ist das eine Forderung, die wir erheben und die dann verhallt, weil das keine Chance hat auf Realisierung, oder ist das eine These, die nicht nur aus der Bundesrepublik Deutschland formuliert werden würde, sondern auch Unterstützung in anderen Mitgliedstaaten bekommen würde? Ich glaube, da sind Sie als Experte, als Gutachter, am nächsten dran, und deswegen wäre ich Ihnen dankbar, wenn Sie sich dazu äußern könnten. Bitte.

Gutachter:

Ich finde nicht, dass man Thesen, von denen man überzeugt ist, nur artikulieren soll, wenn sie auch Realisierungschancen haben, ich glaube, es ist die Aufgabe überhaupt der Rechtswissenschaften, Systeme resilient zu machen. Wir haben darüber gesprochen, welche Probleme eventuell in Bälde die Französische Republik bekommen könnte. Und selbst, wenn wir hier keine Realisierungschance haben, sollten wir sagen, wehret den Anfängen, dass die Regierung der Europäischen Union, das ist die Kommission, letztlich die Medienaufsicht über Medieninhalte wahrnimmt. Das steht im klaren Widerspruch zu Artikel 30 der AVMD-Richtlinie. Eine solche Rechtsauffassung hat auch schon das Oberverwaltungsgericht Münster eingenommen und vielleicht ist das dann auch künftig die Position des Europäischen Gerichtshofes. Also, dass so es nicht geht, dass die Aufsicht über Inhalte so zu organisieren ist, wie nach der AVMD-Richtlinie und dafür ist eben ein regierungs- und hier heißt es unionsfern ausgeschaltetes Gremium erforderlich und das ist eben das Gremium und nicht die Kommission. Also ganz offen gestanden, es wäre schön, wenn wir mehrere Mitstreiter hätten, aber ich halte diesen Punkt für so unglaublich wichtig und da sollten wir uns auch nach außen klar positionieren und die Dinge nicht einfach laufen lassen. Also ich hab's wenigstens nie verstanden und werde es auch nie verstehen, warum das, was die Richtlinie in Artikel 30 und übrigens auch Artikel 7 EMFA für die Mitgliedstaaten vorsieht, nämlich eine regierungsferne Medienaufsicht, plötzlich für die Organe der Europäischen Union gelten soll, das macht keinen Sinn. Und ich hoffe, dass man mit diesem Argument auch beim Gerichtshof in Luxemburg Erfolg hat.

Stv. Vorsitzender *Winterhoff*:

Ja, vielen Dank für dieses Plädoyer, das dafür spricht, dass wir diese These nicht nur zur Abstimmung stellen, sondern dass sie auch eine große Bedeutung hat, und dazu möchte sich auch Herr Schmid äußern. Bitte.

Direktor der LFM NRW Dr. Tobias *Schmid*, Düsseldorf:

Ja, vielen Dank. Ich darf Sie vielleicht wieder mit einem Blick in die Praxis konfrontieren. Sie wissen, der DSA hat das sogenannte „Digital Services Board“ geschaffen, in dem die 27 Digital Services Coordinator sitzen und über die wesentlichen Maßnahmen gegen Plattformen beraten. Ach nein, was machen die eigentlich? Wissen Sie, wer im European Board for Digital Services entscheidet? Die Europäische

Kommission. Wissen Sie, wer im European Board for Digital Services vorschlägt, über welche Plattformen gesprochen wird? Die Europäische Kommission. Die Digital Services Coordinator haben weder ein Vorschlags- noch ein Mitbestimmungsrecht. Es entscheidet alleine die Europäische Kommission. Das ist die Realität im Moment. Das kann man bei Medieninhalten so machen, ist aber bisher höchst unüblich. Die Europäische Kommission ist eine Administration, in diesem Fall ist das die DG Connect. Die DG Connect ist unter der Führung einer Kommissarin oder eines Kommissars und der wird nach dem bekannten Schema sozusagen eingesetzt. Das ist eine sehr regierungsnahe Organisation. Also ich will nur sagen, dass das, was dort stattfindet, ja mitnichten so ist, dass dann auch 27 unabhängige Regierungsbehörden miteinander reden. Also die dürfen alle reden. Wir werden eingeladen und wir sitzen dort und dann reden wir miteinander und danach entscheidet die Kommission, was sie macht, und das halte ich für eine ganz kritische Entwicklung. Und ich glaube, es verträgt sich mit der Sichtweise, wie wir hier üblicherweise Medien regulieren überhaupt nicht, und wir sollten dringend dafür werben, dass das zur Diskussion gestellt wird. Das ist beim DSA durchgelaufen. Da muss man aber ehrlicherweise sagen, ich bin nicht sicher, ob jeder Mitgliederstaat sich darüber im Klaren war, was darüber entschieden wurde. Und wenn wir ganz ehrlich sind, ist auch die Bundesrepublik Deutschland erst sehr spät aufgewacht und war dann am Ende mit Österreich ziemlich alleine. Ich würde sehr dafür werben, dass wir diese Position nennen, und ich nenne noch ein weiteres Argument: Wir werden in der nun anstehenden Legislaturperiode die Novellierung der AVMD-Richtlinie bekommen. Die ist eine für den Mediensektor, was die Inhaltsregulierung angeht, entscheidende Richtlinie. Das ist bisher eine Richtlinie, denn wenn ich die öffentlichen Äußerungen der Mitarbeiterinnen und Mitarbeiter der Europäischen Kommission richtig verstanden habe, neigt die Kommission dazu, auch in diesem Fall von der Richtlinie zur Verordnung zu wechseln. Das heißt also, es gäbe keine Möglichkeit mehr für den Mitgliedstaat, bei der medienrechtlichen Inhaltsregulierung noch eigene Regeln zu erstellen. Denn dann wäre auch das eine zentrale, unmittelbar wirkende europäische Verordnung. Ich weiß nicht, ob das so kommt, oder nicht, aber das ist der Fahrplan der Kommission. Und wenn die Mitgliedstaaten sich dazu nicht kritisch äußern, wird es einfach passieren. Und wir sind hier der Deutsche Juristentag und diskutieren dieses Thema. Ich würde dringend empfehlen, dass man das Thema der Unionsferne in diesem Kontext erwähnt und nennt. Ich glaube, dass die Aufklärungsarbeit auch bei den Vertretern von Bund und Ländern, dass das so kommen kann, durchaus noch etwas Rückenwind verdient. Danke schön.

Stv. Vorsitzender *Winterhoff*:

Ja, vielen Dank. Ich habe jetzt zwei Wortmeldungen vorliegen. Die Erste ist von Herrn von Lewinski. Bitte sehr.

Prof. Dr. Kai *von Lewinski*, Passau:

Ich möchte mich dem Werbeblock von Hubertus Gersdorf und Tobias Schmid ausdrücklich anschließen und hätte zu dem Zuckerbrot noch eine kleine Peitsche hinzuzufügen, die man vielleicht zusätzlich schwingen kann für diesen Zweck. Zwar ist das Verhältnis zwischen EuGH und Bundesverfassungsgericht sehr verwickelt. Aber vielleicht könnte man den Gedanken einfach einmal hier in den Raum stellen und schauen, wie es wirkt, dass die Staatsferne, die dann auf der europäischen Ebene eben Unionsferne heißt, nicht nur verfassungsrechtlich geboten ist, worüber wir uns alle natürlich einig sind. Sondern dass sie womöglich zum Identitätskern der deutschen Verfassung gehört. Und das ist etwas, wo der EuGH aus institutionellen Gründen vielleicht etwas genauer aufmerkt. Dieser Identitätskern ist natürlich immer schnell behauptet, und eine ausdrückliche Aussage des Bundesverfassungsgerichts gibt es hierzu noch nicht. Dazu zwei Gesichtspunkte: Zum einen ist das Medienwesen, so wie es auf alliierte Vorgaben hin in Deutschland eingerichtet ist, sehr föderal und staatsfern, gerade in Abkehr vom Goebbel'schen zentralisierten Propagandaapparat. Also, hierin kann man schon eine sehr dezidierte Lehre aus dem Zweiten Weltkrieg sehen, und deshalb gehört die Staatsferne und dieses speziell ausgestaltete Rundfunksystem zum Identitätskern der Bundesrepublik Deutschland. Und zum anderen dann hatte einmal der Journalist Konstantin van Lijnden den schönen Satz gesagt: „Finde jemand im Leben, der dich so liebt wie das Bundesverfassungsgericht den öffentlich-rechtlichen Rundfunk". Wo würde das Bundesverfassungsgericht wirklich einmal den Konflikt und das Armdrücken mit dem Europäischen Gerichtshof suchen? Was sind die beiden Lieblingsdinge der Deutschen und des Bundesverfassungsgerichts? Einmal die Unabhängigkeit der Bundesbank; da hat das Bundesverfassungsgericht dem Europäischen Gerichtshof die seiner Meinung nach existierenden Grenzen aufgezeigt. Und so könnte ich mir durchaus vorstellen, dass, wenn das Bundesverfassungsgericht tatsächlich noch einmal eine ähnliche Machtprobe mit dem EuGH versuchen will – ob das freilich in der jetzigen Besetzung passieren wird, ist fraglich –, dann wäre das der Fall beim öffentlich-rechtlichen Rundfunk. Und so also könnte man neben dem Zuckerli, wie schön und gut die Unionsferne ist, noch ein bisschen auch die Peitsche zeigen, dass die Staatsferne der Medien zum Identitätskern der deutschen Verfassungsordnung gehört und das öffentlich-rechtliche Mediensystem ein Lieblingsthema des Bundesverfassungsgericht ist. Welchen Effekt das auf den Gerichtshof haben würde, kann ich nicht abschätzen, aber diesen Gesichtspunkt sollten wir jedenfalls hier auch mitnehmen.

Stv. Vorsitzender *Winterhoff*:

Ja vielen Dank! Also vielleicht das Bundesverfassungsgericht, als Freund der Staatsferne bzw. Unionsferne, dann wäre diese Figur nicht ganz so einsam, sondern es gäbe vielleicht kräftigen Rückenwind, das wäre eine Perspektive. Ich habe jetzt eine Wortmeldung vorliegen von Herrn Dr. Pöcherstorfer. Sie haben den weitestmöglichen Weg bis zum Podium, deswegen darf ich kurz vorlesen, was Sie als Dienstbezeichnung aufgeschrieben haben: Fachreferent bei der Wirtschaftskammer Österreich, und da es hier um unionsrechtliche Themen geht, sind Sie natürlich genauso prädestiniert, sich dazu zu äußern wie alle anderen hier Anwesenden. Bitte schön, sie haben das Wort.

MMag. Dr. Winfried *Pöcherstorfer*, Wien:

Sehr geehrter Herr Vorsitzender, sehr geehrte Damen und Herren, vielen Dank!

Ich möchte mich in meinem Punkt klar dem anschließen, was alle meine Vorredner zu Themenblock V. bereits gesagt haben. Ganz kurz vielleicht vorab zu meiner Person: Ich bin Fachreferent für die Bereiche Rundfunkrecht und elektronischer Rechtsverkehr und betreue auch das Telekommunikationsrecht. Und ich spreche heute nicht im Auftrag meines Dienstgebers, sondern in erster Linie als interessierter Rundfunkjurist, der allerdings beispielsweise den DSA und auch den EMFA im Rahmen seiner dienstlichen Tätigkeit inhaltlich begleitet hat.

Ich finde es sehr wichtig, dass zumindest hier und jetzt im Rahmen des 74. Deutschen Juristentages die Chance ergriffen wird, das Thema Unionsferne vertieft zur Sprache zu bringen und auch den Umstand anzusprechen, dass die Europäische Kommission hier wieder Kompetenzen für sich begründet (man könnte fast sagen arrogiert) hat. Das ist freilich nicht ganz richtig, denn es haben sich ja letztlich auch die Mitgliedstaaten dafür ausgesprochen, dass es zu dieser Konstellation kommt. Ich bin hier ein Anhänger der These von Herrn Schmid, dass viele Mitgliedstaaten möglicherweise nicht genau gewusst haben, wofür sie hier ihre Zustimmung abgegeben haben. Ich glaube aber, dass es sehr, sehr wichtig ist, dem Umstand Rechnung zu tragen, dass Regulierung gerade in den sprach- und kulturraumgeprägten Medienmärkten auch sprach- und kulturraumspezifisch ausgestaltet bleiben soll und dass sie nicht einfach so nach Brüssel abwandern soll. Zumal – und das ist eben auch unsere Erfahrung –, alles, was nach Brüssel wandert, dann nach etwas anderen Kriterien entschieden wird, als es auf einzelstaatlicher Ebene wohl entschieden worden wäre. Es gibt unterschiedliche Gründe, warum in unterschiedlichen Bereichen die Europäische Kommission sagt: „Wir nehmen uns des Themas an" – und da kann das Thema „impact" schon auch eine wichtige Rolle spielen. Und das führt dann zum Aspekt der Wirksamkeit der Rechtsdurchsetzung. Und damit gekoppelt zum Aspekt des – ich sag es jetzt mal ein wenig plakativ – Erschauderns der „Verdächtigen", wenn die Europäische Kommission beispielsweise wettbewerbsrechtliche Ermittlungen einleitet. Man hat das zuletzt wieder gesehen bei den großen Plattformen – Google war gerade wieder in den Medien, Apple auch und davor auch andere Internetgiganten. Man kann sich hier des Eindrucks nicht ganz erwehren, dass hier schon eine Europäische Kommission mit all ihrer Manpower Ermittlungen starten muss, damit Ermittlungen über dem Großen Teich von den sehr großen Plattformbietern überhaupt wahr- und ernst genommen werden. Das ist jetzt keine Kritik an der Medienaufsicht wie wir sie kennen, sondern das führt mich zu der Frage, die ich hier gerne noch an das Podium richten würde: An Herrn Gersdorf als Gutachter und natürlich auch an Herrn Schmid aus der Praxis: Wie kann es nationaler Medienregulierung gelingen, wie kann es einem Gremium europäischer Medienregulierer gelingen, so viel Sanktionsmacht anzuhäufen, dass Plattformanbieter auch „ins Erschaudern kommen", wenn es heißt, ein einzelstaatlicher Medienregulierer oder ein europäisches Gremium hat Ermittlungen eingeleitet? Welche Sanktionen müssen möglich sein, damit hier Reaktionen kommen und Regulierungseinrichtungen nicht auf bloßes Schweigen seitens der Plattformanbieter stoßen? Dies ist meine Frage an das Podium.

Abschließend möchte ich aber auch erwähnen, dass ich sehr viel davon halte, dass wir uns weiterhin für Unionsferne in der Medienregulierung einsetzen. Und es wurde ja bereits zutreffend erwähnt, dass Deutschland und Österreich sich in den Verhandlungen zum EMFA für Staatsferne bzw. Unionsferne der Regulierung im Medienbereich ausgesprochen haben. Ich kann Ihnen versichern, auch wir in Österreich waren überrascht, dass es beim EMFA dann in die andere Richtung gegangen ist. Vielleicht muss man hier doch noch eine weitere Runde drehen. Ich glaube, es ist ganz wichtig, dass wir hier diesen Gedanken der Unionsferne auch weiterhin verfolgen. Vielleicht gelingt es uns auch noch, Punkt neun und zehn dahingehend zu verstärken, dass man hier wirklich eine Aufforderung aufnimmt, das, was hier zunächst vielleicht ein wenig verabsäumt worden ist, doch noch einmal in die europäische Debatte einfließen zu lassen. Danke!

Stv. Vorsitzender *Winterhoff*:

Ja, vielen herzlichen Dank für diese Perspektive aus einem südlichen Nachbarland. Es ist ja nicht umsonst gesagt worden, dass Österreich und Deutschland, wenn auch spät, aufgewacht sind. Insofern ist es sinnbildlich, dass gerade Sie aus österreichischer Perspektive jetzt nochmal bekräftigt haben, was wir vorher diskutiert haben. Und Sie haben unter anderem zwei unserer Diskutanten hier auf dem Podium konkret angesprochen, nämlich den Gutachter und Herrn Schmid. Vielleicht machen wir es mal in umgekehrter Reihenfolge, dass wir erst die praktische Perspektive zu Wort kommen lassen und dann unseren Gutachter, bitte Herr Schmid.

Direktor der LFM NRW Dr. Tobias *Schmid*, Düsseldorf:

Vielen Dank und vielen Dank für den Beitrag. Ich hoffe, dass die in Brüssel nun als nächstes die AVMD verhandelnden Vertreter der Bundesrepublik und Republik Österreich sich auch möglichst frühzeitig zu diesem Thema abstimmen, auch damit man dort noch zwei oder drei andere einsammeln kann. Ich hoffe, dass die Erfahrung aus der DSA/EMFA-Diskussion dazu führt, dass vielleicht ein paar andere Mitgliedsstaaten auch realisieren, dass es an der Zeit ist.

Um auf Ihre Frage zurückzukommen, wissen Sie, bei dieser Diskussion „wer denn nun eigentlich und ob denn nun ein Unternehmen und wie mächtig man sein muss", da wurde eine Theorie aufgestellt, das könne doch nur die Europäische Kommission. Warum? Also lassen Sie mich mal ganz ehrlich sein, das kann sogar „die brema", die wir vorhin hatten. Das ist die Medienanstalt in Bremen. Die Voraussetzungen wären, und das ist, woran es ja bisher gekrankt hat, es gab keine Regeln. Wir regen uns seit fünf Jahren über große Plattformen im Kreis auf und sagen, das ist total doof, was die machen und wenn man dann sagt: „Und was genau steht denn jetzt im Gesetz?" muss man sagen „Nichts!". Das erste Gesetz, in dem was drinstand, war das NetzDG und das zweite ist der DSA. Das sind sozusagen zum ersten Mal normative Vorgaben, was wir überhaupt von den Plattformen erwarten. Und die Diskussion werden wir morgen zum Thema Desinformation wieder haben. Und dann regen wir uns wieder alle auf und da muss man sagen, „ja und was genau ist jetzt die Regel?". Keine! Warum sage ich das?

Meine Erfahrung ist: Unternehmen, jedenfalls der überwiegende Teil und zwar egal wie groß sie sind, haben einen Hang dazu, sich rechtstreu zu verhalten, wenn sie das müssen. Wenn gar keine Regel besteht, machen sie halt, was sie wollen. Das ist ja auch ihr gutes Recht. Also deswegen glaube ich, ist es relativ einfach, wenn wir klare

Regeln haben, sowohl im materiell-rechtlichen Sinn als auch im prozeduralen Sinn, dann wird sich daran der überwiegende Teil der Unternehmen halten. Das ist jedenfalls mein Erfahrungswert. Mein Erfahrungswert mit Unternehmen wie Google oder Meta ist nicht, dass die sozusagen penetrant rechtswidrig reagieren wollen. Es gibt dann immer Ausnahmen: Wir haben Telegram, dem wir kaum beikommen, das ist ein anderes Problem, aber man muss nicht an diesem einen sehr komplizierten Fall sozusagen die gesamte Ordnung ausrichten. Also das heißt, ich glaube, so wie wir es auch in den Forderungen haben, würde es dem Grunde nach ausreichen, wenn die materiell-rechtlichen Regeln klar sind und die prozeduralen Regeln wie eben auch z. B. die Möglichkeit der Aufsichtsbehörden, dann entsprechende Informationen abzufordern und zu beurteilen, die im Gesetz klar geregelt sind.

Um ihre Anschlussfrage zu beantworten, wie könnte man es auf europäischer Ebene machen, auch das fände ich einen lösbaren Punkt. Der EMFA sieht ja in Zukunft dieses Board vor. Das ist das, was heute die ERGA ist, also der Zusammenschluss der 27 Regulierungsbehörden. Und ich finde, aus dem deutschen System kann man einen Gedanken sozusagen ableiten, nämlich das Board selbst, oder in Deutschland die ZAK und DLM selbst, erarbeitet ja nicht den konkreten Fall, sondern das macht die jeweils örtliche zuständige Medienanstalt und das ließe sich hier natürlich auch so machen. Das heißt also, man könnte sagen, eine einzelne von den 27 Regulierungsbehörden würde je nach Zuständigkeit sozusagen tätig. Dieser Fall wird dort sachlich aufbereitet und dann wird er durch alle 27 entschieden, so wie wir das hier auch machen. Also wenn man die Wirkmacht Europas weiterhin haben möchte, wobei ich gar nicht sicher bin, ob man die bräuchte. Aber jetzt nehmen wir mal an, wir hätten sie gerne, dann könnte man durchaus eine Struktur kopieren, die jedenfalls bei uns ganz gut funktioniert, weil man damit gewährleistet, dass man nicht noch einmal einen zusätzlichen administrativen Körper aufbauen muss, der dann seinerseits die ganzen Prüfungen vornimmt. Das würde die Sache nur unnötig verkomplizieren.

Also, meine Anregung wäre ähnlich, wie es hier steht: klare, materiell-rechtliche Vorgaben. Das wird beim Thema „Desinformation" noch ein bisschen dauern, aber in den anderen Bereichen zeichnet sich das ja ab. Und klare prozedurale Zuständigkeiten. Und dann würde ich sagen, das geht schon. Und wenn man es besonders nett machen möchte, dann verbindet man das noch mit Sanktionen. Also bisher ist es eben so, dass die Medienaufsicht üblicherweise z. B. keine Ordnungsgelder verhängen kann. Das ist natürlich etwas schwächlich. Die Europäische Kommission kann das, das wirkt dann sehr stark. Aber das kann sie halt auch nur, weil es im Gesetz steht. Wenn es bei mir im Gesetz stünde, könnte ich es auch.

Stv. Vorsitzender *Winterhoff*:

Vielen Dank. Herr Gersdorf, bitte.

Gutachter:

Also ich kann mich ganz kurzhalten. Also, wenn man die Aufsicht über die sehr großen Plattformen dem Gremium übertragen würde, müsste das Gremium genau die Befugnisse bekommen, die nach dem DSA die Kommission hat. Und ich glaube, das wissen Sie, welche Befugnisse die Kommission hat. Sie kann Zwangsgelder, kann Bußgelder verhängen, kann verfahrensbegleitende Sanktionen und kann sogar vorübergehend den Zugang zur Plattform für die Nutzer sperren. Und ich habe das auch so verstanden, das hat ja die Kommission Herrn Musk als Leiter von X schon angedroht.

Also, diese Befugnisse, die die Kommission hat, könnte man dem Gremium übertragen. Das sind hinreichende Sanktionen, von denen bislang, glaube ich, die Medienaufsicht träumt. Also da kommt auch eine Plattform sicherlich in Bedrängnis und wird sicherlich entgegenwirken.

Stv. Vorsitzender *Winterhoff*:

Vielen Dank. Ich hoffe, die Fragen sind damit beantwortet. Aber Sie melden sich, dann müssten Sie bitte nochmal nach vorne kommen, um Ihre Anschlussfrage oder Ihre Bemerkung zu formulieren.

MMag. Dr. Winfried *Pöcherstorfer*, Wien:

Ja, vielen Dank! Also, zunächst einmal eine Klarstellung. Ich glaube, Herr Schmid, was Sie gesagt haben, ist sehr richtig. Es geht darum, Unternehmen in einen kooperationsbereiten Zustand zu bringen und mit ganz wenigen Ausnahmen haben wir das ja recht regelmäßig gesehen: die Kooperationsbereitschaft ist vielfach der Knackpunkt. Da war ich nicht klar genug, das würde ich hier gerne nochmal in diesem Sinne nachschärfen.

Ich beobachte die Europäische Union und ihre Politiken schon relativ lange und stell mir gerade hinsichtlich des Gremiums europäischer Medienregulierer außerdem aber noch eine weitere Frage: Gibt es da nicht für einzelne Mitgliedstaaten oder für Mitglieder des Gremiums – aus unterschiedlichen Gründen – hin und wieder Anreize auszuscheren aus einer gemeinsamen Beschlussfassung und könnte das nicht die Durchschlagskraft und Effektivität der Regulierung möglicherweise beeinträchtigen? Hier würde mich der

Blick aus der Praxis interessieren, als kleine Anschlussfrage gedacht. Danke schön!

Stv. Vorsitzender *Winterhoff*:

Wenn Sie auf dem Rückweg noch schnell eine Folgebeitragskarte ausfüllen könnten, wäre das großartig für unsere Unterlagen, und da das Stichwort Praxis kam und Herr Schmid schon den Finger auf dem Knopf hat, bitte.

Direktor der LFM NRW Dr. Tobias *Schmid*, Düsseldorf:

Ja vielen Dank, das ist ein vollkommen berechtigter Einwand. Der gilt allerdings für zu so ziemlich alles, was wir in Europa machen.

Ja, natürlich ist das so. Und das ist eine der großen Herausforderungen der Europäischen Union, dass insbesondere in Zeiten, in denen wir, wie soll ich sagen, einen sehr breiten gemeinschaftlich verstandenen Korridor, jedenfalls in Teilen, verlassen und mal nach links und mal nach rechts ausbrechen, das natürlich wesentlich schwerer zu gewährleisten ist. Aber nun wollen wir auch mal ganz ehrlich sein, das ist doch jetzt auch schon so. Also die DG Connect unter der Leitung von Herrn Breton macht das, was Herr Breton möchte und Herr Breton hat eine Sichtweise, die ist erstens die von Herrn Breton und zweitens die Frankreichs. Das ist so! Und die Präsidentin der Kommission kommt von woanders und die hat ihre Sichtweise und die Machtverhältnisse zwischen diesen Generaldirektionen war auch nie anders.

Meine praktische Erfahrung ist, dass wir bestimmte Dinge, z.B. mit den französischen Kollegen, in den letzten vier Jahren nicht klären konnten, weil die Vorgabe aus Paris ebenso war, wie sie war. Ich will jetzt diesen europäischen Gedanken gar nicht weiter unnötig abschwächen, weil ich den weiterhin für eine ganz großartige Idee halte, aber egal welches Gremium, egal welcher Korpus und selbst, wenn wir die Kommission selbst nehmen, es ist am Ende immer ein politischer Kompromiss, weil Europa ohne politischen Kompromiss nicht funktioniert. Die Frage ist nur – das spricht für mich sehr für den Vorschlag des Gutachtens –, müsste man diese Kompromissbereitschaft nicht wenigstens von der internen Mechanik der Kommission lösen?

Wissen Sie, wenn 27 Kommissare für ihre Mitgliedsstaaten Dinge verhandeln, dann wird da ganz vieles verhandelt. Also, da tauscht man, ich übertreibe jetzt natürlich, aber da tauschst du halt auch Maßnahme gegen die Plattform in Irland gegen Subvention für das Autobahnkreuz in ich-weiß-nicht-wo. Also das ist so, weil Politik so funktioniert, jedenfalls funktionieren muss. Und deswegen würde ich sagen, es spricht sehr viel dafür, zu sagen, der Sektor Medien muss eben durch eine unionsferne Einrichtung oder jedenfalls eine staatsferne Einrichtung gewährleistet werden. Auch da wird es Kompromisse geben, auch dort wird es Verhandlungen geben, weil das so ist und weil die Auffassung meiner irischen Kollegen naturgemäß eine andere ist als die von uns. Das liegt daran, dass sie dort sehr viele Unternehmen sitzen haben, mit denen sie furchtbar viele Steuern erhalten. Und die Auffassung meiner zypriotischen Kollegen ist noch einmal eine andere. Die regulieren halt gar nicht. Und die Auffassung meiner ungarischen Kollegen ist eine andere. Aber wir sind 27 und die Erfahrung, deswegen bin ich ja auch so ein Liebhaber des Föderalismus, die Erfahrung ist, wenn Sie 27 an einen Tisch setzen, werden Sie am Ende schon einen sinnfördernden Korridor hinbekommen und es eben nicht am Ende einem Kommissar überlassen.

Denn wenn ich das noch einmal klarmachen darf, wissen Sie, die jetzige Struktur sieht vor, ich sage es noch einmal, die Digi Connect, eine weisungsgebundene Einheit, untersteht einem Kommissar oder einer Kommissarin. Diese Kommissariate werden zugeschnitten und wir brauchen 27. Und wenn wir hier gerade im Moment der Ehrlichkeit sind – wir wissen auch alle, dass der Sektor Medien jetzt kein 1A-Premium-mit-dreimal-Sternchen Kommissariat ist –, da gibt es ein paar andere Generaldirektionen, die schneller weggehen. Und wenn ich die Diskussion in Brüssel momentan richtig verfolge, ist noch nicht einmal klar, wo der Sektor Medien überhaupt landen wird.

Wir sind im Moment sozusagen Füllmasse. Die Diskussion fragt, ob wir zu Justice gehören, weil das irgendwie etwas mit Gerechtigkeit zu tun hat, oder zur Digitalisierung. Da wäre der Kommissar übrigens Ire und dann lache ich mich tot beim Thema der Staatsferne. Oder wir landen beim Bereich Kultur. Das wäre dann in Zukunft Gibraltar. Die Wahrscheinlichkeit, dass uns da noch jemand zuhört, ist jetzt auch nicht so wahnsinnig groß. Ich möchte das jetzt nicht überhöhen, aber wenn Sie mich fragen, sollten wir – wie wir in Köln gerne sagen – eine Armlänge Abstand hinbekommen zum politischen Apparat der Kommission. Dann könnten wir unsere Arbeit sicherlich sehr viel besser machen. Danke.

Vorsitzende:

Zur Wahl steht jetzt im Prinzip die Möglichkeit, in der Mitte des Satzes einen Punkt zu setzen und ganz allgemein zu bleiben. Der Gesetzgeber sollte den rückläufigen Entwicklungen des Lokaljournalismus entgegenwirken. Das könnte man einfach zur Abstimmung bringen. Dann hätten wir das ausformulierte Modell als zweiten Satz:

Denkbar wären Kooperationsmodelle zwischen öffentlich-rechtlichem Rundfunk und lokalen privaten Medien, Finanzierungsauflagen für very large online platforms oder Finanzierungsauflagen für very large online platforms zur Finanzierung journalistischer Inhalte. Und die dritte Alternative wäre: Denkbar wären … wie sagten Sie? Problemlösende Kooperationsmodelle. Ob das als Konkretisierung ausreicht? Ich überlasse es Ihnen.

Direktor der LFM NRW Dr. Tobias *Schmid*, Düsseldorf:

Also ich hatte jetzt den Eindruck, dass sich einige an dem Wort „Kooperationsmodell", sozusagen „Kooperation", stören. Ihr Vorschlag ist auch in meinem Sinne. Also das beschreibt ja abstrakt das, was exemplarisch anhand der Beispiele belegt werden soll.

Gutachter:

Also, wenn ich es ergänzen darf, ich bin mit allem fein, wir dürfen solche Papiere auch nicht überhöhen, die werden ja ganz selten unmittelbar Gesetz. Großes Missverständnis dieser Veranstaltung. Aber wenn wir ins Detail gingen bei der Formulierung, dann finde ich den Gedanken schon gut, dass man dem Gesetzgeber nahelegt, dass wir damit nicht meinen „staatliche Förderung". Also das, was sich Länder dann gerne ausdenken, das ist das, was dann wahlweise die BLM oder wir durchführen dürfen; wenn dann lustige Fonds aufgesetzt werden zur Rettung des Journalismus, da muss man sagen, das funktioniert immer vorne und hinten nicht, sondern, was man angehen muss, sind eben Modelle, die, deswegen ist das Wort Kooperation schon nicht so blöd, die eben dadurch funktionieren, dass am Ende zwei Industriezweige aufeinander einzahlen, oder aufeinander einzahlen müssen. Also deswegen, ich will nur vermeiden, dass man jetzt wieder so eine Art institutionelle Förderung über den Ausspielweg Medienanstalten bastelt und dann sitzen wir wieder da und denken „Ja, Gott oder auch nicht".

Stv. Vorsitzender *Winterhoff*:

Vielen Dank. Und um dieses Sprachbild aufzugreifen: Wir haben jetzt noch eine Armlänge Abstand zur Mittagspause. Es gibt einige Thesen – insbesondere These 11 –, die sind sehr technisch formuliert. Sie werden nachher zur Abstimmung gestellt. Wenn Sie Fragen zu diesen Thesen haben, können Sie die hier natürlich auch äußern. Ansonsten würden wir davon Abstand nehmen wollen, jetzt über solche rechtstechnischen Detailfragen zu diskutieren. Was wir auch noch vor der Mittagspause gern abhandeln wollten, ist Gliederungspunkt VI betreffend den grundrechtlichen Schutz der an der Kommunikation Beteiligten.

Jetzt kommt gerade eine Wortmeldung rein, und ich kann sie ja noch nicht sehen. Welche These betrifft sie?

These 10. Ja dann ist es jetzt genau der richtige Augenblick, bevor wir dann zu These 13 vielleicht noch vorgehen. Bitte schön, Thomas Mayen.

Rechtsanwalt Prof. Dr. Thomas *Mayen*, Bonn:

Was ist denn die Aufgabe des Juristentages?

Natürlich dem Gesetzgeber Rat geben, und Gesetze schafft natürlich auch die Europäische Union, denn wir können uns heute das Recht ohne die europäische Union nicht denken.

Erstens: Es ist aber notwendig, dass es realistisch ist. Wenn es völlig unrealistisch ist, würden wir doch nicht dem Gesetzgeber vorschlagen, eine solche Maßnahme zu ergreifen. Das sehe ich nicht bei den Maßnahmen, die hier diskutiert worden sind. Wir sollten aber klare Regeln treffen.

Herr Schmid hatte zu Recht gesagt, wenn es keine klaren Regeln gibt, dann wird niemand sich beeindruckt zeigen. Und diese These 10 ist mir nicht hinreichend konkret. Da ist nur die Rede von den erforderlichen Maßnahmen, die ergriffen werden dürfen.

Eben auf dem Podium wurden konkrete Maßnahmen genannt, aus DSA-Akt, z. B. die Sanktionsmechanismen für Landesmedienanstalten, wenn ich es richtig verstanden habe. Dann würde ich auch vorschlagen, dass man das dann auch reinschreibt in die These 10.

Zweitens: Der Identitätskern, wird über die Verfassungsmäßigkeit von Gesetzen gebildet, darüber machen wir keine Vorschläge und da können wir auch nicht abstimmen. Die Sachen sind entweder verfassungsmäßig oder nicht. Abgesehen davon hätte ich meine Zweifel, ob das denn Europäischen Gerichtshof beeindruckt.

Schon für die Unabhängigkeit von Behörden im Datenschutzrecht und Regulierungsrecht sieht Art. 79 III GG keinen Raum und wird das auch nicht hier tun.

Stv. Vorsitzender *Winterhoff*:

Vielen Dank. Das eine war ja jetzt eine Anregung im Hinblick auf These 10, dass die erforderlichen Maßnahmen nochmal anhand von Beispielen weiter konkretisiert werden. Wie sehen Sie das, Herr Gersdorf?

Gutachter:

Also, diese ganze These 10 ist bezogen und begrenzt auf die – nach meinem Dafürhalten – komplett misslungene Vorschrift des § 109 MStV. Der Hintergrund des § 17 MStV war, dass er alle Telemedienanbieter an die allgemeinen Gesetze des Art. 5 Abs. 2 GG bindet. Aber wenn Sie jetzt in § 109 MStV hineinschauen: Dort sind die Befugnisse der Medienanstalten bei Verletzung des MStV geregelt. Und da fällt auf, dort steht „mit Ausnahme des § 17", sodass man die Auffassung dem Wortlaut nach wenigstens einnehmen könnte, dass die Medienanstalten gegenüber Telemedienanbieter keine Anordnungsbefugnisse haben, wenn die Telemedienanbieter gegen die allgemeinen Gesetze verstoßen. Und das ist natürlich ein rechtsstaatlich nicht hinnehmbarer Zustand und deswegen appellieren wir mit dieser These 10 an den nationalen Gesetzgeber, den § 17 zu streichen in § 109 MStV, sodass dann die Medienanstalten gegen Telemedienanbieter – und das sind auch soziale Netzwerke – eben die erforderlichen Maßnahmen treffen können, wenn es zu einem Verstoß gegen die allgemeinen Gesetze auf den Plattformen kommt.

Was erforderliche Maßnahmen sind, buchstabiert dann der § 109 MStV im S.2 näher aus, aber das brauchen wir, glaube ich, nicht in die These hineinzuschreiben. Diese These 10 ist wirklich auf den 109 MStV bezogen und auch begrenzt.

Stv. Vorsitzender *Winterhoff*:

Ist damit die Anmerkung abgearbeitet und erledigt? Nein? Dann bitte noch einmal Thomas Mayen.

Rechtsanwalt Prof. Dr. Thomas *Mayen*, Bonn:

Anschließend an was Sie gerade gesagt haben und nochmals: Es sollten ja auch klare Inhalte transportiert werden, die wir dem Gesetzgeber vorschlagen. Wenn wir das vorschlagen, sollten wir das konkretisieren – nochmals, das Wort von Herrn Schmid war für mich überzeugend: Ohne klare Regeln wird sich nichts tun.

Gutachter:

Ich denke, man könnte das dann in der Pause noch konkretisieren, dass wir in den § 10 nochmal doch Bezug nehmen, „vgl. § 109 MStV" und wie schon gesagt: Die näheren Anordnungsbefugnisse befinden sich auch schon in § 109 MStV, sodass – da steht dann übrigens auch, glaube ich, „insbesondere" – wir die Probleme dann dort lösen können. Insbesondere Beanstandung, Untersagung, Sperrung, Rücknahme und Widerruf.

Stv. Vorsitzender *Winterhoff*:

Wir können das gleich zu Beginn der Mittagspause in kleinem Kreis mal formulieren, und dann würden wir es nach der Mittagspause hier allgemein bekanntgeben und dann auch gern nochmal zur Diskussion stellen.

Und es gibt jetzt eine Wortmeldung noch zu These 13, den grundrechtlichen Schutz der an der Kommunikation Beteiligten betreffend – von Herrn von Lewinski.

Danach würde ich, sofern gewünscht, den Podiumsteilnehmern noch einmal die Möglichkeit zu einem vorläufigen Schlusswort geben, und dann würde ich Sie alle in die Mittagspause entlassen wollen.

Bitte schön, Herr von Lewinski.

Prof. Dr. Kai *von Lewinski*, Passau:

Nur eine ganz kurze Anmerkung: Warum wird in dieser These nicht auf Art. 18 EMFA Bezug genommen? Also warum brauchen wir die Analogie zum DSA? Im 18 EMFA ist doch schon ein Verfahren vorgesehen für diese Dreieckskonstellation, die auch medienspezifisch ist. Ob die der Weisheit letzter Schluss ist, will ich hier nicht beurteilen, aber wir sollten nicht eine Analogie vorschlagen, wenn es vielleicht gar keine Lücke gibt.

Gutachter:

Nein. Die These 13 ist wieder sehr verdichtet und dazu habe ich mich sehr ausführlich im Gutachten geäußert. Sie ist bezogen auf die Lücken im DSA, im Verhältnis vor allem zwischen dem Anbieter, dessen Inhalt auf der Plattform veröffentlicht wird und der Person, die durch den Inhalt in vor allem im Persönlichkeits- aber auch sonstigen Rechten betroffen ist.

Dieses Verhältnis ist nicht sachgerecht im DSA geregelt und hier gibt es mehrere Regelungslücken, die kann man schließen durch Analogien bzw. eben auch im Wege unionsgrundrechtskonformer Auslegung.

Aber das ist im EMFA nicht im Einzelnen geregelt.

Stv. Vorsitzender *Winterhoff*:

Direkt dazu Herr von Lewinski nochmal?

Prof. Dr. Kai *von Lewinski*, Passau:

Der Art. 18 EMFA ist so lang, der würde die Mittagspause füllen. Wir kennen ihn alle noch nicht operativ und wir müssen uns da auch noch alle einarbeiten. Aber ich hatte schon den Eindruck, ohne dass der EMFA dies natürlich anordnet, dass er irgendwie speziell gegenüber dem DSA wäre. Den Art. 18 EMFA hatte ich bisher so verstanden und gelesen, dass er diese Konstellation jedenfalls tatbestandlich adressiert.

Wie nun genau das Rangverhältnis zwischen EMFA und DSA ist, das ist tatsächlich noch ein bisschen im Unklaren. Ich würde vorschlagen – gerade auch weil das Gutachten von Hubertus Gersdorf ja vor dem finalen Abschluss des EMFA gewesen ist – dass man sich das ganz kurz nochmal anschaut. Bevor man eine Analogie vorschlägt, obwohl gar keine Lücke da wäre. Also dass man sich jedenfalls dazu verhält oder dass man sagt: Man wendet die Art. 18 EMFA-Regeln analog an, die mir etwas näher für die Mediensachverhalte vorkommen.

Stv. Vorsitzender *Winterhoff*:

Ich würde vorschlagen, dass wir auch diesen Gedanken mit in die Mittagspause nehmen und jetzt nicht vertiefen. Herr Schmid, wollten Sie sich noch einmal äußern?

Nein, die anderen Teilnehmer des Podiums nehmen alle Gedanken, die wir gehört haben, auch mit in die Pause.

Damit bleibt mir an dieser Stelle, Ihnen ganz herzlich zu danken für die rege Beteiligung an der Diskussion.

Ich wünsche Ihnen eine schöne Mittagspause. Besuchen Sie gern die Fachausstellung, die ich schon einleitend erwähnt habe. Und dann würde ich mich freuen, wenn wir uns um 14 Uhr hier wieder für den finalen Diskussionsteil und die anschließende Beschlussfassung einfinden würden. Vielen Dank.

Fortsetzung der Diskussion

am 26. September nachmittags
(anwesend etwa 32 Teilnehmerinnen und Teilnehmer)

Vorsitzende:

Herzlich Willkommen zurück. Die Thesen kommen, wir haben die Änderungen der Thesen durchgeben, jetzt schon mal informationshalber, die wir jetzt in der Mittagspause noch angepasst haben. Sie bekommen dann, denke ich, die Schriftfassungen, also es ist jetzt zum Druck abgeschickt und das wird dann in Kürze ausgeteilt, aber ich wollte die Änderungen jetzt schon mal bekannt geben und sehen, ob da jeweils noch Zusatzdiskussion geplant ist.

Also zur ersten Änderung in These 5 unter III., Informationsverantwortung der öffentlich-rechtlichen Rundfunkanstalten: Da wurde ja bei dieser Konkretisierung, was gemacht werden soll bei dem öffentlich-rechtlichen Rundfunk, das Element ‚Budgetierung' kritisiert, und der Gutachter war einverstanden, das zu streichen. Ich lese jetzt den aktuellen Text: „Der Gesetzgeber sollte den Informationsauftrag als Markenkern des öffentlich-rechtlichen Rundfunks durch Schwerpunktsetzung zugunsten von Information, Bildung und Beratung in den Hauptprogrammen und durch entsprechende Sendezeitvorgaben für die Hauptprogramme stärken."

Also die Budgetierung ist herausgenommen. Das wäre hier die Änderung, einfach angepasst an den Vorschlag. Wir haben zu dem Punkt aber noch die zwei Alternativthesen der beiden anderen Referate von Herrn Nellesen und Frau Münkler, die wir dann, je nachdem, also wenn These 5 verabschiedet würde, hätten wir die Alternativen nicht mehr, aber wenn sie nicht verabschiedet wird, könnten wir die Alternativen noch abfragen.

Dann bei IV., das hatte ich vorhin schon angesagt, haben wir jetzt die Presse ergänzt, also sowohl in der Überschrift „Bedeutung des privaten Rundfunks und der Presse" als auch in These 7: „Der private Rundfunk als zweite Säule im dualen System sowie die Presse sind elementar für den öffentlichen Informationsraum." Und dann auch die zuvor schon konsentierte Änderung: „Sinnvoll sind Anreize, die durch Gewährleistung einer besseren Refinanzierbarkeit dazu beitragen, dass auch private Rundfunkanbieter verstärkt Informationsverantwortung übernehmen."

Das hatten wir schon besprochen.

Und These 8, eben auch geändert, wie besprochen: „Der Gesetzgeber sollte der rückläufigen Entwicklung des Lokaljournalismus entgegenwirken, beispielsweise durch problemlösende Kooperationsmodelle."

Und jetzt noch eine neue Änderung, und zwar wurde ja These 10 kritisiert als zu unbestimmt und dann hat der Gutachter erklärt, dass er da explizit auf die Regelung in Art. 109 Medienstaatsvertrag Bezug nimmt. Das haben wir jetzt aufgenommen. Ich lese jetzt vor, wie es geändert sein soll. Erstmal zu Ihrer Information, wie gesagt, Sie sollen schriftlich bekommen: „Der Gesetzgeber sollte durch Streichung der Nennung von Art. 17 in Art. 109 Abs. 1 S. 1 MStV (…)" (Zwischenruf) Ich habe zweimal Artikel, also zweimal Paragraph. Das haben wir übersehen. Okay. „… in § 17 in § 109 Abs. 1 S. 1 MStV klarstellen, dass die Landesmedienanstalten gegenüber den Plattformbetreibern bei der Verbreitung von rechtswidrigen Inhalten die erforderlichen Maßnahmen ergreifen dürfen und dass dafür die von den Landesmedienanstalten getragene Kommission für Zulassung und Aufsicht (ZAK) zuständig ist." Kurz zur Erklärung, falls Sie den Medienstaatsvertrag nicht zur Hand haben. § 109 gibt diese Kompetenz, räumt diese Kompetenz ein zur Kontrolle rechtswidriger Inhalte, nimmt aber bestimmte Vorschriften aus und unter anderem eben den § 17. Und das, dieser Verweis soll rausgenommen werden. Also es ist quasi ein sehr konkreter Korrekturvorschlag, dass hier entsprechend dann eine Kompetenz der ZAK zuerkannt wird. Ist das, wahrscheinlich ein bisschen schwierig, wenn man den § 109 Medienstaatsvertrag nicht vor sich hat, aber Sie sehen es, wie gesagt, dann noch in der Schriftform.

Ja, und dann war noch die Diskussion bei VI zu der Frage, zum einen, ob diese Regelungslücke tatsächlich besteht. Ich glaube, das war die Diskussion mit Herrn von Lewinski oder ob diese Lücke durch den European Media Freedom Act bereits ausgeräumt ist. Und da war die Überzeugung des Gutachters, dass diese Regelungslücke noch besteht. Wir waren aber jetzt etwas zögernd, wie wir es formulieren sollen, weil wir ja quasi eine Auslegung vorgeschrieben haben in unserer ursprünglichen Fassung der These und wir uns ja eigentlich als Deutscher Juristentag eher an den Gesetzgeber wenden. Deshalb haben wir es jetzt folgendermaßen umformuliert. Das ist aber jetzt in der Sache nicht anders, aber adressatenbezogen geändert: „Die Persönlichkeitsgrundrechte im Verhältnis zwischen Plattformbetreibern einerseits und von Löschung beziehungsweise von Inhalten nachteilig Betroffenen andererseits sind nicht ausreichend geschützt." Also dies als erste Feststellung und dann: „Soweit eine analoge Heranziehung der Bestimmungen des DSA beziehungsweise bzw. eine unionsgrundrechtskonforme Auslegung nicht möglich ist, sollte der Unionsgesetzgeber die Regelungslücke schließen."

Also das beinhaltet jetzt beides, dass eine analoge Auslegung möglich ist oder eine grundrechtskonforme Auslegung von uns für möglich gehalten wird, aber subsidiär muss der Gesetzgeber eingreifen, wenn diese Lösung nicht möglich ist und das würde uns dann auch insofern helfen, weil wir dann eine klare Zielrichtung wieder haben für den Unionsgesetzgeber.

Ist dazu in irgendeiner Weise das Wort gewünscht? Scheint nicht so zu sein. Und jetzt hätten wir noch für diese Nachmittagsstunde, die wir noch haben bis zur Abstimmung, hätten wir noch VII. und VIII. Unter VII. ist die Überschrift „Effektiver und verfassungskonformer Umgang mit Fake News, Notwendigkeit von Eingriffen oder Selbstregulierung." Und dazu haben Sie vier Thesen.

Und wenn Frau Münkler das recht ist, weil die Thesen im Wesentlichen aus Ihrem Referat sind, vielleicht wollen Sie dazu noch eine kurze einführende Erläuterung geben.

Prof. Dr. Laura *Münkler*, Bonn:

Ich weiß nicht genau, ob es dieser bedarf, aber im Grunde geht es mir bei diesen Punkten, das hatten wir vorhin in der Diskussion bereits, zum einen darum, dass meines Erachtens das, was man als Counterspeech bezeichnet, also eine staatliche Form der Gegenrede gegen bestimmte Informationen, meines Erachtens droht zu einer gewissen staatlichen Propaganda zu führen und zudem einen Übergriff in den gesellschaftlichen Willensbildungsprozess darstellt.

Und zum anderen, dass es aus diesem Grund meines Erachtens darum geht, hier einen anderweitigen Regulierungsansatz zu wählen. Einzelne Inhalte und Aussagen zu löschen, kann ja kaum der entscheidende Aspekte sein. Vielmehr geht es darum der Gesellschaft eine belastbare Bewertung der Informationen zu ermöglichen. Hierzu zu befähigen bzw. bestehende Fähigkeiten zu stärken, ist mithilfe der Verbreitung bestimmter Informationen über Plattformen möglich, indem hier letztendlich journalistische Sorgfaltspflichten, sonstige Akkreditierungsmechanismen geschaffen werden, die es ermöglichen, bestimmten Fakten-Checkern, ein weitergehendes Forum einzuräumen und die Präsenz innerhalb der digitalen Medien von solchen Geninformationen auszubauen, ohne dass unbedingt staatliche Informationstätigkeit hierfür genutzt wird.

Vorsitzende:

Ja, das ist die These. Sind Sie damit einverstanden? Ich weiß nicht, ob von Podiumseite dazu noch das Wort gewünscht wird. Ihr nicht? Von Ihrer Seite? Alle einverstanden?

Okay, und die anderen Thesen?

Genau, also die Counterspeech ist insofern akzeptiert, wie es mir scheint.

Dann haben wir die These 15, zwischen rechtswidrigen Inhalten und Fake News ist zu unterscheiden.

Es sollte nicht versucht werden, den Anwendungsbereich rechtswidriger Inhalte zur Bekämpfung von Fake News auszuweiten.

Ist dazu Aussprache gewünscht?

Ja, Herr von Lewinski.

Prof. Dr. Kai *von Lewinski*, Passau:

Ja, also, ich kann das nur unterstreichen, und ich möchte es gerne doppelt unterstreichen: Lügen ist ein Menschenrecht! Es ist Ausübung der Freiheit. Wenn der Mensch, wenn wir nicht lügen dürften, hätten wir kein funktionierendes Liebesleben. Überhaupt wäre die Erhaltung der menschlichen Art ohne Täuschen und Tricksen nicht möglich. Lügen ist nicht schön, das haben uns die Eltern gesagt, das hat uns der Pfarrer gesagt. Das ist aber eine moralische Frage. Und das sieht man auch im Recht: Das Gesetz verbietet punktuell, die Unwahrheit zu sagen: der strafrechtliche Betrug, der § 123 BGB und so weiter. Also in einzelnen Konstellationen verbietet das Recht durchaus die Lüge und knüpft im Verstoßensfall rechtliche Konsequenzen dran. Aber das bedeutet im Umkehrschluss, dass ich grundsätzlich lügen darf. Und das gilt auch für das Medienrecht, für den kommunikativen Prozess. Seit Jahrtausenden oder jedenfalls, solange es Medien gibt, ist dieses Mediensystem, also, wie wir senden und rezipieren, ziemlich resilient. Und solange es plural organisiert ist, stellt sich die Lüge schon heraus und kann dann entsprechend identifiziert und kenntlich gemacht werden. Deshalb gibt es keine Notwendigkeit, die Lüge an sich zu verbieten. Und da gehe ich mit Laura Münkler ganz und gar konform, dass wir den rechtswidrigen Inhalt, der tatsächlich gegen etwas verstößt, nicht mit der Lüge und damit im medienrechtlichen Kontext mit der Fake News, gleichzusetzen. Der rechtswidrige Inhalt ist rechtswidrig, und die Lüge ist grundsätzlich erlaubt. Sie ist nicht schön, sie ist nicht gut, aber der Mensch kommt schon irgendwie damit klar. Und wir sollten sie nicht unnötigerweise mit verbotenen Inhalten gleichsetzen. Also volle Unterstützung für diese These.

Vorsitzende:

Ja, ich habe von einer Studie gehört, nach der wir pro Tag etwa 15-mal lügen. Wenn man jede kleine Bemerkung als Lüge zählt, etwa, dass man sich über etwas freut, worüber man sich nicht freut. Dann kann man schon auf eine so hohe Zahl kommen. Haben wir jetzt dazu noch einen Redebeitrag?

Rechtsanwalt Prof. Dr. Thomas *Mayen*, Bonn:

Ich will jetzt hier nicht gegen Windmühlenflügel kämpfen, deswegen möchte ich nur kurz widersprechen. Aber ich habe ja darauf hingewiesen, dass wir von der Lüge ausgehend durchaus erhebliche konkrete Gefahren für den Willensbildungsprozess auch im Vorfeld von Wahlen sehen; das geht bis dahin, dass Wahlergebnisse möglicherweise nicht mehr dem wirklichen Willen des Volkes entsprechen und die Legitimationskraft nicht entfalten. Das sind ernstzunehmende Gefahren, die wir haben, und ich glaube, auch wenn das nicht wissenschaftlich erwiesen ist, wie Frau Münkler heute Morgen sagte, wenn wir das Risikoverwaltungsrecht sehen, dann können wir auch die Aufsichtsstrukturen an Gefahren ausrichten. Die müssen nicht feststehen, diese Beiträge. Und ich glaube, dass wir das ein bisschen zu einseitig sehen, wenn wir das nur verharmlosen, diese Gefahren, wenn wir damit so umgehen, wie es gerade auch geschildert worden ist. Wir dürfen auch vor Gericht nicht lügen. Das ist ein Verbot, das zurecht normiert worden ist. Und das sollten wir auch im Vorfeld von Wahlen insbesondere versuchen zu bekämpfen, soweit es eben möglich ist. Die Frage ist, mit welchen Maßnahmen gehen wir vor? Und das nur, wie in These 16 geschrieben ist, im Wesentlichen dem Selbstregulierungsprozess überlassen, das wäre mir deutlich zu wenig. Es werden ja auch Maßnahmen genannt. In der Diskussion von heute Morgen fiel die Kennzeichnung von entsprechenden Social Bots, die eingesetzt werden. Das ist für sich nicht viel. Wir haben es im § 17, wo es das WPH-Handelsgesetz ist, haben wir auch die Kennzeichnung von Handelsalgorithmen. Und das ist ein stumpfes Schwert diesbezüglich. Aber besser als gar nichts. Mir ist aufgefallen, dass Herr Schmid gestern erwähnt hatte, eine Möglichkeit wäre technische Maßnahmen gegen Social Bots einzusetzen, die man ja identifizieren könne. Das wäre dann eine Möglichkeit, die ich auch noch anregen würde, dass wir die ergänzen, soweit wir das ergänzen können. Und ich kämpfe nicht gegen Windmühlenflügel. Wenn die These so formuliert ist, würde ich nur dagegen stimmen.

Vorsitzende:

Ja, vielen Dank. Ich sehe, dass Herr von Lewinski gleich darauf reagieren will. Ich will vielleicht noch darauf hinweisen, dass die Terminologie auch unterschiedlich ist. Wir haben auch darüber nachgedacht. Wir sprechen hier von Fake News, an anderer Stelle von Desinformation. Herr von Lewinski hat jetzt von Lügen gesprochen. Wir sprechen im Übrigen auch von unwahren Tatsachenbehauptungen. Wir haben so ein ganzes Register. Gerade haben wir eher untechnisch das Wort „Fake News“ verwendet. Aber jetzt Herr von Lewinski.

Prof. Dr. Kai von *Lewinski*, Passau:

Ja, mein Plädoyer eben, oder was so klang wie ein Plädoyer für die Lüge und vielleicht getragen war vom Blick auf das Liebesleben, soll nicht überdecken – und da bin ich mit Herrn Mayen dann ganz d'accord –, dass das natürlich für den politischen und Meinungsbildungsprozess ungünstige und negative Effekte hat. Das ist natürlich unbestritten. Ich gehe nur davon aus, und meine Meldung von eben bezog sich nur darauf, dass die Lüge an sich, also die Äußerung, die unwahre Äußerung einer Person, die sollten wir hinnehmen. Wenn sie aber zu einem Massenphänomen wird, wenn es skaliert, also auf der Meso- und auf der Makro-Ebene, da muss die Regelung ansetzen, was ja dann auch Gegenstand der weiteren Thesen ist. Meine Meldung bezog sich jetzt nur auf diese konkrete These 15 und den Freiheitsgebrauch zum Umgang mit der Wahrheit, von dem die Vorsitzende gesagt hat, dass uns allen fünfzehnmal am Tage eine Lüge unterläuft. Wenn wir das per se für rechtswidrig erklärten, dann stellen wir uns ein Bein. – Und da fällt mir noch anekdotisch ein, dass der letzte wesentliche Philosoph, der sich grundsätzlich gegen das Lügen gewandt hat, nicht der der in den Eröffnungsreden bemühte Hegel, sondern Kant war. Und der ist ja bezeichnenderweise Junggeselle geblieben.

Vorsitzende:

Ja, gut. Jetzt hatte Herr Mayen noch die Frage der Bots aufgegriffen. Die Bots waren mal drin und sind rausgefallen. Ich denke, Herr Schmid wird wahrscheinlich noch etwas dazu sagen wollen und auch zu These 16.

Direktor der LFM NRW Dr. Tobias *Schmid*, Düsseldorf:

Also bei den Bots war die Diskussion, die wir auch intern hatten, die, dass sie sich vom technischen Charakter anders verhalten als das klassische „Coordinated Inauthentic Behaviour“, weil Bots inzwischen ja auch sozusagen in der Individualkommunikation regelmäßig vorgesehen sind: Jemand antwortet auf die Mail seiner Schwiegermutter inzwischen automatisiert immer mit: „Ich hab dich lieb!“. Das ist dann auch ein Bot. Also insofern würde ich sagen, das ist ein sehr weites Feld. Deswegen ist die ausdrückliche Nennung der Bots immer ein bisschen schwieriger. Zur These 16 wollte ich noch anregen – das ist jetzt wieder ein kleiner Beitrag aus der Praxis: Also das Übertragen der Verantwortung in reine Selbstregulierungsprozesse ist etwas, bei dem ich nicht sehr optimistisch bin. Ich darf seit drei Jahren in dem sogenannten „Coordinated Inauthentic Behaviour" des sogenannten „Code of Practice on Disinformation" sitzen. Das ist die Selbstverpflichtung der Industrie in Brüssel, gegen Desinformation vorzugehen. Diese Erklärung ist von allen maßgeblichen Plattformen unterschrieben worden. Und nachdem Herr Musk eine Plattform gekauft hat, ist diese Plattform einfach ausgetreten. Und damit unterfällt „X" dieser Selbstregulierung nicht mehr. Ganz davon abgesehen, muss man sagen, dieser Code of Practice on Disinformation ist bis heute eine reine Hülle. In den drei Jahren, in denen ich dasitzen und zuhören darf, habe ich erlebt, dass Filibustern weiterhin eine effektive Methode des Lobbyings ist. Wir haben uns bis heute nicht auf Maßstäbe oder Definitionen einigen können. Und ich habe auch nicht den Eindruck, dass die Industrie das aus sich selbst heraus tut. Deswegen plädiere ich dafür, in solchen Konstruktionen über die wunderbare Konstruktion der ko-regulierten Selbstregulierung nachzudenken. Also die Industrie möge sich doch bitte selbst regulieren unter dem Damoklesschwert, dass der Regulierer auf die Maßstäbe der Selbstregulierung draufschaut und auch intervenieren kann, wenn die Selbstregulierungsmechanismen an sich nicht funktionieren. Deswegen wäre mein Vorschlag, dass wir bei der These 16 statt oder jedenfalls neben den Selbstregulierungsprozessen vor allen Dingen die ko-regulierten Selbstregulierungsprozesse aufnehmen. Das ist jedenfalls meine praktische Erfahrung.

Vorsitzende:

Vielen Dank. Wollen Sie eine konkrete Änderung?

Direktor der LFM NRW Dr. Tobias *Schmid*, Düsseldorf:

Wenn es nach mir ginge, ja: im Wesentlichen den Selbstregulierungs- oder ko-regulierten Selbstregulierungsprozessen überlassen. Also ich würde diese zweite Variante jedenfalls mit aufnehmen.

Vorsitzende:

Gut, das sollten wir dann nochmal ändern, wir können ja im Moment noch Änderungen vornehmen. Dann hieße These 16, der Umgang mit Falschinformationen sollte im Wesentlichen dem Selbstregulierungsprozess oder dem ko-regulierten Selbstregulierungsprozess überlassen, zugleich aber unterstützt werden durch Maßnahmen wie insbesondere die Entwicklung von Akkreditierungsmechanismen für Fakten-Checker. Würde dieser zweite Teil zu Ihrem ko-regulierten Selbstregulierungsprozess noch passen? Die Akkreditierungsmechanismen scheinen so nicht passend zu sein.

Direktor der LFM NRW Dr. Tobias *Schmid*, Düsseldorf:

Doch, ich würde sagen, das passt. Das ist ja sozusagen eine Ergänzung, wenn ich diesen Vorschlag richtig sehe, dass man sozusagen auf Selbst- oder Koregulierungsprozesse setzt und darüber hinaus, beziehungsweise insbesondere diesen etwas spezielleren Teil der Akkreditierungsmechanismen nimmt. Das bezieht sich ja, soweit ich das verstehe, nur auf die Fakten-Checker. Das ist also sozusagen ein Add-on.

Vorsitzende:

Gut. Dann an das Publikum. Bitte schön! Aber wenn Sie vielleicht vorkommen würden? Wir können Sie nicht hören!

Altkanzler Joachim *Wittern*, Papendorf:

Ich wollte eigentlich nur eine kurze Anmerkung machen. Mein Name ist Joachim Wittern, ich komme aus Rostock. Ich bin Altkanzler der Universität Rostock.

Die Anmerkung geht auf die Anmerkung unseres Medienüberwachungsmenschen zurück. Ich habe den Eindruck, dass jetzt, wo wir die ko-regulierten Selbstregulierungsmechanismen aufgenommen haben, der „Selbstregulierungsprozess“ ein Widerspruch zu dem ist, was wir jetzt aufgeschrieben haben. Ich plädiere dafür, den Begriff des Selbstregulierungsprozesses zu streichen. Denn er passt zu dem koregulierten Selbstregulierungsprozess nicht dazu. Er mindert die Forderung, die wir erheben wollen.

Deshalb plädiere ich dafür den ersten Begriff „Selbstregulierungsprozess“ zu streichen.

Ich möchte dann mein Hiersein dazu nutzen, meinen Eindruck zu vermitteln, dass ich zunehmend das Gefühl habe, dass der Begriff der wehrhaften Demokratie immer mehr in den Hintergrund gerät, wenn wir die gesamte staatliche Regulierung immer schärfer festlegen und damit auch den Begriff dieser wehrhaften Demokratie eigentlich reduzieren, und nicht mehr ermöglichen.

Ich will damit nicht sagen, dass ich bspw. den Begriff der Staatsferne nicht nachvollziehe, insbesondere vor dem Hintergrund der Entwicklung in Ungarn zum Beispiel. Insofern bin ich sehr zwiegespalten in dieser Situation. Aber, ich wollte diesen Eindruck dennoch einmal vermitteln. Vielen Dank.

Vorsitzende:

Ja, vielen herzlichen Dank. Also das ist sicherlich wertvoll für uns, eine generelle Rückmeldung zu haben. Möchte einer der Gutachter oder Referenten auf die Frage der wehrhaften Demokratie eingehen? Frau Münkler?

Prof. Dr. Laura *Münkler*, Bonn:

Ich bin mir nicht ganz sicher, was sie unter den Topos der wehrhaften Demokratie hier im Spezifischen fassen wollen. Weil, darunter würden wir grundsätzlich in der Fachterminologie insbesondere Parteiverbote, Vereinsverbote verstehen. Und mir scheint, sozusagen, das eine Stoßrichtung zu sein und möglicherweise kann das auch, wenn wir uns anschauen, wie Wahlergebnisse in einzelnen Bundesländern ausfallen, auch durchaus ein Problem irgendwie für den öffentlich-rechtlichen Rundfunkt werden, in einer mittelbaren Hinsicht. Aber, sozusagen, unter dem Bezugspunkt „Wehrhafte Demokratie“ scheint mir die Problematik, wie wir mit Falschaussagen, also bei Darlegbarkeit, dass die Informationen, die einer Aussage zugrunde gelegt werden, nicht richtig sind. Das würde ich als zwei unterschiedliche Diskurse verorten, auch wenn sie natürlich im Meinungsbildungsprozess zum Teil zusammenliegen.

Meine Zurückhaltung, was die Frage des Einwirkens staatlicherseits, auch wenn dies irgendwie staatsfern erfolgt, auf diese Meinungsbildungsprozesse, liegt daran, dass die Frage der Ermittelbarkeit, wann etwas unwahr ist, relativ problematisch ist und immer das Problem besteht, diesen Diskurs haben wir im Kontext des NetzDG breit geführt dass die Schwelle, wann man in einem demokratischen Diskurs zulässige Meinungsäußerung wiederum unterdrückt sehr viel komplizierter ist zu bestimmen, als es auf den ersten Blick den Anschein haben mag. Das Schwierige ist, richtig zu treffen. Und insofern würde ich das letztendlich von wehrhafter Demokratie, die ich als solche mit Blick auf verfassungsfeindliche Bestrebungen für unproblematisch halte, abschichten gegenüber der Frage, was sind genau Falschinformationen, von wem werden sie in den Diskurs eingebracht und wie wirken sie dann.

Vorsitzende:

Jetzt haben wir aber noch die offene Frage mit dem neuen Formulierungsvorschlag. Da war ja die Frage, dann den „Selbstregulierungsprozess“ herauszunehmen und nur noch von dem „ko-regulierten Selbstregulierungsprozess“ zu sprechen. Und Frau Münkler, der Selbstregulierungsprozess kam von Ihnen. Wie würden Sie diese Änderung sehen?

Prof. Dr. Laura *Münkler*, Bonn:

Die Begriffe ko-regulierte Selbstregulierung oder regulierte Selbstregulierung sind ja nicht besonders trennscharf. Insofern ist mein Formulierungsvorschlag der These so zu lesen: Die Grundlagen des gesellschaftlichen Willensbildungsprozesses sollen im Wesentlichen dem Selbstregulierungprozess überlassen werden, dieser kann jedoch unterstützt werden. Akkreditierungsmechanismen wären schon keine reine Selbstregulierung mehr. Insofern habe ich kein Problem mit der Betonung von (ko-)regulierter Selbstregulierung. Meine Akzentuierung wäre nur eine andere, nämlich dahingehend, dass solche Übergriffe eher die Ausnahme bilden und nur bei konkreten, strukturellen Problemen zu ergreifen sind. Mein Eindruck ist aber nicht, dass wir diesbezüglich stark divergieren, sondern die Nuancen werden letztendlich anders gesetzt.

Vorsitzende:

Also Sie würden beides auch nebeneinander lassen wollen? Selbstregulierung und ko-regulierte Selbstregulierung? Oder doch streichen, den ersten Teil?

Prof. Dr. Laura *Münkler*, Bonn:

Wahrscheinlich könnte man sagen, der Umgang mit Falschinformationen sollte im Grundsatz den Selbstregulierungsprozessen überlassen werden, zugleich unterstützt durch ko-regulierte Selbstregulierung und ggfs. ergänzt.

Vorsitzende:

Ok, also wir sollten es auch nicht zu schwierig machen. Es sollen ja irgendwie griffige Thesen sein.

Herr Schmid?

Direktor der LFM NRW Dr. Tobias *Schmid*, Düsseldorf:

Der Vorschlag ist schon ganz gut, denn der Einwand ist natürlich richtig, jedenfalls, wenn man es nebeneinanderstellt, dann ist das ein

Widerspruch. Ich habe das so verstanden, dass das nicht als Widerspruch gemeint ist, sondern sozusagen abgestuft. Natürlich ist immer die Idealform, dass sich Branchen gerade im Medienbereich selbst regulieren, das ist der Idealfall. Ich kann Frau Münkler auch nur zustimmen. Dass es auch so ist, dass andernfalls Aufsichtsinstitutionen in die Misere kommen sich permanent mit Wahrheitsfragen auseinanderzusetzen. Das führt sowieso zu nichts. Insofern habe ich das abgestuft verstanden.

Also man könnte sagen, man geht auf die Selbstregulierung, so wie Sie es eben vorgeschlagen haben, und man ergänzt man ggfs. „soweit geboten, der ko-regulierten Selbstregulierung". Damit ist dann gemeint, wenn entweder der Selbstregulierungsmechanismus einfach nicht stattfindet, dann werden eben die Mechanismen bis zu einem gewissen Grad vorgegeben. Oder aber, wenn man aufgrund der besonderen Schwere einer potenziellen Gefährdung davon ausgeht, dass der Maßstab, den sich die Selbstregulierung setzt, jedenfalls einer Überwachung bedarf.

Das klingt ehrlich gesagt formuliert fast schlimmer, als es in der Realität ist. Weite Teile des Jugendschutzes funktionieren nach dem Prinzip, und das funktioniert ganz gut.

Vorsitzende.

Jetzt geht mir es um die sprachliche Verfassung, die ja dann auch nach außen geht. Also ich mach jetzt einen Vorschlag: „Der Umgang mit Falschinformationen sollte im Wesentlichen dem Selbstregulierungsprozessen überlassen, zugleich aber unterstützt werden durch einen ko-regulierten Selbstregulierungsprozess, etwa durch Maßnahmen, wie die Entwicklung von Akkreditierungsmechanismen für Fakten-Checker."

Sie ist ein bisschen komplex.

Direktor der LFM NRW Dr. Tobias *Schmid*, Düsseldorf:

Vielleicht müsste man ein „soweit geboten" einsetzen, damit klar ist, dass das sozusagen die Ausnahme von der Regel ist. Die Regel ist die Selbstregulierung und die Ausnahme, also „soweit geboten", ist dann die ko-regulierte Selbstregulierung.

Vorsitzende:

Was sagten Sie, Sie haben doch einen Vorschlag gemacht? Also ich lese nochmal vor mit dem „soweit geboten". Der Umgang mit Falschinformationen sollte im Wesentlichen im Selbstregulierungsprozess überlassen, zugleich aber, soweit geboten, unterstützt werden durch einen ko-regulierten Selbstregulierungsprozess, etwa durch Maßnahmen, wie die Entwicklung von Akkreditierungsmechanismen für Fakten-Checker.

Direktor der LFM NRW Dr. Tobias *Schmid*, Düsseldorf:

Genau, er hat vorgeschlagen das Wort zugleich zu streichen, was meiner Meinung nach Sinn macht. Weil es ja gerade nicht zu gleich, sondern alternativ ist.

Vorsitzende:

Gut. Ich muss dann ganz umformulieren.

Der Umgang mit Falschinformationen sollte im Wesentlichen dem Selbstregulierungsprozess überlassen werden. Soweit geboten, sollte der Umgang unterstützt werden durch einen ko-regulierten Selbstregulierungsprozess, etwa durch Maßnahmen insbesondere die Entwicklung von Akkreditierungsmechanismen für Fakten-Checker. Also, ich würde den Umgang dann nochmal wiederholen, damit klar ist was für ein Bezugspunkt.

Genau, können Sie gerne nach vorne treten, also.

Justizministerin a. D. Roswitha *Müller-Piepenkötter*, Köln:

Ich würde gerne einen Vorschlag machen ein bisschen von außen, vielleicht hilft das, wenn man nicht so ganz tief im Thema drin ist. Der Umgang mit Falschinformationen sollte im Wesentlichen dem Selbstregelungsprozess überlassen werden, soweit erforderlich ein ko-regulierten Selbstregulierungsprozess. Und dann, unterstützt werden sollte er durch Maßnahmen wie insbesondere die Entwicklung von Akkreditierungsmechanismen für Fakten-Checker.

Stv. Vorsitzender *Gärditz*:

Das was Sie möchten, ist aber eigentlich ein anderer Inhalt als der, der jetzt dasteht, weil nach der bisherigen Formulierung sind zum Beispiel Mechanismen wie Fakten-Checker und Akkreditierung für Fakten-Checker Bestandteil der ko-regulativen Mechanismen, die wir nur soweit erforderlich nach der These haben wollen. Wenn Sie zwei Sätze daraus machen, bedeutet das, so wie Sie es formuliert haben, dass wir letztere in jedem Fall haben wollen. Bisher gilt das nur, soweit die Selbstregulierung versagt, und dann, soweit erforderlich, sollen ko-regulative Mechanismen kommen.

Vorsitzende:

Also noch ein Versuch.

Der Umgang mit Falschinformationen sollte im Wesentlichen im Selbstregulierungsprozess überlassen werden, soweit erforderlich einem ko-regulierten Selbstregulierungsprozess etwa durch Maßnahmen wie die Entwicklung von Akkreditierungsmechanismen für Fakten-Checker.

Ich glaub jetzt ist es klarer und kürzer. Und ich glaub was gemeint ist, ist klar. Selbstregulierung wenn möglich, wenn nicht ergänzt durch ko-regulierte Selbstregulierung. Ja?

Ich sehe ein gewisses Nicken. Okay. Und jetzt haben wir noch den Punkt 17. Der Gesetzgeber sollte ein grundsätzliches Verbot manipulativer Verbreitungstechniken wie Coordinated Inauthentic Behavior zum Beispiel die massenhafte Verwendung falscher Konten zur Täuschung über Popularität und Reichweite von Inhalten erwägen. Was relativ vage formuliert ist. Und wie gesagt wir haben die Bots rausgelassen, aus eben dem Grund, dass die eben individualisiert auch möglich sind und deshalb dachten wir, dass es nicht mehr ganz passt. Also das war im Prinzip schon eine geänderte These von gestern. Sind sie damit einverstanden oder ist eine Wiedereinbindung der Bots in anderer Form gewünscht? Nein?

Ja?

Wir sind leider etwas kompliziert mit unserer Redetechnik.

Altkanzler Joachim *Wittern*, Papendorf:

Ich möchte der Beibehaltung des Einsatzes massenhafter Bots auf jeden Fall das Wort reden. Denn von diesen geht eine ungeheure politische Gefahr aus. Und deshalb, wenn wir sie jetzt herausnehmen, weil sie auch individuell genutzt werden können, cergessen wir diese durch die massenhafte, den massenhaften Einsatz von Bots entstehende Gefährdung.

Vorsitzende:

Okay. Frage an Herrn Schmid, weil wir das diskutiert hatten, könnte man spezifizieren „nicht individualisierter Bots"? Würde das als Beispiel, dann noch neben der Verwendung falscher Konten passen?

Direktor der LFM NRW Dr. Tobias *Schmid*, Düsseldorf:

Ich argumentiere jetzt kurz eher politisch als juristisch. Also ich glaube erstens, wir müssen die Bots nicht ausdrücklich erwähnen, weil wir ja sowieso den Grundsatz des Verbots der manipulativen Verbreitungstechniken nehmen. Wenn man möchte, kann man die Bots darunter subsumieren.

Der Fall des „Coordinated Inauthentic Behaviour“ der meiner Erfahrung nach vollkommen unstreitig ist, lässt sich immer als ein gutes Beispiel nennen. Meine politische Erfahrung, also ich habe gar keine politische Erfahrung, meine Erfahrung beim zu gucken der Politik ist, wenn sie ein Begriff wie Bots reinsetzen der streitig ist, bleibt die ganze These an diesem Begriff hängen. Und es streiten sich dann alle darüber, dass und dann kommt dieses das geht doch gar nicht, das ist doch individual Kommunikation und das wollte ich vermeiden. Oder würde ich vorschlagen zu vermeiden in dem man eben sagt, lass uns den Begriff rauslassen. Dann hängt man sich daran nicht auf, wenn man es darunter fassen möchte, wenn der Gesetzgeber es drunter fassen möchte. Dann hat er mit dem grundsätzlichen Verbot manipulativer Verbreitungstechniken ohnehin die Grundlage. Würde ich einen Gesetzgeber kennen, würde ich ihm auch immer empfehlen, es so zu schreiben, weil wir mit Einzelbeispielen im Gesetz ja sowieso nicht besonders weit kommen. Die Grundidee, dass wir uns beim Abstraktionsgrad inzwischen über dem preußischen allgemeinen Landrecht befinden, ist ja sowieso eine gute Idee. Danke!

Vorsitzende:

Gut, ist dazu nochmal das Wort gewünscht?

Es sieht nicht so aus. Dann würde ich jetzt mit dieser Änderung von These 16 sagen, der Block sieben ist vorbereitet für die Beschlussfassung.

Hätten wir noch den letzten Block.

Sie hatten ja gesehen, wir hatten ja dieses Thema so formuliert, dass wir als zweite Frage hatten, welche Aufgaben haben der Staat, die öffentlich-rechtlichen Rundfunkanstalten und die Wissenschaft. Und die Wissenschaft ist noch ein bisschen kurz gekommen, also hier sind wir natürlich auch bei der Frage der Verifizierung von falschen Aussagen oder anderen Möglichkeiten wie die Wissenschaft auf die Informationsbeschaffung einwirken kann. Und dazu hat vor allem Frau Münkler Stellung genommen.

Wenn Sie vielleicht nochmal kurz den Punkt aufgreifen, der dann in These 18 Eingang gefunden hat.

Prof. Dr. Laura *Münkler*, Bonn:

Wenn man sich anschaut, wie sich Demokratie und Wissenschaft zum Teil parallel entwickelt haben und auf jeden Fall in gewisser Hinsicht in der Vorläufigkeit ihrer Annahmen und in dem Rekurs von demokratischen Entscheidungen auf jedenfalls hoffentlich wahres Wissen gegenseitig befruchten, bildet die Wissenschaft eine maßgebliche Bedingung von offenen Willensbildungsprozessen und deren Basis. Aus diesem Grund ist die Wissenschaft hier mit herausgegriffen worden. Das Problem ist, dass wissenschaftliche Einsichten häufig im öffentlichen Diskurs nicht im Spezifischen eingespeist werden und in deren Sichtbarkeit limitiert bleiben. Weil gleichzeitig aber die Wissenschaft, sofern sie eine zu starke Nähe zu politischen Entscheidungen bekommt, ihren genuinen Gehalt verliert, schlage ich insofern vor, dass die Rolle der Wissenschaft insofern gestärkt wird, als sie Wissenschaftskommunikation betreibt. Dass die genuine Wissensproduktion sichtbarer ist und, vor allen Dingen, dass Beratung, die ohnehin erfolgt gegenüber Entscheidungsträgern, sichtbarer gemacht wird. Das hilft letztendlich auch Verschwörungstheorien, wer was in welchen Kontexten entschieden hat, entgegenzuwirken, weil dann sichtbar ist, welcher Input von der Wissenschaft geleistet worden ist und welche Vorschläge gemacht und Entscheidungen darauf politisch basierend getroffen worden sind.

Insofern halte ich das beides in der Austarierung von Nähe und Distanz zwischen staatlicher Entscheidungsfindung und Wissenschaft für sinnführend.

Vorsitzende:

Wir haben die These jetzt etwas gekürzt. In der Ausgangsthese war auch noch der Vorschlag gemacht worden, das Urhebergesetz entsprechend anzupassen oder zu ändern, aber wir wollten es jetzt in der allgemeinen Form halten. Jetzt hatten wir nochmal Herr von Lewinski.

Prof. Dr. Kai *von Lewinski*, Passau:

Wissenschafts- und Evidenzbasierung ist natürlich der Goldstandard, und da ist gar nichts gegen zu sagen, das kann man nur befürworten. Zwei Aspekte oder zwei miteinander verbundene Aspekte möchte ich hier aber nochmal anbringen: Wenn hier in der These 18 von „die Wissenschaft“ gesprochen wird, dann stellt sich die Frage, wer ist das denn? Als Bewohner des Elfenbeinturms, der ich ja auch selber bin, hat man natürlich ein sehr klares Bild, was ein Wissenschaftler ist – nämlich der, der mich morgens im Rasierspiegel anguckt. Aber es gibt ja nicht nur universitäre Wissenschaft. Es gibt eben auch Ressortforschung, es gibt Unternehmensforschung; Wissenschaft ist nicht nur auf die Universität beschränkt. Das ist die eine

Unschärfe, und die zweite Unschärfe ist, dass auch an der Universität oder auch, wenn man ein universitärer Forscher ist, man nicht ganz frei von persönlichen Befindlichkeiten ist, die von anderen, unter Umständen, als Aktivismus empfunden werden können. Und da kommen wir zu einem Problem, das wir aus dem Medienrecht schon gut kennen, nämlich der Definition des Handelnden. Was einen Journalisten ausmacht, können wir zwar begrifflich schon fassen, aber das operabel in die Rechtswirklichkeit umzusetzen, ist schwierig. Journalisten haben bestimmte Privilegien (Beschlagnahmeprivileg, medienrechtlicher Auskunftsanspruch usw.), die aber auch mit besonderen Pflichten (Wahrhaftigkeit, journalistische Standards usw.) verbunden sind. Da es aber keine formalen Anforderungen gibt, also keine Kammerzugehörigkeit, überhaupt keine Berufszulassungsvoraussetzungen, kann ich, wenn es mir taugt, Journalist sein, und wenn ich dann eine juristische Sekunde später wieder Aktivist sein will oder irgendwas anderes, dann kann ich das auch. Das heißt, hier kann ich mehrere Rollen nebeneinander haben, was durchaus Freiheitsgebrauch ist. Ich kann diese Rollen aber auch ohne Weiteres und jederzeit und durchaus im strategischen Kalkül wechseln. Das soll es auch bei den Wissenschaftlern geben, und das ist ein Punkt, den man hier vielleicht bei dieser These auch nochmal bedenken sollte.

Wer ist die Wissenschaft? Sind das auch Leute von Thinktanks aus einer Richtung, die man gar nicht mag? Und sind sozusagen auch die dann für die individuelle und gesellschaftliche Willensbildung als stärkend zu empfinden? Nur als eine Frage, über die wir noch nachdenken sollten. Was ist denn „die Wissenschaft"? Und können wir die operabel irgendwie abgrenzen?

Vorsitzende:

Vielen herzlichen Dank. Ich gucke in die Runde. Wahrscheinlich nochmal Frau Münkler, oder?

Prof. Dr. Laura *Münkler*, Bonn:

Letztendlich haben wir hier von der Rolle der Wissenschaft und nicht von der Rolle der Wissenschaften, die es natürlich im Plural gibt, gesprochen, weil, wenn wir uns anschauen, wie die These im Weiteren geht, dass insbesondere Open-access-Publikationen gestärkt werden sollen, dann zielt das jetzt nicht auf spezifischen Wissenschaftsaktivismus. Was wissenschaftlicher Aktivismus ist, dürfte ohnehin doch in der Abschichtung etwas schwierig festzustellen sein. Und das hängt vor allen Dingen von der Begründung ab, die für bestimmte Aussagen geliefert wird, ob sie sich noch einem wissenschaftlichen,

d. h. in einem bestimmten Methodenkanon und ähnlichem bewegen. Da haben wir ja letztendlich innerhalb der Wissenschaftsgemeinschaft Überprüfungs- und Kritikmechanismen, die hierfür bereitstehen. Und im zweiten Teil lautet die These, dass die ohnehin eingeforderten Beratungsleistungen transparenter, also öffentlich publiziert werden soll, wer welchen Input gegeben, und von wem namentlich – da kann noch gerne eine Offenlegung erfolgen – welche Gelder irgendwo empfangen wurden. Insofern glaube ich nicht, dass das einerseits Ihre Sorge eines Wissenschaftsaktivismus befördert und andererseits in der Abgrenzung zu anderen Thinktanks und bestimmten Forschungsgruppen, die ohnehin aktiver ihre wissenschaftlichen Aussagen kommunizieren – einfach, weil sie auf diese Finanzierung anderweitig angewiesen sind – ein ernsthaftes Abgrenzungsproblem hervorruft.

Vorsitzende:

Gut, vielen Dank. Das heißt, aus Ihrer Sicht kann man den Text so lassen und müsste auch keinen Plural setzen?

Prof. Dr. Laura *Münkler*, Bonn:

Ich glaube nur, das, was Sie machen und was Ihre Sorge ist, sehe ich nicht in der Formulierung der These in diesem Ausmaß verhaftet, aber wenn Sie das einschränken wollen und sagen, ich möchte noch These 19 aufnehmen, Wissenschaftsaktivismus ist ein Problem, dann gern.

Vorsitzende:

Nein, aber wir haben verstanden, also Ihre Sorge ist sehr berechtigt, aber ich glaube, die Klärung von Frau Münkler war auch gut, weil der Konnex zu Open Access ja gerade deutlich macht, dass ich mich dann über die Begründung eben jeweils informieren kann. Und der zweite Punkt ist ja die Beratungsleistung für staatliche Entscheidungsträger, wo es dann darum geht zu wissen, wer da eigentlich hinter wem ist, und das ist ja eben auch etwas, was den Diskurs stärkt.

Herr Schmid.

Direktor der LFM NRW Dr. Tobias *Schmid*, Düsseldorf:

Ich hätte nur diesen letzten Punkt nochmal unterstrichen. Ich habe diese These so verstanden, dass gerade der zweite Teil dem Missbrauch des Begriffs Wissenschaft geradezu entgegenwirkt, weil es nur die Transparenzanforderungen erhöht. Deswegen würde ich sagen, gerade dieser Teil der These unterstreicht ja die Lösungsansätze für die Sorgen von Herrn von Lewinski.

Prof. Kai *von Lewinski*, Passau:

Mir ist noch ein Ergänzungsvorschlag eingefallen, der aber wahrscheinlich unstreitig sein wird. Warum begrenzen wir uns auf staatliche Beratungsleistungen? Auch die Beratung von Unternehmen oder von sonstigen Akteuren ist für die Öffentlichkeit genauso ein wesentlicher Bias, also dass man für ein bestimmtes Unternehmen oder für einen sonstigen Akteur begutachtet hat, ist, glaube ich, genauso relevant wie wenn man für einen staatlichen oder öffentlichen Akteur begutachtet hat, sodass ich vorschlagen würde: „für einen staatlichen und sonstigen".

Direktor der LFM NRW Dr. Tobias *Schmid*, Düsseldorf:

Ja, und im Ergebnis nein. Na ja, natürlich ist das wesentlicher Punkt, dass es schön wäre zu wissen, woher Wissenschaftler alles so Geld bekommen, das kann ja von Zeit zu Zeit erhellend sein, ist aber nicht der Gegenstand unserer heutigen Befassung. Der Gegenstand der heutigen Befassung ist die Frage sozusagen, wie wir im Verhältnis von Staat und Meinungsbildungsprozessen agieren, und hier ist wesentlich: Wenn sich der Staat oder staatliche Einrichtungen haben beraten lassen, muss transparent sein, wo das wiederum herkommt. Und insofern ist das andere auch ein schönes Problem, aber vielleicht was für den 75. Deutschen Juristentag.

Prof. Dr. Laura *Münkler*, Bonn:

Ich denke, was Sie damit zum Ausdruck bringen wollten, ist, dass Offenlegungspflichten bestehen, sofern man den Staat berät als Wissenschaftler/Wissenschaftlerin, nicht dass eine Offenlegungspflicht besteht, wenn grundsätzlich private Unternehmen sich auch von irgendwem beraten lassen, weil es ja letztendlich um Willensbildungsprozesse geht, die bei privaten Unternehmen anders gelagert sind. Und insofern würde das hier unter das Transparenzgebot vor allen Dingen fallen, um zu sehen, welche Willensbildung eigentlich betrieben wird, um Responsivität gegenüber dem gesellschaftlichen Willensbildungsprozess hierdurch zu stärken und überprüfbar zu machen. Damit können natürlich auch Offenlegungspflichten verbunden sein, wenn man sonst noch irgendwo beraten hat, aber das ist letztendlich etwas, was über diese Form hinausginge.

Direktor der LFM NRW Dr. Tobias *Schmid*, Düsseldorf:

Frau Münkler, exakt zu diesem Punkt: Es geht, wenn ich es richtig verstanden habe, um die öffentliche Informationsverantwortung und darum, dass hier das wissenschaftlich generierte Wissen als Basis für eine unbeeinflusste und wahre Entscheidungsunterfütterung benutzt wird. Genauso beeinflusst eine wissenschaftliche Veröffentlichung, wenn ich Dritte berate. Man würde alle Einflussnahmen, die möglicherweise in Interessenleitungen in dem Zusammenhang vorkommen können, nennen. Das ist also für die Frage der Relevanz der wissenschaftlichen Äußerung wesentlich. Ich würde gerne wissen, wenn ich eine wissenschaftliche Veröffentlichung lese, auf die ich mich verlasse, ob die aus dem reinen wissenschaftlichen Impetus gekommen ist oder ob es ein Beratungsauftrag für jemanden Dritten war. Das ist nicht nur bei staatlichen Entscheidungsträgern der Fall.

Prof. Dr. Laura *Münkler*, Bonn:

Das geht jetzt aber über diese These letztendlich hinaus, weil sie ja nur die Konstellation adressiert, dass explizit staatliche Beratungsleistung erbracht wurde. Ferner sollen Open-Access-Publikationen gefördert werden, wenn sie auf rein universitärer Forschung beruhen, das heißt keine irgendwie anderen privaten Drittmittelgeber involviert sind. Sie wollen jetzt quasi noch aufgenommen haben, wenn ich Sie richtig verstehe, dass bei einer wissenschaftlichen Publikation, die auf einem privaten Gutachten beruht, für das Gelder geflossen sind, ausgewiesen wird, dass diese Veröffentlichung hierauf basiert. Das würde ich sagen, fällt eigentlich ohnehin unter die wissenschaftlichen Standards guter Praxis, dass das offenzulegen ist. Dass dies dennoch nicht immer – wenngleich nach meinem Eindruck inzwischen vermehrt – erfolgt, mag allerdings durchaus ein Problem sein. Mir scheint dies dennoch keine Angelegenheit darzustellen, die gerade durch den Gesetzgeber zu regeln ist.

Vorsitzende:

Das ist vielleicht nicht so wirklich unser Thema, sondern geht eher über wissenschaftliche Ethik hinaus. Wir wollten eigentlich in dieser letzten These nur noch ein paar Schlaglichter auf die Wissenschaft werfen. Aber in der Tat, die Wissenschaft ist im Moment sehr umstritten. Was ist Wissenschaft und was ist eine nicht akzeptable Beeinflussung? Darüber ließe sich dann weiter diskutieren. Ich habe nur das Gefühl, dass wir hier keine Erweiterung mehr bräuchten.

Stv. Vorsitzender *Gärditz*:

Vielleicht ergänzend nur einfach als Anmerkung: Es geht ja hier bei dieser These Nummer 18 um eine Fortentwicklung, über die wir darüber abstimmen, ob man bestehende oder frühere Beauftragungsverhältnisse etc. offenlegen muss. Das ist schon jetzt ganz allgemein und unbestritten Standard guter wissenschaftlicher Praxis. Wenn ich das nicht mache, begehe ich wissenschaftliches Fehlverhalten, was dann unter einem geeigneten rechtlichen Rahmen sanktioniert werden kann. Das wäre also insoweit gar keine Weiterentwicklung des Rechts. Wir müssen hier ja nicht den rechtlichen Status quo bekräftigen. Deswegen glaube ich, müssen wir das nicht in die Debatte einbeziehen, so richtig wie die Forderung in der Sache natürlich ist.

Vorsitzende:

Gut, unsere These wäre akzeptabel. Es ist ein klares Petitum, dass Open-Access-Publikationen gefördert werden sollten. Im Übrigen, und das ist ein ganz anderer Punkt, wollen wir mehr Transparenz.

Ja, damit wären wir am Ende dessen, was wir Ihnen als Thesen vorschlagen. Meine Frage ist, ob es noch einen Kommentar genereller oder spezieller Art von Ihnen gibt. Oder wünscht das Podium, insbesondere der Gutachter, die Möglichkeit zu einer abschließenden Reflexion über die Diskussion? Oder wird das Wort von Seiten eines der Kommentatoren gewünscht? Nein. Wir können erst ab 16:00 Uhr abstimmen, weil allgemein bekanntgegeben wurde, dass die Abstimmung um 16 Uhr stattfindet. Wir können nicht denjenigen, die um 16:00 Uhr kommen, erklären, wir hätten schon über alles abgestimmt. Das heißt, wir haben uns jetzt eine lange Kaffeepause verdient und ich wäre Ihnen sehr dankbar, wenn Sie um 16:00 Uhr wieder hier wären. Wenn die Thesen nur von sehr wenigen Stimmen getragen würden, wären sie natürlich entsprechend schwächer. Umso mehr da sind und sich an der Abstimmung beteiligen, umso besser. Vielen herzlichen Dank.

Fortsetzung der Diskussion

am 26. September nachmittags
(anwesend etwa 32 Teilnehmerinnen und Teilnehmer)

Vorsitzende:

Sehr geehrte Damen und Herren,

wir freuen uns, dass Sie nach der langen Kaffeepause den Weg nochmal zurückgefunden haben, dass wir die Abstimmung jetzt durchführen können. Diejenigen, die Nichtmitglieder des Juristentags sind, die dürfen ja nicht mitstimmen. Bei Ihnen wären wir dankbar, wenn Sie sich dann eventuell nach hinten setzen würden, dass das klar ist, ansonsten gehe ich davon aus, dass Sie alle Mitglieder und abstimmungsberechtigt sind. Hier am Podium sind die meisten von uns Mitglieder und stimmen munter mit. Und wir warten dann noch einen kleinen Moment, dass niemand ausgeschlossen ist. Also ich denke, wenn wir um 16:05 Uhr anfangen, ist es vielleicht okay. Gut, dann haben wir die erste These, das sehen Sie, untergliedert, weil wir Ihnen die Chance geben wollten, wenn jemand sich nur mit A oder nur mit B oder nur mit C identifizieren kann, dass man eben unterschiedlich abstimmen kann. Ich frage jetzt erst mal, würde einer von Ihnen nur einem Teil zustimmen können? Ja, dann frage ich einzeln ab.

Dann danke ich Ihnen herzlich für Ihr Interesse am Medienrecht und für diese Thematik. Und ich freue mich, wenn wir uns morgen bei der Abschlussveranstaltung sehen. Und dann wünsche ich Ihnen einen schönen Abend.

Beschlüsse

Thema: Wie lässt sich öffentliche Informationsverantwortung in Zeiten digitaler und multipolarer Kommunikationskultur realisieren? Welche Aufgaben haben der Staat, die öffentlich-rechtlichen Rundfunkanstalten und die Wissenschaft?

I. Informationsverantwortung des Staates

1. Die normativen Leitplanken der staatlichen Informations- und Öffentlichkeitsarbeit sollten gesetzlich geregelt werden, insbesondere

   a) die grundsätzliche Zulässigkeit von Informations- und Öffentlichkeitsarbeit,
   angenommen 18:1:0

   b) deren Zwecksetzung, Reichweite, Form und Grenzen,
   angenommen 16:3:0

   c) die klare Abgrenzung zwischen amtlicher und nicht amtlicher Kommunikation (Transparenzgebot).
   angenommen 15:3:1

II. Absicherung der Staats- und Unionsferne der Medien

2. Da im nationalen Recht die Staatsferne der Medien unzureichend abgesichert ist, sollte der Gesetzgeber in Ergänzung zu § 53 Abs. 3 MStV eine Regelung schaffen, die jede beherrschende staatliche Einflussnahme auf einen Rundfunkveranstalter ausschließt.
   angenommen 19:0:0

3. Staatliche Telemedien, die Medientätigkeit darstellen, einschließlich sozialer Netzwerke sollten gesetzlich verboten werden.
   angenommen 16:2:1

4. Die Landesmedienanstalten sollten die Befugnis erhalten, bei Telemedienangeboten die Einhaltung der Grenzen zwischen zu-

lässiger staatlicher Informations- und Öffentlichkeitsarbeit und unzulässiger Medientätigkeit von Bundes- und Landesbehörden einschließlich kommunaler Behörden zu kontrollieren.
angenommen 11:5:3

III. Informationsverantwortung der öffentlich-rechtlichen Rundfunkanstalten

5. Der Gesetzgeber sollte den Informationsauftrag als Markenkern des öffentlich-rechtlichen Rundfunks durch Schwerpunktsetzung zugunsten von Information, Bildung und Beratung in den Hauptprogrammen und durch entsprechende Sendezeitvorgaben für die Hauptprogramme stärken.
   abgelehnt 8:10:1

   Alternativ: Im Gegensatz zu Sendezeitvorgaben sind gesetzliche Schwerpunktregelungen, die als medienpolitische Strukturentscheidungen nur in abstrakter Weise vorgeben, wie das Angebot auszugestalten ist, für die Hauptprogramme von ARD und ZDF verfassungsrechtlich zulässig.
   angenommen 9:5:5

6. Die Informationsverantwortung des öffentlich-rechtlichen Rundfunks gebietet es, den Wandel im Nutzungsverhalten nachzuvollziehen und daher digitale audiovisuelle Telemedienangebote auszubauen. Dabei soll eine Schwerpunktvorgabe im Bereich Information statuiert werden.
   angenommen 19:0:0

IV. Bedeutung des privaten Rundfunks und der Presse

7. Der private Rundfunk als zweite Säule im dualen System sowie die Presse sind elementar für den öffentlichen Informationsraum. Sinnvoll sind Anreize, die durch Gewährleistung einer besseren Refinanzierbarkeit dazu beitragen, dass auch private Rundfunkanbieter verstärkt Informationsverantwortung übernehmen.
   angenommen 15:1:3

8. Der Gesetzgeber sollte der rückläufigen Entwicklung des Lokaljournalismus entgegenwirken, beispielsweise durch problemlösende Kooperationsmodelle.
   angenommen 17:1:1

V. Gewährleistung der Aufsicht auf nationaler und europäischer Ebene

9. Die Aufsicht der EU-Kommission über sehr große Plattformbetreiber wird dem Gebot der Unionsferne der Medien nicht gerecht. Sie sollte dem Europäischen Gremium für Mediendienste übertragen werden.
angenommen 19:0:0

10. Der Gesetzgeber sollte durch Streichung der Nennung von § 17 in § 109 Abs. 1 S. 1 MStV klarstellen, dass die Landesmedienanstalten gegenüber den Plattformbetreibern bei der Verbreitung von rechtswidrigen Inhalten die erforderlichen Maßnahmen ergreifen dürfen und dass dafür die von den Landesmedienanstalten getragene Kommission für Zulassung und Aufsicht (ZAK) zuständig ist.
angenommen 17:0:2

11. Das Digitale-Dienste-Gesetz des Bundes ist wegen Abs. 30 GG dahingehend zu ändern, dass auch die Landesmedienanstalten zuständige Behörden iSd Abs. 49 Abs. 1 DSA (Digital Service Act) sind und ihnen Befugnisse nach Abs. 51 iVm Art. 49 Abs. 4 DSA übertragen werden können.
angenommen 14:2:3

12. Der European Media Freedom Act (EMFA) sollte um eine Regelung ergänzt werden, die es dem neu errichteten Europäischen Gremium für Mediendienste ermöglicht, Maßnahmen gegen unionsweit tätige Mediendiensteanbieter zu ergreifen, die Desinformationen verbreiten. Die Unabhängigkeit des Gremiums ist zu sichern.
angenommen 19:0:0

VI. Grundrechtlicher Schutz der an der Kommunikation Beteiligten

13. Die Persönlichkeitsgrundrechte im Verhältnis zwischen Plattformbetreibern einerseits und von Löschung bzw. von Inhalten nachteilig Betroffenen andererseits sind nicht ausreichend geschützt. Soweit eine analoge Heranziehung der Bestimmungen des DSA bzw. eine unionsgrundrechtskonforme Auslegung nicht möglich ist, sollte der Unionsgesetzgeber die Regelungslücke schließen.
angenommen 17:0:2

VII. Effektiver und verfassungskonformer Umgang mit Fake News – Notwendigkeit von Eingriffen oder Selbstregulierung?

14. Aufgabe des Staates sind lediglich generelle Information und Aufklärung über die Funktion von Desinformationskampagnen, nicht aber eine Erweiterung staatlicher Informationstätigkeit und Nutzung für „Counterspeech".
angenommen 16:2:1

15. Zwischen rechtswidrigen Inhalten und Fake News ist zu unterscheiden. Es sollte nicht versucht werden, den Anwendungsbereich rechtswidriger Inhalte (Abs. 3 lit. h) DSA) zur Bekämpfung von Fake News auszuweiten.
angenommen 14:1:4

16. Der Umgang mit Falschinformationen sollte im Wesentlichen dem Selbstregulierungsprozess überlassen werden, soweit erforderlich einem ko-regulierten Selbstregulierungsprozess, etwa durch Maßnahmen wie die Entwicklung von Akkreditierungsmechanismen für Fakten-Checker.
angenommen 16:1:2

17. Der Gesetzgeber sollte ein grundsätzliches Verbot manipulativer Verbreitungstechniken wie „Coordinated Inauthentic Behaviour", z. B. die massenhafte Verwendung falscher Konten zur Täuschung über Popularität und Reichweite von Inhalten, erwägen.
angenommen 19:0:0

VIII. Beitrag der Wissenschaft zu einer demokratischen Kommunikationskultur

18. Die Rolle der Wissenschaft als informationelle Basis individueller und gesellschaftlicher Willensbildung ist zu stärken; insofern gilt es Open-Access-Publikationen zu fördern und Beratungsleistungen für staatliche Entscheidungsträger transparenter zu machen.
angenommen 16:0:3